中国校外教育工作年鉴

（2004）

中国教育学会少年儿童校外教育分会　编

天津人民出版社

图书在版编目（CIP）数据

中国校外教育工作年鉴. 2004 / 中国教育学会少年儿童校外教育分会编. —天津：天津人民出版社，2005

ISBN 7－201－05221－7

Ⅰ. 中... Ⅱ. 中... Ⅲ. 校外教育－教育工作－中国－年鉴－2004 Ⅳ. G779. 2-54

中国版本图书馆 CIP 数据核字(2005)第 132166 号

天津人民出版社出版发行

出版人：刘晓津

（天津市西康路 35 号 邮政编码：300051）

邮购部电话：（022）23332446

网址：www.tjrm.com.cn

电子信箱：tjrmchbs@public.tpt.tj.cn

天津市蓟县宏图印务有限公司印刷

*

2005 年 9 月第 1 版 2005 年 9 月第 1 次印刷

880×1230 毫米 16 开本 43.5 印张 22 插页

字数：1400 千字

定价：150.00 元

《中国校外教育工作年鉴》编辑委员会

编辑说明

一、《中国校外教育工作年鉴（2004）》（以下简称《年鉴（2004）》）是一部全面反映中国校外教育现状及发展的大型工具书。《年鉴（2004）》较全面、系统地分门别类介绍了 2004 年我国校外教育的政策法规、场馆建设、科研成果、管理成果、活动成果、社会化发展成果、对外交流与合作、妇联系统儿童活动中心成就、科协青少年科技教育成果、中国少年军校各个领域的校外教育发展成就；收录、介绍了全国 29 个省、自治区、直辖市的校外教育发展情况及成就。《年鉴（2004）》结合 2004 年进程发展，以校外教育领域为背景，围绕未成年人思想道德建设的中心任务，以史实性的基本描述，对我国校外教育的整体面貌作了年度性的概括性记录。

二、《年鉴（2004）》共分三大部分。总论，各省、自治区、直辖市校外教育，附录。

1.“总论”部分以“领导讲话”、“中共中央　国务院文件”、“中央有关部门文件”、“有关校外教育机构文件”、“全国性工作会议”、“地方性工作会议”以及校外教育各个领域情况介绍诸部分组成。其中“中央有关部门文件”部分依据颁布机构的级别序列编排，按中共中央　国务院法规文件，国务院各部委、办、局文件次序编排；科协青少年科技教育成果部分因首次收录，故对 2004 年以前的历史情况也作了相应介绍。

2.“各省、自治区、直辖市校外教育”部分依据国家行政区划标准排列。《年鉴（2004）》卷基本沿革了《年鉴（2001-2003）》的编排体例，采取了强调个案、演绎整体的编辑方法，重点介绍地区性校外教育单位，以求综合地反映各省、地区的校外教育现状及发展。除北京市外（北京市以行政区划编排），各省市以“综述”、“校外教育单位”两部分组成，重点收录了各校外教育单位的相关统计资料，力求通过重点校外教育单位的单元统计，反映局部地区的校外教育整体面貌；凡在《年鉴（2004）》中首次介绍的校外教育单位，对其基本情况和历史发展都有所介绍。

3.鉴于中国校外教育理论体系的暂不完整性，《年鉴（2004）》在反映校外教育各门类的词条设置上，采取了较为灵活的办法，未作硬性的统一处理。其遵从的原则是：①遵从校外教育领域的惯例、习惯用法；②对于同一门类的若干不同的分类方法，《年鉴（2004）》采取了取其一而兼顾其他的综合处理，力求科学、准确地反映当代校外教育的发展轨迹。

4.“附录”部分由“校外教育表彰”、“校外教育名师”、“校外教育活动典型案例”、“校外教育工作纪事”部分组成。其中，“校外教育表彰”部分收录了教育部、共青团中央、国家体育总局、中国科协、全国少工委等机构对校外教育系统先进个人和单位的部分表彰决定；“校外教育名师”部分依据中国教育学会少年儿童校外教育分会名师评选活动为依据，重点介绍了各校外教育机构的著名教师。“校外教育工作纪事”部分重点收录了 2004 年校外教育领域有影响的诸多事件以及国家领导人的重要讲话及有关法规文件。

三、资料的收集和使用。《年鉴（2004）》各部分由各级校外教育机构和各省市青少年宫协会、校外教育机构共同撰稿。部分稿件由《年鉴》编辑委员会邀请的校外教育领域的专家、学者撰写。各校外教育单位的稿件除由上述两种渠道提供外，部分稿件由校外教育单位自行提供。根据《中华人民共和国著作权法》有关规定，《年鉴》稿件内容一律本着文责自负的原则，由撰稿人承担相应责任。对于支持、帮助《年鉴（2004）》编纂出版工作的专家、学者和社会各界人士，《年鉴》编辑委员会在此一并表示谢忱。

四、为更好地宣传、介绍各地校外教育单位 2004 年未成年人思想道德建设工作情况，《年鉴（2004）》以彩色宣传页形式介绍了全国有影响的若干家校外教育单位在未成年人思想道德建设工作中作出的突出业绩，并设“2004 年校外教育活动风采”专章。其编排体例一律依国家行政区划标准次序编排。

《中国校外教育工作年鉴》编辑委员会

2005 年 9 月

目　录

总　论

重要言论和讲话

胡锦涛在全国加强和改进未成年人思想道德建设工作会议上发表重要讲话强调

全党全社会共同做好未成年人思想道德建设工作，大力培育中国特色社会主义事业建设者和接班人……(3)

胡锦涛在北京市考察少年儿童工作时强调

全党全社会共同关心未成年人成长　培养社会主义事业建设者和接班人……(5)

李长春在中央精神文明建设指导委员会召开的第三次全体会议上发表重要讲话

加强未成年人思想道德建设极为紧迫……(6)

切实加强能力建设推动家庭教育工作的创新与发展(2004年11月2日)……顾秀莲(7)

在全团加强和改进未成年人思想道德建设暨推进青年文化行动工作会议上的讲话(2004年6月22日)……周　强(11)

学习《意见》、贯彻《意见》、落实《意见》　进一步加强和改进青少年学生思想道德教育工作(2004年4月8日)……周　济(17)

把握机遇　面向未来　努力开创家庭教育工作新局面(2004年11月2日)……黄晴宜(20)

在全团加强和改进未成年人思想道德建设暨推进青年文化行动工作会议上的讲话(2004年6月22日)……赵　勇(26)

在全国青少年宫协会三届四次理事会上的讲话(2004年12月11日)……赵　勇(34)

大众传媒应为未成年人的健康成长创造良好环境(2004年12月12日)……赵　勇(38)

以城市社区青年中心建设为统揽　推动社区和权益工作取得新突破(2004年1月10日)……杨　岳(42)

在全团加强和改进未成年人思想道德建设暨推进青年文化行动工作会议上的讲话(2004年6月22日)……杨　岳(47)

在全国妇联家庭教育工作会议上的总结讲话(2004年11月3日)……张世平(50)

弘扬和培育民族精神，教育引导中小学生为实现中华民族伟大复兴做好全面准备(2004年1月11日)……张晓兰(57)

努力开创少先队思想道德教育工作新局面(2004年6月22日)……张晓兰(60)

中共中央　国务院有关文件……(63)

中共中央国务院关于进一步加强和改进未成年人思想道德建设的若干意见(2004年2月26日)……(63)

中央有关部门文件 …………………………………………………………………………………（69）
中共中央宣传部　教育部关于印发《中小学开展弘扬和培育民族精神教育实施纲要》的通知…………（69）
中共中央宣传部　中央文明办　共青团中央　教育部　文化部　国家广播电影电视总局
新闻出版总署关于实施青年文化行动　加强青年文化建设的通知……………………………………（72）
科技部　中宣部　教育部　中国科协关于开展命名第二批“全国青少年科技教育基地”工作的通知……（75）
中共中央宣传部　中央文明办　国家发展改革委员会　教育部　民政部　财政部　文化部
全国总工会　共青团中央　全国妇联关于加强和改进爱国主义教育基地工作的意见………………（76）
中央文明办　教育部　科技部　共青团中央　全国妇联　中国科协
关于推荐全国青少年校外活动示范基地的通知…………………………………………………………（78）
全国青少年校外教育工作联席会议关于公布2004年度国家扶持青少年学生校外活动场所
建设项目名单的通知………………………………………………………………………………………（79）
教育部办公厅关于开展“体育、艺术2+1项目”实验工作的通知…………………………………………（82）
共青团中央办公厅关于开展团属青少年活动场所安全检查和专项治理工作的通知…………………（82）
共青团中央办公厅关于开展团属青少年宫集中检查和专项治理工作的通知……………………………（83）
共青团中央　全国少工委关于学习贯彻《中共中央国务院关于进一步加强和改进未成年人
思想道德建设的若干意见》的通知…………………………………………………………………………（84）
共青团中央　全国少工委关于加强和改进未成年人思想道德建设的实施意见……………………………（88）
共青团中央办公厅关于开展团属青少年活动阵地情况专题调研的通知…………………………………（91）
全国少工委关于开展2004年“中国少年儿童平安行动”的通知……………………………………………（92）
全国少工委关于大力弘扬科学精神深入开展“2004年度中国少年儿童海尔科技奖”活动
的通知………………………………………………………………………………………………………（93）
全国妇联　教育部关于进一步加强家庭教育工作的意见…………………………………………………（95）
全国妇联　教育部关于全国家长学校工作的指导意见……………………………………………………（97）
全国妇联　教育部关于印发《家长教育行为规范》的通知…………………………………………………（98）
全国妇联办公厅关于切实加强妇联系统自办托幼园所和儿童活动中心安全管理工作的通知…………（99）
中国科协关于开展“全民科学素质行动计划”试点工作的通知……………………………………………（100）
中国科协办公厅关于开展第二批全国科普示范城区和全国科普示范县（市、区）创建活动
总结检查的通知……………………………………………………………………………………………（101）
中国科协办公厅关于首批全国科普教育基地检查情况的通报……………………………………………（102）
中国科协办公厅关于下发《全国科普教育基地标准（2004修订）》的通知…………………………………（107）
文化部　国家发展改革委员会　教育部　科技部　民政部　财政部　国家文物局
解放军总政治部　中华全国总工会　共青团中央　全国妇联　中国科协
关于公益性文化设施向未成年人免费开放的实施意见 ……………………………………………………（108）
有关校外教育机构文件………………………………………………………………………………（112）
全国青少年宫协会关于开展《全国青少年活动营地状况调查》的通知……………………………………（112）
中国教育学会少年儿童校外教育专业委员会2004年工作要点……………………………………………（112）
中国教育学会少年儿童校外教育专业委员会2004年研修计划……………………………………………（115）
关于中国教育学会少年儿童校外教育专业委员会更名和启用新公章的通知 ……………………………（116）

全国性工作会议……(117)
全国家庭教育工作会议……(117)
全国妇联儿童事业发展集团成立仪式暨中国儿童事业（产业）发展高层论坛……(118)
中国青少年宫协会三届四次理事会议……(118)
2004年中国青少年社会教育论坛……(119)
《中国校外教育工作年鉴》编辑出版工作会议……(120)
21世纪少年儿童校外文化艺术教育研讨会……(121)
2004年全国少年儿童“双有”活动工作会议……(121)
中国家庭教育学会少年儿童校外教育专业委员会第二届年会……(122)
地方性工作会议……(125)
第二届京津校外教育“理论与实践创新”论坛……(125)
中国教育学会少年儿童校外教育分会（专业委员会）全国企业宫工作会议……(125)
中国教育学会少年儿童校外教育分会（专业委员会）城区少年宫2004年年会……(126)
中国教育学会少年儿童校外教育分会（专业委员会）计算机教育年会……(127)
中国教育学会少年儿童校外教育分会（专业委员会）华东地区校外教育工作组2004年年会……(127)
场所建设……(129)
校外教育活动场所的建设与发展……(129)
妇女儿童活动中心的建设与发展　北京市校外教育机构的投资情况　重庆市青少年校外教育场所的建设与管理
青少年校外教育活动场所建设的典型经验……(137)
天津青少年活动中心教育新厦的崛起　天津市武清区青少年活动中心的建设与起步发展　浙江省嵊州市青少年活动中心建设情况　浙江省临安市青少年活动中心建设情况　浙江省龙泉市青少年宫筹建情况　浙江省绍兴县青少年活动中心建设情况
科研成果……(147)
理论研究……(147)
科学、艺术与人格塑造（中国福利会少年宫　陈白桦）　切入慈善　初探营销　推广参与（中国儿童中心　李新民）　少先队活动的创新研究（上海市浦东新区少年宫　张成明）　浅议深圳市校外教育工作中的少儿文化活动（广东省深圳市少年宫　唐　青）　发挥校外青少年活动基地的作用　推进未成年人思想道德建设实践（天津市华夏未来少儿艺术中心　赵　骞）　儿童戏剧活动在青少年素质教育中的优势（北京市东城区少年宫　潘　涤）
课题研究……(162)
北京市《小组活动评价》课题研究简介（北京市东城区校外教育研究室　石宝泉）　《校外教育在实施素质教育中作用的研究》课题（摘要）（北京市丰台区青少年活动中心　王振民　程秀荣　杨有材）“北京青少年学生校外教育资源的整合与开发”研究课题综述（北京市校外教育研究室　战洪丽　胡军杰　任　俊）　“21世纪初青少年校外教育发展理论与实践研究”课题介绍（北京市朝阳区青少年活动中心　周　放）　北京市青少年学生成建制校外教育机构学科带头人及骨干教师队伍建设现状调查报告（北京市校外教育研究室　吴弘涛）　浙江省宁波市青少年宫对外来小公民文化建设的调查报告（浙江省宁波市青少年宫课题组　郑明芳）　上海市浦东新区少年宫业余兴趣社团建设现状的调查

报告（上海市浦东新区少年宫业余兴趣社团调研工作组　黄丽峰　徐　艳　楼克强　沈燕华）
宣传成果……………………………………………………………………………………………（177）
《中国校外教育》　《北京少先队》　《课外校外教育》　《少年月刊》　《家庭教育指导》　《儿童画报》　《少先队辅导员工作纲要（试行）》　北京市海淀区青少年活动中心出版成果　北京市宣武区少年宫出版成果　北京市朝阳区青少年活动中心出版成果　北京市石景山区青少年活动中心出版成果　《大兴校外教育报》　《呼和浩特少年宫》　《小脚丫》　《青山校外教育》　《少年宫之声》　《白山市青少年宫》刊、《白山市青少年宫报》　《李建军歌曲集》　《尖尖角》　《小牡丹报》　中国福利会少年宫出版成果　《东方绿舟活动指南》系列丛书　《东方绿舟》丛书　《迈向艺术殿堂——新世纪区域性学校艺术教育发展实践研究》　《上海市科普教育基地教育资源系列丛书》　《长宁区科技教育简讯》　《中国校外教育（美术）》　《闵行学校科技》　上海市宝山区青少年科技站出版成果　《嘉善校外教育》　《小黄鹤》　《青少年宫美术培训丛书》　《武汉市江汉区青少年宫简报》　《少宫人》　《红绫报》　《小云雀》　《厦门校外教育》、《厦门小记者报》　福建省龙岩区青少年宫出版成果　《兰州市校外教育实践与研究》　《小凤凰》报
管理成果……………………………………………………………………………………………（183）
校外教育管理规程研究………………………………………………………………………（183）
关于开展《全国青少年学生校外教育工作评估标准》和《全国青少年学生校外活动场所管理规程》研究工作的通知　附《全国青少年学生校外教育工作评估标准（试行）》、《全国青少年学生校外活动场所管理规程（试行）》研究计划　全国青少年学生校外活动场所管理规程（试行）　全国青少年学生校外教育工作评估标准（试行）　附1全国青少年学生校外教育工作评估指标框架　附2全国青少年学生校外教育工作评估反馈意见表（6）　全国青少年学生校外教育工作综合评估表（7）
管理成果…………………………………………………………………………………………（194）
中国青少年宫协会工作概述　浙江省关于加强青少年宫建设和管理工作的若干规定　关于对浙江省青少年宫、青少年学生校外素质教育基地进行评估的意见
管理经验…………………………………………………………………………………………（205）
青少年宫体制改革的实践与创新（浙江省杭州青少年活动中心　金娟娟）　建立教育质量内部保障系统，推进校外教育机构建立现代评价体系（北京市少年宫　史建华）　北京市崇文区少年宫加强机构管理的系统性、全面性与实效性（北京市崇文区少年宫　唐汝明）　注重管理创新，促进校外教育发展（北京市朝阳区青少年活动中心　韩寅生）　管理——和谐才有活力（北京市通州区青少年活动中心　何志东）　以人为本，努力打造少年宫的品牌教师队伍（陕西省西安市碑林区少年宫　彭建萍）
活动成果……………………………………………………………………………………………（220）
群众文化活动……………………………………………………………………………………（220）
共青团中央"青春中华"青年文化行动　"民族精神代代传"活动　"中国少年儿童海尔科技奖"活动　"中国少年儿童平安行动"　"中华少年小甲A足球活动"　"亿万少年绘祖国迎奥运活动"　首届全国少先队辅导员风采大赛活动　"心中有祖国、心中有他人"主题教育活动　"安利杯"首届全国青少年宫武术大赛　中国青年创业国际计划　全国青少年活动营地状况调查活动　关注未来，关爱孩子"十大杰出母亲"思想道德教育传播行动　"中华魂"主题教育活动　第三届APEC青年科学节　第十九届全国青少年科技创新大赛　第四届中国青少年电脑机器人竞赛　"明天小小科学家"奖励活动　"VISA奥运畅想少儿绘画大赛"　"安利杯"首届全国儿童绘画大赛　全国校外、课外论文（活动案

例）征集活动　第一届北京市校外教育艺术节　花花泥浮雕造型装饰画创意大赛　北京市中小学生航天知识竞赛　北京市海淀区“信息学奥林匹克”竞赛　天津市“儿童参与式活动”　天津市和平区青少年宫英语跳蚤市场活动　哈尔滨青年宫冰上婚礼

特色兴趣小组活动……………………………………………………………………………（229）

北京市东城区少年宫特色兴趣小组　北京市东城区青少年科技馆特色兴趣小组　北京市西城区青少年科技馆鸟类兴趣小组　北京市宣武区青少年科技馆特色兴趣小组　北京市朝阳区青少年活动中心特色兴趣小组　北京市丰台区青少年活动中心特色兴趣小组　北京市丰台区劳动技术教育中心航天模型兴趣培训小组　北京市通州区青少年活动中心特色兴趣小组　北京市大兴区少年宫特色兴趣小组　北京市房山区少年宫武术兴趣小组　北京市延庆县青少年活动中心国画兴趣小组　天津市少年宫特色兴趣小组　山西省太原市少年宫特色兴趣小组　内蒙古包头市青山区少年宫特色兴趣小组　辽宁省营口市青少年宫少儿表演兴趣小组　吉林省长春市二道区青少年活动中心特色兴趣小组　吉林省白山市青少年宫综合素质培训兴趣小组　黑龙江省哈尔滨市少年宫特色兴趣小组　中国福利会少年宫儿童计算机活动中心英特尔小伙伴工作室　上海市闸北区青少年活动中心特色兴趣小组　上海市闸北区中小学科技指导站业余电台　上海市黄浦区青少年活动中心工艺美术书法综合兴趣小组　上海市宝山区少年宫特色兴趣小组　上海市杨浦区少年宫学生舞蹈队　上海市杨浦区青少年科技站业余电台　上海市长宁区少科站特色兴趣小组　上海市金山区第一少科站机器人兴趣小组　上海市青浦区少年宫特色兴趣小组　上海市浦东新区少年宫特色兴趣小组　上海市奉贤区少年宫特色兴趣小组　江苏省南京市下关区少年宫少儿合唱培训兴趣小组　江苏省苏州市平江区少年宫特色兴趣小组　江苏省南通市儿童少年教育活动中心特色兴趣小组　江苏省镇江市少年宫业余无线电兴趣小组　江苏省江都市少年宫特色兴趣小组　江苏省常熟市虞山少年宫特色兴趣小组　江苏省江阴市少年宫书法兴趣小组　江苏省盐城市少年宫特色兴趣小组　江苏省无锡市南长区少年宫“金钥匙”科普知识兴趣小组　江苏省张家港市少年宫特色兴趣小组　江苏省射阳县少儿活动中心古筝兴趣小组　江苏省海安县少年宫琵琶兴趣小组　江苏省宜兴市青少年活动中心美术兴趣小组　江苏省东台市少年宫特色兴趣小组　浙江省宁波市青少年宫特色兴趣小组　浙江省上虞市青少年宫特色兴趣小组　福建省龙岩市青少年宫特色兴趣小组　福建省三明市少年宫电脑机器人兴趣小组　福建省晋江市青少年宫特色兴趣小组　江西省南昌市中小学生活动中心特色兴趣小组　江西省南昌市少年宫围棋兴趣小组　河南省妇女儿童活动中心特色兴趣小组　湖北省武汉市江汉区青少年宫“红黄兰”艺术兴趣小组　广东省深圳市龙岗区青少年活动中心快乐作文思维训练兴趣小组　云南省昆明市五华区青少年宫武术兴趣小组　陕西省西安市妇女儿童活动中心“神奇笔”美术教室　陕西省西安市碑林区少年宫特色兴趣小组　陕西省榆林市青少年宫舞蹈兴趣小组　甘肃省兰州市少年宫特色兴趣小组　甘肃省兰州市青少年科技艺术教育基地书法兴趣小组　宁夏银川市青少年宫航模兴趣小组

学生社团活动……………………………………………………………………………（240）

北京市东城区少年宫管弦乐团（北京市金帆管弦乐团）　北京市东城区青少年集邮俱乐部　北京市东城区少年宫童声合唱团　“小茶人”俱乐部　北京市崇文区少年宫手风琴乐团（北京市金帆学生艺术团）　“小星星”艺术团　“小荷”民乐团　天津市少年宫“七彩画笔”美术工作室　“小白鸽”艺术团　金鹰体育俱乐部　“小海螺”艺术团　辽宁省大连市青少年宫少儿艺术团　辽宁省大连市西岗区少年宫少年象棋队　“小熊猫”说唱团　“丹顶鹤”艺术团　“小雪花”艺术团　上海东方小伙伴艺术团　上海市小伙伴科普团流动少年宫　上海青少年手拉手艺术团　上海少年科学院　“好小囝”

少儿京剧团　“小浣熊”少儿书画社　上海市杨浦区少年宫模型表演队（空模组）　上海市杨浦区少年宫民乐团　上海市长宁区少年宫古筝乐团　上海市长宁区少年宫330社区俱乐部　上海市学生艺术团书画社　上海市学生艺术团影视剧团　上海市学生艺术团舞蹈团　上海市闵行区少年宫阮族乐队　上海市浦东新区少年宫少儿影视表演团　上海市浦东新区少年宫少儿武术团　江苏省南京市青少年宫青少年棋院　江苏省南京市少儿古筝艺术团　“小白鹭”艺术团　“零点星”艺术团　江苏省常州市少儿民族乐团　江苏省南通市少年宫少儿棋院象棋分院　“小星星”艺术团　江苏省平江少儿书画社　“小杜鹃”少儿京剧团　“小荧花”艺术团　江苏省太仓市青少年活动中心科技之星俱乐部　“小燕子”艺术团　因特尔电脑小博士俱乐部　“红杜鹃”艺术团　福建省三明市青年摄影协会　福建省三明市少儿艺术团　江西省南昌市红孩子艺术团　“小脚丫”少儿舞蹈团　“鸽子花”少儿艺术团　“小花蕾”合唱团　七彩少儿艺术团　广西妇女儿童活动中心少儿艺术团　“山娃娃”艺术团　“小花”艺术团　“苗苗”艺术团　“小白鸽”艺术团　“小芦笙”艺术团　“红领巾”艺术团　陕西省西安市妇女儿童活动中心国际儿童英语俱乐部　陕西省小天鹅艺术团　甘肃省兰州少年交响管乐团　宁夏银川市青少年宫体育俱乐部　宁夏银川市青少年宫书画艺术社　“雪莲花”少儿艺术团

社会化发展成果…………………………………………………………（250）

上海市浦东新区少年宫群众文化教育活动调研报告（上海市浦东新区少年宫群众文化教育活动调研工作组）　推进校外教育数字化进程　创建社区网上学习圈（上海市闸北区青少年活动中心　吴新生）　构建社会实践平台，丰富未成年人成长经历（上海市普陀区中小学社会实践中心鲁汇基地　郁其福）　宜昌市青少年宫市场化运行的探索与实践（湖北省宜昌市青少年宫　王卫平）　少儿社区校外活动中心培训工作初探（甘肃省兰州市少儿活动中心　陈艳军）

交流活动…………………………………………………………（258）

中国少年军校“共创美好明天”赴港交流活动　第三届内地香港少年手拉手体验交流营　全国少工委“手拉手”少儿艺术团赴港演出交流活动　中国北京王府井中学生国际音乐节　台湾布侬族八部合音合唱团访问北京少年宫　日本福冈县高文联国际交流事业团访问北京市少年宫　北京市崇文区少年宫举办中日青少年将棋友谊比赛　美国 Intel 全球教育总监到北京市朝阳区青少年活动中心观摩考察　“英特尔‘求知’计划在全球正式启动仪式”在朝阳区青少年活动中心举行　2004 年中日少年儿童书画交流活动　北京市丰台区青少年活动中心参加中德青少年艺术节　北京市丰台区青少年活动中心赴匈牙利参加国际儿童艺术节　北京市怀柔区独轮车队赴日本比赛凯旋而归　中国天津青少年维也纳“金色大厅”音乐之旅活动　天津华夏未来少儿艺术团环球之旅巡礼　两岸小龙人手拉手营火晚会　第四届“闽南风、海峡情”少儿文化交流活动

家庭教育活动成果…………………………………………………………（262）

家庭教育工作成果…………………………………………………………（262）

规划实施，家庭教育研究成果形成　典型推广，榜样示范作用得到发挥　贯彻《意见》，家庭教育工作有新进展

各地家庭教育经验…………………………………………………………（263）

关注特殊群体，确保儿童权益　教育百万家长，创建百所学校　走进大学校园，培养未来家长　开展“双合格”活动，提高家庭教育水平　成长顾问进家庭，科学教子有共识

“争做合格家长、培养合格人才”家庭教育宣传实践活动…………………………（265）

加强组织领导　开展专项调查研究　联合下发文件，进一步加强宏观指导　召开工作会议，进一步部

署推进工作　深化小公民道德建设　推出"双合格"活动，进一步创新工作载体　发展家长学校　扩大社会宣传　落实实事项目

儿童事业发展集团的成立……(266)

集团成立是时代赋予妇联的历史使命　集团的总体思路和业务拓展方向　集团的改革目标和发展战略

青少年科技教育活动成果……(269)

青少年科技教育活动回顾……(269)

青少年发明创造活动和科学论文撰写活动　生物和环境科学实践活动　国际奥林匹克学科竞赛活动　农村社区青少年适用技术培训活动　青少年科技传播行动

中国青少年科技辅导员协会工作成果……(272)

组织建设工作　理论研究及学术交流工作　第四届"全国教育工作者发明与科教制作展评活动"　培训工作　宣传工作　组织和指导科技辅导员开展各种青少年科技活动　存在的问题

青少年国防教育活动成果……(276)

中国少年军校总校2004年主要工作及活动……(276)

发展概况　举办第四期全国少年军校教官研修班　举办首届全国少年军校小教官培训班　举办首届全国少年军事技能对抗赛　组织首届全国少年军校"共创美好明天"交流团赴港交流　首届全国少年警校检阅式在北京隆重举行　召开第四届全国少年军校示范校年会　基地接待军训、夏令营人数突破万人大关　对全国少年军校示范校进行复查确认　进一步完善基地设施

全国少年军校活动情况……(277)

全国少年军校学员踊跃参加第四个全民国防教育日活动　积极参与机关、国家国防教育办公室以及兄弟单位组织的活动

兰州市少年军校及中小学国防教育情况……(278)

少年军校建设情况　学校国防教育　问题与分析　兰州市少年军校基本情况统计

各省、自治区、直辖市校外教育

北京市校外教育……(283)

综述……(283)

召开北京市青少年学生校外教育工作联席会议第四次全体成员会议　各区县发挥校外教育联席会议作用，形成大校外教育管理网络格局　各区县进一步发挥校外教育联席会议的作用，加强校外教育工作　加大投入，加强创新项目的建设与管理，促进青少年活动场所发展　加强校外教育队伍建设，促进教育教学质量提高　承办亚太青年科学节　举办第二十二届北京学生科技节　举办北京校外教育艺术节　参加国际、国内重大竞赛活动，取得优异成绩　各区县特色品牌活动　加强宣传和总结交流工作

北京市教育学会校外教育研究会……(286)

"北京市青少年学生校外活动场所建设与管理现状调查"课题研究活动　加强科技教育示范校建设与管理，促进科技教育发展　存在的问题

北京市少年宫　北京市青少年科技馆……(287)

概况　群众文化活动　教育活动成果　教育科研活动　交流活动

东城区校外教育……………………………………………………………………………………………（290）

发展概况　场所建设及管理　青少年教育网络的建设与发展　群众文化活动　社区及少先队活动　交流与合作　教育科研活动　教育活动成果　2004 年东城区参加、承办各类教育活动、竞赛活动统计　东城区青少年科技馆 2004 年工作成果　东城区少年宫金帆音乐厅

西城区校外教育……………………………………………………………………………………………（296）

群众文化活动　社区活动　教育活动成果　交流活动　教育科研成果　中国地质博物馆

崇文区校外教育……………………………………………………………………………………………（299）

发展概况　管理成果　活动成果　交流活动　教育科研成果　2004 年参加、承办文体教育、竞赛活动统计　2004 年参加、承办科普类教育、竞赛活动统计

宣武区校外教育……………………………………………………………………………………………（303）

发展概况　群众文化活动　教育教学活动　交流活动　教育科研活动　2004 年参加、承办各类教育、竞赛活动统计

朝阳区校外教育……………………………………………………………………………………………（305）

发展概况　场所建设　管理成果　群众文化活动　社区教育活动　教育科研活动　交流活动　朝阳区青少年活动中心工作成果　朝阳区香河园少年之家　朝阳区酒仙桥少年之家（酒仙桥学区）　2004 年参加、承办各类教育、竞赛活动统计

海淀区校外教育……………………………………………………………………………………………（309）

群众文化活动　教育科研活动　2004 年海淀区青少年活动管理中心承办艺术竞赛活动统计　2004 年海淀区青少年活动管理中心承办、组织科技竞赛活动统计

丰台区校外教育……………………………………………………………………………………………（312）

场所建设　群众文化活动　教育科研活动　交流活动　丰台区云岗青少年科技站　丰台区东高地青少年科技馆　2004 年参加、承办各类教育、竞赛活动统计

石景山区校外教育…………………………………………………………………………………………（317）

活动及获奖情况　教育科研活动　交流活动　2004 年参加、承办各类教育竞赛活动统计

门头沟区校外教育…………………………………………………………………………………………（319）

群众文化活动　教育成果　2004 年参加、承办各类教育、竞赛活动统计

房山区校外教育……………………………………………………………………………………………（320）

群众文化活动　教育科研活动　**燕山地区校外教育**　群众文化活动　2004 年参加、承办各类教育、竞赛活动统计

通州区校外教育……………………………………………………………………………………………（322）

发展概况　场所建设　管理成果　群众文化活动　社区教育活动　教育科研活动　通州区青少年活动中心

大兴区校外教育……………………………………………………………………………………………（325）

群众文化活动　交流活动　教育科研活动　大兴区小学大皮营劳动教育基地　北京永定河绿野青少年素质教育基地　大兴区少儿图书馆　天堂河社区青少年动手做科学俱乐部　中国西瓜博物馆　中国印刷博物馆　中华文化园　2004 年参加、承办各类教育、竞赛活动统计

昌平区校外教育……………………………………………………………………………………………（329）

场所建设　群众文化活动　交流活动　教育科研活动　2004年参加、承办各类教育、竞赛活动统计

怀柔区校外教育……(331)

发展概况　场所建设　管理成果　社团建设　群众文化活动　2004年参加、承办各类教育、竞赛活动统计

密云县校外教育……(334)

场所建设　群众文化活动　教育科研活动　2004年参加、承办科普活动情况统计

延庆县校外教育……(335)

发展概况　群众文化活动　教育科研活动

天津市校外教育……(338)

综述……(338)

校外教育的建设与发展　制定校外教育发展规划　加大对场馆建设的投资力度　校外教师基本功培训与考核　天津市校外教育教师基本功培训成果展览、展示暨迎新春联欢会　校外教育理论研究工作　**天津市少工委重点活动**　"我是天津小主人"提案征集活动　天津市第五次少代会　"养成道德好习惯，争做'酷儿之星'"活动　中华少年小甲A足球活动　夏（冬）令营活动　2004天津市少先队辅导员新秀评选暨辅导员技能比武　参加首届全国少先队辅导员风采大赛　举办"青春飞扬——天津市少先队辅导员技能比武暨首届全国少先队辅导员风采大赛颁奖晚会"

校外教育单位……(340)

天津市少年宫　天津青少年活动中心　天津市青少年绿色文明基地　天津华夏未来少儿艺术中心　和平区青少年宫　河东区少年宫　河西区少年宫　河西区马场街社区　南开区少年宫　河北区少年宫　红桥区少年宫　塘沽青少年宫　东丽区少年宫　武清区青少年活动中心

河北省校外教育……(355)

综述……(355)

河北省委、省政府下发文件，推动全省未成年人思想道德建设工作的开展　**省青少年宫协会工作概述**　基本情况　开展《全省青少年宫现状、问题及对策建议》调研活动　进一步开展对青少年宫建设与管理的调研　按照团中央要求开展专题调研　赴新疆进行学习考察活动　省宫协下发《关于开展全省团属青少年活动场所安全检查和专项治理工作的通知》　申报批准邢台市青少年宫、保定市青少年宫建设经费　省财政为全省青少年宫建设划拨补助经费　保定市青少年宫新建工程竣工使用　积极开展主题教育活动　河北省首届青少年宫系统少儿文艺汇演颁奖晚会　第二届"走进美妙的数学花园"青少年数学论坛暨全国青少年数学竞赛活动河北分赛区活动　省宫协2004年工作会议　**青少年科技活动**　广泛开展青少年科技活动　举办第十九届河北省青少年科技创新大赛　参加"全国青少年信息学奥林匹克竞赛"再创佳绩　辅导员科技论文的征集与评审　组织开展"6.29"科普日机器人表演活动　河北省青少年宫统计

校外教育单位……(359)

石家庄市青少年宫　石家庄市青少年科技文化活动中心　石家庄市中小学生校外综合实践活动基地　张家口市青少年宫　张家口市桥东区少年宫　秦皇岛市青少年宫　唐山市青少年宫　保定市青少年宫　邢台市青少年宫　邯郸市青少年宫　华北油田少年宫

山西省校外教育……(366)

综述……(366)

未成年人思想道德教育工作的进展　中共中央政治局常委李长春考察山西未成年人思想道德建设情况

山西省委、省政府下发关于未成年人思想道德建设的文件　山西省建立未成年人教育联席会议协调机制　山西省未成年人思想道德建设活动成果　山西“红色景区”吸引青少年　**青少年科技活动**　青少年科技创新大赛　“大手拉小手”科技传播行动　电脑机器人活动　参加国际青少年科技交流活动　承办“第四届全国教育工作者发明与科教制作展评活动”

校外教育单位………（368）

山西省青少年科技活动中心　阳泉市青少年宫　长治昌盛少年宫　运城市蓝天少年宫

内蒙古自治区校外教育…………………………………………………………………………………………（371）

综述……（371）

未成年人思想道德建设活动　发展概况　教育行政部门充分发挥主渠道作用　全力推进家庭教育工作　重视实践育人活动　**校外教育活动**　投资力度加大，活动场所环境改善　儿童思想教育活动　**科技教育活动**　发展概况

包头市校外教育……（373）

基本情况　以展示活动激发孩子们的学习兴趣　发挥校外教育活动场所优势，积极开展青少年儿童思想道德建设

校外教育单位………（373）

呼和浩特市少年宫　呼和浩特市回民区少年宫　包头市少年宫　包头市昆区少年宫　包头市青山区少年宫　包钢少年宫　呼伦贝尔市民族少年宫　乌海市青少年宫　满州里市青少年宫

辽宁省校外教育……（379）

综述……（379）

发展概况　广泛开展主题教育示范活动，青少年活动场所的育人职能得到增强　不断挖掘潜力，青少年宫的社会服务领域进一步拓展　加强青少年活动场所的建设　建设一支高素质、高水平校外教育工作者队伍　充分发挥协会的资源优势，为各级青少年宫提供有效服务　存在问题

沈阳市校外教育……（380）

发展概况　开展青少年校外活动场所全面普查工作　举办少年儿童硬笔书法比赛活动　庆祝“六一”儿童节系列活动　举办“沈阳市少年宫系统少儿文艺大赛”　举办“沈阳市少年儿童建筑模型比赛”　开展中小学生社会公益日活动

校外教育单位………（381）

沈阳市儿童活动中心（原沈阳市妇女儿童宫）　沈阳市苏家屯区少年宫　沈阳市少年儿童图书馆　大连市青少年宫　大连市少年宫　大连市中山区少年宫　大连市沙河口区少年宫　大连市甘井子区少年宫　旅顺口区少年宫　金州区少年宫　瓦房店市少年宫　庄河市青少年宫　大连市长海县青少年宫　铁岭市青少年宫　抚顺市青少年宫　鞍山市青少年活动中心　丹东市振兴区少年宫　营口市青少年宫

吉林省校外教育……（392）

综述……（392）

吉林省制订未成年人思想道德建设工作措施　家庭教育工作取得新进展　共青团吉林省委积极开展青少年教育活动　吉林市家庭教育工作成绩

校外教育单位………（393）

长春市宽城区少年宫　长春市二道区青少年活动中心　四平市青少年宫　白山市青少年宫　延吉市少

年儿童活动中心（延吉市少年儿童图书馆）
黑龙江省校外教育……（397）
综述……（397）
发展概况　阵地建设　共青团黑龙江省委制订青少年思想道德教育工作实施方案　制订青少年活动阵地管理措施　各青少年活动阵地特色活动项目　黑龙江省青少年宫协会会长办公会
校外教育单位……（399）
黑龙江省妇女儿童活动中心　哈尔滨市少年宫　哈尔滨儿童少年活动中心　齐齐哈尔青少年宫　齐齐哈尔市图书馆　大庆市青少年宫　大庆油城儿童少年活动中心　大庆石化总厂青少年科学宫　双鸭山市青少年宫　牡丹江市青少年宫　七台河市青少年宫　海拉尔铁路分局青少年宫　佳木斯市青少年宫　赵光农场少年宫　依兰县青少年宫　勃利县青少年宫　肇东实验小学青少年活动阵地
上海市校外教育……（407）
综述……（407）
上海市立法保护未成年人　**校外教育管理活动**　发展概况　2004年市校外教育工作会议　学习培训活动　科研工作　论文获奖情况　调研活动　举办高级研修班　编写工作　第四届上海市学生戏剧节　第五届上海市学生电影节　**青少年科技教育活动**　“2049上海试点项目”阶段性工作汇报会　上海市科协英特尔英才俱乐部　第十九届英特尔上海市青少年科技创新大赛　上海郊区青少年科技传播行动专题座谈会
校外教育单位……（410）
中国福利会少年宫　场所建设　教育科研活动　管理成果　活动成果　计算机教育活动　学生社团演出及交流活动　2004年参加、承办各类教育、竞赛活动统计
上海青年文化活动中心　上海市青少年科技教育中心　上海市青少年校外活动基地——东方绿舟　上海市少年儿童佘山活动营地　上海市少年儿童浏河活动营地　黄浦区青少年活动中心　卢湾区青少年活动中心　徐汇区青少年活动中心　长宁区少年宫　长宁区少年科技指导站　静安区青少年活动中心　普陀区青少年活动中心　普陀区中小学社会实践服务中心鲁汇基地　闸北区青少年活动中心　闸北区少科站少年宫　虹口区青少年活动中心　杨浦区少年宫　杨浦区青少年科技站　闵行区少年宫　闵行区青少年科技指导站　宝山区少年宫　宝山区青少年科学技术指导站　嘉定区青少年活动中心　浦东新区少年宫　浦东新区中小学科技指导站　金山区第一少年宫少科站　金山区第二少年宫少科站　松江区青少年活动中心　青浦区少年宫　南汇区青少年科技艺术指导中心　奉贤区少年宫　崇明县青少年活动中心　崇明县堡镇少年之家
江苏省校外教育……（464）
综述……（464）
江苏省加强未成年人教育工作任务　江苏省小公民道德建设活动　江苏省开办“阳光学堂”，推进社区未成年人思想道德建设　江苏省举办“未成年人网络文明行”活动　江苏省重视妇女儿童基础设施建设　江苏省举办第三届青少年电子技师软件仿真、电路制作赛　江苏省青少年科技中心积极开展“社区青少年科学工作室”　江苏省组团参加“第三届亚太经合组织青少年科学节”　江苏省东海县兴建青少年科技活动中心　南京市17件实事惠及70万中小学生　南京市“地行仙”汽车俱乐部活动　无锡市制订未成年人思想道德建设七大工程和38项具体工作
扬州市校外教育……（466）

扬州市形成未成年人思想道德教育新格局　扬州市制订中小学生参观爱国主义教育基地试行办法　扬州市爱国主义教育基地统计

校外教育单位……………………………………………………………………………………（468）

江苏省妇女儿童活动中心　南京市青少年宫　南京市白下区少年宫　南京市秦淮区少年宫　南京市下关区少年宫　徐州市青少年宫　沛县妇女儿童活动中心　淮安市青少年宫　扬州市少年宫　泰州市妇女儿童发展中心　南通市儿童少年教育活动中心　镇江市少年宫　常州市妇女儿童活动中心　无锡市崇安区少年宫　江阴市少年宫　苏州市平江区少年宫　苏州市吴中区妇女儿童活动中心　太仓市青少年活动中心　常熟虞山少年宫　张家港市少年宫

浙江省校外教育……………………………………………………………………………（479）

综述……………………………………………………………………………………………（479）

浙江实施未成年人“五大工程”　浙江省青少年校外活动场所建设工作会议　浙江省青少年校外活动场所建设情况　浙江省青少年宫信息网络工程建设　浙江省青少年活动阵地的建设和发展情况　浙江省校外教育工作主要成果

宁波市校外教育……………………………………………………………………………（481）

宁波市积极开展社区未成年人思想道德教育　宁波市在少年儿童中开展“民族精神代代传”活动

校外教育单位……………………………………………………………………………………（482）

杭州青少年活动中心　杭州市江干区少年宫　杭州市西湖区青少年宫　杭州市余杭区青少年宫　杭州市萧山区青少年宫　建德市新安江青少年活动中心　嘉兴市青少年宫　嘉善县青少年宫　舟山市青少年活动中心　宁波市青少年宫　宁波市镇海区青少年宫　绍兴市青少年活动中心　上虞市青少年宫　衢州市常山县青少年活动中心　金华市青少年宫　金华市武义县青少年宫　温州市少年宫　丽水市青田县青少年活动中心　丽水市遂昌县青少年宫　奉化市滕头学生社会实践基地

安徽省校外教育……………………………………………………………………………（496）

综述……………………………………………………………………………………………（496）

安徽省制订未成年人思想道德建设的实施意见　安徽省教育厅制订未成年人思想道德建设实施意见　安徽省未成年人保护委员会下发关于进一步加强未成年人保护工作的通知　安徽青少年科技创新大赛　安徽省组团参加“第三届亚太经合组织青少年科学节”

校外教育单位……………………………………………………………………………………（497）

合肥市瑶海青少年活动中心　马鞍山市青少年宫

福建省校外教育……………………………………………………………………………（499）

综述……………………………………………………………………………………………（499）

福建省未成年人思想道德建设确定5条贯彻落实意见　共青团福建省委、少工委部署未成年人道德建设工作　福建省妇联未成年人思想道德建设综述　全国妇联部分省区儿童校外活动场所调研会在闽举行　2004年福建省科普工作主要成效　福建举办“两岸科教创新论坛”活动　福建省举办青少年科技教育培训班

校外教育单位……………………………………………………………………………………（501）

福州科学艺术宫　政和县青少年宫　三明市青少年宫　宁化县青少年宫　晋江市青少年宫　厦门市青少年宫　厦门市巾帼园　厦门市集美区少年宫　漳州市青少年宫　龙海市青少年宫　龙岩市青少年宫

江西省校外教育……………………………………………………………………………（510）

综述……………………………………………………………………………………………………（510）

江西省制订未成年人思想道德建设的实施意见　江西省加强校外青少年活动场所建设　江西省召开加强和改进未成年人思想道德建设工作会议　江西省6部门联合打造未成年人道德教育新平台　江西省全面开展学校及周边治安专项整治百日行动　江西省关工委15万老干部与青少年结对　江西省爱国主义教育基地对未成年人免费开放　江西省开展体验教育，扎实推进青少年思想道德建设　江西省开展青少年科技传播活动　“春蕾计划10元捐”活动　江西省妇联开展家庭教育“八个百”活动　江西省掀起弘扬家庭美德、争做文明家庭新热潮　“百万青少年绿色上网”签名活动

校外教育单位……………………………………………………………………………………（512）

江西省儿童少年活动中心　江西省南昌市图书馆少儿部　南昌市中小学生活动中心　南昌市少年宫　新余市妇女儿童活动中心　九江市青少年宫

山东省校外教育……………………………………………………………………………（516）

综述……………………………………………………………………………………………………（516）

山东省委省政府制订加强和改进未成年人思想道德建设的意见　山东省未成年人思想道德建设工作成效显著　山东省青少年宫系统认真落实未成年人思想道德教育工作　山东团省委、少工委积极开展未成年人思想道德建设　山东省妇联举办隆重的“六一”庆祝活动　首届中国青少年读书周活动

校外教育单位……………………………………………………………………………………（517）

山东省少年儿童图书馆　济南市青少年宫　济南市市中区少年宫　德州青少年宫　青岛市儿童少年活动中心　青岛市李沧区少年宫　烟台市青少年宫　淄博市博山区青少年宫　潍坊市青少年宫　枣庄市妇女儿童活动中心　泰安市青少年教育培训活动中心

河南省校外教育……………………………………………………………………………（525）

综述……………………………………………………………………………………………………（525）

河南省制订未成年人思想道德建设的实施意见　河南未成年人思想道德建设综述　河南省关工委积极投入参与未成年人教育　河南省校外教育发展概况　河南省青少年科技活动综述　河南省开展“青少年网络文明行动”

校外教育单位……………………………………………………………………………………（527）

河南省妇女儿童活动中心　安阳市妇女儿童活动中心　焦作市青少年宫　鹤壁市浚县石佛铺村青少年活动中心

湖北省校外教育……………………………………………………………………………（532）

综述……………………………………………………………………………………………………（532）

湖北省制订未成年人思想道德建设的实施意见　湖北省未成年人思想道德建设活动综述　共青团湖北省委切实维护未成年人的合法权益　湖北省文化厅为全省青少年做实事　湖北省对文化市场开展两次专项治理行动　湖北省实施“母亲素质工程”　湖北省开展净化荧屏运动　省妇联启动“家庭教育志愿者进社区”活动

校外教育单位……………………………………………………………………………………（533）

武汉市青少年宫　武汉市江汉区青少年宫　武汉市硚口区青少年宫　武汉市青山区青少年宫　荆门市青少年活动中心　宜昌市青少年宫　十堰市青少年宫

湖南省校外教育……………………………………………………………………………（538）

综述……………………………………………………………………………………………………（538）

湖南省未成年人思想道德建设工作综述　湖南省青少年科技教育工作　长沙市“杜鹃花”文化广场活动蓬勃开展

校外教育单位……………………………………………………………………………………(539)

湖南省妇女儿童活动中心　长沙市少年宫　澧县少年宫

广东省校外教育……………………………………………………………………………(542)

综述……………………………………………………………………………………………(542)

青少年校外活动场所建设情况　广东省部署中小学德育工作，加强民族精神教育养成教育诚信教育　广东省建立百支大学生山区农村未成年人思想道德建设实践服务团　广东省青少年维权中心成立　广东省青少年科技活动成绩显著　广东省举办"科技进步活动月"活动　家庭教育工作获新进展　广州市全力打造未成年人活动新场所　广州市投资3.2亿元兴建第二少年宫　广州市少年宫建成广州少年文化广场　广州市青少年爱国主义教育基地实行免费打卡制　广东省清新县青少年宫正式动工兴建

校外教育单位……………………………………………………………………………………(545)

广州市少年宫　广州市越秀区少年宫　广州市东山区少年宫　广州市天河区少年宫　广州市方圆少儿艺术培训中心　汕头市青少年活动中心　汕头市妇女儿童活动中心　深圳市南山区青少年活动中心　深圳市宝安区青少年活动中心　深圳市龙岗区青少年活动中心　珠海市青少年妇女儿童活动中心　佛山市少年儿童图书馆　肇庆市端州区青少年宫

广西壮族自治区校外教育…………………………………………………………………(556)

综述……………………………………………………………………………………………(556)

广西自治区党委、区人民政府制订关于贯彻《中共中央、国务院关于进一步加强和改进未成年人思想道德建设的若干意见》的实施意见　广西自治区制订对青少年校外地场所管理要求　广西自治区教育系统关工委工作会议在南宁召开　积极开展青少年学生校外活动场所的队伍建设　**科技教育活动**　发展概况　举办广西青少年科技创新大赛　组织"快乐科普伴我行"青少年科普教育活动　纪念邓小平为首届"全国青少年科技作品展"题词25周年城乡青少年手牵手科普活动　"爱科学月"活动

南宁市校外教育…………………………………………………………………………………(558)

发展概况　积极打造青少年活动品牌　让青少年活动遍地开花　"争做合格父母、培养合格人才"家庭教育宣传实践活动

校外教育单位……………………………………………………………………………………(559)

广西妇女儿童活动中心　广西青少年科技中心　崇左市江州区青少年校外活动中心　玉林市玉州区青少年宫

重庆市校外教育……………………………………………………………………………(562)

综述……………………………………………………………………………………………(562)

召开加强和改进未成年人思想道德建设工作会议　团市委制订关于加强和改进未成年人思想道德建设的实施意见　重庆从10个方面加强和改进未成年人思想道德建设　重庆市校外教育机构在未成年人思想与道德教育活动中发挥重要作用　重庆市青少年学生校外活动场所建设情况　重庆市青少年学生校外活动场所管理情况　重庆市青少年学生校外活动场所存在的问题　举办第六届重庆高交会青少年科技创新大赛展评活动　重庆市表彰家教工作先进集体和个人　**少先队活动**　"民族精神代代传"原创少儿歌曲征集评选活动　扎实推进"红岩雏鹰素质拓展计划"　深入开展体验教育　"六一"少先队活动丰富多彩　"手拉手"活动取得新进展

校外教育单位……………………………………………………………………………………(565)

重庆市妇女儿童培训活动中心　万州区青少年宫　涪陵区少年宫　南湖青少年素质拓展训练基地　重庆市学生素质教育基地（五云山寨学生素质教育基地）

四川省校外教育……………………………………………………………………………………………（568）
综述……………………………………………………………………………………………………（568）
四川省未成年人维权行动月启动仪式暨四川青少年维权志愿者出征仪式隆重举行　四川省家庭教育的成就与发展　四川省成立“未成年人自我保护教育基地”　四川省成都市教育系统积极加强和改进未成年人思想道德建设　四川绵阳市被确认为中国唯一科普示范城市
遂宁市校外教育……………………………………………………………………………………………（569）
基本情况　积极开展未成年人教育活动　重视“留守学生”教育　扩大家庭教育覆盖面　校外活动场所建设情况　积极净化学校周边环境
校外教育单位……………………………………………………………………………………………（570）
攀枝花市少年宫　泸州市青少年宫
贵州省校外教育……………………………………………………………………………………………（571）
综述……………………………………………………………………………………………………（571）
贵州省召开全省加强和改进未成年人思想道德建设工作会议　加强未成年人思想道德建设，贵州省委省府决定办好5件实事　团省委为未成年人办好10件实事　贵州省妇联出台关于进一步加强和改进未成年人思想道德建设的意见　举办第十九届贵州省青少年科技创新大赛　贵州省科技活动周活动　**校外教育场所的建设与发展**　校外教育管理体系　青少年校外教育场所建设情况　**少先队特色活动**　深化少先队重点活动　道德实践活动　加强少先队自身建设　贵阳市委市政府制订加强和改进未成年人思想道德建设的实施意见
校外教育单位……………………………………………………………………………………………（573）
贵阳市青少年宫　贵阳市南明区少年宫　贵阳市云岩区少年宫　六盘水市青少年活动中心　遵义市青少年宫　铜仁地区民族青少年宫　凯里市民族青少年宫
云南省校外教育……………………………………………………………………………………………（577）
综述……………………………………………………………………………………………………（577）
云南省出台《意见》保障未成年人健康成长　云南省召开加强和改进未成年人思想道德建设工作现场会　云南出台多项措施，为青少年营造良好成长环境　云南省“关工委”重视关心下一代工作　举办未成年人思想道德宣传教育活动　云南省学生校外活动场所建设情况　云南省科协开展一系列青少年科普教育活动为未成年人服务
校外教育单位……………………………………………………………………………………………（579）
西双版纳热带植物园　昆明市五华区青少年宫　个旧市青少年活动中心
陕西省校外教育……………………………………………………………………………………………（582）
综述……………………………………………………………………………………………………（582）
陕西省委、省政府下发关于进一步加强和改进未成年人思想道德建设的实施意见　陕西省未成年人思想道德建设情况综述　陕西省教委、共青团陕西省委开展未成年人思想道德建设情况　陕西省青少年校外教育阵地教育活动状况　少先队特色活动　社区少先队活动　陕西省妇联发挥家庭在未成年人思想道德建设中的作用　陕西省青少年科技教育工作成果　陕西省青少年体育活动情况
校外教育单位……………………………………………………………………………………………（585）
陕西省科技馆　西安市妇女儿童活动中心　西安市青少年宫　西安市莲湖区少年宫　西安市碑林区少年宫　陕西省历史博物馆　西安“八办”旧址革命纪念馆　延安革命纪念馆　辛垦小学西安中共历史教育

基地　铜川市耀州区药王山博物馆

甘肃省校外教育……………………………………………………………………………………（589）

综述…………………………………………………………………………………………………（589）

甘肃制订未成年人健康成长行动计划　甘肃确定11个方面共55条措施开展未成年人思想道德建设　甘肃省召开全省未成年人思想道德建设座谈会　甘肃省共青团未成年人思想道德建设工作情况　甘肃省教育厅制订"甘肃省未成年人健康成长行动计划"的实施意见　甘肃省妇联实施"家庭教育百千万行动"　甘肃省青少年科技活动情况

兰州市校外教育……………………………………………………………………………………（590）

兰州地区校外教育发展概述　兰州市委书记王军视察兰州市少儿活动中心　兰州市校外教育指导委员会第九次会议　兰州市委、市政府制订未成年人思想道德建设的实施意见　兰州市组建社区教育办公室　青少年校外活动场所建设情况　教育科研活动　2004年参加、承办各类校外教育活动、竞赛活动统计表　兰州市中小学校假期社区活动统计表

校外教育单位………………………………………………………………………………………（594）

兰州市少儿活动中心　兰州市少年宫　兰州市少年儿童图书馆　兰州市儿童艺术剧团

青海省校外教育……………………………………………………………………………………（597）

综述…………………………………………………………………………………………………（597）

青海省重视加强未成年人思想道德建设工作　青海省召开未成年人思想道德建设工作会议　青海省为未成年人办实事纪实　青海省暑期未成年人思想道德建设活动丰富多彩　青海省从三方面推进家庭教育工作　青海开办春蕾女童班23个

校外教育单位………………………………………………………………………………………（598）

青海省青少年活动中心　青海省科学技术馆　西宁市少年宫

宁夏回族自治区校外教育…………………………………………………………………………（601）

综述…………………………………………………………………………………………………（601）

宁夏制订加强和改进未成年人思想道德建设的实施意见　宁夏自治区制订青少年校外活动场所的建设目标和要求　宁夏区政府做好5件实事，创造未成年人健康成长良好环境　宁夏自治区教育厅制订中小学生思想道德建设实施意见　宁夏自治区率先启动"双合格"家庭教育活动　举办预防和遏制艾滋病宣传周活动　宁夏青少年科技教育活动成果综述

校外教育单位………………………………………………………………………………………（603）

银川市青少年宫

新疆维吾尔自治区校外教育………………………………………………………………………（605）

综述…………………………………………………………………………………………………（605）

新疆制订未成年人思想道德建设的工作重点　新疆未成年人思想道德建设情况综述　新疆采取五项措施抓教育加强未成年人思想道德建设　新疆召开未成年人思想道德建设工作会议　新疆广电局实施"四项工程"营造未成年人良好环境　新疆重视家庭道德教育活动　新疆首批青少年科技教育基地通过验收　新疆科协召开青少年科技教育工作先进集体先进个人表彰大会

校外教育单位………………………………………………………………………………………（607）

新疆青少年科技中心　乌鲁木齐市青少年宫

附　录

校外教育表彰……………………………………………………………………………………………………(611)

教育部　共青团中央关于公布全国第一届中小学生艺术展演活动组织奖及各项目评选结果的通知…(611)

教育部　国家体育总局　共青团中央　全国少工委关于命名天津市河西区等10个地区（县、团）为“全国中小学生课外文体活动工程示范区”的决定………………………………(612)

共青团中央　文化部关于表彰“全国先进青少年宫”、“全国青少年宫优秀教师”和“全国青少年宫优秀工作者”的决定……………………………………………………………………(612)

中国科协关于确定第二批全国科普教育基地创建单位的决定……………………………………(618)

全国少工委关于表彰“2004年度中国少年儿童海尔科技奖”获奖者和获奖单位的决定……………(620)

全国少工委办公室关于表彰“中国少年儿童平安行动”2004年度先进集体和个人的决定………(620)

校外教育名师…………………………………………………………………………………………………(622)

北京市　天津市　山西省　内蒙古自治区　辽宁省　吉林省　黑龙江省　上海市　江苏省　浙江省　福建省　江西省　河南省　湖北省　广东省　广西壮族自治区　重庆市　四川省　云南省　陕西省　甘肃省　宁夏回族自治区　新疆维吾尔自治区

校外教育活动典型案例……………………………………………………………………………………(655)

上海市青浦区中小学生涉台教育系列活动方案（上海市青浦区少年宫　高建新）　关注外来建设者子女健康成长“蒲公英”系列活动（上海市闵行区少年宫　叶琴琴）　上海市虹口区学生彩虹网络电视台的方案（上海市虹口区青少年活动中心　金浩良　谢雨滋）　中国天津青少年维也纳“金色大厅”音乐之旅活动实施方案（天津市少年宫　杨家璠）　广东省佛山市第五届家庭读书活动　（广东省佛山市少年儿童图书馆　马　慧）　2004年青少年西溪湿地科学考察活动（浙江省杭州青少年活动中心　施泽民）

校外教育工作纪事（2004年）……………………………………………………………………………(665)

2004年校外教育活动风采……………………………………………………………………………………(673)

北京学生活动管理中心（北京市少年宫、北京市青少年科技馆）　北京市校外教育研究室　北京市东城区少年宫　北京市丰台区青少年活动中心　北京市朝阳区青少年活动中心　北京市通州区青少年活动中心　天津青少年活动中心　天津市华夏未来少儿艺术中心　上海市教育学会校外教育专业委员会　上海市长宁区少年宫　上海市闸北区青少年活动中心　上海市杨浦区少年宫　上海市青浦区少年宫　上海市普陀区中小学社会实践服务中心（鲁汇基地）　江苏省南京市秦淮区少年宫　江苏省徐州市青少年宫　江苏省扬州市少年宫　江苏省苏州市平江区少年宫　江苏省张家港市少年宫　江苏省无锡市崇安区少年宫　浙江省宁波市青少年宫　浙江省杭州市萧山区青少年宫　浙江省奉化市滕头学生社会实践基地　浙江省余姚市青少年宫　湖北省武汉市青山区青少年宫　陕西省小天鹅艺术团　广东省广州市东山区少年宫

总　论

胡锦涛在全国加强和改进未成年人思想道德建设工作会议上发表重要讲话强调

全党全社会共同做好未成年人思想道德建设工作 大力培育中国特色社会主义事业建设者和接班人

2004年5月10日，中共中央在北京召开全国加强和改进未成年人思想道德建设工作会议。中共中央总书记胡锦涛发表重要讲话。

胡锦涛同志强调，进一步加强和改进未成年人思想道德建设，是中央从推进新世纪新阶段党和国家事业发展、实现党和国家长治久安出发作出的一项重大决策，对于确保我国在激烈的国际竞争中始终立于不败之地，确保实现全面建设小康社会、进而实现现代化的宏伟目标，确保中国特色社会主义事业兴旺发达、后继有人，确保实现中华民族的伟大复兴，具有重大而深远的战略意义。

他指出，加强和改进未成年人思想道德建设，要坚持以马克思列宁主义、毛泽东思想、邓小平理论和“三个代表”重要思想为指导，以进行理想信念教育为核心，以树立正确的世界观、人生观、价值观为重点，以养成高尚的思想品质和良好的道德情操为基础，紧密结合全面建设小康社会的实际，遵循未成年人思想道德建设的规律，坚持以人为本，促进未成年人的全面发展，努力培育面向现代化、面向世界、面向未来，有理想、有道德、有文化、有纪律，德、智、体、美全面发展的中国特色社会主义事业建设者和接班人。

胡锦涛在讲话中指出，加强和改进未成年人思想道德建设，是推动党和国家事业不断发展的必然要求，是提高全民族素质、促进人的全面发展的必然要求，是增强我国发展后劲和国际竞争力的必然要求，是坚持立党为公、执政为民的必然要求。现在，我国18岁以下的未成年人约有3.67亿，他们是党和国家的希望，是中华民族的希望。要使广大未成年人成长为中国特色社会主义事业的合格建设者和可靠接班人，不仅要大力提高他们的科学文化素质，而且更要大力提高他们的思想道德素质，使他们从小就形成良好的精神和品德，树立起热爱祖国、决心为祖国的繁荣富强贡献自己全部力量的坚定信念，树立起自强不息、不怕任何艰难险阻、勇往直前的奋斗精神，树立起与时俱进、昂扬向上、勇于创新的开拓意识，努力成为祖国现代化事业发展的强大后备军。关心未成年人的成长，为他们身心健康发展创造良好的条件和社会环境，是党和国家义不容辞的职责，是开创国家和民族更加美好的未来的战略工程，也是实现亿万家庭的最大希望和切身利益的民心工程。全党同志要以对党和国家前途命运高度负责的态度，充分认识新形势下进一步加强和改进未成年人思想道德建设的重要性、紧迫性，增强做好未成年人思想道德建设各项工作的自觉性、坚定性。

胡锦涛指出，为推进未成年人思想道德建设，我们党制定了一系列重要方针政策，采取了一系列行之有效的措施，进行了不懈努力，积累了重要经验：第一，坚持把马克思主义作为根本指针，始终保持未成年人思想道德建设工作的正确方向；第二，坚持把培养有理想、有道德、有文化、有纪律的公民作为根本目标，不断培育社会主义事业的合格建设者和可靠接班人；第三，坚持把树立正确的世界观、人生观、价值观作为根本任务，不断促进未成年人形成正确的思想道德观念；第四，坚持把教育与社会实践相结合作为根本途径，不断提高未成年人思想道德建设的成效。第五，坚持把全党重视、全社会共同参与作为根本举措，不断增强推进未成年人思想道德建设的合力。这些经验对于我们进一步加强和改进未成年人思想道德建设具有重要指导意义，必须长期坚持。同时，要根据时代发展的要求，坚持与时俱进、开拓创新，在实践中不断开创未成年人思想道德建设的新局面。

胡锦涛强调，进一步加强和改进未成年人思想道德建设，当前在工作中要重视解决好以下几个问题。

第一，全面落实思想道德建设的主要任务。要从增强爱国情感做起，从确立远大志向做起，从规范行为习惯做起，从提高基本素质做起，弘扬和培育以爱国主义为核心的团结统一、爱好和平、勤劳勇敢、自强不息的伟大民族精神，树立和培育正确的理想信念，着力培养良好的道德品质和文明行为，努力培育劳动意识、创造意识、效率意识、环境意识和进取精神、科学精神、团队精神以及民主法制观念、诚信观念，形成朝气蓬勃、昂扬向上的精神状态，使未成年人的思想道德素质、科学文化素质和健康素质不断得到提高，成为全面发展的社会主义新人。

第二，大力推动思想道德建设的改进创新。重点在充分体现时代性、准确把握规律性、大力增强实效性三个方面狠下功夫。要坚持求真务实，努力增强未成年人思想道德建设的时代感，认真研究未成年人思想道德建设中的新情况新问题，不断探索和把握未成年人成长的规律，针对未成年人思想道德建设方面存在的突出问题，开展有针对性的教育和引导活动。

第三，积极创造未成年人健康成长的良好社会环境。要增强大众传媒的社会责任感，为未成年人思想道德建设创造良好的舆论环境。要实施精品战略，为未成年人提供更多更好的文化产品和文化服务。要加大综合治理的力度，为未成年人思想道德建设创造良好的文化环境。要严厉打击危害未成年人身心健康的违法犯罪活动。要切实加强保护未成年人权益方面的立法和执法工作，为未成年人思想道德建设创造良好的法制环境。要形成尊重未成年人、关心未成年人、帮助未成年人的社会氛围，促进他们健康成长、发展成才。

胡锦涛强调指出，加强和改进未成年人思想道德建设，是全党全社会必须共同承担的重大任务。各级党委和政府都要把思想统一到中央精神上来，切实担负起政治责任，进一步加强和改善对未成年人思想道德建设的领导。要把加强和改进未成年人思想道德建设摆在更加突出的位置，作为精神文明建设的重中之重，纳入经济社会发展总体规划，列入重要议事日程。要经常分析未成年人思想道德的状况，认真研究解决重大问题。要增加对未成年人思想道德建设的投入，针对未成年人思想道德建设中存在的突出问题，着力办好几件作用大、影响大的实事，取得人民群众看得见、摸得着的实实在在的成效。要建立健全党委统一领导、党政群齐抓共管、文明委组织协调、有关部门各负其责、全社会积极参与的领导体制和工作机制，采取有力措施，加强督促检查，保证各项任务的落实。

（载于 2004 年 5 月 12 日《人民日报》）

胡锦涛在北京市考察少年儿童工作时强调

全党全社会共同关心未成年人成长 培养社会主义事业建设者和接班人

在"六一"国际儿童节到来之际，中共中央总书记、国家主席胡锦涛来到少年儿童中间，与孩子们一起庆祝节日。他代表党中央，向全国广大少年儿童致以节日的祝贺和亲切的问候，祝全国小朋友们身体健康、学习进步、生活幸福。

在中国科技馆，胡锦涛对少先队员说，你们今天是国家的小主人，明天将成为国家的建设者。希望你们从小树立远大理想，培养优良品德、学习文化知识、锻炼强健体魄，努力成长为对祖国、对人民、对社会的有用之才。他勉励同学们努力学习科学知识，树立科学精神，培育创新意识，为长大以后建设祖国做好充分准备。

在北京市少年宫，胡锦涛说，同学们利用课余时间参加一些有益的课外活动，有利于陶冶情操，培养广泛的兴趣爱好；有利于开阔视野，扩大知识面；有利于掌握一些实际技能，增强动手能力。他希望同学们充分利用这样的机会，多开动脑筋，多学点本领，多长点才干，为今后的成长进步打好基础。

在同少先队员和少年儿童工作者代表就加强和改进未成年人思想道德建设进行座谈时，胡锦涛指出，中国特色社会主义事业要靠今天的未成年人去继承，中华民族的美好未来要靠今天的未成年人去创造。未成年人的素质如何，决定着中华民族的未来发展和前途命运。教育培养未成年人，不仅要大力提高他们的科学文化素质和体能健康素质，更要大力提高他们的思想道德素质。

胡锦涛强调，全党全社会都要按照中央的要求，高度重视和热情关心未成年人的健康成长，特别要大力加强和改进未成年人思想道德建设。要充分发挥学校、家庭、社区的作用和共青团、少先队、妇联、工会等组织的优势，增强工作合力，提高整体效果，形成全党全社会共同关心未成年人思想道德建设的良好局面。

要努力营造有利的舆论环境、文化环境和法制环境，形成尊重未成年人、爱护未成年人、关心未成年人、帮助未成年人的良好社会氛围。要大力弘扬求真务实、与时俱进精神，加强调查研究，认真总结经验，努力探索和把握做好新形势下未成年思想道德建设工作的规律，把加强和改进未成年人思想道德建设的各项要求真正落到实处。

（新华社供稿，记者秦杰　沈路涛，
载于2004年6月1日《人民日报》）

李长春在中央精神文明建设指导委员会召开的第三次全体会议上发表重要讲话

加强未成年人思想道德建设极为紧迫

2004年2月10日，在中央精神文明建设指导委员会召开的第三次全体会议上，中共中央政治局常委、中央精神文明建设指导委员会主任李长春同志作了重要讲话。他强调，要以邓小平理论和“三个代表”重要思想为指导，从对党的事业、国家的前途和民族的命运极端负责的高度，增强责任感、使命感和紧迫感，坚持求真务实，采取有效措施，进一步加强和改进未成年人思想道德建设。

李长春指出，我们党历来高度重视培育下一代的工作，在未成年人思想道德建设方面取得了很大成绩，积累了宝贵经验。同时也要看到，新形势下未成年人思想道德建设也面临着许多新情况、新问题、新挑战。加强未成年人的思想道德建设，是全面建设社会主义物质文明、政治文明、精神文明的迫切需要，是促进经济社会全面协调可持续发展的迫切需要，是实现人民群众安居乐业、家庭幸福和睦的迫切需要，是坚持以人为本、促进人的全面发展的迫切需要。要把弘扬求真务实精神作为加强未成年人思想道德建设的重要指导方针，坚持贴近未成年人思想实际、贴近未成年人生活现实、贴近未成年人群体，准确把握新形势新环境下未成年人思想道德观念出现的新变化，深入探索加强未成年人思想道德建设的新规律，增强工作的针对性和实效性，把培育一代又一代有理想、有道德、有文化、有纪律的中国特色社会主义事业接班人的任务落到实处。

李长春指出，加强未成年人的思想道德建设既是长期的战略目标，又是当前极为紧迫的重要任务。要以中小学生为重点对象，全面加强学校教育、家庭教育和社会教育，着力办好几件作用大、影响大的实事，解决一些群众反映强烈的突出问题。要进一步加强和改进学校的德育教育，改进方式方法，做到生动活泼，喜闻乐见，落实教书育人。抓紧修订学生守则，健全班主任制度，使学校德育教育进一步制度化、规范化。要以办好电视少儿频道为重点，创作出版各类知识性、趣味性、科学性强的未成年人读物和视听产品，丰富未成年人的精神文化生活，不断满足他们日益增长的精神文化需求。要办好博物馆、图书馆、青少年宫、科技馆等文化事业，为未成年人健康成长服务。各类爱国主义教育基地、科技教育基地、德育基地、法制教育基地等要充分发挥阵地作用，促进未成年人的思想道德建设。这些设施，对中小学生集体参观要实行免票，个人参观实行半票。要充分利用重要节庆日、纪念日加强未成年人的思想道德教育，把深刻的思想道德教育内容融入到各种生动有益的活动之中。要按照取缔非法、加强管理、改革体制、完善自律的要求，抓好对网吧的管理和整顿，继续深入开展“扫黄打非”行动，净化文化市场，为未成年人的健康成长提供良好的社会文化环境。

李长春要求，各级党委政府要把加强和改进未成年人的思想道德建设作为精神文明建设的重中之重，摆到更加突出的位置抓紧抓好。要形成党委统一领导、党政群齐抓共管、文明委组织协调、有关部门各负其责、全社会积极参与的领导体制和工作机制。要加强未成年人教育队伍的建设，形成一支专兼结合、高素质的工作队伍。要增加对未成年人思想道德建设的投入，并列入各级政府经济和社会发展规划。要加强基层基础工作，组织协调各有关方面，明确职责，协同行动，发挥优势，形成合力，把未成年人思想道德建设的各项任务落到实处。

（刊载于新华网北京2004年2月11日）

切实加强能力建设推动家庭教育工作的创新与发展

——在全国妇联家庭教育工作会议上的讲话

(2004年11月2日)

顾秀莲

同志们：

为了深入贯彻党的十六大和十六届三中、四中全会精神，全面落实党中央关于加强和改进未成年人思想道德建设的重要部署，我们在这里召开全国妇联家庭教育工作会议。黄晴宜同志作了很好的报告，讲得很全面，我都赞成。下面，我谈几点意见。

一、充分认识新形势下做好家庭教育工作的重要性和紧迫性

儿童生存、保护和发展是衡量一个国家社会发展与进步程度的重要标志。近年来，儿童优先、尊重儿童、儿童参与等理念已成为国际社会的共识，许多国家都在积极采取行动促进儿童的发展。我们国家的党和政府十分重视儿童的健康成长和全面发展，签署了联合国《儿童权利公约》，颁发了《中国儿童发展纲要》，采取一系列重大举措促进儿童发展，儿童的生存、保护和发展的条件及外部环境得到显著改善，儿童素质有了很大提高，儿童事业取得长足发展。进入新世纪新阶段，党中央从促进未成年人健康成长，确保党和国家事业兴旺发达、后继有人的战略高度，作出加强和改进未成年人思想道德建设的重大决策。胡锦涛等党和国家领导人亲自出席全国加强和改进未成年人思想道德建设会议，发表重要讲话；听取有关部门的工作汇报，对未成年人思想道德建设作出一系列重要指示。这些为优化未成年人成长环境、促进未成年人健康发展提供了根本保障。

家庭是儿童生活的第一环境，良好的家庭教育是儿童健康成长的重要保证。我国自古就有重视家庭教育的优良传统，“孟母三迁”、“岳母刺字”等教子范例世代流传。随着经济社会的发展，家庭物质文化生活状况的改善，广大家长普遍提高了对孩子的期望值，凸现了家庭教育的地位和作用。党和国家从促进儿童发展、提高全民族整体素质的高度，重视发展家庭教育。在党中央的亲切关怀和坚强领导下，有关部门围绕家庭教育做了大量富有成效的工作。妇联从上个世纪50年代评选“五好家庭”起，就把“教育子女好”作为其中的重要内容。70年代末，又着力开辟了家庭教育的工作领域。在多年的实践中，各级妇联围绕指导和服务家庭教育，不断加强宏观指导和规范管理，深化理论研究，加强阵地建设，拓展活动载体，探索指导模式，取得了很大的成绩，也创造和积累了重要的经验，为今后继续做好家庭教育工作奠定了良好的基础。

今年，《中共中央国务院关于进一步加强和改进未成年人思想道德建设的若干意见》专门阐述了家庭教育问题，明确提出家庭教育在未成年人思想道德教育中具有特殊重要的作用，要求重视和发展家庭教育，把家庭教育与学校教育、社会教育紧密结合起来。各级党委和政府加强了对家庭教育工作的领导，社会各界也更加关注家庭教育，以各种方式热情参与到家庭教育工作中来。家庭教育工作正面临着一个新的发展机遇。但我们要清醒地看到，在国际形势发生深刻变化、我国经济社会加速转型的大背景下，家庭教育工作也面临着许多新情况、新矛盾和新问题。从家庭结构的变化看，人口和计划生育政策的实施，家庭结构日趋小型化，独生子女家庭成为城市家庭的主流格局，出现了独生子女养独生子女的发展趋势。家长普遍提高了对子女未来的期望，更加重视对子女教育的投入。随着社会经济成分、组织形式、就业方式和分配方式的多样化发展，家庭结构也日趋多元化，出现了流动家庭、空巢家庭、单亲家庭、重组家庭等多种类型的家庭。许多家长平时忙于工作，缺乏与子女的必要沟通，有的把子女完全交由老人照料。特别是农村，不少父母外出打工赚钱，造成子女无人照管。流动人口子女的家庭教育问题更为突出，目前全国18岁以下的流动儿童有1982万人，占流动人口总数的19.37%，他们的入托入学率明显低于全国同龄儿童，获得的家庭教育更为薄弱。从价值取向的变化看，市场经济的发展、社会对人才的需求导向，使传统的价值观念和成才观念受到很大冲击，由此带来家庭教育理念和方式的变化。许多家长把考上大学作为孩子的惟一出路和成才标准，只重视孩子的智力投资，忽视孩子的道德教育和人格培养；只重视孩子的学习成绩，忽视孩子的能力锻炼和全面发展。据调查，大多数父母都把“将来上大学”作为孩子前途的首选，而对于孩子“成为具有良好品格的人”这一条并不大看重；家长陪读、陪送、陪练的现象比较普遍，不少孩子离开家长在生活上就束手无策。有的家长对孩子以“宠”代爱、以“惯”代教，对孩子思想品德的形成埋下很大隐患。从教育环境的变化看，随着互联网等新兴媒体的发展，信息传播渠道更为开放、传播方式更为快捷，给家庭教育从内容到方式都提出了一系列新课题，使家长在实施家庭教育中产生许多新的困惑。不少家长缺乏对新知识、新技术的了解，在与子女沟通时感到力不从心。社会上存在的不良场所、互联网上的有害信息、渲染色情暴力内容的文艺作品等，腐蚀着未成年人的心灵，使广大家长忧心忡忡。

面对这些新情况和新问题，家庭教育工作还存在着思想上重视不够，工作视野不够开阔，社会化工作机制尚未形成，与学校、社会教育结合不够紧密等亟待改进的薄弱环节，需要引起高度重视。

中央从应对形势发展变化、促进未成年人健康成长的需要出发，提出要重视和发展家庭教育，非常必要、非常及时。只有做好家庭教育工作，推动家庭教育与学校教育、社会教育紧密结合，才能更好地满足现代家庭教子成才的多元化需求，才能为未成年人的全面发展奠定扎实的基础，才能适应国际竞争的需要，为培养千千万万的合格建设者和接班人创造更有利的条件。

中央把家庭教育工作的牵头任务交给全国妇联，要求各级妇联组织、教育行政部门和中小学校要切实担负起指导和推进家庭教育的责任，这充分体现了党对妇联组织和广大妇联干部开展家庭教育工作的充分肯定和更高要求。我们一定要深刻领会、坚决贯彻党中央的指示精神，充分认识做好家庭教育工作的重要性和紧迫性，分析形势，把握实情，进一步增强大局意识、政治意识、责任意识，克服困难、坚定信心，不辱使命、不负重托，有针对性地开展工作，切实担负起指导和推进家庭教育的历史责任，为促进未成年人健康成长作出积极的贡献。

二、不断提高做好家庭教育工作的能力和水平

党的十六届四中全会围绕加强党的执政能力建设，明确提出了不断提高建设社会主义先进文化能力的重要目标，要求切实抓好青少年的思想品德和心理素质教育，健全学校、家庭、社会各负其责又密切配合的教育网络，把社会主义思想道德生动具体地融入青少年成长的各个环节，营造有利于青少年健康成长的思想文化环境。并从巩固党的执政地位、夯实党的群众基础的政治高度，深刻阐述了加强和改进新形势下党的群众工作的重要性，明确要求要积极研究和把握新形势下群众工作的特点和规律，探索新途径、新方法，不断提高组织群众、宣传群众、教育群众、服务群众的本领。家庭教育工作是妇联参与精神文明建设、促进先进文化发展的重要内容，也是党的群众工作的重要组成部分。我们必须按照四中全会的要求，根据时代发展的需要，立足于加强能力建设，在提高家庭教育的指导服务水平上下功夫。

多年来，在党的领导下，各级妇联与教育部门紧密配合，围绕指导和推进家庭教育，做了大量富有成效的工作，在实践中积累和创造了丰富经验。这次会议就是一次很好的总结经验、推动发展的会议。我们要在已有成绩的基础上，更加主动地适应新形势、新任务的要求，创新载体、完善机制，不断提高做好家庭教育工作的能力，推动家庭教育工作再上新台阶。

一是要提高统观全局的能力，准确把握当前家庭教育工作的定位。自觉服从服务于党和国家工作大局，在大局中思考、谋划和推进妇女儿童工作，是妇联必须长期坚持的重要原则，也是我们多年来在实践中形成的一条根本经验。对于家庭教育工作来说，要做到统观全局，为大局服务，就必须站在全面建设小康社会、促进经济社会协调发展和人的全面发展的战略高度，自觉坚持儿童优先、尊重儿童、支持儿童、儿童参与的先进理念，从加强和改进未成年人思想道德建设的大环境、大背景出发，围绕落实中央提出的未成年人思想道德建设的4项主要任务，针对新形势下家庭教育面临的新情况、新特点、新问题，科学准确地思考和定位家庭教育工作；要突出家庭道德教育的重点，引导家长“为国教子、以德育人”，向子女灌输正确的思想道德观念，不仅关心他们的身体发育和知识积累，更关心他们的思想品格和道德养成；要立足于家长素质的提高和观念的更新，引导家长加强自身思想道德修养和自我约束，树立科学的儿童观、亲子观和成才观，以身立教、以德育德、以行导行，实现教育角色和教育方式的转变，为子女健康成长营造和谐的家庭环境。

二是要提高宏观指导的能力，确保家庭教育工作健康持续发展。全国妇联和省级妇联开展家庭教育工作的主要任务就是抓宏观指导，这也是妇联基层组织和广大家庭教育工作者的迫切需要。要抓好宏观指导，就必须在加强政策研究上下功夫，既要吃透中央精神，准确把握中央的总体部署，积极争取政策支持，指导基层用好用足有关政策，又要了解基层实际，及时掌握基层开展家庭教育工作的需要和动态，找准中央精神与各地工作实际的结合点，增强指导的前瞻性、针对性和有效性。要抓好宏观指导，就必须在加强理论研究上下功夫，依托各级家庭教育学会和各方研究力量开展研究，注重研究内容的针对性、研究方法的科学性和研究成果的应用性。目前各地都在积极组织家庭教育的课题研究，已形成了一批质量较高的研究成果。要加速成果转化，为指导和推进家庭教育提供科学依据。要抓好宏观指导，还必须在科学规划和规范管理上下功夫，制定和实施好家庭教育发展规划，完善各项管理办法和措施，搞好监测评估、总结评比和制度检查，确保各项计划目标落到实处。下一步应着力抓好全国家庭教育工作“十五”计划的检查评估和“十一五”计划的起草筹备工作。

三是要提高服务家长和儿童的能力，务求家庭教育工作实效。服务家长和儿童，是妇联开展家庭教育工作的立足点，也是衡量我们工作成效的惟一标准。要搞好服务，必须深怀爱民之心，具有对群众的深厚感情，不断强化服务意识，牢记服务宗旨，坚持以人为本，把家长和儿童的需求作为“第一信号”，把促进儿童全面发展作为“第一目标”，把推动解决家长反映强烈、影响儿童健康成长的突出问题作为“第一抓手”。要搞好服务，必须因地制宜，拓展服务渠道，创新服务载体，发展服务项目，使我们拥有更多的为家长和儿童服务的手段、途径与资源。目前活跃在基层的各级各类家长学校，就是服务家长的主要渠道和重要阵地。根据广大家长和儿童多样化、个性化需求，必须下力气抓好家长学校的建设与发展，尤其要重点抓好社区和农村的家长学校、家庭教育指导中心、儿童心理咨询服务中心等各类指导服务机构的建设与发展，促其规范管理和长期坚持，以延长工作手臂，扩大服务家长和儿童的覆盖面。要搞好服务，还必须在提高服务质量、强化服务效果上下功夫，不断改进工作，完善管理，真抓实干，务求实效，发挥好妇联的品牌优势和公益项目优势，推进实事化、项目化运作，多为特殊困难家庭办好事实事，使更多的家长和儿童在服务中受益。

四是要提高创新创造的能力，始终保持家庭教育工作的活力。创新创造是事业发展的不竭动力，也是家庭教育工作的生机所在。只有在实践中大胆探索、积极创造、勇于创新，使家庭教育工作体现时代性、符合规律性、富于创造性，才能在促进未成年人健康成长中发挥应有的作用。我们要在学习中创新，树立自觉学习、终身学习的观念，针对新形势下发展家庭教育工作的需要，不断补充新知识、开阔新视野、树立新理念、探索新方法，以创新的实践检验学习的成效；要在实践中创造，尊重群众的首创精神，鼓励基层的探索实践，及时发现、总结和推广来自基层的新鲜经验，推动家庭教育工作与时俱进；要在继承中发展，善于汲取以往工作中积累的经验，根据时代要求，不断探索新规律、指导新实践、实现新发展。创新创造的关键在于优化载体、创出特色、打造品牌、发挥效应。在多年的实践中，各级妇联创造了“三优”工程、小公民道德建设计划、“春蕾计划”、“安康计划”、青少年爱国主义读书教育等一大批活动载体和工作品牌，对提高未成年人思想道德素质发挥了积极作用。近年推出的更新家庭教育观念报告团，创造性地在宣传内容上把鲜活生动的案例与深入浅出的说理相结合，在形式上把典型的现身说法与专家的循循善诱相结合，达到了很好的宣传效果，成为深受群众欢迎的工作品牌。对于这样富有生命力的活动，要“不换镜头不变调”地长期坚持下去。以“为国教子、以德育人”为主题的“双合格”活动，是在各地开展家庭教育宣传实践活动基础上的发展和创新，是贯彻中央精神、加强未成年人思想道德建设的新的工作载体。各地要因地制宜积极推动“双合格”活动在本地区的开展，大力弘扬“为国教子、以德育人”主旋律，认真组织实施好“六个一”工程，进一步促进家庭教育知识的广泛传播，合力打造家庭教育工作新品牌，使之与各项传统活动相互促进、相得益彰。

五是要提高协调推进的能力，努力构建社会化家庭教育工作格局。通过协调各方来推进工作，是妇联的组织优势和工作特点，也是为实践所证明了的成功经验。家庭教育工作是一项社会工程，同样需要协调各方力量，广纳社会资源，形成工作合力。首先要整合妇联内部的资源。要把家庭教育工作作为妇联参与精神文明建设的重中之重，纳入工作全局，与各项业务工作和传统项目紧密结合、整体推进。全国妇联机关已建立家庭教育工作领导小组，明确了各单位的责任分工，加强了工作统筹。各地妇联也应从实际出发，完善领导机构，落实部门职责。同时要加强与各部门的协调。多年来，妇联与教育部门始终密切配合、相互支持，共同指导和推进家庭教育的开展，取得了显著成效。这次中央把发展家庭教育的牵头责任交给我们两家共同承担，也为我们提供了进一步加强协作的机会。希望各地妇联和教育部门一定要切实负起牵头责任，积极做好协调各方、整合资源的工作。要充分发挥妇儿工委办公室设在妇联的优势，主动加强与有关部门的联系沟通，探索建立家庭教育工作的协调领导机构和长效工作机制，努力形成党政部门高度重视、社会各界热情支持、广大家长广泛参与，共同推进家庭教育的生动局面。

三、积极推进家庭、学校、社会三结合教育网络建设

中央《意见》中明确提出要“建立健全学校、家庭、社会相结合的未成年人思想道德建设体系，使学校教育、家庭教育、社会教育相互配合，相互促进”。全国加强和改进未成年人思想道德建设工作会议和经验交流会议，又分别对“三结合”工作作了重要阐述，重点总结推广了天津市和平区构建“三位一体”未成年人思想道德建设网络的经验。党的十六届四中全会再次强调要健全学校、家庭、社会各负其责又密切配合的教育网络。这充分说明了中央对“三结合”问题的高度重视。家庭、学校、社会是影响未成年人思想道德状况的三个相互联系、相互制约的重要环节。家庭教育是基础，学校教育是关键，社会教育是保证，三者具有目标一致性、内容相融性、资源整合性、途径多样性、作用互补性等特征，在促进未成年人全面发展中各具特色和优势。

家庭是对未成年人进行思想道德教育的第一课堂和第一环境，家长是孩子的第一任教师。家庭教育具有早期性、基础性、长期性的特点，对人的一生具有至关重要的影响，尤其是家长的人格形象对孩子的成长有着直接、持久和潜移默化的作用。应通过扎实有效的工作，引导家长提高自身素质，掌握正确的家庭教育观念和科学的教子方法，从只关心孩子的学习转变为重视孩子的品德教育和全面发展；从单纯教育者转变为共同学习者；从封闭型家庭教育转变为开放型家庭教育，主动走出家门、融入社区，与孩子一起参加社区开展的各项道德实践活动，在形成“三结合”教育网络中发挥家庭教育的基础与补充作用。

学校是对未成年人进行思想道德教育的主课堂和主阵地，孩子走向社会之前的大部分时间是在学校度过的。对未成年人来说，在学校接受教育最集中、最系统、最全面，其效果也最稳定、最持久、最牢固，是为将来步入社会打基础的阶段，也是人生最重要的成长阶段。学校应把德育教育摆在首位，贯穿于学校教育的全过程，真正做到教书育人、育人为本，德智体美、德育为先，同时努力发挥熟悉学生、联系家长、师资雄厚、经验丰富等优势，通过组织教师下社区，组建家长学校、家长委员会等形式，架起学校与家庭、社区联系的桥梁，把德育工作由学校向家庭辐射，向社区延伸，在形成“三结合”教育网络中发挥龙头作用。

社会是对未成年人进行思想道德教育的大课堂和大环境，社会上流行的各种时尚、观念都会对未成年人的学习、生活、成长产生重要影响。社会教育是学校和家庭教育的延伸与发展，具有强烈的渗透性、开放性和融合性。要重视社会教育在未成年人成长中的重要作用，把创建有利于未成年人思想道德建设的社会环境作为全社会的共同责任。社区是对未成年人进行思想道德建设的重要阵地，一头连着学校，一头连着家庭。社会教育社区化已成为当前一个发展趋势。应立足社区，以优化德育环境为着力点，充分发挥社区人才优势，整合设施资源，开展有益于家庭文明建设和儿童身心健康的活动，充分发挥社区在形成“三结合”教育网络中的“平台”作用。

学校教育、家庭教育和社会教育是密不可分、缺一不可的有机整体。要形成“三结合”教育网络，必须正确处理三者之间的辩证关系。学校教育要善于依靠家庭教育和社会教育，当好他们的桥梁和纽带；家庭教育要主动适应学校教育和社会教育，做好支持配合的工作；社会教育要以家庭教育和学校教育为基础，为其提供必要的保障。只有三个方面紧密配合、协调一致、形成合力，才能确保未成年人思想道德建设取得良好成效。

构建“三结合”教育网络，必须依靠党委统一领导、党政群齐抓共管、文明委组织协调、有关部门各负其责、全社会积极参与。各级党政领导应重视支持“三结合”教育网络的建设，切实担当起统筹领导的责任，为网络的有效运转和各项工作的顺利开展创造必要条件。教育、民政、宣传等重要责任部门都应从各自的职能出发，突出重点，发挥优势，加强协作，守土有责，推动各项工作的落实。在构建“三结合”的教育网络中，各级妇联更要发挥积极作用，继续主动加强与有关部门的协调沟通，形成相互配合、相互借鉴、相互促进的工作格局，共同营造有利于未成年人健康成长的社会环境。

同志们，指导和推进家庭教育是党和人民赋予我们的重托，利在当代、功在千秋。让我们更加紧密地团结在以胡锦涛同志为总书记的党中央周围，高举邓小平理论和“三个代表”重要思想伟大旗帜，振奋精神、齐心协力，开拓创新、扎实工作，推动家庭教育工作的创新与发展，为培养和造就中国特色社会主义事业接班人作出新的更大的贡献。

在全团加强和改进未成年人思想道德建设暨推进青年文化行动工作会议上的讲话

（2004年6月22日）

周 强

同志们：

我们这次会议的主要任务是：以邓小平理论和“三个代表”重要思想为指导，深入学习贯彻中央8号文件精神、全国加强和改进未成年人思想道德建设工作会议精神，深入学习贯彻全国宣传思想工作会议精神，紧密结合共青团和少先队工作实际，认清形势、统一思想，抓住机遇、发挥优势，求真务实、开拓创新，总结前一阶段的工作，部署安排今后一个时期的任务和措施，大力推进青年文化行动，不断开创共青团加强和改进未成年人思想道德建设工作和青年文化工作的新局面。

一、加强和改进未成年人思想道德建设

关于共青团、少先队开展未成年人思想道德建设工作，最近我们讲得很多，在这次会议上，赵勇同志、杨岳同志、张晓兰同志还要作具体部署，我讲三个方面的意见。

第一， 抢抓机遇，开拓进取。

中央8号文件下发以后，全国未成年人思想道德建设工作面临着难得的发展机遇，呈现出前所未有的好的发展形势。在这个大背景下，在全团的共同努力下，共青团、少先队的未成年人思想道德建设工作也呈现出良好发展态势。我们要抢抓机遇、乘势而上，同时要进一步增强责任感和使命感，努力把这项工作做得更好。

1.党中央、国务院高度重视未成年人思想道德建设工作，全社会热情关心未成年人思想道德建设的氛围正在形成。今年3月，党中央国务院下发了8号文件。4月份党中央又召开了全国加强和改进未成年人思想道德建设工作会议。这次会议在未成年人工作历史上是前所未有的，规格高、规模大，胡锦涛总书记出席会议并发表了重要讲话，为未成年人思想道德建设工作指明了方向；李长春同志、刘云山同志作了重要讲话。在今年“六一”期间，中央领导同志参加了未成年人的一系列活动。5月31日，胡锦涛总书记在北京考察未成年人工作，到中国科技馆和北京市少年宫看望了少先队员并召开座谈会，就加强和改进未成年人思想道德建设工作发表了重要讲话，进一步指明了方向，提出了明确的要求。5月29日，温家宝总理到国务院幼儿园看望了少年儿童，与少年儿童联欢，并祝全国的少年儿童节日快乐。5月30日晚，曾庆红副主席在中国儿童剧院观看了儿童剧，对全国的少年儿童表示节日的祝贺。李长春同志先是在天津考察未成年人工作并发表重要讲话，又在6月1日晚上，同刘云山同志、陈至立同志、顾秀莲同志、刘延东同志等一起在中央电视台出席了由国务院妇女儿童工作委员会、全国妇联、团中央和中央电视台共同举办的庆祝“六一”儿童节晚会。5月29日上午，王兆国同志在北京市青年宫视察了参加手拉手活动的少年儿童并发表重要讲话，对共青团、少先队工作提出了明确的要求。这一切充分体现了以胡锦涛同志为总书记的党中央对青少年一代的高度重视和亲切关怀，充分体现了“三个代表”重要思想。加强和改进未成年人思想道德建设关系到千家万户，关系着最广大人民群众的根本利益，是最大的民心工程。中央大力抓这件事情，人民群众、社会各界衷心拥护，高度评价。在党中央国务院的高度重视和亲切关怀下，各级党委、政府纷纷出台了有关政策，社会各界踊跃参与，在全社会形成了关心未成年人思想道德建设的良好氛围，为共青团、少先队做好未成年人思想道德建设工作提供了难得的机遇。

2.党委统一领导、文明办组织协调、全社会齐抓共管的工作格局正在形成。胡锦涛总书记在全国加强和改进未成年人思想道德建设工作会议上指出，加强和改进未成年人思想道德建设要建立党委统一领导、党政群齐抓共管、文明委组织协调、有关部门各负其责、全社会积极参与的领导机制和工作机制。现在，从中央到地方，各级党委都在按照这个要求建立工作机制，把社会各个方面、政府各个部门的力量调动起来、整合起来，共同关心、共同推动未成年人思想道德建设。中央文明办成立了12个专门工作小组，其中有一项是由团中央牵头，这就是青少年心理健康建设。其他比如网络文明工程、为青少年提供优秀的精神食粮以及校园净化工程等6项重要工作，团中央都是责任单位。未成年人思想道德建设工作非常具体，也形成了一个很好的工作机制。我们一定要抓住机遇，主动把共青团、少先队未成年人思想道德建设工作纳入到各级党委政府的统一规划之中，按照中央确定的工作分工，找准自己的位置，争取各个方面的支持，推动工作深入发展。

3.共青团、少先队组织未成年人思想道德建设工作形成了新的局面。中央下发8号文件、召开全国加强和改进未成年人思想道德建设工作会议和胡锦涛总书记在“六一”前夕发表重要讲话之后，团中央书记处连续召开会议，学习讨论中央文件和中央领导同志的重要讲话精神，结合共青团、少先队工作实际，研究部署贯彻落实措施。我们向全团下发通知和实施意见，提出办15件实事，后来又提出12个方面的具体措施。我们还成立了团中央加强和改进未成年人思想道德建设工作领导小组。这次专门召开全团加强和改进未成年人思想道德建设工作会议，进一步统一思想，研究部署我们今后的任务和措施，以推动共青团、少先队未成年人思想道德建设工作迈上一个新的台阶。在全团的共同努力下，我们形成了非常好的氛围，形成了一个很大的声势。我们反复强调，做未成年人工作，要出实招、办实事、解难事，既要有声势、有特色，又要突出一个“实”字。从这一阶段的情况看，全团全队加强未成年人思想道德建设工作形成了新的局面，呈现出良好的发展态势。同时，我们也要看到，未成年人思想道德建设是一项长期的任务，从某种意义上讲，也是一项艰巨的任务，需要我们长期而不懈的努力。从未成年人思想道德建设本身来讲，一些规律性的东西还需要我们进一步探索。从我们工作的角度讲，我们还需要进一步深化重点工作，开拓新的领域，建立新的工作机制。从全社会的角度看，在全社会形成关心未成年人思想道德建设良好氛围的同时，如何调动未成年人自身的积极性，还需要我们付出艰苦的努力。也就是说，如何把握经济社会发展对未成年人的要求，如何把握未成年人自身的成长规律，并把这两者有机地统一起来，需要我们进一步下功夫。

第二，尊重主体地位，把握成长规律。

做好未成年人思想道德建设工作，首先要尊重未成年人的主体地位，把握未成年人的成长规律，调动未成年人的内在积极性，这是共青团、少先队开展工作必须始终如一、牢牢把握的主线，任何时候都要紧紧扭住不放。在未成年人思想道德建设中，未成年人是主体，共青团尤其是少先队，是未成年人自己的组织，是未成年人工作的主体性组织。这是共青团、少先队组织在未成年人工作中具有不可替代作用的关键所在，也是我们的职责之所在、分工之所在。我们做未成年人思想道德建设工作，同其他部门的区别在哪里？我们不可替代的作用表现在哪里？关键就在这里，在于我们是未成年人自己的组织，是未成年人思想道德建设工作的主体性组织。这个问题是有针对性的，很多问题由此而生，所以任何时候都要体现这一点，从这一点出发。同时，工作中要坚持两条原则：一是把党的培养“四有”新人的要求、经济社会发展的规律与未成年人的成长规律统一起来。二是要坚持主客体、主客观、知与行、内因与外因的统一。未成年人是主体、是内因，要调动未成年人的积极性，尊重未成年人成长的规律，外因要通过内因起作用。我们创造了好的环境，但不通过未成年人的内因起作用，就难以起到根本性的作用。只有坚持我们的工作原则，扭住我们的工作主线，我们才能够增强工作的预见性、科学性、有效性，避免盲目性、随意性。

为什么讲这个问题，为什么有的孩子在很好的环境中最终走向迷途，很重要的一点，就是他的自身因素。全社会的关心是前提，没有这一条，未成年人不能健康成长。而对共青团、少先队组织来讲，重要的是要充分调动未成年人自己的积极性。没有他们的积极性，外部环境再好，也很难把未成年人培养成为合格的建设者和接班人。因此，一定要把孩子们的积极性调动起来，尊重孩子们的成长规律，而且要对孩子们提出有针对性的具体要求。讲这个问题，有利于我们克服形而上学，有利于我们全面、正确地看待未成年人。中央提出加强和改进未成年人思想道德建设，这是我们党站在战略的高度，着眼于党的事业长远发展，着眼于全面建设小康社会的宏伟目标，着眼于中华民族的未来而提出的战略举措。但是有的同志一提到加强和改进未成年人思想道德建设，就要先罗列未成年人的十条八条不行。这就不符合辩证法，也不符合中央的精神。共青团、少先队组织一定要把握好中央精神，充分肯定未成年人。当然我们不能回避问题，不能回避矛盾。

1.充分尊重未成年人的主体地位，激发他们的主观能动性和积极性。关于这个问题，毛泽东同志早就讲过，共青团要照顾青年的特点。江泽民同志也多次谈到，要尊重青少年的思想和性格特点，尊重青少年个性的健康发挥。胡锦涛同志在全国加强和改进未成年人思想道德建设工作会议上指出:“我国广大未成年人生活在改革开放的时代，他们胸怀远大理想，勇于自立自强，乐于接受新生事物，热爱祖国、积极向上、团结友爱、文明礼貌是当代未成年人精神世界的主流”。“要坚持从实际出发，不能超越未成年人的接受能力，不要提大而空的口号，不要提做不到的要求”。“对未成年人要多尊重、多理解、多关心、多帮助，不能仅仅把他们当作教育和管理的对象”。这些论述非常精辟，具有很强的思想性和针对性，对我们做好未成年人思想道德建设工作乃至整个青少年工作，具有重要的指导意义。怎么样尊重未成年人的主体地位，把握未成年人的成长规律，有一个观点很重要，就是要处理好环境与主体的关系。孩子们出现问题责任首先在成年人、在社会，而不在他们自己。我们的工作就是要把党和政府的要求落实到工作当中去，处理好社会与主体组织的关系。我们要始终看到，社会环境是前提，未成年人是内因，共青团、少先队在未成年人思想道德建设中要发挥不可替代的作用，就要进一步调动未成年人的积极性。

（1）要尊重儿童期。教育学上有一个很重要的观点，叫做“保卫儿童期”。应当说，我们对儿童心理的研究是很不够的。现在的孩子们相对早熟，我们的媒体基本都是成人世界主导的，总是在用成人的眼光、成人的世界、成人的标准来要求孩子。共青团、少先队有的工作没有完全符合规律，就是没有把未成年人成长的规律研究透。所以我们要尊重儿童期，要深入研究未成年人的成长规律。

（2）要激发未成年人的主动性和积极性，让他们自我教育。江泽民同志对少先队员提出的自学、自理、自护、自强、自律，做社会主义事业的合格建设者和接班人的要求，是非常精辟的论断，深刻揭示了未成年人成长的规律。我们在关心重视未成年人成长的同时，要让未成年人自学、自理、自护、自强、自律，关心而不替代、爱护而不包办、保护而不束缚，这才符合未成年人成长规律。为什么有的孩子在好的环境下还不能健康成长，甚至还不如环境不好的孩子成长的好呢？关键是内因在起作用。要提高未成年人的抵抗力，增强未成年人的免疫力。如果让孩子们一天到晚都像温室里的花朵一样，是没有免疫力的，是经不起风雨的，那样就会害了孩子。如何做到“五自”，如何激发未成年人的主动性，就是要坚持社会实践的基本途径、体验教育的基本方法，让他们在社会实践中得到提高。要以手拉手、雏鹰争章等为载体，突出未成年人的主体性，而不是单纯的我说你听。要把孩子们组织起来，发挥团队组织优势为他们自我教育创造条件。

（3）尊重未成年人的基本权利。未成年人的基本权利是与培育有理想、有道德、有文化、有纪律的社会主义新人的根本目标紧密联系在一起的。要把他们培育成为“四有”新人，就必须充分调动他们内在的积极性、主动性，从尊重和实现未成年人的基本权利做起。我国的相关法律法规对未成年人的基本权利都作出了明确规定，在我国签署的联合国《儿童权利公约》中也有所体现。具体到我们的工作中，就要牢固树立尊重未成年人基本权利的意识，尊重未成年人的人格尊严，代表和维护好未成年人的合法权益。

（4）要尊重未成年人的认识方式和表达方式。未成年人是一个有着自身认知特点的群体，他们对于世界有着自己独特的感知方式和认识视角，这使得他们有别于成人世界。未成年人的认知方式和表达方式是丰富的、极具创造性的，这一代未成年人还是新的学习方式、教育方式和生活方式的实践者，他们实践并创造着许许多多新的认知方式和表达方式。同时，由于未成年人在年龄跨度上较大，横跨小学、初中、高中三个学段，他们的思想和行为也以惊人的速度和幅度发生着变化。比如，一项对全国小学和初中的2万名学生的抽样调查发现，总体上说，学生崇拜的对象依次是“英雄人物”、“文体明星”和“科学家”，其中，城市孩子的崇拜对象排在第一位的是“文体明星”。比如姚明，很受青少年的崇拜。与这一数据相对应的是，在全国1万名高中二年级学生的调查显示，在“最欣赏或崇拜的人”中，周恩来以占24.5%的得票率位居第一。这说明，随着年龄的增长，未成年人的追求也有一个不断变化的过程，同时也启示我们，不能用成人的视角来看待未成年人的内心世界，只有充分尊重他们的认知方式，充分尊重他们的创造性，才能找到开展工作的有效办法。

（5）要尊重未成年人的差异和个性。由于年龄和学习内容的不同，小学生、初中生和高中学生在认知能力、认知水平等方面呈现出明显的层次性和差异性。同时，由于我国城乡之间、地区之间经济、文化发展的不平衡性，东部地区和西部地区之间，沿海和内地之间，城市与乡村之间的未成年人，以及在学校的未成年人和闲散未成年人之间，城市的中小学生和进城务工人员子女之间，即使处在同一年龄段，他们的思想、生活以及对事物的看法也存在着较大的差异。因此，我们要按照党的要求来引导他们，充分了解未成年人群体中存在的层次性和差异性，尊重他们的差异，平等地和他们交流，而不能居高临下。要有向未成年人学习的精神，鼓励他们大胆创新，多培养孩子的冒险精神、创新精神。

2.深入了解未成年人，把握未成年人成长规律。时代在发展，社会在前进，未成年人也在发生着变化。与以往相比，这一代未成年人有着许多新的特点。新的历史条件下，我们看待未成年人的眼光、衡量未成年人的标准也必须与时俱进，而决不能用旧的眼光、旧的标准来衡量未成年人。现在，各个方面包括我们自己对未成年人的了解还远远不够。孩子们经常说的话，成人是难以想到的。我们是未成年人自己的组织，更需要加强对未成年人的了解。

要充分了解当代未成年人的新特点。比如，当代未成年人受教育的机会和水平，在总体上明显高于他们的父辈，他们更加注重自我发展，同时也更加充满自信。据有关调查显示，我国城乡少年儿童对自己的相貌、体型、健康、性格、学习等方面的满意程度都比较高，其中对自己长相表示满意的占76.8%，对自己性格表示满意的占71.3%，对自己学习状况表示满意的占到了70%。这说明，今天的未成年人，对自我发展有着积极和肯定的估计，在许多方面都能够接受自己、肯定自己。又比如，随着我国民主法制建设的不断推进，未成年人的许多权利已经通过立法得到了保护，经过长期的普法宣传教育，我国广大未成年人有着较强的权利意识，并开始学会运用法律手段来维护自己的权益。调查显示，61.4%的城市初中生和55.6%的农村初中生认为父母或老师翻看自己的日记和信件是一种侵权行为。他们希望有独立空间，难以接受像父母偷看日记这一类干涉个人隐私的举动。

要充分了解当代未成年人中的许多新现象。这些年来，在未成年人中流行着各种各样的现象，如追星现象、文学少年现象等，都折射出当代未成年人的变化，都需要我们青少年工作者深入了解，而不能熟视无睹。又比如，在广大未成年人特别是城市少年儿童中，绝大部分都有着上网的经历，他们喜欢网上游戏，有着属于他们这个年龄群体的一些特殊用语和表达方式，等等。调查显示，我国网民中18岁以下的未成年人占网民总数的14.93%，如果加上18～24岁这一年龄段的青少年，则占网民总数的比例达到56.11%。因此，有人称当代青少年是“网上的一代”。还比如，在学习内容和学习方法方面，当代未成年人更倾向于接受具有实践性和探索性的方式和内容。调查显示，在法律知识的学习中，有超过70%的中学生喜欢以主体参与性为主的学习形式，如了解案例、模拟法庭、课堂辩论、讨论、参观展览等。

我们要在了解未成年人的基础上，把党的要求、教育目标与经济社会发展的目标、未成年人自身的需求结合起来，提出未成年人应具备的基本素质，把党对未成年人的要求科学化、具体化，明确自己的定位，明确自己的目标，明确自己的措施。这样，工作才有针对性，才能取得更大的成效。

3.贴近未成年人，进一步推动社会、学校、家庭教育的衔接。按照中央的要求，我们要在社会、学校、家庭教育中发挥重要作用。在全社会共同开展未成年人思想道德建设的大背景下，共青团、少先队要充分发挥优势，千方百计地贴近未成年人，与他们交朋友，在工作内容的设计和工作方式方法上尽可能符合未成年人的特点，使我们的工作更加吸引未成年人，更加激励未成年人，更加启发未成年人。要进一步推动社会、学校、家庭教育更加尊重未成年人，使社会、学校和家庭衔接起来，努力做到知行统一。

第三，适应未成年人需要，加强和改进组织建设。

做好未成年人思想道德建设工作，必须进一步加强组织建设，增强共青团、少先队组织的吸引力和凝聚力。加强中学团组织和少先队组织建设，在街道、城镇广泛建立社区少工委和社区少先队，加强团干部和辅导员队伍建设，配合教育行政部门加大培训中学团干部和少先队辅导员工作力度。与中国关心下一代工作委员会密切配合，聘请“五老”担任少先队志愿辅导员，充分发挥“五老”在未成年人思想道德建设中的重要作用。要努力扩大组织和工作的覆盖面，包括在民工子弟学校建立少先队，建立专兼职相结合的队伍，探索好的机制。比如上海设立的青少年事务署，由市财政拿钱，通过义工做青少年工作，把社区的闲散青少年都统起来了，取得了很好的效果。

二、关于青年文化建设

这次会议还有一个重要任务，就是要进一步研究部署推进青年文化行动。团十五大明确提出，要积极推动青年文化建设。团十五届二中全会将青年文化行动作为一项重点工作，列入共青团工作战略发展规划。今年4月，团中央联合中宣部等7部委下发文件，对实施青年文化行动作出了全面部署。半年多来，各地在推进青年文化建设中不仅形成了高度共识，而且作出了积极探索。在新的形势下，我们要从为党培养社会主义“四有”新人的战略高度，进一步深刻认识实施青年文化行动对于加强和改进未成年人思想道德建设的重要意义。

加强青年文化建设是一项非常紧迫的任务。青少年的成长面临着错综复杂的文化环境，在世界多极化和经济全球化的大背景中，各种思想文化相互激荡，文化与经济、政治的相互交融，西方敌对势力对我国的文化渗透日益加剧，已经构成国际竞争的新图景。同时，随着大众传媒的迅猛发展，文化尤其是时尚文化传播速度更快，对青少年的影响更加快捷、广泛。另一方面，置身文化交流和交锋前沿的当代青少年在深受文化影响的同时，也在创造、积累、推动着文化的发展。青少年正处在人生成长发展的关键时期，对文化具有旺盛的需求，也蕴藏着极大的创造热情和能量。如果我们不能用先进文化影响青少年的心理、个性和精神世界，增强他们的精神力量，就无法在各种文化势力的争夺中赢得青少年；同样，如果我们不能满足青少年日益增长的精神文化需求，为青少年提供文化创造的现实途径和广阔舞台，就无法吸引凝聚广大青少年。适应新形势，共青团要把加强青年文化建设摆到重要位置，在更加开放的环境下更加有效地教育、引导、服务青少年，努力把青少年培养成为拥有强大精神支柱、拥有坚定理想信念、拥有高尚道德品质的人。

推进青年文化行动，加强青年文化建设，首先要牢牢把握正确的方向。要努力形成积极向上的氛围，加强对青年文化的宣传和引导。要积极开展丰富多彩的活动，促进青年文化建设的繁荣与活跃。要大力创作推广精品，充分发挥文化精品对青年的导向作用。要广泛培养和举荐人才，推动青年文化人才脱颖而出。要努力发展文化事业和文化产业，为青年文化建设提供保障。要突出青年特色，尊重青年的主体性，吸引动员青年广泛参与文化建设。要加强对青年文化建设的规划，形成项目，注重积累，突出特色，有序推进。要充分整合团内资源形成合力，整合团外资源为我所用，充分运用社会化的运作手段推进工作。我要特别强调一点，青年文化建设一定要面向基层，动员最广大的青年参与进来。比如，我们有很多活跃在打工青年中的民间艺人，深受打工青年的欢迎。未来的不朽之作，很有可能产生在打工青年之中，因为他们来自最基层，最了解真实的情况。纵观人类历史，无论古今中外，伟大的作品从来都是从实际生活中来，从来都是有着深厚的生活积累、反映人民群众的心声。

三、发扬求真务实精神，抓好当前团的工作

团十五届二中全会以来，我们贯彻胡锦涛总书记的要求，全团上下在工作思路、工作方式、自身建设等方面不断创新，取得了新的成绩，全团的工作继续保持了良好的发展态势。

今年，团的工作面临着新的难得的发展机遇。一是共青团加强和改进未成年人思想道德建设工作面临难得的机遇。二是党中央高度重视高校大学生思想政治工作，有关部门正在进行专门研究，对我们来说也是机遇。三是在经济全球化的大背景下青年对外交流工作越来越重要。今年很多重大的外事活动，包括中国与东盟青年部长会议、中非青年联欢节、中罗青年联欢节等等，都是党中央、国务院交办的任务。还有亚欧青年文明对话、保护母亲河行动、中国青年创业行动等，都有效利用了国际资源，体现了我们青年工作的国际化程度在提高。四是中国青少年科技创新奖励基金的设立。这是根据邓小平同志的遗愿由邓小平同志的亲属倡议设立的。邓小平同志生前的所有稿费100 万元全部捐献出来，用于奖励青少年科技创新。做好这项工作，对于激励广大青少年学习邓小平理论，学习实践“三个代表”重要思想，缅怀邓小平同志的丰功伟绩，勤奋学习，攀登科学高峰，都将产生深远的影响。中央决定这项工作由共青团中央来承担，这是对我们的信任，我们一定要把这项工作做好，做成一个激励青少年科技创新的品牌活动。五是在党中央的统一部署下，进一步加大了对港澳青少年的工作。比如我们组织的手拉手艺术团在香港的演出，社会各界反响很好。各级共青团、青联组织特别是沿海地区的青年组织在开展对港澳青少年工作中要发挥更大的作用。六是团的各项重点工作进一步深化。大学生志愿服务西部计划、青年中心、青年创业行动、保护母亲河行动、青年文化、农村青年劳动力转移、预防青少年违法犯罪、少先队民族精神代代传等重点工作，都形成了声势，取得了实效，有了新的发展。

下半年，全团全队要大力弘扬求真务实精神，切实抓好各项工作。在此，我提几点要求。

第一，埋头苦干，狠抓落实。要牢记“两个务必”，实践“三个代表”重要思想。力戒骄娇二气，力戒浮躁。共青团的岗位是学习的岗位，是锻炼的岗位，是奉献的岗位。团干部一定要埋头苦干，多做实事，多做少说。现在社会上有一些比较浮躁的东西，这对我们团干部是个考验。我们一定要耐得住寂寞，甘当苦力，求真务实。

第二，与时俱进，开拓创新。社会发展很快，新情况新问题层出不穷，我们必须与时俱进，创新我们的工作，推进我们的工作。要抓住机遇而不可丧失机遇，开拓进取而不可因循守旧。要出实招、出新招，敢闯新路，勇于探索。

第三，带好班子，抓好队伍。这是团干部队伍建设永恒的主题，任何时候都不能放松。最重要的就是要落实做“党放心、青年满意”的团干部的方针，忠诚党的事业，热爱团的岗位，竭诚服务青年。对新进团岗位的同志来讲，要尽快了解共青团的特点，尤其是要继承和发展党的优良传统，继承和发展团的优良传统。越是在社会飞速发展的情况下，越是在社会心态比较浮躁的情况下，越要继承和发扬党的优良传统。这一点至关重要，这也是保障我们的事业，保障共青团、少先队工作不断发展的前提和基础。要有一支保持好的作风和好的传统的队伍，还要有好的心态，常怀感激之情，常葆进取之心。同时还要健全制度和机制，形成好的用人导向，真正从制度上机制上保证共青团始终保持好的作风，有一支好的队伍。

同志们，加强和改进未成年人思想道德建设和推进青年文化行动，是十分光荣而艰巨的任务。让我们紧密团结在以胡锦涛同志为总书记的党中央周围，高举邓小平理论和“三个代表”重要思想的伟大旗帜，抓住机遇，求真务实，埋头苦干，为不断开创未成年人思想道德建设工作新局面作出积极的贡献。

学习《意见》、贯彻《意见》、落实《意见》进一步加强和改进青少年学生思想道德教育工作

(2004年4月8日)

周　济

同志们：

今天我们召开全国教育系统学习贯彻落实《中共中央国务院关于进一步加强和改进未成年人思想道德建设的若干意见》（以下简称《意见》）视频会议，这是一个动员的大会，是学习《意见》的动员会、贯彻《意见》的动员会、落实《意见》的动员会。目的就是要进一步动员教育系统的广大干部教师，以更加积极的热情和态度，投入到学习贯彻落实《意见》中来。刚才，北京、黑龙江、广东教育厅（教委）的负责同志分别介绍了这一阶段他们学习贯彻《意见》精神的情况和下一步工作的考虑，他们的做法、想法都很好，具有很强的操作性。其他地方的同志们也有不少好的经验和做法，可以互相交流学习。下面我就教育系统进一步学习贯彻落实《意见》，切实做好青少年学生的思想道德教育工作讲三点意见。

一、学习《意见》，提高认识、统一思想

今年3月23日，《中共中央国务院关于进一步加强和改进未成年人思想道德建设的若干意见》正式发表。《意见》从事关我们党、国家和民族前途命运，事关我国改革开放和现代化建设成败的高度，抓住青少年思想道德教育中的根本问题，明确了新时期青少年思想道德建设的目标和主要任务，是新时期青少年思想道德建设的纲领性文件，为我们加强和改进学校德育工作指明了方向。这是教育系统同志们盼望已久的大事、好事，充分反映了大家的心声，因此，《意见》发表以后，在教育系统、社会各界引起了强烈的反响。《意见》的制定和发表充分表明了以胡锦涛为总书记的党中央对青少年思想道德建设工作的高度关心和重视，这既是对广大教育工作者的巨大鼓舞和鞭策，又为我们做好青少年学生思想道德建设工作提供了重要的战略机遇，进一步增添了我们做好工作的决心和信心。教育部党组高度重视《意见》的学习贯彻落实工作，《意见》一发表，部党组就专门召开党组会议进行了认真的学习，3月25日，党组印发了《关于学习贯彻〈中共中央国务院关于进一步加强和改进未成年人思想道德建设的若干意见〉的通知》，对教育系统学习贯彻《意见》进行了全面部署；3月28日又组织座谈会，邀请首都高校专家、北京、天津、河北等地的教育行政部门的领导和中小学校长、教师座谈学习《意见》的体会。为贯彻落实《意见》精神，近期，教育部还陆续下发了《中小学开展弘扬和培育民族精神教育实施纲要》，《中小学生守则》、《小学生日常行为规范（修订）》和《中学生日常行为规范（修订）》及《关于进一步加强中小学诚信教育的通知》等一系列文件。一个学习贯彻落实《意见》的活动已经在整个教育系统轰轰烈烈地开展起来。

我们党历来十分重视对青少年学生的思想道德建设。毛泽东同志曾经说过：“我们的教育方针，应该使受教育者在德育、智育、体育几方面都得到发展，成为有社会主义觉悟的有文化的劳动者。”邓小平同志指出：“毫无疑问，学校应该永远把坚定正确的政治方向放在第一位”。江泽民同志强调：“要说素质，思想政治素质是最重要的素质。不断增强学生和群众的爱国主义、集体主义、社会主义思想，是素质教育的灵魂。”以胡锦涛同志为总书记的新的中央领导集体高度重视对青少年思想道德教育，在全面建设小康社会、实现中华民族伟大复兴的新时期新阶段，又专门下发了这个《意见》，这还是第一次以党中央国务院的名义下发关于加强和改进未成年人思想道德建设的文件，对未成年人的思想道德建设工作进行部署。各级教育行政部门和学校的广大干部教师必须从确保党和国家事业后继有人和社会主义事业兴旺发达的战略高度，从全面建设小康社会和实现中华民族伟大复兴的全局高度，从树立和落实科学发展观，坚持以人为本，执政为民的高度，认真学习领会《意见》精神，充分认识加强和改进青少年思想道德教育工作的极端重要

性，把青少年学生思想道德教育工作当作一项十分紧迫的任务，抓住机遇，求真务实，采取有力措施，切实抓紧抓好。

当前教育系统的首要任务是认真组织好广大干部教师的学习。各级教育行政部门的领导同志要带头认真学习，要把《意见》的学习与学习贯彻党的十六大精神，与学习贯彻“三个代表”重要思想紧密结合起来；要像组织教师开展素质教育大学习、大讨论那样，精心组织好广大校长、教师的学习，切实提高全体干部、教师对《意见》的认识，真正理解、消化《意见》精神。要通过学习，把广大干部教师的思想都统一到《意见》的精神上来，牢固树立起这样三个基本观点：一是育人为本的观点。今天的青少年将是明天社会主义现代化建设的主力军，中华民族伟大复兴的任务将在他们手中实现。把他们培养成为德智体美全面发展的社会主义建设者和接班人，是党和人民交给我们最光荣也是最艰巨的任务，要通过全面推进素质教育，把广大青少年学生培养成为有理想、有道德、有文化、有纪律的一代新人；二是德育为首的观点。要培养德智体美全面发展的一代新人，就要让学生在德智体美四个方面受到最好的教育，获得最大的发展，在这四个方面的教育中德育是最重要的，学校要把德育工作始终摆在素质教育的首要位置。对于学生来说也必须坚定把学会做人放在首要位置；三是注重实效的观点。要采取切实有力的措施，要从领导、组织、财力、物力、人力等各方面加强学校德育工作，把学校德育工作真正落到实处，真正把德育工作做到孩子们的心里去。

二、贯彻《意见》，切实把德育放在首位

《意见》目标明确，任务具体，措施有力。各地教育行政部门和中小学校要结合各地、各校的实际，制定好贯彻中央《意见》的具体规划，切实落实德育工作在素质教育中的首要位置。各地在制定具体规划的过程中，要有新思路、新举措。要切实把握好以下几个问题：

1. 统筹协调，突出重点。贯彻落实《意见》精神，在教育内容上，当前要重点抓好三个方面的教育。

一是开展弘扬和培育民族精神教育。中宣部和教育部已经联合下发了《中小学开展弘扬和培育民族精神教育实施纲要》，这是我们进一步加强和改进青少年学生思想道德教育的一个极好的战略抓手。为将弘扬和培育民族精神教育引向深入，中宣部和教育部决定在开展经常性宣传教育活动的同时，把每年9月份确定为“中小学弘扬和培育民族精神月”。各地都要充分利用教育月，精心组织，精心策划，切实搞好弘扬和培育民族精神的教育活动。

二是大力加强文明行为习惯的养成教育。教育部已经发布了《中小学生守则》、《小学生日常行为规范（修订）》和《中学生日常行为规范（修订）》，将从今年9月1日开学时正式施行。各地中小学要普遍开展学习、宣传活动，通过多种形式的教育，使《守则》和《规范》在中小学生中能够入脑、入心，引导广大青少年学生能够从小养成良好的行为习惯，自觉遵守社会公德。

三是加强诚信教育。诚实守信是做人的根本，根据《意见》精神，我部已下发《关于进一步加强中小学诚信教育的通知》，各级各类学校都要以培养“诚信师生”为目标，通过多种形式的教育活动，在教育系统创造良好的诚信氛围。

2. 切实抓好课堂教学主渠道建设。学校开设教育课程、尤其是德育课程，是对学生进行思想道德教育的主要渠道，各地一定要进一步加强和改进学校德育课程建设，加强各级各类学校德育课程相衔接的研究。其他课程如语文课、历史课也要自觉地对学生进行思想道德教育。同时，要不断改进教学形式和方法，使学校的德育课程成为广大青少年学生喜爱的课程，真正成为学生学知识、学文化，不断提高思想觉悟的主渠道。中央领导同志最近对中学的德育课程建设做出了重要批示，明确要求要坚持正确的政治方向，不能把课堂变成“自由讲堂”。我们要坚决贯彻中央领导的批示精神，把主渠道建设好，不能出现借课改之名削弱、淡化思想道德教育的倾向。教育部已先后颁布了新研制的小学《品德与生活》、《品德与社会》，初中《思想品德》和高中《思想政治》等4个学科课程标准的实验稿，并陆续开始进行实验。各地一定要积极、认真做好课程的实验工作。

3. 大力加强学生课余活动主阵地建设。学生丰富多彩的课余活动是对学生进行思想道德教育的主阵地，要充分利用学生课余时间，弘扬主旋律，加强思想道德教育，这是学校和老师们要做的一件重要事情。要认真落实《意见》中关于开展道德实践活动的要求，组织开展各种丰富多彩的课余活动，积极引导广大中小学生参加力所能及的社会实践和社区公益活动，参加生产劳动实践。精心安排和设计活动内容，突出思想内涵，强化道德要求，使学生每参加一次社会实践活动，都能有所体验、有所感悟、有所收获。同时要大力加强共青团、少先队的工作，要重视班集体建设，让孩子们在班集体的发展中培养集体主义精神。

4. 切实加强教师队伍的建设。要教育广大教师都树立“学为人师、行为示范”的追求目标，以渊博的学识，高尚的品行和人格魅力教育和影响学生。孩子们是最听老师的话的，我们的一切工作都是为了孩子成人成材，首先要教会孩子学会做人，广大教师要认清自己肩上的责任。我们一定要组织好广大校长、教师认认真真学习好《意见》，使教师真正从思想上认识到德育对孩子成长的重要性，认识到教书育人重要性，认识到关心孩子的成长，做好学生的思想工作，这是每一个教师应尽的神圣义务和崇高责任。当前要特别重视加强班主任工作，努力建设一支德才兼备的高素质的德育教师队伍。

5. 各级教育部门要积极配合有关部门，努力构建学校教育、家庭教育和社会教育三结合的教育网络，营造青少年学生健康成长的良好社会环境。学生的思想道德建设是一个系统工程，需要全社会的关心支持和共同努力。各地教育部门和学校要努力集合各方面力量，统筹各方面资源，积极主动地争取社会各界对青少年学生思想道德教育工作的支持，激发各方面的积极性，共同做好培养教育青少年的工作。

三、落实《意见》，真正把德育落到实处

落实《意见》精神，加强和改进青少年学生思想道德建设工作始终是一项事关全局的战略任务，各级教育行政部门的领导和广大干部教师务必本着对党和国家的事业负责的精神，本着对人民负责的精神、对学生负责的精神，采取求真务实的态度，认认真真做好落实工作。

应该讲，我们教育部门的领导都知道德育重要，但有时候说起来重要，做起来往后靠。要扭转这种现象，我们要抓住机遇大力推进德育工作，把德育真正做到学生心里去。要把加强和改进青少年学生思想道德建设工作落到实处，关键要在两个方面下功夫。一方面是要在工作层面狠抓落实，另一方面要在教育效果上突出实效。工作上抓落实，首先抓领导，各级教育部门的主要负责同志要以高度的政治责任感，承担起主要领导责任，要亲自抓青少年学生的思想道德建设工作，要明确工作目标和要求，把青少年学生思想道德建设工作列入重要议事日程，在人力、物力、财力和政策措施等方面给予充分的保证。其次，广大教育工作者和教师要真正承担起教书育人的职责，使每一个教师都能够自觉地把引导学生学会做人放在各项工作的第一位。

效果上抓落实，就是要切实提高思想道德教育的针对性、主动性和实效性，增强我们的说服力和吸引力。要贴近社会实际、贴近学生生活、贴近青少年学生成长的需要，既遵循思想道德建设的普遍规律，又适应未成年人身心成长的特点和接受能力，特别是这一代青少年身心特点和接受能力，针对他们的特点，从他们思想实际出发，深入浅出、寓教于乐、循序渐进，多用鲜活通俗的语言，多用生动典型的事例，多用喜闻乐见的形式，多用疏导的方法、参与的方法、讨论的方法，进一步增强工作的针对性和实效性，增强吸引力和感染力，把思想教育工作真正做到孩子们的心里去，真正被学生所喜爱、所接受。

同志们，学习、贯彻、落实《意见》精神是教育系统今后相当长一个时期的重点工作。我们的工作归根到底就是两句话：一是把德育放在首位；二是把德育落到实处。各级教育行政部门的同志和广大校长、教师要牢牢抓住当前这个难得的机遇，认真学习领会《意见》精神，振奋精神、与时俱进、求真务实、埋头苦干，着眼于新的实践，增强改革发展意识，不断研究新情况，解决新问题，采取新措施，努力把青少年学生的思想道德建设工作提高到新水平。

把握机遇　面向未来　努力开创家庭教育工作新局面

(2004 年 11 月 2 日)

黄晴宜

同志们：

今天，我们在这里召开全国妇联家庭教育工作会议，会议的主要任务是：高举邓小平理论和“三个代表”重要思想伟大旗帜，全面贯彻党的十六大和十六届三中、四中全会精神，进一步落实中央关于加强和改进未成年人思想道德建设的重大部署，认真总结家庭教育工作的主要成绩和经验，深入探讨家庭教育工作面临的新机遇新挑战，全面部署当前和今后一个时期家庭教育工作的新任务新举措，推动家庭教育工作创新发展，为促进未成年人的健康成长作出新贡献。秀莲主席非常重视家庭教育工作，专程到成都参加会议，还要作重要讲话，我们要认真学习，并在工作中贯彻落实。

下面，我讲 4 个问题。

一、家庭教育工作的主要成绩

家庭教育是妇联的重要工作领域。多年来，在党中央的亲切关怀下，在各级党委政府的高度重视和社会各界的大力支持下，各级妇联从推动实施中国儿童发展纲要、促进我国儿童事业健康发展的全局高度，围绕家庭教育做了大量的、富有成效的工作。早在 70 年代末，妇联就着力开展家庭教育工作，总结和推广家庭教育典型经验。80 年代，全国妇联牵头成立了中国家庭教育学会，各地也相继建立了省市级家庭教育研究会，创办了一大批家长学校，初步形成了家庭教育工作网络。90 年代，推动家庭教育纳入了《中国儿童发展纲要》的目标体系，制定并实施了家庭教育工作规划，广泛开展了优生优育优教“三优”工程，家庭教育的理论研究、实践活动和阵地建设都有了新的发展。进入新世纪，各级妇联适应新形势新任务的要求，不断拓展家庭教育工作领域，创新家庭教育工作载体，加强对家庭教育的指导和服务，进一步提高了家庭教育水平。

（一）实施规划，指导家庭教育工作健康发展。根据《中国儿童发展纲要》中家庭教育目标要求，全国妇联联合教育部制定并下发了全国家庭教育工作“九五”、“十五”计划，提出了普及家庭教育知识、构建家庭教育指导体系、加强家庭教育工作基础建设的主要任务和具体目标；制定了家庭教育工作评估方案；下发了家长学校工作指导、家长教育行为规范等试行意见，加强了对家庭教育的科学指导和规范管理；召开了全国妇联儿童工作会议、家庭教育工作经验交流会、家庭教育指导模式研讨会，组织了全国家庭教育百项最佳指导活动评选。各地结合实际，分别制定了家庭教育工作计划、实施意见和管理办法，加强了检查评估和经验总结，使家庭教育目标任务得到落实。家庭教育目标规划体系的初步建设，有效地指导和推动了家庭教育工作的科学、规范和健康开展。

（二）加强研究，形成一批家庭教育研究成果。全国 30 个省区市妇联和 70% 以上的县级妇联都建有家庭教育学会或研究会。各地充分发挥家庭教育学会、研究会的作用，针对家庭教育中出现的新情况新问题，做了大量的调查研究和理论研究工作，总结提炼出“为国教子、以德育人”、“尊重儿童、支持儿童”、“儿童参与”等具有鲜明时代特色的家庭教育理念。全国妇联下发了家庭教育“九五”、“十五”课题指南，确立了 10 个重大课题和 47 个重点课题，并联合有关单位，依托中国家庭教育学会和中国儿童中心，组织完成了家庭道德教育、家校协同教育、流动人口子女家庭教育等课题研究。各地也分别完成了家长学校管理、农村家庭教育模式、单亲家庭子女教育、0～3 岁亲子教育、家庭教育立法等多项研究课题，形成了一批高质量的研究成果。家庭教育研究的深入开展，为指导家庭教育工作和家长教子实践，提供了科学依据与有效帮助。

（三）创新载体，家庭教育知识得到广泛传播。根据时代的发展和儿童成长的需要，全国妇联先后推出“三优”工程、“双有”活动、小公民道德建设计划、青少年爱国主义读书教育等系列品牌活动，组织编写了《现代家长应知应会手册》、《写给年轻妈妈》等一大批家庭教育读本，创办了《中华家教》、《父母世界》、《学与玩》等刊物。历时 14 年的“三优”工程是妇联开展家庭教育的龙头项目。各地创造性地开展“三优”工程，推出了百万家长学“三优”、百万家庭育英才、“好摇篮工程”等丰富多彩的家庭教育宣传实践活动，使许多家长都不同程度地得到了教育儿童的知识帮助。以儿童自主参与为特征的小公民道德建设计划的扎实推进，进一步推动了道德建设进学校、进家庭、进社区、进公共场所，优化了儿童成长环境，在引导家长提高自身素质，重视子女品德教育，与子女互学互动、共同进步等方面发挥了积极作用。

（四）推广典型，充分发挥榜样的示范带动作用。全国妇联联合教育部于 1986 年率先表彰了一批优秀家长学校，此后陆续开展了全国好家长、家庭教育园丁、家庭教育十佳家庭、十大杰出母亲等多项评选活动，推出了一大批体现时代精神、具有广泛群众基础的家庭教育先进典型。各地也紧密结合“五好文明家庭”创建、“学习型家庭”创建、“美德在农家”等活动，组织好家长、好母亲、示范家长学校、优秀家庭教育工作者等评选表彰。为了发挥典型的示范引导作用，促进先进家庭教育理念和科学知识的广泛传播，全国妇联与有关部门联合组织了更新家庭教育观念报告团，深入农村、社区巡回宣讲，在20多个省区市组织了数百场报告会，直接听众达20余万人，受到了社会各界和广大家长的普遍欢迎。

（五）发展阵地，为家长提供有效的指导和服务。各级妇联与有关部门紧密配合，大力推进学校、幼儿园家长学校建设，积极创建社区家长学校、广播电视家长学校及流动人口子女、单亲家庭家长学校，努力发展家庭教育指导中心、咨询服务站、亲子学苑等家庭教育指导服务机构。据统计，目前全国各级各类家长学校已达32万余所，初步形成了覆盖全国的5级家庭教育网络。大部分家长学校做到了有机构、有师资、有教材、有计划、有考核，在普及家教知识、指导服务家长方面发挥了主阵地作用。全国现有1200多所儿童活动中心和4000多所自办托幼园所，各地妇联依托这些阵地，组织专家讲座，开通咨询热线，举办亲子活动，不断拓展家庭教育服务指导渠道。

（六）加强培训，发展壮大家庭教育工作者队伍。各级妇联依托家庭教育学会、研究会，广泛联系热心家庭教育和儿童事业的专家学者，对妇联儿童工作干部、家长学校校长等人员，进行家庭教育先进理念、家庭教育指导模式以及儿童生理、心理、保健等多方面的知识培训，提高了家庭教育工作者的指导服务水平，壮大了家庭教育工作骨干队伍。各地还充分开掘社区教育资源，发挥老专家、老教师、老干部、老战士、老模范和大学生、热心家长等志愿者的作用，共同做好家庭教育工作。

《中共中央国务院关于进一步加强和改进未成年人思想道德建设的若干意见》下发后，各级妇联认真学习，积极贯彻，迅速行动，推动家庭教育工作取得新进展。一是进一步加强了领导。全国妇联下发了学习贯彻中央精神的意见，明确了妇联开展家庭教育工作的主要任务和提高家长素质、推进家庭道德教育的工作重点；成立了未成年人家庭教育工作领导小组，明确了各部门的目标责任分工。各地妇联也分别制定了贯彻实施意见，近20个省区市在原有基础上建立了家庭教育工作领导协调机构。二是推出了全国“双合格”宣传实践活动。全国妇联联合有关部门，以“为国教子、以德育人”为主题，发起并积极开展“争做合格家长、培养合格人才”家庭教育宣传实践活动，制定了活动方案，编写推荐了指导用书。各地妇联迅速行动，因地制宜开展了“家长教育工程”、“母亲教育工程”、“家庭教育十百计划”等一系列特色活动，为推进家庭教育搭建了新的平台。三是扩大了社会宣传。全国妇联和各地妇联运用主流媒体及所属宣传阵地，抓住“六一”和家庭道德教育宣传实践月的有利契机，通过开设专栏专版、举办家庭教育图片展、组织专题报道、制作公益广告和招贴画等形式，聚焦家庭教育宣传，营造了良好的舆论氛围。四是开展了专项调研。全国妇联和各地妇联组成了有专家、妇联干部、儿童工作者参加的专题调研组，围绕流动人口子女、特困家庭子女、隔代子女等家庭教育突出矛盾和问题，有针对性地进行调查研究，形成了一批有分量的调研报告，为指导和推动家庭教育提供了依据。五是创建了一批新阵地。各地立足社区，积极开辟解决散居、特困儿童家庭教育问题的新渠道，创建了一批新市民、留守儿童等不同类型的社区家长学校，发展了亲子课堂、家庭教育服务超市等个性化多样化的家庭教育指导模式，并推动发展农村家长学校，探索建立行业和企事业单位家长学校，促进了家庭教育网络建设。六是落实了一批实事项目。全国妇联在认真做好建立爱心帮困机构、建设安康益家、免费开放儿童中心等18件实事的基础上，运用“春蕾计划”、“安康计划”等公益载体，不断拓展新的实事项目。各地也从实际出发，推出了“阳光关爱行动”、“代理妈妈阳光工程”等一大批实事项目，受到广大家长和儿童的欢迎。

以上成绩的取得，是各级党政领导高度重视、坚强领导的结果，是社会各界热切关注、大力支持的结果，也是广大家庭教育工作者积极探索、努力创造的结果。多年来，教育部和各级教育行政部门对家庭教育工作高度重视，对妇联开展这项工作给予及时的帮助和指导，中央文明办对我们的工作也给予了大力支持。各级妇联组织以对党的事业高度负责的精神和对儿童事业无比热爱的感情，在家庭教育工作领域中辛勤耕耘、知难而进，付出了艰苦努力，创出了优异成绩。在此，我代表全国妇联向中央文明委办公室和教育部的领导、向广大的家庭教育工作者、向在座的各级妇联的同志们表示衷心的感谢和崇高的敬意！

在多年的家庭教育工作实践中，我们积累了以下经验：

必须坚持为家长儿童服务的宗旨。满足家长教子需求，促进儿童全面发展，是家庭教育工作的根本目标，是在家庭教育领域中践行"三个代表"重要思想、坚持以人为本的具体体现。只有从广大家长急需解决的问题人手，抓住道德建设的重点和儿童健康成长的关键，真心实意为家长儿童服务，使他们真正受益，才能使家庭教育工作充满生机与活力。

必须立足于家长素质的提高。家长是孩子的第一任教师，家长的素质状况、人格形象和实践行为对孩子思想品德的形成具有至关重要的影响，是决定家庭教育成败的关键因素。只有首先引导家长提高自身修养，加强自我约束，树立正确的教子观念，掌握科学的教育方法，才能为儿童的健康成长营造良好的家庭环境。

必须以科学的理论研究为先导。科学的理论是开展家庭教育工作的行动指南。家长的教子实践、家庭教育工作的开展，都离不开科学理论的指导。只有加强理论研究，注重研究内容的针对性、研究方法的科学性和研究成果的应用性，深入分析家庭教育的新情况新问题，努力探索和把握家庭教育的发展规律，才能不断提高家庭教育工作质量和水平。

必须根据实践的要求不断创新。时代在发展，社会在前进，家庭教育的环境、内容、途径、方式都在发生变化。只有坚持与时俱进，立足开拓创新，不断研究新情况，把握新要求，创造新经验，探索新途径，才能跟上时代前进的步伐，使家庭教育工作在新的实践中实现新的发展。

必须构建社会化工作体系。家庭教育工作是一项社会系统工程，需要全社会的关心支持，共同参与，形成合力。只有在党的领导下，主动协调有关部门，整合社会各方资源，运用社会化群众化的工作方式，动员一切可以动员的力量，才能确保家庭教育工作的可持续发展。

二、家庭教育工作面临的新机遇和新挑战

《中共中央国务院关于进一步加强和改进未成年人思想道德建设的若干意见》中，明确要求各级妇联组织切实担负起指导和推进家庭教育的重要责任。这既是对妇联以往工作成绩的充分肯定，也对我们提出了新的更高要求。面对这个光荣而艰巨的政治任务，站在家庭教育工作新的历史起点上，我们一定要审时度势，统观全局，既要看到家庭教育工作面临的新的发展机遇，又要看到面临的严峻挑战。

当前，开展家庭教育工作的总体形势非常好，有利条件很多。一是党和国家的高度重视为家庭教育工作提供了根本保障。党的十六届三中全会从全面建设小康社会的目标出发，提出了以人为本，全面、协调、可持续的科学发展观。十六届四中全会围绕加强党的执政能力建设，明确提出了提高建设社会主义先进文化能力的重要目标，要求抓好青少年思想道德教育，营造有利于青少年健康成长的环境。今年，中央又作出了关于加强和改进未成年人思想道德建设的重大战略部署，推出了一系列重要政策措施。这些都为全党全社会更加重视人的全面发展和未成年人的培养教育提供了科学指导和政策支持，也为发展家庭教育创造了更为有利的条件。党和国家历来重视家庭教育。《中国儿童发展纲要》明确提出家庭教育的目标，《未成年人保护法》等一系列有关儿童的法律法规，都把为儿童提供良好的家庭环境作为一项重要内容。中央关于加强和改进未成年人思想道德建设的意见特别强调家庭教育在未成年人思想道德建设中的特殊重要作用，要求重视和发展家庭教育，为我们进一步做好家庭教育工作提供了强大动力和可靠保证。

二是经济社会的发展为家庭教育工作创造了有利条件。家庭教育的社会重视程度和发展水平，归根到底取决于经济社会的发展程度。目前我国已进入全面建设小康社会、加快推进社会主义现代化的新的发展阶段。国民经济持续快速发展，家庭经济条件普遍改善，为家庭教育工作奠定了必要的物质基础。社会文明程度的显著提升，家庭精神文化生活的日益丰富，家庭成员素质的不断提高，为更好地实施家庭教育提供了可能。家长更加重视对子女的培养，愿意也能够投入更多的时间精力在孩子身上，这是我们推进家庭教育工作的重要基础。

三是家长和儿童的需求为家庭教育工作提供了广阔舞台。孩子是国家的未来，是家庭的希望。广大家长都有学习掌握家庭教育知识、培养孩子成才成人的共同心愿。特别是近些年来，社会竞争日趋激烈、现代科技进入家庭、外部环境发生变化，使广大家长获得家庭教育指导和帮助的需求更为强烈。就孩子而言，接受良好的家庭教育、享有和谐幸福的家庭环境，是健康成长的重要保证。家长和儿童最需要我们的地方，就是我们必须加强工作、发挥作用的地方，也是我们可以施展才干、大有作为的舞台。

四是多年的实践经验为家庭教育工作奠定了良好基础。在多年从事家庭教育工作的实践中，妇联创建了一大批家庭教育阵地，探索了多元化的指导模式，打造了影响广泛的工作品牌，发展了专兼结合的工作队伍，形成了纵横交错的组织网络，创造和积累了宝贵的经验，在促进儿童健康成长、推进社会主义精神文明建设中发挥了积极作用，得到了党和政府的肯定和广大家长的信任，为我们指导和推进家庭教育畅通了渠道，丰富了资源，夯实了基础。

同时，我们也必须清醒地认识到，新形势下的家庭教育工作还面临着许多新情况新问题。

一是人才发展需求给家庭教育工作提出了新的要求。当今世界，人才资源成为最重要的战略资源和综合国力竞争的焦点。我国要实现全面建设小康社会和中华民族伟大复兴的宏伟目标，必须培养造就千千万万合格建设者和可靠接班人。形势发展变化对人的发展和人才培养提出了新的标准，也对奠定人才成长基础的家庭教育和家庭环境提出了新的要求。

二是社会环境的变化给家庭教育工作提出了新的课题。随着我国经济社会的转型，家庭结构呈现小型化、多样化发展趋势，对家庭教育的指导和服务提出了个性化、多元化的需求；市场经济自身的弱点和消极因素，对一些家长和处于价值观形成期的未成年人产生了一定的负面影响；各种媒体特别是互联网的迅速发展，使孩子接受信息的方式和渠道日益复杂多样，他们的思想行为呈现出独立性、选择性和多变性的特点，加大了家庭教育工作的难度。家长如何教育引导孩子、我们如何指导家庭教育，都急需深入研究和科学解答。

三是家庭教育观念和方法上的误区对家庭教育工作提出了新的挑战。一些家长由于缺乏科学的教育理念和方法，以片面的教子观、成才观教育和影响子女，家庭教育中出现了重智轻德、重知轻能、重养轻教等突出问题，给孩子的道德养成埋下了隐患，也导致孩子在生活自理、社会适应等方面能力不足，制约了身心健康和全面发展。引导家长更新观念、走出误区，是摆在我们面前的一项紧迫任务。

四是工作的薄弱环节制约着家庭教育水平的提高。面对新形势新任务，家庭教育工作还存在着思想重视程度不够高，指导服务机构不够完善，长效工作机制尚未建立，农村和贫困地区工作比较薄弱，家庭教育与学校教育、社会教育的衔接配合不够等不相适应的问题。这些都制约着家庭教育工作的深入发展，需要我们采取有力措施，切实加强改进。

希望与困难并存，机遇与挑战同在。我们一定要站在全面建设小康社会、实现中华民族伟大复兴的战略高度，站在落实科学发展观、加强党的执政能力建设的政治高度，充分认识重视和发展家庭教育的重要性与紧迫性，进一步增强做好家庭教育工作的责任感与使命感，振奋精神、坚定信心，抢抓机遇、应对挑战，努力把家庭教育工作提高到新水平。

三、家庭教育工作的总体要求和主要任务

当前和今后一个时期，家庭教育工作的总体要求是：坚持以邓小平理论和“三个代表”重要思想为指导，深入贯彻党的十六大和十六届三中、四中全会精神，全面落实中央加强和改进未成年人思想道德建设的总体部署，认真实施中国儿童发展纲要和全国家庭教育工作计划，紧密围绕全面建设小康社会的实际，针对新形势下家庭教育面临的新情况、新特点、新问题，积极探索家庭教育工作的新规律、新机制、新对策，以家庭道德教育为核心，以提高家长素质和更新家庭教育观念为重点，以构建家庭教育和家庭教育工作服务指导体系为基础，努力推进家庭教育工作科学化、社会化和法制化进程，不断提高家庭教育整体水平，促进家庭教育与学校教育、社会教育紧密结合，为培养中国特色社会主义事业合格建设者和接班人作出新贡献。

当前，要重点做好以下几方面工作：

（一）全面落实家庭教育工作整体规划。科学规划是做好家庭教育工作的重要保证。《中国儿童发展纲要》和《全国家庭教育工作“十五”计划》，对家庭教育的总体目标、主要任务、实施措施和检查评估工作都作出了明确部署。目前已到了完成“十五”计划的最后攻坚阶段。各级妇联一定要与教育部门紧密配合，进一步加大力度，采取有效措施，全力推进各项目标任务的完成，力争到“十五”终期，家长的受教育率和掌握家庭教育知识率，经济发达地区分别达到95%和80%以上，中等发达地区分别达到90%和70%以上，贫困地区分别达到70%和50%以上。各地要按照“十五”计划的评估标准，制定评估细则，认真做好本地区的自查评估。全国妇联和有关部门将结合《中国儿童发展纲要》的中期监测对部分省区市家庭教育工作情况进行重点抽查，在总结经验、分析问题的基础上，着手制定家庭教育工作“十一五”计划。

（二）切实加强对家庭教育的科学指导。科学研究是做好家庭教育工作的必要前提。各级妇联要更加重视加强家庭教育的调查研究、

理论研究和应用研究，针对儿童成长对家庭教育的需求和目前存在的突出矛盾，深入研究家长素质和家庭道德建设对儿童成长发展的影响，研究家庭教育的先进理念和科学指导模式，研究特殊环境和困境下的子女家庭教育问题，力争每年都有计划地完成一定数量的调研任务，形成一批有质量的研究成果，并注重成果的转化和实际应用。要积极推进各级家庭教育学会、研究会和实验研究基地的建设与发展，力争县

级以上妇联都建有家庭教育研究机构和实验基地，切实发挥好各类研究阵地在家庭教育研究中的领先作用。全国妇联将在已建100个全国家庭教育实验研究基地的基础上再推出一批新基地，着手策划全国“十一五”家庭教育课题研究指南，还要组织家庭教育理论研讨和优秀论文评选。

（三）精心打造全国“双合格”宣传实践活动品牌。以“为国教子、以德育人”为主题的全国“双合格”宣传实践活动，是贯彻中央精神、推进家庭教育宣传实践、优化未成年人成长环境的新举措，是在“双学双比”、“巾帼建功”、“五好文明家庭”创建活动基础上推出的又一新的主体活动和重要载体。各级妇联要按照九部委联合通知的要求，切实加强对这项活动的领导，坚持面向基层、服务家庭、因地制宜、突出特色的原则，立足于家长自主参与和自我教育，在各地已有宣传实践活动的基础上，创造性地开展“双合格”活动，组织实施好“突出一个主题、推出一批丛书、组建一批讲师团、培训一批骨干、发展一批示范学校、表彰一批先进典型”的“六个一”工程，精心打造“双合格”活动品牌，并把这项活动与“三优”工程、小公民道德建设计划、“学习型家庭”、“五好文明家庭”创建等传统项目有机结合。要充分发挥主流媒体、新兴传媒的优势，运用好少儿频道和妇联各类宣传阵地，抓住重要节日和宣传实践月的契机，开展强势宣传和持续宣传，大力弘扬家庭道德教育主旋律，让以“为国教子、以德育人”为主题的“双合格”活动家喻户晓，使之真正成为促进家庭教育知识传播与实践的有效载体。全国妇联将组织编写和征集推荐一批家庭道德教育指导用书。

（四）大力发展社区和农村家长学校。家长学校是指导和服务家庭教育的主阵地。各级妇联要继续与教育部门配合，在推进家长学校覆盖中小学、幼儿园的基础上，充分发挥自身优势，重点抓好社区和农村家长学校建设。要充分开掘社区教育资源，大力发展社区家长学校，特别是新市民等特色家长学校，以及咨询站、服务热线等多种家庭教育指导服务机构。针对农村家庭教育工作薄弱的现状，要因地制宜运用现有设施，大力创办乡（镇）村家长学校，扩大家庭教育知识在农村的普及面。同时，积极推进广播、网络家长学校建设，探索创建机关、行业、企事业单位家长学校，通过多种途径，使家长学校创建率和覆盖面有较大幅度提高。要按照《关于全国家长学校工作的指导意见》的要求，完善教学管理，抓好师资培训，提高教学质量，务求办学实效。全国妇联将联合有关部门着手组织编写全国家长学校教学大纲，并积极筹建全国家庭教育网校。

（五）努力发挥儿童活动阵地的育人功能。儿童活动中心、自办托幼园所是妇联服务儿童家长的重要依托，也是传播家庭教育科学知识、开展道德实践活动的基本阵地。各级妇联要加强对所属儿童活动阵地的指导和管理，确保各类阵地坚持服务儿童、服务家长的宗旨，突出德育工作重点，强化实践育人功能。充分运用现有资源，围绕实施全国“双合格”宣传实践活动和小公民道德建设计划，开发亲子互动项目，开展丰富多彩的道德实践活动，创办家长学校、亲子俱乐部等指导服务机构，组织专项课题研究，使之成为家庭教育的宣传普及园地、教育培训阵地和实验研究基地。要抓住当前有利时机，积极推动政府将儿童活动中心建设纳入当地经济社会发展总体规划，扩大多元投资渠道，普及市、县两级儿童活动中心，力争在数量、规模、设施等方面都有明显改善。全国妇联将适时召开阵地建设工作座谈会，并通过制定下发管理办法，加强对儿童活动阵地的指导。

（六）切实维护好儿童合法权益。维护儿童合法权益，优化儿童成长环境是儿童健康成长的重要保障。各级妇联要进一步加强源头参与，关注和推动解决儿童健康权、人身权、受教育权以及家庭保护中存在的突出问题，尤其是女童、流动人口、下岗失业、单亲、特困家庭子女，以及孤残儿童的权益保护问题。积极参与《未成年人保护法》等有关法律法规的修改，在调查研究的基础上，围绕加强家庭保护和家庭教育的重点，提出补充和修改建议，有条件的地方要努力推动家庭教育地方性法规的出台。积极参与执法检查，加强保护儿童的法律宣传，推动各项保护儿童的法律、法规和政策的实施，督促有关部门重视解决危害儿童健康成长的社会问题。发挥社会化协调机制、法律服务机构和妇联5级信访网络的作用，推动查处侵害儿童权益的案件，优化儿童生存、保护和发展的法制环境。要继续组织实施好女童国际项目和“春蕾计划”、“安康计划”等社会公益项目，加强资源整合和统筹规划，不断推出新的实事项目，提高项目运行质量和效益。广泛动员社会力量，为家长和儿童办好事实事。

四、积极推动家庭教育社会化工作体系建设

家庭教育工作是加强和改进未成年人思想道德建设的重要环节之一，是需要全党全社会合力推进的一项系统工程。要确保家庭教育工作的连续性和稳定性，就必须建立长效工作机制，完善保障体系，推进家庭教育工作科学化、社会化、法制化进程，并把家庭教育与学校教育、社会教育紧密结合，积极构建“三位一体”的教育工作网络。

（一）健全领导体制，完善工作机构。最近，全国妇联与教育部等九部委联合下发了《关于在全国开展“争做合格家长、培养合格人才”家庭教育宣传实践活动的通知》；与教育部共同制定下发了《关于进一步加强家庭教育工作的意见》、《关于全国家长学校工作的指导意见》、《全国家庭教育工作“十五”计划评估方案》和《家长教育行为规范》。各级妇联要按照这些文件精神的要求，切实加强对家庭教育工作的领导，将其作为参与精神文明建设的重中之重，摆上更加突出的位置，纳入妇联工作的全局和重要议事日程。要建立健全家庭教育工作领导体制，一是要积极建立妇联的家庭教育工作领导机构，明确部门分工，加强工作统筹；充实工作力量，给予必要保障；完善检查制度，落实各自责任。二是要在现有协调机构的基础上，建立完善家庭教育工作协调机构，充分发挥妇儿工委办公室设在妇联的优势，加强部门之间的联系沟通，形成整体工作合力，与教育部门联手，共同负起指导和推进家庭教育的牵头责任。三是要探索建设家庭教育工作指导机构，进一步加强对家庭教育工作的指导、管理和服务。全国妇联将筹备成立全国家庭教育指导中心，省级以上妇联都要积极创造条件，建立家庭教育工作指导中心。

（二）整合各方资源，形成整体合力。要牢固树立全局意识和一盘棋思想，把家庭教育与妇联的各项业务工作有机结合，加强统筹，优势互补，协调动作，整体推进。一是要整合活动资源，突出重点活动，用好传统品牌，避免多头绪和交叉重复。主动与学校、社区联系沟通，促进各项活动的相互融合。二是要整合设施资源，充分运用现有的各类教育活动设施开展工作，尤其要善于运用好社区的工作平台和学校、图书馆、少年宫等各类教育资源，实现资源共享。三是要整合宣传工作资源，突出不同时期的宣传主题，运用好各类宣传舆论阵地，形成宣传工作合力。全国妇联要首先从自身做起，切实加强内部工作整合，更好地为基层提供指导和服务。

（三）加强队伍建设，壮大骨干力量。要把加强骨干队伍建设作为一项重要的基础工作来抓，通过妇联5级工作网络，广泛团结凝聚社会力量，发展壮大家庭教育工作专家队伍、讲师团队伍、宣传工作队伍、专职工作队伍和社区志愿者5支队伍。要运用多种形式，层层组织骨干培训，提高家庭教育工作者的业务能力和指导水平，为他们开展工作创造条件。要重视发挥专家学者在指导和推进家庭教育工作中的积极作用，尤其要发挥好讲师团成员、“五老”队伍和各类志愿者联系基层、贴近家庭的特长和优势，调动他们的积极性和创造性，为普及家庭教育知识，促进家庭道德建设做贡献。

（四）完善评估机制，加强检查监督。要重视家庭教育工作的检查评估，建立并落实检查评估的工作制度，将检查评估的结果纳入部门工作考核内容和干部考核范围。要根据《全国家庭教育工作“十五”计划》和《全国家长学校工作的指导意见》的评估标准，结合本地区实际，制定切实可行、科学规范的评估细则，量化细化各项指标，围绕领导管理、制度建设、组织实施、效益成果等情况，全面客观地组织检查评估工作，总结经验、树立典型，查找不足、完善措施，确保家庭教育工作的各项目标任务落到实处。

（五）争取政策扶持，增加必要投入。要在用好用足现有各项政策的基础上，积极推动有关部门出台各项扶持政策，为做好家庭教育工作提供政策支持。要推动各级政府加大对家庭教育工作的投入，把家庭教育工作经费和事业发展经费纳入地方财政预算，设立家庭教育工作专项基金，用于开展培训、组织研究、建设阵地、表彰先进等项工作。要广泛动员社会力量，多渠道开发资金来源，为做好家庭教育工作创造更有利的条件。

（六）坚持求真务实，注重工作实效。指导和推进家庭教育是一项长期艰巨的任务，必须以持之以恒的精神和求真务实的作风，真抓实干，扎实推进。要坚持总体目标的长期性，根本要求的统一性，工作机制的稳定性，使家庭教育工作常抓不懈，务求实效。要善于运用已有的成功经验，在继承借鉴中发展，在改进创新中提高，使家庭教育工作更好地体现时代性、把握规律性、富于创造性。要更加贴近实际、贴近群众，从广大家长和儿童的需要出发，办实事，重实效，不搞花架子，不做表面文章，采取切实有效的措施，确保各项目标任务落实到位。

同志们，做好家庭教育工作、促进儿童健康成长，是时代的要求、历史的重托和人民的期望。让我们紧紧团结在以胡锦涛同志为总书记的党中央周围，高举邓小平理论和“三个代表”重要思想伟大旗帜，以高度的政治责任感切实担负起党中央赋予我们的光荣使命，努力开创家庭教育工作新局面，为培养和造就千千万万合格建设者和接班人做出新贡献。

在全团加强和改进未成年人思想道德建设暨推进青年文化行动工作会议上的讲话

（2004年6月22日）

赵 勇

同志们：

刚才，周强同志作了重要讲话，深刻分析了未成年人思想道德建设和青年文化建设面临的形势及其战略意义，深刻阐述了未成年人思想道德建设的基本规律和青年文化建设的基本规律，对共青团少先队贯彻落实中央精神，抢抓机遇，发挥优势，加强和改进未成年人思想道德建设、大力推进青年文化行动提出了明确的要求，明确了今年下半年全团的重点工作任务。周强同志的重要讲话是这次会议的主题报告，对今后的工作具有重要的指导意义。我们要认真学习领会，在今后的工作中加以贯彻落实。

在全党全社会高度重视和大力推进未成年人思想道德建设工作的新形势下，我们召开这次会议，意义重大。这次会议把未成年人思想道德建设与青年文化行动一同部署和推进，是因为这两项工作有着内在的联系，实施青年文化行动既是团十五大提出的重要举措，也是加强和改进未成年人思想道德建设的重要载体，二者都统一于共青团培养“四有”新人这一根本任务中。下面，按照周强同志讲话的要求，我对全团加强和改进未成年人思想道德建设、推进青年文化行动工作进行部署，重点就进一步理清思路、协调行动、狠抓落实讲三点意见。

一、坚持实践育人、文化育人、服务育人、组织育人，把团队组织加强和改进未成年人思想道德建设和青年文化建设工作提高到一个新水平

这些年来，共青团、少先队坚持以马克思列宁主义、毛泽东思想、邓小平理论和“三个代表”重要思想为指导，围绕培育“四有”新人的根本任务，积极探索青少年思想道德教育的途径，积累了一些有益的经验，形成了一些带有规律性的认识，概括起来，就是实践育人、文化育人、服务育人、组织育人。在加强和改进未成年人思想道德建设及青年文化建设的工作中，团队组织要充分发挥实践育人、文化育人、服务育人、组织育人的作用，努力使我们的工作贴近未成年人，体现时代性、把握规律性、富于创造性，不断开创未成年人思想道德建设和青年文化建设的新局面。

第一，充分运用实践育人的手段，不断开辟未成年人思想道德建设的新途径。

实践育人符合认识的基本规律。听到的容易忘记，看到的印象不深，只有亲身体验到的才会刻骨铭心、终身难忘，讲的就是这个道理。实践育人也符合道德建设的基本规律。道德建设重在实践，实践解决了道德建设中知行脱节的问题。实践育人还符合未成年人成长的基本规律。未成年人心智发育的特点，决定了他们更多地要在实践的体验中发展身心，完善个性。长期以来，共青团、少先队把实践育人作为加强青少年思想道德建设工作的根本途径，逐步形成了青少年广泛参与的实践教育体系，在培养“四有”新人中发挥了重要作用。在新的形势下，我们要总结以往的成功经验，深化实践育人的理念，完善实践育人的机制，不断开辟实践育人的新途径，更好地发挥实践育人在未成年人思想道德建设中的重要作用。

1.强化实践育人的导向性。实践本身的作用是多方面的，实践育人包括了鲜明的导向，就是要使实践主体在参与中受到教育，增长才干，经受锻炼。实践是青少年的实践，对这种实践只能指导、只能帮助、只能服务，谁都不能替代。这些年来，我们开展的青年志愿者、青年文明号、保护母亲河行动等实践活动都贯穿了鲜明的理念，对广大青少年发挥了强有力的导向作用。在未成年人思想道德建设中强调实践育人的导向性，就是要引导他们在实践中增强爱国情感，确立远大志向，规范行为习惯，提高基本素质。未成年人处在身心发展的关键时期，可塑性很强，特别是他们生活在一个日益开放和多元化的社会中，面临许许多多的选择，我们要用鲜明导向的实践活动来引导未成年人的选择，促进他们健康成长，全面发展。

2.突出实践育人的主体性。实践是实践主体的实践，实践育人就是要调动实践主体的内在积极性，引导实践主体自我体验，自我教育。外因只有通过内因才能起作用，强调未成年人的实践主体地位，就是尊重他们的主观能动性，以平等的积极的态度看待未成年人，不能把他们仅仅看成是被动的教育和管理的对象。一些实践活动之所以效果不理想，就是因为忽视了未成年人的愿望、要求和特点，把活动强加给他们，没有很好地发挥他们内在的参与积极性，没有重视他们的内心感受和体验。在加强未成年人思想道德建设中，要积极探索情境式教育、案例式教育、问题式教育的方式，加强与未成年人的交流、沟通和互动，注重培养未成年人自主选择和辨别是非的能力。尤其要重视培养未成年人形成良好的行为习惯。

3.增强实践育人的针对性。不同年龄、不同地区、不同性别的未成年人的生理、心理和生活环境不同，必须因人而异，因材施教，因势利导。在小学阶段，我们要大力深化体验教育，在中学阶段，重点是开展实践教育。要针对不同年龄、不同群体、不同地区未成年人的特点，尊重客观规律，有目的地引导未成年人接触社会、参与实践，促进未成年人知行统一，做到“习与智长，化与心成”。要针对未成年人思想道德建设方面存在的突出问题，确定合适的内容，选择恰当的方式，开展有针对性的教育实践活动。要重视情感、意志、兴趣、个性等非智力因素对未成年人成长的影响，引导他们在实践中磨炼意志，陶冶情操，升华思想道德境界。

第二，充分运用文化育人的手段，积极营造未成年人思想道德建设的良好环境。

在大众传媒快速发展和文化产品日益丰富的形势下，文化对未成年人的思想观念、价值取向和行为方式的影响是前所未有的广泛，前所未有的深刻。文化像空气一样，无所不在，无时不在，对未成年人的影响是潜移默化的，是深入持久的。文化育人在未成年人思想道德建设中具有独特的作用，充分运用文化育人的手段，就是要寓教于文、寓教于乐，满足未成年人日益增长的精神文化需求，营造良好的氛围，加强青年文化建设，在推动未成年人思想道德建设中实现新的突破。

1.要在弘扬主旋律上有新的突破。文化育人就是要发挥先进文化对未成年人的教育引导作用。我们的青年文化建设要有魂，这个魂就是培育“四有”新人，就是要贯彻中央要求，在未成年人中大力弘扬和培育以爱国主义为核心的民族精神，树立和培养正确的理想信念。文化具有多样性、多元性，文化的魅力就在于它的丰富多彩，我们加强青年文化建设，就是要在多样性的文化环境中唱响主旋律，坚持以科学的理论武装人，以正确的舆论引导人，以高尚的精神塑造人，以优秀的作品鼓舞人，充分运用多种文化形式和传媒手段，弘扬主旋律，努力做到思想性、艺术性和观赏性的统一，使伟大的民族精神和中国特色社会主义的理想信念深入人心，使党和国家对未成年人思想道德的要求深入人心。

2.要在广泛参与上有新的突破。文化建设要取得成效，需要调动广大青少年的参与。参与的青少年越多，文化育人在未成年人思想道德建设中发挥的作用越大。要开展多层次的青少年文化活动，既要有阳春白雪，又要有下里巴人，特别要重视开展基层群众性文化活动，使更多未成年人参与到文化活动中来。要建设校园文化、社区文化、企业文化、乡村文化和网络文化，努力使文化建设覆盖面更广，参与面更大。要增强文化建设的吸引力，使文化活动适合未成年人的特点，使他们乐于接受，乐于参与。

3.要在表达方式上有新的突破。文化育人，表达方式十分重要。我们能深切地感受到，很多时候，我们开展的活动，主题很好，内容也很好，但是我们组织的方式，表达的方式没有考虑未成年人的特点，他们不愿意参与，也不喜欢看，收效甚微。文化的魅力，往往体现在好的表达方式上；文化的生命力，就在于不断地创造。增强文化对未成年人的吸引力和感召力，关键是要适应时代发展，创新表达方式。我们要研究未成年人，了解未成年人，多运用他们的话语体系，多采取他们喜爱的方式，多吸取他们的创造，弘扬传统文化的精髓，积极借鉴世界上一切优秀文明成果，推动文化表达方式的创新，使我们的文化活动和文艺作品更加鲜活、更加生动，更加具有冲击力和震撼力，为广大未成年人所欢迎，使文化育人的目标在生机勃勃的文化建设中得到很好贯彻落实。

第三，充分运用服务育人的手段，努力增强未成年人思想道德建设的实效。

从根本上说，加强未成年人思想道德教育，是为未成年人的健康成长提供服务。只有坚持以人为本，把诚心诚意为未成年人健康成长服务作为共青团做好未成年人思想道德建设工作的出发点和落脚点，竭诚为未成年人服务，凡事想着未成年人，心里装着未成年人，一切为了未成年人，我们的思想道德建设才会被未成年人接受，才能真正达到提高未成年人思想道德素质、促进未成年人全面发展的目的。运用服务育人手段加强未成年人思想道德建设，要做好结合的文章。

1. 要把解决思想问题与解决实际问题结合起来。未成年人在成长过程中，会遇到种种问题和困惑，他们的思想问题往往是与学习生活中的实际问题交织在一起的，有的思想问题本身就是他们成长中碰到的实际问题。很多实际困难得不到解决，你给他们讲一箩筐的道理也不能入心入耳，也不能让他们接受。只有真心实意地为未成年人解决实际问题，为他们的生活、学习排忧解难，与他们一起分享成长的快乐和烦恼，才能取得未成年人的信任，成为他们的良师益友，切实解决他们思想上的问题。只有了解他们的所需所想、所感所爱，走进他们的内心世界，切实把握未成年人的思想实际，我们解决实际问题才能有的放矢。以解决问题为核心，以实施项目为手段，是当今国际社会开展未成年人工作的成功经验和做法，值得我们很好地学习和借鉴。我们要针对未成年人成长发展中出现的实际问题，一个一个问题去解决，一个一个项目去落实，把服务工作做深、做细、做实。比如，目前许多未成年人存在考试焦虑、人际交往障碍、青春期的烦恼和困惑等等心理问题，我们要大力开展心理健康教育和心理咨询项目服务。又比如，在市场经济日益发展下，出现了一批特殊未成年人群体，象农村留守儿童、流浪儿童、单亲家庭儿童、贫困家庭子女、城市务工人员的子女等，他们都需要社会的帮助，只有为他们提供及时有效的服务，把社会的关怀和温暖送到他们心坎上，我们的服务、我们的育人才会有真正的效果。

2. 要把维护权益与促进未成年人发展结合起来。未成年人不具备完整的行为能力，容易受到侵犯和危害，这也正是我国法律把未成年人列为被监护人的重要原因。未成年人的成长，不仅需要来自家庭和学校的爱护，而且需要全社会的呵护和帮助。目前未成年人成长发展的环境总的来讲是好的，但是各种消极因素和不良因素对未成年人的危害确实不可低估，各种侵犯未成年人权益的现象时有发生，这不仅严重影响了未成年人的健康成长，而且引发了许多社会问题。未成年人需要保护，维护未成年人的合法权益，就是促进未成年人健康成长，就是推动未成年人发展，保护未成年人就是保护祖国的明天。各级团队组织在切实维护和代表未成年人合法权益中肩负着重要任务，要依法维权，进一步深化创建优秀青少年维权岗等活动，针对未成年人所受到的侵害，针对不法网吧、粗口歌、口袋书和黄赌毒等社会丑恶现象，积极联合有关部门采取有力措施予以清理，切实把维护未成年人合法权益工作落到实处，为未成年人的成长创造良好的社会环境。

3. 要把强化服务功能与提高服务能力结合起来。服务育人要取得效果，关键是要强化服务功能，提高服务能力。未成年人的服务工作不可能靠一个部门包打天下，共青团、少先队要发挥自身优势做好服务未成年人的工作，同时要广泛吸纳和整合社会资源，增强服务能力，拓宽服务渠道和空间。要加强青少年活动阵地、青年中心建设，使服务形成强大的阵地依托和网络体系。周强同志在十四届三中全会上专门讲过服务体系的建立。我们现在要抓住这个难得的机遇，党和政府高度重视未成年人思想道德建设，我们可以争取财力、人力、物力等多方面的支持。要大力加强青少年网络阵地的建设，形成青少年的服务体系。要运用影视、网络、短信等现代传媒服务未成年人，增强我们服务的覆盖面和影响力。专业化的知识和专业化的服务是服务能力的重要组成部分，我们要下大力气培养一批素质过硬的未成年人服务队伍，不能仅凭热情、仅凭经验从事未成年人工作。要积极争取党委政府支持，推动有关政策法规的制定完善，协助政府做好青少年事务，使服务建立在政策、法规的基础上，纳入党政工作体系。要密切配合教育、文化、司法等部门的工作，形成合力，形成齐抓共管的局面。

第四，充分运用组织育人的手段，努力构建未成年人思想道德建设的组织依托。

在研究中我们发现，组织和群体对未成年人的成长起着重要的作用，对个人素质培养、情感依托、个性形成至关重要。组织化的过程，一定程度上讲就是社会化的过程。由于生理、心理发育的特殊性，未成年人对组织和群体的需求尤其强烈，对集体舆论和行为具有较强的趋同，他们所处的组织和群体对他们成长影响很大。组织育人就是重视组织对人的成长和社会化的影响，引导未成年人在组织中进行良性互动，引导他们在组织中健康成长。在未成年人思想道德建设中，我们要充分运用组织育人的手段，通过团队组织和同伴群体、学生社团、各种关心未成年人的组织等，对未成年人进行教育引导，帮助他们提高思想道德素质，充分发挥组织育人的作用。

1. 充分发挥组织的引导作用。组织总是具有鲜明的取向，组织的作用首先是引导的作用。特别是共青团和少先队组织，一代又一代人在共青团、少先队的旗帜下成长为社会主义事业的建设者和接班人。目前，共青团有基层团委20多万个，团支部250多万个，在校的少先队大队约53万个，中队约1500万个，还有我们的青联、学联、青年志愿者协会等相关组织。这个强大的组织体系是我们做好工作的一个强大的依托，强大的力量，也是共青团、少先队的优势。我们讲党政群齐抓共管，真正未成年人自己的组织，只有我们有。发挥组织的引导作用，关键是扩大团队组织对未成年人的覆盖和影响，发挥团队在组织育人中的引导作用。同时，我们要看到，在向市场经济转轨的过程中，出现了大量的中介组织和非政府机构；未成年人由于兴趣、交友的需要，出现了一些他们自发成立的非正式社团；还要看到互联网上出现的未成年人网上社团和网上社区等虚拟组织。对这些组织，我们要给予及时的、有力的、正确的引导，扬其长、避其短，发挥好这些组织在未成年人思想道德建设中的作用。

2. 充分发挥组织的互动作用。研究表明，未成年人在成长过程中，同伴群体的影响在一定程度上已经超过了父辈对他们的影响。同辈之间有着自己的话语体系，同辈之间互相传递的信息增多，同伴群体对他们身心健康发展起着越来越重要的作用。这与文化的影响无所不在，未成年人社会化的过程缩短这个大背景不无关系。现实生活中未成年人中出现的某些个性与人格发展上的问题，往往与他们缺乏社会交往和互动有关。发挥组织育人的作用，就要重视同伴群体的作用，重视组织成员的互动，重视集体的交流，为他们的交流、沟通创造条件，广泛开展丰富多彩的组织活动，帮助未成年人在组织中相互学习、共同进步、共同提高。

3. 充分发挥组织的参与作用。组织的作用还在于它为未成年人参与社会提供了更为广阔的平台。单个孩子很难在社会上活动。加入组织后，他们参与社会的平台就不同了。组织活动的过程，实际上是组织成员有了更多的机会、更好的条件参与社会的过程，通过这个过程，我们可以让他们更好地受到教育，更好地完成社会化。我们要发挥组织的参与作用，动员和组织未成年人积极参与团队组织的活动，尤其是校外社区、少工委等一些未成年人组织，为未成年人接触社会、了解社会、参与社会提供了有效途径和广阔舞台，使未成年人在组织中学会处理人与人、人与社会、人与自然的关系。同时要通过发挥组织的参与作用，推动有关未成年人的法律法规的制定，推动未成年人成长环境的优化。

实践育人、文化育人、服务育人、组织育人，是一个有机统一的整体。实践是途径，文化是环境，服务是手段，组织是依托，实践育人、文化育人、服务育人、组织育人四者相辅相成，各有侧重。我们要充分运用实践育人、文化育人、服务育人、组织育人的手段，综合发挥它们的作用，把共青团、少先队加强和改进未成年人思想道德建设，加强青年文化建设的工作提高到一个新的水平。

二、协调行动，集中全团力量为未成年人健康成长办好十一件大事

中央8号文件下发以来，周强同志多次主持召开书记处会议，学习领会并研究制定贯彻落实的具体措施，先后提出办15件实事，落实“八个一”，采取十二项措施等一系列贯彻落实的举措。我们通过媒体和文件已经把这些举措和要求下发到全团全队。根据这些要求，全团上下共同努力，目前已经形成了一个良好的舆论氛围和工作氛围，各级都高度重视，积极行动，工作是卓有成效的，势头也非常好。在这个背景下，我们既要着眼长远，形成长效的工作机制，坚持不懈地把这项工作抓好，又要针对当前未成年人思想道德建设的实际问题，加大工作力度，抢抓机遇，乘势而上，集中力量切实办好几件作用大、影响大的大事、好事，迅速形成加强和改进未成年人思想道德建设的良好氛围，取得看得见、摸得着的实实在在的成效。要大力弘扬求真务实的精神，狠抓落实，出实招、办实事、求实效。为切实贯彻落实好中央精神，发挥好团队组织的优势和作用，迅速在全团形成加强和改进未成年人思想道德建设的生气蓬勃的局面，根据中央领导同志的要求，结合全团的实际，团中央书记处决定，当前及今后一段时期，全团上下要协调行动，集中力量办好以下11件大事。

1．联合教育部实施“校园净化工程”。当前校园环境总体是好的，但也存在不少问题。有害卡通画册、淫秽“口袋书”、黄色光碟等违法出版物，各种不健康的“顺口溜”、“粗口歌”，以及校园周边违法开设的网吧、电子游戏厅及其他娱乐场所等，不同程度地影响着未成年人。实施“校园净化工程”，就是要切实解决上述存在的问题。共青团、少先队要发挥优势，着重做好以下三项工作：一是通过主题团队日活动，对未成年人开展经常性的思想教育，引导他们认清不法出版物和不良活动场所对自身成长的巨大危害。二是协助、配合相关部门，开展对市场上违法出版物和校园周边违法开设的各种场所的清理和整治。三是发挥团队组织的模范作用，动员共青团员、少先队员主动上交不良出版物，自觉远离有害出版物和不良场所。

要争取经过半年左右的努力，和教育部一道，使校园环境有较大的改观。

2. 实施“爱心助成长”志愿服务计划。当前，很多离退休老同志以及社会上的不少有识之士，热心未成年人教育事业，希望在力所能及的范围内为未成年人做实事、做好事。共青团、少先队组织要充分开发这些宝贵的人力资源，实施“爱心助成长”志愿服务计划，就是要为他们发挥作用搭建平台。中央8号文件就发挥“五老”的作用也提出了明确的要求。前不久，少工委和中国关心下一代委员会共同下发了文件，就如何组织“五老”的志愿服务做了具体的部署。这项志愿服务计划是针对中老年人的，针对未成年家长和“五老”的。我们想通过实施这项计划，把中老年志愿者也吸引到志愿服务队伍中来，这将为推动志愿者工作的发展开辟一个无限广阔的空间。要广泛招募老年志愿者以及其他社会各界志愿者，组织他们积极参与到未成年人思想道德建设的行列中来，实施“护苗志愿行动”、“爱国教育志愿行动”、“场所监督志愿行动”、“社区德育志愿行动”、“关爱农村志愿行动”等专项志愿服务行动。要通过这些志愿服务系列活动，动员全社会都来关心未成年人成长，做未成年人的榜样，为未成年人思想道德建设献计出力。这次会议之后我们就准备面向社会正式启动。启动要争取公开招募、公开注册、公开签约。同时要对志愿者定岗定位，考核表彰，要建立一套标识系统。要大张旗鼓地把这件事情做起来，争取通过这件事情努力把全社会关心未成年人的力量都牵动起来。

3. 组织“共享成长”主题活动。适应未成年人成长发展的需要和崇拜偶像的心理，开展“共享成长——杰出青年走进中学生”活动。全国各省、市，甚至县里面都开展了十杰的评选活动，要把这些杰出青年组织起来，走进中学生。要组织全国、省、市等各级“十大杰出青年”或成功人士给未成年人讲述自己成长的故事，用他们的事迹和精神教育激励未成年人。上海等地在这方面已经有了一定经验，组织这些成功人士到中学去，开展交流互动，讲述真实感人的故事，讲述“我是怎么走过来的”，反响非常好，对未成年人树立理想信念、确立人生的航标，有着非常现实的指导意义。要围绕“共享成长”这个主题，用活生生的现身说法教育引导未成年人，平等交流，循循善诱，启发未成年人的思考，激发未成年人成功成才的内在动力。要通过主题团队会、征文比赛等形式，启发未成年人说心得、谈体会，中青报、少年报、中学生报都要开辟专栏，发表他们的心得体会，促使未成年人把共享成长获得的力量转化成自己前进的动力。这项活动要上下联动，统一部署，统一行动，统一主题，努力形成较好的社会效果。

4. 开展“民族精神代代传”歌曲传唱活动。音乐是全世界所有的人都共同认知的一种特殊的语言，也是对未成年人进行思想道德教育的重要载体。那些内涵深刻、旋律动人的优秀歌曲，能够振奋精神、鼓舞斗志、娱乐身心，甚至影响人的一辈子。我们都是这么走过来的，都有切身的感受。少年时期学的歌曲到现在还能随口就拿出来唱，歌曲里讲的道理确实影响了我们价值观的形成。要在未成年人中广泛传唱革命传统歌曲和爱国主义歌曲，让少年儿童在歌声中了解民族精神的丰富内容，感受民族精神的伟大力量。尤其是要做好体现时代精神的、受青少年喜爱的新歌新曲的创作、推广、普及工作，推出100首优秀少儿歌曲，让少年儿童从中体验民族精神的时代内涵，增强民族自尊心、自信心、自豪感。最近团中央、少工委在全国开展了征集活动，共征集了1万首少年儿童喜爱的歌曲，从中选出100首在少年儿童中开展传唱活动。“六一”期间，少工委在长城脚下组织了传唱活动的示范性活动，几千人互动齐唱，确实令人感动。这些歌曲旋律十分优美，歌词富有内涵，很受孩子们的喜爱。要把这些歌曲做成MTV、VCD等多种传播的载体和方式，在少年儿童中广泛开展传唱。

5. 广泛开展“同在一片蓝天下，手拉手共同成长”活动。我国有1900万进城务工人员的子女，他们在生活、学习等方面存在着不同程度的实际困难。要深入开展“同在一片蓝天下，手拉手共同成长”活动，这项活动，“六一”期间胡锦涛总书记在视察过程中给予了高度的评价。要广泛发动城里的学校和学生与进城务工农民子女学校和学生结成对子，在学校与学校之间、学生与学生之间开展各种联谊和互助活动，让成长环境不同的学生感受同一个大家庭的温暖，互相关心，共同成长。要重视民工子女学校的少先队工作，联合教育部出台《关于加强民工子女学校少先队工作的意见》。要积极组织由城市少年儿童与进城务工农民子女共同参加的夏令营活动或民宿活动，让孩子与孩子之间在活动中增强交流，增进感情。这对城里的孩子是个很大的教育，对进城务工农民子女也是一个巨大的温暖和关爱。要动员社会力量为进城务工农民子女学校捐建队室或闲置电脑、图书、教学设备、电器、课本等，为进城务工农民子女创造更好的学习条件。

6. 开展中学生暑期“四个一”实践教育活动。要总结大学生“三下乡”社会实践的经验，在中学生中广泛开展实践教育活动。联合教育部门，以布置暑假作业的形式，开展中学生暑期“四个一”实践活动，即：参观一次爱国主义教育基地，就近就便通过组织中学生参观各类纪念馆、博物馆，瞻仰革命遗址，考察城市、农村建设成就，走访老党员、老英模，或浏览血铸中华、民族魂网站等，接受爱国主义教育；参加一次社区志愿服务活动，立足所在城乡社区，开展助老扶幼、助困扶弱、保护环境、秩序疏导、公益宣传等多种形式的志愿服务活动，接受社会公益教育；为回报父母、长辈做一件实事，通过组织中学生为父母、长辈做家务或过生日等多种形式，接受中华民族传统美德教育；学习一项生产生活技能或自理自护常识，通过组织中学生实际动手实践，向父母或他人学习农业生产、市场营销、日常生活家务等方面的基本技能，学习安全、自我保护、生存等方面的基本常识，接受社会适应能力的教育。开学之后，要开展“四个一”征文、座谈等活动，开展检查评比，加强思想交流，使活动成果进一步深化。

7. 举办“快乐成长”系列活动。快乐是未成年人的天性。要依托青少年宫开展“快乐成长”主题系列活动，让他们在玩中学习，在快乐中成长。系列活动由6项内容组成，即：“走进音乐殿堂”高雅音乐推介活动、青少年奥林匹克夏令营暨健身展示活动、家庭文艺大赛、文明礼仪学习体验活动、“欢乐快车”少儿电视文艺节目展演活动、快乐成长明日之星评选活动。要以系列活动为契机，全面推进青少年宫各项工作，加强各地青少年宫的交流与合作，吸引更多的青少年到青少宫中来，真正把青少年宫建设成为未成年人快乐成长的阵地。

8. 实施青少年文化精品计划。要组织力量，整合资源，发挥团队优势，大力推进青少年文化精品的创作、生产和推广，为广大未成年人提供更多更好的精神食粮。要把好选题关，把那些与未成年人的需求和成长密切相关的课题纳入精品计划的选题范围。要组织专门的创作班子，培养一支青年文化创作的专门队伍。要吸纳社会资源，壮大青年文化作品的生产创作力量。要结合团的“五个一工程”，发挥评选的导向和示范作用。要深化新世纪读书计划，通过优秀图书推荐榜、读书讲座、新世纪书屋等，引导未成年人多读书、读好书。最近我们正在中青报、光明日报上开展青少年阅读调查，在调查的基础上我们要联合有关的媒体开展青少年喜爱的图书评选及发布活动。中国青年报、中少出版总社要联合各大媒体尤其是网络为未成年人喜爱的精品的传播创造载体。要通过好的精品引导未成年人健康成长。

9. 开展“社区关爱行动”。社区是未成年人思想道德建设的一个重要阵地。由于各种原因，很多社区都存在特困、失学、失足、残疾、单亲和流动人口家庭子女等特殊未成年人群体。要广泛动员社区内的专业人士、知名人士、驻区单位工作人员、大学生等，为这些未成年人群体解决实际困难，尤其是要广泛开展心理咨询等服务活动。依托社区团组织和社区青年中心，设立“社区关爱交流站”，开办“社区小课桌”，通过多种形式帮助和引导未成年人学习成长。组织社区“一对一手拉手”活动，让社区中特殊的未成年人和其他未成年人结对子，互相关心，互相学习，共同进步。要开设心理咨询室，针对这些未成年人的学习、生活和精神压力，交流疏导，帮助他们释放心理压力，减轻心理负担。要组建未成年人社区成长环境监督员队伍，为未成年人成长创造良好的社区环境。

10. 培训一批未成年人思想道德建设工作骨干。加强和改进未成年人思想道德建设，需要一支专业化的工作队伍。要依托团校、青干院，邀请在未成年人思想道德教育领域知名的专家、学者等，面向团队干部、辅导员，以及其他从事未成年人思想道德建设的工作者，以政策辅导、理论讲授、技能培养为主要内容，开展大规模的培训。要组织讲师团到西部、到边远地区开展培训。从7月份开始，中国青年政治学院将连续开办示范培训班，每个班次培训时间安排在7天左右，分专题由专业人士进行针对性的培训。各地团校和青年干部学校也要行动起来，广泛开展培训活动。通过层层培训，争取利用不太长的时间，把全国从事未成年人思想道德建设一线工作的团干部、少先队大队辅导员轮训一遍。

11. 形成一批有分量的研究成果。要按照周强同志提出来的大兴调查研究之风，深入未成年人，了解未成年人。要围绕胡锦涛总书记在全国工作会议上提出的“五个如何”，围绕团中央的一系列部署，组织专家学者，吸纳社会资源，结合团队实际，确立重点课题，进行专题研究。各地要结合团中央2004～2005年度青少年和青少年工作课题研究规划，组织力量，开展有针对性的研究，力争年底之前拿出一批有分量的研究成果，争取能够上报中央和有关部门作为决策依据。团属青少年研究机构、团校、青干院要把未成年人思想道德建设理论研究作为重要内容，纳入教学科研计划，加强对新时期未成年人身心发展特点和未成年人思想道德建设规律的研究。要在全团形成重研究、讲规律的良好风气，真正使未成年人思想道德建设工作体现时代性、把握规律性、富于创造性。

这十一件大事，是团中央贯彻中央要求，加强和改进未成年人思想道德建设的重要举措。全团上下要齐心协力，分工合作，狠抓落实。把实事办实，好事办好。这11件实事落实了，相信会在全团出现一个更加生动活泼的加强和改进未成年人思想道德建设新的局面。

三、开拓创新，大力推进青年文化行动

实施青年文化行动，加强青年文化建设，是共青团贯彻“三个代表”重要思想、发展社会主义先进文化的一项重点活动，是团十五大推出的一项重大举措。4月份，团中央已经联合中宣部、文明办、教育部、文化部、国家广电总局、新闻出版总署等部委下发了《关于实施青年文化行动，加强青年文化建设的通知》，标志着青年文化行动的实施正式拉开了序幕。一个多月来，这项行动已经在各地广泛开展，赢得了地方党政的关注，取得了初步的成效，呈现很好的态势。下一阶段，各级团组织要进一步采取切实有效的措施，大力推进这项行动，努力形成青年文化建设蓬勃发展的局面。

加强青年文化建设，全团已有共识，现在的问题是找到合适的切入点，确立工作项目，突出工作重点，把青年文化行动扎实有效地开展起来。我们要在推进青年文化行动中突出文化育人，把培育和弘扬民族精神、促进青年全面发展作为主要内容，在推进工作中贯穿思想道德建设的要求；要把青年文化行动放到党政工作大局和经济社会发展全局中去考虑和推动，纳入地方文化立省，文化立市的发展战略之中，形成各地特色，扩大社会影响，比如，广东省委召开党委会研究“首届中国青年文化周”活动，把它作为文化立省的大事来抓；要把重点突破与整体推进有机结合起来，积极探索具有鲜明时代特色、富有吸引力和感召力的重点项目，同时，采取措施，调动青年广泛参与，使青年文化行动在基层广泛开展，形成全面活跃的态势；要充分运用社会化、市场化、事业化的方式推动青年文化行动，整合资源，形成合力，不断为青年文化建设注入强大的动力和活力。

为促使青年文化建设向纵深发展，这里，我对各地下一阶段推进青年文化行动提出“七个一”的要求。

1. 研究制定一个青年文化行动的实施规划。七部委联合下发的通知，提出了全团青年文化行动实施规划。各地要贯彻通知精神，结合本地实际，联合地方党委和政府有关部门共同制定一个实施规划，把青年文化行动纳入到地方文化建设的总体要求中，对青年文化行动的推进做出安排。有这样一个规划，我们就能对本地推进青年文化行动有一个通盘的、总体的、长远的考虑，就能理清思路，明确任务，从而使青年文化行动不断积累、不断壮大。

2. 推出一些重点青年文化活动。要推动青年文化建设的全面活跃，很重要的一条，就是要推出一些牵动基层、牵动青年的活动。这是我们的一个重要经验。团中央联合一些省市重点推出了4项重点文化活动，这就是在广东深圳举办的中国青年文化周、在宁波举办的青年服装时尚周、在海南举办的青年欢乐节、在山东举办的青少年读书节，以此形成对全团的示范带动。这4项活动都要牵动全团，各省都要派代表队参加。各省区市也要结合实际，推出一些重点文化活动，形成对基层的示范带动。在推动青年文化行动中，要深入实施青少年新世纪读书计划，广泛开展群众性青年文化活动，大力推动校园文化、社区文化、企业文化、乡村文化、军营文化和网络文化建设，充分发挥各种青年文化社团的积极作用，努力形成青年文化建设百花齐放、百舸争流的生动局面。

3. 创作推广一批青年文化精品。青年文化精品在影响塑造青少年中发挥着重要作用。最近我们组织了“青春五四”晚会，香港“手拉手”的演出，还拍了一部电影《手拉手》，有关部门评价很高。电视片《请让我来帮助你》，很快将在中央电视台黄金时段每天播出。要针对青少年的特点，结合实际推动优秀青年文化作品的创作生产。各省都要有意识地组织创作推广一批思想性、艺术性、趣味性强的图书、歌曲、影视作品、戏剧、广播剧等优秀文化作品，为青少年提供更多更好的精神食粮。要注意整合资源，动员社会力量，开辟多种渠道，推动青年文化产品的生产。要在青少年中宣传推广民族的优秀文化精品和世界优秀文化经典，充分发挥优秀文化作品对青少年的教育引导作用。

4. 培养和聚集一批青年文化人才。当代青少年有着鲜明的时代特点，他们崇拜偶像，渴望发展个性。在新闻传媒高度发达的现代社会，社会名人、成功人士对青少年有着不可替代的影响力和感召力。要发挥共青团的优势，推出一批社会形象好、社会影响力大、对青少年学习成长有帮助作用的青年文化名人，发挥好他们对青少年的影响、引导作用，引导青少年“追星”。要通过文化新人评选、中国青年时代风采大赛等形式，为当代青年展示文化才能和全面素质搭建舞台。要针对青少年特点，以各种文艺、体育类的大赛为牵动，发现和培养一批在乐坛、影坛、体坛等有发展潜力的新人，为其成长创造条件。要发挥共青团组织联系广泛的优势，团结凝聚一批青年文化方面的人才，为推进青年文化行动出谋划策，推波助澜。

5. 开设一个中国青年文化论坛。团中央将在海南设立中国青年文化发展论坛，邀请国内外文化界的政府官员、知名人士、专家学者、文化产业界人士、信息传媒界人士等社会各界加盟论坛，形成一个关注和推动青年文化发展方面的松散组织，以此来牵动社会，不断扩大青年文化行动的社会影响力。要通过举办论坛，推动青年文化方面的研究，聚焦青年文化现象，追踪青年文化热点，透析青年文化规律，营造有利于青年文化建设的良好氛围。论坛每年确定一个主题，召开年会，并将向社会发布主题报告。欢迎各地积极参与，支持论坛活动的开展。

6. 壮大和培育一批青年文化事业主体。在市场经济条件下，发展青年文化事业和产业是推动青年文化建设的重要途径。要抓住当前中央发展文化事业和文化产业、深化文化体制改革的契机，大力整合资源，积极构建适应市场机制、突出社会效益、具有青年特色的青年文化事业和产业联合体。青少年宫、青少年活动营地等青少年活动阵地和设施，要坚持把社会效益放在首位，进一步加强建设和管理，积极争取党政和社会各界的支持，努力满足青少年日益增长的精神文化需求。团属青年报刊、出版机构、网站等青年文化产业，要坚持社会效益与经济效益相统一，不断做大做强。有条件的地方还可以建立青年文化中心、青年文化公司。要通过探索成立文化公司、实行社会化运作的新路子，在更广、更深的层面参与文化市场的竞争，培养和壮大一批有青年特色的文化企业，不断推动青年文化建设的繁荣发展。

7. 建立一个长效的工作机制。青年文化行动要实现长期化、事业化的发展，必须有长效的工作机制作保障。一是要成立专门的机构。团中央已经联合六部委成立青年文化建设工作领导小组，建立了专门的工作领导、协调和咨询机构。各地可参照成立相应的工作机构，协调行动，形成合力，切实加强对青年文化行动的领导。二是设立青年文化基金，推行项目承办制。今后青年文化品牌活动要采取项目招标的形式来选择承办单位。要通过项目化、社会化的机制，提高团干部在市场经济条件下策划和开展文化活动的能力。关于这一点，在今年的全会上，周强同志在主题报告中专门就机制建设问题提出明确要求，我们这次“五四”晚会，也是采取这种方式，实践证明它是很有效的，吸纳了社会资源、人力资源和物质资源。三是要形成开放的工作机制。要通过多种形式和渠道，调动社会各方面参与青年文化建设的积极性，汇聚社会各方面的资源，不断提高青年文化建设的水平。四是完善表彰激励机制。要注意在工作中及时总结经验，发现典型。对于在推进青年文化行动中表现突出的单位和个人，我们要隆重表彰，我们要每年搞一次表彰活动。对于工作的成果，我们要广泛宣传和展示，对于有益的经验，我们要及时推广，推动青年文化建设迈上新台阶。

同志们，加强和改进未成年人思想道德建设、推进青年文化行动，舞台广阔，机遇难得，团队组织责任重大。让我们紧密团结在以胡锦涛同志为总书记的党中央周围，高举邓小平理论和“三个代表”重要思想的伟大旗帜，以高度负责的态度对待工作，以奋发有为的状态投入工作，以与时俱进的精神推动工作，以求真务实的作风落实工作，努力开创未成年人思想道德建设和青年文化建设的新局面。

在全国青少年宫协会三届四次理事会上的讲话

（2004年12月11日）

赵　勇

同志们：

今天，我们一起全面地总结了三届三次理事会以来全国青少年宫协会的工作，认真学习了《中共中央国务院关于进一步加强和改进未成年人思想道德建设的若干意见》，研究和分析了当前的形势，提出了今后一段时期加强青少年活动阵地建设的工作思路，做出了修改《全国青少年宫协会章程》和《全国青少年宫协会会标》的决定，增补和变更了全国青少年宫协会部分领导成员，批准25家单位成为全国青少年宫协会会员单位。这是一次具有里程碑意义的会议。

三届四次理事会的胜利召开标志着团属青少年宫事业和青少年宫协会的工作将进入一个崭新的发展阶段。从1988年成立全国青少年宫协会至今也有16个年头，期间青少年宫协会在推动全国青少年宫事业的发展，特别是在加强青少年思想道德建设，全面提高青少年综合素质等方面发挥了积极的作用。

关于青少年宫协会以往的工作和今后的发展思路，谷丽萍同志已经讲了很好的意见，我都赞同。在此，我再强调三个问题。

一、学习贯彻中央要求，准确把握面临的形势

今年3月，中共中央、国务院印发了《关于进一步加强和改进未成年人思想道德建设的若干意见》，并于5月召开全国工作会议后，按中央的要求，团中央、全国少工委立即发出了《关于学习贯彻(中共中央国务院关于进一步加强和改进未成年人思想道德建设的若干意见)的通知》。团中央书记处先后召开学习贯彻《若干意见》的座谈会和书记处扩大会议，传达、学习中央文件精神和全国工作会议精神。书记处第一书记周强在两个会议上都作了讲话，要求各级团、队组织从确保党的事业后继有人和社会主义事业兴衰成败的战略高度，提高对加强和改进未成年人思想道德建设工作的认识，把思想统一到胡锦涛总书记重要讲话和中央文件精神上来，认清形势，明确任务，狠抓落实。

1．加强青少年思想道德建设的重要性。

中央8号文件强调，要充分发挥共青团、少先队的作用，这给我们的事业发展开辟了广阔的空间。这是党信任我们，党给我们支持，党给我们舞台。我们拥有一支坚强有力的队伍，50万青少年活动阵地专兼职教师，这是十分宝贵的资源。青少年活动阵地要与家庭、学校组成有机的教育体系，充分发挥校外教育、社会教育的优势，共同为青少年的健康成长创造良好的环境。

加强青少年思想道德建设是一项紧迫而长期的战略任务。现在强调这一问题，并不是因为青少年思想道德状况出了问题，而是国际国内的形势发生了深刻变化，我们面临着新的历史任务。为了党的事业顺利发展和国家长治久安，迫切需要加强和改进青少年思想道德建设，促进青少年一代的健康成长。这就要求我们从大局的高度、全局的角度来认识和把握这个问题。

当今社会，世界范围内各种思想文化的渗透越来越广泛深刻，伴随着优秀文化成果的到来，一些腐朽堕落的文化也进入了国门，这对青少年思想道德带来了消极负面的影响。市场经济本身具有其固有的弱点，就是容易在利益主导的基础上诱发拜金主义、享乐主义、极端个人主义等，这些都会对青少年的成长和发展带来不良影响。加强社会主义精神文明建设，就是要应对改革开放特别是市场经济带来的消极负面影响。我们只有加强青少年思想道德建设，在他们心中打牢民族思想文化的根基，才可能把这种负面影响减至最低。

青少年是祖国的未来和希望，是实现中华民族伟大复兴的重要力量。在复杂的国际国内形势下，需要弘扬中华民族优秀传统文化和社会主义主流价值观。形成强大的社会凝聚力和向心力，否则广大青少年就没有强大的精神支柱，实现中华民族伟大复兴的宏伟目标就难以实现。

2．从政治的高度，切实加强青少年思想道德建设。

各级团、队和青少年活动阵地都要从建设社会主义政治文明的高度，引导青少年增强民主法制观念，坚持四项基本原则，积极实践社会主义民主。引导青少年深刻认识发展社会主义民主政治，最根本的是要把坚持党的领导、人民当家做主和依法治国有机统一起来。加强对他们的法制教育，使其牢固树立法制观念，学会依法办事，坚决维护宪法和法律的权威。培养他们的民主意识，引导其积极参与民主实践。

围绕党不断提高建设社会主义先进文化的能力，引导青少年为发展社会主义先进文化做出积极贡献。坚持用邓小平理论和“三个代表”重要思想武装教育青少年，帮助青少年坚定理想信念，树立正确的世界观、人生观和价值观。切实做好青少年思想道德建设工作，大力弘扬以爱国主义为核心的民族精神和以改革创新为核心的时代精神，大力弘扬中华民族优秀文化和传统美德。大力实施青年文化行动，广泛开展丰富多彩的青年文化活动，积极创作推广青少年文化精品，大力培养发现青少年文化人才，努力形成积极向上的青少年文化氛围。

竭诚服务青少年，努力提高服务能力和水平。认真倾听青少年的呼声、愿望和要求，为他们解决学习、生活和工作上的实际困难，多做暖人心、稳人心的工作，尤其要做好下岗青工、贫困学生等弱势群体的工作，努力为他们排忧解难。在全社会大力倡导团结互助、扶贫济困的良好风尚，积极营造平等友爱、融洽和谐的人际关系。维护青少年的合法权益，促进青少年健康成长。

3. 明确任务分工，有效开展青少年思想道德建设工作。

为了进一步明确任务，根据中央文明委《贯彻落实〈关于进一步加强和改进未成年人思想道德建设的若干意见〉的目标任务分工》的要求，我们制定了《团中央贯彻落实〈中共中央国务院关于进一步加强和改进未成年人思想道德建设的若干意见〉的目标任务分工》和落实措施，对照中央文明委目标任务分工的要求，团中央把相关的37个大的方面逐条细化。其中涉及青少年宫的有，继续深化“千宫百万”行动，帮助中西部地区和农村建设青少年活动阵地，利用节日、纪念日组织青少年开展思想道德主题教育活动，把未成年人思想道德教育纳入青少年宫工作之中，组织开展主题夏令营、冬令营等道德实践活动，向青少年宣传杰出人物、典型事迹，加强青少年宫建设与管理，加强青少年文化建设，进一步提高青少年宫管理水平和师资队伍素质，清理整顿与青少年教育无关的活动项目，鼓励民间资本加入青少年活动阵地建设，免费或低费开放青少年宫活动项目，吸引优秀人才、加强辅导员队伍建设等13项工作内容。

各地青少年宫按照统一部署，要把未成年人思想道德建设纳入到工作的总体规划，列入重要议事日程，要制定具体的落实措施，并明确责任部门、责任人，确保落实，取得成效。针对本地未成年人思想道德建设的实际，广泛深入开展未成年人道德实践活动，积极营造有利于未成年人健康成长的社会氛围。坚持与时俱进，运用青少年思想道德建设的重要经验，结合青少年的发展变化和时代特点，探索新形势下未成年人思想道德建设的规律，创造性地开展工作。

二、抓住机遇，充分发挥青少年活动阵地在未成年人思想道德建设中的重要作用

加强和改进未成年人思想道德建设为共青团、少先队事业的发展提供了十分宝贵的机遇。中央专门下发文件，召开专门的工作会议，研究和部署未成年人思想道德建设工作，这在党的历史上是第一次。许多地方都以省委、省政府的名义召开了会议，制定了政策，既统一思想，提高认识，又解决了许多实际问题。各级党政的重视和支持为共青团、少先队组织做好未成年人思想道德建设工作创造了前所未有的良好环境。

加强青少年思想道德建设是一项长期、复杂和艰巨的系统工程，要立足当前，着眼长远。要抓住青少年成长过程中的突出矛盾，尽快取得实实在在的效果，用阶段性成果来引导青少年，鼓舞群众，昭示社会。多年来，青少年活动阵地在积极探索青少年思想道德教育的过程中，积累了一些有益的经验，形成了一些带有规律性的认识，概括起来，就是实践育人、文化育人、服务育人、组织育人。加强青少年思想道德建设工作中，青少年活动阵地要充分发挥实践育人、文化育人、服务育人、组织育人的作用，努力使工作贴近未成年人，体现时代特征，增强探索与创新，不断开创未成年人思想道德建设的新局面。

1. 组织道德实践活动，促进青少年全面发展。

实践育人就是要使青少年在参与中受到教育，经受锻炼，增长才干。在新的形势下，我们要总结以往的成功经验，深化实践育人的理念，完善实践育人的机制，不断开辟实践育人的新途径，更好地发挥实践育人在青少年思想道德建设中的重要作用，引导他们在实践中增强爱国情感，确立远大志向，规范行为习惯，提高基本素质。青少年处在身心发展的关键时期，具有很强的可塑性，主题鲜明的实践活动能够促进他们健康成长，全面发展。实践中要强调青少年的实践主体地位，尊重他们的主观能动性，同时要针对不同年龄、不同群体、不同地区未成年人的特点，因材施教，因势利导，引导其自我体验，自我教育，在实践中磨炼意志，陶冶情操，进而形成良好的行为习惯，升华思想道德境界。

2.运用优秀的文化引导青少年树立崇高的理想信念。

文化育人就是在青少年思想道德建设中充分运用文化手段，寓教于文、寓教于乐，满足青少年日益增长的精神文化需求，推动青年文化建设的深入开展，为青少年思想道德建设营造良好的社会氛围。中华民族的伟大复兴需要文化的强大支撑，青少年的健康成长需要文化的滋养和哺育。在经济快速发展，信息高速传播的时代，文化对青少年的思想观念、价值取向和行为方式的影响力是前所未有的。在青少年中大力弘扬和培育以爱国主义为核心的民族精神，积极借鉴世界上一切优秀文明成果，树立和培养正确的理想信念。坚持以科学的理论武装人，以正确的舆论引导人，以高尚的精神塑造人，以优秀的作品鼓舞人，充分运用多种文化形式和传媒手段，弘扬主旋律。积极开展基层群众性文化活动，吸引更多青少年参与到文化活动中来，采取他们喜爱的方式，吸取他们创造的作品，使文化活动适合青少年的文化需求。在活动中融入伟大的民族精神和中国特色社会主义的理想信念，使其深入青少年的心，不断培育出“四有”新人。

3. 深入青少年，竭诚服务青少年。

服务育人就是要坚持以人为本，竭诚为青少年服务，这是共青团做好青少年思想道德建设工作的出发点和落脚点。时刻心系青少年，一切为了青少年，思想道德教育才会被青少年所接受，才能真正达到提高青少年思想道德素质、促进全面发展的目的。只有了解他们的所需所想，走进他们的内心世界，成为他们的良师益友，才能取得未成年人的信任，了解他们的实际需求，才能有针对性地解决实际问题。对于青少年中的弱势群体，如流浪儿童、单亲少年、贫困家庭子女等，都需要社会的帮助，只有为他们提供及时有效的服务，把社会的关怀和温暖送到他们心坎上，维护所有青少年的合法权益，才会促进未成年人健康成长，我们的服务、我们的育人才会有真正的效果。

4. 帮助青少年在组织中健康成长。

充分运用组织育人的手段，引导青少年在组织中进行良性互动，在组织中健康成长。青少年群体中，同辈之间有着自己的话语体系，同辈之间互相传递的信息增多，同伴群体对他们身心健康发展起着越来越重要的作用。发挥组织育人的作用，就要重视同伴群体的作用，重视组织成员的互动，重视集体的交流，为他们的交流、沟通创造条件，帮助未成年人在组织中相互学习、共同进步、共同提高。动员和组织青少年积极参与团队组织的活动，为他们接触社会、了解社会、参与社会提供有效途径和广阔舞台，使他们在组织中学会处理人与人、人与社会、人与自然的关系。

4 月份以来，各级团组织按照全团统一部署，广泛开展了素质拓展计划、“手拉手”、“民族精神代代传”、“欢乐快车”等青少年思想道德实践活动，通过组织青少年了解家乡，认识国情，积极参加到各种体验教育，用优秀传统文化教育青少年，用各种文化活动丰富青少年的精神世界，宣传家庭、社会在青少年思想道德建设方面的典型事件，宣传青少年先进典型，形成了学习贯彻中央精神的热潮，工作取得了良好的成效。

青少年宫要以此次会议为契机，抢抓机遇，乘势而上，求真务实，开拓创新，立足自身优势，紧紧围绕教育引导青少年增强爱国情感、确立远大志向、规范行为习惯、提高基本素质的主要任务，精心设计和组织开展内容鲜活、形式新颖的道德实践活动，增强教育活动的吸引力和感染力，大力宣传青少年思想道德建设的成果，积极营造有利于青少年思想道德建设的社会氛围，净化他们的成长环境，维护他们的合法权益，努力把加强和改进青少年思想道德建设的各项任务落到实处，把认识提升到一个新高度，把工作提高到一个新水平，为不断开创青少年思想道德建设的新局面而不懈努力。

三、坚持社会效益第一，加强青少年活动阵地建设与管理

作为青少年社会教育的重要活动场所，青少年活动阵地始终以教育服务青少年为宗旨，要坚持正确的办宫方向，始终把社会效益放在首位，开设以不营利为目的、符合青少年身心健康发展要求的活动项目。同时，青少年活动阵地要坚持“一手抓建设、一手抓管理”，深化内部改革，积极探索科学有效的运行机制，加强教师队伍和管理人员的职业道德建设，增强自身发展活力，不断提高服务水平，积极营造有利于青少年健康成长的良好氛围。

1.加强安全管理监督，保证阵地工作的顺利进展。

今年以来，团中央办公厅就团属青少年活动阵地的检查和治理先后下发两个文件，要求各地迅速集中开展收费项目、经营活动和安全工作的集中检查和专项治理，各地落实团中央要求，进行了严格检查、治理。今后，相关的检查和治理要列入青少年活动阵地的日常工作，坚决杜绝以开展活动之名搞经营性创收，严禁借其他单位名义代收费用，要严格按照财政和物价部门核定的标准进行有偿服务；坚决取缔不利于青少年身心健康的活动项目，不得以任何名目挤占、挪用、租借青少年活动场所；做好青少年活动阵地场所和设备的检查和维护工作，消除安全隐患。

全国青少年宫协会要有针对性地解决各地青少年宫一些实际问题，制订管理办法和评估体系，不断推动青少年宫管理走向科学化、制度化。只有保证了青少年活动阵地经营的规范和安全的运转，才可能为广大青少年开展健康有益的活动，丰富他们的校外生活。

2. 吸引社会资金，加快青少年阵地建设。

目前，仍有部分地区尚未建立青少年宫，我们将在继续争取青少年活动阵地建设专项经费的同时，责成各地团组织根据当地特点和青少年的实际需要，制定青少年活动阵地发展和吸纳社会资金的优惠政策。各青少年活动阵地要积极设立优质项目，吸引民间资本加入到青少年活动阵地的建设之中。在做好资产评估的条件下，鼓励青少年宫与社会力量合资兴办青少年活动场所。

通过多方资金的支持，青少年宫要逐步形成大城市建立布局合理、规模适当、功能配套的市、区、社区青少年活动场所，中小城市重点建好市级青少年活动场所，有条件的城市辟建青少年主题公园，3～5年内，每个县都拥有一所综合性、多功能青少年活动场所的良好局面。

3. 做好新时期青少年思想道德建设的理论研究工作。

紧紧围绕巩固党的青少年群众基础，做好新形势下的青少年思想道德建设工作这一重大课题。加强青少年思想道德建设的调研工作，整合团属青少年工作研究力量和资源，调动社会各方面的积极性，深入分析新的历史条件下我国青少年工作面临的新形势，深入研究青少年工作中面临的重大理论和实践课题，努力认识和把握新形势下青少年工作的基本规律，提高思想理论和工作水平。将青少年思想道德建设理论研究作为重要内容，定期向社会发布研究成果。要研究新情况，解决新问题，紧密联系青少年的实际，建立青少年思想道德状况重要指标体系，对这些指标进行定期检测评估，进一步增强工作的针对性和预见性，促进青少年思想道德建设工作提高到一个新的水平。

4. 加强队伍建设，提高工作水平。

建立一支专兼职相结合的高素质人才队伍，加强基层青少年宫队伍建设。目前的情况是，有的缺少人才，有的人员素质不高，有的过分兼职化。未成年人思想道德建设是一项系统工程，任务艰巨复杂。完成这一历史任务，要建设好三支队伍，即管理干部队伍、专兼职教师队伍和专业研究队伍。要吸收热心未成年人教育、有责任心、有能力、有经验的社会各界人士，如老干部、老战士、青少年问题专家、优秀教师、模范人物加入到青少年宫的队伍之中，通过家访、心理辅导、学习辅导、生活扶助等方式现身说法，为未成年人解决实际困难，帮助他们确立自信心和自强、进取精神。

青少年宫工作人员要加强思想政治建设，讲学习、讲政治、讲正气，忠诚党的事业，热爱本职岗位，开拓进取，谦虚谨慎，埋头苦干，深入基层、深入青少年，保持同青少年的紧密联系，竭诚服务青少年。

全国青少年宫协会要加强自身建设，加大省级青少年宫协会和青少年宫的指导、协调和服务的力度，充分发挥文娱、体育、工作交流、技能培训、创业5个专门委员会的作用，集思广益，加强调研，不断增强工作的前瞻性和针对性，加强对协会理事单位的统筹协调，广泛吸纳社会资源，促进全国青少年宫资源的整合和有效配置，发挥规模效应，努力为广大青少年宫提供信息、培训、交流等服务，抓住机遇，加快青少年宫的改革与发展，加强内部管理，积极引入竞争机制，逐步探索建立与社会主义市场经济相适应的管理体制、经营模式和运行机制，不断增强自身发展活力和社会服务水平。

同志们，青少年时期是培养造就栋梁之才非常关键的时期。我们的任务光荣而艰巨，青少年活动阵地的责任十分重大。让我们紧密团结在以胡锦涛同志为总书记的党中央周围，深入贯彻中央精神，贴近基础，贴近生活，贴近青少年，动真情，办实事，重实效，为培育和造就一代又一代有理想、有道德、有文化、有纪律的中国特色社会主义事业的建设者和接班人做出积极的贡献。

元旦将至，借此机会，向你们并通过你们向工作在青少年社会教育战线上的同志表示节日的祝贺和问候。祝大家在新的一年里不断取得新的进步。

大众传媒应为未成年人的健康成长创造良好环境

——在中国青少年社会教育论坛上的讲话

（2004年12月12日）

赵　勇

同志们：

我们举办这个论坛的目的，就是共同探索媒体与未成年人发展的规律，希望达成更多的共识，引起更多的社会关注，采取更多的实际行动，以造福未成年人。出席今天论坛的各位嘉宾和朋友们都是对未来满怀着神圣责任的人们，首先，我代表主办单位向大家表示衷心的感谢和深深的敬意！

人类发展史，既是文化发展史，也是文化传播的历史。从原始社会的结绳记事到现代的互联网技术，传播手段的日新月异正是人类渴望理解周围世界和追求自身发展的结果。到了21世纪的信息时代，大众传媒更是在人类的社会生活和社会发展中扮演着越来越重要的角色。如今，大众传媒已经与整个社会深深地结合在一起，成为现代社会的重要舆论载体、信息载体、文化传播载体和一种主要的文化存在方式。这种文化存在方式对每一名社会成员尤其是未成年人无时无刻不在发挥着重要作用，影响着他们的价值观念、行为方式和生活方式。“媒体与未成年人发展”是一个世界性的话题，对于处在快速发展中的中国来说，尤其具有特殊的意义。目前，我国18岁以下的未成年人约有3.67亿，占总人口的28%。他们的素质如何，不仅直接关系到现阶段中华民族的整体素质，而且关系到我们民族未来的素质，关系到国家前途和民族命运。

下面，我就大众传媒与未成年人的关系、大众传媒的责任和大众传媒如何更好地服务于未成年人的成长成才谈几点看法，与大家共同讨论。

一、大众传媒日益构成现代社会未成年人健康成长的重要环境

大众传媒已渗入社会的每个角落和人类的每一项活动中，成为贯穿社会结构体系的一股无形而巨大的力量。正如我们所看到的那样，人们每天的社会活动，从一定意义上讲，实际上都是产生、发送、接受信息和对各种信息作出反应的活动。大众传媒已构成了未成年人生存发展的重要环境。

第一，大众传媒对未成年人的影响越来越大。

大众传媒分布在我们生活的每一个角落。它随着新技术的不断应用，全方位、广覆盖、多影响地向人类生活各个方面快速浸润渗透，它打破了时空局限，使世界变得越来越小，使人们的生活空间越来越大。大众传媒为未成年人提供了一个丰富多彩、立体多元的世界。从宇宙的形成和生命的起源，到星际探索和克隆绵羊；从“神州五号”上天到上海磁浮列车通行；从中国的孙悟空到美国迪斯尼的唐老鸭，大多数未成年人都能讲出所以然来，这离不开大众传媒的功劳。

大众传媒为未成年人提供了充足的学习资源和便捷的学习途径。大众传媒把科学、教育、文化等信息以超链接的方式提交给未成年人检索、查询和运用，能最大限度地满足他们多样性的学习需求。

大众传媒丰富了未成年人的交往方式。通过文字、声音、图像的即时传送，为未成年人人际交往提供多媒体、互动性的立体途径。如网络、手机短信、彩铃成为一些未成年人离不开的一种交流手段。大众传媒拓展了未成年人的生活空间，丰富了未成年人的社会生活。

大众传媒创新了未成年人的娱乐形式。大众传媒包罗万象，形式上丰富多彩，上至天文地理，下至衣食住行，古今中外，高雅通俗，不仅在内容上是超容量的复合体，在样式品种上也是超越任何文化形式的复合体。尤其是集动漫、音频、视频于一体的娱乐休闲服务很好地满足了未成年人多样化的文化需求和娱乐消费，有效激发了未成年人的创造性、主动性和参与性。

大众传媒影响了未成年人的个性成长。大众传媒昼夜不停地向未成年人输送各种百科知识和时事新闻，从一定程度上培养了未成年人参与社会的习惯，也一定程度上激发了未成年人的好奇心与求知欲，对未成年人意志品性、兴趣爱好产生了深刻的影响。

因此，大众传媒通过为未成年人提供大量丰富的信息刺激、广泛的社会生活感受和多元文化的环境影响，对于未成年人价值观念、生活方式和行为方式产生了深刻影响。我们过去讲对未成年人影响最大的是家长，然后是学校的老师，现在多了一位老师，那就是大众传媒，大众传媒已在一定程度上成为影响未成年人的另一位重要的“教师”。

与此同时，我们也要看到大众传媒对青少年的健康成长带来的不良影响。如出现了“数字代沟”，导致代际之间的学习和交流明显不足;沉溺于虚拟交往，使未成年人的正常社会化进程受到影响；不良信息和网络游戏危害未成年人身心健康，有的未成年人因为这些影响甚至走上违法犯罪的道路。这些问题的存在，同样要引起我们高度的重视。

第二，未成年人是新媒体的主要消费者。

未成年人是“网络的一代”、“读碟的一代”、“影视的一代”、“拇指一族”的重要构成，是新媒体的主要客户。在我国每年8700万上网人数和每天3亿条短信发送者中，未成年人是其中的一支主力。未成年人为什么对新媒体情有独钟？这是由未成年人追求新鲜好奇、喜爱游戏娱乐的天性决定的。有调查表明，在选择一定媒体时，未成年人有特定的心理需求：消遣或娱乐是其最主要心理因素，其次便是了解新闻，后面依次是放松自己、了解时尚和流行趋势、学习新知识、获得社交的话题、排遣寂寞、了解别人意见以及其他需要等等。

新媒体为未成年人提供了娱乐和学习的丰富信息资源。新媒体通过文字、图形、音频、视频等方式把丰富多彩的文化形式整合起来，向未成年人展示了一个新奇的世界。短信、闪客、版主、BBS、博客、在线游戏等为未成年人提供了一个崭新的娱乐和交流平台。

新媒体为未成年人提供了追求时尚的载体。新媒体以现代信息技术为传播平台，以互动、新颖、快速的信息传播为特征，它总是尽力避免落入俗套，要么表现为鲜活的内容，要么体现为新颖的形式，不断地提供新的话语、新的信息、新的思想，满足了未成年人追求时尚、表现个性的心理需求。

新媒体使未成年人拥有了平等的话语权利。新媒体传播过程中每个使用者的地位都是平等的，既可以自由选择信息，又可以变成信息发布主体，拥有平等的信息发布权，这使新媒体对未成年人具有很大的影响力。

新媒体消融了未成年人和外部世界的距离。凡是人们能够想到的东西，随时都可以成为链接的主体。信息以光速传输，即时发布，不受限制，从而消失了地理界限，省略了人与人之间的距离。

因此，新媒体由于知识获取的快捷、时尚潮流的涌动、信息互动的沟通、话语地位的平等，满足了未成年人学习知识、追逐时尚、情感交流和自由表达的需求，从而得到了未成年人格外的青睐。

第三，全球化背景下未成年人面临的媒体传播新形势。

全球化是经济的全球化，也是文化的全球化。它正汹涌澎湃地向我们涌来。世界正进入以层出不穷的高技术为推动力的信息社会，大众传媒既是全球化的重要元素和载体，同时自身也促进了全球化的不断扩展。

大众传媒向未成年人全面展示和开放了精彩的外部世界，成为未成年人感知世界的主要桥梁，持续传播推销着跨国界的文化产品和价值理念。生活在21世纪的未成年人，各种新型的视听媒体将成为他们接触世界、认知世界的主要渠道。卫星电视、手机短信、DV、电脑多媒体互联网等为代表的新媒体的发展和对社会生活的全面介入，使成长中的未成年人所接受的综合发展信息发生一种质的变化。外部世界的一切都可以通过电视屏幕与电脑屏幕进入、甚至强制性地进入未成年人的视野。

在全球化条件下文化渗透日益加剧的今天，未成年人已成为国际范围内媒体影响和争夺的主要对象。文化渗透往往是由发达国家向不发达国家和地区渗透，如近年来“韩流”、“日流”、“过洋节”和“跨国界追星”在我国未成年人群体中越来越流行。这些一方面为我们增添了新的文化元素，与此同时，我们也要看到，面对着伴随着MP3、卡拉OK、VCD光盘、卡通读物、Office工具、网络视屏等一起扑面而来的高强度的外来文化冲击，本民族文化根基薄弱、生活阅历浅和鉴别能力弱的未成年人极易迷失文化方向，从而丧失文化自信，成为文化缺失的一代。这种情况，不仅在中国，在世界的很多国家和地方都面临着类似的问题。因此，如何应对文化渗透，保持文化的主体性，弘扬民族文化，培养文化传人，已经成为全球化时代的一个重要的全球性问题。

在这一传播新形势下，我国大众传媒面临着既接轨世界，又弘扬传统的双重任务。怎样使未成年人面向世界，同时胸怀祖国，在学习借鉴外来文化的同时打牢民族文化的根基，在拥有开放的文化心态的同时拥有民族文化的自信，是当前形势下我国大众传媒面临的重大课题。

二、未成年人成长与大众传媒肩负的责任

胡锦涛总书记指出："要增强大众传媒的社会责任感，为未成年人思想道德建设创造良好的舆论环境。"大众传媒作为社会公共事业和精神文明建设的重要阵地，生产着公共产品，肩负着以科学的理论武装人、以正确的舆论引导人、以高尚的精神塑造人、以优秀的作品鼓舞人的重任，这种责任直接关系着祖国的希望、民族的未来，这是大众传媒应该肩负起的光荣神圣的责任。

第一，未成年人的生理心理特征和成长需求决定了大众传媒的社会责任。

未成年人处在成长的年龄，具有很大的可塑性，他们的社会阅历有限，往往是通过大众传媒看世界的。从一定程度上讲，大众传媒反应的世界就是未成年人看到的世界，大众传媒指引的道路就是未成年人要走的道路。一部好的影视作品、一首好的歌曲往往影响人的一生。我们知道，未成年人在表象选择上喜欢具有新鲜、奇异、多彩和变化特征的事物；在感知途径上重直感和想象，较少思维分析；在学习方向上喜好模仿，善于吸收；在价值判断上往往取决于环境影响和个人好恶。未成年人对外界信息的了解渴望是交往的需要和成长的本能。作为走向社会化的未成年人，迫切需要了解自己所处的环境，尤其在高密度传播和选择难度不断加大的信息时代，大众传媒有责任向未成年人展示一个真实的、美好的世界，为未成年人了解环境、认知世界提供有益的帮助，使他们积极地看待社会，认识自我，为他们提供健康有益的营养资源，使媒体成为未成年人学习知识、陶冶情操和愉悦身心的良师益友。

第二，媒体的性质和自身发展决定了大众传媒的社会责任。

媒体是社会主义文化事业的重要组成部分，必须坚持把社会效益放在首位，在这一前提下努力实现社会效益和经济效益的统一。这就要求一切从实际出发，深入生活，及时反映现实，维护人民的利益，维护社会的稳定，促进经济社会协调发展和人的全面发展。

媒体同时还是一项社会产业。社会效益能够促进经济效益的不断提高。当前中国传媒处在上台阶的关键阶段，这其中既包括它的产业要素上台阶，规模越来越大，同时也包括它的观念即职业道德上台阶。优良的职业道德是打造品牌平台，对道德的尊重，对社会义务的尽责，就能够赢得人们的信任，赢得社会公信力，就能赢得市场。例如：未成年人作为消费群体也在选择媒体，对他们健康成长有益的媒体，一定能得到他们的选择和认可。像《读者》、《青年文摘》能够发行数百万份，就是一个真实的例证。

第三，实现中华民族伟大复兴决定了大众传媒的社会责任。

民族的产生源于文化，民族的传承系于文化，民族的盛衰在于文化。一个民族要实现持续发展，一个国家要实现繁荣昌盛，就必须拥有强大的精神动力。大众传媒作为精神产品的生产者和传播者，在为全民族提供共同奋斗的思想基础和精神支撑上肩负着义不容辞的责任。

民族的复兴和未成年人的成长紧密相连。今天的未成年人就是明天祖国的建设者，未成年人的素质决定未来中华民族的素质。塑造未成年人就是塑造祖国的明天，培养未成年人就是培养民族的希望。从这个角度来讲，未成年人在中华民族走向伟大复兴的进程中肩负的责任和媒体在未成年人成长中肩负的责任紧密相连。如果我们因为一些微不足道的利润而损害未成年人的成长，这将是中华民族的悲哀。一个有远见的民族总是把目光投向未来，一个有远见的媒体也应该肩负起对未成年人成长的责任。

三、大众传媒要努力为未成年人的成长营造良好的氛围

大众传媒要肩负起促进未成年人健康成长的责任，首要的是要通过努力，营造一个适宜于未成年人成长的氛围，在这样的氛围里倡导全社会关爱未成年人，在这样的氛围里让未成年人茁壮成长。

第一，坚持正确的导向，教育引导未成年人树立远大的理想，树立正确的世界观、人生观、价值观。

大众传媒营造良好的环境，第一位的任务是要为未成年人的成长提供正确的导向，在如何看待世界、怎样看待人生、怎样看待得失上引导青少年，在如何确保人生的目标上引导青少年。要以邓小平理论和"三个代表"重要思想为指导，以对党的事业、国家的前途和民族的命运极端负责的高度，增强责任感，坚持求真务实，采取有效方式，教育引导未成年人树立远大的理想，树立正确的世界观、人生观、价值观。

坚持正确的导向，是大众传媒为未成年人成长服务的根本要求。我们培养未成年人成为什么样的人要通过导向实现，我们致力于为未成年人打下一个什么样的思想道德基础要通过导向实现。坚持正确的导向就是要充分发挥好党和人民的"喉舌"作用，用马克思主义新闻观指导传播实践，大众传媒传播什么，倡

导什么，抵制什么，反对什么，都要考虑对未成年人身心健康的影响。要贴近实际，贴近生活，贴近未成年人，把握未成年人的成长规律，尊重未成年人，教会未成年人做人、做事，帮助未成年人确立人生的航标，打牢未成年人成长的人生根基。

第二，竭诚为未成年人服务，努力为未成年人提供优秀的精神食粮。

优秀的精神食粮是未成年人自身发展的需要，也是人类社会进步的要求。在现代社会，文化、知识、信息对未成年人的重要性比以往更为凸显。大众传媒是各种知识、文化、信息的生产、制作、传播的主要“工厂”，要竭诚为未成年人的成长服务。未成年人有自身独特的文化需求，大众传媒为他们提供服务要从他们的实际出发。要了解他们的需要，了解他们在成长中遇到的各种问题，有针对性满足他们的要求。要精益求精，为他们提供文化精品，发挥优秀的精神食粮对未成年人成长不可替代的作用。未成年人的需要有着十分丰富的内容，为未成年人服务，大众传媒可以开拓的领域十分广阔。大众传媒为未成年人提供优秀精神食粮的过程，也是赢得市场的过程，为未成年人提供优质服务，对于未成年人和媒体都将是一个双赢的结果。

第三，创新表达方式，不断增强媒体对未成年人的吸引力和感染力。

一代人有一代人的语言和表达方式，未成年人还有他们独特的语言和表达方式，现在未成年人的话语体系，让我们成年人有时候感到莫名其妙，甚至感到沟通起来非常困难，这时候，成年人要尊重、理解未成年人独特的表达方式。传媒也是一样，传媒要发挥在未成年人成长中的积极作用，就要尊重未成年人的主体性，尊重他们的表达方式，说孩子听得懂的话，让孩子说话，为孩子说话，使所提供的精神食粮为未成年人喜闻乐见。为此，大众传媒要认真研究未成年人的生理心理特点和成长需求，创新表达方式，不断增强对未成年人的吸引力和感染力。

让传媒产品为未成年人喜闻乐见，一个十分重要的方面就是要加强和未成年人的互动。未成年人有十分强烈的交流愿望，新媒体之所以为未成年人所喜爱，是由于新媒体改变了传统媒体单向传播的方式，为未成年人提供了一个互动平台。大众传媒完全可以借鉴这个经验，设计一些沟通和互动的渠道和方式，加强与未成年人的互动，在与未成年人的互动中提升媒体的品质和影响。

各位嘉宾，同志们，朋友们，传媒与未成年人发展有许多值得探讨的东西，在服务未成年人成长中有十分广阔的传媒发展空间，让我们来共同关注这一世界性命题，共同为未成年人的成长创造一个良好的环境。共青团中央、全国少工委愿意和社会各界一道，共同推进未成年人教育事业不断发展，让我们携起手来，为促进未成年人的健康成长做出切实的努力！

以城市社区青年中心建设为统揽 推动社区和权益工作取得新突破

——在2004年共青团社区和权益工作会议上的讲话（根据录音整理）

（2004年1月10日）

杨 岳

同志们：

这次会议是在全国各地深入学习贯彻党的十六大和十六届三中全会精神，不断掀起学习贯彻“三个代表”重要思想的新高潮的新形势下召开的。会议的主要任务是，深入学习贯彻党的十六大和十六届三中全会精神，认真学习党中央书记处对共青团工作的重要指示精神和中共中央政治局委员王兆国同志的重要讲话精神，学习贯彻团的十五届二中全会精神，研究部署今年以及今后一个时期的共青团社区和权益工作。

刚才，五位同志介绍了本省、市今年社区和权益工作的安排，重点突出，各有特色，听了以后很受鼓舞。增印同志也对去年的工作进行了总结，对今年的重点工作进行了部署。借此机会，我着重就社区和权益工作如何更好地适应新形势、取得新发展，讲三点意见。

一、提高认识，抓住机遇，推动社区和权益工作取得新发展

党的十六届三中全会通过的《中共中央关于完善社会主义市场经济体制若干问题的决定》提出了“五个统筹”的要求和“五个坚持”的原则，特别提出要树立科学的发展观，进一步推动我国经济和社会发展，推动城乡的协调发展。这种新形势和新的发展前景，既对社区和权益工作提出了新的要求和挑战，也为我们提供了更加广阔的舞台和难得的机遇。各级团组织必须紧抓机遇，围绕中心，服务大局，大力加强共青团社区和权益工作，不断推动各项工作取得新发展。

第一，努力使社区和权益工作成为协助政府管理青年事务的一个重要领域。胡锦涛总书记在“纪念五四运动八十周年”大会上明确要求“共青团要发挥作为国家政权的重要社会支柱作用，积极协助政府管理好青年事务”。在团的十五次全国代表大会上，“积极协助政府管理青年事务”已经写入《团章》。当前，社区服务和权益保护已经成为全球青年事务的一项重要内容。全世界118个国家政府设有青年工作部，48个国家和地区设有青少年部。这些部门最重要的一项职能就是维护青年的权益。同时，依靠社区力量解决社会问题，建立社区与居民双向服务的互动模式已经成为一项世界性的社会运动。因此，把社区和权益工作作为协助政府管理青年事务的重要内容，是国际青年事务运作的一条基本规律。

共青团既承担了党的青年工作职能，又承担了政府青年工作职能。随着我国法制化和城市化进程的逐步加快，共青团所管理的青少年事务中，有相当一部分与社区和权益工作有关。例如，与青少年有关的立法调研、权益保护、教育培训、促进就业、社区文化、预防犯罪等等。1993年，上海市浦东新区专门成立了青少年事务署，承担了对问题青少年的行为纠偏等七项政府职能，都与社区和权益工作直接相关。伴随我国经济社会的深刻变革，社区志愿服务、预防青少年违法犯罪、预防艾滋病教育等越来越多的青少年事务将由社区和权益部门来承担。社区和权益工作必然发展成为共青团协助政府管理青少年事务的一个重要领域。

第二，努力使社区和权益工作成为承载新时期全团重点工作的一条重要战线。从社区工作来看，随着我国经济体制改革的深化和市场经济体制的逐步建立，大量与群众生活密切相关的社会性事务管理职能下移到社区。社区已经成为城市社会经济发展新的增长点和重要基础支撑。从维权工作来看，《团章》规定：团组织“在维护国家和人民利益的同时代表和维护青年的具体利益”。在社会经济成分、组织形式、就业方式、利益关系和分配方式多样化的条件下，青少年成长成才和权益保护的需求呈现多元化的特点。团中央1993年设立维护青少年权益部，2001年更名为社区和维护青少年权益部，就是适应经济社会的新发展、适应青少年结构和需求的新变化、更好地履行自身职能的一个重要战略举措。11年来，各地大力加强各级社区和权益工作机构建设，全国已有30个省级团委以及大多数地市级团委成立了社区和权益工作部门。社区和权益工作已经成为共青团的一条重要战线。

团的十五大明确提出要“服务青年具体需求、构建服务青年的工作体系”。未来五年，全团的一系列重要工作需要社区和权益战线认真抓好落实，例如，推动制定实施有关青年的法律和政策、大力开发青年人力资源、推动青年文化建设、服务青年学习成才、促进青年就业创业、帮助有困难的青年群体解决实际问题、维护青少年合法权益等等。当前，全团两项重点工作——青年中心建设和青年文化建设，都与社区和权益工作密切相关，经过各级团组织的积极实践，城市青年中心建设、社区青年文化和务工文化建设都取得了阶段性成果。

第三，努力使社区和权益工作成为加强青年工作国际化的一个重要方面。在和平与发展成为时代主题的国际环境下，国际青年交流向务实化方向发展。许多国家的青年组织也更为关注与青年自身权益相关的青年社会问题，把更多的目光投向弱势青少年群体。从西方青年运动的发展史来看，青年运动的价值取向基本分为两种类型：一是以对抗、抵制、破坏和摧毁某种社会现实为基本取向；二是以参与、促进、推动某种社会现实为基本取向。以冷战结束为分水岭，青年运动的价值取向发生了重大转变，其主流由对抗和破坏转变为参与和建设。其所关注的问题，逐渐由“远离切身利益”的、带有根本性的问题转变为十分具体的问题，如权利保护、就业创业、文化需求、社区发展等等。

社区和权益工作是当前国际合作项目的重点领域。从合作的内容来看，社区和权益部门在禁毒工作、预防艾滋病教育、社区志愿服务、青少年法律援助等多方面都开展了一定的国际合作，积累了经验。从合作的方式来看，社区和权益部门既有国际组织和外国政府的援助项目，也有民间团体的资助，方式和途径多样。自1998年起，联合国亚太经社会与社区和权益部门合作，在云南举办了三项持续性的青少年权益保护项目，编辑出版了青少年自我保护教育、预防艾滋病等宣传手册。1999年“青少年维权岗——自我保护教育”获得联合国亚太经社会人力资源开发奖。在社区和权益工作领域的各个合作项目都呈现出良好的发展态势，取得了积极成效。

二、围绕中心，突出重点，推进社区和权益工作取得新成效

今年，社区和权益工作总的要求是：围绕青年成长社区计划，以城市青年中心建设为龙头，抓好社区团建创新，打造社区青年文化，服务社区重点群体，加强维权和预防工作，抓基础，重建设，促整合，求突破，大力推动社区和权益工作取得新成效。在此，我重点强调以下几项工作。

第一，全力推进城市青年中心建设。建设青年中心作为当前和今后共青团工作的重中之重，是一项推进团的事业发展的重大战略举措。各级团组织要按照杭州会议的要求，大力推进城市青年中心建设，带动社区和权益工作以及整个城市共青团工作的全面发展。

一是重探索。青年中心建设是团的十五大提出的一个新课题，部署的一项新任务，需要各地结合实际进行探索、实践和创造。团中央通过抓试点的方式来推进这个项目，坚持“先建设，后规范”，目的就是鼓励各地大胆创造、积极探索，广泛吸收基层的宝贵经验。目前，青年中心的标识已经确定。各地要通过统一的标识形象推动青年中心项目的深入实施。各级团组织要在杭州会议明确的青年中心几个原则性问题的基础上，对青年中心的项目设置、动员组织方式、服务手段等重要问题，深入研究，大胆创新，积极实践，努力创造出符合青年特点的新经验和好做法。

二是重实效。建设青年中心的目的是更好地服务青年、教育青年、凝聚青年。需要强调的是，青年中心建设不能盲目地建设，而是要积极稳妥地推进；不能搞形式、摆盆景，而是要深入青年，深入基层，扎扎实实地去推动，切实抓出成效。我们要求各地加大建设工作的力度，不仅仅是加快建设速度，更重要的是要在实效上下功夫，既要建得快，又要建得好。团中央考评的标准是要建一个，成一个，实一个。

第二，努力打造社区青年文化。文化育人是共青团工作的优良传统。各地要深入总结社区青年文化建设中的成果和经验，探索适合青年和社区特点的文化表现形式，整合社区文化资源，促进校园文化、企业文化、军营文化和务工文化等多种青年文化在社区的融会互通。

一是加强社区青年文化阵地建设。活动阵地是社区青年文化建设的重要依托。广纳社会资源、借助行政资源建设好社区青年文化阵地，既是经济社会的新发展对青年工作的客观要求，也是共青团组织主动适应青年结构和需求新变化的必然选择。从近几年的实践来看，分布于城市社区中大大小小的青年文明社区“大家乐”舞台，在推进社区群众性文体娱乐活动中发挥了积极作用。青少年体育俱乐部、“三人篮球”比赛场也成为活跃社区体育文化的重要阵地。各级团组织要采取社会化运作的方式，充分利用社区现有活动场所，进一步推进社区青年文化活动阵地的建设。

二是培育社区青年文化活动品牌。社区青年文化活动是服务青年，活跃社区文化的具体抓手，而品牌是活动项目的商标和“无形资产”。良好的活动品牌有利于吸引社会资源,有利于吸引青少年的积极参与，有利于扩大社会影响力。各地要培育好青年文明社区“大家乐”活动、社区青年文化节、社区“三人制”篮球赛等社区青年文化品牌，推广青少年喜爱的文体活动项目，打造具有鲜明时代特色的文化活动品牌，不断丰富活动品牌的文化内涵，通过具有广泛影响的活动品牌来凝聚青年，吸引青年，推动社区青年文化的发展。

三是大力扶持社区青年文化社团。近年来，青年社团对青年的吸引力越来越大，各类社团组织包括网络虚拟社团迅猛发展。各级团组织要积极关注新型社区青年文化组织的发展，大力扶持社区青少年文艺团体，推动建设各种兴趣俱乐部，特别是以青年中心作为新的纽带和阵地，联系青年文化社团，发现和培养社区青少年文化骨干，激发青年参与社区活动的积极性，进一步扩大共青团组织对青年群体的有效覆盖和影响。

第三，着力服务重点群体。各地要围绕党政中心工作和青年需求,深入开展“进城务工青年发展计划”，努力提高服务进城务工青年工作水平，重点抓好四个方面的工作。

一是抓团建。团组织建设是服务青年的重要依托。各地要进一步加大进城务工青年团组织建设、团建创新的力度,针对进城务工青年群体结构和需求的特点，探索多种形式的团建模式，推进以团组织为核心的进城务工青年社团建设，把更多的进城务工青年团结和凝聚起来，提高团组织对这一群体的覆盖面。

二是抓培训。提高就业技能是广大进城务工青年的迫切需求。各级团组织要拓展和深化“千校百万”进城务工青年培训计划，着力加强职业技能培训，动员、引导社会培训实体为进城务工青年提供实用、低价的培训服务和就业创业指导，帮助进城务工青年提高就业创业能力。

三是抓文化。文化需求是进城务工青年群体的主要需求之一。务工文化也是青年文化建设的一个重要内容。各级团组织不仅要关注这一群体的物质生活，还要关注他们的精神文化需求。要把握正确文化导向，深度挖掘进城务工青年群体中的先进文化，用健康有益、充满活力的文化引导、塑造进城务工青年。

四是抓维权。权益保护是进城务工青年群体面临的一个紧迫问题。各地要积极推动有利于进城务工青年成才发展的政策的制定与完善，探索适合共青团劳动保障法律监督员队伍的组建形式和工作方法，发挥协调优势，建立维权网络，动员优秀“青少年维权岗”及争创单位为进城务工青年提供有效的维权服务和法律保护，帮助他们解决实际问题。

第四，切实加强青少年维权工作和预防青少年违法犯罪工作。青少年维权和预防青少年违法犯罪工作，涉及社会的方方面面，只有动员全社会齐抓共管，形成合力，才能标本兼治，收到实效。

一是要推进社区青少年法律学校建设。社区青少年法律学校是社区和权益战线开展青少年法制教育的一个重要载体，也是重要品牌。要进一步加大建设力度，扩大建设规模，建立师资队伍。依托社区青少年法律学校，结合青少年的特点和社区的实际，采取以案说法、文艺演出、知识竞赛、现场咨询、漫画宣传等多种青少年喜闻乐见的方式，广泛开展法制教育活动，教育青少年从小树立法制观念，做到学法、懂法、守法。

二是要加强青少年维权服务中心建设。青少年维权服务中心是解决青少年侵权案件的重要实体，是构建社会化的青少年维权工作网络的重要环节。要通过加强各级青少年维权服务中心的建设，进一步深化创建优秀“青少年维权岗”活动，完善区域联动机制，推动青少年维权工作网络建设。各地要根据实际，采取多种设置形式，通过志愿服务、吸纳会员等方式，广泛动员法律青年志愿者参与青少年维权工作。要进一步加强青少年自我保护教育基地建设，推动自护工作向社会化和规范化方向的发展。

三是要深入实施青少年违法犯罪社区预防计划。青少年违法犯罪社区预防计划任务繁重，队伍建设、阵地建设、机制建设等各个方面都需要加强。从2003年的检查情况来看，闲散青少年问题比较突出，已经成为当前青少年违法犯罪的重点群体。要通过摸底排查、建档立卡等措施，掌握闲散青少年的底数，建立全国闲散青少年的网络管理信息系统，分析闲散青少年的成因，有针对性地采取措施，在生活上解困，学习上帮助，行为上纠偏，就业上扶持，把违法犯罪的倾向和行为消除在萌芽状态。

四是要探索开展“青少年无犯罪社区”创建活动。自“成都会议”以来，全国预防青少年违法犯罪工作深入开展，各地尤其是一些街道社区，基层队伍建设不断加强，机制建设逐步完善，社区预防青少年违法犯罪工作取得明显成效，青少年犯罪率明显下降，涌现出一大批无犯罪社区。各地要通过开展“青少年无犯罪社区”创建活动，推广先进经验，进一步调动基层工作的积极性，推动各项工作措施落实到基层，使预防青少年违法犯罪工作收到实效。

三、把握规律，着眼长远，建设社区和权益工作的长效机制

周强同志在共青团十五届二中全会上就加强共青团的机制建设作了重要讲话，强调指出，机制建设是共青团工作中的战略性、全局性问题，并就建立和完善共青团工作机制提出了明确要求。就当前社区和权益工作而言，必须努力构建和完善能够保障工作持续发展的长效机制。

第一，要研究探索监测预警机制。由于我国正处于社会转型期，各种不良文化思潮等诸多危害青少年健康成长的不良因素还在一定范围内存在。及时准确地做好监测和预警，能使各项工作决策更有前瞻性、计划性和科学性。

一是要探索进城务工青年思想动态监测机制。及时准确把握进城务工青年的思想动态，是做好教育和服务工作的重要基础。在各类青年群体中，进城务工青年群体数量大，流动性强，组织化程度低，不同地区的进城务工青年所关注的问题差别很大。目前，我们对这一群体思想动态的把握还远远不够。各级团组织要密切关注本地区进城务工青年的思想动态，及时跟踪变化情况，建立起收集、反馈进城务工青年思想动态信息的监测机制，及时为党和政府提出意见和建议。

二是要建立青少年违法犯罪的监测预警机制。有效降低青少年违法犯罪率，关键在预防。青少年违法犯罪与社会环境密切相关。各级团组织要深入研究，认真总结，通过对区域性社会环境、治安状况、闲散青少年比例等具体指标的监测评估，及时对青少年违法犯罪的趋势作出预警报告，为地方党政领导和有关部门的决策提供依据。武汉市对青少年违法犯罪状况和社会环境进行监测评估，就是对建立青少年违法犯罪监测预警机制的有益尝试。

第二，要建立项目化运作机制。项目化运作是团组织服务青少年的有效工作方式，已经成为共青团组织整合社会资源，服务党政工作大局、服务青少年健康成长越来越重要的一种工作手段。对社区和权益工作来讲，项目化运作要把握以下两点。

一是要建立项目承接机制。从世界范围来看，由社会团体承接政府实施的项目是一种通行的做法。随着我国经济社会的迅速发展以及国际化步伐的逐渐加快，团组织在承接国际援助和政府项目方面具有广阔的发展空间。目前，我国的社会团体也开始承接越来越多的国际援助和政府项目，各级团组织在这方面进行了很多成功的实践。各地要深化与政府部门和国际组织的项目合作，主动争取政策和资金支持，形成政府和国际组织委托，共青团承办、落实的工作机制。

二是要完善项目合作机制。近年来，我国社会团体飞速发展，截至2003年，全国在民政部门注册的社会团体达到20多万个。通过承接政府项目实现自我发展，已经成为许多NGO组织的重要手段，在环境保护方面表现得比较突出，青少年弱势群体的保护和救助也日益成为一个重要领域。对于政府委托的项目，各级团组织可以单独实施，也可以强化与其他社团组织的合作，通过招标、委托、招募、成果拍卖等方式，组织其他的青年社团和研究机构实施，发挥各自优势，建立互惠、双赢的合作模式。这样，既有利于团组织整合社会资源，优势互补，也有利于进一步凝聚社团组织特别是青年社团，把更多的青年团结在党和政府周围。

第三，要完善协调处理机制。城市社区青年工作和青少年权益保护工作都是复杂的社会系统工程，仅仅依靠团组织的力量，难以收到实效，实现长远发展。当前，许多党政部门的工作都包含着青少年事务的内容，与共青团社区和权益工作密切相关。加强与有关部门的合作，既是共青团发挥好桥梁纽带作用，增强对青年服务能力的客观需要，也是履行协助政府管理青年事务的职能，服务青年成长成才的现实需求；既有利于团组织借助行政力量，推进社区和权益工作的深入发展，也有利于各部门延伸工作手臂，更好地履行自身职能。

各级团组织要善于整合资源，搭建工作平台，推动社区和权益工作与各政府部门实现更为紧密的结合，积极协调政府部门和社会各方面的力量，各司其职，齐抓共管。要借鉴预防青少年违法犯罪工作、创建优秀“青少年维权岗”活动、“千校百万”进城务工青年培训计划的经验，围绕社区和权益工作的重点问题，通过履行相关工作的办公室职能或合作开展活动，积极建立党委和政府领导、相关部门共同参与、团组织具体运作的青年事务协调机构，明确各部门的工作职能，制定工作程序，建立团组织与有关政府部门良性互动的合作模式和协调处理机制。

第四，要建立青少年社区参与机制。动员组织青少年社区参与，是共青团在新的历史起点上，实现城市共青团工作和青年工作长远发展，促进青少年全面发展的重要手段。我们必须根据历史条件的变化和时代发展的要求，建立和完善与我国经济社会发展相适应、与青少年的需求相符合的社区参与机制。

一是要健全社区青少年动员机制。伴随我国经济体制的转轨和非公经济的迅猛发展，城市中出现了大量的游离于共青团传统组织体系之外的青年群体，如进城务工青年、新经济组织员工、待业青年等等。青年的思想观念、行为方式日益多样化。单纯依靠共青团原有的组织体系，采取传统的政治号召、典型示范等手段，难以完成对团员青年的有效组织和动员。各级团组织必须着眼于社区青少年的根本需求，发挥政治优势，依靠党的领导和领袖的号召，以项目为主导，通过开展形式多样、喜闻乐见的社区活动，采取志愿参与、结对互助、发展会员等新型的动员方式，调动青少年参与社区服务和建设的积极性和创造性。

二是要建立青少年社区评价机制。社区评价机制是调动青少年参与社区服务和社区建设的关键环节。伴随我国社会的深刻变革，原有对青少年单一的学校或单位评价体系已经不适应社会发展和青少年成长的需要。各级团组织要立足基层，深入研究社区青少年的结构特点，积极探索有效的评价方式，采取青少年社区素质拓展证书等手段，逐步建立和完善青少年社区参与综合评价体系，实现青少年学校评价、单位评价、社区评价的统一，促进青少年的全面发展。

同志们，2004 年是全团贯彻落实团十五大提出的各项任务的开局之年，社区和权益工作任务艰巨。让我们紧密团结在以胡锦涛同志为总书记的党中央周围，高举邓小平理论和“三个代表”重要思想伟大旗帜，与时俱进，开拓创新，扎实工作，奋发进取，不断开创社区和权益工作的新局面。

在全团加强和改进未成年人思想道德建设暨推进青年文化行动工作会议上的讲话

（2004年6月22日）

杨　岳

同志们：

加强和改进未成年人思想道德建设是一项需要全团各条战线相互配合、齐心协力、共同促进的系统工程。上午周强同志作了重要讲话，为全团加强和改进未成年人思想道德建设指明了方向，赵勇同志进行了工作部署。按照书记处的安排，结合周强同志、赵勇同志的讲话精神和本次会议推出的11件大事中的相关工作，我就中学战线、社区权益战线如何贯彻落实好本次会议精神，推动未成年人思想道德建设谈几点意见，供同志们参考。

一、关于中学战线工作

当前和今后一个时期，中学共青团工作总的要求是：以“中学生素质拓展计划”为统览，抓住理想信念教育这个核心，强化主题教育、仪式教育、实践教育，大力加强校园文化建设，创新工作载体，提高服务能力，促进学生的全面发展，努力构建中学共青团工作的新格局。近期重点抓好以下4项工作。

1．以“两校”建设为抓手，加强理想信念教育。

中学战线要将进一步加强中学生团校、业余党校建设作为贯彻本次会议精神的首要任务和有效载体抓紧抓好。要坚持把理想信念教育与提高学生综合素质结合起来；坚持把集中培训和自我教育、课堂教学和社会实践结合起来，增强教育的科学性、针对性和实效性。团中央拟于下半年联合教育部等部委制定有关文件，适时召开全国中学生团校、业余党校工作会议，进一步推动中学生两校教师队伍、教材建设和机制建设，把两校建设提高到一个新水平。

2．深化仪式教育活动，提高学生公民素养。

要把握中学生成长规律，通过深化和创新，使仪式教育活动在中学生成长成才中发挥更大作用。一是丰富仪式教育的形式，针对14岁、16岁、18岁特定的内涵，举办14岁迈入青春门仪式、16岁居民身份证颁发仪式、18岁成人宣誓仪式，并逐步使仪式更有社会性和纪念性。二是增加素质拓展的内容，在开展志愿服务活动的同时，帮助中学生拓展社会生活能力，提高心理健康素质，掌握自护知识，提高自护意识。团中央将在下半年举行18岁成人仪式教育总结表彰活动，进一步总结各地经验，推进此项工作；同时将联合公安部，在北京等城市开展16岁中学生居民身份证颁发仪式的试点工作。

3．丰富实践内容，增强教育实效。

实践教育是共青团、少先队组织开展教育活动的重要载体，是受广大中学生喜爱的有效教育形式。当前要大力加强中学生社会实践活动的开展，拓展实践教育渠道，建设实践教育基地，完善实践教育体系，健全学校领导体制和工作机制。“四个一”暑期中学生社会实践，是本次会议推出的11件大事之一。今年暑期“四个一”社会实践活动的主题是“弘扬民族精神，承担社会责任”。确定这样一个主题，旨在突出中学生社会实践活动的思想道德教育内涵，引导广大中学生从增强爱国情感做起，从确定远大志向做起，从规范行为习惯做起，从提高基本素质做起，不断增强社会责任感和适应力，提高思想道德素质。团中央联合教育部在暑期集中部署和组织中学生社会实践活动今年还是第一次，今后要把它作为一个重要品牌项目长期开展下去，使它在加强学生思想道德建设中发挥重要作用。

4．加强典型示范，大力表彰先进。

团中央将近期联合教育部开展“全国十佳中学生”评选活动，集中展示素质教育的成果和当代中学生蓬勃向上的精神风貌，激励全国中学生奋发成才。将联合正泰集团开展中学生“正泰品学奖”评选表彰活动，奖励那些品学兼优，在道德实践和团员先进性发挥等方面表现优异的中学生；奖励那些家庭贫困但自强不息、好学上进，在各方面表现突出的中学生。今年，按照邓小平同志的遗愿，经中央批准，共青团中央、全国青联、全国学联、全国少工委联合设立了“中国青少年科技创新奖励基金”，基金设“中国青少年科技创新奖”，主要奖励在校大中小学生，每年100名左右，激励广大青少年积极投身科技创新。此项工作已经启动，学校战线的团组织要以高度的政治责任感抓好候选人推荐等工作，以良好的工作业绩纪念邓小平同志诞辰100周年。

二、关于社区权益战线工作

社区权益战线要着眼学校、家庭和社会教育的有机结合，找准结合点，探索新项目，完善新机制，健全社区教育体系，创新社区服务项目，完善社区评价机制。近期着力“抓好三项教育、建设两个机制、推进五项工作”。

1．抓好三项教育。

一是抓好自护教育。以创建“青少年自护教育基地”为抓手，充分发挥未成年人的主体作用，向未成年人宣传自护知识，传播“认识社会、拒绝诱惑、远离危险、防范侵害”的自护理念，提高他们自我防范的意识和能力。当前重点加强以下4个方面工作。一要推动自护教育阵地建设。依托社区青年中心、青少年活动中心、青少年宫等各种青少年校外活动场所，建立综合性的未成年人自护学校。依托交管、消防、治安等专业化场所，设立专门性未成年人自护教育基地。依托电台、电视台、报刊等媒体和青少年网站，开设未成年人远程自护课堂和网上自护学校。二要推动自护教育教材建设。组织和推动国内外有关专家，编写针对性、实用性强的各类自护教材，进一步提高青少年自护教育的科学化规范化程度。三要推动自护教育队伍建设。聘请具有医学、社会学、法学等专业背景知识的热心人士，设立自护教育讲师团、自护辅导员、自护宣传员等。四要推动自护教育项目建设。推广北京市“星光青春自护训练营”等成功做法，借鉴国外有益经验，推出贴近未成年人实际的系列化自护教育项目。

二是抓好心理健康教育。配合学校教育的主渠道，以社区青少年“心理阳光”行动为载体，依托社区青年中心设立心理阳光工作室，招募心理专业的教师和大学生志愿者担任社区心理健康指导员，组建社区心理健康社团，开展心理健康团队训练，帮助社区未成年人培养健康阳光的心理状态。要针对有心理隐患的青少年，聘请专业医疗机构，开办社区暑期假期心理训练班，通过亲子训练、同伴训练、专题训练、野外训练等科学有效的方式，有针对性地解决心理问题，提高心理调适能力。要面向社区大多数青少年，采取网上论坛、社区讲座、宣传橱窗等形式，普及心理健康知识，交流心理健康经验，增强他们的心理健康意识。

三是抓好法制教育。大力加强社区青少年法律学校建设，充分发挥法制副校长、法制辅导员的作用，依靠青少年法律研究会和青少年犯罪研究会、青少年维权岗单位建立法制教育志愿者队伍，采取法制宣传周、警示教育、同伴教育等方法，采用以案说法、法律咨询、法律知识竞赛、法律征文等多种形式，大力宣传《未成年人保护法》和《预防未成年人犯罪法》等法律法规，让广大未成年人知法、懂法、用法，不断增强未成年人的法律意识和纪律观念。

2．建设两个机制。

一是推进社区综合评价机制。加强社区团建和队建，积极探索中小学生参加社会实践、社区服务的有效机制，探索实施“社区素质拓展证书”，全面评价学生社区活动参与状况，融合社区、家庭、学校的教育主题和教育状况，考评学生思想政治、文化科学、体质体能、劳动技能、个性心理等各个方面的素质，把社区评价、家庭评价与学校评价相衔接，逐步建立起学校、家庭和社会相统一的学生综合评价体系。

二是推进维权机制建设。要积极探索，创新模式，大力加强各级青少年权益保护中心的建设，总结陕西、浙江等省青少年维权工作的经验，逐步建立起以青少年维权岗领导协调机构为龙头，以全国、省、地、县四级维权服务中心为枢纽，以维权热线电话为纽带，以各级优秀青少年维权岗为节点的青少年维权工作协调机制和权益保护问题的处理机制，加大未成年人权益保护的工作力度。

3．推进五个专项工作。

一是开展社区关爱行动。这是本次会议推出的11件大事之一，主要是依托青年中心、青少年活动中心等社区青少年活动阵地，动员社区内的专业人士、知名人士、驻区单位工作人员、大学生等志愿者，与社区单亲、失足、残疾、低收入、流动人口家庭的未成年子女结成对子，通过“五个一”活动的方式，用成人的爱心去关爱未成年人的成长。要设立一个社区关爱交流站。引导社区青少年把自己的学习用品、图书、体育用品等捐献给需要帮助的同龄人。要开展一系列社区助学活动。依托大学生和教师志愿者，帮助学习上有困难的未成年人掌握正确的学习方法，树立学习信心。要开展一组心理咨询活动。采取多种交流方式，引导未成年人说出困惑，帮助他们树立健康心理。要组织一些亲子教育活动。开展未成年人家长专题讲座和交流活动，引导、帮助家长提高科学教育子女的能力，为未成年人健康成长营造良好的家庭氛围。要组建一支未成年人社区成长监督员队伍。聘请具有专业特长和工作热情的人士，及时了解未成年人的思想状况和实际问题，并向有关部门、街道、学校、家长提出建议，为社区未成年人思想道德建设工作出谋划策。

二是开展“未成年人零犯罪社区”创建。以此为抓手，推进青少年违法犯罪社区预防计划的深入实施。通过调动基层的工作积极性，将预防未成年人违法犯罪工作的各项任务、措施和责任落实到街道和社区，建立稳定的预防未成年人犯罪的组织网络、阵地网络、工作队伍和工作制度。下一步要以社区闲散未成年人为重点，开展其基本状况调查，逐步建设全国社区闲散青少年信息监测管理系统，建立以专业社工为骨干的专兼职社区预防工作队伍，根据社区闲散未成年人面临的实际问题，通过跟踪服务、专人联系、定向辅导等方法，在生活上解困，学习上帮助，行为上纠偏，就业上扶持，促进他们健康成长。

三是开展“青少年网络文明行动”。要借鉴江西省面向社会招募“青少年网络教育爱心大使”的做法，选聘乐于助人、善于与青少年沟通、能熟练掌握网络知识的各界人士，担任未成年人网络辅导员和网络志愿者，宣传网络文明公约，开展“社区网络文明行”同伴教育活动，检查举报违规经营的网吧，教育引导未成年人远离网吧、提高网络文明素质，营造有利于未成年人健康成长的网络环境。要加快“阳光网吧”的建设，坚持非营利性质，鼓励连锁管理，加强安全监管，建立上网巡视和提醒制度，创造健康有益的上网空间。

四是开展淫秽卡通画册和不健康“口袋书”专项整治行动。要配合“校园净化工程”，设立举报热线、成立监督员队伍，建立快速受理机制，加大联合打击力度，坚决查处色情、暴力、迷信和伪科学的出版物、游戏软件和其他产品，大力净化未成年人成长的文化环境。

五是开展“社区青少年远离毒品行动”。要抓好禁毒志愿者的招募和培训，组建一大批志愿者宣传小分队；抓好西部重点地区的工作，运用多种形式广泛开展未成年人面对面教育活动；抓好网上“青少年禁毒教育展览馆”建设，普及毒品预防知识，进一步扩大未成年人拒毒防毒工作的受益面。

在全国妇联家庭教育工作会议上的总结讲话

(2004年11月3日)

张世平

同志们：

全国妇联家庭教育工作会议在全体与会同志的共同努力下，圆满完成了各项预期任务，今天就要结束了。会议期间，全国人大常委会副委员长、全国妇联主席顾秀莲作了重要讲话；全国妇联副主席、书记处第一书记黄晴宜作了报告；13位省区市妇联和地市妇联的同志作了大会发言，其他省区市妇联都提供了书面交流材料；与会同志参观考察了成都市的学校、幼儿园和社区，并就如何指导和推进家庭教育进行了热烈讨论。

同志们一致认为，这次会议是贯彻党的十六届四中全会和中央8号文件精神的重要会议，也是我们进一步统一思想，抢抓机遇，开创家庭教育工作新局面的一次动员会。这次会议主题突出，内容丰富，有新意、有高度、有质量，有较强的指导性、针对性和可操作性，鼓舞人心，催人奋进，开得非常必要，非常及时。同志们在讨论中概括这次会议有4个好：一是时机把握得好，抓住了贯彻中央8号文件精神这一难得的历史机遇，推动家庭教育工作创新发展，使这项工作进入了一个新的起点。二是讲话报告作得好，秀莲主席的讲话和晴宜书记的报告高屋建瓴，总揽全局，思想深刻，内容丰富，对我们开展家庭教育工作具有十分重要的指导意义。三是会议文件出得好，全国妇联与有关部委联合下发的5个指导性文件非常解渴，抓到了关键处，抓到了点子上。有的同志生动形象地说，这是给我们提供的尚方宝剑。四是会议现场选得好，四川省在家庭教育工作方面起步早，行动快，成绩突出，经验丰富，有许多可以学习借鉴的内容。这次会议时间不长，但普遍感到受益匪浅。

一、会议的主要特点及收获

总的来说，这次会议有四个突出特点：

一是领导重视。秀莲主席非常重视这次会议，专程到会并作重要讲话。佩云大姐对家庭教育工作也非常关心，多次在关于儿童教育、家庭教育的材料中作重要批示。晴宜书记对文件的形成和会议筹备工作提出了明确具体要求，书记处办公会多次听取汇报，3位书记出席了此次会议。中央文明办、教育部等部委有关领导莅临会议，对这次会议给予了大力支持与指导。四川省委、省人大、省政府、省政协主要领导都亲自到会，刘鹏副书记为我们作了重要讲话。这些都为开好会议提供了重要的领导保障。

二是调研深入。为贯彻落实中央8号文件精神，筹备开好这次会议，全国妇联下发了调研通知，组成了有儿童工作者、妇联干部、专家学者参加的调研组，分4路赴8省市进行了专题调研，共召开各类座谈会34个，走访了20余个社区，考察了30多所家长学校等基层家庭教育工作阵地，形成了11份高质量的调研报告。回来后专门召开了调研汇报会，晴宜书记亲自听取汇报，对调研成果给予了充分肯定。各地也按照通知要求，结合实际，有针对性地开展调查研究，形成了一批有份量的调研成果，为会议的召开提供了重要依据。

三是指导性强。中央8号文件要求妇联组织切实担负起指导和推进家庭教育的牵头责任。妇联如何把思想和行动统一到中央精神上来，怎样按照中央的要求牵好这个头，如何为基层开展工作提供指导和帮助，是我们试图通过这次会议予以解决的。为了加强这次会议的指导性，我们与有关部门协调，推动形成了5个指导性意见，在会上发给了大家。有关部门对我们的工作非常支持，9个部委文件会签仅用了10天时间。由于时间紧，文件中还有一些地方需要在实践中进一步完善。大家普遍感到文件的出台非常及时，为开展工作提供了重要指导。会上秀莲主席的重要讲话和晴宜书记的报告更是站得高，落得实，有很强的指导性。

四是信息量大。四川省为会议提供了一组典型材料，包括家庭教育工作概况、农村家长学校、社区家庭教育工作、广播家长学校以及家长学校的经验介绍，还有少城小学、市直机关幼儿园、青羊北路社区、水井坊社区4个参观现场。会上13位同志作了高质量的大会发言。其他各省区市妇联也都带来了书面交流材料。这些典型发言和交流材料，无论是发达地区还是中西部地区的，无论是点上还是面上的，无论是农村还是城市的，都各具特色，有值得学习借鉴的地方。同志们普遍反映，会期虽然短，但内容丰富，信息量大，是一次难得的学习机会。

与会同志一致认为这次会议收获很大，主要体现在以下四个方面：

一是提高了认识，增强了责任感。秀莲主席的重要讲话，在全面分析当前形势和家庭教育面临的新情况、新矛盾、新问题的基础上，深刻阐述了做好家庭教育工作的重要性和紧迫性。晴宜书记所作的报告，在全面客观地总结了近年来家庭教育工作的主要成绩和基本经验的同时，分析了当前家庭教育工作面临的机遇和挑战，要求我们要站在全面建设小康社会、实现中华民族伟大复兴的战略高度，站在落实科学发展观、加强党的执政能力建设的政治高度，充分认识重视和发展家庭教育的重要性与紧迫性。听了讲话报告后，同志们普遍感到有压力，有动力，进一步加深了对中央8号文件精神的理解，进一步认识到中央强调要重视和发展家庭教育的极端重要性，同时也认识到党中央把这项工作的牵头责任交给妇联，责任重大，任务艰巨。妇联组织作为党联系妇女群众的桥梁和纽带，必须增强做好家庭教育工作的责任感、使命感和紧迫感，责无旁贷地担负起党中央交给我们的指导和推进家庭教育的重要任务。

二是认清了形势，坚定了信心。这次会议全面总结了家庭教育工作取得的主要成绩和基本经验，分析了家庭教育工作面临的新的历史机遇和有利条件，同志们普遍感到很受鼓舞，很受激励，增强了做好工作的信心。特别是晴宜书记在讲话中明确指出，要把家庭教育工作作为妇联参与精神文明建设的重中之重，摆上更加突出的位置，纳入妇联工作的全局和重要议事日程，并把"双合格"活动作为妇联一项新的主体活动，与"双学双比"、"巾帼建功"、"五好文明家庭"创建并列提出，成为妇联的4项主体活动之一。同志们更加感到妇联的家庭教育工作又提升到一个新的高度，进入了良好的机遇期，迎来了新的春天，一致表示要以更加饱满的热情、无私奉献的精神和求真务实的作风，扎实推进家庭教育工作。有的同志说，参加了会议感到坐不住了，回去之后要赶紧抓落实。还有的主席和部长在会上就开始商量贯彻落实会议精神的打算。

三是明确了目标，理清了思路。这次会上，晴宜书记明确提出了当前和今后一个时期家庭教育工作的总体要求，强调要紧密围绕全面建设小康社会的实际，针对新形势下家庭教育面临的新情况、新特点、新问题，积极探索家庭教育工作的新规律、新机制、新对策，以家庭道德教育为核心，以提高家长素质和更新家庭教育观念为重点，以构建家庭教育和家庭教育工作服务体系为基础，同时部署了6个方面的重点工作。秀莲主席也提出了加强5个方面能力建设的要求。同志们在讨论中都说，听了两位领导的讲话，目标更明确了，思路更清晰了，工作重点更突出了，关键是回去抓落实。有的同志讲，通过学习进一步认识到，做好家庭教育工作，科学规划是前提，理论研究是先导，家庭道德教育是核心，提高家长素质是重点。还有的同志讲，做好家庭教育工作，建立机制是保障，整合资源是关键，提高能力是根本。通过这次会议，同志们对新形势下家庭教育工作重点抓什么和怎么抓这两个问题有了新的认识，进一步理清了今后开展家庭教育工作的总体思路。

四是交流了经验，开阔了视野。同志们认为，这次会议为大家提供了一次难得的学习交流和研究探讨的机会。四川的典型经验和现场参观，内容充实，经验丰富，给与会者留下了深刻印象；各省区市妇联的典型发言和书面交流材料，也都从不同角度、不同侧面总结交流了各自在家庭教育工作方面的积极探索和取得的经验，生动鲜活，各具特色，具有很强的启发性和学习借鉴意义。大家一致认为，会议达到了相互学习、取长补短、拓展思路、共同提高的目的。

二、需要进一步强调的几个问题

秀莲主席的讲话和晴宜书记的报告，对家庭教育工作已经作了全面部署。这里，我想针对同志们在讨论中提出的一些问题，结合我对这些问题的认识和思考，再强调几点，与同志们做一些交流。

一是如何提升认识的问题。秀莲主席的讲话从全局和战略的高度，全面阐述了家庭教育工作的重要性和紧迫性；晴宜书记的报告也深刻分析了家庭教育工作面临的机遇和挑战，同志们对家庭教育工作的重要性、紧迫性基本形成了共识。这里我想从另外的角度再强调两点：首先这是党中央交给我们的政治任务。我在妇联工作多年，有一个重要的认识，那就是妇联是一个群众组织，更是党领导下的政治组织，必须在思想和行动上与党中央保持一致，按照党的部署，党要求我们做什么，就认认真真、扎扎实实做好什么。过去妇联有许多工作都是自己主动干的，但这次家庭教育工作是中央明确要求我们做的，是中央交给我们的一项重要的政治任务。必须按照党的要求，责无旁贷、义不容辞地把家庭教育工作做好，这就是讲政治，就是对党的群众工作者基本素质的要求。第二是广大群众的迫切需要。妇联是党领导下的群众组织，为群众服务是我们的宗旨。群众最需要我们做什么，广大家庭最需要我们做什么，就应该努力做好什么。今天在参观中同志们都看到了，有那么多家长热情参与现场活动，他们那么认真、那么专注、那么投入，充分表达了对获得家庭教育知识帮助的迫切需求，我们看了深受感动，真切感受到家庭教育工作意义的重大，大家内心都涌动着想为这些家长做些什么的强烈愿望。我认为群众工作干部首先要具有对群众的感情，这种感情是非常重要的，是我们做好家庭教育工作的基本前提和根本动力。有的同志对我们能不能做好这项工作还心有疑虑。晴宜书记在讲话中分析了家庭教育工作的有利条件，明确要求把家庭教育工作摆上妇联工作的重要位置，并把“双合格”活动作为妇联的一项新的主体活动提出。在即将召开的全国妇联九届二次执委会上，也将把指导和推进家庭教育作为一项重要任务，专条写入下一步工作任务中。这些都对我们开展工作非常有利。相信在各级党委的重视和领导下，各级妇联对这项工作会更加重视，社会对这项工作会更加支持，我们的工作条件会越来越好。在座的都是主管儿童工作的领导，我们必须首先提升认识，坚定信心，既要看到困难，更要看到有利因素，知难而上，抢抓机遇，尽职尽责，做好工作。

二是如何准确定位的问题。我想再强调三层意思：首先要进一步明确主要工作对象是家长。儿童工作是妇联的重要工作，但面向儿童的工作更多的是教育部门的职责，我们开展家庭教育工作的定位，只能是面向家庭，面向家长，着力推进家长素质的提高和家庭教育观念的更新，通过家长实施正确的家庭教育促进孩子的健康成长。有的同志对还要不要实施小公民道德建设计划提出疑虑，我想对这个问题的回答应当是肯定的。小公民道德建设计划实施 4 年来，得到了党中央、各级党政领导和有关部门的高度重视，在同志们的努力下，已经建立了很好的工作机制，取得了显著成果，积累了丰富经验，成为面向儿童的重要活动载体。这项活动必须坚持不懈地开展下去。根据中央文明委、团中央和教育部门的建议，针对基层妇联在活动实践中遇到的问题，我们在今年 2 月召开的小公民道德建设计划领导小组会议上，对这项活动的思路做了一些调整，在“四进”中强调了进家庭、进社区。中央 8 号文件明确要求我们主抓家庭教育，为了切实承担起这项责任，全国妇联推出“双合格”活动这一新的载体，但并不意味着不抓小公民道德建设计划，而是要注入家庭教育工作内容，促其进一步创新发展。根据新形势新任务的要求，我们计划在现有机构基础上，建立完善全国“双合格”家庭教育宣传实践活动领导小组。今后面向儿童的活动主要放在儿童活动中心、自办托幼园所等各类教育活动阵地来抓，妇联儿童部门的主要任务是调查研究、宏观指导、政策服务、总结经验和抓好示范带动。各地可结合实际，统筹协调好这方面的工作。第二，要进一步明确必须凸现家庭道德教育的主题。我们现在所强调的家庭教育工作，不仅是传统意义上的家庭教育工作，而是要根据加强和改进未成年人思想道德建设的目标要求，针对当前家庭教育领域中重智轻德、重知轻能的突出问题，着力抓好家庭道德教育，更加凸现“为国教子、以德育人”的主题，使新形势下的家庭教育工作与培育“四有”新人的目标相一致，与中华民族传统美德相承接，紧密围绕增强爱国情感、坚定理想信念、规范行为习惯、促进全面发展 4 项主要任务来进行，不断创新发展，更好地为促进未成年人的健康成长服务。对突出德育这一点大家一定要非常明确，在工作中自觉体现。第三，要进一步明确主要工作领域是在社区和农村。社区是群众活动的主要场所，随着政府重心下移，社区的地位和作用日益显著，已成为面向群众、面向家庭开展工作的重要平台。我们要把社区作为家庭教育工作的主阵地，很好地开发利用社区资源，大力发展社区家长学校和其他家庭教育指导服务机构。这次会后，我们将与民政部门进一步沟通协调，以畅通社区家庭教育工作渠道。农村妇女工作历来是妇联工作的重中之重，目前农村家庭教育问题突出，家庭教育覆盖率较差，家长获得家庭教育知识的渠道也比较少。发展农村家长学校应是我们工作的着力点。这里所说的农村家长学校不仅是指农村中小学创办的家长学校，更主要的是指运用乡村各类教育活动阵地，如农民学校、农村文化活动站、妇女之家等创办家长学校，做到资源共享。

三是如何打造品牌的问题。品牌就是形象，就是旗帜，就是号召力和影响力。一要打造“双合格”活动品牌。这次会议的一个重要成果就是把“双合格”活动作为妇联推出的一项新的主体活动提出来。这项活动不是我们的创造，是在多年各地丰富的家庭教育实践活动基础上总结提炼出来的。关于这项活动我们先后下发了两次文件，进行过一些调整，一是由妇联一家增加为 9 部委联合发文，主要是考虑要使这项活动持续有效开展，必须形成部门合力，建立长效工作机制；二是把“争做合格父母”改为“争做合格家长”。因为在调研中发现，现在教育孩子的不只是父母，许多是隔代老人，写“家长”更全面更贴切。这次会上，晴宜书记把“六个一”工程中的“喊响一个口号”改为“突出一个主题”，我认为这个改动更到位更准确。以上这些调整，反映了我们对开展“双合格”活动认识上的不断提高。“双合格”活动与妇联其他几项主体活动是有所不同的，它不仅面向家长，还要通过家长实施正确的教育，作用到孩子身上；它不仅是争创和表彰活动，而是包含了宣传、实践、表彰三个重要环节，通过传播家庭教育知识，鼓励家长争做合格家长、培养教育好子女来检验活动的效果。因此这项活动的内涵更为丰富，更注重实践育人的效果。推出“双合格”活动，对家庭教育工作者来说，既是大好机遇，也是更高要求。各地一定要抓住这个契机，立足于妇联现有工作基础和活动资源，在继承的前提下发展创新，因地制宜、创造性地开展“双合格”活动，把这个平台用好，把这个品牌打造好，使这项活动与各项传统品牌活动紧密结合，相互促进。二要打造家长学校的阵地品牌。目前32万所家长学校绝大多数建在中小学，妇联配合教育部门做了大量工作。近些年，在社区和乡村也发展建设了不少家长学校。我们认为，家长学校这个品牌妇联不能放弃，还应当大力加强。秀莲主席一再强调，家长学校不是妇联独有的，各家各户都可以办，不应互相排斥，应当互为补充。关键在于各有侧重，合理定位。这次会上明确提出妇联要把发展家长学校的重点放在社区和农村，这符合我们的组织优势和工作实际，下一步家长学校的建设目标也更明确了。行业、企事业和机关家长学校目前是探索阶段，各地可从实际出发，积极实践，促其发展。目前各地家长学校的名称有所差别，特别是在社区，有的地方叫家庭教育指导中心。名称不一定要统一，关键在于效果。下一步我们要建立全国家庭教育指导中心和家庭教育网校。我们的建议是，县以上建立家庭教育指导中心，重点实施家庭教育工作层面的指导和服务；社区和乡村妇联建立家长学校、亲子俱乐部等，直接面对家长进行家庭教育的指导和服务。三要抓好科学研究指导工作。充分发挥现有各级家庭教育学会的作用，开展家庭教育科学研究，促进研究成果的转化，组织好教材编写、师资和骨干培训等工作，为发展家庭教育提供科学指导和帮助。会上有的同志提出家庭教育工作的重点放在哪，我想只要抓住“双合格”活动、发展家长学校和科学研究指导这三项重点工作，家庭教育工作就会落到实处。当然，这些工作都不能一刀切，各地可根据实际情况，突出某一方面重点工作，形成自身的特色，打造各自的工作品牌。

四是如何整合资源的问题。家庭教育工作是一项系统工程，涉及方方面面，加强统筹和资源整合是非常重要的，这也是讨论中大家反映非常强烈的问题。首先要加强妇联儿童工作部门的内部整合。机构改革后，全国各级妇联儿童工作部门的编制都很少，与目前繁重的工作任务很不适应。在有限的人力条件下，儿童工作部门必须加强统筹，突出重点，按照中央的要求，主抓家庭教育，把部门的主要力量和主要资源用在家庭教育工作上。当然，女童项目、社会协调等项工作也要抓，有一个合理安排问题。为了加强家庭教育工作，全国妇联充实了儿童工作部门力量，为儿童部配备了副部长、家教处处长。在部门工作布局上也做了调整，由原来一个处抓家庭教育，调整为两个处和家庭教育学会都在集中做家庭教育工作。各地也要根据工作需要，适当进行调整，多渠道解决儿童工作部门的力量问题。第二要加强妇联各部门工作资源的整合。这次会议明确提出家庭教育工作定位是抓家长素质的提高。妇联历来是面向妇女，面向家庭开展工作的，提高妇女素质是常抓不懈的一项战略任务。我们开展的“女性素质工程”、“五好文明家庭”创建、“学习型家庭”创建等，都从不同角度促进家庭文明程度和家长素质的提高。家庭教育工作应当也能够与妇联的各项工作紧密联系、相互渗透，共同推进。中央8号文件出台后，全国妇联各部门热情很高，围绕推进家庭教育做了大量工作。这次会上同志们反映，上边的工作头绪太多，给基层带来很大压力，希望能够加强内部整合。对这个问题我们已经意识到了，晴宜书记在报告中特别强调要加强内部资源整合，包括整合阵地资源、活动资源和宣传资源，明确要求全国妇联要从自身做起。这次会后，我们将根据晴宜书记的指示和同志们的意见，就如何加强内部统筹和资源整合、更好地为基层提供指导和服务，拿出具体举措。第三要加强与有关部门的工作配合。家庭教育工作必须各部门齐抓共管，形成合力，中央文明办的责任分工中涉及家庭教育的责任部门就有十几个。妇联要摆正自己的位置，认真做好牵头协调工作，积极争取党政领导的高度重视，紧紧依靠有关部门的大力支持，主动沟通，善于配合，真诚合作，团结调动一切积极因素，共同做好家庭教育工作。这次会上，成都市妇联在经验介绍中谈到要树立大教育、大联合的观念，要做到三个主动，即主动思考、主动上门、主动牵手，我认为谈得很好。在与有关部门的协调配合方面，妇联组织有优势、有能力，应把这方面的优势发挥好，能力运用好，切实形成各部门紧密协作、共同做好家庭教育工作的局面。

五是如何共同牵头的问题。主要讲与教育部门共同牵头的问题。长期以来，妇联和教育部门密切合作、相互支持，共同指导和推进家庭教育，取得很好的合作成果，打下良好的合作基础。我们许多文件都是和教育部联合出台的。各地妇联与教育部门也合作得很紧密，有许多成功做法，这一点必须充分肯定。同时也要看到，教育部门的家庭教育工作与妇联的家庭教育工作既有共性又有特性。从我们调查的情况看，教育部门的家庭教育工作，主要是通过学校的家长学校来组织实施，而绝大多数家长学校重点是围绕学校的教学目标开展工作，内容上侧重于引导家长配合学校完成教学计划，形式上主要是开家长会、举办讲座、开放式课堂、家访等。目前的应试教育使学校面向家长开展工作既有很大优势，又有一定局限性。妇联的家庭教育工作更加注重家长自身素质的提高和观念的更新，教育的途径、渠道、方式应当更为广泛。我们既要看到和努力发挥各自的优势，又要研究不同的特点与规律，做到工作互补、资源共享。现在中央已明确妇联组织和教育部门两家牵头，妇联作为第一牵头单位，必须切实负起牵头责任，积极主动创造性地开展工作，同时要紧紧依靠教育部门，进一步加强与教育部门、中小学校的联系沟通，争取他们的指导和帮助，与他们共同研究部署推进家庭教育工作的开展。

六是如何科学工作的问题。面对新形势下家庭教育工作的繁重任务，同志们都感到压力很大。这里我想谈一个如何科学安排、改进方法、提高工作质量和效率的问题。在工作布局上，一定要突出重点，有所为有所不为。家庭教育工作千头万绪，不可能面面俱到，必须量力而行，在党委的统一部署下，从本地区的实际出发，围绕家长儿童最迫切需要解决的问题，富有特色地开展工作。当前，尤其要特别关注单亲、困难、流动人口等特殊家庭的子女教育问题，尽可能多为他们做实事做好事。在工作分工上，要解决上下一般粗的问题，一级有一级的责任，一级有一级的任务，不能上下都做同样的工作。全国妇联和省级妇联要坚持面向基层开展工作，侧重抓好对基层家庭教育工作的宏观指导、政策支持和经验推广。基层妇联要坚持面向家庭、面向群众，认真做好指导和服务家长的工作，把工作做深、做细、做实。在工作方法上，要有张有弛，循序渐进，不能操之过急。不仅要苦干实干，还要巧干会干，学会借力，借政府之力、社会之力、市场之力。在工作质量上，要坚持求真务实，力求科学高效，所设计的各项工作都要贴近实际、贴近群众，不搞花架子，不做表面文章，通过我们的工作，让家长和儿童切实受益。

七是如何争取工作保障的问题。会上同志们集中反映了这方面的突出问题，主要是工作力量和经费来源问题，都希望多给点办法，多通报些信息。关于工作力量问题，要从两方面着手，一方面要在现有资源基础上，通过内部统筹整合来加强工作力量，并积极争取有关领导的重视支持，多渠道解决儿童工作力量不足的问题。中央文明办已建立未成年人思想道德建设领导小组，增加了干部编制，各省文明办也都相应增加了工作力量，大家回去之后，可以在这方面多做些努力。另一方面，要按照这次会议的要求，积极推进建立完善三方面的工作机构，即妇联内部的家庭教育领导机构、联系有关部门的家庭教育协调机构、以专家学者为主体的家庭教育指导机构，通过建立完善工作机构，为家庭教育工作的持续发展提供重要保证。关于经费来源问题，这次会前我们已经做了一些工作，下一步还要从三个方面着手，一是通过申请财政部立项和联系精神文明办、教育部等渠道，争取家庭教育工作专项经费。全国妇联已向财政部争取明年家庭教育工作专项业务经费，下一步还要在精神文明建设、教育事业经费中争取对家庭教育工作的投入。二是通过联系财政部、建设部、民政部等部门，多渠道争取儿童活动阵地建设的专项补贴资金。儿童活动阵地建设应纳入地方经济社会发展规划，建设经费主要靠地方解决。三是争取与中央文明办、团中央、国家发改委、财政部、物价局等有关部门联合发文，推动各地将儿童活动中心建设经费纳入地方财政预算，优先给予经费支持和重点保障，解决儿童活动中心设施维修、日常运转的经费来源问题。这个文件目前正在积极运作中。这次会后，我们将把争取经费支持作为儿童部的一项主要任务，集中力量来抓，力争多为基层开展工作创造一些有利条件。以上只是我们下一步努力的打算，能否实现要有个过程，我们会为此不懈努力。各地可从实际出发，积极主动多渠道争取经费来源。

八是如何提高队伍素质的问题。家庭教育工作水平如何，关键取决于家庭教育工作队伍素质的高低。我分管儿童工作以来，比较近距离地接触了一批儿童工作干部，切实感受到这些同志热爱儿童事业，有吃苦、奉献和开拓精神，也有一定的专业知识，是一支特别能战斗的好队伍。面对新形势新任务的需要，我们也要看到自身存在的不足，看到我们所具有的知识能力与完成党交给我们的重要任务的不相适应。尤其是在我们干部中，活动型、协调型干部比较多一些，思考型、研究型干部少一些，而我们所承担的工作又是一项必须不断探索发展的工作，这就要求同志们一定要有学习充电的紧迫感和压力感，重视和加强自身学习，不断补充新知识新本领，努力做学习型、思考型、创新型干部。秀莲主席在讲话中明确提出做好家庭教育工作要提高统观全局能力、宏观指导能力、服务家长儿童能力、创新创造能力和协调推进能力。同志们回去后一定要围绕提高这 5 方面能力，认真查找不足，研究改进措施，推进自身建设。我们所从事的儿童事业是一项充满希望的事业，是需要全社会合力推进的共同事业，要求我们儿童工作干部一定要努力做到“三个开阔”，一是开阔眼界，了解世界大势，增强宏观战略思维能力，善于把所从事的工作置于党和国家的大局中来思考、来谋划，置于与各项工作的相互联系中来发展、来推进，一定不能把这项工作局限于某个部门，更不能就家庭教育抓家庭教育。二是开阔思路，既要善于总结经验，不断继承好的工作传统，又要善于开拓进取，努力推进新的实践和新的发展。我们不能满足于每天的忙忙碌碌，要善于从多头绪的活动和事务中解脱出来，把更多的时间精力放在对问题的深层次研究和对工作的深入思考上，不断开拓新思路、树立新理念、丰富新内容、探索新方法。三是开阔胸襟，要有海纳百川的宽阔胸怀，善于发现和吸纳别人的长处，善于理解和包容他人的不足，善于与各方面协作而不计较一时的得失。要以大局为重、事业为重、工作为重，以对党的事业和儿童事业高度负责的态度，切实担负起指导和推进家庭教育的牵头责任。

三、近期要做的几项主要工作

借此机会，我简要介绍近期全国妇联关于儿童方面的几项具体工作，希望各地结合实际，积极配合，共同推进工作开展。

一是召开全国“双合格”家庭教育宣传实践活动领导小组会议。计划今年年底或明年年初召开。会前要协调有关部门，完成领导小组的更名和调整事宜。会上要着重汇报家庭教育工作情况及下一步工作计划，研究如何加强部门协调，细化部门分工，形成整体工作合力，共同推进家庭教育工作的发展，并对小公民道德建设计划的发展思路和组织领导等问题形成共识。各地也要结合实际，尽快建立完善家庭教育工作领导机构和长效工作机制。

二是组织“双合格”读书和表彰活动。明年“双合格”活动将以家庭道德教育读书活动为重点，集中编写和征集推荐一批家庭教育指导用书，推荐一批讲师团成员，并联合教育部门对全国“双合格”家庭教育工作先进典型首次进行表彰。具体表彰通知另行下发。各地要因地制宜，积极组织开展读书交流、读书竞赛等活动，层层做好评选表彰工作，及早策划“六一”和家庭道德教育宣传实践月等活动，采取有效措施，打造“双合格”活动品牌，扩大其覆盖面和影响力。

三是召开儿童活动阵地建设工作座谈会。在调查研究的基础上，拟于明年年初召开座谈会，集中研究儿童活动阵地的建设发展和改革问题，联合有关部门制定下发儿童活动阵地管理办法，为发展儿童事业、壮大儿童活动阵地争取政策支持。各地要对本地区儿童活动阵地建设情况先行组织调研，总结经验，分析现状，提出建议，做好参加座谈会的准备，为有关文件、政策的出台提供依据。

四是做好家庭教育工作“十五”计划检查评估。明年是实施家庭教育“十五”计划的最后一年。各地要着手组织本地区“十五”计划监测评估工作，进一步总结经验，交流成果，查找差距，完善措施，确保各项目标如期完成。全国妇联、教育部将在部分省区市组织抽查评估，重点检查落实《意见》精神，推动家庭道德教育工作的新举措、新发展，并组织研究起草《全国家庭教育工作“十一五”计划》。

五是筹备中国家庭教育学会第四次会员代表大会。按照章程，中国家庭教育学会将召开第四次会员代表大会，总结5年来的主要工作，研究部署下一步任务，选举产生学会新一届领导班子。通过筹备召开这次会议，进一步壮大家庭教育工作专家队伍，推动家庭教育理论研究和科学指导，并着手组织家长学校教材编写和骨干培训。各地对所属家庭教育研究会工作也要认真进行总结，确定下一步思路，协助做好第四次会员代表大会的各项筹备工作。

六是筹建全国家庭教育指导中心和家庭教育网校。为进一步加强对家庭教育工作的指导、管理和服务，全国妇联将积极推进全国家庭教育指导中心和家庭教育网校的建设发展。目前正在组织有关论证，着手起草全国家庭教育网校信息工程项目建议书。这项工作一方面要争取政府支持，另一方面也要采取社会化、市场化的运作方式。希望同志们对这项工作多提宝贵建议，多提供合作渠道，并积极探索实践，推动省级家庭教育工作指导中心和网校的建设发展。

七是继续实施好女童国际项目。目前我们正在组织实施的有两个女童国际项目，一是与联合国儿童基金会合作的“女童优先权项目”，在天津蓟县和海南琼海试点；二是与英国国际发展部合作的大龄女童技能培训和能力建设项目，在四川、甘肃和云南省试点。我们将按照执行项目的目标要求，与项目地区一起，共同组织好项目实施工作，提高项目运作质量和效益，增强妇联干部执行项目能力，不断拓展新的合作项目，为女童提供更加有效的服务与帮助。

八是积极推进干部培训工作。根据事业发展需要和同志们的要求，我们要充分运用现有资源，为同志们提供更多的学习培训交流机会。全国妇联儿童部要继续与国际部、组织部合作，组织境内外儿童工作专项培训考察活动，为提高干部队伍素质、做好家庭教育工作创造更有利的条件。各地也应多层次多渠道开展培训工作，加强队伍建设，壮大骨干力量。

同志们回去后，一定要认真做好这次会议的传达贯彻工作。首先要向妇联一把手和领导班子汇报，并争取向党委主管领导作专题汇报；要及时向机关干部和基层妇联组织传达会议精神，组织学习秀莲主席重要讲话和晴宜书记工作报告，认真研究贯彻会议精神的计划和措施；要及时与教育部门及其他有关部门联系沟通，共同研究本地区贯彻落实有关文件精神和会议精神的具体意见，共同推进家庭教育工作的创新发展。

同志们，做好家庭教育工作任务艰巨，使命光荣。我们一定要统一思想，凝聚力量，开拓进取，扎实工作，努力开创家庭教育工作新局面，为培养中国特色社会主义事业的合格建设者和接班人做出更大贡献！

弘扬和培育民族精神，教育引导中小学生为实现中华民族伟大复兴做好全面准备

——在全国中小学德育工作会议上的讲话

(2004年1月11日)

张晓兰

各位代表，同志们：

非常高兴参加全国中小学德育工作会。首先我代表共青团中央、全国少工委向出席会议的各位领导和与会代表致以新春的祝福。这次会议以弘扬和培育民族精神为重点，进一步研究当前加强和改进中小学德育工作的措施，部署今后一段时期的中小学德育工作，是一次非常及时的会议。在中小学生中弘扬和培育民族精神，是深入学习党的十六大精神，全面贯彻“三个代表”重要思想，切实加强中小学生思想道德建设的重要举措。刚才周济部长做了重要的讲话，并特别指出要发挥共青团、少先队在弘扬和培育民族精神中的重要作用，我们感到责任重大，使命光荣。下面我就共青团、少先队如何发挥自身优势，以体验教育为基本途径，按照这次会议的各项要求，在中小学德育工作中发挥更加积极的作用讲三点意见。

一、共青团、少先队组织要进一步认识在中小学生中弘扬和培育民族精神的重要意义

在中小学生中弘扬和培育民族精神，教育引导中小学生为实现中华民族伟大复兴做好全面准备，是共青团、少先队组织长期的重要任务。党的十六大对弘扬和培育民族精神提出了明确的要求。十六届三中全会强调指出，要“弘扬和培育民族精神，不断提高全民族思想道德素质”。全面建设小康社会，实现中华民族的伟大复兴，民族精神是强大的精神动力。当代中小学生是未来全面建设小康社会的生力军，各级共青团、少先队组织要通过丰富多彩的体验活动，教育和引导中小学生了解民族精神的丰富内容，感受民族精神的伟大力量，体验民族精神的时代内涵，逐步树立民族自尊心和自豪感，从小立志为实现中华民族伟大复兴做好全面准备。

共青团、少先队组织要进一步充分认识在中小学生中弘扬和培育民族精神的极端重要性和紧迫性。中小学生是在改革开放和社会主义市场经济深入发展的环境下成长的。社会经济成分、组织形式、就业方式、利益关系和分配方式日益多样化，各种思想文化相互激荡，人们的思想活动日趋活跃，影响着他们的思想观念和价值取向；国际敌对势力加紧对我国下一代进行思想文化渗透，争夺接班人的斗争日趋尖锐和复杂；社会生活的一些领域出现的消极腐败现象和社会丑恶现象，给他们的健康成长带来负面影响；随着信息化步伐加快，互联网等媒体的影响日益扩大，给他们学习娱乐创造了新的条件的同时，不良有害信息也会利用这些渠道趁机传播。这些新情况、新问题，对在中小学生中弘扬和培育民族精神提出了新的课题。如何使他们从小在心灵中种下民族精神的种子，以作为中国人为自豪，并不断培育作为中国人的责任感，非常重要和紧迫。

近年来，共青团、少先队组织在教育部门的支持和指导下，以弘扬和培育以爱国主义为核心的伟大民族精神为主题，开展了一系列富有成效的活动。中小学团队组织以重大活动、重大事件和重大节庆为契机，抓住入学、入队、入团、18岁成人仪式等时机，广泛开展各具特色的主题教育活动，营造弘扬和培育民族精神的浓郁氛围，把民族精神教育融入中小学生的学习和生活之中。各地少先队组织也有很多创造，比如在革命老区井冈山和延安等地少先队组织中广泛开展的“我是红色小导游”活动就是生动的革命传统教育，江苏无锡少先队组织开展的“吴文化研究院”体验教育活动就是生动的文化传统教育。全队普遍开展的“各民族少年手拉手”活动就是具体的民族团结、国家统一的教育。“手拉手话小康”活动和“东西部少年手拉手”活动就是生动的国情教育。少年军校活动就是生动的国防意识和国家安全教育。共青团中央和地方团队组织也联合有关方面拍摄了《少年英雄》、《地

下少先队》和《飘扬的红领巾》等影视剧，加强革命传统教育。中学生团校、中学生业余党校提高了中小学生的政治觉悟，满足了他们积极向上的追求，成为他们系统学习科学理论的课堂。在举国上下共抗非典的时候，全国少工委在各级少先队组织中开展了“引导少先队员在抗击非典斗争中体验民族精神，养成良好行为习惯”的活动。2003年10月13日，中共中央宣传部、中央文明办、共青团中央、教育部、全国少工委在北京联合启动了“民族精神代代传”活动。

二、共青团、少先队组织要通过体验教育，在中小学生中进一步深入开展“民族精神代代传”等活动

共青团、少先队组织要按照实践育人的要求，以体验教育为基本途径，在中小学德育工作中发挥团队组织独特的作用和优势。通过团队组织凝聚和团结中小学生，发挥中小学生的主体作用，以独具特色的组织教育、生动活泼的实践教育、扎实有效的自我教育，帮助他们提高思想道德素质，健康成长。

体验教育的理念是引导和组织中小学生通过扮演角色或进入设置情景的实践活动，把做人做事的道理内化为健康的心理品格，转化为良好的行为习惯的过程，体验的过程必须是亲身经历的过程，必须要以社会生活实践为背景，要体现中小学生开展道德实践活动的自主性、实践性和社会性。

“民族精神代代传”活动是今年少先队的一项重要活动。这项活动以少先队中队、小队和团小组、团支部为组织形式，通过寻找事件、人物和做一件事开展“三个了不起”活动。“中国了不起”让中小学生从中华民族发展进程中的历史事件、身边发生的或亲身经历过的平凡小事中，寻找自己认为能体现中国了不起的一件事，寻找和发现其中蕴涵的民族精神；“中国人了不起”让中小学生从杰出的历史人物身上，从身边熟悉的亲人、老师、邻居及各行各业的普通劳动者身上，感受其体现着的优良品德和精神境界，寻找心目中了不起的中国人，寻找和发现其身上表现出的民族精神。“做个了不起的中国人”让中小学生做一件自己认为最能体现民族精神又力所能及的事，从中体会应该怎样做一个中国人，从小立志做一个了不起的中国人。

“民族精神代代传”活动是以少先队员为主体的体验教育活动，也是一个在较大范围内辐射和牵动团队组织和全社会的民族精神教育活动。活动的第一阶段就体现了这个特点，我们希望在开展“三个了不起”活动的基础上，通过中小学生喜闻乐见的歌曲弘扬和培育民族精神，用歌声传唱民族精神。一是让孩子们给自己写歌，发动中小学生积极参与，面向中小学生广泛征集歌词。二是请成人给孩子们写歌，通过报刊、电视、广播和网络等媒体宣传，面向社会广泛征集原创少年儿童歌曲。三是邀名家为孩子们写歌，积极依靠专家力量，向老、中、青三代音乐家、音乐人发出倡议，征集好的少年儿童歌曲。

中学共青团肩负着引导和教育广大中学生树立中国特色社会主义理想信念的使命。树立中国特色社会主义理想信念的基础是培育和弘扬民族精神。在中学共青团员中培育和弘扬民族精神，就要结合中学生的特点，通过实施中学生素质拓展计划，引导他们在实践中学习法律知识、接受道德训练、掌握社会规范，为成人做准备。要通过公民意识教育、成人预备期志愿服务、素质训练、宣誓仪式四个环节，在中学生中广泛开展18岁成人仪式教育活动。

总之，要通过在中小学生中培育和弘扬民族精神的教育，促进他们从规范行为习惯做起，养成和培育符合社会主义道德要求的品行操守，进而树立和培育建设中国特色社会主义的理想信念，使广大中小学生自觉把个人的成长进步同祖国的繁荣富强紧密联系在一起，为实现中华民族伟大复兴做好全面准备。

三、共青团、少先队组织要开辟新途径、拓展新手段、构建新机制、推动新结合，为加强和改进中小学德育工作做出积极贡献

胡锦涛总书记在全国宣传思想工作会议上发表的重要讲话中强调指出：“坚持把弘扬和培育民族精神作为宣传思想战线极为重要的任务。要在爱国主义、社会主义旗帜下，倡导一切有利于民族团结、祖国统一、人心凝聚的思想和精神，倡导一切有利于国家富强、社会进步、人民幸福的思想和精神，倡导一切用诚实劳动创造美好生活的思想和精神，不断增强中华民族的凝聚力。”面对新时期、新阶段的新形势和新任务，共青团、少先队组织要从确保党和国家事业后继有人的战略高度，从实现全面建设小康社会奋斗目标的全局高度，从党赋予共青团、少先队光荣使命的高度，进一步认识加强中小学生思想道德建设、弘扬和培育民族精神的重要性和紧迫性，在巩固已有成果的基础上，积极探索新形势下中小学德育工作的特点和规律，争取在开辟新途径、拓展新手段、构建新机制、推动新结合四个方面有所突破。

开辟新途径就要发挥团队组织文化育人的独特作用，不断赋予体验教育以新的内涵，创造更加鲜活、更加生动、更加个性化的活动载体，使我们的思想道德教育有更多适合中小学生的生动途径，真正内化成为他们自身素质的一部分。要通过与中小学生日常学习生活密切相连的文化载体和文化氛围施加更为强烈的影响，努力营造在中小学生中弘扬和培育民族精神的浓厚文化氛围，使民族精神深深扎根于中小学生的内心。

拓展新手段就要更加重视媒体的作用。要充分利用广播、电视、电影、网络等新的媒体形式，尤其要建设一些新的阵地。在社区中要建设起一些适合中小学生经常性活动的加强思想道德建设的阵地，还要充分利用爱国主义教育基地。音乐、图书报刊音像、广播影视、互联网和电脑软件制品等都是可用于向中小学生传播民族精神的载体；图书馆、体育场(馆)、科技馆、影剧院等都可以作为宣传民族精神的阵地。开展“民族精神代代传”活动都要利用好这些载体和阵地。

构建新机制就要进一步推动社会化工作机制和运行机制的形成。团队工作要纳入到整个学校德育工作当中，要与改进和加强德育工作相协调、相一致。要纳入到全党加强思想道德建设的总格局当中，争取更多的政策支持，包括中小学生到各种活动阵地的优惠政策。要纳入全团加强青少年思想道德建设的总格局当中，形成更大的力量，营造更好的氛围。

推动新结合就是推动中小学团队工作与学校德育工作的积极结合，为加强和改进中小学德育工作做出积极的贡献。团队组织要在关注和研究基础教育课程改革、特别是思想品德课程改革和教材建设的基础上，进一步深化雏鹰争章活动，推动中小学团队工作与德育工作的有机衔接。新时期以来，中小学团队组织一直高度关注着教育的改革与发展，努力形成与学校德育相互促进，密切配合的局面。当前正在进行的基础教育课程改革在各级共青团、少先队组织，特别是基层组织中引起了强烈的反响。团队组织要发挥自身优势参与课程改革，促进课程改革，在参与和促进的过程中，推动团队事业的新发展。

同志们，让我们更加紧密地团结在以胡锦涛同志为总书记的党中央周围，高举邓小平理论和“三个代表”重要思想的伟大旗帜，与时俱进，埋头苦干，肩负起党交给我们的神圣使命，弘扬和培育民族精神，教育引导中小学生为实现中华民族伟大复兴做好全面准备。

努力开创少先队思想道德教育工作新局面

（2004年6月22日）

张晓兰

同志们：

今天上午，周强、赵勇同志就全团加强和改进未成年人思想道德建设暨推进青年文化行动作了重要讲话，下面我就少先队组织如何加强和改进未成年人思想道德建设，谈几点具体意见。

一、抓住机遇，乘势而上，努力把少先队工作提升到新的水平

《中共中央国务院关于进一步加强和改进未成年人思想道德建设的若干意见》的颁发和全国加强和改进未成年人思想道德建设工作会议的召开，对于少先队工作在新阶段的新发展，具有十分重要的意义，对于专门从事少年儿童工作的少先队组织和广大少先队工作者来说，既是巨大的鼓舞，又提出了更高的要求。最近一个时期以来，根据党中央的要求和团中央的整体部署，全队上下掀起了学习、宣传、贯彻胡锦涛同志重要讲话和中央8号文件精神的热潮，全队的思想认识进一步统一，工作积极性进一步增强，各级少先队组织都根据各地的实际情况采取了一系列有效措施，为当地少年儿童办了不少实事好事，少先队的各项工作都有了新发展，各项事业都呈现出新气象。同时，全社会关心少年儿童、爱护少年儿童的氛围更加浓厚，各个部门和社会各界都在努力为未成年人的健康成长营造良好的外部环境。总的来说，少先队工作尤其是少先队思想道德教育工作势头很好，环境很好，我们一定要抓住这个有利契机，乘势而上，进一步明确少先队的工作思路，进一步完善少先队的工作机制，进一步为少先队工作创造良好的外部环境，努力把少先队工作提升到新的水平。

二、明确任务，清晰思路，以求真务实的精神把未成年人思想道德建设工作抓实抓好

目前，全社会高度关注未成年人的健康成长，有关部门和社会各界为加强和改进未成年人思想道德建设做了大量工作，少先队作为少年儿童自己的组织，如何发挥其独特作用，值得我们深入研究。一方面，少先队要和社会各界一道，努力净化未成年人的成长环境，积极营造有利于未成年人思想道德建设的社会氛围，为未成年人的健康成长创造好的外因；另一方面，少先队要利用自己的组织优势，尊重少先队员在少先队组织中的主体地位，把握未成年人成长的规律，积极引导他们发挥主体作用，调动他们进行自我教育的主观能动性和积极性，让他们在全社会共同关心的氛围中，学会自己教育自己，内外因相结合，知与行相统一。因此，当前和今后一个时期，少先队思想道德教育工作的主要任务就是要深化道德实践活动，稳步发展服务品牌，不断加强少先队文化建设。

1. 要以体验教育为基本途径，深化少先队道德实践活动。少先队开展了很多内容鲜活、形式新颖、吸引力强的道德实践活动，比如手拉手、民族精神代代传、雏鹰争章等等。这些活动经过多年的实践，充满了儿童情趣，富有时代内涵，操作性强，效果明显。对于这些经过实践检验、已形成品牌的活动，我们要大力宣传，不断深化，做大做实做响。各级少先队组织要引导少先队员全面参与到这些品牌活动中，帮助他们在活动中受教育、长才干、有进步。同时，我们也鼓励各地根据自己的地域文化，创造性地开展工作，创设新的活动品牌，力争做到各有特色，遍地开花。在这里，我特别强调，要以体验教育为基本途径开展少先队道德实践活动。作为少先队教育思想的延续和发展，体验教育体现了共青团、少先队实践育人的光荣传统和基本经验，强调发挥未成年人在教育过程中的主体作用，引导他们在亲身实践中明白做人做事的基本道理，养成良好的行为习惯，增强了思想道德教育的针对性、主动性和实效性。近年来，各级少先队组织按照体验教育的思路开展工作，推动了少先队工作的全面活跃，提升了少先队工作的整体水平。同时，体验教育思想也得到了社会各界的广泛认同，取得了良好的社会效应，中央8号文件把体验教育作为道德实践活动的基本途径给予了肯定。在我们今后的工作中，全队上下要继续大力宣传体验教育思想，以体验教育为基本途径开展少先队道德实践活动，注重在发挥少年儿童主体性上下工夫，在组织少年儿童亲身参与上下功夫，在引导少年儿童自我总结实践中的体会上下功夫，使他们在亲身实践和再认识的过程中达到知行统一，提高思想道德素质。

手拉手活动要在城市与农村、东部与西部、身体健康与身体残疾、不同民族之间少年儿童手拉手的基础上，继续重点做好城市少年儿童与进城务工就业农民子女手拉手。要在巩固前一阶段活动成果的前提下，加强机制建设，不断扩大活动的覆盖面，推动活动的经常化、制度化。要积极争取教育行政部门的支持，尽快出台加强民办学校和进城务工就业农民子女学校少先队工作的有关政策。要把发挥社会力量为进城务工就业农民子女学校捐建队室，捐献图书、电脑、教学设备，进行辅导员免费培训等作为活动的一个重要方面，帮助进城务工就业农民子女解决实际困难。长期以来，手拉手活动一直是少先队组织开展未成年人思想道德教育的重要载体，是亿万少年儿童参与社会主义精神文明建设的生动实践。我们要坚定不移地推动这项活动的深化，努力做到有少先队员的地方就有手拉手活动，每一个少先队员都有一个手拉手小伙伴。

民族精神代代传活动要在引导少年儿童传唱民族精神歌曲的基础上全面推进。全国少工委要进一步做好原创优秀少儿歌曲推广活动，同时创作一批优秀少儿歌曲。各地少先队组织要通过形式多样的体验活动，把民族精神的深刻主题和丰富内容同少年儿童的日常学习生活紧密联系起来，让他们进一步了解和感受中华民族的爱国主义传统，了解和感受“中国了不起、中国人了不起、做个了不起的中国人”的深刻含义。井冈山、延安、大庆、泉州等民族精神代代传活动示范地区要结合本地实际，积极引导少年儿童开展“三个了不起”教育活动。要继续认真开展“爱国百分百寻宝大行动”等各具特色的活动。今年9月是中宣部、教育部确定的第一个“弘扬民族精神宣传月”。民族精神代代传活动要在9月形成高潮，成为“弘扬民族精神宣传月”的一个亮点。

要继续推动雏鹰争章与基础教育新课程改革的有机结合。要在关注和研究基础教育课程改革的基础上，进一步完善雏鹰奖章体系，深化雏鹰争章活动。要结合少年儿童的生活实践、学习实践和自身成长需要，以体验教育为基本途径，以大、中队为基本单位，以定章、争章和颁章为基本环节，开展丰富多彩的雏鹰争章活动，发挥雏鹰争章的激励作用，促进少年儿童综合素质的提高，实现少先队教育与新课程的有机衔接。

2.要牢固树立服务意识，积极稳妥地发展服务品牌。

竭诚服务少年儿童的健康成长，是少先队一切工作的出发点和落脚点。加强少年儿童思想道德建设，少先队要牢固地树立服务意识，全面深入地了解少年儿童的状况，根据他们学习、生活、健康、权益等各方面的需求，创设和完善一些优秀的服务品牌，千方百计地为他们办实事、解难事，为他们提供实实在在的服务。经过各级少先队组织的共同努力，我们已经探索出了一些好的服务品牌，这些项目有的能够满足少年儿童某些方面的成长需求，比如少年军校、中华少年小甲A、雏鹰热线、中影校园电影院线等等，有的能够为少年儿童创造良好的成长氛围，比如少年儿童平安行动、知心家庭学校、更新家庭教育报告团等等，这些都值得我们去做，也一定会受到广大少年儿童和他们的家长老师的欢迎。各地还可立足本地实际，创设一些好的地方服务项目，基本方针是积极稳妥，基本方法是社会化运作机制。要认真选好切入点，选准项目，然后联合热心少年儿童事业、有实力的社会力量共同办好这些项目，要办一件，成一件，宁缺勿滥。一件一件地积累，一件一件地落实，集腋成裘，聚沙成塔，我们才能真正地把服务少年儿童的成长需求落到行动上，把思想道德教育工作做到少先队员的心坎上。

3.要积极探索少先队文化建设，引导少先队员在健康向上的文化氛围中成长。

文化的力量深深熔铸在民族的生命力、创造力和凝聚力之中。文化对人的影响是深刻长远的，从一定意义上说甚至是根本的。少先队加强未成年人思想道德建设，除了要开展好道德实践活动和办好服务项目外，还要在少先队文化建设的层面上进行深入探索，认真思考如何把少年儿童的成长需求通过少先队的理念和主张反映出来，如何把党的要求、经济社会发展需求通过少先队的文化传递给少年儿童，使少先队组织的教育引导作用在少年儿童的成长过程中产生更大的影响，留下更深的烙印，从而整体上提升少先队工作，推动少先队事业的新发展。

探索少先队文化建设，首先要明确什么是少先队文化，少先队文化的特点是什么。我认为，少先队文化是先进文化的组成部分，它具有自己鲜明的特点，这种特点是由少先队的性质所决定的。抽象来说，它是一种在少先队的长期实践中积淀形成，植根于少年儿童群体，面向未来，具有鲜明的政治性、教育性、导向性和实践性，并以一切可以利用的资源特别是社会资源为载体的独特文化。具体来说，少先队文化体现了少先队的各种价值理念，反映了少先队的各项主张，存在于少先队员和少先队工作者的一言一行中。比如，少先队的根本任务是按照党所指引的方向，在共青团的带领下，培养社会主义事业的合格建设者和接班人；少先队的宗旨是竭诚服务少年儿童的健康成长，一切为了孩子，为了一切孩子，为了孩子的一切；

少先队的工作目标是坚持把思想道德教育放在首位，努力提高少年儿童的综合素质；少先队开展道德实践活动的基本途径是体验教育，基本载体是手拉手和雏鹰争章；少先队开展活动的基本形式是组织少年儿童在少先队集体中互相学习，共同进步，使他们真正成为少先队的主人等等。这些都是少先队文化的重要内容，体现了少先队的理念和主张。

加强少先队文化建设，用少先队文化来提升少先队整体工作，有三个方面值得大力探索。一是要用看得见、摸得着的载体来体现少先队文化。文化的表达方式太重要了，正如今天上午赵勇同志讲的“文化的魅力往往体现在好的表达方式上”。今天是端午节，为什么几千年来端午节能够流传至今，颇有影响，很大程度上因为吃粽子、划龙舟已成为端午节这个文化节日的重要载体，人们很容易记住，也很容易表达。春节放鞭炮，中秋节吃月饼，圣诞节中的圣诞老人给孩子们送礼物都是同一个道理。因此，加强少先队文化建设，必须高度重视和进一步挖掘少先队特有的标志、礼仪及物化的形式对少先队员的教育引导作用。要发挥好队旗、队徽、队礼等少先队标志和礼仪的文化教育功能，重视队室、红领巾广播站、电视台、网站等文化阵地的建设，使少先队员一站在星星火炬的队旗下，就能感到人生追求的开始；一戴上红领巾，就能感到自己与无数先烈为之奋斗的事业有了联系；一行起队礼，就能感到人民的利益高于一切；一喊起呼号，就能感到自己正在为实现一个美好的理想做全面的准备；一听到鼓乐声，崇高神圣的情感就油然而生。

二是要把少先队组织肯定什么，否定什么，提倡什么，反对什么以规章的形式固定下来。少先队的队章、组织生活原则、评优原则等制度建设就是少先队文化的一种重要表达方式。通过制度化，我们可以把少先队的理念和主张更加清晰地传达给少先队员和少先队工作者，使他们更容易接受这些理念和主张。比如，我们每年评选“十佳少先队员”、“十佳辅导员”、“十佳志愿辅导员”和少先队“红旗大队”、“优秀中队”、“特色小队”等先进典型，就很好地体现了少先队组织的价值理念和主张，也激励了一代又一代少先队员和广大少先队员工作者见贤思齐，在潜移默化中受到少先队文化的影响。

三是要在少先队员和少先队工作者中营造少先队文化的磁场，使他们时时刻刻都能感受到这种文化力量的存在。这就要求广大少先队辅导员、少先队工作者的一言一行都体现少先队的价值理念和主张，为少先队员营造良好的少先队文化氛围。比如，我们要大力倡导人人平等，营造充满尊重、平等、和谐的氛围；倡导人人都是主人，营造对自己负责、对他人负责、对集体负责的氛围；倡导人人都探求的文化，营造争做“小问号”、“小发现”、“小能手”的氛围；倡导人人都创造的文化，营造充满童趣和幻想的氛围；倡导人人都追求美好的文化，营造热爱美、欣赏美、发现美、追求美、创造美的氛围。同时，这也要求我们的文化事业和文化产业，比如队报队刊、青少年宫、体验教育基地等，在为少年儿童提供精神食粮和活动场所的同时，要有意识地宣扬少先队的理念和主张，扩大少先队文化磁场的影响力。

总之，我们要大力加强少先队文化建设，形成少先队明确的理念和主张，并用这些理念和主张影响广大少先队员和少先队工作者，使他们形成心照不宣的精神默契，共同推进少先队事业的蓬勃发展，促进广大少年儿童的健康成长。

三、坚持全团带队，加强自身建设，为少先队各项工作提供机制保障

自少先队成立之日起，党就把直接领导少先队的光荣任务赋予了共青团。55年来，全团带队始终是共青团工作的重要组成部分。各级共青团组织特别是团的主要领导同志要充分认识少先队工作在共青团事业中的基础地位，继续发扬全团带队的光荣传统，将少先队工作纳入到全团总体工作布局，进一步健全少先队工作机构，巩固少先队基层组织，加强少先队工作队伍，支持少先队开展富有特色的活动，优化少先队工作的外部环境，真正做到从思想上、组织上、工作上、队伍上带好少先队。要大力加强少先队的基层组织建设，按照“组织起来，活跃起来”的要求，激发基层少先队组织的活力，增强基层组织的吸引力和凝聚力，尤其要重视和加强农村少先队工作，逐步建立和健全社区少先队组织体系。要大力加强少先队工作者队伍建设，尤其要关心少先队辅导员的工作、学习、生活和成长，以提高辅导员素质为重点，以系统培训为基本途径，建设好一支适应时代要求、适应教育改革与发展需要、胜任少先队工作的辅导员队伍。同时，要逐步建立和完善校外辅导员制度，把校外志愿辅导员纳入中国青年志愿者的整体管理体系。要采取切实措施，发挥好“五老”辅导员的作用。

同志们，加强和改进未成年人思想道德建设是一项长期的艰巨的任务。让我们以邓小平理论和“三个代表”重要思想为指导，在以胡锦涛同志为总书记的党中央的坚强领导下，抓住难得机遇，发挥自身优势，不辱使命，不负重托，扎实工作，奋发有为，切实把未成年人思想道德建设工作落到实处，为不断提高未成年人的思想道德水平作出积极的贡献。

中共中央 国务院有关文件

中共中央国务院关于进一步加强和改进未成年人思想道德建设的若干意见

（2004年2月26日）

为深入贯彻落实党的十六大精神，适应新形势、新任务的要求，全面提高未成年人的思想道德素质，现就进一步加强和改进未成年人思想道德建设，提出如下意见。

一、加强和改进未成年人思想道德建设是一项重大而紧迫的战略任务

（一）未成年人是祖国未来的建设者，是中国特色社会主义事业的接班人。目前，我国18岁以下的未成年人约有3.67亿。他们的思想道德状况如何，直接关系到中华民族的整体素质，关系到国家前途和民族命运。高度重视对下一代的教育培养，努力提高未成年人思想道德素质，是我们党的优良传统，是党和国家事业后继有人的重要保证。十三届四中全会以来，以江泽民同志为核心的第三代中央领导集体，坚持“两手抓、两手都要硬”的战略方针，采取一系列重大举措，在全面推进社会主义精神文明建设中，切实加强未成年人思想道德建设。十六大以来，以胡锦涛同志为总书记的党中央，从全面建设小康社会的战略高度，对新世纪新阶段进一步加强和改进未成年人思想道德建设提出了明确要求，作出了新的重要部署。各地区各部门认真贯彻中央要求，坚持以邓小平理论和“三个代表”重要思想指导未成年人思想道德建设，深入进行爱国主义、集体主义、社会主义和中华民族精神教育，大力加强公民道德教育，切实改进学校德育工作，广泛开展精神文明创建活动和形式多样的社会实践、道德实践活动，积极营造有利于未成年人健康成长的良好舆论氛围和社会环境，广大未成年人的综合素质不断提高。热爱祖国、积极向上、团结友爱、文明礼貌是当代中国未成年人精神世界的主流。

（二）面对国际国内形势的深刻变化，未成年人思想道德建设既面临新的机遇，也面临严峻挑战。我国对外开放的进一步扩大，为广大未成年人了解世界、增长知识、开阔视野提供了更加有利的条件。与此同时，国际敌对势力与我争夺接班人的斗争也日趋尖锐和复杂，他们利用各种途径加紧对我未成年人进行思想文化渗透，某些腐朽没落的生活方式对未成年人的影响不能低估。我国社会主义市场经济的深入发展，社会经济成分、组织形式、就业方式、利益关系和分配方式的日益多样化，为未成年人的全面发展创造了更加广阔的空间，与社会进步相适应的新思想新观念正在丰富着未成年人的精神世界。与此同时，一些领域道德失范，诚信缺失、假冒伪劣、欺骗欺诈活动有所蔓延；一些地方封建迷信、邪教和黄赌毒等社会丑恶现象沉渣泛起，成为社会公害；一些成年人价值观发生扭曲，拜金主义、享乐主义、极端个人主义滋长，以权谋私等消极腐败现象屡禁不止等等，也给未成年人的成长带来不可忽视的负面影响。互联网等新兴媒体的快速发展，给未成年人学习和娱乐开辟了新的渠道。与此同时，腐朽落后文化和有害信息也通过网络传播，腐蚀未成年人的心灵。在各种消极因素影响下，少数未成年人精神空虚、行为失范，有的甚至走上违法犯罪的歧途。这些新情况新问题的出现，使未成年人思想道德建设面临一系列新课题。

（三）面对新的形势和任务，未成年人思想道德建设工作还存在许多不适应的地方和亟待加强的薄弱环节。一些地方和部门的领导对这项工作认识不足，重视不够，没有真正担负起领导责任；全社会关心和支持未成年人思想道德建设的风气尚未全面形成，还存在种种不利于未成年人健康成长的社会环境和消极因素；学校教育中重智育轻德育、重课堂教学轻社会实践的现象依然存在，推进素质教育的任务艰巨，教师职业道德建设有待进一步加强；随着人员流动性加大，一些家庭放松了对子女的教育，一些家长在教育子女尤其是独生子女的观念和方法上存在误区，给未成年人教育带来新的问题；未成年人思想道德建设在体制机制、思想观念、内容形式、方法手段、队伍建设、经费投入、政策措施等方面还有许多与时代要求不相适应的地方。这些问题应当引起足够重视，并采取有效措施加以解决。

（四）实现中华民族的伟大复兴，需要一代又一代人的不懈努力。从未成年人抓起，培养和造就千千万万具有高尚思想品质和良好道德修养的合格建设者和接班人，既是一项长远的战略任务，又是一项紧迫的现实任务。我们要从确保党的事业后继有人和社会主义事业兴旺发达的战略高度，从全面建设小康社会和实现中华民族伟大复兴的全局高度，从树立和落实科学发展观，坚持以人为本，执政为民的高度，充分认识加强和改进未成年人思想道德建设的重要性和紧迫性，适应新形势新任务的要求，积极应对挑战，加强薄弱环节，在巩固已有成果的基础上，采取扎实措施，努力开创未成年人思想道德建设工作的新局面。

二、加强和改进未成年人思想道德建设的指导思想、基本原则和主要任务

（五）当前和今后一个时期，加强和改进未成年人思想道德建设的指导思想是：坚持以马克思列宁主义、毛泽东思想、邓小平理论和“三个代表”重要思想为指导，深入贯彻十六大精神，全面落实《爱国主义教育实施纲要》、《公民道德建设实施纲要》，紧密结合全面建设小康社会的实际，针对未成年人身心成长的特点，积极探索新世纪新阶段未成年人思想道德建设的规律，坚持以人为本，教育和引导未成年人树立中国特色社会主义的理想信念和正确的世界观、人生观、价值观，养成高尚的思想品质和良好的道德情操，努力培育有理想、有道德、有文化、有纪律的，德、智、体、美全面发展的中国特色社会主义事业建设者和接班人。

（六）加强和改进未成年人思想道德建设要遵循以下原则：（1）坚持与培育“四有”新人的目标相一致、与社会主义市场经济相适应、与社会主义法律规范相协调、与中华民族传统美德相承接的原则。既要体现优良传统，又要反映时代特点，始终保持生机与活力。（2）坚持贴近实际、贴近生活、贴近未成年人的原则。既要遵循思想道德建设的普遍规律，又要适应未成年人身心成长的特点和接受能力，从他们的思想实际和生活实际出发，深入浅出，寓教于乐，循序渐进。多用鲜活通俗的语言，多用生动典型的事例，多用喜闻乐见的形式，多用疏导的方法、参与的方法、讨论的方法，进一步增强工作的针对性和实效性，增强吸引力和感染力。（3）坚持知与行相统一的原则。既要重视课堂教育，更要注重实践教育、体验教育、养成教育，注重自觉实践、自主参与，引导未成年人在学习道德知识的同时，自觉遵循道德规范。（4）坚持教育与管理相结合的原则。不断完善思想道德教育与社会管理、自律与他律相互补充和促进的运行机制，综合运用教育、法律、行政、舆论等手段，更有效地引导未成年人的思想，规范他们的行为。

（七）未成年人思想道德建设的主要任务是：（1）从增强爱国情感做起，弘扬和培育以爱国主义为核心的伟大民族精神。深入进行中华民族优良传统教育和中国革命传统教育、中国历史特别是近现代史教育，引导广大未成年人认识中华民族的历史和传统，了解近代以来中华民族的深重灾难和中国人民进行的英勇斗争，从小树立民族自尊心、自信心和自豪感。（2）从确立远大志向做起，树立和培育正确的理想信念。进行中国革命、建设和改革开放的历史教育与国情教育，引导广大未成年人正确认识社会发展规律，正确认识国家的前途和命运，把个人的成长进步同中国特色社会主义伟大事业、同祖国的繁荣富强紧密联系在一起，为担负起建设祖国、振兴中华的光荣使命做好准备。（3）从规范行为习惯做起，培养良好道德品质和文明行为。大力普及“爱国守法、明礼诚信、团结友善、勤俭自强、敬业奉献”的基本道德规范，积极倡导集体主义精神和社会主义人道主义精神，引导广大未成年人牢固树立心中有祖国、心中有集体、心中有他人的意识，懂得为人做事的基本道理，具备文明生活的基本素养，学会处理人与人、人与社会、人与自然等基本关系。（4）从提高基本素质做起，促进未成年人的全面发展。努力培育未成年人的劳动意识、创造意识、效率意识、环境意识和进取精神、科学精神以及民主法制观念，增强他们的动手能力、自主能力和自我保护能力，引导未成年人保持蓬勃朝气、旺盛活力和昂扬向上的精神状态，激励他们勤奋学习、大胆实践、勇于创造，使他们的思想道德素质、科学文化素质和健康素质得到全面提高。

三、扎实推进中小学思想道德教育

（八）学校是对未成年人进行思想道德教育的主渠道，必须按照党的教育方针，把德育工作摆在素质教育的首要位置，贯穿于教育教学的各个环节。要把弘扬和培育民族精神作为思想道德建设极为重要的任务，纳入中小学教育的全过程。

加快中小学思想品德、思想政治课的改进和建设，充分利用和整合各种德育资源，深入研究中小学生思想品德形成的规律和特点，把爱国主义教育、革命传统教育、中华传统美德教育和民主法制教育有机统一于教材之中，并保证占有适当分量，努力构建适应21世纪发展需要的中小学德育课程体系。积极改进中小学思想品德、思想政治课教学方法和形式，采用未成年人喜闻乐见、生动活泼的方式进行教学，把传授知识同陶冶情操、养成良好的行为习惯结合起来。要积极探索实践教学和学生参加社会实践、社区服务的有效机制，建立科学的学生思想道德行为综合考评制度。要因地制宜，积极开展各种富有趣味性的课外文化体育活动、怡情益智的课外兴趣小组活动和力所能及的公益性劳动，培养劳动观念和创新意识，丰富课外生活。要加强心理健康教育，培养学生良好的心理品质。要把思想品德教育与法制教育紧密结合起来，使二者有机统一，相辅相成。要在中小学生中广泛开展“珍惜生命、远离毒品”教育和崇尚科学文明、反对迷信邪教教育，坚决防止毒品、邪教进校园。要加强工读学校建设，对有不良行为的未成年人进行矫治和帮助。要采取坚决措施，改革课程设置、教材和教学方法，切实减轻中小学生的课业负担，为加强学生思想道德建设，增强创新精神和实践能力，培育德、智、体、美全面发展的社会主义事业接班人创造良好条件。

（九）要依据不同年龄段学生的特点，抓紧修订和完善中小学生《守则》和日常行为规范。对小学生重点是规范其基本言行，培养良好习惯。对中学生重点是加强爱祖国、爱人民、爱劳动、爱科学、爱社会主义教育，引导他们树立正确的理想信念和世界观、人生观、价值观。制定和推行行为规范，要以促进学生全面发展为出发点和落脚点，反映时代和社会进步的要求，体现对学生的尊重与信任，引导学生自觉遵纪守法。

（十）切实加强教师职业道德建设。学校全体教职员工要树立育人为本的思想，认真贯彻《中华人民共和国教育法》、《中华人民共和国教师法》和《中小学教师职业道德规范》，热爱学生，言传身教，为人师表，教书育人，以高尚的情操引导学生德、智、体、美全面发展。教育行政部门和学校要制定和完善有关规章制度，调动全体教师的工作积极性与责任感，充分发挥广大教师在全面推进素质教育进程中的主力军作用。要完善学校的班主任制度，高度重视班主任工作，选派思想素质好、业务水平高、奉献精神强的优秀教师担任班主任。学校各项管理工作、服务工作也要明确育人职责，做到管理育人、服务育人。

四、充分发挥共青团和少先队在未成年人思想道德建设中的重要作用

（十一）加强中学团组织建设，把中学共青团工作纳入学校素质教育的总体布局，推荐优秀青年教师做团的工作。要办好中学生业余团校，配合学校党组织办好高中生业余党校，在确保质量、坚持标准的前提下，做好在高中生中择优培养发展党员的工作。加强对中学学生会工作的指导，更好地发挥他们的作用。

（十二）把少先队工作纳入教育发展规划，把对少先队工作的指导、检查、考核纳入教育行政部门的督导、评估范畴。各级共青团组织和教育行政部门的有关负责同志要参与同级少先队工作委员会工作。中小学校党组织和行政部门要积极支持少先队开展活动，并选派优秀青年教师担任少先队辅导员，把少先队辅导员培训纳入师资培训体系。要建立和完善校外辅导员制度，选聘热心少先队工作、有责任心、有能力、有经验的人士担任校外志愿辅导员。少先队小干部要实行民主选举，定期轮流任职。共青团组织和教育、民政等部门要密切协作，积极推进社区少工委建设，扩大少先队工作的覆盖面。

五、重视和发展家庭教育

（十三）家庭教育在未成年人思想道德建设中具有特殊重要的作用。要把家庭教育与社会教育、学校教育紧密结合起来。各级妇联组织、教育行政部门和中小学校要切实担负起指导和推进家庭教育的责任。要与社区密切合作，办好家长学校、家庭教育指导中心，并积极运用新闻媒体和互联网，面向社会广泛开展家庭教育宣传，普及家庭教育知识，推广家庭教育的成功经验，帮助和引导家长树立正确的家庭教育观念，掌握科学的家庭教育方法，提高科学教育子女的能力。充分发挥各类家庭教育学术团体的作用，针对家庭教育中存在的突出问题，积极开展科学研究，为指导家庭教育工作提供理论支持和决策依据。

（十四）党政机关、企事业单位和社区、村镇等城乡基层单位，要关心职工、居民的家庭教育问题，教育引导职工、居民重视对子女特别是学龄前儿童的思想启蒙和道德品质培养，支持子女参与道德实践活动。注意加强对成年人的思想道德教育，引导家长以良好的思想道德修养为子女作表率。要把家庭教育的情况作为评选文明职工、文明家庭的重要内容。特别要关心单亲家庭、困难家庭、流动人口家庭的未成年子女教育，为他们提供指导和帮助。要高度重视流动人口家庭子女的义务教育问题。进城务工就业农民流入地政府要建立和完善保障进城务工就业农民子女接受义务教育的工作制度和机制。流出地政府要积极配合做好各项服务工作。民政部门及其所属的儿童福利机构和流浪儿童救助保护机构，要按照《中华人民共和国未成年人保护法》等有关法律法规的要求，做好孤残儿童合法权益的保护工作和流浪儿童的救助保护工作。

六、广泛深入开展未成年人道德实践活动

（十五）思想道德建设是教育与实践相结合的过程。要按照实践育人的要求，以体验教育为基本途径，区分不同层次未成年人的特点，精心设计和组织开展内容鲜活、形式新颖、吸引力强的道德实践活动。各种道德实践活动都要突出思想内涵，强化道德要求，并与丰富多彩的兴趣活动和文体活动结合起来，注意寓教于乐，满足兴趣爱好，使未成年人在自觉参与中思想感情得到熏陶，精神生活得到充实，道德境界得到升华。面向中小学生开展的活动，要经教育行政部门或学校党团队组织统一协调和部署，把学生安全和社会效益放在首位。要采取多种手段，支持中西部地区和农村开展未成年人道德实践活动。

（十六）各种法定节日，传统节日，革命领袖、民族英雄、杰出名人等历史人物的诞辰和逝世纪念日，建党纪念日、红军长征、辛亥革命等重大历史事件纪念日，“九一八”、“南京大屠杀”纪念日，以及未成年人的入学、入队、入团、成人宣誓等有特殊意义的重要日子，都蕴藏着宝贵的思想道德教育资源。要抓住时机，整合资源，集中开展思想道德主题宣传教育活动。要组织丰富多彩的主题班会、队会、团会，举行各种庆祝、纪念活动和必要的仪式，引导未成年人弘扬民族精神，增进爱国情感，提高道德素养。每年的“公民道德宣传日”向社会公众开展道德教育的同时，要注意组织好面向未成年人的宣传教育活动。要丰富未成年人节假日参观、旅游活动的思想道德内涵，精心组织夏令营、冬令营、革命圣地游、红色旅游、绿色旅游以及各种参观、瞻仰和考察等活动，把深刻的教育内容融入到生动有趣的课外活动之中，用祖国大好风光、民族悠久历史、优良革命传统和现代化建设成就教育未成年人。要运用各种方式向广大未成年人宣传介绍古今中外的杰出人物、道德楷模和先进典型，激励他们崇尚先进、学习先进。通过评选三好学生、优秀团员和少先队员、先进集体等活动，为未成年人树立可亲、可信、可敬、可学的榜样，让他们从榜样的感人事迹和优秀品质中受到鼓舞、汲取力量。

七、加强以爱国主义教育基地为重点的未成年人活动场所建设、使用和管理

（十七）充分发挥爱国主义教育基地对未成年人的教育作用。各类博物馆、纪念馆、展览馆、烈士陵园等爱国主义教育基地，要创造条件对全社会开放，对中小学生集体参观一律实行免票，对学生个人参观可实行半票。要采取聘请专业人才、招募志愿者等方式建立专兼职结合的辅导员队伍，为未成年人开展参观活动服务。

（十八）要加强青少年宫、儿童活动中心等未成年人专门活动场所建设和管理。已有的未成年人专门活动场所，要坚持把社会效益放在首位，坚持面向未成年人、服务未成年人的宗旨，积极开展教育、科技、文化、艺术、体育等未成年人喜闻乐见的活动，把思想道德建设内容融于其中，充分发挥对未成年人的教育引导功能。要深化内部改革，增强自身发展活力，不断提高社会服务水平。同时，各级政府要把未成年人活动场所建设纳入当地国民经济和社会事业发展总体规划。大城市要逐步建立布局合理、规模适当、功能配套的市、区、社区未成年人活动场所。中小城市要因地制宜重点建好市级未成年人活动场所。有条件的城市要辟建少年儿童主题公园。经过3至5年的努力，要做到每个县都有一所综合性、多功能的未成年人活动场所。各地在城市建设、旧城改造、住宅新区建设中，要配套建设可向未成年人开放的基层活动场所，特别是社区活动场所。有关部门要对已建的未成年人活动场所进行认真清理整顿，名不符实的要限期改正，被挤占、挪用、租借的要限期退还。图书馆、文化馆（站）、体育场（馆）、科技馆、影剧院等场所，也要发挥教育阵地的作用，积极主动地为未成年人开展活动创造条件。

（十九）属于公益性文化事业的未成年人校外活动场所建设和运行所需资金，地方各级人民政府要予以保证，中央可酌情对全国重点爱国主义教育基地以及中西部地区和贫困地区的未成年人活动设施建设，予以一定补助。要在国家彩票公益金中安排一定数额资金，用于未成年人活动场所建设。国家有关部门和地方各级人民政府要制定优惠政策，吸纳社会资金，鼓励、支持社会力量兴办未成年人活动场所。

八、积极营造有利于未成年人思想道德建设的社

会氛围

（二十）各类大众传媒都要增强社会责任感，把推动未成年人思想道德教育作为义不容辞的职责，为加强和改进未成年人思想道德建设创造良好舆论氛围。要发挥各自优势，积极制作、刊播有利于未成年人身心健康的公益广告，增加数量，提高质量，扩大影响。各级电台、电视台都要开设和办好少儿专栏或专题节目。中央电视台要进一步办好少儿频道，各地要切实抓好中央电视台少儿频道的落地、覆盖工作。省（区、市）和副省级城市电视台要创造条件逐步开设少儿频道。少儿节目要符合少年儿童的欣赏情趣，适应不同年龄层次少年儿童的欣赏需求，做到知识性、娱乐性、趣味性、教育性相统一。各类报刊要热心关注未成年人思想道德建设，加强宣传报道。面向未成年人的报纸、刊物和其他少儿读物，要把向未成年人提供更好的精神食粮作为自己的神圣职责，努力成为未成年人开阔眼界、提高素质的良师益友和陶冶情操、愉悦身心的精神园地。

加强少年儿童影视片的创作生产，积极扶持国产动画片的创作、拍摄、制作和播出，逐步形成具有民族特色、适合未成年人特点、展示中华民族优良传统的动画片系列。积极探索与社会主义市场经济发展相适应的少年儿童电影发行、放映工作新路子，形成少年儿童电影的发行放映院线。

（二十一）各类互联网站都要充分认识所肩负的社会责任，积极传播先进文化，倡导文明健康的网络风气。重点新闻网站和主要教育网站要发挥主力军作用，开设未成年人思想道德教育的网页、专栏，组织开展各种形式的网上思想道德教育活动。在有条件的校园和社区内，要有组织地建设一批非营业性的互联网上网服务场所，为未成年人提供健康有益的绿色网上空间。信息产业等有关部门要制定相关政策，积极推进这项工作。学校要加强对校园网站的管理，规范上网内容，充分发挥其思想道德教育的功能。要遵循网络特点和网上信息传播规律，充分考虑未成年人的兴趣爱好，加强网上正面宣传，唱响主旋律，打好主动仗，为广大未成年人创造良好的网络文化氛围。

（二十二）要充分考虑未成年人成长进步的需求，精心策划选题，创作、编辑、出版并积极推荐一批知识性、趣味性、科学性强的图书、报刊、音像制品和电子出版物等未成年人读物和视听产品。有关部门要继续做好面向未成年人的优秀影片、歌曲和图书的展演、展播、推介工作，使他们在学习娱乐中受到先进思想文化的熏陶。要积极鼓励、引导、扶持软件开发企业，开发和推广弘扬民族精神、反映时代特点、有益于未成年人健康成长的游戏软件产品。要积极推进全国文化信息资源共享工程建设，让健康的文化信息资源通过网络进入校园、社区、乡村、家庭，丰富广大未成年人的精神文化生活。

（二十三）要积极推动少儿文化艺术繁荣健康发展。加强少儿文艺创作、表演队伍建设，注重培养少儿文艺骨干力量。鼓励作家、艺术家肩负起培养和教育下一代的历史责任，多创作思想内容健康、富有艺术感染力的少儿作品。加大政府对少儿艺术演出的政策扶持力度，增强少儿艺术表演团体发展活力。文化、教育、共青团、妇联、文联、作协等有关职能部门和人民团体要认真履行各自的职责，党委宣传部门要加强指导协调，大力繁荣和发展少儿文化艺术。

九、净化未成年人的成长环境

（二十四）坚持不懈地开展“扫黄”“打非”斗争，加强文化市场监管，坚决查处传播淫秽、色情、凶杀、暴力、封建迷信和伪科学的出版物。严格审查面向未成年人的游戏软件内容，查处含有诱发未成年人违法犯罪行为和恐怖、残忍等有害内容的游戏软件产品。制定相关法规，加强对玩具、饰品制作销售的监管，坚决查处宣扬色情和暴力的玩具、饰品。严格未成年人精神文化产品的进口标准，严把进口关，既要有选择地把世界各国的优秀文化产品介绍进来，又要防止境外有害文化的侵入。

（二十五）加强对互联网上网服务营业场所和电子游戏经营场所的管理。严格执行《互联网上网服务营业场所管理条例》，要按照取缔非法、控制总量、加强监管、完善自律、创新体制的要求，切实加强对网吧的整治和管理。认真落实未成年人不得进入营业性网吧的规定，落实在网吧终端设备上安装封堵色情等不健康内容的过滤软件，有效打击违法行为。推广绿色上网软件，为家长监管未成年人在家庭中的上网行为提供有效技术手段。各有关部门要依法治理利用电子邮件、手机短信等远程通信工具和群发通信传播有害信息、危害未成年人身心健康的违法行为。

加强对营业性歌舞娱乐场所、电子游艺厅、录像厅等社会文化场所的管理。认真落实《互联网上网服务营业场所管理条例》和国务院办公厅转发文化部等部门《关于开展电子游戏经营场所专项治理意见的通知》、《关于开展网吧等互联网上网服务营业场所专项整治意见的通知》规定，进一步优化校园周边环境，中小学校园周边200米内不得有互联网上网服务营业场所和电子游戏经营场所，不得在可能干扰学校教学秩序的地方设立经营性娱乐场所。

十、切实加强对未成年人思想道德建设工作的领导

（二十六）各级党委和政府要把加强和改进未成年人思想道德建设作为一项事关全局的战略任务，纳入经济社会发展总体规划，列入重要议事日程，切实加强和改善领导。要形成党委统一领导、党政群齐抓共管、文明委组织协调、有关部门各负其责、全社会积极参与的领导体制和工作机制。地方各级党委主要负责同志要负起政治责任，经常分析未成年人思想道德状况，及时了解未成年人思想道德建设工作情况，认真研究解决重大问题。各级政府要把未成年人思想道德建设摆在重要位置，狠抓措施的落实；要给予必要的财力支持，并随着财政收入的增长逐步加大支持力度。

（二十七）中央精神文明建设指导委员会负责指导全国未成年人思想道德建设工作，督促检查各地区各部门贯彻落实中央关于加强和改进未成年人思想道德建设工作部署的情况，组织协调各有关部门和社会各方面共同做好未成年人思想道德建设工作。各地文明委要在同级党委领导下，担负起相应责任。要采取切实措施，充实和加强各级文明委的办事机构，搞好思想建设、组织建设和作风建设，使其更好地履行职能，发挥作用。各级宣传、教育、文化、体育、科技、广播影视、新闻出版、信息产业、民政、公安、海关、财政、税务等部门，共青团和工会、妇联等群团组织，在加强和改进未成年人思想道德建设中担负着重要责任，要结合业务工作，发挥各自优势，明确职责，密切配合，形成合力。要加强对未成年人成长规律的科学研究，为做好未成年人思想道德建设工作提供科学依据。要充分发挥民主党派、工商联和无党派人士在未成年人思想道德建设中的作用。

（二十八）要建立健全学校、家庭、社会相结合的未成年人思想道德教育体系，使学校教育、家庭教育和社会教育相互配合，相互促进。城市社区、农村乡镇和村民委员会，以及其他一切基层组织要切实担负起加强未成年人思想道德建设的社会责任，整合利用各种教育资源和活动场所，开展富有吸引力的思想教育和文体活动，真正把教育引导未成年人的工作落实到基层。要把为未成年人健康成长创造良好社会环境作为创建文明城市、文明社区、文明村镇、文明单位的重要内容。各级党委、政府和社会各界都要认真贯彻《中华人民共和国未成年人保护法》，切实维护未成年人的合法权益。要着力建设好中小学及幼儿园教师队伍，各类文化市场管理队伍，青少年宫、博物馆、爱国主义教育基地等各类文化教育设施辅导员队伍，老干部、老战士、老专家、老教师、老模范等“五老”队伍，形成一支专兼结合、素质较高、人数众多、覆盖面广的未成年人思想道德建设工作队伍。要重视关心下一代工作委员会的工作，支持他们为加强和改进未成年人思想道德建设贡献力量。

加强和改进未成年人思想道德建设，是全党全社会的共同任务。各有关部门和社会各有关方面，都要大力弘扬求真务实精神，大兴求真务实之风，根据各自担负的职责和任务，采取有效措施，狠抓贯彻落实，勇于开拓创新，注重工作实效，切实把加强和改进未成年人思想道德建设的各项工作落到实处。

中央有关部门文件

中共中央宣传部　教育部关于印发《中小学开展弘扬和培育民族精神教育实施纲要》的通知

教基[2004]7号

各省、自治区、直辖市党委宣传部，教育厅（教委），新疆生产建设兵团党委宣传部、教育局：

为落实党的十六大提出的"必须把弘扬和培育民族精神作为文化建设极为重要的任务，纳入国民教育全过程"的要求，根据《中共中央国务院关于进一步加强和改进未成年人思想道德建设的若干意见》精神，中宣部、教育部制定了《中小学开展弘扬和培育民族精神教育实施纲要》（以下简称《实施纲要》），现印发给你们，请遵照执行。

各地要根据《实施纲要》要求，切实加强领导，认真组织制定本地中小学开展弘扬和培育民族精神教育的具体实施办法，并将贯彻落实情况及时报教育部和中宣部。

中共中央宣传部　教育部

二〇〇四年三月三十日

附件　中小学开展弘扬和培育民族精神教育实施纲要

党的十六大报告指出："在五千多年的发展中，中华民族形成了以爱国主义为核心的团结统一、爱好和平、勤劳勇敢、自强不息的伟大民族精神。""必须把弘扬和培育民族精神作为文化建设极为重要的任务，纳入国民教育全过程，纳入精神文明建设全过程，使全体人民始终保持昂扬向上的精神状态。"为深入贯彻党的十六大精神，落实《中共中央国务院关于进一步加强和改进未成年人思想道德建设的若干意见》，大力开展弘扬和培育民族精神教育，结合中小学实际，特制定《中小学开展弘扬和培育民族精神教育实施纲要》。

一、中小学开展弘扬和培育民族精神教育的重要意义

1.青少年是祖国的未来，民族的希望，在亿万中小学生中开展弘扬和培育民族精神教育，是深入贯彻落实"三个代表"重要思想和党的十六大精神，加强青少年思想道德建设，全面实施素质教育，促进人的全面发展的需要，是中华民族精神代代相传、发扬光大的必然要求，是加强社会主义精神文明建设的基础性工程。

2.面对世界范围各种思想文化的相互激荡，西方敌对势力对我实行"西化"、"分化"和争夺下一代的图谋，面对全面建设小康社会的宏伟目标和实现中华民族伟大复兴的历史重任，面对日益开放的环境和发展社会主义市场经济的新要求，在中小学开展弘扬和培育民族精神教育，不断增强广大青少年对民族优秀文化的认同和自信，振奋民族精神，凝聚民族力量，是一项十分紧迫的任务。

二、中小学开展弘扬和培育民族精神教育的指导思想和实施原则

3. 中小学开展弘扬和培育民族精神教育的指导思想是：以马克思列宁主义、毛泽东思想、邓小平理论和“三个代表”重要思想为指导，根据青少年身心发展特点和规律，坚持育人为本，重在实践，教育、引导学生树立中国特色社会主义的共同理想和正确的世界观、人生观、价值观，不断增强民族自尊心、自信心和自豪感，努力培养和造就有理想、有道德、有文化、有纪律的德智体美全面发展的社会主义建设者和接班人。

4. 中小学开展弘扬和培育民族精神教育要遵循以下原则：

——以学生为主体，重在实践的原则。要尊重学生，充分调动学生的积极性、主动性和创造性，引导学生自主学习、自我教育、主动发展。坚持教育与生产劳动和社会实践相结合，通过丰富多彩的社会实践活动，使学生在社会实践活动中体验、感悟、认同民族精神；注重知行统一，鼓励和引导学生在社会生活实际中身体力行，弘扬民族精神。

——突出重点、体现特色的原则。要以爱国主义教育为核心，以中华传统美德和革命传统教育为重点，大力开展中国革命、社会主义建设和改革开放的历史教育与国情教育。从学生的学习生活实际出发，从学生最关心的问题入手，善于挖掘和利用当地体现民族精神的各种资源，用事实说话，用典型说话，用学生熟悉的语言和喜闻乐见的方式开展教育活动，以情动人、以事感人、以理服人。

——学校、家庭、社会相结合的原则。要把开展弘扬和培育民族精神教育作为一项系统工程，充分整合和利用学校、家庭、社会的各种教育资源，协调各方面力量形成合力。要特别重视发挥家庭教育和社区教育对中小学生成长的积极影响，努力营造良好的社会育人环境。

——与时俱进，开拓创新的原则。开展弘扬和培育民族精神教育，既要继承和发扬长期行之有效的好经验和好做法，又要紧跟时代前进的步伐，不断更新观念，在内容、方法、手段和机制等方面积极探索创新，采用新技术，开辟新渠道，占领新阵地。

三、中小学开展弘扬和培育民族精神教育的主要内容

5. 爱国主义是民族精神的核心。中小学开展弘扬和培育民族精神教育必须高扬爱国主义旗帜，倡导一切有利于民族团结、祖国统一、人心凝聚的思想和精神，倡导一切有利于国家富强、社会进步、人民幸福的思想和精神，倡导一切用诚实劳动创造美好生活的思想和精神。引导学生树立以热爱祖国、报效人民为最大光荣，以损害国家和人民利益、民族尊严为最大耻辱的观念。

——爱国主义同社会主义是紧密结合的。了解新中国成立以来，特别是改革开放以来社会主义现代化建设取得的伟大成就和全面建设小康社会的宏伟目标，认识社会主义中国的历史性进步和光明前途。

——中国是统一的多民族国家。了解民族平等、民族团结和各民族共同繁荣是我国处理民族关系的基本原则，捍卫国家主权和领土完整是公民应尽的义务，完成祖国统一大业是中华民族的三大历史任务之一，自觉维护民族团结和国家统一，反对民族分裂，同一切分裂祖国的行为作斗争。

——中国是爱好和平的国家。了解中国独立自主的和平外交政策和外交成就，和平与发展是当今时代的主题，维护世界和平、促进共同发展是各国人民的共同愿望，中国是维护世界和平的一支重要力量，增强爱好和平、反对侵略、反对霸权主义和强权政治的意识。

6. 中华传统美德和革命传统教育是中小学开展弘扬和培育民族精神教育的重点。帮助学生了解中华民族的历史和优良传统，中华民族创造的灿烂文化对人类发展的贡献，影响中国历史发展的重大历史事件和著名历史人物，近代以来中华民族的深重灾难和不畏强暴、英勇抗争的历史，特别是中国共产党领导人民进行英勇斗争，取得胜利的历史。培养学生爱党、爱国、爱社会主义的情感。

——中华民族是一个具有优良传统的民族。了解五千年历史中孕育的优秀传统美德，如公正无私、嫉恶如仇、诚实笃信、不尚空谈、戒奢节俭、防微杜渐、三省吾身、豁达大度、温良恭俭让等修身之道；敬业乐群、公而忘私的奉献精神；天下兴亡、匹夫有责，“苟利国家生死以，岂因祸福避趋之”的爱国情操；“先天下之忧而忧，后天下之乐而乐”的崇高志向；自强不息、艰苦奋斗、勤劳勇敢的昂扬锐气；“富贵不能淫、贫贱不能移、威武不能屈”的浩然正气；厚德载物、达济天下的广阔胸襟；奋不顾身、舍生取义、见义勇为的英雄气概；“以天下为己任”的社会理想；“己所不欲，勿施于人”的社会风尚等。

——中国共产党是民族精神的继承者和创造者。了解中国共产党领导中国人民在建立新中国的奋斗中表现出来的革命和拼命精神，严守纪律和自我牺牲精神，大公无私和先人后己精神，压倒一切敌人、压倒一切困难的精神，坚持革命乐观主义，排除万难去争取胜利的精神，既包括革命战争年代形成的井冈山精神、长征精神、延安精神、红岩精神、西柏坡精神等，又包括社会主义建设和改革开放实践中形成的大庆精神、两弹一星精神、雷锋精神、64字创业精神、抗洪精神、抗非典精神、载人航天精神等。

7. 创新精神是民族精神的重要组成部分。帮助学生理解创新是民族进步的灵魂，是一个国家兴旺发达的不竭动力，弘扬和培育民族精神既要继承优良传统，又要体现时代进步的要求，从时代和社会发展进步中汲取营养，不断丰富和发展民族精神的内涵。引导学生积极探索，开拓进取，勇于创新。

——中华民族是一个富于创造的民族。了解中华民族在长期历史发展中不仅创造了灿烂的物质文明，也形成了自力更生、奋发图强、知难而进等精神，全社会全民族的创造精神和创新能力，是推动全面建设小康社会、实现中华民族伟大复兴的强大力量，努力培养尊重劳动、尊重知识、尊重人才、尊重创造的思想。

——中华民族是一个善于学习的民族。了解学习是创新的基础，立足于中国特色社会主义的伟大实践，努力学习中华民族的优秀历史文化，以开放的精神面向世界，虚心学习世界其他民族长处，努力培养求知上进，不断进取的品质。

四、中小学开展弘扬和培育民族精神教育的实施途径

8. 各学科有机渗透民族精神教育，把弘扬和培育民族精神教育纳入中小学教育全过程，贯穿在学校教育教学的各个环节、各个方面。中小学德育课程和语文、历史等人文社会科学课程，要充实体现民族精神的丰富内涵。数学、物理、化学、生物、科学等理科课程应结合教学内容，丰富中国科学家的科学成就和民族精神的内容。艺术（音乐、美术）课应包含经典民乐、民歌、民族戏剧欣赏和中国画、书法艺术欣赏的内容。体育课应适量增加中国武术等内容。

9. 重视开展主题教育活动。充分利用春节、清明节、中秋节等民族传统节日，“五一”、“五四”、“六一”、“七一”、“八一”、“十一”等重要节日，“七七事变”、“九一八事变”、“一二九运动”等重要事件和重要人物纪念日，开展主题校班会、团队会，请革命先辈和各行业的英雄模范作报告、讲故事，组织学生观看反映伟大民族精神的影视片等。通过晨会、课堂教学、课外活动等多种途径，组织开展集中体现中华传统美德和革命传统的经典格言、诗词诵读活动；教唱以爱国主义为主旋律的歌曲，定期举行学生歌咏比赛和文艺演出等活动。

10. 积极开展社会实践活动。定期组织参观爱国主义教育基地，瞻仰革命圣地和遗址，祭扫烈士墓，缅怀民族英雄、仁人志士、革命先烈，学习他们的高尚品德和感人事迹，进行革命传统教育；参观城市、农村和名胜古迹，了解改革开放的成就和祖国悠久的历史文化；组织开展征文、演讲、讲座、知识竞赛、社会调查等教育活动。充分发挥学生校外活动场所、社会实践基地的育人作用。学生参加各种校外活动、社会实践活动的总时间，初中学生一般每学年不少于20天，普通高中学生一般每学年不少于30天。

11. 加强校园文化环境建设。坚持升降国旗制度，每周一以及重要节日、纪念日、大型集体活动必须举行庄严、隆重的升旗仪式，每天坚持升降国旗，每周举行国旗下讲话，全体中小学生都应会唱国歌。学校要结合实际，充分利用校园广播、电视、校园网、橱窗、板报和文化长廊等宣传阵地，大力宣传和弘扬民族精神；校园内张贴悬挂革命领袖和中华民族杰出人物画像，制作体现民族精神的灯箱、语录牌等，积极开展创建安全文明校园活动，营造弘扬和培育民族精神的浓厚校园氛围。

五、中小学开展弘扬和培育民族精神教育的保障措施

12. 切实加强开展弘扬和培育民族精神教育工作的领导。各级党委和政府要提高认识，本着求真务实的精神，把弘扬和培育民族精神作为贯彻《中共中央国务院关于进一步加强和改进未成年人思想道德建设的若干意见》的一项重要任务，摆上重要日程，切实加强领导，给予必要的财力、物力和人力支持。各级宣传、教育等部门要根据本《纲要》精神，结合当地实际，制定具体实施办法，深入学校了解情况，研究问题，总结经验，指导工作。教育部门要设立中小学德育工作专项经费。宣传、教育部门要主动与各有关部门和群众团体密切配合，充分发挥工会、共青团、妇联等群众团体的优势，组织开展丰富多彩的教育活动，共同做好中小学弘扬和培育民族精神教育工作。

13. 建立“小学弘扬和培育民族精神月”制度。为把开展弘扬和培育民族精神教育引向深入，在做好经常性宣传教育工作的基础上，决定从2004年开始，每年9月为“小学弘扬和培育民族精神月”。各地要结合新学年开学，新生入学教育，庆祝教师节，9.20“道德宣传日”和迎接国庆等活动，以中华传统美德和革命传统为重点，集中开展宣传教育活动。

14. 把弘扬和培育民族精神纳入教育教学计划。弘扬和培育民族精神是中小学全部教育教学活动的共同任务，要把它有机地渗透和融合到各门课程的教学活动之中。每周要安排一小时开展相关教育活动，每学期至少组织1次全校性的主题教育活动。中小学校长要对开展弘扬和培育民族精神教育负总责，学校党组织要发挥政治核心作用，学校工会、共青团、少先队要充分发挥自身作用，所有教职员工都要教书育人、管理育人、服务育人，主动承担弘扬和培育民族精神教育的应尽职责，要特别重视发挥班主任的作用。

15. 进一步加强爱国主义教育基地和青少年学生校外活动场所建设和管理。各类博物馆、纪念馆、展览馆、烈士陵园等爱国主义教育基地，要精心组织面向中小学生的专题展览、巡回展览，创造一切条件对中小学生集体参观实行免票，对学生个人参观可实行半票或免票。要采取聘请专业人士、招募志愿者等方式，建立专兼结合的辅导员队伍，为中小学生开展参观活动提供服务。各地教育行政部门在制定学校收费政策时，要充分考虑学生观看影视片、参加社会实践等有关活动的实际需要。爱国主义教育基地和青少年学生校外活动场所要把社会效益放在首位，牢固树立服务意识，加强制度建设，完善内部管理，提高教育效果。

16. 积极营造有利于开展弘扬和培育民族精神教育的社会环境。广播、电视、报纸、刊物、网络等大众媒体，要加强弘扬和培育民族精神的宣传报道，认真办好青少年电视频道，创作、出版一批青少年喜爱的影视片、音像制品和文学艺术作品，充实和丰富教育资源。要加强社会文化市场的监管力度，净化社会文化市场，严厉查处暴力、色情、腐朽的社会文化制品，加强校园周边治安环境治理，加强对网络的监管，打击网络违法行为。中小学校周围200米内不得有经营性网吧、上网服务场所和不利于青少年学生健康成长的社会娱乐场所。

17. 开展弘扬和培育民族精神教育是学生思想道德建设的重要组成部分。对学生在开展弘扬和培育民族精神教育中的情况，要作为对学生进行思想品德评价的重要内容，纳入学生品德评定体系。各地可根据本地区实际情况，对学生提出具体要求，制定具体标准。

18. 加强督导评估，建立表彰奖励机制。要将开展弘扬和培育民族精神教育工作作为考核当地精神文明建设的一项重要内容，作为考核学校工作的重要指标。对工作实绩突出的学校和教育工作者要定期进行表彰奖励。结合全国精神文明建设的评比工作，定期评选中小学德育工作先进单位，大力宣传他们的先进经验和事迹，推动弘扬和培育民族精神教育工作持续健康发展。

中共中央宣传部　中央文明办　共青团中央　教育部　文化部　国家广播电影电视总局　新闻出版总署关于实施青年文化行动　加强青年文化建设的通知

中青联发[2004]11号

各省、自治区、直辖市委宣传部，文明办，团委，教育厅（教委），文化厅（局），广播影视局（厅），新闻出版局：

为深入贯彻“三个代表”重要思想和党的十六大精神，落实中央关于进一步加强青少年思想道德建设的要求，大力发展社会主义文化，加强青年文化建设，满足广大青年日益增长的文化需求，充分发挥文化育人的作用，促进青年健康成长，中共中央宣传部、中央文明办、共青团中央、教育部、文化部、国家广播电影电视总局、新闻出版总署决定实施青年文化行动，大力加强青年文化建设。特作如下通知。

一、指导思想

实施青年文化行动，加强青年文化建设，要高举邓小平理论和“三个代表”重要思想的伟大旗帜，大力弘扬求真务实精神，始终坚持社会主义先进文化的前进方向，坚持以科学的理论武装人，以正确的舆论引导人，以高尚的精神塑造人，以优秀的作品鼓舞人，用“三个代表”重要思想构筑当代青年强大的精神支柱；要以弘扬和培育民族精神为重点，着眼于世界文化发展的前沿，建设健康有益、充满活力的青年文化，满足青年日益增长的精神文化需求，充分发挥青年文化在社会主义文化建设中的积极作用；要围绕发展这个党执政兴国的第一要务，帮助青年树立与社会主义市场经济相适应的思想价值观念，树立全面、协调、可持续的发展观，不断丰富青年的精神世界，提高青年的综合素质，促进青年的全面发展，激励青年为全面建设小康社会贡献青春、智慧和力量；要调动广大青年参与的积极性，形成活跃的群众性青年文化氛围，充分发挥文化育人的作用，引导青年勤于学习，善于创造，甘于奉献，努力成长为社会主义“四有”新人。

二、主要内容

实施青年文化行动，加强青年文化建设，主要包括以下五个方面的内容：

（一）努力形成积极向上的青年文化氛围。

把握青年文化脉搏，加强对青年文化的引导，推动青年学习、创造、奉献。跟踪青年文化发展动态，了解青年文化时尚，关注青年文化现象和文化热点，采取积极有效的措施，引领青年文化潮流。充分运用新闻宣传手段，重点发挥团属青年报刊、出版、网络、影视阵地在青年文化建设中的作用，加强对青年文化的宣传和引导，营造积极向上的青年文化氛围。

（二）广泛开展丰富多彩的青年文化活动。

开展丰富多彩的文化活动是青年文化建设的重要内容。全国性的青年文化活动侧重于形成示范性和导向性，在重点活动上形成合力，打造青年文化的名牌活动项目。各地区、各部门根据本地区、本部门的实际情况和青年特点，广泛开展富有特色的基层群众性青年文化活动，坚持不懈，持之以恒，促进青年文化的繁荣与活跃，促进青年的健康成长。

（三）积极创作推广青年文化精品。

充分发挥各级团组织、团属文化事业和产业的作用，整合资源，创作、生产、推广青年文化精品。同时在青年中宣传推广中华民族优秀文化精品和世界文化经典，为青年提供优秀的精神文化食粮，充分发挥优秀作品塑造青年的作用。以共青团“五个一工程”评选为龙头，推动生产一批思想深刻、艺术精湛、青年欢迎的图书、歌曲、影视作品、戏剧、广播剧等优秀文化作品，争取一段时间能有一本图书、一首歌曲、一部影视作品、一台戏剧、一部广播剧等在青年中形成较大影响。精心组织文化精品推广和展演活动，使优秀文化作品走向社会，深入青年，发挥文化精品在教育和引导青年中的积极作用。

（四）大力培养发现青年文化人才。

建立和完善优秀青年文化人才选拔培养机制，推动青年文化人才的成长，充分发挥青年文化人才在青年文化建设中的积极作用。开展多种形式的竞赛活动，推动优秀青年文化人才脱颖而出。采取有效措施，发现并积极举荐各类青年文化人才，为他们的成长发展铺路搭桥，多办实事，为他们发挥作用提供平台，创造条件。

（五）不断发展青年文化事业和文化产业。

按照中央关于发展文化事业和文化产业、深化文化体制改革的要求，推动青年文化事业和产业的发展，为青年文化建设提供保障。加强青少年宫、青少年活动营地、青少年教育基地等青少年活动阵地的建设和管理，依托阵地开发全国性、区域性活动和合作项目，充分发挥这些活动阵地在青年文化建设中的作用。支持并推动团属报刊、出版事业的改革与发展，加强服务青少年的互联网站建设，推动青少年影视事业的发展，充分发挥它们在青年文化建设中的作用。加强各级团校（青年院校）建设，充分发挥各级团校（青年院校）在青年文化建设中的作用。发挥共青团的组织优势，整合青年文化资源，推动青年文化事业和产业的发展。

三、重点活动

实施青年文化行动，加强青年文化建设，要加强规划，形成项目，注重积累，循序渐进地积极推进。今年重点开展的活动项目有：

中国青少年新世纪读书计划。以创建优秀青年学习组织为牵动，引导和激励青少年多读书，读好书，在青少年中大兴勤奋学习之风，着力培育以青少年为主体的社会读书氛围。重点抓好特色鲜明、针对性强的主题读书活动，满足不同层面青少年阅读需求。巩固和扩大新世纪书屋等读书阵地，推荐优秀图书，加强读书指导，为青少年读书学习提供具体有效的服务。

“五四”主题晚会。“五四”青年节，举办“五四”主题晚会，通过电视媒体播出，突出文化育人的深刻内涵，促进思想道德建设，展现青年的时代风貌，激励青年在全面建设小康社会中学习、创造、奉献，引导青年走同人民紧密结合、为祖国奉献青春的成长道路。

“青春中华”文化周活动。荟萃中国各民族传统艺术，展示各民族的习俗风情，举办民族文艺体育比赛，研讨继承发扬中华民族优秀传统文化，促进各民族青年的交流，增进中华民族大团结，弘扬伟大的民族精神。

中国青年时代风采电视大赛。以展现当代青年的时代风貌，引导青年提高素质、健康成长为目的，以青年的综合素质展示和评价为主要内容，运用电视传媒手段，吸引各界青年广泛参与，使之成为青年展示才华、展示风采的重要平台，成为推动青年人才脱颖而出的一个渠道。

青年欢乐节庆活动。在“五四”、“十一”等节日期间，组织青年开展内容丰富、形式多样、喜闻乐见的欢乐节庆活动，营造健康有益的节日文化，展现青年蓬勃向上的精神风貌，活跃青年的文化生活。

青年文化时尚活动。以影响、引领青年文化时尚，促进青年健康成长为目的，开展青年服饰博览、青少年书法美术摄影大赛等活动，引导青年追求真、善、美，追求健康文明的美好生活。

在重点开展以上活动的同时，继续开展好青年文化广场、大家乐、乡村青年文化节等活动，同时采取适当的方式，推动形成积极向上的青年文化舆论，促进海峡两岸暨港澳地区青年文化交流，促进国际青年文化交流。

组织青年文化活动，有的要在全国范围内采取与基层联动的方式开展，有的要采取不同地方主办或区域性实施的方式开展。各地还要根据实际情况和当地青年的特点，结合当地文化发展战略，创造性地开展各具特色、多种多样的青年文化活动，不断丰富青年文化建设的内容和形式。

四、基本做法

1．形成开放的工作机制。加强青年文化建设涉及方方面面，是一项系统工程。要动员社会各方面广泛参与，采取多种形式，开辟多种渠道，建立和形成开放的工作机制。要调动各有关方面的参与积极性，汇聚各方面的资源和力量，边实施边规范，边开展边完善，边建设边发展，不断提高青年文化建设的水平，促进青年文化的繁荣。

2．运用社会化的运作手段。适应完善社会主义市场经济体制的需要，运用社会化的手段，推动青年文化建设可持续发展。加强项目管理，逐步建立和完善项目论证、规划、实施、监督、评估的制度，对每个项目都按照严格的工作流程科学策划、精心组织、周密实施，做到办一个项目成一个项目，持之以恒，取得实效。强化监督，保证项目健康发展，维护青年文化建设的良好社会形象。始终坚持把社会效益放在首位，促进青年文化事业和产业的发展。

3．发挥青年文化社团的作用。把青年文化社团作为加强青年文化建设的重要力量，大力支持青年文化社团开展健康有益、富有特色的文化活动，活跃青年的文化生活。充分发挥青年文化社团在培养文化人才方面的作用，通过社团活动发现、培养一批青年文化骨干。鼓励、扶持青年工人、青年农民、青年知识分子、青年学生和新的青年群体中的文化社团建设。加强青年文化社团的管理，推动青年文化社团健康发展。

4．整合资源形成合力。充分发挥共青团组织的优势，发挥青联及其团体会员的作用，整合青年文化资源，形成合力，打造青年文化建设的名牌、精品，形成青年文化建设的强大声势，推动青年文化发展。团属新闻出版机构、文化企事业单位、青少年活动阵地、各级团校（青年院校）要整合力量，在青年文化建设中发挥重要作用。

五、工作要求

1．高度重视，加强领导。青年文化建设是社会主义文化建设的有机组成部分，青年是推动社会主义先进文化发展的一支生机勃勃的力量。在全面建设小康社会、加快推进社会主义现代化的新阶段，在世界范围内思想文化相互激荡的新形势下，加强青年文化建设，培养青年成为社会主义“四有”新人，是一项重要而紧迫的任务，具有十分重要的意义。各级党委宣传部门、文明办、团组织和教育、文化、广播电影电视、新闻出版部门要高度重视，加强对这项工作的领导。要把加强青年文化建设作为加强社会主义文化建设的重要内容，列入重要议事日程，纳入各地文化建设总体规划，积极推进。各级党政有关部门要支持共青团开展青年文化行动，为这项活动创造条件，提供必要的政策、资金支持。各级团组织要把加强青年文化建设作为当前和今后一个时期的重点工作，在党政有关部门的支持下，实施好青年文化行动，把加强青年文化建设落到实处。

中共中央宣传部、中央文明办、共青团中央、教育部、文化部、国家广播电影电视总局、新闻出版总署联合成立青年文化建设工作领导小组（名单附后），加强对实施青年文化行动，加强青年文化建设的领导和协调，领导小组办公室设在团中央，具体工作由团中央宣传部承担。同时邀请社会各界人士和文化名人，组成青年文化咨询委员会，推动青年文化建设。各地可参照成立专门的领导机构，加强对本地青年文化建设工作的指导和协调。

2．周密组织，精心实施。要按照本通知的要求，结合本地区本单位的实际，制定实施青年文化行动的规划，从具体事情做起，一项一项落实，务求工作实效。要认真实施好青年文化行动的重点项目，同时积极规划实施本地区本单位青年文化活动，所有的活动都要纳入青年文化行动中。要调动各方面参与，形成合力共同推进青年文化建设。要掌握青年文化建设中出现的情况，及时解决出现的问题，加强指导，促进青年文化建设健康发展。

3. 立足基层，面向青年。要把活跃基层、服务广大青年作为加强青年文化建设的重要任务。基层团组织要发挥作用，大力组织开展丰富多彩的群众性青年文化活动，吸引广大青年积极参与。要针对不同行业、不同教育程度、不同地区等青年群体的特点，开展有针对性的青年文化活动，形成具有青年特色的校园文化、社区文化、企业文化、乡村文化、军营文化和网络文化。

4. 解放思想，大胆探索。实施青年文化行动，加强青年文化建设，要按照社会主义文化建设的要求，解放思想，实事求是，与时俱进，大胆探索，大胆创造。要深入研究新形势下青年文化建设面临的新情况新问题，了解、掌握当前青年的文化需求，认识和把握青年文化建设的特点和规律，积极探索完善社会主义市场经济体制条件下青年文化事业和文化产业发展的新机制，善于在更加开放的环境中加强青年文化建设。要积极吸收借鉴国外文化发展的有益成果，坚持以我为主、为我所用，辩证取舍、择善而从。要结合实际创新青年文化建设的思路、方式和机制，不断增强青年文化建设的针对性、实效性和时代性。

5. 加强宣传，注重引导。各地要充分利用广播、电视、报刊、网络等各种宣传媒介，大力宣传青年文化行动，大力宣传在青年文化建设中涌现出的先进典型，积极推广各地的成功经验，形成实施青年文化行动的浓厚舆论氛围，扩大青年文化建设的社会影响。要强化青年文化建设理念，把文化育人贯彻到一切青年文化活动项目和建设之中。要加强对青年文化建设的引导，坚决防范和抵御各种腐朽落后的文化观念对青年思想的侵蚀，推动青年文化建设健康蓬勃地发展。

附件：青年文化建设工作领导小组名单（略）

中共中央宣传部　中央文明办

共青团中央教育部　文化部

国家广播电影电视总局　新闻出版总署

二〇〇四年四月一日

科技部　中宣部　教育部　中国科协关于开展命名第二批“全国青少年科技教育基地”工作的通知

为进一步贯彻《中华人民共和国科学技术普及法》、《中共中央国务院关于加强科学技术普及工作若干意见》和《中共中央国务院关于深化教育改革全面推进素质教育的决定》的精神，落实《关于进一步加强中小学科技教育工作的通知》的有关要求，全面推进素质教育，推动青少年科技教育工作的深入开展，科技部、中宣部、教育部和中国科协开展了“全国青少年科技教育基地”的命名工作，首批命名的100个“全国青少年科技教育基地”，面向青少年开展科技教育，发挥了积极作用，受到广大青少年的欢迎。科技部、中宣部、教育部、中国科协决定于2002年第四季度命名第二批100个“全国青少年科技教育基地”。现将有关事项通知如下：

1.“全国青少年科技教育基地”授予在青少年科技教育工作方面具有示范功能和较大影响的单位或机构。

2. 各省、自治区、直辖市、计划单列市科技厅（科委、科技局）、党委宣传部、教育厅（教委）、科协共同负责本地区“全国青少年科技教育基地”的推荐、申报和监督、检查工作；各有关部门的科技司（局）负责本部门的推荐、申报和监督、检查工作。申报条件和命名办法详见《全国青少年科技教育基地申报和命名暂行办法》。各地和各有关部门可推荐一至两个候选单位，供评审时选择。在地方的中央单位，经部门和地方协调后，以一方推荐即可，避免重复推荐。

3. 各地方和有关部门应认真做好推荐工作，坚持实事求是，防止弄虚作假。各地的推荐工作由科技厅（科委、科技局）会同宣传、教育部门和科协按照申报条件、名额和有关要求，提出基地候选单位，并于2002年10月20日前将申报材料报科技部政策法规与体制改革司科普处（科普工作联席会议办公室）。申报材料包括申报表（一式六份）和有关声像资料等。

4. 科技部、中宣部、教育部和中国科协将聘请专家组成“全国青少年科技教育基地”评审委员会。评委会根据《全国青少年科技教育基地评价验收暂行标准》，以及各地、各部门推荐意见和申报材料评出被命名单位，报四部门领导审批后，命名为“全国青少年科技教育基地”，并颁发资格证书和牌匾。

5. 根据《全国青少年科技教育基地申报和命名暂行办法》第四条的规定，科技部、中宣部、教育部和中国科协将在2003年6月以前，对首批命名的100个“全国青少年科技教育基地”开展科技教育工作的情况进行检查。

6. 联系方式（略）

附件：1. 全国青少年科技教育基地申报和命名暂行办法（略）

2. 全国青少年科技教育基地申报表（略）

3. 全国青少年科技教育基地评价验收暂行标准（略）

中共中央宣传部　中央文明办　国家发展改革委员会　教育部　民政部　财政部　文化部　全国总工会　共青团中央　全国妇联关于加强和改进爱国主义教育基地工作的意见

中宣发[2004]22号

各省、自治区、直辖市党委宣传部、文明办，发展改革部门，教育、民政、财政、文化厅（局），总工会，共青团委员会，妇联：

为认真落实中央领导同志关于加强爱国主义教育基地建设工作的一系列重要指示，深入贯彻中共中央国务院《关于进一步加强和改进未成年人思想道德建设的若干意见》、《关于进一步加强和改进大学生思想政治教育的意见》，充分发挥各类爱国主义教育基地对广大人民群众特别是青少年的教育作用，现就加强和改进爱国主义教育基地工作的有关问题，提出如下意见：

一、充分认识加强和改进爱国主义教育基地工作的重要性

1.爱国主义历来是动员和鼓舞中国人民团结奋斗的一面旗帜，是推动社会历史前进的巨大力量，是全国各族人民共同的精神支柱。高度重视爱国主义教育，是我们党的优良传统。党的十六大以来，以胡锦涛同志为总书记的党中央，反复强调加强爱国主义教育、弘扬和培育伟大民族精神的重要意义，要求充分利用各种宝贵的教育资源开展爱国主义教育。我国各类爱国主义教育基地，真实记录了中华民族悠久的历史文化，展现了近代中国人民英勇奋斗的壮丽篇章，反映了中国共产党人的丰功伟业和社会主义现代化建设的丰硕成果，具有广泛的代表性和影响力，是激发人们爱国情感、弘扬民族精神的重要阵地，陶冶道德情操、提升品德修养的重要场所，了解祖国灿烂文明、掌握历史知识的重要课堂。要从巩固党的执政地位，全面建设小康社会，实现中华民族伟大复兴的战略高度，充分认识各类爱国主义教育基地在开展爱国主义教育、弘扬和培育民族精神方面的特殊重要作用，进一步增强新形势下做好爱国主义教育基地工作的紧迫感、责任感和使命感。

2. 为推动爱国主义教育工作，中宣部于1997年和2001年先后公布了两批200个全国爱国主义教育示范基地，有关部门和地方也陆续命名了一批教育基地。几年来，在各级党委、政府的关心和社会各界的支持下，教育基地在建设、管理和使用方面取得了可喜成绩：展出内容不断充实，展示手段有所创新，环境面貌逐步改善，教育功能得到增强，社会影响日益扩大，创造和积累了不少好的经验，涌现出一大批先进典型，初步形成了以全国示范基地为骨干，各级各类教育基地相辅相成、共同发展的良好局面。同时也要看到，与形势发展的要求相比，教育基地在工作中还存在许多不适应的地方：有的教育基地展示内容陈旧单调，展示手段落后，缺乏吸引力、感染力；不少教育基地投入不足，日常维护和改扩建资金短缺，影响了工作的正常开展；还有的教育基地创新意识不够，服务观念不强，内部管理不善，职工队伍不稳。这些问题，必须引起足够重视，切实加以解决。

3. 加强和改进爱国主义教育基地工作，是一项长期而紧迫的任务。要坚持以邓小平理论和“三个代表”重要思想为指导，深入贯彻党的十六大精神，按照爱国主义教育实施纲要、公民道德建设实施纲要以及《关于进一步加强和改进未成年人思想道德建设的若干意见》的要求，紧密结合全面建设小康社会的实际，牢固树立科学的发展观，紧紧抓住教育基地建设、管理和使用三个关键环节，贴近实际，贴近生活，贴近群众，努力提高工作水平，更好地为爱国主义教育、弘扬和培育民族精神服务，为青少年思想道德建设服务，为实现全面建设小康社会的奋斗目标服务。

二、加强和改进爱国主义教育基地工作的基本要求

4. 征集保护文物，丰富教育内容。文物史料是教育基地存在、发展和开展教育的基本条件。要认真贯彻

《文物保护法》，坚持保护为主、抢救第一、合理利用、加强管理，认真做好重要文物史料特别是革命历史文物的征集、保护和利用工作。通过走访革命前辈、烈士遗属、专家学者、民间收藏人士，积极抢救、征集文物史料。要深入了解教育基地的历史沿革，做好文物史料的研究整理工作，挖掘精神内涵，紧密联系实际，从不同侧面、不同角度进行诠释和展示，给人们以知识的普及、心灵的震撼、精神的激励和思想的启迪。

5. 改进展示方式，增强教育效果。基本陈列是开展教育的主要手段，既要尊重历史，体现自身特点，又要讲究艺术，有所创新。要在大纲撰写、形式设计、实物制作、展品布置等环节上加强研究，积极借鉴国内外著名历史文化场馆、纪念设施的布展经验和展出方式，通过实物、照片、图表、模型、绘画、雕塑、景观等多种形式以及声、光、电等科技手段，不断改进和提高基本陈列水平，增强教育的吸引力、感染力。

6. 精心组织活动，扩大社会影响。从实际出发组织活动，是扩大教育基地影响的重要途径。要充分利用重大历史事件、历史人物纪念日和节假日，以及青少年入学、入队、入团、成人宣誓等有特殊意义的日子，举行各种庆祝、纪念活动和必要的仪式，组织开展研讨会、演讲会、报告会和文艺演出等形式多样的群众性文化教育活动。要在办好馆内基本陈列的基础上，积极采取“请进来”、“走出去”的办法，定期组织巡展，加强与其他教育基地的交流与协作，扩大教育覆盖面。

7. 加强内部管理，创造良好环境。建立健全规章制度，是教育基地顺利开展工作的保证。要通过制定和完善管理办法、工作考核细则、人员交流培训规划等，建立科学运行机制，提高工作人员尤其是讲解员的素质。要注意美化教育基地内部和周边环境，对影响教育作用发挥的建设项目，以及文物保护单位保护范围和建设控制地带内的违章建筑，进行清理整顿，保持历史风貌。要区划教育功能区和观众服务区，规范经营活动，营造干净整洁、庄重有序的参观氛围，把教育基地建成传播精神文明的“窗口”。

8. 树立服务意识，注重社会效益。正确处理社会效益和经济效益的关系，把社会效益放在首位，是爱国主义教育基地工作的重要原则。要牢固树立服务意识，对参观群众在接待咨询、参观引导、提供资料以及安排讲解等方面实行规范化服务。要制定完善门票优惠办法，对大学生集体参观实行免票，对中小学生集体参观实行免票、学生个人参观实行半票，对现役军人、老年人和残疾人等参观给予优惠。有条件的教育基地，要在重大历史事件、历史人物纪念日和重要节庆日，特别是与教育基地展出主题直接相关的纪念日，免费向社会开放。针对一些教育基地免费开放后参观人数大量增加的情况，要制定详细周密的接待计划，通过完善设施、提前预约、分期分批和增加志愿服务人员等方式，调节参观人流，做好安全保卫、场馆管理和文物保护工作。

三、为加强和改进爱国主义教育基地工作创造良好条件

9. 各地各部门要高度重视各类爱国主义教育基地的建设、管理和使用，把它作为一项基础性工作摆上应有位置。要根据教育基地的特点，把教育基地建设纳入当地经济社会发展和城乡建设总体规划，统一考虑和安排。各主管部门要切实负起领导责任，在教育基地班子配备、人员编制、队伍培训和职工待遇等方面给予更多的关注和支持。要把教育基地建设、管理和使用的情况，作为考核有关领导干部，衡量文明城市、文明村镇、文明单位创建成果的一项重要内容。

10. 按照公益性文化事业发展的要求，加大对教育基地的投入。各级政府要按照中央要求，对教育基地建设和运行所需资金予以支持，保障各项工作正常运转。各级财政部门要根据实际情况对教育基地因减免门票造成的收入下降给予必要补偿。继续落实现行税收优惠政策，取消各种不合理收费。中宣部准备会同有关部门从 2004 年开始，组织实施全国爱国主义教育示范基地“533 工程”，即利用五年时间，通过中央资助一点、地方财政支持一点、教育基地自筹一点的办法，重点对反映我们党革命斗争历史的示范基地进行资助，使其在展出内容与展示手段、服务质量与教育效果、内部管理与环境面貌三个方面取得显著改善（实施细则另行制定）。对全国爱国主义教育示范基地的重大改扩建项目，要充分论证，从严把关，按照基本建设程序报批，中央和地方有关部门视情况给予一次性支持。各类教育基地主管部门要参照这一做法，本着“谁主管谁负责”的原则，制定具体资助计划，争取在五年内使各类教育基地的面貌都有所改善。

11. 运用大众传媒和其他方式，加大宣传介绍教育基地的力度。报纸、广播、电视和互联网等媒体要把宣传介绍教育基地作为一项经常性工作，及时报道教育基地开展教育活动的情况和效果，反映社会各界的建议和呼声。人民网、新华网、光明网、央视国际等国家重点网站，要在 2004 年四季度前，将介绍教育基地情况的文字资料和影视片等充实到道德网页上，形成网上宣传教育平台。要组织文艺出版工作者创作出版一批以教育基地史实为题材的优秀作品。

12．动员社会各方面力量，关心和支持教育基地的工作。组织部门、党校和行政学院要把教育基地作为干部培训的重要场所，对广大党员特别是领导干部进行革命传统、革命精神的教育。教育行政部门要结合教学安排，组织各级各类学校学生到教育基地参观学习。旅游部门要以革命纪念设施类教育基地为依托，精心设计旅游线路，组织开展“红色旅游”。文物、民政、工商、园林、城管等部门要加强协作，为教育基地创造良好的环境秩序。共青团和工会、妇联等群团组织要根据各自特点，利用教育基地开展活动。要鼓励社会力量开展公益性捐赠，吸纳社会资金参与教育基地共建，实现教育资源共享。单位、组织和个人符合条件的捐赠，可按照国家税收法律法规和有关政策规定享受税收优惠。各级党委宣传部要加强协调指导，会同有关部门定期研究解决教育基地存在的问题，及时总结推广好经验好做法。

各地各部门要根据本意见，抓紧制定具体措施和办法。中宣部将会同有关部门在适当时候对各地各部门贯彻落实的情况进行督查。

中共中央宣传部　中央文明办
国家发展改革委员会　教育部　民政部　财政部
文化部　全国总工会　共青团中央　全国妇联
二〇〇四年九月二十八日

中央文明办　教育部　科技部　共青团中央　全国妇联 中国科协关于推荐全国青少年校外活动示范基地的通知

中央文明办[2004]4号

各省、自治区、直辖市和新疆生产建设兵团文明办、教育厅（教委）、科技厅（局）、团委、妇联、科协：

为了认真贯彻落实《中共中央国务院关于进一步加强和改进未成年人思想道德建设的若干意见》和全国加强和改进未成年人思想道德建设工作会议精神，充分发挥青少年校外活动基地在加强和改进未成年人思想道德建设中的重要作用，中央文明办、教育部、科技部、共青团中央、全国妇联、中国科协决定联合命名一批“全国青少年校外活动示范基地”。现将推荐工作有关事项通知如下：

一、推荐范围

凡以青少年为主要服务对象，以组织青少年开展参与性、互动性、体验式教育实践活动为主要服务内容，在加强和改进青少年思想道德建设中做出突出成绩，能够发挥示范作用，有较高社会知名度和良好社会影响的校外活动营地、青少年宫、儿童活动中心、科技馆、科技活动中心、植物园等各类青少年校外活动场所，均可作为“全国青少年校外活动示范基地”的备选单位。

二、推荐条件

1．社会效益摆在首位。遵循服务青少年的宗旨和公益性原则，坚持面向青少年开展公益性活动，成效明显；建立并认真实施对青少年，特别是单亲家庭、困难家庭、流动人口家庭子女免费开放的制度；没有借开展活动之名搞营利性创收的行为；基地的场所、设施没有被挤占、挪用、租借的现象。

2．实践活动丰富多彩。能够从青少年身心成长的实际出发，区分不同年龄层次，设计和组织开展内容鲜活、形式新颖、吸引力强的教育、科技、文化、艺术、体育等活动；有知名度高、影响力大、青少年乐于参与的品牌项目；各种活动能够把思想道德建设的要求融入其中，做到知识性、娱乐性、趣味性、教育性相统一，充分发挥实践育人的作用。

3．设施功能配套完备。基地布局合理，设施配套，功能完善；能够运用先进科技和现代传媒，丰富创新青少年活动的内容和手段；有可资利用的，较为丰富、完整的教育资源，有青少年活动的专项经费，保障基地切实发挥作用。

4．管理工作落到实处。工作制度健全完善，责任明确，措施有力，监督检查到位，安全工作落实；坚持以人为本，不断提高管理质量和水平，为广大青少年提供整洁优美的环境和优质规范的服务。

5．队伍机制健全完善。领导班子坚强有力，重视开展青少年公益性活动；有一支政治强、业务精、作风正、素养好的专兼职辅导员和管理人员队伍；有配合学校、家庭开展青少年教育的工作机制，建立同有关职能部门、学校和家庭的联系制度，使基地成为延伸学校素质教育和拓展家庭教育的有效阵地。

三、推荐办法

1．推荐工作以省（区、市）为单位进行。在当地党委、政府的领导下，由各省（区、市）文明办牵头，会同教育厅（教委）、科技厅、团委、妇联、科协共同协商推荐。

2．每个省（区、市）推荐1～2个青少年校外活动基地作为示范基地的备选单位，由省（区、市）文明办会同上述五个部门共同写出推荐意见，连同申报表、被推荐单位经验材料（2000字以内）各一式十份，于8月15日前报中央文明办未成年人思想道德建设工作组。

3．中央文明办会同有关部门对各省（区、市）推荐的单位进行筛选，确定示范基地名单，向社会公布。

附：“全国青少年校外活动示范基地”申报表（略）

中央文明办　教育部　科技部
共青团中央　全国妇联　中国科协
二〇〇四年七月十六日

全国青少年校外教育工作联席会议关于公布2004年度国家扶持青少年学生校外活动场所建设项目名单的通知

校外联函[2004]1号

青少年校外教育工作联席会议办公室、财政厅（局）、新疆生产建设兵团青少年校外教育联席会议办公室、财务局：

2004年度国家扶持青少年学生校外活动场所建设项目经专家审定并经全国青少年校外教育工作联席会议和财政部批准，同意你省（区、市）各项目立项（名单附后），请严格按照项目申报及管理的有关规定，认真组织实施。

附件：2004年度国家扶持青少年学生校外活动场所建设项目名单

全国青少年校外教育工作联席会议
二〇〇四年十二月十四日

附件　　2004年国家扶持青少年学生校外活动场所建设项目名单

内蒙古自治区（12个）

乌拉特中旗青少年学生校外活动中心
准格尔旗青少年学生校外活动中心
新巴尔虎右旗青少年学生校外活动中心
库伦旗青少年学生校外活动中心
东乌珠穆沁旗青少年学生校外活动中心
武川县青少年学生校外活动中心
额济纳旗青少年学生校外活动中心
额尔古纳市青少年学生校外活动中心
突泉县青少年学生校外活动中心
察右中旗青少年学生校外活动中心
乌海市海勃湾区青少年学生校外活动中心
巴林左旗青少年学生校外活动中心

广西壮族自治区（6个）

武宣县青少年学生校外活动中心
德保县青少年学生活动中心
隆安县青少年学生校外活动中心
防城港市防城区青少年学生校外活动中心
靖西县青少年学生校外活动中心
宜州市青少年校外活动中心

四川省（4个）

乐至县青少年学生校外活动中心
攀枝花市西区青少年学生校外活动中心
达县青少年学生校外活动中心
德昌县青少年学生校外活动中心

重庆市（1个）

双桥区青少年学生校外活动中心

贵州省（8个）

黔西县青少年活动中心
独山县青少年学生校外活动中心
三穗县青少年学生校外活动中心
江口县青少年学生校外活动中心
贞丰县青少年学生校外活动中心
息烽县青少年学生校外活动中心
黄平县青少年学生校外活动中心
湄潭县青少年学生活动中心

云南省（12个）

昆明市东川区青少年学生活动中心
沾益县青少年学生校外活动中心
南华县青少年学生校外活动中心
峨山彝族自治县青少年学生校外活动中心
建水县青少年学生校外活动中心
弥勒县青少年学生校外活动中心
普洱哈尼族彝族自治县青少年学生校外活动中心
勐腊县青少年学生校外活动中心
剑川县青少年学生校外活动中心
鹤庆县青少年学生校外活动中心
盈江县青少年学生校外活动中心
双江自治县青少年学生校外活动中心

西藏自治区（2个）

那曲县青少年学生校外活动中心
芒康县青少年学生校外活动中心

陕西省（9个）

延长县青少年学生校外活动中心
宝鸡市渭滨区青少年学生校外活动中心
户县青少年学生校外活动中心
渭南市临渭区青少年学生校外活动中心
米脂县青少年学生校外活动中心
宁强县青少年学生校外活动中心
平利县青少年学生校外活动中心
淳化县青少年学生校外活动中心
洋县青少年学生校外活动中心

甘肃省（8个）

秦安县青少年学生校外活动中心
金昌市金川区青少年学生校外活动中心
古浪县青少年学生校外活动中心
庆城县青少年学生校外活动中心
金塔县青少年学生校外活动中心
民乐县青少年学生校外活动中心
陇西县青少年校外活动中心
会宁县青少年学生校外活动中心

青海省（5个）

玉树县青少年学生校外活动中心
贵德县青少年学生校外活动中心
乐都县青少年学生校外活动中心
称多县青少年学生校外活动中心
化隆县青少年学生校外活动中心

宁夏回族自治区（2个）

海原县青少年学生校外活动中心
青铜峡市青少年学生校外活动中心

新疆维吾尔自治区（8个）

沙雅县青少年学生校外活动中心
博湖县青少年学生校外活动中心
青河县青少年学生校外活动中心
岳普湖县青少年学生校外活动中心
察布查尔锡伯自治县青少年学生校外活动中心
木垒哈萨克自治县青少年学生校外活动中心
民丰县青少年学生校外活动中心
洛浦县青少年学生校外活动中心

新疆生产建设兵团（1个）

农七师青少年学生校外活动中心

河北省（20个）

崇礼县青少年学生校外活动中心
涞源县青少年学生校外活动中心
献县青少年学生校外活动中心
唐县青少年学生校外活动中心
南皮县青少年学生校外活动中心
康保县青少年学生校外活动中心
阳原县青少年学生校外活动中心
沽源县青少年学生校外活动中心
广平县青少年学生校外活动中心
平泉县青少年学生校外活动中心
曲阳县青少年学生校外活动中心
承德县青少年学生校外活动中心
滦平县青少年学生校外活动中心
盐山县青少年学生校外活动中心
武强县青少年学生校外活动中心
万全县青少年学生校外活动中心
广宗县青少年学生校外活动中心
赤诚县青少年学生校外活动中心
赞皇县青少年学生校外活动中心
阜城县青少年学生校外活动中心

山西省（20个）

交城县青少年学生校外活动中心
乡宁县青少年学生校外活动中心
中阳县青少年学生校外活动中心
平顺县青少年学生校外活动中心
安泽县青少年学生校外活动中心
阳高县青少年学生校外活动中心
浑源县青少年学生校外活动中心
吕梁市离石区青少年学生校外活动中心
灵丘县青少年学生校外活动中心
交口县青少年学生校外活动中心
偏关县青少年学生校外活动中心

繁峙县青少年学生校外活动中心
永和县青少年学生校外活动中心
平定县青少年学生校外活动中心
太原市晋源区青少年学生校外活动中心
昔阳县青少年学生校外活动中心
古县青少年学生校外活动中心
闻喜县青少年学生校外活动中心
岢岚县青少年学生校外活动中心
万荣县青少年学生校外活动中心

吉林省（3个）
洮南市青少年校外活动中心
集安县青少年校外活动中心
通榆县青少年校外活动中心

黑龙江省（11个）
青冈县青少年学生校外活动中心
萝北县青少年学生校外活动中心
漠河县青少年学生校外活动中心
桦川县青少年学生校外活动中心
佳木斯市郊区青少年学生校外活动中心
虎林市青少年学生校外活动中心
兰西县青少年学生校外活动中心
明水县青少年学生校外活动中心
克山县青少年学生校外活动中心
林甸县青少年学生校外活动中心
齐齐哈尔市龙沙区青少年校外活动中心

安徽省（9个）
庐江县青少年学生校外活动中心
枞阳县青少年学生校外活动中心
舒城县青少年学生校外活动中心
歙县青少年学生校外活动中心
五河县青少年学生校外活动中心
绩西县青少年学生校外活动中心
临泉县青少年学生校外活动中心
萧县青少年学生校外活动中心
东至县青少年学生校外活动中心

江西省（12个）
都昌县青少年学生校外活动中心
湖口县青少年学生校外活动中心
上饶县青少年学生校外活动中心
铅山县青少年学生校外活动中心
宜黄县青少年学生校外活动中心
资溪县青少年学生校外活动中心
宜丰县青少年学生校外活动中心
万载县青少年学生校外活动中心
樟树市青少年学生校外活动中心
万安县青少年学生校外活动中心
宁都县青少年学生校外活动中心
安远县青少年学生校外活动中心

河南省（15个）
正阳县青少年学生校外活动中心
扶沟县青少年学生校外活动中心
太康县青少年学生校外活动中心
南城县青少年学生校外活动中心
内乡县青少年学生校外活动中心
永城市青少年学生校外活动中心
卢氏县青少年学生校外活动中心
郾城县青少年学生校外活动中心
许昌县青少年学生校外活动中心
南乐县青少年学生校外活动中心
孟州市青少年学生校外活动中心
封丘县青少年学生校外活动中心
中牟县青少年学生校外活动中心
博爱县青少年学生校外活动中心
洛宁县青少年学生校外活动中心

湖北省（4个）
仙桃市青少年学生校外活动中心
咸丰县青少年学生校外活动中心
竹溪县青少年学生校外活动中心
红安县青少年学生校外活动中心

湖南省（12个）
长沙县青少年学生校外活动中心
泸溪县青少年学生校外活动中心
蓝山县青少年学生校外活动中心
汉寿县青少年学生校外活动中心
冷水江市青少年学生校外活动中心
岳阳市君山区青少年学生校外活动中心
麻阳苗族自治县青少年学生校外活动中心
通道侗族自治县青少年学生校外活动中心
新晃侗族自治县青少年学生校外活动中心
城步苗族自治县青少年学生校外活动中心
宜章县青少年学生校外活动中心
双牌县青少年学生校外活动中心

教育部办公厅关于开展"体育、艺术2＋1项目"实验工作的通知

教艺艺厅函[2004]33号

各省、自治区、直辖市教育厅（教委），新疆生产建设兵团教育局，全国中小学课外文体活动工程示范区：

为进一步推动学校体育和艺术教育的改革与发展，引导和鼓励广大中小学生积极参加形式多样、生动活泼、健康向上的体育、艺术活动，促进学生的全面发展和健康成长，我部决定在全国中小学课外文体活动工程示范区进行实验并取得经验的基础上，在全国中小学全面实施"体育、艺术2＋1项目"，即通过学校组织的课内外体育教育和艺术教育活动，让每个学生在九年义务教育阶段能够掌握两项体育运动技能和一项艺术特长，为学生的全面发展奠定良好的基础。组织实施"体育、艺术2＋1项目"是深入推进素质教育的一项重要措施，对于促进人的全面发展、提高全民族的整体素质具有重要的意义。

从今年9月份开始，"体育、艺术2＋1项目"首先在全国15个课外文体活动工程示范区进行实验。各示范区教育行政部门要将实施"体育、艺术2＋1项目"列入工作计划，按照《体育、艺术"2＋1项目"实施方案（试行）》的基本内容和要求，结合本地中小学校的实际，制订具体实施方案，认真组织实验。各示范区要勇于实践，积极探索，注重总结，形成符合中小学校和中小学生实际情况的"体育、艺术2＋1项目"的基本制度，为在全国全面实施"体育、艺术 2＋1项目"提供可借鉴的经验。示范区所在省、自治区、直辖市教育行政部门要加强对"体育、艺术2＋1项目"实验工作的指导和支持，在取得成功经验的基础上，先行逐步扩大本省、自治区、直辖市的实施范围。请各示范区将"体育、艺术 2＋1 项目"实施方案于 9月底前报我部体育卫生与艺术教育司。

附件:《"体育、艺术2＋1项目"实施方案(试行)》(略)

教育部办公厅

二〇〇四年八月二日

共青团中央办公厅关于开展团属青少年活动场所安全检查和专项治理工作的通知

中青办发[2004]2号

共青团各省、自治区、直辖市委:

为贯彻落实党中央、国务院关于加强安全工作的要求，切实加强青少年活动场所的安全管理，坚决消除安全事故隐患，进一步完善青少年活动阵地安全管理机制，共青团中央决定，集中3个月时间对团属青少年活动场所进行安全检查和专项治理。

一、时间和范围

这次安全检查和专项治理工作的时间为3月1日至5月31日，范围包括全国团属青年宫、少年宫、青少年宫、青少年活动中心和青少年活动营地等青少年活动场所。

二、主要内容

1．消除建筑、消防安全隐患。要对青少年活动场所建筑质量、消防通道、消防器材、消防制度的建立和执行、消防安全意识等情况进行逐一检查，发现问题及时治理，切实消除安全隐患。无建筑质量验收合格证、无消防安全合格证的建筑必须停止使用，进行整治，取得双证之后才能使用。检查中发现的团组织无法解决的安全问题要及时向党政有关部门报告，在党政有关部门的支持下妥善加以解决。

2．坚决取缔不利于青少年身心健康的经营活动。要按照中办、国办《关于加强青少年学生活动场所建设和管理工作的通知》和《青少年宫管理工作条例》等文件的要求，对团属青少年活动场所的经营情况进

行检查与治理，坚决取缔有违规、违纪现象的营业性歌舞厅、茶座、咖啡厅、电子游戏厅、网吧、录像厅等经营项目；对于符合国家有关规定的经营活动，必须派专人参与管理，杜绝安全事故的发生；青少年活动场所的教学用房不得出租或挪作他用，已经改变其用途的，应尽快予以腾退。

3．确保青少年活动场所设备、设施的安全。要做好供电、供水、取暖设备和青少年文体娱乐活动设施的安全检查和维护工作，确保各项设备、设施齐备有效，运行良好，安全措施到位。

4．加强活动的安全保卫工作。青少年活动阵地组织的各项活动，要根据其规模、场地和周围环境等实际情况对活动的安全保卫、安全设施、交通工具、突发事件的处理预案等情况进行检查，并结合实际制定具有针对性、可操作性的安全制度，确保各项活动的安全。不能以任何形式、任何名义组织青少年参加接触易燃、易爆、有毒、有害等物品和具有危险性的活动。

三、组织实施

这次安全检查和专项治理工作由省级团委负责组织实施。可采取先由各青少年活动场所组织自查，然后由省级团委抽调人员组织普查的方式进行。在检查中，要对发现的安全问题进行集中治理，一时无法解决的限期整治。

四、工作要求

1．高度重视，加强领导。青少年活动场所和团的各项活动的安全工作事关青少年健康成长和社会稳定大局，责任重大。各级团组织要高度重视，采取措施，切实加强对这次安全检查和专项治理工作的领导，确保工作取得实效。各省级团委要成立由负责同志牵头的工作领导小组，制定周密的工作方案，落实目标责任制，确保安全检查与专项治理工作落实到位。

2．解决问题，消除隐患。各地团组织在这次安全检查和专项治理工作中要边查边改，本着发现问题，解决问题的原则，采取切实可行的措施，努力消除一切安全隐患。一时解决不了的安全问题也要采取防范措施，并且限期整治。凡是因这次检查和治理工作不落实，安全隐患没有得到及时解决而造成重大人员伤亡和财产损失的，要依照有关规定追究责任。

3．规范管理，完善制度。要通过这次安全检查和专项治理工作，进一步健全团属青少年活动阵地的安全机制，完善安全制度，确保青少年活动场所的安全工作落到实处。要对团属青少年活动阵地进行全员安全教育，切实增强干部职工的安全意识。要加强对青少年活动阵地的管理力度，始终坚持把社会效益和人才效益放在首位，把为青少年提供切实服务作为一切工作的出发点和落脚点。要以改革的精神加快青少年活动阵地的建设与发展，不断壮大自身实力，充分发挥阵地在教育、引导、服务青少年健康成长中的积极作用。

各地团组织开展青少年活动场所安全检查和专项治理工作的情况要形成书面报告，于5月31日前报团中央宣传部。

共青团中央办公厅

二〇〇四年二月十七日

共青团中央办公厅关于开展团属青少年宫集中检查和专项治理工作的通知

中青办发[2004]18号

共青团各省、自治区、直辖市委：

为贯彻落实《中共中央国务院关于进一步加强和改进未成年人思想道德建设的若干意见》和全国加强和改进未成年人思想道德建设工作会议精神，充分发挥青少年宫在未成年人思想道德建设中的积极作用，切实加强团属青少年宫（包括青年宫、少年宫、青少年宫和青少年活动中心等）的建设和管理，共青团中央决定，近期在全国团属青少年宫中迅速开展一次收费项目、经营活动和安全工作的集中检查和专项治理。现将有关事项通知如下：

一、检查和治理工作的主要内容

1．清理以青少年宫名义出现的、不符合国家相关规定的收费项目，杜绝乱收费现象的发生。要对以青少年宫名义开展的各类培训项目和收费情况进行一次检查，不能以青少年宫名义开设学科补习班，进行高收费，更不能借开展活动之名搞营业性创收。要切实加强和规范青少年宫在利用学校及其他公共设施开展校外教育活动的管理，青少年宫开展的培训项目要符合国家相关规定；青少年宫的收费标准要严格按照财政、物价等部门核定的标准进行；青少年宫的收费方式要透明、要规范，责任要明确，严禁由其他学校和单位人员代收费用。对于有上述问题的青少年宫要坚决整改。

2. 坚决取缔不利于青少年身心健康的经营活动。要按照中办、国办《关于加强青少年学生活动场所建设和管理工作的通知》和《青少年宫管理工作条例》等文件的要求，对团属青少年活动场所的经营情况进行检查与治理，坚决取缔有违规、违纪现象的营业性歌舞厅、茶座、咖啡厅、电子游戏厅、网吧、录像厅等经营项目；对于符合国家有关规定的经营活动，必须派专人参与管理；青少年活动场所的教学用房不得出租或挪作他用，被挤占、挪用、租借的，要限期归还和改正。

3. 确保青少年活动场所设备、设施的安全。要做好供电、供水、取暖设备和青少年文体娱乐活动设施的安全检查和维护工作，确保各项设备、设施齐备有效，运行良好，安全措施到位。要对青少年活动场所建筑质量、消防通道、消防器材、消防制度的建立和执行、消防安全意识等情况进行逐一检查，发现问题及时治理，切实消除安全隐患。无建筑质量验收合格证、无消防安全合格证的建筑必须停止使用，进行整治，取得双证之后才能使用。

二、检查和治理工作的组织

这次青少年活动阵地的检查和治理工作由省级团委负责组织实施。可采取先由各青少年活动场所组织自查，然后由省级团委抽调人员组织普查的方式进行。在检查中，要对发现的问题进行集中治理，限期整改。

三、工作要求

1. 高度重视，加强领导。各级团组织要认真贯彻落实《中共中央国务院关于进一步加强和改进未成年人思想道德建设的若干意见》和全国加强和改进未成年人思想道德建设工作会议精神，对这次检查、治理工作高度重视，精心部署。各省级团委要加强领导，制定周密的工作方案，落实目标责任制，确保检查与治理工作落实到位，取得成效。

2. 解决问题，消除隐患。各地团组织在检查和治理工作中要边查边改，本着有什么问题，解决什么问题的原则，采取切实可行的措施，解决青少年宫中存在的问题。因为检查不到位、措施不落实而出现的青少年宫各类事故、问题，主管团组织要承担责任。

3. 健全机制，完善制度，强化管理。青少年宫要坚持把社会效益放在首位，坚持面向未成年人，服务未成年人的宗旨，建立健全内部管理制度，切实加强管理人员和师资队伍建设，充分发挥青少年宫在加强未成年人思想道德教育、服务未成年人健康成长中的重要作用。要抓住当前加强未成年人思想道德建设的机遇，积极争取当地党政和社会各方面的支持，推动青少年宫的发展，把青少年宫切实建成教育、服务青少年的坚强阵地。

各地团组织要及时上报此项工作的开展情况，工作结束后将集中检查和专项治理工作的整体情况以书面报告的形式，于7月30日前报共青团中央宣传部。

共青团中央办公厅

二〇〇四年五月二十五日

共青团中央　全国少工委关于学习贯彻《中共中央国务院关于进一步加强和改进未成年人思想道德建设的若干意见》的通知

中青联发[2004]8号

各省、自治区、直辖市团委，少工委：

《中共中央国务院关于进一步加强和改进未成年人思想道德建设的若干意见》（以下简称《若干意见》）的颁布实施，是我们党在全面建设小康社会、加快推进社会主义现代化建设的新的发展阶段，切实加强思想道德建设特别是加强青少年思想道德建设的重大举措，充分体现了“三个代表”重要思想和十六大精神，反映了全国人民的共同愿望。《若干意见》对共青团、少先队组织进一步认清在未成年人思想道德建设中肩负的责任，增强加强和改进未成年人思想道德建设的紧迫感，努力开创未成年人思想道德建设的新局面具有重大的指导意义。为学习贯彻《若干意见》，充分发挥共青团、少先队组织在未成年人思想道德建设中的重要作用，特通知如下。

一、充分认识进一步加强和改进未成年人思想道德建设的重大意义

（一）未成年人是祖国的未来，民族的希望，他们正处在思想道德品质形成的关键时期，他们的思想道德状况如何，直接关系到中华民族的整体素质，关系到国家前途和民族命运，关系到中国特色社会主义事业的长远发展。建设中国特色社会主义，需要一代又一代人的不懈努力。现在的未成年人，几年十几年后就是中国特色社会主义事业的接班人，他们将肩负起全面建设小康社会，实现中华民族伟大复兴的历史重任。加强和改进未成年人思想道德建设，是提高未成年人思想道德素质，确保党和国家事业后继有人、兴旺发达的必然要求。

（二）我们党历来高度重视未成年人思想道德建设。以毛泽东、邓小平、江泽民同志为核心的党的三代领导集体，对未成年人倾注了无限的关爱，寄予了殷切的希望，都把培养社会主义事业的合格建设者和接班人作为关系党和国家前途命运的战略任务。党的十六大以来，以胡锦涛同志为总书记的党中央深刻分析和把握未成年人思想道德建设工作面临的新形势，对加强和改进未成年人思想道德建设进一步提出了明确要求，作出了新的部署。我们要按照党对未成年人思想道德建设工作的要求，认清责任，肩负起培育中国特色社会主义事业建设者和接班人的崇高使命。

（三）我们正处在实施社会主义现代化建设第三步战略部署的新的发展阶段，国际国内形势都发生了深刻变化。我们既要看到我国对外开放进一步扩大、社会主义市场经济深入发展、信息技术等高科技日新月异给我们加强未成年人思想道德建设带来的新机遇，更要正视国际敌对势力的思想文化渗透、社会丑恶现象和消极腐败现象给未成年人思想道德建设带来的严峻挑战，同时还必须看到未成年人思想道德建设还存在许多不适应新形势新任务的地方和亟待加强的薄弱环节。我们要充分认识加强和改进未成年人思想道德建设的极端重要性和紧迫性，适应新形势新任务的要求，积极应对挑战，加强薄弱环节，在巩固已有成果的基础上，采取更加有力的措施，努力把未成年人思想道德建设提高到一个新的水平。

二、进一步明确共青团和少先队组织在加强和改进未成年人思想道德建设中的责任和任务

（四）共青团和少先队是党的助手、后备军和预备队，肩负着党赋予的教育、引导未成年人的神圣使命和光荣任务。各级共青团、少先队组织要坚持以马克思列宁主义、毛泽东思想、邓小平理论和“三个代表”重要思想为指导，深入贯彻十六大精神，紧密结合全面建设小康社会的实际，针对未成年人的特点，积极探索新世纪新阶段未成年人思想道德建设的规律，坚持以人为本，教育和引导未成年人树立中国特色社会主义的理想信念和正确的世界观、人生观、价值观，养成高尚的思想品质和良好的道德情操，努力培育有理想、有道德、有文化、有纪律的，德、智、体、美全面发展的中国特色社会主义事业建设者和接班人。

（五）未成年人正处在长身体、长知识、世界观人生观价值观逐渐形成的特殊阶段，要坚持分层次有步骤地正面引导，从增强爱国情感做起，从确立远大志向做起，从规范行为习惯做起，从提高基本素质做起，促进他们全面发展；要按照实践育人的要求，以体验教育为基本途径，精心设计和组织开展内容鲜活、形式新颖、吸引力强的道德实践活动，增强教育活动的吸引力和感染力，提高未成年人思想道德教育的针对性和实效性；要积极营造有利于未成年人思想道德建设的社会氛围，净化未成年人的成长环境，维护未成年人的合法权益，为形成党委统一领导、党政群齐抓共管、各有关部门各负其责、全社会积极参与的领导体制和学校教育、家庭教育、社会教育相互配合的工作机制做贡献。

（六）共青团、少先队组织要发挥自身优势，把对未成年人理想信念的引领和高尚思想品质、良好道德情操的培养作为重要任务，让正确的理想信念成为未成年人成长进步的动力；把道德实践活动作为未成年人思想道德教育的重要载体，引导未成年人在家庭生活、学校生活、社会生活和大自然中，通过亲身经历和获得真实感受的实践，明白做人做事的道理，养成良好的行为习惯；把服务作为未成年人思想道德教育的重要手段，在满腔热情地关注、解决他们学习、生活、成长遇到的问题中进行教育和引导，在耐心细致地解疑释惑中引导他们辨别是非、美丑、善恶，把思想道德教育做到未成年人的心坎上；把营造良好的教育氛围作为未成年人思想道德教育的重要方式，在团结友爱、共同进步的环境中培养关爱之心，在人人做主人的氛围中培养责任感，在丰富多彩的活动中陶冶情操，在追求美好的气氛中培养真善美的品质；把联合社会力量共同做好未成年人思想道德建设工作作为重要责任，为营造有利于未成年人健康成长的社会环境而努力。

三、广泛深入开展道德实践活动

（七）实践育人是共青团、少先队组织的优良传统和基本经验，近年来提出的体验教育是新形势下共青团、少先队教育思想的探索和发展。共青团、少先队组织要以体验教育为基本途径，广泛深入开展道德实践活动。要继续深化“手拉手”、“中国少年雏鹰行动”、“少年军校”、中学生素质拓展计划等已取得成效的实践活动，还要根据新形势不断创新活动内容和活动形式。要充分利用法定节日、传统节日、历史人物和重大历史事件的纪念日及入队、入团、成人宣誓等有特殊意义的重要日子，开展形式多样的团队活动，还可以联合社会力量精心组织夏令营、冬令营、革命圣地游、红色旅游、绿色旅游以及各种参观、瞻仰和考察等活动。开展道德实践活动必须使用鲜活通俗的语言、生动典型的事例、喜闻乐见的形式，注重未成年人的主动参与、亲身经历和真实感受，不断增强活动的吸引力和感染力，提高教育的针对性和实效性。

（八）中学共青团要开展树立和培育理想信念的教育活动，通过中学生团校、业余党校，让中学生了解共青团和共产党的基本知识，通过中国革命、建设和改革开放的历史教育和国情教育，让他们明白只有在党的领导下，走中国特色社会主义道路，才有了中国今天的发展，才能有祖国美好的未来，坚定永远跟党走的信念。要联合有关部委制定《进一步加强中学生团校、业余党校建设的意见》，利用三年时间制定中学生团校、业余党校的全国统一教材，进一步建立中学生团校、业余党校的校、区（县）、市（地）三级管理体系，健全在中学生中开展“推优入党”工作的机制，做好中学生团校、业余党校与高等学校相关教育的衔接工作，力争今年中学生团校、业余党校或党课小组覆盖面达到70%，2005年达到90%，2006年最终实现全国中学普及团校、业余党校或党课小组。在条件较好的市（地）、区（县）试办网上中学生团校、业余党校。

（九）要深化和创新中学生成人教育活动。在进一步普及中学生十八岁成人仪式教育活动的基础上，开展十六岁居民身份证颁发仪式教育活动，由团组织邀请社区居委会、公安、法院等有关部门负责人与学生、家长在社区举行集中的居民身份证颁发仪式，对中学生进行相关的法律教育，激发他们的成人意识。以“五四”运动85周年为契机，在全国100个城市同时开展中学生十八岁成人仪式集中宣誓活动，力争2004年中学生十八岁成人仪式教育活动在中学的覆盖率达90%，2005年达到全国中学基本普及。

（十）要继续做好城乡少年手拉手、东西部少年手拉手、健康和身体有残疾的少年手拉手、各民族少年手拉手等活动，重点做好全国城市少年儿童和进城务工就业农民子女手拉手活动，以“同在一片蓝天下，手拉手共同成长”为主题，引导城市少年儿童和进城务工就业农民子女互相关心，相互学习，共同进步，并通过“小手拉大手”带动学校、辅导员和家庭手拉手，呼吁全社会更加关心、爱护进城务工就业农民和他们的子女，为进城务工就业农民子女的健康成长营造平等、互助、友爱的社会氛围。

（十一）要进一步在未成年人中开展弘扬和培育民族精神教育活动。以中宣部、中央文明办、共青团中央、教育部、全国少工委共同开展的“民族精神代代传”活动为载体，让未成年人通过历史和现实的事件和人物，真切地感受中国了不起、中国人了不起，通过做一件有意义的事情，体验怎样做个了不起的中国人，从而了解民族精神的丰富内容，感受民族精神的伟大力量，体验民族精神的时代内涵，汲取中华民族优良传统和美德的丰富营养，逐步树立民族自尊心和自豪感。

（十二）要推动“雏鹰争章”与基础教育新课程建设的有机结合。适应教育创新和素质教育的新要求，配合全国基础教育课程改革，以提高未成年人思想道德素质、科学文化素质和健康素质为基本目标，构建和完善“雏鹰奖章”新体系。进一步完善定章、争章和颁章的各个环节，尊重少年儿童的自主性，突出“雏鹰争章”的实践性和非竞争性，努力使“雏鹰奖章”成为衡量少年儿童综合素质的重要依据。

（十三）要通过评选先进集体和先进个人，为未成年人树立可亲、可信、可敬、可学的榜样，让他们从榜样的感人事迹和优秀品质中受到鼓舞、汲取力量。要进一步规范和完善“雏鹰奖章”、“优秀共青团员”、“十佳少先队员”、“十佳少先队辅导”、“十佳少先队志愿辅导员”、“少先队红旗（大）中队”的评选表彰，激励广大未成年人崇尚先进、学习先进。

四、加强未成年人思想道德教育的阵地建设

（十四）面向未成年人开放的场所是思想道德教育的重要阵地。团属青少年宫（家、站）、青年中心及相关事业单位要坚持把社会效益放在首位，坚持面向未成年人、服务未成年人的宗旨，积极开展教育、科技、文化、艺术、体育等未成年人喜闻乐见的活动，把思想道德教育融入其中，充分发挥对未成年人的教育引导功能。

（十五）要定期组织中学生团员、少先队员到各类博物馆、纪念馆、展览馆、烈士陵园等爱国主义教育基地进行集中参观。要发挥社区共青团和少先队的作用，联系辖区内的企事业单位向未成年人开放活动场地。建立和完善志愿辅导员注册制度，吸收热心未成年人教育工作、有责任心、有能力、有经验的人士加入少先队志愿辅导员队伍，为未成年人开展参观活动和其他校外活动服务。

（十六）加强青少年活动阵地建设。2004 年～2008 年，积极争取财政专项建设经费，重点扶持建设 82 个青少年活动场所，实现全国地市以上城市至少拥有 1 所团属青少年活动场所，基本消灭空白点。同时鼓励东部地区充分利用返还公益金和自筹资金或通过企业募集资金等方式自建青少年活动场所。在县级青少年宫的建设中，重点扶持西部和少数民族地区。命名一批具有先进水平、具有示范导向功能的青少年活动场所。

五、发展新闻出版事业，为未成年人思想道德建设提供丰富的精神食粮

（十七）加强未成年人文化精品生产。结合“五个一工程”、“五四新闻奖”评选，引导团属新闻出版单位做好规划，加大精品生产力度，围绕提高未成年人道德品质、宣传中小学生日常行为规范、提高未成年人科学文化修养等主题，争取每年推出 200 册左右的优秀图书和一批有质量的影视、音像、电子出版物等视听产品。要办好《中国中学生报》、《中国少年报》、《中国儿童报》、《中学生》杂志、《中国少年儿童》杂志、《少先队小干部》杂志和《辅导员》杂志。同时引导团属报刊关注未成年人思想道德建设，开设相关专栏，为未成年人提供更多更好的精神食粮。

（十八）加强“民族魂”、“血铸中华”等系列爱国主义网站建设。在进一步办好“民族魂”、“血铸中华”等爱国主义公益网站的同时，新建邓颖超、任弼时、陈云、王树声、徐海东、陈嘉庚、白求恩及江西、河北、山西、山东、四川等省的英烈纪念馆等 12 个专题网站，并结合纪念“五四”运动 85 周年建好“五四运动纪念馆”，加强网上正面宣传，在未成年人中弘扬和培育民族精神，进行爱国主义教育。

六、依法维护未成年人的合法权益

（十九）维护未成年人的合法权益是加强未成年人思想道德教育的重要基础。要以全国人大内司委修订《未成年人保护法》和《预防未成年人犯罪法》颁布五周年为契机，深入开展未成年人法律宣传教育活动，通过现场咨询、知识竞赛、法律征文等活动，在未成年人中普及法律知识，增强未成年人的法律意识。深化“中国少年儿童平安行动”，围绕校园安全、治安防范、交通安全、防灾避险等主题，提高未成年人的安全意识和自护能力，防止他们受到侵害。继续深化创建“青少年维权岗”活动，探索建立全国优秀“青少年维权岗”公示制度和认定制度，完善创建活动的动态管理、激励和监督考核机制。做好青少年维权岗的命名表彰工作。针对危害青少年身心健康的突出问题，继续开展“青少年维权岗在行动”活动，动员各地、各系统优秀“青少年维权岗”及创建单位充分发挥职能作用，齐抓共管，进一步优化青少年成长的社会环境。

（二十）要深入开展“青少年网络文明行动”，宣传全国青少年网络文明公约，开展“社区网络文明行”同伴教育活动，教育引导未成年人远离网吧，增强网络文明意识，提高网络文明素质，营造有利于未成年人健康成长的网络环境。要联合有关部委在西部重点地区开展“社区青少年远离毒品——边境行”禁毒教育活动，教育引导未成年人认识毒品危害，提高广大未成年人拒毒、防毒的意识和能力。深化预防艾滋病“青春红丝带”行动，遏制艾滋病在未成年人中的传播。继续深入实施“青少年违法犯罪社区预防计划”，加强对社区未成年人特别是闲散青少年的教育、管理和服务。

七、全面加强中学共青团、少先队组织的自身建设

（二十一）加强中学共青团和少先队组织的自身建设是充分发挥共青团、少先队组织在未成年人思想道德建设中重要作用的保证。要取得教育行政部门的支持，把中学共青团和少先队工作作为重要内容纳入教育发展规划，把对共青团和少先队工作的指导、检查、考核纳入教育行政部门的督导、评估范畴，把共青团和少先队工作纳入学校工作的议事日程，并将共青团和少先队工作情况作为衡量学校办学质量的重要标准。要取得学校党组织和行政部门对共青团和少先队工作的支持，保证每周两个课时的活动时间和开展活动必要的经费支持。建设好学校中团的活动阵地和少先队队室、鼓号队、红领巾广播站、红领巾电视台等。

（二十二）要加强共青团、少先队工作队伍建设。要按照共青团中央、全国少工委和教育部的有关规定，推荐、选派业务过硬、工作热情高、创新能力强的优秀青年教师做团的工作，担任少先队辅导员。中学团委书记按学校中层干部的条件进行配备，大队辅导员一般按不低于副教导主任的条件进行配备。在教师聘任、评选先进时要将团委书记、辅导员从事共青团、少先队工作的能力作为考核的主要依据。省（区、市）、市（地）、县（市）应在同级团委或教育行政部门设少先队总辅导员。要加强中学团干部和少先队辅导员的培训，积极争取把他们的培训作为学校师资培养的重要组成部分，纳入正常的师资培训渠道。要选聘热心少先队工作、有责任心、有能力、有经验的人士担任志愿辅导员，调动家长和社会各界人士的积极性，力争实现城市学校每个大队、中队，农村学校每个大队和社区少先队组织都至少有一名志愿辅导员。要发挥少先队小干部岗位在未成年人思想道德教育中的作用，通过民主选举少先队干部和定期轮流任职的办法，培养他们的服务意识、民主意识和自我教育、自我管理的能力，还要多设少先队工作的岗位，让少先队员都有机会参与少先队的工作。

（二十三）要加强社区少先队组织建设。要在街道、城镇建立团组织牵头，教育、文化、民政、公安等部门参加的社区少工委，按照就近就便和自主自愿的原则，把少先队员组织起来。鼓励有条件的农村小城镇和乡村进行少先队社区工作的探索。要争取各级民政部门把少先队社区工作作为创建文明城市、文明社区的重要组成部分，努力为少先队社区组织营造良好的工作环境。要充分利用各类校外教育机构和综合性、社区性少年儿童校外活动阵地，大力发展和建设各种少先队的体验教育基地、科学文化体育活动基地、少年军（警）校活动基地等。

八、加强对未成年人思想道德建设的领导和协调

（二十四）团的各级领导机关要高度重视未成年人思想道德建设工作，建立以团委主要负责同志负总责的责任制，设立相应的领导机构，把未成年人思想道德建设纳入目标管理体系和工作考核体系，一级带一级，层层抓落实。要主动纳入经济社会发展的大局中，参与到党委统一领导、党政群齐抓共管、有关部门各负其责、全社会积极参与的领导体制和工作机制中，积极争取各级党委和政府对共青团和少先队工作的支持，积极争取各级政府和社会各方面对未成年人思想道德建设的投入。

（二十五）团的各条战线、各个部门、各个机构都要参与到未成年人思想道德建设中，团委机关各个部门要通力合作，青工、青农、学校、政法、科技等战线的团组织要利用自己的资源和优势，参与未成年人思想道德教育工作，发挥基层团组织、团干部和团员在未成年人思想道德建设中的作用。团的教育科研机构要开展未成年人思想道德状况和未成年人思想道德建设相关问题的专题调研，对未成年人思想道德状况的一些重要指标进行定期监测评估，及时发布相关信息和科研成果，及时发出预警信号，发挥参谋、实验、服务的作用。

各省级团委、少工委要根据本通知要求，结合当地实际情况，对贯彻落实《若干意见》作出部署，有关情况及时报团中央办公厅。

共青团中央　全国少工委

二〇〇四年三月二十九日

共青团中央　全国少工委关于加强和改进未成年人思想道德建设的实施意见

中青联发[2004]30号

为深入贯彻《中共中央国务院关于进一步加强和改进未成年人思想道德建设的若干意见》（以下简称《若干意见》）和全国加强和改进未成年人思想道德建设工作会议精神，贯彻落实胡锦涛总书记重要讲话精神，开创共青团、少先队加强和改进未成年人思想道德建设新局面，特提出如下实施意见。

一、指导思想

共青团加强和改进未成年人思想道德建设的指导思想是：坚持以马克思列宁主义、毛泽东思想、邓小平理论和“三个代表”重要思想为指导，深入贯彻党的十六大精神，把握和运用未成年人思想道德建设的重要经验，紧密结合全面建设小康社会的实际，坚持贴近实际、贴近生活、贴近未成年人，坚持实践育人，坚持以人为本，发挥共青团、少先队的优势和特点，开展生动活泼的道德实践活动，引导未成年人牢固树立中国特色社会主义的理想信念和正确的世界观、人生观、价值观，弘扬伟大的民族精神，养成高尚的思想品质和良好的道德情操，努力成长为有理想、有道德、有文化、有纪律的社会主义事业建设者和接班人。

二、实施内容

（一）深入开展理想信念教育，把加强未成年人理想信念教育放在未成年人思想道德建设的首位。

针对中学生，广泛建立中学生团校、业余党校，健全在中学开展“推优入党”工作的机制。联合有关部委制定《进一步加强中学生团校、业余党校建设的意见》，并编写中学生团校、业余党校的全国统一教材。各地要按照全团统一部署，加强中学生团校、业余党校建设，今年力争在70%的中学建立中学生团校、业余党校或党课小组，2005年达到90%，2006年实现全国中学普及团校、业余党校或党课小组。条件较好的市（地）、区（县）可试办网上中学生团校、业余党校。要健全中学生团校、业余党校的校、区（县）、市（地）三级管理体系，做好中学生团校、业余党校与高等学校相关教育的衔接工作。针对少先队员，要通过开展队旗、队徽、队礼、入队仪式和民族精神代代传、星星火炬代代相传、少年军校等活动，培养他们从小树立远大理想，弘扬民族精神。

（二）广泛深入地开展道德实践活动。

1.深化和创新中学生成人仪式教育活动。各地要进一步普及中学生18岁成人仪式教育活动，深化内涵，丰富形式，拓展范围，力争在今年内使开展这项活动的城乡中学达到总数的90%。以换发第二代居民身份证为契机，探索开展16岁居民身份证颁发仪式活动，由团组织联合社区居委会、公安局、法院等有关部门在社区、学校举行居民身份证颁发仪式，并对中学生进行相关的法律教育，增强他们的成人意识。

2.实施中学生素质拓展计划。以育人为目标，以培养中学生的公民意识、创新精神和实践能力为重点，通过开展形式多样的思想道德教育和道德实践活动，实现中学共青团参与素质教育的有形化，将中学共青团工作纳入学校素质教育的整体格局。各地中学团组织要积极探索参与中学综合实践课教学、评价的机制，围绕思想道德教育、科技创新创造、技能训练、健康审美四个方面广泛开展活动，引导中学生自觉实践、自主参与，提高基本素质，促进全面发展。

3.开展城市少年儿童与进城务工农民子女手拉手活动。各地少先队组织要以“同在一片蓝天下，手拉手共同成长”为主题，广泛开展城市少年儿童与进城务工农民子女手拉手活动，使更多少年儿童感受到友情的可贵，引导他们培养互相帮助、共同进步的优秀品质。实施“希望工程助学进城计划”，动员社会力量，对家庭经济困难的进城务工农民子女提供资助，为他们营造平等、互助、友爱的社会氛围。

4.深化少年儿童“雏鹰争章”活动。少先队组织要适应教育创新和素质教育的新要求，配合第八次全国基础教育课程改革，推动“雏鹰争章”与基础教育新课程建设的有机结合，以提高未成年人思想道德素质、科学文化素质和健康素质为基本目标，构建和完善雏鹰奖章体系，使之成为衡量少年儿童综合素质的重要依据。基层少先队组织要尊重少年儿童的自主性，发挥他们的主动性，激励他们的创造性，开展经常性的雏鹰争章活动，促进少年儿童健康成长。

（三）加大青少年精神文化产品的生产和推介力度。

各级团组织、少先队组织、团属新闻出版单位要发挥文化育人的重要作用，结合“五个一工程”评选，广泛开展健康向上的文化活动。团属新闻出版单位要深化改革，加快发展，不断推出适合未成年人特点的优秀图书、影视、音像、电子出版物等精神文化产品，尤其要抓好龙头产品，突出特色，多出精品，满足未成年人的精神文化需求。进一步深化中国青少年新世纪读书计划，加强优秀未成年人读物推荐工作，引导未成年人多读书、读好书。团中央、全国少工委将组织优秀词、曲作家集中创作并面向全社会征集一批洋溢着伟大民族精神，符合未成年人特点，通俗易懂、易于传唱的优秀歌曲，引导未成年人从中汲取中华民族优良传统和美德的丰富营养。

（四）加强未成年人思想道德教育阵地建设。

重点扶持建立一批青少年活动场所。2004年～2008年，团中央将每年争取财政部专项建设经费1000万元，重点扶持建设82个青少年活动场所，力争全国每个地市以上城市至少拥有1所团属青少年活动场所，基本消灭空白点。县级青少年宫的建设重点向西部和少数民族地区倾斜。鼓励东部地区充分利用返还公益金或通过社会募集等方式，建设更多的青少年活动场所。各地也要努力争取政府支持，加强未成年人活动阵地建设。

建设一批未成年人思想道德建设网站。团中央将建设未成年人思想道德建设的专门网站——“青少年思想道德网”（www.daode.youth.cn），运用网络信息技术，传播先进文化，弘扬新风正气，引导广大未成年人健康成长。继续办好“民族魂”、“血铸中华”等爱国主义教育网站，新建邓颖超、任弼时、陈云等12个专题网站，结合纪念五四运动85周年建好网上“五四运动纪念馆”。通过加强网上正面宣传，在青少年中弘扬和培育民族精神，为广大未成年人创造良好的网络文化氛围。

（五）维护未成年人合法权益。

加强未成年人的法律意识教育。依托社区青少年法律学校，深入开展未成年人法律宣传教育活动，大力宣传《未成年人保护法》和《预防未成年人犯罪法》，组织开展法律宣传周、宣传日活动，采用以案说法、法律咨询、法律知识竞赛、法律征文等多种形式，不断增强未成年人的法律意识。继续开展“青少年维权岗在行动”活动，动员社会力量切实维护未成年人合法权益。依托各类青少年活动阵地，广泛开展“青春自护行动”，教育未成年人拒绝诱惑、远离危险、防范侵害，提高未成年人的自我保护意识和能力。继续深入实施“青少年违法犯罪社区预防计划”，积极开展“未成年人零犯罪社区”创建活动，加强对社区未成年人特别是闲散青少年的教育和服务。

净化未成年人的成长环境。针对影响未成年人健康成长的突出问题，深入开展“社区青少年远离毒品行动”，开通网上禁毒教育展览馆，普及毒品预防知识，增强未成年人拒毒、防毒的意识和能力。广泛开展社会监督，积极配合有关部门加强对社会文化场所的管理。联合教育部门大力实施“净化校园工程”，引导未成年人自我教育，清除和远离“粗口歌”、有害卡通画册、淫秽“口袋本”、不健康的音像制品和电子游戏等。深化预防艾滋病“青春红丝带”行动，在青少年中普及预防艾滋病的知识，遏制艾滋病在未成年人中的传播。深入实施青少年网络文明工程，大力推进“青少年网络文明行动”，开展“社区网络文明行”同伴教育活动，宣传青少年网络文明公约，教育引导未成年人增强网络文明意识，提高网络文明素质。

（六）加强未成年人工作队伍建设。

健全中学团干部和少先队工作者队伍。按照团中央、教育部和全国少工委的有关规定，配备好中学团干部和少先队辅导员。推荐、选派业务过硬、工作热情高、创新能力强的优秀青年教师做团的工作，担任少先队辅导员。中学团委书记按学校中层干部的条件进行配备，大队辅导员一般按不低于副教导主任的条件进行配备。在教师聘任、评选先进时要将团委书记、辅导员从事共青团、少先队工作的能力作为考核的主要依据。省（区、市)、市（地)、县（市）应在同级团委或教育行政部门设少先队总辅导员。

加强对中学团干部和少先队辅导员的培训力度。把培训作为学校师资培养的重要组成部分，纳入正常的师资培训渠道，不断提高他们的综合素质与工作水平。全国少工委重点做好对西部地区少先队辅导员的培训工作，争取今年内免费培训1500名基层少先队辅导员。广大少年儿童工作者要规范行为习惯，不断提高自身修养，为少年儿童树立良好的榜样，成为他们的良师益友。

壮大未成年人社会化工作队伍。以志愿服务为主要方式，吸收热心未成年人教育工作、有责任心、有能力、有经验的社会人士和“五老”（老干部、老战士、老专家、老教师、老模范）加入志愿辅导员者队伍，广泛开展“爱心助成长”志愿服务活动。制定校外志愿辅导员培训、使用、管理、考评和表彰办法，纳入中国青年志愿者的整体管理体系。组织发动全国受到县以上团组织表彰的优秀青年志愿者和志愿服务集体，就近就便与少先队开展“心手相连”结对活动，协助学校和少先队组织开展思想道德教育活动。

（七）建立未成年人社区评价体系。

以共青团、少先队组织为主导，建立由社区党组织、共青团和少先队组织、青年中心、青工委、居民委员会、家长委员会和学校代表组成的综合评价机构，围绕思想政治素质、文化科学素质、体质体能素质、劳动技能素质、个性心理素质等方面，实施综合评价，并与学校和单位的激励机制结合起来，调动青少年参与社区建设和社区服务的积极性，逐步实现青少年学校评价、单位评价、社区评价的统一。

（八）加强未成年人思想道德建设的理论研究。

团属青少年研究机构、团校、青干院要把未成年人思想道德建设理论研究作为重要课题，加强相互协作，进行深入研究，定期向社会发布研究成果。要建立未成年人思想道德状况重要指标体系，对这些指标进行定期检测评估，进一步增强工作的针对性和预见性。要加强对新的时代背景下未成年人身心发展特点的研究，加强新时期未成年人思想道德建设规律的研究，推出一批符合未成年人实际的研究成果，指导未成年人思想道德建设工作的实践。组织编辑、整理、出版未成年人思想道德建设系列精品丛书，推动学校、家庭、社会共同做好未成年人思想道德教育工作。

整合社会各方面力量，建立未成年人思想道德建设论坛。定期邀请有关方面领导、青少年教育专家、社会各界人士、优秀未成年人典型就未成年人思想道德建设举行报告、对话、研讨等活动，并以论坛为载体，开展青少年思想教育活动，展示未成年人思想道德实践活动的成果。

（九）加强表彰、宣传力度开展优秀青少年的评选表彰活动，发挥典型引导作用。深化和改进全国十佳少先队员、中学生优秀三好学生、希望工程之星、青少年科技创新奖等评选表彰活动，加大对优秀典型的宣传力度，形成良好的价值导向，倡导健康的成长观。

团属新闻媒体要以多种报道形式，大力宣传各级团、队组织加强和改进未成年人思想道德建设的具体措施和实践经验，宣传家庭、社会在未成年人思想道德建设方面的典型做法、典型事件，营造良好的社会舆论氛围。注重发挥重要言论的导向作用，组织、发表评论性的文章，广泛宣传加强未成年人思想道德建设的重要意义，提高全社会对未成年人思想道德建设工作的重视和关心程度。

三、实施要求

1. 统一思想，提高认识。各级共青团、少先队组织要从确保党的事业后继有人和社会主义事业兴衰成败的战略高度，提高对加强和改进未成年人思想道德建设工作的认识，把思想统一到胡锦涛总书记重要讲话和《若干意见》精神上来。要把未成年人思想道德建设工作纳入共青团、少先队工作的总体规划，列入团委、少工委的重要议事日程，常抓不懈。

2. 整合资源，形成合力。积极争取各级党委、政府在政策和投入上的支持，优化加强和改进未成年人思想道德建设的条件。争取社会各方面的支持，不断改善未成年人学习、成长的物质条件。积极吸纳社会各界人士参与未成年人思想道德建设，建立社会化的工作队伍。团的各条战线、各个部门、各个机构都要参与到未成年人思想道德建设中来，整合资源，形成合力。发挥优势，反映未成年人的思想、愿望和呼声，推动地方党委和政府制定、出台符合未成年人成长及青少年工作规律的未成年人工作规划。

3. 求真务实，狠抓落实。要加强调查研究，找准未成年人思想道德建设方面存在的问题，从全社会关心的热点、难点问题入手，多为未成年人办实事、办好事，尤其要集中力量办几件有影响的大事，形成声势，抓出实效。要加强和改进共青团、少先队组织的工作方法，不断适应社会发展、时代进步的要求，适应未成年人身心发展的新特点，探索新形势下未成年人的成长规律和教育规律，创新未成年人思想道德建设的思路、方法和途径。

4. 创新载体，形成品牌。要继续抓好现有工作载体，同时要不断创造新载体，全方位参与到学校、社会和家庭教育中。要树立品牌意识，打造工作品牌，依法运作和维护品牌，不断扩大品牌活动在青少年中及全社会的知名度和影响力。

5. 建立机制，提供保障。建立领导机制。各地要建立相应的工作领导机构，团委主要负责同志负总责，加强协调，统一推进。健全考核和激励机制。各级团组织要把未成年人思想道德建设纳入目标管理和工作考核体系，科学管理，严格考评。强化服务机制。贯彻服务育人的要求，搭建服务平台，巩固服务阵地，创新服务手段，为未成年人健康成长提供有效服务。

各省级团委、少工委要根据实施意见的要求，结合当地实际情况，对贯彻实施意见作出具体部署，并将有关情况于6月30日前报团中央办公厅和少年部。

共青团中央　全国少工委

二〇〇四年六月十日

共青团中央办公厅关于开展团属青少年活动阵地情况专题调研的通知

共青团各省、自治区、直辖市委，中共四川省委青教办、辽宁省委青教办：

为贯彻落实《中共中央国务院关于进一步加强和改进未成年人思想道德建设的若干意见》和中央领导同志关于加强青少年活动阵地建设和管理的指示精神，中央文明办、团中央、教育部、全国妇联、中国科协、国家发改委、财政部等部委于11月中旬联合召开协调会对相关工作进行部署，决定于今年年底之前对全国青少年校外活动场所建设和管理隋况进行调研，并在此基础上，联合出台专门文件，进一步加强青少年活动阵地建设和管理，充分发挥青少年活动阵地在加强和改进未成年人思想道德建设中的重要作用。

按照协调会精神，团中央将于近日对全国团属青少年活动阵地(青年宫、少年宫、青少年宫、青少年活动中心、青少年活动营地)的建设和管理情况进行一次全面调查。希望各地要高度重视，周密部署，按照本通知精神和调研提纲(附件)的要求，在本省(区、市)范围内开展一次专题调研，转发团属青少年活动阵地建设和管理状况调查问卷；迅速形成本省(区、市)青少年活动阵地基本情况报告(要求2000字以上)，并附上各青少年宫填好的调查问卷，请于12月10日前上报团中央宣传部，联系人：张彤，联系电话：010—85212192，传真：010—85212362。

附：团属青少年活动阵地建设和管理问题（略）

共青团中央办公厅

二〇〇四年十一月二十六日

全国少工委关于开展2004年“中国少年儿童平安行动”的通知

（2004年2月23日）

各省、自治区、直辖市少工委：

为了贯彻党的十六大和全国中小学德育工作会议精神，落实教育部、公安部、共青团中央、中国残联、全国少工委关于认真做好中小学生安全工作的具体部署意见，进一步深化“中国少年儿童平安行动”，现将2004年工作安排通知如下。

一、活动宗旨

“中国少年儿童平安行动”是由共青团中央、教育部、公安部、全国少工委共同主办，中国少年儿童新闻出版总社承办，中国平安保险(集团)股份有限公司协办，联合国儿童基金会大力支持的社会公益活动。今年要继续贯彻《关于开展“中国少年儿童平安行动”的通知》(中青办联发[2003]3号)精神，落实2004年全国中小学生安全教育日活动关于“预防校园侵害，提高青少年儿童自我保护能力”的总体要求，以“预防校园侵害，创建平安校园”为主题，在原有工作基础上，扩大活动的覆盖面，加强活动的针对性，把握活动的实用性，鼓励活动的创新性，为保护少年儿童的生命安全和身心健康，提高少年儿童自我保护的意识和能力，给少年儿童创造一个平安、健康、良好的社会环境而努力。

二、活动内容

以全国中小学生安全教育日为契机，充分发挥少年儿童的自主性和创造力，引导他们积极开展“争创‘平安校园’六个一的活动”，通过歌曲、征文、创编警句、知识竞赛、训练营等深受少年儿童欢迎的形式，让他们在活动体验中，学习自护、自救知识。少先队组织要在校园中倡导平安校园的文化理念，力争使每个校园都成为平安校园。

三、活动安排

（一）召开“中国少年儿童平安行动”研讨会，成立“平安行动专家团”(2月～3月)。

为加强活动的科学性和理论指导，组委会办公室将邀请国内研究少年儿童意外伤害的专家、少先队工作者等知名人士，召开“中国少年儿童平安行动”研讨会，同时成立“平安行动专家团”，加强对活动的指导、研究力度。各地也可根据实际，召开相关的研讨会，聘请专家指导活动。

（二）按照最近有关部委关于部署安全教育的文件精神，开展好全国中小学生安全教育日的活动(3月29日)。

3月29日，组委会办公室举行以“预防校园侵害，创建平安校园”为主要内容的主题教育活动。各地要按照文件要求，因地制宜开展好安全教育活动。

（三）开展争创“平安校园六个一”活动(3月～10月)。

开学初，组委会办公室将在《中国少年报》、《知心姐姐》杂志等少儿报刊上刊登“中国少年儿童平安行动”通知和活动倡议。各地要利用多种途径向少年儿童宣传活动内容，并继续选拔由少先队工作者、家长、教师、公安干警、中国平安保险(集团)股份有限公司的优秀员工等社会各界人士组成的“平安使者”，作为中国少年儿童平安行动志愿辅导员，深入到学校、社区、家庭开展志愿服务工作，为学校送去最新的活动资料，提供最新的活动信息，配合学校策划、开展活动。各地在开展活动中要认真研究、开发系列的安全教育培训课程，巩固创新，深入扎实地做好培训工作。各学校少先队组织要利用开学初的有利时机，积极开展“安全第一课”的教育活动并在3月29日当天形成高潮。

为落实“预防校园侵害，创建平安校园”的总体要求，组委会办公室将在全国推出争创“平安校园六个一”的活动。具体内容如下。

1．唱响一支“平安校园歌”。组委会办公室将在全国推广《平安歌》和《平安操》，各地少先队组织要积极号召少年儿童唱起来、跳起来，通过生动活泼、简单易行的活动参与到“中国少年儿童平安行动”中来。

2．创编一句“平安校园警句”。号召少年儿童创编平安校园警句，向他们征集预防校园侵害、自护自救的金点子，在学校中倡导平安校园文化，开展丰富多彩的文化建设活动。

3．参加一次“平安校园征文”活动。各地少先队组织要引导少年儿童围绕“预防校园侵害，创建平安校园”的主题，通过开展“火眼金睛搜索”、“安全隐患曝光”等活动，用文字的方式记录校园内及周边所存在的安全隐患，提出合理化建议，畅想心中对理想的平安校园的憧憬，规划平安校园的蓝图。

4．参加一次“平安校园知识竞赛”。组委会办公室在全国开展以“预防校园侵害，创建平安校园”为主题的知识竞赛。竞赛题目刊登在《中国少年报》、《知心姐姐》杂志等报刊上，并由“平安使者”向学校、社区发放知识问卷，使广大少年儿童通过知识竞赛，学习更多的自我保护知识和法律常识。组委会办公室还将面向全国的学校、社区，通过报刊、网站(中少在线：http：/ /www. ccppg. com. cn等相关网站)开展“预防校园侵害，提高自我保护能力”的调查活动。

5．参加一次“平安校园训练营”。以学校和校外教育阵地为依托，聘请少年儿童安全教育专家、少先队工作者组织引导孩子们开展争章活动，让少年儿童通过学习相关自护自救的实际操作本领，切实提高少年儿童的自护自救能力。各学校可利用双休日开展“校园一日营”活动，可在暑假期间开展“平安校园训练营”活动，让少年儿童亲身参与到自护训练中来，在体验中提高安全意识和防范能力。

6．参加一次“平安校园论坛”。各地要积极开展“平安校园论坛”活动，引导少年儿童围绕热点安全事件和话题展开讨论，提出合理化建议，提高认识能力。组委会办公室将面向全国征集“平安校园论坛”话题，并在各地积极开展论坛的基础上，挑选优秀代表进京参加2004年“中国少年儿童平安行动——校园论坛”展示活动。

在争创“平安校园六个一”活动中表现优秀的少年儿童，可获得自护类的雏鹰奖章。

(四)继续开展2004年“中国少年儿童平安行动”表彰活动(11月～12月)。

年底，组委会将对积极参与争创“平安校园六个一”活动的各级少先队组织和先进个人进行表彰。

对于积极组织学校参加活动且发动面大、工作扎实深入、有良好社会影响的各级少工委授予“中国少年儿童平安行动”优秀组织奖。

对于积极组织少年儿童参加活动，促进学校安全工作的学校少先队集体授予“争创平安校园”组织奖。

对在各阶段活动中取得优异成绩、表现突出，不仅能认真学习自我保护知识，还能结合生活学习实际运用这些知识解决问题的少先队员授予“平安行动好队员”称号。

对教师、辅导员和热心支持、参与活动的社会各界人士授予“优秀平安使者”称号。

此外，组委会还将开展征文、知识竞赛等单项奖的评比。各奖项的评选将采取学校申报、各省少工委推荐和组委会评审相结合的办法进行。

四、具体要求

（一）各地少先队组织要充分认识“中国少年儿童平安行动”的重要意义，高度重视，精心组织，广泛发动，大力宣传。要在认真总结2003年工作经验的基础上，开展丰富多彩的活动，建立积极有效的预防机制，预防各类意外伤害的发生，保护少年儿童的安全，促进他们健康快乐成长。

（二）要充分调动少年儿童参与的积极性，广泛发动他们为活动出谋划策。通过开展丰富多彩的自护自救活动，让少年儿童在体验中学习相关知识，提高自我保护能力。活动内容要深入浅出，具体生动，具有实效。

（三）各级团队组织要进一步加强与教育、公安部门的联系，确保“中国少年儿童平安行动”的连续性和有效性。要教育广大少年儿童学法、知法、守法、用法，增强法律意识。要继续结合创建优秀“青少年维权岗”，协调有关部门整治校园周边环境和社区环境，形成全社会共同打击校园暴力和危害师生安全的各类违法犯罪行为的氛围，优化中小学生学习生活环境。要充分发动各种媒体做好活动宣传，推出典型，营造强大的宣传攻势；要利用社会力量，

共同做好“中国少年儿童平安行动”的理论研究，促进此项工作的健康有序发展；要依靠社会资源，共同解决一些少年儿童关心的问题，为开展好这项活动创造良好条件。

（四）各地开展活动的情况，要及时报全国少工委办公室校外教育处或“中国少年儿童平安行动”组委会办公室。组委会办公室设在中国少年儿童新闻出版总社活动部。(地址略)

全国少工委关于大力弘扬科学精神深入开展“2004年度中国少年儿童海尔科技奖”活动的通知

（2004年4月16日）

各省、自治区、直辖市少工委：

《中共中央国务院关于进一步加强和改进未成年人思想道德建设的若干意见》(中发[2004]8号)指出，要努力培育少年儿童的科学精神，激励他们勤奋学习、

大胆实践、勇于创造，增强创新精神和实践能力。为深入贯彻这一文件精神，推动青少年科技普及活动深入开展，全国少工委、海尔集团决定，在2002年度活动基础上，共同主办“2004年度中国少年儿童海尔科技奖”活动。活动由中国科技馆、北京新华讯通国际广告有限公司承办。现将有关事项通知如下。

一、活动宗旨

发挥少先队组织优势，落实科技部、教育部、中宣部、中国科协、共青团中央发布的《2001～2005年中国青少年科学技术普及活动指导纲要》要求，在全国广大少年儿童中大力弘扬科学精神，不断增强少年儿童的科学素养，使少年儿童学会学习、学会实践、学会创造、学会合作，努力把广大少年儿童培养成为爱科学、学科学、用科学的“小问号”、“小发现”、“小能手”，不断提高和拓展少年儿童的创新精神、实践能力与综合素质。

二、参与人员

全国6至16周岁少年儿童(含香港特别行政区、澳门特别行政区及台湾地区)。

三、活动内容

通过各级少先队组织和少年儿童校外教育机构，组织广大少年儿童以个人或二人以上(含二人，下同)合作形式开展多种多样的科学实践活动，并根据少年儿童在日常学习、生活中表现出的科学精神及其在科研活动过程中的实绩，评选出获奖者，予以奖励。以各级少先队组织和少年儿童校外教育机构集中组织申报为主，少年儿童个人或合作小组也可自愿申报，活动对参赛作品所涉及的专业和领域没有限制性的要求，可以是学习和生活中的各个领域。活动结束后，结集出版《“2004年度中国少年儿童海尔科技奖”活动作品集》。

四、评审标准

这项活动最大的特点在于，重在过程，重在弘扬科学精神。科学精神的内涵很丰富，最基本的要求是求真务实、开拓创新。这项活动不以少年儿童小发明、小制作、小论文、小研究报告的成绩、成果、获奖情况为惟一依据，而是更加强调在取得这些成绩、成果的过程中，少年儿童是否培养了科学精神，也就是是否逐步确立科学的意识和态度，努力掌握科学思维方式和方法，为形成科学的行为习惯奠定坚实的基础。主办单位组建由国家级科普机构的有关成员和科普专家组成的评审委员会，负责确定评审细则，开展评审工作。

五、奖项设置

针对全国少年儿童参与活动的情况分别设置三个等次的个人奖项和集体奖项(香港特别行政区、澳门特别行政区及台湾地区的奖项及名额视情况另行设置)。各奖项均包括个人和合作集体，个人、合作集体奖励名额的比例视申报情况确定。

中国少年儿童海尔科技创新奖：10名，各奖励荣誉证书和价值10000元左右的海尔电脑一台。

中国少年儿童海尔科技优秀奖：20名，各奖励荣誉证书和价值5000元左右的海尔电脑一台。

中国少年儿童海尔科技希望奖：300名，各奖励荣誉证书和价值1000元左右的海尔产品。

针对参与组织活动的辅导老师和少先队组织设置两个奖项。

中国少年儿童海尔科技奖活动园丁奖：30名，各奖励荣誉证书和相应海尔纪念产品。

中国少年儿童海尔科技奖活动组织奖：10个单位，各奖励荣誉证书和价值5000元左右的海尔电脑一台。

以上奖品价值金额均为税后收入。

六、申报须知

为鼓励少年儿童的原创精神，使其在科技创新过程中获得深刻体验，凡在“2002年度中国少年儿童海尔科技奖”活动中获奖的作品，或在其他部门、单位组织的科技类活动中获奖的作品，不得申报参加“2004年度中国少年儿童海尔科技奖”活动的评选(有重大改进或实质性变化的作品，由活动组委会会同专家委员会审议确定其参评资格)。

申报者要按活动要求，认真填写申报表，并附相关资料。申报材料(一式二份，复制有效)形式不限，可以是小发明、小制作，也可以是小论文、小研究报告等，但无论任何形式，都要提供少年儿童从提出问题到发现问题再到解决问题的全部过程性信息，以及相应文字、图片、音像等资料，可暂不提供实物。申报者本人和申报单位要对申报材料的合法性、真实性负责，申报材料一律不退，请自留底稿。

在各级少先队组织评选基础上，各地请于今年9月20日前将申报材料和所有参加活动的少年儿童名录报活动组委会办公室。同时，少年儿童个人或合作集体也可直接向活动组委会办公室自主申报，或登录“中国少年儿童海尔科技奖”网站，进行网上申报。

联系地址：(略)

七、活动要求

1．充分认识活动意义。这项活动的开展，标志着在新世纪初，少先队员拥有了一个重在大力弘扬科学精神的科技活动，也是海尔集团为少年儿童送上的一份礼物。各地要把这项活动作为深入开展体验教育和科普教育的重要内容，高度重视、认真组织。

2. 切实抓好工作落实。主办单位成立组织委员会，领导活动的开展。组委会办公室设在北京新华讯通国际广告有限公司。各地要相应成立本地区的组织、评审机构，在基层少先队组织成立活动领导小组。

3. 准确把握活动理念。这项活动不是专利成果的竞赛，不分发明水平的高下，每个少先队员都可以参加。要把重点放在少年儿童增强自信心、激发好奇心、体验科学精神的过程上。各地可对表现突出的队员给予雏鹰奖章的奖励。全国组委会将对表现突出的单位给予表彰。

4. 广泛开展活动宣传。全国组委会及时发布活动信息，相关的队报队刊协助推广。各地要通过多种形式宣传这项活动，使实事求是、求真务实、崇尚真理、勇于创新的精神，在少先队组织和少年儿童群体中进一步发扬光大，在全社会产生一定影响。

全国妇联　教育部关于进一步加强家庭教育工作的意见

妇字[2004]40号

根据《中共中央国务院关于进一步加强和改进未成年人思想道德建设的若干意见》(以下简称《意见》)和全国加强和改进未成年人思想道德建设工作会议的精神，为进一步加强家庭教育工作，全国妇联、教育部提出如下意见。

一、充分认识做好家庭教育工作的重要意义

(一)《意见》从确保党的事业后继有人、实现中华民族伟大复兴的战略高度，从落实和树立科学发展观、坚持以人为本、执政为民的政治高度，对进一步加强和改进未成年人思想道德建设作出重大决策和全面部署,特别指出家庭教育在未成年人思想道德建设中具有特殊重要的作用，要重视和发展家庭教育，把家庭教育与学校教育、社会教育紧密结合起来，并明确要求各级妇联组织、教育行政部门和中小学校要切实担负起指导和推进家庭教育的重要责任。各级妇联和教育行政部门一定要认真贯彻落实中央精神，充分认识发展家庭教育对于优化未成年人健康成长环境、加强未成年人思想道德建设、推进社会主义精神文明的特殊重要意义，深刻理解家庭教育在学校、家庭、社会三结合教育工作网络中的重要基础作用，进一步增强做好家庭教育工作的责任感、使命感和紧迫感，以高度负责的态度自觉担当起这一光荣而重大的政治任务。

(二)多年来，各级妇联与教育行政部门密切合作，认真贯彻落实中国儿童发展纲要和中央关于深化教育改革、全面推进素质教育的决定，共同制定并组织实施了家庭教育工作“九五”、“十五”计划，积极推进家长学校等家庭教育指导机构建设，努力发展家庭教育理论研究，促进了家庭教育知识的普及和家庭教育水平的提高。面对未成年人成长发展的新形势、新情况、新问题，我国的家庭教育工作还存在着一些薄弱环节，重视家庭道德教育的良好氛围尚未形成，家庭教育工作长效机制尚未建立，必须引起高度重视，采取有力措施加以解决。

(三)各级妇联和教育行政部门要把贯彻《意见》精神，做好指导和推进家庭教育的工作，作为本系统精神文明建设的一项重要、紧迫和长期的任务，摆上更加突出的位置，纳入工作全局，切实加强领导、科学规划，密切配合、各司其职，整合资源、发挥优势，以求实创新的精神，把家庭教育工作的各项目标任务落到实处。

二、准确把握家庭教育工作的总体要求和主要任务

(四)家庭教育工作的总体要求：必须坚持以马克思列宁主义、毛泽东思想、邓小平理论和“三个代表”重要思想为指导，深入贯彻党的十六大和十六届四中全会精神，全面落实中央加强和改进未成年人思想道德建设的总体部署，认真实施《中国儿童发展纲要(2001～2010)》目标和全国家庭教育工作“十五”计划，围绕加强和改进未成年人思想道德建设的四项主要任务，针对新形势下家庭教育面临的新情况、新特点、新问题，积极探索家庭教育工作的新规律、新机制、新对策，立足于提高家长素质和加强家庭道德教育，切实做好指导和推进家庭教育的各项工作，加快家庭教育工作科学化、社会化、法制化进程，促进家庭教育整体水平的提高，使家庭教育与学校教育、社会教育紧密结合，相互促进，为培养高尚思想品质和良好道德修养的合格建设者和接班人做出贡献。

(五)家庭教育工作的主要任务：一是教育和引导家长更新家庭教育观念，树立为国教子、以德育人的思想，改变重智轻德、重知轻能的倾向，重视子女思想品德教育，促进子女全面发展。二是教育和引导家长掌握科学教子知识，实现教育角色和教育方式的转变，从单纯教育者转变为共同学习者，由单向灌输转变为双向互动，增强家庭教育的针对性、科学性和有效性。三是教育和引导家长加强自我约束，重视言传身教，以自身良好的品德修养、行为习惯影响子女，努力建立民主平等和睦的家庭关系，为子女健康成长营造良好的家庭环境。四是教育和引导家长拓展家庭教育空间，支持子女参加社会实践，主动配合学校教育、社会教育，促进“三教”结合，实现家庭教育由封闭型向开放型转变。

三、着力抓好指导和推进家庭教育的重点工作

（六）全面落实工作规划。各级妇联和教育部门要认真组织实施家庭教育工作“十五”计划，努力抓好“十五”计划目标的监测评估，与各地儿童发展纲要目标的监测评估相同步。通过评估，进一步总结经验，交流成果，查找差距，完善措施，确保“十五”计划目标的如期完成。全国妇联、教育部将在部分省区市组织抽查评估，重点检查落实《意见》精神、推动家庭道德教育工作的新举措新发展，在此基础上，研究制定《全国家庭教育工作“十一五”计划》。各地也应从实际出发，着手考虑制定新一轮家庭教育工作计划。

（七）认真组织科学研究。要依靠各级家庭教育学会、研究会、家庭教育实验研究基地，以及各级各类教育研究机构和中小学校，组织开展家庭教育的专项研究和理论研究，尤其要加强应用研究。要针对当前家庭教育中的突出矛盾和难点、盲点问题，确定研究目标和重点研究课题，每年都要有计划地完成一定数量的调研任务，形成一批有分量的研究成果，并注重成果的转化和实际应用，不断提高家庭教育工作指导水平。全国妇联、教育部将适时召开家庭道德建设理论研讨会。

（八）大力发展家长学校。要进一步巩固发展中小学、幼儿园家长学校，到“十五”末期，有条件的中小学、幼儿园至少有一所家长学校。教育行政部门要对其实施指导，在师资队伍、教学要求、硬件设施、教学效果等方面给予必要的保障。要不断拓宽家长学校的办学渠道，依托社区和农村各类阵地和设施，大力创建社区家长学校、村镇家长学校、流动人口子女家长学校，以及亲子苑、家庭教育网校、家庭教育指导中心等家庭教育指导机构，探索建立机关、行业和企事业单位家长学校，以满足不同群体家庭教育的需求。要认真组织实施《关于全国家长学校工作的指导意见》，突出抓好规范管理、师资培训和教育材料编写的工作重点，不断提高家长学校的办学质量。

（九）切实加强骨干培训。要把加强骨干队伍建设作为推进家庭教育的一项重要基础工作来抓。要依托家庭教育学会、研究会和各级各类教育活动阵地，层层举办家庭教育示范培训班，有计划、有重点地培训一批家庭教育工作骨干。教育行政部门要运用所属教育资源，结合校长培训和教师继续教育，围绕家长学校建设，对中小学校长、德育课教师、家长学校教师定期进行培训。通过培训，壮大家庭教育专家队伍、讲师团队伍、宣传工作队伍、专职工作者队伍和社区志愿者队伍，更好地发挥他们在传播家庭教育知识、提高家庭教育水平中的示范、辐射和带动作用。

（十）广泛推进宣传实践。要充分运用报刊、广播、电视、网络等大众传媒和各类宣传阵地，集中开展强势宣传，大力弘扬家庭道德教育主旋律，广泛传播家庭教育知识和成功经验。联合有关部门，以家庭道德教育为重点，因地制宜开展“争做合格家长、培养合格人才”家庭教育宣传实践活动，上下联动，在全国实施“六个一”工程，即：喊响一个“为国教子、以德育人”口号，推出一批家庭道德教育丛书，组建一批家庭教育讲师团，培训一批家庭教育工作骨干，发展一批示范家长学校，表彰一批家庭教育先进典型。并把这项活动与评选文明职工、创建学习型家庭、五好文明家庭、小公民道德建设等活动有机结合。通过宣传实践活动，扩大家庭教育工作覆盖面，营造人人关心、重视、支持家庭教育的舆论氛围。

（十一）积极实施实事项目。针对新形势下广大家长在子女教育方面的需求，各级妇联和教育部门要发挥自身的职能优势，继续为家长和儿童办好事实事。要面向家庭，有计划地编写推荐家庭道德教育指导用书，组织家长多读书、读好书，为家长提供更多的精神食粮。要重视关心单亲家庭、困难家庭、进城务工农民家庭的未成年人子女教育，为他们提供指导和服务。要面向家庭，积极推进绿色上网工程，鼓励开发健康的网络游戏和学习软件，丰富家庭文化生活，净化家庭网络环境。要进一步加强源头参与，积极推动家庭教育立法和完善各项保护未成年人权益的法律法规，努力形成有利于未成年人健康成长的法制环境和社会环境。

四、积极构建家庭教育工作长效机制

（十二）健全组织机构，提供领导保障。各级妇联和教育行政部门要在当地党委和政府的领导下，将家庭教育工作纳入部门议事日程和教育发展规划，并积极争取党政领导的重视与支持，推动这项工作纳入各地经济社会发展总体规划。要联合有关部门，建立

家庭教育工作协调领导机构，明确部门分工，细化目标责任，定期研究部署，形成工作合力，建立长效工作机制，努力构建党政重视、妇联牵头、有关部门配合、社会支持、家长参与的社会化家庭教育新格局。

（十三）增加必要投入，提供资源保障。要抓住当前的有利时机，推动研究和出台各项扶持政策，为做好家庭教育工作提供政策支持。要增加对家庭教育工作的必要投入，力争把家庭教育业务经费和事业发展经费纳入各级财政预算，设立家庭教育工作专项资金，用于开展培训、组织研究、阵地建设及表彰先进等。努力发挥部门优势，整合内部资源，在人力、物力、财力上给予保障，为做好家庭教育工作创造有利条件。要广泛动员社会力量，多渠道开发资金来源和设施、活动资源，形成做好家庭教育工作的社会合力。

（十四）完善考核制度，提供监督保障。各级妇联和教育部门要根据各自的分工，把家庭教育工作列入部门工作的考核内容和干部考核范围。中小学校要将其纳入学校德育工作的综合考评指标。要积极推进家庭教育工作评估体系建设，从各地实际出发，制定科学规范的监测评估方案，量化细化家庭教育工作指标，加强检查和监督，确保各项目标任务措施落到实处。要探索推行合格家长资格证书制度，完善对各类家长学校和家庭教育指导机构的组织管理，促其制度化、规范化和科学化。

全国妇联　教育部

二〇〇四年十月二十五日

全国妇联　教育部关于全国家长学校工作的指导意见

妇字[2004]41号

家庭教育是现代国民教育的重要组成部分，是学校教育和社会教育的基础。家长学校在普及家庭教育知识、促进学校、家庭、社会三结合教育中发挥着重要作用。为贯彻落实《中共中央国务院关于进一步加强和改进未成年人思想道德建设的若干意见》精神，重视和发展家庭教育，加强对家长学校的指导管理，推进家长学校的建设发展，全国妇联、教育部对《全国家长学校工作指导意见（试行）》（妇字〔1998〕9号）进行了补充完善，现提出如下意见。

一、家长学校的性质与任务

（一）家长学校的性质：家长学校以未成年人的家长及其抚养人为主要对象，是为提高家长素质和家庭教育水平而组织的成人教育机构；是宣传正确的家庭教育思想，普及科学的家庭教育知识的主要场所；是中小学、幼儿园开展家庭教育工作和党政机关、企事业单位、社区、村镇进行公民素质教育的有效途径；是联系学校、家庭、社会，促进形成三结合教育网络的工作桥梁；是优化未成年人健康成长环境、推进社会主义精神文明建设的重要阵地。

（二）家长学校的任务：向广大家长宣传党和国家的教育方针、政策和法规；帮助和引导家长树立正确的家庭教育思想和观念，掌握家庭教育的科学知识和方法；向家长介绍未成年人生理、心理发展特点和营养保健常识，指导家长进行科学的家庭教育；联合所在学校、幼儿园、社区等教育单位或机构，为家长提供切实有效的指导与服务；帮助家长加强自身修养，营造良好的家庭环境，提高家庭教育水平，促进社会主义精神文明建设。

二、家长学校的指导与管理

（三）妇联组织和教育部门负责对家长学校工作进行指导与管理；教育行政部门负责对中小学、幼儿园家长学校工作的具体指导，妇联组织负责协调推动社会各方面办学，参与指导社区及其他家长学校工作。

（四）妇联组织和教育部门要加强家长学校教师和管理者队伍的建设，保持队伍的相对稳定。组织专业培训和工作交流，不断提高教学质量和管理水平。

（五）家长学校要制定教学计划，教学内容应有针对性。各地要采用适合本地实际的教育材料，注重科学性、实用性。

（六）家长学校教学形式要灵活多样。根据不同年龄孩子父母的需求，有计划的面授，也可因地制宜，采用讲座、报告、经验交流、互动体验活动等形式，进行分层指导。

（七）家长学校要建立学员考勤考核制度，学员结业时，要以适当方式进行考核、评比、表彰，并将考核成绩及学习情况反馈到学员所在单位或社区，作为评选文明职工和“五好文明家庭”的参考。

（八）要创建各类示范家长学校，及时总结经验，规范管理，推动家长学校的建设与发展。

三、家长学校的组织与领导

（九）家长学校要设立校务委员会（领导小组），一般由校长、教务主任、教师代表、家长代表等人员组成，负责家长学校的日常工作。校长对家长学校工作负有领导责任。

（十）办学单位要把家长学校工作纳入整体工作计划之中，作为目标考核的内容。要有较为固定的教学场地，并悬挂家长学校的校牌或者标志。

（十一）家长学校的办学经费，除主办单位和主管部门下拨外，也可视当地情况经与有关部门协商后，不以营利为目的，收取少量的办学费用，同时可筹措社会资金，以保障家长学校必要的开支。

四、家长学校的检查与评估

（十二）建立家长学校检查评估制度，妇联组织和教育部门联合对家长学校实施检查评估，与当地家庭教育工作检查评估同步进行，检查评估结果存入档案。

（十三）家长学校评估内容包括：领导管理、组织建设、办学条件、教学管理等情况；家长受教育率、考核合格率；孩子对家长教育态度的变化和家庭氛围改善的评价；家长学校教师撰写的论文质量及家长教子经验的推广情况；家长学校在提高家庭教育水平和精神文明建设中的作用。

（十四）各地要从实际出发，按照本地制定的标准进行检查评估。在检查评估中发现典型，及时总结并大力推广典型经验。

（十五）全国妇联和教育部共同对家长学校进行抽查评估。

全国妇联　教育部

二〇〇四年十月二十五日

全国妇联　教育部关于印发《家长教育行为规范》的通知

妇字[2004]43号

各省、自治区、直辖市妇联，教育厅（教委）：

为贯彻落实中央关于进一步加强和改进未成年人思想道德建设精神，指导和推进家庭教育，全国妇联、教育部对原《家长教育行为规范》进行了修改、补充、完善。现印发给你们，请各地加强宣传，认真组织家长学习，不断提高家长素质，促进未成年人健康成长。

全国妇联　教育部

二〇〇四年十月二十五日

家长教育行为规范

一、树立为国教子、以德育人的思想，自觉履行抚养和教育子女的法律责任和道德义务。

二、培养子女增强爱国情感，从小树立民族自尊心、自信心和自豪感。

三、教育子女树立正确的理想信念，为担负起建设祖国、振兴中华的光荣使命做好准备。

四、培养子女良好的道德品质和文明行为，学会处理人与人、人与社会、人与自然等基本关系。

五、培育子女的劳动意识、科学精神和法制观念，帮助子女增强自学、自理、自护、自强、自律能力。

六、确保子女接受义务教育，鼓励子女参加健康有益的文化体育活动，促进子女身心健康全面发展。

七、树立正确的家庭教育观念，掌握科学的教育知识与方法，针对子女年龄、个性特征实施教育，与子女互动互学，共同提高。

八、举止文明，情趣健康，敬业进取，言行一致，以良好的品行修养为子女作表率。

九、建立民主、平等、和睦的家庭关系，形成有助于子女健康成长的良好家庭环境。

十、主动配合学校教育、社会教育，支持子女参加学校活动和社会实践，保持教育的一致性。

全国妇联办公厅关于切实加强妇联系统自办托幼园所和儿童活动中心安全管理工作的通知

妇厅字[2004]28号

各省、自治区、直辖市妇联：

为了贯彻落实国务院办公厅《关于切实加强中小学幼儿园及少年儿童安全管理工作和开展专项整治行动的意见》（国办发电[2004]26号）和全国中小学和幼儿园安全工作电视电话会议精神，切实做好妇联系统自办托幼园所和儿童活动中心的安全管理工作，现将有关事项通知如下：

一、提高认识，切实加强对安全管理工作的领导

妇联自办托幼园所和儿童活动中心是儿童学习和活动的重要场所，是妇联组织服务家长和儿童的重要窗口。儿童安全涉及千家万户，关系社会稳定，给儿童提供一个安全健康的教育环境是我们义不容辞的责任和任务。各级妇联一定要牢固树立安全责任重于泰山的思想，充分认识做好托幼园所和儿童活动中心安全管理工作的重要性，进一步增强责任感、使命感和紧迫感，把安全管理工作作为托幼园所和儿童活动中心建设与发展的一项重要工作，常抓不懈。各级妇联要切实加强对此项工作的领导，逐级成立由一把手任组长，主管领导任副组长的安全管理专项工作小组，做到一级抓一级，层层抓落实。要建立安全管理负责制，托幼园所长和儿童活动中心主任是本部门安全管理工作第一责任人，要切实负起责任。同时，要确定一名副园长、副主任具体负责内部安全管理工作。要将每个岗位的安全责任逐条细化，分解落实到人、落实到每项工作、每个环节，动员和组织全体教职员工积极参与，自觉承担起保护儿童安全的责任。

二、采取措施，切实加强内部安全管理工作

要在托幼园所和儿童活动中心建立健全并严格实行门卫、值班、巡逻、消防、食品安全等方面的内部安全管理工作制度，切实落实相应的安全防范措施。要定期检查和解决内部安全管理工作存在的问题，通过完善的制度和严密的措施防范各种安全事件发生。

要加强对教职工、聘用人员、临时工的准入资质审查，对现有从业人员的资格进行全面排查，特别要严格执行教师资格中关于“无传染疾病，无精神病史”的规定，坚决清理和杜绝不合格人员进入和留任托幼园所、儿童活动中心工作岗位。要定期对教职工、聘用人员、临时工进行职业道德教育和法律纪律教育，强化教师为人师表的思想意识，避免内部人员侵害儿童的事件发生。

要定期检查托幼园所和儿童活动中心基础设施、设备，及时消除安全隐患。建筑物、围墙、门窗、防护设施、消防设施、交通工具等必须符合安全要求，厨房设备、餐具和食品、水源及其设备必须符合卫生标准，报警求助、应急处置设备、安全通道必须齐全，并确保安全有效。要联合有关部门对重大安全隐患进行复查复核，该抢修的要立即组织力量进行抢修，该停止使用的要坚决停止使用。要制定消除各种安全隐患的时间表，限期完成。

要积极配合有关部门净化托幼园所和儿童活动中心周边环境。加强对出租房屋的安全监督管理，对不符合安全管理要求的要限期整改，对影响儿童正常学习活动的要限期收回。建立健全托幼园所、儿童活动中心与当地公安机关、家长、社区的安全联防制度，完善周边的报警点和报警程序，通过多管齐下、综合治理，把各种安全事故消灭在萌芽状态。

三、深入宣传，增强安全防范意识和能力

各级妇联要加强对托幼园所和儿童活动中心教职员工的安全宣传教育。要在各种学习培训中增加有关安全制度教育的内容，有条件的地方要组织开展安全知识和相关技能的专门培训，要使广大教职员工熟悉和掌握有关安全管理工作的法律法规，熟知各种规定和要求，严格按照规章制度办事。要大力加强儿童的安全教育和心理健康教育。在托幼园所和儿童活动中心的教学内容中增加安全教育，针对儿童的年龄特征和理解能力，利用墙报、园内广播、上安全课等多种形式，帮助儿童了解和掌握安全知识，提高自我保护意识和安全防护、自救的实际技能。

要进一步加大对广大家长的安全宣传力度。充分利用家长学校、托幼园所、儿童活动中心等家庭教育阵地，通过举办安全知识讲座、安全知识竞赛、宣讲会、报告会等形式向广大家长宣传安全知识，传授防护技能，发动家长重视、参与和支持安全管理工作，共同维护好托幼园所和儿童活动中心的安全。要充分利用社区的宣传栏等，对社区广大家长和儿童进行安全宣传教育，让安全教育真正进社区、进家庭。

四、集中力量，开展安全管理专项整治工作

各级妇联要按照国务院的统一部署，在当地党委政府的领导下，在2004年10月下旬至11月底集中开展托幼园所和儿童活动中心安全管理专项整治工作。专项整治行动要覆盖每一所托幼园所和儿童活动中心，不能有遗漏，不能走过场。此次专项整治行动的重点是：

1. 配合有关部门彻底整治周边环境，对不符合安全管理要求的，及时向有关部门报告，要求依法予以取缔。加强内部环境的整治，对出租房屋不符合安全管理要求、影响儿童学习活动的，要限期收回。

2. 对内部安全管理进行全面检查，包括各类建筑和水、电、气、暖等基础设施及儿童学习活动各种设备。要特别加强对城乡结合部、事故多发地区的托幼园所和儿童活动中心的检查，对查出的安全隐患要立即处理，确保不留死角。

3. 对不合格的办学机构进行全面清理。按照《中华人民共和国教育法》、《中华人民共和国义务教育法》、《中华人民共和国民办教育促进法》及《幼儿园管理条例》等法律法规的规定，对违规设立的各类托幼园所一律限期整改，经教育等有关部门验收达到办学条件和标准后再履行合法办学手续；对名不符实的儿童活动中心要限期整治，并妥善安置儿童到其他托幼园所和活动中心就学及进行课外活动。

4. 对人员队伍进行全面整顿。依据《中华人民共和国教师法》、《教师资格条例》和《幼儿园管理条例》等法律法规，对不符合任职资格条件的人员要坚决调离教师岗位。对其他工作人员进行排查，不符合条件的要及时调离或辞退。

专项整治行动结束后，各地要认真总结，并将有关检查情况以省为单位于12月20日前报送全国妇联儿童工作部。

全国妇联办公厅

二〇〇四年十月二十一日

中国科协关于开展“全民科学素质行动计划”试点工作的通知

科协办发普字[2004]1号

各省、自治区、直辖市科协，各计划单列市、副省级城市科协，新疆生产建设兵团科协：

根据国务院办公厅关于实施全民科学素质行动计划的复函精神，中国科协目前正在会同中组部、中宣部、发展改革委、科技部、教育部、财政部、中科院、社科院、工程院、自然科学基金会、全国总工会、共青团中央、全国妇联等部门、团体共同研究制订“全民科学素质行动计划”（以下简称“2049行动计划”）。为了配合“2049行动计划”制订工作的开展，并为日后全面实施该行动计划做准备，根据《“2049行动计划”制订工作方案》（科协发普字[2003]81号），决定在部分有条件的省、自治区、直辖市科协开展“2049行动计划”的试点工作。

“2049行动计划”是根据中国本世纪头20年全面建设小康社会，到本世纪中叶达到中等发达国家水平的发展目标对国民科学素质的要求，着眼于未来40～50年，立足中国国情，发挥从政府、非政府组织、企业、社区的全社会作用，具有明确的目标，分阶段、有步骤、滚动式推进，到2049年即中华人民共和国建立100周年时实现中国成年公民具备基本科学素质目标的国家长远计划。现将有关事项通知如下：

一、试点工作的主要内容

各地科协可根据我国地区发展不平衡的国情，针对东、中、西部或城乡的不同经济社会发展和公民科学素质状况，选择有代表性的区域或人群（如农民、职工、党政干部、青少年、社区居民、进城务工人员等）开展试点工作。试点工作要根据本地全面建设小康社会的总体目标，在本地科普实践的基础上，研究提出区域性或特定人群科学素质的内容、科学素质建设实施计划，并加以具体推进。

二、试点工作的机制

（一）试点工作是“2049行动计划”的重要基础，将全程伴随“2049行动计划”的制定和实施，需要长期探索、逐步推进。为了保证试点工作既能取得实际成果并及时加以总结，又能与将来的工作保持连续性，试点工作将分阶段推进。

（二）试点工作由省、自治区、直辖市科协负责申报，“2049行动计划”办公室将根据各地提出的试点方案和已有的工作基础确定第一批试点单位。试点单位将作为“2049 行动计划”办公室的成员单位，参与“2049 行动计划”的制订工作。在试点方案制定、实施过程中，试点单位要及时向办公室通报试点工作进展情况，办公室也将组织专家对试点工作进行指导，并及时为各试点单位提供相关的信息和资源。

（三）试点工作的实施由所在地科协和省、自治区、直辖市科协共同负责。各地科协要主动争取地方党委、政府对试点工作的支持，联合有关部门、团体参与试点工作，成立相应的领导机构，负责试点工作的组织实施。

（四）试点经费原则上由各地自行筹集安排。

三、有关要求

1. 各省、自治区和直辖市科协可根据本通知精神，结合本地实际及科普工作基础，决定是否申报第一批试点。决定申报的单位可自行设计试点的初步方案。

2. 试点工作方案要根据“2049 行动计划”的目标和要求制定，要紧紧围绕当地经济社会发展长远规划，充分结合本地实际和已有工作基础，使其既具备科学性，又具备可操作性。

3. 拟申报承担试点工作的地方组织填写《2049 行动计划试点项目申报表》（见附件），并于 2004 年 1 月 30 日前报送至中国科协“2049 行动计划”办公室。2004 年 2 月，办公室将确定第一批试点单位，并部署下一阶段工作。

附件：2049 行动计划试点项目审报表（略）

中国科协 2049 行动计划办公室

二〇〇四年一月八日

中国科协办公厅关于开展第二批全国科普示范城区和全国科普示范县（市、区）创建活动总结检查的通知

科协办发普字[2004]16 号

各省、自治区、直辖市科协：

自中国科协组织开展第二批全国科普示范城区和全国科普示范县（市、区）创建活动以来，目前全国已经有 59 个城区和 227 个县（市、区）分别参加了第二批全国科普示范城区和全国科普示范县（市、区）的创建活动。创建活动开展以来，引起了各级党政领导的高度重视，逐步形成了党政抓总、科协牵头、各部门与全社会广泛参与的科普工作新格局和有利于科普工作开展的良好社会环境，促进了创建区域内公众科技文化素质的提高。

为了深入贯彻《中华人民共和国科学技术普及法》，围绕党的十六大提出的全面建设小康社会，促进公众思想道德素质和科学文化素质的提高、促进人的全面发展、促进形成全民学习、终身学习的学习型社会的奋斗目标，组织发挥全社会的力量，使科普工作不断适应全面建设小康社会公众对科普的新需求，促进全国科普示范城区和科普示范县（市、区）科普工作的群众化、社会化、制度化和科学化，进一步发挥典型示范作用，中国科协决定对第二批全国科普示范城区和全国科普示范县（市、区）进行检查和总结，现将有关事项通知如下：

一、总结检查范围

所有参加第二批全国科普示范城区和全国科普示范县（市、区）创建活动的各城区、县（市、区）（创建单位名单见附件 1）。

二、总结检查依据

《全国科普示范城区工作标准》（见附件 2）；《全国科普示范城区检查评估表》（见附件 3）；《第二批全国科普示范县（市、区）创建标准》（见附件 4）；《第二批全国科普示范县（市、区）效果评估指标体系》（见附件 5）。

三、总结检查办法

（一）请各参与创建单位按照相关创建标准和评估体系的要求，组织开展自查工作，并于 4 月 15 日前向所在省、自治区、直辖市科协上报自查评估报告及自查评分结果。

（二）根据创建单位的自查评估报告，各省、自治区、直辖市科协成立有关部门领导和专家参加的检查组，对本辖区内的参与创建单位进行总结检查，并将检查和验收结果于 2004 年 4 月 30 日前报送中国科协科普部。

（三）中国科协将在 2004 年上半年对部分创建单位进行抽查。

（四）中国科协将组成全国科普示范城区和科普

示范县（市、区）创建工作评估小组，依据各省、自治区、直辖市科协的评估验收结果，结合中国科协抽查结果，对各省、自治区、直辖市的创建评估验收结果进行综合认定。符合条件的创建单位，将被中国科协命名为第二批全国科普示范城区和全国科普示范县（市、区），并予以授牌。

四、几点要求

（一）各省、自治区、直辖市科协以及各参与创建单位要高度重视总结检查工作，加强领导，周密计划、认真组织，确保总结检查工作质量，按时完成。

（二）各省、自治区、直辖市科协要严格对照《全国科普示范城区工作标准》和《第二批全国科普示范县（市、区）创建标准》，对创建单位的工作进行认真严格的检查、评估。既要实事求是，又要结合实际，防止检查工作流于形式。

（三）检查工作要与当地科普工作的业务指导相结合，注重交流经验，发现并宣传有特色的先进典型，使创建单位更好地发挥示范带动作用，促进创建区域内科普工作水平不断提高。

（四）各省、自治区、直辖市科协的全国科普示范城区和全国科普示范县（市、区）检查验收材料请分别报送中国科协科普部城市处和农村处。包括：

1. 各省、自治区、直辖市对辖区内参与全国科普示范城区和全国科普示范县（市、区）创建单位进行验收的总体评估报告和评分结果（正式行文）；

2. 各参与创建单位上报的自查评估报告、自查评分结果；

3. 其他反映创建工作成效、存在问题和建议的有关材料；

4. 各全国科普示范城区创建单位需填写《全国科普示范城区创建单位情况调查表》（见附件6）和《全国科普示范城区工作标准和评估表修订建议》（见附件7），作为下一步修订工作标准及评估办法的重要依据。

附件：1. 第二批全国科普示范城区和全国科普示范县（市、区）创建单位名单(略)

2. 全国科普示范城区工作标准(略)

3. 全国科普示范城区评估表(略)

4. 第二批全国科普示范县（市、区）创建标准(略)

5. 第二批全国科普示范县（市、区）效果评估指标体系(略)

6. 全国科普示范城区创建单位情况调查表(略)

7. 全国科普示范城区工作标准和评估表修订建议(略)

中国科协办公厅

二○○四年三月二日

中国科协办公厅关于首批全国科普教育基地检查情况的通报

科协办发普字[2004]33号

各全国性学会、协会、研究会，各省、自治区、直辖市科协，各计划单列市、副省级城市科协，新疆生产建设兵团科协，机关各部门，各直属单位：

1999年中国科协命名了首批201个全国科普教育基地，并于2003年5月下发了《全国科普教育基地标准（试行）》（以下简称《标准》），要求各全国科普教育基地按照《标准》，充分发挥科普教育基地在面向社会开展科普活动方面的重要作用。在各有关全国性学会、各省（自治区、直辖市）科协的共同努力下，全国各级、各类科普教育基地的建设得到较快发展，工作水平有了新的提高。为了解全国科普教育基地工作的整体情况，交流经验、促进发展，2003年8月中国科协组织实施了对首批全国科普教育基地的检查工作。现将检查情况通报如下：

一、基本情况

本次检查工作分自查和抽查两个阶段，在专家组的指导和参与下，采取听取汇报、审阅材料、实地考察、召开座谈会等形式，依照《标准》和《全国科普教育基地检查测评表》对首批全国科普教育基地进行了检查与评估。

2003年8月20日～9月30日，11个全国性学会和31个省、自治区、直辖市科协分别组织了对所推荐的全国科普教育基地的自查工作。绝大多数单位十分重视并按要求完成检查、评估工作，报送了自查报告。

2003年11月20日～12月20日，中国科协组织了四个抽查工作组，分别委托辽宁省、江苏省、贵州省和宁夏自治区科协作为组长单位，对30个全国科普教育基地进行了抽查。在组长单位的认真组织和相关全国性学会、省市科协、全国科普教育基地的大力支持、积极配合下，各组按要求实事求是地对每个被抽查基地进行了认真测评，及时提出了反馈意见，圆满完成了检查工作。

通过检查，达到《标准》要求的全国科普教育基地188个，未达到《标准》要求、被取消“全国科普教育基地”称号的13个。

二、取得的成绩

几年来，全国科普教育基地发挥各自优势，通过普及科学知识、传播科学思想、倡导科学方法、弘扬科学精神，在提高全民科学文化素质、推动学习型社会的建立中，发挥了积极的作用。各类科普教育基地的广泛建立，在一定程度上满足了公众科普需求，已成为开展科普工作的一支新生力量，为促进各地科普事业的发展做出了贡献。科普教育基地建立以来，通过举办展览、影视放映、科普报告、组织冬夏令营等形式多样、生动活泼的科普活动吸引了广大群众。据不完全统计，全国科普教育基地拥有展示面积约600万平方米，平均全年对外开放240天，2001～2002年度受众达4000万人次。取得以上成绩的主要原因是：

（一）领导重视。基地所在单位领导对科普工作有较深刻的认识，在制度、设施、人员、经费等方面提供了一定的保障。能够较好地处理本单位的主业与科普工作的关系，在做好主业的基础上，利用自身丰富的科普资源，积极开展科普工作，使两者有机地结合，相互促进，共同提高。在开展科普教育的同时，也提供了展示自我、提高自身的平台。

（二）初步形成了一支专业和业余相结合的科普工作队伍。他们业务素质高、爱岗敬业、具有奉献精神，为基地建设和发展做了大量的卓有成效的工作。

（三）基础工作扎实、细致。制度完善，管理严格、规范，岗位要求明确，工作标准详尽，工作有计划，活动有方案，年末有总结，注意对科普工作、活动档案资料的收集整理。

（四）与时俱进、开拓创新。将科普工作与休闲旅游相结合，使公众在轻松娱乐中接受科普知识，收到了很好的效果。在做好公益性科普事业的同时也对市场化运作的方式、方法进行了有益的探索，在适应公众科普需要，建立多元化科普投入体系方面进行了初步的尝试。

（五）科普工作社会化程度不断提高。部分基地能够主动与有关部门和社会单位联合在基地内外共同开展科普活动，借助社会的资源壮大科普力量；科普工作的社会辐射面不断扩大，科普工作的效果逐步显现。将基地办成精神文明的窗口，广大中小学生素质教育的第二课堂和传播科学知识的阵地。

（六）注重宣传，扩大影响。充分挖掘科普活动的新闻素材，营造科普氛围，加强与媒体合作。一些基地建立了科普网站，利用互联网扩大基地的社会影响，让更多的公众了解基地。

三、存在的问题

基地建设的发展水平差异较大，部分基地科普工作的内容有待丰富，方法和手段有待改善；科普志愿者队伍建设工作需要加强；部分基地制度建设和管理不够规范。学会、科协与基地的联系不够紧密，对基地建设工作的业务指导和服务不够。

四、对今后工作的几点意见

（一）中国科协将加强对全国科普教育基地的分类指导，组织开展交流和培训活动。

（二）各有关全国性学会、各级科协要加强同全国科普教育基地的联系和指导，提高对基地的服务意识，及时了解基地的建设发展情况，听取基地的意见和建议，调动科普教育基地的工作积极性。

（三）全国科普教育基地建设工作要突出特色，根据自身的实际情况，结合本单位、本地区特有的科普资源，以满足社会公众的科普需求为目的，开展特色鲜明、有实效的科普活动。加强规范化管理，借鉴成功经验。注重科普队伍建设，不断提高他们的业务素质，规范科普服务行为。

（四）科普教育基地应主动“走出去”，努力扩大科普工作的覆盖面和影响力，广泛吸纳和利用社会组织和个人的资源，探索科普工作市场化运作的方式。

达到《标准》要求的全国科普教育基地应按照《中华人民共和国科学技术普及法》的要求，继续开展好面向公众的科普教育工作，努力开创新局面。

对未达到《标准》的单位，自发文之日起取消其“全国科普教育基地”称号，不得再悬挂全国科普教育基地牌匾，牌匾由原推荐单位代为收回，于2004年5月30前寄送中国科协科普部城市处。

中国科协办公厅

二〇〇四年四月二十八日

附件

第一批全国科普教育基地检查结果

一、符合《全国科普教育基地标准（试行）》的全国科普教育基地名单（188个）：

中国气象学会

北京市气象台

中国地球物理学会

中国地质大学博物馆
中国野生动物保护协会
卧龙国家级自然保护区
福建武夷山国家级自然保护区
陕西佛坪国家级自然保护区
西双版纳国家级自然保护区

中国农业工程学会

北京朝来农艺园

中国水利学会

水利部水灌溉示范基地
河海大学水资源开发利用国家专业实验室

中国测绘学会

中国测绘科学研究院卫星站

中国航空学会

北京航空馆
上海航宇科普中心

中国兵工学会

南京理工大学兵器博物馆
望江机械制造总厂重庆国防知识教育中心

中国农学会

北京市农业局小汤山特菜基地

中国水产学会

北京市水生野生动物救治中心

中华医学会

北京医科大学第一医院健康教育室

北京市

中国科学技术馆
中国人民革命军事博物馆
中国农业博物馆
中国地质博物馆
中华航天博物馆
空军航空博物馆
北京天文馆
北京自然博物馆
北京麋鹿园
北京教学植物园
鹫峰国家级森林公园
北京动物园
怀柔庙城北京少年科技园

天津市

天津科学技术馆
天津自然博物馆
天津市蓟县中、上元古界国家自然保护区
天津八仙山国家级自然保护区
天津古海岸与湿地国家级自然保护区
河北工业大学科学普及活动中心
天津市青少年科技中心
天津市和平区青少年科技宫
天津市宝坻县生物中心
天津市大港区青少年科技活动中心
天津市红桥区少年宫

河北省

河北省邢台市郭守敬纪念馆
河北省科学技术馆
河北师范大学石家庄生命科学馆
秦皇岛新澳海底世界生物科普有限公司“新澳海底世界”

山西省

山西省科学技术馆
山西大学生命科学系动植物标本室
山西庞泉沟国家级自然保护区生态标本馆
太原市少年科技城
太原动物园

内蒙古自治区

内蒙古科学技术馆
内蒙古青少年科技园地
呼和浩特市树木园
察右中旗辉腾锡勒草原开发区

辽宁省

中国科学院沈阳应用生态研究所树木园
中国科学院大连化学物理研究所实验室
大连圣亚海洋世界
沈阳仪器仪表工艺研究所光学与传感器科普基地
沈阳新光动力机械公司沈阳航天科普教育基地
辽宁大学自然博物馆

吉林省

吉林省自然博物馆
中国科学院长春人造卫星观测站
长春科技大学地质宫博物馆

黑龙江省

黑龙江省博物馆
哈尔滨动物园
黑龙江扎龙国家级自然保护区
黑龙江省森林植物园

上海市

上海儿童博物馆
上海孙桥现代农业开发区

上海动物园
崇明大新镇前卫村生态农场基地
上海航天设备制造总厂科普教育基地
上海工程技术大学科普教育基地
上海共青森林公园
中国科学院上海分院上海天文台佘山工作站
中国极地研究所中国极地科普馆
上海天山污水处理厂生产设施
上海中医药大学医史博物馆
上海佘山国家旅游度假区上海佘山森林百鸟苑
上海自然博物馆
上海欣大洋科技发展有限公司“上海海洋科普馆”

江苏省

中国科学院紫金山天文台
南京中山植物园
中国科学院南京地质古生物研究所
南京地质博物馆
江苏大丰麋鹿国家级自然保护区

浙江省

浙江省科学技术馆
浙江自然博物馆
浙江天目山国家级自然保护区
嘉兴科学技术馆
秦山核电公司宣传中心

安徽省

中国科技大学火灾科学国家重点实验室
蚌埠市科学技术馆

福建省

福建省科技馆
福州科技馆
福州大熊猫研究中心
厦门海底世界
福建省将乐龙栖山国家级自然保护区
福建省莆田市科协科普示范基地

江西省

江西省气象科普教育基地
中国科学院庐山植物园
德安县园艺场
南昌市少年宫

山东省

济南动物园
济南植物园
山东省气象台
山东省博物馆
青岛海尔集团海尔科技馆
青岛海洋科技馆
青岛海洋大学物理海洋开放实验室

河南省

河南省青少年科技中心
河南博物院
河南省妇女儿童活动中心
河南大学环境与规划学院
河南省新乡市青少年儿童活动中心
河南省焦作师范学校自然科技教育基地

湖北省

武汉科学技术馆
武汉中心气象台
中国科学院水生生物研究所淡水鱼类博物馆
中国地质大学（武汉）博物馆
武汉新世界水族公园
中国科学院武汉植物研究所武汉植物园

湖南省

湖南省航空科普教育基地
湖南师范大学生命科学学院动、植物标本馆
湖南省野生动物救护繁殖中心
湖南省地质博物馆
湖南医科大学人体奥秘科普馆
长沙动物园

广东省

中国科学院华南植物研究所华南植物园
广州海洋生物科普有限公司“广州海洋馆”
广东航天航空科普教育基地
广东新会市现代农业发展有限公司现代农业科普教育基地
顺德生态乐园
广东气象科普教育基地
深圳市野生动物园
深圳市明思克航母世界

广西壮族自治区

广西科学技术馆
广西区气象台
中国科学院桂林植物园
广西科学院生物研究所标本馆
广西自然博物馆

海南省

中国热带农业科学院海南热带植物园
海南东山湖野生动物园
三亚天涯热带海洋动物园

重庆市

西南师范大学科技博物馆

重庆市中药研究院标本馆

南川市金佛山自然保护区

重庆自然博物馆北碚陈列馆

四川省

中国科学院成都生物所两栖爬行动物、植物标本馆

成都大熊猫繁育研究基地

成都理工学院博物馆

都江堰水利工程

自贡市盐业历史博物馆

贵州省

贵州省黄果树风景名胜区

贵州工业大学地球科学实验实习基地

台江古生物博物馆

贵阳中医学院中药标本室

贵州省林科院动植物园

贵航集团双阳飞机制造厂航空科普教育基地

贵州植物园

云南省

中国科学院云南西双版纳热带植物园

云南西双版纳热带花卉园

昆明世界园艺博览园

云南省地质博物馆

中国科学院云南天文台

云南省气象台

云南省青少年科技中心

云南省科学技术馆

玉溪市红塔区青少年科技活动中心

陕西省

宝鸡市科技馆

陕西省气象科普教育示范基地

延安市气象台

甘肃省

甘肃地质博物馆

兰州地震博物馆

麦积山植物园景区

临夏民族青少年科技宫

金山公司科技馆

青海省

青海省科学技术馆

中国科学院西北高原生物研究所青藏高原生物标本馆

青海湖国家级自然保护区

青海省农林科学院试验基地

宁夏回族自治区

宁夏区气象台

宁夏区科学技术馆

宁夏中卫沙坡头自然保护区

新疆维吾尔自治区

中国科学院新疆生态与地理研究所干旱区资源与环境科普教育基地

新疆地质矿产陈列馆

中国科学院乌鲁木齐南山天文站

新疆石油局地质勘探开发研究院地质博物馆

二、未达到《全国科普教育基地标准（试行）》的全国科普教育基地名单（13个）：

中国能源学会

中国新能源科普公园

北京市

北京环境教育活动中心

天津市

天津电信科技馆

内蒙古自治区

呼和浩特市少年宫

包钢稀土研究院包钢稀土展览馆

黑龙江省

黑龙江省气象台

江苏省

南京大学固体微结构物理实验室

福建省

厦门集美航天城

海南省

文昌市铜鼓岭旅游区

四川省

核工业西南物理研究院中国环流器实验室

西藏自治区

西藏地质学会地质陈列馆

甘肃省

兰州科学宫

宁夏回族自治区

宁夏华西村自然矿石博物馆

中国科协办公厅关于下发《全国科普教育基地标准（2004修订）》的通知

科协办发普字[2004]80号

各全国性学会、协会、研究会，各省、自治区、直辖市科协，新疆生产建设兵团科协：

为加强全国科普教育基地建设，与时俱进，不断提高全国科普教育基地开展科普教育的能力和水平，中国科协在2003年组织对全国科普教育基地进行检查和2004年开展创建第二批全国科普教育基地工作的基础上，组织相关方面的专家，对《全国科普教育基地标准（试行）》进行了必要的修改和补充，并征求了部分全国性学会、省级科协和全国科普教育基地的意见。

现将修改后的《全国科普教育基地标准（2004修订）》发给你们，请转发至本单位所联系的全国科普教育基地和全国科普教育基地创建单位。原《全国科普教育基地标准（试行）》即时废止。

请各有关全国性学会、协会、研究会，各省、自治区、直辖市科协和新疆生产建设兵团科协对照《全国科普教育基地标准（2004修订）》，指导全国科普教育基地和全国科普教育基地创建单位，努力提高科普教育基地开展科普宣传教育的能力和水平，积极推进科普工作的社会化、群众化、经常化，为提高全民族科学文化素质做出更大的贡献。

中国科协办公厅

二〇〇四年十一月二十九日

附件　《全国科普教育基地标准（2004修订）》

前言

为深入贯彻《中华人民共和国科学技术普及法》，充分调动社会各方面科普工作的积极性和发挥现有社会科普资源的作用，面向公众普及科学技术知识、倡导科学方法、传播科学思想、弘扬科学精神，开展科普教育活动，积极推进科普工作的社会化、群众化、经常化，规范中国科协"全国科普教育基地"的管理，更好地发挥全国科普教育基地的科普宣传作用，特制定本标准。

在本标准制定过程中，总结了有关全国性学会、各省级科协和各全国科普教育基地建设的经验。

本标准由中国科学技术协会提出。

本标准由中国科协科普部负责解释。

本标准主要起草单位：中国科协科普部

1.范围

1.1 本标准适用于由国家政府部门、科研院所、大专院校、企事业单位、社会团体和个人建立的，以公益性为目的，面向社会公众常年或经常从事普及科学技术知识、倡导科学方法、传播科学思想、弘扬科学精神的活动，由中国科协命名的"全国科普教育基地"。

1.2 本标准规定了中国科协"全国科普教育基地"（以下简称基地）的基本条件、组织领导和工作要求。

2.基地的基本条件

2.1 具有法定代表人资格或受法人正式委托，独立开展科普活动的单位。

2.2 有相关的日常科普工作管理制度。

2.3 建有科普展厅和相对固定的科普活动场所，有主题明确的科普内容，具备开展经常性科普活动的条件与设施。

2.4 有专兼职负责讲解、接待和活动辅导，并具备一定组织管理能力的工作人员。

2.5 将科普经费列入本单位经费预算，确保落实到位，保证科普活动正常开展，科普经费逐年增加。

2.6 在基地显著位置设专栏，公示基地的开放制度。其内容包括：开放时间、活动内容、优惠办法（对象、时间段、标准）、接待办法（联系人、联系电话、网址）等内容。

2.7 建有宣传、展示科普教育基地整体情况和科普内容的网站或网页，并与中国公众科技网链接。网站或网页的内容应与基地科普设施的更新、内容的变化、科普活动的开展情况同步。

3. 基地的组织领导

3.1 接受中国科协、有关全国性学会和省（市）科协的工作指导。

3.2 基地所在单位的领导重视科普工作，将科普工作列入本单位工作的重要日程，认真研究、及时解决科普工作中遇到的问题，并将科普工作纳入年度工作目标考核、表彰、奖励范围。

3.3 有专门的科普工作机构和分管领导。制定科普工作的长期规划和年度计划，经常对科普工作进行调查研究，并督促检查落实情况。

4. 基地的工作要求

4.1 博物馆类基地（含科技馆、博物馆、动（植）物园、海洋馆、公园等）和青少年活动场所类基地每年开放天数不少于 250 天；高校、科研院所的实验室和研究基地、高技术企业等类全国科普教育基地要根据公众需求和自身工作安排，定期或不定期地向公众开放，每年开放天数不少于 50 天，年接待观众不少于 2000 人；自然保护区类基地在划定区域内向公众常年开放，注重利用保护区内的特有科普资源制作科普宣传品。

4.2.1 以《科普法》为指导，大力“弘扬科学精神、普及科学知识、传播科学思想和方法”，充分发挥科普教育宣传作用，坚持公益性原则，协同当地科协或根据基地自身的特点以及公众和社会的科普需求，积极广泛开展贴近实际、贴近生活、贴近群众，有特色、有实效的科普活动。

4.2.2 要作好科普活动的内容设计。除普及专业学科的科技知识外，还要有倡导体现科学思想、科学精神的科学价值观、科学发展观，培养公众对科学探索的兴趣，反映科技前沿和社会热点问题等方面的内容，不少于总展示量的 20%。

4.2.3 要利用多种手段开展科普教育活动。如安排专人讲解和指导；设计制作用于科普宣传的挂图、展板、录像片、宣传册、网站（页）等。要注重科普宣传教育的科学性、通俗性和趣味性。

4.3 各全国科普教育基地应有计划地对专、兼职科普工作人员进行培训。

4.4 每年向省（市）科协或相关全国性学会报工作计划、活动计划和年度科普工作总结。各类科普活动应有文字、照片和录像等档案资料以及接待公众人数等有关统计数据。

4.5 积极参加每年的“科技活动周”、“全国科普日”活动以及各地组织的“科技周”、“科技节”等大型科普宣传活动，并在活动期间对公众实行免费或优惠开放。全年对学生团体参观实行至少半价优惠。

4.6 积极探索基地的建设工作和开展科普活动的新思路、新方法，努力开拓创新，吸引或组织公众到基地参加科普教育活动。积累工作经验，积极开展经验交流和理论研讨，不断提高工作水平。

4.7 基地应与所在地的社区、乡镇、学校、企事业等单位建立协议性的固定联系和工作制度，合作开展社会化科普活动。

4.8 广泛利用社会力量，积极发展科普志愿者参与基地的科普工作。

4.9 主动与新闻媒体合作，加强对基地自身和科普活动的宣传。

文化部　国家发展改革委员会　教育部　科技部　民政部　财政部　国家文物局　解放军总政治部　中华全国总工会　共青团中央　全国妇联　中国科协关于公益性文化设施向未成年人免费开放的实施意见

文办发[2004]33 号

各省、自治区、直辖市、计划单列市及新疆生产建设兵团文化厅（局）、发展改革委、教育厅（教委）、科技厅（委、局）、民政厅（局）、财政厅（局）、文物局、工会、团委、妇联、科协，解放军各军区、各军兵种政治部：

为深入贯彻落实《中共中央国务院关于进一步加

强和改进未成年人思想道德建设的若干意见》(中发[2004]8号)精神，充分发挥公益性文化设施在未成年人思想道德建设中的重要作用，现就进一步加大公益性文化设施向未成年人免费开放力度，提出以下实施意见：

一、加大公益性文化设施向未成年人免费开放力度

根据中央要求，享受国家财政支持的各级各类博物馆（院）、展览馆、美术馆、科技馆、纪念馆、烈士纪念建筑物、名人故居、公共图书馆、学校图书馆、文化馆（站）、文化宫（工人文化宫、工人俱乐部）、青少年宫、儿童活动中心等公益性文化设施要向未成年人免费或优惠开放、尚未实行免费或优惠开放的，要于2005年1月1日前向未成年人免费或优惠开放。

博物馆（院）、展览馆、美术馆、科技馆、纪念馆、烈士纪念建筑物、名人故居要对学校组织的未成年人集体参观实行免票；对未成年人个人参观实行半价或1/4票价优惠；家长携带未成年子女参观的，对未成年子女免票。有条件的纪念馆可对公众免费开放。

文化馆(站)、文化宫(工人文化宫、工人俱乐部)、青少年宫、儿童活动中心要坚持面向未成年人、服务未成年人的宗旨，并与学校综合实践活动相衔接，积极开展教育、科技、文化、艺术、体育等适合未成年人参与的活动。凡学校组织在该设施内开展的集体文化活动免费。未成年人个人参与的文化活动实行半价优惠或免费。

公共与学校图书馆要在国家法定节假日设定“未成年人参观接待日”，免费接待未成年人参观；对未成年人的借阅行为实行免费，对未成年人复印等收费项目实行半价优惠。公共图书馆要开设免费的未成年人阅览室或未成年人多媒体阅览室；面向未成年人举办的讲座、培训、展览等各种活动免费；向中小学图书馆（室）以免费或半价优惠的方式提供适合未成年人阅读使用的文献资料。

要充分发挥各公益性文化设施提供精神文化服务、丰富群众文化生活、加强未成年人思想道德建设的重要作用，不能将公益性文化设施改作它用。主管部门要对所属的公益性文化设施和场所开放情况进行摸底清查，名不符实的要限期改正，被挤占、挪用、租借的设施和场所要限期归还，最迟要在2005年3月底以前清理完毕。

二、免费开展丰富多彩的活动，丰富思想道德建设内容

公益性文化设施在向未成年人免费开放的同时，要坚持把社会效益放在首位，坚持面向未成年人、服务未成年人的宗旨，区分不同层次未成年人的特点，采取各种措施，精心设计和组织开展内容鲜活、形式新颖、吸引力强的文化艺术活动，把思想道德建设内容与文化艺术活动紧密结合起来，通过寓教于乐的方式，使未成年人在自觉参与中思想感情得到熏陶，精神生活得到充实，道德境界得到升华。

博物馆(院)、纪念馆、烈士纪念建筑物保护单位、美术馆、展览馆、科技馆要加强陈列展览的预见性和计划性，提高展品设计和制作水平，努力发掘和展示常设展览和短期专题展览中的爱国主义和思想道德建设内涵。举办知识性、趣味性、观赏性紧密结合的陈列、展览、知识讲座等活动，不断增强陈列、展览、活动的吸引力和感染力。要注意针对未成年人的兴趣爱好，积极探索新的展示艺术和表现手法，注重高新技术和材料的合理运用。各类科技馆还要发挥以在校大学生为主体的青年志愿者辅导员的作用。充分利用多媒体等载体和采用亲身体验、自己动手等方式，激发未成年人对科学知识的兴趣和探索、创新精神。

青少年宫、文化宫（工人文化宫、工人俱乐部）、儿童活动中心、文化馆（站）、青少年科技活动中心要坚持公益性原则，从未成年人的需求出发，加强未成年人文化、科技等活动的辅导和培训工作，积极组织开展健康有益、丰富多彩的活动，激励和培养未成年人的参与意识和探索精神。组织未成年人业余合唱团（队）、舞蹈队及其他文艺团体，广泛开展歌咏、音乐、舞蹈等文艺表演、比赛和艺术创作活动；积极开展主题鲜明、小型多样的知识讲座、读书、艺术培训、科学体验、社会实践等活动以及民俗文化活动。让青少年和儿童在愉悦身心、锻炼身体的同时丰富知识，增长技能，陶冶情操。

公共图书馆要通过开设少儿阅览室、举办面向未成年人的讲座与培训、设立少儿集体参观接待日等方式，有针对性地向未成年人提供服务，培养未成年人使用图书馆的意识，积极开展适合未成年人实际需求的各种文献信息服务，让未成年人在使用图书馆（室）的过程中丰富知识，增长见识，提高能力。

各级各类学校图书馆要制订具体借阅办法，积极向本社区或本市（地区）范围内的未成年人开放。大专院校图书馆的读者可限定于中学就读和中学以上文化程度。

博物馆(院)、图书馆、纪念馆、美术馆、科技馆、文化馆（站）以及文化信息资源共享工程的各级中心要积极利用互联网站，根据未成年人成长进步的需求，精心制作知识性、趣味性、科学性强的文化信息资源，制作专门为未成年人服务的网站、网页、专栏，提供为广大未成年人喜闻乐见的文化服务内容；组织开展各种形式的网上文化活动。

三、强化内部管理，提高服务水平

各级各类公益性文化设施在对未成年人等社会群体实施免费开放的同时，要按照“贴近实际，贴近生活，贴近未成年人”的要求，制定各项制度，深化内部改革，强化内部管理，增强自身活力，改善服务质量，提高服务水平。

（一）完善工作制度。

要根据本单位的实际情况和不断出现的新情况新问题，结合国内外针对未成年人开展活动的成功经验，制定和不断完善拓宽服务领域、改进服务方式、提高服务质量的工作制度，落实各项保障措施。

（二）健全安全管理制度。

要根据本单位实际和免费开放后未成年人增多的情况，建立健全安全保卫制度和重大安全事故管理制度，制订预防和处置突发事件的安全预案，积极预防各种设施的损坏和安全事故的发生。属于文物保护单位的开放场所要妥善处理好扩大开放和有效保护文物的关系，采用合理安排开放时间和调整参观线路等各种方式，调控参观流量，确保文物与参观人员的安全。

（三）规范管理和服务。

要进一步推行规范化管理和服务，引进先进的管理理念、科学的管理方式，因地制宜、因时制宜，提供更加周到、更加人性化的服务。进一步完善配套服务设施，提高设施利用率。同时净化、美化设施和场所环境，营造安全、优雅、洁净的参观、活动和休闲氛围。

（四）加强讲解员和辅导员队伍建设。

要根据自身具体情况，采取聘请专业人员、招募志愿者等多种方式建立专兼职结合的讲解员和辅导员队伍。鼓励思想品德高、专业学识丰富、热心青少年教育、了解未成年人心理特点和需求的有志之士加入辅导员队伍。也可结合本单位实际，招募大、中学生加入讲解员队伍。要加强培训，不断提高辅导员、讲解员的思想素质和业务水平，充分发挥文化志愿者的积极作用。

（五）调整开放时间，充分利用节假日和各类纪念日。

要认真贯彻落实《公共文化体育设施管理条例》第十七条规定：“公共文化体育设施应当根据其功能、特点向公众开放，开放时间应当与当地公众的工作时间、学习时间适当错开”；“公共文化体育设施的开放时间，不得少于省、自治区、直辖市规定的最低时限。国家法定节假日和学校寒暑假期间，应当适当延长开放时间”；“学校寒暑假期间，公共文化体育设施管理单位应当增设适合学生特点的文化体育活动”。

各公益性文化设施要尽可能考虑到中小学生的学习时间和放假时间，因时制宜，调整服务时段，延长开放时间，充分满足未成年人课余时间和寒暑假期间参观、利用公益性文化设施的需要。

要充分利用国家法定节假日、传统节日，革命领袖、民族英雄以及科学文化艺术名人等杰出历史人物的诞辰和逝世纪念日，建党纪念日、红军长征、辛亥革命等重大历史事件纪念日，“九一八”、“南京大屠杀”等国耻纪念日，重大科学发现和技术发明纪念日，国家批准设立的科技活动周、学雷锋日、全国科普日、助残日以及未成年人的入学、入队、入团、成人宣誓等有特殊意义的重要日子，配合思想道德主题宣传教育活动，开展适合未成年人参加的各类文化活动。

（六）进行公示宣传。

公益性文化设施管理单位要通过媒体，或在设施、场所的显著位置公示其服务项目、开放时间以及免费或优惠开放的详细情况，便于未成年人等社会群体了解、参观、使用和监督。

四、加大政府投人，争取社会赞助，积极建设未成年活动场所，保证公益性文化设施免费开放

中发[2004]8号文件和《公共文化体育设施条例》明确要求，加强青少年宫、儿童活动中心等未成年人活动场所建设。各级政府要把未成年人活动场所建设纳入当地国民经济和社会事业发展总体规划。

各级发展改革部门要统筹安排投资，积极建设未成年人活动场所。大城市要逐步建立布局合理、规模适当、功能配套的市、区、社区未成年人活动场所。中小城市要因地制宜重点建好市级未成年人活动场所。有条件的城市要辟建少年儿童主题公园。经过3～5年的努力，要做到每个县都有一所综合性、多功能的未成年人活动场所。拟建的文化馆（站）、科技馆、综合性的科技文化馆以及其他公益性文化设施，要按照服务对象向未成年人倾斜的原则，在设计和功能配套等方面考虑未成年人特点，适合未成年人使用。

各地在城市建设、旧城改造、住宅新区建设中，要配套建设可向未成年人开放的基层活动场所，特别是社区活动场所。

国家彩票公益金中应安排一定数额资金，用于未成年人活动场所建设。中央有关部门要对全国爱国主义教育示范基地以及中西部地区和贫困地区的未成年人活动设施建设，予以一定数额的补助，同时要制定优惠政策，吸纳社会资金，鼓励、支持社会力量兴办未成年人活动场所。

各级财政部门要按照中央统一部署，加大对公益性文化设施运转和进行管理、维护的经费投入力度，为免费开放工作提供切实的经费保障。认真落实公益性文化设施免费和优惠开放所需补偿资金，落实配套设施建设和设备更新经费，落实增强接待能力、增设服务项目、改进服务手段所需资金，落实人员培训经费及增加业务时间、增强业务强度的必要补助，保证公益性文化设施在免费和优惠开放后能够正常、高效运转。

公益性文化设施单位要测算本单位实施免费开放和丰富服务内容、提高服务水平所需补偿和补助资金，通过主管部门向同级财政部门申请。同时要根据本单位实际情况，合理规范、加强引导、积极扶持紧密结合自身业务、有利于未成年人更好地享受文化服务的经营措施，积极开发富有教育意义和鲜明特色的服务项目，并且把为观众服务的经营项目做大做活。同时争取社会资金的赞助和支持，不断增强自身发展的活力。逐步形成政府、社会多渠道投入的运行格局，进一步促进公益性文化设施更好地向未成年人等社会群体服务。

五、加强领导，切实做好公益性文化设施免费开放的组织协调工作

为逐步建立齐抓共管的领导体制和工作机制，根据中央文明委要求，文化部、国家发展改革委、教育部、科技部、民政部、财政部、国家文物局、解放军总政治部、中华全国总工会、共青团中央、全国妇联、中国科协决定组成“全国公益性文化设施专项工作小组”，各省、自治区、直辖市组成由文化厅（局）牵头，包括发展改革委、教育厅（教委）、科技厅（委、局）、民政厅（局）、财政厅（局）、文物局、解放军政治部、工会、团委、妇联、科协为成员单位的公益性文化设施专项工作小组。全国与各地公益性文化设施专项工作小组要指导、督促各地公益性文化设施做好面向未成年人等社会群体的免费开放工作，并对各单位实施情况进行督促检查，对公益性文化设施开放中出现的问题和困难及时沟通、协调。

公益性文化设施向未成年人等社会群体免费开放，能够丰富未成年人精神文化生活，提高未成年人思想道德和科学文化素质，营造未成年人健康成长的良好文化氛围和社会环境，同时有利于发挥公益性文化事业的潜能，进一步提高政府为全社会提供公共文化服务的水平。各有关单位要以求真务实的精神，高度重视公益性文化设施向未成年人等社会群体免费开放工作，加强领导，认真部署，明确责任部门和责任人员，制定有效措施，切实把这项工作落到实处。

附件：全国公益性文化设施向未成年人免费开放工作机构、组成人员和工作职责（略）

文化部　国家发展改革委员会　教育部　科技部
民政部　财政部　国家文物局
解放军总政治部　中华全国总工会
共青团中央　全国妇联　中国科协
二〇〇四年九月十九日

有关校外教育机构文件

全国青少年宫协会关于开展《全国青少年活动营地状况调查》的通知

各青少年活动营地：

为深入贯彻和落实《中共中央国务院关于进一步加强和改进未成年人思想道德建设的若干意见》精神，切实加强青少年活动场所的建设和管理，充分发挥青少年活动营地的作用，全国青少年宫协会决定开展《全国青少年活动营地状况调查》。

本次调查，能够全面地掌握全国青少年活动营地的现状和存在的问题，系统地探讨影响活动营地发展的各种因素，促进更有利于青少年活动阵地发展措施的出台，为青少年活动阵地的建设和发展提供指导性意见，为国家政策的制订提供更准确的依据。

希望各青少年活动营地的负责人能够高度重视此项工作，认真核实相关情况，如实填写并及时上报有关材料。请于 2004 年 8 月 10 日前将调查问卷寄回到全国青少年宫协会。

全国青少年宫协会
二〇〇四年七月二十日

中国教育学会少年儿童校外教育专业委员会 2004 年工作要点

校外发[2004]1 号

2004 年中国教育学会少年儿童校外教育专业委员会（以下简称专业委员会）工作的指导思想是：进一步认真学习贯彻党的十六大、全国人才工作会议以及全国中小学德育工作会议精神，以邓小平理论和“三个代表”重要思想为指导，按照中国教育学会和全国青少年校外教育工作联席会议的工作部署，充分调动广大少年儿童校外教育工作者、少年儿童校外教育机构和社会各方面的力量，以校外教育工作评估条例和校外活动场所管理规程研究为重点，加强政策、理论研究，保证在政策研究、开展教育活动等方面有所突破，加强校外教育工作者队伍建设，展示校外教育成果，为少年儿童校外教育工作的发展作出新的贡献。

一、按照校外教育发展规律和工作需要，进一步深化少年儿童校外教育理念、政策和活动等理论研究工作

（一）要针对基础教育和社会教育的发展实际，加强少年儿童校外教育现代教育理念的研究。要通过调查研究、学术报告、参观交流、专题研讨等形式，针对目前校外教育中出现的新情况、新问题和新形势进行理论探讨，尤其对校外教育社会化发展趋势等问题，要设立专题进行研究。要在校外教育工作者和校外教育机构中，大力宣传并深入阐述现代少年儿童校外教育的科学内涵和一般规律，普及新形势下校外教育的先进经验，提高广大校外教育工作者的理论研究和实践水平。

（二）充分利用现有的研究成果，在 2003 年开展课题研究的基础上，按照校外教育理论体系的整体构想，继续对少年儿童校外教育有关政策进行研究。

各级校外教育机构尤其是科研机构要把校外教育政策研究放在理论研究的首位，要结合本地实际，深入了解我国已有校外教育政策的执行情况，对我国各级组织已有的校外教育政策进行反思与评价，要根据我国校外教育现状及时提出政策需求意见。专业委员会将继续组织力量，汇集各地研究成果，经过科学论证，以专题学术报告等形式，为有关部门制定切实可行的新政策提供参考，为各级校外教育机构的工作进行指导。

秘书处要根据全国青少年校外教育工作联席会议的工作要求，加强理论研究和工作实践，以各工作组和有关研究机构为依托，组织研究力量，重点完成《全国青少年学生校外教育工作评估标准（试行）》和《全国青少年学生校外活动场所管理规程（试行）》两个重要文件的起草和上报工作；为进一步明确校外教育的性质等基本问题，确立校外教育在基础教育和社会教育中不可忽视的重要地位，为校外教育工作提供指导和政策保障，探讨校外教育政策科学化建设的途径和方法做贡献。

（三）要继续以活动案例为抓手，对校外教育活动课程进行研究。各级校外教育机构要根据校外教育阵地工作实际，根据深化教育改革的要求和少年儿童成长环境发生的新变化、身心发展的新特点，依据专业委员会课题研究和课题审批暂行实施办法，结合工作实践，选择适合自己的研究项目，广泛发动校外教育工作者，尤其是专业研究人员和一线教师，选好课题进行探讨。秘书处将继续依托专业委员会研修基地、中国教育报等机构，组织有关专家大力开展校外教育活动案例科研工作，完成优秀论文和优秀活动案例的评选交流工作，为新形势下科学规划少年儿童校外教育活动提供有力的理论支持。

（四）专业委员会秘书处要完成《中国校外教育工作年鉴（2001～2003）》卷的编纂发行工作，同时安排《中国校外教育工作年鉴（2004）》卷的资料收集和编纂准备工作。各级校外教育机构要把年鉴编辑、出版、发行和利用工作作为总结、规范、指导少年儿童校外教育工作的重要内容，使其成为真实记录和反映少年儿童校外教育发展历程的资料库、工具书，促进校外教育全面、健康发展。

（五）要结合政策、活动课程等各项理论研究工作，继续做好优秀校外教育理论工作者评选表彰工作。

二、进一步加强校外教育业务培训，为培养一批具有现代教育理念和科学教育方法的优秀校外教育工作者队伍服务

（一）专业委员会各工作组要在业务培训、理论研究和实践活动中发挥重要作用。各工作组要针对本地区、本行业、本系统实际，整合力量，制订切实可行的培训计划，对本组成员进行培训。北京工作组要重点完成《全国青少年学生校外教育工作评估标准（试行）》和《全国青少年学生校外活动场所管理规程（试行）》两个重要文件的具体起草任务，要充分利用首都专家集中、信息畅通、交通便利等独特资源，在三北地区发挥自己的带头和服务作用，要继续抓好京津地区校外教育论坛等活动品牌，从更高的理论角度做好培训和交流；华东、上海、福建工作组要继续发挥自身优势，以现代校外教育发展趋势和校外教育教学实践活动理念为课题，组织力量，进行培训工作，为现代校外教育理念研究工作奠定基础；城区宫工作组要在调整好工作班子的前提下，以城区宫的发展和在社区教育、社区精神文明建设中发挥作用为抓手，开展培训工作；农村宫工作组要继续组织本组成员根据地区特点，以东西部少年宫手拉手等形式，促进中西部地区校外教育机构的各种交流、培训、研讨工作；企业宫工作组要继续以企业转型期如何适应校外教育社会化趋势为重点，进行实践和培训工作；计算机工作组要进一步发挥专业优势，一方面为校外教育工作实现网络化提供服务，另一方面，要积极探索与社会各界进行合作的路子，通过交流和专业培训等形式，进一步完善以“小博士”工作室为代表的品牌项目。面对校外教育进一步社会化的趋势，秘书处还将依托有关机构，对社会上不断涌现出的新型校外教育机构进行调查研究，力争使其成为校外教育工作领域的新的增长点。

（二）要以研修基地为依托，继续做好校外教育培训工作。重点举办中、西部地区青少年校外活动场所主任和行政分管领导培训班，帮助大家学习先进的校外教育管理理念，明确校外教育的指导思想和任务，健全完善现代校外教育管理者的基本素质和现代校外教育机构的基本管理方法，培养其基本的实践管理能力，掌握新建场所的设计、功能定位的要求，掌握财政部资金管理的法律法规和方针政策，探讨适合中、西部地区校外教育机构健康发展的模式；要举办全国校外艺术教育管理人员研修班，以2004上海国际少儿文化艺术节为契机，通过开展艺术教育管理的系统培训和实景观摩，扩大和提升少年儿童校内外教育管理的范畴和质量，帮助少儿艺术教育管理者拓展视野、转变观念，提高教育与管理的素养，增强交流与沟通的能力；举办美术、摄影教师研修班，为全国校外教育系统的美术、摄影教师提供“人与自然”为主题的采风环境，了解当地独特的民俗、文化，开展美术、摄影主题教学研究与探讨；倡导美术、摄影学科教学思路的拓展和教学方法的创新；展示各地美术、摄影的教学成果；还要联合少先队组织，共同举办少先队活动的策划与组织研修班，指导少先队活动策划者，准确了解少年儿童心理发展的特点与规律，掌握少先队活动的特点与组织原则，探讨少先队活动策划与组织的方法，开展适合青少年身心发展规律的特色少先队活动，为社区少先队工作服务。

（三）专业委员会要继续积极探索与有关单位合作的途径，为校外教育工作网络化建设服务。要重视互联网在成果交流和学术探索方面的作用，积极尝试利用网络，加强各地以至国内外少年儿童校外教育理论研究工作的沟通和交流。积极创设新的校外教育工作者和校外教育机构交流的载体和展示的舞台。

三、进一步加强组织建设，以先进的教育理念为指导，开展各种校外教育实践活动

（一）组织建设是专业委员会工作的重要组成部分，要根据实际工作需要，努力构建有利于调动全体会员主观能动性的工作体系。要加强专业委员会工作组建设，各工作组要根据工作实际，及时调整好领导班子，抓好会员队伍建设，做好会员统计和管理工作。秘书处要继续探索在有代表性的地区和城市建立专业委员会活动实践、策划、理论研讨等工作基地，逐步形成以秘书处为龙头，以各工作组和基地为实施单位的工作机制。

（二）秘书处要努力加强与中国教育学会、全国青少年校外教育工作联席会议的工作联系，密切与全国青少年宫协会等单位的关系，发挥桥梁作用，及时反映广大校外教育工作者和成员单位的意见和建议，成为有关部门了解情况、传达信息的有效途径，努力为少年儿童校外教育工作者争取政策，为少年儿童校外教育机构建设争取支持，把上级的有关精神及时传达到基层，为广大校外教育工作者学习掌握大政方针创造条件。

（三）筹备、召开专业委员会三届三次年会。通过这次会议，进一步贯彻党的十六大和全国中小学德育工作会议精神，落实中国教育学会工作部署，完成全国青少年学生校外教育联席会议交办的工作任务，总结、研究和部署专业委员会工作任务，展示校外教育科研成果。

（四）继续健全少年儿童校外教育专家队伍建设，注意发挥知名专家的作用，同时加强一线少年儿童校外教育理论研究队伍的建设，组织少年儿童校外教育工作者学习和掌握最新的教育理念和教育成果，指导工作实践。

（五）要充分利用中国教育报、中青网、雏鹰网等各种媒体，通过不同形式，切实加大对校外教育工作者的宣传力度，大力倡导全社会关心支持校外教育的风气。

（六）要根据校外教育需求，引导少年宫（家、站、活动中心）主动发挥社区教育的龙头和枢纽作用，带领广大校外教育工作者积极参与和推进社区文化建设等社区服务工作。要积极参与中宣部、中央文明办、共青团中央、教育部、全国少工委共同主办的“民族精神代代传”活动，按照“以爱国主义为核心的团结统一、爱好和平、勤劳勇敢、自强不息的伟大民族精神”的主题，以丰富多彩的体验教育活动为载体，发挥校外教育阵地优势，广泛征集能够体现民族精神的原创少年儿童歌曲，让孩子给自己写歌，请成人给孩子写歌，请名家为孩子写歌。还要配合少先队组织，通过形式多样的学习实践活动，引导少年儿童开展以“中国了不起、中国人了不起、做个了不起的中国人”为主要内容的“三个了不起”系列活动，教育引导少年儿童了解民族精神的丰富内容，感受民族精神的伟大力量，体验民族精神的时代内涵，逐步树立民族自尊心和自豪感，从小立志为实现中华民族的伟大复兴做好全面准备。积极参与中国少年儿童平安行动，进一步联合教育部门、公安部门和有关方面力量，以主题活动、音像、漫画、宣传资料等有效形式为载体，开展预防少年儿童意外伤害，保护少年儿童生命安全和身体健康活动。要主动配合少先队组织开展社区少先队组织建设和少年儿童活动现状调查研究，开展符合少年儿童社区生活需求的主题教育活动。要及时抓住少年儿童校外教育的社会热点问题，组织社会力量进行研究和讨论，为社会提供业务咨询、政策咨询和法律咨询，并利用有关媒体，向社会发布研究成果。通过开展主题教育活动，展示少年儿童校外教育的成果，扩大少年儿童校外教育的社会影响。

各工作组要根据本组特点，依据专业委员会工作要求，在理论研究的基础上，紧紧围绕校外专业培训和群文工作，充分发挥自身优势，开展文艺、体育、科技等丰富多彩的校外教育活动。

（七）要密切关注、了解、研究基础教育课程改革的内容。认真学习贯彻《中共中央国务院关于深化教育改革全面推进素质教育的决定》（中发[1999]9号）和《国务院关于基础教育改革与发展的决定》（国发[2001]1 号）文件精神，配合《基础教育课程改革纲要（试行）》的实施，使学校教育与校外教育联动、优势互补，共同为促进少年儿童全面素质的提高而努力。

（八）要进一步开阔思路，大胆实践，根据国家政策法规，继续发掘社会资源，加强与企业和社会机构的合作，缓解校外教育经费紧张等问题，积极创造条件探索建立校外教育科研基金的可行性。

中国教育学会少年儿童校外教育专业委员会2004年研修计划

2004 年度中国教育学会少年儿童校外教育专业委员会（以下简称专业委员会）研修工作总的指导思想是：进一步认真学习贯彻党的十六大和全国德育教育工作会议精神，以邓小平理论和“三个代表”重要思想为指导，落实中共中央办公厅、国务院办公厅《关于加强青少年学生活动场所建设和管理工作的通知》精神，根据中国教育学会和全国青少年校外教育工作联席会议的工作部署，按照专业委员会2004年工作要点的具体要求，继续依托专业委员会研修基地，进行多种形式的综合性培训和研修活动，提高校外教育工作者的理论和实际工作经验。

一、中、西部地区青少年校外活动场所管理人员（主任）培训班

（一）培训目标

学习先进的校外教育管理理念，明确校外教育的指导思想和任务；了解现代校外教育管理者的基本素质和现代校外教育机构的基本管理方法，培养基本的实践管理能力；探讨适合中、西部地区校外教育机构健康发展的模式。

（二）培训时间

2004年4月和10月，分两期进行。

（三）培训地点

上海市。

（四）培训对象

1. 中、西部地区新建校外教育机构管理人员。

2. 其他地区校外教育机构管理人员。

二、中、西部地区青少年校外教育管理人员（行政分管领导）培训班

（一）培训目标

学习校外教育的方针政策和先进的校外教育管理理念；明确财政部资金管理的法律法规和方针政策；掌握新建场所的设计和功能定位的要求；以利于校外活动场所建成后的管理和工作指导。

（二）培训时间

2004年4月和10月，分两期进行。

（三）培训地点

上海市。

（四）培训对象

1. 中、西部地区分管校外教育的教育行政部门领导和负责人。

2. 其他地区校外教育机构分管领导。

三、全国校外艺术教育管理人员研修班

（一）研修目标

以2004上海国际少儿文化艺术节为主线，通过开展艺术教育管理的系统培训和实景观摩，扩大和提升少年儿童校内外教育管理的范畴和质量，帮助少儿艺术教育管理者开拓眼界，转变观念，提高教育与管理的素养，增强交流与沟通的能力。

（二）研修时间

2004年7月。

（三）研修地点

上海市。

（四）研修对象

1. 全国校外教育机构从事艺术教育管理的领导或负责人。

2. 中小学校从事艺术教育和管理工作的领导或教师。

四、美术、摄影教师研修班

（一）研修目标

为全国校外教育系统的美术、摄影教师提供“人与自然”为主题的采风环境，了解当地独特的民俗、文化，开展美术、摄影主题教学研究与探讨；鼓励美术、摄影学科教学思路的拓展和教学方法的创新；展示各地美术、摄影的教学成果。

（二）研修时间

2004年8月。

（三）研修地点

内蒙古呼伦贝尔市。

（四）研修对象

1. 全国校外教育机构美术、摄影学科指导教师及相关辅导人员。

2. 中小学校从事课外美术、摄影教学的辅导教师。

五、少先队活动的策划与组织研修班（与少先队组织一起举办）

（一）研修目标

指导少先队活动策划者，准确了解青少年儿童心理发展的特点与规律，掌握少先队活动的特点与组织原则，探讨少先队活动策划与组织的方法，开展适合青少年身心发展的优质少先队活动，为社区少先队工作服务。

（二）研修时间

2004年9月。

（三）研修地点

上海市。

（四）研修对象

1. 全国校外教育系统少先队活动策划与组织人员。

2. 中小学课外活动辅导教师。

关于中国教育学会少年儿童校外教育专业委员会更名和启用新公章的通知

校外发[2004]8号

各会员单位：

根据民政部和中国教育学会要求，从2004年12月1日起，“中国教育学会少年儿童校外教育专业委员会”正式更名为“中国教育学会少年儿童校外教育分会”。现将有关事宜通知如下：

1. 自2004年12月1日起，“中国教育学会少年儿童校外教育专业委员会”公章停止使用。“中国教育学会少年儿童校外教育分会”公章同时正式启用。

2. 从2004年12月1日起，《中国教育学会少年儿童校外教育专业委员会秘书处文件》更名为《中国教育学会少年儿童校外教育分会秘书处文件》。

3. 中国教育学会少年儿童校外教育专业委员会各工作小组和研修基地同时更名。“中国教育学会少年儿童校外教育专业委员会城区宫工作组”更名为“中国教育学会少年儿童校外教育分会城区宫工作组”，袁强同志为组长；“中国教育学会少年儿童校外教育专业委员会企业宫工作组”更名为“中国教育学会少年儿童校外教育分会企业宫工作组”，王成玉同志为组长；“中国教育学会少年儿童校外教育专业委员会农村宫工作组”更名为“中国教育学会少年儿童校外教育分会农村宫工作组”，曹基隆同志为组长；“中国教育学会少年儿童校外教育专业委员会计算机教育工作组”更名为“中国教育学会少年儿童校外教育分会计算机教育工作组”，王颂赞同志为组长；“中国教育学会少年儿童校外教育专业委员会华东地区校外教育工作组”更名为“中国教育学会少年儿童校外教育分会华东地区校外教育工作组”，凌同光同志为组长；“中国教育学会少年儿童校外教育专业委员会北京市校外教育工作组”更名为“中国教育学会少年儿童校外教育分会北京市校外教育工作组”，孙荣燕同志为组长；“中国教育学会少年儿童校外教育专业委员会上海市校外教育工作组”更名为“中国教育学会少年儿童校外教育分会上海市校外教育工作组”，张瑞香同志为组长；“中国教育学会少年儿童校外教育专业委员会福建省校外教育工作组”更名为“中国教育学会少年儿童校外教育分会福建省校外教育工作组”，许辉煌同志为组长；“中国教育学会少年儿童校外教育专业委员会研修基地”更名为“中国教育学会少年儿童校外教育分会研修基地”，鲍秀芬同志为主任。

中国教育学会
少年儿童校外教育专业委员会秘书处
二〇〇四年十一月三十日

全国性工作会议

全国家庭教育工作会议

（2004年11月2日～4日）

为了进一步做好新时期的家庭教育工作，2004年11月2～4日，来自全国各省、市、自治区及部分计划单列城市妇联分管儿童工作的副主席、儿童部长、儿童中心负责人以及全国妇联未成年人家庭教育工作领导小组成员160余人聚集成都，共商家庭教育工作的发展大计。全国人大常委会副委员长、全国妇联主席顾秀莲做重要讲话，全国妇联副主席、书记处第一书记黄晴宜做报告，全国妇联书记处书记张世平主持会议。

顾秀莲在会上做了《切实加强能力建设，推动家庭教育工作的创新与发展》的重要讲话，她指出：家庭是儿童生活的第一环境，良好的家庭教育环境是儿童健康成长的重要保证。优化家庭教育环境，促进未成年人健康成长，是关系到党和国家事业兴旺发达、后继有人的重大战略。全国所有在家庭教育战线上辛勤耕耘的同志们，要以高度的政治热情和紧迫的历史使命感励精图治，发奋努力，开创中国家庭教育工作的新局面。

顾秀莲特别强调，在新时期做好家庭教育工作要不断地提高5方面的能力，一是要提高统观全局的能力，准确把握当前家庭教育工作的定位；二是要提高宏观指导的能力，确保家庭教育工作健康持续发展；三是要提高服务家长和儿童的能力，务求家庭教育工作实效；四是要提高创新创造的能力，始终保持家庭教育工作的活力；五是要提高协调推进的能力，努力构建社会化家庭教育工作格局。新时期的家庭教育工作，要在推进家庭——学校——社会三结合教育网络建设上下功夫。

黄晴宜做了题为《把握机遇，面向未来，努力开创家庭教育工作新局面》的报告。

她指出：家庭教育是妇联的重要工作领域，多年来，全国各级妇联组织围绕家庭教育做了大量的富有成效的工作，制定了全国性的家庭教育工作的规划，形成了一大批家庭教育研究成果，广泛地传播了家庭教育的理论和科学方法，树立推广了一大批家庭教育方面的先进模范，建立起了一个为家长们提供有效的指导和服务的阵地体系，培养壮大了一支从事家庭教育工作的队伍。

黄晴宜指出：今后家庭教育工作的总体要求和主要任务是，全面落实家庭教育工作整体规划，切实加强对家庭教育工作的科学指导，精心打造全国“双合格”宣传活动品牌，大力发展社区和农村家长学校，努力发挥儿童活动阵地的育人功能，切实维护好儿童合法权益，形成有中国特色的家庭教育工作的理论体系和科学方法。

会议期间，部分省、市、自治区的代表就家庭教育工作的先进经验进行了大会交流发言。与会者还到成都市少城小学、四川省省直机关红星幼儿园、成都市锦江区水井坊社区、成都市金牛区青羊北路社区等单位进行了参观考察。

全国妇联儿童事业发展集团成立仪式暨中国儿童事业（产业）发展高层论坛

（2004 年 4 月 8 日）

2004 年 4 月 8 日，全国妇联儿童事业发展集团在人民大会堂举行隆重的揭牌成立仪式。同时，中国儿童事业（产业）发展高层论坛宣布开幕。来自全国妇联、各有关部委的领导、全国校外教育机构的代表、研究儿童问题的专家、学者以及国内外著名企业的代表 300 多人参加了本次大会。

大会由全国妇联书记处书记张世平主持。全国妇联名誉主席陈慕华、彭珮云，全国人大常委会副委员长、全国妇联主席顾秀莲，全国妇联副主席、书记处第一书记黄晴宜等领导参加了大会，顾秀莲和黄晴宜为集团成立揭牌。黄晴宜作了题为《抓住机遇开拓创新全面促进儿童事业的健康发展》的讲话。

全国妇联儿童事业发展集团是继中国广播电影电视集团和中国出版集团之后，由中央编制委员会批准组建的又一个事业集团。集团隶属于中华全国妇女联合会，以中国儿童中心为主体，由中心下属的 18 个单位组建而成，经营文化、健康、科教娱乐、国际合作、投资管理、物业管理等多种儿童产业，集团以促进我国儿童的健康成长为神圣使命，致力于儿童产业的开发经营和管理，运用市场机制发展公益性事业；集团将积极探索国有资产管理、监管和经营的有效形式，完善授权经营制度，建立机制。按照国家所有、分级管理、授权经营、分工监督的原则，督促企业实现国有资本保值增值，防止国有资产流失。集团将建立产权清晰、责权分明、政企分开、管理科学的现代企业制度。

中国儿童事业（产业）发展高层论坛以“关注儿童，成就未来”为主题，首次在我国儿童事业（产业）领域中就国际国内儿童产业的状况、WTO 与儿童产业发展、儿童产业的市场秩序与规范、资本市场与中国儿童产业等方面进行了广泛而深入的探讨。来自社会各界的儿童专家、学者和企业代表纷纷为促进我国儿童事业的健康发展献计献策。

全国妇联儿童事业发展集团是我国第一个儿童集团。它的成立，标志着我国儿童教育事业单位改革的进一步深化，是全国妇联和中国儿童中心求真务实，用科学的发展观大胆推进体制创新的重要举措，是积极贯彻落实国家事业单位体制改革要求，与时俱进的具体体现。对于整合妇联系统资源，增强实力，具有十分重要的意义。

（李新民）

中国青少年宫协会三届四次理事会议

（2004 年 12 月 11 日）

2004 年 12 月 11 日，中国青少年宫协会三届四次理事会在上海国际会议中心召开，中国青少年宫协会主要领导和 82 家理事单位的代表出席了会议。

会议以“三个代表”重要思想为指导，认真贯彻落实《中共中央国务院关于进一步加强和改进未成年人思想道德建设的若干意见》，总结了 2004 年的工作，明确了新形势下青少年宫工作的思路、目标和任务，部署安排了 2005 年协会工作。

为更好地树立中国青少年宫的形象，经民政部批准，“全国青少年宫协会”正式更名为“中国青少年宫协会”。全国人大副委员长许嘉璐同志应邀担任中国青少年宫协会名誉会长。会议还增补了中央文明委、教育部、人事部、财政部、建设部等 18 个部委和相关单位的负责同志担任协会副会长，吸收了北京市丰台区青少年活动中心等 26 家单位为协会会员，通过了《中国青少年宫协会章程》修改后的征求意见稿。

团中央书记处常务书记、中国青少年宫协会会长赵勇同志出席会议并讲话。他指出，今年以来各级团组织和青少年宫认真贯彻中央 8 号文件精神，把未成年人思想道德教育要求融入青少年宫的各项教育中，开展了大量工作，为促进青少年健康成长做出了积极贡献。他强调，当前青少年宫的建设与发展面临着难得的机遇，各地青少年宫要紧紧围绕加强和改进未成年人思想道德建设这条主线，进一步打开工作思路，整合资源，改革创新，坚持面向未成年人、服务未成年人，坚持把社会效益放在首位，加强青少年宫的建设和管理，推动青少年宫事业发展。

近些年来团属青少年活动阵地建设发展较快，东部沿海的上海、杭州、广州、深圳等地出现了一批较大规模综合性青少年活动场所，西部地区近百所青少年活动场所已建成并投入使用。目前，团属青少年宫已达1200余所，拥有固定资产150多亿元，从业人员5万余人，每年开展的主题教育活动和培训6000余项，直接参加活动的青少年达千万人次。

2004年中国青少年社会教育论坛

（2004年12月12日～13日）

由共青团中央、全国妇联、教育部、国家广电总局、新闻出版总署、中国社会科学院、全国少工委等联合举办，共青团上海市委、共青团中央宣传部、中国青少年宫协会、中国青少年社会服务中心等承办的“中国青少年社会教育论坛——2004·媒体与未成年人发展”（简称“2004·媒体与未成年人发展论坛”）于2004年12月12日～13日在上海国际会议中心举行。全国人大副委员长、民进中央主席许嘉璐同志为论坛发来贺信，主办单位领导、国内外知名媒体和青少年教育研究机构的专家学者以及来自全国各地的青少年教育系统和广电、影视、报刊、网络、出版及音像制作等行业的代表300余人汇聚上海，共议肩负的社会责任，共商发展的重大举措。

一、高规格举办，以国际视野、权威观点聚焦论坛主题

本次论坛得到了上海市委、市政府的高度重视和关心，上海市委宣传部给予大力支持和指导。本次论坛由共青团中央等中央多部委联合主办，共青团上海市委、共青团中央宣传部、中国青少年宫协会、中国青少年社会服务中心等单位共同承办。中国社会科学院新闻与传播研究所、媒介传播与青少年研究所等单位为本次论坛的专家指导单位。上海市文明办、上海市教委、上海市新闻出版局、上海文化广播影视集团、解放日报报业集团、文汇新民联合报业集团、上海教育报刊总社、上海世纪出版集团、中国少年雏鹰网等9家单位为协办单位。体现了规格高、合作广泛的特点。

本次论坛主要日程安排为开幕式、主论坛、分论坛、参观考察及闭幕式等，共有314人到会。其中，上海市及主、承办单位等各方面领导51人，国际机构代表5人，香港特别行政区青少年机构代表9人，各省市少工委负责人16人，全国各类媒体代表106人，体现了内容丰富、交流广泛的特点。

本次论坛邀请来自团中央、中国青少年宫协会、中央电视台、中国少年儿童新闻出版总社、复旦大学、上海市作家协会、上海盛大网络发展有限公司、香港青少年协会以及联合国儿童基金会、美国哥伦比亚广播公司、美国迪斯尼传媒集团、英国伦敦大学、日本万代株式会社等国内外知名媒体和青少年教育研究机构的专家及代表为主论坛演讲嘉宾，体现了国际视野、学术支撑的特点。

二、立体式开展，以各方参与、主体互动体现论坛成果

本次论坛的分论坛由上海方面在广播电视、报纸刊物、图书出版、电影音像、网络媒体和青少年教育等6类媒体和青少年教育工作中较为知名的机构具体策划并承办，多角度、全方位地深入探讨媒体与未成年人发展的关系，体现了协同办会、拓展空间的特点。

本次论坛在9月～12月期间组织开展了围绕“媒体与未成年人发展”为主题的前期系列活动，以吸纳更多的社会人士和未成年人参与论坛讨论、关注论坛话题，更多地表达未成年人的心声和需求。其中，“媒体与未成年人发展”论文征集共收到来自全国各地的论文45篇；“我的媒体主张”主题征文共收到文章1112篇（包括书面征文1068篇，网上征文44篇，其中有37篇来自高中，597篇来自初中和小学）；“感动未来”真情评选活动有 10346 人次通过网络或书面参与投票。此外，“做一天媒体主人”小记者行动、“我眼中的媒体”未成年人论坛、“小网虫吃饱了吗”网络辩论赛、“关爱成长”上海市未成年人公益广告征集大赛等都得到了未成年人的积极关注和参与，体现了社会支持、延伸传播的特点。

本次论坛形成了8项成果，即《媒体与未成年发展——上海宣言》、《论坛十项实施项目倡议》、《中国青少年社会教育课题库基础目录》、《未成年人媒体需求调查》、《未成年人媒体素养教育行动策略研究》、《全国德育时代的来临——发达国家和地区未成年人道德教育述评》、《媒体与未成年人发展论文集》、《中国青少年网络安全联盟》等，体现了研究成果丰硕、工作可持续发展的特点。

三、多渠道宣传，以媒体手段、信息技术营造论坛氛围

本次论坛发动全国各主要媒体单位积极参与新闻报道，着力营造舆论氛围。中央电视台、上海电视台、东方电视台等分别制作《实话实说》、《新闻透视》、《阳光班会》等专题节目；新华社、人民日报、光明日报、中国青年报、解放日报、文汇报等全国各大报刊进行整版专题报道和新闻报道近百篇次；搜狐、城市青年网等知名网站进行全程视频直播和文字直播，体现了宣传范围广、舆论影响大的特点。

本次论坛还充分运用现代信息技术，如利用网络和短信进行“感动未来”评选、征文投稿、网络辩论等，为论坛参会人员提供现场无线上网服务，向全体与会人员群发手机短信进行有关通知和提醒，在主论坛上进行网络实时互动及现场网络视频直播等等，论坛当天的实时在线人数就有78万，网民向现场嘉宾提出的问题47个，体现了及时便捷、交互覆盖的特点。

本次论坛组织了67名大学生志愿者参与论坛的前期筹备、组织落实及会务接待等工作，服务总时数近3000小时。论坛还为与会代表提供了多项特色服务，如手机充电、邮政快递、数码快照、金融保险、旅游咨询、健康保健等，体现了主动服务、全方面服务的特点。

《中国校外教育工作年鉴》编辑出版工作会议

（2004年9月20日～21日）

为交流和总结《中国校外教育工作年鉴（2001～2003）》编辑出版工作，研究部署《中国校外教育工作年鉴（2004）》的编辑任务，专业委员会于2004年9月20日～21日在北京召开了《中国校外教育工作年鉴》编辑工作会议。来自全国各地的校外教育机构代表和年鉴编辑人员60余人参加了会议。

专业委员会副理事长、团中央少年部部长高洪到会讲话，会议听取了专业委员会副秘书长、团中央少年部校外教育处处长高彦明代表秘书处作的“《中国校外教育工作年鉴（2001～2003）》编辑出版工作报告”。全体代表对《中国校外教育工作年鉴（2001～2003）》进行了认真研究，讨论通过了2004年编辑提纲。

高洪同志在讲话中回顾了近年来专业委员会研究工作成果，介绍了校外教育面临的新情况和新任务。要求校外教育机构和广大校外教育工作者认真贯彻《中共中央国务院关于进一步加强和改进未成年人思想道德建设的若干意见》精神，认真研究未成年人健康成长的需求，在社会大教育的背景下树立自己的品牌，做青少年人生成长道路的引导者，实践活动的组织者，健康成长的服务者，良好氛围的营造者，合法权益的维护者，使校外教育成为全社会教育工作的重点之一。他强调，专业委员会在系统总结校外教育建设，提炼各地丰富多彩的校外教育活动和管理的具体经验的基础上编辑出版了《中国校外教育工作年鉴》，这一研究成果充分体现了专业委员会为我国的校外教育研究服务，为校外教育机构服务，为全体校外教育工作者服务的宗旨，对我国校外教育的发展具有十分重要的历史和现实意义。

会议认真回顾了一年来专业委员会在收集、整理、编纂第一本年鉴过程中走过的工作历程。

报告指出，专业委员会之所以能够编辑出版如此内容丰富的专业性年鉴，除了编辑委员会的努力之外，来自社会各界的支持是最重要的原因。这无不说明年鉴的出版反映了社会的需求。年鉴的出版标志着我国校外教育从经验型、实践型向理论体系的建立和发展迈出了重要的一步。

大家认为，《中国校外教育工作年鉴（2001～2003）》以教育改革为重点，客观、真实、较全面地记载了我国自2001年以来的基本情况，反映了我国校外教育建设和发展面貌，既有历史性回顾，又有现状的综合描述，内容丰富，是校外教育战线集体智慧的结晶，是广大从事校外教育工作者不可多得的参考工具书。年鉴从实践和理论两个方面总结了我国校外教育的历程和经验，研究、总结我国校外教育的经验，认识我国校外教育的客观规律，对于推动校外教育事业具有重要意义。

会议邀请专业委员会名誉理事勾德元同志代表专家组对《中国校外教育工作年鉴（2001～2003）》做了综合评述。

会议期间，大家还围绕今后的年鉴编辑工作在设计、编排、人员培训、规范类别、资料收集和编辑队伍等方面提出了许多宝贵建议和意见，部分代表介绍了本地开展校外教育理论研究经验，并对校外教育的发展和现状进行了深入交流。

秘书处和年鉴编委会办公室布置了《中国校外教育工作年鉴（2004）》的编辑任务，还对在《中国校外教育工作年鉴（2001～2003）》编辑出版工作中做出突出贡献的单位和个人给予表彰。

全国妇联儿童工作部社会工作处靳清平、中国青少年科技辅导员协会秘书长李燕祥、专业委员会副理事长张成明、专业委员会部分常务理事和社会有关单位代表应邀出席了会议。

21世纪少年儿童校外文化艺术教育研讨会

（2004年11月11日～12日）

为了贯彻《中共中央国务院关于进一步加强和改进未成年人思想道德建设的若干意见》精神，推动少年儿童校外教育活动课程研究工作，研讨21世纪少年儿童校外文化艺术教育活动课程设置，中国教育学会少年儿童校外教育专业委员会联合天津市新闻出版管理局和天津华夏未来少儿文艺基金会，于2004年11月11日～12日在天津市召开了“21世纪少年儿童校外文化艺术教育研讨会”。来自全国各地的校外教育机构代表40余人应邀参加了会议。

与会代表以极大的热情和高度负责的态度，针对目前校外文化艺术教育面临的问题进行了研讨和交流，并对《全国少年儿童校外教育名师暨优秀兴趣培训小组（班）评选活动方案（草案）》和《关于编辑、出版《少年儿童校外教育活动课程名师指导丛书》（暂定名）初步设想和运作方案（草案）》进行了认真讨论，提出了建议和意见。与会代表认为，全国少年儿童校外教育名师和优秀兴趣培训小组（班）评选活动的开展及少年儿重校外教育活动课程名师指导丛书的编辑出版符合校外教育需求，是指导校外教育工作者更好地开展工作、提高积极性的良好途径。与会代表充分发挥主人翁作用，对两个方案提出了中肯的修改建议，对丛书和评选活动的定位、作用和实施进行了认真研讨。

与会代表还认真听取了首都师范大学艺术教育专家、博士生导师尹少淳教授和王安国教授的专题报告。两位教授向大家系统介绍了《义务教育音乐课程标准（实验稿）》和《普通高中音乐课程标准（实验稿）》的基本框架，总结了中小学音乐实验教材的新特点，对少年儿童校外文化艺术教育活动的定位、课程研究等工作提出了很好的建议。

会议通过了两项方案，并明确指出名师评选和丛书编辑出版两项活动将是专业委员会今后一段时间工作的重点之一，希望各会员单位认真贯彻落实会议精神，专业委员会将会同有关单位组成工作班子，依托专业委员会研修基地、专业委员会年鉴编委会办公室等单位在进一步调查研究的基础上开展具体工作。

天津市新闻出版管理局、天津市教委、天津团市委、天津市妇联和天津市关工委等单位领导同志应邀出席了会议。

2004年全国少年儿童“双有”活动工作会议

（2004年10月12日～13日）

2004年全国妇联少年儿童“双有”活动工作会议，于2004年10月12日～13日在天津召开，来自全国各省、自治区、直辖市的校外教育系统的代表120人参加了会议。

会议由中国儿童中心主任主持。中国儿童中心教育活动处处长侯娟代表“双有”活动全国组委会对

2004年全国"双有"活动作了系统总结。

会议从5个方面对2004年全国"双有"活动所取得的成就作了系统的回顾。

一、小公民道德实践活动深入开展

2004年各地根据自己的实际情况，推陈出新，开展了形式多样、丰富多彩的小公民道德实践活动。

重庆市少年宫、无锡市少年宫、青岛市儿童少年活动中心、兰州市儿少中心、河北省妇女儿童活动中心、上海市少年儿童佘山营地、上海市普陀区青少年活动中心、河南省妇女儿童活动中心、河南省新乡市青少年儿童活动中心等有关单位充分发挥基地作用，紧紧围绕"小公民"道德建设的内容，以儿童为主体，通过组织科技、文艺、体育等不同形式的教育实践活动，不断开拓了"双有"活动的新局面。

二、"儿童参与式活动"初见成效

2003年中国儿童中心提出了"儿童参与式活动"理念。2004年上半年，中心与联合国儿童基金会项目组成员一起在天津开展了"儿童参与式培训"，天津市少年宫组织了各区县少年宫30多人参加了培训。在"六一"期间，天津还开通了"儿童权利热线"，并同时启动了2004年"'六一'我当家"少儿活动优秀方案征集大行动。

三、"中华大地行"暑期夏令营品牌活动的初步探索

2004年6月"中华大地行"进行了初步的探索。6月，中心在湖北宜昌召开了夏令营研讨会，有北京、天津、重庆、山东、江苏、河南、河北、内蒙、山西、湖北等省的十几个单位参加了会议。大家在会上一致认为，夏令营是一项深受我国少年儿童欢迎的假期活动形式，校外教育机构应该是组织儿童夏令营活动的主力军。创造儿童夏令营活动的新局面，就要靠校外教育机构齐心协力，共同打造夏令营活动品牌。大家在会上还进行了各地夏令营的介绍交流。

据了解，广东省东莞市儿童活动中心、内蒙古儿童中心、山东省青岛市儿童少年活动中心、河北省石家庄市青少年宫、河南省妇女儿童中心在2004年暑期都举办了"中华大地行"夏令营活动。其中，东莞市儿童活动中心的夏令营得到了广东省横向联谊会的支持，广东省各市的校外教育机构对活动给予了极大的支持，青岛市和内蒙古地区形成了学生夏令营互访活动。大家在2004年开展的活动中，积累了很多经验，也获得了不少教训，对于继续搞好"中华大地行"夏令营活动都表示了很大的信心，希望把这项活动继续搞下去，搞大，搞响。

四、全国校外教育论文评选活动

全国"双有"组委会和中国家庭教育学会少年儿童校外教育专业委员会开展了2004年论文评选活动。截至10月上旬，组委会收到了河南、湖南、江苏、重庆、福建、辽宁、山东等地的论文上百篇。说明校外教育系统的科研理论水平有了一定的提高，理论科研的重要性也受到了广大校外教育者的重视。为提高活动水平，提升校外教育整体素质打下良好的基础。

五、成功举办了多项出访交流活动

为加强和国际儿童组织的联系，最快最新地了解国外儿童教育的发展形势，2004年4月，全国"双有"组委会组织校外教育机构的领导和老师到欧洲和东南亚地区进行了访问交流活动。活动得到了全国各单位的支持，共有40多人参加了活动，出访取得了很好的效果，达到了开阔眼界，向外学习的目的。

会议期间，中国儿童中心教育长李新民作了题为"切于慈善，初探营销，推广参与"的专题报告；中国儿童中心配合未成年人思想道德教育，推出"小公民社区星期六志愿者活动"、"中国读书奖"评选暨"共享文明之光"小公民读书竞赛活动。天津市少年宫、无锡市少年宫、青岛市儿童少年活动中心、哈尔滨市少年宫、东莞市儿童活动中心、兰州市少年宫、中福会少年宫分别在会上作了经验交流发言。天津市少年宫邀请与会代表参观了天津市"儿童参与式"活动的学校。

会后，部分代表在组委会的安排下赴韩国教育机构交流访问。

中国家庭教育学会少年儿童校外教育专业委员会第二届年会

（2004年4月6～8日）

全国校外教育系统学习贯彻中央文件精神会议、中国家庭教育学会少年儿童校外教育专业委员会第二届年会于2004年4月6～8日在北京召开。

参加本次中国家庭教育学会少年儿童校外教育专业委员会年会的代表来自全国各省、自治区、直辖市校外教育系统共100人左右。全国妇联、中国家庭教育学会的领导对本次会议十分重视，全国妇联书记处书记张世平同志、中国家庭教育学会秘书长蒋月娥同志应邀参加了开幕式并作了重要讲话，许多老领导、老专家、校外教育工作者也从百忙之中抽出时间参加本次会议，充分体现了大家对中国家庭教育学会少年儿童校外教育专委会的深厚情感和工作的支持。

经过两天多紧张的会议日程，如期完成了本次大会的各项内容，与会代表共同学习了《中共中央国务院关于进一步加强和改进未成年人思想道德建设的若干意见》，进行了理事会的换届工作，共同参加了全国妇联儿童事业发展集团的挂牌仪式，会议开得热烈成功。

1. 认真学习《若干意见》文件和张世平书记的重要讲话。

全国妇联书记处书记张世平在会上作了重要讲话。讲话传达了《若干意见》的精神，明确了校外教育系统今后的工作重点，指出了今后校外教育系统工作的方向。

参加会议的代表对《若干意见》文件和张世平书记的讲话进行了热烈的讨论，提出许多好的意见，并表示要在以后的工作中认真加以研究，并将积极落实。大会在以下几个方面达成了共识：要把深入学习贯彻《若干意见》作为当前和今后一个时期的重要任务来抓；加强儿童中心、少年宫建设和管理，坚持把社会效益摆在首位，坚持面向少年儿童、服务少年儿童的宗旨，积极开展少年儿童喜闻乐见的活动，把思想道德建设内容融于其中，充分发挥对少年儿童的教育引导功能；抓住重要节庆日、纪念日对少年儿童进行思想道德宣传教育和实践活动；加强师资队伍建设，形成一支高素质的工作队伍。

会议提出了具体落实《若干意见》精神的十项措施：

(1)提出中国儿童中心将对未成年人有组织的活动、参观免费开放，并号召全国妇联系统的儿童活动中心阵地有条件的都来实施这项措施。

(2) 弘扬民族精神、加强思想道德建设，利用校外教育活动阵地，在全国少年儿童中继续开展“心中有祖国、心中有他人”主题教育活动。

(3)落实中央文件精神，利用校外教育活动阵地，继续在全国少年儿童中，开展“小公民道德实践活动”。

(4) “六一”期间，在中国儿童中心举办“全国小公民道德建设成果展示”活动。

(5) 首批命名全国100家校外教育机构为“全国小公民道德实践活动基地”。

(6) 普遍开展“小公民社区星期六志愿者活动”，建立儿童、家庭、社区三位一体的道德实践活动机制。

(7) 为儿童提供参加社会实践活动机会，规范儿童夏令营活动市场，推出“中华大地行”儿童暑期夏令营活动。

(8) 开展“小公民道德实践活动优秀案例征集活动”，举办儿童参与式的小公民道德实践活动现场推广大会。

(9) 确定每年9月20日“公民道德日”为小公民道德实践活动宣传日。

(10) 号召在全国各级校外教育机构中建立“爱心帮困”机构，实际帮助有困难的儿童，享受未成年人的各种权利。

2. 认真学习讨论了中央关于加强未成年人思想道德建设的精神，强调在实际工作中要贯彻落实，不断完善专委会工作。

代表们在以下几个方面达成了共识：

(1) 要把深入学习《若干意见》作为当前和今后一个时期的重要任务来抓，组织教职工认真学习、武装头脑、指导实践、推动工作，进一步增强创新意识、责任意识和服务意识，自觉地在未成年人健康成长中思考、规划和推进自己的本职工作。

(2) 加强儿童中心、少年宫建设和管理。儿童中心、少年宫要充分发挥在少年儿童思想道德建设方面的优势，坚持把社会效益摆在首位，坚持面向少年儿童、服务少年儿童的宗旨，积极开展教育、科技、文化、艺术、体育等少年儿童喜闻乐见的活动，把思想道德建设内容融于其中，充分发挥对少年儿童的教育引导功能。要深化内部改革，增强自身发展活力，不断提高社会服务水平。儿童中心、少年宫要创造一切条件，向社会开放。儿童中心、少年宫要推出向未成年人免费开放的有关规定。对于有组织的参观，原则上不收费。对中小学生个人参观，凭学生证和18岁以下身份证实行半价。

(3) 抓住重要节庆日、纪念日对少年儿童进行思想道德宣传教育和实践活动。儿童中心、少年宫要利用“五一”、“六一”、“七一”、“八一”、“十一”等节日和“公民道德宣传日”，以及未成年人的入学、入队、入团、成人宣誓等有特殊意义的重要日子对少年儿童开放，集中开展思想道德主题宣传教育活动。在寒暑假，举办各种形式的主题夏令营，精心组织少年儿童到革命圣地、各地建设现场参观、瞻仰和考察，把深刻的思想道德教育内容融入到生动有趣的课余活动之中，用祖国大好时光、民族悠久历史、优良革命传统和现代化建设成就教育少年儿童。

(4) 加强师资队伍建设，形成一支高素质的工作队伍。儿童中心、少年宫的教职员工都要树立育人为本的思想，认真学习贯彻各种教育法规，制定和完善有关规章制度。儿童中心、少年宫的教师在指导少年儿童在校外接受各种电脑、文体、科技等校外教育的时候注意思想道德教育，寓德育于教学之中。这就要求广大教师要加强自身学习、培训，研究探索在各种培训中与德育结合的教学方法，切实提高业务能力和服务意识。

3. 专业委员会圆满完成了专委会的所有议程。

（1）听取和审议通过了第一届理事会做的题为“深化改革，开拓前进”的《工作报告》。代表们一致认为，在邓小平理论和江泽民同志“三个代表”重要思想的指引下，在第一届理事会的领导下，专委会广泛团结和依靠广大科技工作者，紧密结合妇联系统儿童中心的实际需要，充分发挥自身的优势，开展了许多活动，做了大量实实在在的工作，取得了显著成效，完成了第一届理事会提出的任务，为我国的校外教育做出了应有的贡献。

（2）审议并通过了第一届理事会所做的修改“条例”的报告，会议认为：在第一届会员代表大会通过的《条例》基础上，参照民政部制订的社会团体章程（条例）示范文本进行规范，并对专委会宗旨、会员条件等内容做出适当的修改是完全必要的，大家同意这些方面的修改。

（3）选举产生了第二届理事会。本届理事会共46名成员，具有广泛的代表性，充分体现了学术性、群众性和横向联系的特点，以及新老交替、队伍年轻化的趋势。这有利于发挥专委会优势和可持续发展。

（4）会议期间通过了中国家庭教育学会少年儿童校外教育专业委员会第二届会员代表大会决议，决议同意第一届理事会所做的工作报告和修改“条例”的报告，并提出了第二届理事会的基本任务。

（5）举行了第二届理事会第一次全体会议，选举产生了本届常务理事会（由15名理事组成），同时选举产生了正副理事长，理事长任命了秘书长和副秘书长。

4. 成功举办了全国妇联儿童事业发展集团成立仪式暨中国儿童事业（产业）发展高层论坛。

全国妇联儿童事业发展集团是我国第一个儿童集团。在本届年会上，正式举办了全国妇联儿童事业发展集团成立大会。

中国儿童事业（产业）发展高层论坛以“关注儿童，成就未来”为主题，首次在我国儿童事业（产业）领域中就国际国内儿童产业的状况、WTO 与儿童产业发展、儿童产业的市场秩序与规范、资本市场与中国儿童产业等方面进行了广泛而深入的探讨。来自社会各界的儿童专家、学者和企业代表纷纷为促进我国儿童事业的健康发展献计献策。

5. 按照专委会上届理事会的建议，进一步认真研究、具体落实本届理事会的工作任务。

（1）切实贯彻落实《若干意见》精神，有步骤、有秩序地开展活动，力争使少年儿童思想道德建设走上一个新台阶。

2004 年下半年至 2005 年初，为思想发动、专题调研、宣传阶段，着重开展学习《若干意见》精神，广宣传，深研究，营造全社会关心少年儿童思想道德建设的良好气氛。

2005 年，为实施阶段，各地积极进行思想创新，活动创新，努力开创少年儿童思想道德建设活动新局面。

2006 年，为总结阶段，开展全国交流活动，各地总结经验，寻找差距，学赶先进，推动少年儿童思想道德建设上一个新的台阶。

（2）继续做好国内外学术交流工作，提高学术会议的质量。2002 年 10 月，专委会在青岛召开了首届全国校外教育主题教育活动研修班。各地与会人员积极响应，对研修班的开办表示了肯定和认可，并要求专委会继续开展这样的理论研修班。今后，专委会将继续组织全国范围内的、针对不同对象的研讨会，以满足大家理论进修的需要，以期有更多的优秀校外教育工作者脱颖而出。

专委会将进一步开展国际国内学术交流。组织各地代表到校外（社区）教育先进的国家去学习参观、经验交流。在国内开展与其他相关学术团体的交流。

专委会将继续开展全国论文评选活动，并强调科学作风，注意提高论文和表达方式的水平，办会方式要尽量与国际办会标准接轨。

（3）办好专委会所属学术期刊，提高刊物质量。目前专委会所属期刊《中国校外教育》及增刊，在编辑部和秘书处努力下，刊物质量不断提高，影响不断增大。今后，专委会将更加重视这方面的工作，使之成为专委会与会员之间联系的纽带，进一步提高刊物质量，扩大刊物影响，提高知名度。

（4）进一步加强专委会组织建设。按照中国家庭教育学会改革工作的精神，进一步做好专委会改革工作，以适应新时期的要求。继续做好建立多元化会员制度的工作，把发展会员工作经常化，做好收交会费工作；加强专业委员会以及省市理事单位、会员单位的联系；按专委会条例规定，定期召开常务理事会、理事会，使之制度化；继续加强专委会的各项规章制度的建设；建设专委会网站等。 （李新民）

地方性工作会议

第二届京津校外教育“理论与实践创新”论坛

（2004年1月6日～8日）

由北京市教育学会校外教育研究会、天津市青少年校外教育工作联席会议办公室和天津市少年儿童校外教育研究会联合主办的第二届京津校外教育“理论与实践创新”论坛，于2004年1月6日～8日在天津宾馆举行。

共青团天津市委副书记刘志强，北京市教委体卫艺处处长甘北林和天津市教委德育处副处长赵蓓以及天津市校外教育工作联席会议办公室的领导出席开幕式。

天津团市委副书记刘志强在开幕式上致辞，他指出，党和国家非常重视青少年学生校外活动场所的建设和管理，青少年宫是校外教育的主力军，肩负着青少年校外教育的重任，面对新的形势、新的情况、新的需求，青少年宫必须通过积极探索和不断实践去寻找校外教育事业发展的新途径和新办法，坚持创新，才有出路，坚持实践，才能有经验，有发展、有生命力。他希望京津两地校外教育要整合资源，形成合力，通过多种形式来促进多种资源共同参与，形成相互支持，良性互动的生动局面。

北京市教委甘北林处长和天津市教委赵蓓副处长先后讲话，对研讨会的召开提出了具体的意见和要求。

北京市学生活动管理中心主任孙荣燕和天津市少年宫主任王国庆也分别在研讨会上做了主旨讲话和总结发言。天津市少年宫系统的《牧民的一天》、《斑鸠调》、《我向大师学绘画》、《光影明暗的逆向表现——素描课题》教学案例和来自北京的《多功能模型制作》、《素描具象静物作品创造性变构》、《表演班独唱训练课》、《应用多种音乐元素进行电子琴命题创作活动》教学案例做了经验介绍。

本次活动对推动校外教育教学活动的创新，提高校外教育教学活动的质量，探讨新的教育教学模式，全面提高教师队伍素质起到了积极作用。京津两地有380多名校外教育工作者参加本次论坛。（杨家璠）

中国教育学会少年儿童校外教育分会（专业委员会）全国企业宫工作会议

（2004年9月8日）

2004年9月8日，在新疆乌鲁木齐市举行了全国企业青少年宫2004年工作会议，会议总结了2004年企业宫的各项工作；认真学习、讨论了《校外教育管理条例》、《校外教育场所管理条例》；探讨了当前校企分离给企业所属青少年宫工作带来的影响以及今后工作的思路。团中央少年部校外教育处处长高彦明代表中国教育学会少年儿童校外教育专业委员会向大会致函祝贺。克拉玛依市青少年宫为大会的成功举办做出了积极的贡献。

（黄苏明）

中国教育学会少年儿童校外教育分会（专业委员会）城区少年宫2004年年会

（2004年10月22日～24日）

中国教育学会少年儿童校外教育专业委员会城区少年宫2004年工作会议于2004年10月22日～24日在西安市唐城宾馆召开。来自全国23个省、市、自治区城区少年宫的144名代表参加了会议。

教育部基础教育司德育与校外教育处副处长、全国青少年校外教育联席会议办公室项目部副主任吕同舟、团中央少年部校外教育处处长、中国教育学会少年儿童校外教育专业委员会副秘书长高彦明以及共青团陕西省委、省文联、共青团西安市委、西安市莲湖区委有关领导参加了开幕式。

这次大会的主题是：贯彻《中共中央国务院关于进一步加强和改进未成年人思想道德建设的若干意见》文件精神，进一步落实教育部、团中央、全国妇联等有关部委加强校外教育工作的要求，研讨在新形势下如何深化内部体制改革，加强青少年学生社团建设，拓宽校外教育工作思路，努力打造校外品牌，不断完善校外教育工作模式及工作网络。

开幕式上，袁强同志作了题为“树立科学发展观，努力开创全国城区少年宫工作新局面”的工作报告，回顾了全国城区少年宫两年来的工作，指出在今后的工作中要进一步贯彻落实中共中央国务院《若干意见》文件精神，积极发挥“研究、组织、服务”功能的作用，推动全国城区少年宫工作迈上新台阶。

会议期间，教育部基础教育司德育与校外教育处副处长吕同舟、团中央少年部校外教育处处长高彦明分别就当前全国校外教育形势及全国校外教育工作整体要求作了重要讲话。

吕同舟在讲话中介绍了全国青少年学生校外活动场所建设的基本情况，指出在中央8号文件下发后校外教育面临的形势主要是：1．重视、全社会关注，出现迅速发展的好机遇；2．社会，特别是广大青少年和学生家长对青少年校外活动场所提出了更高的要求；3．校外教育在未成年人思想道德建设的地位、作用日益突出。面对新形势，吕同舟就校外教育机构如何紧抓机遇，乘势而上，促进校外教育蓬勃发展等6个方面提出了参考意见。

高彦明在讲话中指出，本次会议是城区宫工作组核心组换届以来举办的第一次年会，首先要统一思想，规范队伍，交流信息，展示成果。新班子要有新特点，新面貌，要有新的思路，要为城区少年宫的发展做出更大的贡献。同时，他还就《全国青少年学生校外教育工作评估标准（试行）》、《全国青少年学生校外活动场所管理规程（试行）》两个文件做了说明，并要求代表们在讨论中充分发表意见。最后，高彦明向代表介绍了当前全国校外教育形势及专业委员会秘书处2005年的工作。

会议期间，广州市少年宫、上海浦东新区少年宫、北京市东城区少年宫等单位就加强青少年学生社团建设，努力打造校外品牌做了专题交流。

会议期间，代表们还就《全国青少年学生校外教育工作评估标准（试行）》、《全国青少年学生校外活动场所管理规程（试行）》两个文件及全国城区少年宫今后工作进行了热烈的讨论。大家一致认为，两个文件的出台将对加强全国校外教育工作，规范校外机构管理起到促进作用。

新华社陕西分社、《人民日报》陕西记者站、《中国妇女报》陕西记者站、《陕西日报》、《三秦都市报》、《华商报》、《西安日报》、陕西电视台、西安电视台、陕西人民广播电台等多家媒体对大会分别作了报道。全国城区少年宫2004年工作会议是新形势下全国城区少年宫创新工作模式、摸索新型工作途径、规范校外教育工作机制的一次有益尝试，本次会议的召开必将对全国城区少年宫工作产生深远的影响。

（全国城区少年宫工作组供稿）

中国教育学会少年儿童校外教育分会（专业委员会）计算机教育年会

（2004年11月3日～4日）

为了贯彻《中共中央国务院关于进一步加强和改进未成年人思想道德建设的若干意见》，根据中国教育学会少年儿童校外教育专业委员会的工作要求，计算机教育工作组以电脑知识为载体，开展了纪念邓小平“计算机的普及要从娃娃做起”指示发表20周年等各种有益的教育活动，收到了良好的社会效果。为了总结一年的工作成绩，交流各地工作经验，落实今后工作任务，进一步在少年儿童中普及计算机知识，探索利用现代科学技术为加强和改进未成年人思想道德建设服务的途径，计算机教育工作组于2004年11月3～4日在西安召开中国教育学会少年儿童校外教育专业委员会2004年计算机教育年会。

来自全国各地近40位从事校外计算机教育的教师参加了会议，会议就新形势下如何开展校外计算机教育教学活动进行了探讨，根据普遍存在的问题成立了若干个课题组，由骨干教师带领部分教师承担课题的研发。会议同时对优秀教育论文进行了表彰和交流。

（王颂赞）

中国教育学会少年儿童校外教育分会（专业委员会）华东地区校外教育工作组2004年年会

（2004年11月13日～15日）

2004年11月13日～15日，中国教育学会少年儿童校外教育专业委员会华东地区校外教育工作组年会在宁波市召开。

11月13日上午的开幕式，由华东地区校外教育工作组副组长、杭州青少年活动中心主任金娟娟主持，华东地区校外教育工作组组长凌同光致开幕词，中共宁波市委副书记陈群讲话，他简要介绍了宁波市近年来的发展，并以“无宁不市”的名言概括了宁波市人民在全国与世界的影响力。

在开幕式上讲话的还有共青团中央校外教育处长、中国教育学会少年儿童校外教育专业委员会副秘书长高彦明同志。他说，在厦门召开的三届一次会议上决定的关于政策研究工作，现已完成了受全国校外教育联席会议办公室委托起草的关于青少年校外教育工作评估稿；二是关于课程的研究已进行了征集；三是年鉴的编写，《中国校外教育工作年鉴（2001～2003）》经与联席会议办公室沟通后现已正式出版，这是我国校外教育史上第一本年鉴，是与会者共同努力的结果；四是关于校外教育社会化趋势问题现正在调研中，关于校外教育界名师丛书的编写工作也正在进行研究。

宁波团市委书记刘杰在会上作了宁波市校外教育机构建立协调机制的经验。

开幕式后由华东师范大学教育科学院副院长崔丽娟博士作了《用科学的发展观反思未成年人的思想道德教育》的报告，她从反思的角度，以比较的方法，为我国的过去和现在，我国与美国等国家的比较引起代表们的思考，与会者普遍认为报告精彩，很有启发。年会还进行了贯彻加强未成年人思想道德建设若干意见开展的活动方案评选活动，共有10篇活动方案在会上进行了交流，会议最后举办了“校外教育功能的再认识”论坛。山东、上海、福建等地4个少年宫领导作了发言。

常务理事、浙江海宁少年宫主任马晨叶说：华东工作组在全国有举足轻重的地位，浙江省是以团为主，宫协做了大量的工作。浙江省下发了关于校外教育的建设、管理、评估、表彰方面的文件。建议工作组今后的活动内容与层面可以更广一些。浙江省团委王书记介绍了宫协的工作，着重介绍了“宁波——舟山手拉手”活动，相同的地理和文化是手拉手活动的基础，面临的发展和相同的目标是他们共同的追求。研究会副会长、福建厦门市青少年宫主任许辉煌说，每年的年会是很好的，人家都想来听听。今后要搞的执行会长制我们非常赞成，这一机制可以调动各地方的积极性，也可充分利用区域的资源与优势，但此项工作要务实。我们福建的做法是以好的项目推进校外教育事业，以好的活动带出好的队伍来，以特色来创品牌，福建正准备成立少儿美术专业委员会和少儿美术节活动。各地要尽快运用现代化的教育手段，否则要落伍了，因为现在学校的教育手段非常先进，与他们比较，我们校外教育似乎还是“刀耕火种”，建议华东工作组要推出一些名教师，各地区要进行表彰活动。

研究会副会长、江苏南京市青少年宫主任曲征宇说：华东工作组紧跟大气候大环境做了许多工作，前一段时间还开展了调研活动。明年的年会由江苏承办，我相信一定努力做好，从2000年开始，我们江苏校外教育研究会就在考虑如何持续发展的问题。我们搞了一些合作模式，如宫协合作、信息互动，资源互补、定期例会（每二月一次）等。合作的内容有：教学交流（公开课），教师之间的教研活动，去外地考察；研究探索评估机制（目标考核、优秀青少年宫申报制）等。

山东济南市少年宫副主任李瑞勇说：华东工作组在全国是很有影响的，每年的年会把各地好的经验和做法进行交流，同行进行切磋，这是很好的，建议工作组率先做一些能感动领导的事，让能够做决策的领导层了解校外教育，因为我们面临的竞争太多了，希望在政策上有所倾斜，或者扶持，研究会的内容可再拓展一些。我们的年会年年搞管理层，可否搞一些专业方面的。

中国福利会少年宫副主任戚恩伟说：中央8号文件的下发，对我们校外来说是一次机遇，要好好把握住这个机遇，以我们的作为来打造坚实的地位，我们校外教育一定要以活动为生命线，充分发挥我们校外教育活动功能的作用。

有的同志还建议，今后的研究性论文一定要与指导工作相结合，与解决问题相结合；建议华东地区成立评估组织，以此来推动校外教育的发展。

闭幕式上凌同光会长作了“坚定校外教育特色，走自己的路”报告。

东道主宁波市青少年宫做了工作展示；并邀请代表到宁波市青少年宫参观，观看了师生精彩的艺术演出，参观了该宫精心准备的宁波地区、舟山地区校外教育工作展览；夜晚还组织与会代表夜游涌江，观赏三江的建设新貌。代表们还赴奉化参观了一座新颖的青少年校外教育活动场所——奉化滕头学生社会实践基地。

场所建设

校外教育活动场所的建设与发展

妇女儿童活动中心的建设与发展

根据中央文明办统一部署，全国妇联于 2004 年 11 月对妇联所属儿童校外活动场所进行了专项调研。调研通过两种渠道进行，一是开展全面调研，下发调研通知，要求各省、区、市妇联认真总结所属儿童校外活动场所现状，分析存在的困难和问题，并提出对策和建议。二是赴山西、黑龙江、福建 3 省开展了重点调研。期间共召开 9 个由部分儿童活动中心主任、妇联干部参加的座谈会，实地考察了 7 个省级、市级儿童活动中心。

〔妇女儿童校外活动场所建设概况〕　80 年代初，在各级党委、政府的高度重视和支持下，妇联组织开始创建儿童活动中心等校外教育阵地。从建设上大体经历了三个阶段：一是 1981 年党中央发出“全党全社会都要关心儿童少年健康成长”的号召，中央书记处率先垂范，把北京官园作为儿童活动阵地赠送给全国少年儿童，成立中国儿童中心，带动了妇联系统一批活动阵地的建设。如江苏省妇女儿童活动中心、江西省妇女儿童活动中心等；二是 1989 年中央 12 号文件，要求工、青、妇为儿童办实事，1992 年国务院颁布的《九十年代中国儿童发展规划纲要》明确规定：90%的县要有一种以上儿童校外教育、文化、科技、体育、娱乐等活动场所。各级妇联组织抓住机遇，乘势而上，积极争取社会各界支持，采取政府投入与多方集资相结合等多种形式，从城市到农村兴建了一批规模较大、层次较高的儿童活动中心，出现了妇联系统儿童活动中心建设的第二次高潮。其中山东省共建设 66 所儿童活动中心，省级 1 所，地市级 13 所，县级 52 所。三是围绕迎接 1995 年第四次世界妇女大会在北京召开和实施中国儿童发展规划纲要，妇联系统兴建了一批规模较大、设施配套、功能齐全的综合型活动场所。如河南省儿童活动中心、青岛市儿童少年活动中心、深圳龙岗区妇女活动中心等。截至目前，妇联所属县级以上的儿童校外活动场所共 1200 多所，具有独立法人资格、独立建制的儿童中心共 500 多所。其中，28 个省级儿童活动中心（北京、海南、贵州、甘肃、青海、西藏 6 个省、区、市未建立），170 多个地市级儿童活动中心，320 多个县级儿童活动中心。在数量分布上，基本形成了覆盖省、地、县三级的校外教育网络；在服务形式上，不仅有活动娱乐型，还有集教育培训、活动、研究、服务为一体的综合型活动阵地；在师资队伍上，聚集了一批活跃在校外教育事业的专兼职教师和管理人员。成为我国校外教育事业中一支重要力量。

〔妇女儿童校外活动场所发展状况〕　多年来，妇联所属儿童校外活动场所认真贯彻党的各项教育方针和政策，全面落实中央办公厅、国务院办公厅《关于加强青少年活动场所建设和管理工作的通知》（中办发[2000]13 号）精神，坚持以育人为宗旨，以科研为先导，以培训为重点，以活动为载体，积极开展儿童校外教育，在丰富儿童校外生活，促进儿童全面健康成长方面发挥了重要作用，是妇联组织服务、联系群众的重要窗口，开展精神文明建设的重要依托和载体。

1. 开展儿童道德实践活动，强化校外教育实践育人功能。近年来，妇联所属儿童校外活动场所始终把德育摆在首位，极大地发挥了校外教育实践育人的功能。自1988年开始，全国妇联、团中央、教育部、中国儿童中心联合，在全国儿童中开展了“心中有祖国、心中有他人”的“双有”主题活动，以爱祖国、爱他人为基本内容对儿童进行道德教育，活动连续16年没有中断，得到了各地校外教育机构和少先队组织的积极响应，有150多个城市、7000多万少年儿童参加。各地以此项活动为龙头，开展了“我们爱祖国、我们爱香港”、“青少年爱国主义读书”、“祖国在我心中”等一系列突出思想内涵的活动，收到了良好的社会效益。2002年，全国妇联与有关部委联合开展了中国小公民道德建设计划活动。这项活动以儿童自主参与道德实践为特点，以我做合格小公民为重点，鼓励儿童从小事做起，从我做起，从小培养良好的道德品质和行为习惯。各地儿童校外活动场所与妇联组织紧密配合，精心设计，组织实施了“我做环保小卫士”、“和贫困地区儿童手拉手、送温暖”等丰富多彩的道德实践活动。这些活动的开展，为广大儿童提供了道德实践的机会，增强了道德教育的成效，得到儿童、家长和社会各界的一致好评。

2004年中央下发了《关于进一步加强和改进未成年人思想道德建设的若干意见》，全国妇联按照党中央交给妇联组织指导和推进家庭教育的重任，在总结各地丰富实践的基础上，联合有关部门共同推出了“争做合格家长、培养合格人才”“双合格”家庭教育宣传实践活动，旨在通过帮助家长掌握科学的家庭教育知识，更新家庭教育观念，提高教子水平，为儿童健康成长创造良好的家庭环境。这项活动已成为全国妇联4 大主体活动之一。各地儿童校外活动场所以此为内容，认真组织和实施亲子互动的道德实践活动，如天津市儿童发展中心正在组织实施母亲教育工程，通过向母亲传授科学教子知识，提高母亲素质，促进儿童全面健康成长。

2. 开展校外教育培训活动，全面实施素质教育。校外教育是学校教育和家庭教育的补充，是开展社会教育的主要场所。近年来，各级妇联所属儿童校外活动场所根据儿童年龄特点及需求，结合国内外大事、重大纪念日、民族传统节日、新时期各行各业英雄模范先进人物事迹等，对儿童进行爱国主义、集体主义、民族精神思想教育，进行遵纪守法和文明行为养成教育。开设电脑、书法、音乐、舞蹈、绘画等培训课程，大力普及科学技术、文化艺术、体育卫生、劳动技能等方面的知识。组织开展科普知识传授、小发明、科技制作、科学实验、科技航模展等活动，向儿童传递科学技术新信息，引导他们从小爱科学、学科学、用科学，培养独立思考、勇于实践和创新的精神。开展夏令营、冬令营以及劳动实践课程，培养他们勇敢、坚强、活泼的性格和健康的体魄以及自立、自强品格。进行课外读物、影视音乐、绘画、书法等教育，培养儿童正确的审美观念和审美能力，提高文化艺术素质。通过各种教育培训活动，促进儿童德、智、体、美、劳全面发展。

3. 开展理论研究，加强对校外教育科学指导。1989年，全国妇联联合教育部、团中央成立了校外教育研究会，多次召开年会、理事会、研讨会、研修班，对校外教育的各种热点理论问题进行深入探讨和研究。1993年，妇联所属儿童校外活动场所成立了全国校外教育研究会分会，即全国儿童活动中心研究会，2001年更名为中国家庭教育学会少年儿童校外教育专业委员会。研究会及专业委员会成立后，定期召开会议，就妇联所属儿童校外活动场所自身建设进行理论探讨。为了交流信息，创办了会刊《校外教育》。定期组织开展各种论文研讨、优秀论文评选、经验交流活动，出版优秀论文集，加强对校外教育理论研究工作的宏观指导。各地儿童活动中心也通过创办理论刊物、成立研究会等形式，积极开展校外教育理论研究，加强和促进阵地建设和管理水平的提高。

4. 建立健全规章制度，加强儿童活动阵的科学管理。多年来，全国妇联不断加强对活动阵地的宏观指导，下发了儿童活动阵地暂行管理办法、指导意见等，对儿童活动中心的宗旨、性质、任务、管理、队伍建设等作了明确的规定，特别对儿童活动中心突出德育重点，坚持为儿童服务的宗旨进行了重点强调和工作部署。各地妇联也因地制宜，制定了加强对儿童活动阵地管理的地方性文件，不断加强儿童活动中心自身建设。如福建省妇女儿童活动中心健全和完善各项管理制度，制定了考勤、办公、值班等岗位制度，健全了教师招聘制度、教学检查制度等。广西妇女儿童活动中心成立了由管理骨干和教学骨干组成的中心管理委员会，制定了例会制度、岗位责任制、教学考核细则、招生制度、评课制度等；在教学活动中，针对校外教育中随意性较大的弊病进行了改革，基本统一了教材，制定了学制，明确学员在中心学习的各个阶段的教学内容和所达到的标准。这些举措有力地促进了儿童活动中心工作的制度化、规范化和科学化，调动了教职员工的积极性，为新形势下校外教育科学化管理进行了有益地探索。

妇联所属儿童校外活动场所在多年的实践中形成了以下几个特点：

一是在教育对象上，妇联所属儿童校外活动场所不仅面向中小学生，而且根据家长和社会需求，许多儿童活动中心还面向0～6岁婴幼儿，开辟了活动室、图书室，开设了婴幼儿培训项目以及亲子互动活动项目。在此基础上，许多儿童活动中心还利用家长带儿童参加培训活动的闲置时间，把家长组织起来，创办家长学校，积极向家长讲授优生、优育、优教知识。通过开展家庭夏令营等各类活动，吸纳家长参与，促进家长与孩子之间的相互沟通，加强了家长之间的相互交流。

二是在教育形式上，妇联所属儿童校外活动场所在教育形式上突出了寓教于乐的原则，利用儿童活泼好动、好奇心强、想像力丰富、求知欲强烈的特点，注重在活动中对儿童进行知识传授和思想道德教育。

三是在教育内容上，多年来，妇联所属儿童校外活动场所在功能上从单一到多元化，内容上逐步实现了阵地工作与妇联工作的有机结合。儿童活动中心的一些主体活动紧密结合妇联工作重点开展，妇联工作为校外活动场所提供了更为丰富的教育内容。儿童校外活动场所面向儿童所开展的校外教育，也拓宽了妇联儿童工作的领域，增强了儿童工作的实力和活力。

〔**妇女儿童校外活动场所面临的困难和问题**〕 多年来，多数妇联所属儿童校外教育活动场所没有被各级政府定性为公益性教育事业单位，大多数是自收自支的事业单位，由此引发了儿童校外活动场所在建设、经费、税收、教师职称评定等方面出现一系列问题，给儿童校外活动场所的建设和发展带来了不可逆转的困难，严重影响了妇联所属儿童校外活动场所育人功能的发挥。主要表现在以下几个方面：

一是经费不足。妇联所属儿童校外活动场所中，少数是政府全额拨款单位，其余均为差额补贴和自收自支单位。对于全额拨款单位，财政拨款只能够维持人员的基本工资，开展业务、组织活动的费用仍要靠自行筹集。对于自收自支单位，大多数儿童活动中心都存在着不同程度的经费困难。以经济发达地区广东省为例，属于财政拨款的17个，属于差额补贴的15个，完全自收自支的16个，其中财政拨款占中心运行经费最低的只有7%，最高的也仅占60%，其余日常工作经费完全要靠自筹。福建省43个妇女儿童活动中心，70%～80%都是负债运行。全国妇联1998年对63家儿童活动中心进行调查，其中有60%的单位基本上能够收支平衡，40%的单位收不抵支。由于经费困难，一些活动阵地不得不通过出租房屋、开设经济效益较好的课业补习班等维持，严重影响了阵地的育人功能。

二是税费负担较重。校外教育活动场所虽然是公益性的教育单位，但在税收方面没有享受义务教育的任何优惠政策，甚至有些活动中心是按照企业标准纳税，每年要缴纳营业税、所得税、城建税、房产税、教育费附加等各种名目的税费十余种。如黑龙江省妇女儿童发展中心累计缴纳车船税、房产税、土地税、印花税、企业所得税、营业税、城建税、教育费附加、个人所得税等达90多万元。税费负担过重是造成儿童活动阵地经费困难的主要原因之一。

三是设备陈旧老化。妇联所属儿童校外活动场所大多是上世纪80～90年代建立的，经过十多年的发展，部分建立较早的房屋建筑年久失修，设施陈旧，更新缓慢。例如天津市渤海儿童世界，房屋及地下管道已多处漏水，每年要多交纳几万元的水费。大多数大型游乐设施已陈旧，有些还存在着安全隐患而不能使用。湖北省近40%的县（区、市）都建有儿童校外活动场所，但有相当一部分设备陈旧，没有资金改善教学条件，完善更新设备。

四是缺乏专业人才。目前绝大多数儿童校外活动场所的教师职称评定没有纳入教育序列，专业教师享受不到教师待遇，再加上儿童校外活动阵地大多数是自收自支单位，经费不足，所以引进和留住人才比较困难，一些儿童校外活动场所缺乏懂专业、会管理的人才，影响到校外教育阵地的进一步发展。

〔**对策及建议**〕 根据妇联所属儿童校外活动场所面临的困难和问题，提出如下建议：

第一，明确儿童校外教育活动场所是公益性教育事业单位。儿童校外活动场所是以培育“四有”新人为根本任务，以开展各类教育、科技、文化、艺术、体育等教育培训活动为内容，以加强儿童思想道德教育、培养儿童多方面的兴趣和特长为目标，是儿童参与社会实践和开展社会教育的课堂，是儿童学习知识、锤炼品格和愉悦身心的活动场所，应进一步明确各级各类校外教育活动场所的公益性教育事业单位的性质。

第二，保证儿童校外活动场所建设和发展资金。作为公益性的教育事业单位，儿童活动阵地建设应纳入各地财政预算，纳入国民经济和社会发展规划、城市总体规划。各级儿童活动场所应与中小学等教育机构一样，成为全额拨款单位，以确保儿童活动阵地人员的工资以及正常运转费用。建议在教育附加税的资金中划拨不少于 5%的经费，专门用于儿童校外活动场所的建设和发展。同时，允许儿童校外活动场所进行适当有偿服务，以弥补活动经费的不足。

第三，减免儿童校外活动场所税收。作为公益性文化教育事业单位，应免收企业所得税，参照国家关于公益性事业单位税收政策，免征儿童校外活动场所房产税、土地使用税和车船使用税等地方税。取消地方对儿童校外活动场所的统筹提留。比照公益性文化事业的有关政策，减免儿童校外活动场所培训和活动收入的营业税。

第四，解决妇联所属儿童校外活动场所教师职称评定问题。进一步完善儿童校外活动场所专业技术职务评聘工作，按照《中华人民共和国教育法》和《教师资格条例》的要求，聘任儿童校外活动场所的教师，并享受相应的教师待遇。

第五，建立校外教育科学的评估标准。国家应建立具有权威性的儿童校外活动场所管理、指导机构，制定相应的法律、法规、工作条例和评估标准，指导、监督和检查各部门所属儿童校外活动场所工作，使我国校外教育事业走上正规化、科学化和规范化轨道。

（全国妇联儿童部供稿）

北京市校外教育机构的投资情况

一、政府投入的主要方向

北京市区（县）少年宫、青少年科技馆、活动（管理）中心、少年之家等校外教育机构隶属教育行政部门，是国家全额拨款事业单位，投资主要用于解决教师和行政工作人员的工资及公用费开支。北京市市委、市政府及相关部门，认真落实中共中央办公厅[2000]13 号文件精神，加强对中小学生校外教育工作的领导、制定青少年学生活动场所建设发展规划；根据国家财政部、国家税务总局文件精神暂免青少年活动场所所得税，利用体育彩票、福利彩票返还资金加强青少年校外教育场所建设和创新活动项目建设。北京市教委、北京市财政局于 2001 年修订《北京市普教事业公用经费定额标准（试行）》通知中，第一次把校外教育生均经费从教育事业单位定额标准中分离出来专门立项，使校外教育生均经费正式列入基础教育财政预算中，确立了校外教育在基础教育中的地位。

二、校外教育机构中国拨经费与自筹经费的比例

北京市、区（县）现有教育部门主办的市学生活动管理中心、区县少年宫、青少年活动（管理）中心、青少年科技馆和少年之家等校外教育机构共计 49 所。据 27 个校外教育机构 2002 年运营经费情况分析：国拨经费占年运营经费总额平均为52.65%，最高为84%，最低为 28.5%；占 50%以上的为 59.3%；占 50%以下的为 40.7%。自筹经费平均占运营总额的 40.74%，最高为 69.94%，最低为 15.05%；其他来源为 11.53%。

数据表明，国拨经费占比例较大的单位，一般是运营经费总额不高，自筹经费较少，所以国拨经费比例占较大。以 XX 区青少年科技馆为例，由于日常生源少收费低，自筹经费少，在运营经费总体不高的情况下，呈现国拨经费比例较高的情况。国拨经费比例小、自筹经费比例高的单位一般市场运作较好，运营经费总额也较高。

三、自筹经费用于部分项目的投资占年运营经费总额比例情况的分析

由于国拨经费不足，用于校外教育机构活动和设备设施建设的经费来源大部分靠机构自筹经费补充。校外教育机构自筹经费主要来源于学生学费，而校外教育机构自筹经费大部用于解决办学条件和现代教育技术的建设问题。随机抽取了以下 10 个校外教育机构自筹经费用于发展的投资情况，见表：

自筹经费部分投资项目情况（%）

单位代码	设备设施维护	添置设备	开展活动	教师进修
1—1	53	100	0	100
2—1	77	99	78.6	100
3—4	45	0.26	54.5	100
3—6	0	100	68	100

（续表）

单位代码	设备设施维护	添置设备	开展活动	教师进修
4—1		70	93	100
4—2	0	34	18	100
4—3	0	100	59	100
5—1	100	100	100	100
5—2	0	100	100	100

（注：1-1 至 5-2 为单位代码。1，市级校外教育机构；2，区级少年宫、活动中心；3，区级青少年科技馆；4，郊区县少年宫、活动中心；5，少年之家）

《北京市普通教育事业公用经费定额标准》中明确，“学校大型设备购置与较大规模修缮等应计入专项经费预算安排”。《自筹经费部分投资项目情况》中数字表明，由于国家投入不足，不能满足校外教育发展需求，校外教育机构的设备设施维护、设备添置、教师进修等维系校外教育的基本建设投入、正常活动费开支和师资培训的可持续性发展的投入资金基本由校外教育机构自行创收解决。通过 SARS 风波可以看到，一是国家投入不足，二是校外教育机构经济来源的单一化，造成校外教育机构抗击摔打能力差。同时也看到校外教育具有潜在的市场优势。还需要更新观念、拓展和培育市场，建立适应现代化校外教育发展需要的校外教育投入机制。

四、北京市校外教育机构投资现状形成的历史原因

1. 计划经济时期校外教育机构投入情况。从 1952 年北京市建立第一个校外教育机构“北海少年之家”开始，到 80 年代，北京市校外教育机构投入以政府为主，具有社会支持、低投入、低消费的特点。

（1）由于政府和社会各方面的大力支持，校外教育机构的设备设施得到社会的广泛赞助。例如：1954 年 11 月 14 日成立的北京市青少年科技馆少年水电站，交通部赠送一艘浅水拖轮，邮电部赠送一套 50 门电话交换机；北京天文馆赠送一台小天象仪；长春汽车制造厂赠送一辆解放牌汽车等等。当时，凡是少年儿童活动需要的，社会部门都会给予赠送或低价的优惠支持。

（2）建国初期的校外教育以解决学校教育不足、作为学校教育的补充和延伸为目标。校外教育机构小组活动以选拔式教育为主，参加小组活动学生的数量相对有限；群众性活动以丰富学生课余生活为目标，设施比较简陋，如阅览小人书、看幻灯片等；因此校外教育机构经费投入相对不高。校外教育主要以政府投入为主，学生参加活动均不收费，参加体育项目等小组活动学员及艺术团的学员等还会享有伙食及交通月票补贴等待遇。

2. 改革开放后校外教育投入情况。

（1）经济的发展、素质教育的需要，使社会对高质量的校外教育需求急剧增长。十一届三中全会以后，我国进入了以经济建设为中心的历史进程。经济的发展，带来了人们消费观念的变革，家长和社会把校外教育作为智力投资方向，从学历教育的单项投资转移到学生全面素质教育投资。面对日益增长的社会对校外教育的需求，各校外教育机构的招生规模逐渐扩大。为了支付因扩大办学规模而需支付的兼职教师课费、煤水电的消费，于 80 年代中期，开始收取部分学员的学费，社团等重点学员和获奖学员等免交学费。90 年代，校外教育迎来了大的发展。仅以北京市少年宫 1991 年夏季招生为例，当年计划招生 2000 余人，而参加报名考试的学生达 7881 人，报名人数与录取人数比例达到 8：1。

（2）为适应社会对校外教育的需求，校外教育机构抓住机遇、自我发展。面对场地、师资、设备、资金不足问题，广大校外教育工作者积极应对，采取一系列措施，如：扩大招生计划；紧缩办公、会议场所，开辟活动室；加大专职教师工作量，鼓励教师计划外招生；扩大兼职教师队伍。校外教育的规模得到快速发展。

（3）由于校外教育的非义务教育特性，在教育行政部门和物价部门监督下，适量增加学费标准，并逐渐取消免费制度。家庭正式进入分担校外教育成本机制，确立了校外教育投资多元化的新模式。校外教育由于注入了新经济命脉而获得了长足发展。

3. 素质教育的深入和教育服务的开放，校外教育机构的资金筹集渠道面临多元化。进入新世纪以来，生育高峰期已过，中小学校及校外教育机构生源逐年减少；城区建设改造，居民迁移，城区校外教育发展受到挑战；学校素质教育的开展和新课程改革的推进，学校开设了活动课程，加强了课外活动，学生被吸引在校内，减少了到少年宫参加活动的时空。以上原因使以培训活动为主要资金来源的校外教育机构出现经费来源危机。自 2001 年始，校外教育机构列入非行政事业性收费，必须依法交纳营业税。投入不足、收入减少、交纳税费等问题，为校外教育机构的生存与发展带来了挑战与危机，特别是一些规模小、设备设施条件差的单位，生存与发展面临更大的困难。

进入市场经济以后，社会无偿捐赠减少，加大了校外教育机构的成本开支。近年来，国家教育经费投入的重点正在从高等教育转向基础教育和义务教育，中小学校的校舍、设备、设施得到了较大改善。而校外教育机构的非义务教育和非学历教育的性质，虽然在政府财政预算中给予校外教育生均活动标准，但标准较低、专项、专款落实还不到位，少年宫等校外教育机构业务费多年没有调整，使校外教育机构的教学设备和现代化教育设施建设严重滞后于中小学校。要增加设备、扩大活动规模、改善办学条件、改善教职工福利待遇，必将使校外教育机构的部分教育投资转向由家长分担，自筹经费在校外教育发展中所处的地位从其在投资比例中可见一斑。由此，还会涉及坚持校外教育公益性原则的方向性问题。

五、建立国家、机构、家庭合理分担的校外教育投入机制

衡量政府（国家）、机构、家庭对教育的“努力程度”的一个重要指标，是对教育投资的比例。国家的教育投资重点逐步从高等院校转向基础教育和义务教育，而校外教育的非义务教育性质，没有列入国家投资重点。要满足社会、家庭日益增长的对高质量校外教育的需求，加强青少年学生活动场所和青少年校外教育机构的建设，国家、机构、家庭多元化的校外教育投资机制已经初见端倪，建立合理的校外教育投入分担机制应该成为中国发展校外教育的特色，此举将极大地促进校外教育的快速发展。

1.坚持公益性原则，坚持以政府投入为主。

（1）政府投入的方式与价值。财政拨款、用于教育的税费、专项补助和科研拨款是国家负担教育投资的主要形式。校外教育投资形式的多样化、参与建设的社会化决定了投资的多渠道，政府不可能全部包揽下来。政府主要以财政预算；物资和房屋、设备设施等物化形式进行投入。政府投资的价值在于：扶助贫弱地区，使儿童少年在基础教育阶段达到接受个性化教育机会的均等，有利于提高全民族科学文化素质水平的基础建设；加强政府问责，取得校外教育管理、活动模式、发展规律等经验，进一步加强对校外教育的宏观管理；同时，还可以培养各级各类高品质国际化人才幼苗，向世界展示国家高质量校外教育成果等多重效益。因此，不同教育理念、不同经济水平的国家和地区对校外教育（社区教育）所采取的政策、投入等具有很大的差异。我国政府对青少年的校外教育工作给予了极大的重视。

（2）加强政府对校外教育的宏观管理，加大扶持政策，鼓励教育行政部门和社会单位兴办校外教育机构和青少年活动场所。

中办国办发[2000]13号《关于加强青少年学生活动场所建设和管理工作的通知》中明确指出“各级人民政府要将面向青少年学生的活动场所和公共文化、体育设施建设纳入国民经济和社会发展规划。青少年学生校外活动场所作为公益性设施，所需建设投资以各级人民政府投入为主。各级人民政府计划部门要高度重视，调整投资结构，加大投资力度。”国家财政部、国家税务总局[2000]21号文件规定“对公益性青少年活动场所暂免征收企业所得税”，对专门为青少年学生提供科技、文化、德育、爱国主义教育、体育活动的青少年宫、青少年活动中心等校外活动的公益性场所提供了政策支持。

除此以外，各级政府及教育行政部门还应加强对青少年校外教育活动场所和机构的布局进行结构调整，合理布局城区校外教育机构，新建、扩建小区青少年活动场所；加强校外教育的法规建设，制定校外教育机构办学条件标准；依靠减免税收政策促进社会兴办青少年活动场所的积极性，调动国有、民营等企事业单位资助青少年校外教育活动的积极性。

（3）加强对青少年校外教育工作的检查与督导，对政府投资兴办的校外教育机构定期检查办学效益，发挥其对校外教育的活动中心、指导中心、研究中心的作用，提供坚持校外教育方向、探讨校外教育规律、提高教育教学质量、明确培养人才目标等方面经验，加强对社会及民办校外教育的业务指导，提高政府投入的社会效益。

（4）加强校外教育基本建设的投入。加大政府对校外教育的投资，是新时期校外教育的地位、作用提升的必然趋势，政府在财政预算时应给以必要的投入：①加大基础设备设施的保证性投入，如房屋、建筑物、仪器设备等；按基本标准配置教育教学活动设备设施，保证教育教学基本条件；②加大教育活动经费预算，提高校外教育生均活动标准，保证基本活动开支，提高抵御风险的能力。③加强校外教育科研经费投入，推进校外教育理论研究的深入开展，为校外教育提供理论支持，描绘校外教育前瞻性发展目标。

2.更新观念，加强教育创新，创造校外教育新的经济增长点。我国进入市场经济、知识经济以后，相对计划经济，无论从思想观念、运作方式以及行为习惯等方面都发生了革命性的变化。与时俱进、开拓创新是校外教育发展的灵魂。

（1）发挥政府资金投入的基本保障作用，为校外教育发展打好基础。

（2）有效利用政府扶植性政策，运用有偿服务政策和市场调节手段，扩大服务范围。加强校外教育教学活动结构调整，改变少年宫培训的单一模式，自主打造校外教育教学活动的平台，自觉培育活动市场，建立青少年有兴趣、家长欢迎、学校喜欢、社区关注的多门类、多形式、多层次、多渠道的活动体系；多渠道筹集资金，创造出校外教育新的经济增长点。

（3）加强对进入校外教育领域经费的管理，使进入校外教育的资本沿着公益性方向发展。加大现代化教育教学设施改造和设备配置，提高教育教学活动质量，提高社会信誉，使校外教育进入良性循环发展轨道。

3.加大市场开发，调动家庭对校外教育投入的积极性。对学生全面素质的培养，成为新时期家庭教育追求的目标，因此提高了家庭分担校外教育成本的可能性。

（1）家庭分担校外教育成本的意义及价值。国家教育经费的投资重点在于义务教育，而校外教育属基础教育而非义务教育。国拨校外教育经费尚不能满足日益增长的社会对校外教育的需求，且缺口较大；校外教育为学生提供了个性培养和特长教育，作为接受的特殊教育服务，家长有责任提供补偿，校外教育机构和校外教育活动场所利用这种有偿服务筹集的资金，支付改善办学条件、师资进修、社会兼职教师课酬、补充活动经费等发展性开支。

（2）建构合理的学费标准。家庭校外教育的投入主要体现在学费上。校外教育机构制定的学费价格是家庭投入的显性开支，制定学费标准时还应兼顾不同区域经济发展的差异、家长带孩子学习需承担的交通、餐饮、放弃等实际消费因素，建立合理的分担比例，运用市场调节手段，建立可持续发展的资金筹集机制。

同时，加强对社会、社区、家庭的教育服务，整合社会智力资源、人力资源、信息资源、物力资源，将资源物化为教育投资，减轻政府投资压力。充分利用政府的政策支持，加强校外教育自我发展。（陈子芸）

重庆市青少年校外教育场所的建设与管理

青少年校外活动场所是以青少年为主要服务对象的公益性校外教育文化机构，是对青少年学生进行思想政治教育和法制教育、科普教育、文艺体育教育的重要阵地，自2000年以来，在市委、市政府的关心和重视下，在重庆市青少年学生校外教育工作联席会议各成员单位的相互配合与共同努力下，在社会各界的大力支持下，重庆市青少年校外活动场所建设和管理工作取得了可喜成绩，在推进青少年素质教育、加强和改进未成年人思想道德建设等方面发挥了重要作用。

一、市校外联办公室工作机制进一步完善

2000年，重庆市委办公厅、重庆市人民政府办公厅联合下发了《关于加强青少年学生校外活动场所建设和管理工作的通知》(渝委办[2000]238号)文件，成立了重庆市青少年学生校外教育工作联席会议，统筹协调和指导全市青少年学生校外教育工作，以及青少年学生校外活动场所的规划、建设和管理，指导各地青少年学生校外教育协调机构工作。

2004年9月，市校外联办公室向市政府作了专题汇报，市政府办公厅召开了青少年校外场所建设和管理的专项会议，童小平副市长在会上作了重要指示。11月，市校外联办公室拟定并由市政府转发了《关于进一步加强和改进青少年校外活动场所建设与管理工作的通知》(渝办发[2004]326号)，该通知对全市40个区县(自治县、市)青少年校外活动场所建设与开放的时间进度作了具体安排，对青少年校外活动场所的设立提出了4个必要条件，为加快场所建设、规范场所管理提供了全市性的指导意见，市政府督察室还将于2005年3月开展一次专项督察。同时，由市校外联办公室起草的《关于进一步加强和改进青少年校外活动场所建设与管理工作的若干意见》已报市政府，争取近期内作为全市校外教育工作的规章性文件下发。

二、重庆市青少年校外活动场所建设情况

至2004年，重庆市新建青少年校外活动场所25个(其中争取国家扶持项目22个、市级自建3个)，同时对原有7个项目及市妇女儿童活动中心进行了设备配套及维护。重庆青少年校外活动场所区县覆盖率从2000年的20%上升至2004年的72.5%。到2004年底，即“十五”期末，全市达到全市40个区县(自治县、市)至少有一所青少年校外活动场所的规划目标。

1. 国家扶持项目建设呈高峰，区县场所覆盖面不断扩大。2004年是国家扶持项目建设的高峰期。国家扶持的4批共22个青少年学生校外活动场所建设项目分布于全市22个区县，主要集中于三峡库区、少数民族地区和经济相对落后地区，扶持项目的落实使绝大部分区县建国以来第一次有可能兴建自己的青少年活动场所，掀起了这些地区青少年校外场所建设的高潮，完善了区县青少年校外教育基础设施，为区县青少年校外活动的长期有效开展提供了阵地支持。

到目前为止，国家扶持项目中已有13个项目竣工，9个项目在建。所有竣工项目正在陆续接收国家配套设备，设备全面到位后将全面投入使用。其中，有6个项目已自筹部分资金和设备提前向所在区县青少年开放。

2. 积极兴建市级自建项目，发挥辐射带动作用。根据区域平衡、功能辐射、重点示范、地区适用等原则，市级自建项目力争建成一个，服务一地，带动一方，2004年市确定并批复的北碚区和渝北区2个区建设市级自建项目和已竣工投入使用的第一个市级自建项目巴南区青少年活动中心一起，形成了以重庆市青少年宫为中心，市级自建项目辐射分布的网状结构。其中，北碚区青少年活动中心从去年9月开工以来，去年底主体工程已全面完成，建设工作卓有成效。

3. 加强扶持原有活动场所，充分发挥应有功能。2000年，涪陵区、万州区、沙坪坝区、铜梁县、忠县、梁平县及重庆市少年宫南湖少儿野营基地等7个原有青少年校外活动场所中有的年久失修，有的只有场地缺少必要设备，有的需要更新设施，大多都无法充分有效地发挥作用。市校外联办公室根据青少年校外活动特点，利用中央返还彩票公益金对这7个项目以及市妇女儿童活动中心进行了场所维护和设备购置，场所面目焕然一新，以免费或低收费形式向当地青少年开放，场所功能得到充分体现。

三、青少年校外活动场所管理运行工作有序进行

1. 建立健全管理网络，场所管理有序进行。2000年，重庆成立了青少年学生校外教育工作联席会议，办公室设在团市委宣传部。4年来，市校外联办公室统筹协调和指导全市青少年学生校外教育工作以及青少年学生校外活动场所的规划、建设和管理工作，积极指导全市青少年学生校外教育协调机构的工作，全市青少年校外活动场所建设和管理走上的制度化、规范化的轨道。特别是从2004年市部分新建青少年校外活动场所建成投入使用以来，建立健全了各种规章制度，确保活动场所各项工作有序进行。

2. 加大硬件配套，增强场所功能。市校外联办公室根据青少年校外活动特点，利用中央返还彩票公益金对市原有的7个项目进行了设备购置和场所维护，配套了钢琴、电子琴、电脑、语音室、摄影仪、乒乓球桌、天文望远镜等设备，进行场所维修，加强了安全设施，美化了环境，完善了教学功能，以免费或低费形式向当地青少年开放。

从去年11月起，国家扶持项目的配套设备开始陆续到位，设备使用培训也如火如荼地开展起来，既为新建场所的高效运转提供了坚实的硬件基础，又为场所培养了设备管理、使用的专业人才。

各区县青少年校外活动场所在当地主管部门的指导下，积极通过自筹资金、社会捐赠、财政补贴等途径，添置设备，完善设施，改善场所条件，促进场所活动有效运转。

3. 坚持三个效益，大力开展各种活动。重庆市大部分已开放场所克服经费上的困难，坚持社会效益、人才效益和经济效益相结合的原则，在元旦、春节、“六一”等节假日举办各种形式的书画展、航模比赛、少儿电子琴表演大赛、文娱演出；参加当地的春节晚会，参加全国、省、市、区的各类大赛；参加三峡库区文艺慰问演出；为下岗职工、贫困家庭、残疾人家庭的小孩提供免费培训等，产生了良好的社会效果。同时，部分场所坚持举行冬、夏令营，特别是军训夏令营，受广大青少年和家长的广泛欢迎。

南湖少儿野营基地以素质教育为核心，着力培养少年儿童道德品质、创新精神及实践能力，持续开展了少年儿童冬夏令营、少儿军训活动、少儿素质训练、校外教育工作恳谈会、班队辅导员校外教育工作培训等。万州区青少年宫开设素质拓展科目20个，成为万州区校外教育的主要力量，五云山寨学生素质教育基地重视学生的创新精神和实践能力的培养，把培养学生创新思维和爱科学的兴趣放在首位，中国科协于2003年投资50万在山寨建立了重庆市青少年科学工作室。

4. 举办培训、促进交流，培养校外教育工作者队伍。为了促进项目建设和管理运行的顺利实施，市校外联办公室一方面加强对青少年校外活动场所建设和管理人员的培训，会同市财政局、市发改委等单位先后举办了青少年校外活动场所设备管理培训会、青少年校外活动场所建设与管理研讨会、青少年校外教育工作座谈会、国家扶持项目建设工作培训会等，指导各项目建设和管理的具体工作，促进各项目责任单位的相互交流。另一方面，市校外联办公室组织了新建项目责任单位负责人参加全国校外联在上海举办的4期项目建设和管理工作培训班，培训人次近50人，为全市新建项目建设和管理工作的开展培养了人才、打下了基础。同时，市校外联办公室积极引导和组织各项目所在区县走出去，学习考察发达地区青少年校外教育工作和校外活动场所建设与管理的先进经验，取得了良好效果。

四、重庆市青少年校外活动场所建设和管理工作存在的主要问题

1. 场所建设工作严重滞后。重庆市新建青少年校外活动场所的区县项目责任单位普遍存在重申报、轻建设的现象，在建设过程中随意改变项目申报材料承诺的内容。有的项目放置几年、久拖不建，有的目盲目扩大规模、造成资金缺口，有的项目随意改变规划设计，有的项目随意改变项目建设地址，有的项目随意改变项目业主单位等，项目建设工作严重滞后，无法在全国和市规定的时限内竣工并投入使用，造成大量建设资金闲置。

2. 场所管理人员及师资的编制问题没得到解决。青少年校外活动中心是非赢利性的青少年校外活动场所，管理人员及师资的编制没得以解决，无法保障其公益性，更不利于青少年校外活动中心的管理和发展。

3. 场所经费和投入严重不足。13号文件提出的"各级财政部门支持青少年学生开展课外活动和维修青少年学生活动场所的经费开支，可以在地方财政教育经费增加的一个百分点中安排"，而重庆市区(县)两级财政都很困难，根本无法达到国家提出的经费安排指标，这对重庆市校外活动场所在坚持公益性原则下的良性运行和长发展十分不利。

4. 场所活动和培训项目上存在不全面性。青少年校外活动应该包括科技、艺术、体育以及思想品德、劳动技能、社会交往等多方面内容。由于市青少年活动阵地自身条件限制和指导思想上局限，现今实施的和正在规划设计的活动和培训项目主要集中在艺术类上，青少年(宫)活动中心实质上相当于少儿艺术培训中心。而科技类、体育类、技能类、思想(心理)类和社交类的活动项目比较少，不能完全适应新时期青少年素质教育和全面发展。

五、2005年青少年校外活动场所建设和管理工作部署

1. 争取新建项目，全面落实项目建设工作。第一，在国家资助重心向中部转移、资助重庆市百分比已达标的情况下，积极争取2005年国家扶持青少年校外活动场所建设项目1～2个。第二，全面落实国家扶持和市级自建青少年校外活动场所建设项目的建设工作，在2005年5月31日前全面竣工并投入使用。第三，全面完成渝中区、南岸区、江北区、九龙坡区、大渡口区等主城5区项目建设或挂牌工作。第四，争取完成长区、綦江县、垫江县、云阳县、巫溪县等区县纳入国家或市级扶持项目序列，在年内开工建设。

2. 加强对已建场所的管理，充分发挥效用。第一，积极做好做实重庆市青少年宫协会筹备工作，将场所的建设与管理工作同团中央及全国其它省市接轨，促进市校外活动场所与其他省市相应机构之间的学习交流。第二，设立示范基地，带动区域共进。在已建项目中筛选一个作为重庆市青少年校外教育与校外活动场所管理示范基地，带动周边地区场所的发展，起到窗口作用和示范作用。第三，评选优秀场所，引入竞争机制。在已投入使用的项目中进行优秀青少年校外活动场所的评选工作，对入选场所给予一定的经费补助，在场所在管理运行中形成你追我赶的良性竞争机制。第四，加强培训工作，提高管理水平。举办市内培训工作会及现场观摩会2～3次，组织外出学习交流型培训1～2次。通过培训及外出学习，提高管理人员的管理水平，充分发挥重庆市场所的有效运转。

青少年校外教育活动场所建设的典型经验

天津青少年活动中心教育新厦的崛起

古城天津，物华天宝，人杰地灵。在美丽的天津城里，有一片绿宝石般的园区，那就是全国最大的青少年校外教育阵地——天津青少年活动中心（天津乐园）。

一、十年艰辛，活动中心粗具规模

天津青少年活动中心建于1985年，是在政府倡导下，全市各界捐款2370万元建立的。开放初期的活动中心，空荡荡的900亩园区，只有一面围墙7棵树和17项游乐设备；一片荒草，满目黄土；晴天烈日焦灼，雨天遍野泥泞；眼前是杂乱无章的临建棚，脚下是一踩就冒水的海河吹填土……活动中心的全体职工，冒严寒、斗酷暑，植树、种花、栽草、挖湖、堆山造景、修建长廊，经过十年的艰苦劳动，现在的青少年活动中心（天津乐园）水蓝草青，树绿花红，新奇设备，趣妙横生。截止到1994年底，种植乔灌木6万余株，爬藤6000多株，绿篱9000多延米，草皮4万多平方米，湖面11万平方米，还修建了9000平方米的长廊和假山。游乐设备由初期的17项发展到拥有“过山车”、“峡谷漂流”、“勇敢者转盘”、“亚拉丁神毯”等大中型游乐设备57项。每年接待游客100多万人次。青少年儿童在这里尽情享受大自然的探险意境，增长智慧、磨练意志和勇气，在丰富多彩的活动中，获得书本以外的知识。

作为未成年人的精神文明建设的阵地，活动中心每年的传统节日、纪念日都要举办主题鲜明、内容新颖、特色突出的群众文化活动。如“彩灯庙会”、“游园联欢”、“狂欢节”、“夏令营”等，每年数以百万计的青少年儿童都要在这里度过一生中难忘时光。

二、八年奋斗，教育新厦拔地而起

在活动中心规划初期，老市长李瑞环同志就提出了青少年活动中心的功能：“首先是孩子们娱乐的、玩的地方还要兼顾老年人，总不能不让爷爷带着孙子来玩吧，同时还兼有地区性公园的性质。不仅是天津市最好的青少年活动阵地，而且也是一个较高水平的公园。其次要搞科技阵地，对象也是青少年。科学宫里除了普及性的科学外，还要到尚未预测的科学范围里去，到幻想的科学里去。第三部分，要有体育的内容……第四，还要有美术馆，少年儿童到美术馆里接受美术书法教育，他们在这里可以看到很过瘾的东西。第五，还要把外面的服务、交通、公共设施都要搞好……”这些谆谆的教诲和具体的指导，始终是中心工作的指导思想。

1987年3月建成“乐园宾馆”，1995年1月建成科技馆。这是青少年较系统地学习科普知识、启迪智慧的阵地。里面用现代化的技术设施，为参观者直观地介绍天体、物理、机械、化学、医学等方面的知识。

为了充分发挥校外教育功能，让更多的孩子到这里接受各种艺术培训，参加丰富多彩的教育活动，培养更多的高素质的社会主义现代化建设者和接班人，活动中心的建设粗具规模以后，又向着更高的目标迈进——兴建教育平台（活动中心新厦）。从1995年开始，经多方考察、设计、规划、筹集资金。凭着“政府给一点（550万），社会沾一点（赞助）、自己攒一点、施工企业帮一点、银行贷一点”的办法，把这项工程推上了马。2000年5月破土动工，到2003年秋，一座现代化、综合性、美丽壮观的新厦展现在市民面前。

这座新厦占地面积近2万平方米，建筑面积2.3万平方米，整体形象设计为一艘远航的巨轮，寓意着青少年在知识的海洋乘风破浪。在建筑设计上，“船”形屋顶采用球形网架，外露的结构支撑和精致的铝板屋面，充分体现出现代的建筑材料与技术。外檐为红、黄、蓝三原色，与虚实对比、立体构图的主体建筑相结合，给人一种简洁、明快、活泼、完整的视觉感受。

新厦在总体规划上既考虑了它的开放性，同时兼顾使用的综合性与识别性，满足动静区分的要求，形成“T”字型的平面布局。临隆昌路建设2000平方米的广场，南侧建设3370平方米下沉式扇形集会广场，为孩子们提供了宽阔的活动场所。地下一层建有2016平方米的停车场、防火室。

地上6层的格局反映了中心办宫的指导思想：最大限度地满足不同层次、不同年龄、不同兴趣爱好的广大青少年儿童的不同需求，全方位地为他们服务，让他们在这里动手、动脑、有玩、有做、增长知识、提高技能，全面提高综合素质和实践能力，养成良好的道德品质，更好地促进青少年儿童健康成长。建筑主体格局主要包括：1600平方米演艺大厅、1400平方米四季光庭、1200平方米体育馆、1000平方米武术馆、400平方米艺术体操馆、330平方米多功能厅、270平方米报告厅和700平方米休息厅等，还有进行各种专业培训的标准教室、排练室、琴房、计算机室50余间。

新厦内教育配套服务设施齐备，教室全部配备数字化辅助教学系统、多媒体语音教学系统、全智能化监控系统、先进广播音响设备和图像转播系统，为孩子和家长提供了一个安全、宽敞、智能化、富有朝气的活动空间、文化氛围和优雅舒适的休息环境。

新厦一经交付使用，中心马上开设了舞蹈、声乐、器乐、美术、书法、武术、艺术体操、健美、模型、棋类、计算机、英语、文学等几十个不同门类的兴趣小组活动。此外，中心还根据少年儿童的需求，组织了几十个丰富多彩的主题教育活动，如：“校园原创歌曲音乐会”、“星期日英语广场”、“图书玩具交换市场”、“学校文艺展演”、“乘知识之舟，游五彩营地暑期系列活动”、“故事大王”、“中日韩三国少儿美术展览”、“全国青少年宫武术大赛” 等。此外，天津青少年美术馆、少先队天津市队长学校、中国少年报天津小记者站、天津少年艺术团、天津青少年武术俱乐部等社团都植根在这里，使这里成为青少年最佳的学习、体验、游戏、活动以及发现自己、展示自己的舞台。

为了更充分体现中心的教育思想，中心集思广益，反复酝酿，多方征求专家意见，设计出青少年活动中心主题形象：一块拼图镶嵌在一块橡皮泥上，整个形象像一块调色板。其寓意为：如果世界是一幅巨大的拼图，那么每个人都是小小的一块；每一小块都是不可或缺的一分子，互补、融合、平等，都是好朋友，每一块都无需自大，也不用自卑；放一幅拼图在面前，不同肤色、不同国籍、不同年龄的人都可以在一起玩，因为拼图是一种快乐的游戏，一种挑战智慧的游戏，一种可以找到朋友的游戏；寻找每一块拼图都是一个发现与探索的过程，每前进一小步都有收获，都可以充满成就感；当拼图遇上橡皮泥，斑斓、组合、塑造、变化，拥有无限可能！

中心的教育口号是：“发现，我的奇迹！” 这是一种全新的教育理念。校外教育不是被动的，而是主动的，不是单向的，而是双向的教育模式。中心的教育理念是：

“对孩子来说，在这里，我今天又认识了一个好朋友，这是一个奇迹；我今天又学到了有趣的知识，还是一个奇迹；我今天发现自己也这么聪明、这么勇敢，更是一个奇迹；它是一句充满了惊喜的欢呼。对家长来说，在这里，我发现了孩子也有与众不同的天赋，这是一个奇迹；我发现这样的学习和交流可以让孩子很快乐，也是一个奇迹；我又发现孩子性格中的一个闪光点，更是一个奇迹；它是一句满足的赞叹。”

教育新厦的崛起，为中心提供了更为广阔的发展空间，为孩子们提供了更为广阔的展示才艺的平台。

三、二十年创业，校外阵地辉煌明天

天津青少年活动中心已经走过了20年的光辉历程，已经粗具规模。目前中心又提出了建设“大型的、现代化的、综合性的青少年活动场所”二次创业方向。

未来的活动中心游乐区是规划改造建设比重更大的部分。它将向全天候、全年龄结构、高科技含量的方向发展。

新的活动中心将引进绿色生态概念，创造室内、室外绿色空间，把保护生态放在首位。充分体现动静有别和亲水特点，强调绿化和水面布局，强化自然特征，人文特征，营造一个人与水、人与自然的和谐空间。

新的活动中心还将适应北方城市的气候特点，实现一年四季全天候开放，增加综合性室内游乐休闲空间，将内外景观相互沟通，创造出一个新的城市功能性设施和资源型旅游亮点。

新的活动中心仍然以青少年儿童为主要服务对象，以满足青少年儿童的成长、成材的需求为最高追求目标，同时兼顾中老年等各年龄结构人群的需求，成为最富吸引力的集知识探索与欢乐体验于一身的大型综合游乐休闲场所，与教育新厦及其他配套功能一并形成一座现代化的、综合性的、具有民族特色的青少年儿童的校外活动场所。

(天津青少年活动中心供稿)

天津市武清区青少年活动中心的建设与起步发展

天津市武清区青少年活动中心地处天津市武清区的核心地带，位于区委、区政府南侧500米，与区委、区政府办公大楼遥遥相对。由区政府投资兴建，隶属武清区教育局。是武清区青少年校外活动的主要阵地，也是全区惟一的融艺术、科技、文化、体育为一体的大规模、多功能、综合性、服务型青少年活动场所。

一、政府支持，社会关注，工程建设标准高

建设青少年活动中心是武清区区委、区政府站在优化武清发展环境，提升武清文化品位的高度，着眼于青少年的健康成长做出的战略决策。2002 年经过研究和多方考察决定建立武清区青少年活动中心，2002 年 12 月举行了活动中心奠基仪式，2002 年 12 月 1 日开始建设，总占地面积 286 亩，预计总投资 1.2 亿元，在筹建过程中，社会各界也给予了大力支持，共捐助建设资金 167.8 万元。区委、区政府的领导非常关心青少年活动中心的建设，多次召开专门会议研究青少年活动中心主体楼设计和场外建设规划。在工程建设中，主管区长多次到工程现场，监督工程质量，督促工程进度。在上级领导的亲切关怀和社会各界人士的鼎力支持下青少年活动中心的主体楼建设工程进展顺利，2003年12月，总建筑面积达1.5万平方米的青少年活动中心主体楼建设竣工。整个场馆建设投资为4640万元，设备设施投资近1000万元。主体楼为地下一层，地上四层框架结构，整体建筑气势恢宏、秀丽典雅。内部设施设备完善，拥有多媒体、排练厅、展厅等综合活动室和舞蹈、书画、声乐、钢琴、电子琴、计算机房等专用教室及功能室近百个。同时拥有装备535个座位，能承担各种大型演出、巨片放映、学术交流、大型会议的少儿剧场，其内部装修精美，设施先进。巨型天像厅是青少年学习天文知识、激发求知欲望的理想场所，高精密数码球幕影像，配合多重仿真音响，可以精准解析宇宙现象、再现天文景观，使人仿佛置身于浩瀚的茫茫宇宙，场面壮观，极具震撼力。截至目前，是天津市各区县中占地面积最广、一次性投入资金最多、设施配备标准较高的青少年活动中心。

从青少年活动中心所处的地理位置到工程建设以及资金的投入，都体现了区政府对青少年活动中心建设的大力支持以及对全区青少年的关爱。

二、领导重视、选拔人才、筹备运行

为了使青少年宫尽早的发挥效应，各级领导对活动中心的未来发展给予了极大的关注，多次来到活动中心指导检查工作。2004年10月15日，由教育局牵头组建了青少年活动中心运行筹备小组，小组成员均在武清区城镇国办中小学中选拔的优秀干部，筹备小组成员有六人组成，其中高级职称三人；中级职称三人。为了保证活动中心师资队伍的专业性和权威性，针对活动中心的教师，由区教育局组织面向全区教师进行了公开的选拔招聘。现在活动中心有教职工25人，均为大专以上学历，其中本科学历8人、7人本科在学、4人研究生班结业，中学高级职称3人，中级职称10人，中级以上职称占52%。为活动中心的起步运行奠定了师资基础，2004年11月28日，在各级领导的关怀和筹备小组的积极努力下青少年活动中心完成了首期班的招生工作，共开设了书法、国画、素描、儿童画、舞蹈五个培训项目，招收学员440人，活动中心开始进入试运行阶段。

三、明确思路、齐心协力、启动发展

2004年12月15日，由区教育局党委办公会研究决定，组建了青少年活动中心第一届领导班子，王荣芬任党支部书记，高维祥任青少年活动中心主任，主持活动中心的各项工作，下设办公室、培训部、群文部和后勤部四个部室，中层干部均为筹备小组的成员。

面对领导的关注、社会的关注、家长的关注、青少年的关注。青少年活动中心的领导班子在思考着如何打好开头这一仗。经过研究，明确了以实施形象工程为载体，全面启动青少年活动中心各项工作的整体思路。即实施以“科学的管理形象、热情的服务形象、整洁优美的环境形象、高标准的质量形象”为内容的形象工程，全体干部教师齐心协力，四项内容齐抓并举。

科学的管理形象，结合新建宫的实际，建立健全了起步阶段的各项规章制度，明确了各部门职能和教师的岗位职责，在内部管理上，构建了3+1的管理体系：3即是三个组织管理体系；1是指一个思想教育体系。三个组织管理体系即：一是培训部——专业组长——专业教师——学员（家长）组成的学员培训的组织管理体系，主要负责活动中心教师授课、教研和学员报名、培训的组织管理。二是活动部——参与活动教师——参与活动学员组成的活动管理体系，主要负责活动中心各种群文活动的组织管理。三是办公室、后勤部及相关工作人员组成的服务保障体系，主要负责党务、政务、人事、工资财会、福利、保安保洁和财物管理。一个思想教育体系即：班子成员结组、党员结对的思想教育帮教体系。科学的管理，使活动中心的起步工作规范有序。

热情的服务形象，首先从支部和班子成员自身做起，努力提高服务意识，在新教师报到之初，个别教师没有住房，家中孩子又小，每天上下班要往返几十里路，为此，中心班子成员积极为他们联系租房、购房，为他们排忧解难。在开班初期，许多功能室和专业教室的布置还没有到位，为了保证按时上课，支部和班子成员带头、带领党员干部教师自己动手，布置各专业教室，清理教室卫生。每到周六、日培训期间，支部和班子成员都到各楼层做好巡视、搞好服务，了解教师授课情况，解决教师遇到的实际问题，及时与家长沟通，了解解决家长的需求及难题，热情周到的服务，使家长和学员有了家的感觉，深受社会的好评。在试运行期间，剧场对外开放，不管是上级部门还是兄弟单位使用，从环境卫生、剧场布置、接待服务，都是一视同仁，一样的热情周到，运行半年来共接待了15场会议和演出，深受使用单位的认可。

整洁优美的环境形象，环境卫生是一面镜子，它能直接折射出一个单位的管理水平，也能影响一个单位在社会上的声誉和形象，在试运行初期，由于各种施工还没有完成，加之人员又少，大楼面积大，环境卫生工作的任务很重。为了保证环境的干净整洁，也为了解决刚起步经费少的问题，青少年活动中心实行了环境卫生岗位责任制，楼道卫生责任到组，办公室和专业教室卫生责任到人，周检查、月评比，并纳入教职工的考核。由于全体干部教师齐心协力，环境卫生工作已经纳入正轨，整洁优美的环境深受各位家长和社会的称赞。

高标准的质量形象，培训质量是青少年活动中心发展的生命线，而培训质量的高低关键在于教师的授课质量。青少年活动中心以提升教师的教育理念为切入点，以创新校外教育教学及管理模式为落脚点，积极开展教育科研工作，不断提高教师的授课质量。一方面坚持利用每周四集中组织教师开展培训和研讨，学习先进的理念，进行说课、评课，研究校外教育的教学模式；另一方面采取走出去，请进来的方式，组织教师到天津、北京等地的少年宫学习管理方法、学习专业授课方面的技能技巧，积极研究和寻找校内与校外教育的结合点，使教师们熟悉校外，热爱校外教育，不断创新校外课堂的授课模式。同时，活动中心还投资 1.3 万元购置专业图书和音像资料供教师们学习和研讨。使教师们迅速地适应了校外教育的模式，实现了由校内向校外的转轨，教师们的观念不断更新，专业技能也不断提高。教师们普遍认识到：落实素质教育，校外是一个大舞台，更具生命力与活力。让中心真正成为孩子们健康成长的乐园，艺术素养的殿堂，张扬个性的场所，真正成为提升武清文化品味的重要基地。教师不仅要具备良好的职业素养，高涨的工作热情，还要有精湛的专业技能。要打造本专业的精品，每个教师都要成为活动中心的一块牌子，要创教师自己的品牌，要创活动中心的品牌。教师的基本功也得到了加强，有多名教师多次被邀请参加市、区级及社会的各种比赛和演出活动。2005 年 1 月，中心的声乐教师在天津市举办的“绿色南国”杯城乡青年歌手大赛中获天津市第一名。

形象工程的实施，使活动中心的各项工作有了一个良好的开端，良好的起步带动了培训效益，仅试运行期间中心所开设的专业有美术、书法、舞蹈、声乐、钢琴、电子琴、形体健美、跆拳道、英语、计算机等十个专业，共有 75 个培训班，参加培训的学员达 1300 余人，其中报双专业的学员就达 120 人。为了检验和展示培训成果，2005 年 3 月 5 日，组织了首期成果展演活动，前来观看展示活动的家长达上千人，并对展示活动给予了很高的评价。现在正筹备举行第二期成果展示活动。

四、拓宽思路、展望未来、加快发展

校外教育是教育事业不可缺少的组成部分，它对其促进和挖掘青少年学生的个性发展、潜在能力，培养其一技之长具有重要作用。基于此，在未来发展上确立了自己的办学宗旨：培养个性特长，开发多元潜能；立足终身发展，雕绘绚丽人生。培养目标是：使每一个学生都得到发展，让每一个孩子都享受成功。为此，在活动中心未来发展上不断拓宽自己的思路。

1. 深化和完善内部管理体制改革，建立高效自主的工作运行机制，进一步完善教职工考核评估制度，体现多劳多得，质优多得，责重多得的分配原则，使岗位与能力并重，为教职工的成长、素质的提高和公平竞争创造良好的环境。

2. 拓宽培训项目，在巩固艺术专业培训基础上，向科技、体育和文化类专业延伸，并发挥自身阵地的优势，积极探索和开发特色培训和活动项目，为更多的孩子提供施展才华和娱乐休闲的平台。

3. 努力创建校外教育的品牌活动，以活动带培训、以活动赢声誉，活动对象从单一的青少年变为亲子型，创设老、中、青、少均可参与的多元化教育活动环境。

4. 充分发挥场外活动区的优势，把活动中心搞活、办活。根据规划，到2007年全面建设青少年活动中心，政府还将投资7000万元进行场外活动区建设，建成后，青少年活动将成为以青少年宫为核心、以网格状道路为脉络、以水面绿地为基底、以各种户外游乐活动区域为枝叶的多功能园区，将是广大市民和青少年休闲游乐的理想场所。（高维祥　马立君）

浙江省嵊州市青少年活动中心建设情况

根据浙江省委、省政府关于“十五期末全省每个县(市)均要建造一所青少年活动中心”的要求和全省未成年人思想道德建设工作会议精神，结合嵊州实际，嵊州市委、市政府提出了整合资源，加快青少年校外活动场所建设的思路，并明确由团市委负责，于2004年7月份正式开始嵊州市青少年活动中心的一期建设。

一、建设情况

1. 基本建设。嵊州市青少年活动中心一期工程建设实际占地10．6亩，建筑面积500平方米，由原嵊州市竹编厂部分厂房改建而成。整个工程分旧房整改和内部装潢两个项目。旧房整修主要包括外立面翻新、水电重新布网、屋顶修缮、室外场所建造与修补等；内部装潢主要包括室内结构改造、地面铺装、吊顶设计、桌椅电器等。整个工程自2003年7月20日起动工，至9月30日已基本完成预定的建设任务，一期建设总投资约700万元(包括原房产折算500万元)。

2. 功能设置。嵊州市青少年活动中心主要由综合楼、琴棋书画苑、读书楼等建筑和一些室外体育休闲场所组成。性质上定位为公益性青少年校外活动场所，设置活动和培训两大功能。项目包括棋室、台球室、乒乓球馆、阳光书吧、电子阅览室、手工创作室、展览厅、羽毛球场、垂钓场、烧烤场等10项，从10月1日起已全面对外开放；培训项目包括器乐、声乐、书法、美术、舞蹈等5类26项。

3. 日常管理。嵊州市青少年活动中心属差额拨款事业单位，编制3人，现在岗3人(因无场所，一直合并在团市委办公)。正式运行后，活动中心将争取增加事业编制3名，设主任1名，培训部长1名，活动部长1名，全部按照专业的要求，通过公开招考的方式产生；其他教师均为兼职，根据需要通过社会选聘的方式产生，兼职教师按工作量计时付酬，同时建立内部绩效奖励制度。

4. 发展规划。根据省委、省政府《2001～2005年浙江省青少年学生校外活动场所建设与发展规划》的要求，市青少年活动中心的占地面积应不少于20亩，建筑面积不少于4000平方米。因此市委、市政府在逐步完善青少年活动中心功能设置的同时，还将投资150万元进行二期建设，主要是建造一些室外体育、游乐活动场所和中心的整体绿化，以保证全市青少年活动中心的规模达到省委、省政府要求的标准。

二、嵊州市青少年活动中心建设的特点

按照浙江省委的要求，在目前资金及土地政策都趋于紧张的背景下，建设青少年活动中心的任务和压力都比较重，因此在建设活动中心的过程中，尽量盘活存量资源，努力加快建设速度。主要体现了3方面的特点：

1. 有效解决了土地瓶颈制约。青少年活动中心由原嵊州市竹编厂部分厂房改建而成。一方面，原嵊州市竹编厂在2002年由于经营及市场经济竞争等因素而宣告破产，原有厂房和土地被市国土收储公司收储，但受银根紧缩影响，要投向市场进行商业开发比较难。另一方面，由于土地和资金等因素的制约，青少年活动中心要划地新建的可能性很小。综合考虑这些因素后，市委决定在原有部分厂房的基础上进行改建，有效解决了土地的瓶颈制约，也加快了活动中心的建设进度。

2. 有效整合了现有存量资源。原嵊州市竹编厂地处市区黄金地段，企业破产后，由于没有及时进行再度开发利用，厂房一直处于闲置状态，造成了无谓的浪费现象。用于建设青少年活动中心后，既科学利用了固有的价值，又缓解了中心建设资金的压力，同时为城市化建设增添了亮点，提升了附近地段的商业价值。

3. 有利于实现资源共享。原竹编厂厂区总面积达53．2亩，除20亩用于建设青少年活动中心外，其余土地市委、市政府已规划建设嵊州市“文化村”，主要是将市文化产业链上的精髓，如根雕、泥塑、竹编、书法、美术等建成展示场所。“文化村”和活动中心两处相邻而居，非常有利于文化资源的共享。首先是活动项目资源的共享，活动中心与“文化村”的活动内容互不重复，“文化村”的内容充分体现了嵊州地方文化的特色，有利于让青少年学习，弘扬地域传统文化。其次是基础设施资源上的共享，体育场地和文艺表演场地文艺爱好者可以享用，青少年也可以借地享用。第三是管理资源上的共享，文化村和活动中心的安全保卫、维修等一些日常管理工作可以合并在一起，节省了管理成本和运作费用。

三、在青少年活动中心建设中把握的几个环节

嵊州市青少年活动中心的建设，时间短，任务重，在建设过程中市委市政府着重把握了以下几个环节：

1. 选址及房子结构的合理性。改建工程不同于新建工程，关键是一个选址的问题和房子结构的合理性问题。目前市青少年活动中心所在地为市区黄金地段，左边靠近市中心最繁华的街道——北直街，前面是嵊州中学，后面是居民区，右边是环境优美的城隍山，地理位置闹中取静，交通便利，环境适宜，非常适合青少年活动，也有利于活动中心的发展。

活动中心系原竹编厂行政大楼和部分厂房改建，房子全部是框架结构，坚固且宽大，非常有利于根据活动中心的功能定位和项目设置进行改建和开发利用。

2. 功能定位和项目设置的科学性。嵊州市青少年活动中心功能定位为公益性青少年校外活动场所。自10月1日活动中心正式开放以来，中心就将棋室、台球室、乒乓球馆等10个项目实行免费。每个项目均吸引了大量的青少年参与，特别是节假日和双休日，活动中心更是人山人海，很多项目的活动都要排队进行。

中心培训项目采取低于市场价的60%收费，从民意调查看，形势也很乐观。

3. 活动设计的长期性。青少年活动中心的开发，没有留在现有设施的简单开放上，更趋向于长期性青少年活动的设计和组织，充分发挥活动中心的青少年校外教育的龙头作用。如设计开展的“孝心考场”、“趣味游园”和“吉尼斯大擂台”（均每月一次），青少年活动中心都在努力完善，力争使其成为活动品牌，不断吸引青少年参与，让广大青少年在活动中陶冶情操、提高素质。

浙江省临安市青少年活动中心建设情况

临安市委、市政府认真贯彻落实中共中央、国务院《关于进一步加强和改进未成年人思想道德建设的若干意见》，把建造好市青少年活动中心，确保青少年校外教育事业的健康发展，作为树立和落实科学发展观和提升党的执政能力的一项重要内容来落实。2004年，临安市青少年活动中心已见雏形。

一、思想高度重视

建造市青少年活动中心，是历届党委、政府和社会各界共同关注的一件大事。2004年，临安市委、市政府在广泛征求社会意见，学习外地成功经验的基础上，将市青少年活动中心作为临安提前基本实现现代化，实现经济社会协调发展的一项重要内容来加以落实。市委办、市府办以[2004]1号文件印发了《关于整合社会资源，拓展活动阵地，丰富青少年校外活动的实施意见》，明确指导思想、总体目标、主要任务、工作措施和单位职责，要求形成以市青少年活动中心为龙头，其他活动场所为辅助的青少年校外教育阵地网络。成立了以市委副书记王宏为组长、相关成员单位负责人为成员的临安市青少年工作领导小组，定期研究分析青少年事业发展中的问题，落实相关措施。市领导还就市青少年活动中心新建工作多次作出指示，要求高标准、高起点、高质量地建造好市青少年活动中心，把中心建设成为集示范性、导向性、公益性于一体的青少年校外活动场所。市政府还专门召开第四次土地审批联席会议，确定市青少年活动中心建设项目选址在人民广场西侧，土地以行政划拨方式供给，并要求团市委抓紧做好相关工作，确保中心建设工作有序快速推进。在国家宏观调控财根紧缩的情况下，临安市仍克服财政经费紧张的实际困难，划出专项经费，对市青少年活动中心建设给予全力支持，保证整个工程能够如期动工建设。

二、创新工作机制

建造市青少年活动中心，是服务青少年事业的实在举措和有效途径。对此，临安市突出抓好了3个重点。

1. 抓好队伍建设重点。明确市青少年活动中心机构为全民事业单位，机构规格为相当于股(所)级，隶属团市委管理。核定人员编制7名，市财政每年给予定额经费补助，支持青少年事业发展。把好人员进口关，对中心所需人员通过公开招考，真正把思想政治素质好、具有青少年工作专长的人员，充实到市青少年活动中心来，增强队伍的整体实力。

2. 抓好市场化运作重点。建青少年活动中心，不能全靠财政吃饭，必须走市场化运作的路子，提高自身的运作能力。根据城市总体规划布局，临安市把青少年活动中心地块安置在市人民广场周围，充分利用广场地理位置优越的条件，为中心创造一个良好的外部氛围。在中心功能布局方面，坚持以社会效益与经济效益并举的原则，积极尝试市场化运作的路子，实现中心各项功能的良性运转。

3. 突出抓好公益事业建设重点。坚持把社会效益放在首位，把青少年活动中心的着力点放在满足青少年文化需求和促进青少年的全面发展上。对此，临安市把新建市青少年活动中心，写入2004年全市重点工程建设项目，写入年初市政府工作报告。并在政府投资项目大量缩减的情况下，继续保留市青少年活动中心建设项目，列为2005年临安市必保建设项目之一，明确要求团市委严格把好中心以教育为本的办学方向，突出社会公益的性质，认真设计项目和活动，切实满足广大青少年实际需求，真正造福全市青少年。

三、打造精品工程

建造市青少年活动中心，必须符合青少年的身心特点和活动要求。临安市在青少年活动中心地块选址、方案设计中，充分尊重并体现这一要求。规划中的临安市青少年活动中心占地面积4．3亩，建筑面积6900余平方米，教学区与活动区紧密相连，有近百亩土地的市人民广场，用于青少年校外活动。中心造型坚持生动活泼，富有特色，颜色鲜明，错落有致，外观立面以彩色魔方形状，充满幻想，真正体现青少年的个性特点。中心功能布局坚持科学合理、动静分离，实现各区块的高效运作。主楼分7层，地下一层，地上六层。地下一层为汽车库、自行车库，解决停车的后顾之忧。地上一层为多功能厅、科技展览馆、乒乓球室、电脑房、餐厅。二层为武术馆、健身房、舞蹈室、陶艺馆等。三层为合唱教室、航模活动室和若干书画室、卡通画室。四层为图书阅览室、志愿者工作基地、若干办公室和会议用房。五、六层为标准化教室、语音实验室、电化教室、活动室。

该项目投资概算1653万元，其中土建工程和安装工程概算为1221．43万元(外墙装饰费用概算为170万元)，内部设施和设备添置等概算为431．57万元。经费由财政拨款、争取上级补助和自筹解决。该工程计划在2004年年底前动工建设，2005年底前投入使用。对该项目建设，临安市委、市政府将不遗余力地予以支持，以加快推进项目建设进度。

浙江省龙泉市青少年宫筹建情况

为切实加强龙泉市5．3万名青少年的教育工作，龙泉市委、市政府将青少年宫建设列入“十五”规划，并积极进行筹备建设工作。

一、青少年宫筹建基本情况

龙泉市委、市政府一直十分重视青少年宫等青少年活动场所的建设。早在1992年，市委常委会就研究决定建设市青少年宫，并着手开展青少年宫筹建工作。团市委成立了青少年宫筹建办公室，开始募捐、选址、规划设计等一系列工作。截至1993年底，共筹集到建设资金24．2万元，其中单位及个人捐款19．2万元，市政府拨款3万元，团省委拨款2万元。1993年6月，团市委与市文体厂签订协议，拟以先租后买的形式以该厂厂房为青少年宫用地。后因各种原因，协议未能执行。至2001年12月31日，青少年宫专项资金本金及历年利息收入共计21．7万元，筹建款本息全部纳入市财政预算外资金专户，进行专项管理。

2001年，根据中办发[2000]13号文件精神，参照省各有关部门联合出台的《关于加强浙江省青少年宫建设和管理工作的若干规定》，龙泉市委督察室对文件贯彻落实情况进行了专门督察。原市委副书记周竞夫、副市长吴善印等多次听取了汇报，并作了专门批示。

浙青工办[2001]1号文件下发后，时任市委分管副书记周竞夫、常务副市长梁忆南等分别作了批示，要求计划、建设、财政等部门进行论证、协商，开展编制建设规划等前期准备工作。2002年2月，市委、市政府编制了青少年宫建设项目规划书。并上报团省委备案，争取纳入“十五”期间青少年校外活动场所建设总体规划，申请省彩票公益金支持。

2002年5月，经龙泉市十二届人大五次会议审议批准，龙泉市正式将青少年宫建设列入《龙泉市国民经济和社会发展第十个五年计划纲要》，纳入文明城市创建总盘子。11月，市委决定将青少年宫列入城市发展优先建设项目。市委市政府领导专门听取了汇报，强调计划发展、财政、城建、土地等有关部门共同协调，齐抓共管，早日将青少年宫建设落到实处。涉及青少年官建设的土地出让、规划设计、建设设施配套等，市财政、计委、建设、土管等部门将给予优惠政策、减免有关税费。

2003年8月，市委、政府对文化广场进行专题研究，决定将市青少年宫纳入文化广场一起规划、设计、建设。2003年9月，团市委在向团省委、温州以及周边区县进行学习考察的基础上，制订了《市青少年宫功能设置规划》。10月，市政府对文化广场设计方案进行招标投标，经过专家评审推荐出方案A、B。2004年2月23日，市行政中心筹建办将文化广场设计方案提交市委常委(扩大)会议讨论，正式列入议事日程。3月底，在征求广大市民和青少年意见的基础上确定A方案为青少年宫建设方案。

根据《龙泉市文化广场方案设计》规划，市青少年官位于文化广场西南部，东临体育馆、第一中学，西接育才中学，北靠市行政中心，与剧院、工人文化宫沿主轴线对称布局。青少年宫A方案占地面积1.5万平方米，建筑面积5500平方米，绿化率达48．6％。内部围合成室内庭院，为青少年提供了一片交流、嬉戏的小天地。在功能分区上，充分注意闹、静分区的处理。教室、活动室分置于庭院两侧。既联系方便，又互不干扰。在建筑造型设计上，充分表现青少年官的活泼、新颖。青少年宫体现“舟”的意向，象征青少年的性格特征。

2004年，设计方案已通过招标，土地征用工作已完成54％。因受国家宏观调控政策影响，文化广场将分项目报批。下步将着手制作项目建议书和可行性报告，加大资金筹措力度，力争使青少年宫建设项目尽早上马实施。

二、存在主要问题

一是建设资金筹措困难。按照《龙泉市文化广场方案设计》规划，青少年宫建筑土建工程资金需1300余万元，此外内部活动设施建设等也需大笔资金。龙泉地处浙西南山区，经济和社会发展较为落后，市财政缺口一直很大，青少年宫建设专项资金还存在一定困难。

二是城市化水平较低。由于城市化水平较低，造成青少年集中程度低，资源共享率低，给青少年宫建设和将来维护带来了困难。但随着丽龙高速公路和城镇“八路一桥”工程建设实施和完成，城市化进程进一步加快，这一问题正在逐步得到解决。

三、青少年宫建设和管理的工作思路

青少年宫是全市青少年校外教育活动的主阵地。建设青少年宫是青少年健康成长的需要，是城市文明建设的需要，势在必行。下一步，龙泉市将从以下几个方面积极努力，狠抓落实。

1.加强领导，合力建宫。一是成立青少年工作领导小组，加强对青少年工作特别是青少年宫建设工作的领导，及时解决工作中存在的问题。

二是加强政策扶持，为青少年宫建设的尽早上马提供绿色通道。市委、市政府将尽可能给青少年官建设创造宽松环境，出台优惠政策，减免规费，加强引资，使青少年宫建得成、管得好。

三是充分发挥各级新闻媒体作用，使社会各界更为关心和重视青少年活动场所建设，形成“合力扶宫”的良好氛围。

2.密切配合，强化落实。一是出台可行性报告，尽早立项。市委、市政府将召集计划、城建、国土等职能部门，做好青少年宫建设可行性报告、土地无偿划拨、项目计划书等前期工作，争取早日立项实施。二是加强资金筹措。在市财政困难的情况下，需多渠道、多方面筹措资金。市委、市政府计划在争取上级部门支持的基础上，积极出台优惠政策，引进社会资金，进行青少年宫建设。以市场化运作，项目化管理，实现“以宫养宫”。

3.外引内联，争取支持。2004年，省委加大了对欠发达地区的扶持力度，浙江青年山海协作行动的实施给市青少年宫建设带来新的机遇，浙江省彩票公益金也为市青少年宫建设带来新的希望。龙泉市将在做好基础工作的条件下，用足用活政策，积极争取上级有关部门的支持，建好青少年宫。

一是争取资金扶持。由于市财政难以承受青少年宫建设全部资金，市委、市政府将在引资方面给以优惠政策，积极鼓励和支持社会力量参与，以公办与民资相结合方式集聚社会资金。

二是加强业务指导。一方面，在青少年校外活动场所建设的规划上加强宏观指导。另一方面，要求上级团委和青少年宫积极创造交流平台，加强对青少年宫业务、所需师资和管理人员的培训，加强上下级和区域间青少年活动场所的纵向交流和横向合作。

浙江省绍兴县青少年活动中心建设情况

一、绍兴县概况

绍兴县位于长江三角洲南翼，东接宁波港，北濒杭州湾，西连杭州市，南屏会稽山。面积1130平方公里，下辖4个街道，15个镇，342个行政村，人口70．1万。县人民政府驻地柯桥。

二、绍兴县校外青少年活动场所建设现状

绍兴县的青少年就是绍兴县的未来，县委县政府一直都十分重视为青少年的健康成长创造良好的环境。由于特殊的历史原因，绍兴县青少年活动中心的规划和建设经历了3个阶段：

第一个阶段是“化整为零”阶段。自1983年绍兴撤地建市设区至2000年，绍兴市人民政府、绍兴县人民政府、越城区人民政府的驻地都设在了绍兴市区。当时在绍兴市区已有市级青少年活动中心即青少年官，县委县政府从实际出发，在资源共享基础上，采取“化整为零”的方式，积极发掘基层资源，并在有条件的镇街建设了基层青少年活动中心。

第二个阶段是调研规划阶段。自2000年绍兴县迁址柯桥后，县委县政府在加快基础设施建设同时，还就青少年活动中心的建设听取了多方意见，并列入了县委县政府“十五”发展规划之中。

第三个阶段是正式实施阶段。本着共享资源，扩大影响的宗旨，县委县政府通过多方论证，于2003年4月正式决定，结合县三馆一广场建设，把绍兴县青少年活动中心与县文化馆一并设计、建设，设计规模从原来8000平方米扩大到1.2万平方米，并于2003年6月份正式开工。

三、项目规划

县青少年活动中心配合县城发展需要，遵循“高品位、多功能”的规划原则，突出青少年的特点和交流联谊的目标，定位于教育阵地、社团窗口、交流平台和青少年事务协调4大功能，主要设置了培训、体验教育、共享、交流和事务研究5大板块，这5大板块在空间并不独立存在，而是根据标志性主题项目的需要交互呈现。其中培训板块主要通过举办各类专题兴趣培训班，发展青少年兴趣爱好，培养各类具有专业特长的青少年，同时也可引入家长培训这块内容，帮助家长和孩子之间的进一步交流与沟通；体验教育板块主要通过设置一些可以让青少年参与和实践的活动项目，加强青少年适应社会的能力；共享板块作为学校教育的补充，主要通过设置一些目前一般学校还没有条件开设的教育内容实验项目，实现学校教育和青少年活动中心教育的资源共享；交流板块主要通过设置一些具有展示功能的项目及联谊等途径，实现青少年之间的友好交流；青少年事务板块主要通过利用青少年社团组织、青少年校外教育专业工作者队伍等资源，开设青少年心理健康教育和咨询等特色项目，为青少年活动中心提供相应的软件支持。目前，三馆一广场基本完成，正进行后期装修阶段。

四、发展计划

1.尽快完工。绍兴县青少年活动中心及三馆一广场工程关系到绍兴县城市建设的进一步发展和城市品位的进一步提升，因此，县委县政府将全程督促，以保证该项工程能在规定的时间内按规划要求得以保质保量完成，为活动中心的正式运行夯实基础。预计到2005年上半年青少年活动中心可竣工并投入运行。

2. 严格管理。县青少年活动中心竣工后，将交由团县委运作，由团县委发挥牵头、协调、组织、服务功能，并由县教育局、县文广局等局系统配合实行管理。在队伍建设上，活动中心将根据中办[2000]13号文件和浙委办发[2002]29号文件精神，配备具有合格的专职指导教师和管理人员队伍，两者的比例不低于3：1，并通过聘任方式任用主任、副主任，以保障青少年活动中心有一支高素质的管理人员和教师队伍。在机构设置上，活动中心将实行主任负责制，由主任全面负责青少年活动中心工作，并由副主任协助开展一系列工作。在资金来源上，将建立以政府投入、社会各界参与、资金来源多渠道的社会化建设资金筹措机制，为青少年活动中心的进一步发展提供强有力的保障。在中心运作上，将按照“高起点、市场化”的要求，完善硬件设施，注重软件创新，通过创立品牌，带活人气，形成滚动开发的良性循环局面。

3.丰富活动。县青少年活动中心将在坚持以“两纲”和“三个面向”为方向，立足绍兴县特色，结合“两个一流”目标，在“教”字上做文章，在“乐”字上下功夫，在“特”字上求突破，使之成为绍兴县广大青少年校外文化娱乐活动的主要场所。

科研成果

理论研究

科学、艺术与人格塑造
——中国福利会少年宫加强未成年人思想道德建设的体会

中国福利会少年宫　陈白桦

2004年2月26日，中共中央国务院颁布了《关于进一步加强和改进未成年人思想道德建设的若干意见》（以下简称《若干意见》）。《若干意见》中明确提出“要加强青少年宫、儿童活动中心等未成年人专门活动场所的建设和管理”，并进一步指出校外教育要“积极开展教育、科技、文化、艺术、体育等未成年人喜闻乐见的活动，把思想道德建设内容融于其中，充分发挥对未成年人的教育引导功能。”这标志着校外教育机构在未成年人思想道德建设上的地位得到了党和国家前所未有的重视，这既是对我们在未成年人思想的道德教育上所发挥作用的一种肯定，让我们感到欢欣鼓舞，同时又是对我们的一种鞭策，使我们又感到了在承担未成年人教育方面的重任。

一、以人为本，在文化艺术、科技教育活动中实现“把最宝贵的东西给予儿童”的理想追求

1953年6月1日，由宋庆龄同志选址的中国福利会少年宫正式成立。宋庆龄同志一生热爱儿童教育事业，“把最宝贵的东西给予儿童”是宋庆龄同志追求的儿童教育工作的理想境界。在少年宫成立五周年的时候，宋庆龄同志对少年宫的定位作了更为具体的表述：“儿童们在少年宫里不能只是享受幸福的童年，更要紧的是学习劳动的本领，学习为集体工作，为祖国做有益的事，准备为人民谋幸福。”

在学习贯彻《若干意见》的过程中，结合宋庆龄同志要把“最宝贵的东西给予儿童”，突出未成年人的主体地位，这就要求我们做到：（1）以未成年人为中心开展思想道德建设，自始至终都坚持以人为本，充分理解和尊重他们，改变以教育者为中心的思维方式，使未成年人处于教育过程的主体地位。（2）改变未成年人思想道德教育方式，使他们由教育过程的被动接受者变为主动参与者，在互动教育中达到自我教育的目的。（3）从未成年人不同年龄阶段的兴趣爱好、不同需求出发，有针对性、有创造性地开展思想道德教育，同时，帮助他们解决学习、生活中的困惑和矛盾，做到在服务中教育，在关爱中引导。（4）未成年人教育要与时俱进，要引导他们面对各种思潮和诱惑，善于辨别真假、善恶，确立与发展社会主义市场经济相适应的新道德观。

中国福利会少年宫成立以来，始终坚持宋庆龄同志倡导的“把最宝贵的东西给予儿童”的理想与追求，坚持“实验性，示范性，加强科学研究”的方针，坚定不移地把未成年人的思想道德教育置于首位，以群文活动和兴趣小组活动为主要依托，本着寓教于乐的原则组织了大量的深受少年儿童喜爱的活动。

不管是传统的还是新发展的项目，我们一直都很注重通过兴趣引导，强调教育性、思想性与趣味性的结合，将思想素质和品格教育融于兴趣爱好之中，把少年儿童成长中最宝贵的东西——品格、素质，这一在少年儿童成长中最难求、且又最宝贵的东西，逐渐渗透到少年儿童的身心之中。

二、以文化艺术、科技活动为载体，强化未成年人的人格塑造

50多年来，作为校外教育机构的中福会少年宫，在未成年人的思想道德教育上形成了自身的特点和优势。这些特点和优势可以概括为以下几个方面。

1. 在文化艺术活动中激发少年儿童的兴趣爱好，渗透情感熏陶和人格锻炼。

(1)通过公益性的少儿群文活动渗透情感熏陶和人格锻炼。每逢重大节假日、寒暑假，少年宫都策划组织开展丰富多彩的少先队仪式活动，并根据未成年人对社会热点问题普遍关注的特点，我们组织了大量的具有时效性的主题活动。例如我们开创组织了“红领巾”、“绿领巾”入队仪式，“迈好青春第一步”——庆祝14岁生日活动，“红领巾迪斯科”欢乐健身活动等等，其中仅“红领巾迪斯科”欢乐健身活动吸引了全市100多万少年儿童的积极参与。去年抗击“非典”时期，医务工作者的献身精神在全社会引起了巨大的反响，少年宫及时地邀请了赶赴小汤山抗击“非典”一线的英雄们与少年儿童见面。这些生动形象的活动满足了未成年人迫切参与教育实践活动的愿望，深受他们的欢迎，对他们的成长产生了深远的影响。

(2)通过创作优秀文化艺术作品渗透情感熏陶和人格锻炼。能否不断创作出少儿优秀文化艺术作品，是能否不断吸引少年儿童观赏、感受优秀文化艺术作品的关键。

多年来，少年宫在少儿文化作品的创作上始终坚持可看性、娱乐性、教育性并行的原则，充分发挥舞蹈、音乐、美术等艺术教育寓教于乐、生动形象、感人的优势，通过创作优秀的少儿文化艺术作品向学生展示中华民族的优秀文化艺术传统，培养健康的审美情趣，陶冶情操，增强学生的民族自豪感。少年宫先后创作出一批批寓教于乐的优秀少儿作品：舞蹈《中国风》、《从小爱劳动》、《我们是共产主义接班人》、《足球宝贝》；小品《爱的翅膀》、《阳光夏令营》，木偶剧《帮助别人最快乐》以及合唱《童心向往2010》等等。

大型舞蹈《中国风》以各民族儿童团结向上为主题，充分融入各民族舞蹈特色，配上富有时代性的乐曲，加快了节奏，使作品更富激情，更具时代感。在排练舞蹈的过程中，孩子们了解到，我们祖国有56个民族，56个民族都有灿烂的文化和历史，这极大地引起孩子们的情感共鸣。《中国风》的演出获得了极大的成功，从观众雷鸣般的掌声中，孩子们体会到中国民族舞蹈的独特魅力，民族自豪感油然而生。10多年来，《中国风》常演常新，不断呈现在APEC、亚行年会、跟随陈良宇市长赴法参加申博演出等重大活动的舞台上。《中国风》从上海走向全国，从中国走向世界，打动了一批又一批国内外的观众，教育了一批又一批的孩子。

（3）通过演出实践活动渗透情感熏陶和人格锻炼。50多年来，少年宫经过几代人“实验性、示范性”的探索与努力，形成了独特的艺术风格和教育传统，并走出了一条创“品牌”、展示“品牌形象”、让更多的少年儿童在文化艺术实践活动中获得情感熏陶和人格锻炼的机会。

作为一个重要的对外交流窗口，少年宫每年都承担着大量的演出和外事任务。这些活动短的持续三、五天，长的要持续10天，甚至20天。通过一次次的出访交流及外事演出活动，孩子们良好的行为习惯得到了一次次的训练，孩子们的意志品质得到了一次次的强化，孩子们的爱国主义情操受到了一遍遍的熏陶。当外国朋友翘起拇指说中国孩子真棒时，他们清楚地认识到自己并不仅仅代表着少年宫、代表着上海，而是代表着中国的少年儿童，代表着中国的形象。他们明白一定要以自己的行动，为祖国增光添彩。近年来，少年宫孩子的足迹踏遍了20多个国家和地区，被称为传播友谊的“小使者”。

2004年6月，我们小伙伴艺术团代表团中央“手拉手”艺术团赴香港参加内地与香港少年儿童庆“六一”大型交流演出，在香港社会引起极大的关注和良好的反响。演出归来，团中央为参加演出活动的每个孩子和教师都授予了一份嘉奖令，特别提到了“孩子们在港期间，克服气候、饮食、住宿等带来的不便，一切以演出任务为重，顾大局、识大体，讲团结、精诚合作，不负重望，向团中央递交了一份满意的答卷。”

2004年国庆节期间，小伙伴艺术团受中联部的委托，赴朝鲜访问演出。金正日等朝鲜党和国家领导人观看演出后，对艺术团孩子们的精彩表演给予热情赞誉，他感谢“以胡锦涛同志为总书记的中共中央在中朝建交55周年之际为朝鲜人民送来的这份厚礼”。在本次出访中，孩子们表现出的可爱、热情、懂礼貌、守纪律的形象给大家留下了深刻的印象。

2.以科技活动为载体，激发少年儿童创造性想像，培育少年儿童的科技创新素质。

少年儿童的求知欲特别强，对外部世界充满好奇。少年宫的科技活动在很大程度上满足了少年儿童的这一特点，为他们探索丰富多彩的科学世界构筑了一个平台。通过科技活动，培养了他们求真、务实的科学精神和原创精神，培养了他们的细心、耐心、不怕困难、刻苦钻研和坚忍不拔的意志品质，发展了他们的想像力和创造力，进一步的提高了他们的逻辑思维能力。

（1）在科技活动中提高实践动手、动脑能力。少年宫组织的各类科技活动，为提高少年儿童实践动手能力提供了很好的载体。在制作航模、船模和车模等各种模型的过程中，他们学会了使用各种工具；在各类考察和研究活动中，他们学会了科学的思维方法。

当世界第一条磁悬浮列车即将开通的消息传来后，引起了广大少年儿童的浓厚兴趣。少年宫的指导经过反复的探索制作了一列磁悬浮列车的模型，为少年儿童讲解磁悬浮列车的原理以及构造，同时组织少年儿童进行磁悬浮车模的竞赛。我们组织的环保系列活动，以“让苏州河变清变绿”为出发点，开展了水质考察监测、知识竞赛等各种活动。在活动过程中，提高了他们的实践动手、动脑能力，培养了他们的科学探究精神，增长了才干。

（2）在科技活动中激发想像力和创造力。现代科技的发展越来越关注与艺术的结合，艺术的发展也越来越需要科技的支撑。除了计算机活动通过编程培养少年儿童的创造力以外，我们还开展了大量的科技与艺术结合的活动，在创新的科技活动中培养少年儿童的想像力和创造力。

比如，我们通过电脑音乐这种综合性的教育活动形式，在让少年儿童欣赏优美旋律、聆听美妙音乐的同时，可以根据自己的理解在电脑上进行旋律的模仿和音色的修改，再根据自己对乐曲的感悟，发挥想像力，即兴创作自己的音乐作品。

科技与艺术的结合，给少年儿童的创造性想像提供了更为广阔的空间。不但能让少年儿童享受到科学创作的乐趣，又培养了他们追求卓越的艺术创作品质。

三、以文化艺术、科技为载体，加强未成年人思想道德建设的几点思考

1．未成年人的思想道德教育要坚持兴趣性。

兴趣是对未成年人进行思想道德教育的一种原动力。“由趣激学，由学激志”。少年儿童由于对艺术、科技活动有着浓厚的兴趣，“不知不觉”地学到了知识，学会了技能，懂得了做人的道理。由于兴趣引发学员了对教师的好感，加上教师高超的专业素养让他们进一步产生了对教师的崇敬。为此，少年宫教师对孩子的教育，孩子都持有一种认可和接受的态度。兴趣也是创造力的前提。在兴趣的引导下，少年儿童能够克服学习和探索过程中的种种困难，不但锻炼了意志，创造力也有了长足的发展。

兴趣是个体化的，不同的少年儿童的兴趣是不一样的。在少年宫教育中，按照兴趣进行分组教学、个别指导，更好地实现了个别化的教育。在这个过程中，他们的兴趣得到了进一步的发展和引导，他们的个性得到了张扬。从某种意义上说，少年宫是少年儿童个性发展的加油站。

2．未成年人思想道德教育要坚持长期性。

未成年人的思想道德教育不是一蹴而就的，具有长期性，试图在短时间内让他们的思想产生很明显的变化，或者在短时间内让他们养成良好的行为习惯，都是不现实的。良好的道德行为习惯的培养要反复、反复、再反复，仅仅一次、两次的训练是不够的，要一千次、乃至上万次，才会有效，要不停地重复训练才能取得理想的效果。

3．作为实施未成年人思想道德教育的主体，教师的自觉性是至关重要的。

在校外教育机构中，因为没有课堂的限制，没有教学大纲的限制，没有考试的压力，因此教师在未成年人思想道德教育中发挥作用的空间是巨大的，这同时对教师的自觉性也提出了很高的要求。教师不一定能记得自己曾说过的话，但学生很可能会记住一辈子。教师的一句话有可能会影响学生的一生，反之也可能毁掉一个学生。我们的教师必须要有这样的意识，能意识到自己的言行对学生可能产生的影响。我们必须时时注意，事事用心，在未成年人思想道德教育上不能有丝毫的松懈和怠慢。

切入慈善 初探营销 推广参与

中国儿童中心 李新民

第一部分 抓住慈善事业发展机遇 打造爱心体验教育活动品牌

一、目前慈善事业面临的形势分析

提到慈善事业，很多人之所以首先联想的就是绝症募捐和救护伤残，这除了国内传媒的宣传有偏差以外，可能还与汉字特有的容易让人望文生义的情况有关。据《辞海》，汉字“慈”的本义是父母之爱，引申为怜爱。所以“慈善事业”这个名称就容易让人联想到同情帮助，但慈善事业并不能简单的等同于灾难募捐和绝症募捐。

慈善事业在中国内地，是间隔数十年之久后才于上世纪90年代重新出现的新兴事业。目前中国慈善公益组织只有大约100来个，而美国1998年豁免税收减免的慈善公益机构有120万个。而且，中国绝大多数慈善公益机构是“官办”的，并不能真正发挥作用。中国经济经过20多年高速发展和增长，为中国慈善事业的发展提供了更加良好的发展机遇。

1. 国际大环境为中国慈善事业的发展提供了良好的机遇。上世纪末，在称为第一部门的政府组织和称为第二部门的企业组织之外，非营利的社会组织兴起并蓬勃发展，形成了相对独立的社会部门，被称为第三部门，它在许多国家尤其是发达国家成为与政府部门、企业界并重的部门，共同支撑着各国社会经济的正常运行和发展，可以说大力发展第三部门已经成为一种世界性潮流。这对于已经加入WTO的中国而言，必然要受到这种潮流的影响，许多跨国公司与国际性的慈善组织亦会更多的将其参与、组织慈善项目的经验做法带入中国。因此，国际大环境既为中国慈善事业的发展提供了值得仿效的榜样，也会为中国慈善事业的发展注入直接的推动力，我们身为公益性校外教育机构，必须审时度势，抓住这个慈善事业发展的大浪潮，将教育活动与慈善事业有机结合起来。

2. 国内经济社会的转型，要求“小政府，大社会”，为慈善事业的发展提供了有利的条件。一方面，市场经济的发展，中国社会保障制度的改革改变了过去由政府与企业包办各种福利救济的传统，许多以往由政府或企业承担的社会事务需要有各种社会团体来承担；另一方面，市场经济在创造效率、促进经济增长的同时，也造成了收入分配差距并增加了个人的生活风险。改革开放20多年来出现的贫富差别扩大化趋势，以及人口老龄化趋势、家庭保障功能弱化趋势等，均有必要在政府与企业之外建立和发展慈善公益系统来帮助消化相关社会问题（尤其是动员社会资源来帮助有困难群体），促进社会协调发展。市场经济需要慈善事业，社会发展需要慈善事业，这正是“爱心帮困”机构存在和发展的客观社会基础——社会需要，也是“爱心帮困”慈善事业面临大发展的极好机遇。

3. 国家政策面开始创造有利于慈善事业发展的环境。继全国人大常委会通过《中华人民共和国公益事业捐赠法》后，国务院于2000年12月发布的《关于完善城镇社会保障体系建设试点方案》明确指出：“大力发展慈善机构、服务于贫困家庭的基金会等非营利机构”，这一方案还规定了“企业或个人向慈善机构、基金会等非营利机构的公益、救济性捐赠，可以全额在税前扣除”的优惠政策，虽然目前这一政策在执行上还存在很多问题，但至少说明，政府正在和将有采取有力和有效的措施，大力推进慈善事业的发展，促进慈善事业功能的充分发挥。“十五”计划亦首次将“发展慈善事业，加强对捐助资金使用的监管”写入国家的国民经济与社会发展计划。2004年6月1日新的《基金会管理条例》即将实施，更是为“爱心帮困”慈善事业提供了发展的法律保障。可以说，慈善事业面临的政策环境越来越好，这正是慈善事业获得健康发展所需要的十分重要的条件。

二、爱心体验教育活动的发展

1. 争取多方努力，弘扬爱心慈善公益价值观。

营造全社会都来关心、参与爱心帮困活动的社会氛围，这是我们爱心帮困事业健康发展的社会基础。爱心帮困既是慈善事业，也是社会事业，爱心帮困办公室作为校外教育领域的一个新的组织形式，只有动员广大儿童和家长的广泛参与，才能取得成功。例如，大力宣传活动中乐善好施的精神与典范，激发社会各界对爱心事业的支持；大力宣传包括跨国公司在内的广大企业对慈善事业的参与和支持，宣传企业的社会责任感，宣传企业取之于民、反馈于社会的慈行善举，并作为企业文化来倡导，激发企业参与慈善事业的热情。通过宣传来引起各级领导、企业界及社会各界对爱心事业的地位、功能作用和重要意义的认知和重视。同时，还应努力争取政府及领导同志给予爱心帮困活动道义上的支持，在现阶段，由于国力所限，象西方国家一样，依靠政府每年拨付大量资金给慈善机构用于慈善公益事业是不现实的。但受中国历史、文化传统的影响，政府的推动力量却是无穷的。

2. 积极借鉴国际上行之有效的经验。

发达国家的慈善事业无论在运作方式还是运行规范方面都已臻成熟，我们刚刚涉足慈善事业，应当积极借鉴学习。如适应市场经济规则并树立市场观念，将募捐与项目实施分离，如何建立科学的评估体系和严格的自律机制，开展国际交流与合作，等等，都是“爱心帮困”慈善事业走上规范、健康、持续发展之路所需要借鉴的经验。

3. 立足爱心体验教育活动，推进爱心帮困机构组织的建立。

中国社会转型，导致了社会需求的变化，计划经济体制下形成的人们对单位的依赖，正在逐渐转向对社会的依赖，城乡社会存在的老龄化问题、贫困问题、其他社会服务需求问题等，都在呼唤着我们爱心帮困组织的诞生和发展，以便通过发挥慈善组织的特有功能，从源头上稳定社会，创造更加温馨和充满爱心的社会环境。通过爱心体验教育活动，不仅教育了孩子，也发展了爱心帮困组织。作为缓解各地困境儿童带来的社会问题的有效途径，儿童慈善活动已得到发达国家和地区社会各界的广泛认同。各地校外教育机构应该要不失时机地顺应当地发展的需要，成立爱心帮困机构，推进当地儿童慈善事业的发展。

4. 强化爱心帮困机构的自身建设，提高公信度。

（1）强化内部规范管理。目前爱心事业尚处于初期发展阶段，也是组织性质、组织行为比较混沌的时期，内部管理不规范、机构效益不高也就成为当前制约自身发展的一个普遍存在的问题，只有下大力气实现慈善组织架构合理、运行规范，才能真正赢得社会认同，最大限度地吸引社会拥护群，为此，要勇于突破行政机关工作形成的思维方式，建立和完善各项操作制度，切实加强内部管理。

（2）建立规范、公开的财务管理和信息披露制度。对爱心帮困资金的运作进行全过程控制，并定期公布有关信息，自觉接受社会各界的监督，如定期向捐赠者乃至全社会公布各项支出与收入及财务审计报告、爱心活动效率的指标数值等内容，这是取信于公众的必要举措。

（3）重视队伍建设，加强爱心帮困机构工作人员的职业培训和知识更新，提高从业人员的道德素质和业务素质，使爱心事业逐步变成以具有专业背景的专职人员主导、专职人员与志愿者相结合推进的社会事业，在我国香港、台湾等地区及欧美国家，对专职从事慈善（公益）事业的人士都有接受社工教育的明确要求。同时，在队伍建设中还需要建立相应的激励机制，对内设机构进行定岗、定编、定责、定权、定利，这是爱心慈善事业获得发展的一个必要且重要的条件。

（4）树立“爱心”品牌项目。爱心帮困慈善事业是高尚的社会事业，高尚的社会事业不仅需要公众的无私奉献，同时也需要有真正的品牌项目，只有将“爱心”做成一个有吸引力的慈善项目，才可能争取到更多的社会资源。爱心帮困的社会效益和经济效益无一例外都是通过实施项目（使用善款）来实现的，因此，我们虽然从事的是慈善事业，也要像营利组织（企业）那样，珍惜自己的品牌，除了捐赠者自行确定捐款使用要求的以外，对由我们选择用途的非特定慈善捐款，在选择项目、确定善款用途上，必须坚持严格科学的程序，在科学论证项目运作及认真评估其社会效果的基础上再行决策。

第二部分　校外教育活动需要营销的理念

非营利组织是指不以营利为目的，主要开展各种志愿性的，公益或互益性活动的非政府的社会组织。主要体现在 3 个方面：非营利性，非政府性，志愿公益性或互益性。校外教育机构一直是公益性事业单位，作为非营利机构的一种组织形式，也应该是营销的主体。企业市场营销就是在不断变化的市场环境中，为适应、刺激和满足消费者的需求，通过有计划地组织整体销售，实现企业目标市场、产品开发、产品订价、渠道选择、促销、提供服务等一系列与市场有关的企业业务经营活动。

目前，校外教育活动面临一系列新的挑战和困难。国家由于政策上的调整，校外教育活动经费捉襟见肘，投入严重不足。如何进行校外教育活动营销，是摆在每一个校外教育活动者面前的难题。作为营销的一种特例，与企业营销肯定有契合的地方，但由于本身非营利机构的特点，也有其自身的特点和属性。

校外教育活动营销主要目的是要利用策划的活动，在得到企业的支持下进行校外教育活动，并取得一定的社会影响，并给企业创造投入的回报。其主要表现在活动策划、活动销售以及活动执行3个方面。

一、活动策划

时至今日，活动策划已成为各个企业产品上市、促销、品牌提升等等商业活动中必不可少的选择，并且是挖空心思，使出“浑身解数”，变着各种花样，以充分利用这把“利器”切开市场缺口，赢取商战胜利。

活动策划的一个基本原则：吸引注意力原则

活动策划的两大秘诀：

1. 巨大：即在活动规模上，在有限的条件下应尽可能提高活动的档次和规模，扩大声势，这样才有利于扩大活动影响面，达到有企业支持的目的。

2. 大胆：活动策划一定要敢于作别人没有做过的事情，“敢为天下先”，这样才能吸引目标消费者的注意力和兴趣，引起社会反响，达到有效传达之目的。

活动策划的6个基本要素：

一个成功的活动策划必须把握以下 6 个基本要素：1. 主体：即活动策划所服务的对象，以及通过活动要达到的目的，这一点必须明确，才能做到有的放矢。2. 市场：活动策划在确定主题之前，必须清楚了解活动的目的、活动的相关情况以及活动方式，领先竞争对手一步，在战略上占先机。3. 主题：主题是活动策划的核心，主题的确定要体现两个方面：一是和支持厂家产品的关联度要紧密；二是在风格上保持统一，又要区别于其他同类活动。4. 名称：活动名称至关重要，一定要具有绝对吸引力，避免落入俗套。活动名称要充分体现了本次活动王者风范，同时对活动内容具有高度的概括性，能有力的吸引青少年学生和儿童群体的关注，激起他们的参与兴趣。5. 文本：一份详细的活动策划文本是活动成功的保障。策划文本必须做到面面俱到，详细周密，以更好的指导活动的有力执行。6. 延伸性：延伸性有两个方面的内容：一是单一活动策划的延续宣传性；二是保持整体活动风格上的统一。很多活动在策划时都忽略了活动宣传延伸性的问题，活动宣传随着活动的结束而结束。

活动策划的最高境界：无意识的有意识

我们举办活动的目的就是要吸引青少年儿童的注意和参与的兴趣，以扩大影响。活动策划需要取得企业的支持，就难免带有一些商业操作性质，为企业做产品宣传是应该的，但是由于过多的对消费者进行强制性的商业灌输，在逆反心理的作用下，大家只是凑热闹而已，使活动效果大打折扣。所以，活动策划如何实现将厂家信息和活动内容进巧妙结合，做到无意识的有意识，使目标消费者自然接受商品信息，是校外教育活动策划应该努力去追求的目标。

二、活动营销

再好的策划，没有企业的支持，就等于无米之炊。一个好的活动，需要去寻找一个合适的企业资金来支持。当然一个好的活动策划会更容易得到企业的支持。

校外教育活动的营销主要是满足企业的部分要求，并完成校外教育活动的既定任务。对于校外教育活动来说，由于营利不是动机，也不是目的。因此“满足顾客要求”——即其中的顾客不仅是满足企业的要求，也要更多地完成教育者的责任。

校外教育活动通常预算不足，资源缺乏，其营销工作受主观因素影响，往往在利用某种媒体。或使用某种产品都受一定的影响。与营利性企业不同，有关校外教育活动经营业绩的资料目前仍不完备，缺乏对企业行为观点态度及偏好等一手资料的了解，因此给营销带来了难度。

校外教育活动营销要充分利用组织的人力资源。一个组织的人力资源关系到该组织的发展方向。由于校外教育活动的特点与其他组织不同，我们在开展活动中应把组织成绩效评估与人力资源规则联系在一起，建立对活动人员的绩效考评体系。

第三部分　儿童参与式活动在校外教育活动中的作用

10年前，联合国的《儿童权利公约》中将儿童参与权规定为儿童的一种基本权利，并进行了长时间的不遗余力的推广和宣传。

我国的校外教育是儿童基础教育的重要组成部分，是实施素质教育的重要基地。校外教育是指中小学生在课余和学校以外广阔的时间和空间里，通过校外教育机构、社会文化教育单位和各群众团体，组织开展内容丰富、形式多样、方法灵活的活动和自己动手、自主管理、自我服务的实践，使他们在思想品德、知识技能、身体素质、实践能力等方面得到良好发展所接受的教育。因而，在校外教育活动中渗透儿童参与的理念和原则十分必要。事实上大多数从事校外教育的工作者并不十分了解联合国《儿童权利公约》有关儿童参与的基本原则和主要内容。儿童参与的理念并没有普及和运用到广泛的校外教育儿童活动中去。作者认为，这就导致了在我国儿童参与的权力不能得到很好的贯彻，儿童参与的能力不能得到有效的提高，儿童参与的作用不能充分体现。

一、儿童参与的宣传推广工作不利

1. 儿童参与的推广工作浮于表面。联合国儿童基金会有专门的机构做宣传推广《儿童权利公约》的工作，并有众多的中方机构在负责具体的推广工作。但他们的推广工作仅仅浮于表面，华而不实。因为参与推广培训工作的人员总是一些固定的学员，他们形成了一个自己的圈子，参与推广培训工作人员的选择往往根据个人关系而定。而真正应该接受培训的一线教师以及校外教育机构的人员却不能进入这样的圈子。

2. 儿童参与的推广工作渠道不通。校外教育机构是除学校之外儿童最主要的活动场所，也是除学校外儿童素质教育的最为重要的基地。但许多校外教育工作者才刚刚听到儿童参与的理念，才刚刚开始思考我们以前的教育观念和教育方法是否符合今天儿童工作的需求。可见过去诸多推广机构的培训和宣传推广在宣传的渠道上是不畅通的。

3. 儿童参与的推广工作目的不明。儿童参与理念的培训、宣传和推广其目的应该是把儿童的权利告诉全体儿童，让大多数的儿童理解儿童参与的意义，体会儿童参与的感觉，学会儿童参与的方法。因此，只有真正把儿童参与的理念深入到工作在儿童教育第一线的教育工作者身上，贯穿儿童教育工作的始终，从而影响到儿童对参与的接受和领悟，使儿童参与成为教育者和被教育者共同接受的自觉行动，这才是儿童参与宣传推广工作的目的。那种一味搞推广培训，不讲推广和实效的做法是行不通的。

二、儿童参与的社会环境不佳

由于我国多年形成以传道、授业、解惑为主要说教式的教育方法，不强调儿童的个性发展和儿童参与的理念，导致教育者和接受教育的儿童都理所当然的按照传统的方式进行教育活动。在我们的课堂上盛行着填鸭式的教学方法，听而不论的古板教学模式，由此培养出一批批缺乏创造性思维的接班人。这样的模式同样被校外教育的教育教学活动所接受和照搬。在校外教育的活动中存在着许多和儿童参与理念相违背的东西，严重影响了儿童能力的全面和谐发展。主要表现在：

1. 从小要求手背后。中国的儿童从小受的教育就是只知道听话，不要随便说话，要按照家长和老师的指示办事，不能自己想做什么就做什么。“手背后”就是在传统的教育方式下，压制儿童的参与性和主动性的最具体的表现形式。

2. 成人习惯“操纵”儿童，儿童成为某些活动的“装饰品”。这种现象在儿童活动中已经是习以为常的事情，儿童活动一直就是由成人来设计，儿童从来就没有参与设计的权利。他们在活动中的角色就是教育者和活动的装饰品，无论是在家里给客人表演弹琴和唱歌，还是在少年宫给来宾表演节目，都是在装饰，满足家长的炫耀心理，满足部分领导的成就感。

3. 在儿童活动中的官本位意识。儿童活动设计的指导思想就是一切要从儿童的意志和愿望出发，而不是其他的什么因素。但我们的活动往往不是这样，比如在一个发奖大会上，活动设计者主要考虑的是参加会的领导如何接待，他们坐在那里看什么，要采取什么方式让领导满意。为了这种满意，孩子们往往要提前排练，鼓号队、礼仪队和参加活动的儿童要提前几个小时到位等着领导的光临。

三、校外教育活动应该提倡儿童参与

联合国《儿童权利公约》对“儿童参与权”（Participation Rights）的界定是：“儿童有参与家庭、文化和社会生活的权利”。校外教育活动要尊重儿童的主体性，充分重视儿童的参与，帮助儿童在参与过程中不断形成自己的意见，提高参与家庭、学校、社会实践活动的能力，使校外教育活动成为儿童真正参与的活动。

1. 校外教育阵地是宣传儿童参与的最好途径。全国目前有建制的校外教育机构上万家，校外教育从业人员将以几十万计，他们每天的工作就是面对儿童，开展各种形式的教育活动。这样一支专业的儿童教育队伍目前在全国没有形成统一的机构来负责指导和提高他们的教育理念和教育方法，更谈不上接受国际先进的教育思想和教育模式。

在联合国儿基会大力宣传《儿童权利公约》和广泛推广儿童参与理念的今天，校外教育机构的教育工作者却对此知之甚少，这不能不说是一种反常的现象。笔者认为校外教育阵地是宣传儿童参与理念，并把其推广落实到位的最好途径。如果把儿基会推广《儿童权利公约》和儿童参与理念的计划有机地与校外教育机构的活动结合起来，通过学习、培训、宣传、推广、实验、总结、指导等一系列的活动，儿童参与的推广工作一定会在短时间内突破瓶颈，迅速被广大儿童教育工作者和儿童本身接受。

2. 校外教育机构是儿童参与的实验基地。校外教育机构有人员、场地和设备的优势，能够灵活开展贴近儿童生活的活动，是推广儿童参与式活动最好的实验基地。在我们的校外教育工作者加深了对儿童参与的理解，掌握了一定的训练方法后，他们会把这些理念和方法直接运用到平常活动中去，影响到一大批学校的辅导员，从而使儿童参与的推广更加深入基层。

3.校外教育活动是儿童参与的有效载体。实际上，在没有获得儿童参与的明确理念之前，我们的校外教育工作者也开展了大量的儿童参与的活动，比如：全国少年儿童“心中有祖国、心中有他人”主题教育活动，就是让儿童在参与活动的过程中培养儿童的民族自尊心和自豪感，在关心他人的具体活动中，培养关心家人、关心社会的责任感；少先队开展的体验教育也是一种很好的参与式的活动形式；目前国家六部委推出的中国小公民道德建设计划，其中倡导的“五小”行动就是让儿童参加到贴近他们生活和学习的环境中，感受到自主参与活动的喜悦和需要，从而达到自愿参与、自主策划、自我教育到自觉行动，共同提高社会道德行为规范的目的，养成道德好习惯，争做合格小公民。提倡儿童参与就要把这种儿童参与的理念融入到我们的日常活动中去，特别是融入到全国有影响的名牌活动中去，使这些活动更加突出儿童参与的特点，更加受到儿童的喜爱。

儿童参与是一个国际性的话题，在中国参加世界范围事务越来越多，世界多元化和全球一体化进程发展越来越快的今天，我们的儿童工作应该具备国际性的眼光，跟上世界发展的步伐，我们培养的下一代才能有与时俱进的能力，我们的民族才可以永远自立于世界民族之林！

少先队活动的创新研究

上海市浦东新区少年宫　张成明

一、少先队活动是少先队的生命

少先队是少年儿童自己的组织，少先队的各项教育是在少先队的各项活动中渗透。少先队的活动是少先队组织生存的源动力，少先队没有活动就等于没有少先队。

二、创新是少先队的历史使命

少先队活动的创新是指少先队活动的一种突破，是建立在科学依据上的，以源本为基础的一种形与质的提升，是实事求是、与时俱进的理性思考与行为实践的过程。少先队教育要发展，发展就要不断创新，创新是当代少先队组织的历史使命。

三、创新有待研究的几个问题

当代少先队的教育活动，大多是少先队工作领导部门，在调查研究的基础上，自上而下号召，自下而上响应，通过各项评比表彰推进等途径来倡导时代精神和实施综合素质教育的。这在一定程度上反映了我国少先队教育活动的现状和教育的客观成果。近年来的少先队教育活动在推进社会主义物质、政治、精神文明建设和少先队员的综合素质教育中取得了较为可喜的成果。但就学习贯彻党的“三个代表”的重要思想，培养四有新人，如何使得我们的少先队的教育活动更加贴近少先队员的要求，融合社会大教育环境，求真务实，让少先队教育活动的宗旨落到实处，从认识与实践上值得研究几个问题。

1.确立活动主题的问题。活动是个体或群体为了追求达到一个预定的目标而进行的一种思维、表达、肢体动作的过程。少先队员个体或小队、中队、大队或少先队全国、市、区各级组织在某个阶段为达到自己设定的目标而为此动态的过程，都是一种活动。有的是个体自我教育的动态过程活动，有的是群体动态的过程活动，活动有内在与外在之分。少先队员或少先队各级组织按照少先队队章要求进行的思维、行为过程，就是少先队的活动。

2.社会热点的关注问题。少先队是少年儿童自己的组织，是学习社会主义、共产主义的大学校，是社会主义、共产主义建设的预备队。少先队的教育活动必须与社会主义建设事业密切相连。社会主义建设的不同阶段有不同的要求，社会教育都有不同时期的热点，少先队教育活动应该与社会教育热点相吻，才能取得更佳效果。相反，少先队活动与社会热点相离，关起少先队大门完全自己搞一套活动，社会不理解、不相关、不联动，就会缺少社会的支持。脱离社会教育热点的少先队活动难取得理想的成功。

3.儿童第一需求的问题。少先队活动是少先队的自我需求，根据不同年龄、性别的少年儿童的心理、生理发展需求组织开展少先队活动，这是少先队活动的重要原则。不从少先队员实际出发，按照辅导员的需求，成年人的需求去勉强少年儿童，只会造成少先队教育活动的成人化，陈式化，容易造成事倍功半的教育效果。千百万少年儿童千姿百态，为少先队活动的创新提供了无穷的源泉，尊重少先队组织，把少先队还给少先队员。

四、少先队活动的创新

少先队活动的创新是少先队教育与时俱进的一项革命，教育活动的创新就要以培养什么样的人为根本，如何更好、更快地培养社会主义建设需要的合格接班人为归宿。当代少先队教育活动能否面向全体少先队员，能否贴近当代少先队员，能否得到全社会的认可，能否有力推进学校的新课程改革和少年儿童的素质教育，应该成评估少先队活动创新成效高低的重要标准。由此，少先队活动的创新要在创新的轨迹、创新的路标、创新的载体、创新的舞台等方面进行勇敢的革新。

1. 创新轨迹——以人为本。少先队活动的创新要以人为本，坚持面向现代化、面向世界、面向未来，培养有理想、有道德、有文化、有纪律的一代新人。这是新世纪赋予我们的历史任务，也是少先队组织开展各项活动的宗旨。少先队活动的任何创新不应该离开这个中心。为此，对传统的少先队活动要进行深度的分析，创新力求在优秀的传统教育活动基础上的突破与提升。要对少年儿童成长的需求做调查研究，要捕捉少年儿童中自发的一些个体或小群体的活动，把优秀典型而带有推广价值的活动，经过反复提炼，精心辅导，上升大多数少先队员乐于参加的少先队的大、中、小队活动，把少先队的“五自”教育，“做个了不起的中国人”等各项教育要求渗透在活动之中。取之于少先队员，用之于少先队组织，让更多的少先队员组织开展的活动中共享快乐，共同进步。

2. 创新路标——逐级攀登。少先队活动的创新要注重辅导少先队员为自己、为集体不断设置新的目标。目标的设置不是越高就是越新，也不是越新就是越高。要辅导少先队员根据自己的实际情况设置体现不断进步的奋斗目标，要善于帮助少先队员把总目标分解为若干个阶段目标，逐个实现。在行进的过程中，还可以不断完善，修正奋斗目标。要克服口号叫得响，目标高而空，活动大而统，成效面上浮的现象，倡导求真务实，一步一个脚印，逐级攀登。

3. 创新载体——社会共识。少先队教育活动的社会化是新世纪的一个社会趋向，少先队活动的创新要准确把握社会发展的脉搏，确定一件社会共识认可，少先队员热爱的载体。载体的选择要让少先队员看得见，摸得着，拿得到。只有当少先队员对活动的载体产生极大的兴趣，才能成为激励少先队员不断进步的动力。只要精心策划，做好宣传，有时一张白纸、一张照片都能成为少先队教育活动的载体。

4. 创新舞台——人人参与。少先队教育活动的根本在于组织全体少先队员，在开展的活动中接受教育。少先队活动的创新必须遵循这一原则，创新的少先队活动能否更为广泛地吸引少先队员加入活动，是评价少先队活动创新的成功与否的重要依据。少先队教育活动的普及性与广泛性，决定了少先队活动的创新不能只顾创高、精、尖，为少数少先队员所需，一定要从少先队教育的观念、形式、内容上去创新，充分调动全体少先队员的积极性、创造性，让不同智能、体能、技能的少年儿童在各项少先队活动中受益，取得不同的进步。

少先队教育活动的创新不是高不可攀的，只要我们开发全脑、挖掘潜能、解放思想、与时俱进、勇于实践、开拓进取，那么，古为今用、洋为中用、以老翻新、破旧迎新、入内挖新、引外见新等都会成为少先队活动创新的源泉与动力。新世纪的少先队教育活动一定会以他的时代特征、中国特色、上海特点的新意奉献给当代红领巾。

浅议深圳市校外教育工作中的少儿文化活动

广东省深圳市少年宫　唐　青

一、校外教育与少儿文化活动

1. 校外教育。校外教育是指学校教育之外的教育，不同于学校教育的是，它形式多样，内容活泼，方法灵活，不拘一格。学生接受校外教育不是为升学，而是为了发展；不是被迫，而是自愿；学生学习不是客体，而是主体；教师教学不是讲授，而是组织学生参与活动。校外教育有学校教育所不具有的种种优点，成为学校教育的重要补充，并一直以来受到学校、社会和家长的关注，拥有广阔的存在空间，对少年儿童的发展发挥了积极的作用。特别是在大、中城市，校外教育已经成为教育的重要组成部分。

从近年来我国校外教育发展情况看，校外教育发展规模日益扩大，条件不断改善，管理体制向多元化方向发展，教育内容不断更新，教育方法生动活泼，和以应试为目的的学校教育相比，更重视对学生基本素质的培养，关注学生良好个性品格的养成，深受少年儿童的喜爱。

2.少儿文化活动。从国内校外教育的实践情况看，我国校外教育的主要对象基本集中在少年儿童群体上，所以，我国校外教育改革应当从关注少年儿童群体的特点为出发点。当代我国少年儿童基本上都是独生子女，同时受到社会激烈变革的影响，受到中国文化的熏陶，以及学校教育的影响，与其他社会群体比较具有以下显著特点：（1）好动，参与和表现力强；（2）好奇，模仿能力强；（3）自制力、意志力较弱；（4）交流较少，心态相对封闭。由于学校教育没有特别明显的针对性，校外教育则成了弥补学校教育不足的重要方面。对少年儿童来说，倒是近些年逐渐兴起的少儿文化活动越来越受到少年儿童的喜爱和一些教育专家的关注。

少儿文化活动是以少年儿童为主体进行的文化活动，它主要通过少年儿童的直接参与，展示少年儿童自身对艺术、自然、和平以及其他以美为主题的事物的理解和爱好。这类活动具有以下特点：（1）内容的丰富化。少儿文化活动涉及道德、智力、艺术等各方面相关的内容；（2）形式的多样化。少儿文化活动采取多种多样的方式，十分贴近少年儿童的学习和生活，容易吸引少年儿童的注意；（3）主体的清晰化。少儿文化活动的主体非常清楚，就是少儿本身，而不是教育者或者家长；（4）交流的群体化。活动中少儿之间互动的机会很多，具有不同个性特点的少年儿童之间的示范、模仿效应十分广泛；（5）活动的社会化。为了让孩子更好地了解社会，少儿文化活动越来越直接广泛地接触社会。

校外教育同学校教育一样，同样肩负着培养青少年全面发展的任务。不仅要注重少儿智力的开发，而要注重少儿的一般发展。前苏联教育家赞可夫指出，一般发展区别于智力发展之处，就在于它的含义不仅包括认识过程，而且包括意志和情感。而校外教育培养少年儿童成长的目标规定了少儿文化活动的发展方向，少儿文化的各项活动则按照这个目标来全力实施。少儿文化活动可以通过运用艺术美、自然美、社会生活美的展示，培养受教育者正确的审美观念和感受美、鉴赏美、创造美的能力；可以通过各种载体和丰富多彩的活动，使少儿确立和形成正确的思想观念、行为方式、道德品质、价值取向和生活态度，让少年儿童健康成长。以校外教育资源为少儿文化活动的基地和载体，在校外教育工作中，合理引入少儿文化活动，把两者的目标共同定位在素质教育的“靶心”上，将少儿文化活动的作用充分发挥出来，从而更好地促进少年儿童的发展。

二、实践中的深圳市少儿文化活动

根据马克思主义的观点，人是社会实践的主体，人的主体能力正是在人的实践活动中形成和发展的。少儿文化活动是一种教育实践活动，少年儿童是这种文化活动的主体，是通过以少儿为主体的文化活动不断地促进身体健康发育和成长，促进少儿在情感、意志、品德、个性、角色学习、人际交往等方面的健康发展。所以，少儿文化活动的内容要从少儿身心成长的需要出发，并力求适应千差万别的少年儿童的个性发展。基于这种观点，深圳市青少年活动中心以道德培养和智力开发为少儿文化活动的起点，以艺术陶冶为贯穿少儿文化活动的中心，最终达到少年儿童学习由被动变主动，具有强烈学习兴趣的目的。

1.在“争做合格小公民”活动中提升少年儿童的道德素质。长期以来，我们的道德教育与少年儿童的成长不合拍，上小学时树立远大的共产主义信念，上中学时开始学习社会主义，到了上大学时，却由于常常出现水龙头不关、出口脏话等现象，我们才不得不制订规章制度进行公民道德教育。

公民道德是做人应该遵守的基本道德，因此，应从少年儿童抓起。根据中宣部、团中央、全国妇联、教育部、国家环境保护总局、国家广播电影电视总局等六部委联合发起“中国小公民道德建设计划”的要求，结合深圳特区少年儿童的具体情况，在全市少年儿童中大力宣传“爱国守法、明礼诚信、团结友爱、勤俭自强、敬业奉献”20字公民道德建设方针，使之具体化、规范化，作为使少年儿童普遍认同和自觉遵守的行为准则。通过开展体现助人、捐献、礼貌、仪表、着装、体态、表达等内容的活动，让少年儿童围绕人与自然、人与社会、人与人、人与自我的关系，对照和查找自己及身边存在的不文明、不道德、不规范问题，提出切实可行的措施，找出符合中华民族传统美德和现代文明道德标准的正确答案，使儿童成为“小公民”道德建设的主体，真正做到自主策划、自愿参与、自我学习、自觉行动。

通过上网导航的方式，为少年儿童清理文化垃圾。据广东省教育科研所抽样调查统计，在深圳市35万少年儿童中，上网人数的比例达65%，居全国之最。但是，由于青少年缺乏辨别能力，不健康的网络信息内容对青少年造成危害，并已成为一个日益严重的社会问题。“深圳市阳光上网导航工程”就是为少年儿童上网导航，引导深圳市广大青少年正确利用互联网，通过少年儿童的自觉参与，加强少年儿童对道德建设的理解和体验，用丰富多彩的实践活动和激励措施培养少年儿童的道德品质，抵制网络不健康内容的侵蚀，营造一个良好的网络环境。

2.在多姿多彩的艺术活动中培养少年儿童的创造性。随着知识经济的到来，社会衡量智力高低的标志渐渐从知识与记忆转向知识与创新，而创新的最主要来源就是创造性品质。然而，艺术活动往往能激发少年儿童的兴趣和爱好，从而培养他们的创造性。

在中心组织的“童心七彩梦飞扬——深圳市少年儿童大型立体艺术画展”上，参加中心艺术培训的学员们从各个不同的艺术角度多层次、综合性地展示了自己的艺术创造。在孩子们的笔下，制作了反映深圳巨大变化的“深南大道夜景”长卷，画出了“一个中学生的一天”，用泡沫雕刻的现代“碑林”，百人书法五体“千字文”等等。多姿多彩的文化体验让学生们在艺术的世界里感受美的历程、展示美的精彩，充分发挥了少年儿童的创造性。这次少儿书画展被专家誉为“深圳市少儿美展的一个里程碑”。

深圳市青少年活动中心根据少年儿童的特点，以一系列的少儿文化展演活动，为少年儿童成长提供了展示展演和成才的机会，大大提高了少年儿童的学习积极性。比如，已经连续五年举行的深圳市小明珠艺术节，每年都有两千多人参加展示展演活动，音乐、舞蹈、器乐、美术、书画、武术等10多个专题、专场活动，从不同的侧面展示少年儿童多彩的艺术风貌。其他少儿文化活动如“深圳市少年儿童科普优秀作品展”、“深圳市少儿模特表演大赛”、“深圳市暑期少年儿童艺术表演大赛”，活动项目设置几乎让所有的少年儿童都能够参加，只要有一技之长，都可以上台一展风采。培训是课堂，舞台是少年儿童互相学习、互相竞技的最好场所。

通过各种形式的少儿文化活动，在学员中形成了“学习——展示展演——再学习”的良性循环，对少年儿童起到了较好的引导成才示范作用，中心每年都有200多人次在全国各级各类少儿艺术门类比赛中获奖。这些活动一方面是对学习的检阅台，同时又是对少年儿童学习热情的激发。

3.在亲近自然的活动中培养少年儿童的美感。少儿文化活动是一种基于学习者自身的活动体验并从中获得感性认识的学习、活动过程。体验的过程不在于通过活动学习某种操作方式，获得某种技能，而在于每一个人在活动学习中获得的真实感受。然而，少儿文化活动的中心是艺术，而艺术美往往又来自于大自然，所以让少年儿童在亲近自然的活动中去感受美。

近年来，深圳市青少活动中心先后组织了“快乐环保行动”、“国防军事日”、“少儿大型立体画展”、“大型公园写生”等文化活动，从各个方面让少年儿童走近自然，感受自然。上街清扫垃圾、清除乱张贴、认养公园树木、收集植物标本、检测海水质量、参观武警军营并接受训练参与活动等。从小培养环保意识，热爱美的自然环境。

中心举办的“亲近自然、彩绘大地”儿童妈妈写生比赛，由来自深圳市各区和各学校的1000多名学生，在老师和妈妈的带领下，来到风景秀丽的深圳市莲花山公园，亲近自然，彩绘大地，共同描绘他们心中美好的自然。这次活动为深圳市少年儿童提供了走出课堂、走向大自然的一次大型社会实践机会，引起社会各界对少年儿童健康成长的关心，引导各位家长亲近子女、亲近自然，从而培养了广大少年儿童从小热爱自然、热爱生活的美好情操。

4.在对外交流活动中开阔少年儿童的视野。交流是学习的一个重要途径。现代社会已进入多元化的信息社会，高科技的飞速发展使得交流手段日新月异。然而，单独的、虚拟的交流远远比不上集体的、面对面的交流所能达到的真实效果。通过组织少年儿童参加不同地区、不同民族和不同国家的各种联谊活动，让他们了解世界上各个民族的风土人情，体验多元化文化对人的思维方式、生活习惯和行为方式的影响。

艺术无边界，也无国界，在艺术的世界里，交流容易得多。深圳市青少年活动中心先后组建了“深圳市少儿礼仪团”、“深圳市小明珠艺术团”、“深圳市小明珠合唱团”、“深圳市学生电子琴乐团”、“深圳市中学生铜管乐团”等，成员们在一起学习，交流，艺术团先后代表深圳到中南海、香港特别行政区汇报演出，赴俄罗斯等国家演出，并同来自中国台湾地区、美国的小朋友同台演出民族舞和儿童剧，充分体验多种文化熏陶与交流的魅力。

由中心组织或参加的交流活动有：（1）精心策划的“手拉手”——深港青少年交流营活动，共有600

多名深圳市少年儿童与香港十余家社团的500名香港少年参加。此次活动是香港历史上首次有如此众多社团参加国内组织的活动，受到了社会各界的高度赞扬；（2）承办了深港两地“千米画卷迎回归”活动，征集深港两地1997个单位（家庭或个人）的作品，以“祖国强盛、香港回归”为主要内容，创作1997幅作品。“千米画卷”分别在深圳体育场和香港跑马地展示，成为香港迎接回归的十大活动之一。“千米画卷”被香港制成邮政纪念封发行，“千米画卷”创了“吉尼斯”世界纪录；（3）经国家文化部批准的98国际童声合唱节在香港、深圳、广州、桂林四城市举行。来自美国、瑞典、以色列的儿童合唱团以及中外嘉宾云集深圳，中心小明珠艺术团的专场演出，深圳少儿合唱团与三个外国合唱团的交流演出，加深了深圳与国际青少年广泛的文化交流，推动了深圳童声合唱艺术的发展；（4）组织“成长心连心”大型活动，组织内地、港、澳、台学生2000人参加大型石头画创造，来自深、港、澳、台及内地的2000名青少年学生、教师和家长在深圳市石岩公园用石头制作一副大型户外石头画，创造了“吉尼斯”世界纪录。

在校外教育活动中，有目的开展“少儿文化活动”是十分有意义的一个举措，通过多姿多彩的文化活动变“被动教育”为“兴趣教育”，提高了教育的质量和效率，从而全面体现了素质教育的精神。

三、深圳市少儿文化活动的新进展

近年来，深圳市青少年活动中心还与社区、学校联合，拓宽校外教育与少儿文化活动的范围。同时，充分利用社会资源，如军营、科技馆、美术馆、农场、公园、烈士陵园、社会福利院、海滨等，开展从平面到立体的各种活动。在资源共享上采取“近与远相协调、内与外相结合、上与下相补充”的战略；中心与所在辖区园岭派出所共建小区少年儿童文化活动中心，方便附近的少年儿童参加活动。中心内部则以“大家乐”舞台为阵地，中心外部则认真组织学生参加市少儿花会、市合唱节以及各级各类艺术比赛活动，同时充分利用社会各界对活动的支持，将其作为文化活动主办或协办单位，增强活动开展力度，扩大活动的社会影响。

发挥校外青少年活动基地的作用 推进未成年人思想道德建设实践

天津市华夏未来少儿艺术中心 赵 骞

1993年，在一批情系下一代的老同志和专业文艺工作者的倡导下，天津市于1993年4月26日成立了华夏未来少年儿童文化艺术基金会（华夏未来少儿艺术中心），以“一切为了孩子”为宗旨，致力于青少年进行素质教育，繁荣、发展天津市少儿文化艺术事业。12年来，华夏未来基金会（中心）在中共天津市委宣传部、天津市文化局的直接领导下，年年为孩子们办8件实事，其中累计有21件被列为天津市政府20件实事的项目，被评为全国先进社团、天津市先进社团。华夏未来少儿艺术中心被国家文化部授予全国文化单位先进集体、天津市“十五”立功单位、全国青少年校外活动示范基地。并被天津市委、市政府命名为天津市爱国主义教育基地。华夏未来少儿艺术中心主任赵骞同志荣获天津市“九五”立功奖章，并被授予全国维护妇女儿童权益先进个人称号。华夏未来是天津市青少年校外工作的一个知名品牌。

一、在创新中求发展

华夏未来基金会建立时，房无一间、物无一件，靠“三老四少”（即三个退休老同志、四个满腔热情的年轻人）白手起家，凭着对孩子们的一片爱心和敬业精神，事事认真、炮炮打响，以其特有的新鲜活力，向社会展示了她的新貌，引起了社会的关注，取得了各级领导的重视。使这一新生的校外教育组织得到迅猛发展：

1. 资产规模：从1993年借用16平方米地下室一间，到2002年建成拥有自主产权的集排练、培训、实践、演出、接待、交流、活动、服务为一体的现代化儿童活动阵地，建筑面积1.5万平方米，资产评估达1.5亿元。

2. 培训规模：1993年培训文化艺术学员300多人次，到2004年培训超4万人次。培训场地由1998年前的单一场地，发展到 2004 年遍布天津市各市区（郊）、县的31座培训基地（其中含弱智儿童培训基地1座）。

3. 机构发展：现拥有幼儿园7座、完全小学1座、培训中心1座和艺术门类最全、演员人数最多的华夏未来少儿艺术团1个。

二、牢牢把握服务儿童的前进方向

华夏未来以“一切为了孩子”为宗旨，在两个文明建设中，始终把社会效益放在首位，立足于提高文化品位，从娃娃抓起的工作思路，开展大量的社会公益活动。

1. 真情回报社会，举办中、小学生免费音乐会。为了弘扬爱国主义和民族精神，发起了为中、小学生举办免费音乐会和艺术精品进校园活动。从1996年起至2004年底，免费音乐会已达349场，中、小学生观众近40万人次。此举受到国内、外广泛的关注和赞誉。

2. 为社区建设服务，创建文化广场。随着改革开放的深入发展，提高文化品位，不断丰富文化内涵，是新时期广场文化的时代特征，是实现“三贴近”，满足群众根本利益的重要措施。广场文化以消夏纳凉为切入点，用积极向上、健康活泼的文艺节目，占领青少年文化阵地。华夏未来特色文化广场自1996年举办以来，共演出122场，观众达12万人次，成为天津社区家喻户晓的文化休闲场地。

3. 着眼农村，实施艺术教育希望工程。繁荣发展农村少儿文化艺术工作，急需提高农村艺术教师的专业水平。自1997年起每年举办农村中、小学艺术教师免费培训班，基金会（中心）承担了除伙食费以外的全部培训费用（含住宿费）。参加培训的教师已达400人，现已在工作岗位上为农村艺术教育水平的提高发挥着积极作用。

4. 投身慈善公益事业，关心贫困和残疾儿童。扶困助残，关注残疾儿童健康成长是华夏未来少儿艺术中心重点工作之一，坚持举办残疾儿童艺术节，就旨在大力激励残疾儿童自强不息精神，动员全社会关注残疾儿童。又如举办“走进西部，拥抱黄土地”活动，实施“献爱心、手拉手”西部行演出，送去艺术教材、乐器、儿童艺术光盘、节目资料等。基金会（中心）还与天津市教育科学院合作，启动了《通过艺术活动促进智障儿童发展的研究》的攻关课题。

与此同时，每年还为六周岁以前的幼儿举办了“温暖献爱婴·健康活力宝宝大赛”、慰问儿童福利院、SOS儿童村的孤残儿童、救助失学儿童等活动。

三、推进民间中外文化艺术交流

加强对外文化交流，既向中国人民介绍各国丰富多彩的优秀文化，也向各国人民介绍中国博大精深的民族文化，从而促进中国与世界各国的文化交流与借鉴。华夏未来充分发挥自身的组织能力、演出能力的优势，开展了三项大的活动，展示了民间外交的魅力。

1. 实施“环球之旅”工程。新世纪伊始，华夏未来少儿艺术团制定了“环球之旅”百国千场的演出计划。截止到2004年8月，已访演了51个国家和地区，行程60万公里，足迹踏遍五洲四海，所到之处掀起强劲的“华夏之风”，被世界各国朋友誉为“和平友谊的天使”。

2. 承办天津国际少儿艺术节。该艺术节以“和平·友谊·未来”为宗旨，现已举办三届，累计有70个国家和地区，85个少儿艺术团的5000余名外国儿童与国内各省（市）、自治区的90个少儿艺术团6000余名小演员欢聚天津，进行了广泛的文化艺术交流活动，创中外儿童文化交流史之最。联合国秘书长安南先生专门发来了贺电，热情洋溢地称赞：“我很高兴地代表联合国向你们致以最热烈的祝贺，愿你们的活动鼓舞各地的年轻人，为世界创造一个充满和平与友谊的未来”。

3. 发挥文化交流窗口作用。自华夏未来基金会成立以来，先后接待了各国政府和民间组织的各类参观、交流、学习、访问代表团300余个，中国党和政府对青少年健康成长的关爱与中国儿童的精神风貌为外国客人留下了深刻的印象。

儿童戏剧活动在青少年素质教育中的优势

北京市东城区少年宫　潘　涤

未成年人的思想教育首先重在启发，创设情境，用事实说话，用典型说话，以青少年喜闻乐见的儿童剧表演的艺术形式，是对青少年进行文化艺术素质教育和思想教育的重要手段之一。

在艺术领域教育活动的开展中，美术活动、音乐活动长久以来备受重视。著名教育家蔡元培说过：“吾人急应提倡美育，使人生美化，使人的心灵寄托于美，而将忧虑忘却。于学校中可实现者，如音乐、图画、旅行、游戏、演戏等，均可去做，以代替不好的消遣。”由此可见，蔡元培先生早就把戏剧列入美育的范畴，可惜这一点直到现在为止，仍很少引起人们的注意，艺术教育仍是美术加音乐的传统模式。在学校，虽然运用“课本剧”形式在丰富语文教学中起到一定作用，实际上它所蕴涵的特有的教育功能和教育价值被埋没了。儿童戏剧活动往往被我们所忽视，可能开展儿童戏剧活动的投入精神和物质太大的结果吧！

什么是戏剧呢？戏剧是一项融文学、表演、音乐、舞台美术、舞蹈、历史、地理、社会、科技、人文等多门艺术于一体的综合艺术。通过演员在舞台上为观众表演反映社会生活的艺术样式。包括戏曲、话剧、歌剧、舞剧、哑剧、小品等。儿童戏剧属于戏剧艺术文化的范畴。儿童戏剧有两种形式，一种是由成人演给青少年看的儿童剧，另一种则是让青少年参与的戏剧活动。让青少年自己参与创作演出戏剧活动，往往能够达到意想不到的效果。笔者以“我们的小香咕”北京市校园儿童剧比赛活动为例，探讨开展儿童戏剧活动的思考。

一、在儿童戏剧活动中，学会体验美好生活，学会享受快乐

戏剧界现在有这样一种说法：儿童剧能够促进素质教育。就是说儿童剧给孩子带来的是灵魂上的触动、心灵上的慰藉、情感上的激励。上世纪五六十年代出生的人一定还会对像《马兰花》那样的优秀儿童剧难以忘怀，有的人可能还会因此被改写了童年。要说一部儿童剧能改写一个人的一生，那可能有点夸张，但儿童剧毕竟是一种文明，对孩子的辨别是非的能力、世界观的养成确实有一定的意义。

青少年艺术教育不是才艺教育，而是人格教育。开展儿童戏剧活动，戏剧的表演水平、表演的道具、音响等不是活动的主角，活动的教育功能并不是演出及参加竞赛为最终目标。而真正的主角是青少年本身：青少年的爱、青少年的梦、青少年的烦恼、青少年的人生。

在表演过程中，对于角色的理解和认识，如果来源于教师的讲解和示范，那么青少年就失去了思考的机会和创造的空间；角色本身就失去了个性；戏剧表演就失去了它应有的巨大价值。教师要注意引导他们自己去感受生活、去观察生活，进而创造出带有自己个性的表演，才是我们所追求的。在这个过程中，教师的主要任务是引导他们掌握观察的方法。把观察的重点放在观察对象的形态、动态、神态上。孩子们只有通过对生活的认真观察和积累，只有亲身去体验，他们才会有自己独特的感想和体会。从而在表演中，每个人饰演出的角色才会生动可爱、活灵活现，才会各具特色。

“我们的小香咕”北京市校园儿童剧比赛活动是以著名儿童文学作家秦文君儿童小说“小香咕系列”为蓝本改编的儿童剧剧本。“小香咕系列”讲述了几个女孩子之间发生的温馨而感人的故事，书中在小女孩儿快乐嬉笑的日子里也浸透着现实生活的百种滋味。小香咕的善良、友爱，深深地感染着孩子们。孩子们真挚而稚拙的表演引来台下阵阵会心的笑声，他们都不知不觉地沉浸在了小香咕的世界里，和剧中的角色共喜共悲。孩子们的演出十分投入、忘情，格外动人。作为教育者，我们的工作是让青少年在戏剧活动里用自己的语言诉说自己的故事。

“学会去爱，学会分享，学会用欣赏的眼光去看身边的事情”是“小香咕系列”想要告诉给孩子们的主题。“我们的小香咕”活动并不在于把道理灌输给孩子们就可以了，儿童戏剧不满足停留在这个层面上，从中国的教育传统来说，都有一种以上向下灌输的这么一个模式，“我们的小香咕”活动努力在剧本上、表演上做到让小演员、小观众能够真正地感悟着活动的主题，学会体验美好生活，学会享受快乐，从欢乐和愉悦中得到一些真善美的教育。

二、儿童参与戏剧活动过程，创造青少年发挥和创造空间

要充分发挥戏剧表演的教育功能作用，提高活动效果，与青少年在活动过程中所处的状态密切相关。“参与”意味着要给青少年最大的发挥和创造空间，鼓励他们表达自己的思想和见解并付诸于行动。“活动过程”包括表演内容的选择、表演准备工作和表演的过程。从某种意义上讲，“参与活动过程”对青少年的教育与影响，要远远大于最后的表演。让青少年亲身参与活动过程，真正使青少年成为活动的主体，不仅可以提高青少年的活动兴趣，加深他们对作品的理解和体验，还可以提高他们的设计能力、制作能力，更有利于培养其合作意识和创造性思维并获得成功的体验。

要使青少年真正成为活动的主体，那么活动的内容就要符合青少年当前的兴趣点。只有这样青少年才能在活动中发挥主动性和积极性。由于青少年的个体差异，造成青少年的兴趣和需要也是多种多样的。教师的任务是在深入观察的基础上，从中选择出最有利于青少年发展的因素加以提升和引导。朝阳区一所参赛学校的一名学生名叫安西妮，她的父母一位在韩国工作，一位在美国上班，虽然家在北京，但每年回来的次数有限，安西妮同学平时是与爷爷奶奶住在一起的。安西妮同学的情况与剧中的人物“小香咕”的家庭生活背景非常相近，她的父母都不在身边，经常思念父母。于是，学校的老师就选择安西妮同学扮演《向雪花精灵许愿》剧目中的“小香咕”，每到剧中动情之处，安西妮同学对父母思念的情感与“小香咕”一同表现得淋漓尽致。每次演出时，观众对她的表现给与热烈的掌声，表演感染着现场的每一位观众。这样，戏剧表演内容的选择既满足了青少年的意愿，又完成了教育目标。

青少年参与戏剧表演需要精神准备和物质准备。精神准备包括青少年在表演中角色的分配和对角色特点的掌握。物质准备是指戏剧表演需要的道具和背景材料等。孩子们虽然年纪尚小，但自我意识、独立意识日益增强，他们渴望通过自己的不断尝试和努力，得到成人的认可和赞扬。教师要把进行准备工作的过程，当成锻炼能力、促进发展的良好契机。切忌包办代替。要给予他们足够的信任和支持，引导他们使用讨论和商量的方法来解决。

三、儿童戏剧活动中培养和锻炼青少年综合素质

戏剧教育是一个能够培养青少年综合素质的一个最有效的手段，它可以通过这个戏剧教育的过程中学会感悟人物在过程中如何思考、跟人交际、如何表达和体现自己的这么一个能力。它的作用不仅仅表现在学生语文课中的阅读、写作能力方面。据有关资料显示：国外的学校从中学开始就有戏剧教育，他们的学生从表达、敢于体现自己、跟人交往和自信心等方面都要比中国的学生强的多，而在我国的学校里从来没有戏剧教育。

美国教育家克里斯腾·尼卡尔森·纳尔森的《发展学生的多种智力》把抽象的理论具体化。将日常的活动和多种智力联系在一起，从而提供了八种作聪明人的途径，如下所示：

智力领域	在哪些方面有才能	喜欢做的事情	用什么方法学习结果最好	著名的范例
语词智力	阅读、写作、讲故事、记忆日子，用文字来思考	阅读、写作、讲故事、说话、记忆、玩拼板游戏	阅读、听和看语词、说话、写作、讨论和辩论	林肯
数学——逻辑智力	数学、推理、逻辑、解决问题、形式	解决问题、提出问题，与数学打交道，试验	与形式和关系打交道，分类、编目，与抽象事物打交道	爱因斯坦
空间视觉智力	阅读、地图、图表、绘画、迷津、拼图游戏、想像事物、形象化	设计、绘图、构筑、创造、幻想、看图片	与图画和颜色打交道，形象化、想像、绘画	毕加索
身体动觉智力	运动、舞蹈、表演、手工技巧、使用工具	走来走去，粗，触摸和说话，以手势和体态表达意思	触摸、走动，通过身体感觉来处理知识	卓别林
音乐智力	唱歌、收听声音、记忆乐曲、节奏	唱歌、哼曲子、演奏乐器、听音乐	节奏、乐曲、唱歌，听音乐和乐曲	莫扎特
人际关系智力	理解人、领导、组织、交际、解决纠纷、销售	结交朋友，与人讲话，参加小组或集团	与别人共享、比较，显示事物间的关系，面谈、协作	甘地
自我意识智力	理解自己、辨认优缺点，确定目标	独立工作、思考，追求兴趣	独立工作，做按自己速度进行的作业，要有空间思考	弗洛伊德
感受自然智力	理解自然，区别事物，识别动物和植物	置身于大自然之中，区分事物	与自然打交道，探索活的东西，学习植物和自然的活动	达尔文

以这种理论来审视儿童戏剧活动，不难发现，儿童戏剧是一种融会了多种智力因素的综合性活动。它不再是单纯意义上的语文课的衍生活动。从儿童戏剧所涉及的内容来看，包含了文学和美学的许多因素。而这些因素又决定了排演的学生必须具有多方面的能力。剧本的改编、具体的演出以及舞台布景、音乐配置，甚至服装造型，考验的是学生的语词能力、空间视觉能力、身体协调能力和音乐能力。如果再考虑儿童戏剧以外的内容，学生的张扬个性的能力、自我表现的能力、团结协作的能力、组织协调的能力等，又与学生的人际关系智力和自我意识智力相联系。所以，儿童戏剧就不再以提高语文的学习兴趣为其惟一的目的，而是具有了更广泛的功能。其间包括的智力因素更是多种多样。开展儿童戏剧活动起到了锻炼学生各方面才干的作用，为青少年的多方面的发展提供了一个良好的平台。

综上所述，成功的戏剧活动应该使他们感觉到，参与戏剧活动就是在玩一种特殊的游戏，一种快乐的游戏。在这里可以自由的欣赏、自由的表达、自由的创造。在这种种的愉快体验中，不断成长。

课题研究

北京市《小组活动评价》课题研究简介

北京市东城区校外教育研究室 石宝泉

北京市“小组活动评价”课题是北京市教育学会“十五”重点课题“校外活动评价”的一个分课题。此课题重点研究的是对兴趣小组活动的过程如何进行比较科学的评价，通过评价使兴趣小组活动更加凸现校外教育的特点。

课题组共有成员43人，分别来自北京市的东城、西城、宣武、朝阳、海淀、丰台、石景山、顺义、门头沟、密云等10个区（县）的校外教育机构和北京市学生活动管理中心，共16个单位。为了使课题的研究更加深入和组织工作的方便，在课题组的基础上，建立了由10人组成的中心组。

本课题从2002年6月开题至2005年5月召开总结大会，历时3年，经历了开题、调查现状、制定评价标准和总结四个研究阶段，召开了15次课题论证会和四次课题组全体成员大会。课题组全体成员在课题中心组的引导下学习了现代教育理念和评价理念；运用问卷调查和文献研究的方法对北京市校外教育机构小组活动的现状及小组活动评价的状况进行研究分析，问卷调查覆盖了北京市50%的区县，上万个统计数据，写出了《校外教育小组活动评价研究现状及发展趋势》的文献研究报告和《关于北京市校外教育机构兴趣小组的现状调查与分析报告》；运用现代教育理念就兴趣小组活动的培养目标、评价的原则、评价的方法、小组活动的特点特色、评价应树立的几个观念等重要问题进行研究和讨论，统一了认识，形成了共识；研究制定了《北京市校外教育机构一次性小组活动评价标准》。

课题组首先对“小组活动”和“小组活动评价”进行了界定：

小组活动：是“兴趣小组活动”的简称。“兴趣小组”是由校外教育机构组织的、由人数不多、有共同兴趣爱好的少年儿童自愿参加的活动组织形式。“兴趣小组活动”是少年宫等校外教育机构对少年儿童实施有目的、有计划、有组织的教育的载体和途径，是校外教育机构中主要的教育教学活动形式之一。目前，在我国的许多校外教育机构中还举办着很多名目的“班”，如：“奥数班”、“作文辅导班”、“幼儿艺术班”、“考级辅导班”，等等，它们均不在“兴趣小组”之列。

小组活动评价：根据小组活动的培养目标，运用科学手段对小组活动内容、活动过程、活动形式、辅导方法、学生的学习效果等进行判断，以促进教师、学生的发展为目标。评价的范围应包括一次性活动(一个单元的活动）或一个阶段的活动。本课题对评价的研究，注重教师现代教育理念对活动的指导意义；强调活动准备的重要性；强调评价引导教师创新活动，形成特色的作用。十分重视评价的形成性功能，以促进学生发展、发挥学生的潜力和达到教育目标为中心；不仅评价教师的教，而且评价学生的学，要评价活动的各个方面；不仅重视评价学生的知识，而且重视评价学生的品德、智能和心理素质等方面；不仅重视评价者的评价，而且重视自我评价。小组活动评价应在遵循校外教育培养目标的前提下，以促进学生的发展为评价的最高境界，而不仅是选拔，评价应充分了解学生发展中的需求，关注个别差异，帮助学生认识自我，建立自信。确定“什么是最值得评价的”，并将评价的目的标定在现代社会最需要的方向上，即以确认发展个体的潜能为目的，开发这些潜能。小组活动评价应注重发挥校外教育的特点，区别校内的课堂教学，凸现校外教育兴趣小组的实践性、因材施教、用不同的尺子衡量每个学生、个性培养等优势。

小组活动是校外教育机构中最主要的教育教学活动形式之一，是校外教育机构实施素质教育的基本途径。小组活动的质量受到社会各方面的关注。对小组活动的评价直接影响到小组活动的质量和发展，影响到校外教育特殊功能和作用的发挥。但对小组活动的评价在校外教育机构的教育教学活动的管理中还比较薄弱。通过对校外教育文献、资料，以及部分省市、地区百余份校外教育机构出版的内部刊物和大量的论文的调查发现，目前校外教育机构的小组活动评价主要围绕小组活动评价的原则、对象、主题、标准、方法、内容等几方面进行。没有明确的“小组活动评价”界定。评价内容中侧重知识、技能。侧重评价教师。过分重视教师的教学情况，忽视学生的实际表现和发展。小组活动评价目前没有形成完整的评价体系，没有建立理论体系，各校外教育单位只是在实践中或多或少、或显现或隐性地进行着一些评价，大部分尚没有形成完整的评价方案体系。在对小组活动的管理中，重视招生管理和教务管理，轻视对活动过程的评价；在小组活动过程的评价中，重视对教师的评价，忽视对组员的评价；存在着评价目标不清晰，评价观念比较陈旧，评价内容校外教育特点不突出，评价标准不一致、不统一，评价方法或过于复杂，或过于简单等问题。

对小组活动评价问题进行研究，有着重要的理论价值和实践价值。（1）科学的评价小组活动可以促进小组活动的质量。（2）小组活动评价是校外教育机构教育教学活动评价的重要依据，加强小组活动评价是克服教育教学活动管理薄弱环节的有效措施。（3）对小组活动过程评价是校外教育机构小组活动管理的重要内容和重要标准。（4）对小组活动评价的研究有利于完善教育教学活动评价体系和校外教育机构整体综合评价体系。

经过近3年的研究，课题的研究取得了可喜的、有效的成果。主要体现是：

1. 一些重要的现代教育理念和评价理念在中心组成员和课题组成员中间形成共识和基本形成共识。这些理念主要有：小组活动评价不仅要评价教师的“教”，还要评价学生的“学”，要通过评价学生的“学”来体现评价教师的“教”；评价要促进教师和学生的共同发展；发展兴趣是小组活动第一位的、也是最根本的培养目标；“让每一个学生都得到成功”是小组活动原则的指导思想和精髓，它的实质是不能用同一把尺子衡量所有学生，是否采用划一的标准评价学生的学习效果是校外教育与学校内课堂教学最本质的区别；实践性原则是小组活动所有原则的基础和灵魂；小组活动评价应该处理好校外教育特色与教育普遍规律的关系、学生的主体作用和教师的教育指导作用的关系、评价教师的“教”和评价学生的“学”的关系、“过程评价”和“终结评价”的关系，等等。

2. 通过问卷调查的方式对全市小组活动现状进行了调查，并进行了分析，写出了《北京市校外教育机构兴趣小组活动现状调查与分析报告》。对小组活动现状的调查，覆盖了全市东城、西城、宣武、朝阳、海淀、丰台、石景山、门头沟、密云等9个区（县）的校外教育机构和北京市学生活动管理中心，收回了调查问卷194份，完全可以真实的反映全市的基本情况。这对于研究小组活动的现状、小组活动的管理和校外教育的发展非常有价值，这可能是北京校外教育50年来第一次对小组活动比较全面的调查。研究这份调查报告，可以了解小组活动的现状，发现小组活动中的深层次问题，加强小组活动的管理，提高小组活动质量。

3. 制定出了比较科学的、体现现代教育理念、评价理念和校外教育特点的、便于实际操作的《一次性小组活动评价标准》。这个标准为在全市推广统一的小组活动评价标准作了最实际的准备。运用这个标准评价小组活动，发挥评价的导向作用，有利于小组活动凸现校外教育特点，克服实际存在的课堂教学倾向，更好的发挥校外教育在实施素质教育中的特殊功能和作用。

4. 丰富了校外教育理论研究的宝库。通过文献研究发现，在校外教育理论实践中或多或少、或显现或隐性地进行着一些评价，大部分尚没有形成完整的评价方案体系。现有的关于小组活动评价的研究也还停留在对一些基本问题的论述上，对某些问题，如评价效果的研究目前尚未见到。评价内容中侧重知识、技能。评价小组活动的标准也五花八门，有的过于简单，有的雷同于校内课堂教学，有的没有体现现代教育理念。小组活动评价目前没有形成完整的评价体系，没有建立理论体系。本课题的研究成果在一定程度上解决了上述问题。

5. 出现了几篇有关小组活动评价的论文。《论校外教育机构中兴趣小组活动评价的几个认识问题》、《校外小组教学活动评价现状及展望》、《校外小组活动质量管理途径与方法的研究》等几篇有较高质量的论文在北京、天津校外系统理论研讨会和北京市第十届理论研讨会上获得好评。

本课题的研究还有一个特点就是，根据校外教育教师队伍中大部分人没有经历过课题研究的缺憾，在一开始便确定了边研究边学习、边研究边培养的宗旨，通过研究，使课题组成员学会课题研究的方法、一般程序和要求，为今后的课题研究打下基础。课题研究的实践证明，这一目的已经达到。从这个意义上说也是课题研究的一个成果。

本课题研究的不足：

1. 在本课题研究开始时，曾计划要制定出一个适用于艺术、科技、体育各类小组活动的“小组活动评价标准”，包括一次性活动评价和一个限定时间段（一般为一个学期或一个学年度）的评价。由于课题研究的时间比较紧张，只制定出了《一次性小组活动评价标准》，适用于一个限定时间段的《评价标准》还没有制定完成。有待今后的继续研究中完成。

2. 对调查问卷的内容设计上还有不够完全的地方，致使在对小组活动现状的分析上有缺少素材资料的感觉。

“小组活动评价”课题组通过研究还向北京市的校外教育行政管理部门和各校外教育机构的管理者提出建议：

1. 校外教育机构中从事小组活动的教师要把握小组活动的培养目标和小组活动的特点，要始终把发展兴趣作为小组活动的第一位的、也是最重要的培养目标；要重视小组活动的实践性特点，将专业实践和社会实践纳入到活动计划中来；要坚持用不同的标准衡量组员的学习效果，“让每一个学生都得到成功”。

2. 要重视小组活动的评价。通过评价的导向功能，使教师增强现代教育意识，促进自身的发展；使管理者把握小组活动健康发展的方向，提高小组活动质量。

3. 制定全市统一的“小组活动评价标准”，推动小组活动评价工作。建议将本课题的研究成果《一次性小组活动评价标准》正式颁发到全市校外教育机构试用，并适当组织一次小组活动质量的检查。

《校外教育在实施素质教育中作用的研究》课题（摘要）

北京市丰台区青少年活动中心　王振民　程秀荣　杨有材（执笔）

“校外教育在实施素质教育中的作用研究”是丰台区少年宫于2002年5月首次承担的北京市教育科学“十五”规划课题。课题历经两年多的研究，于2004年8月底结题。研究成果经评审，获2004年北京市第十届课外校外理论研讨会论文评选一等奖及丰台区第十届教育科研成果二等奖。

本课题的研究成果从以下7个方面摘要叙述如下：

一、课题研究的缘起

全面推进素质教育为校外教育的发展营造了一个良好的社会氛围，校外教育的地位和作用受到党和政府的高度重视，并被提到一个前所未有的高度，也为校外教师提供了实现理想、激发智慧的宏大舞台。那么，校外教育如何抓住机遇，应对挑战，在全面推进素质教育中发挥自身的优势和作用，就成为首都广大校外教育工作者经常思考的一个问题。因此，围绕实施素质教育研究校外教育的作用，就成了我们开展研究的必然选择。这几年，丰台区少年宫加快了发展步伐，实现了历史性跨越，随着办学规模、办学水平的提高，宫领导清醒地认识到，要用科学的发展观不断推进少年宫的持续发展，首先要通过教育科研工作的发展去促进教师的发展，更新教育观点，改变教师长期固守的教育教学行为，使教师产生对素质教育的认同和自觉地引发出对校外教育的反思和批判，充分挖掘教师潜在的教育资源、教育智慧，满足教师内在的需求，激发教师在有效地研究中释放出巨大的、潜在的教育能量，使教师从理性上产生对少年宫办学方向、办学目标的认同，实现少年宫“向内涵发展、创教育活力”的目标。围绕实施素质教育广大校外工作者已进行了不少有益的探索，并在实践中积累了宝贵的经验，也取得了一定成果。但就整体研究水平去看，校外教育的理论研究仍滞后于它的实践活动，并已限制了它在实施素质教育作用的发挥。多数少年宫在轰轰烈烈地开展活动的时候，相对而言，其扎扎实实地进行自我规律的研究还远远不够。少年宫在寻找一条不同于学校教育的全新的实施素质教育的途径上还不如学校课程改革推进的那样快。在校外教师的头脑中对素质教育的认识还有不少的疑惑或误解，需要通过研究予以澄清。

二、课题研究对校外教育的界定和再认识

校外教育也有广义和狭义之分，本课题所指的校外教育属于后者，是指以未成年人为主要对象的各种校外教育机构。它是社会主义教育事业的组成部分，也是基础教育的重要组成部分。它们大体上可分为两类：一类是综合性的；一类是专门性的。本课题研究之所以界定在少年宫（青少年活动中心）为主体的综合性少年儿童校外教育机构，是因为少年宫在我国成立时间长，一直是实施教育的一种专门机构。因此，把少年宫作为校外教育的主体去研究它在实施素质教育中的作用具有普遍的意义。

虽然校外教育现在它还做不到对所有的少年儿童进行义务教育，但是有一点是被大家所认同的：即学生在发展中，特别是在中小学阶段中，没有经过校外教育的培养，学生所受的教育是不健全的。所以，如果还是从学校先入为主的传统观念去看待校外教育，那就落后了，而且越来越站不住脚了。人们已经把校外教育从“学校教育的延伸和补充”观念上剥离出来，开始以构建学习型社会的新视角重新审定校外教育的功能。如果我们的教育教学活动越来越向学校课堂教学形式靠拢，长此下去，校外教育区别于学校教育、优于一般社会教育的特色，还会存在吗？显然，对校外教育的“庐山真面目”校内、校外都有一个不断再认识的问题。

三、研究的目的

通过研究，深入总结校外教育一活动为主要载体的育人特点，探索其在实施素质教育中的不同于学校课堂教学的优势，加深对校外教育活动规律的认识，阐明校外活动对培养提高少年儿童的思想道德素质、科学素质、审美素质的作用。澄清在校外活动中出现的种种模糊认识，提高校外教师实施素质教育的科学性和自觉性，丰富校外素质教育的理论和实践，为加快首都校外教育的发展做出应有的贡献。

四、课题研究的方法和过程

研究的方法以行动研究、调查研究为主。

研究过程从与传统学校教育的比较研究出发，进而揭示校外活动特点和规律，凸现它在实施素质教育中的作用，特别是对促进少年儿童个性的全面发展的作用，使研究过程更能体现校外教育的个性。

校外教育属于义务教育，它从满足广大少年儿童的多种兴趣、爱好、愿望和要求出发，积极组织各种各样的活动，半个世纪来一直把自己的教育内容和教育形式框定在以“活动为主”的特点上，形成了“活动为主”的教育特色，正是这种特色适应少年儿童身心发展的要求，所以校外教育才能得到今天这样蓬勃的发展。本课题以丰台区少年宫近几年发展的实际为基本素材，总结出校外活动的六个主要特点，即活动对象的群众性、学生参加活动的自主性、活动内容的综合性、活动形式的多样性、活动途径的实践性、师生关系的和谐性，说明了校外教育更能体现素质教育的基本特征。

为了深入研究校外活动在实施素质教育中的具体作用，课题组从目前少年宫开展的主要活动形式和活动内容出发，研究了校外群众性活动对培养少年儿童思想道德素质的作用，强调了活动对德育的突出、渗透、强化等功能。课题组从反思美国60年代航天技术落后于苏联的历史，强调了任何一个国家的现代化都必须从深化科技教育入手的重要性。并通过对参加校外科技活动在三年以上的初一至高二学生的随机抽样调查，研究了校外科技活动对培养少年儿童科学素质的作用，特别是对学生科学态度和科学精神形成的影响。从目前我宫生源的统计来看，参加小组艺术活动培训的学生占学员总数的一多半。从生源分布特征上看，少年宫的活动优势更多地体现在对少年儿童的艺术教育中。因此，研究校外艺术活动对培养少年儿童的审美素质的作用，具有重要的现实意义。课题组从校外艺术活动有利于发现和培养艺术人才幼苗；有利于培养和提高少年儿童的审美素质；有利于拓宽少年儿童的审美视野三个方面，说明艺术活动对促进学生成长的作用，而且提出审美素质作为一个现代人的基本素质之一，它是比思想道德素质、科学文化素质以及身体和心理素质更高、更综合的一种素质。为了正确把握校外艺术活动的育人方向，使本课题的研究更加贴近实际，解决实际问题。课题组针对目前在校外艺术活动中出现的一些模糊认识，旗帜鲜明地表明了自己的观点和认识：（1）强调艺术活动面向全体少年儿童，并非不要培养艺术尖子。（2）强调发挥艺术活动的审美功能，并非忽视其德育等功能。（3）强调知识技能的传授，并非不要发展艺术兴趣。（4）强调少年儿童的主动参与，并非不要发挥教师的主导作用。（5）强调艺术活动结果，并非忽视活动过程的优化。课题组认为，只有澄清这些模糊的认识，才能使少年宫开展的活动真正体现现代教育思想，在全面推进素质教育中发挥自己应有的作用。

五、课题研究的结论

通过以上研究表明：校外教育在面向全体少年儿童、全面提高少年儿童素质、促进其个性健康发展中，发挥着学校教育不可替代的作用。校外教育作为基础教育的重要组成部分，在全面实施素质教育中发挥着特殊的育人作用。

六、课题研究的效果

在市级课题的带动下，推动宫本研究的不断推向深入。2004 年，我中心有 34 人次在全国、全市论文评选中获奖；有 2 篇论文被选入全国首次正式发行的《中国校外教育工作年鉴》中；有 4 篇文章发表在《课外校外教育》杂志上。我们承担的三个市级科研课题全部结题；推荐了22篇论文参加第十届北京市课外校外理论研讨会评选活动，其中17篇获奖，获奖率80%。活动中心各部门开展得教科研活动更加贴近实际。由于教科研总成绩突出，受到市、区领导的好评。课题组在市、区教育科学规划领导小组办公室的支持和指导下，经历了一个比较完整的研究过程。特别是在“非典时期”，宫领导适时地组织开展可素质教育案例研究，教师们充分展示了研究热情和研究潜力，使他们的教育观念和教育教学行为发生一些实质性的变化，促进了教师特别是年轻教师的发展，这正是通过本课题研究所取得的最大收获。

七、课题研究的总结

课题组认为，在活动的实践操作上校外教育虽然优于学校，但在活动理论层面上的研究却落后于学校教育。由于受自身理论研究水平的限制，本课题的研究还停留在基础层面上。我们感到仅仅依靠少年宫现有的活动项目去研究校外教育在实施素质教育中的作用，是远远不够的，还需要在理论层面上有所突破，在研究的深度和广度上进一步加强，在研究的方法上应更加科学规范，并学习借鉴学校教育研究的经验，在学校教育和校外教育研究的结合中，发展自己的研究力量，形成自己的研究特色。不断开拓校外教育的新视角、新领域、新天地，努力构建校外素质教育新格局，在全面实施素质教育中加快首都校外教育现代化建设的步伐。

（研究附件及参考文献从略）

“北京青少年学生校外教育资源的整合与开发”研究课题综述

北京市校外教育研究室　战洪丽　胡军杰　任　俊

北京市“十五”重点课题——“北京青少年学生校外教育资源的整合与开发”于2002年4月29日正式获准立项。

一、课题研究的意义

1. 研究北京市教委系统校外教育资源有利于更好地利用和开发北京市现有的校外教育资源，最大限度地发挥北京市校外教育资源的效能。

2. 研究北京青少年学生校外教育资源的整合与开发，是对《关于加强青少年学生活动场所建设和管理工作的通知》和《关于加强青少年学生校外教育工作的意见》两个文件精神的贯彻落实。

3. 研究北京青少年学生校外教育资源的整合与开发，是贯彻北京市教育大会精神，打造作为国际大都市的首都校外教育特色的必然要求。

4. 研究北京青少年学生校外教育资源的整合与开发，是大力加强青少年学生和未成年人思想道德建设、提高校外教育综合质量的基础。

5. 研究北京青少年学生校外教育资源的整合与开发，有利于加快北京校外教育现代化的步伐，是实现首都教育现代化总目标的重要组成部分。

二、概念界定

1. 校外教育。随着校外教育事业的发展，越来越多的学者和校外教育的实践家们开始投入校外教育的理论研究之中，不同的学者对校外教育的概念也是从不同的角度进行了界定。本研究中所使用的校外教育概念区别于以往的概念界定，我们的界定是：校外教育是我国教育事业的重要组成部分，是基础教育的重要领域，在实施素质教育中具有独特的功能和作用。校外教育通过活动对未成年人进行在学校教育教学计划以外，多种多样的，有目的、有计划、有组织的，旨在提高未成年人自身素质的教育。校外教育的实施以少年宫、青少年宫、青少年科技馆、青少年活动中心等校外教育机构为主体，社会文化单位和各群众团体共同参与。

2. 校外教育资源。本课题研究中所使用的校外教育资源概念主要限定在北京市教委系统校外教育机构的资源，我们将其分为四类，即物资资源，其基本构成是建筑场所、设施设备、计算机网络；人力资源，主要分为干部、教师、教研员、职员、工人；内容资源，主要包括群众活动、兴趣小组活动、社团活动、阵地开放活动；方法资源，其基本构成是法规、政策、章程与制度、管理体系和教科研成果。

3. 校外教育资源的整合与开发。通过文献研究我们对校外教育资源的整合与开发形成了共识。本研究中所使用的校外教育资源整合与开发主要是指，校外教育机构依据社会发展实际，结合校外教育自身发展特点，素质教育的需要，对现有的校外教育物资、人力、内容、方法4类资源进行重组与开发，以充分发挥校外教育资源的效能。这里所说的整合，一方面是指对资源存量部分的充分利用和适度调整，另一方面是指对资源的增量部分的合理分配和恰当安排。这里的开发，是指在整合过程中注重开发，在开发中不断整合的一个螺旋上升的过程。其中整合与开发不是孤立的、相互排斥的，而是一个有机的统一体，整合中有开发，整合促进开发，同时开发又是对资源更好地整合。

三、研究方法

1.行动研究法。本研究重视实践研究，在研究的过程中，采用边实践边研究，首先通过实践发现问题、加以研究，然后将研究成果重新应用到实践中加以验证，再进一步发现新问题，深入研究和探讨，从而形成了发现问题——解决问题——发现新的问题——解决问题的周而复始的良性循环。

2.文献研究法。本课题对校外教育、校外教育资源、教育资源、资源整合等相关方面文献进行了研究、归纳与总结，从而为本研究奠定了坚实的理论基础。

3.问卷调查法。为构建“北京市教委系统校外教育资源库”，我们通过设计问卷，对北京市教委系统的47家校外教育机构的物资资源、人力资源、方法资源和活动资源进行了调查统计，并在统计的基础上，提出资源整合与开发的建议。

4.分组研究法。本课题以“北京市教委系统校外教育资源库的构建”为主线，在总课题研究的基础上，又分化为若干子课题，主要包括青少年学生校外教育资源整合与开发的功能与特点研究、北京市教委系统校外教育资源库的建设研究、北京青少年学生校外教育群众活动资源整合与开发的研究、校外教育教学活动辅导材料评价研究、校外教育教学活动辅导材料建设研究、校外教育机构参与社区教育研究、校外教育单位建立创新活动室的实践研究。

四、课题研究的主要成果

本课题研究以北京市教委系统校外教育资源库的构建和研究为主线，重点在研究对北京市教委系统现有校外教育资源的调查与整合。并在此基础上提出进一步开发的建议。围绕北京市教委系统校外教育资源库，派生出一系列的分课题和子课题的研究，主要研究成果有：1、青少年学生校外教育资源整合与开发的功能、特点；2、北京市教委系统校外教育资源库建设方案；3、北京青少年学生校外教育群众活动资源的整合与开发；4、校外教育教学活动辅导材料的评价方案；5、校外教育教学活动辅导材料建设研究；6、校外教育机构参与社区教育的实践研究；7、校外教育单位建立创新活动室的实践研究；8、北京市教委系统校外教育资源整合与开发的发展趋势。

五、研究结论

1.北京市教委系统校外教育机构的资源十分丰富，并已经在整合与开发方面进行了初步的实践尝试和研究，且取得了一定的效果。但是，北京市教委系统校外教育资源尚未最大限度地得到开发与利用，未能最大限度地发挥其功效，在打破机构和区域的界限方面仍需加强，这在一定程度上必将影响了和制约了北京市校外教育整体水平的提高，不利于加快首都校外教育现代化的步伐，也不利于形成首都校外教育的整体特色。

2.校外教育资源的整合与开发是不可分割的，整合是开发的前提，开发是整合的必然，二者是水乳交融的关系。整合中有开发，整合促进开发，同时开发又是对资源更好地整合。

3.从大校外教育观和校外教育发展的现状来看，校外教育机构与社区和家庭相结合的教育是一个必然趋势。

4.校外教育教学活动需要辅导材料，而且校外教育教学活动要想走向科学化、系统化，要想不断提高教学质量、形成特色，必须建立起包括活动评价、辅导材料和活动方案等的评价，以及管理评价等在内的科学、系统的评价体系和机制。

六、对策与建议

1.构建北京市校外教育资源网，同时建设北京市校外教育网站。北京市校外教育网站有助于实现北京市校外教育资源的统筹规划和资源共享，它将为北京市校外教育资源的共享提供一个信息的平台，也将为广大学生、家长以及相关部门及时提供关于首都校外教育的信息，并提供一个校外教育机构与社会各界互动和反馈信息的平台。

2.建立包括活动评价、辅导材料和活动方案评价以及管理评价等在内的科学、系统的评价体系，形成一种机制，并以此为基础开展和加强校外教育教学的督导工作。校外教育系统长久以来都缺乏一种有效的监督机制和评价体系，因而不利于保障优质的教育教学活动质量，不利于对校外教育机构管理和教学上的规范化、科学化和系统化的形成，也不利于有效遏制各种违背教育规律和以营利性为目的的行为。因此，建立校外教育系统的评价体系，将校外教育系统的督导机制纳入国家的督导范畴已经迫在眉睫。

3.设立校外教育券。校外教育券是一种相关校外教育机构通用的有价证券，可以由政府发放，也可以民间发放。校外教育券的持有者可以依据自己的兴趣和爱好，持卷到相关校外教育机构进行教育等价消费。校外教育券的发放对象主要是有特长的贫困未成年人、专业成绩特别优异的未成年人。通过发放校外教育券可以整合与开发校外教育机构的资源，为未成年人提供更多的以人为本的服务。

4.在群众性教育活动方面实现跨地域、跨省市的联合。群众性教育活动的影响体现在活动的实效性、新颖性、参与性等方面，开展跨地域、跨省市的群众性教育活动是提高参与性的手段之一，由于各省市在开展群众性教育活动方面都有丰富的人力、物力资源，群众性教育活动基本上是围绕党的中心工作展开的，因此具备了实现跨地域、跨省市联合的可能性。群众性教育活动通过资源整合与开发，将扩大活动的影响，促进社会形成教育的氛围，提高活动质量。

5.深入开发红色旅游，为未成年人成长搭建平台。国家旅游局最近虽然推出了12个红色旅游区，但是红色旅游区的建设和内涵的丰富，以及如何适应未成年人的特点等，还需要较长的时间才能够完善，校外教育工作者要充分发挥红色旅游区以及爱国主义教育基地的教育资源的作用，要通过对红色旅游区教育资源的整合与开发，提高教育质量，推进未成年人教育工作。

“21世纪初青少年校外教育发展理论与实践研究”课题介绍

北京市朝阳区青少年活动中心　周　放

《21世纪初青少年校外教育发展的理论与实践研究》课题于2000年12月被朝阳区教育科学规划领导小组确定为“十五”区级教育科学规划重点课题，后又被列为中国科协教育专家学术委员会基础教育研究部“十五”专项科研课题。

一、课题研究背景、目的和意义

1999年4月第三次全国教育工作会议作出《关于深化教育改革全面推进素质教育的决定》以来，全国教育战线出现了深化改革、探索教育创新的可喜局面。教育成为整个社会关注的热点和焦点。作为社会教育重要组成部分的校外教育，经过半个世纪的实践探索，在全面贯彻党的教育方针，培养高素质人才，推进素质教育的发展等方面取得了一定的成果，积累了宝贵的经验，做出了重要的贡献。

然而，与学校教育相比，校外教育的改革与创新问题还未引起足够的重视。仅从目前关于青少年儿童校外教育研究的角度看，无论是在理论建设或在实践探索上，都是一个相对滞后的薄弱领域。

为全面推进素质教育，加强青少年儿童校外教育，2000年6月中共中央办公厅、国务院办公厅下发了《关于加强青少年学生活动场所建设和管理工作的通知》。这为我国青少年儿童校外教育的发展，提供了前所未有的机遇。当然，青少年儿童校外教育在理论建设、实践创新等方面所面临的挑战也是空前的。

面向21世纪，中国青少年儿童校外教育如何适应时代与社会发展的需要？如何培养高质量的参与中国现代化建设和国际竞争人才？如何紧密配合家庭教育、学校教育和其他形式社会教育，全面推进素质教育、促进青少年儿童健康成长？如何改革创新、加快发展、发挥优势，进一步发挥校外教育不可替代的作用？这些都是摆在广大校外教育工作者面前的崭新课题。实事求是地说，中国青少年校外教育所面临的许多理论和实践问题，诸如地位与作用问题、性质与目标问题、内容与方法问题、改革与创新问题、继承与发展问题等等，一直没有得到很好地解决，至今缺乏科学的、系统的理论观点。实际工作中还存在盲目实践、随意发展的倾向。这些情况严重障碍了中国青少年校外教育的健康发展。

《21世纪初青少年校外教育发展的理论与实践研究》课题研究的目的在于：针对校外教育基本理论问题研究的空缺，以实践探索为基础，回答青少年儿童校外教育的内涵、特征及其在全面发展教育中的地位；回答校外教育如何适应社会主义市场经济发展的要求；回答校外教育在青少年儿童成长与发展过程中所具有的其他教育不可替代的作用；总结校外教育的管理模式并在实践中进行验证；提出校外教育在构建和谐社会中的作用等可持续发展的对策。

课题的理论意义是：探索青少年儿童校外教育的基本规律，研究青少年儿童校外教育的本质、地位、作用、性质等基本理论问题，以及青少年儿童校外教育如何适应社会主义市场经济的要求等一些理论问题，提出青少年儿童校外教育可持续发展的思路和趋势，为构建中国特色青少年儿童校外教育理论体系做出努力。

课题的实践意义是：探索青少年儿童校外教育的管理模式、活动体系、队伍建设和教育评价等实际工作的有效途径和方法，总结青少年儿童校外教育工作的基本经验；通过组织教师参与本课题研究提高教师的整体素质。

《21 世纪初青少年校外教育发展的理论与实践研究》从当前青少年儿童校外教育的理论与实践现状入手，在 4 个方面有所突破：

1. 深入地研究校外教育的本质、作用、地位、性质等基本理论问题，提出明确的理论观点；

2. 在研究过程中推出有指导和借鉴意义的校外教育机构的管理模式、教师队伍建设途径、活动项目体系和校外教育评价方案；

3. 根据校外教育的特点，提出具体的实践工作案例；

4. 提出如何建立适应社会主义市场经济发展的校外教育活动场所的思路和策略。

二、课题研究的进程

2001 年 4 月，北京市朝阳区活动中心召开了课题组成立大会和选题研究交流会，标志着课题研究进入了实施阶段。在 4 年多的时间里，课题组全体成员和广大教师紧密结合校外教育实践开展了科学研究。通过对以往的实践与研究成果进行总结，初步回答了以下几个方面问题：对校外教育的基本认识，校外教育的特征及其在全面发展教育中的地位和作用；校外教育如何适应社会主义市场经济发展的要求；教师们总结概括了开展校外教育的一系列经验。课题研究围绕着下列问题展开：首先是初步明确校外教育的几个基本理论问题，进一步解决加强特色、带动中心整体发展的切入点在哪里？以往成功经验中的生长点是什么？现实校外教育所面临的问题中哪里是突破口？在此基础上，课题组开展了深入细致的研究工作：

1. 实践探索。课题组全体成员和广大教师开展了“校外教育中专业兴趣小组活动的行动研究”。对专业兴趣小组活动的研究采用了典型引路的方法。课题组在儿童绘画、舞蹈和科技活动 3 个项目中进行试点，由 3 位青年教师对各自指导的专业兴趣小组活动进行了改革探索，取得了初步成效。在 2002 年 3 月北京市校外教育系统专题交流研讨会上，这 3 个研究案例引起了来自北京市各个区县的 70 余名校外教育同行的热烈讨论。大家一致认为这是一项成功的活动设计的研究。

2002 年 3 月～12 月，活动中心在全体教师中开展了“校外教育研究与实践”活动方案评比活动。该项评比要求每位教师根据专业兴趣小组活动改革探索的要求，设计活动方案参评。最后以案例形式总结表述教师们各自的研究成果。

2. 理论研究初探。2002 年 6 月～2004 年 5 月，课题组在广泛开展实践探索的基础上，组织部分青年骨干教师进行了“青少年儿童校外教育活动问题的理论研究”，先后进行了研究资料收集、整理和加工，最后以论文的形式完成研究成果的表述。

3. 理论与实践研究。按照《21 世纪初青少年校外教育发展的理论与实践研究》课题的要求完成理论问题研究任务，主要回答了青少年儿童校外教育本质、地位、作用、性质、特点、发展趋势及对策等；按照课题的要求完成实践问题研究任务，主要回答了青少年儿童校外教育的管理体制与运作机制问题、青少年儿童校外教育的师资队伍建设问题、青少年儿童校外教育活动的若干问题、青少年儿童校外教育的评价问题。

4. 完成课题研究的总结结题工作。完成了课题研究结题报告、资料汇编、完成《青少年儿童校外教育的改革与发展》（书名另定）专著，并将于 2005 年下半年召开结题研讨会。

自 2002 年起，为更好地完成理论研究的任务，课题组成员在完成自己研究任务的同时，还积极参与了与课题有关的研究活动，以开拓思路，丰富研究内容，先后主研、承担、参与了“全国青少年学生校外教育工作评估标准”、“北京市青少年学生校外活动场所的管理与建设调查研究”、“青少年科学世界观无神论教育研究”、“校外活动评价研究”、“北京校外教育资源整合研究”、“学习资源开发”和“青少年科普活动模式研究”、“中小学武术教材的增加及教材系统化研究”等全国、北京市级“十五”科研课题的研究工作。课题组成员在研究课题的过程中所取得的阶段成果在《科学与无神论》、《课外校外教育》、《教育科研》等杂志上发表论文、教学成果、改革管理、活动报道等 10 余篇。

三、校外教育基本问题的研究成果

《21 世纪初青少年校外教育发展的理论与实践研究》课题研究从本质、地位、性质、策略等方面对青少年校外教育的基本问题进行了研究，提出了以下观点。

1. 本质研究。校外教育的本质是充分挖掘青少年儿童潜能，最大限度地促进和满足其个性健康发展的实践活动。校外教育是根据青少年儿童心理、生理特点，有选择地以各种活动为主要手段，在学校以外开展的旨在充分挖掘青少年儿童的潜能，培养其特长，最大限度地促进和满足其个性健康发展需要的实践活动。

2. 地位研究。校外教育对青少年儿童个性健康发展的促进作用，是学校教育、家庭教育和其他类型社会教育不可替代的。校外教育对促进青少年儿童的全面发展，尤其是对个性的健康发展，对挖掘潜在能力和培养一技之长等方面具有重要作用。校外教育对青少年儿童兴趣的产生具有启蒙作用，对青少年儿童已有兴趣具有巩固和提高作用，对青少年儿童未来志向的形成与发展具有指导作用。

校外教育的地位主要表现在3个方面。第一，校外教育在挖掘学生潜能方面具有独到的优势，是学校教育所不具备的。第二，校外教育是实现教育目标的重要途径之一。缺少校外教育的教育，是不完整的教育，就不可能有人的真正意义上的全面发展。第三，校外教育的内容和形式在提高青少年儿童适应环境的技能和本领方面，是其他类型教育所不能替代的。

3. 策略研究。现实中，我国校外教育的发展和学校教育的发展同样处于教育经费的严重紧缺与社会日益增长的教育需求之间的两难境地，怎样才能既坚持校外教育的公益性又能拓宽教育资金来源渠道？如何认识和处理教育公益性与营利性之间的矛盾和冲突？

明智的策略是：有效地促进校外教育的发展是我们考虑问题的出发点和归宿，在坚持校外教育公益性的前提条件下，努力改革与创新校外教育服务，以满足青少年儿童个性发展和社会发展的需求，同时依法通过多种途径、多种方法来拓展校外教育发展的资源。这里的关键在于：依法获得的收益和筹集的资金必须用于校外教育自身的建设和发展之上。

4. 性质研究。“教育市场化”不能成为校外教育发展的指导原则，校外教育必须坚持公益性质，妥善处理好与市场的关系。①坚持校外教育的公益性质，就要树立教育的多元价值取向观，追求并协调教育的多方面的价值；②坚持校外教育的公益性质，就要改变关于公益性的传统观念。是否坚持了公益性质，主要是看作为办学主体的校外教育机构的教育活动是否实现育人目标、是否达到教育质量标准、是否保证受教育者的权益不受侵害、是否符合社会的教育需求，而不在于是否收费和有没有盈余；③坚持校外教育的公益性质，必须对市场的介入加以必要的限制。对营利性组织举办校外教育的行为，必须要有明确的价值定位：必须明确所举办校外教育要满足公益性要求，要满足社会的需求和青少年儿童的需求；必须明确举办校外教育的行为要遵守有关法律规范。

四、校外教育的实践探索研究

《21世纪初青少年校外教育发展的理论与实践研究》课题从队伍、活动、评价、启示等方面对青少年校外教育实践问题进行了积极的探索。

我们认为，当前校外教育实践的关键问题是管理机制的创新、师资队伍的建设、活动项目的创新和校外教育评价的规范化、制度化、程序化。

1. 管理。北京市朝阳区活动中心在探索校外教育管理实践方面的主要成果是：构建了以人为本和谐发展的校外教育管理模式，调动了教职工的积极性，资源合理配置，提高了工作质量。在管理体制上，试行扁平式管理，在用人机制上，深化聘用合同制改革，引进社会优秀人力资源，在工作机制上，建立和推行工作督导制度，在教学活动管理机制上，深化教学模式改革，全面提升活动质量，在管理体制和运行机制的改革方向上，坚持以人为本和谐发展的理念，进一步深化内部管理体制和运行机制的改革，营造充满活力的校外教育的工作环境。

2. 队伍。几年来，我们不等不靠，想方设法开通多种渠道，初步建设了一支专业化、年轻化、知识化的高水平的校外教师队伍。主要成果和经验是：第一，转变管理理念，打破旧有格局，不断优化教师结构。第二，走教学与科研相结合之路，培养了一支科研型的骨干教师队伍。第三，推出骨干教师、名师培养计划，培养校外教育带头人。

3. 活动。校外教育活动必须体现校外教育的本质特征，要体现稳定性、适应性和发展性3个特点。总结多年来的校外教育活动实践，我们的主要成果是：初步建成了以促进青少年儿童个性、潜能、特长发展为本的，以坚持兴趣小组培训与群众性教育活动为主体的校外教育活动体系。其主要结构包括两个部分：一是兴趣小组培训活动，其内容有专业培训（包括艺术类、体育类、科技类）、专业团队（包括艺术团、书画院、武术表演队、舞蹈表演队、科技模型表演队、机器人表演队等）；二是群众性教育活动，其内容有普及活动（包括艺术类、体育类、科技类、综合类）、品牌活动（包括金鹏科技论坛、“我能行”素质大赛、科技模型竞赛等)。

4. 评价。校外教育评价体系的建立必须体现校外教育的本质属性，它不仅是一种手段，而且是一个过程，更重要的它还要体现校外教育的指导思想，实现校外教育评价的制度化、规范化、程序化建设。我们在实践中建立了《学员综合评价体系》、《教职工评价体系》,同时进一步规范了专业兴趣小组知识与技能培训目标，促进了活动中心健康、快速地发展。

5. 启示。总结多年来的校外教育活动实践，从中总结出 3 条经验:①加强校外教育机构的领导与管理是办好校外教育的关键所在,优化组织的最大机会和最大动力在于改革系统的结构与程序,把自己所管理的组织创造成一个真正有效的、充满活力的整体。②求真务实，以规则创新激活发展是促进校外教育规范化的重要准则,根据形势发展不断改进和完善规则，才能保证实践行动紧跟时代的前进步伐。③教学与科研相结合，促进教师群体成长是提高校外教育质量的基础。通过用课题引领的方式,通过举办活动设计竞赛的方式和活动方案评优的方式等，引导教师们不断加强教育研究的意识，在集体研究讨论中不断提高水平。

五、21 世纪初我国校外教育发展方向研究

《21 世纪初青少年校外教育发展的理论与实践研究》课题从和谐、问题、发展等方面对我国校外教育发展方向进行了研究。提出了和谐——以科学发展观为指导，构建和谐校外教育；问题——认识上的误区、缺少社会支持体系、社会教育资源没有实现有效整合、校外教育自身建设不适应社会发展需要、现有活动项目和教育方法改革、缺少一套科学的校外教育评价机制等；发展——用发展的办法解决校外教育前进中的实际需要的 3 个方面，明确指出，21 世纪校外教育的发展方向是坚持以科学发展观为指导，构建和谐校外教育。当前校外教育急需解决的问题是：全面改革现有的校外教育的体制和机制，提高校外教育师资队伍素质，改革传统的活动项目和教育方法，加强校外教育的研究，而解决校外教育改革与发展中的实际问题必须用发展的方法。

《21 世纪初青少年校外教育发展的理论与实践研究》课题在探索青少年儿童校外教育的基本规律和青少年校外教育可持续发展的思路上提出了一定的创新思路和方法。

北京市青少年学生成建制校外教育机构学科带头人及骨干教师队伍建设现状调查报告

北京市校外教育研究室　吴弘涛

校外教育机构的教师，是校外教育机构人员组成的核心，是直接从事青少年学生校外教育教学活动的教育者、组织者和指导者。校外教育机构的学科带头人和骨干教师是指具有优良的政治思想素质、高尚的职业道德、先进的教育观念和教育方法，扎实而系统的专业基础知识和专业技能、较强的教育教学和教研能力、较丰富的教育教学经验，在教育教学和教研教改中能起到示范、带动和指导作用的优秀教师。

为了进一步推动北京市校外教育工作，全面了解北京市各区县城建制校外教育单位学科带头人及骨干教师具体情况，2004 年 12 月，北京市校外教育研究室对北京市成建制青少年校外教育机构学科带头人及骨干教师队伍建设现状进行了调查。调查对象包括：少年宫、青少年活动中心、青少年科技馆、少年美术馆、少年之家共 48 家校外教育机构，调查内容包括：性别、年龄、学历、专业技术职称、参加的学术团体、取得学科带头人及骨干教师称号的级别等方面。调查方式：问卷、访谈。本文中校外教育机构指的是北京市教委所属的成建制校外教育单位。具体调查结果如下：

一、队伍现状

在调查的 1100 名校外教育工作者中，共有教师 917 人，其中各级各类学科带头人及骨干教师共有 98 人，占教师总数的 11% 。

1. 性别。校外教育机构学科带头人及骨干教师队伍中性别比例男性为 66%，女性为 34%，男性比女性高出近一倍。

2. 年龄构成。校外教育机构学科带头人及骨干教师年龄在 36～45 岁的占到总数的 58%，说明中年教师已经成为骨干教师队伍的主要力量。

3. 职称构成。校外教育机构学科带头人及骨干教师具有中学高级教师职称的教师比例达到 93%，专业技术职称以中教高级为主。

4. 各层次学科带头人及骨干教师。此次被调查的校外教育机构学科带头人及骨干教师分为市级、区县级、少年宫、青少年科技馆、少年之家级（以下简称宫馆家）。其中各级别学科带头人共有29人，市级占3%，区县级占62%，宫馆家级35%；骨干教师共有71人,市级占6%,区县级占49%，宫馆家级45%；区级学科带头人及骨干教师比重最大。

5. 宫、馆、家占有比例。校外教育机构学科带头人及骨干教师在宫、馆、家中占有的比例为：市级学科带头人宫为1，馆、家为0，宫、馆与家之间的比例为1：0：0；市级骨干教师在宫、馆、家之间的比例为14：1：0；区级学科带头人在宫馆家之间的比例为3：2：1；区级骨干教师的比例为17：7：3。学科带头人及骨干教师在宫馆家之间的比例不均衡。

6. 城近郊区与远郊区县比例。校外教育机构学科带头人及骨干教师的比例如下：市、区县级学科带头人城近郊区占84%，远郊区县占16%；市、区县级骨干教师城近郊区占87%，远郊区县占13%。

骨干教师	市级	区县级	学科带头人	市级	区县级
城区	13人	18人	城区	1人	15人
远郊区县	2人	9人	远郊区县	0人	3人

7. 专业分布。校外教育机构学科带头人及骨干教师在专业上分布的比例为：艺术教师72%，科技教师16%，学科教师5%，体育教师4%，群众性教育活动教师3%。在艺术教师中，美术和舞蹈教师又占到60%。

8. 开展学科带头人及骨干教师评选的机构比例。校外教育机构开展过学科带头人及骨干教师评选的机构比例为：宫为宫级单位总数的89%，青少年科技馆、少年美术馆为馆级总数的88%，家为少年之家总数的47%。

二、存在的突出问题

1. 城乡之间差别大。校外教育机构学科带头人及骨干教师的93%集中在城近郊区，北京市中小学的中青年骨干教师的65%集中在城近郊区。校外教育机构学科带头人及骨干教师的情况与我市整体情况相似，因此提高远郊区县教师队伍素质的任务，在校内外是一致的。在中青年骨干教师方面，校外教育机构城近郊区的占有比例高于全市的平均数，这个问题应该引起重视。

2. 机构类型分布不平衡。校外教育机构学科带头人及骨干教师机构类型分布不平衡。市区级学科带头人50%集中在各区级少年宫或活动中心，市区级骨干教师的74%集中在少年宫。其他类型的校外教育机构所占比例较少，一方面说明少年宫在校外教育机构中占有主导的地位，同时也说明其他类型的校外教育机构特别是少年之家的教师队伍建设需要下大力，需要采取有效的措施。

3. 专业分布不平衡。校外教育机构学科带头人及骨干教师专业分布不平衡。艺术类教师从总量上占教师队伍的57%，但其骨干教师占到校外教育机构学科带头人及骨干教师总数的72%，而占教师队伍总量20%的群众性教育活动教师只占到校外教育机构学科带头人及骨干教师总数的4%。，群众性教育活动教师虽然在校外教育机构的工作中占有重要的位置，但是由于缺乏学科系列所以只能与校内德育教师一起评，由于工作性质不同，工作很难得到认可。

4. 青年骨干教师少。校外教育机构35岁青年以下教师占到校外师资队伍总数的44%，而在市区级骨干教师中仅占7%。这一方面说明教师职业本身适应期、成熟期较长，青年教师要到达发展期需要一个过程；一方面说明我们在青年教师的培养工作方面做得还不够，需要给青年教师更多的机会，同时在政策上要有倾斜。

三、建议

针对北京市校外教育机构学科带头人及骨干教师队伍发展很不均衡的问题，为使尽可能多的教师，特别是中青年骨干教师脱颖而出。提出以下建议：

1. 大力加强教师业务培训，不断提高教师的业务素质。凡属于新加入校外教师队伍的教师，应有一个上岗前的专业培训，缩短他们对校外教育的适应期。要建立完善的继续教育体系，帮助教师更新知识，不断提高他们的业务素；要开展教师基本功达标活动，增强辅导教师自我发展、自我评价、自我创新的意识。创设辅导教师成长的环境，加速队伍建设的速度。

2. 建立制度，开展校外教育学科带头人、骨干教师评选活动。各校外教育机构要加紧制定学科带头人、骨干教师的评选标准。制定针对校外教育机构学科带头人、骨干教师的评选标准并根据机构的教师组成确定评选比例。要设立有校外教育特色的群众性教育活动辅导教师学科带头人、骨干教师系列，填补北京市基础教育学科带头人、骨干教师评选专业系列的空白。

3. 要加强对校外教育学科带头人、骨干教师的人员管理，充分发挥他们在师资队伍建设中的作用。建设“校外名师工作站”，名师工作站的建设旨在引领、提升骨干教师的培养和培训；展示交流名师的宝贵经验。充分发挥他们的传、帮、带作用；要组织、整理优秀教师的辅导纲目、教育教学活动辅导方案，为教师交流提供平台。要开展名师咨询活动，使年轻教师在成长过程中得到多方面的指导。每年有计划地指导二至三名优秀教师，帮助他们提高师德水平、教育教学工作能力和实际工作效果，使其尽快成为市、区级骨干教师。

4. 加强学科带头人、骨干教师的学习。应有计划地组织他们进行各级培训和推荐参加高一层次的培训、考察等。应当积极为他们参加国家、市有关部门举办的相关研修班和国内外的学术交流、进修、考察等创造条件。优先安排他们的学术活动、培训进修、国内外考察、科研立项、总结经验、著书立说等。应创造条件，为他们提供进一步充实发展、发挥更大作用的条件和方便。

5. 制定政策，提高远郊区县少年宫和少年之家教师队伍的质量。要加大对远郊区县少年宫和市区少年之家教师队伍建设的支持力度，要设立专门的培训经费，为其提供高质量的免费培训。要继续发挥强宫优质资源的作用，开展城市与农村等多维度的轮岗制度，使远郊区县少年宫和各少年之家的教师在这些校外场所的工作中得到锻炼和提高。要发挥学科带头人、骨干教师的指导作用，有计划地组织学科带头人、骨干教师到远郊区县和少年之家开展讲学活动；充分发挥“北京市远郊区县校外教育研究会”的功能，加紧建立“北京市少年之家研究会”，共同面对问题，互相切磋，互相共同提高。

以改革创新为动力，以满足社会各界对校外教育的需求为根本出发点，全面贯彻党的教育方针，大力推进素质教育的指导思想，通过加强学科带头人、骨干教师建设，进一步推动北京市校外教育发展。

浙江省宁波市青少年宫对外来小公民文化建设的调查报告

浙江省宁波市青少年宫课题组　郑明芳

宁波作为一个沿海开放城市，近年来，随着城市经济的迅猛发展，特别是劳动密集型产业的发展和一批大规模基础设施建设的启动，吸引了大量的外来人口。而随着外来人口的激增，外来小公民人数也迅速增长。随之也产生了资源紧张、城市管理、住房、娱乐、教育、与城市主流文化融合等一系列问题，其中外来小公民的文化建设问题受到了普遍的关注，民工子弟学校悄然兴起。宁波市青少年宫响应上级有关部门的号召，组织人员，深入民工子弟学校和民工生活场所，运用抽样调查、实地采访、座谈等形式对外来小公民的生活环境、思想道德、教育教学等文化建设状况作了调查，调查结果令人堪忧。

一、宁波市外来小公民生存及文化建设现状

1. 生活环境差，安全健康隐患严重。外来小公民家庭经济收入低下，大多数家庭月平均收入在 800 元～1000 元之间；有一半以上的外来民工居住在城乡结合部，住房大多为工棚和价格低廉的出租房，低矮、潮湿、肮脏、拥挤是这些房舍的特征，安全健康难以保证。外来小公民就读的校舍大多借用城乡结合部的民房、工棚、废置的厂房等，条件简陋，安全设施少，师生安全意识淡薄。

2. 受教育情况不容乐观，师生文化素质普遍低下。据调查，宁波市已有民工子弟学校 80 多所，在校外来小公民 13 万。虽然民工子弟学校渐增，但是这些学校不仅管理混乱，办学条件差，教学设施简陋，而且学生流动性强，来源广，他们在文化背景、语言、生活习惯等方面都有很大差异；另外，民工子弟学校班额大，学生年龄跨度大，而且教材不统一，这些都给教育教学带来了极大的不利。

更为严重的是教师结构多元，综合素质不高。中专职业技术学校毕业的占民工子弟学校教师人数的 49.1%。教学质量由此可知。

3. 课余活动缺乏，娱乐休闲活动不够丰富。根据宁波市青少年宫的调查表明：学业与家务是外来小公民课外时间的主要内容。外来小公民完成家庭作业占据课余时间的 30%，回家做家务和帮助父母做一定的工作占据课余时间的 29.8%。与城市小公民相比，他们缺少提高学习能力的活动，他们几乎不参加课余辅

导班、补习班、兴趣班、特长班。城市所提供的儿童活动的公共场所，包括运动场、儿童公园、青少年宫、活动中心、电影院等，外来小公民很少去。他们一是没有经济能力；二是心理上缺乏融入城市主流文化的准备。

4. 生活圈封闭，难以融入当地社会。外来小公民生活圈子狭窄，社会认同不够。社会还缺乏对他们的认同，城市孩子与他们之间的交往存在着一条明显的界限。外来小公民无法得到与城市孩子平等的机会和待遇与城市孩子一起参与各种活动，不利于他们提高生活适应能力和社会交往能力。

二、宁波市青少年宫对外来小公民文化建设的探索

基于外来小公民文化建设现状以及宁波市青少年宫的教育优势，宁波市青少年宫立足于公益性和教育性，充分利用自己的优势和特长，从 2004 年起，运用“请进来，派出去”的方法，对外来小公民的文化建设作出了不懈的探索：开放场馆、开设特色培训班、组织夏令营、举办各类活动、赠书助读、整合社会资源关注外来小公民等，所有活动都是免费的，而且民工子弟特色培训班将作为永久性的公益活动服务于外来小公民。

1. 重视外来小公民的思想道德建设。首先，重视民工子弟学校少先队文化建设。宁波市青少年宫充分认识到加强民工子弟学校少先队文化建设的重要意义，本着“真诚协助、服务学生”的宗旨积极开展民工子弟学校少先队文化建设。在 2004 年 7 月 5 日，宁波市青少年宫专门举行了宁波市民工子弟学校少先队文化建设启动仪式，而且面向全市民工子弟推出了一系列少先队文化活动，使民工子弟学校的少年儿童感受到少先队组织对他们的关怀。

第二，根据党和国家对青少年的教育要求，宁波市青少年宫成立了主题教育活动部，专门负责有关未成年人思想道德建设的有关活动和工作，及时组织主题鲜明的道德思想教育活动。如“红领巾考察开发区”、“寻先辈足迹，做时代主人”红领巾传递活动，“六一”节前专门组织外来小公民和城市学生举行“我们拥有共同的太阳”主题活动。特别是在 2004 年 4 月 1 日～4 月 20 日，全市第十个爱国主义教育周之际，组织外来小公民与全市青少年一起参加爱国主义教育系列活动：参观血染的丰碑——上饶集中营革命斗争事迹展览；祭扫革命烈士陵园；听英雄事迹报告；观看爱国主义教育影片；参观全市重大工程，了解祖国发展成就……

第三，除了这种主题鲜明的思想道德教育形式之外，宁波市青少年宫还组织丰富多彩的活动，把思想道德教育寓于快乐的活动之中。

2. 提高外来小公民的文化艺术素质。培养、提高外来小公民的文化艺术素质，这是加强民工子弟学校少先队文化建设的一个重要内容。宁波市青少年宫发挥校外教育文化艺术特长，为外来小公民免费开设特色科目培训，培育民工子弟中优秀艺术苗子加入到少先队艺术团，使“多才多艺”在民工子弟中成为现实。

2004 年暑假，宁波市青少年宫在外来民工子弟学校中首次招收声乐培训学员 100 人，主持人培训学员 40 人，青少年宫对这两个班尤其重视，定期安排他们参加青少年宫的各类大小型演出活动，并且要求专业教师精心组织排练，带领他们参加全市性的各类演出活动，并吸纳参加培训的优秀学员加入学生艺术团。

尤为令人瞩目的是 2004 年 12 月 29 日，宁波市青少年宫组织承办了宁波市首场外来务工子弟学校迎新年文艺汇演。近 600 名来自全市各民工子弟学校的外来小公民欢聚在市青少年宫“春之声”剧场，用稚嫩的童音和舞姿传达出他们对美好的新生活的憧憬，直抒他们在“一样的蓝天下共同成长”的情怀。

民工子弟培训班经授牌后，将作为永久性的一项公益活动，逐步开展各级各类面向民工子弟的公益性培训活动。

不仅如此，宁波市青少年宫还把培训的对象扩展到民工子弟学校的教师，2004 年，已先后举办了民工子弟学校教师普通话培训班、民工子弟学校音乐教师电子琴教学培训班，而且向参加培训的民工子弟学校赠送电子琴。这些活动深受民工子弟学校教师的欢迎。

3. 增长外来小公民的科学技术知识。青少年宫为外来小公民免费举办科技展览，如身边 100 个动手做实验；组织外来小公民听科普讲座；聘请宫内外科技教师教他们进行科技制作，如各类模型制作等。

尤其是在民工子弟学校中普及天文科学知识的活动开展得有声有色。从 2004 年暑假开始，有关教师逐一走访全市各民工子弟学校，与教师、学生进行座谈，了解外来小公民和民工子弟学校的教师们对天文究竟知多少。经过初步了解，在 2004 年 10 月开始行动——在民工子弟学校中推及天文科学知识。这一活动具有系统性、延续性，根据学生年龄层次（一般以小学生为主，也扩展到初中生）、掌握知识程度，选择以地球、太阳、月亮为起始的知识教学，借此传授相关天体运行规则。在此基础上，扩展对金星、木星等太阳系内行星的认识，辅以相应的数学、物理、化学、生物知识，帮助外来小公民进一步理解天文知识。

这次活动形式多样，有以专题讲座或系统讲授的形式把基本的天文知识送进民工子弟学校，使外来小公民对天体有一个初步的印象；在此基础上，利用青少年宫观察天体的各种设备适时适地组织外来小公民走出校门观察各类天体，加深对所学天体知识的理解；宁波市青少年宫科技教师还十分重视交流，几次组织外来小公民与爱好天文的城市孩子一起参加观察天文现象的活动和天文夏（冬）令营，在活动中，让孩子们进行无拘无束的交流，既融洽关系，增进友谊，又促进知识的增长。

4. 关心外来小公民的安全和健康。宁波市青少年宫把对外来小公民的安全健康教育摆到至关重要的位置。围绕安全健康教育，开展了一系列活动，有讲座、展览、送“安康”知识进校园、看电影、故事赛、征文赛、“安康”知识竞赛等，形式多样，活动内容丰富，包括“认识生命”、“热爱生命”、“生命健康”3 大部分，涉及禁毒、预防艾滋病、生命的起源、青春期教育；城市交通安全、消防安全知识、自护救助知识；生存训练教育、健身锻炼教育、心理健康教育。

“安康”教育活动让外来小公民对生命有了进一层的了解，懂得如何关心自己，如何珍爱生命。

除了安全卫生教育外，宁波市青少年宫还很重视外来小公民的体魄锻炼，组织开展诸如“小甲 A 足球赛”之类的活动，培养外来小公民锻炼身体，增强体质的意识。

5. 营造城乡小伙伴手拉手共同进步的氛围。青少年宫通过一系列“手拉手”活动（手拉手庆六一、手拉手趣味运动会、手拉手共同成长读书活动等），让外来小公民在活动中树立自信心，并与城市学生达到自然融合，结成朋友，相互交流，相互学习的境地。如手拉手趣味运动会，这是一次特殊的运动会，活动内容丰富，有动物运动会、军官与士兵、双人 30 米短绳、双人赶球 50 米、两人三足 30 米、双人排球、拔河比赛等。活动结束后，一位外来小公民高兴地说：“我有了宁波小朋友啦！”

三、宁波市青少年宫对外来小公民文化建设初见成效

1. 引起了社会对外来小公民的广泛关注。宁波市青少年宫对外来小公民在文化建设上的全方位努力关注得到了社会的广泛响应，各级政府部门对外来小公民的教育问题也越来越重视，中央电视台“焦点访谈”栏目专门下浙江就宁波市青少年宫等校外教育基地“关注外来务工子女”问题作了采访报道，对我们校外教育单位的所作所为作了充分的肯定和高度的赞扬。

2. 促成了外来小公民逐渐融入城市生活。青少年宫等文化教育单位对外来小公民的关怀；城市孩子对他们的热情和真诚。而且，在活动中，他们认识到了自己的价值：在自立自强、吃苦耐劳等方面城市孩子远远不如他们。这给外来小公民带来了自信，而这种自信又极大地激发他们主动积极地融入城市生活的愿望。如今，外来小公民和城市孩子一样，参加课余辅导班、补习班、兴趣班、特长班，活跃在运动场、儿童公园、青少年宫、活动中心、电影院等场所，他们和城市孩子一起共拥一样的蓝天，同享幸福的生活。

3. 营造了外来小公民快乐成长的文化氛围。青少年宫为外来小公民的健康快乐成长着想，有意扩大他们的生活圈子，把他们请进青少年宫，让他们在有利于快乐地成长的文化氛围里雪知识，练能力，提高素质，陶冶情操。不仅如此，市青少年宫还采用“派出去”的方法，主动送文化进民工子弟学校，帮助民工子弟学校营造良好的文化氛围，使更多的外来小公民能在积极健康的文化氛围中快乐成长。

4. 提升了青少年宫服务工作水平，办宫方向更加明确。宁波市青少年宫在对外来小公民进行文化建设探索的同时，也提升了自己的服务工作水平，已经走出了“为活动而活动”的形式主义圈子，把“搞活动”升华到“文化建设”的境界。每次活动都有明确的指导思想，有鲜明的主题，有目标，有步骤，既有条不紊，又有丰富的内涵，同时又力求避免为追求形式的多样性而带来的幼稚或浮华。如 2004 年举办的第四届少儿服饰文化节活动，我们突破了以往以服饰为主线的模式，通过“辅导员与少先队员”、“城乡小伙伴”等“手拉手”形式，借助服饰与文艺节目表演，集中体现了“让我们手拉手快乐成长”的理念，使服饰表演活动上升到青少年成长教育的层次。同样，“外来务工子弟学校少先队文化建设活动”通过一系列面向外来小公民的活动，把一般的“送温暖”升华为少先队文化建设需要，既取得了良好的效果，又为青少年宫更加明确地指出了办宫的方向。

上海市浦东新区少年宫业余兴趣社团建设现状的调查报告

上海市浦东新区少年宫业余兴趣社团调研工作组　黄丽峰　徐　艳　楼克强　沈燕华

国家教委《关于加强学校艺术教育的意见》中明确指出："要积极开展课外艺术活动，按照普及与提高的金字塔结构，规划艺术社团组织。"《上海市学校艺术教育发展规划（1990年～2000年）》中指出："在市教育局和市艺术教育委员会全面领导下，成立上海市学生艺术团。在艺术院校和艺术团体、单位的支持配合下，加强培训，提高水平，定期为广大师生演出，参加国内外青少年艺术交流活动。"这些阐述给我们校外教育机构带来了一个良好的契机，也为我们建设业余兴趣社团提供了殷实的理论依据。

浦东新区少年宫要依托新区开发开放龙头地位，充分发挥综合性校外教育机构的规模优势，积极探索现代校外教育模式，加强业余兴趣社团的建设，为广大青少年提供一个学习本领，展示才华的舞台。如何建立以学生兴趣爱好为出发点，以体现自行管理、自助服务、自我教育为主要形式，以争创一流水平，帮助青少年加速社会化进程为宗旨的校外兴趣社团这一问题成了当务之急。

一、调查过程

1.调查、访谈。2.收集整理相关资料。3.查阅文献资料。4.撰写调查报告。

二、结果与分析

1.浦东新区少年宫已有社团的规模和分布情况：整个浦东新区少年宫共有社团26个，社团学生总数达1691人。花木中心有社团12个，蓝村中心有社团2个，川沙中心有社团12个。这些社团中只有蓝村中心的民乐团为市级艺术团，其余均为宫级社团。

2.各社团的主要管理工作开展情况：花木中心、蓝村中心、川沙中心管理工作各有特色，各社团近年来都取得了不少成绩。但在日常工作中还应加强资料积累，不能停留在教师为管理人员的层面上。

3.现有师资队伍建设及考核工作情况：社团的教师总数为52人，其中本科及本科以上学历23人；大专学历26人；大专以下学历3人。社团教师中高级职称共3人；中级职称共36人；初级职称共13人。社团团长、教师的日常考核是管理工作中的一个难题，目前各中心运用了制约、奖励等多种措施，以自己的方式在努力解决这一难题。

4.社团开展活动的团员招募、场地和资金情况：

（1）团员招募：社团团员以内部培养为主，在实际操作中也能体现出一些其他招募团员的方式：对社会进行广泛的宣传、主动积极走访基层点选拔苗子等。

（2）场地：

地点	项目	教室数量	教室面积（平方米）	备注
花木中心	吹奏乐团	1	126	专用
花木中心	合唱团	1	98	专用
花木中心	舞蹈团	2	246	兼用
花木中心	弦乐团	1	120	专用
花木中心	键盘乐团	18	199	兼用
花木中心	武术团	1	186	专用
花木中心	影视表演团	1	64	兼用
花木中心	古筝团	1	96	专用
花木中心	网络演播团	3	246	兼用
花木中心	书画社	2	120	专用
花木中心	礼仪团	1	60	兼用
花木中心	工艺社	1	96	专用
蓝村中心	民乐团	1	100	专用
蓝村中心	舞蹈团	2	170	兼用
川沙中心	民乐团	1	200	专用
川沙中心	管弦乐团	1		租用花木中心
川沙中心	电声乐团	1	45	兼用

（续表）

地点	项目	教室数量	教室面积（平方米）	备注
川沙中心	舞蹈团	2	296	兼用
川沙中心	艺术体操	1	150	兼用
川沙中心	键盘乐团	7	133	兼用
川沙中心	戏曲团	1	19	兼用
川沙中心	声乐团	1	70	专用
川沙中心	书画社	5	250	兼用
川沙中心	戏剧团	1	38	兼用
川沙中心	茶艺团	1	38	兼用

26 个社团共拥有教室 58 间，其中专用教室为 11 间，兼用教室为 47 间；总面积达 3166 平方米，其中专用面积 1212 平方米，兼用面积 1954 平方米。

（3）资金：吹奏乐团配备了 120 万元的雅马哈吹奏乐器，专项经费拨款 80 万元。弦乐团每年企业赞助 10 万元，用于乐团的正常运转和良性发展。民乐团配备了 25 万元左右的设施设备，每年投入 15 万元。管弦乐团添置了约 10 万元的乐器设备，经费均为自行投入。没有稳定的经济支撑会给社团的建立带来较大的风险和压力。

三、理性思考

1. 整合资源，合理布局。目前较为成熟的社团，如民乐团、管弦乐团、合唱团、武术团、键盘乐团、书画社、网络演播团、舞蹈团、工艺社等大部分为艺术类单科性社团。因此，整个浦东新区应创立综合性的艺术社团。我们的社团可以分成宫级、区级、市级等级别来组建，有些社团可考虑办到基层学校去。

2. 加强管理，倡导自主。社团制是以社团为龙头，将兴趣特长培训、专业性社团和综合性社团三梯级教育组织形式与中心、部门和项目责任人三层次教育管理体制有机结合，促进普及培训、群众性活动、社团建设和谐发展的管理组织模式。

各社团可以实行团长负责制，同时在原有基础上应完善规章制度，制定出《浦东新区少年宫业余兴趣社团管理暂行办法》，在制度上保障社团建设各项工作的良性运行。

学生社团是学生根据自己的要求，以共同的理想、积极的兴趣为动机，为了实现自身的需要或目的而自由结合的青少年群众性团体。因此，我们要把社团建设当作培养学生主体精神、发展学生主体能力的重要抓手，使社团成为学生自我教育、自我成长的基地，培养他们的策划能力、组织能力、交际能力和自主管理能力。

3. 加强师资，优化评价。在倡导教师专业化的大背景下，立足本宫，调动教师的积极性，投入到社团工作中。同时，还要通过激励机制促使兼职教师真正参与到社团教育中来，形成专职教师为主导、兼职教师为主体的教育网络。以尊重人、爱护人、激发人为出发点管理教师队伍，调动和发挥每一位社团教师教书育人、服务育人的积极性、能动性和创造性。

4. 寻找后盾，打造品牌。我们应该出台比较行之有效的行政措施，形成幼儿园——小学——初中——高中一条龙的社团规模体系，在各学习阶段之间能有一个较好的衔接，使学生的兴趣爱好能够持续发展。为了使社团得到更好的发展，希望能取得政府部门大力支持，同时和企业联合起来共同打造一流的品牌。教育改革是教育自我不断完善的过程。这次调研，我们只是初略地了解了目前浦东新区少年宫已有社团的一些基本情况。今后，我们还需要对社团的教学、管理、评价等方面作进一步深入的探索和研究。

宣传成果

〔**《中国校外教育》**〕　中国儿童中心主编。《中国校外教育》是全国校外教育系统惟一经过国家新闻出版署正式批准、公开发行的国家一级权威性月刊；本刊刊登少年儿童的美术、书法、文学、音乐、科技、手工、陶艺、纺织等作品，刊登广大教师指导少年儿童成才的经典文章，本刊注重对少年儿童实施素质教育，为少年儿童的健康成长提供园地。《中国校外教育》主要栏目有“七彩文学社”、“书法天地”、“神州画社”、“校外空间”、“绿色家园”、“精读人生”、“科技万花筒”、“外面的世界”、“少年风采”、“你知道吗”、“游乐宫”等。

〔《北京少先队》〕 由少先队北京市工作委员会、北京市少先队工作学会、北京市少年宫联合主办，季刊。有近 20 个栏目，面向本市辅导员，每期发行3000册，已编辑出刊128期。该刊的办刊宗旨是：传达本市少先队工作精神；反映全市少先队活动情况；交流各区县少先队辅导员的工作经验。2004年在编委会领导和编辑部同志的共同努力下，《北京少先队》杂志进一步提高质量，更加受到广大少先队辅导员的欢迎，受到北京市少先队工作学会专家的好评，受到各区县教育部门领导的重视，在促进和指导本市少先队工作中发挥了重要作用。 （赵素勤）

〔《课外校外教育》〕 北京市教育学会校外教育研究会、北京市校外教育研究室主办的内部交流季刊。截止到2004年底已出版111期，开设“工作指导”、“课题研究”、“理论研究”、“校外管理”、“主任论坛”、“业研活动”、“辅导方法研究”、“视点扫描”、“技术指导”等十几个栏目，是北京市研究校外教育理论和宣传校外教育活动的重要刊物。

〔《少年月刊》〕 共青团陕西省委、陕西省少工委主办，全国公开发行。创办20年来，始终坚持以促进少儿身心健康，帮助孩子学习，提高孩子写作阅读能力为已任，适应时代育人的要求，奉献高质量，高品位的佳作，丰富孩子们课外生活的办刊方针，贴近少儿生活，推进素质教育，是一本针对性很强的综合性校外教育刊物。

《少年月刊》总编由著名的少儿读物作家王宜振担任。分为上、下半月刊。上半月刊适合小学四年级、初中二年级同学阅读。下半月刊适合小学1～3年级同学阅读。

〔《家庭教育指导》〕 1993年创刊，西安社会科学院王国琪研究员担任主编。期刊以关注未成年人成长，关注家庭教育为宗旨，凝聚着西安市社科院多位学者、专家的心血。是学校、家庭和社会，教师、家长和孩子之间沟通的桥梁和纽带；是家长们进行家庭教育的好帮手，未成年人的好朋友。期刊主要介绍未成年人身心和心理发展的常识，家庭教育的方法，父母与孩子如何交流妙计，科学育子的案例，探讨家教热点焦点问题，中外名人家教良策，解决未成年人成长烦恼的对策，中外教育名字的家教思想库；不定期开展家庭教育问卷调查和知识竞赛活动。（张景衡）

〔《儿童画报》〕 华夏未来少儿文艺基金会与天津市人民美术出版社联合主办，1959年创刊。《儿童画报》创刊以来，教育和感染了一代又一代的少年儿童，伴随着孩子们度过了自己的童年时光，深受广大少年儿童喜爱。如今《儿童画报》已从一棵幼苗发展壮大成今天的参天大树。2004年1月1日起，《儿童画报》全新改版。此次改版，华夏未来少儿文艺基金会与天津市人民美术出版社强强联手，全力打造一本适应社会发展需求、符合孩子年龄特点的少儿读物，为3～10岁的少年儿童奉献一本设计新颖、制作精美、彩色铜版纸印刷的全新刊物，集知识性、趣味性、故事性、娱乐性于一体的综合性儿童刊物。

〔《少先队辅导员工作纲要（试行）》〕 进一步促进少先队工作的科学化和系统化，指导和规范少先队辅导员工作，明确少先队辅导员在少年儿童每个年龄阶段的具体任务，全国少工委组织编写了《少先队辅导员工作纲要（试行）》草案（以下简称《纲要》）。

《纲要》共分6部分，分别为“前言”、“工作目标”、“分年级工作内容”、“大队辅导员常项工作”、“实施建议”和“附录”。

其中，“前言”对少先队的定义和特征、少先队工作的主要职责和基本理念以及该书的设计思路进行了阐述；“工作目标”部分列出了少先队工作的总目标和分目标；“分年级工作内容”是《纲要》的主体部分，对对各年级的基本目标、主要工作、需要关注的问题以及基础工作与特色活动相结合的实施原则作了扼要的提示，并从“工作目标”、“工作与活动建议”、“评价激励”3方面提出了具体要求；“大队辅导员常项工作”明确了大队辅导员的主要工作内容，包括制导和协调中队辅导员工作、抓好学校少先队基础建设、开展大队各项活动、协助社区少工委工作等；“实施建议”对辅导员的工作提出了过程建议和评价建议；“附录”登载了少先队相关名词的解释以及全国少工委品牌活动的简要介绍。 （高彦明）

〔北京市海淀区青少年活动中心出版成果〕 2004年，海淀区青少年活动中心教师胡滢著《素描入门基础知识与技巧、静物写生》VCD、闪良著《中国手风琴歌曲伴奏二百首》，由金盾出版社和文艺出版社出

版。（宋红伟）

〔北京市宣武区少年宫出版成果〕《星星河》，少年宫出版的刊物，2004年出版6期。2004年出版的教材有：杨凤桐等人合著《全国二胡演奏考级作品集》；姜宝宏、王爱东著《儿童国画入门——菊》；姜宝宏著《少儿美术快乐营国画篇1～3》；姜宝宏著《儿童国画入门——竹》；姜宝宏著《儿童国画入门——北京名园》；王平等人合著《一年365天，天天画故事》。

〔北京市朝阳区青少年活动中心出版成果〕中心教师陈家庄著《猎狐高手—无线电测向运动揭秘》、沈莉著《楷书格言》、《楷书楹联》、教学光盘《书法云梯》。

〔北京市石景山区青少年活动中心出版成果〕石景山区青少年活动中心刊物《海石花》创刊于1999年，2004年共发行4期。每期200余份。发行对象为石景山区委、区教委及全国各少年宫、科技馆、少年之家。2004年出版书籍有虞景生著《娃娃画故事》、黄宁著《楷书书写基础》、《怎样学好隶书》、《兰亭书法探微》。（王文绪　陈燕舒）

〔《大兴校外教育报》〕2004年1月，大兴区校外办、大兴区少年宫联合出版了《大兴校外教育报》，旨在及时宣传大兴区校外教育的新举措、新动向，及时推广优秀校外教育活动，展示校外教育成果，搭建了交流、展示的平台，让更多的校外教育之花在这里汇聚，让崭新的教育思想在这里碰撞，形成百花齐放，百科争流的生动局面。（刘秀梅）

〔《呼和浩特少年宫》〕内蒙古呼和浩特市少年宫宫刊，原名《小百灵》，创刊于1985年1月1日，现名《呼和浩特少年宫》，每季度出版一期。该刊及时、全面反映少年宫教育教学的活动情况，发行至全国各地少年宫，是向同行传递友谊、相互学习、相互交流的桥梁。

〔《小脚丫》〕内蒙古自治区包头市昆区少年宫内部刊物，2004年创刊。昆区少年宫是昆区校外教育的主阵地，为更好地发挥精神文明窗口的作用，昆区少年宫创办了自己的报纸《小脚丫》。《小脚丫》每期发行1500份，及时送到全国各兄弟宫、相关职能部门以及各培训学员手中。《小脚丫》将先进的教学观念、学习方法、活动信息、思想火花等带给广大青少年，使少年宫贴近社会，让社会了解少年宫，同时为教师和学生们提供了一个了解社会、开阔眼界、增长知识、施展才华的舞台。（李雪梅）

〔《青山校外教育》〕内蒙古自治区包头市青山区少年宫承编，2004年12月1日创刊。报纸面向少年宫全体家长、学员，全国各少年宫、少年之家、全市各学校、少年宫、幼儿园发行，发行量为4000份。报纸为青山区校外教育工作者和少年宫家长、学员、教师提供了展示风采的窗口、交流经验的园地，同时也为全市校外教育工作者提供了一个研讨和融通的平台，加强了少年宫的对外交流，提高了青山区少年宫的知名度。

〔《少年宫之声》〕辽宁省大连瓦房店市少年宫创办。开设了宫内信息、专家论坛、教学研讨、专业介绍、奥林匹克广场、音乐之声、教师作品、学员习作等13个专栏。作为季刊，截止到2004年12月末，共出版了12期，发行了10万册，以其开放性、时代性、综合性特征，构建起了广阔的信息交流平台，成为展示青少年教育工作的一个窗口。

〔《白山市青少年宫》刊、《白山市青少年宫报》〕吉林省白山市青少年宫内部刊物，1998年创刊。以增加宣传面，让社会了解白山市青少年宫为宗旨，刊登的内容主要以学员成绩、教师教学成果及业绩、青少年宫大事记、学生交流、家长建议等为主，发放的对象主要是青少年宫学员、家长和内部职工，至今已发行《白山市青少年宫》27期、《白山市青少年宫报》168期。通过宣传及与学生、家长的交流、沟通，提升了白山市青少年宫的社会形象和社会影响力，社会知名度极高。

〔《李建军歌曲集》〕2002年，由大连市音乐家协会编辑，著名词作家铁源作序，大连出版社出版发行了宫主任李建军编写的《李建军歌曲集》，其中收录了李建军同志所创作的200余首作品。其中《春天的述说》、《新的长城》两首歌曲由旅顺电视台录制成MTV由旅顺电视台和大连电视台连续播放一周，受到业内人士和广大观众的广泛称赞。

〔《尖尖角》〕　辽宁省大连市金州区少年宫自2001年创办。简报融活动信息、工作动态、教学研究、人物传记、获奖情况等于一体，现已出刊5期，对内部教务工作研究和全区社会办学经验的交流起了很大作用。

〔《小牡丹报》〕　黑龙江省牡丹江市青少年宫自编的以服务广大青少年为宗旨的校外教育报纸，面向全市小学生发行。小牡丹报始终坚持正确的办报方向，对广大青少年进行思想道德及爱国主义教育，平均每年发行12期，约4000余份、3万余张。

〔中国福利会少年宫出版成果〕　《翰墨神韵》，中福会少年宫教师胡伟编写，香港华夏文化出版社2004年9月出版。《小学生日记本（起步篇）》，赵小华等合著，浙江少年儿童出版社2004年9月出版。《古诗朗诵》（小学1～4年级各2册，5年级1册），作者夏燕飞，上海教育音像出版社2004年8月出版。

〔《东方绿舟活动指南》系列丛书〕　为了更好地发挥营地在全面推进素质教育和实施课程教材改革中的作用，上海市教委牵头组织东方绿舟青少年活动营地和市课程教材改革示范学校等编写了《东方绿舟活动指南》系列丛书，该丛书分《活动指导手册》、《活动案例集锦》、《知识大道探究读本》、《研究性学习活动设计·科学探究（中学生用）》、《研究性学习活动设计·自然体验（小学生用）》共5本。由上海教育出版社、上海科学普及出版社出版。

〔《东方绿舟》丛书〕　《东方绿舟》丛书是东方绿舟青少年活动营地精心策划构思，公开出版发行的礼品书。

《智慧之路》由著名作家、上海社会科学院赵鑫珊教授撰写，华东师范大学出版社出版。这是作者专为东方绿舟智慧大道伟人雕像写的言简意赅的小传，文笔清新，哲理深刻。

《绿舟印象》是一本设计精致、制作上品的宣传画册，1/12开本，上海人民美术出版社出版。该书被上海旅游委定为外事活动的礼品。

〔《迈向艺术殿堂——新世纪区域性学校艺术教育发展实践研究》〕　是上海市长宁区少年宫在开展市级课题《新世纪区域性学校艺术教育发展的实践研究》的基础上分，在全区开展首届教师艺术教育论文、案例评选活动，把近百位艺术教育教师撰写的论文、案例汇编而成。由上海大学出版社出版。该书汇集了长宁区10多年学校艺术教育工作的精华与智慧，其中收录了少年宫教师撰写的19篇论文或案例。

2004年，中心出版书籍和教材有：杨向谊、吴锦骠、叶红《现代科技活动方案的设计与评价》、李鑫国《思维加油站》、李鑫国（负责昆虫部分编写）、姚建兰（负责植物部分编写）《上海昆虫博物馆科技教育资源应用指南》、叶红（参与环境分册编写）《中小学生三项专题教育读本》教材、王恩科《颜体勤礼碑指导》、徐天思等《2004年上海手风琴考级曲目》、王恩科《新编少年书法教程》、黄铸《幼儿阶梯绘画》、何敏《识图与钳工讲义》、倪群《电子技术讲义》、沈益芳（负责电脑音乐部分的编写）《信息科技（小学版）》。

〔《上海市科普教育基地教育资源系列丛书》〕上海市长宁区少年科技指导站与上海市教委、市科普工作联席会议办公室、上海市青少年科技教育中心联合发起了编纂。12本丛书中，长宁区少科站与上海动物园、上海水质净化厂组织编写了《上海动物园》、《上海水质净化厂》两本书，由上海科技教育出版社出版发行。6月份，在上海动物园召开了丛书发行现场会。《上海科技报》、《新民晚报》、《长宁时报》等媒体作了相关报道。

〔《长宁区科技教育简讯》〕　内容为上海市长宁区少年科技指导站作为少科站与学校科技科普活动情况的介绍。2004年共出版5期，发放对象为长宁区中小学和本站教师。

少科站出版了《科学探究学习活动教师方案和论文》、《学生科学探究学习活动论文》及《文献资料文集(一)(二)(三)(四)》。2004年出版《上海动物园科技教育资源应用指南》、《上海天山水质净化厂科技教育资源应用指南》、《环境教育》（小学、初中、高中三册）。

〔《中国校外教育（美术）》〕　上海闸北区青少年活动中心出版《中国校外教育（美术）》专辑，2004年共出版2期。中心教师王汉鑫出版《青少年多媒体学习教材》、许艳出版全国“十五”课题子课题《陶艺》。

〔《闵行学校科技》〕　上海市闵行区少科站编写出版，面向全区中小幼学校发行的校外教育刊物，内容涉及本区青少年科技教育活动的各个方面，每月一期。

2004年，闵行区青少年科技指导站以建站10周年为契机，组织、编写、出版了《创造叶的魅力》、《闵行区青少年科技教育10周年巡礼》、《闵行区科技教育优秀论文集》、《闵行区青少年科技教育优秀方案集》等书籍、文集。

〔**上海市宝山区青少年科技站出版成果**〕　2004年7月，上海市宝山区青少年科技站出版《宝山区青少年科技教育暑期特刊》，宝山少科站编写。教师刘国璋编著出版《青少年生物和环境科普活动的设计与开发》、《盛桥中心校生物与环境综合课程》等著作。

〔**《嘉善校外教育》**〕　浙江嘉善县少年宫内部刊物。2004年出刊2期，每期150份。发放对象范围：本县各学校、政府有关部门、本省兄弟青少年宫。刊物主要围绕5大块内容，①理论研讨（主要刊登本宫教师优秀论文作品）；②习作园地（主要是刊登培训班学员优秀作文）；③工作动向（主要介绍近阶段工作、活动情况）；④作品展示（主要是选登美术书画班学员好的书画作品）；⑤简讯（反映本宫阶段性组织开展的活动情况）。

〔**《小黄鹤》**〕　《小黄鹤》是在武汉市青少年宫《武宫简报》创编50余期的基础上，为适应校外教育的新形势而创刊的。第一期于2004年3月出版，四开四版，全彩色印刷，目前为季刊。总编辑张其军。

《小黄鹤》的诞生标志着武汉市青少年宫在宣传工作方面的一次跨越，它是青少年宫彰显自我、扩大交流的平台；是孩子们的多姿、丰富、健康的校外活动的缩影；是全体青少年宫人倾吐心声、展现风采的窗口。（罗惠东）

〔**《青少年宫美术培训丛书》**〕　由武汉市青少年宫美术部组织编写的《青少年宫美术培训丛书》1～9册（以下简称美术教材）、《青少年宫书法培训丛书》12册（以下简称书法教材）颜体（启蒙、初级、中级）、欧体（启蒙、初级、中级）、柳体（启蒙、初级、中级）、赵体（启蒙、初级、中级）于2004年分别由湖北教育出版社、湖北美术出版社正式出版发行。

作为全国校外教育机构的第一套美术、书法教材，历程6年，共发行21册。此套教材填补了"校外美术教育没有教材"这一空白，使老师们有内容可教，有目标可寻，有级可升，有章可循。

美术教材1～9册基本上涵盖了儿童绘画的全部基础知识（如：油画棒绘图法、水粉绘图法、黑白画、水墨画、写生画、风景画等）和素描基础知识（如：结构素描、静物素描、物体的视觉感受、色彩三要素、钢笔淡彩等）；书法教材1～12册，包括了颜真卿解析字帖、欧阳询解析字帖、柳公权解析字帖、赵孟頫、解析字帖。担任此套教材的总策划人是武汉市青少年宫主任张其军同志。

〔**《武汉市江汉区青少年宫简报》**〕　武汉市江汉区青少年宫内部刊物，1990年创刊。1990～2003年由江汉区青少年宫办公室主编，2004年以后由江汉区青少年宫宣教部主编，主要向湖北省、武汉市、江汉区各主管部门，青少年宫、活动中心、中小学校发行。

15年来，江汉区青少年宫简报共发行90期，主要登载和报道江汉区青少年宫阵地建设、工作动态、校外教育培训经验、各类青少年主题活动信息、人才培育情况及成果等。简报是江汉区青少年宫进行工作汇报与交流，对外宣传青少年宫职能和作用的窗口。

〔**《少宫人》**〕　广州市少年宫宫刊，1997年创刊，是对国内的同行相互交流、相互学习的刊物。目前已发行于全国300多个城市和地区。

导向性文章与专题报道，活动文章与学术报道相结合是《少宫人》的一大特色。《少宫人》每刊以一篇大文章《最新动态》为主导，与专题报道《特别报道》、《本刊专稿》相结合。栏目有《最新动态》、《特别报道》、《本刊专稿》、《活动传真》栏目与学术报道《艺苑》栏目相结合。《活动传真》等。《少宫人》学习性、交流性、可读性很强。

《少宫人》是对国内的同行相互交流、相互学习的刊物。为加强《少宫人》的宣传力度和作用，少年宫在原有的季度刊外，还增加了《少宫人》特刊、《少宫人》专刊、《少宫人》增刊等。针对时弊，因势利导，扩大了少年宫宣传功能。

〔**《红绫报》**〕　广东省肇庆市端州区青少年宫宫刊。不定期出版。发行对象为宫内学员、全国各兄弟宫及城区各中小学校和有关部门。每期发行数为3000份。2004年出版5期次。宫刊内容为本宫动态、学员习作、活动报道、教学研讨等。

〔**《小云雀》**〕　广州市东山区少年宫宫刊，2004年1月创刊。《小云雀》是东山区少年宫对外交流、宣传的窗口，是教师与学生、教师与家长、学生与家长沟通的桥梁。同时，也为少年宫得到更高、更快、更强的发展搭建新的平台。其中"校外管理"、"教学研究"、"活动直击"、"学员天地"、"指导中心"、"友好往来"等栏目不但展示了少年宫的教师风采，印下少年宫的步步足迹，还散发着少年宫独特的魅力。

〔**《厦门校外教育》、《厦门小记者报》**〕　《厦门校外教育》是厦门市教育学会少年儿童校外教育专业委员会主办的会刊，是以理论探索、学术交流为主的综合性刊物。该刊物由各理事单位轮流主办并不定期刊出。

《厦门小记者报》，由厦门市少先队工作委员会、厦门市青少年宫主办的面向厦门市青少年的内部交流刊物，由小记者参与或独立策划，主要从事专题报道，采访少年儿童身边新闻事件，以青少年视角和见解诠释青少年心声、成长状况、快乐与困惑的少年儿童内部交流性报纸。

〔**福建省龙岩区青少年宫出版成果**〕　2001～2004年，福建龙岩区青少年宫出版了《放飞希望》画册、《小雨滴》7期、《美术作品汇编》2期、《闽西校外教育论文编》2期、《少年军校报》3期、《作文报》2期、《龙岩宫幼儿语训教材》7期。

〔**《兰州市校外教育实践与研究》**〕　甘肃省兰州市校外教育办公室和兰州市少儿活动中心主编，光明日报出版社2004年5月出版。《兰州市校外教育实践与研究》一书作为《教育改革与西部发展战略》文集之一，在兰州市少儿活动中心成立20周年之际强力推出。专集收录了近10年来少儿工作研究会优秀教研成果61篇，涉及校外教育的许多方面，拓宽了校外教育研究的广度和深度，对总结交流校外教育工作经验、指导校外教育工作调研、引导校内外教育工作者进行研究性学习和研究性工作有非常现实的意义。

〔**《小凤凰》报**〕　宁夏银川市青少年宫内部交流刊物。2003年12月创办。《小凤凰》报为双月出版，其内容为：介绍银川市青少年宫的发展动向、各专业优秀教师风采；介绍各类专业培训、活动的具体情况；并及时报道银川市青少年宫举行的各种大型比赛、活动；对参加本单位培训的优秀学员的作品予以充分展示。《小凤凰》报是银川市少年宫与其他各省市青少年宫、青少年活动中心以及本市各中小学校进行交流的平台。现在，《小凤凰》报已经成为银川市青少年宫的宣传品牌，扩大了对银川市青少年宫的宣传力度，进一步提高了其社会知名度，促进了银川市青少年宫各项工作的开展。

管理成果

校外教育管理规程研究

关于开展《全国青少年学生校外教育工作评估标准》和《全国青少年学生校外活动场所管理规程》研究工作的通知

校外发[2003]10号

各会员单位：

为了贯彻中办[2000]13号文件、第三次全国教育工作会议和全国基础教育工作会议精神，落实全国青少年学生校外教育工作联席会议办公室的工作安排和专业委员会三届二次年会提出的本年度政策研究任务，研究和制定青少年学生校外教育有关政策和规定，促进21世纪青少年学生校外教育工作健康发展，受全国青少年校外教育工作联席会议办公室委托，中国教育学会少年儿童校外教育专业委员会决定，于2003年10月至2004年3月组织有关专家和全国的优秀校外教育研究人员研究、起草《全国青少年学生校外教育工作评估标准》（下称《评估标准》）和《全国青少年学生校外活动场所管理规程》（下称《管理规程》）两项法规性文件。现将有关事宜通知如下：

一、主办单位

中国教育学会少年儿童校外教育专业委员会

二、承办单位

北京市校外教育研究室

北京市教育学会校外教育研究会

三、领导机构

（一）主办单位牵头成立"课题研究工作领导小组"，负责确定研究基本方向，审定研究方案，统筹协调全国研究资源，聘任研究工作成员，申报研究经费预算等工作。

（二）课题研究工作领导小组下设办公室，负责主持研究的日常工作。

（三）办公室下设综合组、专家顾问组、研究组，负责文件的研究、起草等具体工作。

四、参与单位

专业委员会北京市工作组、华东地区工作组、上海市工作组、福建省工作组、城区宫工作组、企业宫工作组、农村宫工作组、计算机教育工作组、中国儿童中心、中国科技馆和专业委员会常务理事单位。此外，还要动员专业委员会各会员单位，广泛联系学校课外教育、社区青少年教育等单位共同参与研究工作。

五、研究内容

（一）《全国青少年学生校外教育工作评估标准》。

（二）《全国青少年学生校外活动场所管理规程》。

六、研究方法

（一）文献研究法

收集、整理、分析国家及各地现有的校外教育法规文件。

（二）调查研究法

问卷调查、个别访谈、实地考察。

（三）比较研究法

国内不同发展水平地区相关典型案例的分析；不同国家(地区)典型案例分析。

七、工作安排

两项文件草案的完成时间：2004年2月

（一）前期准备(2003年10月)

制定并审批研究计划草案；界定研究对象和基本概念，收集现有法规建设的资料；组织课题工作班子和核心研究队伍；拟定《评估标准》和《管理规程》基本框架初稿。

（二）开题与文件基本框架论证(2003年11月)

召开研究框架论证会和开题会，对《评估标准》和《管理规程》基本框架初稿进行论证，聘任课题组成员和专家，布置调查工作。

（三）调研、分析与修改文件框架(2003年12月～2004年1月)

调查、收集、整理、分析国内外现有的校外教育法规文件；收集、分析国内外校外教育考察报告和调查问卷；考察不同发展状态的典型地区(沿海地区、华中地区、东北地区和中西部等地区)；撰写《评估标准(讨论稿)》、《管理规程(讨论稿)》。

（四）讨论稿的研讨与再修改(2004年2月)

征求对《评估标准(讨论稿)》、《管理规程(讨论稿)》的意见；撰写《评估标准(草案)》和《管理规程(草案)》。

（五）结题(2004年2月底)

举办"校外教育法规建设研讨班"；召开专家论证会；召开结题会并将修改后的《评估标准(草案)》和《管理规程(草案)》报专业委员会和有关部委审定。

八、成果显示

《评估标准》和《管理规程》完成后，拟报请国务院办公厅或有关部门印发。

九、具体要求

（一）各级组织要从科教兴国的战略高度，以对校外教育事业高度负责的态度，重视支持《评估标准》和《管理规程》研究工作。

（二）专业委员会北京市工作组、华东地区工作组、上海市工作组、福建省工作组、城区宫工作组、企业宫工作组、农村宫工作组、计算机教育工作组等工作集体要认真领会文件要求，并指定专人负责与课题研究工作领导小组办公室保持密切联系，积极组织本地区、本系统成员研究该项工作，并主动承担具体任务。

（三）各会员单位要根据文件要求，积极参与、认真配合研究工作，要主动向课题研究工作领导小组办公室提供文献资料，要根据本单位需要，对研究内容和工作提出意见和建议，要踊跃推荐研究人才。

（四）各级组织要依托研究工作，通过各种渠道，大力宣传校外教育在深化素质教育中的重要作用，推进社会各界对青少年学生校外教育工作的关注和支持。

（五）要依托研究工作，推进校外教育研究队伍建设。不仅要建立较为稳定的校外教育专家、顾问队伍，还要紧紧抓住邀请社会各方面专家进行指导这一契机，对校外教育研究人员进行专业培训，一方面保证高质量完成本次研究任务；另一方面使校外教育研究队伍得到实际锻炼，提高校外教育研究人员水平，促进校外教育研究骨干整体素质的提高，进一步规范校外教育研究工作。

附：《全国青少年学生校外教育工作评估标准(试行)》、《全国青少年学生校外活动场所管理规程（试行)》研究计划

中国教育学会
少年儿童校外教育专业委员会秘书处
二〇〇三年十月二十一日

附　《全国青少年学生校外教育工作评估标准（试行）》、《全国青少年学生校外活动场所管理规程（试行）》研究计划

《全国青少年学生校外教育工作评估标准》(下称《评估标准》)和《全国青少年学生校外活动场所管理规程》(下称《管理规程》)两项政策法规文件的研究与制定是我国校外教育政策体系建设的探索性工作，是促进和保障全国校外教育工作健康发展的基础性法规文件，是21世纪初校外教育管理科学化的显著标志，对推进青少年学生校外教育工作的整体发展具有重要的实践与理论价值。

一、研究宗旨

（一）《评估标准》和《管理规程》的研究要根据中办[2000]13号文件和全国基础教育工作会议的精神，充分考虑全国青少年学生校外教育发展的实际状

况，借鉴现代教育管理理论和国内外校外教育管理的成功经验，在总结过去工作实践的基础上，提出我国青少年学生校外教育活动场所和青少年学生校外教育工作急需的、可持续发展的、可行性强的校外教育政策与规定。推进全国和各地青少年学生校外教育科学管理体系的建设，保障青少年学生校外教育工作的健康发展。

（二）研究和起草《评估标准》、《管理规程》必须集中全国校外教育的研究资源，组成由各方面的专家、高水平的校外教育研究人员、全国有代表性的校外教育机构和校外教育管理者参与的研究队伍，推出具有全国领先水平的研究成果。

二、研究目的

（一）丰富和完善校外教育理论体系。要对"青少年学生校外教育工作的范围"、"青少年学生校外教育在社会大教育中的地位"、"青少年学生校外活动场所的性质、作用与任务"等基本问题做出较清楚的界定。在此基础上确定相关的管理、保障政策，使之成为我国青少年学生校外教育政策体系中的重要基石。

（二）推进校外教育研究队伍建设。在研究工作中，不仅要建立较为稳定的校外教育专家、顾问队伍，还要紧紧抓住邀请社会各方面专家进行指导这一契机，对校外教育研究人员进行专业培训，一方面保证高质量完成本次研究任务；另一方面使校外教育研究队伍得到实际锻炼，提高校外教育研究人员水平，促进校外教育研究骨干整体素质的提高，进一步规范校外教育研究工作。

（三）大力宣传校外教育在深化素质教育中的重要作用，推进社会各界对青少年学生校外教育工作的关注。研究工作要为宣传校外教育提供宝贵的资料和有利条件，要根据研究工作进展相应地策划和组织一些校外教育的主题或系列宣传活动，这将有助于社会各界更加了解和关注青少年学生校外教育工作，支持青少年学生校外教育的发展。

三、研究方法

（一）文献研究法

通过查阅资料，收集、整理、分析全国各地现有的校外教育法规文件。

（二）调查研究法

通过问卷调查、个别访谈、实地考察等方式了解全国各地校外教育机构对校外教育政策尤其是对评估、管理等具体政策的需求情况。

（三）比较研究法

对国内不同发展水平地区和不同国家（地区）典型案例进行分析研究和参考。

四、基本步骤

两项文件草案的完成时间为2004年2月底。

（一）前期准备（2003年10月）

1. 制定、审批研究方案。

2. 组织研究工作班子。

3. 以专业委员会秘书处文件形式下发研究通知。

4. 邀请专家。

5. 分《评估标准》和《管理规程》两个课题组制定研究计划，拟定调查提纲，准备调查资料；收集现有法规建设的资料（《评估标准》组主要收集全国各地现有的校外教育工作督导、检查、评比等方面的文件，收集、分析国内外青少年学生校外教育工作管理方面的考察报告和下发的调查问卷。《管理规程》组主要收集全国各地现有的青少年学生校外活动场所、校外教育机构管理方面的文件）；收集、分析国内外青少年学生校外活动场所的考察报告和下发的调查问卷；召开基本框架前期论证会，拟定《评估标准》框架和《管理规程》框架意向。

（二）基本框架论证和初稿起草（2003年11月）

1. 起草《评估标准》框架和《管理规程》框架初稿。

2. 召开有部分专家参加的京津地区和有关地区专题研讨会，对《评估标准》框架和《管理规程》框架初稿进行论证。

3. 分课题组进一步展开调查与收集、整理、分析资料工作，考察有代表性的经济发展较快地区校外教育的现状（沿海地区、华中地区、东北地区和中西部等地区），完善文件框架。

4. 撰写《评估标准》和《管理规程》初稿。

（三）初稿研讨与再修改（2003年12月～2004年1月）

1. 在全国不同地区征求对《评估标准》、《管理规程》初稿的意见。

2. 向顾问专家组汇报工作，并征求对《评估标准》、《管理规程》初稿的意见。

3. 根据专家顾问和全国各地提出的意见对《管理规程》和《评估标准》初稿进行修改。

（四）讨论稿的研讨与再修改（2004年2月）

征求对《评估标准（讨论稿）》和《管理规程（讨论稿）》的意见；撰写《评估标准（草案）》和《管理规程（草案）》。

（五）结题送审（2004年2月底）

1. 举办“校外教育法规建设研讨班”，对《评估标准(草案)》和《管理规程(草案)》送审初稿进行研讨。

2. 召开专家论证会，对《评估标准(草案)》和《管理规程(草案)》送审初稿进行最后论证。

3. 根据“校外教育法规建设研讨班”研讨意见和专家论证意见，对《评估标准(草案)》和《管理规程(草案)》送审初稿进行最后修订。

4. 召开结题会，由主办单位发布消息，并上报有关部门。

《全国青少年校外教育工作评估标准》、
《全国青少年学生校外活动场所管理规程》课题研究组
二〇〇三年十月二十一日

全国青少年学生校外活动场所管理规程（试行）

（讨论稿）

第一章 总 则

第一条 为了贯彻落实《中共中央办公厅国务院办公厅关于加强青少年学生活动场所建设和管理工作的通知》（中办发[2000]13 号）精神和《中华人民共和国教育法》相关条款，加强青少年学生活动场所的管理，促进校外教育科学管理体系的建设，充分发挥校外活动场所的功能和作用，有利于校外活动场所的生存与发展，有利于促进青少年全面发展、健康成长，制定本管理规程。

第二条 本管理规程适用于各类青少年学生校外活动场所。法律法规另有规定的从其规定。

青少年学生校外活动场所指青少年学生校外教育机构和其他青少年学生校外活动场所。

青少年学生校外教育机构指以青少年学生为主要对象、成建制的、以开展校外教育活动为主要功能的公益性青少年学生校外活动场所。主要包括：少年宫（家、站）、青少年宫、少年儿童图书馆（站）、少年儿童艺术馆（站）、青少年科技馆（站）、儿童少年活动中心、青少年活动中心、青少年科技中心、妇女儿童活动中心（青少年学生活动部分）、少年儿童业余艺术学校、少年儿童野外营地、少年儿童劳动基地、农村儿童文化园、儿童乐园等各类场所机构。

其他青少年学生校外活动场所是指社会上一切具有教育功能并与青少年学生校外教育活动相关的青少年学生校外活动场所。包括：爱国主义教育基地、德育基地、各类博物馆、纪念馆、展览馆、图书馆、科技馆、文化馆（站）、影剧院、文化宫（俱乐部）、少年军校以及学校内部的各种活动场所、设施、专项功能教室等；企事业单位、社区、部队等设置的青少年活动场所。

第三条 青少年学生校外活动场所是对青少年学生进行思想品德素质、科学文化素质和健康素质教育的重要场地。青少年学生校外活动场所应当发挥教育功能，传播有益于青少年学生健康成长的文化科学知识，弘扬先进文化和科学精神，促进国内国际教育文化交流，丰富青少年学生校外生活。

第二章 组织管理与监督

第四条 青少年学生校外活动场所的设立应当具备的基本条件。

（一）具有固定的活动场地，场地面积与活动规模相适应并适宜青少年学生活动。

（二）具有必要的开办场所的资金。

（三）具有与青少年学生活动相适应的设施设备。

（四）由符合政策规定和具有相当文化程度与管理经验的人出任法人代表。

（五）具有一批相当文化程度和工作经验的管理人员以及具有相当文化程度和专业特长的专业技术人员。

（六）具有符合规定的安全保障条件。校外教育机构应有符合青少年学生需要的、保障青少年学生活动安全的设施、设备。

（七）校外教育机构应有与青少年学生活动相适应的、有教育性和引导作用的内部和外部环境条件。

第五条 设立青少年学生校外活动场所，应报所辖地区主管部门批准。当地主管部门应报上一级主管部门登记备案。独立设置的青少年学生校外教育机构，按法定程序获得法人资格。

青少年学生校外活动场所的变更与注销的负责部门与批准及备案部门同。

第六条 各级人民政府及各类青少年校外活动场所的主管部门负责青少年学生校外活动场所的管理工作。

各有关行政管理部门在各自职责范围内依法对青少年学生校外活动场所进行管理。

第七条 青少年学生校外活动场所自身组织管理主要是指青少年学生校外教育机构的自身组织管理。

（一）校外教育机构的工作任务是通过有教育性、趣味性的丰富多彩的活动实施青少年学生教育，使青少年学生具有科学技术、文化艺术、体育卫生、劳动技术等方面基础知识、基本技能，提高综合素质，逐步形成一定爱好、兴趣和特长。

（二）校外教育机构内部组织结构包括行政领导、管理部门、活动部门、教育科研部门、教育文化产业部门等。

校外教育机构实行主任（馆长）负责制，主任在上级主管部门的领导下，依据本规程管理本单位的全面工作。

（三）校外教育机构工作人员必须坚持党的教育方针，爱岗敬业，热爱青少年儿童，遵守教师职业道德规范，应当具有一定的文化专业水平、科研及管理能力，身体健康。

校外教育机构教师应依照《中华人民共和国教师法》的规定取得教师资格，认真履行《中华人民共和国教师法》规定的相关义务。

校外教育机构要加强志愿者队伍的建设，积极协调社会力量给予支持。

（四）校外教育机构应加强内部的科学规范管理和民主管理。按机构规模和工作性质确立岗位职责，建立行政管理、教育教学管理、教科研管理、财务管理以及工作评估、工作奖罚等规章制度。

第八条 青少年校外教育工作联席会议或协调机构负责青少年学生校外活动场所的监督工作。

青少年学生校外活动场所在取得所辖地区主管行政部门批准和上一级主管行政部门登记备案的同时，必须在所辖地区青少年校外教育工作联席会议或协调机构的办公室备案。

青少年校外教育工作联席会议或协调机构依据本管理规程，定期对青少年学生校外活动场所开展检查、评估、督导。

第三章　工作运行

第九条 青少年学生校外活动场所要全面贯彻党的教育方针，坚持“活动育人”和公益性原则，坚持为学校服务、为全体青少年学生服务（包括残疾青少年学生）、为社会（社区）服务的方向，不以赢利为目的，为丰富青少年学生校外生活开展各种健康有益的活动。

青少年学生校外活动场所要注重教育功能，要与学校教育的改革与发展同步，突出现代教育和校外教育特点，活动内容、形式、场所环境要体现教育性，体现活动对象的情趣，体现地区（民族）特点，在实施素质教育中促进青少年学生全面发展、健康成长。

禁止任何组织和个人利用青少年学生校外活动场所从事封建迷信和反科学、伪科学的活动。禁止传播不健康、不文明的思想文化。

第十条 青少年学生校外活动场所通过丰富多彩的活动实施对青少年学生的教育。在育人活动中，注重学生道德情感的升华和道德行为的塑造；关注他们在科技、文艺、体育等方面的兴趣和才能的发展，注重个性品质的培养；关注他们的闲暇生活，开展有益于身心健康的文化娱乐活动；引导他们以社会为舞台，扩展知识，陶冶情操，开发智力，增长才干，勇于实践和创新，全面提高素质。

第十一条 青少年学生校外活动场所开展各项活动要坚持科学性、知识性、教育性、趣味性、实践性和广泛性，要调动社会各方面的力量和资源，实行课内课外相结合、校内校外相结合、学校家庭社会相结合的方式全方位开展教育。

青少年学生校外活动场所开展各项活动要注重普及与提高相结合，在重视和搞好普及性群众教育活动的同时，对有特长的青少年学生加强培养和训练，使其特长得到发挥，才华得到展示，促进其全面健康发展。

青少年学生校外活动场所开展各项活动，要遵循青少年学生身心发展规律，符合青少年学生生理、心理特点。

第十二条 青少年学生校外活动场所的活动应当包括以下基本内容：

（一）思想品德教育要寓于丰富多彩的活动中，使他们通过自主的活动和交往，把道德知识、道德规范，转化为道德行为，做到言行一致，知行统一。应根据青少年学生的特点，结合国内外大事、重大纪念日、民族传统节日、古今中外名人故事、新时期各行各业英雄模范人物的先进事迹，选择鲜明的主题，采取生动活泼的形式，对学生进行爱国主义、集体的社会主义和公民道德规范以及心理健康教育，弘扬和培育伟大民族精神，使他们逐步具有良好的思想品德和综合素质。

（二）科学技术知识普及教育，应通过组织开展科普知识传授、发明创造、科技制作、科学探究、实验等活动，使青少年学生了解科学技术的发展，掌握必要的知识、技能；培养他们对科学技术的兴趣和爱好；增强他们的创新精神和实践能力；引导他们树立科学思想、科学态度；帮助他们逐步形成科学的世界观和方法论。

（三）文化艺术教育，应通过文学创作（阅读欣赏）、影视、音乐（声乐、器乐）、舞蹈、戏剧、美术（绘画、书法、工艺、摄影）以及集邮等活动进行美育教育，培养青少年学生对文化艺术的情趣，增强学生的美感体验，培养学生欣赏美和创造美的能力，陶冶情操，树立正确的审美观，提高文化艺术素养。

（四）体育运动，应通过田径、球类、游泳、体操、武术、棋艺、国防军事体育项目（航空、航天模型、航海模型、车辆模型、无线电测向、射击等）以及跆拳道、轮滑、滑板等活动，掌握基本知识和技能技巧，增强青少年学生健康体魄，培养体育能力、竞争意识和合作精神，锻造坚强的意志和勇于拼搏的精神，全面提高青少年学生的健康素质。

（五）游戏娱乐，应因地制宜地开展符合青少年学生特点、情趣和青少年心理特征且喜闻乐见的多种多样益智性游戏活动。努力创造条件，建立高科技的、富于时代感的游艺设施，让青少年学生愉快地玩乐，并在玩乐中学到知识，受到锻炼。

（六）劳动与社会实践活动，应按国家教育部颁发的劳动教育纲要提出的各项要求，组织开展各种劳动实践活动和社会公益性活动，接触自然、了解社会。活动中，要对青少年学生进行热爱劳动、热爱劳动人民、热爱劳动成果和艰苦奋斗的教育，树立劳动观念，养成劳动习惯；学会生存、掌握一定的自我服务和生产劳动的知识与技能，培养社会责任感。

第十三条　青少年学生校外活动场所的活动可以采取以下形式：

（一）群众性教育活动。这是面向广大青少年学生实施教育的一种重要形式。应根据学生特点，选择鲜明的主题、健康的内容，采取生动活泼的形式，有计划、有步骤地对学生进行有效的教育。如：举办各种集会、联欢会、见面会、座谈会、演出、展览、组织各项比赛、夏（冬）令营、参观考察、爱好者俱乐部等各项活动以及组织学生参加各种社会实践和社区服务活动。

（二）专业兴趣小组活动。把具有相同兴趣、爱好、需要且程度相同的学生组成一个小集体，有目的、有计划地对他们进行专业性和经常性的培训和辅导，开展探究、实践活动，发现和提高他们的潜能，为他们未来的学习和研究打下基础。

（三）开放性（指导性）活动。充分利用青少年学生校外活动场所的人员、场地、设备条件，向社会开放，并通过示范、培训、信息资料指导等多种形式，协助学校、少先队、共青团、社会及社区共同开展青少年学生课外、校外活动。

第十四条　青少年学生校外活动场所可根据自己开展的不同活动项目、活动内容，坚持优惠、低价的原则，以报经当地物价部门批准的学费收费标准，向参加活动的学生适当收费，用于补充活动经费的不足，以保证校外教育教学活动的正常开展。

各级各类博物馆、纪念馆、科技馆、艺术馆、文化馆（站）、体育场（馆）、影剧院、文化宫（俱乐部）、园林、遗址、烈士陵园及各类爱国主义教育基地等其他青少年学生校外活动场所，要坚持公益性原则，安排内容丰富、主题鲜明的活动项目，加强对青少年学生的教育引导，要按关规定对青少年学生实行减免收费及其他优惠。要在社区和旅游景点开辟青少年科普教育阵地。国家和高等院校重点实验室要定期向青少年学生开放。科技部门要推动有条件的科研机构面向青少年学生设立开放日。体育部门要采取措施，督促所有向群众开放的公共体育场馆对大中小学生参加体育健身活动提供优惠服务。

第十五条　青少年学生校外活动场所有计划地向社区青少年学生开放，丰富青少年学生的校外文娱、体育、科技活动，为创造学习型社区作出贡献。各级各类学校内部各种活动、学习的场所、设施要在不影响正常教学情况下，在课余及节假日经常向青少年学生开放。

青少年学生校外活动场所应积极为社区服务，其收入应全部用于补充活动经费。

第四章　发展与保障

第十六条　各级人民政府要把青少年学生的活动场所建设纳入国民经济和社会发展规划，制定青少年学生活动场所的规划、建设、管理、监督、检查、目标管理责任制。

各级人民政府要根据实际需要和地区建设条件，在充分利用现有设施的基础上，大力改善青少年学生校外活动场所条件。在城市建设、旧城改建、居住区建设中必须严格按照国家有关法规和标准的规定，建设青少年学生校外活动场所。

运用专项资金，重点扶持中西部地区和少数民族自治县（旗）青少年学生校外活动场所建设，优先为无青少年学生校外活动场所的地区新建、扩建青少年学生校外活动场所。

各级人民政府鼓励法人、公民和其他社会团体等社会力量，兴办公益性青少年学生校外活动场所。

建立健全青少年学生校外活动场所建设和维护的管理制度，不得随意改变青少年学生校外活动场所功能，不得挤占、挪用、出租青少年学生校外活动场所。

第十七条 各级人民政府要加大对青少年学生校外活动场所的资金投入，建立和完善青少年学生校外活动场所经费的保障机制，有计划、多渠道筹措资金，力争使青少年学生校外活动场所的经费按上缴收入增长比例逐年递增。

教育部门所属校外教育机构设施、设备的维修和改造，纳入中小学校舍维修计划和设备、设施配置计划。

国家专项资金建设的公益性青少年学生校外活动场所由政府部门设立校外教育专项经费，并逐年增加经费投入，确保其正常运转和健康发展。

其他青少年学生校外活动场所，各级人民政府应采取相应的政策扶植。

各级青少年校外教育工作联席会议办公室，每年对本地区青少年校外活动场所建设项目及资金使用情况进行公告，接受社会各方面的监督。

第十八条 各级人民政府和税务部门要制定明确的税收优惠政策保证。对公益性青少年学生校外教育场所免征企业所得税等税种；社会力量对青少年学生校外教育机构（包括新建）的捐赠，在缴纳企业所得税和个人所得税前全额扣除。

各类博物馆、纪念馆、科技馆、文化馆（站）、体育场（馆）、影剧院、文化宫（俱乐部）等其他青少年学生校外活动场所为青少年学生服务的活动项目，享受相应的税收与缴纳相关费用的优惠政策。鼓励企事业单位、社会团体和个人投资、捐助青少年学生校外活动场所，捐助青少年学生校外活动场所的款物，享受税收优惠政策。

第十九条 建立和完善青少年学生校外活动场所人员的培训机制。充分利用各地高等院校和校外教育科研机构，开展青少年学生校外活动场所人员培训、教科研活动，指导各地青少年学生校外活动场所人员培训工作。

教育行政部门管理的校外教育机构的干部、教师培训应纳入当地学校干部、教师继续教育培训规划。

相关主管部门要有计划地组织其他青少年学生校外活动场所教育工作者的岗前、在岗培训，提高青少年学生校外活动场所教育工作者的综合素质。

新建青少年学生校外活动场所的主要负责人和骨干教师要参加省级以上部门组织的培训。

充分利用全国青少年学生校外活动场所的信息网络，加强各地之间的优质信息资源推广；加强东部发达地区与西部地区的联系，通过培训、研讨，起到交流示范和推动作用。

第二十条 新闻宣传、广播影视、新闻出版、文化艺术等部门要加强对青少年学生校外活动场所的建设、管理及活动的宣传工作。要开辟专栏，及时宣传各地青少年学生校外活动场所活动成果、典型经验，营造加强青少年学生校外活动场所建设的环境氛围。

第二十一条 加强青少年学生校外活动场所理论科学研究工作，建设全国及省（直辖市、区）、地（市）、县（区）研究组织，积极开展青少年学生校外活动场所工作理论研究和实践研究，为各类青少年学生校外活动场所的教育活动及各项工作提供理论支持和实践指导。

全国及省（直辖市、区）、地（市）、县（区）设立青少年校外活动场所工作评估机构，定期对青少年学生校外活动场所进行督导评估。

第五章 奖励与处罚

第二十二条 青少年校外教育工作联席会议、各级人民政府以及相关主管部门，对开展青少年学生校外教育活动成绩显著的场所和个人给予表彰和奖励。对模范执行《全国青少年学生校外活动场所管理规程》的场所给予表彰和奖励。

对关心、支持青少年学生校外活动场所工作，贡献较大的企事业单位、社会团体及个人给予表彰和奖励。

第二十三条 青少年学生校外活动场所本身有下列情况的，相关部门应给与相应的处罚。

（一）场所建立未经有关部门批准或未在有关部门备案的；

（二）场所开展不健康活动，有损青少年学生身心健康的；

（三）对青少年开展以营利为目的的经营性活动的；

（四）由于管理不善、措施不利，出现重大安全事故，造成严重后果和影响的。

第六章 附 则

第二十四条 各省、自治区、直辖市青少年校外教育工作联席会议（或协调机构）可依据本规程，根据本地具体情况，制定实施办法。

第二十五条 本规程的解释权在全国青少年校外教育工作联席会议。

第二十六条 本规程自公布之日起实施。

全国青少年学生校外教育工作评估标准（试行）

（讨论稿）

一、目的

根据中共中央办公厅、国务院办公厅《关于加强青少年学生校外活动场所建设和管理工作的通知》（中办发[2000]13号）精神，为加强对校外教育工作的指导，督促各级党委、人民政府作好青少年学生校外活动场所建设和管理工作，提高校外教育工作管理水平，推动校外教育工作的整体发展，更好地发挥校外教育在实施素质教育中的特殊功能和作用，特制定全国青少年学生校外教育工作评估标准。

二、评估对象

省（自治区、直辖市）、地（市）、县（区）党委和人民政府。

三、评估指标框架体系

（一）评估指标的分解

1. 一级指标。组织领导、场所建设与管理、社会环境、工作绩效共4项。

2. 二级指标。工作地位、领导机构、政策保障、发展规划、建设使用、管理机制、队伍建设、经费投入、社会氛围、社会反响、社区教育、工作成效、工作特色共13项。

3. 三级指标（评价标准）。将上述二级指标用描述性的语言分设了41个评价要素。

（二）评估指标的要求。领导机构、发展规划、管理机制等方面要素用“有”或“无”的标准进行判定。

社会反响、工作成效等方面要素的评价，采用比较法和相对合理的定性评价。

（三）评价指标的权重。

1. 根据不同范围、不同地区、不同目的、不同级别进行校外教育工作评估的需要，权重不作为硬性的规定。在一、二级指标中提出一个指导性意见。

2. 在不同目的的评估和不同工作导向评估中，所涉及的权重可参照指导性权重，并根据具体评估的目的，在一定范围内进行微调。

3. 在同一范围的同一次评估中，评估的权重应该保持一致。

4. 依据评估对象各评价要素的达成度、权重评出相应的分值，并用较好达到、一般达到、基本达到和基本未达到四个层次进行表述。综合得分60分为基本达到的标准。

四、评估工作的实施

（一）建立评估制度。

1. 对青少年学生校外教育工作的评估，采取各级党委和人民政府自评和上级党委和人民政府对下级党委和人民政府复评相结合的办法，以自评为主。

2. “自评”每年进行一次。复评每两年进行一次。接受复评的数量：县级不得少于50%，地（市）一级不得少于30%。中央一级对省、自治区、直辖市进行重点评估，各地将在三年内评估一遍；对县及县以上的抽查评定每年进行，数量不定。

3. 2004年底，中央一级将选择一部分地区进行试点评估。

（二）评估工作的基本程序。

1. 下达评估计划。以书面通知的形式把评估计划下达给评估对象，具体说明评估的要求、时间等。

2. 自评阶段。评估对象按评估计划进行自评，并按要求写出自评报告或自评总结，报评估小组。

3. 审核自评报告。评估小组审核自评报告。决定对评估对象进行评估的重点和操作方案。

4. 考察与收集资料。组织评估人员对评估对象进行实地考察，查看和收集资料。

5. 评估结果与反馈。评估工作人员综合分析评估资料，编写评估报告，并在规定的时间内向评估对象反馈评估结果。在听取评估对象的意见后，将评估结果向主管部门书面汇报。

6. 评估回访。一年后，对确定为尚未达标的评估对象进行回访，检查改进意见落实情况。

附：1.《全国青少年学生校外教育工作评估指标框架》（讨论稿）

2.《全国青少年学生校外教育工作评估工作表》（6～7）

《全国青少年学生校外教育工作评估标准》课题小组

二〇〇四年二月二十四日

附1 全国青少年学生校外教育工作评估指标框架

（讨论稿）

一级指标	二级指标	权重W	评价标准	达到标准程度（R） 较好达到 1～0.85	一般达到 0.84～0.75	基本达到 0.74～0.60	基本未达到 0.59～0
组织领导 25	工作地位	5	①认真落实国家关于校外教育工作有关规定。 ②将校外教育纳入政府工作。				
	领导机构	8	①建立了青少年学生校外教育联席会议或领导机构，有明确职责、有办公机构、有专人负责、有办公经费。 ②联席会议或领导机构的成员单位有主管部门、人员、工作职责，工作运行良好。 ③建立校外教育研究机构，开展研究工作。				
	政策保障	7	有促进校外教育工作发展的政策、规定、意见等，有落实的具体措施。				
	发展规划	5	①校外教育工作在发展规划中有明确的定位与要求。 ②有校外教育工作发展的远期规划和实施计划；每年为校外教育工作办若干件实事。				
场所建设与管理 40	建设使用	10	①校外活动场所的数量和分布满足青少年学生的需求，结构合理。 ②新建、扩建、改建的校外活动场所符合建设标准和校外活动的要求。 ③不断更新活动设施、设备，安全有效。 ④无挪用、挤占校外活动场所的现象。 ⑤校外活动场所依据相关规定，免费或优惠向青少年学生开放。 ⑥校外活动场所能有效地为青少年开展多种活动，使用率高。				
	管理机制	15	①有活动场所的管理办法及工作要求。 ②有对校外活动场所的检查、评价与指导制度。 ③将校外教育工作纳入教育督导范围。				
	队伍建设	7	①依据有关规定委派或聘用校外教育机构的干部、教师、工作人员。 ②校外教育机构教师的管理纳入中小学教师管理体系。 ③校外活动场所工作人员按编制合理配备。 ④加强校外活动场所工作人员的管理、培训，有管理和培训措施。				
	经费投入	8	①有以政府投入为主的经费保障机制与措施，并与地区经济发展水平同步增长。 ②校外教育工作专项经费专款专用，得到落实。 ③保障校外教育机构工作人员的工资和福利等经费。 ④有鼓励社会投资校外活动场所的实施办法。				
社会环境 25	社会氛围	10	①教育、文化、科技、体育等部门，工会、共青团、妇联、科协等群众团体积极开展校外教育工作。 ②公安、政法、工商、文化等部门对青少年学生的合法权益保护得力、有效。 ③税务部门按规定落实减免税政策。 ④企事业单位及个人对校外教育工作的支持有力。				
	社会反响	5	①积极宣传校外教育工作。 ②学生、家长、学校和社会对校外教育工作满意度、认可度高。				
	社区教育	10	①社区有青少年教育发展规划和年度教育工作计划，有负责青少年学生工作的人员、有活动场所。 ②学校、社区、家庭密切配合，开展有益于青少年学生成长的教育活动。				

(续表)

一级指标	二级指标	权重W	评价标准	达到标准程度（R）			
				较好达到 1～0.85	一般达到 0.84～0.75	基本达到 0.74～0.60	基本未达到 0.59～0
工作绩效 10	工作成效	6	①校外活动场所实现了资源的合理配置。 ②校外教育机构有一支业务精、素质高、专兼职相结合的骨干队伍。 ③文化、体育等场所为青少年学生参加活动提供优惠和优质服务。 ④校外教育机构教育教学活动效果好。 ⑤青少年学生的合法权益得到了充分维护。				
	工作特色	4	①有效果突出的活动项目，学生参与率高。 ②有校外教育管理的成功范例和先进经验。 ③有代表本地区水平的示范性校外教育机构。 ④有影响较大的研究成果。				

附 2　　全国青少年学生校外教育工作评估反馈意见表（6）

评估内容			评估意见与建议（可另附纸）	备注
一级指标	二级指标	评价标准		
组织领导	工作地位	①认真落实国家关于校外教育工作有关规定。 ②将校外教育纳入政府工作。		
	领导机构	①建立了青少年学生校外教育联席会议或领导机构，有明确职责、有办公机构、有专人负责、有办公经费。 ②联席会议或领导机构的成员单位有主管部门、人员、工作职责，工作运行良好。 ③建立校外教育研究机构，开展研究工作。		
	政策保障	有促进校外教育工作发展的政策、规定、意见等，有落实的具体措施。		
	发展规划	①校外教育工作在发展规划中有明确的定位与要求。 ②有校外教育工作发展的远期规划和实施计划；每年为校外教育工作办若干件实事。		
场所建设与管理	建设使用	①校外活动场所的数量和分布满足青少年学生的需求，结构合理。 ②新建、扩建、改建的校外活动场所符合建设标准和校外活动的要求。 ③不断更新活动设施、设备，安全有效。 ④无挪用、挤占校外活动场所的现象。 ⑤校外活动场所依据相关规定，免费或优惠向青少年学生开放。 ⑥校外活动场所能有效地为青少年开展多种活动，使用率高。		
	管理机制	①有活动场所的管理办法及工作要求。 ②有对校外活动场所的检查、评价与指导制度。 ③将校外教育工作纳入教育督导范围。		
	队伍建设	①依据有关规定委派或聘用校外教育机构的干部、教师、工作人员。 ②校外教育机构教师的管理纳入中小学教师管理体系。 ③校外活动场所工作人员按编制合理配备。 ④加强校外活动场所工作人员的管理、培训，有管理和培训措施。		
	经费投入	①有以政府投入为主的经费保障机制与措施，并与地区经济发展水平同步增长。 ②校外教育工作专项经费专款专用，得到落实。 ③保障校外教育机构工作人员的工资和福利等经费。 ④有鼓励社会投资校外活动场所的实施办法。		
社会环境	社会氛围	①教育、文化、科技、体育等部门，工会、共青团、妇联、科协等群众团体积极开展校外教育工作。②公安、政法、工商、文化等部门对少年儿童的保护得力、有效。③税务部门按规定落实减免税政策。④企事业单位及个人对校外教育工作的支持有力。		

（续表）

评估内容			评估意见与建议（可另附纸）	备注
一级指标	二级指标	评价标准		
社会环境	社会反响	①积极宣传校外教育工作。 ②学生、家长、学校和社会对校外教育工作满意度、认可度高。		
	社区教育	①社区有青少年教育发展规划和年度教育工作计划，有负责青少年学生工作的人员、有活动场所。 ②学校、社区、家庭密切配合，开展有益于青少年学生成长的教育活动。		
工作绩效	工作成效	①校外活动场所实现了资源的合理配置。 ②校外教育机构有一支业务精、素质高、专兼职相结合的骨干队伍。 ③文化、体育等场所为青少年学生参加活动提供优惠和优质服务。 ④校外教育机构教育教学活动效果好。		
	工作特色	①有效果突出的活动项目，学生参与率高。 ②有校外教育管理的成功范例和先进经验。 ③有代表本地区水平的示范性校外教育机构。 ④有影响较大的研究成果。		

填表时间＿＿＿＿＿＿＿＿ 评估单位（章）＿＿＿＿＿＿＿＿

全国青少年学生校外教育工作综合评估表（7）

一级指标	二级指标	权重W	评价标准	达到标准程度（R）				信息收集方法
				较好达到 1～0.85	一般达到 0.84～0.75	基本达到 0.74～0.60	基本未达到 0.59～0	
组织领导25	工作地位	5	①认真落实国家关于校外教育工作有关规定。 ②将校外教育纳入政府工作。					
	领导机构	8	①建立了青少年学生校外教育联席会议或领导机构，有明确职责、有办公机构、有专人负责、有办公经费。 ②联席会议或领导机构的成员单位有主管部门、人员、工作职责，工作运行良好。 ③建立校外教育研究机构，开展研究工作。					听取地区校外教育联席会议主管领导汇报，查阅相关文件资料。
	政策保障	7	有促进校外教育工作发展的政策、规定、意见等，有落实的具体措施。					
	发展规划	5	①校外教育工作在发展规划中有明确的定位与要求。 ②有校外教育工作发展的远期规划和实施计划；每年为校外教育工作办若干件实事。					
场所建设与管理40	建设使用	10	①校外活动场所的数量和分布满足青少年学生的需求，结构合理。 ②新建、扩建、改建的校外活动场所符合建设标准和校外活动的要求。 ③不断更新活动设施、设备，安全有效。 ④无挪用、挤占校外活动场所的现象。 ⑤校外活动场所依据相关规定，免费或优惠向青少年学生开放。 ⑥校外活动场所能有效地为青少年开展多种活动，使用率高。					听取地区校外教育联席会议主管领导汇报，查阅会议记录、相关文件资料。
	管理机制	15	③ 有活动场所的管理办法及工作要求。 ②有对校外活动场所的检查、评价与指导制度。 ③将校外教育工作纳入教育督导范围。					

（续表）

一级指标	二级指标	权重W	评价标准	达到标准程度（R） 较好达到1～0.85	一般达到0.84～0.75	基本达到0.74～0.60	基本未达到0.59～0	信息收集方法
场所建设与管理40	队伍建设	7	①依据有关规定委派或聘用校外教育机构的干部、教师、工作人员。 ②校外教育机构教师的管理纳入中小学教师管理体系。 ③校外活动场所工作人员按编制合理配备。 ④加强校外活动场所工作人员的管理、培训，有管理和培训措施。					与校外教育机构主管领导座谈、个别访谈。与联席会议的成员单位座谈。到部分校外教育机构实地考察。个别访谈。
	经费投入	8	①有以政府投入为主的经费保障机制与措施，并与地区经济发展水平同步增长。 ②校外教育工作专项经费专款专用，得到落实。 ③保障校外教育机构工作人员的工资和福利等经费。 ④有鼓励社会投资校外活动场所的实施办法。					
社会环境25	社会氛围	10	①教育、文化、科技、体育等部门，工会、共青团、妇联、科协等群众团体积极开展校外教育工作。 ②公安、政法、工商、文化等部门对少年儿童的保护得力、有效。 ③税务部门按规定落实减免税政策。 ④企事业单位及个人对校外教育工作的支持有力。					听取联席会议主管领导的汇报。与校外教育机构主管领导座谈、个别访谈。与联席会议的成员单位座谈。
	社会反响	5	①积极宣传校外教育工作。 ②学生、家长、学校和社会对校外教育工作满意度、认可度高。					
	社区教育	10	①社区有青少年教育发展规划和年度教育工作计划，有负责青少年学生工作的人员、有活动场所。 ②学校、社区、家庭密切配合，开展有益于青少年学生成长的教育活动。					到部分校外教育机构实地考察。
工作绩效10	工作成效	6	①校外活动场所实现了资源的合理配置。 ②校外教育机构有一支业务精、素质高、专兼职相结合的骨干队伍。 ③文化、体育等场所为青少年学生参加活动提供优惠和优质服务。 ④校外教育机构教育教学活动效果好。					听取联席会议主管领导的汇报。与校外教育机构主管领导座谈。到部分校外教育机构实地考察。个别访谈。
	工作特色	4	①有效果突出的活动项目，学生参与率高。 ②有校外教育管理的成功范例和先进经验。 ③有代表本地区水平的示范性校外教育机构。 ④有影响较大的研究成果。					

注：表1～5为实际操作使用（略）

管理成果

中国青少年宫协会工作概述

一、协会组织机构建设

1. 完善协会组织机构，增选副会长。为深入贯彻《中共中央国务院关于进一步加强和改进未成年人思想道德建设的若干意见》精神，切实加强对全国各地青少年宫的服务与管理，进一步发挥全国青少年宫协会和各青少年宫在未成年思想道德建设中的作用，全国青少年宫协会进一步理顺工作思路，健全组织机构，与社会各界共同把竭诚服务青少年的宗旨落到实处，增选了来自于人事部、财政部、教育部、文化部、科技部、建设部、中国社会科学院、全国妇联、新闻出版总署、国家广电总局、国家体育总局、国家工商总局、国家税务总局、企业界及青少年宫管理者等领导担任全国青少年宫协会副会长，以促进社会各界更加关注青少年宫事业，给予青少年宫大力的支持。

2. 在事业发展部下成立教育中心、活动中心和网络中心，分别负责青少年宫系统教育、活动和网络的整合等工作。

青少年宫面向青少年的主要工作是开展社会教育和各种丰富多彩的活动。协会设立了教育中心、网络中心和活动中心。教育中心面对青少年的需求，强化协会的教育项目的组织管理职能，在教育内容规划、教育项目开发、引进、推广以及师资培训的各个环节为青少年宫提供全方位的服务。活动中心主要对青少年宫系统的活动内容、形式和项目进行规划和管理，力争在5年内培育出几个不同领域的、具有社会影响力的、品牌性的、青少年喜爱的活动项目，以展示青少年宫教育培训成果，丰富青少年的业余文化生活。

协会积极利用互联网等手段为青少年宫和青少年提供服务。网络中心为各地青少年宫提供网上服务的平台，扩展和延伸了青少年宫的服务手段和领域。同时，建立了专门为青少年的业务生活提供服务的网站，记录青少年的业余生活轨迹，通过和青少年宫教育培训互动，综合评价和指导青少年的健康成长。

3. 转变协会工作模式，专职人员承担协会主要工作。

二、编辑出版《中国青少年校外教育政策研究》

为贯彻落实《中共中央国务院关于进一步加强和改进未成年人思想道德建设的若干意见》精神，加强青少年活动场所的建设和管理，研究和分析不同政策对青少年校外教育和活动场所发展的影响，为青少年校外活动场所的建设和发展提供指导性意见，全国青少年宫协会全面系统地收集了社会转型以来，尤其是20世纪90年代以来，中央和各地方有关青少年校外活动场所（尤其是青少年宫）发展的相关政策性文件，并进行了整理和分析，编辑出版《中国青少年校外教育政策政策研究》（名称暂定）。

《中国青少年校外教育政策政策研究》一书不仅汇集了国家相关政府部门关于青少年活动场所的相关管理政策，同时也收集了各地方政府制订的相关管理法规。从青少年校外教育政策的相关理论知识、校外教育场所的建设、管理、评估、校外教育活动的设计、管理、评估、青少年校外活动环境等方面进行阐述，对青少年校外活动场所的发展具有实际指导意义。

三、《关于青少年宫建设和发展的若干政策规定》

为贯彻落实《中共中央国务院关于进一步加强和改进未成年人思想道德建设的若干意见》和全国加强和改进未成年人思想道德建设工作会议精神，加快我国青少年活动场所建设和发展步伐，推动青少年社会教育事业的蓬勃发展，充分发挥青少年宫在培养和教育广大青少年中的重要作用，团中央拟联合教育部、财政部、建设部、人事部、国家发展改革委员会、国家税务总局、全国妇联7部委，共同就青少年宫建设和发展的若干政策问题做出规定，为青少年宫的持续发展提供相关政策支持。

四、组织青少年宫主任学习8号文件，贯彻落实8号文件精神，举办不同主题的青少年宫主任座谈会

中共中央8号文件下发后，为深入领会文件精神，全国青少年宫协会先后在北京、山东、成都等地举办改革发展工作座谈会，组织学习和贯彻落实《中共中央国务院关于进一步加强和改进未成年人思想道德建设的若干意见》。与会人员结合各自青少年宫（活动中心）的发展历程、实践经验以及创业中遇到的问题和应对措施，就如何贯彻公益性原则，发展自身事业，为社会提供更多的优质服务，以及在现阶段创业、发展、改革等问题进行了深入研讨。与会人员还实地考察了山东省和四川等地的青少年宫和青少年实践教育基地，就其建设及管理进行了专题研讨。

这些研讨会根据青少年宫在发展过程中面临的不同问题进行了专题讨论，研究分析的问题具有很强的针对性和实用性，促进解决了青少年宫发展中面临的政策性问题和急需研究的工作，同时，也为各青少年宫提供交流的机会，增进彼此间的沟通，交流经验，吸取教训，促进少年宫系统的全面共同发展。

五、开展"欢乐快车"系列活动

为深入落实中共中央、国务院《关于进一步加强和改进未成年人思想道德建设的若干意见》精神，共青团中央与中央电视台联合主办了"欢乐快车"系列活动。由全国青少年宫协会和中央电视台青少中心承办。

"六一"儿童节期间，全国各地团组织和青少年宫都在积极开展电视展播、大讲堂、展览、演出、竞赛等各种形式的活动。为配合这些活动的开展，"欢乐快车"

系列活动组委会启动了“欢乐快车”系列活动“六一宣传周”，为各地的青少年提供宣传展示的舞台。

为庆祝“六一”国际儿童节的到来，山东团省委、浙江团省委和江苏团省委将分别开展“公德”、“体验”、“关爱”不同主题的综艺晚会。晚会分别于2004年5月29日、5月30日、6月1日晚黄金时段在中央电视台少儿频道播出。

为让孩子体验不同的生活方式，体验友谊、幸福和团结的力量，来自天津青少年活动中心、广州越秀区少年宫及南京市青少年宫的3个孩子，分别到3个革命老区寻找同年同月同日生的农村伙伴，在小伙伴的帮助下学会一项生活或劳动技能；随后两人结伴，互相帮助，实现自己的梦想。体验活动结束后，6个孩子相聚北京，相聚中央电视台，交流感受，展示所学技能。

2004年6月启动了“欢乐快车”江苏行活动。在活动期间，开展了小小市民论坛、寻找欢乐——健康成长、寻梦归来——小燕子延安行后续访谈、高中生辩论会、未来科学家——智力竞赛等活动，分别在中央电视台《成长在线》、《第二起跑线》、《异想天开》等栏目中播出。

与此同时，“欢乐快车”山东行活动也于6月份启动。山东青岛、淄博、胜利油田等地将开展庆“六一”民族精神代代传少儿原创歌曲展示大赛、“学中华史、扬爱国志”主题动漫设计大赛等活动、“少年儿童科技小制作小发明展览”。

“欢乐快车”系列活动，为各地青少年宫在中央电视台上宣传青少年社会教育成果，展示形象，打通了渠道。

六、全国青少年宫武术大赛

2004年8月13～15日，“安利杯”首届全国青少年宫武术大赛于天津举办。来自全国17个省市自治区的38支代表队近500名选手汇聚天津，交流技艺，比试高低。年龄最大的16岁，最小的只有5岁。

这次大赛是青少年宫系统首次举办的全国性武术大赛，而且还是近年来在青少年中举行的规模最大、参赛人数最多的一次武术大赛。

七、中国青年创业国际计划

2004年，中国青年创业国际计划开展了以下工作：

1.7月1日在清华大学举办青年创业推介演示会。收到近百名创业青年创业计划书。

2.9月16日，中国青年创业国际计划北京2名青年创业者获资助。9月19日在北京经济台举办YBC北京办公室首批获资助青年放贷新闻发布会暨YBC与北京经济广播电台战略合作签字仪式。

3.8月20日，中国青年创业国际计划山东办公室正式成立。

4.10月4日，中国青年创业国际计划总干事谷丽萍一行6人赴阿根廷，参加青年创业国际计划全球年会。35个青年创业国际计划成员国会聚一堂，就青年创业国际计划推进成果和存在问题进行交流和总结。

5.10月26～30日，应全国青年联合会邀请，国际商业领袖论坛高级经理、青年创业国际计划总干事安德鲁.费德曼先生来华进行为期5天的考察访问。期间，安德鲁先生与共青团中央国际联络部江广平部长、中国青年创业国际计划总干事谷丽萍等会晤，探讨了青年创业国际计划在中国的发展及相关问题；拜访了全国工商联副主席谢伯阳，并探讨了开展国际项目合作事宜。

6.10月29日，中国青年创业国际计划陕西办公室在西安宣布成立。

7.与民生银行、中税达签署合作意向书。

8.三季度已完成扶持创业青年17名(上海10人，北京2人，山东1人，西安4人)预计全年完成扶持青年创业30名。

八、召开2004中国青少年社会教育论坛

继去年成功地举办“2003中国青少年社会教育论坛”后，协会于2004年继续举办这一论坛，2004年论坛的主题是“媒体与未成年人发展”。随着全球信息化的快速发展，新兴媒体的不断涌现，媒体对社会影响的广度和深度都达到前所未有的程度。媒体影响力不断拓展，渗透入人们生活、学习、娱乐的等各个方面，对社会文化形态的形成和发展作用越来越大。媒体多元化、市场化、国际化态势的深化，促进了多元文化的产生和传播，由此带来了价值判断标准的多元化，不断改变着青少年对事物的评价体系，影响着青少年人生观、价值观的养成。新媒体因为其接触的灵活性，越来越多地占据了青少年闲暇时间，左右了他们的生活节奏，青少年的生活方式正在发生深刻变化。对于我们青少年社会教育工作者，了解媒体对未成年人发展的影响，非常重要。举办这个论坛的目的在于：研究在全球信息化背景下媒体对青少年的影响，探讨媒体应该担负的社会责任，加强媒体教育功能的开发和运用；交流适应时代要求的青少年社会教育的理念和方式方法，促进有利于青少年健康成长的社会教育环境的形成；促进青少年提高认识和利用媒体的能力，使青少年形成对媒体性质和功能的正确认识，学会利用媒体满足自己的需求。

2004年12月12日～13日,由共青团中央、全国妇联、教育部、国家广电总局、新闻出版总署、中国社会科学院、全国少工委等联合举办，共青团上海市委、共青团中央宣传部、中国青少年宫协会、中国青少年社会服务中心等承办的“中国青少年社会教育论坛——2004·媒体与未成年人发展”（简称“2004·媒体与未成年人发展论坛”）在上海国际会议中心举行。全国人大副委员长、民进中央主席许嘉璐同志为论坛发来贺信，主办单位领导、国内外知名媒体和青少年教育研究机构的专家学者以及来自全国各地的青少年教育系统和广电、影视、报刊、网络、出版及音像制作等行业的代表300余人汇聚上海，共议肩负的社会责任，共商发展的重大举措。

本次论坛形成了8项成果，即《媒体与未成年发展——上海宣言》、《论坛十项实施项目倡议》、《中国青少年社会教育课题库基础目录》、《未成年人媒体需求调查》、《未成年人媒体素养教育行动策略研究》、《全国德育时代的来临——发达国家和地区未成年人道德教育述评》、《媒体与未成年人发展论文集》、《中国青少年网络安全联盟》等，体现了研究成果丰硕、工作可持续发展的特点。

九、开展《全国青少年活动营地调查》

为深入贯彻和落实《中共中央国务院关于进一步加强和改进未成年人思想道德建设的若干意见》精神，切实加强青少年活动场所的建设和管理，充分发挥青少年活动营地的作用，全国青少年宫协会开展了《全国青少年活动营地状况调查》。

本次调查,共收到了来自全国的13个营地的调查问卷。较为全面地掌握了这些青少年活动营地的现状和存在的问题，现在正在对其进行整理和分析，其研究成果将为青少年活动阵地的建设和发展提供指导性意见。

浙江省关于加强青少年宫建设和管理工作的若干规定

为了加强青少年宫(包括少年宫、青年宫、青少年活动中心，以下简称青少年宫)的建设和管理，进一步完善青少年宫的规范化与制度化建设，增强青少年校外教育文化事业发展的生机和活力，为全省广大青少年学生健康成长创造良好的社会环境，根据《中共中央国务院关于深化教育改革全面推进素质教育的决定》精神和中共中办公厅、国务院办公厅《关于加强青少年学生活动场所建设和管理工作的通知》的要求，结合浙江实际，特制定本规定。

一、青少年宫的任务和工作原则

（一）青少年宫是以青少年为主要服务对象的公益性校外教育文化机构，是社会主义精神文明建设的窗口，是青少年思想品德教育的重要阵地、校外教育文化活动的主要场所、健康成长成才的摇篮。

（二）青少年宫的宗旨是提高青少年的综合素质，培养青少年的创新精神和实践能力，促进青少年的全面发展，努力造就“有理想、有道德、有文化、有纪律”的社会主义建设者和接班人。

（三）青少年宫的基本任务：

1.进行以爱祖国、爱人民、爱劳动、爱科学、爱社会主义为基本内容的思想品德教育，引导青少年树立崇高理想和科学的世界观、人生观、价值观；

2.广泛开展多门类项目的技能培训活动，组织丰富多彩的兴趣爱好者社团活动、少先队活动、群众文化活动，引导青少年参加社会实践，培养创新精神和社会实践能力，发掘青少年的特长和潜能，促进个性的健全发展；

3.开展国内外青少年交流活动，开阔视野、相互促进，增进各国和地区间青少年的了解和友谊，培养适应时代发展需要的开放型、复合型、国际型人才；

4.加强校外教育文化理论的学习和研究，探索和创新青少年校外教育文化工作，提高教育质量和管理水平，发挥青少年宫独特的育人功能。

（四）青少年宫的工作原则：

1.坚持把德育摆在重要位置，德、智、体、美、劳相互渗透，寓思想性、知识性、科学性、趣味性于活动之中；

2.坚持面向全体青少年、面向学校、面向社会、面向少先队、面向共青团，向社区、乡镇、家庭延伸和扩展，实行家庭、学校、社会三个方面的有机结合；

3.坚持实践育人，把实践作为青少年宫实施素质教育的基本途径和实现自主教育、自主管理的重要手段，使青少年在各类实践活动中获得体验，求得发展；

4.坚持普及与提高相结合，遵循青少年身心发展规律，在重视和搞好普及教育的同时，对有特长潜能的学生应积极地加强培养和训练，加快优秀人才的成长；

5. 坚持为青少年服务，把社会效益放在第一位，努力做到社会效益、人才效益和经济效益的科学结合。

二、青少年宫的活动内容和形式

（五）青少年宫主要通过组织下列内容的活动来达到育人目的：

1. 思想品德教育活动。结合国内外大事、重大纪念日、民族传统节日、古今中外名人故事、新时期各行各业英雄模范人物的事迹，通过生动活泼的形式开展爱国主义、集体主义、社会主义的宣传教育活动，对青少年进行政治、思想、道德和心理品质教育；

2. 科技实践活动。通过科普知识传授、发明创造、科技制作、科学实验、技能培训等活动，培养青少年爱科学学科学的兴趣，勇于创新的科学精神，求实协作的科学态度，为青少年成长奠定良好的科学素质基础；

3. 文化艺术活动。通过文学欣赏、写作指导、影视表演、音乐、舞蹈、戏剧、绘画、书法、工艺制作以及集邮、摄影等活动，培养青少年正确的审美观念和审美能力，陶冶情操，提高文化艺术素养；

4. 体育活动。通过参加田径、球类、游泳、体操、武术、模型、无线电、棋艺等多种多样的体育军事活动项目，培养青少年勇敢坚强的意志、活泼开朗的性格和健康的体魄；

5. 游艺娱乐活动。组织开展青少年喜闻乐见、身心快乐的游戏活动，因地制宜地建立多种游艺设施，让青少年在自己的团体中愉快地玩乐，丰富和活跃他们的假日文化生活；

6. 生活劳动与社会实践活动。充分利用社会资源建立生活劳动和社会实践基地，通过参加社会公益劳动、社会实践锻炼和以学工、学农、学军等方式，对青少年进行热爱劳动、尊重劳动人民的教育和生活劳动技能培训，培养自立、自强的品格和艰苦奋斗的精神，提高交往、合作和服务的社会能力。

（六）青少年宫活动的形式主要有训练、演讲、展览、联欢、参观、考察、交流、演出、比赛、游戏、游艺、夏(冬)令营等。

三、青少年宫的机构和体制

（七）青少年宫设立的基本条件：

1. 具有符合青少年校外活动需要的场地和基础设施。地级市宫占地面积不少于 40 亩，建筑面积不少于 8000 平方米，县级宫占地面积不小于 20 亩，建筑面积不少于 4000 平方米，城市区宫占地面积不少于 15 亩，建筑面积不少于 4000 平方米；

2. 具有能正常开展教育文化活动等所需的设施设备，活动场所美观、整洁，有治安、消防、安全用电等安全防护措施；

3. 具有合格的专职指导教师和管理人员队伍。根据所在地中小学生人数、宫的规模等实际情况，配备全民事业编制的教师和管理人员。专业教师与行政管理人员的比例不低于 3：1；

4. 具有能保障教育文化活动开展和青少年宫维持正常工作所需要的资金来源。

（八）青少年宫为独立法人机构，主任为法定代表人。

青少年宫实行主任负责制，全面负责青少年宫的工作。地级市宫主任任期一般为五年，县(市、区)级宫主任任期一般为四年，任职期满经考核合格，业绩显著的可连续聘任。青少年宫可设若干名副主任，协助主任开展工作。副主任由主任聘任，报上级主管部门备案；主任由上级主管部门聘任，报省宫协备案。宫主任队伍应保持相对的稳定性。

（九）宫主任和副主任的任职除符合教师和管理干部基本条件外，必须具备大专以上学历，有乐于奉献青少年事业的精神，有较丰富的组织活动和业务工作经验，有较强的经营管理能力。

（十）青少年宫要健全党、团、工会组织并积极发挥作用。青少年宫可视规模大小建立职工代表大会(教工代表大会)、职工大会(教工大会)等民主管理制度，努力营造爱岗敬业、和谐融洽、团结协作、奋发向上的工作氛围。

（十一）青少年宫在当地团组织或教育主管部门的领导下开展工作，接受校外教育工作领导机构的指导。各级团组织或教育部门主要从下列几个方面对青少年宫实施领导：

1. 正确把握办宫方向，宣传贯彻执行党的路线、方针、政策，保证党的教育方针在青少年宫的全面落实，督促青少年宫遵纪守法，增强自觉性和自律性；

2. 负责对青少年宫主要负责人的选拔聘任、教育培养和管理；

3. 帮助和支持青少年宫建立有利于青少年事业发展的科学管理体制；

4. 协调各方面关系，为青少年宫发展创造良好的外部条件。

（十二）共青团浙江省委行使全省青少年宫的管理职能，浙江省青少年宫协会承担业务指导、协调和服务工作。

四、青少年宫的管理和队伍建设

（十三）青少年宫应根据实际情况，建立各种规章制度和各类目标管理责任制，做到职责清晰，目标明确，各司其职，各负其责，有章可循，照章办事。

（十四）青少年宫实行全员聘任制或聘用合同制，根据思想品质、专业水平、工作态度、工作绩效的状况聘任上岗，建立起能进能出、能上能下、有效竞争的用人机制。

（十五）青少年宫的教师和管理干部必须具备下列基本条件，对不符合素质要求的应离岗：

1. 坚持党的基本路线，热爱青少年事业，有较强的敬业精神；

2. 具有良好的思想道德素质，遵纪守法，为人师表；

3. 要有终身学习的自觉性，不断更新知识，掌握必要的现代教育知识和技能；

4. 积极参与教学科研活动，掌握校外教育的基本规律，在实际工作中勇于探索创新；

5. 竭诚为青少年服务，尊重青少年的自主教育和个性发展，保护青少年的合法权益；

6. 大专以上学历，具备一定的专业水平和工作经验。

（十六）青少年宫实行工效挂钩、按劳取酬的分配制度，鼓励职工勤奋工作，提高效率和质量，努力完成目标任务。

（十七）青少年宫专业技术人员的专业技术职务评聘工作，按照原省职称改革领导小组《关于浙江省青少年宫系统专业技术人员职务评聘工作的补充意见的通知》(浙职改字[1988]31号)执行。专业技术职务的申报工作由各级团委负责，具备一定规模的市、县(市、区)青少年宫可自行负责进行。

（十八）认真贯彻《教育法》和《教师法》，加强师资队伍建设。教师和管理人员应定期参加继续教育，每年受继续教育的时间不少于48课时。

（十九）青少年宫应组织对全体职工进行年度考核评议，考核的情况作为聘任上岗、职称评聘、奖励处罚的基本依据。

（二十）建立财务管理制度，严格按照《会计法》的规定，真实、准确、及时反映和监督宫内的每项经济活动。

五、条件保障

（二十一）青少年宫是公益性青少年校外教育文化机构，青少年宫的建设应纳入各级政府国民经济和社会发展规划，按照文明城市创建标准进行规划建设，所需建设投资由各级人民政府负责解决，力争在“十五”期末，全省90%以上的县(市、区)至少有一所青少年宫或活动中心。

（二十二）各级人民政府财政部门要高度重视，调整支出结构，加大对青少年宫的资金投入，青少年宫的维修、设施设备更新和教育文化活动经费等支出可以在地方财政对教育经费增加的一个百分点中安排，尚未对教育经费采取增加一个百分点政策的地方，也要克服困难，千方百计挤出资金，支持青少年宫的建设。同时，还可以从福利彩票(体育彩票、民政福利彩票)的公益金中安排一部分，用于补助青少年宫的建设和维护。

（二十三）各级财政和税务部门要支持公益性青少年活动场所的建设。青少年宫收取的预算外资金，全部用于当地青少年宫的建设和管理。对公益性青少年活动场所，报经主管税务机关审批核准，暂免征收所得税；报经主管地税部门批准，免缴房产税、土地使用税和车船使用税。对青少年宫、少年儿童活动中心的门票收入，可以根据现行营业税暂行条例第(六)项规定，经主管地税部门核准后免征营业税。对企事业单位、社会团体和个人等社会力量，通过非营利性的社会团体和国家机关对公益性青少年活动场所(其中包括新建)的捐赠，经主管税务机关审核确认后，在缴纳企业所得税和个人所得税前准予全额扣除。

（二十四）为加大对青少年活动阵地建设的支持力度，省财政决定从2000年起增加青少年活动阵地建设经费。有条件的市、县(市、区)也要安排一定的专项经费，用于青少年活动阵地的建设。

（二十五）青少年宫要把为青少年提供公益性服务与有偿收费服务结合起来，并在适度范围内办好宫办产业增加收入来源，增加自我发展的能力，减轻政府财政负担，补充经费不足，改善育人环境。

（二十六）各级教育部门要重视和支持校外教育工作，积极发挥青少年宫在校外教育文化活动中的主阵地作用。青少年宫主任应列席当地召开的与校外教育相关的校长工作会议和教育工作会议。青少年宫的教师应纳入教师范畴，享受与学校教师相同的待遇，如先进评选、职称职务评审、颁发荣誉证书等。鼓励学校教师在做好本职工作的前提下参与青少年宫的教育教学工作。

（二十七）各级文化、科技、体育部门要支持青少年宫的工作，积极吸纳青少年宫参与社会文化、科技普及、群众体育等方面的活动、比赛和先进评选，充分发挥共青团、校外少先队组织的优势和公共文化设施的作用，丰富和活跃社区、乡镇青少年的假日活动。

（二十八）严格禁止将青少年宫的教育活动用房和活动场地移作它用，凡占用和挪用的要立即予以改正。

浙江省青少年工作领导小组办公室、共青团浙江省委、浙江省发展和改革委员会、浙江省教育厅、浙江省人事厅、浙江省财政厅、浙江省国家税务局、浙江省地方税务局

关于对浙江省青少年宫、青少年学生校外素质教育基地进行评估的意见

浙青工办联[2004]5号

各市、县(市、区)青少年工作领导小组办公室、团委、教育局、财政局、计委、人事局(人事劳动社会保障局)、国家税务局、地方税务局：

为深入贯彻中发[2004]8 号文件和全国加强和改进未成年人思想道德建设工作会议精神，根据省委办公厅、省政府办公厅印发的《2001～2005 年浙江省青少年学生校外活动场所建设与发展规划》（浙委办发[2002]29 号）的要求，进一步加强我省青少年学生校外活动场所的建设和管理，推动青少年校外教育事业的发展，更好地发挥各类青少年学生校外活动场所在素质教育中的作用，决定从 2004 年开始对全省青少年宫(青少年活动中心、少年宫，以下统称青少年宫)、青少年学生校外素质教育基地(以下简称素质教育基地)进行评估。现提出以下意见：

一、评估目的

根据全面推进素质教育的要求，通过建立评估制度，对全省青少年宫、素质教育基地进行评估，进一步加强对青少年宫、素质教育基地的领导，进一步规范青少年宫、素质教育基地的管理，逐步形成具有较高水平和浙江特色的青少年学生校外教育网络和平台，为广大青少年学生的思想道德建设、创新精神和实践能力的培养及整体素质的提升提供更好的服务；通过评估，命名表彰一批设施优良、管理优秀、特色鲜明、成效显著的青少年学生校外活动场所，并发挥其示范、带动作用，促进各地更好地整合、利用教育资源，扩大优质校外教育资源。

二、评估对象

(一)各市、县(市、区)建成满三年的成建制青少年宫、青少年活动中心、少年宫。

(二)以青少年学生为主要服务对象、以青少年学生校外素质教育活动为主要内容、建成满三年的青少年学生校外素质教育基地。

三、评估原则

评估应坚持全面性、发展性和激励性的原则。

(一)全面性原则。进行全面、整体的评估，既要评估硬件设施和工作的显性成果，又要重视教育方向、教育思想、作用发挥、内部管理、队伍建设等软件情况的评估。

(二)发展性原则。既要注重现有工作、建设和管理水平的达标情况，又要注重改革与发展，注重个性化教育特色及可持续发展潜力的挖掘。

(三)激励性原则。既重视评估的结果，更重视创建的过程；坚持边评估、边整改、边总结、边提高，将评估、建设、改革、发展结合起来。

四、评估程序

评估采取自我评估、综合评估和抽查复审相结合的办法。

(一)自我评估。各青少年宫、素质教育基地分别对照《浙江省青少年宫评估标准》(见附件一)、《浙江省青少年学生校外素质教育基地评估标准》（见附件二)(以下称《评估标准》)逐项进行自我评估。

(二)综合评估。市、省青少年工作领导小组办公室分别组织有关部门的人员和专家组成评估机构，通过材料审核、实地考察、听取汇报、测评和征求意见等步骤对申报市级、省级评估的单位进行综合评定，视申报情况每年集中进行一次评估。申报省级评估的必须通过市级评估。

(三)抽查复审。省青少年工作领导小组办公室对命名的单位不定期进行抽查，每两年进行一次复审，并根据抽查和复审的结果重新命名，不合格的取消已命名的称号。

五、评估方式

(一)对青少年宫系统实行等级评估。根据评估结果，得分在 900 分(含 900 分)以上，且占地或建筑面

积达到《关于加强浙江省青少年宫建设和管理工作的若干规定》(以下简称《若干规定》)要求的，命名为“浙江省一级(优秀)青少年宫”；得分在900分以下800分(含800分)以上，且占地或建筑面积不少于该项满分的85%，命名为“浙江省二级(先进)青少年宫”；得分在800分以下700分(含700分)以上，命名为“浙江省三级(合格)青少年宫”。命名前进行公示、命名后向社会公告，接受监督。得分在700分以下的不予定级。

(二)对青少年学生校外素质教育基地系统实行示范性评估。根据评估结果，得分在900分(含900分)以上的，由省青少年工作领导小组办公室命名为“浙江省青少年学生校外素质教育示范基地”。命名前进行公示，命名后向社会公告，接受监督。得分在900分以下的不予命名。

六、奖惩措施

(一)对命名为省一、二、三级青少年宫和省级素质教育示范基地的单位授予荣誉牌。

(二)对省一级青少年宫的主任和省级素质教育示范基地的主要负责人及主管部门的分管领导给予奖励。

(三)经评估认可的专门为青少年学生提供科技、文化、德育、爱国主义教育、体育活动的公益性省级素质教育示范基地，暂免征收企业所得税；对企事业单位、社会团体和个人等社会力量，通过非营业性的社会团体和国家机构对上述基地的捐赠，准予在缴纳企业所得税和个人所得税前全额扣除；纳税确有困难的，按税收管理体制报经批准，可给予减免房产税、车船使用税、城镇土地使用税照顾。

(四)被评上浙江省一、二、三级青少年宫和省级素质教育示范基地，从国家返还我省专项用于青少年校外活动场所建设的彩票公益金或浙江省青少年教育经费中给予适当奖励，用于师资培训，设施、设备的添置和校外教育活动项目的开发、科研及课程建设。

(五)对不合格和经过抽查发现存在有较大问题的青少年宫和素质教育基地，省青少年工作领导小组办公室向其主管部门通报存在的问题，责成限期整改；对于整改不力或存在重大安全隐患的予以通报、撤消命名并暂停下拨省青少年教育经费。

七、有关要求

(一)提高认识。对青少年宫和素质教育基地进行评估，是贯彻全国和全省加强和改进未成年人思想道德建设工作会议精神的实际行动，是促进我省青少年学生校外活动场所加强建设和管理的有力举措，是确保我省青少年校外教育事业可持续发展的基础工作，各地要高度重视，加强领导，采取有力措施，切实做好本地的组织落实工作。

(二)积极争创。各青少年宫和素质教育基地要不断提高和改善内部的基础设施条件，健全和规范内部管理体制；要加强自身队伍建设，不断提升教师和管理人员的整体水平；要重视安全保障工作，杜绝重大责任事故的发生；要立足自身特色和优势，开展形式多样的素质教育实践活动，积极争创省一、二、三级青少年宫和省级素质教育示范基地。

(三)严格把关。各青少年宫、素质教育基地在自我评估的过程中、各市青少年工作领导小组办公室在组织本地区的综合评估过程中，都要严格按照《评估标准》，逐项对照、逐条审核，严格把关，真正评估出一批设施优良、管理优秀、成效显著的青少年学生校外活动场所，择优推荐参加省级评估。

二〇〇四年九月五日

附件1　浙江省青少年宫等级评估标准(试行)

项　目	标　准	分值	备　注
一、基础建设		**160**	
占地面积(亩)	40(地级市宫)	50	每少一亩减2分
	20(县级宫)		
	15(区级宫)		
建筑面积(平方米)	8000(地级市宫)	50	每少100平方米减2分，区级宫参照县级宫标准
	4000(县级宫)		
室外活动场地(平方米)	2000(地级市宫)	15	每少100平方米减1分，区级宫参照县级宫标准
	1200(县级宫)		
绿化面积(%)	不低于30%	15	每少1%减1分

(续表)

项目		标准	分值	备注
设施设备		具有能正常开展教育文化活动等所需的设施设备	15	按情况分好、中、差三档，分别为15～11、10～6、5～0分
宫容宫貌		美观、整洁、有青少年特色	15	按情况分好、中、差三档，分别为15～11、10～6、5～0分
二、机构和体制			**160**	
组织机构	机构性质	独立法人机构，宫主任为法定代表人	30	按是与否分别为20、0分
	领导制度	青少年宫在当地团组织或教育主管部门的领导下开展工作，实施主任负责制，责权利到位	20	按情况分好、中、差三档，分别为20～15、14～9、8～0分
	内设机构	内部机构设置合理，职责分工明确	30	按情况分好、中、差三档，分别为30～21、20～11、10～0分
	党、团、工会组织	建立健全党、团、工会组织，并积极发挥作用	20	按情况分好、中、差三档，分别为20～15、14～9．8～0分
运营保障资金	具有能保障教育文化活动开展和青少年宫维持正常工作所需要的资金来源（有财政部门按规定落实应由财政供给的经费、青少年宫收取的预算外资金全部用于青少年宫的建设和管理等）		30	按情况分好、中、差三档，分别为30～21、20～11、10～0分
税收	按规定缴纳各项税费，享受有关减免税政策		30	按情况分好、中、差三档，分别为30～21、20～11、10～0分
三、队伍建设			**200**	
领导班子	学历要求	宫主任和副主任必须具备大专以上学历	10	按是与否分为10、0分
	结构	年龄和专业结构合理	10	按是否合理分别为10～7、6～4、3～0分
	能力和水平	有较丰富的组织活动和业务工作经验，有较强的经营管理能力	30	按情况分好、中、差三档，分别为30～21、20～11、10～0分
	品质和作风	廉洁、公正、干群关系融洽、团结协调	30	按情况分好、中、差三档，分别为30～21、20～11、10分～0
队伍建设状况	在岗人数	在岗教职员工数能保障工作开展	20	按满足工作需求程度分好、中、差三档，分别为20～15、14～9、8～0分
	专业教师与行政管理人员比例	不低于3：1	20	低于3：1的为0分，达标的为20分，达5：1以上的可加10分
	职业道德、师德教职员工师风、敬业及创新精神	热爱校外教育事业，热爱青少年，为人表率，团结协作，勤奋工作，刻苦钻研，努力创新	20	按情况分好、中、差三档，分别为20～15、14～9、8～0分
	学历情况	大专以上学历人数不低于总人数的60%	20	达到60%比例的为满分，每增减5个百分点，相应增减分值2分
	参与继续教育情况	认真贯彻落实《青少年校外教育活动场所工作人员继续教育的暂行规定》，参与率高、完成每年48课时／人的继续教育培训指标。	20	按情况分好、中、差三档，分别为20～15、14～9、8～0分
	落实《教师法》	青少年宫的教师享有《教师法》规定的待遇	20	按情况分好、中、差三档，分别为20～15、14～9、8～0分
四、内部管理			**200**	
办宫方向		办宫方向正确（坚持公益性校外教育文化机构发展方向，保证党的教育方针在青少年宫的全面落实），不以盈利为主要目的	30	按办公宫向的正确与否分为30、0分
用人机制		实行全员聘任制或聘用合同制，建立了能进能出、能上能下、有效竞争的用人机制	30	按情况分好、中、差三档，分别为30～21、20～11、10～0分
分配制度		实行绩效挂钩、按劳取酬的分配制度，建立向关键岗位倾斜的激励机制	30	按情况分好、中、差三档，分别为30～21、20～11、10～0分

(续表)

项目		标准	分值	备注
责任制		建有各类目标管理责任制和年度考核评议制度，明确职责	30	按情况分好、中、差三档，分别为30～21、20～11、10～0分
财务管理		财务管理制度健全，按规定使用和管理各项经费，按物价部门审定的标准收费	30	按情况分好、中、差三档，分别为30～21、20～11、10～0分
安全防护		有治安、消防、安全用电等安全防护措施，并严格执行，近三年无重大安全事故、人身伤害事故的发生	50	按情况分好、中、差三档，分别为50～36、35～16、15～0分
五、工作业绩			**280**	
各类活动开展及获奖情况	教育培训活动	培训项目较为齐全，并有特色，每年培训学员10000人次(地级市宫)、7000人(县、区级宫)	40	按情况分好、中、差三档，分别为40～26、25～16、16～0分，培训人次每少500人次，扣1分
	社团活动	建有各类兴趣爱好者社团，社团活动制度化、规范化、有特色	40	按情况分好、中、差三档，分别为40～26、25～16、16～0分
	其他各类教育文化活动(比赛、展览夏冬令营等)	自己组织或联合学校、社区开展各类德育、科技实践、文化艺术、体育、游艺娱乐、生活劳动与社会实践等活动	40	按情况分好、中、差三档，分别为40～26、25～16、16～0分
	获奖情况	有学员或项目获得市级及以上奖项(学员获奖含个人奖、集体奖)	20	个人奖：每位学员所获的每市级奖项为2分、省级奖项为4分、国家级奖项为分；集体奖、项目奖：每个市级奖项为2分、省级奖项为4分、国家级奖项为6分；累计分值不超过40分；无获奖情况则为0分；同一项目及同一学员所获的同一类别的奖项按所获的最高奖项计分；市级为地级市
青少年宫信息网络工程建设使用情况		设有网页、内容及时更换，积极利用信息网络工程开展、参与各项活动	60	按情况分好、中、差三档，分别为60～41、40～21、20～0分
教科研工作		积极开展理论研究交流工作，每年有论文(作品)获市级及以上奖项或在市级及以上报刊上发表。	20	每年获市级奖励或在市级报刊上发表的论文(作品)每篇为5分、获省级奖项或在省级报刊上发表的论文(作品)每篇10分、获国家级奖项或在国家级报刊上发表的论文(作品)每篇15分，累计分值不超过40分。没有论文发表或获奖则为0分；同一论文(作品)按所获的最高奖项计分；市级为地级市
单位及教职员工获奖情况		含单项奖、综合奖	20	每个市级奖项为5分，省级奖项为10分，国家级奖项为15分，累计分值不超过40分；无获奖情况则为0分；同一人及单位所获的同一类别的奖项按所获的最高奖项计分；市级为地级市
宣传报道		每年有信息被市级及以上媒体报道、被省青少年宫协会信息刊物采用	20	按报道情况分好、中、差三档，分别为20～15、14～9、8～0分；被省青少年宫协会信息刊物采用的信息每篇为3分，累计分值不超过50分；市级为地级市
经济效益		在适度范围内办好宫办产业，增加自我发展的能力	20	按情况分好、中、差三档，分别为20～15、14～9、8～0分

说明：1.本《评估标准》分为基础建设、机构和体制、队伍建设、内部管理、工作业绩5大类，36个条目，总分值为1000分。

2.本《评估标准》(试行)在试行过程中不断完善。

附件2 《浙江省青少年学生校外素质教育示范基地评估标准》(试行)

序号项目	标　准	分值	备注
(一) 组织建设 (100分)	1. 素质教育基地为独立的校外教育机构，具有独立法人资格	30	按是与否分为30、0分
	2. 实行素质教育基地主要领导负责制，责权利到位	30	按情况分30～21、20～11、10～0分三档
	3. 根据工作需要设有专门的内部机构，职责明确，运行正常	30	按情况分30～21、20～11、10～0分三档
	4. 建立健全党、团、工会组织，并积极发挥作用	10	按情况分10～7、6～4、3～0分三档
(二) 设施设备 (210分)	1. 素质教育基地具有一次接待200人以上且符合卫生要求的住宿、餐饮、洗卫、水电供应的基本设施和能力	70	按情况分70～50、49～26、25～0分三档
	2. 有足够的教育教学设施和教育实践场所，有供学生晴、雨天开展活动的操场和活动室	70	按情况分70～50、49～26、25～0分三档
	3. 设有医务室，并配有能处理一般伤病的器械和药品，遇有急诊或伤害事故，有应急送往大医院救治的条件	40	按情况分40～27、26～15、14～0分三档
	4. 素质教育基地拥有开展工作所必需的其他设施设备	30	按情况分30～21、20～11、10～0分三档
(三) 内部管理 (290分)	1. 教育思想端正，能正确处理教育效益、社会效益和经济效益的关系，不以盈利为主要目的	40	按教育思想正确与否分为40、0分
	2. 建有各类目标管理责任制和年度考核评议制度，明确职责，管理有序；法制观念强，依法行事，规范管理素质教育基地	40	按情况分40～27、26～15、14～0分三档
	3. 教育活动做到有计划、有教案、有总结、有检查，教学内容和形式符合校外素质教育的要求，符合学生身心特点	60	按情况分60～41、40～21、20～0分三档
	4. 有治安、消防、安全用电等安全防护措施，近三年无重大安全事故、人身伤害事故的发生	70	按情况分70～50、49～26、25～0分三档
	5. 财务管理制度健全，按规定使用、管理各项经费，按物价部门规定(备案)的收费标准收费，按规定缴纳各项税费	40	按情况分40～27、26～15、14～0分三档
	6. 实行绩效挂钩，按劳取酬的分配制度，建立向关键岗位倾斜的激励机制	40	按情况分40～27、26～15、14～0分三档
(四) 队伍建设 (200分)	1. 配有专职管理人员和教学人员，在岗教职员工数能保障各项教学任务和管理工作的顺利开展	40	按情况分40～27、26～15、14～0分三档
	2. 教学人员与管理人员的比例不低于3：1	40	低于3：1的为0分，达标的为40分，达5：1以上的可加10分
	3. 教职员工热爱教育事业，尊重关爱学生；团结协作，勤奋工作，师德师风良好	40	按情况分40～27、26～15、14～0分三档
	4. 管理人员和教学人员掌握必要的校外教育基础知识和专业技能，素质教育基地主任、副主任、教学人员具备大专以上学历	40	按情况分40～27、26～15、14～0分三档
	5. 组织和参加各类培训和学习，完成每年48课时/人的岗位培训指标	40	按情况分40～27、26～15、14～0分三档
(五) 工作业绩 (200分)	1. 教育效果显著，在区域内有影响，年活动人数不低于1万人	80	低于1万人数的为0分，达到1万人数的为分，每增加1000人数加5分，累计分值不超过100分
	2. 积极开展教科研活动，并形成制度化，每年有论文(作品)获市级及以上奖项或在市级以上及报刊上发表	40	每年获市级奖项或在市级报刊上发表的论文(作品)每篇为5分、获省级奖项或在省级报刊上发表的论文(作品)每篇分、获国家级奖项或在国家级报刊上发表的论文（作品）每篇15分，当年累计分值不超过60分。没有论文(作品)发表或获奖则为0分；同一论文（作品）按所获的最高奖项计分；市级为地级市

(续表)

序号项目	标　　准	分值	备注
(五) 工作业绩 (200分)	3. 单位及教职员工获市级及以上奖项(含单项类、综合类)	40	每个市级奖项为3分，省级奖项为5分，国家级奖项为10分，当年累计分值不超过60分；无获奖情况则为0分；同一人及单位所获的同一类别的奖项按所获的最高奖项计分；市级为地级市
	4. 每年有信息被市级及以上媒体报道、被省青少年宫协会信息刊物采用	40	按报道情况分好、中差三档，分别为20～15、14～9、8～0分；被省青少年宫协会信息刊物采用的信息每篇为3分；当年累计分值不起超分；市级为地级市

说明：1. 本《评估标准》分组织建设、设施设备、内部管理、队伍建设、工作业绩5大类，23个条目，总分值为1000分。

2. 本《评估标准》(试行)在试行过程中不断完善。

管理经验

青少年宫体制改革的实践与创新

——杭州青少年活动中心教育与事业体制改革的十年探索

浙江省杭州青少年活动中心　金娟娟

杭州青少年活动中心(以下简称中心)作为一家综合性的青少年社会教育文化机构，从1993年起，大胆改革，不断创新，大胆尝试用市场机制运作青少年校外教育文化事业，构建青少年宫发展的新模式。中心所构建的新模式做到了两个坚持：一是坚持公益性的教育特质，二是坚持公有制的事业体制；做到了两个顺应：一是顺应现代教育的思想和理论，二是顺应中国特色的社会主义市场经济体制。其创新之处主要表现在以下4个方面：

1. 确立校外教育社会化的发展方位。中心提出了“社会育人、育社会人”，一方面努力面向社会、依托社会、服务社会，把适应社会需求作为教育发展目标，通过主动和社会各方联手，把中心的活动融入社会，把中心的影响向社会辐射，在充分利用社会资源的同时开发社会教育资源；另一方面，以社会为课堂，拓展社会活动途径，借助社会力量育人，使学生在参与社会实践和校外教育的活动中，开阔眼界，陶冶性情，增益智慧。让素质教育拥有一个更为人性，更加贴近学生生活的活动载体。不仅体现了中心的办学方向和培养目标，而且揭示了校外教育生存发展的规律。

2. 探索校外教育公益性的实现方式。中心把坚持校外教育的公益性作为自己在社会教育中的一种基本属性，并坚定不移地融入市场经济的大环境。在积极依靠政府，充分利用各项政策，广泛开展各项活动，树立中心公益性社会形象的同时，打响优质服务、优质教育的社会品牌，进入了一个与市场共生共赢的良性循环。

3. 建立多元体制并存的星系结构。中心尝试以既有的公有制为主轴心，派生出一批企业型的公司、实体，形成了事业体制、企业体制、股份制等多种体制并存的星系结构，以此方式逾越事业体制中某些难以克服的障碍。这种多种体制并存的星系结构在全国校外教育界富有独创性，得到了团中央、全国宫协等有关领导的充分肯定。多年的事实也证明这种星系结构是富有实效的，是符合社会发展需要的。

4. 建设人本化的管理体制。中心坚持“以人为本”的改革思路来创新中心的运作机制，激活中心的各级各类组织和完善各种各样的规章制度，创设了“我是中心人”，“千斤重担大家挑”的工作氛围，使中心的发展有了最根本的人力资源的保障。

一、事业单位企业化改革的实践

10 年来，杭州青少年活动中心在较为薄弱、陈旧的基础上，以教育改革为基点，以体制创新为动力，以教育科研为先导，以产业运作为机制，不断推进创建校外教育新模式的实践探索。

1. 更新思想观念。

（1）把握校外教育定位，认准发展方向。青少年宫教育的时代背景发生了重大的变化。对现代文明教育基本内涵的正确把握，在青少年宫教育中具有特别重要的意义。青少年宫教育强调的自主性、开放性和创造性，以及她以趣促学，以趣激志，在做中学和玩中学的特点，使其作为学校教育的互为补充和延伸，对青少年学生的全面成长具有重要的意义。这就是青少年宫教育在当今历史条件下的定位。

（2）用产业发展的思路，发展适应社会需求的优质教育。全面推进体制改革过程中，最棘手的问题就是经费不足。只有用产业发展的思路来进行教育活动，主动地与市场经济体制接轨，才能走出一条自我积累、自我完善、滚动发展的道路来。在校外教育领域，所谓“产业”就是教育本体。发展优质教育是校外教育“产业发展”之本。以“产业发展”的眼光来看，校外教育发展的依据应当是社会需求。只要社会有需求，就应有服务，首先要更新教育理念，完成将教育服务对象，从传统的单纯接受知识的“受教育者” 转变到既是“受教育者”又是“教育消费者”。“教育性”是我们的根本目的，“公益性” 是我们的基本特征，；而“经营性”则是运作手段和方式，是一种开发、利用各种资源的能力，它服从于“教育性”和“公益性”，又为“教育性”和“公益性”效益的最大化服务。同时，它还是增强校外教育机构活力，走进市场的必要条件。

（3）树立“我是中心人”的观念，增强自我发展意识。中心的品牌是靠人打出来的，而人在创品牌的同时也创造了自身的价值，这样就形成了双赢的目标。要善于调动人的创造性，即工作的激情。。中心的优质教育只有在调动每个人发自内心的积极性、主动性和创造性基础上才能蓬勃地发展起来。这就是中心不断加大改革力度的缘由所在。

2. 实施改革方案。改革中心事业单位旧体制，经历了由点到面、由表及里、持之以恒、逐步深化的过程。从 1992 年始，中心围绕行政体制、教育体制和投资体制 3 方面，先后推出了一系列改革举措：

（1）改革领导体制。中心建立了与市场经济体制相适应的法人实体体制，实行了主任负责制。与此同时，组建了职工代表大会，构建起主任全面负责，职代会民主决策，党总支监督保证，加强民主监督的运行机制。这项改革的积极意义是迫使中心建立起自主决策、自负盈亏、自我约束、自我发展的管理体制，能承担法人的责任和风险。

（2）建立合理高效的组织机构。新的法人实体体制的建立要有与之相配套的管理机制来保证，于是调整中心内部的机构设置成为形成新体制的重要一步。

（3）建立各类责任制。中心制定和完善了由 9 个部分四十余个单项内容组成的规章制度和岗位职责。实行中心与部室分级管理、二级核算的管理制度。中心还分别对行政部室、教育部门、经济实体实行了“工作目标责任制”、“工作目标经济责任制”和“经营承包制”。通过责任制，中心将职工聘任权、奖金分配权、内设机构权、部分经费使用权等下放到各个部门。

（4）实行全员聘任制。中心 1992 年首先在中层干部中实行能上能下的聘任制。1993 年推出了岗位公开、竞争公平、双向选择的全员职工聘任制。到 1995 年，已将中心 6 个行政科室削减到 3 个，科室管理人员从 54 人减少到 29 人。在中心各项事业不断发展的同时，职工总数却有了较大幅度减少，到 2003 年底中心在岗事业编制职工已从 1992 年初的 230 人为 124 人。

（5）改革分配制度。中心分配制度的改革在 10 年中经历了 3 次大的调整。

第一次分配方案的主要指向是打破奖金分配上的大锅饭，将奖金与经济效益挂钩，变评奖为计奖。

第二次分配方案的主要指向是按岗位职能的差异，增设了岗位津贴。经济指标仍然是计奖的基准，制定了按管理干部、专业技术人员、工人三大系列的岗位津贴标准。

第三次分配方案的主要指向是打破国家确定工资的规定，建立中心的薪酬制度。将工作责任、管理督导、解决问题难度、联系沟通、任职资格、工作条件等岗位要素作为评价标准；每个职工每年一次的岗位考核评测，每年一次的岗位聘任，每年一次确定岗位定级，再配之以考评经济责任为主要依据的效益奖金，配之以工龄工资和技术职务津贴等，共同构成了岗位薪酬的分配办法。

中心机构调整示意图

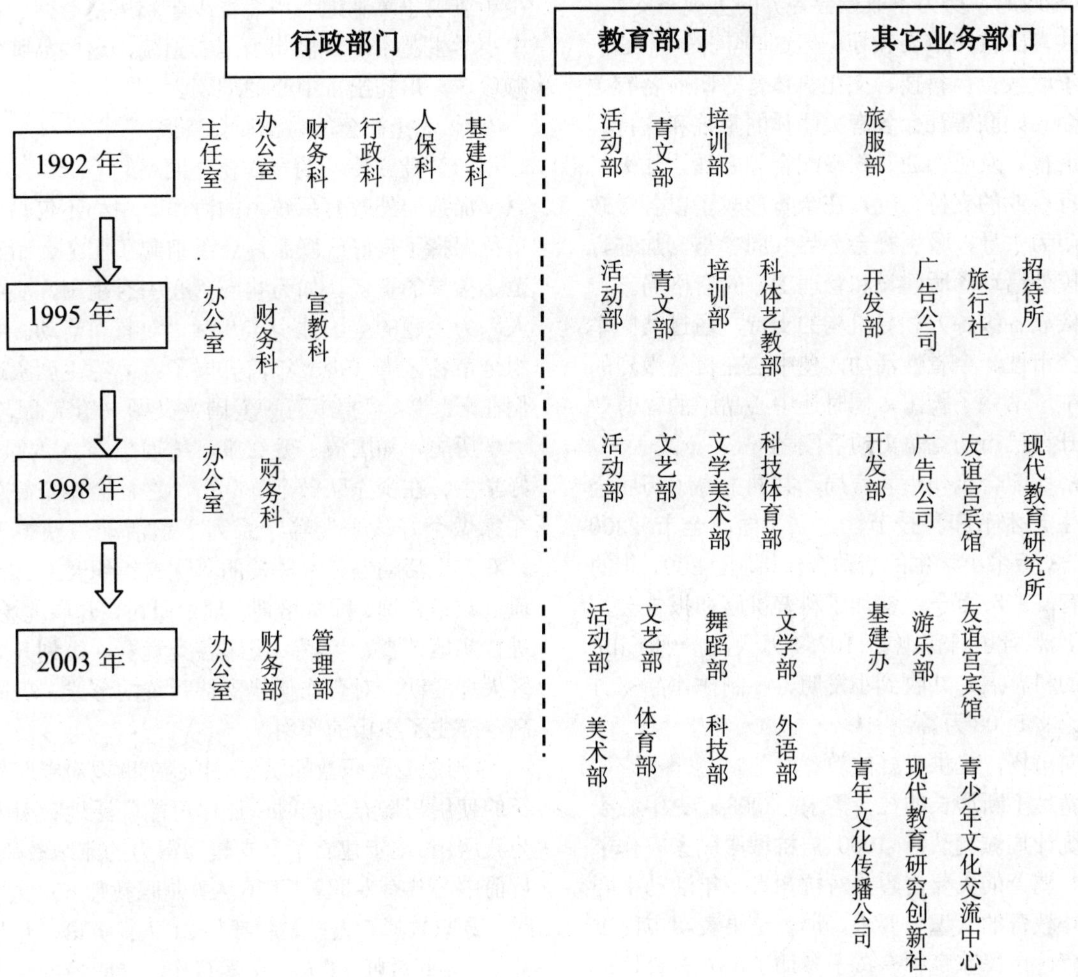

（6）创设职工可持续发展的激励机制。

中心为教职员工提供了发挥潜能的各种平台，谁提出项目创新的建议，只要是可行的，中心积极提供资金、场地和其他方面的支持，使每个人都能找到适合自己工作的新的生长点。

中心在职工培训中引入了市场机制。如中心与北京师范大学共同开办“心理发展”研究生班，有 24 名教师和管理人员参加了为期 2 年的学习。

2002 年中心出台了《杭州青少年活动中心专业技术职务聘任条例》、《杭州青少年活动中心专业技术资格申报管理方法》和《杭州青少年活动中心技术工人技术等级岗位聘用暂行方法》，使评不代聘、聘不唯资、重在业绩、择优评聘的原则得到落实。

（7）改革投资体制。对投资体制的改革，中心在这 10 年中因势利导地走了一个轮回，政府投资→自筹资金→政府投资为主，自筹为辅。

80 年代末期，地方政府在完成了三分之一的规划项目之后完全停止了对中心基本建设的投资。中心把公众类的文化项目对外合作引资，通过自筹资金解决经费不足的问题。

至 1997 年，中心自筹资金已累计达 2940 万元，用于规划建设、改变教学条件、美化宫容宫貌，新建建筑面积 10380 平方米，固定资产增值 2.7 倍，而到 2003 年末，中心固定资产已增值 5.46 倍。中心的资产实力大增。

21 世纪初，中办下发了《关于加强青少年学生活动场地建设和管理工作的通知》（中办发[2000]13 号），我们借助这一机遇，将活动中心的改扩建工程提上政府投资的议程。2003 年，杭州市政府批准立项，市委下达文件，把活动中心的改扩建作为杭州 10 大标志性文化设施，要求高起点、高标准地建设好。从此，以政府投资 1.6 亿元的中心改扩建工程拉开了序幕。

二、校外教育公益性的实现方式

1.背靠政府，努力争取社会各界的重视与支持。中心隶属共青团杭州市委领导。但这些年来，中心一直在努力争取教育、科技、文化、体育等政府各有关部门和工会、妇联等社会各有关团体的重视和支持。通过主动汇报、及时沟通、积极配合等方法，加大了对校外教育事业的支持力度，在全省形成了以各级政府职能部门为主导，吸引社会各界共同参与，加强青少年学生校外活动场所建设和管理工作的新格局。

中心依靠各级各方领导机构的支持，通过共同举办一系列全市性、全省性活动，使中心在日益激烈的市场竞争中，站稳了脚跟，同时让中心品牌的辐射效应成为提升自己市场竞争力的手段之一。

中心密切配合杭州市教育局，共同主办了历届全市中小学生艺术节和科技节。建立了面向全市 2300 所中小学 83 万中小学生的活动合作机制，2001 年的科技节，有 29.5 万学生参加了科普讲座和报告会，59.8 万人次观看了科普电影，107.4 万人次参观了市、区（县）的科普展，共收到小发明、小制作作品 5.1 万件，小论文 5.08 万篇。

2.面向市场，提供良好的教育服务。

（1）满足不断增长的社会需求。2003 年，中心委托杭州市统计局城调队对 1000 户杭城居民家庭作了专题调查，调查的主要内容是对杭州青少年活动中心影响和校外教育的认识与要求。调查结果表明市民重视校外教育，市民家庭中有孩子参加了校外教育培训的占 64.2%，市民参加校外教育培训主要是提高综合素质。

为了满足不断增长的社会需求，中心加强了娱乐性、休闲性方面的研究策划。为了充实学生的课外生活，养成健康的闲暇生活态度和习惯，中心开设了大量富有娱乐性和休闲性的活动，如快乐假日营、娃娃淘气堡、小舞台。中心的儿童乐园已成为市中心最具人气的游艺天地。中心不少活动项目和培训项目由于名额有限，甚至出现了家长和学生连夜排队报名的现象。杭州市统计局城调队作的专题调查也表明市民对中心有较高的知晓度和信赖度，对我市校外教育事业的发展状况较满意。

（2）打造社会教育的品牌优势。为谋求发展，中心决心依靠高效的服务，优质的品牌来吸引市场、开拓市场。事实证明中心之所以能够每年都吸引成千上万的青少年，正是借助于逐步形成的品牌优势。

几年来中心陆续创办了《西子小荷》报、少先队校外总部、杭州少年科学院、假日活动营地、校外青少年雏鹰争章基地、华裔青少年汉语夏令营、杭州市中小学生艺术团、杭州少年书画院，这些品牌像一颗颗珍珠，烘托出了中心的璀璨。

3.依托社会，整合社会资源。

（1）建立广泛的合作伙伴网络。

加强校外教育系统内的协作。中心不仅与各兄弟单位保持了良好的联系，还承担起了服务、组织、示范、指导的责任。如为响应“心中有祖国，心中有他人”为主题的全国性少年儿童“双有”活动。中心组织全市各区青（少）年宫开展了：“毛主席永远和我们在一起”、“捐献百种爱国主义图书给革命老区”、“学历史、知国情、爱红旗、树理想”、“在校做个好学生、在少先队做个好队员、在社会做个好公民，在家做个好孩子”等一系列主题活动。获得了全国“双有”活动办公室颁发的“优秀组织奖”。近年来，通过政策咨询、师资培训、理论研讨，开展现场交流，进行实地调查、考察，组织各类竞赛，策划开展跨地区大型活动，对合作伙伴支持系统的形成、巩固和提高，产生了积极的作用。

形成专兼职教师队伍。中心在重视对专职教师队伍的使用与培养的同时，还尽可能广泛地吸引人才，为我所用，逐步建立了一支较为得力的兼职教师队伍。目前中心共有专职教师 76 人，兼职教师 698 人。如舞蹈，专职教师 5 人，兼职教师 21 人；英语，专职教师 5 人，兼职教师 74 人；文学写作，专职教师 3 人，兼职教师 67 人。兼职教师队伍不仅弥补了中心在师资数量上的不足，而且具备了业务上乘、信息量大、社交面广等优势，使专兼职教师队伍基本做到了优势互补。

少先队校外总部在中心建立以后，在街道社区组建了校外少先队组织，形成了一支由街道社区的共青团、妇联、关工委等组织和离退休干部、教师组成的兼职辅导员队伍。以 200 多名大中专学生为主的“哥哥姐姐志愿者服务队”也已成立，活跃在全市少年儿童校外活动的舞台上。

促进校内外教育的合作与互补。近些年来，中心一方面采取走出去，请进来的形式，加强与各基层学校的联系；另一方面，通过与市教育局共同组织开展全市中小学生艺术节、科技节等活动，有效地促进校园文化的兴起，为中小学培训了一批又一批的群众活动骨干。中心为学校教师开设的兴趣培训项目和辅导讲座也逐年增多，除了舞蹈、模型、健美体操、头脑奥林匹克、智能机器人等项目，还开展了各类教研活动，如探讨自然英语中的“小班化教学”，“头脑奥林匹克”教学中的综合能力培养等问题，既有实用性又有时效性。中心美劳教师将陶艺、纸艺等制作活动带到学校开展，丰富了学校活动课程。

（2）拓展校外教育服务领域。

扩展教育对象的服务面。中心的服务对象打破了以往6～16岁的年龄界限，不断向两头延伸，把范围拓展到家庭和社区。目前，参加中心各类兴趣小组的活动人数已从3000多名，发展到7万多名；培训项目从30多个发展到近百个。中心还进一步加快扩大服务区域的步伐。通过成立“杭州现代教育文化创新社”，采用与学校、幼儿园合作互利的形式，在杭州市周边地区举办了近千个培训班。中心的各个培训部门在积极推行家长开放日、“亲子活动日”的同时，还开设了家长讲座、成立了家长委员会，深入了解家长的需求，密切与家长的联系。中心增设的“美劳世界”活动广场，不仅让孩子们流连忘返，而且经常会出现母子、父子或第三代带着爷爷、奶奶一起参加折纸、泥塑、蜡染等活动的场面。

扩大社会资源的利用面。中心积极利用自己在人、财、物上的资源优势，主动与社区、学校联系，为其提供必要的指导与咨询服务。1998年4月，中心成立了少先队杭州市校外总部，通过试点探索校外建队。目前，全市社区建队已初步形成：市少先队校外总部——区少先队校外总部（区少工委）——街道少先队大队部——社区居委会中队——多形式假日小队的组织体系。中心期盼以社会资源浇灌的活动之花，能够四季常青、遍地开花。

4.融入社会，引领青少年校外教育。

（1）推进社会的精神文明建设。校外教育要具备贡献社会、引领社会文化的功能。这后两种功能是通过其在“小手牵大手”方面的独特优势，对先进、健康文化的倡导，促进社会精神文明的发展来实现的。2000年，由中心牵头举办的“中国新儿歌、新童谣”大赛活动，先后被十几家新闻媒体单位、二十多家知名网站报道，全国知名儿童文学作家、诗人、教育专家会聚杭城，掀起了一股关注童谣，关注未成年人文化的热浪，使之成为杭城最大的热门活动和焦点话题。中心创设的“西湖情·玫瑰婚典”也成为全国第一个在工商部门登记的活动品牌，成为西湖博览会正式立项的活动。这些活动的展开，正是中心企图对杭城青少年进行以人为本、与时俱进的文化建设的一种可贵的尝试。还有中心的许多活动，如一年一度的元宵灯会、新年音乐会等等，都已经成为杭城精神文明建设中一道道亮丽的风景线。这些大型活动的频繁举办，不仅为青少年提供了良好的社会育人舞台，而且使中心确立了一个较为巩固的社会地位。

(2)服务全省青少年宫。中心利用省会城市优势，担负起了服务全省青少年宫的工作责任。中心经过组织全省教师的教研活动和业务技能培训，为各宫教师提供理论指导和业务帮助，中心通过教育项目的输出和组织全省性的群文活动，带动各地校外活动的蓬勃开展。

中心及时抓住中办发[2000]13号文件《关于加强青少年学生活动场地建设和管理工作的通知》要求，组织人员积极参与，大胆提议。在团省委的高度重视和努力下，浙江省率先于全国出台了《关于加强浙江省青少年宫的建设和管理工作的若干规定》，浙江省委省政府又联合下发了《2001～2005年浙江省青少年学生校外活动场所建设与发展规划》的通知。《规定》和《规划》的出台，在全国校外教育系统中产生了强烈反应。

三、建立多种体制并存的星系结构

1998年3月，事业型企业体制单位——杭州现代教育研究所在中心应运而生。它主要从事理论研究、调查研究、师资培训、开发教育产品、开拓教育新领域等工作。它的确立改变了以往由中心投资的习惯，勇敢地迈向了自收自支的企业体制。

目前，多种所有制形式和产权主体多元化已经在中心成为现实，为教育资源配置提供与市场经济相适应的所有制改革方面迈出了重要的一步。中心先后设立了具有独立法人资格的事业型企业——杭州现代教育研究所，经济型企业——友谊宫宾馆，由中心参股的股份制企业——杭州现代教育文化创新社和杭州青年文化发展公司等不同体制类型的文化实体。中心正逐步形成以教育文化为主导的多元产业结构、多种体制并存的产业集团的雏形。

1.星系结构特点。如果把中心看做是一颗“恒星”，那么各种体制的实体就是它的“卫星”。恒星和卫星共同组成了一个相互运动、相互制约的“星系”。它们既有各自运行发展的空间，又受到相互引力的影响，在预定的轨迹内运行。

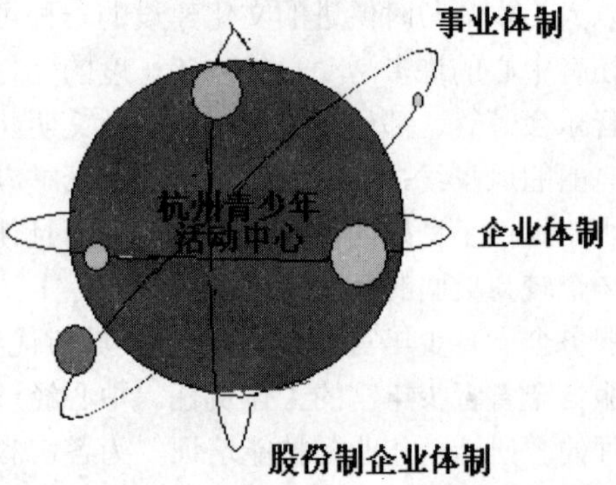

2.“恒星”与“卫星”的运行轨迹。中心在实现“服务社会最大化”所进行的体制创新中，逐渐形成了以中心为“恒星”的“卫星”运行机制。这些“卫星”并不只是简单地克隆中心，而是各自具有更强的灵活性和超前性。星系结构中的每一颗“卫星”，不管属于哪一种类型，都围绕着“教育性、公益性、经营性”相统一的轨道上自行运作。中心给“卫星”提供政策支持和服务，保证“卫星”的服务质量，规范“卫星”的发展方向。“卫星”在实施自转同时，受到中心引力的影响进行公转，并且帮助中心扩大影响和规模。它们对中心的发展做出了特有的贡献。

3.创设不同体制的条件。不同的项目、不同的服务对象、不同的工作目标、不同的产业性质等因素，均成为形成不同体制的条件。

延续了几十年的校外教育传统教育内容仍然保持在原有事业体制中，这类体制的最大优点，在于能保证“培养人”的根本宗旨不变。而凡是新开发的教育领域，则通过成立教育实体进行。如婴幼儿的早教、华裔子女学汉语的夏令营等，都由自收自支的研究所负责开发和管理。文化类的项目成立股份制的实体来推动，如服务青年人的玫瑰婚典、对外交流活动等。经营类的项目成立经济型的实体，友谊宫宾馆是中心投资创办的，从成立开始就完全按照宾馆的经营要求进行。

成立不同的体制，能有效控制事业编制职工数量，克服事业单位能进不能出，能上不能下的老大难问题，能降低用工成本，提高经济效益。根据市场需求，大力开发这些项目，形成相应的运行实体，有利于满足社会日益增强的教育文化需求，有利于促进青少年儿童全面素质的提高，推动校外教育机构的自身发展。

中心的星系结构是一种具有前瞻性的发展模式，事实上，这种模式还拥有潜在的发展空间。

四、没有结束的话

进入 21 世纪以来，杭州青少年活动中心确立了“社会育人、育社会人”教育新模式的核心思想；形成了“自主经营、自我约束、自为发展”的企业化管理理念；建立了以工作目标责任制为核心，全员聘任制为动力，充分发掘人才资源作用为目标的管理运行机制；打造了一系列信誉度很高的教育品牌；形成了“立足自己创业、依托社会生存、发展教育事业、拓宽周边效益、开发建设规划、增强全局活力”的主体型多元化事业新格局；初步建成了花园式的、场所宽敞、功能齐全、设施先进的青少年校外教育文化机构，逐步成长为杭州市对外交流的窗口，精神文明建设的基地，文化娱乐活动的场所，青少年健康成长的摇篮。

“让今天的成就，成为明天的条件，并把无限的可能性留给后人”。这就是中心人目前的思考。中心要持续发展，是社会发展和教育发展的大趋势对中心的客观要求，也是中心求生存、谋发展、铸辉煌的必由之路。

注：本课题是浙江省教育科学 2002 年度规划课题，已由团省委、省宫协、省教育科研单位及在杭高校五专家组成的鉴定组通过鉴定。

建立教育质量内部保障系统　推进校外教育机构建立现代评价体系

北京市少年宫　史建华

评价是评定价值的简称。在教育评价实践活动中，多年来基本上采用总结式评价，评价的基本方式是鉴定，目的是为了奖惩。由于用同一标准评价同一类型而又不相同的教育机构，这种缺乏个性、重视奖惩的评价模式存在着一定的弊端。

上世纪 80 年代工商业开展了通过对企业生产活动的全过程、全方位和全员参加，从企业工作的各个方面，各个环节保障产品质量，以达到或超过满意标准的全面质量管理活动。教育质量保障体系就是受其影响，在教育系统中逐渐建立起来的新的评价体系。

教育质量保障系统是以对完美的教育质量不断追求为核心的质量文化基础的全面保障教育质量的组织与程序系统。它以评价手段的结构化、经常化、体制化运用为特征，是现代教育评价的深化、结构化与体系化。

教育质量保障系统的基本功能是为所有组织成员追求质量进步提供体制性的支持和帮助，激励组织成员主动寻求不断提高教育活动的途径。这是一种通过有目的、有计划、有组织的学习活动，促进教育教学工作不断进步的系统化方法。教育质量保障思想方法的基本价值观是：让我们做得更好。

教育质量保障体系分为外部保障体系、内部保障体系。目前校外教育机构还不具备建立质量外部保障系统的条件，因此建立校外教育机构质量内部保障系统是提高教育教学活动质量的重要保障。

一、明确标准

明确标准就是明确教育质量的标准。从教育与社会的关系来看，校外教育的基本功能是通过有目的、有计划、有组织的专业教育教学活动，对年轻一代的身心施加影响，促进学生个体的成长发展，满足社会对人的素质的要求，即满足国家、社会和个人对教育的期望。因此校外教育教学活动质量就是满足预期需要的程度。即校外教育机构根据国家教育方针、政策的要求，为满足特定的社会和学生发展的需要而确立的教育目标，设计、组织、实施的旨在实现这一目标的教育活动达到预期效果的度量。各机构应该根据自己的实际情况制订具体的可操作的标准，明确教育质量观、确立提高教育质量的总体思路，并在整个教育教学活动中时刻突出总体思路。

二、制订政策

制订有利于教育质量提高的政策，是持续提高教育质量的重要环节。如建立以用人机制改革为突破口的全员聘任合同制，以调整机构内的人事、分配政策；制订完整的教学活动常规管理制度，以建立正常的教育教学秩序；设定教育教学活动完整的指标评价体系，以建立教育质量管理工作科学化、规范化、经常化、持续化、系统化的机制；建立教育教学活动质量审议制度和反思制度，以确立教师在提高教育质量活动中的核心地位，以实现机构的每一位成员都对教育活动的质量承担责任的目标；出台各项奖励政策，激励为提高机构教育教学活动质量作出贡献的教职员工。

三、保障指标

一般采用输入、过程、输出系统保障模式，此模式是系统论观点在教育评价中的应用。结合校外教育机构的特点，保障指标可以设有以下三项：

自然指标：A 投入：教育教学活动设备、经费投入，领导精力投入、教职员工精力投入；B 行政指令的积极辅助作用；C 教育教学活动制度建设；D 政策性引导举措。

执行指标：A 教育教学活动计划与方案制订与执行；B 教育教学活动质量预定目标的实现程度；C 教育教学活动过程的结果与预期收益的偏差控制。

效益指标：A 学员毕业（结业）率；B 学生生员巩固率；C 学生阶段考核平均成绩；D 体现教学效果的各项竞赛成绩；E 参加社会公益活动的情况及效果；F 学生、家长满意程度；G 社会有关部门的反映。

四、运作程序

教育质量内部保障体系的一般运作程序是：机构依据部门或个人自评、教学质量目标、相关政策和教学活动记录的有关数据进行自评；撰写自评报告；全体教职员工对自评报告进行审议；召开学生代表、家长代表、同行代表等多种类型的座谈会听取意见；作出结论；将自评报告、结论上报主管部门、主管领导；听取反馈意见；制订改进措施。

五、健全组织

为了保证质量内部保障系统充分发挥在教育质量方面的保障作用，必须建立质量内部保障组织系统。一般设有以下几个部门。

教学委员会：教学委员会可由主任、分管副主任、教务处负责人、业务部门或教研组负责人组成。主要任务是制订教育教学活动质量标准，制订有关教学活动的政策，决定教育教学活动的重大事宜，组织、协调机构关于教学质量管理的各项活动，总结教育教学质量保障活动的经验、教训。

教育质量信息管理小组：由教务处负责，与日常教学管理活动结合起来进行。它的任务是收集、分析教学活动的相关信息，为进行科学决策提供基础；及时将教学信息反馈给有关人员，为提高教育质量服务。

专家指导小组，由分管副主任负责，聘请部分教育专家和有丰富的教学经验的教师组成。任务是定期参加教育教学活动，通过各种渠道了解学生以及其他方面对教育教学活动的意见与建议，从而对教育教学活动状态作出评价，对工作中存在的问题进行诊断，对改革提出建议。

质量监督小组：党支部主要领导负责，吸收部分教师参加。任务是，创建质量文化，动员教职员工参与质量保障活动，接受有关质量评价争议问题的仲裁，组织有关质量评价争议问题的复评等。

六、强化管理

强化管理分为一般性的管理和阶段性的评估两个方面。一般性的管理就是在平时教育教学活动过程中，教学管理部门要严格按照政策、规定执行，不间断地采集信息、进行分析，并向教学委员会提出建议。阶段性的评估，是指在固定的阶段内对机构的教育教学活动质量的现状进行单项或全面的诊断，以准确把握自身的质量定位，起到肯定成绩、找出问题，分析距离教育质量标准的差距，不断向理想的目标迈进。

七、及时反馈

反馈分为两类：其一是及时将上级有关部门及有关方面对本机构教育质量的意见反馈给质量内部保障系统；其二是将教学质量的信息及时传递给所属部门或个人，以不断提高教育质量。在这过程中要鼓励部门或个人结合教育教学活动实践开展教育科学研究活动，使他们能够站在理论的高度看待、分析自己教育教学活动的思想、方法、过程、效果，主动探索提高教育教学活动质量的有效途径。作为教学委员会要对教育教学活动中的存在的共性问题，采取组织观摩课、专家会诊等形式及时给予解决。

八、不断优化

教育质量保障体系并不是一个一次形成不可变更的体系。不论是制订的政策、建立的组织、管理的程序等都不可能一次到位，要根据教育教学活动质量的情况，识别问题、诊断原因及时改进，有目的、有计划地调整，不断地维护这个体系，使之不断优化。

北京市崇文区少年宫加强机构管理的系统性、全面性与实效性

北京市崇文区少年宫　唐汝明

校外教育机构管理，是指管理者依据校外教育机构各种活动和工作的要求，从主客观实际条件出发，将一定的人力、财力、物力、设施、时间、空间等要素，按一定的机制运转起来，以实现校外教育工作和活动的目标的过程。校外教育机构管理是为青少年儿童校外教育活动服务，以促进青少年儿童全面发展，健康成长为目的、兼顾人才效益、社会效益、经济效益的管理活动。

校外教育机构的管理有别于一般学校的管理，艺术院校的管理，不同于企业生产经营性管理，也不同于文化事业的管理，是一项具有校外教育特色的校外教育管理。

北京市崇文区少年宫有意识地加强了校外教育机构管理的研究与实践。在管理工作中探索校外教育机构的管理规律，总结经验教训，不断深化校外教育管理的改革，特别是加强机构管理的系统性和全面性，达到有效有序的管理目的，为少年宫校外教育工作的改革与发展打下了坚实的基础，为校外教育活动水平的提高提供了有力的保障。

一、坚持管理工作的系统性，保持校外教育机构的管理体制的整体性。

任何管理对象都是一个特定的系统，是由互相区别、互相依赖的若干事物结合而成的，具有特定功能的有机整体。系统的整体性在于任何系统都是作为一个有机整体而存在的。校外教育机构管理体制的整体性，关系到管理工作的全局协调和管理工作的到位，关系到管理工作的实效。崇文区少年宫不断地改革完善管理体制，形成了一套完整、系统的管理机构设置。

领导指挥决策系统，崇文区少年宫实行宫主任负责制。宫主任全面负责决策权、指挥权，建立了宫务委员会制度。宫务委员会由宫主任担任会长，由宫主任、宫副主任、中层管理机构主任组成。党支部书记、工会主席参加宫务委员会会议。宫务委员会是审议机构，对少年宫的工作计划、总结、重点工作、人事安排、奖罚事项、大型活动实行讨论审议，在民主讨论的基础上形成决议，由宫主任组织职能部门实施。宫务委员会“聚”是一个审批决策机构，“分”又是各个执行部门，形成了统一领导、统一决策、分工负责、贯彻落实的领导管理体制。

运行职能部门，少年宫实行宫、处(室)、部三级管理网络，形成了职能管理系统。以中层处室为核心的运行职能部门，贯彻执行宫务委员会的决议，具体实施管理工作，少年宫设办公室、教务处、群文处、总务处三处一室运作职能机构，形成了以校外教育活动为中心的行政、教务、后勤保障等管理网络，正副主任分工负责、通过中层部门贯彻到部组具体实施、上下贯通、左右协调、形成系统完整的运行管理机制。

监督反馈系统：监督反馈系统是管理工作的重要环节，往往不受到重视，但其确实是管理工作改革和发展的关键。有了监督反馈系统，就可以评价和检验

管理效果，找出管理不足和漏洞，不断地加以改革、不断地加以改进，使管理体制更加完善、管理工作更有效的实施、更好地达到管理目标。

少年宫和监督返反馈机构有两条主线。一方面是党支部的监督保证作用，是做好管理工作的保证，也是把握管理方向的保障。另一方面是教职工代表大会制度，这是监督保证的重要渠道。崇文区少年宫每年二次的教职工代表大会，对宫内重大事项、人事变更、工资改革、机构调整等做出审议，对宫主任工作计划、总结进行审议，并且提出提案对少年宫工作提出意见和建议，是反馈群众意见、改革管理办法的好形式。

决策机构、运行机构和反馈机构形成的封闭式循环系统，形成了系统的完整的、循序渐进的管理体制，形成了校外教育机构的合理管理框架。

二、坚持管理工作的全面性，保持校外教育机构的管理过程的完整性。

管理工作的全面性即体现在时间、空间的全面性，可以说，管理无时不在，管理无处不在。

崇文区少年宫贯彻管理工作的全面性，实行了“目标管理”、“过程管理”和“制度管理”等全面性管理。

崇文区少年宫在实行教职工岗位责任制的基础上实行了教职工聘任的目标岗位责任制。教职工与宫务委员会签订三年岗位目标协议书，双方商定三年工作目标职责，明确三年工作任务及达标要求，明确双方的职责和权益，并明确了奖惩办法。实现了少年宫的三年规划与教职工的三年工作目标相统一。教职工有了工作目标和职责要求，使目标管理得以实施和落实。

崇文区少年宫充分发挥运行职能管理部门的作用，对校外教育活动进行了“计划、实行、检查、总结”四个环节的全过程管理。过程管理是管理工作的重点，也是落实目标管理的实施，是切合实际的管理，抓住4个环节的管理，使管理工作不断推向前进，达到管理效果。

崇文区少年宫在教育教学活动管理中，采取教师制定活动计划，保证工作量和工作进度，实现目标的合理安排，主管部门审定后开始实行阶段。在实施计划中，采取了不同方式督促计划的实行，并进行“活动方案”、“活动进度”、“活动效果”的检查。计划实施后，结合工作总结，教师考核，评选先进工作者等方式进行总结，总结活动“量”的完成及“质”的效果，在总结的基础上再制定下一时间段的计划。这种全过程的循环管理，形成了对校外教育教学活动的有序管理过程，达到管理的效果。

制度管理是实施管理的依据，也是实现有效管理的主要措施，是管理工作规范化达到无处不在的保证。

崇文区少年宫修订形成了一套完整的管理制度。这套管理制度是依据校外教育活动原则和校外教育活动特点制定的，使管理制度做到要求合理，切实可行。制度管理的关键在于落实，必须做到按律而行，持之以恒，做到公正公平。特别是制度的制定者和检查者要以身作则，带头执行，就可以真正把制度运用于管理之中，达到管理的效果。

三、坚持管理工作的实效性，坚持校外教育机构管理模式的发展性。

管理工作的效益原则指任何系统的管理都要讲求实效，也就是说要讲求管理的效果。这是管理工作的意义所在，达不到管理的效果也就失去了管理的意义。

校外教育机构的管理框架，管理体制是为校外教育事业的发展服务的，是为校外教育活动的质量服务的，是为校外教育机构自身的生存与发展服务的。校外教育机构的管理体制的改革与发展性就是适应性。校外教育机构的归属上级部门不同，校外教育机构的规模不同，校外教育机构所处地区环境氛围不同，决定了校外教育机构的不同特色和不同风格。应当在改革发展中选择最适应自身的管理框架模式，形成最合理的最有效的管理体制。

坚持校外教育机构管理框架的整体性和发展性，可以促进校外教育机构管理的规范化、系统化，可以促进校外教育机构管理工作的动态性和适应性，达到了原则和灵活的结合。在坚持加强科学化管理的基础上强调管理工作的发展改革的适应性，就可以实现管理工作的目标，达到理想的管理效果。

注重管理创新，促进校外教育发展

北京市朝阳区青少年活动中心　韩寅生

在青少年儿童校外教育发展过程中，人们比较关注的是校外活动场所的管理问题，因为管理水平的高低直接影响着校外教育的发展速度。从当前各地校外教育机构的管理情况来看，在校外教育的管理理论上缺少观点，在实践上基本上没有统一的范式，处于一个自由发展、各自为政的状况，致使各地校外教育的发展很不平衡。为此，我以一个校外教育机构管理者的身份，从校外教育机构的管理规范管理理念、管理方法、活动设置、师资队伍建设以及根据自身的特点进行改革和创新，促进自我发展等，与同行交流。

一、树立正确的指导思想，创建和谐校外教育

所谓和谐校外教育就是指：坚持校外教育公益性质，突出校外教育的本质特征，充分发挥自身优势，适应市场经济体制要求，与学校教育、家庭教育和其他形式社会教育协调发展的、充满活力的教育。构建和谐校外教育的指导思想，必须做到以下3个坚持：

坚持校外教育的公益性，不以营利为目的，将盈余的资金最大限度地用于校外教育的发展上，改善办学条件。一切面向广大的青少年儿童，采取收取少量活动费或减免费用、争取专项活动款、降低活动成本等方式组织教育活动，使更多的孩子能参与到校外活动中来。

坚持全面推进素质教育，调整办学的思路，以适应孩子素质发展的需要、适应学校活动的需要、适应社区建设的需要、适应社会各个层面发展的需要。校外教育作为整个教育体系中的重要组成部分，要发挥在构建和谐社会中的优势，充分整合各种教育资源，对青少年儿童实施学校课程计划之外的教育。

二、用发展的观念审视全局，用发展的办法解决前进中的问题

当前，从我国校外教育整体发展的情况来看，校外教育如何适应市场经济的发展，在越来越激烈的教育竞争中如何形成自己的特色，怎样满足地域内的群众对高质量校外教育的需求，校外教育机构自身的建设如何构建等等一系列问题，都是校外教育工作者普遍关注。我们认为，所有这些问题，都是发展中的问题，而发展中的问题，要用发展的办法，在发展中解决发展问题。

从校外教育的现状来看，校外教育的竞争将主要集中在教育观念、质量、效率和效益几方面。校外教育既要产生较大的社会效益，也要获得较好的经济效益，要处理好二者的关系，实现经济效益和社会效益的统一。在校外教育发展中，坚决反对那种只讲结果，忽视成本，只图成绩，不计代价，过多强调规模、形式，单纯追求以量取胜的低级发展状态。为此，我们当前做的所有工作，包括管理方式、师资建设、项目设置、硬件建设等都必须统盘策划，权衡利弊，其衡量的标准一是发展的社会对我们教育的满意度，二是自身发展的程度。同时，我们还要密切关注校外教育发展的最新动向，广泛吸收和运用那些先进的教育理论和研究成果，努力创造新的思路和方法，推动各项校外教育事业走上良性发展的轨道。

三、以人为本，加强校外教育机构的领导与管理

校外教育的管理与学校有很大不同，各系统主管部门也没有统一的规定，在这种情况下，校外教育机构的管理体制和运行模式就存在着较大的探索和实践的空间。多年来，我们的管理总是围绕着时间、场地、人员、设备、资金等要素展开。这些要素怎样进行合理的配置是校外教育管理者应不断探索调整的，最关键的是对各类资源进行优化配置，使各种要素处于积极有序的状态。校外教育的领导者和管理者的第一任务是创造出一个大于其各部分总和的真正整体，创造出一个富有活力的整体。优化组织的最大机会和最大动力在于改革系统的结构与程序，把自己所管理的组织创造成一个真正有效的、充满活力的整体。这既是每个领导者的首要任务，也是加快发展的关键所在。

我们在遵循教育基本规律的同时，借鉴企业管理的思想，运用了“扁平管理”的模式，促进了单位整体工作的发展。这种管理从集权制转变成分权制，从4个管理层次到2个管理层次，将人、财、物、时空等管理重心下移。在管理重心下移后，权力分配度的把握就需要领导者用才智进行调整。在工作实践中，我们遵循职权一致，分配适度，择人任事、量才授权原则，适度放权，利于部门负责人自主管理，但又不会形成“重在下，则令不行”的局面。3年来的运作实践表明，扁平式管理办法极大地调动了部门工作的积极性，增加了信息传递的速度和准确度，促进了管理者的快速决策。从人本管理的理念出发，扁平式管理拉近了领导与被领导者之间的距离，形成了以团队为核心的工作氛围。从发展的角度看，扁平式管理增加了业务部门间的横向联系，使校外教育机构面向社会的服务点增加、服务面拓宽，发展机会增加。

四、求真务实，以规则创新激活发展

校外教育具有较大的教育自由度和灵活性，为校外教育的发展提供了广阔的可能性。但是，这种可能性能否实现，关键看我们制定的工作规则是否有利于青少年儿童的发展，是否有利于促进单位的发展，是否有利于满足社会发展的需求。

规则是根据发展的需要事先制定的、具有普遍接受和自觉维护遵守的一种行为准则，成功的规则是将奋斗目标转化为具体行动的连续手段。通过规则的制定和执行，在各种力量和要素之间产生一种相互联系的桥梁和纽带，使原先处于散乱状态的所有要素连接在一起，形成一套有序运转的高效行动系统或机制。10 多年的校外教育工作实践证明：规则创新是我们发展的根本。这种创新是多层次、多角度的。在观念上，要形成自己对校外教育发展的独特的理解，要有一种强烈的创新欲望，即观念规则创新；在管理上，要不断调整管理的内容和方法，促进队伍建设的发展，即体制、机制规则创新；在活动上，要不断地创建新项目，提出新形式，以至于活动的时间、地点和环境等均要为适应社会需求而调整，即活动规则创新。

校外教育的发展要通过规则的不断创新来激活。建立新的规则不是简单地增加一项制度，而是一个除旧布新的过程。激励性规则的精髓在于，创造出一个高效率的环境，使多数人的敬业精神得以发扬光大，使少数人不劳而获的恶习找不到市场。其次应具有独创性。最好的规则即使不是全盘创新，至少也是针对某一独特情形所进行的特别改造，是一个组织中全体成员积极参与和创造的过程。再次应不断改进规则。有些规则在实际运行中，往往会产生种种意想不到的负面效果，即使初期运行完好，也不排除在新情况、新问题面前出现不适应的可能性。只有根据形势发展不断改进完善规则，才能保证实践行动的时代性。

五、教学与科研相结合，促进教师群体成长

引导教师参加校外教育研究，是促进教师成长的重要途径之一。对教学一线的教师来讲，研究的过程，实际上是促进教师学习的过程。因为，教师的研究是一个发现问题的过程，研究始于“问题”的发现，而学习会使问题更清晰。学习可以引领研究，研究可以促进学习，在这样一个交互过程中，教师的素质得到了提升。我们在强调个体研究和学习的同时，更注重团体的研究和学习。我们通过用课题引领的方法，通过举办活动设计竞赛和活动方案评优等教学活动的形式，使教师们不断加强教育研究的意识，在集体研究讨论中提高方法论水平，用科学研究的方法解决校外教育活动中出现的实际问题，促进活动质量的提高。近几年来，我们有一批教师通过参加各种课题研究和教学设计评比活动，从工匠型教师向研究型教师发展，成为了教育教学的骨干。

管理——和谐才有活力

北京市通州区青少年活动中心　何志东

在党和政府的关心和支持下，北京市校外教育机构在场地、设备、经费投入等硬件方面，已经有了质的飞跃。这是近年来党中央、国务院和市委、市政府重视未成年人教育的结果，体现了党和政府对未成年人校外教育事业关心和支持。当前在校外教育事业空前发展的形势下，伴之而来的是我们如何认识校外教育的多样性、复杂性，以及针对其特点如何进行最优化的管理，有效地开展工作。校外教育事业的发展需要通过人文化管理，营造和谐竞争的工作氛围，需要构建和谐的工作组织。

以和谐构建团队——在动态中实现统一

一个和谐的校外教育组织应该是综合了民主与制度、多元与一致、活力与秩序 3 个对立统一的完整体系。这个体系必定是一个动态的，是一个充满朝气、充满活力的和谐组织，绝不是“一潭静水”。在这个组织中，由于教职工的努力，推动着各方面工作的持续、健康、快速发展。使一切有利于校外教育发展的创造愿望得到尊重，创造活动得到支持，创造才能得到发挥，创造成果得到肯定。创新、创造，是事业活力的来源；事业活力是组织和谐的来源，和谐的达成依靠的就是活力。

凭和谐形成合力——资源的兼容、整合与配置

1. 资源分析。通州青少年活动中心有教职工 60 名，任课教师中达到大学以上学历的 88%，这些教师有老、中、青，有男、女，民族之别。他们毕业于不同的学校，来自不同的地域，具有不同的阅历、经验、专业、爱好和能力，承担着不同的岗位责任。这是中心的人力资源。近几年中心加大投入，36 个专业教室和 14 个综合活动室建成了各具特点、相对独立的多媒体系统；建成了覆盖全面、门类综合的校外活动数字化管理系统。这是中心的物力资源。中心的工作需要地方党委、政府的支持，需要社会各界的帮助，需要青少年及家长的理解和配合。这又构成了中心的社会资源。这些资源之间固然有这样那样的差异，但是它们都共存于一个组织之中，或共生于一个地域的社会之中。他们各有各的功能、各有各的能量，各有各的生命力。充分利用资源，有效发挥资源的作用，既可以使我们出色的完成一项又一项的工作，又可以使中心的各种资源体现到自身价值。

在3类资源中，人力资源居于矛盾的主要方面，决定着事物发展的性质，把握着我们单位发展的方向。各类资源能否兼容共生，主要取决于人力资源作用的发挥，即内部教职工主动性和积极性的发挥。

2. 人力资源配置。校外教育有着非常广阔的时间和空间，能够开展内容广泛、形式多样的活动。在这样的组织中，只有使每个人都能找到自己最适宜的位置，使每一个人在组织的帮助下，经过自身的努力实现自身的价值，才能充分发挥人力资源的作用。我们公正的对待每一位教师，鼓励老师根据自己的专长选择合适的岗位，并且经过两三年时间的培育、打造，使其成为稳定项目。朱云霞老师在大学的专业是钢琴，但他却大胆的开辟了古筝专业取得了成功。安金旺老师原是机加工厂的负责人，他喜好钻研，动手能力比较强，自己选择了模型专业后，在大家的帮助下，已形成规模，仅2004年航模一项，获得了三个北京市冠军，一个全国冠军，成为活动中心的品牌。傅岩和马骏俩人有组织才能，喜爱学生活动，几年来他们充分利用社会资源，在群文岗位上组织的活动个个精彩，在通州区享有了极好的口碑。专长不突出的老师我们尊重他们的意见，根据不同情况安排到服务岗位，帮他们找到自己工作的着力点。在行政后勤岗位，我们执行职级工资，教师可以根据自己的岗位责任、工作奉献和工作成绩通过自己申报而获取相应的工资报酬。

3. 人力资源的整合。在我们这个组织中，工作岗位可以自己选，教学设施可以按自己的意愿配置，革新方案可以自己尽情的发挥，创造的成果能够得到大家的认可，甚至岗位的工资都可以自己来申报。在这个组织中，每个人都能找到自身的价值所在，感受到他人对自己的尊重，能够在组织、机构不断积淀的文化中不断找到自己的贡献。在这种工作状况中，我们的事业蓬勃发展，组织愈加和谐。和谐的组织正是给全体教职工（绝不是部分或大部分）谋得了一定的物质利益，提供了生活与发展的条件，把各类人的资源联合起来形成合力。

用和谐规范行为——制度实施与道德约束

中国有句话，叫做“不以规矩无以成方圆”。组织的规矩是一个机构行为的准则。人生在世，无不需要制衡。“有条”则“不紊”。大家都按规矩办事，组织就会井然有序。在我们这个组织中，始终强调制度的重要，但同时申明：制度的制定是民主意识的体现，是教职工意志的汇集，制定的制度是保护教职工的，是为教职工服务的。我们开诚布公的把问题和困惑交给教职工，再把各种意见汇集起来，拟成初步方案，然后交给大家充分讨论达成共识，形成维护集体、保护教师的管理意见。经过十几年的完善和发展，中心已形成了一整套涉及活动中心各个方面的 44 项制度。多年来，大家悉心地利用制度保护自己，利用制度维护着单位。

组织的和谐除了需要成文的纪律外，仍需要不成文的规范与其相辅相成。对具有组织文化特征的共识以及约定俗成的良好习惯、道德标准是不成文的。成文的制度虽有弹性，总体上是刚性的。道德水准虽然也分层次，但是总体上是高层次的。成文的、刚性的制度固然有效，不成文的行为规范意识能内化到心灵深处，使制度得到升华，更具有长效的功能。真诚的赞扬，善意的提醒，诙谐的笑谈，能使教职工的心紧紧地贴在一起。机构内部规范是教师意志和利益上的最佳交汇点，是教师集体控制的防火墙，是事业发展的支撑点。社会在前进，组织的规范会更新。更新后的规范会产生新的活力，推动着组织整体的前进。

让和谐焕发活力——合理运筹与民主管理

所谓“运筹”，就是我们常说的“整合”。意思是说在调节组织中不同群体的利益时，运调自如，相得益彰。而不是彼此扯皮，互相抵消。如果光有优质的资源，缺少有效的运筹，组织仍然难以和谐。组织结构是人搭起的架子，组织规范也是人制订的。运筹得当，兼顾各方，兼容并包，各得其所，皆大欢喜；运筹得当，方能最大限度地发挥各种资源的作用。

1. 搭建合理的内部结构。所谓“合理”，是说构成教师组织的各个组成部分，也就是子系统之间有一个比较匀称、比较均衡、比较稳定的关系。这些子系统通常指的是教师结构、干部结构、职员结构等各方面人员比例的构成。子系统的构成是组织的框架。子系统结构合理是机构和谐的前提。内部结构不合理，必然会把教师之间的距离和矛盾拉大，与此相应地是情感张力加大。情感张力一大，内部冲突很容易触发；反之，内部结构合理，人与人之间距离适当，矛盾也会比较小，在这种情况下进行管理、整合，管理的难度比较小，和谐组织最易容易建成。

通州区青少年活动中心经过几年的实践，教职工组织形成了既有独立职责，又能穿插配合的5个子系统。5个子系统间的核心教师相对稳定，结构比例随着单位的发展愈趋完善。系统在这样的“时空”中不断的保持其均衡和协作。人与人之间理解、谅解、团结、互助，和睦相处，用“和谐竞争”的精神，取得了一项又一项的工作成绩。

2.营造多元并存的文化氛围。校外教育经过多年的发展与完善已形成了多元并存的教育。这表现为：一是活动方式的多元；二是教育思想上多元。校外教育从来没有像今天这样呈现多元并存、“百舸争流”的局面。但要看到，多元的出现给校外机构的运转带来许多新的课题。这些课题管理失调就会出现自以为是、各行其是等消极局面。而运筹得当、破解得法就会产生校外教育中两个最基本的东西。其一是教育活动方式的不断革新，这是校外教育中最活跃最积极的因素；其二是不断实现管理工作的自我完善，为组织的充满活力提供制度支撑。

焦雪老师琵琶教学与舞蹈知识相结合，有趣而生动，巧妙地突破了难点；田岩老师在钢琴教学中以培养倾听能力为手段，将学生的综合能力和人生养成为目标，收到极好的效果。活动处的老师们以“群文活动社会化”为方向，不断研究、探讨，2004年组织的“小手拉大手、共行文明路”活动与区交通队合作，得到领导的重视和社会的支持，参加的学生达十几万人。浓浓的研究氛围，一个又一个的教改设想，将教师吸引到所钟爱的工作中来，使整个机构的教学活动水平实现着一个又一个的跨越。

3.民主决策。在管理工作中，我们实行重大问题的决策权和日常行政指挥权的两权分离。前者体现着领导班子的集体决策和教代会的民主决策，后者则是管理工作者贯彻集体决策服务于各项工作，实现各项工作目标的过程。集体决策和民主决策不是为领导的意志寻找诠释，而是为了挖掘事业发展的宝藏。正是集中了众多教师、干部的意见，通州区青少年活动中心才逐步确立了“构建5个系统，强化3个结合，实现一网互动”的管理思路。其中设施的古典化和现代化结合；活动的社团化和社会化结合；管理的人文化和数字化结合已成为我们不断打造的特色。在人文化的管理过程中，伴随着组织的和谐发展，每位教师也在不断地使自我得到完善，不断地使自身价值得到体现。和谐组织的美妙不在于“无差别境界”，而恰恰在于面对多元化的现实，摆平和协调各种利益矛盾。多元横流，方显出和谐组织之可贵。

一个持续发展的校外教育机构要特别强调组织中的每一个教师崇尚奉献、崇尚知识、崇尚人才、崇尚创造。要营造鼓励教师干事业、支持教师干成事业的良好氛围，放手让一切要素和管理的活力竞相迸发，才能形成组织的规范，达到“活而有序”的和谐境界，而这种和谐的境界，正是促进事业发展的动力。

以人为本，努力打造少年宫的品牌教师队伍

——校外教育管理工作的探索

陕西省西安市碑林区少年宫　彭建萍

一、树立“以人为本”的管理理念，营造和谐的人际关系

树立新的管理理念，就是要张扬以人为本的教育管理理念，在管理者与被管理者之间营造并建立新型的开放与互动、合作与分享、关爱与支持的人际关系。教师是少年宫不断发展的主体力量。承认教师是少年宫发展的主体力量，意味着管理观念中管理者角色的根本转变。由过去视管理者为“绝对权威、高高在上的主人的观念”转变为“管理就是服务”的现代管理新思想，这样才能促使管理者摆正自己的位置，改进工作作风，依靠教师这一主体力量并激发其内在的工作主动性。

第一，教师是少年宫承担教育教学的主体，是教育行为的具体实施者。能否调动广大教师的工作热情，发挥教职工的责任感，形成强大的凝聚力，全心全意、同心同德是搞好教育教学及特长培训工作的关键。依靠教师，尊重教师，确立教师是教育主体的观念，虚心听取广大教师职工的意见，广泛征求教职工对少年宫发展规划、治校方略、重大决策、学校建设等方面的建议，随时保持同广大教师密切联系，不断修正决

策失误，群策群力共谋少年宫发展大计，是现代少年宫领导的工作风范。

第二，教师的劳动是一种特殊的劳动，他们在长期的教育教学实践中形成了各自不同的风格，不同的方法，从而形成这群教师非常鲜明的个性，尤其是著名的专家教师，教学及活动的组织都有独到之处。这就要求少年宫的领导们要学会尊重这些艺术特长教育的教师群体。对他们的工作多鼓励，多肯定，与专家教师勤沟通，充分听取诸多艺术家的善意意见，及时调整艺术特长教育的发展方向。在艺术创作领域里，创造条件，使艺术家们宽松地进行艺术创编，在人、财、物各方面给予大力地支持，调动专家教师队伍完成艺术作品创新与再创造，从而提升少年宫在文化艺术界的影响和知名度，借助专家的实力营造少年宫的品牌。如：我宫外聘教师任桂莲教师创编的《猜字童谣》、《七彩校园》、《跨世纪的好儿童》等少儿歌舞多次荣获全国及省、市少儿舞蹈大赛金奖、银奖。儿艺的院长孙海鹂老师创编的少儿音乐剧《山丹丹花开》在全国青少年音乐歌舞大赛中获金奖。

第三，教师们每一步成绩都需要重视。少年宫领导们必须懂得尊重教师的人格，尊重教师的感情，尊重教师的想法，理解教师的行为，建立一个互相尊重的沟通系统，形成和谐的人际关系。坚决不能高高在上，动辄板着面孔训人，要以平等的姿态与教师谈话，以宽广的胸怀对待不同的意见，以坦诚的心与教师交流思想。要经常主动接近教师，努力为教师创造一个想说、敢说、喜欢说、有机会说的氛围。理解教师，信任教师，一视同仁，建立起和谐的上下级关系，调动教师的积极性，增强教师的主人翁责任感，使教师的人格价值充分得到体现。

第四，关心、体贴教职工衣、食、住、行及精神文化生活，缓解和减少他们的抱怨、消极、抵触的工作情绪。生活中，教职工有病，宫主任一定要在百忙中抽空亲自去看望，教职工有困难，宫主任一定要尽力去设法帮助解决，教职工思想有情绪，宫主任一定要促膝谈心。政治上，关心每一位青年教师的成长与成才，设身处地地帮他们设计个人发展计划。鼓励青年人积极靠拢党组织，大力做好青年推优工作，创造机遇，推进青年先进教师走上领导岗位。开辟时间，组织丰富多彩的教工文化体育活动，如采风登山、社会调查、各类小型文体娱乐比赛、音乐会、外出参观学习等，有效地丰富全体教职员工的精神文化生活。

第五，创造空间，提供舞台，给教师学习和工作上的支持与服务，提高教师的专业素养，增强教育的后劲和品质，管理者的一项重要任务就是要树立教师的“终身学习”的观念，促进教师的学习，并给教师提供学习支持和服务。我宫鼓励全体教职工不断地进行深造，重视每位青年教师的个人综合素质的提高，要求每个教师结合自己的工作学习实际，制订素质拓展推进计划；同时鼓励教师参加各种形式的学习。宫内还创造机会让教师走出去，多接触外界信息，经常组织夏令营，组团参加国家级全国青少年文艺、体育、科技大赛，让各位老师独立带团，在工作实践中锻炼组织能力，增强带团经验。

第六，扬长避短，组建最佳团队。搞特长教育的教师，各有所长，要充分发挥每位教师的个性及专业特点，促使其更好地开展工作，开明、豁达地放手让教师张扬个性创造性地、愉快地去工作。

二、重视团队精神建设，引发团队张力，以团队力量激励教师自主成长

在校外教育工作中，少年宫的管理者应重视打造团队精神，整合团队力量，引发团队张力，最大限度地提高团队的核心强力。

第一，在少年宫的工作中要切实形成党政工团齐抓共管的工作格局，少年宫的团支部、工会、教务处、办公室、总务处等各部门要在宫党支部的领导下，密切配合，以榜样的力量影响和带领全体职工与时俱进，争创一流。

第二，少年宫的领导一定要廉洁自律，榜样导行，自觉做反腐倡廉的排头兵，时刻“自觉、自警、自省、自立”，思想上牢固筑起拒腐防变的坚固防线，工作中珍惜自己荣誉，净化自己的灵魂，陶冶自己的情操，完善自己的人格，要廉洁勤政，艰苦奋斗，克己奉公，淡泊名利。

第三，实行放权，支持教师进行自我管理。我们把权力充分地下放给教师，让教师来参与宫内的管理。当权力下放给教师的时候，教师就必然要思考学科如何发展？如何营造个人与学科的社会品牌效应？教师的思考能力、组织能力、社会实践能力等综合能力便在大胆放手的工作实践中迅速提高。

第四，建立和谐的工作体系。实施活动项目负责制，充分信任每一位教师，实行活动归口管理，分头负责推进，每一项大型活动的方案制订、资金整合、人力调配、合作分工都以活动负责人的安排为核心，全体员工分工配合、默契合作、全力以赴，出色地完成活动的全过程推进。同时，奖励机制配套实施，责、权、利相称。谁负责活动项目，给谁活动负责人奖励基金，其他配合的同志享受单项活动奖金。这样，活动中负责活动项目的同志能充分感受主人翁的地位，展示自己的组织才能、领导才能，体现自己的自身价值。配合活动的同志们能在干中增长才干，增长见识，培养合作精神、协调能力，感受成功的喜悦。

第五，团队协作，增强教师专业能力。利用教师之间的经验分享，定期开办教师专业知识讲座，由宫内自己的教师主讲，同志们互相学习，取长补短，思考与寻找学科之间可以借鉴的内涵；通过共同探讨、研究、分享、反省与评价，思考、探讨校外教育目标与发展方向。在碑林区少年宫合作学习式的同伴成长模式、管理者与教师之间、教师与教师之间相互学习、合作学习的风气已经形成，从而增强了教师们的专业能力，增进了教师们的团队精神，提高了教师们的协同工作能力和团队协作精神。

三、建立科学的人才管理机制，培养复合型的校外教育教师队伍

第一，宏观管理，为教师的成长成才搭建广阔的社会平台。我们对少年宫教师队伍的未来发展进行了新的定位。今后少年宫在人才培养目标方面，应该以培养一技之长向一专多能转变，以优秀师资单位独占向系统资源共享转变。加强对少年宫的校外教育教师队伍的宏观管理，鼓励教师在开展丰富多彩的少先队创新、实践活动中求发展，完善综合素质，完成自然人向社会人转变的教师成长目标。

第二，目标量化管理，为教师的成长成才提出切实可行的目标定位。

1. 要具备良好的师品、师才、师技；2. 要具备出色的才艺技能（即一专多能）；3. 要进升专业本科以上学历；4. 要学会编写专业教材；5. 要具备策划和组织大型少先队主题教育活动的能力；6. 要具备良好的口才；7. 要学会善于把握时机通过各种媒体及时宣传报导活动信息的能力；8. 要能够娴熟地运用现代信息技术备课、演示、开展教学活动、进行学术讲座；9. 要具备协调学校、社区、家庭三位一体地开展教育教学活动的能力；10. 要具备有效地人际沟通能力；11. 要具备指导基层学校、服务基层学校的辅导能力；12. 要具备调动社会力量，运作资金，资源共享、创造性地开展生动活泼的少先队主题教育活动的能力。

第三，建立科学的人才流动机制，激活教师队伍建设。通过教育局人事部门，经过充分的考察、了解，将碑林区教育系统中有较高专业水准的知名艺教教师调进本宫充实到教学第一线，将不能适应少年宫教育教学发展需要的人员流动出去，从而改善教师队伍的学历与知识结构，使教师队伍适应社会发展的需要。尤其是在社会享有名人盛誉的教师，少年宫大开绿灯，竭力鼓励调进少年宫，并创设机遇，留给空间，让其张扬个性，鼓励参加全国、省、市各级各类青年推新人大赛，打造名人效益，创设品牌效应，从而使碑林区少年宫的教师队伍在社会上享有盛誉。

活动成果

群众文化活动

〔**共青团中央“青春中华”青年文化行动**〕为深入贯彻“三个代表”重要思想和党的十六大精神，大力发展社会主义文化，加强青年文化建设，满足广大青年日益增长的文化需求，充分发挥文化育人的作用，促进青年健康成长，2004年4月，共青团中央联合中宣部、中央文明办、教育部、文化部、国家广电总局、新闻出版总署下发了《关于实施青年文化行动加强青年文化建设的通知》，共同实施青年文化行动，并于6月份召开全团推进青年文化行动工作会议，作出工作部署。2004年，青年文化行动的重点活动有：

1. 纪念“五四”运动85周年“青春”主题晚会。联合中央电视台于2004年4月30日在北京举办，5月4日晚在中央电视台第一套节目黄金时间播出。晚会突出思想内涵，以“青春”为主题，以“同人民紧密结合，为祖国奉献青春”为主线，以各行各业平凡岗位上优秀青年的真人真事为线索，分为学习、创造、奉献3个板块，在表现形式上进行了大胆创新，是一场展现青年时代风采的青春盛会。中共中央政治局委员、全国人大常委会副委员长王兆国同志，全国人大常委会副委员长顾秀莲同志，全国政协副主席李蒙同志等出席了晚会。

2. “青春中华”首届中国青年文化周。联合文化部、广东省委省政府、深圳市委市政府于8月7日在深圳举办。以“弘扬民族精神、致力振兴中华”为主题，组织开展了中华青年欢乐大汇聚、“青春中华”大型主题晚会、中华复兴与青年使命论坛、中华青年民族特色精品展示会、中华青年民族歌舞邀请赛、“我心目中的中华青春偶像”青少年最喜爱的青年时代人物评选等活动。邀请来自香港地区123个青年学生社团、青少年制服团体和教育机构、澳门地区各青年社团的3000多名港澳青年与内地青年一起参加活动。全国政协副主席周铁农出席了文化周活动。

3. “青春中华”首届中国青少年读书周。联合教育部、新闻出版总署、济南市委市政府于10月9日在济南举办。读书周以“传承中华文化，立志学习成才”为主题，举办了青少年图书博览会、青少年美文诵读会、名家读书讲座、青年学习成才奖和优秀青年学习组织表彰、青少年喜爱的图书评选等活动，引导青年把读书学习与个人成长、国家发展联系起来，形成了良好的读书学习导向。

4. “青春中华”首届中国青年服装时尚周。联合宁波市委市政府于10月17日在宁波举办。以“弘扬中华服饰文化，引领青年时尚潮流”为主题，组织开展了中国青年服装设计大赛、“时尚轨迹”中国青年历代服装服饰文化展示、“青春中华”中国青年服装时尚论坛、少年儿童服饰文化节、2004年中国青年最喜爱的服装品牌发布等活动。服装时尚周使青少年真切感受了中华民族悠久灿烂的服饰文明，激发了当代青年追求文明健康生活方式的热情。

5. “青春中华”首届中国青年欢乐节。联合国家旅游局、海南省委省政府于11月5日在海南举办。开展了青年自行车环城巡游、“青春相约”大型主题演出、海峡两岸暨港澳地区青年共植同根树、“青春中华之共同心愿”海峡两岸暨港澳地区青年联欢等活动。

邀请了180多位台湾青年，30多位在香港、澳门影响力较大的青年社团领袖，以及在海南各地投资、就读的数千名港澳台青年参加。欢乐节荟萃富有民族特点的欢乐样式，引导青年为民族强盛而欢乐、为时代进步而欢乐、为创造发展而欢乐、为青春奉献而欢乐，展示了当代青年积极向上的时代风貌。全国政协副主席张怀西出席了欢乐节活动。

6. 第二届全国青年时代风采电视大赛。联合中央电视台于7～11月举办。经过层层选拔，从全国百万青年中产生了100名选手参加复赛，最终决出10名选手进入决赛。大赛以“学习、创造、奉献”为主题，通过健美才艺、素质拓展、益智活动、个性表现、公益创造、激情创业与颁奖晚会等活动内容，考察和展示选手的学习、创造、适应、反应等综合能力，以及才艺和形象，促进青年人才脱颖而出，充分展现当代中国青年与时俱进的时代风貌，引导广大青年主动适应全面建设小康社会的时代要求，勤于学习，善于创造，甘于奉献，不断提高自身综合素质和创业能力。

7. 首届中国青年文化发展论坛。联合海南省委省政府，于11月7日在海口举办。聚集著名的青年工作者、专家学者和文化产业界人士，共同研究和探讨青年文化发展问题。共青团中央书记处常务书记、全国青联主席赵勇发表主旨演讲，海内外著名学者杜维明、余光中、万俊人等应邀出席论坛并作演讲。中国发展战略与政策研究所执行所长、研究员陆建华，中国台湾青年商会总会会长李玉文，作家刘震云，腾讯公司高级副总裁、首席行政官陈一丹，共青团北京市委书记关成华等嘉宾应邀参加了论坛的访谈活动，香港凤凰卫视著名节目主持人吴小莉主持了访谈节目。论坛引起强烈反响，对推动青年文化建设起到了积极促进作用。

8.“感动”——首届全国青少年网络短信作品大赛。联合中宣部、中央文明办、国务院新闻办于2004年7月共同举办。大赛按照“三贴近”的要求，运用互联网和手机短信，开展富有时代特色、为青少年喜闻乐见的思想道德教育实践活动，在青少年中引起强烈反响，共收到参赛作品1万多件，大赛主网页登陆人数达230万人次，收到良好的教育效果，并在中央电视台举办了颁奖特别节目。

各地积极贯彻团中央部署，北京、上海、重庆、广东、山东、浙江、海南、四川、黑龙江、江苏、河南、安徽、湖北、湖南、内蒙古等地以及中央国家机关、铁道系统团组织，结合实际开展了大学生文化节、“青春红岩”、“中国红色之旅”、“开启新视觉”、网络短信大赛等丰富多彩的青年文化活动，初步形成了各级党政大力支持、社会各界普遍关注、广大青少年踊跃参与的良好局面。（赵激扬）

〔**“民族精神代代传”活动**〕　为深入学习贯彻党的十六大精神，加强和改进未成年人思想道德建设，在广大少年儿童中大力弘扬和培育民族精神，中宣部、中央文明办、团中央、教育部、全国少工委共同开展了“民族精神代代传”活动，教育引导少年儿童了解民族精神的丰富内容，感受民族精神的伟大力量，体验民族精神的时代内涵，逐步树立民族自尊心和自豪感，从小立志为实现中华民族的伟大复兴做好全面准备。

活动自2003年开展以来，广大少年儿童以少先队中队、小队为单位，通过寻找事件、寻找人物和做一件事去感受和体验“中国了不起，中国人了不起，做个了不起的中国人”，取得了积极的成效。

在活动实施中，各级少先队组织注意树立品牌意识，打造工作品牌，得到各主办单位的大力支持，得到各级领导的重视，受到了广大少年儿童的欢迎，得到社会各界的广泛赞誉，成为各主办单位落实《中共中央国务院关于进一步加强和改进未成年人思想道德建设的若干意见》的一个有影响的品牌活动。

2004年3月1日，全国1.3亿少先队员、80万个少先队大队、400万支少先队中队、1600万支少先队小队以体验教育为基本途径，同时举行民族精神代代传——“三个了不起”全队统一行动日。各级少先队组织结合本地区的特色教育资源，引导少先队员按照“寻找事件、寻找人物、做一件事”的要求，邀请革命前辈、科学家、社会名人等有影响人士，向队员讲解民族精神的内涵，通过少先队员畅谈体会、诗歌朗诵、歌曲传唱、绘画、征文等形式，利用专题板报、壁报、专栏、红领巾电视台、红领巾小报等载体，在校园和社区中介绍活动内容，抒发为实现中华民族伟大复兴做好全面准备的志向，使每一位队员自己也都受到一次深刻的民族精神教育。

各级少先队组织根据活动要求，采取“让孩子们自己写歌”、“请成人给孩子们写歌”和“邀请名家为孩子们写歌”的方式，征集既体现民族精神，又深受少年儿童喜爱的优秀原创歌曲，全国31个省、直辖市和香港、澳门、台湾地区上报了近3万首参评歌曲。2004年“六一”国际儿童节期间，在北京八达岭长城向广大少年儿童展示了其中的10首优秀少儿歌曲，在社会上产生了强烈的影响。在此基础上，经中国音协推荐的音乐家和相关音乐人士、少年儿童代表的评定、筛选，评选出将近100首富有民族精神且蕴含时代内涵的优秀少儿新歌，并从中选出7首精曲作为首批具有代表性的少儿歌曲于10月11日在人民大会堂向全社会发布。

〔**“中国少年儿童海尔科技奖”活动**〕 是全国少工委联合海尔集团共同开展的一项旨在弘扬科学精神，培育少年儿童的创新精神、实践能力与综合素质，增强少年儿童科学素养的科技教育活动，是全国少先队组织贯彻中央8号文件精神，大力开展青少年科普教育的具体举措。

这项活动最大的特点在于重在过程，重在弘扬科学精神。在评审过程中不以少年儿童小发明、小制作的成绩成果、获奖情况为惟一依据，而是更加强调在取得这些成绩、成果的过程中，少年儿童是否培养了科学精神。

海尔科技奖活动自2002年开展以来，得到了广大少年儿童的热烈欢迎，受到社会各界人士的广泛关注和大力支持。据不完全统计，2004年“海尔科技奖”得到了全国各地学生和学校的积极响应，参与面覆盖了全国27个省市，有近10万名少年儿童，通过不同方式积极参与了各级少先队组织开展的活动。在层层筛选的基础上，专家评审委员会依据评审规则对1943个参评项目进行了认真初评和复评，产生了330名海尔科技希望奖获奖名单。同时，确定了30个优秀项目进京参加终审答辩。与上届不同的是，在本次活动中，增设了海尔科技园丁奖和组织奖两个奖项，目的是对在该项活动中做出显著成绩的辅导老师和积极组织活动的各级少先队组织进行表彰。

12月18日，“2004年度中国少年儿童海尔科技奖”颁奖仪式在北京世纪剧院国际会议厅隆重举行。

〔**中国少年儿童平安行动**〕 “中国少年儿童平安行动”是共青团中央、教育部、公安部、全国少工委等部委共同主办的一项引导全社会关注和预防少年儿童意外伤害、促进少年儿童健康成长的社会公益活动，是“少年儿童平安回家”活动的深化和拓展。

2004年是“中国少年儿童平安行动”的第二年，各地以共青团、少先队组织和教育、公安部门为主导，依托中小学校和社区少先队组织，紧紧围绕“预防校园侵害、创建平安校园”的活动主题，在继续开展“火眼金睛”搜索、“安全隐患”曝光、“平安娃娃”自护、“平安快乐”展示的基础上，充分发挥少年儿童的自主性和创造力，引导他们开展了“争创‘平安校园’六个一”活动。少年儿童通过唱响“平安校园歌”、创编“平安校园警句”、参加“平安校园征文”、“平安校园知识竞赛”、“平安校园训练营”、“平安校园论坛”等丰富多彩的活动，在体验中学习自护知识，增强自护意识，提高自护本领。

2004年的平安行动更注重科学性和理论指导性。在“中国少年儿童平安行动”研讨会上，来自少年儿童意外伤害、少年儿童安全培训、法律、医学等各领域的专家就“平安行动”的目标、内容、形式的科学性、实效性、教育性等诸多方面进行了研讨，成立了“平安行动专家团”，加强对活动的指导和研究力度。

2004年11月15日，以“预防校园侵害，创建平安校园”为主题的“中国少年儿童平安行动”总结表彰大会在人民大会堂隆重召开，大会公布了“你认为最急迫需要解决的校园伤害”专项调查结果，并对2004年度“中国少年儿童平安行动”先进集体和个人进行了表彰。 （高彦明）

〔**中华少年小甲A足球活动**〕 中华少年小甲A足球活动在2004年抓住了社会体育热点和学校体育课程改革的有利条件，扩大了小甲A足球活动的影响力，提高小甲A足球活动的吸引力。

2004年5月，全国少工委与2004年亚洲杯中国组委会联合举办了“小甲A迎接亚洲杯红领巾东道主行动”。组织小甲A足球队员和广大少先队员们以中国举办亚洲杯盛会为契机，以亚洲杯赛场所在的北京、济南、成都和重庆四大城市为重点，开展丰富多彩的欢迎活动和足球展示活动，让佩带红领巾的小甲A队员成为了本届亚洲杯主办城市中的一道靓丽风景线。5月29日，亚足联秘书长维拉潘，中国足协副主席、亚洲杯中国组委会秘书长张吉龙、团中央少年部副部长、全国少工委副主任刘进喜参加了“亚洲杯倒计时50天暨小甲A迎接亚洲杯红领巾东道主行动”启动仪式。

6月1日，为引导少先队员保持蓬勃朝气、旺盛活力和昂扬向上的精神状态，过一个快乐健康的儿童节，中央电视台和全国少工委联合举办了“小甲A‘六一’足球赛”，组织小甲A队员与中央电视台的明星主持人队、丽达外交官队和梦舟影视明星队进行了3场足球表演赛，以电视节目形式带动全国少年儿童参加体育运动，提高身体素质。共青团中央书记处书记张晓兰、中央电视台总编张华山、中国足协专职副主席阎世铎、团中央少年部部长高洪、副部长刘进喜出席了活动，与现场的少先队员共同渡过了一个别开生面的儿童节。

为进一步加强小甲A基层辅导员、教练员队伍素质的整体培养，推动少先队特色活动与学校体育教育的有机结合，小甲A全国组委会于2004年8月10日至14日在北京举办了“2004年中华少年小甲A足球活动优秀辅导员、教练员培训班”，来自全国18个省市自治区的40名小甲A优秀辅导员和教练员参加了培训。全国少工委副主任刘进喜、北京体育大学、首都体育学院推荐了本校著名教授为培训班举办了5场专题讲座，向基层辅导员和教练员提供了一次开拓思路、掌握方法、提高技能的学习交流机会，取得良好效果。

2004年暑期，黑龙江省、天津市及济南、重庆、淄博、遵义、湖州、广州、锦州等地少工委还组织了规模不等、形式各样的小甲A夏令营活动，有力推动了小甲A足球活动在全国的普及和开展。（吴　军）

〔**“亿万少年绘祖国迎奥运活动”**〕　为充分表达广大少年儿童热爱祖国、期盼奥运的心情，展示当代少年儿童的时代风采，全国少工委在第29届奥林匹克运动会组织委员会新闻宣传部、中国美术家协会和中国书法家协会的支持下，于2003年2月开始，在全国少年儿童中开展了“亿万少年绘祖国迎奥运”活动。活动由中国少先队事业发展中心负责承办。由于受“非典”疫情的影响，活动延期至2004年举办。

本次活动作为2008年北京奥运会的重点活动，旨在通过组织全国各族少年儿童小画家与各级党政主要领导、国际奥委会领导、著名书法家、美术家、历届奥运冠军，共同绘制反映我国改革开放所取得的伟大成就和展望2008年北京奥运会美好蓝图的《盛世中华》2008米大型书画长卷，培养广大少年儿童奋发向上的拼搏精神，培养审美、想象和创造能力，提高少年儿童的综合素质，促进民族团结，弘扬奥运精神。

本次活动所创作的《盛世中华》画卷采用国画画法，以歌颂祖国壮美山河、光辉灿烂的传统文化、改革开放以来社会主义建设所取得的伟大成就及对2008年北京奥运会热情期盼为主题。画卷由总卷首和34幅分省画卷构成（含香港、澳门及台湾地区）。总卷首由国家级领导人题写的卷名，国际奥委会、国家体育总局、团中央、中国奥委会和北京奥组委领导的题词，中国美协和中国书协领导创作的书画作品，历届奥运冠军代表的签名构成。分省画卷由各省、自治区、直辖市党政主要领导题写的卷名以及省内著名美术家、书法家、56名少年儿童代表的书画作品组成。截至2004年底，全国已有28个省完成了本省画卷的创作（含香港和澳门地区），其他省分的画卷正在绘制中。在已完成的省份中有8位省委书记和10位省长为本省画卷题写了卷名，其他省份的卷名由本省党政主要领导题写，董建华、何厚铧分别为香港和澳门特别行政区画卷题写了卷名。

《盛世中华》画卷将收入各级领导、各界人士及各族少年儿童的书画作品近2008幅，共同组成气势宏大的2008米大型书画长卷，这在我国美术史上也是一次创举。画卷创作完成后，将于2005年10月在长城举办结画仪式，结画仪式后，在全国各省举办巡展，然后在2008年北京奥运会上展出，支持北京承办2008年奥运会，向2008年北京奥运会献礼。（王英强）

〔**首届全国少先队辅导员风采大赛活动**〕　由全国少工委主办，中国少先队事业发展中心和辅导员杂志社承办的首届全国少先队辅导员风采大赛于2004年3月～10月在全国少先队辅导员中开展。

此次大赛共设定了9项竞赛内容，分两个阶段进行。第一阶段完成了少先队综合知识、少先队科研课题报告、教育随笔3项赛事；第二阶段来自全国12个省、市、自治区的17支代表队的100多名选手在北京参加了演唱、舞蹈、校园戏剧表演、户外技能、综合知识与技能对抗及才艺展示等竞赛项目的角逐。

此次大赛是继1988年“全国少先队辅导员技能技巧竞赛”之后，根据新时期少先队辅导员的新特点和需求，以竞赛形式促进全国少先队辅导员队伍建设的又一创新之举。它是对新世纪辅导员队伍和少先队工作的一次全面检阅，充分展示了当代辅导员朝气蓬勃、昂扬向上的精神风貌；热爱儿童、无私奉献的崇高境界；技能高超、勇于创新的良好素质，也全面展现了新时期少先队工作的新理论、新技能和新方法，为少先队事业的进一步发展锻炼了队伍、培养了人才。

团中央书记处书记、全国少工委副主任张晓兰出席了此次大赛颁奖仪式，并发表讲话，团中央少年部部长高洪等领导为获奖选手颁奖。（高彦明）

〔**“心中有祖国、心中有他人”主题教育活动**〕2004年是全国校外主题教育活动加快发展和更加规范的一年，2003年11月，全国少年儿童“心中有祖国、心中有他人”主题教育活动组织委员会继续下发文件，在全国范围内部署了全国少年儿童“心中有祖国、心中有他人”主题教育活动，并把“双有”活动、“小公民”活动和“儿童参与式活动”的推广有机的结合起来，文件指出：“双有”活动要团结全国广大校外教育机构的活动部门，创造品牌，整合资源，加强合作，壮大声势，努力开拓全国校外教育主题教育活动的新局面。

2004年“双有”活动主要取得了以下成就：

1.“小公民”道德实践活动。中国小公民道德建设计划一经推出就受到全社会的关注，“五小”、“四进”等小公民道德实践活动受到广大教育工作者和少年儿童的喜爱。这是一项少年儿童群众性的道德实践活动，校外教育机构是“小公民”活动的主阵地。重庆市少年宫与各级学校建立小公民活动网络，校内校外形成联动，促进小公民道德实践活动落到实处。

无锡市少年宫开展“小公民”、“小事业”、“小研究”、“小创业”、“小博士”五小活动，营造了开展青少年思想道德教育的大世界。

青岛市儿童少年活动中心充分发挥基地作用，紧紧围绕“小公民”道德建设的内容，以儿童为主体，通过组织科技、文艺、体育等不同形式的教育实践活动，不断开拓工作新局面。

兰州市儿少中心以“传承民族精神，做合格小公民”为主题，设计开展了10多项全市倡导示范活动，引导小公民道德建设行动的健康开展。

河北省妇女儿童活动中心开展了“山里的孩子渴望有书读”捐书活动，共捐8万册。

上海市少年儿童佘山营地开展野外实践活动，让孩子们“洗衣服、买菜、包馄饨、烧竹筒饭”，提高孩子们的生活能力。

上海普陀区中小学社会实践服务中心以学生发展为本，不断创新实践，依托社区，家校联手，以走进社区，实践创新，争做合格小公民为主题，组织全区中小学生积极开展“知识奉献社会、爱心洒向社区”实践活动。

河南省妇女儿童活动中心开展“我的成长故事”儿童绘画、摄影、征文比赛，举办“中华大地行——走进青岛”海洋科技夏令营。

河南省新乡市青少年儿童活动中心举办“变化的家、变化的我”书画比赛，把传统书画比赛融入小公民“四进”活动，为传统活动注入新的生机和活力。

2.“儿童参与式活动”的宣传和推广。为提高校外教育儿童活动的整体水平，使我国的校外教育活动能够沿着国际化、科学化、规范化的轨道不断发展，“双有”活动办公室提出了“儿童参与式活动”的理念，并从2004年开始大力宣传、推广，要制定符合国际儿童活动标准的儿童活动评价系统，通过宣传、实验、推广、总结、表彰一系列的有效措施，使联合国《儿童权利公约》的内容在我国儿童活动中得到落实，使我们的儿童活动迈上一个新的台阶。2003年在青岛召开的“首届校外教育研修班”上，提出了“儿童参与式活动”理念。2004年上半年，中国儿童中心与联合国儿童基金会项目组成员一起在天津开展了“儿童参与式培训”现场宣传推广大会。天津市少年宫组织各区县少年宫老师30多人参加了培训。在“六一”期间，天津还开通了“儿童权利热线”，并同时启动“今年‘六一’我当家”少儿活动优秀方案征集大行动。

3.推出“中华大地行”儿童暑期夏令营品牌活动。夏令营这一组织形式是深受我国少年儿童欢迎的一种假期活动形式。校外教育机构是组织儿童夏令营活动的主力军。创造儿童夏令营活动的新局面，靠校外教育机构齐心协力，共同打造夏令营活动品牌。

2004年，“双有”办公室推出了一个属于校外教育自己的夏令营主题——“中华大地行”。2004年首先推出“中华大地行——走进新三峡”、“中华大地行——走进珠港澳”、“中华大地行——走进青岛”。6月，在湖北宜昌召开了夏令营研讨会，北京、天津、重庆、山东、江苏、河南、河北、内蒙、山西、湖北等省的十几个单位参加了会议。在会上还进行了各地夏令营的经验交流。

2004年，广东东莞市儿童活动中心、内蒙古儿童中心、青岛市儿童少年活动中心、河北省石家庄市青少年宫、河南省妇女儿童中心都举办了“中华大地行”夏令营活动。其中，东莞市儿童活动中心的夏令营得到了广东省横向联谊会的支持，广东省各市的校外教育机构对活动给予了极大的支持，青岛市和内蒙古地区开展了学生夏令营互访活动。

4.开展全国校外教育论文评选活动。2004年，为进一步推动全国校外教育创新人才的培养，提高校外教育从业人员的素质，营造良好的研究学习氛围，全国“双有”组委会和中国家庭教育学会少年儿童校外教育专业委员会开展了2004年论文评选活动。论文内容包括校外教育中校外活动、教学培训、儿童研究、教育管理等各专题的研究。年底举行了表彰颁奖活动。评出全国一等奖10名、二等奖30名、三等奖50名、优秀奖若干名，对获奖论文作者颁发了获奖证书。

5.成功举办了出访交流活动。为加强和国际儿童组织的联系，最快最新地了解国外儿童教育的发展形势，2004年4月，全国“双有”组委会组织校外教育机构的领导和老师到欧洲和东南亚地区进行了访问交流活动。活动得到了全国各地校外单位的支持，共有40多人参加了活动，出访取得了很好的效果，达到了开阔眼界、向外学习的目的。（侯　娟）

〔“安利杯”首届全国青少年宫武术大赛〕 由团中央宣传部、中国青少年宫协会、天津团市委、天津电视台、今晚报社联合主办，天津青少年活动中心承办的“‘安利杯’首届青少年宫武术大赛”于2004年8月13～15日在天津青少年活动中心体育馆拉开战幕。本次比赛不仅是我国首次在青少年宫系统举办的全国性大赛，而且还是近年来在青少年中举行的规模最大、参赛人数最多的一次大赛。来自全国17个省、市、自治区的38支代表队540名运动员汇聚天津，他们中年龄最大的16岁，最小的只有5岁。

本次大赛为期3天，全国各地的武林小将们参加了包括自选拳、少年规定拳、42式太极拳、规定南拳、枪术、棍术、剑术、刀术等11个项目的比赛，评出了各项比赛的一、二、三等奖等奖项。

〔中国青年创业国际计划〕 以“扶持一个创业青年，成就一个未来企业家”为宗旨的中国青年创业国际计划（英文 Youth Business China，简称 YBC），自2003年启动以来，通过广泛筛选，2004年在全国范围内扶持了21个青年创业项目。每个项目不仅获得了3～5万元的启动资金，而且每个项目都由至少一位成功企业家作为创业导师进行一对一的陪伴式创业指导，为青年创业者提供为期三年的陪伴式指导，协助青年进入当地工商网络。经中国青年创业国际计划活动组委会推动，这些项目大多数已经进入正常运转。

2004年获得资助的21个项目，是YBC通过对近千个创业者提出的项目中经过认真筛选确定的。这些项目设计多个领域，包括涉外家政服务、毛绒玩具、手工编制、中式餐饮、小百货连锁店、酿造酱油等。这些项目普遍投资小、见效快，分别分布在上海、山东、陕西等地。

〔全国青少年活动营地状况调查活动〕 为深入贯彻和落实《中共中央国务院关于进一步加强和改进未成年人思想道德建设的若干意见》精神，切实加强青少年活动场所的建设和管理，充分发挥青少年活动营地的作用，2004年7月，全国青少年宫协会开展了“全国青少年活动营地状况调查”活动。

本次调查全面地掌握了全国青少年活动营地的现状和存在的问题，系统地探讨影响活动营地发展的各种因素，促进更有利于青少年活动阵地发展措施的出台，为青少年活动阵地的建设和发展提供指导性意见，为国家政策的制订提供更准确的依据。

〔关注未来，关爱孩子“十大杰出母亲”思想道德教育传播行动〕 2004年10月，由全国妇联、共青团中央、中央综治办共同主办发起，全国总工会、中国残联、全国工商联、教育部、国家广电总局、国家新闻出版总署、中国社科院七部委联合支持开展了“关注未来，关爱孩子‘十大杰出母亲’思想道德教育传播行动”。这是为了贯彻落实《中共中央国务院关于进一步加强和改进未成年人思想道德建设的若干意见》及全国加强和改进未成年人思想道德建设工作会议精神，指导和推进家庭教育，提高家长科学育人能力，培养合格人才，促进学校、社区、家庭“三位一体”的思想道德建设教育网络的形成而开展的全国性活动。

“关注未来，关爱孩子‘十大杰出母亲’思想道德教育传播行动”启动仪式于2004年10月8日上午在人民大会堂举行。全国人大常委会副委员长、全国妇联主席顾秀莲，全国妇联副主席、书记处第一书记黄晴宜，中央综治办主任陈冀平，团中央书记处书记张晓兰等领导出席了会议。此外，出席会议的还有企业界代表、明星代表、社区代表以及首都部分学校的老师、学生及家长代表。

全国人大常委会副委员长、全国妇联主席顾秀莲与主办单位的领导共同为本次活动揭牌。全国妇联副主席、书记处书记莫文秀对本次活动的宗旨、意义及目的所在进行了生动阐述。沈利萍、王嘉鹏母子担任本次活动形象大使。贵阳市作为传播行动全国巡回报告的启动城市，于2004年10月16日在贵阳举行了传播行动全国巡回首场报告会。

〔“中华魂”主题教育活动〕 “中华魂”主题教育活动自1994年至今已成功举办10届，全国1.1亿多名青少年先后参加了这项具有鲜明时代特征和深远历史意义的主题教育活动。10年来，“中华魂”主题教育活动组委会始终以爱国主义教育为主线，精心编撰读本，策划活动，使每一届活动主题鲜明、内容新颖、资料翔实，且紧扣时代脉搏及当前形势，极大地激发了青少年的爱国热情。学生们阅读读本的同时，还参加了组委会举办的一系列丰富多彩的课外活动，提高了青少年的综合素质。2004年“中华魂”主题教育活动的主题为“弘扬民族精神，全面建设小康社会”。2004年全国“‘中华魂’高举光辉旗帜誓做时代新人”主题教育活动表彰大会暨冬令营开营仪式1月12日在北京人民大会堂举行。近400名先进个人和100余名先进集体代表受到表彰。本届活动吸引了约1300万青少年参加，发行活动用书近400万册。

〔**第三届 APEC 青年科学节**〕　APEC 青年科学节是亚太地区青年科学教育和科普交流的综合性活动。2004年8月3日～9日，由国家科技部、教育部、中国科协、共青团中央和北京市政府共同主办的第三届 APEC 青年科学节在北京举行，主题是“科学、青年、未来”。包括市长讲坛、科普展览、学生论坛和动手实践、科学家讲坛、教师论坛、科技参观、文化交流等重点活动，旨在以科学为纽带，为亚太地区的青年架设一座增进友谊、促进交流与合作的桥梁，提高青年的科学文化素养，促进亚太地区的可持续发展。来自文莱、加拿大、中国、中国香港、日本、韩国、新西兰、新加坡、俄罗斯、美国等APEC组织14个成员经济体的1200多名中学生参加了这一活动。　（蒋小建）

〔**第十九届全国青少年科技创新大赛**〕　全国青少年科技创新大赛是一项具有20年历史的全国性青少年科技创新和科学探究项目的科学比赛，是目前国内面向在校中小学生规模最大的具有示范性和导向性的全国青少年科技教育活动之一，竞赛学科包括自然科学学科和部分社会科学的内容，其宗旨在于推动青少年科技活动的蓬勃开展，培养青少年的创新精神和实践能力，提高青少年的科技素质，鼓励优秀人才的涌现。大赛是由中国科协、教育部、科技部、国家环境保护总局、国家体育运动总局、共青团中央、全国妇联和自然科学基金委员会共同主办，已成功举办过19届。

〔**第四届中国青少年电脑机器人竞赛**〕　由中国科协主办，中国科协青少部、广西科协、广西教育厅、广西科技厅、南宁市人民政府联合承办的第四届中国青少年电脑机器人竞赛于2004年1月30日～2月3日在广西南宁国际会展中心举行。来自北京、上海、香港、澳门等28个省、自治区、直辖市和特别行政区及有关单位的1700多名青少年机器人爱好者和辅导员老师参加了竞赛活动。

本次竞赛设中小学常规赛、中小学 FLL——机器人工程挑战赛、中小学创意设计赛和机器人足球赛。经过激烈角逐，共有306个代表队分别获得金、银、铜牌，其中小学常规赛56个代表队，中学常规赛61个代表队、机器人足球赛48个代表队，小学创意设计赛41个代表队、中学创意设计赛64个代表队，小学 FLL——机器人工程挑战赛16个代表队，中学 FLL——机器人工程挑战赛38个代表队获奖。同时，还有20个中小学创意设计项目获准参加第十九届全国青少年科技创新大赛资格。本次竞赛规模之大，参赛省份和参赛选手之多；裁判档次、水平之高，竞赛难度之大，位列历届之最。

〔**“明天小小科学家”奖励活动**〕　“明天小小科学家”奖励活动是由教育部、中国科学技术协会、周凯旋基金会共同主办的一项科技教育活动，宗旨是：贯彻国家科教兴国战略和可续发展战略，加强对青少年创新和实践能力的培养，通过奖励优秀的青少年科技爱好者，选拔和培养科技后备人才，鼓励他们立志投身于科学技术研究事业。奖励开展科技教育活动成绩突出的学校（基地、馆站）、大学及研究机构的科学实验室，以推动青少年科技教育发展与教育创新。

2004年2月6日下午，第四届“明天小小科学家”奖励活动在北京举行了隆重的颁奖典礼。教育部副部长吴启迪，中国科协副主席、书记处书记徐善衍，香港周凯旋基金会主席周凯旋，诺贝尔奖获得者 Mr. Charles Townes，评审委员会名誉主任王绶(王官)院士、王乃彦院士，中国科学院植物研究所匡廷云院士等领导参加了颁奖大会。

第四届“明天小小科学家”的奖励活动的申报与评选活动与往届不同，采用学校推介、专家认定、网上初评，再经过专家委员会的复评、终评和综合素质的测评。奖励活动组委会共聘请了近70位科技专家和多位院士负责评审活动。本届活动申报采取的是个人直接向组委会申报，到申报截止日期，共收到来自25个省以及香港、澳门特别行政区4083名高中二～三年级学生的申报，其中243名学生的申报材料获得参加评审的资格。来自北京、天津、上海、福建、四川、湖南、浙江等地的66名专家审阅了申报学生的项目资料。经过初评和复评，选出了60名获得提名奖的学生，以及入围参加决赛终评的40名学生。

终评的工作由17名评委对参加决赛的学生进行了深入的问辩和考察，不仅从学生项目表现出的创造性、科学性以及他们付出的工作量方面来评定学生，而且还通过与每个学生的谈话接触，考察他们对研究的兴趣以及从事科学研究工作的素质和能力。通过认真的讨论，产生了最终的获奖结果。10名学生获得了本届活动的一等奖，25名学生获得了二等奖，3名表现最突出的学生获得“明天小小科学家”的称号。获奖同学的奖学金，学校或辅导单位的奖金全部由香港周凯旋基金会提供。

“明天小小科学家”奖励活动从 2000 年创办以来，已经办了 4 年，已经有 636 名中学生、科技爱好者和他们所在的学校受到了奖励，这项活动已被各级教育行政部门、科学组织和越来越多的学校所重视，在社会上产生了广泛影响。4 年来该项活动得到了香港周凯旋基金会的大力支持，资助总额达到 1650 万元，受到了国内教育界以及广大科学爱好者的赞誉。

〔“VISA 奥运畅想少儿绘画大赛”〕 由中国奥委会新闻委员会、第 29 届奥运会组委会新闻宣传部、Visa 国际组织联合主办的第三届“Visa 奥运畅想少儿绘画大赛”于 2003 年 8 月～2004 年 2 月举办。

此次赛程经历了 6 个多月，全国共有 45 万名 9～13 岁的少年儿童参赛，600 名选手获奖，其中 2 名特等奖获得者在其亲人或者监护人的陪伴下，于 2004 年 8 月前往希腊观摩了 2004 年雅典奥运会，并与来自世界其他赛区的 28 名获奖儿童角逐“全球特别奖”，以赢得出席 2006 年意大利都灵冬奥会的机会。

〔“安利杯”首届全国儿童绘画大赛〕 2003 年 11 月～2004 年 3 月，由中国少年儿童新闻出版总社主办的“安利杯”首届全国少年儿童绘画大赛在全国展开。

本次大赛的主题是“让世界倾听我们的心声”，从 2003 年 11 月开赛以来，在 5 个月的时间里，共收到来自北京、上海、广州、河北、山东等 31 个省、自治区、直辖市的 4 万多件美术作品。经过评委们的认真评选，来自江苏省海安县的王菁和黑龙江省哈尔滨市少年宫的白雪分获大赛的一、二等奖。2004 年 3 月 17 日，在《中国少年报》刊出了获奖名单。

〔全国校外、课外论文（活动案例）征集活动〕 为了全面反映我国校外教育的成果，促进校外教育活动课程研究和各级校外教育机构间交流经验，进一步丰富《中国校外教育工作年鉴》的理论性和实践性，中国教育学会少年儿童校外教育专业委员会在编辑《中国校外教育工作年鉴（2001～2003）》的同时，于 2003 年 10 月～2004 年 5 月，与全国少工委办公室、中国教育报社共同开展了“全国校外、课外论文（活动案例）征集活动”，旨在推广我国校外、课外教育和少先队教育活动的研究成果及先进经验，为编辑出版国内第一部系统总结校外教育工作成果的大型工具书《中国校外教育工作年鉴》提供资料。

在各地少年宫，各省、市少工委的大力支持下，共收到来稿 4120 篇，经过初评、复评，共评选出优秀论文 223 篇，活动案例 71 篇。

在本次评选活动基础上，《中国校外教育工作年鉴》编辑委员会将部分获奖论文、案例集结成册，收入《中国校外教育工作年鉴》附集，与《中国校外教育工作年鉴》一并出版。

〔第一届北京市校外教育艺术节〕 由北京市教委主办，北京学生活动管理中心、东城区少年宫承办的“第一届北京市校外教育艺术节”于 2004 年 9 月 26 日在东城区少年宫礼堂举行了隆重颁奖仪式和闭幕演出。

作为北京市第一届校外教育学生艺术节，在促进全市校外艺术教育活动的开展，丰富学生假期生活，提升学生全面素质方面起到了重要的作用。本届校外教育艺术节坚持思想性与艺术性，教育性与观赏性相结合，充分反映了当代青少年朝气蓬勃的精神风貌和健康向上的思想品格。通过教育性与艺术性相结合并适合学生年龄特点的丰富多彩的艺术形式，激发了学生的爱国之情，提高了艺术修养和审美情趣。此次校外教育艺术节共有 113 个节目，5000 多名学生参加了舞蹈、合唱、器乐的演出，其中 19 个节目获一等奖，31 个节目获二等奖，63 个节目获三等奖。2000 多名学生参加了书法、绘画、摄影等项艺术作品的展示。

北京市少年宫、东城区少年宫等获奖节目在闭幕式上做了汇报演出。

（北京学生活动管理中心供稿）

〔花花泥浮雕造型装饰画创意大赛〕 2004 年 10 月，中国儿童中心花花泥工作室和《学与玩》杂志社举办了花花泥浮雕造型装饰画创意大赛。2000 名中小学生参与其中，200 多幅作品获不同奖项。花花泥是在传统的油画、水粉、水彩、水墨等绘画颜料基础上，又增添的一种新型材料的浮雕绘画颜料。用于立体绘画和堆塑造型。推广普及花花泥可以补充儿童美术教学中立体造型知识和学习的不足，普及儿童初级美术浮雕知识和技能，激发儿童的空间想像力和左右手协调能力，弥补学校对儿童右脑开发不足，动手能力不强，耐力及刻苦意识不足等。同时少儿创作的作品可以用来美化周围环境，从中体会创造美感和成就感，有利于少年儿童的成长和发展，是学与玩相结合的一项有益活动。

活动分成两个阶段进行，一是手工制作学习阶段；二是浮雕作品比赛阶段。比赛口号是："一泥在手，其乐无穷"、"一泥在手、异想天开"、"花花泥浮雕作品闪亮登场"等。比赛的作品由学生亲自动手动脑，充分发挥自己的想象力和创造力，用花花泥堆塑出彩争艳丽，立体浮雕造型的人物和自然景观。作品主题自拟，能够反映家乡风貌、社会风光、校园生活、童心雅趣、憧憬未来等。活动充分发挥了美术兴趣小组、雏鹰假日小队的作用，受到青少年的热烈欢迎。

〔**北京市中小学生航天知识竞赛**〕　由北京市教育委员会主办，丰台区东高地科技馆承办的一年一度的"北京市中小学生航天知识竞赛"和北京市中小学生"我乘神舟游太空"征文比赛、"太空我的家"科幻画比赛，于2004年12月5日在丰台区东高地青少年科技馆落下帷幕。北京市有6734名中小学参加了活动。经过北京市各区县的选拔，有29支代表队，分组别参加了12月5日决赛，评出3个一等奖、6个二等奖、10个三等奖、20个优胜奖。

〔**北京市海淀区"信息学奥林匹克竞赛"**〕　由北京市海淀区教委主办，海淀区青少年活动管理中心承办的"信息学奥林匹克竞赛"是综合性强、难度较大的竞赛，需要考查学生的数学能力、头脑反应能力和计算机的编程能力。竞赛分为小学组、初中组和高中组3个组别。海淀区18所中小学、近200名学生参加了于2004年9月25日在北京市第十九中举办的竞赛。育鹰小学、北大附中分别获得小学组团体第一名和中学组团体第一名，并评出了个人一、二、三等奖和优秀辅导员奖。　（姜　伟）

〔**天津市"儿童参与式活动"**〕　2003～2004年度是联合国倡导的"参与"年。《儿童权利公约》强调儿童享有生存、发展、参与和受保护的4大权利。为将天津市少年儿童活动与国际接轨，响应联合国的号召，天津作为联合国儿童基金会在中国的试点城市，全面启动"参与式活动"。通过"参与式活动"的实施，全面展示天津国际大都市风范。

2003年9月，举办了天津"儿童权利参与式培训"。全市15个市区县校外教育单位负责人参加了联合国儿基会的系统培训。全国校外教育领域公认为"儿童参与式活动"是新时期校外教育活动的创新理念。10月，天津成功申办为联合国"参与式活动"试点城市。

2003年11～12月，天津市组织市区各校召开研讨推广会，扎实推进"参与式活动"理念的认识与自身工作观念的转化。来自各区县少年宫的老师各抒己见，经过反复研讨论证，大家一致将"参与式活动"的核心集中在"儿童的参与体现在成年人必须倾听儿童的声音"、"了解他们以各种各样的方式进行的交流，确保他们能够自由地表达自己的心声，并在做出将对儿童产生影响的决策时考虑儿童的意见。"

2004年3～4月，百所学校参与，15个区县每区确立4所"参与式活动"试点校。

2004年5月22日，通过《今晚报》头版头条推出"今年'六一'我当家"少儿活动优秀方案征集大行动。5月底，隆重推出联合国儿基会在天津"六一"期间的活动。在各大媒体发布了"今年六一我当家"热线的开通。

5月31日，在市少年宫多功能厅举办"我们的生活，共同的参与""六一"庆祝活动大型现场直播。

2004年6～7月，联合国"儿童权利热线27353486"在天津市少年宫成功运行。联合国儿基会在天津举办了"参与式"夏令营。

2004年8月暑期，全市各校结合自己的特色普遍开展"参与式活动"。

2004年10月，在全国"双有"校外教育联席会上推广天津的经验。

天津的"参与式活动"受到了联合国官员的高度评价。"参与式"作为一个创新理念和深受孩子们欢迎的有效载体，在全国迅速普及开来。　（于和平）

〔**天津市和平区青少年宫英语跳蚤市场活动**〕　天津市和平区青少年宫于2004年初面向全宫提出了校外教育必须要将培训与活动相结合，形成"培训与活动联动"形式，将培训班的教学溶于丰富多彩的活动之中，让活动贯穿于教学培训之中，形成学中玩、玩中学的校外教育模式。经过1年的实践与研究取得了很好的效果。

和平区青少年宫基于"活动与培训联动"的全新教育理念，为了给喜欢英语学习的孩子创设一个真实有趣的社会实践场景，给家长一次亲子同乐的活动机会，依托青少年宫校外教育的独特优势，成功举办了"亲子同欢乐·快乐共分享"——圣诞英语跳蚤市场活动。小朋友将家里的玩具、书拿到少年宫，用英语会话的形式进行买卖活动，会英语的家长，少年宫的老师都参加到英语跳蚤市场活动中来。活动不仅考察和锻炼了学生英语知识的实际操作能力，而且每个孩子还在活动中学会了基本推销技巧、合理理财、互助协作等生活技能品质，同时获得了物质和精神的双重成功体验，这种创新的英语教学活动形式，一改往日文化课枯燥乏味的教学模式，赢得了广大学生及家长的欢迎，体现了校外英语教学的特色。（张　洁）

〔哈尔滨青年宫冰上婚礼〕　由共青团哈尔滨市委主办，哈尔滨青年宫承办的中国·哈尔滨国际冰上婚礼自1984年1月5日起至今已有21年的历史。21年来吸引了来自世界各地不同年龄、不同肤色的726对青年参加，其中包括德国、法国、美国、日本、韩国、俄罗斯、新加坡、土耳其及我国20多个省、市自治区及6个少数民族的青年，他们当中有工人、农民、干部、工程师、研究生、博士生、留学生、教师、文艺工作者、美术工作者、新闻工作者、军人、个体业者等几十个行业。冰上婚礼已成为哈尔滨国际冰雪节的“保留节目”。

冰上婚礼作为哈尔滨国际冰雪节活动的一项重要内容，引起了国家领导和社会各界的广泛关注。原全国人大常委会委员长李鹏及夫人朱琳女士、美籍华人靳羽西女士、中央电视台主持人赵忠祥等社会各界名人也都亲临婚礼现场向新人祝福。中央电视台及香港、澳门、台湾电视台，新华社、人民日报、中国青年报和省、市各大新闻媒体、互联网等60多家国家级新闻媒体都对冰上婚礼作了详尽的专题报道。1988年春节联欢晚会上曾播放了冰上婚礼的盛况。

为了使婚礼举办的形式丰富多彩，主办者精心设计、巧妙安排，每届婚礼都邀请省、市领导参加，为新人证婚，主持婚礼仪式，向他们赠送纪念品。婚礼还邀请省、市艺术团体为新人做精彩表演。新人们参观、参与冰灯、雪雕、滑雪、冬泳、东北虎林园、雪橇、马拉爬犁等冰雪活动。

特色兴趣小组活动

〔北京市东城区少年宫特色兴趣小组〕　1. 工艺美术兴趣小组：建于1997年。现有组员近百人，主讲教师景玉萍。自开办以来从未间断过寒暑假短训班和长训班的教学服务，前后培训约有2000多人。兴趣班分为初、中、高3个层次，利用自编教学大纲《趣味绘画》、《365天画故事》、《趣味手工》，立足综合性教育和培养，使学生手脑同时得到锻炼和发展。学生在各种比赛中获奖近400人次。

2. 琵琶兴趣小组：创办于2002年。累计组员百余人，主讲教师吕亚琼。教学内容：琵琶技术技巧辅导、乐理知识讲解。在选用《中央音乐学院业余考试教材》进行教学的同时，增加乐理和视唱练耳。在教学活动中培养学生兴趣，以提高自信心为基础有针对性的教学。学生在各种大型比赛中多次获奖，教学方法和学生沟通得到领导和家长的充分认可。在2004年东城区校外艺术节中，4首乐曲分获二等奖和三等奖。2003年10月在金帆音乐厅举办“吕亚琼老师教学汇报音乐会”，获得好评。在北京市第八届中小学生艺术节中，获一二年级总决赛2个二等奖。

〔北京市东城区青少年科技馆特色兴趣小组〕
1. 计算机兴趣小组：1985年成立，主讲教师李学军。多年来，小组不断探索在校外教育中有效进行信息技术教育的方法，创立“体验参与式教学法”，锻炼学生解决问题的能力。长期组织东城区的计算机竞赛活动，共计培训了数万名学生和数百名东城区骨干教师，覆盖了中、小、幼、职各个层次，在全市、全国比赛中处于领先水平，成为东城区科技特长生的保留项目。几年来，计算机组学员共获得区级奖励80余个、市级21个、国家级67个。

2. 生物兴趣小组：成立于1983年。指导教师张俊菊。小组通过周六、周日、寒暑假集中培训，组织夏令营、参观、考察、访问等活动，培养学生对自然科学的兴趣，增长知识、开阔眼界，使学生的科学思维能力、动手动脑能力以及独立生活的能力得到提高。每学年有百余名中小学生参加生物小组的活动，数千人参加“科技夏令营”、“生物知识竞赛”、“野外生态考察”，数百名学生参加社区活动。2002～2004年期间，小组获北京市中小学生生物知识竞赛团体冠军，个人一等奖15人，二等奖22人，三等奖14人。

〔北京市西城区青少年科技馆鸟类兴趣小组〕
指导教师李雪。小组成立于1988年，10多年来培训学生近300人次。小组根据课程设置内容的深浅，分设初级组、中级组和高级组3个层次。学生们通过活动，探知鸟类不为人知的有趣生活，学会认识鸟类，学会与爱鸟说话和与宠鸟交流，与鸟类近距离接触，开展多层次的理论学习和识别鸟类知识，了解现代鸟类学研究方法，总结出论文参加比赛。十几年来，培养了大批鸟类爱好者。

〔北京市宣武区青少年科技馆特色兴趣小组〕
1. 智能控制（单片机）兴趣小组：指导教师车金相。1998年在宣武区青少年科技馆应用教学。1999年12月，宣武区青少年科技馆举办了首届北京市单片机竞赛，至今已连续举办了5届，每年参赛学校遍及全市几十所中小学，参赛人数近200人。单片机知识的普及，培养了孩子们的科技兴趣，2004年，DP801单片机被列为高中科技选修课，单片机知识的普及已初见成效。

2. 航空模型兴趣小组：指导教师陈卫。小组成立于1981年。20多年来，培养出了任冠宇、唐明、王正韬、赵强等一批国家级航模运动健将、国家一、二级运动员。宣武区科技馆航模组（队）在全国的航空模型、航天模型领域享有盛誉，为广大中小学生进行了无数场航模表演。1996～2005年，有9名同学获全国航模总冠军，8人获北京市中小学生银帆奖，6人获北京中小学生金鹏奖、北京市创新大赛一、二等奖。

3. 电子小发明兴趣小组：指导教师孙心若。小组成立于1982年10月。在教学活动中，引入数字集成电路教学，成功地为学生高层次的电子小发明提供了技术手段；将自动控制引入课堂，开展全员参加的自动控制电子小制作活动；借鉴、模拟科学院的研究模式，创新出“小科学院式科研辅导法”，“模糊式引导发现辅导法”，“智力激励式讨论辅导法”、“返璞归真的师徒式辅导法”。近20年来，在国际、全国发明展览会上获奖100项次，有25人获北京市中小学生最高荣誉奖金帆奖和银帆奖，北京市十佳中学生、市长奖和全国十佳青年候选人。不少学生由于科技发明特长，被保送和高校破格录取。

〔北京市朝阳区青少年活动中心特色兴趣小组〕
1. 武术兴趣小组：成立于1999年5月，指导教师王德明。5年来累计办班118次，培训学员2330余人。现有学员120人，小组5个。培训班采取互动教学法，注重学生创新意识的培养。2000～2004年期间，在市级、全国及世界性的各种比赛中多次获得一、二等奖。

2. 书法兴趣小组：指导教师沈莉。1980年成立，先后开设写字入门班、初级班、中级班、提高班、研究班5个层次，培训学员2万余名。课程内容有楷书、行书、隶书、篆书、篆刻、国画、诗词、对联等。学生在国际、全国、市级重大比赛中有2000余人次获奖，10余人在首都师范大学等书法专业深造，1人加入北京市书法家协会；学生作品多次在日本、韩国展出；学员也因获奖访问日本、韩国、朝鲜、香港等国家和地区进行书艺交流。

〔北京市丰台区青少年活动中心特色兴趣小组〕
1. 手风琴中级兴趣小组：指导教师王利新。小组成立于1999年9月。5年来，小组充分体现学生主体地位，营造快乐、平等、和谐的教学环境，采取开放式教学模式，满足不同程度学员及家长的需求。辅导的学员多人获区、市音乐比赛一、二、三等奖。

2. 美术兴趣小组：指导教师王晓珺。成立于2001年8月。现有学员10个班，100余人。该班采用阶梯式教学模式，学员之间互相学习，互为借鉴，相互促进，取得了良好的教学效果。几年来，学员在各地、市级以及全国绘画比赛中均有获奖。2002年和2004年两次组织学员参加全国校外美术考级，学员通过率为100%。

3. 声乐高级兴趣小组：指导教师赵俭。小组成立于1996年7月，现有学员6个班，168人。小组提倡孩子们从“唱法”中解放出来的声乐教学理念，主张以“感悟”、“体验”为主的学习观，不断完善和总结“自我寻找、自我研究、自我发现、自我创造”的研究性学习的规律和经验。小组学员近百人次获区、市、全国声乐比赛大奖，47名分别考入专业高等院校，并有2名学员代表中国赴埃及参加国际声乐比赛。

〔北京市丰台区劳动技术教育中心航天模型兴趣小组〕 1997年创办，主讲教师赵长林。课程内容：航天模型概论、航天基础知识、模型火箭设计、模型火箭制作工艺、模型火箭的发射和飞行、航天模型比赛等。自开创以来，学生运用自制的模型火箭在世界锦标赛、全国青少年锦标赛中多次创造优秀成绩。2004年获科技创新北京市长奖、北京市中小学金帆奖等。

〔北京市通州区青少年活动中心特色兴趣小组〕
1. 模型兴趣小组：指导教师安金旺。成立于1999年，现有学员4个班，78人。小组依据模型比赛规则自编大纲，根据学员的基本情况分为初级、中级、高级班。5年来，学员参加全国青少年锦标赛获冠军1人，市级比赛共获得冠军14人、亚军13人、季军15人、4～6名38人，累计培训学员650多人次，为培养科技人才做出了贡献。

2. 素描绘画兴趣小组：成立于1996年9月，指导教师张秀珍。现有学员8个班，150人。培训班根据学员年龄、水平的异同，参照美术大纲进行素描绘画目的性教育。据不完全统计，多年来绘画班培训学生

6000多人次，输送初、高中特长生达七、八百人，帮助他们走上艺术殿堂，实现着艺术的人生。

3. 无线电兴趣小组：小组成立于1988年，指导教师陈玉玺。现有学员3个班，30人。小组教学根据学生的情况分为初级班、中级班、高级班。10多年来，小组参加市、区中小学生电子技术和电子制作比赛，共获一等奖90多个，二等奖60个，三等奖103个，培训学生达1500多人。

4. 舞蹈兴趣小组：始建于1993年7月。指导教师张宗霞。小组着眼于学生全面发展，以舞怡人、以情感人，在对舞蹈学员们潜移默化的熏陶中，净化心灵，陶冶情操，取得了良好的教育效果，在全市乃至全国范围内都产生了较大影响。有45人次获市级一等奖，24人次获市级二等奖，88人次获区级一等奖。

〔**北京市大兴区少年宫特色兴趣小组**〕 1. 硬笔书法兴趣小组：1990年11月创办，主讲教师徐文彪。课程内容：书学素养、硬笔楷书规范字技法、硬笔实用行书技法、传统碑帖临摹与创作、魏碑及隶书技法等。教学特色：通过搞好课题定位即作品的定位调动学生的主体性，激发他们的学习兴趣；在互动的形式上体现多层面立体化的互动关系。近2年先后有300多人次在全国和市级比赛中获奖。

2. 声乐兴趣小组：主讲教师张建云。小组成立于1988年7月。10多年来累计办班34次，培训学员3700余人。现有学员9个班，143人。采取富有情趣、形式多样的教学形式，使学员乐学、爱学。在教学中采取歌、舞、画、游戏、朗诵等相结合的综合艺术形式，调动学员自发的表现以及对音乐的兴趣。近年来，小组学员在全国和市级比赛中获奖300多人次，幼儿声乐教学在全市已形成特色。

3. 国画兴趣小组：培训班成立于1986年7月。指导教师王建国。10多年来累计办班150多次，培训学员5000余人。现有学员183人，小组9个。培训班在培养学员专业素质的同时，更注重对学员全面素质的培养，教学中采用亲子共同学习法、画画与动手制作相结合、动手动脑相结合、画画与传授多方面知识相结合、中西教学方法相结合的教学模式，收到了良好的教学效果。培训学员获国家级金奖30个、银奖35个、铜奖48个；国际特级金奖6个、金奖19个、银奖34个、铜奖48个；3名学生获北京市十佳中学生银帆奖。

〔**北京市房山区少年宫武术兴趣小组**〕 成立于1990年7月。辅导教师张时海。武术五段，国家武术一级裁判，房山区武术协会委员兼竞赛部主任。武术兴趣小组以人为本，关心爱护学生，培养他们吃苦耐劳、团结协作、互助互爱的高尚品质，学习做人的道理。学员在北京市中小学武术比赛、北京市青少年武术锦标赛、北京市校外武术比赛、北京市农民运动会武术比赛中获得258个等级奖，为专业队、大专院校输送21名特长生，多次完成房山区健身节、北京市龙潭庙会、国庆“公园表演”等社会活动，为房山区培训、辅导武术学生6000多人次，教师300多名。

〔**北京市延庆县青少年活动中心国画兴趣小组**〕成立于2001年。指导教师吴建革。在教学中，改变传统的国画教学以国画为主，设置“综合探索”学习领域。通过综合性的美术活动，如课件、录像、范画、参观、访问、游戏、音乐等方式，引导学员增强对形象的感受力与想像力，激发学习兴趣。3年来，累计培训学员1900余人，教学活动取得可喜成绩。学员多次在全国、市、县级美术比赛中获奖。

〔**天津市少年宫特色兴趣小组**〕 1. 合唱兴趣小组：成立于1975年。指导教师陆鹏沽。30年来，合唱小组以技能技巧训练为载体，以情感体验为重点，以育人为根本，发挥孩子们的主观能动性、积极性、创造性和实践性，引导孩子不断探究、不断感悟、不断创造。2001、2003年的示范课受到了京津两地专家、评委和与会老师们的好评，荣获“市级优秀示范课”的荣誉。2001年、2002年，《斑鸠调》、《山童》两首作品在参加天津市教委举办的学校文艺汇演中获一等奖，合唱《山童》于2002年参加“三北”地区少年宫系统文艺汇演获表演一等奖。

2. 语言艺术兴趣小组：成立于2000年。指导教师王建环。现有小组2个，学员60人。几年来，累计培训学员700多人。从培养兴趣入手，把德育收进美育，注重德育过程审美化。开班5年来，培养了500多名儿童语言艺术爱好者。2004年，学员1人获团中央、中国教育学会联合举办的全国少年儿童“故事大王比赛”特等奖，1人获文化部举办的全国少年儿童主持人大赛银奖及“十佳主持人”，6人获天津市教委举办的主持人大赛二等奖及优秀奖。

3. 电子琴高级班：成立于2000年9月。指导教师杨艳红。现有学员10个班，95人。该班充分发挥学员个性特点，通过艺术教育教学活动，不断激活儿童自身艺术潜质，达到愉悦身心，陶冶情操的目的。几年来，多名学员获天津音乐学院考级优秀选手及在天津市电子琴大赛中获奖。2003 年 12 月，电子琴教学案例《牧民的一天》获京津地区校外教育创新论坛案例评比一等奖。

〔**山西省太原市少年宫特色兴趣小组**〕　1. 美术兴趣小组：成立于 1958 年，现有小组 50 个，学员 1300 人。指导教师赫晓声。培训班在教学中始终把培养学生的绘画兴趣作为教学活动的目标，根据每个学生的个性特点因势利导，因材施教，注重培养学生的发散思维，给学生一个自由创作的空间，让学生在创作中愉快的接受美术教育。40 多年来，累计培训学员 3 万多人，学员多人在历年全国、省、市少年儿童美术大赛及各种专题绘画比赛中获奖，为社会培养了一批又一批的美术人材，受到学生、家长以及社会各界的广泛赞誉。

2. 舞蹈兴趣小组：指导教师王瑞芬、黄英。通过开软度、能力、技巧及组合多方面练习，加强身体各部位肌肉弹性的科学训练，掌握相应动作技能，动作协调、形象、整齐有感情地表演舞蹈。十几年来，创作了大量舞蹈作品，培养学生近万人次，部分优秀作品曾被中央、省、市级电视台选播。舞蹈班累计获奖 200 余项，先后为高等艺术院校输送人才近百名。多次应邀赴美国、加拿大、澳大利亚、日本、香港等国家和地区进行交流演出。

〔**内蒙古包头市青山区少年宫特色兴趣小组**〕
1. 钢琴培训班：以集体课、小组课、单独授课相结合，小组授课四人一组，提高了教学质量，钢琴专业学员多次获得自治区各类比赛奖项。

2. 爵士鼓培训班：是包头市最大的爵士鼓教学基地，辅导教师自编教材，采用分层教学方法，开设课堂小舞台，注重学生的个性发展，教学内容丰富，现有学员 80 多名。

3. 主持人培训班：培训内容有播音主持基础知识、汉语普通话语音规范化训练、语言表达技巧、表演、台词、艺术欣赏等。

〔**辽宁省营口市青少年宫少儿表演兴趣小组**〕
主讲教师闫莉。分幼儿班（故事大王班）、初级班（小主持人班）、中级班（朗诵班）、高级班（表演团）。以学员为主体，注意学员的实践，使学员通过学表演来提高表现力、自信心、想像力和创造力，从而达到一个使孩子肯定自我、懂得表现、积极进取、有团队精神、有创新意识，全面提高素质的目标。

〔**吉林省长春市二道区青少年活动中心特色兴趣小组**〕　1. 儿童画兴趣小组：主讲教师周双梅。小组教学采用积极性、直观性、因材实教的原则，根据幼儿身心发展的特点，设置活动内容。初级班主要讲授简单的图形和组合，识别基本颜色和涂色方法；中级班主要讲授层次色彩知识及几何变形图形的组合，进行构图和创作训练。学员在全国、省、市少年儿童美术大赛中多次取得优异成绩。

2. 舞蹈兴趣小组：主讲教师王丽敏。该小组开设了芭蕾舞、古典舞训练班，讲解和训练舞蹈、芭蕾的基本知识和技能。由小组编排的节目《英雄小哪吒》获“向阳花”全国少数民族舞蹈大赛金奖，全体学员获最佳演员奖。

〔**吉林省白山市青少年宫综合素质培训兴趣小组**〕　主讲教师刘世红。活动课程：想像力、注意力和社会道德的培训。教学方法：通过游戏、模仿、玩耍让学生放松，让学生在玩中学；通过互换动作，多方面进行学习，引导学生，增强学生的想像力、注意力；通过模仿，让学生体会不同人不同的心态，并加以引导，教育学生遵守社会公德。

〔**黑龙江省哈尔滨市少年宫特色兴趣小组**〕
1. 声乐表演兴趣小组：成立于 1994 年 10 月。指导教师王晓红。培训班以声乐表演特长为培养目标，以声乐小节目即表演唱、重唱、小组唱、小合唱、歌舞、独唱等为载体。10 余年来，近百名学生参加学习，绝大多数成为学校、社会的文艺骨干，数十人考入上级艺术院校和文艺团体；独唱、小合唱、表演唱等节目获 6 项全国大奖，参加各类汇演比赛、电视晚会 40 余次，获金奖 100 余人次。在第 27 届“中国・哈夏”音乐会开幕式展演和省电视台“六一”专场节目演出，并获“三北”地区省会城市少年宫文艺汇演大奖。

2. 美术兴趣小组：成立于 1984 年 9 月。指导教师王民。现有学员 7 个班，360 余人。20 多年来，培训班根据学员的不同年龄阶段设置了多项教学内容，突出个性发展，体现人性化教学方案，全方位开发幼儿智力，取得显著效果。学员在 2002 年美国盐湖城冬奥会“奥运畅想”少儿绘画大赛中，获中国赛区一等金奖、第一届奥运畅想悉尼奥运会金奖、7 枚银奖和 22 枚铜奖、第三届雅典“奥运畅想”获金奖 1 名、银奖 9 名、铜奖 20 名和优秀指导奖、优秀先进集体奖等。在全国少儿水墨画大赛中获金奖 1 人，优秀奖多人。在全国花花纸制作大赛中获集体优胜奖及金银铜奖。

〔中国福利会少年宫儿童计算机活动中心英特尔小伙伴工作室〕 成立于1983年6月1日，是我国第一个面向少年儿童普及计算机知识的教育活动场所。主讲教师王颂赞。多年来，计算机活动中心积极倡导快乐地学与学得快乐的教学理念，形成初、中、高3个层次的教学活动组织。倡导“互动式”教学模式。

1998年6月，计算机活动中心与英特尔公司合作建立了“英特尔小伙伴工作室”，设立了“电脑探索展厅”、“电脑教室”、“电脑小剧场”，组织开展了“电脑小报”、“多媒体演讲”、“网页制作”、“电脑音乐会”、“我的CD我制作”、“沪港网上辩论赛”、“数字E夏”、“数字视频DV夏令营”、“智能机器人”等一系列全国性、跨地域的少儿计算机应用竞赛活动，几年来，培养的学生中有1000多人获得程序员证书，60余人获高级程序员证书，多人先后在国际信息项目比赛中夺得金奖。

自2004年6月起，尝试开设国际电脑使用执照（ICDL）考试项目，并设立了上海首个国际电脑使用执照（ICDL）考试项目的培训、考试中心。在中国内地首届ICDL考试中，报名参加、经过专业培训的12名9～11岁的计算机中心学员全部通过了7个模块的考核，并以优异的成绩获得ICDL证书。

〔上海市闸北区青少年活动中心特色兴趣小组〕 1.胡文亮书法工作室：创设了儿童个性化书法教学团队分级模式，关注儿童心灵开放，注重开发儿童内在潜能，形成了培训儿童健全人格的个性化书法教育体系；在全国各级专业书法比赛中，获百余次大奖；在2004年市教委主办的“敏之杯”学生书画作品展中创下了3个组别一等奖的佳绩。学员多次为党和国家领导人、外国首脑及中外友人作现场表演，应邀出访欧洲5国。先后有40多名品学兼优的学员凭借书法特长被市区名校录取；30余名学员成为上海市书法家协会青少年书法专业委员会会员。

2.许艳陶艺工作室：着眼于现代陶艺教学，以培养学生的创意和想像力为目的，完善的设施设备、丰富的高、低釉料，让学生尽情享受玩陶的乐趣；辅导的学生曾获上海市第一届中小幼师生陶艺作品比赛教师组、学生组2个特等奖，全国劳技教育创新作品邀请赛金奖。

3.徐林峰电脑美术工作室：将电脑和美术有机的结合，使科技与艺术交融，引导学生在活动中寻找、提升视觉文化和媒体艺术的灵性；指导学生参加国际、全国、市级各类重要展赛获得大奖200多项。电脑动画片《保护森林》、《拯救大海》获“第四届全国少年儿童计算机应用竞赛”一等奖。

〔上海市闸北区中小学科技指导站业余电台〕 成立于1995年，指导教师孙焕生。现有学员5个班，56人。分为初中、高中、普及、提高4个不同层次的班级。在教学活动中，小组注重以学生为本，加强学生个性训练，挖掘学生潜力，提高他们的综合素质。近10年来，小组累计培训学员1.5万多人，曾代表上海市青少年业余电台出访国外进行友好交流。2001年多人获由国际无线电联盟主办的世界锦标赛第一名；2002年获上海市第十二届运动会业余电台团体总分第一名；2003年获上海市业余电台锦标赛高中组SSB团体第一名，初中组团体第一名；2004年获全国业余电台锦标赛对讲机通信高中组团体第二名。

〔上海市黄浦区青少年活动中心工艺美术书法综合兴趣小组〕 创办于1991年。主讲教师金千里。课程内容：篆刻、书法、剪纸、剪影、贴画、面塑、绒绣、编织、雕塑、插花、彩绘、纸艺、珠艺、装饰画和小制作等；设有启蒙、初级、中级、提高4个层次，学生100多人，培养了一支心灵手巧的工艺美术书法小能手表演队伍，多次在国内外重大活动中展演。先后成功举办一届国际少儿艺术节工艺美术摄影服饰展、4届全国少年宫系统美术教师培训班、9届上海市少儿工艺美术作品展。

〔上海市宝山区少年宫特色兴趣小组〕 1.少儿摄影班：1981年创办，指导教师杜开震。由于摄影技术的发展尤其数码照相机的普及加之操作简便，加之其与电脑的连接更为学生的课余生活创建了一个无限美妙的广阔天地。宝山区少年宫适时开办了少儿摄影兴趣小组活动。现有班数2个，学员30人。累计年培训人数60人。1983年学员获全国青少年摄影二等奖1名，摄影组团体优秀奖，教师获优秀辅导奖。2000年教师获上海市教育系统摄影教学工作优秀奖；2002年获上海市教师摄影艺术十杰称号。

2.儿童绘画创作班。成立于1990年9月，指导教师宣晓蓓。现有学员2个班，41人。该班针对中、小、幼不同年龄层次的少儿设计相应的儿童画创作课程，采用欣赏、游戏、写生、小制作等方式活泼教学，达到了良好的教学效果。10多年来，绘画班累计办班656次，培训学员3317人。组织学员参加上海市、全国乃至国际性少儿书画大奖赛和文化艺术交流活动，获国际金奖4人，银奖3人，铜奖4人；全国金奖9人，银奖4人，铜奖30人；上海市一等奖5人，二等奖8人，三等奖18人，优秀奖80人。

3.古筝培训班。成立于1996年9月，指导教师胡晓艳。现有学员6个班，92人。在教学中，遵循校外教育规律，根据幼儿身心发展的特点，倡导在“玩”中学，在学中玩的教学模式，收到了良好的幼儿教育教学效果。2002年，在全国青少年艺术新星大赛上，该班有4名学员获金奖，2003年1人获全国青少年新星大赛金奖，2004年数人获上海十佳琴童二等奖。

4.电脑小博士兴趣小组。成立于1998年，指导教师朱乔。现有学员4个班，80人。主要培训内容为：计算机数学和QB编程、Flash动画、计算机绘画、VB编程、网页制作等。几年来累计培训学生1100多人。2000年6月，3名同学获上海市“雏鹰竞飞”计算机比赛一等奖，2001年～2004年，2名同学获上海市“雏鹰竞飞”计算机比赛一等奖。

〔**上海市杨浦区少年宫学生舞蹈队**〕 舞蹈队成立于1995年9月，现有学员2个班，40人。指导教师吴蕴、吴樱子。舞蹈队采用因材施教、灵活多变的教学方法，让热爱舞蹈的孩子领略了舞蹈的魅力，展示艺术才华，磨炼意志。多年来，舞蹈队累计培训学生1600余人，承担了大量市、区级演出任务，获得了多项荣誉。在历届上海市学生艺术节、“金孔雀”舞蹈比赛中获一等奖3个，二等奖2个，三等奖1个，在上海市学生艺术节单项舞蹈比赛中获金奖3个、银奖4个、铜奖6个。曾2次获选参加“上海之春”国际音乐节少儿舞精品专场演出。

〔**上海市杨浦区青少年科技站业余电台**〕 业余电台成立于1991年，主讲教师葛婷婷。创办以来，杨浦区青少年科技站业余电台秉承“科技以人为本”的教育理念，采用分层次，点、面相结合的教学方法，普及与提高双管齐下，全方位、立体的对学生进行科技教育。学生在无线电知识、英语口语能力、思维反应能力等各方面都得到了提高。多次获得了团体第一名，每年都有大批的学生获得市竞赛一、二等奖。

〔**上海市长宁区少科站特色兴趣小组**〕 1.摄影兴趣小组：主讲教师董尼。建立摄影学习型家庭；开展学生摄影俱乐部活动；建立摄影教学网站，开展摄影竞赛、巡展、讲座、网上展览、夏令营等活动；建立摄影学习型家庭，让家长、孩子共同参加摄影学习活动.学生摄影俱乐部活动每月一次，使更多的学生有机会参加摄影活动；在全市首先建立摄影教学网站；摄影竞赛成绩名列全市前茅。

2.环保研究性课题学习活动组：1996年创办。指导教师张卫平。现有小组(班)5组，现有学生数30人，累计办班次数8期，累计培训学生1200人次。联系社会实际进行课题研究，根据课题的需要进行社会调查、采样、实验分析、论文撰写、成果展示等。参加市、全国各类环保项目的竞赛辅导。2004年第二届“利乐杯”全国中小学环保英语演讲比赛获最佳创意奖个人一等奖1项、二等奖1项，并代表中国参加联合国教科文组织在美国举行的国际儿童环保论坛交流活动。在2004年上海市第19届英特尔杯青少年创新大赛中获优秀项目论文二等奖2项； 2004年上海市“科技希望之星”2名。

〔**上海市金山区第一少科站机器人兴趣小组**〕 2000年3月成立。主讲教师潘耀军。4年来累计办班180多次，培训学员2700余人。现有学员45人，小组3个。小组采用互动、愉快教学，兴趣、成功教学，体验学习的无障碍和成功。几年来，小组学员获全国冠军5人次，全国个人一等奖19人次，全国个人二等奖11人次，全国团体一等奖7次。2004年11月19～21日在第五届“广茂达杯”中国智能机器人大赛中，少年宫指导的11支国际赛制机器人灭火队伍，囊括了小学组、初中组、高中组的3个冠军。并获得全国一等奖7个，二等奖4个的殊荣。

〔**上海市青浦区少年宫特色兴趣小组**〕 1.儿童画兴趣小组：成立于1998年9月。指导教师张秋霞。现有学员4个班，51人。在儿童画教学中随时灵活的调整课程内容，充分体现了孩子为主体，教师为主导的教学思想。在第九届全国中小学生绘画、书法作品比赛中，2名学员分获绘画类二、三等奖，并获组织工作先进集体奖；2004年，在第七届上海市少幼儿美术作品大赛及华东区邀请展中，1名学员获一、二等奖。

2. 素描与色彩兴趣小组：成立于1989年9月。指导教师金静。现有学员4个班，50人。该组针对青少年的生理和心理特点，在教学上采用复色教学的模式，每个班有若干小组，每个小组由若干个同一进度的学员组成，几个不同进度的小组在同一个画室内学习。多年来，小组累计培训学员2400人，多人参加并通过各个级别的全国艺术等级考试，每年都有学员考入各级艺术高等院校。2002年8月，在第七届全国中小学生绘画、书法比赛中，1名学员获三等奖；2004年8月，在第九届全国中小学生绘画、书法作品比赛中，多名学员获绘画类一、二、三等奖，小组获组织工作先进集体奖。

〔上海市浦东新区少年宫特色兴趣小组〕1. 川沙活动中心声乐兴趣小组：创办于 1981 年。指导教师薛明华。现有初级、中级、高级 9 个班，学员 120 名。二十几年来先后向各类艺术院校输送了优秀学员近 50 名，培训班的优秀声乐作品在上海音乐厅、上海大剧院、东方电视台等演出，在上海市和浦东新区的各类声乐比赛中获得金、银、铜奖，是川沙活动中心的著名教育品牌。

2. 蓝村活动中心围棋兴趣小组：创办于 1995 年 9 月。指导教师郑福。目前已发展到 7 个不同层次 10 个班级共 300 余名学员规模，另有和基层学校联合办班 2 处，学员百余人，年招学员在千人以上。每年组织多项围棋赛事活动，并承办上海市围棋夏令营等活动；每年组队参加全国育苗杯和青少年棋院比赛，2002、2003 年连续夺得全国育苗杯比赛团体冠军，2004 年连夺全国育苗杯和全国青少年棋院比赛两项团体亚军。学员分别获近几年上海市中、小学各年级组的团体和个人冠军 20 余项。两次被全国围棋育苗工程理事会授予全国十佳围棋培训基地。

〔上海市奉贤区少年宫特色兴趣小组〕 1. 工艺美术兴趣小组：1995 年 9 月创办。主讲教师何球红。小组活动内容丰富，教学方法多样、组织形式活泼，先后进行了学期计划修订、自编课程的设计开发。自创办以来累计办班 24 期，培训学员 1000 多人次，富有成效。连续两届参与面及获奖等级、人数均列全市前列。

2. 小提琴兴趣小组：创办于 1983 年，主讲教师杨敏。小提琴兴趣小组现有 5 个班，学员 40 人。分启蒙、初级、中级和高级 4 个层次，学制各为 2 年。课程内容：小提琴演奏课、音乐素质课、合奏课和小提琴基训课。20 多年来培养了数百名学员。多次参加区级、市级的文艺汇演以及学生艺术节的比赛和重要演出，获多项等级奖；在历年的上海市小提琴考级中，有 160 多人次获得了中、高级的等级证书。其中有 18 人取得了小提琴 10 级的证书，有 12 名学员获得了小提琴演奏 12 级的证书，有 8 人摘取了三级、四级、六级、七级和八级的第一名。优秀、良好成绩达 75%以上，在上海市少年宫系统中名列前茅。

〔江苏省南京市下关区少年宫少儿合唱兴趣小组〕 1998 年成立。指导教师张敏。积极探索、创新童声合唱的教学方法，致力于提高学生的音乐文化素养与音乐审美能力，通过听赏，培养学生的听觉，体会和声的美感，体会合唱的魅力；多次在全国、省、市、区文艺竞赛及演出活动中崭露头角，成为盛开在艺术教育百花园中的一朵美丽的奇葩。

〔江苏省苏州市平江区少年宫特色兴趣小组〕1. 科技创新兴趣小组：1986 年创办。主讲教师陈清华。课程内容：无线电、医学科技、动植物标本制作、航空模型、航海模型等，多方面满足少年儿童对科技知识的不同兴趣和爱好，提高学生动手能力。多次在省、市、区各项科技项目的操作比赛中取得优异成绩。

2. Intel 培训基地：主讲教师凌秋红、谷汝青、杨骏乐。以信息素养的形成为主线，全面提高学生的信息素养为根本目标。学生在国家级、省级、市级各类比赛中获得优异成绩，充分展示了他们的才能及其创造力，有 200 多名学生在各级各类比赛中获奖。

3. 合唱班：是苏州市第一个成立的少儿合唱文艺团体。1987 年成立。主讲教师冯朝明。以培养少年儿童兴趣为出发点，在教学过程中调动学员的主观能动性，结合发声、乐理知识、音乐作品欣赏等基础知识和基本技能学习，采取多样化的教学方法，形成独特的教学特色，是苏州地区惟一的童声合唱培训基地。合唱班学员每期有 120 多人，分基础和提高两个教学班，承担苏州地区童声合唱的演出任务和外事接待、交流任务，成为苏州地区少儿艺术演出、交流的窗口。

〔江苏省南通市儿童少年教育活动中心特色兴趣小组〕 1. 舞蹈兴趣小组：成立于 1986 年，现有学员 8 个班，350 余人。指导教师沈雯。十几年来，舞蹈班教学始终以人为本，以学生为中心，坚持严格的舞蹈基本功训练，努力培养学生的舞蹈创新意识、审美意识和舞蹈的组合创编能力及审美能力，取得了令人瞩目的成绩。该班累计培训学员 1 万多人，2001～2004 年先后向江苏省歌舞团、南京艺术学院舞蹈系、天津音乐学院舞蹈系、中国歌舞剧院艺术学校舞蹈系输送专业人才 16 人次；在全国、省、市推新人大赛中获全国“十佳”3 人次、获江苏省“十佳”5 人次、获南通市“十佳”8 人次；在 2002 年江苏省舞蹈比赛中，作品“憧憬”获舞蹈创作表演“二等奖”。

2. 故事班：成立于 1998 年。指导教师张淑慧。6 年来，故事班根据学员年龄和生理特点，运用“赏识教育法”，取得了丰硕的成果。目前故事班已成为中心少年儿童培训科目的一张王牌，是全市家喻户晓的一个特色培训科目。故事班根据学员不同的年龄段设有 4 个班，每期 120 名学员。故事班成立 6 年来，累计培训学员1800余人，学员多人在全国故事大王比赛中获奖。2000年～2004年在南通市“故事大王”比赛中，中心故事班学员共有10多人次获得一、二等奖，40多人次获得三等奖和优秀奖。

〔江苏省镇江市少年宫业余无线电兴趣小组〕 成立于1999年，指导教师黄明宜。累计办班12期，培训学员达400余人。小组教学内容主要有3项：无线电通话、电子制作、SSTV通信。通过活动提高青少年科技素质，为国家培养通信技术后备人才。小组注重培养学员们的美育情操，使其达到技术好和艺术美的良好结合。连续参加5届全国竞赛和6届江苏省竞赛，共获团体冠军8项，个人金牌18块。

〔江苏省江都市少年宫特色兴趣小组〕 1.小记者趣味作文兴趣小组：成立于2001年10月。指导教师张心宏、于正捷。在教学中，从激发儿童的写作兴趣入手，积极培养儿童的想像力和创造力，坚持以人为本，用崇高的理想引导人，用生动的故事感染人，用丰富的知识充实人，用丰硕的成果激励人。有98名学生被《希望月报》发展为“小记者”，多人在全国小学生作文大赛中获奖，还有许多同学的文章在市级以上报刊、杂志上发表或在竞赛中获奖。

2. 线描儿童画兴趣小组：辅导教师徐崇。成立于1994年9月，是在“儿童画教学班”基础上发展建立起来的一个特色班级。摸索出“写实线描”、“装饰线描”、“抽象线描”的教学方法，建立了一套完整的教学步骤与评价标准。多年来，该班累计培训学员500多人，学员线描作品多次获得各类绘画比赛大奖。1994～1997年学员作品连续3届获团中央、中国美协、全国少工委举办的“阿卡西”杯全国少儿书画金奖；2000年学员作品获“澳门国际少儿中国书画精英赛”金奖；2001年学员作品获文化部第二届“蒲公英”全国少儿书画大赛金奖；2004年学员作品获江苏省“五星工程奖”金奖等。

〔江苏省常熟市虞山少年宫特色兴趣小组〕 1. 美术兴趣小组：1982 年创办。主讲教师马映岚、王月霞。课程内容：幼儿绘画、儿童画、中国画、卡通画、色彩、素描等。在教学过程中由引起兴趣、出示范例、示范讲解、巡回指导和结束评价5个环节组成。在第三届江苏省绿色学校学生美术书法摄影作品汇展、“龙人杯”全国少年美术书法摄影大赛、“小画家杯”中外儿童美术书法大赛、“金球杯”全国青少年美术书法摄影大赛等比赛中，有数百人获金、银、铜奖；少年宫多次评为先进集体，教师也多次获得优秀指导奖、优秀园丁等称号。

2. 武术兴趣小组：2001年创办。主讲教师王怀。通过研究与实践，由浅入深的基本功和基本动作的练习，提高套路运动的技术水平和能力，逐步提高教学理念，注重学生个性发展，培养正义感，提高身心综合素质。学员连续多年参加苏州市少年儿童武术比赛，多次获各参赛项目的前3名。

〔江苏省江阴市少年宫书法兴趣小组〕 主讲教师周文忠、王淑萍、宗媛。书法培训活动以儿童想象画、线描画、图画、素描、色彩、写生画、软笔、硬笔书法为主要培训活动。自创办以来，参加全国、省、市级比赛每年约300人次，1999年2位学员举办了个人画展；2000年千名学员的作品在中国美术馆展出；多名学员被中央美术学院录取。

〔江苏省盐城市少年宫特色兴趣小组〕 1.二胡兴趣班：1996年7月创办。主讲教师严君、罗俊。分初级、中级、高级3个层次。在教学过程中自编辅导材料，结合各班制定教学方案，进行教学活动。在各种比赛中取得优异成绩。2001～2003年，获全国、省、市奖项11项，指导教师获省、市奖项15项。

2. 少儿舞蹈兴趣班：1998年7月创办。主讲教师陈艳。将舞蹈基础理论联系少儿发展特点，自编初、中、高级培训教材；指导的学生获全国少儿艺术风采大赛总决赛优秀表演奖，2003年1月获江苏赛区第一名，盐城赛区舞蹈一等奖。指导教师获多项教育教学成果奖。

〔江苏省无锡市南长区少年宫“金钥匙”科普知识兴趣小组〕 1982年7月创办。主讲教师李治国。重视培养学生对科普知识的兴趣，扩大知识面，提高知识技能。以江苏省“金钥匙”科普知识竞赛的内容作为指导性培训内容，在2001～2004年的省科普知识竞赛中获特等奖4人，一等奖24人、二等奖42人、三等奖68人，2004年获小学组团体一等奖。

〔江苏省张家港市少年宫特色兴趣小组〕 1.二胡兴趣小组：1995年开办。主讲教师石怀生。坚持以社会效益、教艺育人为宗旨，以人才效益提高教育质量为目标，按低、中、高的宝塔形办班教学配置。共培养出几百名二胡演奏特长生，分别获取国家艺术考级权威机构颁发的二胡4～10级的级位证书，其中，10多名优秀学员曾获全国、省、市级二胡比赛大奖，部分学员以优异成绩考入上海音乐学院、上海戏剧学院、南京艺术学院等专业艺术学院深造。

2. 古筝兴趣小组：1998年9月创办。主讲教师叶明予。以多学、多思、多想的教学手段，开创新的教育模式，推进素质教育。学员在第八届华东少儿汇演中获二等奖；第十届全国推新人大赛中获新人奖，连续3届9人获苏州市中小学器乐独奏比赛一、二、三等奖。

〔江苏省射阳县少儿活动中心古筝兴趣小组〕 成立于2002年10月，指导教师周蓉。现有学员2个班，32人。培训班坚持“以人为本，素质为先”的办班思想，尊重艺术教育的规律和要求，以严谨塑形象，以科学求实效，以信誉树品牌。全面体现新课程标准的育人理念，结合音乐学科基础理论的学习和古筝基本技能的训练，采用灵活多样的辅导方式，开辟科学的训练途径，让学生轻轻松松学音乐，快快乐乐弹古筝。2年来累计培训学员120多人，多人在全国、省、市少儿艺术类大赛中获奖。

〔江苏省海安县少年宫琵琶兴趣小组〕 成立于1995年10月。指导教师吴丽娟。坚持“以审美为核心，以兴趣为动力”的基本理念，根据学生的年龄特点、兴趣爱好创造性的选择教材，创造性的利用教学资料，设定有利于学生创新思维发展的具体可行的教学目标，教育、教学成果显著。9年来累计培训学员450多人，学员参加全国各级艺术大赛，1人获国家级奖，4人获省级奖，多人获市级、县级奖，并多次在市、县文艺调演中获团体优秀节目奖。

〔江苏省宜兴市青少年活动中心美术兴趣小组〕 1995年创办。主讲教师褚炎艳。现有小组数16个，学生650人，累计办班次数200余次，培训学员6000人。以无意识创作、联想创作、思维创作、想象创作、记忆创作、整合创作、渐近教学为主，教学效果显著。几年来，学员在全国各类大赛中获得优异成绩，取得多项奖项。

〔江苏省东台市少年宫特色兴趣小组〕 1. 毛笔书法兴趣小组：1990年2月创办。主讲教师高小燕。在教学过程中侧重于艺术审美教学，强化“听、说、读、写”，提高学生审美能力的训练，调动学生学习积极性，拓展学生思维能力。学员多次获得国际级比赛金奖，多名学员参加中央电视台比赛获金、银奖，培训的学员年获奖率达70%。

2. 舞蹈兴趣小组：1981年创办。主讲教师叶小平。办班次数累计72次，培训学生达4320名。常年开设芭蕾、古典、民族民间、外国代表性等舞蹈科目。每年组织学员参加各级各类舞蹈大赛，自编自创了大量舞蹈作品，繁荣了地方文化事业，48名学员及13件舞蹈作品在国家级舞蹈比赛中获奖，102名学员及28件舞蹈作品在省级舞蹈比赛中获奖，近2000名学生在地、市举办的各类艺术比赛中获奖。

〔浙江省宁波市青少年宫特色兴趣小组〕
1. 航模培训班：成立于2001年1月，现有学员7个班，70人。指导教师李新一。培训班目标明确，教学方法得体，积极参加社会实践，取得较好成绩。几年来，累计培训学员780多人，学员在大赛中多次获奖。2004年，在“东钱湖”杯浙江省青少年航空航天模型锦标赛上，2人获P5B-1项目金牌一等奖，1人获二等奖；在“姜山杯”浙江省青少年航海模型锦标赛FSR-新阳光级比赛中，2人分获第五、六名，3人分获FSR-ECO级第二、八名，F4A第四名。2004年在宁波市中小学生航空、航天、航海车辆模型大赛中，7人获一等奖，6人获二等奖，7人获三等奖。

2. 国画兴趣小组：成立于1988年7月，现有学员8个班，182人。指导教师傅伟民。培训内容有基础训练、临画、创作训练等；采用传统笔墨和现实写生相结合；在保护儿童个性的基础上，充分体现了孩子为主体、教师为主导的教学思想。十几年来，累计培训学员7000多人，每届都有数10位学员在全国及省、市各级比赛中获奖。在2004年第九届全国中小学生绘画、书法作品比赛中，19名学员获奖。

〔浙江省上虞市青少年宫特色兴趣小组〕
1. 模型制作兴趣小组：指导教师吕禾。自2000年设班以来，共办班20班，培训来自全市各学校学生350余人次，并带动了全市常年参与此类活动的学生达3000余人多次参加由教育部、国家体育总局、共青团中央、中国科协及省教育厅、省体育局、团省委等举办的各类全国青少年模型及浙江省青少年模型制作锦标赛，共获各类奖项150项，其中金牌10余枚，一等奖30余项。青少年宫建筑模型制作在全国具有较高声誉，科技教师的“建筑模型”设计方案多次被国家体育总局采用，推广全国。学员韩恺祺先后2次在全国青少年建筑模型竞赛中获一等奖，在2004年浙江省青少年建筑模型竞赛中获金牌一枚，还多次获上虞市青少年海陆空模型竞赛一等奖。

2. 小作家创作兴趣小组：指导教师王芳。自2000

年2月创办以来，共办班20班，培训来自全市各学校的学生380余人次。积极指导学生主动观察自然，深入生活，体味人生。几年来，小作家创作班有150篇优秀习作发表在全国少儿报刊上，100多篇优秀习作在全国征文比赛中获奖。指导老师王芳在历届全国中小学作文大赛中均获优秀指导老师奖，被评为全国校园文学社优秀指导老师。

〔**福建省龙岩市青少年宫特色兴趣小组**〕　1.作文学校：开设了从幼儿到中学较完整的作文教学体系，设有幼儿口语识字班、小学各年级阅读写作班、电脑写作班、科技写作班、阅读班、小记者班、中学各年级写作班等11个学科18个班级。教学中以激发学员兴趣为主，通过生动活泼、灵活多变的教学方式，引导学员寻找作文的乐趣。自创办以来，参加培训的学员5000多人次，数百名学员在全国、省、市、区等各级比赛中获奖，许多学员稿件在报刊上屡屡发表。

2.美术学校：创办于2000年。下设幼儿美术、少儿美术、水粉班、绘画创作班、素描班、国画班、儿童漫画班、铅笔字班、硬笔书法班、毛笔书法班等12个学科，15个班级。注重对学生的做人教育和自身培养，每年培养学员1000余名。学校参加多项少儿书画比赛，获国家级绘画奖80人，书法奖60人；获省级绘画奖156人，书法奖42人；获市级绘画奖256人，书法奖158人。为各艺术学院输送学员百余人。被福建省批准为美术教育考级基地。

3.音乐学校：开设了声乐、音乐素养、电子琴、钢琴、手风琴、二胡、古筝、琵琶、小提琴、爵士鼓、吉他、少儿合唱共12个班。教学设施配备齐全。授课老师均为音协理事、会员，具有丰富的教学经验。声乐班学员多次在中国少年儿童歌曲“卡拉OK”电视大赛获奖，钢琴班和吉他班学员参加各级比赛都取得好成绩，获国家级奖20人，省级奖50多人，为各类艺术院校选送学员200余人。几年来，被中国音协指定为艺术等级考试考点，考级项目有声乐、钢琴、电子琴、古筝、二胡、琵琶、小提琴等，每年参加考级人数达千余人之多。

4.舞蹈学校：是闽西培养舞蹈人才覆盖面最大的机构，分为幼儿舞蹈、少儿舞蹈、成人舞蹈、体育舞蹈、芭蕾舞、老年健身舞蹈等8个类别。按学员的不同年龄、程度每期开办20余个培训班，每年培养学员达2000余人。《鸡公仔》、《嬉雨》、《山娃看海》、《拉丁酷酷》等舞蹈多次在省、市级获奖，并被福建省推荐参加全国“小荷风采”少儿舞蹈大赛。每年组织学员参加中国舞艺术等级考试，合格率100%，优秀率达35%以上，2003年度、2004年度均被福建省舞协评为优秀授课点，指导教师亦被评为福建省舞蹈优秀辅导教师，8名优秀学员被录取为福建省“小明星”艺术团成员。

〔**福建省三明市少年宫电脑机器人兴趣小组**〕开办十几年来，得到各级领导和社会各界的大力支持，小组活动注重实践，让学员在活动中既动手又动脑，充分锻炼学员的创造性思维，得到广大青少年学生的欢迎。近2年组织学员参加市、省、全国乃至国际性竞赛，获得大量奖项，其中省级一等奖3个，全国一等奖4个、三等奖1个，国际铜奖1个。

〔**福建省晋江市青少年宫特色兴趣小组**〕1.舞蹈兴趣小组：成立于1996年8月，12个舞蹈班，240名学员。指导教师蔡彩虹、郑静、黄晶晶。几年来，培训班积极探索课堂教学，摸索出了一条适合自己的独具特色的教学路子。学员多人多次获地市级、省级及全国比赛金、银、铜奖。在开展普及培训取得较好成绩的基础上，重点提高尖子学员的舞蹈技能水平，开展成人舞蹈排练，展示学员的舞蹈学习成果。学员积极参与全市精神文明建设，经常参加文化下乡演出、部队慰问演出，深得侨乡群众的喜爱。

2.小提琴兴趣小组：成立于2000年10月。现有10个教学班，学员200名。指导教师徐峻、黄瑞文。采用集体课教学、个别辅导教学的教学方式，激发学生学习兴趣，培养学生的整体素质，取得了显著的成绩。学员多人多次在晋江市、泉州市小学生器乐比赛中荣获一、二、三等奖，在2003、2004年度中国音协考级中多名学员以优异成绩取得证书，指导教师获得福建省泉州市优秀教师称号。

〔**江西省南昌市中小学生活动中心特色兴趣小组**〕　1．育苗体艺中心。是一个以体育舞蹈为主的专业群，包括拉丁舞、健美操、形体模特、幼儿基本体操，拥有多位国际级教师、国际级裁判、国家级教练员。2004年，中心组团参加全国万人健美操大众锻炼标准大赛全国总决赛，取得多项大奖，在省第五届健身健美操锦标赛等大赛中取得优异成绩。

2.小蝌蚪音乐教室。以江西省电子琴协会常务理事为骨干教师组建的钢琴、电子琴专业群。经过3年的精心培育，已由最初的几名学员发展为有启蒙班、提高班、考级班，有大课、小组课、小课的学员众多教学灵活的特色专业。除独奏训练外，还注重合奏、重奏能力与素养的培养。老生巩固率在80%以上，95%的学员通过考级。

〔江西省南昌市少年宫围棋兴趣小组〕 1985年创办，主讲教师丁盛茂。以讲评、学定式、对局、提问的培训方式进行教学，调动学生的主观能动性，开阔学生视野。现有培训小组班数7个，学员114人，累计培训学员2000余人。在2004年全国第一届青少年围棋大赛中获得团体三等奖。

〔河南省妇女儿童活动中心特色兴趣小组〕 1. 语言口才表演班：1993年6月创办，主讲教师陈娅妹、张进。培训内容：朗读、故事表演、演讲、少年小论坛、红领巾广播站、少年节目主持人、戏剧表演、童话剧、小品。以社会需要和培养儿童少年良好品德、学习能力、创新意识和实践能力为目标，突出语言口才特色，为每一位学员提供机会。每年都有近百人获得故事、演讲朗诵、小品等奖项。其中有1200人获市级比赛奖，410人获省级比赛奖，48人获全国比赛奖。

2. 电子交响乐演奏班：1993年创办。主讲教师郭峥。运用大量的管弦乐总谱进行训练，提高学生音乐的修养，以基础课、教学比赛、广场演出、社区演出相结合的方式开展培训活动。现有小组数26个，学员人数280人，累计培训学员9800人次。几年来，20人在全国比赛中获金、银奖，30人在省级比赛中获一、二等奖，多名学员考入音乐学院。

〔湖北省武汉市江汉区青少年宫“红黄兰”艺术兴趣小组〕 指导教师刘斐。2000年创立。聘请湖北省美术学院雷文老师担任主讲教师，开设美术启蒙、美术初级、美术中级、美术提高、素描5个层次的美术课程内容。现有学员2个班，42人。采用故事教学法，以竞赛展览活动为依托，创编出一套针对4岁～15岁少年儿童进行系统美术教育培训的教学体系和独特、新颖、活泼的校外美育教学方法，吸引了参加培训的孩子们。5年来，培育学员达300余人，学员在全国、省、市比赛中获一等奖20名，二等奖36名，三等奖38名，优秀奖53名，10人获全国双龙杯书画大赛金奖，5人获湖北省“小星星”杯书画大赛金奖。

〔广东省深圳市龙岗区青少年活动中心快乐作文思维训练兴趣小组〕 主讲教师段正山。办班理念：快乐地写作文，写快乐的作文，享受写作文的快乐。2004年4月组织指导学生参加第七届小天鹅杯全国中小学生文学写作大赛，有1人获特等奖，1人获一等奖，1人获二等奖，7人获三等奖，10人获优秀奖。2004年5月，学员鲁宁静同学创作《致命的车祸》获《快速作文》组织的全国青少年快速作文大赛二等奖。

〔云南省昆明市五华区青少年宫武术兴趣小组〕 自1997年开办以来，不断发展壮大，从最初的一个初级班发展到中级班、竞赛班、散打班、跆拳道班，人数从最初的40人一期发展到现在每期200人左右，每年4期。多年以来，武术兴趣小组始终坚持教育以人为本，以德执教的教育理念，现有培训小组班数7个，学员210人，累计办班200余次，培训学员5000余人。分别向市武术队输送32人，省武术队输送2人，1人保送上大学；获省级金牌14枚，银牌18枚，铜牌8枚；市级金牌38枚，银牌40枚，铜牌26枚。

〔陕西省西安市妇女儿童活动中心“神奇笔”美术教室〕 主讲教师王明庭。始建于2003年，拥有良好的教学设备和雄厚的教师力量，授课教师均为美院本科毕业，有着丰富的教学经验，教师授课曾多次在省、市电视台的少儿节目中进行报道。小组通过开展生动有趣的教学活动，引导孩子去观察思考、体验探索，从而培养出具有敏锐的观察力、丰富的想像力、广阔的认知力。开班以来，吸引着大批少儿前来学习，受到社会好评。学员先后有25人获全国书画大赛金奖，48人获得银奖，累计培训学员达1000多人次。

〔陕西省西安市碑林区少年宫特色兴趣小组〕 1. 书画教研组创作培训班：是从众多书画学员当中选拔出来的一支少年书画创作队伍，创作小组由富有经验的书画教师带领，经常参与省市和全国一些重大的书画创作活动及书画展示。2003年5月，书画创作小组参与了“亿万少年迎奥运活动暨《盛世中华》2008米大型书画长卷陕西卷”的绘制工作。在2个月的创作中一幅集山水、花鸟、人物、建筑为一体图文并茂的巨幅长卷绘制完成，得到各届的一致赞誉。现有小组班数40个，学员1100人，累计培训学员3300人。

2. 象棋兴趣小组：1989年9月创办。主讲教师张娜。成立15年来，组织参与了十五届“碑林区中小学生三棋赛”，协作组织了1999年全国“协作杯”三棋大赛。1999年被西安市体委授予全市首家“少年棋类培训中心”。少年宫“三棋代表队”多次在全国各级各类棋类大赛中获个人金、银、铜牌及团体总分第一的优异成绩。每年为全国少年锦标赛选拔优秀选手，受到社会各界的好评和关注。

〔陕西省榆林市青少年宫舞蹈兴趣小组〕 成立于1987年。指导教师李玲娥。是少年宫最早开展的特色教学活动，通过吸收陕北别具特色的信天游、秧歌等地方艺术的丰富营养，融合现代审美意识，充分展示少年儿童纯真、烂漫天性。培训对象为5～16岁少年儿童，根据年龄结构和舞蹈基础技能，划分为2个班4个小组. 创办17年来，年培训学员580人次，累计培训学员1万多人次，创编少儿舞蹈节目50多个，在全国城区青少年宫文艺汇演中，获创作一等奖10个；在全国、省级舞蹈大赛中，获创作一等奖8个，编导一等奖18个。现舞蹈班已成为榆林校外教育的一大品牌，成为榆林艺术教育的重要基地。

〔**甘肃省兰州市少年宫特色兴趣小组**〕　1. 舞蹈兴趣小组：创办于1982年，现有学生800人，小组48个，累计培训学生人次3000多人。多年来自主创编、排练舞蹈作品“雪花飘飘”、“红领巾之歌”、“憧憬”、“丑小鸭”、“竹林深处”、“花的沐浴”、“黄河边的尕娃娃”、“金葵花”、“口弦声声”、“快乐的第二课堂”、“红旗飘飘”等一大批儿童舞蹈作品。十几年来，为国家级、省级专业院校和专业团体培养人才近200人。

2. 美术兴趣小组：成立于1982年。指导教师白恩平、张家源。现有学员55个班，1100人。在教学中，根据学生的年龄、兴趣、爱好等特点，利用各种教学手段激发学生想像力、创造力，提高他们的审美情趣，收到了良好的教育效果。成立20多年来，累计培训学生4400多人；每年参加全国、省、市级比赛，年平均获奖300人以上。2004年4月，在联合国教科文组织协会中国联合会《亚洲儿童艺术节儿童日记画》比赛中获组织金奖，在第六、七、八、九届全国中小学生书法绘画大赛中均获优秀组织奖。

〔**甘肃省兰州市青少年科技艺术教育基地书法兴趣小组**〕　成立于2000年，指导教师石永袖。现有学员5个班，81人。该班通过摹帖入手，循序渐进，由浅入深，掌握所摹字帖的基本特点，通过参加大赛实践，进一步激发学员学习的热情。几年来，参加全国各级各类少儿书法大赛均取得优异成绩，获奖超过1000人次，有7人次获全国最高奖。

〔**宁夏银川市青少年宫航模兴趣小组**〕　主讲教师伊兆荣。航模兴趣小组以培养青少年动手动脑能力为主旨，一直坚持从事航空航模竞赛表演活动，是青少年的品牌活动项目。连续4年荣获银川市航海模型表演竞赛及全国奇石展航模表演优秀组织奖、优秀辅导员奖，科技模型制作及竞赛贡献奖，对培养青少年科技人才做出了贡献。

学生社团活动

〔**北京市东城区少年宫管弦乐团（北京市金帆管弦乐团）**〕　1992年3月成立，1994年“六一”被市教委命名为北京市少年儿童银帆艺术团交响乐团。平均每年向北京市大、中学校及各金帆乐团输送一个单管乐队编制的学生。乐团常年面向学校招生，保障了乐团的建设规模和质量。并针对学生的不同专业、不同程度，聘请或安排指导教师，把乐团的整体培训与学生的个别提高有机的统一起来，调动学生学习、排练积极性。2004年被命名为“北京市金帆管弦乐团”。

〔**北京市东城区青少年集邮俱乐部**〕　东城区少年宫建立的东城区青少年集邮俱乐部是经中华全国集邮联合会组织部、集邮联青少年工作委员会顾问评审小组评比，授予95个“全国青少年集邮活动示范基地”之一。2004年推出了“迎新春迎奥运”主题明信片设计活动；举行了“一枚邮票一个故事”活动；以“方寸之间感知世界科技发展”为主题，组织36名新会员开展一日夏令营活动；开展“我与奥运共成长”青少年迎奥运邮品设计图稿征集活动；举办以“方寸之间爱祖国、爱学习、爱科技”为主题的“第一届东城区中小学生邮票绘画和纪念封设计竞赛”活动。

〔**北京市东城区少年宫童声合唱团**〕　2002年3月创办，主讲教师马亚丽。现有4支小队，70人左右，以8～16岁青少年为对象，每周活动一次。合唱团发挥校外特点展示学生特长，在组织参加中小学艺术节及声乐比赛中获得多项良好成绩。童声小合唱《送别》获北京市三等奖；童声合唱《欢乐的那达慕》获北京市校外艺术展演一等奖。

〔**“小茶人”俱乐部**〕　1999年，北京市东城区少年宫开展青少年茶文化活动，将校外教育的小组培训和群众活动的优势相结合，与学校形成点与面的合作关系，充分利用社会资源开展一系列活动。2004年，小茶人中外会员达到412人，参与活动的学校由4所启动校发展到全市8个区县56所中小学，活动对象由小学生发展到初中生、高中生、大学生，吸引了全市46所中小学的3万多人参加活动，先后与上海、杭州、香港、台湾以及日本、韩国等国家和地区的小茶人进行交流。

〔**北京市崇文区少年宫手风琴乐团（北京市金帆学生艺术团）**〕　成立于1990年，2004年命名为“北京市金帆学生艺术团”。手风琴乐团为中小学生提供学习和实践的机会，提高中小学生的艺术素养和艺术水平。在历届中国国际手风琴艺术节比赛、全国手风琴邀请赛、北京市中小学生艺术节手风琴比赛中，获得显著成绩。

〔**“小星星”艺术团**〕　北京市丰台区少年宫1996年组建。8年来，团员来自于少年宫的3200余名文艺类学员和每年举办的“丰台区中小学生艺术节”、“十项技能大赛”中的优秀学生，分为舞蹈、声乐、器乐3个分团，团员达200人。它不仅为孩子们的健康成长提供了一个宽阔的平台，而且为社会培养了众多的艺术幼苗。先后出访14个国家和地区，共取得团体、个人市区级奖励1362个，全国金奖29个，为艺术院校输送了大批人才。2002年，参加厦门首届中华民族歌舞周，获6项金奖，4项银奖；在2002年北京校外舞蹈作品类比赛中，3人舞《女孩三重奏》获表演、音乐、服装一等奖和创编二等奖；2004年北京校外学生艺术节2项节目获金奖。

〔**“小荷”民乐团**〕　北京市石景山区青少年活动中心“小荷”民乐团有团员60人，团长李勇，辅导教师解晓凤。2004年5月29日，参加“第七届中国国际友好文化节”演出。7月17日，参加第十三届亚洲杯足球赛开幕式演出。7月20日，参加CCTV北京夏令营开营式暨联欢晚会演出。8月5日，参加第二届全国少年儿童民族舞展演活动，舞蹈《军中小女兵》获编导金奖、表演金奖，石景山区青少年活动中心获组织奖。10月，获首届全国少儿舞蹈艺术节舞蹈比赛二等奖；在北京市第一届校外艺术展演中，民乐合奏《闹新春》、古筝齐奏《将军令》获一等奖，群舞《心中圣火》、《军中小女兵》获二等奖。

〔**天津市少年宫“七彩画笔”美术工作室**〕　天津市少年宫系统中成立的第一个将学习型组织的理念引入校外美术工作室。

2004年，工作室以“培训与活动联动”理念为指导，开展了一系列创新性美术教育教学活动。其中，“彩笔描绘恐龙世界”百米长卷绘画活动、“我喜欢的卡通形象”现场临摹与创作比赛、“快乐涂鸦”亲子绘画活动、“天津名人故居”写生夏令营以及《动物乐园》美术教学合作等活动得到了天津电视台、《今晚报》的多次报道。工作室还先后出版了《电脑绘画》、《少儿写生》、《水墨童趣》、《石膏素描范作》等多本美术教学书籍。2004年12月，被天津市和平区社区教育委员会授予和平区学习型班组的荣誉称号。工作室的1名教师被评为天津市优秀教师。

〔**“小白鸽”艺术团**〕　天津市和平区青少年宫“小白鸽”艺术团是面向全区辐射全市乃至国内外进行艺术交流的窗口。自1995年成立以来，曾先后参加国际、全国、市级各类的大型文艺、美术展演活动上百场。其中舞蹈队参加德国汉诺威国际少儿舞蹈大赛，舞蹈《五子夺莲》获金奖；代表和平区多次访问日本、德国、法国、香港等国家和地区，还接待了希腊、越南、保加利亚、俄罗斯、德国、美国、日本等少儿艺术团来访交流活动。目前艺术团有团员200余人，主要有舞蹈队、书画队、民乐队、合唱队等。

〔**金鹰体育俱乐部**〕　天津市和平区青少年宫专门负责全区中小幼体育活动及开展宫内体育类培训的组织。现开设的体育培训项目有：跆拳道、拉丁舞、踢踏舞、乒乓球、轮滑、艺术体操、中国象棋、国际象棋、围棋等9项，年培训学员近1000人次。1年来，体育俱乐部的学员在全市跆拳道比赛、艺术体操比赛及五项棋赛中先后获市级一等奖10多个。和平区中小学棋类比赛是俱乐部的传统活动项目。每年举办一次，从70年代末开始至今已连续举办近30年。由开始的3项棋比赛（中国象棋、国际象棋、围棋）发展到现在的5项棋比赛，参加的学校、学生由刚开始的十几所学校百余人，到现在几十所学校近千人参加的大型比赛活动。

〔**“小海螺”艺术团**〕　原名为塘沽区小海螺艺术团，于1998年5月28日正式成立。2003年1月21日，由塘沽区区委、塘沽区政府与华燊燃气（中国）投资有限公司共同冠名为“华燊燃气小海螺艺术团”。

目前共有207名团员、舞蹈队、声乐队、民乐队等，聘请全国政协委员、国家一级演员、著名歌唱家关牧村任名誉团长；天津市舞蹈协会主席、国家一级舞蹈演员王琨等9位同志任顾问。

7年来，艺术团曾先后参加各级各类大型文艺演出近百场次，先后出访日本、德国、马来西亚等国家，接待过美国、韩国、日本等国家的少年儿童访华团。在“德国汉诺威2003年国际文化艺术节青少年儿童舞蹈比赛”中，独舞《蒙古人》、群舞《踏浪》分别荣获比赛的金奖和银奖，在参加天津市中小学文艺展演比赛中，历年来都取得校外组一、二等奖的好成绩。

〔**辽宁省大连市青少年宫少儿艺术团**〕 1989年，大连市青少年宫组建了“大连市青少年宫少儿艺术团”，下设舞蹈团、童声合唱团、武术团和乐团，现有团员300余人。15年来参加各种大型演出800余场，多次进京并到中南海演出。曾先后代表国家和大连市应邀访问过中国台湾、罗马尼亚、英国、马尔他、奥地利等十几个国家和地区，所到之处无不轰动。1994年7月，青少年宫少儿艺术团以“中国少年儿童艺术团”名义出访欧洲5国，在罗马尼亚1994国际“金孔雀”少儿艺术节上获团体一等奖，一举夺得“金孔雀”奖杯。2002年4月，在德国弗莱堡举行的“2002国际青少年芭蕾舞、民族舞大赛”上，青少年宫代表团在30余个国家的116支参赛队中脱颖而出，创作舞蹈《中国结》、《青青草》分获金、银双奖。

〔**辽宁省大连市西岗区少年宫少年象棋队**〕 1987年成立，教练员周晓朴，少年宫中学高级教师、象棋国家级裁判员、辽宁省象棋协会理事。从1988年起，象棋队学员连续10余年夺得大连市、辽宁省少年象棋锦标赛多项团体及个人冠、亚军和其他获奖名次。在2004年辽宁省少年象棋锦标赛中，象棋队获得了男子14岁组个人第1、2、6名，并获团体冠军；男子12岁组个人前三名，并获团体冠军；男子8岁组个人第1、2、4名，并获团体冠军。在女子组的比赛中，李丹妮第5次蝉联桂冠，朱芳、栾双分获3、5名。在2004年全国少年象棋锦标赛也获得多项佳绩。

〔**“小熊猫”说唱团**〕 辽宁省大连市中山区少年宫著名学生社团。少年宫编导李东春老师，几十年来精心研究少儿曲艺教学，结合节日、纪念日及大型活动创编曲艺作品，如：相声《姐俩学雷锋》、《献给妈妈的歌》；快板《军营新歌》、《红领巾》等，并发表了多篇论文。几年来，“小熊猫”说唱团应中央、省、市电台、电视台的邀请，有300余人次在中央及省市电视台演播节目，得到了各级领导的高度评价，曲艺教学成果多次被电台、电视台、报社等新闻媒体报导。

〔**“丹顶鹤”艺术团**〕 “丹顶鹤”艺术团是经省文化厅的批准由黑龙江省妇女儿童活动中心于1996年创办的省级儿童艺术团体。艺术团包括童声合唱队、舞蹈队、民乐队、电子琴乐队和管弦乐队，共有小团员近300名。多年来，艺术团向全国各级艺术院校和专业团体输送了许多优秀人才；并多次代表中国儿童与俄罗斯、朝鲜、日本、匈牙利、保加利亚、墨西哥、罗马尼亚、英国、葡萄牙等国的少儿艺术团体同台演出。在俄罗斯举办的第2届“地球的旋律”国际儿童舞蹈节和在保加利亚举办的第11届瓦尔那国际民间艺术节上，艺术团的舞蹈表演、民族乐器演奏荣获最高荣誉奖；多次参加国内大型比赛，获得优异成绩。

〔**“小雪花”艺术团**〕 黑龙江省哈尔滨市少年宫学生社团。指导教师宋毅峰。2004年7月应日本新瀉圣笼町政府的邀请组成哈尔滨市教育交流团对日本进行了为期6天的交流演出活动，受到当地政府官员和观众的大加赞赏。8月，由“小雪花”艺术团舞蹈、声乐、器乐队同学组成的第八届大陆和平小天使代表团赴中国台湾进行了为期13天的交流访问活动，为台湾小朋友和各界人士奉献了精彩的歌舞表演。

在由文化部和市政府主办的第27届“哈尔滨之夏”音乐会中，小雪花艺术团分别承担了3场大型文艺演出。其中管弦乐团与合唱团的团员们合作演出的交响乐作品《红星交响曲》受到文艺界专家的高度赞赏。民族管弦乐独挑大梁，在“哈夏”群众专场演出中深受欢迎；舞蹈、声乐在演出活动中展示了扎实的功底和优美的舞姿，受到群众的喜爱。

〔**上海东方小伙伴艺术团**〕 中国福利会少年宫1955年5月成立。1996年6月与上海东方电视台合作，将小伙伴艺术团同时冠名为上海东方小伙伴艺术团。开设舞蹈、合唱、戏剧影视木偶、键盘乐、书画工艺、管弦乐、民乐等7个分团。自成立以来，已先后应邀赴20多个国家和地区进行交流、访问、演出，被誉为“上海的城市名片”、“中国的小大使”。

2004年，小伙伴艺术团参加和举行的演出有百余场次，参与了内地与香港少年儿童“手拉手”文艺汇演和交流活动，赴朝鲜为朝鲜劳动党总书记、国防委员会委员长金正日等演出，参加中法文化年巴黎“上海周”演出活动以及国际文化政策论坛部长年会、世界工程师大会闭幕式、第六届国际艺术节汇演、国际旅游交易会开幕式，庆贺2010年上海世博会会徽揭晓晚会等演出活动，获得了广泛社会赞誉。

〔**上海市小伙伴科普团流动少年宫**〕 1999

年，中国福利会少年宫与香港嘉道理慈善基金会共同组建了“中国福利会嘉道理流动少年宫”。5年来，“流动少年宫”先后赴陕西延安、西藏、江西吉安、德兴和上饶市、新疆阿克苏、湖南湘西等中西部贫困地区，帮助培训当地师资，建立活动室，组织开展校外教育活动，以年均40万元的资金投入，帮助当地援建少儿多媒体图书馆和青少年计算机活动中心。2004年，开展各类兴趣小组活动和科学普及活动，教育覆盖面达6000多人次。“六一”邀请外来务工子弟学校的学生，参加中国福利会少年宫“六一”游园活动，与“小伙伴”同台演出、联欢。

〔上海青少年手拉手艺术团〕 上海青年文化活动中心组建。由全国教育系统劳动模范、中国儿童歌舞学会秘书长、著名少儿舞蹈教育家郭子徽任团长，分舞蹈、民乐（弹拨、弦乐、吹奏等）、声乐（合唱团）等系列，为中央歌舞团、中国铁路文工团、北京舞蹈学院、上海芭蕾舞团、上海歌舞团等专业院校输送了大批的优秀人才。长期以来，艺术团创作和演出了大批优秀节目，曾获了全国“小荷风采”优秀表演奖、全国少儿歌舞比赛金奖等众多全国和上海市的大奖，党和国家领导人以及市委、市政府各级领导曾多次观看演出。多次出访日本、新加坡、韩国、瑞典、丹麦、挪威、芬兰等国家及港澳地区。

〔上海少年科学院〕 上海少年科学院成立于2002年10月，由上海青年文化活动中心具体负责，是上海市青少年儿童开展科学活动的培训基地和指导中心。少科院遵循“社会化、团队化、综合化”的教育改革思想，根据启明星科技活动的特点和规律，创造性地策划多项独具特色的大型科普活动，如“社区科技派对”启明星广场活动（大型社区科技技能实践与交流活动）、绿色承诺（科普活动周——科技创造绿色生活科普日活动）、感受星光灿烂（庆“六一”启明星科技场馆活动）、科技小明星“相约虎丘”两地成果展示、“千纸百态”环境艺术大赛、“弘扬郑和精神，普及船模知识技能——纪念郑和下西洋600周年”等6场规模型启明星科普活动等。

〔“好小囡”少儿京剧团〕 上海市徐汇区青少年活动中心1990年创办。指导教师钱敏、钱更生等。是上海学生艺术团分团之一，有设备齐全、宽敞明亮的排练厅和设施优良、富有特色的演出剧场。建团以来，少儿京剧团社会影响日益扩大，数10次获全国和上海少儿业余京剧比赛一等奖、优秀奖、优秀演员奖，接待外宾10余万人次。创作与排练的剧目有：《三岔口》、《霸王别姬》、《铡美案》、《贵妃醉酒》、《打虎上山》、《军民鱼水情》、《红灯记》以及儿童剧目《送虎归山》、《保护地球》、《杀鸡惊猴》等。

〔“小浣熊”少儿书画社〕 成立于2004年4月，由昆山统一企事业上海分公司同上海市杨浦区少年宫合作创办杨浦区“小浣熊”少儿书画社。指导教师赵嵘、江萍、张蓉蕊。“小浣熊”少儿书画社融入企业的运作机制，将文化气息渗透到企业的品牌形象中，将对学生的思想品德教育渗透到书画活动的社会实践之中，积极开展各项文艺活动，提升杨浦区青少年儿童的书法绘画方面的能力，加强少年儿童书画活动对外交流活动的力度，增强少年儿童的艺术鉴赏力、审美力和技能水平，丰富学生的课内外生活，带动学校书画类各项活动。

〔上海市杨浦区少年宫模型表演队（空模组）〕 组建于1998年。指导教师应建国。几年来，共为基层学校表演300余场，观看学生达1.5万人次，对杨浦区科技普及工作起到了积极作用；每年组织全区性的科普竞赛2次；每年举办小学生头脑蹦极赛、百科知识、通讯竞赛，总计每次参赛学校达30所，7000人次；多次带领学生参加市少科站组织的航空夏令营、科技馆、航宇中心、上海国际模型展览会、赴野外进行飞行训练等；学员获多项大奖。

〔上海市杨浦区少年宫民乐团〕 成立于80年代，指导教师曹建辉，陈雯洁。于1991年被上海市教育局命名为上海市学生艺术团民乐二团，是上海市少儿民乐队伍中一支优秀的队伍。被上海市教育委员会评为直属重点学生艺术团。

多年来，乐团在历届市级以上比赛中获得最高奖项：蝉联上海市第七、八、九、十届十月歌会器乐比赛一等奖；2001年全国文化部蒲公英音乐比赛创作银奖、表演银奖。2002年上海市布谷鸟音乐节器乐比赛一等奖。2004年上海之春国际音乐节少儿音乐歌舞专场最佳表演奖。2004年全国第十三届群众文化优秀节目群星奖比赛最高荣誉“群星奖”。乐团参加国庆50周年、建党80周年等重大演出多次。

〔上海市长宁区少年宫古筝乐团〕 2002年创办，指导教师田影。3年来，先后参加了“上海之春”国际音乐节《走进新世纪——优秀青少年民族音乐专场》、《正大广场民乐专场音乐会》、《上海筝会十周年音乐会》等10多场演出。在上海市的少儿民乐比赛中获得6个金奖、在华东地区少儿民乐比赛中获得二等奖；录制了《古筝重奏曲集》，制作出版了CD《悠悠情丝——长宁区少年宫古筝乐团专辑》，古筝乐团部分团员还分别赴美国、日本等国家访问演出。2004年9月，长宁区少年宫古筝乐团在上海贺绿汀音乐厅举办了“琴弦上的爱”古筝专场音乐会，集中反映了古筝团学生3年来刻苦训练的演奏水平。

〔上海市长宁区少年宫330社区俱乐部〕 2001年9月创办。负责人张新。利用校外教育时空阵地优势，通过少先队组织的实践活动，推进少先队在社区工作、学习型社区的建设。俱乐部在社区开展的活动内容有：一是整合校外（社会）教育资源；二是突出“雏鹰争章”，三是开展丰富多彩的社区文娱活动；四是引导少年儿童参与社区服务和社区建设；五是加强少先队社区阵地建设。俱乐部的活动形式是雏鹰网络、游戏、主持人、科普、小导游、小家务、环保、道德银行等。2004年有10个社区建立了俱乐部，3.5万少先队员参与活动，累计参加人数10万人次。

〔上海市学生艺术团书画社〕 上海市长宁区少年宫2003年创办。主讲教师陈发奎。以市学生艺术团书画社团成员、历年获奖学生、艺术特色学校的社团成员为培训的基础对象。培训活动主要有：上海市青少年民族文化系列活动——传承国粹，弘扬民族文化绘画活动；对外交流表演活动；外出参观，开阔视野的审美活动；基础知识、基本技能和行为规范教育活动。累计办班次数40次，活动参与人数120人。学员曾获全国一等奖、国防银奖、上海市比赛的各类奖项及团体奖、优秀组织奖等。

〔上海市学生艺术团影视剧团〕 上海市徐汇区青少年活动中心话剧团1991年创建以来，每年都有新创作的作品在市级和全国校园剧、儿童剧大赛中获得特等奖和一等奖。2000年，以何莹老师作品为主线的“情牵校园”戏剧专场，并在2001年华东六省一市的校外教育研究会和 2002 年首届全国少儿戏剧编导演研修会议上，得到专家和观众的一致肯定；同年，话剧团被上海市艺术教育委员会正式命名为“上海市学生艺术团影视剧团”。

目前，影视剧团拥有小学部、初中部、高中部，学员达160人，开设的专业课有表演、形体、语言，由专业院校教师授课指导，多名教师的论文获奖并发表。2003年“爱果士”获上海市特等奖，2004年“放飞绿舟”获上海市一等奖，“二月玫瑰”获上海市二等奖；多名学员担任大型主题活动主持人。

〔上海市学生艺术团舞蹈团〕 上海市虹口区青少年活动中心于1995年9月创建，是由市教委直接领导，区教育局主管，在区青少年活动中心指导下新开拓的学生艺术团体。6年来，舞蹈团共创编舞蹈150余个，其中30余个参加全国、市、区各重大比赛演出均获金奖，参赛演员达600多人次，舞蹈团向全国各专业艺术学校输送人才10余名，接待各国来宾达60余批，先后出访了白俄罗斯、克罗地亚、澳大利亚、美国、越南、韩国、瑞典等国家。

〔上海市闵行区少年宫阮族乐队〕 上海市闵行区少年宫与闵行中学联合建立的上海市第一支阮乐团。这是一支由高音阮、小阮、中阮、大阮、拉阮及低音拉阮的系列组合成的编制较齐的70人阮族乐队。从2001年开始，少年宫将阮乐器带进校园，走进了课堂，在少年宫以及基层学校里开设了阮乐器的兴趣课。多次在市、区艺术节展演，得到上海市艺教委以及民乐专家的赞扬；获得市区特色项目奖，新闻媒体多次报道。

〔上海市浦东新区少年宫少儿影视表演团〕 成立于2001年，是由爱好戏剧、影视表演并具有一定表演基础的少年儿童组成的业余兴趣社团。指导教师张忱婷。共招生学员1600余人次。该团首次提出创造性戏剧活动的教育思想，强调表演中的“游戏感”。通过在“游戏”中“演戏”，在“演戏”中“游戏”。创作作品《黑眼睛》、《耳朵》分别在全国第一届、第二届儿童剧比赛中获金奖，个人表演一等奖，最佳编剧、最佳导演奖，并在央视《大风车》栏目播出。游戏剧《耳朵飞了》获上海市学生戏剧节创作一等奖、表演一等奖和全国儿童剧精品展演最高奖——和平奖。先后拍摄了电视情景短剧《金猴熟食店》、《脏话收购站》。

〔上海市浦东新区少年宫少儿武术团〕 建团于2000年，特聘请中国武术八段、中国十大武术名师蔡鸿祥先生为顾问。现有学员400多人，拥有4个专用训练房，22个不同层次的武术训练班，是目前上海市最大的武术训练基地之一。曾参加上海市青少年第三届运动会武术锦标赛、上海市武术锦标赛、上海市中小学生武术锦标赛等重大比赛，获3次集体项目第一名，27个单项冠军，40多项2～6名的好成绩。几年来为上海市武术专业一、二线输送了5名专业运动员。创作的作品《中国人了不起》、《中国功夫》、

《自古英雄出少年》等参加国际少儿艺术节，庆祝上海市解放五十五周年，少先队上海市第五届代表大会等各种大型活动演出50余场；应邀于2003年出访日本，为全日本空手道比赛开幕式表演。

〔江苏省南京市青少年宫青少年棋院〕 棋院成立于1989年，旨在培养棋类后起之秀和普及棋类运动。棋院聘请棋圣聂卫平任名誉院长，诸根友为院长，通过实战对局、重复讲解、请省市高手下指导棋等方式开展活动。十几年来，为社会培训了近千名少儿棋手。学员多人多次在全国青少年棋类大赛中获得冠军。1999年7月，棋院应邀到马来西亚进行巡回交流比赛，推动了中国象棋在异国他乡的普及和提高，为中马两国象棋友好交流写下了光辉的一页。

〔江苏省南京市少儿古筝艺术团〕 江苏省南京市建邺区少年宫1989年成立南京市少儿古筝协会，1995年由南京市教育局行文批准，以建邺区少年宫为基地成立南京市少儿古筝艺术团。指导教师郭静、郭娟、吴媛媛、夏金花。多年来培养了一大批古筝小演员，学习人次达万人之多，为中央音乐学院、上海音乐学院、南京艺术学院、江苏省戏剧学院、南京九中艺术班输送了多名古筝专业人才；参加了山东电视台、江苏电视台、南京电视台等单位的大型文艺活动，学员在1999年、2001年南京市教育局举办的2届小学生器乐大赛中均获个人一等奖。2003年参加了全国新人大赛，获江苏赛区第一名。

〔“小白鹭”艺术团〕 江苏省南京市秦淮区少年宫1958年成立。主讲教师张襄捷。艺术团针对学生的不同爱好，设有声乐班、舞蹈班、歌舞班等，按不同程度分为高、中、低班。在全国、省、市举办的独唱、独舞、群舞、表演唱等多项比赛中，获得一、二等奖的好成绩。

〔“零点星”艺术团〕 江苏省南京市白下区少年宫成立于2000年1月。主讲教师王爱国、陈佳南、陈慧芬等。课程内容：少儿舞蹈基础训练、民族舞、中国舞等。舞蹈知识技能根据学生年龄、舞蹈基础来确定教学目标，使教学获得实效。在艺术团成立5年中，培养了一大批舞蹈专业人才。2002年艺术团创作舞蹈《红旗飘飘》在南京市少儿团队大赛中获一等奖，同年参加江苏省舞蹈大赛获得了创作、表演双一等奖。

〔江苏省常州市少儿民族乐团〕 1986年创办，指导教师刘逸安。现有学员40多人。以排练节目，基本训练为培训活动主要内容。学员获国际、全国奖100多个，获蒲公英创作金奖多个。2004年赴美参加华盛顿新春音乐会获一致好评。

〔江苏省南通市少年宫少儿棋院象棋分院〕 成立于2001年。由著名象棋大师季本涵担任顾问，南通市象棋名手宋锡林、吴蓓担任教练工作。分院每年招生3期，每期招收4个班，按照启蒙、初级、中级、高级实施分层教学。在提高学生棋艺水平的同时，培养学员的钻研精神，取得良好的教学效果。累计培训学员1500多人。2001年以来，参加全国性和省级少儿象棋比赛，共有35人次进入前六名，夺得金、银、铜牌20块，4人获得冠军。

〔“小星星”艺术团〕 江苏省苏州市平江少年宫1987年创办。是苏州市第一个成立的少儿文艺团体。多年来创作少儿声乐、器乐、舞蹈节目近百个，并屡屡在全国、省级以上少儿文艺比赛中获奖。艺术团曾多次参加中央电视台和江苏省、苏州市组织的大型文艺演出；多次承担苏州市的外事接待任务，和来自美国、日本、新加坡、韩国以及港澳台地区的青少年朋友同台演出，艺术团还应邀访问日本、拉托维亚、韩国等国，受到外国朋友的好评。先后培养文艺新苗2000多名，为文艺类高等院校和部队、地方专业团体输送了大批艺术人才。创编舞蹈《姑苏天堂》、《小球迷》、《绿鸟的心声》、《多奇志》、《花季》获多项全国大奖。1999年被授予苏州市优秀业余文艺团队称号。

〔江苏省平江少儿书画社〕 江苏省苏州市“平江少儿书画社”成立于90年代，至今已走过了16个年头。16年来，少儿书画社共吸纳培训少儿书画爱好者近4万人次，学员创作的700多幅书画作品获全国、省级以上金、银、铜奖；150幅优秀作品送往日本、新加坡、欧美、港澳等国家和地区展出；为中等专业学校和高等艺术院校培养输送了一批艺术人才；先后举办香港回归、喜迎新千年少儿百米书画现场活动等多种形式的少儿书画交流80多次。

〔“小杜鹃”少儿京剧团〕 江苏省镇江市少年宫2001年9月22日成立，著名京剧表演艺术家梅葆玖先生担任名誉团长。在市委、市教育局优惠政策的支持和协调下，开创了少儿京剧事业从小学到初中，校外到校内的培训体系；生、旦、净、末、丑各个行当齐全。在全国少儿电视艺术大赛镇江赛区比赛中获一等奖、获全国少儿电视艺术大赛银奖及优秀辅导老师奖、全国第八届“小梅花”奖比赛获银花奖、全国第十届推新人大赛总决赛获两个“十佳”、一个“十优”奖。2003、2004年，指导教师蒋东豪老师获优秀指导老师奖。

〔**“小荧花”艺术团**〕　江苏省宜兴市1996年创建。指导教师徐建霞。艺术团多次接待外宾和参加市级以上重大比赛和演出，在第五届、第六届新风颂文艺调演、无锡市太湖艺术节、第四届江苏省音乐舞蹈节上，创编的节目均获得创作一等奖和演出一等奖。在国家教育部举办的第五届校园春节联欢晚会节目评选活动中，艺术团选送的舞蹈《茶趣》获全国二等奖及优秀编导奖，李碧程等获优秀演员奖。艺术团成立至今，为全国的艺术专业院校输送了近300名多才多艺的优秀学员。

〔**江苏省太仓市青少年活动中心科技之星俱乐部**〕　成立于1987年9月。指导教师徐希伟、徐强。设有18个科技专业教室，开设机器人、科技创新、无线电制作等13个科技项目。在娱乐设施中渗透高科技内容，充分发挥优势，满足当前科技发展。自创办以来，获国家级、省、地市级优秀组织工作奖、优秀团体奖39个，获地市级以上单项奖169个，省级决赛金奖24枚、银奖33枚、铜奖16枚。

〔**“小燕子”艺术团**〕　江苏省太仓市青少年活动中心组建于1987年，是太仓市惟一一个全部由少年儿童组成的文艺团体。主讲教师王新康、李洁、孙红燕、郝珉、颜萍。艺术团下设“小百灵”合唱队、“茉莉花”古筝艺术团等，成员均为青少年活动中心培养的学员。艺术团多次参加全国、省、苏州市级比赛获得优异成绩；《繁星点点》、《洗手绢》、《幼儿民乐合奏》等节目作为中国教育电视台节目向亚太地区播出。多年来，为中央音乐学院、北京舞蹈学院、上海音乐学院、南京艺术学院等学府输送大量艺术人才。

〔**英特尔电脑小博士俱乐部**〕　浙江省温州市青少年活动中心组建于2002年。指导教师李群英。俱乐部注重学员实践能力的培养，及时引入最新电脑文化，采取“理论+实践+创新”的学习模式，结合“网络教与学”的网络教学平台，不断提高广大青少年计算机爱好者理论知识和实践操作能力。俱乐部现有会员近百人，根据会员基础和兴趣专长分编程组、动画组、网页组、绘画组、硬件组学习。会员多次参加市、省、全国的专业比赛和活动，获得了多项荣誉。

〔**“红杜鹃”艺术团**〕　浙江省嘉善县少年宫组建于2002年6月1日。由6支队伍组成，分别是少儿合唱团、舞蹈队、器乐队、武术队、小主持人队和少儿书画社。全年开展的文化下乡演出、进社区演出、广场文艺演出等活动20多次；2003年11月，组织了书画社的10多名学员赴韩国釜山市进行书画交流活动，丰富和活跃了该县青少年的文化娱乐生活，有效地促进了青少年的思想道德建设。

〔**福建省三明市青年摄影协会**〕　福建省三明市青年摄影协会组建于1983年，现有会员166名。协会开展形式多样，内容丰富的活动，开阔了会员的视野，增强了协会的凝聚力。2001年以来，先后举办了“三明——南平青年摄影艺术作品展”、“三明市‘文鑫杯’摄影艺术大奖赛”、“保卫母亲河，共创美好家园”摄影作品展、“三明风光情”全国摄影大奖赛等15次活动；组织会员到连城、永安、崇武等地创作；组队参加第五届中国摄影艺术届、福建省第二届海峡摄影艺术节活动；举办3期青年摄影理论培训班和5期“小记者摄影培训班”，共培训学员223人；积极组织会员参加各类比赛，获全国级金奖4枚、银奖2枚、铜奖1枚，省级奖20多个。

〔**福建省三明市少儿艺术团**〕　福建省三明市青少年宫建于1985年。现拥有舞蹈、合唱、民乐、管弦、武术5个专业队，团员200名。艺术团以青少年宫为阵地，积极服务社会，坚持开展艺术实践活动。2001年来，为省内外来宾、各类会议代表汇报演出50余场，多次参加省、市电视台少儿节目的录制；成功举办了3届三明市金秋文化广场少儿文艺专场的演出；应邀参加“内地——香港少年大使交流活动”；参加了在厦门举行的印尼访华团文化艺术交流活动。积极参加全国、省、市各类比赛，2001年以来共获奖53个，并获“市优秀组织奖”及“省十佳少儿艺术团”的称号。

〔**江西省南昌市“红孩子”艺术团**〕　江西省南昌市中小学生活动中心成立于2002年9月。按照专业化、规范化、系统化标准来建设。目前，重点组建了合唱团，将逐步形成由合唱团、舞队、乐队、曲艺表演队等组成的多门类高水准的少儿艺术团。

〔**“小脚丫”少儿舞蹈团**〕　2004年7月，湖北省武汉市江汉区青少年宫以舞蹈艺术教学为载体，与黄陂街小学、天一街小学合作开办了全市惟一一家宫校合办的“小脚丫少儿舞蹈团”，开设了武汉市首个男生舞蹈队，填补了武汉市校外阵地无少儿男子舞蹈的空白。“小脚丫”少儿舞蹈团特聘请中国舞蹈家协会会员王林老师担任主教练。在训练中，教师们的教学由浅入深，生动有趣，逐渐让孩子们感受到舞蹈艺术的魅力。2004 年，在建国 55 周年江城青年广场文艺晚会、江汉地区万名“庆重阳、寿星乐”联欢活动、“欢聚在今朝、相伴到永久”——楚天新闻台听众见面会等活动中登台表演，受到观众们的热烈欢迎。

〔**“鸽子花”少儿艺术团**〕　湖北省宜昌市鸽子花少儿艺术团采取选考结合的招生方式，深入学校选拔团员，并首次与舞蹈团小演员实行签约制。该团现拥有合唱队、舞蹈队、民乐队、体育舞蹈队、武术队 5 个分团队，团员 200 余人。2004 年，先后成功地举办了“多彩旋律”宜昌市第三届“春之声”青少年新春音乐会、“三峡雏鹰·金色童年”宜昌市庆“六一”少儿广场文艺汇演、“宜昌市民间艺术大赛”、“宜昌市庆祝中国人民解放军建军 77 周年大型文艺晚会”、“纪念邓小平诞辰 100 周年文艺晚会”等活动；在“无烟花季，健康成长‘太阳花’杯公益活动”宜昌分会场启动仪式、宜昌市“教师节”联谊会中多次登台显露风采。

〔**“小花蕾”合唱团**〕　广东省广州市芳村区少年宫 2001 年创办。指导教师赖元蓁。是校外教育领域新崛起的优秀童声合唱团之一。合唱团在国际、省、市、区的大型交流演出活动，取得优异成绩，得到社会各界高度赞誉。2004 年，参加广东省第六届少儿艺术花会暨 CIOFE 第三届亚洲儿童民间艺术节总决赛获金奖；参加广东省第六届“百歌颂中华”合唱比赛获金奖。

〔**七彩少儿艺术团**〕　广东省汕头市妇女儿童活动中心中心七彩少儿艺术团多次参加全市性大型文艺演出并代表汕头市组团赴北京、深圳、广州和港澳地区进行艺术交流。2004 年参加“大中华、港澳情，全国儿童心连心”艺术夏令营，以《西班牙舞曲》、歌舞表演《天使》参加了在香港、澳门、珠海的演出。

〔**广西妇女儿童活动中心少儿艺术团**〕　成立于 1995 年。指导教师石恩。成立 9 年来，艺术团在传授舞蹈技能、技巧的娱乐教育中，注重使学员陶冶情操，促进学员的全面发展。先后参加了大量的社会文艺实践活动，4 次赴奥地利、意大利演出，赢得当地人民的高度赞扬及热烈欢迎。学员以其优美的舞姿、娴熟的技能多次在各类大赛中获奖，辅导教师石恩多次被评为“优秀辅导员”、“优秀园丁”的称号。

〔**“山娃娃”艺术团**〕　云南省昆明市五华区青少年宫 1998 年创立。指导教师吴金香。艺术团在弘扬民族文化的同时，以培养少年儿童兴趣为出发点，注重学生的心理素质及综合素质的培养，为大中专院校输送了众多人才；多次参加全国、省、市政府部门、电视台主办的各种大型演唱会、开闭幕式、颁奖晚会、慈善义演；先后应邀请到维也纳“金色大厅”、德国、法国、马来西亚、比利时、荷兰等国家及港澳台地区进行文化交流和演出。2004 年云南省少儿卡拉 OK 大赛获特等奖、金、银、铜奖、2004 年全国“中华新秀”大赛获一、二、三等奖、2004 年全国“56 个少数民族才艺大赛”获金、银、铜奖、2003 年云南“世纪风采”大赛获一、二、三等奖、2002 年云南省少儿声乐大赛获一、二、三等奖。

〔**“小花”艺术团**〕　贵州省贵阳市云岩区少年宫组建，是少年宫享誉全国的优秀学生社团组织。2004 年，小花艺术团的主要活动有：

为泰国诗琳通公主表演了舞蹈《山铃》、《童乐》、笛子独奏《扬鞭催马运粮忙》等精彩的节目；参加由中国舞蹈家协会主办的“全国首届青少年民族民间原创舞蹈大赛”，在云岩区“关爱女孩”启动仪式上进行了精彩表演；参加了《同一首歌——走进林城贵阳》的表演，参加《小平，您好！》大型文艺演出；参加由贵阳市教育局举办的庆祝教师节文艺演出、教师节广场文艺演出、云岩区“世界因您而美丽”庆祝第二十个教师节的文艺演出等。

2004 年，小花艺术团创编的儿童童话京剧《渔夫和金鱼的故事》、舞蹈《逗乐》、大型舞蹈诗《大山童谣》、仡佬族舞蹈《山寨琴声》获奖；在第七届中国艺术节中，《好久没有唱山歌》获得国家群文艺术政府最高奖——2004 年全国第十三届“群星奖”。

〔**“苗苗”艺术团**〕　2004 年，贵州省贵阳市“苗苗”艺术团《铃鼓丁冬》（苗族舞蹈）、《春铃》（瑶族舞蹈）以及舞蹈《小小人》参加了 5 月 12 日在省体育馆举行的 CCTV 少儿频道林城落地仪式暨“风车行”大型文艺演出活动，被省委宣传部、教育厅授予“中小学弘扬和培育民族精神月”活动优秀组织奖。

苗苗艺术团曾先后多次应邀赴法国、新加坡，土耳其、马来西亚、美国、朝鲜等国家及香港、澳门等地区访问演出。1990 年，苗苗艺术团应邀赴北京参加了北京第十一届亚运会艺术节，受到了党和国家领导人的亲切接见。2003 年，还到中南海为国家领导和机关工作人员演出。

〔“小白鸽”艺术团〕　贵州省铜仁地区“小白鸽”艺术团是由各民族的优秀小朋友组成的艺术团体，始建于1988年6月1日，现有团员50余人，分舞蹈、声乐、器乐3个队，团员平均年龄10岁。艺术团扎根于有丰富文化底蕴的土家族、苗族、侗族和传统文化之中，多次赴贵阳、昆明、上海、北京等地参加各种演出和比赛活动，其中《嬉雨》、《追月亮》、《乐呵呵》、《箫笛声声》、《毛古斯》、《板凳乐》、《杆杆情》、《鼓舞》、《摇篮》等一批优秀少儿节目，多次在省电视台、中央电视台播映；在亚运会艺术节演出中获全国少儿舞蹈一等奖1名、二等奖10名、三等奖20名。2004年代表中国出访德国参加“中德青少年艺术节”。

〔“小芦笙”艺术团〕　贵州省凯里市民族青少年宫的小芦笙艺术团在国内享有较高声誉，1998年到上海进行了10多场义演；2000年被文化部邀请到中南海为党和国家领导人演出，同年被文化部邀请福州参加全国少儿文艺汇演；2001年被国家民委派到新加坡演出；从艺术团少儿培训班考取北京舞蹈学院、中国民族大学艺术系等全国艺术院校的学员达27个。仅2004年民族青少年宫参加各类比赛中，荣获全国级奖项16个、省级表彰30个、州级表彰4个、市级表彰5个。

〔“红领巾”艺术团〕　1960年组建的云南省个旧市红领巾艺术团，长年坚持课外活动的原则，创作演出了许多既有边疆少数民族特色、又符合少儿心理特点的优秀少儿节目，如歌曲《校园的小石桥》、《会飞的小星星》以及舞蹈《校园的早晨》、《英雄少年魂》、《假日》、《草原小骑手》、《春苗》等，均受到学校广大师生的欢迎；先后为中央民族大学、北京舞蹈学院，云南艺术学院、省、州、市文艺团体和许多企业事业单位输送了一大批学员、演员、文艺骨干和辅导员，曾到南海舰队、广西、贵州等地交流和演出，多次受到省、州、市有关部门的表彰和奖励。

〔陕西省西安市妇女儿童活动中心国际儿童英语俱乐部〕　成立于2001年。指导教师商昭、柳真。3年来，俱乐部奉行“与国际同步”的办学理念，主张全面训练儿童英语的“听、说、读、写”，不定期举办各种文化交流、社会实践活动以及夏（冬）令营等，使孩子们在活动中快乐学英语；学员在2003、2004年连续2年在西安市少儿英语大赛中获个人一等奖、团体一等奖。

〔陕西省小天鹅艺术团〕　陕西省小天鹅艺术团于1985年6月1日成立，培训基地设立在西安市莲湖区少年宫。目前，小天鹅艺术团设有舞蹈、合唱、器乐、影视表演、书画等五个艺术分团，共有教学班218个，学员5000余名。

自成立以来，小天鹅艺术团出色完成了多项演出大型任务：圆满完成省、市领导布置的接待前美国总统克林顿、新加坡总理吴作栋的光荣任务；参加了世界杯足球预选赛、全国大学生运动会、全国城市运动会、全国特奥会等大型活动的开幕式演出；五进中南海演出，在北京和西安受到了邓颖超、康克清、李鹏、李瑞环、成思危、顾秀莲等数十位老一辈革命家、国家领导人的接见。

陕西省小天鹅艺术团还曾代表国家、省、市出访美国、德国、法国、芬兰、卢森堡、荷兰、奥地利、比利时、保加利亚、乌克兰、日本、韩国、朝鲜等国和我国的台湾、香港、澳门地区，被国际友人亲切地称为“世界和平友谊的小天使”。

〔甘肃省兰州少年交响管乐团〕　甘肃省兰州市少年交响管乐团成立于2003年1月，现有注册演奏员70余人。乐团聘请我国著名指挥家徐新教授、刘大东教授为首席指挥，聘请甘肃省著名指挥家王学诗先生担任音乐总监和常任指挥。乐团自成立以来先后面向社会、学校、企业演出10多场。2004年“六一”期间，兰州少年交响管乐团举办了庆祝市少儿活动中心成立20周年文艺演出活动，获得巨大的成功。

〔宁夏银川市青少年宫体育俱乐部〕　宁夏银川市青少年宫体育俱乐部是银川市青少年宫的品牌项目。俱乐部项目有武术、乒乓球、跆拳道、健身、健美操、少儿艺术体操、围棋、象棋和航空航海模型。用于教学训练场馆、厅10个，共计2500平方米，配备专项教师12人，长期锻炼人数达800多人，各项目在全国、区、市各级比赛中共获得团体冠军6个、金牌29枚、银牌18枚、铜牌30枚；全国一等奖11个、二等奖17个。特别是武术、乒乓球多次包揽了自治区青少年比赛的前5名，共获金牌180多枚的优异成绩。

〔宁夏银川市青少年宫书画艺术社〕　主要开展适合青少年的各类书画比赛活动。2004年11月参加了银川市青少年宫、兴庆区教育局联合举办“银川市中小学生楹联大赛”，在银川市青少年宫设立“楹联艺术培养基地”，加强传统艺术素质培养方面的力度，让书法、国画、楹联、诗词等传统艺术之花生根发芽。

〔**“雪莲花”少儿艺术团**〕　新疆维吾尔自治区乌鲁木齐市青少年宫于1986年组建，是乌鲁木齐市广大少年儿童所向往的艺术团体。指导教师李峰。艺术团创作了大量的优秀少儿艺术作品，参加了区内外的演出和重大的比赛活动。在历年的新疆电视台欢庆“六一”电视晚会上都有雪莲花少儿艺术团的最佳表现。在北京2002年“三北”地区青少年宫文艺汇演中获一等奖，创作的塔吉克族舞蹈《小山鹰》、哈萨克族舞蹈《草原小百灵》获二等奖。

社会化发展成果

上海市浦东新区少年宫群众文化教育活动调研报告

上海市浦东新区少年宫群众文化教育活动调研工作组

少年宫的群众文化教育活动是少年宫工作中一个重要组成部分，它面向学校、面向少先队、面向广大少年儿童，以群众性的思想品德教育活动和文化娱乐活动，丰富活跃少年儿童的课外生活，提高少年儿童的综合素质。为对现有浦东新区少年宫花木、兰村、罗山、临沂、金桥、川沙 6 个活动中心的群文活动做全面的了解，群众文化教育活动调研组成员走访各活动中心，实地勘察，以查阅资料、个别访谈、座谈会、讨论会等形式，多层面、多渠道地对少年宫群众文化活动做了概况性了解。

少年宫群文活动设施大致分为露天广场、室内活动室、阵地娱乐项目三大类，六个活动中心主要群文活动设施归纳如下：

一、新区少年宫群众文化教育活动的现状分析

1. 活动场地（兰村、临沂、罗山、金桥中心无活动场地）。

川沙中心			花木中心		
场地	面积	位置	场地	面积	位置
飞向太空	120 平方	室外	翻斗乐	300 平方	车道外
海洋球	20 平方	室内	滑梯	300 平方	南广场
充气弹跳	20 平方	室内	充气弹跳	100 平方	南广场
蹦床	20 平方	室内	天旋地转	100 平方	南广场
高尔夫球	30 平方	室内	蹦床	100 平方	南广场
乒乓房	50 平方	室内	陶艺制作	200 平方	地下车道
羽毛球	80 平方	室内	溜冰	200 平方	地下室
综合室 013	70 平方	室内	沙滩运动	200 平方	地下室
讲座室 015	40 平方	室内	乒乓房	250 平方	地下室
星星厅	110 平方	室内	桌上游戏	80 平方	地下室
星星剧场	350 平方	室内	游泳馆	300 平方	地下室
广场	500 平方	室外	儿童家园	120 平方	108 室
			儿童文学苑	200 平方	103 室
			演讲厅	200 平方	202 室
			演播厅	250 平方	214 室
			音乐厅	180 平方	209 室
			剧场	800 平方	一楼
			南广场	2000 平方	
			北广场	3000 平方	
场地总面积	1410 平方		场地总面积	8880 平方	

2. 活动形式。

川沙中心		兰村罗山中心		花木中心	
活动	参与人数	活动	参与人数	活动	参与人数
旋转小舞台	2000 人	社区联欢	1000 人	露一手舞台	3000 人
周六大考场	1500 人	东方少年夏令营	8000 人	学生戏剧节	5000 人
影视俱乐部	1500 人	围棋大赛	1000 人	六一儿童节	20000 人
琴童俱乐部	1500 人	暑期快乐营	400 人	春秋游	20000 人
故事大王俱乐部	1000 人			冬夏令营	5000 人
读书读报俱乐部	1500 人			绿色有约	500 人
社区联欢	10000 人			毕业典礼	5000 人
青少年才艺大赛	1500 人			暑期快乐营	800 人
暑期快乐营	100 人			社区联欢	5000 人
活动总人数	21600 人	活动总人数	10400 人	活动总人数	64300 人

3. 活动对象

通过与部分学校大队辅导员座谈，就学校对群文活动的需求、学校参与各类群文活动可能性等问题进行调查了解，与会辅导员认为：

（1）少年宫活动的推广是比较全面，富教育性，很受学生欢迎。但普遍认为少年宫活动在网上的信息不多，只知道少年宫双休日是学习的，不清楚有多少活动，可不可以参加。

（2）活动的设计一定要切合学生的需求、切合不同年龄段学生的特点，将活动细分，具体到对什么阶段的学生渗透什么样的教育。

（3）由于地理位置分散，学校希望少年宫能送活动到校，或是免费提供场所。

（4）现今学生身体素质普遍差，独立性、自主性也差，师生从内心非常希望能多参加各类活动，但限制太多了，尤其是安全问题，学校家长只求不出事就好，活动能不参加的就不参加。

（5）学校去年可向每位学生收取 120 元的活动费，2004 年 9 月份起停止收取。由于一费制，学生再参加其他活动的可能性大大降低。

通过座谈，可以明显感受到对少年宫的群文活动，老师、学生都持相当肯定，他们欢迎活动、乐于参加活动，甚至希望活动能更多些，因为从孩子素质的提高和能力的发展角度是很有必要、很有裨益的，但安全问题、收费问题是横亘在前的“拦路虎”，降低了参与活动的可能性。

二、新区少年宫群众文化教育活动的主要任务与目标

经过调查研究，新区少年宫 6 个中心在现实基础和发挥各自有利条件的前提下，群众文化教育活动主要任务和目标如下：

花木中心围绕“开发全脑、挖掘潜能、培养兴趣、发展个性、锻炼能力、激励创新”的办宫理念组织开展群文工作。

川沙中心群众性文化活动继续向建立专题性阵地和爱好者俱乐部发展。寻求新的增长点，

提高活动档次、铸造活动特色，真正体现活动的社会性、公益性。

兰村、罗山、临沂中心结合实际提出“培训教师群文化，群文教师培训化”，提倡授课与活动相结合，真正做到艺术教育寓教于乐，逐步探索一条愉快教育，兴趣教育的新途径。继续搞好东方少年夏令营，在总结以往经验的基础上更好地树立起品牌。

三、新区少年宫群众文化教育活动的内容形式

新区少年宫六个中心在制定校外教育群文活动内容时，依据校外教育的基本任务，培养有社会主义的觉悟和道德，能掌握基础知识、基本技能和发展能力的人采用 8 种形式：参观、考察，竞赛，集会，社会公益，主题系列，夏（冬）令营，春秋游、亲子游，毕业典礼，暑期快乐营。开展 5 大活动：社会政治，科技、文学艺术、体育、课外阅读。

四、新区少年宫群众文化教育活动的社会化研究

新区少年宫一直把依靠社会、服务社会作为发展的基本方针。从活动的组织看，从学校发展到通过社会来组织我们的活动；从活动的场所看，走出少年宫，走向广阔的社会场所；从活动的经费来源看，从单一的上级拨款向社会集资、企业赞助及结合企业广告行为的方向发展，多渠道地将少年宫的群文活动融入社会大家庭。“教育社会化、社会教育化”，加大依托社会、服务社会的力度，在教育对象、内容和活动场所、环境、形式等方面加快教育社会化进程。

五、新区少年宫群众文化教育活动场馆的建设与管理

1. 场馆建设。少年宫的活动场馆是校外教育的物质基础，也是教育和服务广大少年儿童的重要手段，根据新区少年宫各中心的调查结果显示，场馆项目、

场地、活动情况等差异较大，我们提出活动场馆建设要优势结合，资源共享，开发相应的场馆。对于经济效益较好的项目应该推广，对于社会效益较好的活动应该保留并发展，同时还应注重活动设施的更新。

2. 场馆管理。少年宫活动场馆的使用率比较高的，因此，建立一支常规的管理队伍是必要的。对于管理人员来说，他们在保证活动场馆正常运转的前提下，还应该知道如何在各自的场馆引导学生开展活动。同时大量的大型活动使得我们还建立了一支大学生志愿队伍和辅导员志愿者队伍，建立了必要的岗位责任制，来共同完成学生活动的指导和管理。

六、新区少年宫教育中社会综合教育资源的利用

社会是校外教育的支撑和依托，对少年儿童具有广泛的影响。因此以各种方式尽可能地利用社会中有益的教育因素、教育资源、教育机会，从而为少年儿童创造良好的生存和发展空间是非常必要的。社会综合教育资源的利用是我们今后工作中极需研究的一个重要课题。

推进校外教育数字化进程　创建社区网上学习圈

上海市闸北区青少年活动中心　吴新生

上海市闸北区青少年活动中心是一所集艺术、科技、劳技、思想品德、娱乐活动等为一体的多功能校外教育机构。多年来，中心牢固树立教育即服务的理念，以先进的办宫理念、积极的工作态度、科学的管理机制服务学生、服务学校、服务社区、服务教师，创造性地开展青少年社会教育工作，获得了“全国先进青少年宫”和连续五届市文明单位的优异成绩。

自2001年起，中心便在校外教育社会化取得初步成效的基础上，积极探索校外教育数字化。中心建立了“网上活动中心”，将未成年人从社会网吧，吸引到中心绿色网吧中来，倡导文明健康的网络道德氛围，引导青少年自觉开展网络道德教育，自觉抵制不良信息，远离未成年人不得进入的社会网吧。

2004年，中心在推进校外教育数字化进程中，与社区教育相结合，又推出新举措——创建社区网上学习圈，促进青少年和居民网上同学同乐，积极探索信息技术与社区教育相融合的方法和途径，为构建和谐社区做出了贡献，取得了良好的社会效益。

2005年6月16日上午，临汾街道青少年网上学习圈签约暨网站开通仪式在闸北区青少年活动中心举行。此次活动由闸北区青少年活动中心党支部、区教师进修学院现代教育技术中心党支部、汾西路261弄党总支、上海远程教育集团产业党总支联合举办。活动中心为社区青少年和居民提供网络操作技能培训，为他们进行网上学习创设环境；中心联合上海远程教育集团产业做好社区教育资源的应用培训及推广工作，并提供卫星接收装置；联合区教师进修学院现代教育技术中心，提供符合社区青少年及居民的网上教学资源，建立学习圈的技术平台；联合汾西路261弄，发动和组织社区青少年和居民参与此项活动，并及时了解居民的学习需求，及时反馈居民的学习情况。四个党支部充分发挥党的先进性，分工负责，协调合作，共同构建起一个真正便民、利民的虚拟学习环境，使社区青少年和居民随时都可以通过上网，查阅到多达2000 G的社区教育资源，并能通过网络随时交流和探讨彼此感兴趣的问题，从而为进一步拓宽他们的学习渠道，提高他们的整体素质和生活质量，开辟了一条新路。

一、“社区网上学习圈”突破了青少年和居民学习资源上的限制

“社区网上学习圈”作为一个信息交流平台，是一个开放系统而不是一个封闭系统。社区青少年和居民可以在网上所能覆盖的范围内共享所有的资源，传递、交流信息，如“成长天地”栏目为青少年儿童提供大量自主学习资源；“亲子课堂”提供了教育子女的方法、“养身康健”版块可以让居民学习交流养生心得等；社区青少年和可以在网上自主获取信息，进行学习，网上讨论，网上合作。

二、“社区网上学习圈”突破了青少年和居民学习时间、空间上的限制

现代社会的高楼大厦型居住方式、繁忙的工作，已使人们没有了“串门子”的习惯。而青少年进入学校后，更是“两点一线”，从家到学校周而复始的重复，以学习活动为主的校园生活使得儿童与社区其他小伙伴接触不多，这也使得邻里关系日趋淡漠。居民渴望与社区他人交往，但苦于缺少途径。“社区网上学习圈”作为一种新型的信息交往平台，形成的信息交流系统大大地超过传统的社会信息交流系统的覆盖范围，从而使时间和空间不再成为青少年和居民交往的障碍和瓶颈。人际交往中的网络通信成为交流的主要手段。社区居民和青少年可以不出家门，通过 E-mail、BBS 交流思想，探讨热点、互相学习、解决问题。

三、“社区网上学习圈”为深化社区教育，促进和谐社区的发展开辟了新的途径

随着社会发展，居民对本社区的依存度日益提高。在学习型社区的建设中，居民也希望能得到社区在终身学习方面的服务。“社区网上学习圈”为居民的终身学习提供了平台，创造了一个宽松的学习环境；并通过其信息传播功能，为不同需求的居民提供各种教育信息服务，为提高居民素质，营造社区邻里之间团结互助、平等友爱、和谐共处的社区环境作出积极贡献。

构建社会实践平台，丰富未成年人成长经历

上海市普陀区中小学社会实践中心鲁汇基地　郁其福

构建社会实践平台，丰富未成年人成长经历是加强和改进未成年人思想道德建设的一个重要途径。《中共中央国务院关于加强和改进未成年人思想道德建设若干意见》明确指出：思想道德建设是教育与实践相结合的过程，要按照实践育人的要求，以体验教育为基本途径，区分不同层次未成年人的特点，精心设计和组织开展内容鲜活，形式新颖，吸引力强的道德实践活动。

构建社会实践平台，丰富未成年人成长经历是课程改革赋予校外教育实践基地的历史使命。上海市课程改革明确提出：社会实践活动，义务教育阶段的学生，每学年不少于二周；高中阶段的学生，每学年不少于一个月。同时指出：社会实践是学习经历的一个重要组成部分。

构建社会实践平台，丰富未成年人成长经历是校外教育实践基地的主要任务，也是自身发展的需要。近年来，基地以德为首，育人为先，农为主线，集多样性社会实践活动为一体，拓展活动空间，营造生态农业人文文化氛围；创设动手、动脑、实践、创新的育人环境；丰富学生社会实践活动内容，深受学生欢迎，社会好评，基地共组织接待 8 万多未成年人参加活动，取得良好的社会效益与教育效益。

一、以基地为平台，构建广域化未成年人社会实践基地

基地创办于 2001 年 10 月，上海市普陀区教育局为了整体推进中小学生的素质教育，投资 1200 多万，在上海市闵行区浦江镇鲁汇地区（浦东浦星公路，新闸航路口）建造了一个占地 7 公顷的中小学生社会实践基地——鲁汇基地。基地以人为本，根据城市未成年人的年龄特点和已有的学习与成长经历；以农为主线，构建五大实践区域：生活自能训练实践区、果树园艺实践区，蔬菜园艺实践区，花卉盆景园艺实践区及家禽家畜养殖实践区。为城市未成年人贴近农村社会、贴近生活，丰富学习与成长经历架构广域化的社会实践平台。与此同时，又以基地为轴心，拓展未成年人社会实践活动的空间，依托鲁汇社区教育资源，丰富未成年人社会实践活动的内容。在鲁汇社区永建村村委会的帮助下，开设了 100 多户农家，为未成年人开展“当一天农家人”提供活动场所；与鲁汇地区大治河西闸共建，开辟水资源与水环境社会考察；与 73171 部队共建，开设国防教育与军政训练社会实践活动内容；与浦江地区世博森林合作，开展“我为世博作贡献”活动；组织农民讲师团，请进来做村史报告，增强未成年人了解农村的变迁有理性的认识。以基地为平台，构建广域化未成年人社会实践基地，为未成年人创设了良好的实践育人环境。

二、以农为主线，构建多元化社会实践科目化框架

基地开展的社会实践活动分 3 大类，一是生活自主实践活动，二是生产劳动实践活动，三是学习教育实践活动。

《中共中央国务院关于进一步加强和改进未成年人思想道德建设的若干意见》明确强调：“坚持贴近实际、贴近生活、贴近未成年人的原则”。基地根据未成年人不同的年龄特点，从实际出发，依据上海市新课程方案，以农为主线，集多样性实践活动为一体，构建多元化社会实践科目化框架。学校以校为本，从教育的实际需要出发，选择社会实践科目。基地配合学校，组织引导未成年人在科目化框架下开展多种形式的实践活动。使未成年人领略大都市田园的野趣；挥汗农耕中，体验劳动的艰辛，感悟到“谁知盘中餐，粒粒皆辛苦”，传承农耕文化，弘扬民族精神；使未成年人贴近社会，体验农村生活，丰富学习与成长经历；使未成年人贴近生活、亲近自然、增长知识、扩大眼界、热爱生活，懂得人与自然和谐相处，走可持续发展道路的真谛。

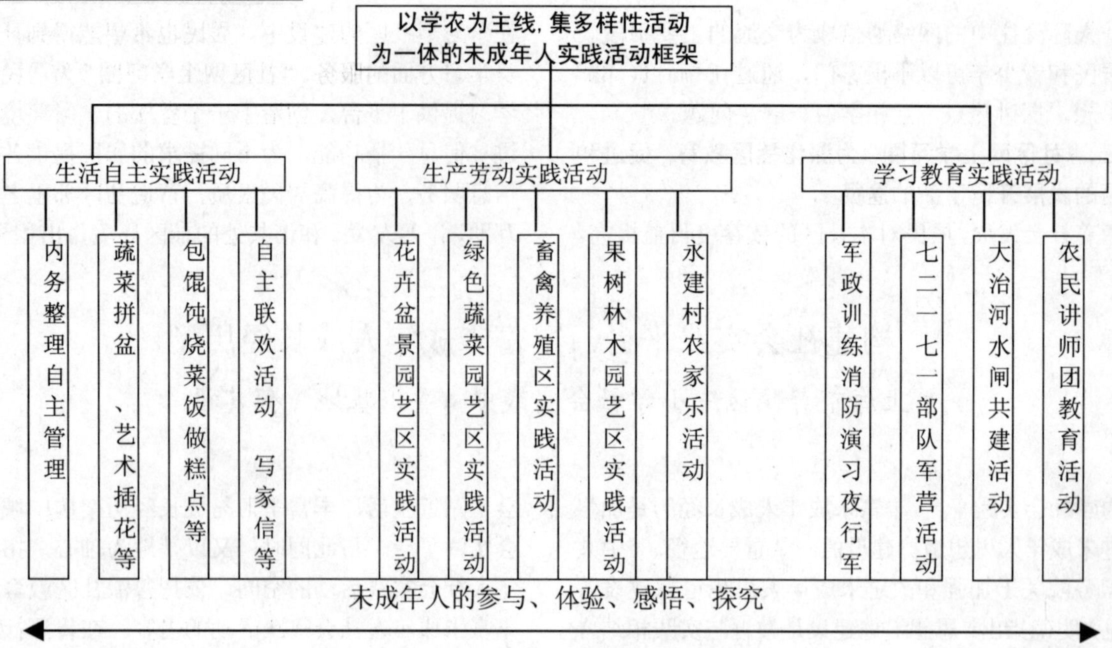

三、以服务育人、实践育人为己任，加强未成年人思想道德建设

基地根据各个年级学生年龄特点，社会实践活动采用循序渐进的方法，在内容安排和教育目的上，做到有所侧重，形成了小学五年级、初二年级、高一和高二年级不同层面社会实践活动模式与 6 大主题教育系列：

1. 军事活动——参观部队内务整理、观摩军事表演、队列军训、夜行军、军训会操、学唱军歌、国防报告和观看录像。

2. 农田劳动——农作物护理、翻地、锄草、挑土、种植、花卉护理、果树种植、果树采摘、编草帘、喂养家禽、农业报告、制作桃袋等。

3. 基地活动——参观大治河、法制报告、环保讲座、消防报告、消防演练、蔬菜拼盆、寻找知识乐园、钓龙虾、露天电影、西瓜纳凉晚会、农家乐（剪窗花、搓草绳、做糕饼、包馄饨、烧菜饭）。

4. 自主活动——学校根据自身特点，开展富有个性化的主题教育活动，初二的《我能行，我做主》、《我自主，我自信》、《迈好青春第一步》、《奏响青春的旋律》十四岁生日晚会。小学五年级的《我能行，雏鹰学飞翔》军民联欢会。高一、二年级的《乡情浓浓，其乐融融》、《我能行，放飞自然》的主题会等。

5. 夏令营活动——小学的“贴近自然，享受自然——鲁汇基地一日游”、“你真行，体验成功”夏令营，中小学、幼儿园等学生的“爱鸟周活动”及“植树节活动”等，做到了寓教于乐、寓教于游、寓情感的激发于一日观赏之中。

6. 探究性活动——学生撰写的“浦江镇发展规划”、“鲁汇基地畅想”、“大治河西闸的功能及环保”、“鲁汇基地农民文化生活现状调查”、“学生学农调查报告”、“学生自主管理的可行性、重要性及方式”等。

基地以服务育人为己任，实践育人为抓手，以丰富未成年人学习与成长经历为目标，以主题系列教育实践活动为载体，加强未成年人思想道德建设，取得了良好的教育效益与社会效益。新杨中学朱仪同学说得好：“鲁汇基地，正如她的名字一样，鲁——似鲁班雕镐一件器具般细心雕凿我们的心灵；汇——汇聚无数精神食粮，赐给我们一代莘莘学子；在快乐中树才，在活动中育人；这，就是鲁汇基地”。

宜昌市青少年宫市场化运行的探索与实践

湖北省宜昌市青少年宫　王卫平

作为国家机关举办或其他组织利用国有资产举办的为了社会公益目而提供教育、科技、文化、卫生等活动的社会服务组织——事业单位，如何实现市场化运行，已成为学者和经营管理者亟待研究解决的问题。

宜昌市青少年宫近几年市场化运行的探索与实践，充分说明了在社会主义市场机制下，青少年校外教育事业单位的光辉发展前景。

一、市场化运行的外因和内因

1. 宜昌市青少年宫市场化运行的外部诱因。一是宜昌市青少年宫动工兴建于社会主义市场经济理论提出之时，建成于建立社会主义市场经济体系之初，正所谓“生逢其时”；二是由于当时宜昌经济条件的局限，青少年宫建设资金不能及时足够到位，逼迫走市场化融资建设道路；三是宜昌市青少年宫从建成之初就被推向市场，成为“自收自支”的文化教育事业单位；四是校外教育是完全自由竞争的行业，公办、民办及外资教育机构皆能参与，竞争残酷激烈。严酷的现实告诉我们宜昌市青少年宫只有走市场化道路才有生机和出路。

2. 宜昌市青少年宫市场化运行的内在原因。首先由于青少年宫所从事的校外教育是非义务教育，学生有选择教育机构和接受教育的权利，因此是特殊的商品。作为提供“商品”服务的主体青少年宫自然就离不开市场化运行手段。其次青少年宫肩负着服务青少年成长成才和培养全面发展的接班人的重任，凝聚了一批优秀共青团干部，他们来自机关、企业和学校，朝气蓬勃、积极向上、敢为人先、事业心强。再次，青少年宫所处地理位置优越，居于中心城区，闹中取静之处，不仅适合学生学习活动，而且交通便捷。青少年宫新近落成，1.2 万平方米建筑面积，教室及活动场所宽敞明亮，设备、设施条件一流，是宜昌市惟一的青少年校外教育活动阵地。历史的使命、神圣的职责、共同的理念，激励着青少年宫人市场化运行的决心。

二、市场化运行的目标与策略

1. 目标。建立新型的、与社会主义市场经济相适应的、具备独立生存能力的、高效、稳定、协调发展的、青少年喜爱的校外教育活动阵地。

2. 方针与原则。

（1）坚持“两手抓”，即一手抓市场，一手找市长的方针。抓市场就是要树立市场的观点，建立市场化运行机制，面向市场、求生存、求发展；找市长，是因为青少年宫毕竟是公益性事业单位，要充分用足用好中央 2000 年 13 号文件和 2004 年 8 号文件，改善服务青少年的条件和手段，争取更加有利于青少年宫发展的政策环境。

（2）坚持 3 个效益一起抓，即努力实现青少年宫人才、经济和社会效益的协调发展的方针。青少年宫的市场化运作，绝不是单纯、片面地追求经济效益，它必须把服务青少年成长成才，服务青少年全面发展作为自己的宗旨。经济是基础，育人是目的，没有经费作保障，就谈不上育人；不讲人才、社会效益，就失去了建设青少年校外活动阵地的意义，就迷失了办宫方向。

（3）坚持“质量立宫、特色兴宫、品牌创宫”的方针。校外教育服务是一种特殊的商品，提供服务的青少年宫，必须建立起“质量就是生命”、“特色就是优势”、“诚信就是品牌”的市场经济新观念、新理念，只有这样才能在激烈的市场竞争中，立于不败之地。

（4）坚持“三个有利于”的方针，即：检验青少年宫一切工作的标准就是看是否有利于服务青少年成长成才，是否有利于青少年宫事业的可持续发展，是否有利于增强青少年宫实力和增加职工收入。

三、市场化运行的主要措施与手段

1. 运用市场化融资手段，筹措青少年宫建设资金。宜昌市委市政府高度重视青少年宫的建设与发展，把中心城区毗邻政府和公园的寸土寸金的黄金位置拆迁出来，用于建设青少年宫。但由于受当时宜昌经济条件的局限，建设资金不能及时足额到位，工程被迫处于停滞状态。青少年宫建设者不等不靠主动出击，联系到十几家业主，最后以竞拍的方式，用 1200 平方米的建筑面积，融资 1000 万元，创 1996 年宜昌房地产天价，解决了总投资 40%的资金，确保工程顺利竣工。

2. 建立与社会主义市场经济相适应的用工、人事及分配制度。

第一阶段，始于 1998 年初，当时主要是针对在编、聘用和临时 3 类人员共存，而寻求建立一套打破身份界限，激励人想干事、多干事、干好事的人事用工及分配制度。

第二阶段，主要是通过竞争上岗、双向选择、末位淘汰、合理配置人力资源，人尽其才，各显其能。

第三阶段，即于 2003 年底至 2004 年初，全面建立全员合同聘用制，通过重新定岗定责定员，与职工签订用工合同，明确双方的责权利，真正实现由管人向管事转变，由单位人向社会人转变，彻底打了破铁饭碗、铁工资、铁交椅。

3. 坚持按劳分配、效率优先、兼顾公平，积极探索资金、设备、知识、技能等生产要素参与分配的新形式。从 1998 年开始，青少年宫就全面推行绩效结构工资制，拉开工资差距，体现多劳多得。同时为“攀高枝”、“引外资”改善青少年宫办学硬件条件，吸引优秀名牌老师，我们还根据引进资金、设备在所在项目所占权重，以及老师实际教学能力和效果给予对方一定比例的分配系数，参与收益分配。实践中，我们坚持3个“绝不”：一是妥善处理积累、消费和发展的比例关系，绝不寅吃卯粮；二是“移木赏金”敢于奖、舍得奖，绝不“过河拆桥”。三是摆正心态，正确对待，绝不“忌贤妒能”。

4.大胆探索现代产权制度，建立归属清晰、权责明确、保护严格、流转顺畅的股份制二级培训分支机构。为把青少年宫校外素质教育的触角延伸到社区、县市，扩大青少年宫教育的覆盖面，同时为确保青少年宫“突出主业、剥离辅业、理顺关系、激活潜能”的改革顺利进行，从2001年开始，我们向县市区教育和民政部门申请、登记、注册了3个股份制民办非企业法人教育培训机构，并建立健全符合市场运行要求的公司法人治理结构，即股东大会、董事会、监事会及经营管理人员的聘任制度。明确各自的权责，形成权力、决策、监督机构和经营管理之间的制衡机制。

5.建立可行性投资分析制度和采购建设招投标制度，不断推进经营管理决策的科学化、民主化和制度化建设，确保投资项目不出现重大失误，采购、建设不出现经济黑洞。2003年，宜昌市青少年宫从省里争取到50万元青少年活动场所专项维护资金，改造维护教室、办公室，实现教育可视化、多媒化、空调化和办公自动化、网络化，全部改造采用招投标制度，实现了花小钱办人事。2003年，青少年宫从市体育局争取到20万元的体育项目扶持建设资金，准备修建一块网球场。但通过可行性分析，发现一块网球场很难自我维持，于是否决原先计划，把资金改用完善其他项目，避免了决策失误。

6.运用营销策略，策划、组织、宣传、推介青少年公益性活动。考察现阶段青少年宫组织的公益性活动，无不受到资金短缺的制约，而且由于活动参与面有限，常给人以“作秀”的印象。事实上，有许多企业并不满足于传统媒介的推介，希望借助诸如公益性活动等新型平台，宣传企业人文理念，回报社会，扩大影响。许多青少年学生由于信息不畅，失去了参与许多喜爱活动的机遇，如果我们能很好地运用现代营销手段，精心策划、组织、宣传、推介我们的公益性活动，就一定能够整合社会各方面的资源，为青少年提供更多、更好的精神食粮和丰富多彩的活动。

7.诚信为本，信誉至上，扎实推行社会服务承诺制。青少年宫作为提供“教育服务”这一特殊商品的市场主体，一是努力提高教育质量，强化教学管理；二是努力改进服务，让学生满意，家长放心；三是创造自己的特色，形成差异优势。为此，宜昌青少年宫从1998年开始，全面推行社会服务承诺，不满意就退费的制度。事实证明：服务承诺的推行，带来的不是退费、学生的流失，而是质量的提高，服务的改进，特色的形成，诚信的建立。

四、市场化运行的成效与评价

经过几年的探索实践，宜昌市青少年宫初步建立了一套与社会主义市场经济相适应的自收自支事业单位的运行管理机制。培养造就了一支具有市场意识、危机意识、竞争意识和抢前争先、团结拼搏、艰苦创业、严谨务实的教职工队伍。青少年宫初步具备了无财政拨款条件下，独立生存、协调发展的能力，为全市青少年提供了丰富多彩的思想道德、科技文化、艺术体育教育服务活动。

2004年，宜昌市青少年宫培训青少年学生1.5万人，比1998年增长15倍，新增固定资产200万元，负债减少到300余万元；青少年宫公益性活动先后3次荣获中共宜昌市委思想政治工作创新奖，连续4年获区文明单位称号，连续3届获市文明单位称号，2004年被团中央、文化部授予“全国先进青少年宫”称号。

青少年校外教育市场化运行乃大势所趋。宜昌市青少年宫正在积极探索如何引入民间资金及外资、建立健全青少年宫现代产权制度、理顺国有资产与增值资产之间的关系、建立健全符合市场运行要求的完善的法人治理结构、建立集团化经营体制方向，不断探索，不断实践，不断创新。

少儿社区校外活动中心培训工作初探

甘肃省兰州市少儿活动中心　陈艳军

甘肃省兰州市校外教育工作在多年的摸索与探求中形成了自己的特色，使少年儿童校外教育工作成为在各级党委、政府直接领导下的一项重要工作，利用各种资源，组建了102个少儿社区校外活动中心，从而形成了以专业校外教育基地为龙头、以少儿社区校外活动中心为骨干、以中小学课外活动为基础的3级校外教育网络。

自2002年3月起,兰州市少儿活动中心西固活动基地探索开展了社区的少儿兴趣培训工作。

一、充分发掘现有资源,拓宽培训渠道

兰州市地处经济不发达的西北地区,学校内教育资金尚不能完全到位,少年儿童的校外兴趣培训得不到足够资金的投入,因此,作为专业校外教育单位的一项重要工作,就是如何降低投入、充分利用社会已有资源开展丰富多彩的校外兴趣活动,使大多数孩子的兴趣特长得到培养和展示。经过多年的实践和探索,我们创办了以街道为单元、利用学校节假日闲置设施、聘请社会师资、参照少年宫兴趣活动模式的少儿社区校外活动中心,在全市范围内开办了102所活动中心(其中包括条件较成熟的农村中心学校),上万名城市、农村孩子参与到校外兴趣培训中来。

二、不断改进培训方法,努力提高培训质量

1. 活动设计以学生为主体,符合儿童生理、心理特点。如幼儿美术不单纯教孩子怎样去画,而是由老师讲个小故事或者念一首儿歌,根据孩子自己的想象去完成画;或是孩子完成一幅画后再向大家讲讲自己画中的故事。这样即使孩子学会绘画,又培养他们的想像力、创造力和语言表达能力。

2. 培训过程体现师生互动的原则,发挥学生的主体作用,激发学生主动学习的热情。少儿英语教学中师生共同排演英文小品、唱英文歌曲、儿童文学中的情景教学、成语接龙、外出采访、美术班到大自然写生、等形式充分调动学生的积极性。

3. 教学形式灵活多样,注重培养学生的实践和创新能力。根据教学实际,我们在电子琴、二胡、琵琶等乐器的专业实行开放式和小班额教学,让家长和学生一同进入课堂学习;在书法班,通过让学生多写多练、反复临摹不同字帖,逐渐形成自己的风格;充分应用多媒体手段进行教学,让学生通过视觉听觉的感观刺激加深印象。

4. 适当组织参加社区活动,为学生提供展示自己的舞台。每年组织学生参加“西固之夏”文艺演出,让乐器、舞蹈、声乐和武术班的孩子一显身手,用书画班孩子的作品装饰培训基地的走廊和教室,让他们体验成功的喜悦。

5. 尊重学生,让每个孩子都能得到关注。在培训中要求辅导教师尽可能用欣赏的眼光看待每一个孩子,哪怕进步最慢的学生也会有他的可爱之处,培养他们“我能行”的自信心。

6. 坚持结业汇报制度,由社会、家长和学生共同参与对培训的教学评价。每期培训结束时都要举行规模不同的成果汇报展示,通过展示对学生的学习效果一目了然,并且向家长发放“家长意见征求表”,通过意见反馈及时纠正存在的问题。

学生的参与是办好社区活动中心的前提,在不断提高培训质量的基础上,还尽可能地利用各种渠道宣传自己,扩大知名度数,吸引广大家长和孩子加入到活动中心来。

三、加强辅导员队伍建设,确保培训质量

建设一支有事业心、责任感、有较高业务能力的专兼职辅导员队伍是保证社区活动中心工作的关键。

作为校外教育辅导员不但要有一般教师的示范性、崇高性、永恒性等共性外,还要具有业务专业性、活动育人性和角色多样性。随着我国物质文明和精神文明建设的发展,参加兴趣培训活动的学生和家长对辅导教师的要求越来越高,社会各界都在涉足少儿兴趣培训领域,形成激烈的竞争,因此,拥有一支专业知识强、业务工作精通的辅导员队伍就是致胜的法宝。我们不断充实、调整、完善社区中心辅导员队伍,采取专任制、聘用制等办法,建立科学的用人机制,建设较稳定的辅导员队伍。在聘任和培养专业辅导员队伍时,要着重从以下几方面进行考察:

1. 是否具有较强的专业能力、语言表达能力、学习能力和广博的知识。

2. 是否具有一定的教学组织能力和先进的教育理念,能否吸引学生、提高他们的兴趣爱好和学习自觉性。

3. 是否具有一定的社会交往能力,既能得到活动中心的认可,又能受到学生家长的支持理解。

4. 是否有专业资格证书或相关证书(尤其是舞蹈专业,学员考级的前提条件是指导教师必须有资格证书)。

在任用专业教师时坚持试讲、培训后再聘用的制度,深入课堂听课,发现问题及时向辅导教师指出,对学生家长提出的要求尽量予以满足,对不能遵守中心管理制度的辅导教师坚决解除聘用关系。

善于发现社区的人才,用好人才,把专业水平高、喜爱少儿培训工作的专家学者、老教师及各类人才聘请来指导我们的培训工作,进一步提高活动中心的培训质量。

四、加强对社区活动中心的管理,完善评估制度

加强和完善少儿社区校外活动中心的评估制度是不断提高社区培训水平的保证,定期对社区活动中心培训工作进行督导和评估,组织经验交流活动,表彰先进事迹和优秀辅导员,要重视对活动中心骨干教师的培训,推进社区活动培训工作的全面开展。

交流活动

〔中国少年军校“共创美好明天”赴港交流活动〕 由全国少工委、中国少年军校总校联合组织的“首届全国少年军校‘共创美好明天’赴港交流团”，于2004年7月15～21日圆满结束了与香港童军的交流，返回内地。交流团由200名优秀少年军校学员和校长、教官组成。 7月15日，香港童军总会为赴港交流团全体团员举行了隆重的欢迎仪式。在港期间，交流团与香港新界、九龙两地童军进行了广泛的交流。参加交流团的各少年军校代表队和童军共同举行了汇操表演、篝火晚会，两地青少年的精彩表演都给大家留下了深刻印象。赴港交流团在港期间，受到香港童军总会的热烈欢迎和热情接待，中央人民政府驻香港联络办公室科教部的领导接见了交流团代表。

〔第三届内地香港少年手拉手体验交流营〕 应香港游乐场协会的邀请，以陕西省少工委主任唐利如为团长的中国少年先锋队访问团于2004年8月6～11日赴香港，参加了由全国少工委与香港游乐场协会共同举办的“第三届内地香港少年手拉手体验交流营”（以下简称“交流营”）活动。本届交流营的内地营员由陕西、北京和新疆的少年儿童代表和少先队工作者代表组成，共37人。主办单位对在港期间的活动都给予了高度重视，进行了精心安排。内地营员与香港小伙伴一起参加了民宿、营地生活、城市追踪和参观考察等丰富多彩的手拉手体验活动。通过活动，两地少年加深了了解，促进了交流，增进了友谊，特别是内地营员亲身了解了香港民情，感受了香港的政治、经济、文化等各个方面，为进一步开展两地青少年之间的交流与合作奠定了坚实的基础。

中央政府驻港联络办公室教育科技部副部长潘永华先生、香港游乐场协会主席许晋奎太平绅士、香港民政事务署油尖旺民政事务专员蔡志华太平绅士等香港各界知名人士出席了盛大的开营仪式。

访问团中的成人代表专门拜会了香港游乐场协会总部，听取了香港游乐场协会督办主任黄洁虹小姐、香港游乐场协会青少年交流和发展中心主任郭耀民先生关于香港游乐场协会的情况介绍，并就青少年服务等问题交换了意见。

8月10日上午，在中央人民政府驻香港特别行政区联络办公室，访问团拜会了联络办教育科技部王国力副部长，通报了本次交流活动情况，听取了香港青少年组织的组织构建和活动状况等介绍。 （高彦明）

〔全国少工委“手拉手”少儿艺术团赴港演出交流活动〕 为加强内地和香港少年儿童的交流，让两地少年儿童手拉手共同过一个有意义的六一儿童节。经党中央批准，全国青联、国务院港澳办、全国少工委、香港特别行政区政府等有关部门决定，2004年六一期间组织全国少工委“手拉手”少儿艺术团赴香港举办大型演出交流活动。

艺术团由团中央书记处书记、全国青联副主席胡伟任团长，演出队伍由中国福利会少年宫东方小伙伴艺术团、西藏雪莲少儿艺术团共同组成，香港方面也有少量节目加入。演出团于6月1日、2日与香港少年儿童举办了交流活动。6月4日、5日在香港伊利沙白体育馆正式演出两场。香港特首董建华等有关人士观看了演出，活动在香港引起轰动。 (高彦明)

〔中国北京王府井中学生国际音乐节〕 2004年8月4～10日，北京市对外文化交流协会主办的“中国北京王府井中学生国际音乐节”演出交流活动在北京举行。此次音乐节以青春、友谊、和平、发展为主题。艺术节邀请澳大利亚、奥地利、加拿大、德国、日本、韩国、墨西哥、瑞典、英国、美国等10个国家的17支团队的706名师生以及北京东城区的9个团队的516名师生参加演出，近万名学生参加了此次活动。

〔台湾布依族八部合音合唱团访问北京少年宫〕

2004年8月15日，身着布依族服装的台湾八部合音合唱团在团长亚磊丝女士（台湾著名主持人）的带领下，来到北京市少年宫，受到了热烈的欢迎。少年宫举行了“大陆、台湾小朋友联欢会”。少年宫学员用民族特色的乐器《古琴》、《箫》、《葫芦丝》演奏了优美的乐曲；还表演了京剧片断、中国功夫，管乐团演奏了《瑶族舞曲》等。台湾小朋友表演了布依族舞蹈、演唱了布依族歌曲。海峡两岸的青少年儿童相互交换纪念品，互留通信地址，合影留念。

〔日本福冈县高文联国际交流事业团访问北京市少年宫〕 2004年8月21日，日本福冈县高文联国际交流事业团来到北京市少年宫进行交流。日本学生和少年宫学员在少年厅举行了联欢、参观、座谈，按项目分成几个小组，有音乐、器乐、朗诵、摄影、表演、文学等项目，搭建着中日两国青少年友谊的桥梁。交流活动后，日本的“高文联”要求连续6年派团访问少年宫。（赵 伟）

〔北京市崇文区少年宫举办中日青少年将棋友谊比赛〕 2004年11月27日中日青少年将棋友谊比赛在北京日本人学校举办。崇文区少年宫将棋队和北京日本人学校将棋队双方各出24名棋手进行积分循环制比赛。比赛设：优胜奖、准优胜奖和敢斗奖3个奖项。设：小学低年级组、小学高年级组、中学组三个级别。

崇文区少年宫代表队获得两项优胜奖、两项准优胜奖、两项敢斗奖。

这是崇文区少年宫与北京日本人学校联合举办的第七届中日青少年将棋友谊比赛。是中日青少年将棋交流的传统项目。（李民生 唐汝明）

〔美国Intel全球教育总监到北京市朝阳区青少年活动中心观摩考察〕 2004年3月17日，美国Intel全球教育总监温迪•霍金斯和亚太地区市场总监及教育总监在中国科协赵剑龙处长、北京市科协副主席等陪同下一行9人来朝阳区青少年活动中心对Intel电脑创新思维培训课程进行观摩考察。Intel电脑创新思维培训是朝阳区青少年活动中心与中国科学技术协会、美国Intel公司全球教育部共同在北京地区开设的培训课程。

〔“英特尔‘求知’计划在全球正式启动仪式”在朝阳区青少年活动中心举行〕 2004年11月16日，美国英特尔公司总裁及夫人与中国科协副主席韦钰、国家教育部基础教育司副司长李天顺一起在北京市朝阳区青少年活动中心共同主持了英特尔“求知”计划在全球正式启动的仪式。英特尔“求知”计划是由美国英特尔公司、中国科协共同合作。英特尔求知计划主要面向那些处于技术条件相对有限地区的8～16岁的青少年，旨在进一步培养技术技能和其他必要的能力，诸如理性思维、解决问题和团队协作能力等。

〔2004年中日少年儿童书画交流活动〕 2004年10月，北京市朝阳区青少年活动中心承办了由朝阳区政府外事办公室、朝阳区教委、日本东京都港区联合举办的“2004年中日少年儿童书画交流活动”。本项活动以促进中日文化交流和发展为宗旨，活动主题为“童眼看世界”，活动口号为“增进了解，放飞未来”。（苗秀杰）

〔北京市丰台区青少年活动中心参加中德青少年艺术节〕 2004年7月20日，北京市丰台区青少年活动中心小星星艺术团舞蹈分团师生24人赴德国柏林参加第三届德中青少年艺术节。小星星艺术团演员与德国小演员一起演出了现代舞《大鱼吃小鱼》。柏林市政府代表和中国驻德国大使馆大使施明德先生接见了小星星艺术团师生。随后，小星星艺术团顺访卢森堡、法国、比利时、荷兰4国。（刘建文）

〔北京市丰台区青少年活动中心赴匈牙利参加国际儿童艺术节〕 2004年8月3～9日，北京市丰台区青少年活动中心小星星艺术团参加了由匈牙利宋庆龄基金会主办的在匈牙利首都布达佩斯举行的国际儿童文化艺术节。来自中国、匈牙利、波兰、德国、立陶宛等20个国家和地区的少儿艺术团1000多名小演员参加了艺术节演出活动。中国驻匈牙利大使馆朱祖寿大使、政务参赞董毕幽、文化参赞尹亚利先生及家属观看了艺术节表演。开幕式上，中国驻匈使馆文化参赞尹亚利先生发表讲话。期间，孩子们举行了文化交流和专场表演。参加了国际明信片展览、手工艺展等活动。布达佩斯市政府的代表接见了参加艺术节的代表和演员。（赵 俭）

〔北京市怀柔区独轮车队赴日本比赛凯旋而归〕 独轮车活动是怀柔区少年宫的品牌项目。2004年7月23日～8月2日，第十二届世界国际独轮车运动会在日本举行。怀柔区的7名独轮车小运动员一行9人代

表中国队参加了比赛。取得了九金、七银、九铜的辉煌成绩。（肖晓平）

〔**中国天津青少年维也纳“金色大厅”音乐之旅活动**〕　奥地利首都维也纳的“金色大厅”是世界优秀乐团和音乐家争相登台的音乐圣地和殿堂。世界各地音乐家都以能到“金色大厅”举办音乐会视为终身自豪，每年底在“金色大厅”举办的新年音乐会已成为全世界人民欢度新年的重要的文化大餐。随着中外文化艺术交流的日益发展，中国民族、民间音乐陆续走进了“金色大厅”，被西方主流社会所认可。

应奥地利奥中友协的邀请，由天津市少年宫主办并组织的中国•天津青少年维也纳音乐之旅活动是中国青少年第一次登上“金色大厅”音乐舞台。它不仅为中国青少年提供一个向全世界展示音乐风采的难得机会，而且它标志着中国5千年优秀民族文化不仅光彩夺目，而且后继有人，这是一次具有重要意义的中外青少年文化艺术交流活动。

经过近半年多时间的紧张筹备，由天津市少年宫组织的中国•天津青少年维也纳“金色大厅”音乐之旅代表团一行147人，于2004年10月10日在维也纳举行了中国•天津青少年“金色大厅”音乐会，获得了圆满的成功。

正在奥地利访问的中共中央政治局委员、书记处书记、中宣部部长刘云山等中央领导，在奥地利政府主要官员和中国驻维也纳联合国大使张炎、中国驻奥地利大使卢永华的陪同下，来到彩排现场慰问了参加演出的全体团员。中外政府官员和贵宾与1600多名奥地利市民一起兴致勃勃地观看精彩演出，约翰•施特劳斯的圆舞曲《蓝色多瑙河》和中国民歌《茉莉花》同样博得全场观众的热烈欢迎。音乐会在《同一首歌》的旋律中结束。精彩的演出获得全场观众热烈掌声。

10月11日，维也纳音乐之旅代表团的全体演员和老师应邀到中国大使馆做客，在大使馆门前合影留念。这在我国驻奥地利大使馆的历史上还是第一次。

通过开展中国•天津青少年维也纳“金色大厅”音乐之旅的国际交流活动，使中外青少年之间有了进一步的加深了解与沟通，增强友谊与情感，为两国青少年搭建一个广交朋友的平台。达到以外事促内事，以外事促培训，以外事促活动的目的。

此次活动提升了天津市少年宫在社会影响力，促进培训工作步入良性循环。另外可以满足青少年儿童渴望表现、展示才艺的需求。（杨家璠）

〔**天津华夏未来少儿艺术团环球之旅巡礼**〕新世纪伊始，天津华夏未来文化艺术基金会就制定了一个“环球之旅”百国千场的访演计划。5年来，华夏未来的孩子们行程60万公里，相当于绕地球15圈，足迹踏遍五洲四海，所到之处掀起一阵阵强劲的“华夏之风”，被世界各国朋友誉为“和平友谊的天使”。

华夏未来少儿艺术团无论走到哪里，都立刻引起所在国政府及主流社会的关注，因为他们从孩子身上可以看到最真切的当代中国、中国的文化、中国的社会、中国的未来。因为孩子是消除误解、偏见最有说服力的见证，是加深了解、增进友谊最零距离的窗口。孩子们在总统府、总理府、共和宫、乡间别墅，与主流社会的风云人物亲切交谈，与雍容华贵的总统夫人、各界女士欢歌笑语。华夏未来的孩子们以落落大方的举止、恭谦有礼的言谈和天真可爱的表演赢得了那些名门望族“大人物”对中国的尊重与热情，这就是少儿艺术交流所特有的魅力与影响。难得有40多个国家中国使馆的大使和总领事，亲自出面盛情款待。

5年来，在异国他乡的300多个城镇、乡村都曾响起过华夏未来少儿艺术团的乐曲。30余万不同肤色的观众听到了“天津”这个好听又生疏的单词，他们知道了天津是一个有1千万人口的国际港口大都市，是一座历史悠久的文化名城，天津每年有近4万名儿童在华夏未来少儿艺术中心接受各种艺术素质训练。几年来，很多国际友人是因为认识孩子们，才来到天津。不久前刚刚结束的国际少儿艺术节有37个国家和地区的2000多名大小朋友欢聚天津，成为中国最大的文化交流盛事之一。孩子们今天的小脚印，就是明天历史进程的足迹。他们曾到过艾滋病儿童学校奉献爱心，他们曾到过20多个SOS村、孤儿院送去亲情，他们曾到过很多偏远贫困的非洲角落专程探望。天津的孩子们的到来，胜过那些空口的承诺和宣言，当地居民激动地说“只有中国人才来到这里！”

华夏未来少儿艺术团有1000名平均年龄10岁的小演员参加了环球之旅。他们用舞蹈、二胡、古筝、笛子、唢呐、木琴、口琴、独唱、合唱组成了270个节目在世界各地大剧院、文化宫、广场、教堂、公园、夏令营传播了中华民族的文化精品，同时也让孩子们开阔了眼界、增长了见识。（赵　骞）

〔**两岸小龙人手拉手营火晚会**〕　2004年7月31日，浙江省绍兴市青少年活动中心组织学生与台湾来的和平小天使进行“两岸小龙人手拉手营火晚会”。第九届台湾和平小天使团的60多位小朋友和中心100

多名学员欢聚一堂。小天使团7月26日从台北启程，绍兴是他们此行的第4站。

〔**第四届“闽南风、海峡情”少儿文化交流活动**〕2004年8月，漳州、厦门、泉州、金门4地共同承办了第四届“闽南风·海峡情”少年儿童文化交流活动。

2004年2月19～23日，厦门市青少年宫接待金门县金城国中管乐团63名师生来厦，与青少年宫管弦乐团交流，拉开了第四届“闽南风、海峡情”少儿文化交流活动的序幕。

8月6～14日，应金门县音协之邀，由福建省青少年宫协会主办的厦门、漳州、泉州3地青少年宫师生共96人，首次直航金门交流访问。金门的80名师生随大陆代表团来厦。

8月6～9日，漳、厦、泉3地青少年宫首次组团于赴金门进行以闽南传统文化为主题的交流访问活动。访问团抵金门时受到金门青少年热烈欢迎和招待。在金门的3天活动时间，漳、厦、泉、金4地小朋友为金门观众献上闽南方言童谣大汇唱、舞蹈、魔术与木偶、南音清唱、武术等极具闽南文化特色的精彩演出，引起强烈反响和一致好评。金门县长李炷峰观看了演出，并对此次活动给予赞赏和高度评价。演出之余，代表团师生们还参访了金门各项文化设施，名胜古迹，与金门童军做深入交流。

8月11日，漳州青少年宫迎来了来自金门少儿文化交流团的嘉宾和小朋友。青少年宫为金门小朋友组织了漳州本土文化之旅，参观了东南花都、天福茶庄、滨海火山地质公园，领略了漳州与金门相近的乡音乡韵、风土民情。在海边，两岸小朋友面对大海，共同放飞和平鸽。晚上，漳州与金门小朋友在九龙公园，一起点篝火，手拉手愉快地跳舞、嬉戏，在他们纯洁的心灵里播撒了友谊的种子和和平的希望。

在为期6天的回访中，金门少儿文化交流团和厦门、漳州、泉州3地青少年宫师生进行了文化艺术交流联欢活动。

家庭教育活动成果

家庭教育工作成果

家庭教育是妇联的重要工作领域。多年来，在党中央的亲切关怀下，在各级党委、政府的高度重视和社会各界的大力支持下，各级妇联从推动实施《中国儿童发展纲要（2001～2010）》，促进我国儿童事业健康发展的全局高度，围绕家庭教育做了大量的、富有成效的工作。

〔**规划实施，家庭教育研究成果形成**〕　根据《中国儿童发展纲要（2001～2010）》中家庭教育目标要求，全国妇联联合教育部制定并下发了全国家庭教育工作“九五”、“十五”计划，提出了普及家庭教育知识、构建家庭教育指导体系、加强家庭教育工作基础建设的主要任务和具体目标；制定了家庭教育工作评估方案；下发了家长学校工作指导、家长教育行为规范等试行意见，加强了对家庭教育的科学指导和规范管理。各地结合实际，分别制定了家庭教育工作计划、实施意见和管理办法，加强了检查评估和经验总结，使家庭教育目标任务得到落实。

全国有30个省、自治区、直辖市妇联和70%以上的县级妇联都建有家庭教育学会或研究会，他们针对家庭教育中出现的新情况新问题，做了大量的调查研究和理论研究工作，总结提炼出“为国教子、以德育人”，“尊重儿童、支持儿童”，“儿童参与”等具有鲜明时代特色的家庭教育理念。全国妇联下发了家庭教育“九五”、“十五”课题指南，确立了10个重大课题和47个重点课题，并联合有关单位，依托中国家庭教育学会和中国儿童中心，组织完成了家庭道德教育、家校协同教育、流动人口子女家庭教育等课题研究。

〔**典型推广，榜样示范作用得到发挥**〕　家庭是孩子的第一课堂，而家长的素质状况、人格形象和实践行为对孩子思想品德的形成具有至关重要的影响，是决定家庭教育成败的关键因素。

早在1986年，全国妇联就联合教育部率先表彰了一批优秀家长学校，此后又陆续开展了全国好家长、家庭教育园丁、家庭教育十佳家庭、十大杰出母亲等多项评选活动，推出了一大批体现时代精神、具有广泛群众基础的家庭教育先进典型。

为了提高家庭教育工作的指导服务水平，壮大家庭教育工作骨干队伍，全国妇联还依托相关机构有针对性地对妇联儿童工作干部、家长学校校长等进行知识培训。为了促进先进家庭教育理念和科学知识的广泛传播，发挥典型示范引导作用，全国妇联与有关部门联合组织了更新家庭教育观念报告团，深入农村、社区巡回宣讲，在20多个省区市组织了数百场报告会，直接听众达20余万人，受到了社会各界和广大家长的普遍欢迎。

为了拓展对家长提供有效的指导和服务的阵地，各级妇联与有关部门紧密配合，大力推进学校、幼儿园家长学校建设，积极创建社区家长学校、广播电视家长学校及流动人口子女、单亲家庭家长学校，努力发展家庭教育指导中心、咨询服务站、亲子学苑等家庭教育指导服务机构。

据统计，目前全国各级各类家长学校已达32万余所，初步形成了覆盖全国的5级家庭教育网络。全国各级妇联组织现有1200多所儿童活动中心和4000多所自办托幼园所，妇联依托这些阵地，组织专家讲座，开通咨询热线，举办亲子活动，不断拓展家庭教育服务指导渠道。

〔贯彻《意见》，家庭教育工作有新进展〕 2004年颁发的《中共中央国务院关于进一步加强和改进未成年人思想道德建设的若干意见》，明确提出家庭教育在未成年人思想道德教育中具有特殊重要的作用。各级妇联认真学习，积极贯彻，迅速行动，推动家庭教育工作取得新进展。

全国妇联联合9部委以“为国教子，以德育人”为主题发起了“争做合格家长，培养合格人才”的家庭教育宣传实践活动，并作为妇联组织新的主体活动。各地妇联因地制宜开展了“家长教育工程”、“母亲教育工程”、“家庭教育十百计划”等特色活动，为推进家庭教育搭建了新的平台。

各地还立足社区，积极开辟解决散居、特困儿童家庭教育问题的新渠道，创建了一批新市民、留守儿童等不同类型的社区家长学校，发展了亲子课堂、家庭教育服务超市等个性化多样化的家庭教育指导模式，并推动发展农村家长学校，探索建立行业和企事业单位家长学校，促进了家庭教育网络建设。

各地家庭教育经验

〔关注特殊群体，确保儿童权益〕 几年来，福建省妇联在工作中发现，有3种特殊群体儿童的家庭教育工作存在着薄弱环节，即流动人员的子女；大量出国人员或外出务工人员子女即“留守孩”；单亲（或双亲）服刑人员的子女。这三种特殊群体儿童的教育问题已经成为社会问题。如果我们的家庭教育工作不能及时跟上，如果我们不能积极协调各方力量为他们创造健康成长的环境，他们中的一部分人在个性和人格发展方面可能出现偏差。

1. 开展专题调研。2004年，福建省妇联成立了由省妇联主席任组长，厦门大学、福建师大、省家庭教育研究会的10多位专家学者共同参加的特殊群体家庭教育工作课题组，组织开展了“流动人口子女家庭教育”、“留守孩”家庭教育、“服刑人员子女家庭教育”等课题的调研。从调查情况来看，特殊群体儿童教育存在许多问题，严重影响了孩子的健康成长。一是生活维艰、中途辍学的较多；二是家长素质不高，难以实施家庭教育；三是情感缺失，人格发展受阻。这些孩子从小就失爱、失教、失落，不同程度地存在着自卑、孤僻、抑郁、冷漠、嫉妒、逆反等心理。

2. 积极出台有关政策文件。福建省妇联首先从维护特殊群体儿童入学的权利入手，把调研的情况写成议案提交到人大、政协会议上，积极呼吁各级党政领导和有关部门重视流动儿童的入学问题。随后省里出台了《关于加强流动人口中的儿童教育和卫生保健工作的意见》、《关于进一步做好进城务工就业农民子女义务教育工作的意见》、《关于进一步加强暂住（流动）人口管理和服务工作的意见》等文件。

3. 开展特殊群体儿童家教工作。省妇联与福建教育电视台联合开辟了《科学家教》专题节目。以“生活篇”、“学习篇”、“心理篇”、“缺失家庭教育篇”、“环境影响篇”、“情商培养篇”等为主题，制作专题节目60多期；成立了家庭教育指导服务中心，开展家庭教育工作的指导、研究、服务和培训，定期举办家教讲座；立足社区开展家教工作，组织社区的外来务工人员和代养人参加交流，接受培训，制定代养职责条例等。

〔教育百万家长，创建百所学校〕 2004年，陕西省妇联与省教育厅、民政厅、总工会、关工委、团省委联合下发了《关于重点创建50所社区、50所机关、企业示范家长学校的实施办法的通知》，在全省开展实施百万家长教育工程，创建百所社区、机关、企业示范家长学校。

1. 各级领导重视，妇联指导有力。在各地领导的重视、妇联组织的积极指导和责任单位的密切配合下，新创建的家长学校基本做到了“八有”：即有组织机构、有校牌、有教学计划、有师资、有教材、有场地、有培训档案、有规章制度。

2. 活动形式多样，取得良好效果。各创建点运用家庭教育知识讲座、家长代表座谈会、亲子实践活动、问卷调查、家庭教育研讨会等形式，采取经验介绍、宣传引导等有效方法，提高家长的教子水平，取得了良好的效果。汉中市汉台区、安康市汉滨区创办了家庭教育固定宣传栏；榆林市榆阳区新开辟了家庭教育咨询服务热线和家长体会园地；城固县会计中心机关家长学校组织全体职工进行心得体会交流，延安市宝塔区文化沟社区建立了家庭教育宣传指导站等，组建了“二队三团”，即：老教育工作者助教服务队，家长志愿者服务队，优秀家长宣讲团，延安精神宣讲团，法制教育宣讲团。运用宣讲、帮扶等形式有效地促进了家庭教育知识的普及和家庭教育水平的提高。

3.家长学校受到欢迎和好评。调查督导中，当地领导和授课教师普遍反映，创建示范家长学校，深受群众欢迎，大家听课认真，课堂秩序好。太白县东大街社区的家长学校与小学联办，180名家长和200多名社区群众共400多人连续听课6个小时，没有一个人中途离开。培训结束后，许多家长还围住授课老师咨询问题，家庭教育教材被销售一空。

〔**走进大学校园，培养未来家长**〕 为了认真贯彻落实全国妇联家庭教育工作会议精神，湖南省妇联开拓思路，立足源头，努力探索家庭教育工作新途径：即将对大学生进行未来家长的素质教育纳入他们的必修课。

1.高校的优势。一是师资优势。学校集各学科教师于一体，有能力承担对于未来家长应具备素质实施教育的先天优势，可以就地取材，资源共享。二是人才聚集优势。大学生是人才的宝库，它聚集了18～22岁同龄人口20%以上的青年群体中的优秀代表。三是场所设备的优势。现代化的教育手段，配套的教育教学管理实施机构，较为完善的培训体系和教学手段，以及在实施未来家长素质教育的规模效应等方面是任何组织和部门都难以企及的。

2.对目标准确定位。加强在校大学生未来家长素质教育，目的在于提高家庭的生活质量，创造和谐家庭、和谐婚姻的幸福生活，并以此促进社会的文明进程。在施教的过程中要达到的目标是：第一，通过未来家长素质教育，帮助大学生形成科学的家庭观念，懂得和谐家庭必须以家庭美德来构建。第二，通过未来家长素质教育，帮助大学生形成正确的婚姻观念，懂得和谐的婚姻必须以高度的责任感去维系。第三，通过未来家长素质的教育，帮助大学生形成文明的生活观念，懂得和谐的生活环境必须以爱的奉献来实施。

〔**开展"双合格"活动，提高家庭教育水平**〕 围绕全国妇联等9部委联合开展的"争做合格家长、培养合格人才"家庭教育宣传实践活动，宁夏回族自治区妇联的主要做法是：

1.营造"双合格"的氛围。自治区妇联先后二次在自治区党委、政府召开的全区加强未成年人思想道德建设工作会议上，对开展"双合格"活动作专题发言。自治区妇联还联合教育厅、团委、科协、关工委、文明办等部门，先后举办了"儿童少年素质教育成果"展示，"争做合格家长、培养合格人才"有奖征文，及时召开全区家庭教育工作会议，研究部署"双合格"活动，总结经验，推广先进典型，并把开展"双合格"活动同为贫困女童献爱心活动结合起来。开通了广播家长学校，新闻媒体制作并播放"双合格"活动公益广告。在社区开办父母家长学校、城乡散居婴幼儿家长学校、新婚夫妇家长学校，利用多元化的办学方式，培训骨干，传播新的家庭教育理念。

2.对优秀家长进行表彰和奖励。自治区妇联把"双合格"活动与"创建学习型家庭"、"母亲素质工程"紧密结合起来，互相促进，开展了"百万家庭读好书"、"家庭教育知识竞赛"、"家庭读书有奖征文"、"年轻妈妈读书演讲比赛"及"千家万户治家格言"征文等活动。在宁夏广播电台都市广播中开办为期半年的"双合格"活动系列讲座。邀请专家、学者、优秀家长介绍教子经验。2004年对64户"五好文明家庭"、10户"学习型家庭"和优秀家长进行了表彰奖励。

3. 组建队伍，完善机构。自治区妇联将继续争取与教育等有关部门的广泛联合，共同协作，齐抓共管，完善和扩大4支队伍，即以专家为主的百名家庭教育讲师团队伍，成立宁夏家庭教育指导中心，开通咨询热线。

〔**成长顾问进家庭，科学教子有共识**〕 辽宁省鞍山市妇联在引进了中国家长教育工程后，尝试着在教师、家长和孩子三者之外，增加了一个重要角色——"家庭教育成长顾问"，使之参与到家庭教育环节之中，指导家长科学教子。

1.网罗人才，锻造队伍。市妇联在招募"家庭教育成长顾问"时，经过了严格的资历审查，聘请了100名鞍山市家庭教育成长顾问。队伍组成后，由市妇联带队，选派12人参加了北京CPEP中国家长教育工程课题组第二期成长顾问培训班，进行了系统的学习。并把北京相关的几位教授请到鞍山对他们进行系统培训。

2.设计活动，真情奉献。百名家庭成长顾问团成立后，有针对性地服务家庭5000户。一是开展了顾问团与家庭面对面活动。顾问团先后在烈士山、新华书店等人流密集的地带，以"关爱家长、成就孩子"为主题开展了三次义务咨询活动，家长每次都是越聚越多，问题不断，共服务家长近千人次。二是开展了顾问团与单亲、特困家庭结对子活动，开展了单亲俱乐部活动三次，服务家长900人次。三是开展了顾问进校园活动，在家长学校授课时，介绍成长顾问，现场解答问题，服务家长共计2000余人次。

3. 顾问团工作效果明显。经过一段时间的探索，鞍山市妇联认识到，家庭教育成长顾问是科学教子知识的传播者，是家庭和社会矛盾的灭火器，是未成年人健康成长的引路人。虽然“家庭教育成长顾问”现阶段还停留在“义务”服务阶段，但是随着市场的不断拓展，需求不断增多，“成长顾问”将成为每个未成年人成长中的一个必不可少的重要角色。

“争做合格家长、培养合格人才”家庭教育宣传实践活动

为深入贯彻落实《中共中央国务院关于进一步加强和改进未成年人思想道德建设的若干意见》和全国加强和改进未成年人思想道德建设工作会议的精神，2004年以来，全国妇联切实承担起指导和推进未成年人家庭教育的责任，与有关部门密切合作，做出了大量富有成效的工作，为促进未成年人的健康成长营造了良好的社会氛围。

〔**加强组织领导**〕 全国妇联首先明确提出要把指导和推进家庭教育作为妇联落实中央文件精神、参与精神文明建设的重中之重，确定了指导和推进家庭教育的主要对象、工作重点和主要任务。明确提出小公民道德建设活动要以进家庭为重点，以家庭、社区和校外活动场所为主阵地，通过开展丰富多彩的儿童道德实践活动，特别是亲子互动活动，促进儿童思想道德素质的提高。成立了全国妇联未成年人家庭教育工作领导小组和由 18 个部委组成的小公民道德建设计划活动领导小组，与教育部等9部委联合下发通知，在全国开展“争做合格家长、培养合格人才”家庭教育宣传实践活动，成立了“双合格”家庭教育宣传实践活动组委会；在小公民道德建设计划领导小组成员单位的基础上，增加了卫生部、国家人口计生委、新闻出版署、信息产业部、中国社科院、全国总工会、中国残联7部门，为中国小公民道德建设暨全国“双合格”家庭教育宣传实践活动领导小组，明确了各部门、各单位的目标责任分工。各地妇联也分别制定了贯彻实施意见，近20个省区市在原有基础上建立了家庭教育工作领导协调机构。

〔**开展专项调查研究**〕 全国妇联由主管书记带队，组成了由专家、儿童工作者、妇联干部参加的专题调研组，开展了中国9城市流动儿童状况调查和中国10城市0～6岁儿童健康状况调查，向社会公布了调查结果。共召开各类座谈会34个，走访20余个社区，考察了30多所家长学校等基层家庭教育工作阵地，形成了11份调研报告。开展了妇联系统儿童活动中心建设与管理情况专项调研，并派专人参加了由中央文明办牵头，教育部、团中央、全国妇联等单位共同参加的未成年人校外活动场所调研工作。全国妇联的校外教育工作得到了中央领导的高度重视，有关领导亲自批示:“妇联系统的儿童活动中心应纳入未成年人社会实践基地，公益性文化事业，免费为未成年人开放，政府应加强扶持。在研究管理办法和相应政策时，一并纳入。”

各地也结合实际，围绕流动人口子女、特困家庭子女、隔代子女家庭等家庭教育突出的矛盾和问题，有针对性地开展了调查研究，形成了一批有分量的调研成果。

〔**联合下发文件，进一步加强宏观指导**〕 全国妇联与教育部联合下发了《关于进一步加强未成年人家庭教育工作的意见》、《关于全国家长学校工作的指导意见》、《家庭教育工作“十五”计划评估方案》和《家长教育行为规范》，进一步明确了家庭教育工作的重要意义、总体要求、主要任务、重点工作和长效工作机制，规范了家长学校的性质任务、指导管理、组织领导和检查评估工作，部署了全国家庭教育工作“十五”计划检查评估工作，向广大家长提出了培养教育子女的10项行为要求。

〔**召开工作会议，进一步部署推进工作**〕 2004年11月，召开了全国妇联系统家庭教育工作会议，全国人大常委会副委员长、全国妇联主席顾秀莲出席会议并作重要讲话，全国妇联副主席、书记处第一书记黄晴宜做了报告，全国妇联书记处书记张世平作了总结，13个省区市妇联同志作了典型发言。会议全面总结了近年来家庭教育工作的主要成绩和基本经验，深入探讨了家庭教育工作面临的新机遇和新挑战，全面部署了当前和今后一个时期家庭教育工作的总体要求和工作重点。使各级妇联组织进一步提高了认识，增

强了责任感，认清了形势，坚定了信心，明确了目标，理清了思路，交流了经验，开阔了视野。

〔**深化小公民道德建设**〕　小公民道德建设活动以进家庭为重点，以家庭、社区和校外活动场所为主阵地，以亲子互动为特色，扎实推进“四进”行动。全国妇联召开了由各地儿童活动中心主任参加的学习贯彻中央8号文件精神座谈会暨中国家庭教育学会校外教育专业委员会会议，要求所属1200多所儿童活动中心和4000多所自办托幼园所都要坚持以德育人的方针，开展丰富多彩的道德实践活动，发挥实践育人的重要功能，并命名了100个小公民道德实践基地。各地充分运用现有的各类教育活动阵地和社会资源，组织开展了“争做环保小卫士，我为家乡做贡献”、“传承民族精神，做合格小公民”、“中华大地行”夏令营等丰富多彩的儿童道德实践活动，深受广大儿童和家长欢迎。

〔**推出“双合格”活动，进一步创新工作载体**〕为了贯彻中央8号文件精神，优化未成年人成长环境，在开展“三优”知识传播与实践、小公民道德建设活动、青少年爱国主义读书教育活动的基础上，全国妇联还联合有关部门，推出了“争做合格家长，培养合格人才”家庭教育宣传实践活动。“双合格”活动以家庭道德教育为重点，各地因地制宜创造性地开展了“家长教育工程”、“母亲教育工程”、“家庭教育十百计划”、“关注未来，关爱孩子‘十大杰出母亲’思想道德教育传播行动”、未成年人思想道德建设家校联动实践活动等一系列丰富多彩的家庭道德宣传实践活动。

〔**发展家长学校**〕　目前全国有各级各类家长学校32万余所，初步形成了覆盖全国的5级家庭教育网络，在普及家庭教育知识、指导服务家长方面发挥了主阵地作用。各地妇联与有关部门配合，在巩固已有中小学、幼儿园家长学校的基础上，立足社区大力开辟解决散居、特殊、困难儿童家庭教育问题的新渠道，创建了一批新市民、留守儿童等不同类型的社区家长学校，发展亲子课堂、家庭教育服务超市等个性化多样化的家庭教育指导模式，并针对农村家庭教育薄弱的实际，积极创建农村家长学校，探索建立行业和企事业单位家长学校。

〔**扩大社会宣传**〕　2004年，全国妇联在人民日报刊发了“一个孩子是一个家庭的希望，千万个孩子是一个民族的希望”家庭教育专版，发表了领导署名文章，在中央电视台、新华网、人民网开设了家庭教育专栏，制作了视频访谈节目，在中国妇女报、中国妇女网、中国妇女英文月刊和中华家教杂志也都开设了家庭教育专版、专栏。2004年“六一”，突出了未成年人思想道德建设的主题，与中央电视台联合举办了“和祖国一起飞”大型电视文艺晚会，组织了家庭教育工作图片展和小公民道德建设活动成果展。2004年9月，组织了家庭教育宣传实践月活动，在全国开展了“百万家庭护苗工程”，为广大家长对孩子上网行为提供有效监督和管理。

〔**落实实事项目**〕　根据中央8号文件的要求，全国妇联提出并组织实施了建立爱心帮困机构、在全国建500个安康益家、在北京社区建200个安康宣传栏等18件实事，并运用“春蕾计划”、“安康计划”等公益载体，不断拓展新的实事项目。2004年“六一”期间，全国妇联等19个部委领导，深入北京市玉泉路小学慰问了流动人口子女，送去价值38万元的慰问品和慰问金。各地也从实际出发，推出了“阳光关爱行动”、“代理妈妈阳光工程”、“同在蓝天下，携手共成长”为流动人口子女献爱心等一大批实事项目。

儿童事业发展集团的成立

在《中共中央国务院关于进一步加强和改进未成年人思想道德建设的若干意见》和十六届三中全会精神的指引下，在全国妇联的领导下和社会各界的大力支持下，经中编办批准，全国妇联儿童事业发展集团于2004年4月8日正式成立。

全国妇联儿童事业发展集团是我国第一个专门从事儿童教育、文化、健康、科技开发的事业集团，属事业单位性质，实行企业化管理。

集团的成立是我国公益性儿童教育事业单位深化改革迈出的重要一步，对繁荣儿童事业，促进儿童健康成长具有重要意义。

〔**集团成立是时代赋予妇联的历史使命**〕 1. 集团成立是全国妇联认真贯彻“三个代表”重要思想，更好地服务儿童、造福儿童的具体体现。儿童是祖国的未来，民族的希望。

我国政府一贯重视对下一代的教育和培养，制定了一系列促进儿童健康成长发展的政策和措施。《中国儿童发展纲要》明确指出，必须从儿童早期着手，培养、造就适应新世纪需要的高素质的人才队伍，并强调“给予儿童必需的保护、照顾和良好的教育，将为儿童一生的发展奠定重要的基础”。中共中央、国务院颁布实施了《关于进一步加强和改进未成年人思想道德建设的若干意见》，明确指出，从未成年人抓起，培养和造就千千万万具有高尚品质和良好道德修养的合格建设者和接班人，既是一项长远的战略任务，又是一项紧迫的现实任务。成立儿童事业发展集团，将有利于资源整合，促进儿童教育、文化、健康、科研等各项事业的发展，为培养合格建设者和接班人提供更有效的服务和创造更有利的条件。

2. 集团成立是适应儿童成长和市场需求，促进儿童全面健康发展的客观需要。随着经济和社会的发展，人们物质文化生活水平不断提高，社会和家庭越来越重视儿童的健康成长，对儿童的服务需求越来越高，呈多样化的特点。儿童产业的发展空间广阔，社会资本对儿童产业的投资热情高，资本容量大、投资效果好。成立儿童事业发展集团，将有助于多元开发，吸引社会资本，推进全方位、多层次、宽领域的儿童产业发展体系建设，发展儿童服务项目，以满足不同群体儿童生理、心理、营养、健康、成长和发展等多方面的需求。

3. 集团成立是儿童事业单位改革与发展的迫切要求。根据党的十六届三中全会精神，公益性事业单位必须深化劳动人事、收入分配和社会保障制度改革，增强活力，改善服务，壮大实力，在此基础上进一步发展，推进内部经营管理机制的创新，促进资源的高效配置与综合开发，加快企业化、市场化、规模化的发展进程，使之与社会主义市场经济体制相适应。成立儿童事业发展集团，实行企业化管理，将有利于结构的合理调整、机制的科学转换，资源的优化配置、资产的有效组合，以增强自身的整体实力和市场竞争力，为儿童事业发展注入新的生机与活力。

4. 集团成立是中国儿童中心长期实践、积极探索改革发展之路的必然结果。集团以中国儿童中心为基础，由中心所属的 18 个单位组成。中心成立于 1982 年，占地 8 万平方米，建筑面积 4 万平方米，资产总规模为 7.6 亿元，是我国惟一的国家级、综合性的儿童事业单位和教育活动基地。经过 20 多年的发展，中心与国内外儿童文化教育机构形成了稳定的业务网络，拓展了服务领域，在儿童教育、活动、培训和科研等方面积累了一定的经验，为集团的成立奠定了重要的基础。近年来，依照“事企分开、分类管理”的改革原则，中心在体制、机制和管理模式上进行了一系列改革，引导有条件的单位走向市场；提出“一园两制”、“以业养业、以业促业”的发展思路，将中心经营性部分与公益性部分剥离，以开发经营儿童产业的收益，壮大儿童事业发展实力。这种发展模式是对儿童事业单位改革和发展的有益探索，为集团的成立创造了有利条件。

〔**集团的总体思路和业务拓展方向**〕 1. 儿童事业发展集团的总体目标是：以服务儿童、造福家庭为宗旨，以繁荣儿童事业，促进儿童发展为使命，以资产为纽带，以改革为动力，联合社会力量，推动集团产业化、专业化、规模化发展，努力建成有较强经济实力和辐射带动作用的现代儿童事业发展集团。

2. 集团的组织结构是：集团设立管理委员会，负责全面规划、管理和组织实施集团发展目标。集团下设办公室、人力资源部、财务管理部、资产管理部等管理机构和 6 大业务板块，主要围绕 6 个方面的领域进行业务开拓。

一是文化产业领域：主要从事儿童教育文化产品的开发、制作、出版和发行，推进儿童出版物的合作发展，逐步形成儿童期刊图书、音像制品、影视作品、互联网站为核心内容的产业链。在此基础上，开发新的产品，搭建儿童产业发展平台，以市场化的原则和广泛合作的形式发展儿童文化产业。

二是健康产业领域：主要从事儿童营养健康、身体健康、心理健康、多元智能的开发、研制和推广。发挥国家儿童营养品质量监督检验中心的作用，研究开发儿童健康食品、用品等有益于儿童身心健康的科研课题和项目，探索儿童智力开发有效途径。加速研究成果的转化和推广，拓展合作领域，努力形成产学研用纵向一体化的企事业科研群体。

三是科教娱乐产业领域：主要从事儿童教育科技娱乐产业开发、研制和基地建设管理。联合社会力量，开发教育实践和科普娱乐项目，创建集教育、科研、培训、活动、示范于一体的综合性素质教育基地，在深入研究、充分论证的基础上，推进儿童城的规划建设，初步设想把它建设成为集科研成果孵化基地、儿童社会实践体验基地、儿童科普娱乐基地、儿童影视文化基地和儿童系列教育培训基地于一体的综合性园地。

四是国际合作与交流领域：主要从事儿童及教育工作者的国际交流与培训，学习引进国外先进的教育理念和教育方式；组织外国语培训，提高儿童外语能力；加强与国际组织的交流，发展互助合作项目。

五是投资管理领域：主要从事儿童产业经营项目的研发论证、招商引资和国际贸易合作。进一步扩大融资渠道，通过资本运作、资产重组等方式，逐步增强集团的资产规模和发展后劲。

六是物业管理领域：主要从事儿童服务设施的开发、利用和管理。充分利用黄金海岸、中心场馆等现有资源，开发游园、餐饮、旅游等多种服务项目，带动物业经营管理，拓展服务领域。

〔**集团的改革目标和发展战略**〕 1. 集团的改革目标是：以党的十六届三中全会精神为指导，按照建立现代企业制度的要求，深化集团改革，推进体制创新和机制创新，加快集团走向产业化、专业化、规模化的步伐，使集团逐步成为产权清晰，责任分明，政企分开，管理科学的独立法人实体和具有一定核心竞争力的市场主体。

具体步骤：

一是坚持“一园两制”，实行事企分开，集团与中心独立核算，集团所属单位全部实行企业化管理，与集团签订经营管理协议。集团作为出资人代表行使所有者权利，对企业的债务承担有限责任；所属企业依法自主经营，照章纳税，对所有者的净资产承担保值增值责任。

二是深化所属单位内部体制改革，完善法人治理结构，建立对经营管理者的激励和约束机制、按劳分配与按要素分配相结合的分配制度、业绩考核评估和审计制度，形成所属企业优胜劣汰、经营者能上能下、人员能进能出、收入能增能减的机制；加强对成本、资金、质量和人力资源的科学管理，使所属企业真正成为依法自主经营、自负盈亏、自我发展、自我约束的经济实体。

三是根据市场经济和集团发展的需要，进一步增强公有制经济的活力，积极发展国有资本、集体资本和非公有资本等参股的混合所有制经济，实现投资主体多元化，以促进资本的流动与重组，增强企业创新发展的内在动力。

四是在所属企业走向市场，并具有一定的资本积累和较强经济实力的基础上，推进整个事业集团的产业化、专业化和规模化，筹备建立中国儿童事业发展集团公司，努力把儿童事业做大、做强。

2. 集团的发展战略是：

一是联合战略。整合开发儿童产业资源，提升资产质量，扩大服务规模，在此基础上，实现优势互补、强强联合的产业合作，带动行业发展，探索跨行业、跨地区联合模式，发挥行业优势和地区优势，开发连锁项目和合作经营项目；积极拓展与国际文化教育组织的联系渠道，加强国际间的联系与交流，发展国际合作项目，形成儿童产业发展的规模效应和整体合力。

二是创新战略。以创新促发展，推进技术创新、品牌创新和服务创新。加大科技开发投入，完善科技研发机构，注重产学研结合和应用技术的开发推广；面向市场，发展有自主知识产权的主导产品，充分利用已有的优秀品牌，以品牌带项目、以精品促发展；开发服务项目，打造服务品牌，在服务内容上求新，在服务形式上求活，在服务效果上求实。

三是人才战略。坚持以人为本，树立科学的人才观。创新人才工作机制，优化人才成长环境，用事业造就人才，用环境凝聚人才，用机制激励人才，用法制保障人才；重视人才队伍建设，培养、吸引和用好各类人才，保护发挥人的积极性和创造性，推进建设专业型、复合型、国际型的人才队伍，努力把人才优势转化为知识优势、科技优势和产业优势。

青少年科技教育活动成果

青少年科技教育活动回顾

青少年科技教育活动为中国青少年开辟了一块学习科学技术的园地，许许多多的青少年在活动中积极探索、大胆实践、健康成长。据统计，每年参加教育和科协系统举办的各种类型的科技教育活动的青少年就达1500多万。

目前，中国青少年科技教育活动的内容、形式可分为6类：青少年发明创造活动和科学论文撰写活动；生物和环境科学实践活动；国际奥林匹克学科竞赛活动；农村社区青少年适用技术培训活动；青少年科技传播行动以及青少年科技夏令营活动等。

〔**青少年发明创造活动和科学论文撰写活动**〕1982年，全国青少年科技活动领导小组(由中国科协、教育部、共青团中央、全国妇联和国家体育运动总局5家单位组成，其办公室设在中国科协青少年工作部)举办了首届"全国青少年发明创造比赛和科学讨论会"活动，此后每两年一届，至今已举办了九届。

青少年的好奇心是他们探索世界、改造世界、产生创造欲望的心理基础。青少年参加发明创造活动，首先在教师的引导下从一项发明课题的选择入手，经过构思、设计、创造，直至完成作品。他们在活动中经历了发现新问题——提出新设想——做出新作品的全过程，并学会创造的方法。

科学论文撰写活动是激励青少年探索的另一种活动。对参加这项活动的青少年来说，撰写一篇科学论文，首先要从问题入手，收集相应的资料，然后在观察与实验的基础上确定科学事实，最后通过科学抽象得出结论。当该结论再次在实践中得以检验时，就可以将上述全过程用文字表达出来，完成一篇合乎要求的科学论文，参加科学讨论会。

参加全国青少年发明创造比赛和科学讨论会的青少年学生，首先要参加基层的比赛和讨论会，经过逐级选拔，成为省(自治区、直辖市)级比赛和讨论会的优胜者后，才可以被推荐参加全国比赛和讨论会。全国比赛和讨论会的评委由科技工作者、教育工作者组成，他们于活动举办当年的6月对申报项目进行初审，以便确定赴全国比赛和讨论会举办地参加终评的学生名单。总评一般于同年8月举行，参加总评的学生经现场技能测试和答辩合格后，由评委会最后确定作品的获奖等级。发明作品和科学论文的一、二、三等奖，分别授予金、银、铜奖章。此外，世界知识产权组织、美国IET基金会、中国青少年21世纪科学基金、宋庆龄基金会、茅以升基金、高士其基金及中国机械工业部、电子工业部等也曾先后为历届比赛和讨论会设专项奖，向获奖的优秀学生颁发奖学金、奖品和证书。

全国青少年发明创造比赛和科学讨论会的准则是：

1. 发明创造比赛的"三自"和"三性"准则：自己选题、自己设计、自己制作；新颖性、创造性、实用性。

2. 科学讨论会的"三自"和"三性"准则：自己选题、自己研究、自己撰写；科学性、创造性、实践性。

这些准则使该项活动具有了"为青少年学生提供引发科学兴趣、关心和追求科学的机会，倡导他们离开班级、学校或家庭，在不同年龄成员组成的集体中完成自己感兴趣的工作，在科学想像的基础上培养良好的生活态度，开发想像力和创造力"的特色，同时，它还为青少年学生提供了展示和交流自己的创意和作品的机会。

在中国，每年约有1500万青少年分别在各地参加发明创造和科学论文撰写活动。经过选拔，在已经举办的九届全国青少年发明创造比赛和科学讨论会中，有近 2000 名中小学生直接赴举办地参加了全国总评活动，共有 1795 项青少年发明作品和近 1000 篇青少年学生撰写的论文获奖，其中有许多项目是从研究身边的事物选题的。从所有获奖作品中可以看到，青少年巧妙的构思和对复杂问题的简单化处理方法。它们反映出青少年灵活的思路，使青少年发明创造和科学讨论会活动充满着生机与活力。

〔**生物和环境科学实践活动**〕　1989 年，中国科协、教育部、国家环保总局和国家自然科学基金委员会在全国青少年中倡导开展了一项以生物和环境科学为主要内容的科技教育活动——青少年生物和环境科学实践活动(原名为“生物百项活动”)，该活动每两年举办一届。

十几年过去了，这项活动取得了可喜的成果，特别是活动所具备的四个特点越来越突出：一是活动与社会关注的热点问题相结合，因地制宜地吸引广大青少年参加，而且农村青少年参加活动的比例逐年升高。二是在一些地区青少年的实践活动已经涉及一些较先进的科技领域，中小学生关心的“触角”已经伸向遗传育种、无土栽培、组织培养等新课题。三是科技界直接参与了活动的指导，为提高活动的科学水平提供了可靠的保障。科技工作者不仅主持评选工作，还积极参加活动的筹划、设计、培训和指导工作。在活动中青少年的生物和环境科技知识、科学精神、科学研究的技能方法、环境意识、环境道德等多方面都得到了提高。四是青少年生物和环境科学实践活动的成果为当地经济和社会发展做出了贡献。许多青少年从研究身边的问题开始，经过考察或实验，对家乡资源开发和环境保护等提出建议，特别是农村学校将科技教育活动与当地生产和经济活动紧密结合，将活动的成果推广到家庭和社区。

近年来，随着“科教兴国”和“可持续发展”战略的提出，社会各界更加关注科技、关注教育、关注生态环境保护问题。因此，这项以生物和环境为主要内容，以青少年为主体的科技教育活动，其学科范畴不断拓展，科学水平也不断提高。开展这项活动的目的是启发青少年认识生物科学、环境科学与人类生活的关系；培养他们热爱祖国、热爱生物科学、热爱大自然的美好情感；引导他们从小关心环境保护、农业发展和资源可持续开发利用等人类共同关心的重大课题，从自己熟悉的生活、生产问题出发，通过生动有趣、丰富多彩的科学实践活动，了解周围的环境，探索身边的科学，投入到保护生态环境的实践活动中来；帮助青少年在参加生物和环境科学实践活动的过程中，学习科学研究的基本方法，在有条件的地方特别是农村，青少年应学会一两项实用技术，从而提高广大青少年的思想道德素质和科学文化素质，培养现代化建设所需要的跨世纪科技人才和掌握一定科技技能的未来劳动者。

〔**国际奥林匹克学科竞赛活动**〕　国际奥林匹克学科竞赛是世界上最有影响的中学生学科竞赛活动，一般由各国政府和科技团体联合主办。中国参赛是由中国科协、教育部和国家自然科学基金委员会联合组织，出国参赛等各项具体工作由中国科协青少年工作部负责。

中国组队参加国际奥林匹克学科竞赛活动始于 1985 年，是在广泛开展全国性学科竞赛系列活动的基础上进行的。1978 年以来，中国科协青少年工作部和中国科协所属的中国数学会、中国物理学会、中国化学会、中国计算机学会、中国植物学会和中国动物学会在各级教育行政部门的支持下，相继组织了全国高中学生数学、物理、化学、生物学和计算机竞赛。这些活动是由许多著名科学家、院士、学科带头人倡导和提出的，是自然科学学会向广大青少年进行科技教育的主要形式之一。其中最基础的活动是围绕竞赛所开展的数学、物理学、化学、信息学、生物学等学科兴趣小组和俱乐部活动。

开展这些活动的目的是为了提高广大青少年对科学的兴趣，促进相应学科的教学改革，探索早期发现和培养优秀青少年的途径。在学科竞赛的组织工作中，我们始终坚持普及性原则和自愿参加的原则，现在每年约有 100 万中学生参加各级竞赛活动。多年的实践证明，学科竞赛活动对帮助青少年树立学科学、爱科学、用科学的良好风尚发挥了积极作用。

近几年来，中国中学生在各学科国际竞赛中连续荣获金牌，到目前为止，我国共派出了 285 名中学生选手参加 5 个学科的国际奥林匹克竞赛，共获取奖牌 266 枚，其中金牌 157 枚，银牌 81 枚，铜牌 28 枚。

中国也曾先后主办过三届国际奥林匹克学科竞赛：1990 年的第 31 届国际数学奥林匹克竞赛，1994 年的第 25 届国际物理奥林匹克竞赛和 1995 年的第 27 届国际化学奥林匹克竞赛。在世纪之交的 2000 年，我国将主办第 12 届国际信息学奥林匹克竞赛。

〔**农村社区青少年适用技术培训活动**〕　20 世纪 90 年代初，中共中央、国务院在《关于加强和改革农村学校教育若干问题的通知》中指出："提高劳动者政治、文化素质，造就农村需要的各种人才，是农村社会主义建设的一个重要方面。""农村学校的任务，主要是提高新一代和广大农村劳动者的文化科学水平，促进农村社会主义建设，一定要适应广大农民发展生产、劳动致富、渴望人才的要求，一定要引导广大学生热爱农村、热爱劳动、学好知识和本领。"在这一精神的指导下，不仅农村中小学内的青少年科技教育活动以"爱祖国、爱家乡、爱科学、爱农业"为主题，以学习实用技术和进行小种植、小养殖、小加工、小实验、小考察、小改革、小发明、小咨询等活动为主要内容开展起来，而且校外的青少年科技教育活动也蓬蓬勃勃地展开了。

在原国家教委、国家科委和中国科协 1998 年 3 月下发的《关于进一步加强中小学科技教育工作的通知》中，要求"要切实加强农村地区、贫困地区和少数民族地区的科技教育工作。要结合当地的实际和特点，结合农村脱贫致富的任务，因地制宜、创造性地开展科技教育活动。力争到 2000 年，使 40%以上的中小学生基本掌握一两项实用技术，为使农村走上致富之路打下基础"。这是在对 10 多年来农村青少年科技教育活动总结的基础上提出的新任务。

第十五届中央委员会第三次全体会议通过了《中共中央关于农业和农村工作若干重大问题的决定》，确定了农业和农村跨世纪发展的目标和方针，强调"实施科教兴农。农业的根本出路在科技、在教育。实行农科教结合，加强农业科学技术的研究和推广，注重人才培养，把农业和农村经济增长转到依靠科技进步和提高劳动素质的轨道上来。"因此，进一步开展农村青少年科技教育活动，应该成为青少年科技教育工作的重点任务。

〔**青少年科技传播行动**〕　自 1995 年以来，中国科协在全国组织了"中国青少年科技传播行动"。开展这项活动的目的是：采用多种形式和渠道，推动面向广大青少年的科学技术普及工作，提高青少年的思想道德素质和科学文化素质，引导青少年理解和掌握科学知识，应用科学方法，学会科学思维，培养青少年的思维能力、动手能力和创造能力，在广大青少年中形成学科学、爱科学、讲科学、用科学的良好风尚。

为达此目的，中国科协的各级组织联络科学家、科技工作者、科研机构、学(协)会，积极参与科技教育工作，通过指导学校和社区的青少年科技教育活动，为青少年作科普报告，向青少年开放实验室，参与教师培训等形式，将科技发展的新信息传播给青少年。

1995 年——"中国青少年科技传播行动"开幕。

1995 年 5 月，中国科协组织各全国性自然科学学(协)会及各省(自治区、直辖市)科协在全国范围内实施以青少年为对象的科技传播活动。5 月 25 日，全国 30 个省(自治区、直辖市)同时举行了"中国青少年科技传播行动"开幕式，各地的政府领导、著名科学家和广大青少年欢聚一堂。在北京人民大会堂举行的主会场上，中国科协所属的 46 个全国性自然科学(协)会联合发出积极参与青少年科技传播行动的倡议，北京市科协聘请了 136 位科技专家担任"首都青少年科技导师"。随后，以"科技导师进校园"为特色的传播活动，引起了全社会的重视和关注。

以后历年中国科技举办了多项青少年科技传播活动。

1996 年——"科技殿堂迎接青少年"活动。

这项活动旨在通过向广大青少年普及环境保护知识，特别是水资源保护和利用方面的知识，使他们认识到水对人类生存和发展的重要意义；了解水污染产生的原因和给人类造成的危害；懂得节约用水、保护清洁饮用水源是每个公民义不容辞的责任；引导青少年实际参与到搞好社区卫生、保护水资源的行动中来，提高他们的环保意识，使青少年和社区群众理解实施"可持续发展"战略的重要意义。

1998 年——"保护我们的家园"青少年环境保护系列活动。

1999 年——"绿色家园——种世纪之树"活动。

1998 年，中国长江流域和嫩江、松花江地区出现了超历史记录的特大洪水，造成严重灾害。发生洪涝灾害的主要原因之一就是江河上游生态环境破坏严重，水土流失加剧。

为了对青少年进行保护环境、促进可持续发展的教育，中国科协 1999 年青少年科技传播行动的重点确定为"绿色家园——种世纪之树"。这是一项全国性的以普及环境保护知识为主要内容的青少年科普活动，目的是使广大青少年从小树立热爱自然、保护环境的意识，在绿化福国的活动中，学习植树造林、种花、种草和保护环境的知识和技能，培养热爱祖国、热爱科学、热爱劳动的高尚情操。

在青少年科技教育活动的实践中，我们逐步认识到，科技教育不仅仅是育智，还包括科技知识、科学精神、科学道德、科学方法的传播；科技教育的目标不仅仅是为了培养科学家，还在于提高全民族的科技素养；科技教育的核心不仅仅是传播知识，还应把科学技术的魅力展现给孩子，激发他们的兴趣，培养他们的能力。

目前，我国青少年科技教育活动已经逐步形成了自己鲜明的时代特色，归纳起来有以下四点：

1. 在指导思想上：贯彻“面向世界，面向未来，面向现代化”的方针；强调以普及为主，普及与提高相结合；突出科学知识、科学方法、科学态度和科学精神的传播；注意为社会发展服务。

2. 在内容上：综合性加强，突出新技术的传播；注重能力的培养；强调科技与文化相结合，自然科学与社会科学相结合；引导青少年关注有社会意义的科技问题和有科技色彩的社会问题。

3. 在活动对象上：不仅面向科技爱好者，而且面向全体学生；对贫困地区的青少年给予特别的关注。

4. 在方法上：注重社会化的运作，特别是科技界和教育界携手组织具有示范意义的大型科技教育活动，保证了活动健康发展；强调活动的教育性原则，青少年的参与进一步加强，他们不仅自身参加活动，而且参与了新知识、新技术、新信息的传播。

但是，由于种种原因，我国青少年科技教育活动的开展还存在着许多困难和问题。如：

1. 如何进一步提高对青少年科普工作重要性的认识，加强对青少年科技教育活动的支持力度；

2. 如何提高活动的质量，扩大活动的普及面，使更多的青少年参加到科技教育活动中来；

3. 如何动员社会资源，使青少年科技教育事业的运作方式向社会化发展；

4. 如何通过政府和社会各方面的共同努力，增加对青少年科技教育活动的投入，缓解长期困扰基层学校和校外科技教育场所的经费问题；

5. 如何提高科技教育活动辅导教师的水平，保证活动的质量；

6. 如何解决青少年科技教育活动的器材供应和辅导资料短缺问题等。

因此，针对世纪之交我国经济、社会发展的要求，特别是21世纪对科技人才的要求，设计一批在指导思想上、内容上、组织方法上能体现时代特征的科技教育活动项目，显得尤为重要。（牛灵江）

中国青少年科技辅导员协会工作成果

在中国科协有关部门、协会第五届理事会的领导下，2004年协会以在广大科技教育工作者、科技辅导员中弘扬科学精神，倡导科学方法、科学思想，努力发挥协会在我国科技教育工作中的作用，推动我国青少年科技教育工作发展为工作目标，围绕着“建会员之家、为会员服务”的指导思想和“群团群办”为工作方法，在各团体会员理事单位、各工作委员会的共同努力下，克服了人员短缺、资金不足等各种困难，开展了一系列工作。

〔**组织建设工作**〕 1. 会员发展。经协会五届一次理事会研究决定，2004年为协会的“组织建设年”。协会的各个工作委员会、团体会员理事单位及秘书处将会员发展工作渗透到协会的各项工作之中，充分利用协会组织的业务培训、“第四届全国教育工作者发明与科教制作展评活动”、2004年学术年会以及参加“全国青少年创新大赛”等科技教育活动的机会，向科技教育工作者宣传、介绍协会的情况，努力进行会员发展工作。

至2004年11月底，协会共发展个人会员1007名，团体会员43个。

2. 完善协会管理机制。为了更好的实施民主办会，协会建立了每季度的理事长办公会制度，及时根据社会热点调整协会的工作，处理协会在各项工作中出现的问题。2004年通过理事长办公会制定了协会的《会员发展和会籍管理办法》及《会员发展和会籍管理办法》实施细则，为发展会员和为会员服务工作打下了基础；讨论确定了第四届“展评活动”、2004年学术年会等协会重大活动的实施方案等，保障了协会重点活动的顺利开展。

3. 表彰工作。为弘扬科技教育工作者无私奉献的精神，宣传科技教育工作者开拓创新的事迹，在协会各团体会员理事单位、各工作委员会进行会员表彰的基础上，面向协会及团体会员理事单位所属会员，进行了“2003～2004年度全国优秀科技辅导员”、“2003～2004年度全国青少年科技活动优秀组织工作者”、“2003～2004年度全国青少年科技活动先进集体”的表彰工作。

经协会各工作委员会、团体会员理事单位推荐，协会组织工作委员会审核，授予96名会员“2003～

2004年度全国优秀科技辅导员”称号，授予67名会员“2003～2004年度全国青少年科技活动优秀组织工作者”称号，授予58个会员单位“2003～2004年度全国青少年科技活动先进集体”称号。

4.为会员服务，建会员之家。协会不但通过组织活动、编辑会讯，在会员中开展调研，了解会员的需求，反映会员的呼声等方式开展为会员服务工作，同时还充分利用协会组织网络，通过各团体会员理事单位充分了解会员的需求，有针对性的为会员服务。例如四川省青少年科技教育协会为了促进会员的交流，2004年先后组织了3次共50余位优秀会员进行外出学习和考察，并通过各种方式为会员解决外出学习经费困难等问题；天津青少年科技教育协会把解决会员工作中的困难作为为会员服务的突破口，千方百计协助会员解决工作环境、工作待遇等会员在实际工作中碰到的困难。

〔**理论研究及学术交流工作**〕　协会各工作委员会、各团体会员理事单位始终将理论研究工作和科技教育工作者之间的学术交流工作作为协会的重点工作。2004年在理论研究和学术交流方面主要开展了以下工作：

1.第十二届全国青少年科技辅导员论文征集活动。2004年2～6月协会以理论工作委员会牵头开展了以“学习型社会与青少年科技素质的培养”为主题的论文征集活动。经协会青少年科技中心工作委员会、26个团体会员理事单位及山东省青少年科技辅导员协会征集，按规定向协会推荐了优秀论文666篇。经协会理论工作委员会组建的评委会，按照科学性、先进性和创造性的评审原则，评出论文一等奖论文60篇；二等奖论文383篇；三等奖论文223篇。经编辑、整理，全部获奖论文编辑成论文集。

2.2004年学术年会。在论文征集活动的基础上，按照中国科协的统一安排，协会于2004年11月19～24日在海南省琼海市召开的中国科协学术年会上设立了以“学习型社会与青少年科技素质的培养”为专题的分会场，举办了协会的2003年学术年会。来自全国23个省市的188名代表参加了年会。

学术年会期间，主要围绕“学习型社会与青少年科技素质培养”专题，邀请中国工程院院士、中国科协副主席韦钰，中国青少年科技辅导员协会副理事长、中国科技馆馆长王渝生，教育部基础教育司吕同舟副处长，中国科普研究所研究员翟立原等专家、学者，根据我国科技教育工作的有关政策、规定与青少年科技教育研究情况，就青少年科学教育及其评估、国家中长期科技发展规划中科普工作、学习型社会与青少年科普体系的构建等方面，结合国内外青少年科普工作状况，与到会的科技教育工作者代表进行广泛的交流与研讨，促进广大教育工作者对现有政策和青少年科技教育理论的理解，开阔广大教育工作者的视野。

年会期间，为了促进科技教育工作者业务水平的提高，举行了以“我与学生一起理解‘科学’”为主题的演讲比赛和包括科技模型制作和模型竞赛两部分的科技教育工作者技能竞赛活动。通过这两个竞赛的举行，使到会的代表既展现了业务能力，进行了交流，同时通过亲自参与科技活动，进一步了解了青少年科技活动的组织方式和方法。

3.召开进一步加强和改进未成年人思想道德建设座谈会。为贯彻落实中共中央国务院《关于进一步加强和改进未成年人思想道德建设的若干意见》，根据未成年人的成长规律，探讨在新的形势下如何通过科技教育活动，提高未成年人思想道德素质的思路与方法，中国青少年科技辅导员协会邀请部分科技教育专家、有关部门领导和媒体的记者于2004年4月12日召开了“进一步加强和改进未成年人思想道德建设座谈会”。

中国青少年科技辅导员协会刘恕理事长、中国科技馆王渝生馆长、中国科协科学技术普及部高勘副部长、中国科普研究所居云峰所长、中国科技报研究会常务副理事长兼秘书长杨旭同志、中国科普研究所翟立原研究员、中央教育科学研究所研究员赵学漱、北京市科协网络中心李卫民等青少年科技教育专家和有关部门领导以及光明日报、中国教育报、科技日报、大众科技报、科学时报等新闻媒体的记者参加了座谈会。

座谈会期间，与会代表围绕《若干意见》，根据青少年科技教育工作的特点，结合社会进步与发展对未成年人思想道德建设的影响，科普与科技教育活动对未成年人思想道德建设的作用，科技教育工作者在未成年人思想道德建设中所起的作用以及如何加强科技教育工作者思想道德建设、促进形成全社会关注未成年人思想道德建设良好氛围等方面发表了各自的看法。

4.上海市青少年科技辅导员状况调查。为了了解目前科技辅导员队伍的基本状况，反映科技辅导员的呼声，协会秘书处于2004年9月2～4日对上海市青少年辅导员队伍状况及相关政策等进行了调研。调研通过座谈的形式开展。调研期间，协会秘书处的同志相继与上海市青少年科普促进会、上海市青少年科技活动中心、各区少科站的有关同志和部分区科技总辅导员老师进行了座谈；走访了徐汇区、宝山区和一所

12年制学校，与两区的科技辅导员及学校的领导分别进行了座谈。通过调研，基本掌握了上海市目前青少年科技教育工作，特别是科技辅导员队伍建设的情况，并形成了调研报告。

5. 各团体会员理事单位也利用各自的优势，将青少年科技教育理论研究工作作为工作的重点。例如云南省青少年科技辅导员协会就本省青少年科技教育工作发展的趋势和存在的问题及采取的措施，多层次、多方面的组织了400余人次的群众性研讨；贵州省青少年科技辅导员协会协助教育部门，组织专家学者制定了贵州省中学教师进行学科指导的专业培训内容和计划；江苏省青少年科技辅导员协会和上海市青少年科普促进会，发挥本地区青少年科技教育理论研究的优势，分别承接和完成了两个国家级课题的部分研究工作。

〔**第四届“全国教育工作者发明与科教制作展评活动”**〕　为了促进教育工作者交流创新理论和创新方法，鼓励教育工作者进行创新，同时为教育工作者搭建一个“舞台”，向社会展示、推介优秀发明和科教制作成果，促进国际、地区间科技教育工作者之间的交流。在国家人事部专业技术人员管理司、国家教育部师范司、基础教育司、中国科协普及部、青少年部、国家知识产权局办公室、全国妇联儿童部、全国少工委办公室等单位的支持下，协会与中国发明协会、中国教育国际交流协会于2004年2～8月共同举办了第四届“展评活动”。

经过对科技教育工作者的培训、发明和科教制作作品的征集等工作，共有23个省市向全国第四届“展评活动”办公室推荐了460余项教育工作者的优秀发明和科教制作作品。2004年6月，由中国发明协会牵头组建的评委会对征集作品进行初评，并选出347项优秀作品参加于2004年7月16～18日在太原市举行的优秀作品展示会（简称“终评展示”活动）。

“终评展示”活动于7月16～18日在太原市中国煤炭博物馆举行。活动期间，中国科学院叶叔华院士，中国科协常委、中国青少年科技辅导员协会刘恕理事长，中共山西省委侯伍杰副书记，山西省人大副主任，山西省科协主席、中国工程院谢克昌院士等活动主办、承办、支持单位的领导出席了活动，联合国教科文组织驻华教育官员和澳大利亚高级教育专家也应邀参加了此次活动。经评委会评审，共有31项作品获得一等奖，99项作品获得二等奖，145项作品获得三等奖。

“展评活动”中，中国科技馆发展基金委员会和上海市教育发展基金会分别设立了专项奖——“园丁奖”、“科教创新奖”（各10项），奖励获奖作品的作者2000元人民币。

〔**培训工作**〕　2004年协会围绕“科学课”、“科学实践课”等教育改革重点，配合“展评活动”、青少年“创新大赛”等活动的开展，积极开展了旨在提高广大科技教育工作者理论水平与业务能力的业务培训。

1. 全国教育工作者科教创新骨干培训班。为了配合第四届“展评活动”和青少年“创新大赛”的开展，促进广大教育工作者创新能力和组织广大青少年开展创新活动业务水平的提高，协会3月9～15日在山西省太原市举办了以创新理论、发明与科教制作的选题及作品分析、开展青少年科技创新活动的思路与方法等为内容的“全国教育工作者科教创新骨干培训班”。共有来自全国各地的223名科技教育工作者参加了培训。

2. 全国科技教育工作者中小学综合科学实践活动培训班。为配合国家新课程改革和“综合实践活动”课程的开设，提高广大科技教育工作者开展科技教育活动的能力与水平，我会与中国继续教育联合学院主办，江苏省青少年科技教育协会承办的“全国科技教育工作者中小学综合科学实践活动”培训班于2004年6月10日—15日在南京市举办。来自山东、重庆、湖北、上海、安徽、四川及江苏省的30余名科技教师参加了本次培训。

培训期间，邀请了科技教育界的专家与参加培训的科技教育工作者一同进行了中小学综合科学实践活动课程开设的理论与实践、中小学机器人和天文科技活动的方法和如何组织开展等方面的交流。

3. 农村科技教师骨干培训班。由中国科协青少年工作部、中国青少年科技辅导员协会主办，中国继续教育联合学院承办的首期农村科技教师骨干培训班于2004年8月4日至8日在中国科协科普园举办。来自全国20个省、市的70名科技教师参加了此次培训。

培训期间，邀请了教育、农业、信息技术等方面的专家为参加培训的农村科技教师做了报告；为了开阔农村科技教师的视野，增强农村科技教师对计算机的实际操作能力，培训还安排了培训教师计算机操作，以及参观“锦绣大地”现代农业园区。

4. 各团体会员理事单位也把科技辅导员的业务培训工作放到了重要位置，并根据当地的实际情况，开展了各式各样的科技辅导员培训活动。北京市青少年科技教育协会利用开展“北京市中小学环境保护普及监测网”活动之机，组织专家就环境教育方法和监测方法等内容，分12期培训了100名骨干科技辅导员；河北省青少年科技教育协会通过集中与分散相结合、农村与城市相结合、省级与市县相呼应的方式共培训科技辅导员8000多人次。此外，山西、河南、甘肃、湖南、黑龙江、陕西、青海、新疆建设兵团等省市的团体会员理事单位也结合各自的实际情况，组织了具有当地特色的培训活动，对提高科技教育工作者的科学素养与业务水平起到了促进作用。

〔**宣传工作**〕 2004年宣传工作委员会在积极配合协会各项工作，开展协会宣传工作的同时，还进行了以下工作。

1.《中国科技教育》的出版工作。如期完成了《中国科技教育》全年的出版工作。为了向更多的青少年科技教育工作者提供从事青少年科技教育工作的资料，协会利用各种方式（活动、邮寄）向各省、地、市的青少年科技教育机构（学校）赠送了杂志。

2.协会网站的改造。为了加强协会的宣传力度，充分利用网络资源开展协会活动，协会于今年对网站进行了扩容和调整，使网站内容更加贴近广大科技教育工作者的需求，使协会更好地为会员服务。目前协会网站仍在调整当中。

3.编辑《会讯》工作。协会秘书处如期完成了6期《会讯》的编辑、邮寄工作（每两月一期）。通过《会讯》，加强了协会与会员的联系，使会员通过《会讯》了解协会政策和活动，了解国内外青少年科技教育工作的新动态。

〔**组织和指导科技辅导员开展各种青少年科技活动**〕 各团体会员理事单位充分发挥协会的特色，指导科技辅导员在青少年中组织开展了丰富多彩的科普活动。例如天津市青少年科技教育协会在青少年中组织开展了“纸火箭模型制作竞赛”，将航天科普知识熔入青少年科技活动当中；江苏省青少年科技辅导员协会配合中国宇航学会在全省中小学中开展了申报“全国少年宇航技师”活动，一定程度上激励、培养了青少年学习航天航空科技知识的兴趣。

〔**存在的问题**〕 1.各工作委员会和团体会员理事单位的职能、任务需进一步明确，协会体系仍有待完善。

2.由于协会目前的社会知名度不够，缺乏争取企业和社会力量参与协会所组织活动的能力。

3.协会总体为会员服务的能力有待加强。通过增强协会的服务能力，增强协会的凝聚力。

（中国青少年科技辅导员协会供稿）

青少年国防教育活动成果

中国少年军校总校2004年主要工作及活动

〔举办第四期全国少年军校教官研修班〕 2004年4月成功举办第四期全国少年军校教官（辅导员）研修班，来自全国15个省、市、自治区、直辖市的少年军校示范校校长、教官、辅导员参加为期10天的培训。全国少工委副主任、团中央少年部部长高洪做了题为《认真贯彻落实中共中央国务院关于进一步加强和改进未成年人思想道德建设的若干意见》的专题辅导报告。总政群众工作办公室副主任汤奋大校、全国少工委副主任、团中央少年部副部长张学军，中国少先队事业发展中心副主任孙柱先后出席开训典礼和结业仪式，并分别讲话。本期研修班先后邀请了全国少工委副主任、中国少先队事业发展中心主任赵武军，中央军委法制局副局长朱建业大校，中国青年政治学院常务副院长陆士桢，全国冬、夏令营管理中心主任刘俊友和中国少年军校总校副校长刘文卫，分别就《少年军校和少先队文化建设》、《少年军校在全民国防教育中的地位和作用》、《少年军校活动与少年儿童心理特点透析》、《对外交流活动的组织及礼仪》、《少年军校活动的规范与创新》作了六场专题讲座。

〔举办首届全国少年军校小教官培训班〕 为加快全国少年军校正规化建设步伐，早日实现管理规范化、训练标准化、活动制度化“三化”建设目标，为各示范校实施标准训练培训骨干队伍，提高训练和活动效果，中国少年军校总校从今年暑期开始，启动全国少年军校小教官培训计划。7月7～16日来自全国18所少年军校的520多名小教官，在总校房山基地进行了为期10天的训练。训练内容包括：队列、军事技能、少年军校活动的组织方法和要求、升旗仪式的组织与程序、少年军校游戏活动的组织等。

〔举办首届全国少年军事技能对抗赛〕 由中央电视台解放军宣传中心、全国少工委、国家国防教育办公室、中国少年军校总校共同举办了“首届全国少年军事技能对抗赛”，并录制了8集反映少年军校训练、活动的专题节目，每集25分钟，于8月在中央电视台七频道军事节目“红军、篮军”栏目中连续播出，在军内电视观众中引起了强烈反响，被解放军总政治部宣传中心的领导评价为“找到军事节目开启少年儿童国防教育的金钥匙”。

〔组织首届全国少年军校“共创美好明天”交流团赴港交流〕 由全国少工委、中国少年军校总校联合组织的“首届全国少年军校‘共创美好明天’赴港交流团”，于2004年7月15～21日举办了与香港童军的交流活动。交流团由200名优秀少年军校学员和校长、教官组成。7月15日，香港童军总会为赴港交流团全体团员举行了隆重的欢迎仪式。在港期间，交流团与香港新界、九龙两地童军进行了广泛的交流。参加交流团的各少年军校代表队和童军共同举行了汇操表演、篝火晚会，两地青少年精彩表演给大家留下了深刻印象。赴港交流团在港期间，受到香港童军总会的热烈欢迎，中央人民政府驻香港联络办公室科教部的领导接见了交流团代表。

〔首届全国少年警校检阅式在北京隆重举行〕 由共青团中央、公安部、全国少工委联合主办，中国少年军校总校办公室、公安部消防局、交通管理局共同承办的“首届全国少年警校检阅式”于2004年8月2日在北京隆重举行。来自北京、浙江、广东、山西、贵州、西藏等省、市、自治区的少年警校共1000

余人参加检阅式。检阅式上，参检代表队展示了交警指挥手势、交通拥堵疏散、车祸救护、报火警及逃生自救、翻越障碍等救护技能。

公安部交通管理局副局长陈洁、公安部消防局肖慧英大校、中国少先队事业发展中心、中国少年军校总校副校长孙柱检阅了少年警校方队。团中央常委、少年部部长、全国少工委副主任高洪，代表主办单位讲话，充分肯定了少年警校活动，对增强少年儿童的自我保护意识和能力，提高全社会预防少年儿童意外伤害的责任意识，营造全社会维护少年儿童合法权益起到积极作用，号召少先队组织、公安交通、消防干警共同努力，为少年儿童健康成长创造良好氛围，让更多的少年儿童在实践中接受锻炼、增强体质、提高素质。国家国防教育办公室副主任刘卫东、北京市公安局消防局陈益新大校、北京市房山区人民政府副区长李慧英出席了检阅式。中国少年军校总校执行副校长刘文卫主持了检阅式。

〔**召开第四届全国少年军校示范校年会**〕　为了进一步加快全国少年军校建设步伐，总结交流经验，更好地组织开展少年军校活动，于 2004 年 11 月 17～21 日在重庆召开了第四届全国少年军校示范校年会，总结了 2004 年度少年军校工作，交流示范校建设经验，研讨 2005 年少年军校工作计划，举办首届少年军校建设（文化）论坛，观摩重庆市优秀少年军（警）校等。解放军总政治部、教育部、国家国防教育办公室、全国少工委、武警总部、北京军区、共青团重庆市委、合川市委、市政府等单位的领导亲临会议并讲话。来自全国各地的 100 余名示范校代表参加了本届年会。

〔**基地接待军训、夏令营人数突破万人大关**〕　为认真做好基地各项保障工作，总校基地从活动组织、训练管理、衣食住行 3 个方面总结了一套严密的规章制度，从而保证了基地各项接待保障任务的圆满完成。2004 年接待北京市参加军训和夏令营的青少年达 1 万余人，没有发生任何安全事故。

〔**对全国少年军校示范校进行复查确认**〕　为深入贯彻《中共中央国务院关于进一步加强和改进未成年人思想道德建设的若干意见》，推动全国少年军校活动健康、有序的开展，真正发挥全国少年军（警）校示范校的“三性”（即先进性、整体性、辐射性）作用，切实推进“三化”（管理规范化、活动制度化、训练标准化）建设，规范全国少年军（警）校的管理，使少年军（警）校活动成为新时期对未成年人进行爱国主义教育，国防教育和素质教育的重要载体，结合 2004 年年度评估，于 2004 年 9～10 月对已获得命名的“全国少年军（警）校示范校”进行了全面复查确认。

〔**进一步完善基地设施**〕　合作单位今年对总校基地继续投资 200 多万元，新建一座 950 平方米办公楼，改建大门、围墙及学生宿舍装修，还添置了厨房机械及一批后勤保障设施。同时，总校合作单位出资近 30 万元，对香港交流团、长城“六一”活动、山西灵丘少年军校等进行资助。　（中国少年军校总校供稿）

全国少年军校活动情况

〔**全国少年军校学员踊跃参加第四个全民国防教育日活动**〕　为庆祝中华人民共和国成立 55 周年，进一步提高全民爱国意识，增强全民国防观念，推动全民国防教育，国家国防教育办公室会同中宣部、教育部、共青团中央、中国科协、全国少工委等部门以及新闻出版单位和省、自治区、直辖市国防教育办公室联合主办全国“爱中华、强国防、奔小康”系列国防教育活动。其中，2004 年 9 月 18 日第 4 个全国国防教育日前后，在全国大中城市亿万军民中开展的“爱中华、强国防、奔小康”签名活动是该系列活动中影响最大、涉及面最广的一项活动。

在本次签名活动中，中国少年军校总校作为签名活动的组织单位之一，向全国少年军校示范校下发了参加签名活动的通知，全国 200 所少年军校示范校的 20 多万学员参加了所在地的签名活动。据统计，由全国少年军校示范校发起、组织、参与签名活动的党、政、军领导、机关部队工作人员、离退休老同志和各界群众达 1600 万余人。

〔**积极参与机关、国家国防教育办公室以及兄弟单位组织的活动**〕　1. 参加全国少工委等主办的“星星火炬代代相传”长城“六一”活动；2. 参加团中央等主办的“科技创新奖颁奖晚会”；3. 参加团中央机关主办的《我的法兰西岁月》首映式；4. 参加国家国防教育办等主办的“首都全民国防教育日活动”；5. 参加国家国防教育办公室等主办的“国防科技成果展”；6. 参加中国铁道学会主办的“铁路旅客国防教育签名活动启动仪式”；7. 参加中国少先队事业发展中心组织的创办山西灵丘希望少年军校活动等。

（中国少年军校总校供稿）

兰州市少年军校及中小学国防教育情况

〔**少年军校建设情况**〕 兰州市少年军校的发展起步较晚，最早的成立于1990年初，如榆中县文成少年军校，最近的是在1999年成立的，如兰州万里少年军校、五〇四少年军校等。据了解，兰州市现有少年军校10所，其中独立建制的3所：兰州少年军校（城关区）、七里河少年军校、兰州炼油化工总厂少年军校；学校和军校合一的6所：红古区职业中学少年军校、榆中县文成少年军校、榆中县一悟少年军校、皋兰县少年军校（石洞小学）、兰州万里少年军校、五〇四少年军校；少年军校与区人武部一体的1所：西固区少年军校。10所少年军校中已有5所被甘肃省国防教育委员会于2000年和2001年分别命名为“甘肃省少年军校”称号，4所被兰州市国防教育委员会于2004年10月命名为“兰州市国防教育示范基地”，1所被命名为“兰州市国防教育示范学校”。目前，正常开展军训活动的7所，因种种原因而名存实亡的3所。

1. 管理体制：少年军校的管理体制各不相同，大致分为3种。第一种是由教育局主管，学校挂帅，如七里河区、红古区、榆中县、皋兰县等。第二种是由教育部门、军警部门、学校共建，如城关区、西固区、五〇四厂子弟小学等。第三种是由学校独立主办，如万里小学、兰炼教育集团等。

2. 组织领导：少年军校在成立之初，均设有正规的组织机构，一般由教育局主管领导或学校校长兼任少年军校校长，部队首长担任政委、副校长等职。少年军校分别设有训练处（科）、后勤处（科）、总务处（科）、政治处（科）等职能处室，具体管理军训活动。

3. 经费来源：成建制的少年军校在开办之初，当地政府部门投入了一定的基础建设资金，社会上也支援了部分钱物。少年军校均无财政列支的正式拨款，一般采用“取之于学生，用之于学生”的办法，向学生收取一定的费用。收费标准以封闭式和非封闭式区分，在本校参加军训的一般每人每期收费7～10元，主要用于教官劳务费支出等。在封闭式少年军校军训的一般每人每期收费120～190元不等，主要用于住宿、伙食、服装、办公、射击、教官劳务等支出。

4. 军训时间：一期最短的为3天，最长的为10天，大部分为5～7天。

5. 设施条件：10所少年军校中，有正规宿舍、食堂、训练场地的有4所，担负着全区学生的军训任务。城关区的“兰州少年军校”在皋兰山基地，七里河少年军校在二十九中分别建有二、三层的办公、住宿楼房，一次可容纳250～400人受训；红古区职业中学少年军校则利用假期学生放假后床铺空位的机会接受全区中学生的军训活动，宿舍和场地比较宽敞；西固区少年军校设在区人武部，利用的是区人武部占地34亩的民兵集训基地，营房训练场、靶场都比较正规，为学生军训活动提供了较好的条件。其余学校均无单独的场所，主要利用校园现有场地进行军训，学生为本校学生，也不提供食宿。

6. 军训科目：少年军校的军训科目大同小异，主要有队形队列、军体拳（操）、内务整理、野营拉练、军事知识、实弹射击等，部分军校还组织学生赴军营参观、利用电教设备组织观看国防教育影片等。

7. 学生管理：学生在少年军校期间由军校管理干部、学校带队老师、教官共同管理，分工比较明确。大部分军校建立了比较完整和严格的管理制度，学生在军训期间均实行准军事化管理，按军队建制编成班、排、连，听号作息。学校带队老师与学生同吃同住同活动，对安全工作进行24小时监控，所以各少年军校均无严重安全事故的反映。

8. 军训成果：兰州市的10所少年军校，训练数量和质量参差不齐。城关区的“兰州少年军校”从1994年成立至今，受训学员已达5万人次，多次受到上级嘉奖，被命名为“甘肃省级国防教育基地”和“全国先进少年军校”。兰州万里少年军校从厂党委到学校领导都非常重视少年军校的建设，成立之初就选择了高起点和高标准，积极寻求省市关工委、省市国防委员会、省市军分区、兰空部队的支持，对军训常抓不懈，学生在校6年，受训6次，巩固了军训成果，提高了综合素质。2003年9月，作为甘肃惟一代表赴京参加了“第四届中国少年军校检阅式”，受到中央军委副主席、国防部长曹刚川将军和团中央第一书记周强的称赞，被团中央、全国少工委、解放军总政治部授予此次检阅最高奖——第四届全国少年军校参检优秀奖，并捧回了生存技能大赛和节目表演两项大奖，为甘肃和兰州赢得了荣誉，成为了兰州市少年军校中的佼佼者。而皋兰县少年军校自1998年9月成立以来，总共进行过两期军训，受训学生不足450人，现只剩下一块牌子挂在石洞小学门口。文成少年军校在2003年“SARS”期间停止活动后再未恢复。

〔**学校国防教育**〕　学校是对学生进行国防教育的主阵地。据采访和调查，兰州市的各级各类中小学校对学生进行国防教育的主要形式是进行军训活动。其次，穿插了“防化、防菌、防核”的三防教育、拥军优属、祭扫烈士英灵、请老革命军人讲传统、参观和体验军营生活、举办军事讲座等形式多样的教育活动。另外，各校也重视把国防教育的内容渗透到学科教学和班队活动之中，利用现有教材中生动的教育资源，对学生进行潜移默化的熏陶，也收到了较好的效果。

开展军训活动最活跃的是高中。根据《国务院办公厅、中央军委办公厅转发教育部、解放军总参谋部、总政治部关于在普通高等学校和高级中学开展学生军训工作的意见的通知》精神，军训是高中学生的一门必修课，国家教育部为此制定有《高级中学学生军事训练教学大纲》。因此，兰州各级各类高级中学(包括职高、中专)对军训工作非常重视，被调查的6所中学均成立有军训工作领导小组，由校长(书记)亲任组长，学校教务处、政教处、总务处、团委负责人任成员，形成了联动机制。对所有高一新生和初一新生(或初二学生)利用开学前或开学后的一段时间进行集中军事训练。这条规定在全市大部分城镇中学坚持至今。

初、高中学生的军训活动一般在军营或少年军校中进行，实行全封闭式管理。只有一些偏远、贫困地区的中学因军训费用问题，放在本校军训。军训科目与前述少年军校开展的科目基本相同，军训时间为7～10天。军训结束后，均能举行比较正规的检阅式，向全体师生进行汇报表演。

关于小学生军训工作，《中华人民共和国国防教育法》第二章第十四条明确规定“小学和初级中学应当将国防教育的内容纳入有关课程，将课堂教学与课外活动相结合，对学生进行国防教育。有条件的小学和初级中学可以组织学生开展以国防教育为主题的少年军校活动。”国家教委于1997年发布的《小学、初中国防教育纲要》要求中小学“与驻地军事部门开展军民共建、拥军优属活动，发展少年军校，举办军事夏令营，让学生体验军事化生活，学习军事知识、技能”。省、市国防委近几年下发的有关文件，也根据《国防教育法》精神，要求国防教育从小学生抓起，有条件的学校可开展军训、慰问军烈属、军事夏令营、参观军营等丰富多彩的国防教育活动。尽管社会上对小学生参加军训看法不一，但一些城区小学还是在想方设法进行军训活动。全市坚持开展军训活动的小学集中在城关区和七里河区，两区教育行政部门安排城镇学校的五年级或六年级学生每年轮流到少年军校受训一周。其它县区小学除在前几年搞过几期以外，目前因收费问题基本上处于停顿状态。

〔**问题与分析**〕　1. 少年军校总体数量偏少，档次不高，制约着中小学国防教育活动的开展。兰州市目前有中小学1158所，中小学生达472917人。即使全市十余所少年军校全部进行正常军训，其容量极其有限，根本不能满足对学生进行普训的要求。以城关区为例，有上百所中小学，如按平均每校每年应受训的学生(小学五六年级、初一、高一学生)200名计算，100所学校每年就有2万名学生需要军训，而“兰州少年军校”每期最多容纳400人，2004年满负荷运转，也只接受了6700名学生，仍将1.3万多名学生拒之门外。

此外，专业化的成建制的少年军校太少，除城关、七里河、西固、红古四区外，其他县区的少年军校和厂矿自办的少年军校没有专门的宿营、训练基地，不具备接待外校学生的能力，只能借用本校设施场地自训本校学生，如皋兰、榆中成立的少年军校，失去了“军校”的意义。

2. 军训教官的素质参差不齐，某些教官的态度生硬、方法不当，挫伤了一些学员的热情和积极性。兰州市中小学开展军训活动的地点不尽统一，中学到军营受训的居多，小学到少年军校或在本校受训的居多。所聘请的教官来自当地武警支队、当地驻军以及人武部干部等。在假期军训高峰期间，个别军训点上还有来自预备役的官兵和军警保安学校的学员充当教官。因为对教官没有统一的要求和标准，有些教官缺乏教育学、心理学知识，缺乏对未成年人生长发育规律的认识，对学员缺乏爱心，采用超极限运动量惩罚学员；个别教官素质不高，方法简单粗暴，甚至体罚学生，严重损害了学生的身心健康。调查显示，对教官的态度不能接受的占 6.4%，与教官告别时没有感情的占 16.5%。在一项“你认为参加军训活动最不满意的是什么？”的自由答项中，直言“不满意教官态度和行为”的学生达 123 人，在所有不满意事项中竟排到第 2 位，仅次于对伙食的不满。学校带队老师们反映，学生对军校、对教官的留恋感较之以前有明显的下降。

3. 军训活动比较单调，缺乏有吸引力的课程和活动项目，影响学员对军训生活的兴趣，存在着一种重体能技能训练、轻思想情感培养，重形式表演训练、轻综合知识培养，重生理强度训练、轻休息娱乐的不良倾向。

4. 一些学生对军训认识和准备不足，吃苦精神不强，反映出了较多的意志品质、心理等方面问题。吃苦奉献精神是当代中国军人之灵魂。可是学员们在“最不满意”的事项中提出了住宿差、饭菜差、环境差、训练强度高、太辛苦、天气热、起床早、熄灯早、皮肤被晒黑、睡不着觉、评优秀学员不公正、影响正常学习等五花八门的问题。明显反映出部分学员对军训活动的不适应、对军训意义的不理解。这说明，学校对学生军训前的思想动员工作没有完全到位，军训期间对学员缺少耐心细致的思想教育工作。

5. 经费不足和收费困难是制约少年军校发展和学校开展国防教育活动的瓶颈。各少年军校和学校负责人反映最强烈的问题之一就是军训收费问题。限于兰州地区经济欠发达的市情，政府暂时无力承担庞大的国防教育经费。除城关区、七里河区和西固区三所少年军校开办时有关部门筹集了少量资金以外，其他地区多为因陋就简地开展军训活动，缺乏基本设施、器材，缺乏影像资料和教材。其他县区少年军校和学校都在盼望政府加强协调，尽早解决收费矛盾，迅速恢复军训等正常国防教育活动。

兰州市少年军校基本情况统计

名称	地点	成立时间	管理部门	受训时间	一次容纳量	总计受训量	训练场地	建筑面积(平方米)	收费标准(元)
兰州少年军校	皋兰山二营	1994 年 10 月	区政府、区教育局、皋兰山乡政府、省武警一支队	7 天	400 人	222 期 5.8 万人	20 亩	1300	110
七里河少年军校	西果园 市二十九中	1995 年	区教育局、市二十九中	7 天	200 人	100 期 1.8 万人		800	120
西固区少年军校	西固区人武部范坪基地	1997 年 10 月	区教育局、区武装部、区校外办	7 天	250 人	53 期 1 万人	1 万平方米	1400	120
红古区职业中学少年军校	红古区职业中学	1998 年	区教育局、区职业中学	高中 10 天 初中 8 天	350 人	40 期 1 万人		3600	初中 152 高中 190
榆中县文成少年军校	榆中县文成小学	1990 年	县教育局、文成小学	5 天					10
榆中县一悟少年军校	榆中县一悟小学	1998 年 10 月	县教育局、一悟小学	10 天					10
皋兰县少年军校	皋兰县石洞小学	1998 年 9 月	县教育局、石洞小学	2 天半		2 期 450 人			10
兰州炼油化工总厂少年军校	景泰兰炼教育集团社会实践基地	2003 年 4 月	兰炼教育集团			4000 人			
兰州万里少年军校	万里机电厂子弟小学	1999 年 4 月	区教育局、万里机电厂子弟小学	3 天	1000 人	5000 人			
五〇四少年军校	五〇四厂子弟小学	1999 年 5 月	五〇四厂小学、86561 部队						

(张元清　刘占爱　唐建梅　高秀林)

各省、自治区、直辖市

校外教育

北京市校外教育

综　述

2004年，北京市校外教育工作在各区县的共同努力下，在加强宏观管理，加强队伍建设，提高教育教学质量，打造品牌特色上，取得很大进展，为促进青少年学生全面发展、健康成长创造了良好的社会环境，为实现首都教育现代化做出了贡献。

〔**召开北京市青少年学生校外教育工作联席会议第四次全体成员会议**〕　2004年3月19日，在首都宾馆召开了"北京市青少年学生校外教育工作联席会议第四次全体成员会议"，联席会议成员及部分联络员出席了会议，各区县主管区县长、区县教委主管主任列席了会议。会上，杜松澎主任代表联席会议办公室做了2004年工作计划要点的报告，宣传教育组、活动指导组、综合治理组做了工作汇报。范伯元副市长到会做了重要讲话。他在讲话中肯定了全市校外教育工作的成绩，特别肯定了联席会议办公室的工作，指出开展校外活动场所调查和编写活动场所指南，这个基础工作非常重要，一定要高质量完成任务。

经过几年的工作，校外教育联席会议的作用得到了充分发挥，校外教育工作受到了各成员单位的重视和支持，对校外教育工作起到了推动作用。

〔**各区县发挥校外教育联席会议作用，形成大校外教育管理网络格局**〕　1.加大投入、整合资源、加快发展。西城区加大布局力度，通过合并迁址，建设5个地区少年宫，兼容社区功能，增加编制，增加投入，促进了校外教育事业的发展。海淀区、石景山区、平谷区新少年宫正在建设中。怀柔区青少年活动中心、密云县青少年宫、顺义区少年宫正式启用。海淀区整合区内资源，建立了校外研究发展中心，设立15个专题项目研究组，每个项目指定1～2所学校作为基地，为项目研究提供场地设施的支持。

2.加强统筹、形成合力、开展活动。各区县注意发挥联席会议的功能，加大统筹力度，崇文区、宣武区、朝阳区、平谷区、昌平区等区整合资源、发挥有关成员单位的积极性，开展了爱国主义教育及科技、体育、读书、法制、环保、迎奥运等校外教育活动，充分发挥社区的教育功能，满足青少年学生的需求，扩大校外教育影响，开展校外教育。

〔**各区县进一步发挥校外教育联席会议的作用，加强校外教育工作**〕　大兴区一年内召开两次联席会议，校外办坚持多联系、多协商、多沟通和一起开会、一起发文、一起干事、一起拿主意的"三多四个一起"的做法，共同营造了校外教育的良好发展态势。

海淀区制定了《中共海淀区委区政府关于加强青少年学生校外教育工作的意见》和实施细则（草案），编印了《科技、艺术、校外教育文件汇编》、《街道系统青少年校外教育文集》，发给26个街道604个活动站，加强街道社区校外教育工作。

丰台区年初召开校外教育联席会议，研究了区校外教育工作，年底听取了联席会议办公室的专题汇报。

通州区通过校外教育联席会议调整了组织机构，提出了今后的工作思路，即健全组织、形成网络，加快建设、规范管理，活动创新、打造品牌，注重科研、提升水平；还提出了6项具体任务。

石景山区召开了联席会议分组工作会，研究宣传、经费等项工作，并组织联席会议有关成员外出考察。

各区县还充分发挥社区的教育功能开展校外教育，西城区建立了青少年寒暑假到社区报到制度，由校外办牵头协调活动安排，社区组织活动，学校做好青少年到社区报到的宣传发动工作，为中小学生创造了安全可靠的社会实践、文化娱乐场所和充实丰富的假期生活。

朝阳区加强社区教育工作，21个街道192个社区设立专兼职辅导员767名，共有599个活动小组，吸引2万多名学生参加活动，比2003年增加了2000多人。

宣武区充分开发利用社区优势，发挥社区作用，使青少年教育成为社区教育中最有活力的内容。如天桥街道发挥天桥地区传统文化底蕴深厚、文化教育资源丰富的特点开展青少年教育，使青少年教育与社区教育形成了有机整体。

东城区开展了蓝天工程，将全区校外活动场所组织起来列入活动手册，中小学生可以在东城区青少年课外活动指导服务中心统一安排下参加活动。

〔加大投入，加强创新项目的建设与管理，促进青少年活动场所发展〕 创新项目建设基本情况。创新项目建设是市教委加强校外教育工作的重大举措。创新项目建设，改善了校外教育机构办学条件，提高了教育教学水平，扩大了影响，吸收了更多的青少年参加活动。2004年全市共支持创新项目建设26项，其中科技项目10项，艺术项目10项，综合类项目6项。据统计已有10个区、县全部完成创新项目建设共15项。它们是：东城区、崇文区、宣武区、朝阳区、丰台区、通州区、顺义区、怀柔区、昌平区、延庆县；另外西城区已完成1项，尚有科技馆的“科技探索活动室”正在采购中，将于近期完成。房山区少年宫“模型操作室”和“人文地理电子文库”2个项目于2004年7月建成；已完成和近期将要完成的共有19个项目，占全部项目的77%，年内完成的有密云县“多功能活动室”和“机器人工作室”2个项目，占总项目8%，新宫、新活动中心建成后投入使用的共有海淀区、大兴区、平谷区3个项目，占总项目12%，目前只有门头沟区的1个项目尚未启动，占总项目3%。

丰台区东高地青少年科技馆在创新项目建设工作中，紧紧抓住航天科普，逐步形成系列、形成规模，目前已有30个航天科普活动项目。“载人航天模拟发射系统”使学生在操作中体验，在互动中学习，在实践中感悟，在活动中升华。该活动已被列为国际青少年宇航员第18届大会的重点活动。

顺义区在青少年民间艺术发展交流中心基础上，成立了“绿港小天使”艺术团，组织参加了近20场大型演出，到法国、韩国参加了对外文化交流活动。他们还准备引入市场机制，探索一条以团养团、以演促教的可持续发展之路。

〔加强校外教育队伍建设，促进教育教学质量提高〕 1.开展培训，提高校外教育机构干部、教师水平。市教委依托北京市校外课外教育培训中心，开展了北京市校外教育机构管理人员和骨干教师的培训，共培训了138人，其中管理人员53人，骨干教师85人。为了保证培训质量，培训中心制订了详细的培训方案，聘请了高水平的师资，组成了专业化的管理队伍，提供了良好的学习生活保障。学员通过培训，提高了认识，更新了观念，明确了今后的工作方向。

培训中心还完成了3期全国校外联席会议办公室交给北京市的培训任务。共培训来自东北、西北、华北等12省（自治区）校外活动场所项目单位的主管县长、教委主管主任、财政局主管局长和项目单位负责人共237人。

2.召开北京市校外教育先进集体、先进个人表彰会，总结、交流校外教育工作经验。北京市校外教育先进集体、先进个人表彰大会于2004年12月24日在市教委召开，先进集体50个，其中行政单位13个，区属校外教育机构19个，社会活动场所17个，社会团体1个；先进个人80名，其中教育系统41人，社会系统39人。

3.开展校外教科研工作。2004年，北京市青少年学生校外教育工作联席会议办公室决定，开展“北京市青少年学生校外活动场所建设与管理现状调查”。本项调查研究已纳入北京市教育委员会人文社会科学研究计划，属于北京市哲学社会科学“十五”规划课题。

4.各区县采取多种措施加强队伍建设，提高教育教学水平。一是制定政策，创造条件。海淀区经过两年努力，终于在2004年实现了在学科带头人的评选中增加科技学科带头人的名额；崇文区将校外教育骨干教师评选工作纳入教委整体计划中，调动了广大教师的积极性。二是创造条件，为提高教师水平提供平台。大兴区提出了“教师队伍建设学习化”的目标，召开了首届校外教育思想论坛，还组织了“校外教师才艺展示活动”，受到区委、区政府领导以及中小学校领导的好评。东城区组织校外教师到学校听课，了解教改新成果；宣武区启动名师工程，开展“希望杯”青少年教师评优课活动；石景山区表彰了40个先进集体80名先进个人。海淀区先后8次组织有关干部教师2400人次参加专题报告会，参观高新技术企业、大型现代化工厂，帮助他们拓展知识，汲取新的教育观念。市教研室在开展教研、科研上作了大量工作。

〔**承办亚太青年科学节**〕 2004年8月3～9日，在朝阳区80中学举办亚太青年科学节，市教委承担了后勤保障和接待工作，由学生活动管理中心、朝阳区教委、80中学负责具体工作。这次活动为北京市少年宫提供了一个展示、宣传和服务的机会。市教委从2003年底制定详细组织方案，全力以赴做好工作。

1. 后勤接待：共接待14个国家1200名师生的住宿、交通、餐饮等工作。

2. 文艺演出：包括专场文艺演出和各国代表的联欢。

3. 组成人员：北京代表团由400名师生组成，包括团长及副团长各1名，联络员2名，学生321名，教师和科研人员75名。活动期间，北京代表团参加了一系列丰富多彩的科技文化交流活动，并在青少年科技创造发明作品展览、学生论坛及动手实践活动成果展示、教师论坛及文艺演出中取得了骄人成绩。

4. 科普展览：本届APEC青年科学节科普展览会北京代表团共有展位26个，共制作展板168块，展出科技作品146件，参展作品中北师大二附中张万子同学的《蛇形机器人》，海淀一〇一中学钟越尘同学的《钙肥对番茄的增产效果及品质的影响》获得了科技作品一等奖，还有4项科技作品获得了二等奖。它们分别是《高分散化学淀粉的研究及其在环保中的应用》、《自行车的皮带传动装置》、《湿地学校的研究成果》、《绿色自然探索》。

5. 学生论坛及动手实践活动成果展示：北京代表团所有参会的学生代表在青年节期间都参加了学生论坛活动，根据所选的专题分组开展讨论，每个论坛小组需集体合作撰写一篇英文论文，有35人与来自其他成员经济体的学生代表合作撰写的论文获得一等奖，获论文二等奖的同学总计89人。每个论坛小组还需集体合作完成动手实践活动，北京学生代表获成果展演一等奖的同学总计28人，获成果展演二等奖的同学总计86人。

6. 教师论坛：本届APEC青年科学节北京代表团共有75名教师代表，他们全部都参加了教师论坛开展的科技教育专题研讨活动，并向教师论坛提交论文13篇，其中有五篇论文获得了二等奖。

各区县进行了大量的组织工作，圆满地完成了任务，特别是朝阳区教委主管领导、体美科高度重视、认真准备，多次与80中领导开会研究接待方案，保证了科技节顺利进行。

〔**举办第二十二届北京学生科技节**〕 2004年10月20日～12月10日，市教委与市科协、市科委、市体育局举办了第二十二届北京学生科技节活动。北京学生科技节前身为北京市中小学生爱科学月活动，由于活动规模逐年扩大，为了使广大青少年在节日的气氛中学习科技，感受科技，今年将活动更名为“北京学生科技节”。今年科技节，全市共开展了12项重点科技竞赛活动和多项市级科技竞赛活动。

开幕式在北京市中关村中学举行，以表彰为主要内容。闭幕式在怀柔一中举行，以科技示范学校经验交流为主要内容。

〔**举办北京校外教育艺术节**〕 2004年8月17日～9月26日，北京市教育委员会举办“第一届北京市校外教育艺术节”。此次校外艺术节共有来自18个区县校外教育系统的113个节目、5000名学生参加了舞蹈、合唱、器乐的演出，2000名学生参加了书法、绘画、摄影等项目的艺术作品展示。经评选共有19个节目获一等奖，31个节目获二等奖，63个节目获三等奖。校外艺术节展示了校外教育机构的教学成果，扩大了校外教育的影响，使校外教育有了展示自己高水平教育成果的舞台，有了对教学成果的评价标准，对提高校外教育质量起到了推动作用。

〔**参加国际、国内重大竞赛活动，取得优异成绩**〕 2004年2月7日，在“明天小小科学家”奖励活动中，北京市第22中学臧鹏远同学荣获本次大赛最高奖项“明天小小科学家”称号，该项活动是由教育部、中国科协、周凯旋基金会主办的，来自全国各省市的40名学生参加评选活动，全市还有两个项目获一等奖，5个项目获二等奖。奖牌总数居全国第一。

由市教委、市科协等单位共同主办的“第24届北京青少年科技创新大赛”于2004年3月26日～28日举行。在这次活动闭幕式上对杨颖、藏鹏远等5名同学颁发了“北京青少年科技创新市长奖”。

中关村中学组队代表北京市参加了5月29日～6月2日在美国马里兰举办的25届国际头脑奥林匹克竞赛，从59个初中代表队中脱颖而出，夺得初中组比赛金奖，实现了北京市在该国际赛事上奖牌零的突破。

8月19～24日参加在成都举办的第十九届全国青

少年科技创新大赛，取得了 8 项一等奖的优异成绩。还评出北京市中小学生金帆奖 5 个、银帆奖 58 个。

〔**各区县特色品牌活动**〕　北京市各区县树立精品意识，结合实际，开展了许多有本地区特色的品牌活动，如：东城区的“王府井中学生国际音乐节”、“寻找 55 个科技新第一”活动；崇文区的“明城墙遗址公园文化体育节”；宣武区的“金帆艺术团音乐欣赏会”；海淀区的“打工子女艺术专场演出”；通州区的“让家乡变得更美好教育活动”；顺义区的“绿港小天使艺术团的民间艺术活动”；大兴区的“金帆书画院”大兴分院首届院展等活动。各区县承办的重大竞赛活动也在形成自己的品牌。

〔**加强宣传和总结交流工作**〕　为了加强总结交流工作，市教委先后召开了校外联席会议工作组组长会和区县校外办主任，体美科长，少年宫、科技馆、活动中心主任座谈会，总结交流了 2004 年的工作，研讨了 2005 年的工作。

为了加强校外教育的宣传工作，市联席会议办公室共出简报 12 期。各区县充分利用简报、报刊宣传校外教育的工作情况、场所建设情况和取得的成绩。房山区、门头沟区出版了校外教育专刊，通州区坚持办好校外活动专刊。　（北京市校外教育研究室供稿）

北京市教育学会校外教育研究会

〔**“北京市青少年学生校外活动场所建设与管理现状调查”课题研究活动**〕　2004 年，受北京市校外教育联席会议办公室委托，北京市校外办承担了“北京市青少年学生校外活动场所建设与管理现状调查”课题研究活动。课题研究的目的是摸清北京市青少年学生校外活动场所在建设、管理和人员组成上的基本情况，分析归纳已取得的成绩、成功的经验和存在的问题，提出相应的对策和建议，为今后北京市制定校外教育发展规划提供第一手资料。

课题研究的基本内容包括：北京市青少年学生校外活动场所的建设现状、管理现状、队伍现状。

2004 年 3 月，对各区县参加“北京市青少年学生校外活动场所调查”的工作人员进行工作培训。

2004 年 3～5 月，各区县按要求向本辖区的校外活动场所发放和回收调查表，召开座谈会，进行现状调查和总结，由各区县完成了《青少年学生校外活动场所建设与管理情况报告》。

2004 年 6～8 月，课题组对各区县上报的“调查资料”和“情况报告”进行统计分析和理论分析。

2004 年 9 月，召开部分区县校外教育办公室主任、校外教育机构负责人座谈会，听取意见和建议。

2004 年 9～10 月，课题组分别撰写《北京市青少年学生校外活动场所建设现状调查报告》、《北京市青少年学生校外活动场所管理现状调查报告》、《北京市青少年学生校外活动场所队伍现状调查报告》3 个分报告。

2004 年 11～12 月，课题组研究讨论 3 个“分报告”和 18 个区县的“青少年学生校外活动场所建设与管理现状调查情况报告”，撰写《北京市青少年学生校外活动场所建设与管理现状调查总报告》。

2005 年初，召开结题会，编辑出版研究成果。

为做好这项课题研究工作，朝阳区青少年活动中心、丰台区东高地科技馆、宣武区少年宫投入人力协助做了大量工作。丰台区少年宫协助拍摄了调研报告专题片，使调研报告更加直观生动，受到领导的肯定。

本次课题研究成果是全市各区县共同努力工作的结晶，课题研究内容之多、范围之广、投入力量之大、取得成果之丰富都是前所未有的。通过这次课题研究活动，推动了全市校外教科研工作的发展，为今后北京市校外教育的深入发展打下了良好的基础。

〔**加强科技教育示范校建设与管理，促进科技教育发展**〕　1. 开展对科技教育示范学校的评估、认定工作。在原北京市中小学科技活动示范学校的基础上，开展了重新评审认定北京市中小学科技教育示范学校工作。市教委成立了科技教育示范学校评审组，邀请北师大、首师大科技教育专家学者、多年从事中小学科技教育工作的老校长、馆长等成员参加。各区县申报了 125 所中小学，原科技活动示范校有 87 所申报，新申报校 38 所。评审组于 4～5 月份逐区县集中听取了学校的汇报，并深入学校检查工作，最终确定了 113 所中小学科技教育示范学校名单，并在第二十二届北京学生科技节的开幕式上举行颁牌仪式。

2. 开展课题研究，加强工作交流，促进科技教育示范学校教科研水平的提高。与北师大合作完成国家级课题《中小学科技教育水平评价指标体系和评价方案》。在此基础上与北师大完成了《中小学科技教育的评价与促进》课题，用《评价指标体系》推动中小学工作，编辑出版《北京市中小学科技教育成果丛书》，共14个分册，征集到的稿件涉及学校近100所（除3所学校不是科技教育示范学校）700篇，选录420篇。

〔存在的问题〕 1.校外教育的发展与首都教育的地位还有很大的差距，校外教育的发展还很不平衡，对校外教育工作重要性的认识还需进一步提高。

2.校外教育的设备设施还相对滞后，改善校外教育条件的任务还很艰巨，特别是如何围绕创新项目建设做好工作、使之发挥作用，需要认真思考和研究。

3.在加强校外教育工作的管理，加强教科研工作，提高教育教学质量方面还存在问题，为了保持我市校外教育在全国的领先水平，还需要我们进一步作大量艰苦细致的工作和不懈的努力。

4.校外教育的改革与创新动力不足，品牌项目不够、特色项目不够突出，教科研意识需要进一步强化，教育教学质量还亟待提高。 （吴弘涛）

北京市少年宫 北京市青少年科技馆

〔概 况〕 2004年北京市少年宫、北京市青少年科技馆共有教职工123人，其中高级教师24人，中级教师29人，初级教师18人，专业技术职务87人，聘请兼职教师130人。

2004年北京市少年宫、北京市青少年科技馆共开设书法、绘画、儿童画、国画、电脑绘画、摄影、舞蹈、手风琴、钢琴、电子琴、小型声乐、二胡、古筝、琵琶、古琴、合唱团、管乐团、民乐团、京剧、朗诵、戏剧表演、乒乓球、篮球、足球、武术、艺术体操、健美操、中国象棋、国际象棋、围棋、电脑、航模、舰模、生物、数字电路、机器人、小制作、英语等55个项目，500个兴趣培训小组，拥有学员12800多名。参加各类型国际、国内比赛，获国际奖、全国金奖、银奖、铜奖和北京市第1名的全年平均400余人次。同时还承担组织北京市大、中、小学生参加国际、国内各种大型交流、赛事及活动，年均人数达150万人次。

接待来自美国、法国、瑞士、意大利、德国、英国、新加坡、日本、韩国等十几个国家的外宾及香港、台湾、澳门同胞28批1042人。 （赵 伟）

〔刘淇书记到北京市少年宫视察〕 3月27日上午，北京市委书记刘淇就学习贯彻《中共中央国务院关于进一步加强和改进未成年人思想教育道德建设的若干意见》的落实，来到北京市少年宫视察，参观了少年宫成果展览厅，观看了舞蹈、朗诵、管乐团、航模和美术项目孩子们的活动，同老师、学员进行了亲切的交谈，并询问了学员家长关于孩子在少年宫学习的情况。

刘淇书记听取了少年宫主任孙荣燕的工作汇报，对少年宫所取得的成绩给予了充分的肯定。刘淇书记强调，要从党中央要求的高度，从首都地位的高度，从“新北京、新奥运”要求的高度，从广大人民群众日益增长的物质文化需求的高度，把加强首都未成年人思想道德建设切实抓紧抓好。 （张 萍）

〔胡锦涛总书记到北京市少年宫考察并召开座谈会〕 5月31日上午9时50分，中共中央总书记胡锦涛和随行的中共中央政治局候补委员、中央书记处书记王刚，在中共中央政治局委员、北京市委书记刘淇和北京市市长王岐山等陪同下，到北京市少年宫实地考察。当时有近万名少年儿童在少年宫参加美术、体育、音乐、舞蹈等活动。胡锦涛总书记观看了国画班、乒乓球、篮球队孩子们的活动。他说：“同学们利用课余时间参加一些有益的课外活动，有利于陶冶情操，培养广泛兴趣爱好；有利于开阔视野，扩大知识面；有利于掌握一些实际技能，增强动手能力。”他希望同学们充分利用这样一些机会，多开动脑筋，多学点本领，多长点才干，为今后的成长进步打好基础。胡锦涛总书记还和孩子们一同庆祝“六一”国际儿童节，观看了少年宫学员表演的节目，同少年宫京昆艺术团小学员合影。

胡锦涛总书记还同少先队员和少年儿童工作者代表就加强和改进未成年人思想道德建设进行了座谈。刘淇书记介绍了北京市加强和改进未成年人思想道德建设情况。5名学生和老师代表在座谈会上发了言。胡锦涛总书记在座谈会上作了重要讲话。 （孙荣燕）

〔顾秀莲同志亲切接见孙敬修儿童故事研究会成员〕 孙敬修儿童故事研究会自1984年在北京市少年宫成立以来，为全国的少年儿童举办了13届“孙敬修杯儿童讲故事大赛”，做了大量的工作。为此，10月25日，全国人大副委员长、全国妇联主席顾秀莲在中国妇女儿童活动中心接见了孙敬修儿童故事研究会负责同志和孙敬修同志生前好友，与大家共同研究孙敬修同志儿童故事事业的继承、发展问题。研究会会长、著名电影表演艺术家、原中国儿童电影制片长厂长于蓝，研究会副会长、原文化部少儿司司长罗英，电影表演艺术家田华，中国儿童戏剧研究会会长李若君，中央电视台青少中心主任于培侠，研究会秘书长肖君（北京市少年宫教师、孙敬修的弟子），北京市少年宫副主任张萍等同志到会，全国妇联书记处书记甄砚参加了接见。（张　萍）

群众文化活动

〔**全国第一届中小学生艺术展演**〕　全国第一届中小学生艺术展演活动是由教育部和共青团中央联合举办、北京市人民政府承办、北京市教委组织实施的一次大规模、综合性的中小学生艺术活动。本届活动的主题是“新世纪、新校园、新生活”。

1月30日～2月4日，艺术表演类中学组的节目在北京市第80中学举行声乐、器乐和舞蹈共4个专场的决赛演出。北京学生活动管理中心负责新闻宣传、演出组织和1500名学生、老师的接待工作。（张京华）

〔**第21届北京市中小学生乒乓球比赛**〕　2月7日由北京市教育委员会、北京市体育局主办，北京学生活动管理中心、北京市中小学体协、北京市乒乓球协会承办的第21届北京市中、小学生乒乓球比赛在北京市少年宫落下帷幕。

本市18个区县近百支队伍300多名小运动员经过5天近2000场激烈角逐，最后北京二中、北京六十六中1队、人大附中、北京二中分获高中男子组、高中女子组、初中男子组、初中女子组团体冠军，北海小学、万泉河小学、万泉河小学1队、遂安伯小学分获小学男子组、小学女子组、小学男子甲组、小学女子乙组团体冠军。北京二中的张岩君、六十六中的蒋琛、九十七中的杜宏宇、六十六中的李昱华、北海小学的王悦彬、万泉河小学的房博、万泉河小学的许鑫、大井小学的谭思荻分获各组别单打第一名。（董默轩）

〔**北京市第九届学生合唱节**〕　2月至5月举办的“北京市第九届学生合唱节”，是北京市教育委员会主办、北京学生活动管理中心承办的传统性艺术教育活动，以“新世纪、新校园、新生活”为主题，以普及性、群众性歌咏活动为重点，学校、区县、市级层层开展，做到班班有歌声，人人开口唱。节目形式为大合唱、小合唱、表演唱，本市中小学校、职业高中学校、中等专业学校学生有30余万人参加。全市共有270个节目参加了市级调演，其中48个团（队）获一等奖，74个团（队）获二等奖，148个团（队）获三等奖。（吴　文）

〔**北京市中小学生田径运动会**〕　由北京市教育委员会、北京市体育局主办，北京学生活动管理中心、朝阳区教育委员会承办的2004年北京市中、小学生田径运动会,4月23日～25日在朝阳区体育中心田径场举行。

北京市18个区县都组织了代表队，共有运动员1000余人参加了比赛。决出城区中、小学团体总分1～6名的代表队是：海淀区、朝阳区、丰台区、西城区、东城区和崇文区；获得郊区县中、小学团体总分1～6名的代表队是：顺义区、通州区、密云县、大兴区、昌平区和怀柔区。（王　斌）

〔**参加全国中小学生绘画、书法作品比赛**〕　5月，北京市少年宫作为独立赛区参加了由国家教育部艺教委主办的“第九届全国中小学生绘画、书法作品比赛”。少年宫美术书法部900名学员参赛，280余名获得一、二、三等奖，15名教师获得指导工作一等奖，北京市少年宫获全国组织工作先进集体奖。（纪　东）

〔**孙敬修杯故事大赛**〕　6月～7月，由全国妇联儿童工作部、中国关心下一代委员会办公室、全国少工委办公室、中国儿童戏剧研究会、孙敬修儿童故事研究会、北京市少年宫主办的“第十三届孙敬修杯白城儿童讲故事邀请赛”在北京拉开帷幕，共有700多人参加，其中有16人进入决赛。8月16日至21日举行决赛。该赛事覆盖面广，参加人数众多，少年宫的学员获得特等奖6名、一等奖3名、二等奖3名。

全国人大副委员长顾秀莲为第十三届孙敬修杯儿童讲故事大赛题词：“弘扬孙敬修精神，让孩子们在故事的思想品德熏陶中健康成长。”（刘志先）

〔**北京市中小学生百队足球赛**〕　7月12日～8月13日，由北京晚报、北京市足协、北京市少年宫共同举办了2004年第21届北京市中小学生“小亚洲杯”北京晚报百队足球赛。全市共有260支球队3000多名男女运动员参赛，比赛设中小学男女共5个组别分两个阶段进行。经过一个多月的激烈角逐，阳光男孩队、游戏足球队、大兴一职 1 队、育英 2008 队、石景山先锋队分别获得了各组别的冠军。

2004 年恰逢“亚洲杯足球赛”在中国举行，在百队杯足球赛开幕式上，亚足联秘书长维拉潘先生被邀请出席了开幕式并讲话。（孙吉明）

〔第一届北京市校外学生艺术节〕 由北京市教委主办、北京学生活动管理中心及东城区少年宫、西城区少年宫、朝阳区青少年活动中心、海淀区青少年活动中心、丰台区青少年活动中心承办的第一届北京市校外教育艺术节于 8 月 14～20 日举行，本次活动的主题是“新生活、新乐园、新少年”。

艺术节活动分为艺术表演类和艺术作品类。其中艺术表演类有舞蹈、器乐、合唱等项目，艺术作品类有书法、绘画、工艺美术、摄影等项目。18 个区县校外教育机构近 5000 名组员参加了本次活动。（王义新）

〔北京市中小学生科技英语创意大赛〕 由北京市教育委员会主办，北京学生活动管理中心承办的“北京市中小学生科技英语创意大赛”9～11 月举行。全市有 611 所中小学校参加了比赛，初赛人数 60551 人，复赛人数 14478 人，决赛人数为 2098 人。全市荣获个人比赛一等奖的有 248 人，二等奖 358 人，三等奖 463 人。经过初赛和复赛共选拔出了 54 个团队并进行了团体演赛、决赛，评选出学校团体奖、个人单项奖和教师编导奖。（李　晨）

〔第二十二届北京学生科技节开幕式〕 10 月 20 日，第二十二届北京学生科技节开幕式在北京市中关村中学举行。该科技节由北京市教委、北京市科委、北京市科协、北京市体育局联合主办，由北京学生活动管理中心、海淀区教育委员会承办。北京市副市长范伯元、北京市政协副主席张和平，市教委主任耿学超，副主任杜松彭以及各区县主管领导、教委、科委、科协、体委的负责同志出席了开幕式。

会上颁发了北京市金鹏科技奖，全市12所学校和校外单位的15个科技活动项目获得了今年的北京市金鹏科技奖。会上还为北京市开展科技教育活动成绩突出，被评选为北京市科技教育示范学校的113所中小学校举行了颁牌仪式。（张　峥）

教育活动成果

〔北京市少年宫交响管乐团被北京市教委审定为金帆团〕 3 月 27 日，北京市教委组织的金帆艺术团评审小组对北京市少年宫交响管乐团进行了考察评审，通过对少年宫管乐团的组织管理、日常教学、人员编制、活动情况及现场的演奏等方面的审定考察，北京市少年宫交响管乐团被正式任命为“北京市少年宫金帆管乐团”。（徐家辉）

〔获奖成果〕 6 月 6 日，在“第三届全明星少年儿童钢琴比赛”中，北京市少年宫钢琴班 2 名学员获儿童组一等奖。钢琴教师齐欢、刘志先被组委会授予最佳指导教师奖。

7 月 5～6 日，在“第八届全国故事大王比赛”中，北京市少年宫 2 名学员获特等奖，2 名选手获一、二等奖。

8 月 2～8 日，在第 17 届全国少年宫系统“希望杯”少儿 3 项棋类比赛中，少年宫国际象棋队获团体总分第二名，5 个组别个人第一名，4 个组别第二名，2 个组别第三名；中国象棋队获得 1 个组别个人第一名。

8 月 11～14 日，在北京举行的“第十届国际手风琴艺术节”中，北京市少年宫手风琴乐团学员获合奏、重奏、独奏 6 个奖项。（刘志先　李东军）

〔北京市青少年科技馆在第五届中国国际发明展中获得两金、四银、一铜〕 在第五届中国国际发明展中，北京市青少年科技馆选送的《高层建筑遥控清结器》、《应急安全门》获金牌，《自动关窗装置》、《特殊用途的改锥》、《好装手纸架》、《信息眼》获得了银牌、《高速路自动限速器》获铜牌。同时还获得光华青少年科学技术奖、中信青少年科学技术奖。

〔荣获世界机器人奥林匹克竞赛世界冠军〕 在新加坡举行的 2004 年世界机器人奥林匹克竞赛（The World Robot Olympiad 2004）上，北京市少年宫选手邓纪超、刘畅斯夺得创意赛金牌。（王　涛）

教育科研活动

〔京津校外教育理论与实践创新论坛举行〕 1 月 5～7 日，北京市教育学会校外教育研究会、天津市校外教育研究会在天津联合举办第二届京津校外教育理论与实践创新论坛。

为了搞好此次论坛，北京市教育学会校外教育研究会在 2003 年在全市校外教育机构中开展了“北京市校外教育系统教育教学活动创新系列展示”。经各区县的推荐，共有63个教学活动辅导方案和活动实录及24个校外教育教学活动评价方案参加了市级的评选。

在此次活动中，北京市、天津市分别选派4名教师在会上介绍了自己的教育教学活动，6名教师作了书面发言。此次论坛对全市校外教育的教育教学活动的改革起到积极的促进作用。（吴弘涛）

〔**论文征集与评选**〕 北京学生活动管理中心教务处于6月向各个业务部下发了《关于北京市第十届课外校外教育理论研讨会论文征集工作的通知》和北京市研究室的有关文件，提出了论文征集工作的基本要求。

教务处收到北京市少年宫、北京市青少年科技馆各业务部长、专职教师的论文42篇，涉及到校外教育教学管理、教学方法改革、活动资料创新等方面。教务处组织了专家对论文进行了初评和复评，推选出18篇论文参加“北京市第十届课外校外教育理论研讨会论文评选”活动。李玉玲、王春妹、李锐老师的论文获得一等奖。（武迎选 高 云）

〔**北京市学生金帆艺术团2004年评估认定工作**〕北京市中学生金帆艺术团于1987年成立，600名中学生组成的11个分团发展为35个分团，是展示首都艺术教育的重要窗口。为了进一步加强该团的建设和发展，2004年北京市教委决定该团易名为“北京市学生金帆艺术团”，并对承办单位进行重新评估认定。这项工作委托北京学生活动管理中心组织实施。

中心依据教育部艺术教育工作的文件制定了申报评价表，采取区县教委自评、市教委专家组实地听汇报并考察的方法，对申报单位的艺术教育工作和艺术团进行管理工作、活动条件、活动成果的评估。在89个申报单位中，有63个中小学和校外教育单位被市教委批准为北京市学生金帆艺术团。（赵素勤）

交流活动

〔**中美青年学生音乐交流演出**〕 4月10日，美国迪卡布青年交响乐团到北京市少年宫访问，和少年宫管乐团进行了交流演出。双方各演奏了本乐团的经典曲目又共同演奏了美国乐曲《阿！纽约》，中国乐曲《茉莉花》，使音乐会达到了高潮。中美两国的青少年在演出后，互赠礼品，相互用英文交谈。

〔**美国杨百翰大学舞蹈团访问少年宫**〕 5月15日，美国杨百翰大学舞蹈访华团访问北京市少年宫，并和少年宫艺术、体育学员进行了联欢演出。少年宫的学员为美国朋友表演了中国的京剧《扈家庄》片断、民乐演奏、武术表演和舞蹈。美国杨百翰大学舞蹈团的成员也表演了精彩的舞蹈。书法班的学员向美国朋友赠送了自己书写的书法作品。中国教育电视台报道了该活动。

〔**北京市少年宫举行中日德三国青少年合唱交流**〕 8月4日，中国、日本、德国3国的青少年合唱团在北京市少年宫首次举行了交流演出。3国合唱团的孩子们都分别演唱了3个国家的歌曲，音乐无国界在这里得到了充分的体现。（赵 伟）

〔**北京市少年宫合唱团赴德访问演出圆满成功**〕8月13～21日，应德国北莱茵州文化部邀请，北京市少年宫合唱团一行40人在德国进行了5天的培训并进行了结业汇报演出。还在多特蒙特市政府举行了专场音乐会，受到了当地一致好评。（王春妹）

东城区校外教育

〔**发展概况**〕 东城区现有校外教育机构5个，建筑面积1.87万平方米，中小学生人均0.34平方米。2004年校外教育资金投入为1659.21万元，投入资金的来源主要为财政拨款，教育附加拨款。教职员工总计198人。专职教师和工勤人员的比例为11/9。

2004年东城区全年完成王府井中学生国际音乐节，地坛公园主题游园会“艺术天地”中心舞台、“巧手艺坊”、“科技博览”活动区和中山公园国庆节游园“学生才艺展示区”三大重要活动的工作任务，在教师素质提高、活动模式研究、创新项目研发方面，探究性开展校外教育社会化活动。

在科技艺术教育上，承办了市区科技节、艺术节等重大活动；组织区内所有中小学参加了东城区第八届中小学生艺术节，参与率连续5届达到“百分之百”。

经选拔，有近万名学生参加区级比赛共计268场。以科技节为龙头，与《科技日报》联合，成功举办了“科技中国55个新第一”的主题系列活动，带领全区中小学生对新中国成立55年来在国际领先的55项科技成果开展考察，青少年科技教育活动年年有发展，届届有创新。 （张庆东　赵晶晶）

〔**师生勤演练情系大会堂**〕　8月20日晚，纪念邓小平同志诞辰100周年大型文艺晚会《小平你好》在人民大会堂隆重举行。党和国家领导人胡锦涛、江泽民、吴邦国、温家宝、贾庆林、曾庆红、黄菊、吴官正、李长春、罗干及6000余名首都各界人士一起观看了演出。东城区少年宫舞蹈班接到任务后，选出学员40余人，在辅导教师郑丹的带领下挥汗如雨刻苦练习，修改10余次精益求精，终于完成了晚会演出，也为孩子们上了一堂生动的爱国主义教育课。（赵晶晶）

〔**与胡锦涛爷爷相会在游园会上**〕　10月1日上午，胡锦涛总书记在北京市和东城区领导的陪同下来到中山公园参加游园活动。10点30分左右，总书记来到五色土西侧的“少儿才艺天地活动区”东城区少年宫书法班的展示台前，饶有兴趣地端详着12岁女孩王静雯现场书写“翰墨情深”几个大字，叮嘱道：“你要好好努力！”总书记看到9岁的李培鑫写的“祖国万岁”时说：“今天是祖国的55周岁生日，你写‘祖国万岁’，表达了你对祖国的热爱。”在高中学生赵思洋的6尺草书“中华腾飞”作品面前，总书记又一次停下了脚步，对他说：“你写的是中华腾飞，写得非常好，今后我们祖国腾飞的担子就落到你们的肩上了，让我们共同祝愿伟大的祖国腾飞富强！”赵思洋激动地回答：“谢谢爷爷！”就在胡总书记要离开展台的时候，8岁的李安頔同学说：“胡爷爷，今天我和祖国妈妈一起过生日！”胡爷爷停下了脚步，亲切地对她说：“让我们既祝贺我们祖国的生日，也祝贺你的生日，好不好？”“好！”胡爷爷祥和的面容和亲切的鼓励，让孩子们终身难忘。 （张　玫）

场所建设及管理

〔**全国青少年集邮活动示范基地命名北京地区授牌仪式**〕　继2003年底命名首批全国青少年集邮活动示范基地，并在广州举行授牌仪式以后，4月2日，中华全国集邮联合会组织部、北京市集邮协会又在北京市第二十九中学举行了北京地区授牌仪式。东城区少年宫建立的东城区青少年集邮俱乐部是北京市4个获得光荣称号单位之一。 （赵晶晶　马　莹）

〔**东城区青少年科技馆科普教育基地挂牌仪式**〕　2004年7月16日，在柳荫公园举行了“东城区青少年科技馆科普活动基地挂牌暨北京城区野生动物研究项目开题仪式”。东城区教委、中国科学院、北京市科协、东城区园林局、区教委以及科技馆领导、师生近百人参加了仪式。 （张俊菊）

〔**东城区青少年科技馆机器人工作室改建并投入使用**〕　机器人工作室于2004年10月改建，对于设备及环境进行了更新，配置了多媒体讲台、实物投影、中央电控等一系列辅助教学设备。工作室还节约空间，将机器人比赛的场地嵌入教室地下，当需要的时候可以自由活动拉开使用，不需要时又可恢复成普通地面。 （刘　睿）

〔**依法进行建筑物改造**〕　东城区少年宫非常重视无障碍环境建设。为保证残疾青少年能够“平等”、“参与”、“共享”，2004年8月和10月，在区教委的支持下，少年宫修建了方便乘轮椅残疾人和老年人从室外进入室内的坡道和洗手间。 （张　恒　赵晶晶）

〔**东城区中小学影视培训中心**〕　北京市教委批准并拨60万专项经费，东城区少年宫在9月份全面启动又一创新项目——东城区中小学影视培训中心。在这个实践基地中，学校广播站、电视台的骨干学生可以一比高低展示才华，可以通过培训提高专业水平，更可以亲自动手参与采、编、播、制作等实践活动。学校的辅导教师也可以在这里提高他们的指导能力。

区教委对此项目非常重视，补充25万元经费新建了少年宫网络系统；同时少年宫自筹30万元的经费对原来的录音录像室及MIDI机房进行改造。 （韩久葆）

青少年教育网络的建设与发展

〔**东城区少年宫信息技术设备在活动中的应用**〕　校园网开通后，凡由东城区少年宫承办的市区级各类大型比赛，都已实现网上报名、分场、打分、汇总、成绩公示、反馈等管理与统计。美术教学已普遍应用计算机网络，增强了学生学习的直观性、实践性、互动性、展示性和教师教学的开放性和研究性。（赵晶晶）

〔**东城区少年宫校园网建设**〕 2004年，东城区少年宫投入23.8万元全面启动校园网络建设，实现信息资源的共享，实现网上办公自动化，建立电子邮件服务器，建立计算机辅助教学系统，实现了各种基于网络的电子教学和教学视频的实效采集与播放，使师生发布个人主页、进行个人论坛成为现实。

〔**东城区少年宫设备投入与更新**〕 东城区少年宫年内投入48.4万元用于影视培训中心设备建设、美术教室增添多媒体设备及音乐创作用计算机、购置各型号教师教学用计算机。投入22.4万元用于建设多媒体教室。 （韩久葆）

〔**东城区青少年科技馆网站正式运行**〕 东城区青少年科技馆网站继2003年建成以后，经过半年多的试运行，于2004年3月正式运行，使全部比赛从组织管理到内容评比都可在网上进行，保证做到公开、公正，成为全天候的科技馆。 （李学军）

群众文化活动

〔**东城区中小学生美术、书法比赛**〕 4月5日，“2004年东城区中小学生美术、书法比赛”在东城区少年美术馆进行。这项隔年一届的赛事是针对东城区各中小学生举办的一项大型比赛活动。比赛从2月中旬到5月初历时3个月，全区100%的小学和83%的中学参加了活动，报名及参加现场比赛的学生为3300人。 （曹瑞兰）

〔**北京市“正气杯”少儿书法表演大赛**〕 为在少年儿童中宏扬民族精神和中华传统文化，培养爱国主义情感，5月29日，由北京市书法家协会北京市文天祥祠文物保管所主办，东城区少年宫承办了北京市“正气杯”少儿书法表演大赛。在少年宫广场上，来自全市的120名中小学生进行了现场比赛，评选出一等奖10幅，二等奖20幅，三等奖30幅。大赛组委会向获奖选手颁发了“正气杯”。

〔**东城区第一届校外艺术展演**〕 7月17日～8月16日，由东城区教育委员会主办、东城区少年宫承办的“第一届东城区校外教育艺术展演”全面展开，东城区各校外教育机构认真组织组员参加。活动受到广泛关注。 （赵晶晶）

〔**“东城 我为你骄傲！”系列活动之二**〕 围绕“新北京、新奥运”的战略构想和率先基本实现现代化的战略目标，东城区教育团工委、少工委，东城区少年宫2004年继续组织开展“东城我为你骄傲！”系列活动之二——“掀开历史画卷，激荡爱国情怀”东城区青少年2004年暑期“走进爱国主义教育基地”主题参观寻访活动。

活动以全区爱国主义教育基地为主要依托，组织和引导共青团员、少先队员走进社会、走进爱国主义教育基地，当一名小讲解员、小保洁员、小保安员、小记者、小宣传员，用熟悉的语言和喜闻乐见的方式开展教育活动，以情动人、以事感人、以理服人。9月，在“中小学弘扬和培育民族精神月”之际把活动采访和收集的资料汇集成册，为东城区中小学生进行爱国主义教育活动提供生动的“本土教材”。（潘 涤）

〔**“我们共同成长”未成年人思想道德建设主题游园会**〕 2004年9月18日，由首都精神文明办、东城区委、区政府主办的“我们共同成长”未成年人思想道德建设主题游园会在地坛公园举行。团中央、中央文明办、北京市委常委、市人大、东城区委等有关领导参加了活动。

游园会以未成年人为主体，将展示、互动、交流融为一体，充分展示了东城区青少年自我组织、自我教育、自我服务、自我表现的能力。游园会设立了12个区域，吸引了3万多名少年儿童、家长及游客前来参加。全区所有的中小学校、校外单位和部分幼儿园参加了活动。 （张庆东）

〔**“十一”美术、书法作品展**〕 9月22日～10月中旬，东城区少年美术馆主办了“十一”美术书法作品展。这是东城区少年美术馆一项传统活动。2004年活动主题是“歌功祖国的美好与人民生活的安定、和谐”。这次活动参加学校共26所，参赛作品共860余件，是历年最多的一次。 （曹瑞兰）

〔**东城区第二十二届学生科技节**〕 11月4日，东城区第二十二届学生科技节开幕，全区推出“科技中国55个新第一”主题系列活动。活动发动各校利用参观、访问、与科学家见面、网上查询资料等多种形式对新中国成立以来55个获得第一的科技成果进行考察；举办有关的征文比赛、知识竞赛、讲故事比赛等；并组织“沿着科学家的足迹”主题夏令营活动。科技节体现出“科技活动育人为本，创新意识从小培养”的理念。在12月29日举行的闭幕式上，来自工美附中、五十五中、一二五中、回民小学、东四九条小学的同学通过小品、话剧、多媒体演示等形式展示了他们开展“科技中国55个新第一”活动的阶段性考察成果。（张庆东 赵晶晶）

〔东城区第八届中小学生艺术节美术类比赛〕12月6日，由东城区教委主办，东城区少年美术馆承办了“东城区第八届中小学生艺术节美术类比赛”。这个比赛是将2005年第二学期的比赛计划提前到2004年第一学期进行。

比赛在2004年10月底开始起动，至2005年1月中上旬总结，历时3个月。比赛设置9个项目，包括了中小学美术、书法类学科的所有类别。中小学分6个组，另设特殊教育组。全区100%的中小学参加了这个活动。参加现场比赛的学生为3400人。东城区少年美术馆进行了周全的组织工作。（曹瑞兰）

社区及少先队活动

〔东城少儿茶艺阳光课堂成立〕 4月17日下午，来自东城区少年宫小茶人俱乐部少儿茶艺阳光课堂的“茶艺小讲师”在北新桥九道湾社区为青少年演示冲泡绿茶，这是东城“阳光·成长——享受阳光”行动后，该俱乐部对社区贫困青少年实施精神关爱的又一主题活动。在东城区团委、东城区少年宫小茶人俱乐部、北京吴裕泰茶叶公司共同努力下，东城区少儿茶艺阳光课堂先后走进10个社区，活动通过同龄孩子之间的交流与沟通，积极引导健康向上的生活方式，将“小茶人”与社区贫困青少年形成一助一对子，促进伙伴间在学习、生活等方面共同进步。

〔“吴裕泰杯”茶与环保科技创新DIY大赛〕2004年，东城区团委、东城区科协、东城区少年宫联合举办了“吴裕泰杯”茶与环保科技创新DIY大赛，通过团员青少年以茶叶泡饮后的叶底或一次性纸杯、茶叶筒等与茶相关的废弃物为主要原料，进行设计制作，突出环保意识。东城区卫生系统和学校共20家单位284人参赛，共收到作品122件，每一件作品都凝聚了参赛作者和辅导老师的心血。（霍艳平）

〔东城区红领巾快乐游戏节活动〕 为引导全区共青团员、少先队员树立“会学、会玩”、“健康安全地玩”和“高兴地学、尽情地玩”的生活理念，培养美好的情操，东城区教育团工委、东城区少工委、东城区少年宫于1～6月联合举办东城区红领巾快乐游戏节活动。活动得到全区中小学校的响应，48所小学、8所中学4万多名共青团员、少先队员积极参加征集活动。经校内初评筛选，各校共推荐了3987项创编游戏设计、2653件活动徽标设计、5782条游戏口号参加全区评选。其中185名队员被评为设计游戏“小小设计师”，十佳创编游戏设计、十佳活动徽标设计、十佳游戏口号也同时产生。

〔东城区中小学团队主题教育活动〕 3月23日，东城团区委、区教育团工委联合举办，东城区少年宫少先队工作部参与组织策划了“弘扬民族精神传承历史文脉”——东城区中小学“走进文天祥祠”主题团队日活动。同时，东城区12个爱国主义教育基地的青少年思想教育系列团队日活动正式启动。今后，每个爱国主义教育基地周边的10余所中小学的学生们将定期、分批到基地开展主题团队日活动，进行志愿服务，并在社区开展爱国主义宣讲。（潘 涤）

交流与合作

〔东城区青少年科技馆交流活动〕 5月，科技馆教师2人出访澳大利亚，与澳大利亚天文台进行“天文观测”方面的研究；科技馆师生4人前往澳门参加PACAP比赛，与澳门中学生进行交流。8月，科技馆教师1人前往新西兰皇家学会参加科技工作者培训。10月，接待马来西亚天文学会来访，与本馆进行“天文研讨会”。（李学军）

教育科研活动

〔东城区舞蹈、器乐、声乐、美术教学研讨会〕东城区教委校外教育科举办了为期4天的舞蹈、器乐、声乐、美术教学研讨会，全区中小学、校外单位130余名教师参加了研讨。（张庆东）

〔东城区青少年科技馆召开第二届教育理论研讨会〕 3月29日，在九华山庄度假村召开了东城区青少年科技馆第二届教育理论研讨会。教师认真总结近两年的教育教学经验及研究成果，进行了多媒体展示。会后该馆教研组将活动录像刻录成光盘并分发给有关领导供参考。（李学军）

〔“创新杯”东城区校外教育系统教育教学活动观摩评比总结大会〕　2004年3月31日上午在东城区少年宫9层多功能厅召开了“创新杯”东城区校外教育系统教育教学活动观摩评比总结大会。在北京市“创新杯”教育教学活动中，全区获市级小组活动创新方案一等奖一项，三等奖两项，优秀奖1项。小组活动实录二等奖1项，三等奖2项。市级群众活动创新方案一等奖1项，二等奖1项。群众活动实录一等奖1项，二等奖1项。东城区获得优秀组织奖。在区级评选的64个方案中，评出一等奖10项，二等奖14项，三等奖21项。大会特邀5位在市区获奖的小组活动教师汇报并展示他们的成果。　(张庆东)

〔全国活动案例征集活动获奖〕　8月，在“全国校外课外优秀论文活动案例征集活动”中，东城区青少年科技馆李学军老师撰写的活动案例《信息的收集与应用设计活动方案网站DIY》获一等奖。(李学军)

〔工作室式活动模式〕　东城区少年宫美术高级教师许巍巍从1998年开始进行的“工作室”式活动模式的研究试验，把环境看作是产生兴趣的重要条件和因素，看重学生对活动内容的个体需求，把学生对活动内容的需求与教师的教学计划统一起来，强调个别指导，重视师生交流。2004年9月，这项研究成果获得北京市政府颁发的“北京市第二届基础教育教学成果二等奖”。

〔东城区少年宫青少年社团建设的实践与探索〕　东城区少年宫拥有不同类型的学生社团17个。单项艺术类的有：管弦乐团、室内乐团、手风琴乐团、芽芽古筝艺术团、合唱团、舞蹈团、京昆艺术团等。爱好者协会、俱乐部类的有：卡通俱乐部、集邮俱乐部、美术之星俱乐部、小茶人俱乐部、雏鹰队干部俱乐部；中学生的有小影迷俱乐部、英语俱乐部、闪光摄影协会（俱乐部形式）、少儿书法协会（俱乐部形式）等。近10年来社团建设一直处于不断发展的趋势。10月份，东城区少年宫在西安召开的全国城区少年宫工作会议上总结了“青少年社团建设的实践与探索”经验，向人们展示了社团的组织结构、运作机制和发展目标，社团管理的特点和特色。　(赵晶晶)

〔东城区青少年科技馆评优课及课件评比活动〕　12月，东城区青少年科技馆组织进行了“首届评优课及课件评比活动”。一线教师中有8人展示了自己在活动辅导方案编写、制作多媒体课件的技巧以及组织教育教学活动的能力。其中3人获评优课一等奖；4人制作的课件获优秀奖。这次活动对提高一线教师教育教学能力和现代化教学手段的运用能力，起了非常大的推动作用。　(李学军)

〔科研成果统计〕　2004年，东城区校外教育教师论文获全国一等奖2名，二等奖3名，三等奖2名；获北京市一等奖2名，二等奖6名，三等奖7名；获东城区一等奖9名，二等奖15名，三等奖27名。

2004年，东城区少年宫获“北京市中小学校德育先进工作集体”称号，并被区教育科学研究所、区教育协会评为2002～2004年度东城区教育科学研究先进单位，区少年宫副主任石宝泉获“北京市优秀教师”称号；区少年宫顾虹获中国音乐家协会二胡学会、北京学生活动管理中心和北京市少年宫授予的“园丁奖”；景玉萍、侯玉茂获《全国少年儿童美术书法大赛》《曙光杯》《绿星杯》优秀辅导奖、辅导一等奖；

北新桥少年之家杜亚川获东城区精神文明奖；区少年宫霍艳平获区教育新秀称号；张玫获区人民教师称号，区青少年科技馆李学军被区人大批准为东城区法院人民陪审员、政府行政执法特邀监督员。(徐　玮)

教育活动成果

〔获奖情况〕　2004年5月28日～2004年6月2日，东城区青少年科技馆3名科技馆学员参加澳门ROBOCUP亚太地区选拔赛，取得了3个二等奖，1个三等奖的成绩。

在第三届亚太经合组织青年科学节中，全区8名同学获论文一等奖。9名同学获论文二等奖，15名同学获动手实践一等奖，14名同学获动手实践二等奖。在科普展览会中，全区7个项目全部获奖。五中张毅、李德强老师的《科技教育与人格培养的融合一个生动的案例》获教师论坛二等奖。

在“第七届中国长春国际雕塑作品邀请展——全国青少年环保雕塑大赛”中，东城区少年美术馆获1个二等奖，13件作品均获得了优秀奖、最佳创意奖等奖项。　(曹瑞兰　崔云鹤　刘　睿)

〔兴趣小组培训活动〕　2004年，东城区少年宫共开设电子琴、钢琴、小提琴、书法、国画、绘画、幼儿园艺术、象棋、车模等专业41个，兴趣小组488个，学员总数6505人。

2004年东城区参加、承办各类教育活动、竞赛活动统计

项目	活动名称	活动时间	区级赛人数	市级赛人数	全国赛人数	获奖人数
学科类竞赛活动	东城区中小学生美术、书法类比赛	4月5～16日（除双休日）	3313	2	20	1176
	第一届东城区校外艺术节	7月17日～8月16日	59	15		36
	第一届北京市校外艺术节	8月14～16日		14		13
	第七届中国长春国际雕塑作品邀请赛	8月15～25日			14	14
	“十一”美术、书法作品展	9月22日～10月中旬	860			482
	第六届绿星国际少年儿童美术、书法、摄影大赛	4月～10月			13	11
	北京市中小学生剪纸艺术展演	10月12日		7		
	东城区第八届中小学生艺术节美术类比赛	12月6～17日（除双休日）	3400			1070
科普活动	船模		60	20	6	56
	航模		24	45	6	30
其他活动	我在中国美术馆画画儿	8月20日	50			6
	“我们共同成长”主题游园会	9月18日	3000			
	建筑模型		6		7	13
合计			10654	21	27	2770

东城区青少年科技馆2004年工作成果

继2003年东城区青少年科技馆的“天文活动室”、“机器人操作室”，东城区少年宫的“美术综合活动室”建成投入使用后，东城区青少年科技馆抓紧落实校外创新项目开发后的工作实效。其主要活动有：

1.2004年6月8日，东城区青少年科技馆天文组与北京市天文馆联合，在天文馆天象厅共同组织学生天文爱好者对“金星凌日”这一罕见天象进行观测。全市共有7个区县近150名学生参加了此次活动。中央电视台进行了同步直播。

2.2004年8月2日，东城区青少年科技馆机器人操作室代表北京市参加全国首届“未来工程师”设计与技能总决赛。来自北京、山东、江苏等省、市的近百名中小学生组成8支参赛队，首先进行了集体项目即会徽设计、投石器设计、仿真向日葵设计和自制乐器展示比赛，北京代表队取得全国一等奖2个，二等奖3个，三等奖5个，优秀奖3个，北京晚报、北京法制晚报、首都科技网、新浪网、千龙网等相关媒体都对本次活动做了报道。（王　萌　李学军）

东城区少年宫金帆音乐厅

〔**基本情况**〕　东城区少年宫金帆音乐厅的前身是东城区少年宫少年厅，举办过数百场与名人的见面会。20世纪90年代以前，东城区中小学生每年的“红五月”歌咏比赛及文艺汇演都在这里进行。

1997年“六一”节前夕，一座漂亮、典雅的音乐厅在东城区少年宫少年厅原址落成。东城区少年宫少年厅被改造成一个适合室内乐演出的教育音乐厅。原北京市人大常委会副主任陶西平同志以中学生的最高荣誉“金帆”为之命名，李德伦先生亲自题写了“金帆音乐厅”5个大字。从此金帆音乐厅作为北京市文化局认定的营业性演出场所正式向社会开放，担负起教育音乐厅和繁荣首都文化市场的双重责任。

金帆音乐厅接待过中国交响乐团、北京交响乐团、中央民族乐团等团体举办的室内乐音乐会和众多外国室内乐团访华演出。北京国际音乐节、中国国际合唱节、“相约北京”联欢活动多次在此举办过活动。承办了北京市教委主办的“扬帆新世纪”北京学生百场音乐会。两年间，利用双休日举办了100余场音乐会。

几年来，金帆音乐厅陆续推出了“金帆音乐厅学生艺术欣赏课系列音乐会”、“桃李芬芳”青少年民乐观摩系列音乐会、“小演奏家”假日系列音乐会等艺术教育活动。现在金帆音乐厅已成为北京市文化局认定的重要演出场所，同时也成为首都青少年心目中理想的音乐殿堂。

〔**金帆星期合唱音乐会**〕　2月15日～4月25日，中国合唱协会与金帆音乐厅又一次联合推出了第二期合唱艺术讲座（10场）及星期金帆合唱音乐会（10场），为众多的业余合唱团体、音乐爱好者提供一个展示、观摩、交流的舞台。

〔**“桃李芬芳”全国青少年民乐观摩音乐会**〕　“桃李芬芳”青少年民乐观摩音乐会是中国民族管弦

乐学会与东城区少年宫金帆音乐厅共同策划推出的，以展示考级活动中涌现出成绩优秀的、有发展前途的青少年的出众才艺，为他们提供一个互相交流、学习、提高的舞台；也为广大的学习、爱好民乐的少年儿童们提供一个学习和交流机会。

〔**首次接待话剧演出——《油漆未干》**〕　2004年5月，北京人民艺术剧院在金帆音乐厅举办纪念著名戏剧家欧阳予倩先生诞辰115周年活动，演出法国经典名剧《油漆未干》。5月8日晚在该厅进行该剧首场演出，至5月20日持续演出12场。

这是该厅首次接待话剧演出。金帆音乐厅在没有吊杆、没有专业的舞台灯光的条件下，圆满完成了演出任务。对此，北京人艺的领导、剧组演职人员对音乐厅的工作给予了高度评价并一再表示感谢。（刘景新）

西城区校外教育

群众文化活动

〔**举办第二十一届西城区中小学生“四赛”**〕　2～3月份，由北京市校外办主办、区少年宫承办了第二十一届西城区中小学生书法、绘画、摄影、工艺美术比赛，全区有97所中小学4000余人参加了比赛。经评比，有2344名学生获奖，其中一等奖364名、二等奖660名、三等奖737名、优秀奖583名。（郎　凯）

〔**德外地区少儿“风采杯”文艺汇演**〕　6月19日上午，德外地区少儿“风采杯”文艺汇演在北京师大二附中礼堂隆重举行，地区内的12所中小学、幼儿园的同学和小朋友们演出了大合唱、舞蹈和杂技等文艺节目，展示了少年儿童“快乐、健康、文明、向上”的风采。北京市校外研究室、区政府领导、地区学校校长和幼儿园园长等观看了汇报演出。（吴爱群）

〔**举办第九届西城区社区青少年学生暑期北海萌芽杯“书法、绘画、摄影、工艺”比赛**〕　7月30日，西城区教委社区和校外教育办公室、北京市园林管理局北海公园在北海公园植物园内联合为社区青少年学生举办了第九届暑期北海萌芽杯“书法、绘画、摄影、工艺”4项比赛。此次比赛的学生来自于10个街道。参加决赛的200余名同学是在10个街道进行初赛的基础上分别选拔出来的。（白锦华）

〔**开设“老年艺术课堂”**〕　西长安街少年之家与长寿俱乐部合作，共同开办老年艺术课堂，开设项目有声乐、健身舞、电子琴、绘画、电脑、工艺制作、编织等，学员人数达600人。（刘怡宁）

〔**举办第二届“向阳花”少儿民族舞蹈展演**〕　西城区少年宫于8月1日～3日，在北京中直礼堂举行了第二届“向阳花”少儿民族舞蹈专场演出，来自重庆、天津、内蒙古、长春等地和北京市的26家校内外单位的近千名师生参加，以民族舞、古典舞、现代舞及儿童都市舞蹈为多种表演风格，以独舞、集体舞、歌伴舞多种形式充分展示了各民族少年儿童的幸福生活和对未来美好的憧憬。所有舞蹈节目由音像公司制作成光盘并在全国发行。（朱宗英）

〔**西城区青少年集邮俱乐部成立**〕　11月6日，西城区青少年集邮俱乐部成立大会在西城区少年宫召开，全国邮联、北京市集邮协会、区教委、区少年宫的领导以及来自9所学校的百余名师生参加。大会上宣读了俱乐部组织机构名单及俱乐部章程。西城区青少年俱乐部隶属于北京市集邮协会。（张　谦）

社区活动

〔**举办德胜地区第四届少年儿童体育节**〕　3月，德外街道办事处和德外少年之家联合举办了第四届德外地区少年儿童体育节。地区12所小学、3所幼儿园的少年儿童参加了别具特色的体育节活动。各学校为体育节编排了团体操、少儿健美操、篮球操、幼儿操、啦啦舞等大型集体表演项目和别具特色的专项活动，如狩猎、赶羊跑、夹包等民族体育项目，受到了学生们的欢迎。（黄首善）

〔**举办社区家教咨询会及社区教育成果展**〕　4月～6月，新街口街道举办了3次社区家教咨询会及社区教育成果展，共有22家单位参加，到会学生及家长

800多人次。杨义春副区长参加了活动，并对活动的形式和内容给予了很高的评价。（朱　骅）

〔**成立汽南社区知心家园**〕　5 月份，月坛街道成立了汽南社区知心家园。邀请联合大学学生与家长进行英语教学；邀请国家信息中心教授向家长做“知识社会信息时代的家长须知”讲座；学校主动到社区对孩子、家长进行思想道德规范的教育。半年来，共有 1300 名青少年参加了“知心家园”组织的活动。得到了西城区委宣传部、西城区文明办、西城区妇女儿童工作委员会等部门的肯定。（周桂荣）

〔**举办“我幸福、我快乐、我真棒”为主题的阳光宝贝才艺展**〕　5 月 31 日，丰盛街道组织社区流动人口和特困独生子女家庭、无法接受幼儿园教育的孩子们举办“我幸福、我快乐、我真棒”为主题的阳光宝贝才艺展，让每个生活在丰盛地区的孩子和家长都能感受到亲人般的关爱和朋友般的帮助。活动中家长和孩子参加了唱歌、舞蹈、绘画、朗诵、游戏等多方面的才艺展示。11 个社区 40 余名外来人口的孩子及其家长参加了此次活动。（李秋珍）

〔**举办“欢乐童年游园会”**〕　6 月 1 日，二龙路少年之家举办“欢乐童年游园会”，共设 14 个游艺项目，400 多名少年儿童参加了游园活动，此项活动被纳入二龙路少年之家群众活动传统项目。（李新德）

〔**“六一”期间组织以环保为主题的文艺演出**〕5月27日，为庆祝“六一”儿童节，西长安街街道与西单商场联合举行“文明从我做起，环保依靠大家”文艺汇演，地区中小学校及社区工作站为社区居民演出了以“文明、环保”为主题的文艺节目。（王京起）

〔**参加“西城文化广场开幕式”活动**〕　6 月份，丰盛少年之家舞蹈小组的学员们参加了由丰盛社区主办的“西城文化广场开幕式”活动。（边红业）

〔**举办“科普、环保、健康、安全知识进社区”家庭知识竞赛**〕　7 月份，厂桥街道在地区开展了“科普、环保、健康、安全知识进社区”家庭知识竞赛系列活动，该竞赛历时两个月，共有近 560 户家庭、1500 余名社区居民参加了比赛，观众达到 5000 余人。北京电视台、西城报等媒体做了报道，此次活动进一步推动了厂桥地区科技教育的开展。（郝　杰）

〔**组织暑假学生“科普一日”活动**〕　7 月 20 日，丰盛街道校外工作委员会组织了暑假学生“科普一日”活动。在丰汇园科普教室，观看了节水科教片《节水忧思》和生物科教片《迁徙的鸟》，到中国地质博物馆参观了地质科普知识展览。有 46 名学生参加了活动。（李秋珍）

〔**举办科技小制作成果巡回展**〕　12月，西长安街街道举行“西长安街地区青少年科技小制作、小发明、科普征文成果巡展”。本次活动历时近3个月，共征集小制作40件，科普征文近百篇。参赛选手还发表了今后社区开展科普宣传工作的建议。进一步加大了西长安街地区青少年科普活动力度，提高了青少年的科学素养。（王京起）

〔**兴趣小组培训活动**〕　2004 年，德外少年之家共开设电子琴、钢琴、幼儿艺术、绘画、围棋等专业 9 个，兴趣小组 29 个，学员总数 454 人。

西长安街少年之家共开设电子琴、舞蹈、绘画、中国象棋、计算机等专业 10 个，兴趣小组 24 个，学员总数 329 人。

丰盛少年之家共开设电子琴、手风琴、舞蹈、声乐、绘画、计算机等专业 15 个，兴趣小组 105 个，学员总数 1252 人。

教育活动成果

〔**获奖成果**〕　在第四届中国青少年电脑机器人竞赛中，西城区 5 所学校 20 名学生参加竞赛，5 名学生获全国等第奖。

在北京市第 24 届青少年科技创新大赛中，西城区获一等奖总数第一，北京八中郭睿同学获得第二届北京市“市长奖”。

在美国波特兰举行的第 55 届英特尔国际科学与工程学大奖赛上，西城区 2 名学生获本届大赛三等奖。

在“我爱祖国海疆航海模型比赛”中，丰盛少年之家科技小组的 2 名学生分获二等奖和三等奖。

西城区中小学生“四赛”中，福绥境少年之家学生获一等奖 4 人、二等奖 6 人、三等奖 11 人。

在第四届“明天小小科学家”评选活动中，西城区 1 名同学获一等奖并获奖学金；6 名同学获提名奖。

在 2004 年世界工程师大会上，西城区“即时战略游戏引擎的研究”、“汽车紧急制动误踩油门机械智能补救系统”、“象棋机器人” 获二等奖。

在第十九届全国青少年科技创新大赛中，北京西城区 3 名同学分别获大赛一等奖；3 名同学获大赛二等奖；4 名同学获大赛三等奖。在北京选手获 22 项单项奖中，西城占 10 项。在优秀实践活动展示中，三十五中获得全国十佳优秀活动奖的第一名。在青少年科学幻想画比赛中，西城区 2 名同学获奖。

在大赛期间举办的科技教师论坛中，北京西城青少年科技馆高级教师周又红获"十佳优秀科技教师奖"之外，还荣获大赛惟一的"英特尔杰出教师奖"。

在北京市第 18 届中小学生金、银帆奖评选中，西城区 7 名学生获银帆奖称号。

在北京市第九届学生合唱节比赛中，西城区 2 所学校获校级合唱队一等奖、3 所学校获二等奖、4 所学校获三等奖。

（汪东红　边红业　张薇华　郎　凯　傅晓月）

交流活动

〔**美国奥本大学教育专家来少年宫参观访问**〕 5 月 28 日，美国奥本大学教育专家一行 6 人到少年宫参观访问，朱宗英主任全面介绍了少年宫的办学特色、校外教育的特点和专业培训、社团活动、实践考察等西城少年宫的办学模式。美国奥本大学教育专家邀请少年宫师生届时到奥本大学作客，同时对少年宫别具特色的四合院建筑赞不绝口。（王燕红）

教育科研成果

〔**参加北京市校外教育系统艺术教育教学创新系列展示活动**〕 2 月份，西城区在北京市校外教育系统教育教学创新系列展示活动中成绩突出，共有 5 个单位 6 名教师分别获奖。西城区校外教育系统的肖毅、徐彬彬、马志坚、李玉萍、李志红、黄首善、马德启的论文及活动辅导方案分别获奖。（傅晓月）

〔**在北京市校外系统艺术节比赛中取得优异成绩**〕 8 月中旬，在北京市校外系统艺术节比赛中，西城区共有 15 个节目参赛，其中丰盛少年之家赵兴老师创编的舞蹈《海之骄子》取得了全市舞蹈专场一等奖第一名的好成绩；西城区少年宫徐彬彬老师创编的舞蹈，王香玉、马新媛老师辅导的小合唱，福绥境少年之家汪东红老师辅导的电子琴合奏获二等奖；另有 11 个节目获三等奖。在书画等比赛中西城区获一等奖 7 个，二等奖 12 个，三等奖 33 个。（郎　凯）

〔**2004 年西城区青少年科技创新大赛总结表彰会**〕 在西城区青少年科技馆召开的青少年科技创新大赛总结表彰会上，授予 39 名教师，57 人次为"西城区优秀科技辅导员"称号，并对长安小学、中古小学、西城区青少年科技馆等 16 个单位主管领导予以表彰奖励。（张薇华）

〔**西城区校外教育单位艺术教学汇报演出**〕 7 月底～8 月初，在西城区校外教育单位艺术教学汇报中，西城区少年宫和 6 个少年之家近 70 名艺术专兼职教师、1200 多名学生参加了声乐、器乐、舞蹈、书画等 15 个项目的展示，共评出一等奖 73 名、二等奖 100 名、三等奖 137 名。（郎　凯）

〔**李雪玲等教师在全国音乐、美术教师教学评比活动中取得优异成绩**〕 12 月份，在昆明、西安分别举行的全国第四届中小学音乐、美术教学评比竞赛活动中，西城区三十五中李雪玲老师的音乐课《雪域高原》和八中张文琦老师的美术课《大家动手做条龙》双双获得一等奖。西城分院教研员梁洪来、刘黛琳和三十五中音乐教师郭志平获指导教师奖。（刘黛琳）

〔**论文获奖成果**〕 2004 年，西长安街少年之家开发研究了《活动辅导纲目，教材及教案的编写方法》课题，有 9 名教师参加了研究。教师王奎江论文（案例）分别获市二等奖，马志坚、严静、杨艳娟、王奎江论文（案例）分别获区一等奖。

丰盛少年之家开发研究的课题有：《校外手风琴活动纲要、教案及评价的研究》、《以美术教学为载体培养学生环境保护意识的研究》、《艺术学前教育纲要、教材、教法的研究》。李燕生老师出版了《巴扬演奏基础教程》，由北京市青少年音像出版社出版。

中国地质博物馆

〔**基本情况**〕 中国地质博物馆始建于 1916 年，是中国人自己创办最早的公立自然科学博物馆。博物馆先后被命名为"北京市优秀爱国主义教育基地"、"北京市科普教育基地"、"全国科普教育基地"和"全国青少年科技教育基地"。

〔**展览项目**〕 博物馆馆藏标本 20 万件，涵盖了地球科学的各个领域，不乏"水晶王"、"辰砂王"、山顶洞人骨针骨饰、元谋人牙齿化石等国宝级的珍品，设置了地球厅、矿物岩石厅、宝石厅、史前生物厅和国土资源厅等基本陈列展厅和特色专题展览，大量采用声光电、多媒体、仿生、虚拟现实等高科技手段，使陈列展览更加引人入胜。

〔**《关怀与鼓舞——馆藏文物珍品展》**〕 首次集中展出新中国成立以来党和国家领导人赠送的标本和亲笔题词等文物，以实物为核心，与相关事件串接成主线，共同讲述珍品文物背后的故事，反映了党中央、国务院对国土资源工作的高度重视和亲切关怀。

〔**《印度洋地震海啸展》**〕 追踪社会重大事件，对2003年12月26日发生的印度洋地震海啸灾情进行回顾，重点从科学的角度阐释地震海啸的发生机制及警示，普及地震海啸防范救灾知识。同时，联合北京市红十字会在展览现场开展为灾区奉献爱心募捐活动，所得捐款全部援建灾区。

〔**科普讲座和科普活动**〕 博物馆坚持以科学普及为中心，经常举办各种科普讲座和形式多样的科普活动。展览区内设青少年科普试验活动区，青少年观众可以亲手破开石块获取玛瑙晶洞，模拟发掘恐龙、鸟和鱼等古生物化石，复制你所喜欢的恐龙的模型，还可以通过数字技术与恐龙赛跑、比体重。

〔**全国青少年地学夏令营**〕 中国地质博物馆已连续23年组织全国青少年地学夏令营，参加人数近20万，营员撰写科普小论文147744篇，是同学们在校外的又一个大课堂。在此基础上，博物馆即将开辟青少年野外科学考察基地，让青少年朋友有机会走进山川，亲近自然，在实践中解读地球奥秘，尽享天然神奇。 (富村阳)

崇文区校外教育

〔**发展概况**〕 2004年，崇文区教育委员会坚持实践“三个代表”重要思想，落实“内强素质、外树形象”的要求，发挥校外活动场所的作用，打造活动精品，发展优势特色，改革创新，与时俱进，加强行政管理、开拓创新、注重过程、讲求实效的工作方针，较好地完成了各项工作任务。

2004年，北京市教委创新项目专项拨款160万，崇文区教委配套资金45.45万元，用于改造校外活动场所和项目。

2004年，为了加强校外教育单位的教学工作，组织了校外教育机构宫、家文艺汇演，崇文区校外教育系统论文年会和中青年骨干教师活动观摩展示。

组织崇文区第九届中小学生合唱节，做到了三落实：1.树立服务意识，组织工作落实。2.学校领导重视，广泛参与落实。3.积极克服困难，教育过程落实。

青少年科技馆组织了崇文区中小学生模型、科普英语、机器人、环保科学论坛等11项比赛；科技发明、优秀活动、新崇文形象设计活动、教师科研论文等7项作品征集评选活动。参赛师生8593人次，征集作品1093件，普及总量1.36万人次。组队参加北京市中小学生OM头脑奥林匹克、金鹏科技论坛、机器人、计算机等12项活动。参赛师生722人次，选送作品90件。

科技馆举办崇文区社区家庭“元宵乐”科普灯会活动，受益的中小学生、社区居民达2400人次。举办崇文区中小学生科技教育活动20年成就回顾展，组织科技创新大赛、奥运标志、校园文化、新崇文形象设计、环保科学论坛成果展览。组织暑期“激光光电子和快乐假日科普一日营活动”，受益的中小学生有1000人次。组织5所中学的40名中学生参加了“第三届亚太地区APAIC国际青年科学节”活动。

京城百工坊（百工博物馆）被崇文区教育委员会命名为崇文区青少年校外教育基地。京城百工坊面向学校组织了“做一天大师的弟子”和“自己做一件劳动节礼物”为主题的“百工技艺劳动节”活动，共举办了30场由民间工艺美术大师(剪纸、风筝、篆刻、泥人)主讲的专题讲座。

2004年崇文区青少年科技馆、天坛少年之家、崇文区司法局、体育馆路街道青少年科学工作室被北京市校外教育联席会议办公室、北京市人事局、北京市教委评为北京市校外教育先进集体。 (李宏 仇宏玲)

〔**崇文区调整青少年学生校外教育基地**〕 2004年6月28日，区青少年学生校外教育工作联席会议做出“关于调整崇文区青少年学生校外教育基地的决定”。

崇文区青少年学生校外教育工作联席会议在2002年命名北京体育馆青少年俱乐部、北京自然博物馆等

23 个活动场所为首批崇文区青少年学生校外教育基地。随着崇文区危旧房改造，有些青少年学生校外教育基地已不能发挥应有的作用，为了积极安排好青少年学生校外教育活动，联席会议办公室决定对原有基地进行了调整，调整后崇文区共有青少年校外教育基地 27 个。 （仇宏玲 张 婷）

管理成果

〔**成立崇文区少年宫青年研究会**〕 2004 年 3 月，崇文区少年宫成立了青年研究会。以团支部为骨干，吸收青年教师参加活动。

青年研究会开展青年教师师德教师研讨、青年教师文化水平和工作业务水平提高研讨和创新精神的研讨；组织党课教育、教学专题讲座、少年宫宫史介绍、师德教育漫谈、思想交流、业务参观学习、文体活动等活动，为少年宫培训、教育、使用青年教师，充分发挥青年教师的作用搭建了平台。 （唐汝明 柳小兵）

〔**建立少年宫高级教师资源库**〕 2004 年 11 月 15 日，崇文区少年宫高级教师资源库建成。高级教师资源库共分为校外教育教学活动精品录像，教师自编校外教育教学活动教材、辅导材料集锦，教科研论文选萃，教师工作经验总结和学生活动成果五部分。建立资源库是为了实施人才资源的整合开发，总结骨干教师工作经验，积累校外教育教学活动优秀资料，促进校外教育教学活动质量提高，是少年宫实施“人才资源整合开发、充分利用工程”的主要部分。（唐汝明）

〔**崇文区青少年科技馆举行建馆二十周年庆典**〕 2004年5月26日，崇文区青少年科技馆举行建馆20周年庆典活动。区委、政府等领导参加庆典活动。领导和来宾观看了崇文区中小学生创新教育、科技英语、环保演讲、金鹏论坛、OM头脑奥林匹克精品活动展示，参观了崇文区青少年科技教育和科技馆建馆20周年主要成就展览。 （赵 颖）

活动成果

〔**举办“元宵节”社区家庭科普灯会**〕 由崇文区教委、区科协联合主办，区青少年科技馆承办的社区家庭“元宵乐”科普灯会于 2004 年 2 月 5～8 日在崇文区青少年科技馆举行。来自崇文区 7 个街道、74 个居委会、470 个家庭的 1410 名社区居民和中小学生参加了以科普灯谜、科技表演、激光表演、机器人表演、模型制作、电脑游戏、科学游艺和科普图片、作品展览为主要内容的灯会活动。

〔**崇文区在北京市青少年科技创新大赛获佳绩**〕 3月25～28日，由北京市科协、北京市教委主办的北京市第24届青少年科技创新大赛在中国科技馆举行。崇文区有8名学生获奖。崇文区青少年科技馆的《环境保护科学论坛》、第十一中学分校的《青少年爱水行动》分获优秀科技活动项目奖。许勇进获优秀教师奖。

〔**崇文区第九届中小学生合唱节圆满结束**〕 4 月 7 日，崇文区第九届中小学生合唱节落下帷幕。景泰小学、光明小学、桃杨路小学、板厂小学、文汇中学、广渠门中学等获一等奖，并代表崇文区参加了北京市中小学生合唱节的比赛。汇文中学获北京市中小学生合唱节二等奖。 （仇宏玲 张 婷）

〔**北京希望少儿曲艺团成立 15 周年**〕 2004 年是前门少年之家“北京希望少儿曲艺团”成立 15 周年。5 月 22 日少儿曲艺团的名誉团长、著名相声表演艺术家姜昆参加建团 15 周年庆典，并亲自给小学员辅导相声节目。15 年来，少儿曲艺团经常应邀组织学员到外省市参加大型文艺演出活动，为大学、艺术团体输送了一批曲艺人才。 （邹本洛）

〔**举办京沪穗地区青少年将棋邀请赛**〕 2004 年 8 月 15 日，京沪穗地区青少年日本将棋邀请赛在北京市崇文区少年宫举办。来自北京、上海、广州地区的 100 名青少年日本将棋爱好者参加了比赛。比赛采取地区积分循环制比赛的形式，设个人一、二、三等奖。北京地区获得一等奖。

北京、上海、广州是开展青少年日本将棋最活跃、最广泛的地区，参加比赛的 100 名选手都是各地区选拔赛中的获奖者。 （李民生 唐汝明）

〔**崇文区参加全国青少年科技创新大赛成绩斐然**〕 在第 19 届全国青少年科技创新大赛中，崇文区有 3 名同学和青少年科技馆《崇文区中小学生环境保护科学论坛活动》分别获奖。 （仇宏玲 张 婷）

〔**举办崇文区中小学生科技节**〕 2004 年 10 月 22 日，崇文区中小学生科技节开幕式在教委礼堂举行。开幕式上，崇文区中小学主管科技活动的领导及辅导教师参加了大会。会上为7所获得北京市科技教育示范校称号的学校颁发了标牌。在12月3日闭幕式上表彰了第五届中小学生科技教育示范学校中学7所、小学9所；科技园丁奖16人、少年科学奖12人以及崇文区先进科普工作者16人和优秀科技辅导员79人。（仇宏玲 张婷 赵颖）

〔**举办“崇文环保我先行”科技论坛**〕 2004年崇文区中小学生环境保护论坛演讲比赛于11月14日在崇文区青少年科技馆举行。来自崇文区21所小学、13所中学的45个代表队130名同学，就“崇文环保我先行”主题展开了热烈而富于激情的演讲比赛。竞赛共评出一等奖4项、二等奖18项、三等奖23项。

〔**表彰科协系统“创四优”先进个人**〕 2004年12月20日，崇文区科协召开大会，表彰在2004年度中为崇文区科技发展做出突出贡献的团体和个人。表彰了11名教师为优秀科普工作者；优秀学会管理干部3名；优秀学术工作者1名。崇文区青少年科技教育协会被评为“创四优”先进集体。（赵颖）

〔**兴趣小组培训活动**〕 2004年，少年宫共开设电子琴、钢琴、手风琴、二胡、朗诵、测向、电台英语、围棋、英语、车模等专业64个，兴趣小组355个，学员总数6330人。

交流活动

〔**中美学生书法友好交流活动**〕 2004年8月15日上午，美国加利福尼亚州大学师生一行18人，来到崇文区前门少年之家，与书法组学员们进行学术交流活动。小组员们分组辅导这些来自大洋彼岸的大朋友，中、美学生还不时用英语交流心得体会。大学生们纷纷表示回美国后，一定在校园里办一个展览，大力宣传中国传统的书法艺术。（邹本洛）

〔**交流活动**〕 2004年4月，接待了泰国进德学校的“寻根之旅”访问团；6月，接待了新加坡中学的青年交流活动；7月，接待了中国香港学生夏令营活动；8月，接待了美国加州大学书法交流活动。

教育科研成果

〔**举办崇文区校外教育系统第二届论文年会**〕 2004年10月10～15日，召开崇文区校外教育办公室、崇文区校外教育研究会举办崇文区校外教育系统第二届论文年会。本届年会共收到论文50篇。评选出一等奖16篇、二等奖19篇、三等奖15篇。

本届年会论文涉及书法、硬笔书法，美术、摄影、舞蹈、声乐，器乐、京剧、曲艺、航空模型、科技英语等十几个兴趣小组专业项目和群众活动、科普活动、少先队活动、幼儿教育等各个领域。论文还对教育教学管理、现代教学手段运用、多媒体课件的运用、创造性思维训练、教师教学艺术、教师人格素质修养等方面进行了论证。

年会把16篇一等奖的论文于10月15日向北京市第十届课外校外教育理论研究会论文年会推荐。

〔**举办中青年骨干教师教育教学活动展评活动**〕 2004年11月7～20日，举行了崇文区中青年骨干教师教育教学活动展评会。对宫、馆、家推荐的10名中青年骨干教师的教育教学展示活动进行了认真评议。10名教师共涉及舞蹈、美术、硬笔书法、曲艺、手风琴、声乐、计算机7个专业项目。

本次活动共评出一等奖5名，二等奖4名，三等奖1名。（唐汝明）

〔**教育科研获奖成果**〕 2004年，崇文区少年宫开发研究了《曲艺小组探究式教学策略》课题，获区级三等奖；在第十届北京市课外校外教育理论研讨会论文评选中，获一等奖1名，二等奖2名，三等奖4名，优秀奖4名。

〔**崇文区天坛少年之家获北京市校外教育先进集体**〕 北京市崇文区天坛少年之家是一个具有强烈竞争意识的集体，几年来，共取得区级以上奖项825个，其中国际级奖项157个；国家级奖项258个；市级奖项138个；区级奖项272个。

2004年12月24日，北京市青少年学生校外教育工作联席会议办公室，北京市教育委员会，北京市人事局召开表彰大会。崇文区天坛少年之家获《北京市校外教育先进集体》称号。（王贵勤）

〔**体育馆路街道被评为北京市校外教育先进集体**〕 崇文区体育馆路街道成立了全国首家“社区青少年科学工作室”，为地区中小学生提供了动手实践的场所。“工作室”与辖区学校及社区共同举办了手工课、独生子女专场、单身母亲专场、外来人口专场等各种形式的活动52场，社区1000余名学生及家长参加了活动。街道办事处还组织了“科学畅想”的演讲会、“爱崇文、建崇文”征文摄影比赛、“迎奥运市民学英语活动”、“家庭趣味运会”等活动，受到学校、学生及家长的欢迎。2004年被评为北京市校外教育工作先进集体。

〔**崇文区司法局被评为北京市校外教育先进集体**〕　崇文区司法局积极参与和组织开展各类青少年校外法制教育活动和维权工作。2004年被评为北京市校外教育先进集体。　　　　（仇宏玲　张　婷）

〔**崇文区青少年科技馆被评为北京市校外教育先进单位**〕　崇文区青少年科技馆是一所面向全区中小学生开展课外、校外科技活动的单位，是少年电子技师培训中心、北京市联合国教科文俱乐部协会会员单位、北京市青少年科技教育协会、北京市青少年模型运动俱乐部会员单位；北京市、崇文区科普教育基地。2004年被评为北京市校外教育先进集体。（赵　颖）

〔**少年宫被评为崇文区教育系统群众体育工作先进单位**〕　2004年11月崇文区少年宫被崇文区教育工会评为群众体育工作先进单位。

少年宫坚持群众性体育工作“三保障”：组织保障、时间保障、内容保障，开展广播体操、太极拳、健身操等体育锻炼活动。定期举办教职工趣味运动会，开展跳绳、踢毽、飞标投靶、趣味排球、趣味赛跑等多项比赛活动。　　　　（唐汝明）

2004年参加、承办文体教育、竞赛活动统计

项目	活动名称	活动时间	区级赛人数	市级赛人数	全国赛人数	获奖人数
体育活动	北京市少年儿童棋类比赛	2004.8		15		3
	全国“希望杯”少儿棋赛	2004.8			18	3
文艺活动	第九届全国少儿书画大赛	2004.7			68	44
	北京市首届校外艺术节	2004.8		248		152
	第十届国际手风琴艺术节	2004.5				3
	全国少年儿童故事大王比赛	2004.5			12	5
	北京市第九届中小学生合唱节	2004.4		33		15
	崇文区校外教育系统舞蹈比赛	2004.7	170			170
	崇文区校外教育系统书法比赛	2004.7	100			69
	崇文区校外教育系统工艺美术比赛	2004.7	150			102
	第六届“绿星杯”全国少儿美术比赛	2004.10			40	32

2004年参加、承办科普类教育、竞赛活动统计

活动名称	活动时间	区级赛人数	市级赛人数	获奖人数	活动名称	活动时间	区级赛人数	市级赛人数	获奖人数
北京市创新大赛	2月		40	40	社区科普灯会	2月	1700		
市OM比赛	3月		37	31	航空模型比赛	4月	335		116
市航空模型比赛	7月		15	5	航海模型比赛	4月	267		69
市航海模型比赛	7月		15	7	无线电测向比赛	4月	56		56
市无线电测向比赛	7月		8		车辆模型比赛	10月	576		137
市科技小制作比赛	10月		15	15	奥运形象设计	4月	393		121
市车辆模型比赛	10月		5	2	计算机动化、绘画	5月	100		38
市科普英语创意赛	11月		860	54	英语词汇游戏比赛	5月	2531		480
市金鹏科技论坛	11月		25	25	科普乐园	6月	200		
市奥迪四驱车比赛	12月				科普英语创意比赛	11月	2721		110
市航天知识竞赛	12月		24	24	环境保护科学论坛	11月	96		45
市机器人	12月		4	4	机器人比赛	11月	100		80
全国创新大赛	8月			5	区创新大赛	11月	208		42
市科技小制作	11月		15	15					

宣武区校外教育

〔**发展概况**〕 2004年，宣武区校外教育单位开设艺术类和体育类70个专业，科技类11个专业，培训班次285个，培训学员6700多人，组织10万人次的青少年学生开展群众性活动。为配合学校实施素质教育，承担部分学校近3000名学生活动课的教学任务，开展多种形式活动，加快教育教学改革的步伐，取得丰硕教育成果。

宣武区校外教育以展示、培训、研究“三位一体”的教学模式，树立精品意识，创造自己的品牌，为社会服务，为自身发展助力；建设一批现代化的科技、艺术、文化、体育及综合性青少年学生活动场所，逐步形成布局合理、门类齐全、设施良好、大中小型结合、覆盖全区的活动场所网络，形成规范化、法制化的青少年学生校外教育管理机制。

〔**管理情况**〕 2004年，宣武区召开“希望杯”“秋实杯”评优课活动，论文、课例、案例征集活动，学科带头人和骨干教师展示课活动以及专家讲座，师德建设活动等。以艺术节、合唱节、爱科学月为标志性的群众性活动为学生特长发展创造了条件。近几年培训学员在艺术方面获国际奖100多个、全国奖120多个、北京市奖50多个。科技竞赛获国际奖10多项、全国奖80多项、市级奖300多项；获北京市中小学生最高政府奖金帆奖、银帆奖共16人；获北京市中小学生科技最高政府奖金鹏奖13个。 （何 静）

群众文化活动

〔**“发扬两弹一星精神”系列活动**〕 以中国第一颗原子弹成功爆炸40周年为契机，宣武区广外少年之家聘请第一颗原子弹核心部件的制作者原公浦作报告《弘扬民族精神，报效祖国》，组织观看大型纪录片《东方巨响——中国两弹一星实录》，“太空探密”图片展览，并以“心中有祖国、心中有他人、艰苦奋斗、无私奉献”的两弹一星精神，对学生进行思想道德素质和民族精神教育。 （罗玉秀）

〔**全国青少年科技夏令营**〕 7月～8月，宣武区青少年科技馆参与了北京市科协青少年活动中心举办的全国青少年科技夏令营，宣武区青少年科技馆的“机器人研发活动基地”和“防灾减灾教育教育中心”作为活动的主要内容，接待了全国5省市600余名青少年进行参观、制作活动。 （高瑞丰）

〔**2004 北京国际马拉松有我们参与**〕 10月17日，北京国际马拉松日，宣武少年宫与东城区、西城区、朝阳区、崇文区少年宫参与了“2004全日空北京国际马拉松赛之儿童马拉松比赛”活动。北京5个城区的2008名儿童身着统一运动装，进行了跑向奥运的象征性长跑活动。宣武区部分小学及少年宫培训班学生代表共400人参加了此活动。 （李 静）

〔**宣武区第22届“爱科学月活动”开幕式暨“宣武区首届青少年科技创新大赛”**〕 10月24日上午，宣武区第22届中小学生爱科学月活动开幕式隆重举行。会上表彰了7所荣获北京市科技教育示范学校的单位及获宣武区中小学生6项科技竞赛团体奖项的25个单位。有200多名中小学生带着自己的科技小发明、小论文、科学幻想画作品参加了“宣武区首届青少年科技创新大赛”。 （何 静）

〔**剪纸大赛**〕 11月，宣武区少年美术馆组织宣武区13所中小学学生986人参加了由北京金帆书画院举办的剪纸大赛，125幅作品入围。 （张振芝）

教育教学活动

〔**兴趣小组培训活动**〕 2004年，宣武区少年宫共开设电子琴、钢琴、手风琴、二胡、朗诵、健美操、电子、围棋、英语、幼儿艺术等专业42个，兴趣小组360个，学员总数7981人。

〔**教育培训项目**〕 1.美术、书法活动。宣武少年美术馆采用同科目分组辅导的活动形式，在课堂教学的同时，组织学生外出参观，现场写生指导创作，参加各种比赛等，培养学生的创造性思维。

2.素描教学活动。宣武少年宫利用多媒体开展教学，辅导近百名学生考入美术专业院校。辅导数百名学生荣获国际、国内青少年美术竞赛大奖。

3.棋类教学活动。宣武少年宫棋类小组设有中国象棋、国际象棋和围棋3项活动，中国象棋培训班训练的多名学生考入重点中学、名牌大学；多名学生在全国棋类大赛中获得骄人的成绩，晋升为象棋大师、棋协大师，全国第一所区县级青少年棋院在此挂牌。

4.手风琴教学活动。宣武少年宫手风琴班设有独奏、重奏、齐奏和合奏训练。辅导学员在市、区及全国乃至国际比赛中多次夺得佳绩，多名学员以此特长升入重点中学、考入大学，有的被输送到专业院校。在第十届北京国际手风琴比赛开幕式中，少年宫将手风琴演奏与舞蹈艺术相结合，给观众带来了全新的艺术感受。

5.武术教学活动。少年宫辅导学生在各类武术比赛中多次获一、二等奖数十项，团体一等奖数次，多名学员被输送到专业院校。

6.民乐教学活动。少年宫教师在多年教学中摸索出“因材施教、成功激励、模式多样、寓教于乐、促进成长”5步教学法。辅导的多个乐团及学员在各种比赛中多次获奖，多名学生被输送到音乐专业院校。

7.工艺教学活动。宣武区广外少年之家工艺教学以教授软陶、中国结为主，作品曾被出访教师作为礼物赠送给国际友人。

交流活动

〔**教师出访**〕　7月29~8月4日，科技馆馆长段效锋作为北京市科协组织的赴日本参加“日本青少年科技节”代表团成员，在科技节科学实验展中，展示、介绍了中国古代传统玩具中科学奥秘。11月9~20日，少年宫主任陈俊良参加了北京市教科文协会组织的赴法国、德国教育考察活动。　(高瑞丰)

〔**接待活动**〕　2004年5月，接待日中友好交流展协会舞蹈交流；7月，接待日本青少年科技节代表；8月，接待香港游乐场协会“民间艺术学习之旅一日夏令营”、接待日本石卷市青少年交流访问团、接待韩国“科技教师代表团”参观交流、举办中外青少年友好交流音乐会；11月，接待日中友好交流展协会，举办中日音乐美术演出展示交流大会、接待联合国教科文协会总部法国、德国教育考察活动。

教育科研活动

〔**北京育才学校美育工作暨韩志彤老师音乐教学汇报现场会**〕　11月10日，“育才学校美育工作暨韩志彤老师音乐教学汇报现场会”在育才学校召开。市区领导及教师300余人参加会议。韩志彤向与会者展示了《走进民族器乐博物馆》的公开课，并作了题为《我选择的缤纷人生》的报告。中央音乐学院谢嘉幸教授谈了自己的感受和建议。北京市教委杜松澎副主任对育才学校美育教育给予了高度评价。(何　静)

2004年参加、承办各类教育、竞赛活动统计

项目	活动名称	活动时间	区级赛人数	市级赛人数	全国赛人数	获奖人数
体育活动	“第三届全国青少年棋院棋类比赛”	2004.1			7	4
	全国青少年系统第十七届“蒲公英山羊奶希望杯”少儿三棋赛	2004.8			6	6
文艺活动	2003年度全国小童星艺术人才展示评选活动(群舞《天天好日子》)	2004.1			18	18
	中国少年儿童舞蹈（录像）比赛舞蹈《过年》	2004.5			1	1
	中国少年儿童舞蹈（录像）比赛（舞蹈《欢宴》）	2004.8			1	1
	中国少年儿童舞蹈（录像）比赛（舞蹈《彩蝶》）	2004.8			1	1
	第二届“向阳花”全国少儿民族舞蹈展演（舞蹈《北京童谣》）	2004.7			16	16
	第一届北京市校外教育艺术节（舞蹈）	2004.8		25		25
	第一届北京市校外教育艺术节（舞蹈）	2004.8		21		21
	第一届北京市校外教育艺术节（琵琶齐奏）	2004.8		9		9
	第一届北京市校外教育艺术节（民乐大合奏）	2004.8		80		80
	第一届北京市校外教育艺术节（大合唱）	2004.8		60		60
	第一届北京市校外教育艺术节（小合唱）	2004.8		14		14

科技活动					学科类竞赛活动					
活动名称	活动时间	区级赛人数	市级赛人数	获奖人数	活动名称	活动时间	区级赛人数	市级赛人数	全国赛人数	获奖人数
市中小学生环保粘贴画竞赛	9～12		2532	500	书画比赛	1～10		2000	500	300

（续表）

活动名称	活动时间	区级赛人数	市级赛人数	获奖人数
市航空知识竞赛	8		1000	155
市天文知识竞赛	9～12		1900	90
市生物知识竞赛	9～12		2600	1000
市小制作竞赛	9～12		14	8
宣武区中小学生环保粘贴画竞赛	9～12	2532		500
宣武区绿化美化知识竞赛	9～12	2230		90
迎奥运征文大赛	9～12	86		86
迎奥运英语征文演讲活动	9～12	86		86
防灾减灾安全教育知识竞赛	9～12	2200		470

活动名称	活动时间	区级赛人数	市级赛人数	全国赛人数	获奖人数
书画比赛	2004.3	1500			80
评优课	2004.2	7			7
书画比赛	2004.3	1500			80
论文评选	2004.3	4			4
创新活动评价	2004.3	8			8
宣武区无线电测向比赛	2004.4	220			79
宣武区车辆模型比赛	2004.4	169			26
宣武区航海模型比赛	2004.4	105			40
宣武区航空航天比赛	2004.4	108			72
宣武区机器人比赛	2004.5	106			42
宣武区电子技术比赛	2004.5	94			27
论文评选	2004.7	23			22
宣武区青少年创新大赛	2004.10	160			147

朝阳区校外教育

〔**发展概况**〕 2004年，朝阳区校外教育工作与“未成年思想道德建设”活动紧密联系在一起，区教委、区科协、区文化委、区团委等联席会议成员单位纷纷开展了“三礼教育”、“敬老、爱老，弘扬优秀传统文化”、“预防未成年人犯罪”等主题活动。

2004年，随着朝阳区各街道整体布局的不断调整，社区数量的增加、功能的逐渐完善，对校外教育起到了非常重要的作用：“三礼教育”进入了社区；“未成年人环保教育”进入了社区；“未成年人安全教育”进入社区。区教委还在全区推行社区教育“街（乡）校联建”，校外、社区紧密结合，使校外教育的范围进一步扩大。

2004年12月，举行了校外教育工作总结表彰会，朝阳区青少年活动中心、朝阳剧场、朝阳区亚运村街道社区服务中心获“北京市校外教育先进集体”称号，区青少年活动中心韩寅生、区体育局韩红、北京航空航天模型博物馆季承、建外街道南郎家园社区徐瑛德4位同志获得“先进个人”称号；艺术教育方面获得北京市学生合唱节比赛5个一等奖，团体总分名列北京市学生合唱节第二名，5所学校成为北京市金帆艺术团承办校；科技方面，在法国举行的海模比赛中得了1项个人金奖，无线电测向、业余电台、航模项目上取得了6项个人全国第一、两项团体第一，在全国青少年创新大赛上取得1个三等奖，7所中学被评为市级科技教育示范学校；体育方面在市运会上取得了中学组第二，小学组第三，团体总分第二的好成绩。

〔**朝阳区青少年学生活动场所建设和管理工作“十五”规划**〕 为进一步加强朝阳区校外活动场所的建设和管理，北京市朝阳区青少年学生校外教育工作联席会议制定《朝阳区青少年学生活动场所建设和管理工作“十五”规划》，加强青少年学生活动场所建设和监督管理；对青少年活动场所的规划、建设、经营管理给予政策支持及经费保障；加强校外教育工作者的队伍建设，保证活动质量等方面作了明确要求。

（金　巍　吴丹萍）

〔**街道所属的学生活动场所**〕 全区21个街道的192个社区，共有专职校外辅导员153名，兼职辅导员614名。2004年初，共有599个学生活动小组的2万名学生参加了校外活动，从参加活动的学生总数上看有所增加。

场所建设

〔**组建新的少年之家和俱乐部**〕 2004年，区教委在酒仙桥地区组建了酒仙桥少年之家，将北京工业大学开拓为“朝阳区青少年科技教育实践基地”；区体育局在八十中和金色童年俱乐部成立了2个青少年体育俱乐部（目前共8个）；区文化委下属的北京民俗博物馆与多个中学团委合作，设立为青少年课外实践基地。此外，还在2003年基础上建立了大量的社区图书馆。青少年活动中心在市教委彩票公益金的支持下，新增了"科技创新操作室"，目前已开设了发明制作和计算机控制机器人等教学工作。

〔**校内课外活动场所资源整合**〕　全区300多所学校有800多个功能教室（含多功能厅），室内运动场31个，高标准运动场30个。25个联席会议成员单位所属的区文化馆、图书馆、朝阳剧场、体育馆、红领巾公园、民俗博物馆等场馆是青少年活动场所的重要组成部分。

在原有的佐特陶艺中心、"百鸟园"、"航天航空博物馆"、"朝来农艺园"等校外教育活动基地基础上，2004年，区教委又与北京工业大学签订合作意向书，为青少年科技教育增添了实践基地；国防教育也开辟了一些新的教育基地。　（吴丹萍）

管理成果

〔**朝阳区青少年活动中心建立督导式管理**〕　朝阳区青少年活动中心的内部督导式管理机制，自2002年9月开始实施。其目的是为保证工作目标的实现，促进管理人员自身的发展、提高工作质量，保证中心工作计划的实施与落实。这种管理机制从过去层层管理的集权模式，逐步过渡到减少中间环节，管理工作重心下移的扁平管理模式。管理办法由原来的"下达式"管理转向"督导式"管理。

工作督导重点在于保障已制定的方针、政策、计划的贯彻落实。工作督导式管理的核心是对工作到位程度的客观评价。直接任务是对已有工作的检查、指导，在过程中对督导对象提出具体的指导性意见，帮助被督导对象改进工作，促进发展。　（周　放）

群众文化活动

〔**共青团组织丰富多彩的教育活动**〕　5月27日，朝阳区庆祝"六一"国际儿童节大会暨"中华传统美德传承"主题教育活动展示在朝阳剧场隆重举行。会议对2003年度获得"优秀青少年维权岗"、"支持少先队好领导"和"优秀少先队辅导员"称号的单位和个人进行了表彰。

7月16～20日，朝阳团区委、区教委、区科协等协助团市委等部门，在北京红领巾公园举办北京市青少年科博会"快乐学科学"主题科普游园会。主要包括青少年科普互动体验活动、科技演示、科普书市、青少年科普摄影展和儿童心理健康咨询等。

12月1日，为进一步推进未成年人思想道德建设工作，切实提高全区青少年艾滋病防治意识和能力，朝阳团区委于11月下旬～12月下旬在全区开展了以"珍爱生命，远离艾滋，消除歧视，共享健康"为主题的"青春红丝带"行动——青少年防治艾滋病志愿者"面对面"宣传教育月活动。（共青团朝阳区委供稿）

〔**朝阳区中小学生"我能行"素质技能大赛活动**〕　2004年，朝阳区中小学生"我能行"素质技能大赛共有62所学校1万余人参加，历经一个多月，项目包括朗诵、声乐、英语、舞蹈、器乐，体能等，新增项目"诗配画"也收到了很好的效果。

〔**兴趣小组培训活动**〕　2004年，朝阳区青少年活动中心共开设电子琴、钢琴、手风琴、绘画、素描、测向、电台英语、围棋、英语、车模等专业46个，兴趣小组620个，学员总数1.2万人。　（樊　红）

社区教育活动

〔**校外教育与社区教育相结合**〕　朝阳区现有22个街道，共有160个社区活动场所。各中心和活动站基本都配备有图书、体育健身器材、文艺活动的音响设备等，主要开展体育健身和比赛、文艺演出、各类知识讲座、读书活动、培训、假期少儿托管、军训活动、志愿服务活动等。活动场所聘请社区居委会干部、离退休人员、志愿服务人员、大学生、教师、军人、警察、专业人员、专家名人等作为兼职辅导员。

教育科研活动

〔**课题研究**〕　朝阳区青少年活动中心确定的《二十一世纪初青少年校外教育发展的理论与实践研究》课题被朝阳区"十五"教育科学规划领导小组立为区级重点课题之后，又被中国科协教育专家学术委员会基础教育研究部列为"十五"专项科研课题，目前已进入结题阶段。

课题研究主要内容为青少年校外教育的理论问题研究和青少年校外教育实践问题研究。已取得了阶段成果，在《科学与无神论》、《课外校外教育》、《教育科研》等杂志上发表教师论文、教学成果、改革管理、活动报道等10余篇。

〔承担“北京市青少年学生校外活动场所建设与管理现状调查”课题〕 2002年，北京市青少年学生校外教育工作联席会议办公室决定，开展“北京市青少年学生校外活动场所建设与管理现状调查”。本项调查研究已纳入北京市教育委员会人文社会科学研究计划和北京市哲学社会科学“十五”规划课题，并委托朝阳区校外教研室主研。经过问卷调查、访谈、座谈、查阅文献等大量工作，完成了《北京市青少年学生校外活动场所建设与管理现状调查总报告》、《北京市青少年学生校外活动场所建设现状调查》、《北京市青少年学生校外活动场所管理现状调查》、《北京市青少年学生校外活动场所队伍现状调查》3个分报告的撰写工作，目前已结集成书。 （金　巍）

〔校外青少年书法“研究班”〕 校外青少年书法研究班是建立在书法提高班基础之上，将有志于深入学习书法的有5年以上书法基础的学生集合在一起，聘请在社会上有一定影响的书法家为导师，采取集中辅导和个别指导相结合的方式，融各种书体的技法介绍和运用、书法史、书法美学、诗词以及书法育人等人文精神为一体的教学模式。

书法研究班在教学内容的设置上注意知识的系统性与书体的广博性并举，使学生的理论水平、技能技法创造能力得到综合提高。教学模式上包容各种观点、喜好的存在。通过帮助学生理性的分析，让学生学会思考和选择；以研究自主学习为主，从培养学生对书法的兴趣转向培养学生书法志向，使每位学生的书法艺术观得以培养和发展。

〔电脑音乐创作教学活动〕 电脑音乐创作活动主要以学生自主学习为主，直接体验，了解音乐理论知识；培养对音乐基本要素的综合运用能力；并能够根据儿童歌曲内容和风格制作伴奏音乐；较熟练地运用多媒体制作软件进行音乐创作；能上网查阅、下载音乐资料。电脑音乐创作教学作为一种新型教学模式，有利于提高学生对音乐的兴趣，拓宽学生的视野，培养和发展学生的音乐创作能力，让学生在和谐生动的氛围中走进音乐的殿堂。

〔科研活动获奖〕 2004年，中心开发研究朝阳区“十五”重点研究课题《21世纪初青少年校外教育发展理论与实践研究》。在第十届课外校外教育理论研讨会论文评选中，获一等奖2名，二等奖3名，三等奖1名，优秀奖2名。 （金　巍）

交流活动

〔与香港青少年开展传统文化交流〕 2004年4月17日，朝阳区青少年活动中心部分优秀学员与香港青少年开展了“京港青少年交流活动”。他们共同参加了传统工艺、民乐、民族舞蹈、武术、乒乓球、书法6个专业小组的活动。香港青少年通过活动了解了北京青少年的业余生活。

〔与韩国学生进行书法、美术交流〕 2004年7月16日，由文化部中国艺术展览中心、国际少年艺术大展组委会组织的韩国青少年艺术交流团50余人与活动中心美术、书法学校学员进行了交流活动。来访成员均为在韩国美术大赛中获奖的同学。（苗秀杰）

朝阳区青少年活动中心工作成果

〔活动场所、队伍建设情况〕 2004年，朝阳区青少年活动中心在编教职工112人，其中专职教师54人，专职管理人员26人；中心另有兼职教师157人。中心承担了全区科技节、合唱节、市科技节（原“爱科学月活动”）等活动的组织工作；开展面向全区中小学生开展科技、艺术、体育、图书等项目的培训活动，涉及科技、艺术、体育、图书等4类50项；同时举办群众性文化活动，目前还承担省级科研课题1个，区级科研课题1个，其他类科研课题2个。年常训学员人数在1.2万人以上，每年由活动中心组织的群众性教育活动，参加人数均在20万人次以上。

朝阳区香河园少年之家

〔基本情况〕 成立于1990年1月，建筑面积939平方米。目前主要开展青少年的培训活动，涉及电子琴、二胡、围棋、书法、舞蹈等项目。2004年开展了围棋比赛和夏令营活动。现有在编教职工8人，其中专职教师6人，专职管理人员1人，另有兼职教师4人。

香河园少年之家的书法培训班，开设了软笔、硬笔书法，涵盖楷书、行书、狂草、篆书等，学员人数每年达到500人次。书法教学不拘泥于课堂，而是与香河园社区居委会挂钩，使学生深入社区，为社区居民服务，丰富了社区的文化生活，受到社区居民的好评，并与社区老年书法爱好者一起举办书法联谊赛及书法展览。这样的活动在一年中有10次之多，展出的作品达200幅。

朝阳区酒仙桥少年之家（酒仙桥学区）

〔**基本情况**〕　北京市朝阳区酒仙桥少年之家是经朝阳区教委批准于2004年9月正式成立的公办校外教育机构，拥有教学面积3000多平方米。目前主要开展乒乓球、舞蹈、跆拳道、民乐、美术等项目的培训活动。现有在编教职工5人，另有兼职教师6人。

少年之家现已具备儿童画、素描、书法、舞蹈、电子琴、钢琴、朗诵、古筝、儿童艺术班等专用教室，与兄弟学校合作成立了跆拳道、武术馆，乒乓球训练中心。现开设各类培训项目16个、兴趣小组35个，受训学员432人，解决了朝阳区北部地区广大青少年儿童校外教育学习难的问题，深受社会、家长和学生的欢迎。

2004年参加、承办各类教育、竞赛活动统计

项目	活动名称	活动时间	区级赛人数	市级赛人数	全国赛人数	获奖人数
体育活动	区中小学生武术赛	2004.5	350	40	11（全国及国际）	5
	首届世界传统武术节	2004.8				
	北京市武术太极拳锦标赛	2004.4		10		10
	全国传统武术交流大赛	2004.8			12	12
	第五届国际武术邀请赛	2004.8			35（国际）	35
	区棋类新星赛	2004.2	501			39
	国际象棋少儿冠军赛	2004.1			1300	4
	“希望杯”棋类比赛	2004.7～8			800	14
	市棋类少年赛	2004.7		600		4
	健美操比赛	2004.5	240			100
	市第二十届中小学生乒乓球比赛	2004.2		400		1
	朝阳区首届中小学生乒乓球比赛	2004.11	200			15
文艺活动	第一届全国中小学生艺术展演	2004.2			2	2
	国际少儿艺术大赛　（书法　）	2004.2			9（国际）	9
	区学生艺术节	2004.10～12	15000			近4000
	市校外教育系统展演合唱比赛	2004.8		600		
	区学生合唱节	2004.2～5	10000			
	北京市校园儿童剧邀请赛	2004.3.27		50		50
	中华汉字棋比赛	2004.3～6	213			60
	小主持人风采大赛	2004.3～5	139	20		5
	教师节演出	2004.9	700			
	中国北京与日本东京都港区中小学生书画交流活动	2004.11～5	600			120
	区第九届中小学生钢琴比赛	2004.1～2	320			100
	区第四届“萌芽杯”电子琴比赛	2004.1～2	280			106
	区青少年诗书画大赛	2004.9～12	4000			96
	区中小学生、教师“规范字、抄课文”硬笔大赛	03.11～04.3	60000			10000
	全国第十届书法、绘画大赛	2004.5～8			1000	150
	市校外单位艺术展演			20		18
	第一届北京市校外教育艺术节	2004.9	70			70
	第九届全国中小学生绘画、书法作品比赛	2004.8			188	188
科普活动	中小学科普讲座	2004.3～12	区级推荐			
	中小学生TTS创新设计与技能大赛	2004.7～9	100			20
	“新星杯”英语、汉语词汇游戏大赛	2004.3～4	近4000			1200
	北京市中小学生金鹏科技论坛	2004.3～12	约3000			300
	区青少年科技创新大赛（创造发明、科学论文、科幻美术、信息技术成果、科技实践活动）	2004.10～12	1500			200
	市青少年科技创新大赛（创造发明、科学论文、科幻美术、信息技术成果、科技实践活动）	2004.3		20		

（续表）

项目	活动名称	活动时间	区级赛人数	市级赛人数	全国赛人数	获奖人数
科普活动	“数学运算”模块竞赛	2004.3～5	303		90	
	北京市中小学生生物知识竞赛	2004.10～12	3000		97	
	北京市中小学生趣味科技英语创意大赛	2004.9～12	4268	137	150（区）+64（市）	
	北京市青少年“动手做”大赛（灵巧手制作、实验方案设计、电脑绘画设计）	2004.9～12				
	北京市中学生航天知识竞赛	2004.9～11	市级推荐			
	区学生科技节开幕式	2004.10～12	200			
	朝阳区中小学生车辆模型竞赛（乙组、丙组）	2004.10～12	2000	30	60（区）+3（市）	
	全国青少年无线电测向分区赛（北京赛区）	2004.5		6		6
	全国青少年业余电台锦标赛	2004.8			15	10
	全国青少年电子模拟探雷锦标赛	2004.7				3
	北京市城区中小学生应用技术（电子技术）竞赛	2004.11				
	北京中小学无线电测比赛	2004.7		13		7
	全国青少年无线电测向锦标赛	2004.8			2	2
	全国青少年业余电台分区赛北京赛区	2004.11			16	16
	北京市中小学生航海模型竞赛	2004.7		16		16
	第六届“我爱祖国海疆”全国青少年航海模型竞赛	2004.8			3	3
	北京市城区中小学生应用技术（电子技术）竞赛	2004.11		17		17
	第24届青少年科技创新大赛	2004.3		6		6
	首届北京市青少年发明创新大赛	2004.3		2		2
	北京市青少年航天模型竞赛	2004.7		9		9
	第四届北京市青少年电脑机器人竞赛	2004.2		4		4
	青少年机器人世界杯—北京选拔赛—搜救机器人	2004.2		4		4
	第五届北京市中小学师生作品评选活动机器人灭火	2004.6		1		1
	第十二届世界航海模型仿真项目锦标赛	2004.7			1（国际）	1
	全国青少年航空航天模型锦标赛	2004.7			1	1
	北京市中小学生航空航天模型比赛	2004.7		2		2
其他活动	“弘扬民族文化、分享读书快乐”书面知识竞赛	2004.5	2900	30		904
	“弘扬民族文化、分享读书快乐”现场知识竞赛	2004.3～5	598			310
	“我是2008北京奥运人”英语情景局比赛	2004.4	300（20队）			20
	“我和科学手拉手”科普短剧比赛	2004.5	200（11队）	2队		13
	“弘扬民族文化展示读书风采”征文比赛	2004.9	500			50
	“第十七届孙敬修杯”故事比赛	2004.9～10	980			300
	“爱心快递总动员”活动	2004.9～10	800			1（组织奖）
	京港青少年交流活动	2004.4	60			
	第七届“我能行”青少年素质大赛及城八区市级赛	2004.7～10	9000		2700	
	欢乐流动课堂——做合格的小伙伴	2004.3～5	2400			
	巴布豆——我的成长故事	2004.3	4000			
	爱牙护齿活动	2004.8～11	4000			
	国际马拉松比赛	2004.10	400			

海淀区校外教育

〔羊坊店青少年活动中心场馆扩建〕 2004年以前，羊坊店青少年活动中心建筑面积为600平方米，2004年新增500多平方米，增设了舞蹈、乒乓球、跆拳道专业教室。全年新装备了350套课桌椅和弧形大黑板、空调、画架、黑板、电脑等价值近10万元的教学设施，固定资产总值达到40多万元。（张旭画）

〔海淀区青少年活动管理中心教师礼仪手册出

台〕　为规范教师言行，适应社会发展对文明礼貌的要求，结合“人文奥运”的精神，海淀区青少年活动管理中心秉承《中小学教师职业道德规范》，出台了《海淀区青少年活动管理中心——教师礼仪手册》。旨在以此为突破口，推动教师自身形象的塑造。(宋红伟)

群众文化活动

〔**第七届春季围棋段（级）位赛**〕　2004年4月10～11日，由北京棋院主办、海淀区羊坊店青少年活动中心承办的第七届春季围棋段（级）位赛在羊坊店青少年活动中心举行。全市各区、县共170余名围棋选手参赛。有8名选手达到业余3段水平，24名选手达到业余2段水平，并有53名选手定级、升级。

〔**举办海淀区中小学生艺术节**〕　2004年5月，由海淀区青少年活动管理中心承办的海淀区中小学生艺术节圆满结束，共有来自全区360余所中、小学的5000余名学生参加了器乐独奏、声乐、舞蹈、课本剧、小品比赛。

〔**参加第25届OM（头脑奥林匹克）世界决赛**〕　2004年5月，海淀区青少年活动管理中心率北京市代表队参加在美国举办的第25届OM（头脑奥林匹克）世界决赛。中关村中学的刘芳、高亦阳、饶丹茜荣获“环保车”项目初中组金奖（团队），实现中国在此赛事零的突破。

〔**奥林匹克天文台竣工剪彩**〕　6月6日，海淀区青少年科技创新项目“奥林匹克天文台竣工剪彩”仪式在海淀区青少年素质教育培训中心举行。北京市教委体美处副处长崔向红出席剪彩仪式并讲话。海淀区清华附中、首师大附中、海淀进修实验学校、二十中学等200多名学生参加仪式并参加观测活动。

〔**海淀区中小学生科技节**〕　2004年9月28日，海淀区召开中小学生科技节启动仪式，全区200多所中小学300余名干部、教师参加。　(怀　英　宋红伟)

〔**海淀区中小学生“世纪杯”计算机竞赛**〕　由海淀区教委主办、海淀区青少年活动管理中心承办的海淀区中小学生“世纪杯”计算机竞赛于2004年11月27日在北京师范大学电子楼举行。全区80余所中小学、2580名学生参加了竞赛。农大附小、中关村一小、育鹰小学获得小学组团体第一名，十九中学获得中学组团体第一名。　(姜　伟)

〔**兴趣小组培训活动**〕　2004年，中心共开设电子琴、钢琴、手风琴、二胡、朗诵、测向、电台英语、围棋、英语、车模等专业32个，兴趣小组707个，学员总数5827人。　(宋红伟)

教育科研活动

〔**海淀区科技创新项目启动**〕　2004年4月5日，“海淀区青少年校外教育研究发展中心科技创新项目”正式启动，海淀区聘请了160余名科技教师为教研员，并向22所科技项目基地校颁牌。　(怀　英)

〔**海淀区青少年科学创新研究室成立**〕　为了提高全区科技教师的整体实力，推动海淀区青少年科技活动的开展，海淀区教委依托海淀区青少年活动管理中心在人才和活动上的优势，于2004年成立了海淀区青少年科学创新研究工作室。管理中心5位老师分别作为10个项目组组长，担负着带领教研员收集国内外最新科技信息、组织参加各级青少年科普活动、科技竞赛的工作。　(邹树兰)

〔**举办第18届学前艺术园活动**〕　海淀区甘家口青少年活动中心“学前艺术园”举办了18届。在教学内容、课程设置上既考虑幼儿园与小学的衔接，又突出“艺术特色”，并集中了高学历、教学经验丰富的教师在学前艺术园任课。

(甘家口青少年活动中心供稿)

2004年海淀区青少年活动管理中心承办艺术竞赛活动统计

项目	活动名称	时间	区级赛人数	市级赛人数	全国赛人数	获奖人数
文艺活动	海淀区中小学生艺术节乐器独奏	1月	2700余人			
	海淀区中小学生艺术节声乐比赛	3月	800余人			
	海淀区中小学生艺术节舞蹈比赛	3月	400余人			
	海淀区中小学生艺术节朗诵、京昆、曲艺比赛	10月	1000余人			
	海淀区中小学生艺术节群舞比赛	11月	500余人			

（续表）

项目	活动名称	时间	区级赛人数	市级赛人数	全国赛人数	获奖人数
文艺活动	海淀区中小学生艺术节合奏比赛	11 月	3000 余人			
	海淀区中小学生艺术节绘画、摄影、手工、篆刻、书法比赛	11 月～12 月	90000 余人			
	海淀区中小学生“花花泥”大赛	12 月	3000 余人			
其他活动	北京市校园剧“小香菇”比赛	6 月	5 支参赛队	5 支参赛队		5
	庆祝中国少年先锋队建立 55 周年全国“我的成长故事”绘画、摄影、征文比赛	6 月	4000 人	300 人	206 人	227
	全国爱牙日	7 月	1000 余人			
	北京市校外艺术教育展演书法竞赛	8 月	1000 余人	174 人		22
	“爱海淀、爱博物馆——我与祖国共成长”庆建国五十五周年中小学生绘画、书法、工艺制作大赛	9 月	1000 余人			
	《祖国、祖国我爱你》2004 海淀区教育系统“民族精神代代传”千人主题音乐会	10 月	1000 余人			

2004 年海淀区青少年活动管理中心承办、组织科技竞赛活动统计

项目	活动名称	活动时间	区级赛人数	市级赛人数	全国赛人数	获奖人数
科普活动	第四届中国青少年电脑机器人大赛	2004年1月			78	26
	全国头脑奥林匹克竞赛	2004年2月			42	21
	海淀区中小学生电子普及比赛	2004年3月	2100			
	首届北京市青少年发明创新大赛	2004年3月		33		35
	海淀区中小学生计算机知识技能竞赛	2004年3月～8月	650			270
	海淀区中小学生电子技术比赛	2004年3月	270			2
	北京市头脑奥林匹克竞赛	2004年4月		798		518
	第四届全国中小学生信息技术创新与实践展示活动	2004年4月			26	10
	海淀区中小学生航海模型竞赛	2004年5月	8900			865
	全国无线电测向北方区比赛	2004年5月			74	38
	第 25 届 OM（头脑奥林匹克）世界决赛	2004年5月				金奖
	北京市青少年无线电测向比赛	2004年6月		329		76
	海淀区中小学生无线电测向邀请赛	2004年6月	294			104
	全国青少年航空航天模型锦标赛	2004年7月			12	18
	北京市中小学生航海模型比赛	2004年7月		52		30
	北京市中小学生航空航天模型比赛	2004年7月		25		22
	第十九届全国青少年科技创新比赛	2004年7月			34	23
	里斯本国际青少年机器人比赛	2004年7月				2人银奖
	全国青少年航海模型锦标赛	2004年8月			3	2
	第六届“我爱祖国海疆”教育活动	2004年8月			33	33
	全国无线电测向锦标赛	2004年8月			69	24
	海淀区中小学生信息学奥林匹克竞赛	2004年9月	190			69
	全国青少年奥林匹克建筑模型竞赛	2004年10月			5	2
	海淀区中小学生小制作比赛	2004年10月	85			
	北京市小学生小制作比赛	2004年11月		36		
	北京市中小学生车辆模型比赛	2004年11月		16		11
	北京市中小学生科技英语比赛	2004年11月		8673		
	海淀区中小学生小发明比赛	2004年11月	89			
	北京市“金鹏”论坛	2004年11月	124			
	海淀区中小学生计算机“世纪杯”竞赛	2004年11月	2680			860
	全国青少年信息学奥林匹克联赛北京赛区	2004年11月～12月		35	75	55
	海淀区中小学生建筑模型竞赛	2004年12月	3700			386
	海淀区中小学生车辆模型竞赛	2004年12月	9678			967
	海淀区中小学生TTS竞赛	2004年12月	2897			289

（续表）

项目	活动名称	活动时间	区级赛人数	市级赛人数	全国赛人数	获奖人数
科普活动	海淀区中小学师生环保摄影大赛	2004年12月	198			47
	海淀区中小学生软陶制作竞赛	2004年12月	6987			1023
	海淀区中小学生科幻画竞赛	2004年12月	568			158
	全国中小学生科幻画竞赛	2004年12月			31	无结果
	全国中小学生叶画制作竞赛	2004年12月			672	189
	北京市中小学生四驱车模比赛	2004年12月		68		32
	北京市中小学生生物知识比赛	2004年12月		189		
	北京市中小学生航天知识比赛	2004年12月		400		
	北京市中小学生电子技术比赛	2004年12月		6		2
学生实践活动	植树活动	2004年3月～10月	356			
	参观博物馆	2004年9月～12月	3420			
	科普报告四场	2004年全年	1678			
其他活动	无线电测向教师培训	2004年2月	39			
	科技创新发明教师培训	2004年3月	48			
	科技创新论文教师培训	2004年3月	45			
	海淀区中小学科技创新教育系列培训活动	2004年3月	250			
	教师教具发明展示活动	2004年2月～10月		7	6	
	航海、建筑全国辅导员培训班	2004年3月			63	
	海淀区劳技课、科技课“十五”教师继教	2004年3月～05年1月	46			
	科技创新发明教师培训	2004年3月	135			
	APEC青年科学节	2004年8月			61	91
	海淀区天文项目教研组部分教师赴福建参加第六届海峡两岸天文教育研讨交流活动	2004年8月1日～8日	11			
	观摩全国第十九届全国青少年科技创新大赛	2004年8月20～24日	86			
	全市头脑奥林匹克（OM）竞赛培训	2004年11月		146		
	金鹏论坛教师培训	2004年11月	42			

（邹树兰　刘　敏　王　雯等）

丰台区校外教育

场所建设

〔**创建美术综合活动室**〕　2004年4月，丰台区青少年活动中心建成一个100平方米的综合美术活动室。它集绘画、制作、演示、展示为一体，用以培养学生创新和实践能力。

〔**成立金帆书画院——丰台分院**〕　丰台区青少年活动中心美术部于2004年6月向北京市金帆书画院申请成立北京市金帆书画院——丰台分院，2004年底正式成立。

〔**扩建学生画廊，打造育人环境**〕　2004年9月，北京市丰台区青少年活动中心美术部扩建学生画廊。新画廊从三楼扩展到二楼，展示的作品有民族书画，软笔书法、硬笔书法，国画、素描、色彩、速写、儿童画创作、平面构成等250多幅。（曾　平）

〔**采用“智慧2000图书管理软件”**〕　2004年7月1日，丰台区青少年儿童图书馆安装了“智慧2000图书管理软件”，加快了图书馆新书的著录速度，由原来的每月编制新书1200册提高到1500册，同时将22大类图书用9种色标加以区分，方便了读者阅读和工作人员的上架工作。（陶培娟）

〔**增加投入改善硬件**〕　2004年，丰台区青少年活动中心增加投入，改扩建200平方米教室，新建70平方米的招生办公室，投入资金70万元完成多功能厅改造，在原有1.3万平方米基础上增加270平方米活动场地。

〔增加信息化建设〕 2004年，丰台区青少年活动中心电教设备投资50多万元，增加投影仪8台，各型号录放机50台，VCD、DVD70台，微机140台，微机室2个，语音室1个，摄像机15台，摄录编系统3套，安装了网络系统。 （曾　平）

群众文化活动

〔开展走进科普互动大课堂活动〕 2004年1月17日～3月1日，北京市丰台区科协主办、东高地青少年科技馆承办的“首都科普互动大课堂丰台展”在丰台区东高地科技馆举办。展会以“弘扬航天精神，探索宇宙奥秘”为主题，向广大中小学生普及航天知识。发射神舟五号飞船的长二F火箭总设计师刘竹生亲自为参观者当“义务讲解员”。此次活动参加的中小学达2500人。 （沈　燕）

〔参加全国“全民读书月”活动〕 2004年1月1～31日，丰台区青少年儿童图书馆开展“全民读书月”活动，召开了“全民读书月”动员会和报告会。开设了新书专栏，为读者推荐新书书目300种，同时向读者宣传《北京市图书馆条例》。 （陶培娟）

〔开展围棋升级升段赛活动〕 由北京市丰台区体育总会、丰台区围棋协会主办，丰台区青少年活动中心承办的第八届、第九届围棋升级升段赛于2004年2月2～3日和8月2～3日在丰台区青少年活动中心举行，来自城8区的550名小选手参加。（付桂荣）

〔参加全国小星星艺术人才展示评选活动〕 2004年2月3日，北京市丰台区青少年活动中心在人民大会堂河南厅参加了“2003年度全国小童星艺术人才展示评选活动颁奖晚会”。南斯莉玛老师编导的杂技《彩蝶飞舞》获金奖；赵俭老师辅导的学生张旖旎的独唱《白云童年》获银奖。 （赵　俭）

〔举办科普互动活动〕 2004年2月3～10日，云岗青少年科技站和丰台区科协、科技馆共同举办了科普互动活动。展出菲涅尔透镜、双曲狭缝、空气粘性飞盘等近30多种科普演示仪器。20多所学校，2300多学员参观了展品并动手实践。 （陈敏琴）

〔组织参加剑桥少儿英语大赛〕 2004年3月，丰台青少年活动中心外语部组织78名学员参加了由北京教育考试院主办的北京市第二届剑桥少儿英语大赛活动。经过初赛、复赛选拔，吕东怡同学在6月份的决赛中获得优秀奖。 （赵咏梅）

〔“新星杯”英语词汇游戏大赛〕 2004年3月，丰台区42所学校的1653名中小学生参加了“新星杯”全国中小学生英语词汇游戏大赛区级选拔赛。22所学校的240名中小学生进入市级复赛，24名小选手参加了第三届“新星杯”全国中小学生英语词汇游戏大赛决赛。丰台区荣获3个全国团体一等奖、2个团体二等奖，丰台区十中分校获初一年级团体季军，丰台区青少年活动中心获优秀组织奖。

〔庆祝建队55周年〕 2004年3月，北京市城8区少年宫群文教育活动工作发展联谊会与上海“巴布豆”儿童用品有限公司及上海中福会少年宫《少先队活动》杂志社联合举办“我的成长故事”少年儿童绘画（摄影）征文主题系列活动。活动内容包括绘画、摄影、征文。丰台区22所小学参加了此次活动，共收到作品1万余幅（篇），丰台区纪家庙小学等学校的学生荣获二、三等奖。

〔举办丰台区学生合唱节活动〕 2004年3～5月，丰台区教委举办“丰台区第九届中小学生合唱节”活动。全区65所小学、42所中学共8000名中小学生参加了这次活动。70个校级合唱团、52个班级合唱队共39个小合唱和表演唱分别在丰台青少年活动中心、方庄劳技中心、云岗科技站、东高地科技馆4个赛区初赛。54个合唱进入复赛，在市决赛中夺得一等奖2个，二等奖4个，三等奖6个，并有3位教师荣获市级最佳指挥，2位教师荣获市级最佳伴奏。

〔欢乐流动课堂走进学校〕 2004年5月，中国儿童中心和全国“双有”主题教育活动办公室主办，联合北京市各区少年宫共同组织了“奇奇伴我共成长，争做合格小伙伴”欢乐流动课堂进学校活动。旨在学生中倡导“团结友爱、互相帮助、尊重他人”，培养团队合作精神，鼓励大家争做善于合作的小伙伴。丰台区21所小学参加了活动。 （史秀娟）

〔五洲之星杯“新思维”作文大赛〕 2004年4月，北京市丰台区青少年活动中心参加“五洲之星杯”全国中小学“新思维”作文大奖赛。经过初选有200篇作品参加此次大赛。有1篇作文获金奖，13篇

作文获银奖，21篇作文获铜奖。（付佳荣）

〔参加全国第四届中小学书画作品大赛〕 2004年5月，北京市丰台区青少年活动中心美术部组织美术组全体学生参加中国教育报举办的全国第四届中小学书画作品大赛，多名同学入选大赛，并分获一、二、三等奖。

〔庆“六一”美术才艺展风采〕 2004年5月29～30日，丰台区青少年活动中心组织了大型美术艺术才华展示活动，有蒙牛酸奶包装盒雕塑创作——万里长城、头饰风筝制作、绘制脸谱、纸盘、地面粉笔画、水墨画、丙烯绘制长卷壁画、沙画制作、画彩球、书法表演。2000多学生参加活动。（曾 平）

〔开展庆祝“六一”儿童节图书捐赠交换活动〕 2004年5月30日，丰台青少年儿童图书馆举行了“庆祝‘六一’儿童节图书捐赠交换”活动。全区有19所中小学校积极参加了这次图书捐赠活动，据统计捐赠图书共计36.66万册。当天近千名学生和家长来图书馆进行了图书捐赠交换活动。（陶培娟 董丽萍）

〔举办小主持人风采大赛〕 2004年6月，中国教育电视台联合北京市7家校外教育单位共同举办首届北京市“小主持人风采大赛”。旨在为学生提供展示个人风采的舞台和实践机会，倡导“带着个性玩比赛”。丰台区75名小主持人参加了比赛。王明珠等10名学生进入复赛，李思佳、杨济森、肖成程、高慧4名学生进入市级决赛，并在中国教育电视台《今天我在家》栏目中播出。（史秀娟）

〔“多彩童年”模特大赛〕 2004年6月23日、7月7日，活动中心幼儿部举行了首届“多彩童年”模特大赛，173人参加了初赛，132人参加了复赛，共评出金奖两名、银奖两名、铜奖两名、最佳服装创意奖两名，最佳表演奖两名。（杨淑英）

〔“我护齿，我快乐”益达校园健康教育活动〕 2004年6月，由中国关心下一代工作委员会社区青少年教育促进会倡导开展的、北京城8区少年宫承办的第二届北京市“我护齿，我快乐”校园健康教育活动在全市展开。200所中小学20000名学生参加活动。活动形式有校园健康知识讲座、创办校园护齿专栏、护齿检视卡、护齿绘画、护齿儿童剧、共唱爱牙护齿歌等。收集护齿绘画作品2万幅。

12月5日，在新东安市场举办了活动总结表彰会。北京市丰台区青少年活动中心荣获优秀组织奖，丰台区云岗一小牛梦霞等8名教师荣获优秀辅导教师奖，66名学生受到表彰。（史秀娟）

〔参加航天模型比赛获奖〕 2004年7月，在全国青少年航空航天模型锦标赛中，刘钊、李超然、李彦昕、耿榕浩等同学荣获航天模型综合团体第一名；2004年9月，在第十五届世界航天模型锦标赛获得S9A旋转翼模型火箭项目团体冠军；刘钊、李超然分别获个人第三名、第五名。（刘春梅）

〔开展“手拉手，献爱心”捐书活动〕 2004年7月23～30日，丰台区青少年儿童图书馆赴新疆乌鲁木齐市开展了“手拉手，献爱心”捐书活动。北京市少年儿童图书馆杨素音副馆长代表北京市少年儿童图书馆、学校向新疆少年儿童捐赠图书20000册和校服116套，中心获得新疆自治区文化厅颁发的“优秀组织奖”锦旗。（陶培娟）

〔展示教学成果〕 2004年暑期，丰台区青少年活动中心美术部组织学生参加了北京市教委组织的首届北京市校外艺术节活动。美术部选送20幅作品参加了展示与交流，有11名同学通过了初赛，有6名同学通过复赛并取得一名一等奖的好成绩。（曾 平）

〔组织中国音乐学院考级活动〕 2004年8月22日，中国音乐学院校外考级在丰台青少年活动中心举行。共有918名学生参加10项比赛和声乐（童声、美声、民族）、器乐（民乐、西乐、键盘）等13个项目的考级。（李 涛）

〔组织2004年社会美术考级工作〕 2004年9月，北京市丰台区青少年活动中心受中国美术学院社会美术水平考级中心委托，组织了2004年北京市丰台区美术考级工作。此次美术考级项目有书法（软笔）、国画（花鸟、山水、人物）、素描、色彩（水粉、水彩）、速写等。有245人次报名参加了此次考级。（曾 平）

〔组织观看影片《张思德》〕 2004年9月8日，由中国电影集团公司、北京紫禁城影业公司、北京新影联影业公司等单位联合摄制的革命历史题材故事影片《张思德》在全国公映。丰台区青少年活动中心剧场在9～12月组织80多个单位和中小学生2万多人观看，共放映91场。同时组织中小学生撰写心得体会，对获奖学生颁发奖状和奖品。本次放映获北京市新影联系统第10名，荣获新影联嘉奖。（张银娣）

〔**举办第二十一届丰台区学生科技节**〕 2004年9月16日，丰台区教委、区科委，区科协联合以丰教发[2004]34号文发出《关于举办第二十一届丰台区学生科技节的通知》，将原“丰台区中小学爱科学月活动”更名为“丰台区学生科技节”。10月，举办第二十一届“丰台区学生科技节”。（张凤琴）

〔**举办“红领巾读书活动”**〕 2004年10月，丰台区青少年活动中心承办由北京市少工委、团市委、市教委和市文化局联合主办的以“传承中华美德，培养民族精神”为主题的“北京市红领巾读书活动”，全区有9所学校共订购图书1400册。写出76篇读后感参与了校园新童谣的创作。

〔**举办科技英语创意大赛**〕 2004年10月，丰台区十几所中小学校的2415名学生参加了由北京市教委主办，全市校外教育单位共同承办的北京市中小学生科技英语创意大赛。817名选手进入了区级复赛，81名选手进入市级决赛。10月31日，在丰台区青少年活动中心举行了团体赛，全区有12所学校的29个队参加，北京十二中初中分校、丰台实验学校、晓月苑小学、北京实验二小怡海分校4个代表队被选送参加北京市科技英语创意大赛团体赛决赛。

〔**举办第八届学生艺术节**〕 2004年11月1日，在丰台区青少年活动中心召开丰台区第八届学生艺术节动员会，全区130所中小学校主管艺术教育的干部参加了会议。本次艺术节以“长征颂祖国颂民族魂”为主题，涉及声乐、器乐、舞蹈、绘画、书法等项目。共有120所中小学校报名，参赛的中小学生达1.4万人。比赛从12月4日开始，一直延续到2005年1月下旬。（史秀娟）

〔**参加北京中小学剪纸艺术展览**〕 2004年11月6日，北京市丰台区青少年活动中心参加北京金帆书画院在中山公园举办的2004年北京市中小学生剪纸艺术展览，美术部曾平、张箐老师辅导的学生有40余幅作品参加了此次展览。

〔**参加首都百万青少年学生国防教育书画大赛**〕 2004年，丰台区青少年活动中心组织全区19所中小学和美术组的全体同学参加了北京军区政治部、首都百万青少年学生国防教育书画大赛组委会向社会征集书画作品活动。664名同学作品入选并获奖。（曾 平）

〔**兴趣小组培训活动**〕 2004年，少年宫共开设电子琴、钢琴、手风琴、二胡、测向、围棋、英语、舞蹈等专业96个，兴趣小组682个，学员总数14.48万人。

〔**合作办学再添新项目**〕 2004年，继珠心算、舞台剧、韵语识字等合作招生办学开课以来，魔术、游泳等项目也将开班。合作办学是丰台区青少年活动中心近2年尝试的新办学形式，在教学管理、教学方式上都有其特点，目前开班3个专业448人。（付桂荣）

教育科研活动

〔**课题研究**〕 2003年1月～2004年12月，丰台区少年宫艺术幼儿部开展“培养幼儿良好习惯”和“幼儿部教育教学活动课程综合化改革”2个课题的研究。其中，杨淑英撰写的《以活动为载体，培养幼儿良好习惯》获第七届北京市课外校外理论研究会论文二等奖；2004年11月15～24日，幼儿部27名教师围绕上述课题做公开课。

〔**论文获奖**〕 2004年2～12月，丰台区青少年活动中心参加北京市校外教育研究室、北京市教育学会校外教育研究会举办的“第七届北京市课外校外教育理论研讨会”论文评选活动。22篇论文参评，其中获一等奖2篇、二等奖7篇、三等奖8篇。

〔**完成“十五”规划课题**〕 2002年5月～2004年8月，丰台区少年宫王振民等3人承担完成了北京市教育科学“十五”规划课题“校外教育在实施素质教育中作用的研究”。2002年10月～2004年10月，丰台区少年宫张银娣、刘占亭、刘建文3人及傅凤玲分别承担完成北京市课外校外教育“十五”规划课题：“群众性竞赛活动在实施素质教育中发挥的重要作用”及“儿童舞蹈启蒙训练—童谣教学法”。（张 巍）

〔**开发研究校外教育活动课题**〕 丰台劳技中心承担了全国教育科学“十五”规划、教育部重点课

题《中小学劳动技术教育发展研究》工作，有6位老师参与了课题研究，并在天津参加了开题会。(刘春梅)

〔“校外教育系统教学活动创新系列展示”活动〕 2004年，在北京市教育学会校外教育研究会、北京市校外教育研究室举办的“北京市校外教育系统教育教学活动创新系列展示”活动中，北京市丰台区青少年活动中心孙茜老师的“运用音乐元素，即兴命题创作”电子琴活动辅导方案和活动实录均获得一等奖；张莉老师的“戏歌——《故乡是北京》（之三）”声乐活动方案获得一等奖，活动实录获得二等奖；刘铁汉老师的“中华民族风情展示”系列活动（之二）美术活动辅导方案和活动实录均获得三等奖；王小蓓老师的“音乐基础知识《小小作曲家》辅导方案”获得优秀奖。

交流活动

〔组织赴日本文化交流活动〕 2004年1月26～31日，北京市丰台区青少年活动中心键盘乐团6人赴日本东京都葛市区进行友好访问交流活动。访问期间，访问交流团进行了专场演出并受到日本福冈大学键盘系教授的接见。 (李　涛)

〔接待匈牙利国际熊猫基金会访问交流团〕 2004年7月13～22日，匈牙利国际熊猫基金会访问交流团14人到丰台区青少年活动中心进行访问交流活动。访问期间，组织了到世界公园、天坛公园、故宫博物院、天安门广场、王府井、秀水街等地参观和到北戴河游览等活动。同时与中心艺术团进行专场演出交流。

〔参加首届巴库国际儿童绘画节〕 2004年9～10月在阿塞拜疆首都举行了“第一届巴库国际儿童绘画节”，丰台区青少年活动中心选送了张箐、陈红、王晓君老师辅导学生的51幅作品参展。 (曾　平)

丰台区云岗青少年科技站

〔承办北京市第九届合唱节西片赛区的竞赛〕 2004年3月28日，云岗青少年科技站承办了丰台区第9届中小学生合唱节西片赛区的竞赛活动。西片15所中小学参加了合唱节的比赛。26个竞赛曲目中，校级节目有12个，班级节目有6个，表演唱和小合唱有8个。北京十中、云岗二小等共8所学校的节目参加了北京市丰台区第九届合唱节的决赛。 (陈敏琴)

〔主要活动〕 3月份，科技站组织学员参加了第七届曙光杯全国少年儿童书法绘画大赛。7名学员获一等奖，14名学员获二等奖，24人获得三等奖，3名同学获得优秀奖，3名教师荣获优秀指导教师奖。云岗青少年科技站获银奖奖牌。

5月份，科技站组织学员参加了北京武术院丰台分院组织的丰台区武术比赛，2名学员分别获得男子E组规定拳第二名和男子D组规定拳第二名，1名学员获得女子EF组拳术第三名，2名学员分别获男子D乙组规定拳第四名和女子A组长拳第四名，1名学员获男子D组长拳第五名。

7月份，云岗科技站组织学员参加了教育部艺术教育委员会主办的第九届全国中小学生绘画、书法大赛。科技站的40多名学员参加比赛，4名学员获得一等奖，8名学员获得二等奖，14名学员获得三等奖。

10～11月，承办了丰台区中小学科技节的竞赛活动。丰台西片21所中小学500名学生，分别参加了风筝、航模、小论文、小制作等比赛项目活动。

12月4日，科技站承办了丰台区第八届学生艺术节西片赛区的比赛。参加本赛区的有18所学校630名学生。其中参加硬笔书法的297人，绘画的306人，手工制作的27人。 (李淑云　许丽娟　李文刚)

丰台区东高地青少年科技馆

〔社区教育活动〕 北京市丰台区东高地青少年科技馆与社区街道建立共享管理机构，为社区活动配备了专职教师20人，其中专业科技辅导教师12人，专业科普活动教师8人。开设社区教育活动教室7个，举办各类计算机、摄影培训班4个，并与社区开展“科技活动进社区”、“科普春风下乡”、“社区军民联欢”、“社区科技开放”活动。2004年8月，东高地青少年科技馆被命名为丰台区东高地社区教育中心。

〔主要活动〕 2004年10月，北京市丰台区东高地青少年科技馆向丰台区中小学生推出以阳台绿化为特色的科普种植活动，有19所中小学校，2251名学生积极参加了此项活动，其中，296名学生获奖。

11月2日，科技馆新的一套青少年“载人航天模拟发射系统”正式启动。该系统以新视角和仿真场景，生动、动感的视听效果吸引学生。此项目获得2004年全国青少年创新大赛社会实践活动一等奖。

2004年，东高地青少年科技馆与空军95810部队64分队共同开展社会主义精神文明活动，在部队中进行计算机、英语、科技知识等实用技能知识的培训，并开展学雷锋树新风、绿化美化家园等社会公益活动。

科技馆在 2004 年底投资万元启动开发航天资料图书库工程。其中包括航天发展史，航天人物介绍，中外宇航员在太空工作、生活的场面等内容，并配备教学用计算机 50 余台以及电视、VCD、投影、录像机等设备。 （沈 燕）

2004 年参加、承办各类教育、竞赛活动统计

项目	活动名称	活动时间	区级赛人数	市级赛人数	全国赛人数	获奖人数
体育活动	第三届新星杯中小学英语词汇游戏大赛	2004.3	1653	240	24	24
	丰台区十项技能大赛	2004.12	5000 余人			
文艺活动	北京市第九届中小学生合唱节	2004.3～5	8000 余人			
	丰台区第八届中小学生艺术节	2004.12～05.1	9000 余人			
科普活动	北京市科技英语创意大赛（个人）	2004.10～11	2415	81		
	北京市丰台区科技节	2004.10	185			
	北京市科技英语创意大赛（团体）	2004.11	149	16		
	北京市“我护齿我快乐”校园健康教育活动	2004.6～12	20000 余人			
其他活动	北京市红领巾读书活动	2004.10	1400 余人			

石景山区校外教育

〔**场馆建设情况**〕 2004 年 12 月 8 日，石景山区青少年活动中心举行新址奠基仪式。计划于 2006 年 2 月竣工。资产总值 4700 万元，建筑面积 12390 平方米。由政府投入资金。 （李哲凤）

活动及获奖情况

〔**体育竞赛活动**〕 2004 年 2～6 月，石景山区青少年活动中心组织“我爱祖国海疆”全国青少年航海模型竞赛暨石景山区中小学生航海模型竞赛，有 1000 多人参加。66 人获奖。

2004 年 9～12 月由市教委、市体育局等主办的市、区中小学生车模比赛有 890 参加，12 人获奖。

2004 年 12 月市青少年“奥迪杯”车模比赛有 35 人参加，3 人获奖

〔**美术活动**〕 2004 年 1 月，参加首届北京国际华侨华人书画赛，8 名学员获奖，黄英获优秀教师指导奖及组织奖。

5 月 18 日，参加第四届“星星河”少儿书法、摄影大赛，28 名学员获奖，黄英获组织辅导一等奖。

10 月 21 日，在第一届北京市校外教育艺术节中，6 名学员获奖。小荷民乐团《闹新春》、《将军令》及群舞《心中圣火》、《军中小女兵》获奖。

〔**文艺竞赛活动**〕 2004 年 7 月，13 名朗诵组学员赴哈尔滨参加第十三届全国青少年儿童曲艺、朗诵、主持人、小品综艺大赛，获金、银奖各 1 枚，万光老师获辅导金奖。

8 月 5 日，参加“向阳花”第二届全国少年儿童民族舞展演活动。中心获组织奖；舞蹈《军中小女兵》获编导金奖、表演金奖。

8 月，施博文同学在第十三届孙敬修杯儿童故事邀请赛上获特等奖及全国故事大王称号；孙鑫钰同学获二等奖及全国优秀故事员称号。（王俊玲 陈燕舒）

〔**科普活动**〕 石景山区青少年活动中心 2004 年组织的科普传统项目有航空模型、航海模型、车辆模型，其规模分别是 1500～2000 人、1000 人以上及 1000 人左右。

〔**英语竞赛活动**〕 英语词汇游戏大赛已经在石景山区开展了 9 年，在全区有很大的发展，每年参加比赛的学生有 2300 多人。

2004 年 1 月 1 日，组织了石景山区中小学生英语词汇游戏。语言技能技巧大赛活动，共有 40 所学校，近 3200 人参加。评出小学、中学组一、二、三等奖、特等奖、团体奖若干名。

9 月，组织了石景山区中小学生英语词汇游戏大

赛、小学生英语技能技巧大赛、语文教师培训。共有25所学校的32名教师参加北京市中小学生航天知识、科幻画、征文竞赛。

9～12月，组织278人参加北京市中小学生科技英语创意大赛的初赛、复赛、决赛。

2004年9月～2005年1月，组织了石景山区中小学生英语词汇游戏大赛、小学生语言技能技巧大赛，共有28所学校3000多人参加。（孙新民）

〔**兴趣小组培训活动**〕 2004年，少年宫共开设电子琴、钢琴、手风琴、二胡、国画、素描、英语、车模等专业31个，兴趣小组205个，学员总数1295人。

〔**"我能行"素质技能大赛**〕 2004年3～7月，组织了石景山区中小学生"我能行"素质技能大赛〔包括踢毽比赛、跳绳比赛、卡拉OK比赛、舞蹈比赛、朗诵比赛、英语口语比赛〕，有3000多人参加。（孙新民）

教育科研活动

〔**参与课题研究及论文获奖情况**〕 王文绪《校外教育机构教研活动模式的实践与思考》、虞景生《速写教材呼唤创造力》获全国二等奖；史克霞《浅谈TTS活动在创新教育中的积极作用》、陈燕舒《少年宫工艺美术活动的实践与思考》获全国三等奖；董秀英《少年宫人更要注重自身的外在形象》获全国优秀奖；吴子龙《论校外教育机构教育教学活动内容的管理》获市级一等奖。匡振然《少年宫信息技术应用于奥数教学初探》、黄英《重视家长在儿童画教学中辅助作用的研究》获市级三等奖。（王文绪 陈燕舒）

交流活动

〔**参加京港中小学文艺汇演**〕 2004年1月16日，小荷民乐团一行77人，赴香港、澳门参加京港中小学文艺汇演。香港大公报、每日晨报等媒体对此次演出给予了报道。

〔**美国金秋月舞蹈团交流活动**〕 2004年7月4日，美国金秋月舞蹈团一行33人，来到石景山区青少年活动中心参观交流。客人们参观了书法室、英语班，并观看了舞蹈班学员的基本功训练。美国金秋月舞蹈团向石景山区青少年活动中心赠送了"中美友谊携手前进"的锦旗。北京电视台对此活动进行了报道。

（王俊玲 陈燕舒）

2004年参加、承办各类教育竞赛活动统计

项目	活动名称	活动时间	区级赛人数	市级赛人数	全国赛人数	获奖人数
体育活动	市、区中小学生车模比赛	2004.9～12		890		12
	市青少年"奥迪杯"车模比赛	2004.12		35		3
	全国、区青少年航模比赛	2004.2～6	1000			66
文艺活动	第一届市校外教育艺术节展演	2004.8		100		100
	第二届全国少儿民族舞展演	2004.8			18	18
	第十三届全国青少综艺大赛	2004.7			13	13
	第十三届孙敬修杯儿童故事邀请赛	2004.8			20	14
科普活动	市中小学生英语词汇、汉语技巧大赛	2004.1	3000			1000
	市中小学生科技英语创意大赛	2004.12		300		6
	市中小学生生物知识竞赛	2004.3～12		1517		46
	市中小学生"我护齿我快乐"书画赛	2004.10		2000		400
	市中小学生"我能行"素质技能大赛	2004.3～7	3000			500
	第九届中小学生头脑奥林匹克创新赛	2004.4		100		50
学科类竞赛活动	第一届市校外教育艺术节（书画工艺）	2004.8		20		5
	第四届"星星河"全国少儿书画赛	2004.5		35		28
其他活动	首届北京国际华侨华人少儿书画大赛	2004.1		20		9
	首届中国青少年演艺新人推荐活动	2004.9			1	1

门头沟区校外教育

〔**门头沟区青少年学生校外教育工作第二次联席会议**〕　2004年4月3日，门头沟区青少年学生校外教育工作联席会议第二次全体成员会在区教委举行。区教委、区文委等27个成员单位参加了会议。

会上，宣布了联席会议新成员单位名单，并原则上通过了《2003年门头沟区青少年学生校外教育工作总结及2004年工作要点》和《关于评选表彰门头沟区校外教育先进集体和先进个人的决定》等文件。王智慧副区长在会上做了重要指示。

〔**北京市郊区县校外教育工作会议**〕　2004年6月21日至23日，门头沟区少年宫承办了在雁翅素质教育基地召开的北京市郊区县校外教育工作会。会上就“校外小组活动课评价”进行了交流研讨。与会人员观看了美术、舞蹈小组活动课的录像。北京市学生活动管理中心副主任史建华作了题为“校外教育发展与管理”的报告。　(高爱民)

群众文化活动

〔**举办第九届合唱节**〕　2004年3～4月，门头沟区教委举办了“门头沟区第九届学生合唱节”。比赛共设置初中、小学、高中、幼教4个组别，校级合唱团、班级合唱队、表演唱、小合唱4个项目。全区36所学校报名，近3000名师生参加了比赛，评出了一等奖21个、二等奖22个、三等奖28个。(高爱民)

〔**门头沟区少年宫组织北京市中小学生科技英语创意大赛**〕　2004年10月22日，在育园小学举行北京市中小学生科技英语创意大赛复赛。全区有4所学校共220人参加了初赛，11月27日，在北京四中进行市级决赛，2所学校11人参加。大峪中学分校分别获团体二等奖和团体郊区组三等奖，其中孙星同学获个人最佳潜力奖;门头沟区少年宫获组织工作奖。

〔**中小学生车模比赛**〕　11月14日，门头沟区少年宫举办区中小学生车模比赛。20所学校1200人参加，获一等奖40人，二等奖120人，三等奖180人。

〔**举行第十七届北京市中小学生“无线电爱好者杯”电子制作比赛**〕　11月24日，门头沟区少年宫举行第十七届北京市中小学生“无线电爱好者杯”电子制作比赛，4所学校60人参加，获市级一等奖2人，二等奖4人，三等奖6人。

〔**组织北京市中小学生天文知识竞赛**〕　12月12日，门头沟区少年宫组织北京市中小学生天文知识竞赛，25所学校1.3万人参加，获市一等奖80人，二等奖160人，三等奖200人，少年宫获优秀组织工作奖。

〔**承办门头沟区中小学生第五届科技作品展览**〕　2004年12月，少年宫承办门头沟区中小学生第五届科技作品展览。这次展览共有16所学校参加，评出区一等奖16个，二等奖18个，三等奖22个。13所学校被评为先进集体。　(孟江英)

〔**兴趣小组培训活动**〕　2004年，中心开设电子琴、钢琴、手风琴、二胡、书法、围棋、英语、车模等专业27个，兴趣小组76个，学员总数2341人。

教育成果

5月，门头沟区教委在组织参加北京市第九届学生合唱节活动中被评市级优秀组织奖。

8月8日，全国“新星杯”英语词汇大赛在市少年宫科技厅举办，育园小学安丽雅获全国赛一等奖。

8月17日，由舞蹈教师魏俊玲、尤利娜辅导的舞蹈《希望跳跃》，在北京市教委组织的首届校外艺术教育展演中获三等奖。

8月20日，声乐教师李建芝辅导的小合唱《瑶山夜歌》，参加北京市教委组织的首届校外艺术教育展演中获得三等奖。

10月20日，门头沟区大峪中学、大峪二小、大峪一小、大台中心小学被北京市教委评为“北京市科技示范学校”。

11月16日，少年宫被门头沟区消防安全委员会评为区消防工作先进单位。

12月28日，北京市教委召开北京市校外教育先进集体和个人表彰大会，少年宫被评为北京市校外教育先进集体。　（李日成　高爱民）

〔**教育科研成果**〕　2004年，在北京市第十届课外校外教育理论研讨会论文评选中，区少年宫教师撰写的论文荣获二等奖一名、三等奖3名。在北京市郊区县校外教育系统教育教学活动创新系列展示活动中获二等奖1名、三等奖3名。

2004年，少年宫开发研究的课题有：“《三字经》、《百家姓》、《千字文》在颜体楷书中的应用研究”，获门头沟区经济技术创新优秀成果奖。　（孟江英）

2004年参加、承办各类教育、竞赛活动统计

项目	活动名称	时间	区级赛人数	市级赛人数	全国赛人数	获奖人数
体育活动	北京市门头沟区中小学生第二届体育节乒乓球比赛	2004.7	70			22
	北京市门头沟区中小学生第二届体育节围棋、象棋比赛	2004.7	10、100			32
	全区中小学生三人篮球赛	2004.10	70			24
科普活动	北京市中小学生科技英语创意大赛	2004.10～12	390	11		5
	“我有一双灵巧手”制作比赛	2004.11	100	13		10
	“新星杯”英语词汇游戏大赛	2004.5～11	550	240	120	20
	北京市中小学生航模竞技大赛	2004.3～6	1200	50		180
	北京市中小学生电子制作大赛	2004.9～11	30	18		12
	第五届门头沟区车模大赛	2004.9～12	1100			330
	北京市中小学生天文知识竞赛	2004.10～12	13000	1300		470
	第五届门头沟区科技作品展览	2004.12	150			58
文艺活动	第五届门头沟区迎新春“树京西新风尚，做文明小市民”比赛	2004.11～2005.1	2100			960

（孟江英）

房山区校外教育

群众文化活动

〔**举办房山区中小学生第十六届“春节杯”暨第六届“米兰卓隆杯”乒乓球比赛**〕　1月30日～2月1日，房山区中小学生第十六届“春节杯”暨第六届“米兰卓隆杯”乒乓球比赛在房山体育局训练馆举行。房山区体育局、教委及少年宫领导出席了开、闭幕式，并为获奖单位和运动员发了奖。

〔**参加“全国第一届中小学生艺术展演活动绘画、书法、摄影优秀作品展览”**〕　2月3日，少年宫参加在北京世纪坛举行的“全国第一届中小学生艺术展演活动绘画、书法、摄影优秀作品展览”开幕式。1名同学的摄影作品获全国一等奖、1名同学获三等奖。

〔**举办“房山区少儿艺术风采展示大赛”**〕　3月10～11日，区少年宫举办了“房山区少儿艺术风采展示大赛”。来自全区42所中小学912名学生参加了本次大赛。比赛分设器乐、舞蹈、服饰展示、声乐、朗诵、戏剧、曲艺7类，参赛节目达到509个，分16个场次进行。经过两天激烈的角逐，有208人次获个人单项奖，16支代表队获集体奖。

〔**在第24届联想北京市青少年科技创新大赛中获奖**〕　3月25～28日，参加第24届联想北京市青少年科技创新大赛，获科学幻想绘画市级一等奖1名、三等奖5名；获市级优秀科技活动二等奖3名、小发明市级二等奖2名、青少年科技创新大赛优秀项目三等奖3名，北师大良乡附中、电业中学荣获科技创新大赛优秀科技活动奖；北师大良乡附中薛成俊老师荣获科技创新大赛优秀科技教师奖。

〔**“房山区少年儿童摄影爱好者协会”成立**〕　4月18日，“房山区少年儿童摄影爱好者协会”成立大会在房山少年宫举行。房山政府、教工委、教委、文联、摄影家协会等领导出席了成立大会。

〔**举办“我爱地球妈妈”征文演讲大赛**〕 5月21日，房山区小学生“我爱地球妈妈”征文演讲大赛落下帷幕。本次活动由房山区教委、房山区环保局联合主办。共有50多所小学的1120名同学参加了本次大赛。经过大赛组委会的认真评选，123人获得了区级奖励。获一等奖19人，二等奖32人，三等奖72人。其中获得一等奖的19名同学于5月21日参加了区级演讲比赛，获一等奖5人、二等奖6人、三等奖8人。

〔**举办“大手拉小手，科普进校园”主题队会活动**〕 5月30日，中国少年儿童新闻出版总社、房山区教委、房山区教育系统关心下一代工作委员会、共青团区教工委、房山少年宫等单位联合举行“大手拉小手，科普进校园”主题队会活动。房山区教育系统有关领导参加了此次活动。

教育科研活动

〔**在北京郊区少年宫教学案例交流活动中获奖**〕 3月18日，北京市校外教育研究会对在2003年下半年开展的郊区少年宫教学案例交流活动中获奖的老师进行了表彰。其中，区少年宫刘克华的教学案例《声乐发生训练》获一等奖；刘淑娟的教学案例《会唱歌的色彩》获三等奖。

〔**房山区青少年科技教育协会被评为房山区2003年度科普工作先进集体**〕 3月24日，在房山区科学技术协会召开的2003年度科普工作总结表彰会上，房山区青少年科技教育协会被评为房山区2003年度科普工作先进集体。良乡三小副校长张玉洁被评为房山区2003年度科普先进工作者。

〔**召开第一届教育理论研讨会**〕 12月16日，房山区少年宫召开了第一届教育理论研讨会。北京市少年宫、房山区教委领导参加了研讨会。

〔**房山少年宫被评为“北京市校外教育先进集体”**〕 12月24日，北京市校外教育联席会议召开总结表彰会，房山少年宫被评为“北京市校外教育先进集体”，少年宫娄淑菊同志、美术教师刘淑娟，区体校教练员刘蕴军被评为“北京市校外教育先进个人”。

〔**在北京市郊区县校外教育系统教育教学交流总结会上获奖**〕 12月28日，北京市郊区县校外教育系统教育教学交流总结会在大兴区少年宫召开。舞蹈教师孔祥涛《游戏型舞蹈教学案例》获二等奖、手风琴教师姜异的《乐曲“少女波尔卡”集体课教学》获三等奖。

〔**在“教育创新活动”中被评为“教育创新”标兵**〕 12月29日，房山区教育系统开展的“教育创新活动”中，区少年宫马小兵、张艳霞两名同志被区教委、区教育工会评为“教育创新”标兵。

（马小兵）

燕山地区校外教育

〔**主要成就**〕 2004年，燕山区进一步完善校外教育联席会议制度，健全校外教育网络，形成了以教育部门为主体，社会各方面积极参与，校外教育与学校教育密切衔接，与家庭教育有机结合，与社区教育统筹协调的青少年学生校外教育的工作格局；加强了青少年学生校外活动场所和校外基地的建设；“十五”期间，燕山少年宫借助北京市创新项目专项经费的资助，建成了“现代科技应用互动展示教学系统”；加强了培训力度，进一步提高校外教育工作者的素质。

〔**全封闭电控科普教学沙盘建成**〕 2004年5月2日，燕山少年宫全封闭电控科普教学沙盘落成。沙盘总占地面积40余平方米，高8米、其内容涵盖宇宙、航天、航空、航海、工业、农业、军事、电力、交通、建筑、地质等多门类学科。

〔**少年宫被评为2004年北京市校外教育先进集体**〕 2004年12月24日，北京市青少年学生校外教育工作联席会议召开表彰大会，燕山少年宫被评为2004年北京市校外教育先进集体。（王凤平 刘殿先）

〔**燕山工委办事处决定对燕山少年宫进行改扩建**〕 2004年10月，在燕山地区青少年校外教育工作联席会议研讨《燕山校外教育2010年发展纲要》时决定，燕山工委办事处将对燕山少年宫进行改扩建，为燕山的少年儿童创造适宜社会实践和文化、艺术、科技、体育培训活动的发展空间。 （刘海霞）

群众文化活动

〔举办燕山地区第九届学生合唱节〕 2004年3～4月，燕山教委举办了燕山地区第九届学生合唱节。合唱节活动以普及性、群众性歌咏活动为重点，9780名学生参加了此项活动，做到人人开口唱，班班有歌声。

〔举办“第二十二届燕山学生科技节开幕式暨现代科技应用互动展示教学系统剪彩仪式”〕 2004年10月24日上午，“第二十二届燕山学生科技节开幕式暨现代科技应用互动展示教学系统剪彩仪式”在燕山少年宫隆重举行。北京市教委、办事处有关领导出席了开幕式。各校校长、校外干部、科技辅导教师和学生300多人参加了此次活动。 （刘海霞）

〔参加第一届北京市校外教育艺术节文艺汇演〕 2004年8月14日、16日、19日，燕山少年宫书画班、古筝班、二胡班、舞蹈班共42名学生参加第一届北京市校外教育艺术节文艺汇演。 （王凤平 刘殿先）

〔第二十二届燕山学生科技节活动〕 学校参与率为100%，学生参与率为100%，9300余名学生参与活动。开展了科技英语、航模、科技手抄报、科技小制作、粘贴画、科幻画和小发明等项目的比赛；燕山中小学生利用科技课、常识课及劳技课时间来到少年宫参观科技创新项目——“燕山现代科技应用互动展示教学系统”。

〔环保实践系列活动〕 2004年，燕山地区开展了广泛的环保实践系列活动。一是组织学生去牛口峪水库实践参观活动，参观净化车间装置，了解净化的真实过程，参观排放水体的生化处理和再利用项目，进行污水净化与环保知识普及教育。二是开展了相关知识竞赛、征文活动、摄影活动、实践活动。三是开展环保专题研究活动。邀请专家开设知识讲座，开拓思路和眼界，进行区域水资源污染及影响的科学调查。 （刘海霞）

〔兴趣小组培训活动〕 2004年，中心共开设电子琴、钢琴、手风琴、二胡、围棋、英语等专业23个，兴趣小组138个，学员总数1430人。 （刘竞新）

2004年参加、承办各类教育、竞赛活动统计

项目	活动名称	活动时间	区级赛人数	市级赛人数	获奖人数
文艺活动	新世纪新杯全国少儿书画大赛	2004.4	17		银奖2名、铜奖1名、优秀奖7名
	北京2008奥运书画大赛展示	2004.5			
	第一届校外教育艺术节	2004.8	136	80	38
	北京市校外教育第一届艺术节书画比赛	2004.8.15		10	二等奖1名、三等奖5名
	北京市校外教育第一届艺术节舞蹈比赛	2004.8.17		17	集体三等奖
	北京市校外教育第一届艺术节二胡古筝比赛	2004.8.18		8	集体三等奖
科普活动	2004年北京市中小学生航模竞技大赛	2004.5	816	82	56
	2004年北京市中小学生航空模型比赛	2004.8～11		3	4
	2004年北京市中小学生科普英语比赛	2004.10、	1011	46	35
学科类活动	2004年北京市中小学生科技英语创意大赛	2004.11.28		46	一等奖15名、二等奖11名、三等奖8名

（刘竞新）

通州区校外教育

〔发展概况〕 2004年，通州区在校学生9.45万人。青少年学生校外教育活动场所10个。各级各类青少年学生校外活动场所结合所在地区实际情况，用新的理念，从新的角度凭借自身的特点和优势，在本地区校内、校外教育活动中，发挥图书资料、计算机网络、文体教育、科学技术和师资培训等方面的示范、导向功能，创造性地开展工作。

2004年，校外教育机构自筹经费561.1万元，已建成了一个高标准、综合性的青少年活动中心。现任教师68人，其中具有中学高级职称教师9人，中学一级职

称教师23人。 (周海英)

〔**2004年通州区青少年校外教育工作联席会议**〕2004年6月16日，通州区青少年校外教育工作联席会议在青少年活动中心召开。会议对各校外教育单位提出具体要求：1.各个成员单位要提高认识，明确各自的职责任务，充分发挥各自的优势，形成各部门相互配合、全社会积极参与的良好工作机制。同时要精心设计和积极组织各具特色的青少年的校外教育活动，为全区青少年学生的健康成长创造一个良好的社会大环境。2.抓好青少年校外活动场所的建设和管理。联席会议的成员（27个委办局的领导）全部到位，4个办事处的主管领导也列席参加了会议。 (张亚利)

场所建设

〔**机器人创新工作室**〕 2004年3～8月，通州区青少年活动中心先后投入60多万元资金购买了多功能操作台、电脑连用操作台、竞赛轨道、机器人、电子技术包、机器人足球套装、8台3组合机床、三自由度机棋手、汽车技术包等设备，充实了机器人工作室，吸引了更多的学员来这里学习。

〔**通州区图书馆天桥湾少儿分馆建成并投入使用**〕 2004年7月23日，通州区图书馆天桥湾少儿分馆建成并开馆。天桥湾少儿分馆坐落在通州区天桥湾小区内，馆内有各单位捐赠的图书2200多册。其中有科普类、教育类、文学类以及军事、法律、医药卫生等10多类书籍以及小朋友喜爱的期刊杂志。

〔**扩大航模教室规模**〕 2004年8～10月，通州区青少年活动中心投入20多万元购进微型机床、直升机两架、固定翼飞机、竞时模型飞机、比赛用火箭发射架、比赛用火箭、火药、船模、工作台、陈列柜、多媒体电脑、航模设备、制作工具、航空模型耗材、各种零配件等设备，扩大了航模教室规模。

〔**成立网络中心**〕 2004年9～12月，通州区青少年活动中心投入200余万元购置了网络教学、办公系统设备，成立网络中心，以集成声音、影像处理、DV实时转录、教学及时反馈功能的多媒体控制台替代传统讲台；在活动中心内部架设4个广播级无线网桥，教室连入Internet，完成网络多媒体教学任务；通过校园内网实现远程管理、监控和维护；购置网络办公，网络信息发布系统，实现无纸化办公和教育信息资源的内部共享和对外发布。

〔**通州区青少年交通安全校外教育基地落成**〕2004年12月，通州区交通支队被区校外教育联席会命名为“通州区青少年交通安全校外教育基地”，区委副书记邓乃平同志为基地授牌。 (周海英)

管理成果

〔**校外教师声乐培训**〕 2004年6月，通州区青少年活动中心举办了“小型声乐辅导教师培训班”。活动通过体验与交流互动的形式进行了培训，同时观摩了第二届“运河之花”少儿独唱大赛实况光盘。来自全区19所中小学的26名音乐教师参加了本次培训活动。 (马 俊)

群众文化活动

〔**“运河之花”少儿独唱大赛**〕 2004年1月，通州区教委和青少年活动中心联合举办了通州区第二届“运河之花”少儿独唱大赛。本次大赛按幼儿组、童年组和少年组进行比赛，全区160名小学生和学龄前儿童参加了此次活动。经中国音乐家协会评委、北京市学生活动管理中心教师和首都师范大学声乐教师的评定产生了14个一等奖、20个二等奖。 (刘学平)

〔**通州区第九届学生合唱节**〕 2004年2～4月，通州区举办“第九届学生合唱节”活动，选拔出62个合唱队参加了于4月6～7日举行的区级竞赛，其中农村中小学合唱队29个，区直中小学合唱队33个。18个合唱队获得一等奖，其中15个合唱队被选送参加市级竞赛；评出优秀指挥5名，优秀伴奏6名，7个乡镇优秀组织奖和5个学校先进集体。在4月份市级竞赛中，表演唱、大合唱分别获北京市小学组、高中组一等奖，并参加了北京市第九届学生合唱节闭幕式演出。 (高 红)

〔**“新星杯”英语词汇游戏大赛**〕 2004年3月27日，通州区第七届中小学生“新星杯”英语词汇游戏大赛举行。全区26所中小学的1224名学生参加了比赛，103个代表队258名学生获区级奖；6月，选送参加市级比赛的学生共夺得团体一等奖2个、二等奖16个、三等奖26个；8月，在第三届全国“新星杯”

英语词汇游戏大赛中获3个团体冠军、3个团体一等奖；此外还获市级和全国的优秀组织奖。

〔"小手拉大手，共行文明路"系列教育活动〕 2004年4～12月，由通州区教育委员会和通州交通支队联合举办、通州区青少年活动中心等承办的"小手拉大手，共行文明路"中小学生交通安全系列教育活动在全区中小学生及社区中展开。有63所学校近10万名中小学生参加了活动，其中16支中小学代表队获得交通安全知识竞赛一、二、三等奖，178幅书画作品、32条交通安全短信息、7个交通指挥韵律操、13个活动方案获奖。 （刘学平）

〔组织首届中小学生颠球比赛〕 2004年4月2日，通州区首届小学生颠球比赛在区体育场举行。来自全区6所小学和8所中学的140多名运动员展开角逐。梨园镇中心小学张元和潞县中学李佳分获小学组和中学组颠球个人第一名。"北京潞河国安少年足球集训队"8名小队员进行了"头球、头胸脚、十二部位颠球、两人对顶"等技术动作表演。

〔举办民族学校传统项目运动会〕 2004年5月28日，通州区第二届民族传统体育项目运动会在于家务民族小学举行。比赛设绫秋、角球、夹包团体项目和跳绳踢毽子、推铁环个人项目。来自全区1所民族中学、5所民族小学的300余名运动员参加了比赛。

〔北京市中小学生车辆模型比赛获奖〕 2004年7月，通州区青少年活动中心航模班学员在北京市中小学航空航天模型比赛和中小学生车辆模型比赛中，4名同学分获中学组、小学组冠军；4名同学获亚军；20名同学获第三、四、五、六名；模型班还获初中车辆模型乙组和小学车辆模型乙组团体亚军。 （周海英）

〔"让家乡环境变得更美好"特色教育活动〕 2004年10～12月，中心在全区中小学生中开展"让家乡环境变得更美好"中小学生创新能力教育活动，此项活动将青少年科技教育活动与家乡经济建设和发展相结合，通过组织学生以研究小组为单位对家乡周围环境和事物以及对家乡建设前景的设计等进行考察走访，确定研究课题进行研究，写出答辩小论文，参加班级、校级和区级主题演讲、答辩会。有7个研究小组的23名同学获得一等奖、8个研究小组的24名同学获得二等奖、13个小组的26名同学获得三等奖。

〔第22届通州区学生科技节活动〕 2004年10～12月，通州区青少年活动中心组织全区中小学生参加北京市第22届学生科技节中小学生趣味科技英语大赛、中小学生电子技术竞赛、生物参观活动及生物知识竞赛、"我有一双灵巧手，动手做"竞赛、中小学生金鹏科技论坛活动等10项活动。 （付 岩）

〔举办第一届梨花杯女子足球赛〕 2004年11月2日，梨园镇中心小学组织第一届梨花杯女子足球赛。4所完小各派1支代表队参加，中心小学队获首届梨花杯女子足球赛的冠军。 （周海英）

社区教育活动

〔举办中小学生及幼儿书画、征联大赛〕 2004年1月，通州区中仓街道开展了中小学生、幼儿书画、春联大赛。大赛共收到绘画作品200余幅，书法作品167幅，春联300余对；评出一等奖2名、二等奖4名、三等奖10名。1月16日召开了颁奖大会。

〔开展航天图片展活动〕 2004年1月，通州区新华街道校外活动站在本辖区的3所中小学校举办了历时1个月的"中国航天图片展巡回展"活动，有3000余名学生观看了展览。

〔举办"邓小平大型图片巡回展"活动〕 2004年8月10～20日，通州区中仓街道与区关心下一代协会共同举办了"邓小平——光辉的一生"大型图片巡回展活动。此次图片展共收集了邓小平同志生前百余张珍贵图片资料。图片展在中仓12个社区巡回展出，2000多名中小学生观看了展出。

〔国防教育进社区〕 2004年12月，通州区新华街道办事处如意社区结合本社区国防教育一条街的内容，举办了国防教育知识竞赛活动。全区300多名青少年参加了答卷活动。经过专业人员评判，评选出一等奖1名，二等奖2名，三等奖4名。 （周海英）

教育科研活动

〔承担国家级和市级重点课题〕 2004年，研究室承担了中国科协《学习型社区公众科学教育能力建设的理论与实践研究》课题和北京市校外教育"十五"研究规划中的重点科研课题《校外群众性活动创

新实践的研究》课题及北京学生活动管理中心申报的《北京青少年学生校外教育资源的整合与开发》课题的子课题。（马 俊）

通州区青少年活动中心

〔**青少年活动中心发展情况**〕 通州区青少年活动中心坐落在通州卫星城中心地带，建筑面积9500平方米。由办公楼、科技楼、音乐楼、工美楼和正艺楼5个相对独立又相互联结的建筑组成。中心内建有模型、器乐、舞蹈、音乐制作等专业活动室36个，建有多媒体、排练厅、展厅等综合活动室14个，同时建成了集教育活动、文艺演出、休闲娱乐为一体的青少年文化露天剧场，以古色古香的建筑、浓郁的文化氛围与悠久运河文化相吻合的风格形成鲜明特色。活动中心培训部开设车模、航模、机器人搭建、舞蹈、琵琶、声乐、二胡、书法、绘画、古筝、扬琴、笛子、钢琴、提琴、唢呐、棋类等36个专业248个培训班，注册学员6830名，每年都有1万多人次在此接受各种培训。成立了书画、合唱、舞蹈、二胡、琵琶等8个学生社团，成立了“金禾民乐”团。近几年，有100余名优秀学员被输送到国家、市级艺术院校。活动部成功举办了9届合唱节、7届艺术节、21届爱科学月等大型艺术和科普活动。同时面向街道、社区开展各类校外活动。研究室组织指导教师业务和实践的研究，编辑出版了《通州校外活动》刊物。活动中心明确了“构建5个系统，强化3个结合，实现一网互动”的发展思路。在实践中逐渐形成了“确立地位、突出品牌、搭建网络、实现网络互动、整体推进”的社会化格局，基本形成为全区青少年学生及儿童参加丰富多彩社会实践的活动中心、培养兴趣发展个性特长的培训中心、开展课外校外活动的指导中心。

2004年，青少年活动中心被通州区教委评为计划生育工作优良单位、被通州区精神文明建设委员会评为区级文明单位。（周海英）

大兴区校外教育

群众文化活动

〔**“新星杯”英语词汇游戏赛、汉语语言技能技巧赛**〕 2004年3月7日，大兴区“新星杯”英语词汇游戏大赛、汉语语言技能技巧大赛在黄村三中举行。来自全区54所中小学的近3000名选手参加了本次大赛。此次活动充分调动了学生学习英语、汉语的积极性、将学生从死记硬背中解放出来。

〔**大兴区第九届学生合唱节在少年宫举行**〕 2004年3月31日，大兴区第九届学生合唱节优秀节目汇演活动在大兴少年宫举行。来自全区39所中小学的51支合唱队参加了本次汇演活动。全区95%的中小学、11000多人参与了比赛。参加优秀节目汇演的51支参赛队是在全区分片汇演基础上选出的优秀合唱队，总人数达2300余人。大兴区校外办聘请了原中央歌剧院合唱团团长、国家一级演员王立民等5位专家任评委。5支小学队、6支初中队、3支高中队获一等奖。部分优秀合唱队代表大兴区参加北京市的比赛。

〔**大兴区中小学生航模比赛在念坛水库举行**〕 2004年4月17日，大兴区中小学生航模比赛在念坛水库举行。来自全区48所中小学800余名选手参加比赛。比赛在往年的仿真滑翔模型、橡筋动力模型和电动模型等机型基础上新增了电动遥控模型机，在考查学生动手动脑能力和参赛难度上都比往年有所提高。

〔**2004年大兴区中小学生无线电测向比赛在宋庄公园举行**〕 2004年5月23日大兴区中小学生无线电测向比赛在宋庄公园举行，来自全区10所中小学的100余名选手参加了比赛，本次比赛设短2米波、短80米波和长80米波3个项目，分小学、初中、高中3个年龄组进行，30人获奖。（刘清松）

〔**北京金帆书画院大兴分院“首届书画展”**〕 2004年6月1日，大兴少年宫成功举办了北京金帆书画院大兴分院“首届书画展”，参观人数累计达1万人次，并编辑出版了《北京金帆书画院大兴分院首届院展优秀作品集》，深受社会各界的好评。（马立华）

〔**举行“我是奥运志愿者”主题英语演讲比赛**〕 2004年10月26日，大兴区校外办举办“我与奥运同行”主题系列活动和“我是奥运志愿者”主题英语演讲比赛。21所中小学的21名选手参加了本次决赛。经过近3个小时的比赛，兴华中学的赵晗、大兴三中的吴楠、大兴二小的才华等6名选手分别夺得高中、初中及小学组一等奖。

〔**举办大兴区中小学生电子技术竞赛**〕 2004年10月30日上午，大兴区中小学生电子技术竞赛在大兴三中举行，来自大兴区11所中小学的116名中小学生参加了本次比赛。32名选手在竞赛中分获一、二、三等奖。

〔**趣味科普英语创意大赛**〕 2004年11月7日上午，大兴区趣味科普英语创意大赛个人复赛在大兴七中举行。参加比赛的有1280名选手。全场比赛经过两个小时的角逐结束，中学组中，70名学生获得一等奖，105名学生荣获二等奖，175名学生荣获区级三等奖。小学组7人荣获一等奖，11人荣获二等奖，19人荣获三等奖。11月28日，参加市级决赛获远郊区第一名的好成绩。

〔**拓展想象空间，搭建展示舞台**〕 2004年11月10日，大兴区中小学生虚拟创造活动《2008年第29届北京奥运会开幕式方案设计》主题现场赛在大兴五中举行。来自大兴五小等8所中小学代表队参加了比赛。各选手在比赛中充分发挥个人的想象，运用精炼的语言、电子幻灯、动画演示及选手风趣幽默的表演，将设计的北京2008年奥运会开幕式方案向全场观众展示。大兴五小、大兴二中和大兴七中参赛队获最佳方案奖。 （刘清松）

交流活动

〔**寻根之旅·相约北京——中日青少年体育交流活动**〕 2004年7月，大兴少年宫学员与日本同源学校的200余名师生进行了“寻根之旅·相约北京——中日青少年体育交流活动”。少年宫武术班、艺术体操班、跆拳道班的52名优秀学员参加了此次活动。学员们的精彩展示赢得了日本朋友的高度称赞。

〔**活动成果**〕 在APEC国际青年科技交流节论文论坛活动中，大兴少年宫的科技小论文获一、二等奖10个；参加北京市校外教育创新活动展示，大兴区获市级一等奖2个，二等奖5个，虚拟创造活动方案获了国家级校外创新活动二等奖；在北京市首届校外教育艺术节活动中，获一等奖9个，二等奖6个，三等奖8个，团体总分名列远郊区县第一名。（刘清松）

〔**兴趣小组培训活动**〕 2004年，少年宫共开设电子琴、钢琴、手风琴、二胡、声乐、围棋、英语、国画等专业31个，兴趣小组52个，学员总数9221人。 （王　雷）

教育科研活动

〔**参加北京市校外教育教学创新活动方案展示活动**〕 大兴少年宫积极参加北京市校外教育教学创新活动方案展示，并获一等奖2个、二等奖4个、三等奖2个。 （马立华）

〔**举办“争当小实验家”科学体验活动教师培训**〕 2004年3月3日，全国少工委、中国少年科学院举办的“争当小实验家”科学体验大赛教师培训在大兴少年宫举行。来自30余所中小学的38名师生参加了本次培训活动。活动聘请中国科普所翟立原教授、北京师范大学郭召良博士作了报告。参加培训活动的师生亲自动手，操作科学实验箱中的各种实验仪器、工具、材料，现场动手实验。 （刘清松）

〔**大兴区首届校外教育思想论坛**〕 2004年11月4日，大兴少年宫举办大兴区首届校外教育思想论坛。本次活动中共收集全区中小学教师撰写的校外教育论文130多篇。论题涉及学科活动、校内外教育结合、科技活动发展策略等几个方面。7名同志做了典型发言。 （程德玲）

〔**大兴区校外教育论坛论文选**〕 11月4日，大兴区校外办、大兴少年宫出版了《大兴区首届校外教育论坛论文选》。这是大兴区第一本校外教育论文集。共收集论文37篇，有9篇论文分获北京市第十届优秀校外教育论文评选一、二、三等奖。 （吴芳希）

〔**大兴区科技教师研究会**〕 2003年9月，大兴区校外办成立大兴区“科技教师研究会”。目前拥有会员25名，均为大兴区中小学一线科技教师。研究会成立2年来，先后举办了“大兴区虚拟创造活动主题研讨”、大兴区科技教育工作规划研讨等多项专题讨论会，收到会员论文120余篇。在2004年11月举行的大兴区首届校外教育思想论坛活动中，7篇现场宣讲论文有4篇是科技教师研究会会员撰写的

科技教育专题论文。（刘本明）

大兴区小学大皮营劳动教育基地

〔基本情况〕 大兴区小学大皮营劳动教育基地初建于1991年，占地16200平方米，大兴区教委创建。1997年命名为“大兴区小学大皮营劳动教育基地”。1998年5月被北京市青少年科技教育协会、北京农学会、北京青少年科学基金会联合命名为“北京少年科技园”。

基地现已建成布局合理、设施齐全、教学效益显著的综合劳技实践基地，设有养殖、林果、种植、室内教学活动实践区及餐厅等，服务设施齐全。

〔综合实践活动〕 室内实践活动内容包括：粘贴画、缝纫和手工制作、自行车修理和金工、木工制作、烹饪、洗涤、石膏浇铸、电工、瓦工和木工、软陶制作等。室外活动内容包括：种植及管理、林果管理、养殖方法、采摘等。几年来劳动教育基地不断开拓教育实践内容，接待上劳动实践课的小学生达4万多人次，开课2500多课时。2001年4月17日，接待德国罗曼罗兰学校师生20多人参观团。1998年12月，劳动教育基地被教育部基础教育司授予“劳动技术（劳动）教育先进单位”；2003年3月在第二十三届北京市青少年创新大赛中获科技活动一等奖；同年8月，在第十八届全国创新大赛中获三等奖；2004年6月获区科学技术委员会、区科学技术协会、区教委科技创新示范校的称号。（刘清松）

北京永定河绿野青少年素质教育基地

〔基本情况〕 北京永定河绿野青少年素质教育基地位于大兴区北臧村镇境内，占地1万多亩，注册资金1198万元。5年来，开拓、建设了素质教育区、现代化农业大棚观光区、育博园接待区等3个区域。绿野基地大力发展绿色田园生态旅游，通过社会劳动实践、丰收采摘、航天科技、环境保护、军事拓展、体能训练等来提高学生素质。北京市及周边地区的大、中、小学学生，通过阳春踏青赏花、种植生命树、我的试验田、夏令营、金秋采摘、绿色营地军训、冬令营、航天技术、拓展训练、参观高科技流水生产线、全国少先队小干部培训等60余种活动进行素质教育。截至2003年11月，累计接待大中小学师生60万人次，与500多所大中小学校建立了良好合作关系。（刘清松）

大兴区少儿图书馆

〔基本情况〕 大兴区少儿图书馆隶属于大兴区图书馆，是专为5岁以上、高中以下的幼儿和学生开办的。开架式借阅图书3万余册，包括历史、传记、人物故事、百科知识、童话故事、漫画、科幻小说等各类图书，还有《大众电影》、《儿童画报》、《连环画报》、《儿童文学》、《读者》及中小学生课外学习用的《小学英语学习》、《中学生英语学习》、《21世纪小学优秀作文》、《中学生数理化》等内容健康向上的核心刊物490余种。少儿馆现有持证小读者1500多人，阅览座位50多个。少儿馆全年365天向小读者们开放。除为全区的小读者提供借阅书刊外，还组织“北京市红领巾读书活动”、“流动图书车”等不同形式的读书活动。每年的节假日和“六一”期间，还组织各种游艺和猜谜活动。（刘清松）

天堂河社区青少年动手做科学俱乐部

〔基本情况〕 天堂河社区青少年动手做科学俱乐部成立于2003年9月。该俱乐部位于北京市大兴区天堂河小区内，总占地面积120平方米，建筑面积约100平方米，使用面积80平方米，内设“趣味实验活动区”、“电子制作活动区”、“动手制作活动区”、“生物科技活动区”、“益智玩具活动区”和“电脑机器人活动区”6个区域。

俱乐部主要面向中小学学生，以集体参加活动为主，分常年性和专项性活动，有科技、实验、制作等。常年性活动有动手制作、益智玩具、趣味实验等；专项活动有电脑机器人、电子制作等。（刘清松）

中国西瓜博物馆

〔基本情况〕 中国西瓜博物馆坐落在北京市大兴区庞各庄镇，2004年5月28日建成开放。总占地22000平方米，建筑面积4000多平方米。展出图片近900幅，蜡质西瓜模型140余个，琥珀种子标本200余种，雕塑模型7组，各类图表18幅，书法美术艺术作品36件。构成了具科学性、专业性、知识性、文化性、趣味性的陈列特征。（刘清松）

中国印刷博物馆

〔基本情况〕 由国家主席江泽民题写馆名的中国印刷博物馆于1996年6月1日建成开馆。馆址坐落于北京大兴区黄村，建筑面积8100平方米，是目前世界上最大的印刷专业博物馆。它全面展示了中国印刷术的起源、发明和印刷工业现代化进程历史。

馆内设有“源头古代馆”、“近现代印刷馆”、“印刷设备馆”和“综合馆”4 大展区。在“综合馆”还设有国际展区。该馆还是“北京市爱国主义教育基地”和“北京市科普教育基地”。 （刘清松）

中华文化园

〔**基本情况**〕 中华文化园位于北京丰台与大兴交界的明春苑教育文化区，占地500亩，由“一魂三园”组成，是以弘扬民族历史文化为主体，以园林艺术为载体的主题公园。

龙字墙荟萃了中国有文字以来，历代政治家、艺术家、社会名流撰写的999个龙字。有1．5万平方米的龙岳湖，8200平方米的灯光音乐喷泉，还有古松、古榆、古紫薇等1.2万株花木。公园把5千年历史116组板块分成历史事件篇、科技发明篇、工艺工程篇、爱国人物篇等。被北京市人民政府授予“爱国主义教育基地”，接待学生游客20余万人次。 （刘清松）

2004年参加、承办各类教育、竞赛活动统计

项目	活动名称	活动时间	区级赛人数	市级赛人数	全国赛人数	获奖人数
文艺科技活动	合唱节	2004.3	2700	450		500
	小百灵	2004. 7. 15	184			50
	乐器	2004. 7. 19	109			36
	2004年大兴区中小学生三琴比赛	2004	6			6
	第七届希望杯青少年儿童钢琴比赛	2004				
	2004年全明星少年儿童钢琴大赛	2004				
	马来西亚第九届世界和平书画展国际青少年儿童书画评奖	2004			22	
	第一届全国中小学生艺术展演	2004.2			1	1
	第五届世纪之星全国青少年儿童美术书法摄影艺术教育成果展	2004			16	16
	北京市校外艺术展演	2004		5		5
	首届全国艺教展	2004		1	1	2
	全国规范汉字书法大赛	2004			15	15
	“青春杯”全国少儿书法大赛	2004			38	38
	第一届北京市校外教育艺术节	2004		19		19
	航模	2004. 4. 17	573			176
	无线电测向	2004. 5. 23	100			48
	科普英语团体	2004. 10. 31	32	10		18
	科普英语个人	2004. 11、7	1280	188		485
	金鹏论坛	2004. 11 5	96			21
	虚拟创造开幕式	2004. 11. 10	32			14
	虚拟创造交通工具	2004. 11. 19	39			10
	电子技术	2004. 10. 30	128	14		37
	OM竞赛	2004. 4. 4		28		6
	小实验家	2004. 3. 3		30	6	
	2004年全国青少年无线电测向分区赛（北京赛区）	2004.5		11		11
	北京市中小学生无线电测向竞赛	2004.7		22		22
体育活动	中国国际象棋等级赛	2004.3.29			6	6
	2004年“武安通信杯”全国国际象棋少年棋校锦标赛	2004.9.10		6		6
	2004年“翔科杯”北京市中小学生航空模型比赛	2004.11		16		16
	北京市中小学生航空模型竞赛	2004.12		27		27
学科类竞赛	2004年全国中小学生英语竞赛	2004.5.20			2	2
	大兴区第六届“新星杯” 英语词汇游戏大赛	2004.3.17	1			1

（袁宏利 孙立云）

昌平区校外教育

〔**昌平区 2003～2008 年教育事业发展规划**〕 2004 年，昌平区委、区政府制定《昌平区 2003～2008 年教育事业发展规划》。规划分为指导思想和战略方针、教育发展目标、重点工作、落实全区教育发展目标的主要措施 4 大部分。总目标：通过转变观念、深化改革、加大投入，调整结构、强化创新、加快发展，大力推进学前教育多元化，义务教育均衡化，高中教育优质化，职业教育市场化，校外教育、社会力量办学规范化；逐步形成以德育为核心、以培养具有创新精神和实践能力人才为重点的素质教育模式；教育总体水平达到全市上游水平；全区构建起立足昌平、服务北京、面向全国的现代教育体系，实现教育现代化；全面进入学习化社会。

〔**昌平区教育大会暨庆祝第 20 个教师节大会召开**〕 9 月 8 日下午，召开“昌平区教育大会暨庆祝第 20 个教师节大会”，会上，区长佟根柱作了题为《与时俱进、开拓创新为昌平率先基本实现教育现代化而努力奋斗》工作报告；对优秀教育工作者、优秀教师、师德标兵和优秀班主任等共 300 多名先进个人进行了表彰。确定了昌平教育 2010 年远景规划目标，同时下发了《加强青少年校外教育工作的意见(修订)》等 21 个文件。 (李淑玉)

〔**庆祝少年宫成立20周年**〕 1月3日，市教委领导和嘉宾共计80人参加了昌平区少年宫召开的建宫20周年暨迁新宫一周年庆祝大会。领导们参观了昌平区少年宫的网站和师生书画展后，观看了“春催桃李”文艺节目演出。 (李玉明)

场所建设

〔**高科技项目天象厅竣工**〕 4 月 1 日，昌平区少年宫高科技项目天象厅工程破土动工，7 月完工，8 月进行安装、调试。2004 年年底交付使用。建筑面积 191.84 平方米，建筑工程投资 34 万元。设备投资 66 万元。 (李玉明)

〔**中国航空博物馆扩大基础建设**〕 2002 年～2004 年，航空博物馆对场馆又进行了两次大规模的建设。重新修建了馆标区背景墙，平整修缮道路，大面积绿化美化，依山修建亭台长廊等。6 月已正常使用，共投入近千万元。

〔**建立机器人培训基地**〕 10 月，经教委、科协研究决定，“前锋学校”为机器人大赛培训试点校。本着试点先行，以点带面的发展思路，与市科协青少部联系，帮助该学校建立了培训基地。并且已经对科技辅导员和部分学生进行了培训。

〔**昌平区图书馆博物馆投入使用**〕 2004 年 12 月 18 日，昌平区图书馆博物馆新馆投入使用。该工程于 2002 年 12 月 28 日开工。占地面积 8528.83 平方米，建筑面积 11580 平方米，总投资 5600 多万元。图书馆拥有报刊、杂志、图书等 18 万册，可容纳 400 多人的综合报告厅。博物馆共有 5 个展厅，分为历史文物、革命文物、民俗文物、现代成就和科普展厅。图书馆、博物馆日活动量 2000 人次左右。 (李淑玉)

群众文化活动

〔**组织中、小学生初级航模赛**〕 4 月 19 日，昌平区少年宫组织的昌平区中、小学生初级航模赛在昌平体委足球场举行，此项活动共有 2028 人参加，获市级一等奖 41 人，二等奖 61 人，三等奖 203 人， 4 所学校获团体一等奖，4 所学校获二等奖，4 所学校获三等奖。此次活动少年宫获北京学生活动管理中心颁发的优秀组织工作奖。

〔**组织“新星杯”英语词汇游戏赛**〕 4月24日，昌平区少年宫组织的昌平区英语词汇游戏赛在昌平五中举行，全区共有2533人参加。选拔出244名优秀学生参加市级决赛，其中获市级一等奖55人、二等奖92人、三等奖69人。市团体一等奖15个、二等奖37个、三等奖117个。8月8日，选派25名优秀学生参加全国比赛，获全国个人特等奖1人、一等奖11人、二等奖10人、三等奖3人；1个年级组获团体亚军，2个年级组获团体一等奖，3个年级组获团体二等奖。 (赵淑荣)

〔**参加全国少儿歌舞展演**〕 8 月 2 日，昌平区少年宫在第二届“向阳花”全国少儿歌舞展演中获组织大奖。教师吕雪梅编导的舞蹈《织梦》荣获编导奖金奖、表演奖金奖。

〔**参加第一届校外教育艺术节**〕　2004年8月，昌平区少年宫参加了第一届北京市校外教育艺术节。在这次艺术展演中，昌平区少年宫共有95名学员参加了展演。舞蹈《摇花线》、《乒乒乓乓》获二等奖；舞蹈《天梦》、电子琴重奏《希望小学落成了》获三等奖；绘画有1名学员获三等奖。　（李玉明）

〔**举办中小学生科技英语创意大赛**〕　11月27日，昌平区少年宫组织3所学校代表昌平区参加了北京市中小学生科技英语创意大赛团体赛。二毛学校获小学组二等奖，昌平五中、北京私立汇佳学校获中学组一等奖。11月28日选派54人参加市级个人决赛，获市级一等奖18人、二等奖11人、三等奖16人。昌平少年宫在此项活动中获北京市教委颁发的组织工作奖。　（赵淑荣）

〔**昌平区少年宫阵地教学情况**〕　昌平区少年宫阵地教学全年4次招生，截止到2004年底，开设的教学科目有书法、硬笔书法、色彩、素描、国画、儿童画、中国舞、芭蕾舞、无线电、航模、数学、奥数、珠心算、作文、小学英语、儿童英语、音标、新概念英语、电脑平面设计、计算机网络、阅览、钢琴、电子琴、手风琴、小提琴、二胡、吉他、古筝、笛子、长笛、架子鼓、合唱、声乐、围棋、象棋、武术、乒乓球等共37个科目。全年共招收学员6702名。　（李玉明）

交流活动

〔**日本小学生来少年宫文化交流**〕　8月18日下午，日本青森县板柳町小学生文化交流团的20名同学来到昌平区少年宫，同昌平区少年宫各培训班的20名学员进行了广泛交流。　（李玉明）

教育科研活动

〔**校外教育教学活动创新系列展示**〕　2月，少年宫在2003年北京市校外教育系统教育教学活动创新系列展示中，《群众性活动评价方案》、《小组活动评价方案》、《昌平区少年宫庆航空百年系列活动之“心系蓝天放飞梦想”》、《在电子琴小组活动中注重加强对学生进行音乐情感的培养》获奖。　（李玉明）

〔**教师科技获奖**〕　3月25日，昌平区科协组织教师代表团代表昌平区参加北京市第24届青少年科技创新大赛活动，获一等奖3名、二等奖4名、三等奖6名，优秀科技教师奖1名。6月15日，昌平区8所学校科技辅导员参加全国第十二届辅导论文评比活动，获市级一等奖3名、二等奖3名、三等奖4名，全国二等奖3名。　（李淑玉）

〔**教育教学论文获奖**〕　7月，少年宫教师闫桂花《浅谈钢琴教学中的几点体会》一文获“现代教育理论与实践论坛”征文评比大奖赛一等奖。8月份，李海燕论文在全国校外课外优秀论文活动案例评比中评为优秀奖。12月，少年宫教师王忆齐《硬笔书法校外教学的小结》、杨进芝《浅谈校外英语教学中的“交际法”》、刘桂艳《让美妙的音乐从指端流出》、闫桂花《校外钢琴教学培养学生综合素质之我见》在北京市第十届课外校外教育理论研讨会论文评选中被评为三等奖。少年宫获优秀组织奖。12月，代莹莹在北京市郊区县校外教育系统教育教学活动创新系列展示中，舞蹈《天梦》活动方案获一等奖；刘桂艳钢琴独奏——《牧童短笛》活动方案获三等奖。　（李玉明）

2004年参加、承办各类教育、竞赛活动统计

项目	活动名称	活动时间	区级赛人数	市级赛人数	全国赛人数	获奖人数
文艺活动	第九届学生合唱节	4月	3259	354		71
科普活动	初级航模	4月	2028	2028		610
	新星杯英语词汇游戏大赛	4月	3533	264	24	709
	新星杯语言技能技巧大赛	4月	475	160		238
	趣味科普英语创意大赛	11月	1483	406		273
	电脑设计竞赛	12月	325			180

怀柔区校外教育

〔**发展概况**〕 2004年6月1日，学生活动管理中心正式启动，标志着怀柔区的校外教育有了自己的一片天地。中心工作开展以活动为载体，培养学生兴趣，提高科技、艺术、体育教育质量。以培训为保障，推进全区的科技、艺术、体育工作，开创了怀柔区校外教育工作的新局面。

中心占地3万平方米，一期工程总投资3000多万元，建筑总面积9074平方米。设有天象厅，音乐、书画、舞蹈、合唱、乒乓球、棋类等活动室，理化生实验、计算机网络及科技艺术展示等专用教室，能同时容纳1500名学生参加活动。（王凤海 刘士成）

〔**学生活动管理中心启动仪式**〕 怀柔区学生活动管理中心启动仪式暨庆"六一"活动于2004年6月1日上午举行。北京市教委、怀柔区教委及怀柔区30家企事业单位的有关领导参加了启动仪式。怀柔区学生活动管理中心是怀柔区人民政府投资创办、区财政全额拨款、怀柔区教委主管的事业单位，负责管理指导全区各校学生的课外校外德育、科技、艺术等教育实践活动的校外教育机构。启动仪式后，怀柔区1000名中小学生参加了演出活动及游艺活动。

6月28日，学生活动管理中心迎来了第一批来中心参加培训活动的学生，共有180余人参加舞蹈、古筝、绘画等科目的学习。（王凤海）

〔**中心成为怀柔区青少年学生课外活动的主要场所**〕 截至2004年底，中心共开辟适合青少年学习、活动的阳光网站、网络活动室、天文科技活动室、科技创新活动室和科技英语活动室等科技教育活动场所20个；开辟电子琴、电钢琴、钢琴、舞蹈、武术、书法、美术等专业30个，培训班62个，学员990名，成为怀柔区青少年学生课外活动主要场所。（王海伶）

场所建设

〔**命名天文科普实践活动区**〕 中心天文科普实践活动区被北京天文馆命名为北京天文馆怀柔科普基地。活动区占地200平方米，由天象厅、科普展厅、天文科普活动室和室外观测平台4部分组成。天象厅穹幕直径12米，可容纳100人观看天象节目和穹幕电影；科普展厅陈列有光电天体运行仪、各种天文仪器模型、珍贵天文收藏品以及天文展板。天文科普活动室配有美德300天文望远镜及20台适合青少年天文爱好者观测使用的天文望远镜。

〔**中心科技创新活动室**〕 科技创新活动室配有德国慧鱼及西米亚公司各种机器人组合套件200余件和小型机床，适合各年龄段学生进行科技创新、机械工程学的研究活动，帮助学生认识和理解物理概念、动力学、生产流程、气动控制系统等。学生通过科技创新建模，在不断尝试改进中学会技术概念，在独立完成作业时能设计、挑选并完成合理的作品。（路占夷）

〔**中心艺术创新教育活动区**〕 活动区占地2000平方米，为学习艺术的学生们提供的专门区域。包括电子琴教室、电子钢琴教室、钢琴一对一练琴室、合唱团专用教室、民乐教室、专业舞蹈教室。（刘士成）

〔**中心投资230万元建成阳光网站**〕 阳光网站使用面积400平方米，有80台电脑，具有屏蔽全球各类色情、暴力、毒品、邪教等不良网站和日志备份、查询，支持实时访问动态监控，IP地址追踪等功能。网站包含新闻频道、招生动态、教学研究等栏目，符合未来发展的需要。（崔 冰）

管理成果

〔**全区科技辅导教师培训**〕 4月2日，怀柔区学生活动管理中心在怀柔区实验小学召开了全区科技辅导教师培训会，共有20多所学校的科技辅导教师参加培训。（肖晓平）

〔**面向全国招聘教师**〕 中心为了在暑期向全区中小学生开放，于5月9日在全国范围内公开招聘专业教师，通过特长展示、笔试、谈话等形式，优中选优，在几十位竞争者中，7位教师脱颖而出，成为中心首批专业教师。

中心兼职教师队伍由在全区教育系统公开招聘的具有大学以上学历和一定特长的优秀教师及一定专业水准的骨干教师组成。这些教师经验丰富，驾驭课

堂能力强,为中心学生培训工作奠定了基础。(崔　冰)

社团建设

〔**中心与怀柔区武术协会联合成立武术社团**〕　武术社团建有跆拳道、套路训练室各1个，建筑面积共计600平方米。专业武术教练4人，原北京市体育运动学校培训中心教练员、北京市运动会剑术第一名获得者米金蓓任总教练。(刘士成)

〔**怀柔区学生活动管理中心乒乓球社团成立**〕　7月10日，怀柔区学生活动管理中心和北京新鼎华体育文化传播公司联合成立了“怀柔区学生活动管理中心乒乓球社团”。球馆占地500平方米，拥有14张乒乓球台，专职教练4人。乒乓球社团开展3个项目：学龄前儿童班、青少年长短期培训班及成人班。每晚7点至10点免费为成人开放。2004年先后组织了怀柔区中小学生乒乓球比赛、怀柔区处级以上干部名人赛。在2004年北京市举行的中小学生乒乓球比赛中获得团体第五名。

〔**开创学前教育艺术班**〕　2004年9月，学生活动管理中心成立3个学前特色教育班。3个班分别为乒乓球班、舞蹈班、美术班。课程设置公共课幼儿英语、语言、数学、音乐、体育。上午公共课，下午专业课。经过一个学期的实践，得到了家长的认可，在社会上引起广泛赞誉，截至2004年底，学员已由刚开学的40人增至86人。(崔　冰)

群众文化活动

〔**科技节“三走进”活动**〕　“三走进”活动是怀柔区第二十二届科技节的特色活动。科学家走进校园：即科学家进校园讲座活动；学生走进博物馆：中心租用90辆大巴，组织学生3600余人次，到富国海底世界、农业展览馆、自然博物馆、麋鹿博物馆、教学植物园等科技教育基地参观；学生走进学生活动管理中心：活动内容有“男孩女孩”青春期教育展、阳光网络世界、动植物展览（猴年猴展）、市级科技教育示范校成果展、北京天文馆怀柔科普基地的天文科普展、观看天文科普影片等，是此届科技节核心活动。有4000名同学参观了学生活动管理中心。(赵仕阔)

〔**在第24届联想北京市青少年科技创新大赛获奖**〕　3月，怀柔区学生在“第24届联想北京市青少年科技创新大赛”中，获科技论文一等奖1名、三等奖1名；获科幻画一等奖1名、二等奖7名、三等奖2名；长哨营小学、庙城中学获优秀科技活动奖。科技教师宋旭获优秀辅导教师奖。

〔**怀柔区第一届中小学生航模竞技赛**〕　4月25日，怀柔区学生活动管理中心在怀柔一中举办了“怀柔区第一届中小学生航模竞技赛”。全区有1149名学生和100余名教师参与此项活动。通过校级初赛，选拔出了328名学生参加区级复赛，54名学生参加市级决赛。

〔**举办第九届学生合唱节汇报演出暨颁奖典礼**〕　5月14日，由怀柔区教委主办，学生活动管理中心承办的主题为“乘着歌声的翅膀”的第九届学生合唱节汇报演出在怀柔区国际会议中心举行。合唱节共评选出优秀组织奖17个，区级一等奖25个，最佳指挥、最佳伴奏奖24名。

〔**举办2004年怀柔区青少年无线电测向赛**〕　6月27日，怀柔区学生活动管理中心在桥梓镇前辛庄村南中天瀚海旅游度假村举行2004年怀柔区青少年无线电测向赛，共有8所学校的150多名学生参加了竞赛。(肖晓平)

〔**第二十二届怀柔区学生科技节开幕式**〕　10月9日，第二十二届怀柔区学生科技节开幕式在学生活动管理中心举行。北京市教委、怀柔区政府、区教委有关领导及中国科普研究所、北京理工大学、北京天文馆等有关单位专家出席。开幕式上举行了“北京市天文馆怀柔区科普基地”（怀柔区学生活动管理中心）挂牌揭幕仪式。本届学生科技节围绕“环境、人口、发展、科技、创新、进步”的主题，开展科学家走进校园、学生走进博物馆、学生走进学生活动管理中心“三个走进”活动，并进行天文知识、科技制作、趣味英语创意大赛等6项比赛。科技节历时4个月，于12月底结束。(崔　冰)

〔**社区文化广场**〕　学生活动管理中心与怀柔区泉河街道办事处共建夏日文化广场演出7场。每天早晨集聚社区居民到中心广场打太极拳、练太极剑、跳健美操，晚间到中心广场跳交谊舞，中心免费提供音响、灯光等设备，并与街道办事处制定科学健身计划，采取针对性的健身方式，引导正确的健康观念。

中心配备专职的管理人员与清洁人员对健身设备设施定期检查、维护及消毒保洁，确保练习者人身安全与卫生。2004年中心被泉河街道办事处评为“共建共驻先进单位”。（刘士成）

〔举办“迎新春教学成果汇报暨首届‘乐尔乐’杯少儿书画”大赛〕 12月26日，学生活动管理中心举办了“迎新春教学成果汇报暨首届‘乐尔乐’杯少儿书画大赛”活动。有600多名家长与学生观看了兴趣班孩子们的汇报演出。（肖晓平）

〔兴趣小组培训活动〕 2004年，中心共开设电子琴、钢琴、古筝、舞蹈、书法、硬笔书法、国画、素描、绘画、跆拳道、乒乓球、围棋、武术、中国象棋、英语、奥数、幼儿艺术等专业21个，兴趣小组63个，学员总数990人。（王海伶）

〔中心获奖情况介绍〕 2004年学生活动管理中心组织全区中小学生参加市级以上文艺、科技、体育竞赛15大项，共获市级个人一等奖50人次，二等奖82人次，三等奖112人次。全国个人一等奖11人次，二等奖16人次，三等奖15人次。国际奖个人一等奖9人次，二等奖7人次，三等奖9人次。获市级团体一等奖4次、二等奖5次、三等奖9次。全国团体二等奖2次。（王海东）

2004年参加、承办各类教育、竞赛活动统计

项目	活动名称	活动时间	区级赛人数	市级赛人数	全国赛人数	获奖人数
体育活动	怀柔区独轮车邀请赛	2004年5月	160			30
	全国独轮车运动会	2004年8月			37	25
	全区乒乓球比赛	2004年11	300			12
文艺活动	怀柔区第14届群众艺术节开幕式表演	2004年1月	500			
	怀柔区第九届学生合唱节	2004年3～4月	2500			300
	区小学生消防漫画大赛	2004年6月	250			30
	北京市首届校外艺术展演	2004年7月	600	400		市级12区级60
	北京市中心学生剪纸比赛	2004年9月	500	55		市级26区级50
	怀柔区“乐尔乐”杯少儿书画大赛	2004年12月	1000			50
	怀柔区首届教师书画展	2004年12月	130			26
科普活动	北京市中小学生无线电测向冬令营	2004年1月	120	650		
	市24届青少年科技创新大赛	2004年2～4月	2000	80		市级20区级60
	大手拉小手科技传播活动	2004年3月	200			
	科技航模员航模知识培训	2004年3月	60			
	怀柔区第一届青少年航模大赛	2004年3月	400	200		176
	市级科技示范校验收	2004年5月	5所学校			
	“科技以人为本，全面建设小康”健康宣传活动	2004年5月	500			
	怀柔区第24届科技创新大赛颁奖仪式	2004年5月	1000			
	2004年怀柔区中小学生无线电测向赛	2004年6月	100			30
	组队参加澳门中华机器人大赛	2004年6月				
	参加APEC亚太青年科技节	2004年8月			20	
	科技英语创意大赛教师培训	2004年9月				
	科技辅导员天文知识培训	2004年9月				
	科技英语创意大赛团体及个人赛	2004年10月	800			80
	天文知识竞赛	2004年10月	701	50		150
	生物多样性科普报告会	2004年10月	400			
	学生走进区学生活动管理中心参观	2004年11月	3500			
	“我有一双灵巧手”科技制作大赛	2004年11月	200	80		21
	电脑设计绘画大赛	2004年11月	50	50		12
	教师科学实验方案设计比赛	2004年11月	30	20		7
	学生数码摄影比赛	2004年11月	40	10		12

（王海东）

密云县校外教育

场所建设

〔密云县青少年宫新宫落成〕　密云县青少年宫位于密云县白河，建筑面积11945平方米，同时可供5万名学生活动，集科技、艺术、体育于一体。设有科技类、艺术类、体育类和学科类专业活动室45间，开展的培训项目有20多个。4000多平方米的大型体育馆可容纳观众2000人，237平方米教育展厅可进行各类青少年教育展览。

2004年9月6日上午，密云县青少年宫于正式落成启用。北京市工委、市教委、密云县委、县政府等各界领导参加了此次新宫落成庆典活动。主管教育副县长王春林同志为典礼致辞。

〔设备投入情况〕　密云县县委、县政府投入设备资金400余万元。一批品质优、档次高、功能全、现代化的设备已基本到位，其中计算机校园网投入约33.8万元，校园广播系统投入约6万元，办公设备投入约24万元，音、体、美等教育教学设备投入约86万元，能够承办省级篮球赛的约4000平方米的篮球馆配备了约53万元的灯光和音响设备。硬件设备的完善为密云青少年宫的发展奠定了良好的物质基础。

群众文化活动

〔密云县第九届学生合唱节活动〕　2004年3月，密云县第九届学生合唱节调演活动隆重举行。参加本次活动的校级合唱团42个，班级合唱团29个，小合唱、表演唱13个，调演活动分别评出一、二、三等奖。在远郊区小合唱组比赛中，密云镇中心小学班级代表队获得郊区组第一名的好成绩。

〔“我爱地球妈妈”演讲比赛〕　2004年4月17日，密云县环保局与青少年活动中心举办了密云县小学生“我爱地球妈妈”演讲比赛。参加比赛的有来自从全县小学生中选拔出的22名小选手，其中最小的选手年仅8岁，评选出一等奖2名、二等奖3名、三等奖17名。通过本次比赛使小学生们接受了一次良好的环境教育，提高了保护环境的意识。

〔参加第一届北京市校外教育艺术展演活动〕2004年暑期，青少年宫积极组织学生参加由北京市教委、北京市学生活动管理中心举办的“第一届北京市校外教育艺术展演活动”，共参加5个项目的比赛。其中，大合唱获得一等奖，舞蹈获得二等奖和三等奖各1个，绘画组一等奖1个、二等奖1个，三等奖6个，工艺组三等奖2个，软笔书法和硬笔书法组二等奖各4个，书法组三等奖10个。

〔日中环境教育文化交流活动〕　2004年8月18日，由藤冈贞彦（一桥大学名誉教授）任团长、野口清人（信州教育自治研究所）任副团长的“日中教育文化交流团”一行13人来到密云，与青少年宫（原青少年活动中心）在水库宾馆会议室以密云县中小学“环境与教育”为主题进行了交流。

〔密云县举行中小学生电子技术竞赛〕　2004年10月30日，举行密云县中小学生电子技术竞赛。参加竞赛的选手来自5所学校共33名同学，其中小学25人，中学8人，通过竞赛，中学选拔出8名选手于11月6日参加市级比赛，获得一等奖1名、三等奖1名的好成绩。本届竞赛，是北京市将远郊区县电子技术纳入全市18个区县竞赛的第一年。

〔趣味科普英语团体赛〕　2004年10月30日，在青少年宫合唱教室组织了2004年密云县中小学生科技英语创意大赛团体赛。参赛选手来自于9所中小学的15支代表队，共计59人。评选出一等奖4个、二等奖6个、三等奖6个，获得一等奖的4支代表队代表密云县参加市级竞赛。

〔弘扬民族传统艺术，培养学生创新精神〕　青少年宫于10月在全县组织开展密云县中小学生剪纸艺术评选活动，全县26所中小学共计250余人参加。参赛作品具有想像力丰富、构思新颖、设计精巧等特点，有13人获得一等奖、23人获得二等奖、33人获得三等奖。

〔兴趣小组培训活动〕　2004年，青少年宫共开设电子琴、书法、绘画、声乐、二胡、琵琶、语言艺术、舞蹈、剑桥英语等专业，学员总数635人。

教育科研活动

〔**科技辅导员论文征集活动**〕　2004年4～5月中旬，密云县科协和青少年活动中心联合举办了2004年密云县科技辅导员论文征集活动，共有13所中小学校的59篇论文参与评选。论文涵盖的内容丰富，创新意识强。共评出县级一等奖3名，二等奖6名，三等奖10名。并推荐10篇论文参加市级比赛。在市级竞赛中取得一等奖2个、二等奖3个、三等奖5个的好成绩。

〔**密云县中小学生金鹏科技论坛培训活动**〕　2004年10月8日，举办密云县中小学生金鹏科技论坛培训活动。此活动旨在为培养青少年的动手能力和参加实践活动的能力，学习研究方法，增强创新精神，提高密云县科技教师的辅导能力。参加培训的教师来自全县18所中小学共计34人。通过培训，使教师们更加明确了参加金鹏科技论坛活动的辅导方向。

〔**密云县中小学生机器人竞赛教师培训活动**〕　为培养青少年积极开动脑筋、勤于动手的精神，10月27日，北京市学生活动管理中心为全县部分中小学教师进行北京市青少年机器人活动培训，参加培训的教师来自10所学校共12人。培训的内容主要有机器人常规赛、机器人足球赛、机器人创意设计与动手做竞赛，为提高密云县科技教师的辅导水平打下基础。

〔**参加北京市校外教育教学创新活动方案展示**〕　密云青少年宫积极参加北京市校外教育教学创新活动方案展示，获一等奖1个、二等奖1个、三等奖1个。

〔**出版密云县青少年宫工作简报**〕　2004年，密云青少年宫工作简报每月一期，共出版10期，及时准确地宣传了密云校外教育优秀的活动和成果。

2004年参加、承办科普活动情况统计

项目	活动名称	活动时间	区级赛人数	市级赛人数	全国赛人数	获奖人数
文艺活动	合唱节	2004.3	2376	384		62
	器乐大赛	2004.12.28	268			131
科普活动	英语演讲	2004.4.19	12	4		12
	科技创新大赛	2004.2.8	103	39	4	112
	科技英语	2004.10	3139	97		941
	金鹏论坛	2004.10	28	28		36
	电子技术	2004.10.30	33	8		10
	科技辅导员论文	2004.4	58	10		19
	我爱地球妈妈演讲	2004.5	21	3		24
	中学生“绿色行动我参与”双语演讲比赛	2004.5	12	4		12
	中小学生剪纸活动	2004.11	228	68		67
	中小学生粘贴画活动	2004.11	264			27
	中小学生科普知识竞赛活动	2004.12	750	80		215
	索尼探梦动手做活动	2004.11	141			
文艺活动	密云青少年宫第一届器乐大赛	2004.12	268			134
	北京市校外教育系统教育教学活动创新系列展示活动	2004.6	6	4		4
	北京市远郊区县校外教学活动声乐、美术评比活动	2004.6	2	2		2
	第一届北京市校外教育艺术展演	2004.	5	3		3

延庆县校外教育

〔**发展概况**〕　延庆县青少年活动中心2004年有正式教职工34人，兼职教师11人，培训专业23个，长训班学员3000人以上，每年培训两个学期，采取集中授课方式，利用双休日、寒暑假开展培训活动。每学期培训26次课52课时，培训内容涉及舞蹈、器乐、书画、科技、体育、学科等校外教育各个方面的内容，培训规模庞大，辐射到城区、川区、山区各个中小学及幼儿园。2004 年新开设学科有奥林匹克数学、剑桥少儿英语。（何金花）

〔中心科技活动室建成并投付使用〕 2004 年市教委投资 30 余万元，为延庆县青少年活动中心建科技活动站一个，8 月份完工并投付使用。（赵红亮）

群众文化活动

〔第二届“优耐美”杯设计与制作大赛〕 2 月 28 日～3 月 21 日举办。参赛对象为 4～6 年级的小学生，延庆县共有 15 所小学 429 人参赛。评出一等奖 30 个，二等奖 28 个，三等奖 42 个；优秀辅导员 19 人；同时第一小学、康庄小学、靳家堡小学获优秀组织工作奖。

〔举办“新星杯”英语词汇游戏大赛、汉语语言技能技巧大赛〕 延庆县共有 78 所中小学校参赛，人数达 4728 人。3 月 28 日比赛有 24 名学生获得英语词汇游戏大赛特等奖，862 人分别获得一、二、三等奖；365 个团队分获团体一、二、三等奖。

〔中小学生科幻画大赛〕 4 月 16 日，延庆县共有 35 所中小学校的 840 人分 29 个考场进行了比赛。评选出一等奖 43 人，二等奖 71 人，三等奖 100 人；优秀辅导员 51 人。本次比赛活动参与学校面广、参与人员较多，深得教师和学生喜爱。

〔中小学生英语口语大赛〕 延庆县共有 26 所中学和 22 所小学的 1199 名学生参赛。5 个年级组共评出一等奖 69 人，二等奖 97 人，三等奖 145 人；优秀辅导教师 134 名。第三中学、第四中学、康庄中学、香营中学、第一、二、三小学、十一学校共 8 所学校获优秀组织工作奖。（吴连环）

〔童铃艺术团活动〕 2004 年 10 月 23 日下午，延庆县青少年活动中心童铃艺术团 100 余名小演员，排练了声乐、器乐、舞蹈等 16 个节目，到光荣院开展慰问演出活动，演出结束后，与老人们合影留念。2004 年 12 月，延庆县青少年活动中心“童铃”艺术团舞蹈《长城童谣》、《欢乐草原》、《开门红》参加了教育系统在县影剧院举行的新年音乐会演出活动和县城镇管委组织的迎新年联欢活动。（李冬云）

〔中小学生科技英语创意大赛〕 10 月 31 日，延庆县共有 33 所中小学校的 1740 人参加初赛；11 月 7 日，342 名中小学生在延庆三中进行了复赛；评选出一等奖 24 人，二等奖 32 人，三等奖 31 人，优秀辅导教师 40 人。其中获一二等奖的 56 名选手代表延庆县参加了 11 月 28 日在北京四中举行的市决赛，获一等奖 5 人，二等奖 13 人，三等奖 16 人；在市团体赛决赛中，第三中学和第四中学获中学组团体二等奖，第一小学荣获小学组团体三等奖。

〔小学生“中华汉字棋”大赛〕 11 月 12 日，在延庆县青少年活动中心举行小学生“中华汉字棋”大赛，共有 18 所小学的 794 名选手分 3 个组别进行了比赛。最后评出一等奖 41 人，二等奖 62 人，三等奖 95 人；优秀辅导教师奖 58 人。本次比赛丰富了学生组字、拼词和造句知识，对学生这方面能力的提高具有相当大的帮助作用。

〔中小学生工艺制作大赛〕 11 月 19 日，首届延庆县中小学生工艺制作大赛在延庆县青少年活动中心举行，本次比赛有 35 所中小学校的 637 名选手参赛。评出一等奖 32 人、二等奖 51 人、三等奖 82 人。

〔第二届延庆县中小学生信息技术创新与实践大赛〕 11 月 27 日，18 所学校的 230 名学生和 21 名教师参赛。评出一等奖 21 人、二等奖 18 人、三等奖 30 人；优秀辅导教师 23 人；教师组一等奖 3 人、二等奖 4 人、三等奖 5 人。

〔第三届延庆县小学生“优耐美”设计与制作大赛〕 12 月，延庆县举行了第三届小学生“优耐美”设计与制作大赛，全县有 16 所小学 733 人参赛。评出一等奖 35 人、二等奖 55 人、三等奖 79 人；优秀辅导员 26 人。比赛已连续 3 届，深受学生喜爱。（吴连环）

教育科研活动

〔延庆县青少年活动中心获北京市校外教育先进集体奖〕 2004 年 12 月，延庆县青少年活动中心被北京市青少年校外联席会议、北京市教育委员会、北京市人事局授予北京市校外教育先进集体。（吴宜男）

〔先进人物〕 张翠萍，延庆县青少年活动中心主任。2001 年 3 月调入中心工作，带领大家摸索开展延庆县校外教育，短短3年多时间里，成绩非常显著，2004年12月被北京市青少年学生校外教育工作联席会议办公室、北京市教育委员会、北京市人事局授予北京市校外教育先进个人荣誉称号。

赵红亮，中心治保主任。工作大胆认真，开展治保工作细致周详，于2004年被北京市公安局评为市级治保积极分子。

王海滨，中心教师。教学基本功扎实，教学理念新。小组活动《具像静物作品创造性变构》方案和实录在北京市校外教育系统教育教学创新系列展示活动中获一等奖，并参加了“第二届京津地区青少年学生校外教育与实践创新论坛”交流活动。 （张永利）

天津市校外教育

综　述

校外教育的建设与发展

〔**制定校外教育发展规划**〕　为实现天津市青少年校外教育事业的跨越式发展。天津市青少年校外教育工作联席会议在广泛征求各方面意见的基础上，组织专家对推进天津市校外教育的总体发展规划进行调研，在参考全国先进省市的校外教育现状与发展情况下，结合天津市的实际，制定了天津市校外教育发展历史上的第一个十年规划，起草了《天津市关于加强青少年活动场所建设和管理工作的实施意见》，颁布了《2000 年～2005 年天津市校外教育活动场所建设发展规划》。这也是天津市校外教育 50 年第一个有组织的制定的有目标、有计划、有法规性质的两个指导性文件，它极其详实地确定了天津市校外教育发展的总体思路，为天津市校外教育发展确定了基本框架。

〔**加大对场馆建设的投资力度**〕　《规划》结合天津市的实际情况，参照现行国家七部委制定的《少年儿童校外教育机构级别标准》，确定天津市青少年校外教育场所建设级别标准，市校外联对全市青少年场馆建设进行统一规划。同时调动各区县政府的积极性，督促区县政府制定《2004～2006 年校外教育场所建设三年规划》，加大对校外教育场馆建设投资力度。

2004 年，为尽快完成天津市青少年校外教育场所上等级、迈台阶的宏伟目标，市校外联经反复调研、充分论证和审慎决策，决定将 2001 年～2005 年的 5 年公益金返款集中使用，对全市 23 个青少年校外教育机构各给予 70～200 万元不等数额的资金支持，用于校外教育机构的教育教学设备的更新和购置，大幅度提高了对所支持新建青少年校外教育场所的投资力度。市区县政府共同签订投资协议，以确保市区县两级的建设资金足额到位，这也是天津市近 50 年来第一次大规模对全市青少年校外教育场所进行全面升级的资金投入。依据规划，增加 8.5 万平方米建筑面积，市区县共同投资近 3 亿元的用于青少年校外教育场馆建设民心工程已在天津市全面启动。河西区少年宫、红桥区少年宫、南开区少年宫、津南区少年宫、西青区少年宫和北辰区少年宫、东丽少年宫等一批青少年宫确定进行重建、扩建。项目的选址、立项和动迁工作正在进行，其他有重扩建任务和有硬件升级项目的青少年校外教育场所的前期筹备工作也正抓紧进行。

〔**校外教师基本功培训与考核**〕　在借助公益金加大对青少年校外教育活动场所的硬件的投资规模的同时，市校外联审时度势，加大对校外教育教师基本素质和专业素质的培训和考核力度。市校外联成立了天津市青少年校外教育培训管理中心，负责全市校外教师培训工作，组织专家制定了《天津市校外教育教师三年培训规划》。从 2003 年起，市校外联开始有计划、有步骤、有目的地对校外教师进行了基本功的培训和考核工作。培训采取了校外教师集中培训与“校本培训”相结合，日常培训与竞赛考核相结合的形式。先由各校外教育机构分别对教师进行“校本培训”。在此基础上，市校外联组织全市校外教育教师专项基本功举办竞赛考核活动，考核内容包括小组教育活动和主题教育活动。培训针对不同专业的教师，制定了不同的考核内容和评判标准。

2004年6月，来自全市24个校外教育机构的教师参加了为期2天的集中培训活动，培训内容涉及11个项目：校外教育论文、教案、活动设计、美术、书法、摄影、声乐、器乐、舞蹈、手工、游戏，共11项内容。全市有405名校外教师共1489人次分别参加了11个项目的培训和展示、考核活动，占全体校外一线教师的95%以上。其中，教师结合本岗位撰写的论文230篇、教学方案设计266篇，活动设计有44篇。参加开卷考试的教师有405人，美术书法、摄影、工艺制作作品有133件。参加硬笔书法的老师有219名。有45名在教学一线的教师参加了舞蹈、声乐、器乐、群文活动中游戏设计能力的基本功考核，在各项考核中有720余人次的校外教师分别取得由天津市青少年校外教育工作联席会议颁发的各个培训项目、考核合格证书和获奖等级证书。

除了采取集中培训和考核的方法以外，市校外联特别注重结合教师日常教学活动进行有目的的专项培训活动，例如，组织“天津市校外教育系统教学活动观摩和优秀教案评选活动”、“天津市校外教育系统教学活动案例观摩展示”等活动。力求全面提高全市少年宫系统教师队伍素质和教育教学活动质量，把校外教育教学改革实验与现代教育理论探索结合起来。

天津市和平区青少年宫、天津市南开区少年宫、天津市东丽区少年宫、天津市青少年活动中心、天津市塘沽区青少年宫5单位荣获校外教育教师基本功培训考核先进单位。

天津市青少年校外教师基本功培训考核活动得到了全国校外联的高度重视，全国校外联教育部基础教育司德育处处长李玉先观摩了天津市校外教育教师基本功培训成果展览、展示和迎新春联欢会活动，并对天津市注重校外教师基本功培训和考核的做法表示了充分的肯定。

〔**天津市校外教育教师基本功培训成果展览、展示暨迎新春联欢会**〕　作为2004年度基本功培训考核活动的高潮，天津市青少年校外教育工作联席会议2005年1月6日主办了以“迎接春天”为主题的“天津市校外教育教师基本功培训成果展览、展示暨迎新春联欢会”，通过举办展览的方式将教师在基本功培训中的美术、书法、摄影、手工、机器人制作等静态的优秀作品进行展出，通过展演的方式将教师在基本功培训中的声乐、器乐、舞蹈、游戏等动态的优秀作品表演出来，展示了校外教师良好的精神风貌和技能水平。

〔**校外教育理论研究工作**〕　2004年，市校外联在认真分析校外教育理论研究工作的状况后，及时邀请校外教育专家研究对策，确定方案，制订出天津市加强校外教育理论研究“三步走”计划，第一步，虚心向校外教育理论研究工作的先进省市和兄弟单位学习，加强在校外教育理论研究方面的合作与交流；第二步，立足自身，组织教研组，加大校外教育理论研究的投入；第三步，巩固成果，创建有天津市特色的校外教育理论研究的品牌，要赶上并力争超过全国先进水平。

首先，适时举办了天津市第二届校外教育理论研讨会，并本着虚心学习的态度，积极联系，与北京市校外教育理论研究会联合主办京津青少年校外教育“理论与实践创新论坛”活动。

天津市少年儿童校外教育研究会主办了“天津市校外教育系统教学活动观摩和优秀教案评选活动”。来自全市18个市、区、县校外教育系统的400多名教师参加了观摩和启动仪式。

由天津市少年儿童校外研究会和北京市教育学会校外教育研究会共同主办的第二届京津校外教育“理论与实践创新论坛”活动，于2004年1月6日在天津宾馆举行。本次活动的举办推动校外教育教学活动的创新，提高校外教育教学活动的质量，探讨新的教育教学模式，融入现代教育理念，采用多媒体课件演示的现代化手段，以达到全面提高教师队伍素质的目的。京津两地共有380多名校外教育工作者参加本次论坛活动。（杨家璠）

天津市少工委重点活动

〔**“我是天津小主人”提案征集活动**〕　2004年2～4月，在第五次少代会召开前夕，市少工委组织全市少先队员开展“我是天津小主人”提案征集活动，全面展示了少先队员热爱家乡、赞美家乡、积极参与建设家乡的小主人翁风采。活动历时两个半月，全市80万少先队员深入社会，共收到提案314220件，涉及少年儿童关心的12个方面的内容，充分体现了未来小主人关心社会、参与实践的时代风貌。

〔**天津市第五次少代会**〕　5月31日～6月1日，天津市第五次少代会在天津大礼堂隆重召开，会议全面总结市少先队5年来的工作经验，科学规划了今后5年天津少先队的发展方向，中共中央政治局委员、市委书记张立昌与少年儿童一起欢庆“六一”儿童节并出席大会，向少先队天津市第五次代表大会的开幕和“津门童星”、“十佳辅导员”、“十佳火炬奖章”获得者表示热烈的祝贺。

〔**“养成道德好习惯，争做‘酷儿之星’”活动**〕 6月15日，市少工委在天津礼堂中剧场隆重召开“养成道德好习惯，争做‘酷儿之星’”活动总结表彰大会。上半年，为深入贯彻落实《中共中央国务院关于进一步加强和改进未成年人思想道德建设的若干意见》精神，全市300余所小学、20余万名少年儿童、3000个集体积极参加了“养成道德好习惯 争做‘酷儿之星’活动”，12名少先队员和6个集体荣获天津市“养成道德好习惯 ‘酷儿之星’”和“养成道德好习惯‘酷儿’先进集体”荣誉称号。

〔**中华少年小甲A足球活动**〕 上半年，市少工委积极组织开展“中华少年小甲A足球”活动，不断深化“体验足球，快乐成长”的活动主题，评选出59名天津市“小甲A足球明星”、21支“小甲A足球拉拉队”、14支“小甲A足球志愿者服务队”。其中，河东区街坊小学等22支俱乐部被命名为全国“小甲A足球俱乐部”。一大批在活动中表现突出的先进集体和典型受到表彰。

〔**夏（冬）令营活动**〕 7月～12月，市少工委分别在青少年活动中心、红领巾凤凰山营地、自然博物馆和天津市动物园举办了“我爱大自然一日夏令营”、“少先队好干部夏令营”、“津京小记者手拉手夏令营”、“快乐足球夏令营”以及“做动物的好朋友”冬令营等活动。全市共有6000余名少先队员代表参加了活动，极大地丰富了少先队员的假期生活。

〔**2004天津市少先队辅导员新秀评选暨辅导员技能比武**〕 8月10～13日，市少工委在红领巾凤凰山营地举行了“2004天津市少先队辅导员新秀评选暨辅导员技能比武”，80多名来自全市20多个区、县的辅导员代表参加了为期4天的辅导员技能比武。

〔**参加首届全国少先队辅导员风采大赛**〕 10月6～13日，由天津市11名辅导员组成的代表队赴京参加了首届“全国少先队辅导员风采大赛”。在7天的比赛中，全体参赛辅导员充分发扬了团队意识和拼搏精神。经过激烈的角逐，取得了2个一等奖，3个二等奖，7个三等奖的成绩，市少工委荣获优秀组织奖。

〔**举办“青春飞扬——天津市少先队辅导员技能比武暨首届全国少先队辅导员风采大赛颁奖晚会”**〕 11月23日，为展示全市少先队辅导员风采，表彰先进典型，团市委、市少工委共同举办了“青春飞扬——天津市少先队辅导员技能比武暨首届全国少先队辅导员风采大赛颁奖晚会”。副市长张俊芳、市关工委驻会常务副主任钱其璈、市关工委常务副主任王鸿江出席大会并为获奖辅导员颁奖。 （赵 红）

校外教育单位

天津市少年宫

群众文化活动

〔**画卷游世界活动**〕 2004年，天津市少年宫响应联合国倡议的推动全球环境与公共卫生宣传普及的“画卷游世界”活动。活动首站设在天津，活动主题是“让我们的城市变得更美好”、“我们的环境与健康，我们如何从自身做起”。

画卷于2004年4月上旬从法国出发开始全球巡展，途经中国、澳大利亚、墨西哥、美国、瑞典、德国、英国、爱尔兰等多个国家的30多个城市，并邀请当地儿童在画卷上画出他们对美好家园、优美环境的憧憬，鼓励儿童关注环境与公共卫生。

天津市少年宫在开展的“画卷游世界”活动中，共有200幅作品获得天津地区选拔赛优秀奖，还有6位同学的6幅作品获得天津地区选拔赛特等奖。

〔**关心孩子从心开始**〕 天津市少年宫策划、推出了面向全社会“关心孩子从心开始”专家义务心理教育学校巡回演讲活动，引起家长对孩子心理问题的重视，引导家长掌握正确的心理教育方法，为孩子心灵的健康成长创造一个良好的家庭环境。“关心孩子从心开始——京津两地专家义务心理教育”学校巡回演讲活动于11月18日在天津市少年宫正式开始，“知心姐姐”卢勤开启第一讲，在社会上引起巨大的反响。

交流活动

〔**出访活动**〕 2004年，天津市少年宫继续扩大出访团队的规模，打造天津市少年宫对外交流的"品牌线路"。一年中共组织400名青少年儿童出访了法国及留尼汪大区、德国、美国、日本、韩国、比利时、卢森堡、奥地利、毛里求斯、新加坡等10个国家。此外还成功策划和组织了国外青少年儿童来天津开展交流访问的活动。

〔**天津少年才艺享誉美利坚**〕 应美国依阿华州华人协会的邀请，天津市少年宫艺术团一行31人于2004年8月24～31日赴美国7个城市进行文艺交流演出，博得当地华人和美国市民的热烈欢迎。

本次访问演出共带去了声乐、独唱、合唱，舞蹈、古筝、琵琶，西洋乐器、电子琴等20多个节目。此次出访的艺术团小演员都是在天津市各种艺术比赛中获奖的艺术特长生。在演出中，他们以极具表现力和感染力的才艺给美国市民带来一个又一个的惊喜。

〔**接待法国青少年学生访问团**〕 2004年4月份，法国留尼汪大区让·傣斯莫中学学生访问团一行35人，对天津市进行了为期4天的友好交流访问，他们与市少年宫艺术团的学员们联欢，还参观了开发区、泰达球场、外滩公园、天塔、银河广场、梅江小区，王朝酒厂、科技馆、天津乐园等。丰富多彩的交流活动使访问团团员们认识了天津，了解了中国。

〔**中日韩友好之船**〕 2004年，天津市少年宫组织了第二届天津市少年儿童"友好之船"访问团赴日本、韩国进行友好交流访问，历时13天，取得了圆满成功。

〔**天津青少年学生访问法国留尼汪**〕 作为法国留尼汪让·傣斯莫中学学生代表团访问天津的回访活动，由天津市少年宫组织的中国·天津少年儿童代表团一行28人，在8月21～30日赴法国留尼汪大区进行了为期10天的友好访问交流活动。代表团在大区首府圣丹尼市进行了正式演出，表演了精彩的武术和文艺节目，受到了当地市民的热烈欢迎。

〔**金色童年圆梦金色大厅**〕 市少年宫组织的中国青少年"金色维也纳"音乐之旅代表团，于2004年10月10日在维也纳"金色大厅"举行中国青少年"金色维也纳"音乐会。

演出期间，正在奥地利访问的中共中央政治局委员、书记处书记、中宣部部长刘云山等中央领导同志慰问了参加演出的全体团员。

〔**参加第八届"三北"地区汇演**〕 天津市少年宫艺术团在第八届"三北"地区汇演中，送选的10个节目全部获奖。极具天津地域特色和浪漫童趣的舞蹈节目《杨柳青青》、《鼓妞妞》以及技艺娴熟的古筝独奏《秦桑曲》等5个节目获一等奖；琵琶独奏《十面埋伏》、小合唱《迎着太阳唱太阳》等5个节目获得二等奖。

〔**兴趣小组培训活动**〕 2004年，天津市少年宫培训教育和兴趣小组活动达488个班次。开设的专业有国画、素描、书法（硬笔书法）、儿童画、美术色彩、工艺制作、舞蹈、艺术体操、朗诵、主持人、影视、钢琴、电子琴、小提琴、古筝、声乐、音乐基础、武术、奥数、中国象棋、国际象棋、围棋、幼儿综合艺术培训、趣味英语、写作赏析、计算机应用等，参加培训和兴趣小组活动的人数保持在（年）1万人次以上，2004年有41名学员以优异的成绩考入各种艺术专业院校。

教育科研活动

〔**举办京津"理论与实践创新论坛"**〕 2004年1月6日，由北京市教育学会校外教育研究会和天津市少年宫共同主办了第二届京津校外教育"理论与实践创新论坛"活动。本次活动推动了校外教育教学活动的创新，全面提高了教师队伍的素质。京津两地共有380多名校外教育工作者参加本次论坛活动。

〔**天津市校外教育系统教学活动观摩和优秀教案评选活动**〕 天津市少年宫和天津市少年儿童校外教育研究会举办"天津市校外教育系统教学活动观摩和优秀教案评选活动"。来自全市18个市、区、县校外教育系统的400多名教师参加了观摩和启动仪式。

〔**联合国儿童基金会"参与式活动"**〕 2004年10月中旬，天津市少年宫邀请全国50多个兄弟单位同行来到天津举行全国"双有"工作会议。会议以"参与式活动"经验推广介绍交流为主题，天津市少年宫向全国代表汇报了题为《天津市"儿童参与式活动"践行与成果》的报告。结合"参与式"理念，天津市少年宫与联合国儿童基金会联合推出了一系列活动。其中包括：举办与儿童权利有关的夏令营活动；开办少年儿童活动技巧的培训；召开儿童、家长、老师轮流主持的经验交流和座谈会；以儿童权利和社会性别为原则制定活动指标，指导基层学校开展儿童参与式活动；设立联合国儿童基金会全球第一条儿童服务热线。（杨家璠）

天津青少年活动中心

〔**基本情况**〕　天津青少年活动中心是共青团天津市委直属的校外教育机构，公益性教育事业单位。

活动中心坐落在天津政治、文化中心区，毗邻银河广场，总占地面积52万余平方米，是全国规模最大的，集艺术培训与展演、现代技能培训与开发、体育培训与比赛、主题活动与展示、国际国内交流与合作及游乐功能于一体的综合性未成年人校外教育活动阵地和大型游乐园。

活动中心于1985年6月1日落成，“天津青少年活动中心”由邓颖超同志亲笔题写。党和国家领导、市委和市政府领导多次亲临指导工作，体现了各级领导对少年儿童的关怀和期望。

游乐园区现有“过山车”、“峡谷漂流”、“勇敢者转盘”、“亚拉丁神毯”等大中型游乐设施57项。青少年儿童在这里尽情享受奇妙的探险意境，在丰富多彩的活动中获取丰富的知识。

2003年，中心建成了2.3万平方米的综合教育新厦，目前已经开设文学艺术、科技体育、音乐舞蹈等9大门类41个项目118个培训班。每年参加各项活动的少年儿童达5万余人次。

活动中心多年来以阵地为依托，以活动为载体，取得了丰硕的成果。连续多年获“全国先进青少年宫”和“全国先进游乐园”称号；连续多年被市政府评为“市级先进办学单位”、“天津市精神文明建设单位”。

〔**领导亲临，视察指导**〕　2004年5月22日，中共中央政治局常委李长春及中宣部、广电总局、文化部、新闻出版总署等中央领导在中共中央政治局委员、天津市委书记张立昌，市委副书记、市长戴相龙，市委副书记刘胜玉等市领导陪同下，亲临活动中心视察指导工作，观看了活动中心教学成果展览，参加了正在举行的“特别的爱献给特别的你”——“六一爱心大行动活动”和“天津少年儿童故事大王比赛”，与活动中心的学员们一起联欢，并和孩子们一起参加了“给孩子一份祝福，还孩子一个心愿，为孩子做一件好事”的签名活动。

〔**第八届全国少年儿童“故事大王”选拔赛**〕　“故事大王”评选活动在天津市有着优良传统和辉煌历史。2004年“故事大王”大赛自4月6日正式启动后，全市有10余个区县的万余名少年儿童参加，各区县选派代表参加了当天的决赛暨颁奖会，10人分别获得全国少年儿童“故事大王”选拔赛天津赛区儿童组和少年组一等奖，16人获得二等奖，74人获得优秀奖。在获奖学生中有4名同学代表天津市参加在上海举办的第八届全国少年儿童“故事大王”决赛。

〔**“领航、体验、健康、快乐”主题暑期系列活动**〕　此次系列活动从7月1日～8月26日，历时近两个月。暑期放假的第一天，“乘知识之舟，游五彩营地——领航、体验、健康、快乐2004年天津市中小学生暑期系列活动”在天津青少年活动中心正式启动。

暑假期间，活动中心共举办中华经典诵读报告会等公益活动3项，参加人数1000余人；国际少儿画展、青少年环保科技创新作品展、青少年国际绘画巡展等展览3个，参观人数5000余人；接待法国留尼汪学生代表团、韩国教育访问团、马来西亚华人公会青年代表团以及我国香港青年运动大使代表团等访问团体4个；“快乐伴我行”、天津市少先队好干部、京津塘小记者“手拉手”、滨海之旅艺术交流、计算机爱好者、电脑绘画摄影等14个主题夏令营，参加人数近千人。8月13日成功组织举办了“首届全国青少年宫武术大赛”，以及“2004年天津市学校文艺展演比赛”，有键盘、钢琴、电子琴、手风琴、小合唱、词曲创作等7个项目的27场比赛。

暑期，活动中心还举办了开掘婴幼儿智能潜力的“‘多彩光谱’宝宝智能训练营”、“天津市学生艺术骨干夏令营”、“剑桥少儿英语暑期夏令营”、“少年计算机爱好者夏令营”、“台湾武术夏令营”等10余项活动。

〔**举办“首届全国青少年宫武术大赛”**〕　2004年8月13～15日，举办了由共青团中央宣传部、全国青少年宫协会、共青团天津市委员会、天津电视台、今晚报社联合主办，天津青少年活动中心承办的“首届全国青少年宫武术大赛”。这是我国首次在青少年宫系统举办的全国性大赛，也是近年来在青少年中举办的一次规模最大、参赛人数最多的武林盛会。来自黑龙江、辽宁、内蒙古、河北、山东、安徽、湖北、江苏、广东、福建、宁夏、天津等17个省市自治区的38支代表队近500名选手汇聚活动中心，比试技艺，交流武艺。经过3天17场1161个项次的比赛，共决出竞技类表演项目金牌80块、银牌80块、铜牌80块，集体项目9个一等奖、8个二等奖、8个三等奖，传统项目82个一等奖。其中以天津青少年活动中心武术学员为主的天津代表队表现最为出色，在赛场上摘金夺银，最终以21金12银12铜及16个一等奖的优异成绩夺得大赛魁首。

活动中心综合教育新厦不仅为大赛提供了良好的比赛环境，楼内先进的软硬件设施在大赛过程中也发挥了重要作用。活动中心充分发挥阵地优势，安排各代表队在参赛之余到游乐区参观，并体验惊险刺激、趣味无穷的游乐设备，使大赛活动内容更加丰富充实。

〔**举办“第二届中、日、韩三国少儿美术作品展”**〕 2004年10月，“第二届中、日、韩三国少儿美术作品展”在天津青少年活动中心开幕，共有100余幅以“和平友谊”为主题的优秀少儿美术作品参展。展览吸引了大批青少年儿童参观，促进了国际间少儿美术爱好者的相互交流，随后这些作品还将在日本神户和韩国斧山分别展出。

〔**“纸艺传情——津、港、台民间纸艺术作品展”**〕 活动于2004年10月19日在天津青少年活动中心开幕，此次艺术展汇集了津、港、台3地的百余件优秀民间纸艺术品，涉及纸雕、折纸、剪纸等多个品种，反映了民族民间纸艺术的崭新面貌。

〔**“六一”爱心系列大行动享誉津门**〕 2004年5月22日～6月1日，天津青少年活动中心主办了“特别的爱献给特别的你”——“六一”系列爱心大行动。

本次系列活动以“给孩子一个祝福、还孩子一个心愿、为孩子做一件好事”为口号，共举办了8场。先后邀请了SOS国际儿童村特殊家庭、河西区贫困家庭、和平区培育学校的智力残疾儿童、聋哑学校、盲童学校以及蓟县边远山区希望小学和来自武清、静海的津门自强少年儿童参加。

在5月22日举行的启动仪式上，前来视察的中共中央政治局常委李长春和中共中央政治局委员、天津市委书记张立昌，市委副书记、市长戴相龙等领导同志在活动主会标上签名，为孩子们送了上一份诚挚的节日祝福。活动中心的小演员表演了舞蹈“快乐的青蛙”，聋哑学校的同学在老师的帮助指导下，出色地表演了舞蹈“快乐的小牧民”等节目。来自聋哑学校的孪生3胞胎兄弟表演了自己编排的小品，通过老师的翻译感动了在场的每一位观众。

此次系列活动共邀请了SOS国际儿童村等14个单位的500余名同学参加。

〔**举办全市青少年模型大赛**〕 模型运动是活动中心的传统项目，中心学员曾多次在国际比赛中荣获金奖，并为国家输送了大批优秀运动员。2004年活动中心和天津市模型运动协会共同承办了“天津市青少年模型比赛”，分为第三届“奥迪杯”遥控车模竞赛（天津赛区）暨天津市青少年车辆模型竞赛、天津市青少年航海模型锦标赛和第六届“我爱祖国海疆”天津市青少年航海模型竞赛，均设个人单项赛、个人全能赛和团体赛3项奖项。

航海模型比赛从5月下旬拉开帷幕，全市共有1800余人参加，选出3～4名优胜选手，于8月到新疆乌鲁木齐参加了全国决赛。

〔**天津市首届舞蹈研修班在天津青少年活动中心开班**〕 2004年4月10～18日，天津市教委、天津市舞蹈家协会、天津青少年活动中心联合主办“天津市首届校园艺术舞蹈研修班”，来自本市各区县少年宫和部分中小学的优秀青年舞蹈教师参加了培训。

此次研修班解决了校外教师在实践中创意被动、模仿成品舞蹈和如何克服题材成人化、如何利用最简单的素材创作出贴近生活，符合孩子特点的作品等实际问题，为提升天津市校外舞蹈创编水平起了积极的推动作用。

（王普选）

天津市青少年绿色文明基地

〔**基本情况**〕 天津市青少年绿色文明基地是目前天津市规格最高、规模最大、环境最好、管理最规范的青少年素质教育基地。基地于1999年5月28日奠基，2000年5月开始对青少年学生开放。几年来，先后被市委、市政府、市科委、市教委命名为天津市爱国主义教育基地、科普教育示范基地、学生军训基地、劳动实践教育基地、全国青年星火西进示范基地等。2004年被团中央命名为全国青少年绿色文明家园。

基地地理位置优越，环境幽雅，地处天津市东南部渤海之滨的北大港湿地自然保护区内，位于京津唐三角区的腹地和环渤海经济带的中心。占地面积1300亩，建筑面积2.3万多平方米。基地周边有侧柏、合欢、紫穗槐等乔、灌木120多万株和大面积的林木及水中芦苇，环境优美，每年接待各级各类院校的大、中、小学生近30万人次来基地接受3～15天的学农、军训、夏令营、拓展训练等主题教育活动及社会实践活动，到基地接受素质教育的青少年达65多万人次。

〔**阵地活动**〕　基地按8个功能区规划设计，分别是：教学管理区、生活管理区、军事管理区、种植区、养殖区、拓展训练区、体育休闲区、快乐营区。目前，8大功能区已经初现规模。

〔**活动项目**〕　拓展训练是基地2004年新增设的项目，是每一个来基地的培训学员的必修课。通过远足踏青、搭建帐篷、野外受伤救护、穿过森林迷宫、就地取材进行野炊等一系列的生存训练，既磨练了学生的意志，又培养了他们在野外条件下生存的本领。

科普教育，观看科普教育光盘，亲身体验火箭的制作、组建、放飞的全过程。每年播放科普光盘累计240小时，放飞火箭300枚，受教育学生达4万多人。

基地与看守所共同举办了多场别开生面的法制教育报告会，由在押的少年犯通过忏悔自己的过去，告诫在座的同龄人，他们的肺腑之言使同学的心灵受到了深深的震撼。

2004年，基地还开发了古老农具展示体验系列教育活动，通过古老农具的展示讲解，使学生知道我国农业的发展史。除此之外，还开展了农业劳动实践、科技活动、军事国防教育、磨难体验教育、安全教育、泥土神韵、参观游览、娱乐活动等8类教育活动。

〔**接待活动**〕　4月6日，团中央书记处书记尔肯江·吐拉洪、团市委书记吕福春来基地参加全国保护母亲河行动二期工程，在全市掀起了植绿护绿的高潮。4月15日，天津市委、市政府、市人大、市政协的老领导张再旺、聂璧初、吴振、刘晋峰等老同志来基地检查指导工作。　（梁尚斌）

天津华夏未来少儿艺术中心

〔**发展概况**〕　2004年天津华夏未来少儿艺术中心在中共天津市委宣传部、天津市文化局领导下，秉承“一切为了孩子”的宗旨，开展面向全市青少年，以文化艺术教育为特色的少儿文化教育。2004年度，华夏未来少儿艺术中心先后获中央精神文明办等六部委授予的“全国青少年校外活动示范基地”、天津市总工会授予的“天津市‘十五’立功单位”、天津市精神文明建设委员会授予的“天津市精神文明单位”。华夏未来少儿艺术团被国家民政部授予“全国先进社团”。

〔**承办2004年天津国际少儿艺术节**〕　2004年天津国际少儿艺术节，是列入市政府2004年为城乡人民办20件实事的项目。本届艺术节共有27个国家和地区的34支少儿艺术团和国内各省、市的36支少儿艺术团的总计2500多名小演员欢聚天津，是一项不同国家、不同肤色、不同民族各展风采的文化大交融。对促进中外青少年的沟通与交流，提升青少年的文化品位起到了积极的作用。

〔**弘扬民族精神，开展两个100工程**〕　1.以培养适应21世纪发展的现代化高素质艺术后备人才为目的，进一步挖掘各类艺术新苗，评选出2004年度舞蹈、声乐等15个艺术门类的100名艺术童星。2.以“提高文化品位，弘扬民族精神”为主题的“民族精神100工程”。以传承伟大民族精神为主线，以爱国主义为核心，创作排演100个弘扬民族精神的艺术作品。起到弘扬民族文化，推广、普及民族艺术的作用。

〔**举办阳光夏令营**〕　2004年，中心举办了华夏未来阳光夏令营，把学习、生活、娱乐紧密融合，做到艺术特长培养、习惯养成教育、创造能力开发、身体素质训练、品质美育塑造完美地结合，受到青少年的欢迎。历时近两个月的阳光夏令营，营员人数达到2900余人，较上一年同期翻了两番。

〔**举办中、小学生双周免费音乐会和艺术精品进校园活动**〕　举办双周免费音乐会，突出理论与实践、讲解与演示相结合，寓教于乐。2004年共演出24场，观众3000余人次。艺术精品进校园演出8场，观众超万人次。

〔**举办残疾儿童艺术节**〕　2004年，华夏未来残疾儿童艺术节在市残联支持下，举办了残疾儿童艺术节。共有18所残疾学校的2163名学生参加，报送节目69个，征集艺术作品201件。最后评出最佳表演奖122人，最佳作品奖154人。残疾儿童艺术节为全市残疾儿童带来了更多的期望与欢乐。

〔开办农村中小学艺术教师免费培训班〕 为繁荣和发展天津市农村中小学艺术教育专业水平和推进校外艺术教育工作，中心举办了为期两周的农村艺术教师免费培训班，全市48名农村中小学教师参加了音乐、舞蹈专业培训。

〔华夏未来少儿艺术团再创辉煌〕 2004年，艺术团共参加各类演出70余场次，其中，参加中央和天津市的重大演出30余场，其他各类演出40多场。

2004年，华夏未来少儿艺术团继续“环球之旅”的演出，出访阿联酋、吉布提、芬兰、捷克、白俄罗斯、爱沙尼亚、拉脱维亚等亚非欧七国，累计完成“环球之旅”50个国家的出访任务。2004年华夏未来少儿艺术团又推出“华夏大地行”演出活动，计划用五年时间访演我国31个省（市）自治区，促进我国青少年的文化艺术交流。 （赵 骞）

和平区青少年宫

〔和平区中小学文艺汇演〕 和平区中小学文艺汇演活动已经坚持30余年，是和平区传统性艺术教育活动之一。上半年为声乐、舞蹈、器乐等个人单项比赛，下半年为大合唱、群舞、管弦乐等集体项目的比赛。每年参加学生多达2000多人次。青少年宫组建了“小白鸽”艺术团进行对外交流的演出和汇报，每年参加美术活动人数3000余人。 （姜 红）

〔“TTS”科技制作活动〕 和平区青少年宫2000年引进英国“TTS”（即技术、教育、系统）先进的理念和专用的活动器材。该项活动是利用各种机械原理并通过“TTS”专用的活动器材，使学生达到动手、动脑、创新的目的。在此基础上，少年宫结合我国的国情又研发了上百种适合青少年开发智力勤于动手动脑的“TTS”科技活动专用器材。

天津电视台为此项活动录制了81期专题节目向全国播出。近2年来，有2万多名中小学生参与了此项创新实践活动。在天津市创新设计竞赛中共有310人进入了决赛，31人获一等奖、62人获二等奖，93人获三等奖，其余学生获得优秀奖。 （马 华）

〔计算机活动〕 和平区青少年宫针对不同年龄段的青少年学生的特点，开展了计算机应用能力和信息学奥林匹克竞赛（程序设计）培训活动。2004年共组织了12个计算机活动小组，近500人次学生参加活动；在参加本年度的天津市小学生计算机考级活动中，90%的学生都取得了合格证书；组织和平区少年儿童计算机应用能力作品现场大赛，有近400名学生参加，50名学生分别获一、二、三等奖；在组织学生参加全国和天津市信息学奥林匹克竞赛中，历年都取得优异的成绩，2004年度获全国一等奖1名、二等奖18名，天津市一等奖54名、二等奖39名。（王会英）

〔“三电”活动〕 和平区青少年宫“三电”活动是深为广大青少年喜爱的传统科技体育项目，包括无线电工程、无线电测向、业余电台。目前已经形成培训与竞赛一体化的活动模式。在2004年4月举行的天津市青少年业余电台锦标赛上，BY3CC的学员囊括15米、400米远距离通信初中组团体第一名，40米远距离通信高中组第一名。2004年11月全国青少年业余电台分区赛（北京赛区）的比赛中，BY3CC学员获初中男子组野外对讲机通信第五名及初中男子组装机第六名。2004年春节期间，BY3CC受天津市体育局委托，承办了天津市第五届全民健身系列活动、“向世界华人大拜年”活动，电视台体育频道、天津日报、城市快报等多家新闻媒体报道了这一活动。此外，青少年宫无线电测向队、无线电制作班学生在天津市青少年无线电测向竞赛、青少年无线电工程竞赛中先后获小学组个人第一名、初中女子团体第一、高中女子团体第一、高中男子团体第二的成绩。（李 梅 张建国）

〔语言艺术大赛〕 2004年，和平区青少年宫举办了首届和平区青少年学生语言艺术大赛。本次大赛以“天津风采”为主题，全区200余名优秀选手进入了复赛。这次比赛不仅继承了传统的朗诵演讲比赛的基本语言素质的展示形式，参赛的每位选手还分别以歌曲、舞蹈、小品、戏剧、器乐等不同的艺术表现形式，进行了个人才艺展示。这种创新的比赛形式，受到了广大学生及家长的欢迎。本次比赛成绩优异、表现突出的选手，被推荐为和平区中小学语言艺术团成员。 （施维丽）

〔交流活动〕 和平区青少年宫作为天津儿童艺术教育对外交流的窗口，先后接待了来自台湾、香港、澳门和各省市的文化交流团体及来自日本、韩国、德国、罗马尼亚、俄罗斯等国家的访问团，并以优质的服务和高水平的艺术交流，先后承办了2000～2002年国际少儿文化艺术节的接待和联欢活动。

少年宫小白鸽艺术团应邀出访日本及欧洲很多国

家；2002年6月，小白鸽艺术团民乐队赴香港参加庆祝香港回归5周年万人音乐会活动，2003年9月，艺术团赴德国参加在汉诺威举办的国际少儿舞蹈比赛，取得一金一银的优异成绩。（姜 红）

〔**英语跳蚤市场活动**〕 和平区青少年宫基于“活动与培训联动”的全新教育理念，为了给喜欢英语学习的孩子创设一个真实有趣的社会实践场景，结合家长亲子同乐，举办了“亲子同欢乐，快乐共分享”——圣诞英语跳蚤市场活动。小朋友将家里的玩具、书拿到少年宫，用英语会话的形式进行买卖活动。会英语的家长、宫内的老师都参加到了整个英语跳蚤市场活动中来，而且，每个孩子还在活动中学会了英语知识的实际操作能力、基本推销技巧、合理理财、互助协作等生活技能品质。（张 洁）

〔**卡通画现场比赛活动**〕 2004年9月，和平青少年宫书画中心举办了“我喜欢的卡通形象”现场绘画比赛。整个教学活动被设计成一次美术比赛活动，将美术活动场地安排在人来人往的一楼共享空间，让更多的孩子都能感受到少年宫美术活动的吸引力。活动包括竞猜卡通人物、师生互动游戏、对唱卡通片歌曲、现场卡通画的临摹与创作、比赛作品的展览等多个环节。通过这种新颖的美术活动形式，突出了少年宫提出的“培训与活动联动”的理念，极大调动了学生的绘画兴趣，整场活动气氛异常热烈。本次美术教学活动还吸引了许多周围社区及幼儿园喜欢绘画的孩子，使一些没有参加过少年宫学习的孩子通过活动认识和了解了少年宫。（李 莹）

〔**宫外基地建设**〕 2001年，和平区青少年宫提出了“使小宫变大宫、一宫变多宫”的办宫理念，充分利用现有设施资源和师资与全区10多所学校进行整合，建立了15个宫外科技艺术教育基地。开设的项目有科技制作类、文艺美术类、体育文化类等共18个项目100多个班，年活动人次近7000人，有效解决了学生单独到青少年宫活动的困难，使更多学生足不出校就能参加青少年宫特长培训活动，为和平区的各学校培养了大批文艺、科技骨干人才，基地的学员在全国及市区各项比赛中获得了多项奖项，同时，宫外基地的活动还丰富了学校孩子们的课余生活，受到了广大家长和学校的欢迎。（姜志云）

〔**教科研活动**〕 和平区青少年宫自2002年以来，开展各种形式的学术研究活动，确立了4项科研课题的研究工作，包括国家级子课题《中小幼艺术教师能力培养的研究》、市级课题《使青少年宫成为中小学科技艺术指导中心的研究》、区级课题《变单一培训为复合型培训的研究与实践》、《利用青少年宫优势 构建区域大教育》。其中市级课题获天津市教育学会优秀科研课题奖。

近3年来，青少年宫教师研究成果层出不穷，在区、市及全国会议和刊物上都有成果展示。共撰写论文200余篇，教学案例160多篇，其中获全国论文奖的17篇，市级论文奖42篇、刊印了第一部《青少年宫教师论文集》。（任蕴梅）

河东区少年宫

〔**发展概况**〕 河东区少年宫始建于1964年6月，当时名为“河东区少年之家”，后更名为“河东区少年宫”。拥有多媒体演示厅、计算机网络教室、多功能排练厅、艺术展览厅、乒乓厅、游泳池、棋室、琴房、活动操场及多间专用教室等现代教学设施，在推进素质教育的进程中，发挥了艺术龙头作用。

〔**群众文化活动**〕 2004年，少年宫组织了市区大型少儿展演活动，深受学校和社会的欢迎，年内有2万多人次到宫参加各种活动。

2004年，少年宫艺术团参加了河东区庆祝第二十个教师节、少先队建队54周年等大型文艺演出活动；组织了全区沙画大赛、棋类比赛、乒乓球比赛、健美操比赛、游泳比赛等多项竞赛活动；举办了建宫40周年庆祝活动。

〔**全区文艺展演活动**〕 2004年，举办了全区文艺展演活动，全区中小学全部参加了集体项目，展示河东区文艺创作的最高水平。

〔**“腾飞河东，远离网吧”计算机知识大赛活动**〕 2004年，少年宫成功举办了“腾飞河东，远离网吧”计算机知识大赛活动，全区万名中小学生参加了此项活动，通过活动教育广大中小学生健康上网，达到了良好的效果，深受学校和社会的好评。

〔**舞蹈“噼哩啪啦咚”获奖**〕 2004年，少年宫教师于岚辅导的舞蹈“快乐足球”，在中央电视台春节少儿节目中播出；舞蹈“噼哩啪啦咚”获全国少数民族舞蹈大赛编导和表演金奖，获华北5省市舞蹈大赛少儿组创作和表演二等奖。

〔**暑期游泳教学活动**〕　少年宫游泳池暑期游泳教学活动作为特色活动项目之一，在校外教育活动中发挥着重要作用，形成了少年宫一套适合初学游泳的独特的教学方法，培养了大批游泳优秀人才。暑期游泳培训班培训学员约3000人次。通过培训，学员们学会了游泳，达标率在98%以上，成为广大青少年暑期活动的重要阵地。

〔**获奖情况**〕　2004年，少年宫社团在全国和天津市多项竞赛活动中获全国奖项5个，市级冠军40个，市级奖项65项。

〔**培训教学活动**〕　少年宫培训项目设有美术类：素描、速写、中国画、儿童画、书法（毛笔、硬笔）；文艺类：声乐、舞蹈、主持人、器乐（钢琴、电子琴、二胡、琵琶、大提琴、小提琴、古筝等）；科技类：航空模型、航海模型、车模、计算机（多媒体制作、网页制作、应用能力）；体育类：棋类（围棋、中国象棋、国际象棋、五子棋、奥塞罗棋）、乒乓球、艺术体操、游泳、跆拳道、武术；其他类：儿童文学社、英语口语、珠心算、趣味数学及亲子综合班等5大类培训专业。每年约有300余个班，约9000人次，极大丰富了广大少年儿童的课余文化活动生活。少年宫培训部连续多年被评为市、区级社会力量办学先进单位。

〔**强化师德建设，不断提高教师专业能力**〕2004年，少年宫教师在校外教师基本功大赛中获一等奖7个，二等奖5个，三等奖6个。　（任振忠）

河西区少年宫

〔**发展概况**〕　2004年，在宫领导和全体同志的共同努力下，少年宫实现了4个方面突破。一是冲出天津，少年宫节目到北京演出；二是小公民实践基地在少年宫挂牌；三是申报天津市科普教育基地成功；四是英特尔电脑小博士工作室成绩卓著。

〔**参加国务院庆祝“六一”国际儿童节文艺演出**〕5月29日，少年宫小红旗艺术团少儿舞蹈《红绿灯下的小白鸽》在北京参加了国务院机关事务管理局幼儿园和山东、天津、新疆等部分省区市幼儿园庆祝“六一”国际儿童节文艺演出。中共中央政治局常委、国务院总理温家宝、全国人大常委会副委员长顾秀莲、国务委员兼国务院秘书长华建敏、国务委员陈至立、教育部部长周济等中央领导出席大会并观看了演出。

〔**获小公民实践基地全国试点单位**〕　2004年，少年宫获中国小公民道德建设计划领导小组颁发的“小公民道德建设活动实践基地”称号。近年来，少年宫率先组织全区少年儿童开展了“争做合格小公民”活动，千余名少年儿童代表在做新世纪合格小公民的承诺上签了名，并向全市百万少年儿童发出了争做合格小公民的倡议。2004年春季，少年宫与区德育科、社区办联合举办了“河西区中小学‘我是社区小主人’志愿服务活动”启动仪式。全区1000多名中小学生代表在启动式上踊跃报名争当社区服务的志愿者。下半年，少年宫参加了由全国“双有”活动组委会在天津举办的“儿童参与式”活动研讨会，与会代表参观了“做合格小公民”教育活动。

〔**批准成为天津市科普教育基地**〕　2004年年初，少年宫根据《关于在全市开展创建科普教育基地工作的通知》，经区科委、区科协同意，向市科委申报了在河西区少年宫建立科普教育基地的请示报告，并经过了市科委有关领导和专家的审核鉴定后，同意在少年宫建立科普基地。这是继天津市科技馆、天津市自然博物馆等之后的又一批批准成立的天津市科普教育基地。申报成功成为少年宫发挥龙头作用和功能效应，领跑全区青少年科技活动再上新水平的标志。

〔**小红旗艺术团**〕　2004年，少年宫小红旗艺术团在区迎春团拜、区庆“三八”联欢会、“迎接全国中小学课外文体活动工程评审团文艺晚会”上演出了精彩少儿节目，受到了教育部领导、国家体育总局领导和市区领导及在场观众的一致好评；赴河北隆化贫困山区进行慰问演出，受到当地群众和少年儿童的热烈欢迎；2004年，艺术团出访印尼演出。

〔**艺术幼儿园生源火爆**〕　少年宫艺术幼儿园全年组织参观热带植物园亲子游活动；组织慰问了全国支教模范白方礼老爷爷；开展了“奔向2008庆‘六一’体育联欢”大会、轮滑表演、“纪念天津设卫建城600周年、赞家乡爱祖国”诗歌朗诵会等。天津电视台、《天津教育报》、《城市快报》作了报道。（张予东）

英特尔电脑小博士工作室特色活动

〔英特尔电脑小博士工作室开展多种新颖的活动〕 2004年，工作室开展了多种新颖的活动：首次独家与天津电视台在哈尔滨拍摄了科技迎春少儿节目；举办了以“科学、文明、健康”为主题的“电脑伴我健康成长”科技下校巡展活动；展示了最新的电脑数字跑步机、USB滑雪板和数字篮球赛；举办了“走进崭新的天津”数码摄影比赛；参与了北京奥运火炬传递活动；美国英特尔教育专家马克先生来工作室和学员家访问。

〔小学生参加奥运火炬传递仪式〕 2004年6月，希腊奥运会火炬传送到达中国，在北京举行了历时5天的奥运火炬传递仪式。全国知名运动员、148名火炬手和800家媒体参加。作为惟一的一名小学生代表，天津河西区少年宫英特尔电脑小博士工作室的代表全程参加了这次意义深远的传递仪式。在活动中，小博士身背全套数码摄录像设备，采访了桑雪、苗青等奥运火炬手，制作出两集电视专题片在天津卫视电视台播放。

〔数字E夏——愉快的暑期科技活动〕 2004年暑期，天津河西区少年宫英特尔电脑小博士工作室，为全区少年儿童组织了船舶科学夏令营、与日本学生进行了电脑和无线电的科技交流、与天津电视台少儿频道合作录制了一期完全由小学生自行创作和拍摄制作的节目、参加“呼伦贝尔草原数码行”夏令营、暑期自制电脑数字化设备的研制等一系列科技活动，提高了孩子们对科学探索的兴趣，丰富了暑期生活。

〔让我们荡起双桨〕 2004年9月10日、25日，小博士工作室在天津水上公园组织“让我们荡起双桨——无线网络的体验”主题电脑科技传播活动。

参加体验活动的教师和学生分成6个小组，各组分别划游船一艘。电脑小博士工作室为每艘游船上配置了能够无线上网的迅驰笔记本电脑、AP无线网络交换机和摄像头、电瓶等设备，安装了网络浏览会议、视频广播、网络游戏等软件，方便快捷地传送每一艘游船上的信息。

〔天津市小学生FLASH竞赛〕 天津市小学生FLASH动画竞赛是一项传统赛事。2004年6月，河西区少年宫英特尔电脑小博士工作室组织了全区11所学校的400多名同学参加竞赛，举办FLASH基础讲座12期、FLASH应用技巧6期、网络上传技术2期。活动共收到申报作品近千项，评出10名金奖，20名银奖、70名铜奖和部分鼓励奖。本次竞赛的部分优秀作品还被推荐到全国少年儿童FLASH贺卡竞赛，其中FLASH贺卡“数字2005”获得全国特别奖，7人的作品获得二等奖。

〔电脑粘贴超市〕 近年来，形形色色的电脑粘贴对小学生颇有吸引力。小博士工作室参加活动的同学却发现，这些粘贴虽然很好看，但是没有教育的意义，甚至还有一些粘贴不健康的内容。于是，同学们自发组织起“粘贴超市”，使用电脑、数码相机、扫描仪和打印机等科技设备，自己设计、修饰、印刷粘贴，制作了4000多张粘贴，以超市的形式，无偿供同学们选择。

〔“小海帆”电脑嘉年华〕 “小海帆”电脑嘉年华欢乐营是小博士工作室在河西区上海道小学建设的电脑小博士活动基地，同学们在这里接触到世界上先进国家的电脑教育，与国内外小朋友共同探讨数字化和网络技术，参加电视台专题拍摄活动。

“小海帆”电脑嘉年华欢乐营自2004年“六一”建成以来，上万人次的同学走进这个充满幻想、充满乐趣的营地，畅游在这属于学生自主管理的嘉年华和快乐营。 （王 戈 张予东）

河西区马场街社区

〔以“四结合”的工作理念创新工作思路〕 河西区马场街党工委、办事处围绕《关于进一步加强和改进未成年人的思想道德建设的若干意见》的贯彻落实，提出了社会、学校、家庭、学生四结合新理念，从青少年特点出发，多用鲜活、通俗的语言，生动典型的事例，喜闻乐见的形式，采用疏导的方法，增强工作的针对性和实效性及吸引力、感染力。

〔开展未成年人社会调查〕 办事处面向社区未成年人量身定做，设计发放了85份有奖征答题，对社区内的未成年人思想水平、兴趣爱好、生活习惯进行了充分调查。通过对答题进行分析、归类，对未成年人思想动态和内心世界有了比较清楚的认识，对研究未成年人心理现状提供了借鉴依据和可参考资料。

调查后，社区举办了未成年人思想道德建设有奖征答颁奖会和座谈会。

〔**思想道德建设融于丰富多彩的活动**〕 1. 社区办事处在实验中学举办了马场街“加强未成年人思想道德建设”的文艺汇演，宣传部长张秀春等区领导和中小学生、社区居民800余人观看了演出。

2. 春节前夕邀请老艺术家马超等社区名人，与社区少先队队员侃谈民俗文化。会中，老人与孩子共写春节对联，充满了对明天的美好祝福，给青少年上了一堂深刻的爱家、爱国的思想教育课。

3. 各社区居委会发挥社区活动站的功能，因地制宜，组织社区少先队员慰问93688部队，与官兵联谊，举办了文艺演出庆祝“八一”建军节；邀请本社区宣讲团老干部吴其祥为中小学生进行革命传统教育；慰问残疾人和老干部，清扫社区环境卫生；举办法制教育座谈会；成立航模制作兴趣小组；组织青少年乒乓球比赛；利用市民分校开办法律知识课程；聘请民警为中小学生讲课，提高未成年人的法律意识、安全意识及自我保护意识等。

〔**开展特色活动，营造和谐社区**〕 1. 在佟楼文化广场与十六幼儿园共同举办“共享阳光老少同乐文艺演出”。开创了老、幼同舞新技法，使腰鼓这一民间艺术发扬光大。

2. 在文体中心举办社区未成年人法制教育讲座，邀请了未成年人保护协会天法法律事务所资深律师李俊兰担任主讲，部分中小学学生和外来人口80余人参加活动。

3. 邀请专业人士在暑假期间举办了网络知识应用学习班，组织社区未成年人、学生家长、居委会文教主任共同参与培训、学习。通过正面引导、讲解、典型案例，促进计算机知识的普及与提高。

（河西区马场街办事处供稿）

南开区少年宫

〔**发展概况**〕 2004年，南开区少年宫获“花园式”单位、民主管理先进单位、优秀社区党建参建单位、南开区文艺作品创作活动优秀组织单位荣誉称号；并获“座右铭”征文大赛组织奖、第四届PHE国际青年宫少年宫书画大会集体特等奖、“全国第二届少儿美术杯年度艺术展优秀组织奖”等奖项。

群众文化活动

〔**南开区第四届中、小、幼书法绘画现场比赛**〕 2004年“五一”期间，少年宫举办了南开区第四届中、小、幼书法绘画现场比赛。内容有国画、儿童画、速写、素描、书法（硬笔、毛笔），比赛结束后评出了一等奖、二等奖、优秀奖及一等奖的辅导奖。

〔**南开区第16届朗诵、演讲、征文比赛**〕 南开区少年宫在4月14日～5月18日举办了以“我心中的天津”、“我心中的少年宫”为主题的第16届朗诵、演讲、征文比赛。报名参加本次比赛的学生达400余人，比赛分为幼儿组、小学乙组、小学甲组、初中组、高中组、职校组，各组别进行初赛、复赛和决赛，成绩优秀的选手，参加由天津市教委、市少年宫举办的“庆祝天津建卫600周年”朗诵、演讲、征文比赛。

〔**“欢乐快车一日营活动”**〕 10月30日，南开少年宫组织50多名学生在热带雨林观光园开展了“欢乐快车一日营活动”。孩子们游览了观光园，了解热带雨林的风光，进行了现场写生和愉快的游戏活动。

〔**中小学幼儿园，声乐、器乐、舞蹈等艺术形式的单项比赛**〕 11月6～14日，南开少年宫举办中小学幼儿园声乐、器乐、舞蹈等艺术形式的单项比赛。有526人报名参赛，比赛按学段分为5个组进行，由专家评委分别评选出一、二、三等奖。

〔**手工艺动手能力现场比赛**〕 11月16日，南开少年宫举办一年一度的中小学幼儿园“手工艺动手能力现场比赛”，29所学校的53支代表队报名参赛。

〔**交流活动**〕 2004年，少年宫先后接待了来自罗马尼亚、波多黎各和蒙古人民共和国、美国、韩国、日本等国的少年艺术团。美术班学员创作了长达28米的书画长卷，代表天津市200万少年儿童赠送给联合国，被永久收藏。

〔**学生社团及活动**〕 南开区红星艺术团是以南开区48所学校为分团组建的学生文艺团体，南开少年宫负责艺术指导、监督、检查等方面的工作。2004年，完善了“南开区红星艺术团”的各项规章制度、制定了评估标准，对各团的工作进行了评比表彰。各分团特色突出，能随时承担全国、全市及各有关部门组织的各种艺术赛事和活动。

〔**兴趣小组活动**〕　2004年，少年宫共开设电子琴、钢琴、手风琴、书法、硬笔书法、国画、素描等专业26个，兴趣小组265个，学员总数4884人。并陆续在南江里小学、艺术小学、南开小学、中心小学、实验学校、华宁道小学、澄江路小学建立了培训基地，使南开少年宫培训规模一直居全市前列。

〔**2004年参加、承办各类教育、竞赛活动统计**〕2004年，南开区艺术教育中心组织了艺术类教师论文评选工作；开展了小学、幼儿园特长生考核认定工作，532人参加了考核；举办电脑绘画、自办报纸、一分钟摄像等PC艺术作品比赛和南开区少年儿童纪念天津建卫600周年征文比赛；举办了南开区青少年学生“红星艺术团”各分团汇报演出；南开区美术教师作品展评；青少年学生美术作品展评；组织青少年学生去社会福利院慰问联欢等活动。

〔**科研活动情况**〕　2004年，南开少年宫编写并出版了《南开少年宫艺术培训工作规程》；举办多次教育理论系列讲座和研讨会，如“少儿舞蹈创编讲座”、“美术速写教学研讨会”、“幼儿启蒙教育公开课”等；2004年有20篇论文和活动方案在市级评选中获一、二等奖，另有多篇论文在报刊杂志上发表；先后出版了《素描》、《儿童画》、《舞蹈》、《音乐》等多本教材。2004年完成了《少年宫美术培训课程体系》的研究工作并被认定为天津市市级科研成果。2004年1月，在“第二届京津地区青少年学生校外教育美术教学理论与实践创新论坛”教学案例评选中，杨昆、王蔚老师的教学案例获一等奖。（隋永清）

河北区少年宫

〔**基本情况**〕　天津市河北区少年宫始建于1965年，隶属河北区教育局。1988年在原址上重建，占地7000余平方米，建筑面积6300平方米。主体楼二层、四层、五层错落。与小天鹅剧场由曲廊相连接，中间为小花园。主楼有近200平方米的乒乓球厅、两间近百平米舞蹈厅、合唱厅、大排练厅、展厅以及楼间电子琴室、绘画室、书法室等。小天鹅剧场坐席700余人，主要满足学生观影、会议、演出等活动的需要。

少年宫艺术学校常年开设舞蹈、声乐、电子琴、手风琴、小提琴、素描、儿童画、国画、工艺、色彩、书法、棋类、乒乓球、朗诵、兴趣写作、英语口语、幼儿心算等文化、艺术、体育近20个专业、百余个培训班。每期培训学员2000余人。2004年培训中小学生9000人次。定期组织各种展、演、比赛活动，为学校培训了一大批各方面的骨干；在天津市教委每年组织的国际少年儿童美术、书法、摄影展中，少年宫成绩一直名列前茅；多年来为专业院校、团体和社会培养了一大批有艺术和体育专长的人才。自2001年始，少年宫每年对小学六年级的学生进行特长生的考核认定工作，内容包括文艺、美术十几个项目，被天津市教委评为天津市学校艺术教育先进单位。

〔**群众文化活动**〕　2004年，少年宫开展“以善待人、尊重人、团结人、帮助人”为教育主题的群众文化活动多项；举办了书画大赛、夏令营、沙画大赛、多彩泥大赛、科幻画大赛、“三跳”运动会、三项棋类比赛等多项活动；深入开展全国“双有”活动，在全国“双有”表彰大会上全区14所学校被评为先进集体，16名教师被评为先进个人，少年宫被评为全国优秀组织奖；艺术团舞蹈队参加了2004中国、天津国际少儿艺术节活动，创编的舞蹈《五色土上的孩子》在开幕式上演出，应邀参加了霍元甲武术学校校庆五周年演出活动。

〔**学生社团活动**〕　少年宫小天鹅艺术团目前有130余人。包括舞蹈队、合唱团和乐队。美术班学员的书画作品每年都在国际、国内的比赛和展览中获大奖。美术班的小学员两次代表少年宫出访日本、韩国，进行少儿美术交流活动。舞蹈多年来在各级舞蹈比赛中获大奖、创作奖，经常参加天津市大型少儿演出交流和慰问活动，多次参加天津电视台少儿节目的录制演出，中央电视台也数次播放少年宫的获奖节目。

〔**与世界冠军对弈**〕　6月，在天津开发区体育馆举行了“泰达杯”中、日、韩三国世界围棋超级冠军赛开幕式。少年宫20名少年棋手与韩国冠军李昌镐、日本冠军依田纪基进行车轮对弈，并与韩、日围棋大师下了10个棋子。一睹世界围棋大将风采和棋艺。

〔**与甘肃“手拉手图书真情卡”传递活动**〕　少年宫与甘肃共同开展“手拉手图书真情卡”传递活动是天津市的特色活动。2004年，少年宫组织全区1.5万名少年儿童参加。

〔**教育科研活动**〕　2004年8月下旬，少年宫美术部教师参加了在内蒙海拉尔市举办的首届全国校外视觉艺术教育规律研修班，5 篇论文入选并在活动中交流。在天津市校外教师基本功竞赛活动中，少年宫的教学活动辅导方案、活动方案、论文评选均取得了较好的成绩。2004 年，少年宫教师有 10 余篇论文获奖，出版发行美术教材 3 册、文艺教材 2 册。教师获奖或发表作品 16 件。（王建华　李振忠）

2004 年参加、承办各类教育、竞赛活动统计

项目	活动名称	活动时间	区级赛人数	市级赛人数	获奖人数
体育活动	三项棋类				
	三跳比赛	10 月	4000		100
文艺活动	集体舞、合唱	7 月	100	100	30
	绘画写生大赛	6 月		300	28
	书画大赛	5 月 1 日	1000		300
	沙画、彩泥大赛	10 月	2000		30%
	梦中海河绘画大赛	5 月		100	15
科普活动	科幻画大赛	11 月	300	60	全国 2 名
群文类	全国“双有”活动				先进集体 14 个；先进个人 16 名
	泰康杯征文大赛			500	60
	全国”故事大王”赛	7 月		20	10
	参与式活动	5 月		500	40

红桥区少年宫

〔**基本情况**〕　红桥区少年宫前身是红桥区少年之家，建于 1960 年。1973 年恢复并改名为红桥区少年宫。现址少年宫建于 1985 年，坐落于风景秀丽交通方便的西沽公园旁，建筑面积 2500 平方米，占地近 10 亩。少年宫现有高级、中级专业教师 48 人。

〔**兴趣小组培训活动**〕　少年宫开设了电脑、航模、天文、科技制作、武术、艺术体操、跆拳道、国际象棋、围棋、乒乓球、舞蹈、合唱、钢琴、手风琴、电子琴、扬琴、小提琴、二胡、琵琶、朗诵、软硬笔书法、幼儿画、素描、国画等近 30 个项目，100 多个培训班，年培训量达 5000 多人次。自 1988 年起组建艺术体育幼儿园，近 300 名幼儿常年接受艺术、体育专项课训练，目前已是桃李满园，硕果累累。

〔**中小学课外活动“百分赛”**〕　少年宫活动贴近学生兴趣，贴近学校实际，贴近社会需求，深受全区中小学欢迎，牵动全区中小学课外活动“百分赛”已坚持 25 年，每年涉及文、体、科、美、德诸领域十几项活动，吸引着数万名中小学生参赛。“百校万人秧歌节”、万人参与的“三跳”活动、校园歌声选拔赛规模空前。

〔**天文观测及演示活动**〕　天文观测及演示活动是少年宫独有的优势。优越的观测、放映设施及倾心于天文普及活动的特级教师赵之珩，铸就了少年宫天文活动的辉煌，培养了数以万计的天文爱好者。2001 年少年宫被中国科协命名为“全国科普教育基地”。阵地利用率之高，活动量之大，活动范围之广，深受全社会的好评。

〔**津京地区青少年围棋擂台赛**〕　红桥区少年宫近年来举办了津京地区青少年围棋擂台赛，擂主及副帅均系启蒙于少年宫的原学员。2004 年，由市体育局主办、红桥少年宫承办的全市全民健身五子棋比赛，吸引了近千名中小学生的参与。

〔**活动成果**〕　近年来少年宫美术教师、学员及作品多次赴日本参加国际儿童画展及中日友好交流活动。少年宫舞蹈《板扇舞》在 1993 年第三届国际舞蹈沈阳比赛中获“金玫瑰奖”，并获创作一等奖，1995 年赴奥地利、匈牙利、罗马尼亚 3 国进行艺术交流演出。“春邀桃花堤”、“新世纪的太阳”等均获全国城区少年宫系统比赛金、银奖，天津市一等奖、创作奖；并参加 1999 年世界体操锦标赛闭幕式大型演出。少年宫学生获全国第二届希望之星儿童声乐第一名；全国“冰心杯”电子琴大赛获一等奖；扬琴、电子琴等器乐及美术各项培训为国家和天津市各类艺术院校、文艺团体输送了大批人才。武术、艺术体操、围棋、国际象棋、乒乓球等体育项目培训为国家和天津市专业

队输送了大批队员。在校外教育科研领域，少年宫近100篇论文获全国和市级一、二、三等奖。（曹德举）

塘沽青少年宫

〔**组织“2004年天津学校文艺展演”比赛**〕　此活动列为2004年上半年区校外教育工作重点。比赛共有40多所学校参加，经过层层选拔，少年宫选送的节目在天津市文艺展演活动中取得佳绩。7所学校获市一等奖，11所学校获市二等奖，6所学校获市优秀奖。

〔**开展《中华人民共和国未成年人保护法》知识问答和“人人动手，变废为宝”活动**〕　“未成年人保护法”知识问答共有33所中小学参加，其中塘沽一中等7所学校以100%的参与率获最佳组织奖，全区有近百位班主任老师获组织先进个人奖。

〔**开展以“爱祖国、爱家乡”为主题的“我心目中的青少年宫”征文比赛**〕　2004年，结合全国“双有”教育活动，开展了以“爱祖国、爱家乡”为主题的“我心目中的青少年宫”征文比赛，全区共有30多所学校参加，选送了近4000多篇学生作品。他们用诗歌、散文、记事、科幻等各种体裁写出了自己所见所闻，所思所想。大赛最后选出一等奖43篇，二等奖60篇，三等奖80篇，并编辑出版了《我心目中的塘沽青少年宫》优秀征文集。

〔**举办“塘沽区中小学校文艺展演声乐专场比赛”**〕　2004年5月28日，塘沽青少年宫举办了“塘沽区中小学校文艺展演声乐专场比赛”，来自全区近30所中小学校的30多个节目参加了展演。塘沽一中心小学、环海职专分别荣获小学组和中学组校歌比赛一等奖。草场街小学、浙江路小学、实验学校分别获小学组及中学组小合唱比赛一等奖，新城小学荣获重唱一等奖。

〔**举办“塘沽区中小学文艺展演群舞比赛”**〕　2004年6月8日，塘沽青少年宫举办了“塘沽区中小学文艺展演群舞比赛”，全区共有23个舞蹈参加了本次展演。塘沽一职专的《众人划桨开大船》获中学组一等奖；塘沽实验学校的《草原童谣》等4个节目荣获小学组一等奖。

〔**第二届师生书画展**〕　2004年11月9日，青少年宫举办第二届师生书画展。本届画展是在近千幅师生书画作品中精选出的优秀作品。作品种类包括书法、国画、儿画、西画、共有238幅作品入围参展，其中教师作品20幅、学员作品218幅。

〔**“小海螺”艺术团活动**〕　小海螺艺术团是塘沽青少年宫对外交流的重要窗口。2004年开展了系列而富有特色的交流演出活动。

〔**兴趣小组培训活动**〕　2004年共开设声乐、器乐、舞蹈、美术、书法、棋类、科技、体育等近30个专业、228个教学班，年平均培训人次达8000人。在此基础上，又增设了琵琶、跆拳道、珠心算、综合艺术、瑜珈等专业科目。

〔**努力办好艺术幼儿园**〕　2004年，少年宫艺术幼儿园的孩子们初步掌握了至少一门专业，每一个孩子都比较系统地学习了英语口语和计算机等知识。艺术幼儿园不仅培养了孩子们对艺术的浓厚兴趣，同时，也培养了孩子们良好的生活习惯和生活能力。

艺术幼儿还先后组织幼儿开展了春游、第二届艺术幼儿园家长开放日、趣味运动会、首届学员毕业典礼等活动。

2004年11月26日，少年宫艺术幼儿部举办了本学期家长开放日活动，16个专业课面向家长开放，近百名幼儿家长参加了观摩活动。

〔**教育科研活动**〕　2004年，少年宫开展了专业教师基本功比武活动、第三届师生书画展、教学汇报等活动。在参加天津市校外教育教师基本功培训比武中，少年宫教师共有34人次获奖，少年宫获得了团体总分第一名，被评为天津市校外教育教师基本功培训优秀组织奖，3个节目参加了由市领导和各区县领导出席的汇报演出。（张　兰　王　燕）

东丽区少年宫

〔**发展概况**〕　2004年，东丽少年宫艺术教育成绩显著，在成功举办第十八届校园艺术节的基础上，参加了天津市学校文艺展演比赛活动，有5个节目获天津市一等奖，4个节目获二等奖，4个节目获三等奖。市教委领导对全区艺术教育工作给予了高度评价。

〔**东丽区中小学四项书画大赛**〕　4月29日，

在东丽广场隆重举行了东丽区中小学4项书画大赛暨东丽第十八届校园艺术节开幕式，来自全区近30所中小学的300多名书画爱好者参加了此项活动，活动中展出了100多幅书画作品。5月，举行东丽区中小学声乐、舞蹈、器乐、校歌4个专场比赛，选出优秀节目参加了东丽区第18届校园艺术节闭幕式暨庆“六一”演出活动，区委、区政府的领导参加了艺术节闭幕式，对演出给予高度赞赏。

〔举办“老少同乐”迎国庆书画展览和大型笔会活动〕 9月28日，少年宫与区关工委、老干部局联合举办了“老少同乐”迎国庆书画展览和大型笔会活动，共同完成了多幅精美的书画作品，迎接国庆55周年的到来。

〔“心中有祖国，心中有他人”主题教育活动〕 2004年，少年宫积极开展“心中有祖国，心中有他人”主题教育活动，“争做合格小公民”道德实践活动暨“进社会，进家庭，进文艺场所，进学校”的“四进”活动。全区有近4万名中小学生参加。少年宫荣获全国优秀组织奖。

〔第18届“三跳”运动会〕 为丰富学生课余生活，强健学生体魄，促进学生德、智、体、美、劳的全面发展，2004年10月，少年宫在一百中学体育馆成功举办了第18届“三跳”运动会。这项比赛是区的传统比赛项目，全区有21所小学和6所中学的400多名运动员参加比赛，津门小学获小学组团体总分第一名，丰年中学获中学团体总分第一名。

〔2004年天津市中学生特长生考核认定工作〕 2004年天津市中学生特长生考核认定工作圆满结束，全区有6所中学的26名学生报名参加考核认定，有24名学生通过特长生考核，这是全区近年来在中学特长生认定中取得的最好成绩。

〔兴趣小组活动〕 2004年少年宫开办各类专业班30个，全年各期学员人数总计近3000人，参加区级、市级，乃至全国的各项活动和比赛均取得很好成绩。少年宫坚持每年年底举办一次教学成果汇报展演，激发学生兴趣；展示自我，体验成功的愉悦；在天津市少年儿童“泰康杯我爱我家”征文大赛中，少年宫学员有4篇征文获得一等奖，8篇征文获得二等奖，14篇征文获得三等奖。

〔教师业务培训活动〕 2004年，东丽少年宫注重教师队伍建设，从提高教师的综合素质入手，有计划、有针对性地开展教育教学研究等业务培训活动，在天津市校外联举办的教师基本功和文艺展演比赛活动中，获一等奖9个，二等奖6个，三等奖13个，优秀奖1个。少年宫获优秀组织奖。 （孙玉河）

武清区青少年活动中心

〔基本情况〕 青少年活动中心隶属武清区教育局，是武清区青少年校外活动的主要阵地，是全区惟一的融艺术、科技、文化、体育为一体的大规模、多功能、综合性、服务型青少年活动场所。2004年11月28日进入试运行阶段。中心立足于青少年“情操的陶冶、潜能的开发、个性的张扬”，坚持高起步、高标准、高质量、创品牌、培养可持续发展的专业性创造型人才的发展目标。

〔场馆建设〕 武清区青少年活动中心坐落于武清新区，由区政府投资兴建，占地面积286亩，建筑面积14684平方米。该工程于2002年12月1日开始建设，2003年底完成主体楼和外装修，总投资1.2亿元。该中心整体建筑气势恢弘、秀丽典雅。大型少儿剧场装修精美，设施先进，具有承担各种大型演出、巨片放映、学术交流、大型会议等多种功能。巨型天像厅是青少年学习天文知识、激发求知欲望的理想场所。中心还同时拥有多媒体、排练厅、展厅等综合活动室和舞蹈、书画、声乐、钢琴、电子琴、计算机房等专用教室及功能室近百个。截至目前，是天津市各区县中占地面积最广、一次性投入资金最多的青少年活动中心。

〔培训情况〕 青少年活动中心所设专业包括艺术、文化、体育、科技、现代信息技术等5大类近百余个培训项目，试运行期间共组织了两期培训，所开设的专业有美术、书法、舞蹈、声乐、钢琴、电子琴、形体健美、跆拳道、英语等9个专业，共有75个培训班，参加培训的学员达1253人。

〔师资情况〕 青少年活动中心设有党支部、校行政两个校级机构，下设办公室、培训部、群文部和后勤部4个部室，现有教职工25人，均为大专以上学历，其中本科学历8人、7人本科在学、4人研究生班结业，中学高级职称3人，中级职称10人，中级以上职称占52%。2005年1月，中心的声乐教师在天津市举办的“绿色南国”杯城乡青年歌手大赛中获天津市第一名。

〔**教科研活动**〕　青少年活动中心积极开展教科研工作，坚持每周四集中一天组织教师开展培训和研讨活动，以学习、反思、研讨、交流的方式实现思想的碰撞。同时采取走出去、请进来的方式，组织教师到天津、北京等地的少年宫学习管理方法、专业授课的技能技巧，积极研究和寻找校内与校外教育的结合点；并投资1.3万元购置专业图书和音像资料供教师们学习和研讨。（马立君）

河北省校外教育

综 述

〔河北省委、省政府下发文件，推动全省未成年人思想道德建设工作的开展〕 2004年8月15日，河北省委、省政府下发了《〈关于进一步加强和改进未成年人思想道德建设的若干意见〉的实施意见》。文件提出，全省18岁以下的未成年人有1742万，要充分认识加强和改进未成年人思想道德建设的重要性、紧迫性，要把加强和改进未成年人思想道德建设摆在全局工作的重要位置。同时明确了全省在未成年人思想思想道德建设方面的中心工作。

文件要求，党政群各有关部门要切实把未成年人道德建设工作负起责来，今后要把各地、各有关部门落实未成年人思想道德建设任务的情况，纳入对领导班子、领导干部实绩考核的重要内容之一，确保落实。

省青少年宫协会工作概述

〔基本情况〕 2004年，河北省青少年宫协会将2004年作为青少年宫建设管理推进年，确立了“利用全年时间集中推进全省青少年宫建设与管理水平登上一个新台阶”的目标，先后开展了3次调研、1次学习考察活动，取得良好成效。

〔开展《全省青少年宫现状、问题及对策建议》调研活动〕 3月，团省委、省宫协组织全省青少年宫系统主要负责人组成调研团，以实地考察的形式集中组织开展了针对全省青少年宫工作的专题调研，对省内青少年宫现状、面临问题及今后的发展进行了深入客观的调查分析，形成了《全省青少年宫现状、问题及对策建议》调研报告，上报省有关领导，为省领导全面了解省青少年宫基本状况最新动态提供了依据，也为争取省财政划拨青少年宫建设补助经费奠定了良好的基础。

〔进一步开展对青少年宫建设与管理的调研〕 11月，为进一步了解各青少年宫内部的建设与管理情况，协会下发了《关于调查全省青少年校外活动阵地情况的通知》，以调查表的形式认真开展了第二次全省性调研活动，掌握了更多详实的情况和数据。

〔按照团中央要求开展专题调研〕 12月，按照团中央《关于开展团属青少年活动阵地情况专题调研的通知》要求，协会认真组织了第三次调研活动，全省各市级宫认真填写了《团属青少年活动阵地建设和管理状况调查问卷》，并由协会牵头形成调查报告及时上报团中央。

〔赴新疆进行学习考察活动〕 9月20～25日，为进一步拓宽视野，了解和学习兄弟省市青少年宫在基础建设、内部管理、改革发展等方面的成功经验，推动省内各地青少年宫的工作跃上一个新台阶，团省委、省宫协组织协会理事一行11人赴新疆进行了学习考察，先后参观了克拉玛依市青年宫和少年宫，并与新疆青少年宫系统有关负责人进行了座谈。这次调研，既加强了两地之间的工作联系，同时也是全省青少年宫工作的一次良好的学习和展示，对于进一步拓宽工作思路，明确工作方向，推动全省青少年宫事业科学、规范发展具有十分重要的意义。

〔**省宫协下发《关于开展全省团属青少年活动场所安全检查和专项治理工作的通知》**〕 2004 年 3 月，为切实加强省内青少年活动场所的安全管理，消除安全事故隐患，进一步完善全省青少年活动阵地安全管理机制，省宫协下发了《关于开展全省团属青少年活动场所安全检查和专项治理工作的通知》。《通知》下发后，各青少年宫高度重视，在为期两个半月的集中整治时间内，多次召开了安全治理工作会议，并组织在岗人员集中学习了安全常识、安全制度和安全操作方法、防火知识和灭火技能等，强化了安全警示教育，增强了教职工的爱岗敬业精神和责任感。

〔**申报批准邢台市青少年宫、保定市青少年宫建设经费**〕 为进一步加快全省青少年宫的建设步伐，2004 年 4 月 8 日，以国家财政部每年拨款 1000 万元推动青少年文化活动场所建设和发展为契机，经与省财政厅积极协商沟通，团省委、省宫协依据实际情况向团中央、国家财政部递交了《关于申请邢台市青少年宫、保定市青少年宫建设经费的请示》。经过积极争取，团中央、财政部批准向河北省邢台市青少年宫、保定市青少年宫拨付青少年文化活动场所建设补助费各 50 万元。这笔资金的到位，缓冲了两宫新建、重建工程资金短缺的困难，体现了中央财政支持地方青少年宫建设，对加快全省青少年宫的建设将起到积极的推动作用。

〔**省财政为全省青少年宫建设划拨补助经费**〕 2004 年下半年，团省委、省宫协积极与省财政厅等有关部门协调沟通，赢得了省有关领导的高度重视和有关部门的大力支持。12 月，省财政为省内青少年宫建设划拨的 2004 年补助经费 200 万元正式到位，这笔经费的到位标志着青少年宫协会已经初步探索出了一条由省财政直接划拨资金扶持、促进青少年宫建设的成功路子。目前，团省委、省宫协已及时将该项补助经费划拨至有关青少年宫，分别是：承德市 60 万元，廊坊市 50 万元，邢台市 40 万元，沧州市 30 万元，保定市 20 万元。

〔**保定市青少年宫新建工程竣工使用**〕 2004 年，省内青少年宫在运作模式、资金筹集等方面积极创新，充分利用各种社会资源发展和壮大青少年宫事业，走出了一条社会化发展的路子。在政府支持、银行贷款的基础上，总建筑面积 1.4 万平方米、总投资 2000 万元的保定市青少年宫新建工程于 2004 年 8 月底竣工使用，成为保定市规模较大、功能较全、政府支持的青少年校外活动场所。

在共青团邢台市委的积极争取和邢台市委、市政府的高度重视下，2004 年，总投资约 300 万元的邢台市青少年宫被正式纳入市委、市政府“民心工程十件实事”之一，并将邢台市政治、经济、文化最繁华区的一块空地划拨用于该宫的建设，现在该宫已开放使用，填补了邢台市没有一所青少年宫的空白。据统计，截至 2004 年底，全省青少年宫建筑总面积 4.5 万平方米，占地面积 56 万平方米，固定资产总值 4500 万元。

〔**积极开展主题教育活动**〕 2004 年，团省委、省宫协先后下发了《关于发挥团属青少年活动阵地优势，切实加强未成年人思想道德建设的通知》和《关于在全省青少年宫系统开展加强和改进未成年人思想道德建设教育活动的通知》，把加强未成年人思想道德教育建设的要求融入到青少年宫的各项教育中，在广泛开展赴爱国主义教育基地参观、夏令营、书法美术、知识竞赛、读书讲座等主题教育活动的基础上，精心策划、组织开展了青少年宫系统文艺汇演、青少年数学论坛等形式新颖、内容鲜活的校外教育活动，为促进青少年健康成长做出了积极贡献。

据不完全统计，2004 年全省青少年宫培训总人数超过 2 万人次，参加各种活动的总人数超过 20 万人次。

〔**河北省首届青少年宫系统少儿文艺汇演颁奖晚会**〕 2004 年 8 月 26 日，由团省委、省电视台、省音乐家协会、省宫协联合主办的河北省首届青少年宫系统少儿文艺汇演颁奖晚会在石家庄市青少年宫希望会堂隆重举行。省委副书记赵世居，省委常委、石家庄市委书记吴振华等领导与来自全省青少年宫系统的 1000 余名少年儿童一道观看了晚会。晚会上，石家庄、保定等市青少年宫的孩子们奉献了舞蹈《欢欣鼓舞》、歌伴舞《嘎子嘎》等精彩纷呈的文艺节目。这次汇演为全省青少年搭建了一个施展艺术才华的大舞台，对树立河北省青少年宫教育活动阵地的品牌形象，进一步促进各市少年儿童的艺术交流与合作，具有十分重要的意义。

〔**第二届“走进美妙的数学花园”青少年数学论坛暨全国青少年数学竞赛活动河北分赛区活动**〕 2004 年上半年，团省委、省少工委、省宫协联合主办了第二届“走进美妙的数学花园”青少年数学论坛暨全国青少年数学竞赛活动河北分赛区活动。石家庄市青少年科技文化活动中心独家承办了该项活动。全省近2万名青少年参加。在全国总决赛中，省第一、第二代表队并列获全国团体季军，石家庄市青少年科技文化活动中心获了全国惟一的“最佳团队组织奖”。

〔**省宫协2004年工作会议**〕 2004年3月14～19日，省宫协召开2004年工作会议。各会员单位负责同志参加了会议。会议总结了2003年的工作，安排部署了2004年全省青少年宫的工作。

（共青团河北省委宣传部供稿 执笔 李建茹）

青少年科技活动

〔**广泛开展青少年科技活动**〕 2004年，河北省科技中心根据2004年的工作任务和目标，开展了“第十九届河北省青少年科技创新大赛”、“信息学奥林匹克竞赛”、“全国第四届教育工作者发明与制作展评”和辅导员论文评审工作，辅导员业务培训工作以及“APEC”展览、艾滋病展览、6.29科普宣传等重点工作和活动。全年全省约有100余万青少年参加了各类科技活动。在全国青少年科技创新大赛、五项学科奥赛活动中全省有132人获得全国一等奖，并获得在高考时享受国家教育部规定的保送资格，2004年全省还有1名中学生获得国际青少年信息学奥林匹克竞赛金牌一枚，为我国争得了荣誉，实现了省历史上在国际五项学科奥赛中金牌零的突破。

〔**举办第十九届河北省青少年科技创新大赛**〕 2004年，省科技中心取得了卓达集团的赞助支持，成功举办了“卓达杯第十九届河北省青少年科技创新大赛”展示评审活动。此次大赛展评活动的举办首开了河北省青少年科技活动与企业合作的先河。两天的展示活动有近万名中小学生和社会各界人士到现场观摩和参观，在社会上引起了强烈反响。8月，在四川成都举办的全国青少年科技创新大赛中，河北省省选送的9个竞赛项目中有1项获得全国一等奖，1项获得二等奖，7项获得三等奖，其中一个项目获得中国科技馆发展基金委设立的“新苗奖”；活动类项目中1项获得全国一等奖，1项获得二等奖，科幻画18幅分获大赛二、三等奖。

〔**参加“全国青少年信息学奥林匹克竞赛”再创佳绩**〕 2004年是邓小平同志提出“计算机的普及要从娃娃抓起”20周年，也是信息学奥林匹克竞赛创建20周年。2004年，河北省再以一金、两银、一铜的成绩，一举夺得“全国青少年信息学奥林匹克竞赛”团体总分第三名，这也是河北省在组队参加“全国青少年信息学奥林匹克竞赛”20年来的最好成绩。省科技中心在继续抓好信息学普及的基础上，还组织了1400名中小学生参加的信息学联赛初赛，从中选出240名选手参加复赛。

〔**辅导员科技论文的征集与评审**〕 2004年，根据中国青少年科技辅导员协会“关于开展第12届全国青少年科技辅导员论文征集活动的通知”，河北省青辅协积极组织开展科技辅导员科技论文的撰写与评审，共征集科技论文217篇，全省11个市全部参与。经严格评审，全省共推选出30篇论文上报全国青辅协参加全国评审，有2篇论文获一等奖，18篇获二等奖，10篇获得三等奖。并从一等奖论文中推选出1名优秀辅导员参加全国科协年会活动并做大会交流发言。

〔**组织开展“6.29”科普日机器人表演活动**〕 6.29是中国科协统一制定的全国科普活动日，为了进一步开展科普宣传活动，向青少年传播科学前沿的科技知识，6月27日，省青少年科技中心和石家庄市科协、河北省医科大学共同举办了人体解剖展览和参观活动。医科大学全方位的向中小学展示了人体的结构，志愿者向孩子们讲解了人体的构成和原理，使青少年从中获得了更多科学知识。

（河北省青少年科技中心供稿）

河北省青少年宫统计

名称	占地面积	建筑总面积	基本设施	专职教师	兼职教师
石家庄市青少年宫	535601平方米	18000平方米	办公室31间，大礼堂2800平方米，报告厅500平方米，餐饮部450平方米，教室30间，音乐教室55间，美术教室48间，舞蹈教室58间	20人	173人
	固定资产总值	**财政拨款**	**主要培训活动内容**	**培训人次**	**参加人次**
	1464万元	2004年90万元占17.6%	科普讲座、科技制作、球、游泳、武术、棋艺、舞蹈、音乐、美术、书法、数学、语文、英语、夏令营	2004年7000	80000

石家庄市青少年科技文化活动中心	占地面积	建筑总面积	基本设施	专职教师	兼职教师
	1843平方米	3025平方米	办公室7间，会议室1间，报告厅1个，教室16间，微机教室1间，音乐教室6间，语音教室1间，美术教室5间，舞蹈教室7间	2	108
	固定资产总值	财政拨款	主要培训活动内容	培训人次	参加人次
	560万元	0	科普、科技制作、小发明、武术、棋艺、音乐、舞蹈、美术、书法、摄影、文学欣赏及创作、戏剧、剪纸、数学、英语、语文、计算机等	2004年 4180	1862
保定市青少年宫	占地面积	建筑总面积	基本设施	专职教师	兼职教师
	7000平方米	14000平方米	办公室20间，会议室2间，大礼堂360平方米，教室20间，微机教室1间，音乐教室13间，语音教室1间，电化教室1间，美术教室8间	6	65
	固定资产总值	财政拨款	主要培训活动内容	培训人次	参加人次
	2000万元	2004年37万元 占43%	科普、武术、棋艺、音乐、舞蹈、美术、书法、摄影、文学欣赏及创作、数学、英语、语文	2004年 6000	10万
邯郸市青少年宫	占地面积	建筑总面积	基本设施	专职教师	兼职教师
	3000平方米	5000平方米	办公室10间，教室10间500，计算机教室1间，音乐教室25间，语音教室1间，美术教室1间，舞蹈教室2间	11	
	固定资产总值	财政拨款	主要培训活动内容	培训人次	参加人次
	41万元	2004年56万元 占68%			10万
承德市少年儿童活动中心	占地面积	建筑总面积	基本设施	专职教师	兼职教师
	8000平方米	600平方米	办公室6间		
	固定资产总值	财政拨款	主要培训活动内容	培训人次	参加人次
	135万元	2004年7.5万元 占23%			
张家口市青少年宫	占地面积	建筑总面积	基本设施	专职教师	兼职教师
	600平方米	400平方米	办公室1间	1	2
	固定资产总值	财政拨款	主要培训活动内容	培训人次	参加人次
	2.5万元				
邢台市青少年宫	占地面积	建筑总面积	基本设施	专职教师	兼职教师
	5500平方米	3500平方米	办公室10间，会议室3间60平方米，报告厅2间，教室50间1000平方米，音乐教室3间，语音教室3个，美术教室6间，舞蹈教室18间	20	11
	固定资产总值	财政拨款	主要培训活动内容	培训人次	参加人次
	300万元		科技制作、棋艺、音乐、舞蹈、美术、书法、文学赏析、数学、语文、英语		
沧州市青少年宫	占地面积	建筑总面积	基本设施	专职教师	兼职教师
		1000平方米（租）			25
	固定资产总值	财政拨款	主要培训活动内容	培训人次	参加人次
	30万元				
秦皇岛市青少年宫	占地面积	建筑总面积	基本设施	专职教师	兼职教师
	12000平方米	4200平方米			10
	固定资产总值	财政拨款	主要培训活动内容	培训人次	参加人次
	450万元				
唐山市青少年宫	占地面积	建筑总面积	基本设施	专职教师	兼职教师
	41121平方米	4000平方米	办公室1间，会议室1间，歌舞厅1间，教室5间，计算机室1间，美术室2间，舞蹈教室1间	10	6
	固定资产总值	财政拨款	主要培训活动内容	培训人次	参加人次
	217万元	2004年60万元 占60%	武术、音乐、舞蹈、美术、摄影、书法、英语、计算机、夏令营	2004年 1000	20000

校外教育单位

石家庄市青少年宫

〔**发展概述**〕 石家庄市青少年宫是团市委下属的差额拨款的公益性事业单位，常年开设音乐、舞蹈、美术、书法、体育健身等各方面素质训练项目，在青少年宫常年学习的学员近万人，400 余个班次；2004 年开展规模较大的青少年思想道德教育活动 16 次，参加活动的青少年数 10 万人。2004 年少年宫还被全国“双有”工作领导小组评为先进单位，被团中央、文化部授予“全国先进青少年宫”，被团河北省委授予“河北省先进青少年宫”，被全国小公民道德建设领导小组命名为“全国小公民道德建设实践基地”。

青少年宫现下设办公室、活动部、物业部、党群办公室等 4 个行政科室；音乐培训部、舞蹈培训部、美术书法培训部、文化培训部、体育培训部、科普部、成人培训部和桥西分宫等 8 个专业培训部门；希望会堂、银河乐器行等 2 个经营部门。

〔**场所建设**〕 2004 年，经石家庄市委、市政府批准，对青少年宫现有 40 亩闲置土地进行开发，腾清了项目施工场地，拆除了天文馆、游泳场，勘测阶段已结束，即将破土动工。竣工后，少年宫将拥有 8500 平方米的体育活动中心、2000 平方米的游泳馆、3 万平方米的培训大楼。青少年宫将形成近 7 万平方米，集艺术培训、体育健身、休闲娱乐为一体的大型青少年思想道德教育活动基地。

〔**积极开展青少年道德教育实践活动**〕 2004 年，少年宫紧紧围绕“双有”这个中心主题，开展有特点、开展内涵深、规模大、档次高、教育意义深远的青少年思想道德活动数十次，如“我爱家乡、我爱绿色，建设百亩希望林”活动、第四届统一梦公园、儿童妈妈写生活动、走进大草原与神舟 5 号着落地零接触夏令营等活动，参加活动的青少年达 10 多万人。

〔**开展丰富多彩的演赛活动**〕 2004 年，青少年宫举办了第三届全国青少年书书画大赛；省会第四届青少年业余歌手大赛；第八届全国“故事大王”选拔赛；首届河北省青少年宫系统少儿义艺汇演；“我变我成长”少儿英语和才艺人赛；石家庄市新华书店图书大厦读书俱乐部“我与书籍的故事”演讲比赛；第二届石家庄市青少年沙画大赛等 10 余项活动。2004 年 8 月，举办河北省少儿文艺汇演，参加演出比赛的青少年近 500 余名，代表了全省 10 个城市的青少年儿童，参观的少年儿童达数万人次。部分演员、精品节目被各地市电视台、电台乃至中央电视台作为 2005 年春节晚会的少儿节目进行播出。

〔**突出青少年宫的公益性**〕 2004 年“六一”儿童节期间，青少年宫免费举办了儿童电影周、免费游泳、免费科普学习、优秀儿童美术作品展、优秀儿童沙画作品展等活动，体现党和政府对青少年的关怀。

〔**兴趣小组活动**〕 2004 年，青少年宫开办了舞蹈、音乐、书法美术、体育健身、英语等兴趣学习小组 400 余个班次。全年在青少年宫学习的青少年达万人之多，有力促进了素质教育的发展。

石家庄市青少年科技文化活动中心

〔**基本情况**〕 石家庄市青少年科技文化活动中心是 2000 年由石家庄团市委主持创办的集科技、文化艺术和文体娱乐活动为一体的综合性青少年校外素质教育基地，拥有培训活动场地近 5000 平方米。

中心是全国青少年宫协会和河北省青少年宫协会会员单位；全国和河北省先进青少年宫；天津音乐学院石家庄声乐、器乐专业培训、考级中心；北京舞蹈学院中国舞考级中心石家庄培训、考级承办单位；河北省美术等级考试中心指定的考级承办单位；国家教育部教育管理中心和中国少先队事业发展中心指定的“全国信息技术及应用远程教育工程、全国青少年计算机应用技能培训工程全国青少年信息技术培训指导站”。2003 年 1 月，团中央又授予中心“中国青少年新世纪读书计划优秀青少年新世纪书屋”。

〔**主办第二届“走进美妙的数学花园”青少年数学论坛暨全国青少年数学竞赛活动河北省分赛区的活动**〕 2004 年，中心成功主办了第二届“走进美妙的数学花园”青少年数学论坛暨全国青少年数学竞赛活动河北省分赛区的活动，全省共设立赛区41个，参加活动人数2万余人。7月26～29日，248名选手组成的河北省代表团在北京参加了全国总决赛。在总决赛中，省青少年选手共获金奖6个，银奖22个，铜奖46个，一等奖11个，二等奖101个，三等奖156个，河北第一、二代表队跻身于全国前六强，并列获第三名，河北省获全国惟一的“最佳团队组织奖”。

〔**举办丰富多彩的群众文化活动**〕　中心在2004年还举办了春令营、夏令营和秋令营；舞蹈组赴秦皇岛艺术交流活动成功圆满；中心挑战自我生存训练秋令营锻炼了孩子们的意志品质；参加“阳光杯”全国书法摄影诗文大赛取得了优异成绩；中心少儿艺术团参加省青少年宫文艺汇演和河北电视台少儿春节晚会成绩斐然。

为配合未成年人思想道德建设，中心率先在全省和全市组织了理想教育演讲团专场演讲、与关工委联合举办迎“六一”老少书画展、配合雅典奥运会制作奥运金牌榜、举办“六一”少保中心慰问演出活动等。

〔**教育活动成果**〕　4年来，中心航模班连续两年蝉联河北省青少年模型运动锦标赛团体冠军；21名同学在全国中小学生英语知识能力竞赛中荣获一等奖；近百名同学在全国、省、市的美术书法大赛中荣获金、银、铜奖；中心少儿艺术团多次参加省、市“五四”、“六一”庆典演出活动。在刚刚结束的第二届“走进美妙的数学花园”中国少年数学论坛河北省分赛区的活动中，又有37名同学获奖，并于7月赴北京参加全国总决赛，全部获奖而归。

〔**兴趣小组培训活动**〕　2004年，中心面向全市青少年开设了琴棋书画、音乐舞蹈、数学、英语、作文、武术、跆拳道、象棋、航模、计算机等10大门类30多门课程的培训班近300个。在中心参加培训的人数达到3000人以上。

（石家庄市青少年科技文化活动中心供稿）

石家庄市中小学生校外综合实践活动基地

〔**基本情况**〕　石家庄市中小学生校外综合实践活动基地是石家庄市教育局于2001年结合高校布局调整的时机建立的。石家庄市财政局投入专项资金500万元将原石家庄师专改造成为石家庄市中小学校外综合实践活动基地，于2001年11月13日正式开营。占地120余亩，建筑面积4.6万平方米。平均每期可接待中小学生1500名，最大容量为2000多名。中小学生到基地参加综合实践活动，每期一周，实行封闭式军事化管理。

基地作为石家庄市教育局直属的财政拨款的事业单位，承担了全市实施综合实践活动课的职能，以服务青少年学生为宗旨，实施素质教育。2005年2月，被中央文明办、教育部、团中央等六部委命名为“全国青少年校外活动示范基地”。

〔**开发丰富而有特色的校外活动项目**〕　基地自成立以来，共开发5大系列（主题探究类、应用学习类、生活情感类、社会实践类、民俗民艺类）67个校外活动项目，学生在基地参加一周的实践活动，能够参加5～8个项目。

〔**2004年主要活动成果**〕　2004年初，基地与国家图书馆合作建立电子图书馆。9月，与石家庄市计生委合作建立的青少年青春期性健康教育基地正式挂牌。10月，在基地广场与石家庄市公安局戒毒所合作进行“拒绝毒品、珍爱生命”的禁毒展览。11月，在基地广场与石家庄市博物馆联合举办了“石家庄市历史文化展”。

〔**2004年活动规模**〕　基地自开营到现在共接待了10万多名学生。2004年全年共接待学生34期、学校192所、中小学生47338名，其中小学生2万名，初中生2.22万名，高中生6509名，平均每期1392人，超额完成了年初制定的4万人的接待目标。

〔**教育科研活动**〕　2004年，基地部分老师参与了“全国教育科学十五规划重点课题《综合实践活动及其师资建设》研究成果——综合实践活动研究性学习材料的编写工作”，其中3篇文章被采用；参与了石家庄市综合实践活动资料地方教材2004年春本两个年级和2004年秋本七个年级的编写工作，共有17篇课文被采用。　　（赵艳红）

张家口市青少年宫

〔**基本情况**〕　张家口市青少年宫始建于上世

纪60年代初期。40年来，历任领导和全体教职工在党的教育方针指导下，青少年宫利用现有条件开展了丰富多彩的青少年培训活动，在融教育性、知识性、娱乐性活动中，吸引和培养了一批批青少年，得到了社会和家长的肯定和赞扬。

〔**加强教学管理，提高教学质量**〕 2004年，青少年宫在加强教学管理，提高教学质量方面形成30多项制度，举办了听课、教学检查、教案展评、家长座谈会、教学成果展示、业务讲座、新老教师结对子等活动，对教师教学业务的提高起到了重要作用。

〔**红领巾艺术团积极参加各级展演**〕 2004年，青少年宫红领巾艺术团的小演员参加了各级各类比赛及文艺表演，仅市级的文艺表演多达几十场。红领巾艺术团参加了省首届少儿文艺汇演，小演员的出色表演荣获二等奖，青少年宫也被授予优秀组织单位。

〔**兴趣小组活动**〕 2004年，青少年宫美术班及艺术班今年为国家级艺术院校输送了几十名优秀人才。为征求广大家长的意见和建议，青少年宫设立了意见箱，及时收集意见分门别类处理，缩短了青少年宫和家长之间的距离，受到广大家长欢迎。

〔**筹备建设综合教学大楼**〕 2004年，青少年宫积极配合上级主管部门，积极筹备青少年宫新的综合教学活动大楼。同时保持教学活力，使青少年宫在持续、稳定、健康发展的同时，又注重积蓄力量为下一期的事业发展打好基础。

张家口市桥东区少年宫

〔**基本情况**〕 2004年3月1日，“张家口市桥东区少儿活动中心”正式搬迁至“张家口市桥东区少年宫”。少年宫占地面积4900平方米，建筑面积5117平方米，是全市目前规模最大的一所综合性的青少年儿童校外教育机构。设有19个教室、舞蹈大厅、、乒乓球厅、培训厅、排练厅、艺术厅、语音室、演播大厅、天文观测台等。

〔**兴趣小组活动**〕 少年宫在原有兴趣班的基础上开发新项目，2004年初新增了拉丁舞班、健身舞班，年中研发了幼儿园班。共开设手心珠算、节拍英语、舞蹈、儿童画、电子琴5个科目。暑期开办了初中代数、英语预科班，新增了初二奥数、舞蹈优班、跆拳道班，并成立了少年宫分站，解决了居住偏远学生的求学困难。

〔**组织“小学生乒乓球比赛”**〕 “六一”前夕，少年宫组织了“小学生乒乓球比赛”，报名人数达近百人。队员们经过两天紧张、激烈的比赛，决出男、女团体各前6名，男、女单打各前8名。少年宫为优胜者颁发了奖品和证书。

〔**举办全国第二届“走进美妙的数学花园”青少年数学论坛暨张家口市桥东区数学竞赛活动**〕 2004年，举办了为期3天的全国第二届“走进美妙的数学花园”青少年数学论坛暨张家口市桥东区少年宫第六届“数学奥林匹克”竞赛活动，竞赛分5个组别，采用现场问答、抢答的形式，气氛紧张激烈，教育局领导为胜出队颁发了锦旗。

〔**活动成果**〕 2004年，参加“2004年全国中小学生优秀美术书法摄影作品大赛”，获13金、9银、22铜，10个优秀奖的好成绩；参加中央电视台第五届“希望之星”英语风采大赛河北赛区的比赛，获1金、2银、30铜、15个优秀奖；参加省第二届“走进美妙的数学花园”青少年数学论坛暨全国青少年数学竞赛活动河北省分赛区决赛，获3金、4银、14铜、51个优秀奖；参加全国数奥竞赛获1金、1银、9铜；一等奖3名，二等奖10名，三等奖27名；参加首届中国少儿舞蹈艺术节，舞蹈《快乐的格桑花》在首届中国少儿舞蹈大赛中获金奖。在全国“平安校园”征文比赛中，写作班学员获省二等奖2人；获全国纪念奖2人；获省纪念奖2人。

秦皇岛市青少年宫

〔**群众文化活动**〕 2004年6月1日，邀请长城协会专家在驰名中外的山海关“老龙头”对未成年人进行“爱我中华，爱我长城”的爱国主义教育，并组织学员现场进行演出。学员们出色的表现赢得了中外游客的高度赞誉。

〔**演出活动**〕 2004年2月，举办新春音乐会；5月，青少年宫铜管乐队参加市团代会电视文艺晚会；6月，在市新世纪广场举办了秦市“广顺杯”十佳青年歌手大赛和颁奖晚会；9月，青少年宫铜管乐团在省全运会演出。

〔学员获奖情况〕 2004年3月，在北京举办的"全国推新人大赛"中，少年宫学员获得了声乐组金奖6个，钢琴金奖1个，古筝金奖1个，拉丁舞金奖4个。有20余名学员考取了天津音乐学院等大专院校。

〔交流活动〕 2004年7月，邀请加拿大音乐大师——世界著名小提琴家、钢琴家来秦市，在工人文化宫剧场举办了"教学演奏会"。演奏会以两位大师教学辅导和现场演奏相结合的形式进行。大师们认真细致的教学和高超精湛的演奏受到了学员和观众的热烈欢迎。这场在全市盛况空前的教学演奏会，受到了新闻媒体和广大群众的极大关注。

〔成立全国小记者培训指导站〕 2004年8月，成立全国小记者培训指导站并正式开班办学。小记者站挂牌办学以来，进行了大量的采访活动，深受孩子们的欢迎。2004年青少年宫获全国先进单位称号。

唐山市青少年宫

〔发展概况〕 唐山市青少年宫基础建设曾停滞近20年。2004年，青少年宫积极谋划恢复建设工作，向市委和团市委呈报了《关于加快青少年宫职能恢复和基本建设的报告》。2004年2月17日，唐山市委七届66次会议决定，青少年宫迁址新建。青少年宫成立了"筹建办公室"，负责青少年宫迁址新建工作。目前已确定新青少年宫的总体建设规模和第一期建设项目；迁址新建工程正式启动，2005年7月底第一期工程完工，向唐山纪念抗震30周年献礼。

2004年，少年宫和"北京思达潜能教育"合作成立唐山市潜能教育基地，经过一年的努力，使其得到了完善和发展，填补了青少年宫幼儿潜能教育的空白。

〔举办中央电视台第五届"希望之星"英语风采大赛唐山赛区选拔赛活动〕 2004年，全市有500名选于参加了初试(笔试)、复试(口试)比赛，选出30名选手参加省决赛。获河北省小学组总冠军、小学组金牌、大学组金牌、小学组金奖及3名银奖。唐山市青少年宫、唐山市第八中学、唐山市金色年华外国语小学被省组委会评为优秀组织单位。"五一"期间，1名同学代表河北省参加了全国总决赛。

〔参加河北省首届青少年宫系统少儿文艺汇演〕 在省宫协系统少儿文艺汇演中，青少年宫学员唢呐独奏《胜利秧歌》获一等奖，舞蹈《花裙子飘起来》获二等奖，并在汇报演出中做了精彩表演。

〔兴趣小组培训活动〕 青少年宫现常年开设声乐、舞蹈、器乐、书法、美术、武术、剑桥英语等各类文化艺术培训班；设有中国青年政治学院唐山函授站等大专班、本科班。青少年学生通过在培训班的学习，增强了兴趣爱好，增长了知识，在全国各类赛事活动中取得了较好成绩。

〔教育成果〕 参加"全国青少年宫武术大赛"，获男子组南拳第二名、男子组棍术第三名和另外3项第四名。

创建文化部科技艺术研究所全国书画等级考核单位，成功组织了唐山地区的书画等级考级工作。2004年，在少年宫美术班学习的学员中有2名学员分别考上了天津美术学院和北京广播电视电影学院。

英语班多名学员考取唐山八中英语特长班。

书法班多名学员多次在省、市比赛中获奖。

保定市青少年宫

〔基本情况〕 保定市青少年宫原有建筑建于上世纪50年代，建筑建筑3000平方米，设施陈旧，功能不合理。从2002年起，市委市政府连续3年把青少年宫重建列为市区建设重点10件实事之一，并在市财政非常紧张的情况下拿出500万元、协调贷款500万元支持青少年宫建设。青少年宫重建工程占地7000平方米，地上6层，地下1层，总建筑面积1.4万平方米，总投资2000万元。2003年5月，青少年宫重建工程正式破土动工，2004年9月29日竣工落成。

〔自筹项目，保证工程进度〕 2004年是青少年宫的工程建设年，能否在资金极度短缺的情况下顺利完工成为重建工作的关键问题。面对高达1000万元资金缺口，为了给政府和全市青少年交一个满意的答卷，在团市委的直接领导下，青少年宫领导千方百计筹措资金，先后从团中央和市有关部门争取资金70万元，自筹项目合作资金280万元。在资金极度困难的情况下，青少年宫仅用1年4个月便圆满完成工程建设，9月29日，青少年宫重建工程正式竣工落成并向全市青少年开放，成为送给全市青少年最具价值、最有意义的珍贵礼物。

〔组织参加第二届“走进美妙的数学花园”青少年论坛暨全国青少年数学竞赛〕 2～7月，青少年宫组织了第二届“走进美妙的数学化园”青少年论坛暨全国青少年数学竞赛保定赛区比赛，有600多名中小学生报名参赛，60名选手参加了全省总决赛，20名选手参加了全国总决赛，获“数学之美”论文竞赛2枚金牌，并获3银4铜4名优胜奖，青少年宫荣获优秀组织奖。

〔举办第三届保定市风采少年展示大赛暨青少年宫形象天使选拔大赛〕 4～11月，青少年宫举办了第三届保定市风采少年展示大赛暨青少年宫形象天使选拔大赛。本次大赛设音乐舞蹈、书画摄影和语言等3大类别。1800名选手参加，30名选手获“青少年宫形象天使”称号，30名形象天使经过主、副项的展示和现场辩论，决出了十佳风采少年。

〔参加河北省首届青少年宫系统少儿文艺汇演〕 8月24日，青少年宫80名小演员参加了河北省首届青少年宫系统少儿文艺汇演。来自全省8个宫协单位的500多名中小学生参加了汇演，青少年宫参加了声乐、舞蹈、曲艺等项目的角逐，歌伴舞《嘎子嘎》获一等奖，新疆舞《古丽》、歌伴舞《我的摇篮》获二等奖，青少年宫获优秀组织奖。

〔参加河北省“中小学弘扬和培育民族精神月”启动仪式的演出活动〕 8月25日，青少年宫小荷花电视艺术团受邀参加了在白洋淀举行的河北省“中小学弘扬和培育民族精神月”启动仪式，并在汇演中表演了富有浓郁地方特色的歌伴舞《嘎子嘎》、《嘎妞妞》和《白洋淀，我可爱的家乡》，受到与会省市领导的高度赞扬。年内，小荷花艺术团参加了市内多项演出活动。

〔举办考级活动〕 8月14日，中国民族管弦乐学会主办的民族乐器演奏考级在青少年宫举行，全市100多名青少年民乐爱好者参加了考评。开考科目有二胡、琵琶、古筝、扬琴、笛子、唢呐、中阮、柳琴、笙、高胡、三弦、民族打击乐。

11月13日，全市300多名键盘爱好者在青少年宫参加了钢琴、电子琴、手风琴和音乐基础的校外业余音乐考级。

〔举办海洋生物标本展〕 “十一”黄金周期间，在青少年宫重建工程落成之际，青少年宫联合市委宣传部、团市委、市教育局、市少工委共同推出了海洋生物标本展，并免费向未成年人开放。700多个品种3000多个标本，让孩子们流连忘返，每天有上万人到青少年宫参观，总计流量近10万人次，极大丰富了未成年人的假期生活。

〔优化培训项目，打造教育品牌〕 2004年，青少年宫在原有培训项目的基础上合理优化，广泛开展了科技、文化、艺术、体育培训，除美术、书法、舞蹈、声乐、器乐、民乐等传统项目，还开设了曲艺、拉丁舞、主持朗诵、航模、剑桥少儿英语、数学奥林匹克、兴趣写作等项目；年龄层次从4岁到初高中生，极大调动了各年龄层次学员的学习兴趣。据初步统计，2004年青少年宫美术学员达到1200人次，舞蹈达到800人次，音乐类达到700人次，文体类达到3000多人次，总计6000多人次。

2004年，青少年宫有600多人次参加了国际、全国及省市级的各种比赛，有400多人获得各种奖励，为全市争得了荣誉。

邢台市青少年宫

〔场所建设〕 2004年初，邢台市青少年宫的建设被列为市委、市政府2004年“民心工程十项实事”之一，市政府将原市机械冶金行业办公室办公楼划拨给团市委用于邢台市青少年宫的建设。

6月3日，对办公大楼进行维修和更换工作全面展开。在仅仅42天的时间里，青少年宫就完成了整个办公大楼的装修、教师的招聘、教学器材的购置及暑期班的招生工作，组建起一支以20名共青团员为主体，具有较高专业水平的教师队伍，完成暑期招生1166名，为邢台青少年宫正式挂牌运行奠定了基础。

为了更好地开展青少年素质教育培训工作，青少年宫积极争取资金，对青少年宫进行了二期工程建设，现二期工作已经动工，有望于2005年投入使用。

〔举办暑期下岗及特困职工子女全程免费的素质教育培训活动〕 为了落实好市委、市政府“民心工程”，切实解决下岗及特团职工子女培训难的问题，青少年宫举办了下岗及特困职工子女全程免费的素质教育培训活动。对此，邢台日报、牛城晚报对青少年宫及免费素质教育培训活动进行20余篇次宣传报道；市电视台、市有线电视台播出10余次新闻。7月15日，1166名下岗及特困职工子女进入青少年宫，接受免费素质教育培训。

授课的教职员工全是市十大杰出青年教师和专业拔尖人才，他们分别担任了美术、书法、舞蹈、古筝、围棋、奥赛数学、剑桥英语等20项培训科目的辅导工作。此次活动为全市下岗及特困职工减负13.99万元。

〔**兴趣小组的项目创新**〕　经青少年宫多次考察兄弟地市及邢台的培训市场，推陈出新，大胆开设了具有时代特色的美国街舞、轮滑、拉丁舞、形体、航模等培训班，受到了家长和学员的欢迎，现培训科目增加到32个。

〔**积极开展开展同业教师培训活动**〕　为了拓宽青少年宫工作领域，"十一"长假期间，应王快学区的邀请，青少年宫派出4名舞蹈、音乐专业教师，深入到王快幼儿园，对王快学区80余名幼儿教师进行专项业务培训。为了促进"手拉手"青年志愿者进社区活动，青少年宫与桥东区团委联合举办了为社区青少年志愿培训活动，收到了良好的效果。

邯郸市青少年宫

〔**发展概况**〕　邯郸市青少年宫是邯郸市目前惟一青少年综合活动的场所，担负着全市20多个专业培训和大型德育公益活动的任务。2004年，青少年宫各项工作稳步发展，被团省委、省宫协评为省先进青少年宫，被市直工委评为先进文明单位。

〔**合理布局，增设未成年培训项目**〕　青少年宫在6～10月份陆续中止了光盘刻字、减肥中心等4个合作项目，重新合理布局，增设未成年人培训项目，改善教学环境，把社会效益放在首位。先后多次对宫内活动和培训项目进行免费和优惠。定期和不定期开设贫困家庭和下岗子女短期培训班，进一步扩大办学规模，使培训项目总数由1996年开馆的不到10个增至30余个。

〔**主要活动**〕　5月，青少年宫举办了邯郸市中小学生"益智杯"三项棋类比赛，全市3区、部分县、武安市等近300余名学生参加了比赛。青少年宫12名学员在比赛中获奖；6月，举办了少儿舞蹈选拔比赛，参加"六一"国际儿童节庆祝活动，全市数家幼儿园及县区的少年儿童参加了选拔比赛演出活动，选出了部分精彩节目，部分县区选送的优秀节目获得一等奖；8月，参加了河北省首届少年儿童文艺汇演，共有11个节目参加了演出，共获1个一等奖、3个二等奖，青少年宫并获优秀组织奖；举办了第九届"公爵"杯全市少儿器乐大赛，200余名小选手参加，近30名学员获一、二、三等奖。

〔**活动成果**〕　参加河北省民族器乐琵琶比赛，3名学员获一等奖；参加河北省"奥林匹克星"中华儿女书画大奖赛获团体二等奖；在河北省青少年车辆模型冠军赛暨河北省"厚朴杯"青少年车模冠军赛中获一、二、三等奖。

2004年，青少年宫舞蹈、美术、声乐、器乐、管乐等培训专业近20名学员考入国家、省、市大、中专院校，有30余名获国家、省、市一、二、三等奖及优秀奖。

〔**积极规划建设青少年活动中心**〕　青少年宫筹建青少年活动中心方案已经立项，并通过了在2004年财政预算中追加筹建中心款项。新址选址在东部主城区，占地为50亩左右。活动中心将运用现代化设施布局品牌教育项目，整合社会教育资源，形成学校、校外教育与社会教育相统一的教育体系。

华北油田少年宫

〔**发展概况**〕　2004年，在团省委宣传部、河北省青少年宫协会的指导下，少年宫围绕"讲、出、创"(讲信誉、出精品、创品牌)活动，在舞蹈、声乐、美术、书法、文学、英语、武术、电子琴、小提琴、模型、围棋等科目上形成了一套较好的教学方法，培养了大批学员，获得了优异成绩。

〔**兴趣小组活动**〕　2004年,少年宫开设了科技(计算机、模型)，艺术(声乐、舞蹈、电子琴、小提琴、吉他、小学生美术、学前美术、毛笔书法、硬笔书法)，体育(武术、围棋、象棋、乒乓球)，知识(作文、剑桥少儿英语、幼儿英语)等18个专业，学员数量有较大幅度的提高。计算机专业与京科电脑学校联合办学，扩大生源，面向成年招生，使计算机科技项目得到了良好的发展。

〔**举办"青苹果作品展"**〕　6月，少年宫举办学员美术、书法作品展——“青苹果作品展”；共展出作品400多件，包括毛笔、硬笔、儿童画、版画、国画、写生、速写、水粉、剪纸、素描等体裁。作品内容健康、形式灵活、题材丰富，展示了油田少年儿童的精神风貌。

〔**参加全国企业宫“少儿舞蹈大赛”**〕 7月，少年宫参加了内蒙包头的全国企业宫“少儿舞蹈大赛”。湖北二汽、辽宁辽化、大同铁路、广西柳州铁路局等6家，共计15个少年宫组队参赛。少年宫《大海边》、《快乐的小马车》双双获得一等奖。

〔**参加河北省青少年宫系统少儿文艺汇演**〕 8月，参加“河北省青少年宫系统少儿文艺汇演”，少年宫舞蹈《快乐的童年》、独唱《美丽的翠鸟》分获一等奖。3个舞蹈、1个声乐获二等奖。

〔**参加“全国企业青少年宫书法绘画比赛”**〕 5月，“全国企业青少年宫书法绘画比赛”在胜利油田开展。胜利油田、华北油田、长春一汽、内蒙一机厂、江苏仪征、大庆石化等全国14个大企业所属青少年宫的1017幅作品参展。少年宫选送了80幅作品，包括毛笔、硬笔、版画、速写、国画、儿童画、水粉、写生等种类。共获一等奖13幅、二等奖15幅、三等奖14幅。少年宫获优秀组织奖。

〔**活动成果**〕 2004年，少年宫3名学员在“河北省首届小公民道德建设计划文艺调演”中获银奖。声乐专业63人、电子琴专业21人通过了中国音乐家协会的专业考级。还举办了作文习作展，棋类对抗赛、舞蹈汇报、汇报课等。舞蹈专业班多次参加管理局的大型演出。

山西省校外教育

综　述

未成年人思想道德教育工作的进展

〔**中共中央政治局常委李长春考察山西未成年人思想道德建设情况**〕　2004年8月12～17日，中共中央政治局常委李长春先后到山西太原、大同、朔州、忻州、晋中、长治等地，深入农村、企业、社区，考察山西经济社会的发展，检查加强和改进未成年人思想道德建设情况，视察了八路军太行纪念馆等爱国主义教育基地。

在太原市桃园北路东社区，李长春同志召开座谈会，认真听取学生、家长、校外辅导员、老同志以及社区工作人员对做好未成年人思想道德建设工作的意见。他强调，要进一步统一认识，动员全社会的力量，持之以恒地抓好未成年人思想道德建设。要抓住关键环节，以学校为中心，坚持教书育人、育人为本，在建立健全学校、家庭、社会“三结合”教育网络上狠下功夫，组织未成年人开展丰富多彩的实践活动。要大力净化校内外和整个社会环境，创作更多健康向上的少儿作品，丰富未成年人的精神文化生活。

李长春同志指出，山西有丰富的历史文化和革命文化资源。要以发展“红色旅游”为契机，在大力加强基础设施建设的同时，通过改进展示方式，丰富展出内容，提高服务水平等手段，加强软环境建设，充分运用中国共产党领导人民争取民族解放的奋斗历史来教育广大青少年，推动未成年人思想道德建设。

〔**山西省委、省政府下发关于未成年人思想道德建设的文件**〕　2004年8月2日，中共山西省委、山西省人民政府下发了《关于进一步加强和改进未成年人思想道德建设的实施意见》。文件对中小学思想道德教育工作、共青团和少先队工作、教师职业道德建设、广泛开展思想道德教育实践活动、家庭教育工作、加大对贫困县建设未成年人活动场所扶持的力度等方面作了明确要求。

〔**山西省建立未成年人教育联席会议协调机制**〕　2004年7月，山西省文明委第五次全委会讨论通过了建立全省未成年人教育联席会议制度的决定。

联席会议的职责是：认真学习贯彻党中央关于加强和改进未成年人思想道德建设的各项方针、政策，落实省委、省政府加强全省未成年人思想道德建设的实施意见和具体要求；定期分析全省未成年人思想道德建设的形势，向有关部门提出加强和改进未成年人思想道德建设工作的意见和建议；指导和协调全省未成年人思想道德建设工作。

〔**山西省未成年人思想道德建设活动成果**〕　2004年，中央8号文件下发以后，太原、大同、晋中、临汾、朔州、吕梁、长治等地先后通过召开局党委会、党组扩大会议、局务会、机关干部大会、各界座谈会等形式，认真组织全体干部和教职员工开展学习领会中央8号文件精神实质活动，提高认识、转变观念。8月，教育部要求开展教育大讨论活动的《通知》下发以后，各地教育部门结合本地实际，突出重点，深层次分析学校德育工作中存在的问题，寻找根源，探求解决办法，及时调整今年的工作重点，把未成年人思想道德建设放在突出位置。

全省各地都召开了加强和改进本地学校未成年人思想道德建设工作会议，制定下发了贯彻中央8号文件、落实教育厅“德育20条”的实施办法，出台了落实省委、教育厅一系列专项教育活动的具体配套方案。

各市围绕弘扬和培育民族精神教育、诚信教育、中小学日常行为规范教育、心理健康教育等4大教育主题，开展了丰富多彩的系列教育活动。长治率先在武乡八路军总部旧址举行了教育月启动仪式；太原市在中共太原支部纪念馆、大同在云岗石窟、阳泉在狮垴山百团大战纪念碑广场、晋中市在左权麻田也纷纷举行了以弘扬和培育民族精神为主题的教育月启动仪式和其他形式的主题教育活动；临汾、晋中、运城、长治等地通过征文、演讲、主题文艺晚会等不同形式开展弘扬和培育民族精神系列教育活动，朔州等地加强各类爱国主义教育基地建设和管理，晋城市组织近万名中小学生到德育墓地接受革命传统教育；太原市39个市级爱国主义教育基地、左权县所辖15处爱国主义教育基地已经对中小学生实行集体免费开放制度；晋中市组织学生参加中华农耕文化体验教育活动；忻州配合宣传部、关工委组织“五老”队伍报告团在全市各校巡回演讲，进行革命传统教育。

各地不断加快青少年校外活动中心建设，推进青少年校外教育工作。截至2004年10月，全省已建和在建的国家扶持建设青少年校外活动中心已达25个，省级扶持项目也已达36个。大同青少年校外综合实践活动中心也已在3年多的实践中闯出新路，先后共接待6.5万名学生参加军训和实践活动，在校外教育方面走在了全省乃至全国的前列。

〔山西“红色景区”吸引青少年〕 2004年6月，山西省委、省政府召开会议，明确提出将“红色景区”建设纳入未成年人教育总体规划。省政府安排专项资金，确保25处爱国主义教育基地对未成年人免费开放，并对平型关战役纪念馆等10处爱国主义教育基地进行维修，更新展览内容。各红色景区针对青少年特点，改进展示方式，丰富展出内容。全省400多处红色旅游景点全年共举办专题活动230多场次，45万多未成年人参加。

青少年科技活动

〔青少年科技创新大赛〕 近年来，山西省青少年科技创新大赛的规模和质量正在逐年提高，有效促进了全省青少年科技活动的深入和广泛地开展，每年约有30万人参加竞赛活动，在全国竞赛中取得了骄人的成绩。山西省青少年科技创新大赛由省科协、省教育厅、省科技厅、省环保局、省体育局、团省委、省妇联等单位共同主办，由山西省青少年科技活动中心负责承办。

在第十七届全国青少年科技创新大赛中，山西省共获优秀项目一等奖1项，二等奖4项，三等奖5项；优秀科学幻想绘画一等奖1项，二等奖1项，三等奖8项；青少年优秀科技实践活动奖二等奖1项，三等奖6项；优秀组织奖6项。

在第十八届全国青少年科技创新大赛中，山西省共获优秀科技项目奖一等奖1项，二等奖4项，三等奖4项，专项奖2项（英特尔英才奖，新苗奖）；创新大赛青少年电脑机器人竞赛一等奖1项，专项奖2项；全国十佳优秀科技辅导员——英特尔优秀教师奖1名；优秀科技实践活动奖一等奖1项，二等奖1项，三等奖6项；科学幻想绘画二等奖3项，三等奖8项；优秀组织奖5项。

第十九届全国青少年科技创新大赛，山西代表队12人参加了此次活动，全省共获项目类一等奖1项，二等奖2项，三等奖7项，专项奖3项；优秀科技实践活动一等奖1项、二等奖1项、三等奖3项；科学幻想绘画一等奖2幅，二等奖1幅，三等奖14幅；科技教师提名奖2名；优秀组织奖5个。

在连续3届全国青少年科技创新大赛中，山西省代表队连续3年有一等奖项目获选，累计已有19名同学获得了免试进入大学学习的资格，同时还有数十名同学获得高考加分的奖励。

〔“大手拉小手”科技传播行动〕 为推动我国青少年科技教育事业的发展，提高青少年的科学素质，中国科协从1995年开始，在全国广大青少年中组织实施“科技传播行动”，鼓励自然科学学会和科技人员通过各种形式和渠道，向青少年传播科学知识、科学方法和科学思想，形成社会性的科普传播网络。山西省积极联合各地科协，开展了科技报告、科普讲座、科技参观和科学考察、科技成果展示活动、科技夏(冬)令营活动等多种多样的科技传播活动。到目前为止，“科技传播行动”已连续开展近6年，成为科技工作者与青少年之间联系的桥梁和纽带。省青少年科技活动中心也连续3年在中国科协评比中获“大手拉小手青少年科技传播行动”优秀科普活动二等奖。

〔电脑机器人活动〕 2003年，山西省首次参加第三届全国青少年电脑机器人竞赛，山西代表队参加了包括小学常规赛、中学常规赛、小学创意赛、中学创意赛及足球赛的5个项目并获多项奖项。

在第四届全国电脑机器人竞赛中，山西代表队参加了包括小学常规赛、中学常规赛、及FLL火星探索3个项目。其中山西省实验中学代表所参加的FLL火星项目取得全国一等奖、小学常规赛取得三等奖，山西代表队获团体精神文明奖。

〔**参加国际青少年科技交流活动**〕 近几年，随着山西省选手在各个项目国内比赛中取得优异成绩，获得了许多同国际青少年进行科技交流、科技竞赛的机会。2002年7月，中国科协委托山西省组队代表祖国内地青少年参加在香港举行的第三十五届联校科学展览会，与世界各地的青少年进行科技交流。2003年山西省李成同学作为中国代表队成员参加在韩国举行的世界电脑机器人大赛；2004年山西省张凌同学赴美国参加美国英特尔国际工程大奖赛。

〔**承办“第四届全国教育工作者发明与科教制作展评活动”**〕 2004年7月，山西省承办了“第四届全国教育工作者发明与科教制作展评活动”。中国科学院院士、原上海市人大副主任叶淑华，中国青少年科技辅导员协会理事长、原中国科协副主席刘恕，山西省委、省科协领导以及联合国教科文组织驻华教育官员等领导和嘉宾出席了盛会。此次活动对宣传山西省科技创新教育成果，推动与全国教育者之间交流合作起到了良好的促进作用。 （李广林 王世辉）

校外教育单位

山西省青少年科技活动中心

〔**基本情况**〕 近年来，山西省青少年科技活动中心在省科协的正确领导和大力支持下，在中国科协青少年部的指导下，依托各级基层科协，团结广大青少年科技教育工作者和科技工作者，面向全省青少年积极组织多项青少年科技教育项目和活动，全省青少年科技活动取得了可喜的成绩。

〔**英特尔电脑创新思维培训活动**〕 “Intel电脑创新思维培训”是以互动、创新，以团队合作为形式，以培养高阶思维为己任的免费教育资源。它由中国科协和“Intel”（中国）有限公司主办，由山西省青少年科技活动中心承办，面向8～16岁的青少年，以office软件为基础，以一种开放式的教学为模式，培养学生自己解决问题的技能。目前已在太原、大同、阳泉、晋中等地推广开展。

〔**举办各种形式的夏（冬）令营**〕 山西省青少年科技活动中心积极组织各种形式的夏（冬）令营。如2004年7月，中心在省青少年科学工作室举行了首届山西省贫困地区青少年科技夏令营，来自山西省晋中市昔阳县丁峪小学的30名学生参加了本次免费科技夏令营。活动受到中国科协青少年部的肯定。中心还利用省青少年科学工作室的优越条件，在假期举办了以科技为主题的夏（冬）令营。

〔**创办青少年科学工作室**〕 “山西省青少年科学工作室”是组织青少年开展科技创新、科学探究、电脑机器人和动手制作等各种科技实践活动的校外科技教育活动阵地。3年多来，工作室年接待大约4000多人次，举办的“小小工程师俱乐部”也形成了一定规模，为广大青少年科技爱好者提供长期活动的场所和必要的培训指导。俱乐部现吸收会员40多人，常年开展电脑机器人等科技动手实践活动。

〔**电脑机器人活动**〕 青少年电脑机器人竞赛活动是一项涉及信息技术、自动控制、机械工程等综合多学科现代科技知识和技能的青少年科技活动。中心依托青少年科学工作室，积极开展电脑机器人活动，并努力推动该项活动在全省范围内地开展，同时培养和选拔优秀的电脑机器人爱好者，参加全国电脑机器人大赛。

〔**中学生学科奥林匹克竞赛活动**〕 学科奥林匹克竞赛是世界上最有影响的中学生学科竞赛活动。山西省青少年科技活动中心作为全省奥林匹克竞赛活动的主管单位，在全省范围内积极开展此项活动。每年约有30万青少年参与了奥林匹克竞赛活动，有140余名学生获得大学保送资格。

〔**科技辅导员培训活动**〕 为推动青少年科技活动，中心充分发挥青少年科技教育协会的作用，积极开展青少年科技辅导员的培训活动。针对青少年科技创新大赛、电脑机器人大赛、大手拉小手——科技传播行动等活动开展培训。连续3年举办了“全国教

育工作者科技创新骨干培训班”。(李广林　王世辉)

阳泉市青少年宫

〔基本情况〕　山西省阳泉市青少年宫是隶属共青团阳泉市委的全额财政预算事业单位。1987年5月建宫。拥有3700平方米的教学活动楼，专用活动室25个。下设机构有：少儿艺术教育培训站、区艺术教育培训中心、青年健身俱乐部、新苗少儿艺术团、青少年管弦乐团、民乐团、阳泉市少儿艺术学校（全日制、半寄宿六年制文化艺术特色小学）；开设音乐、舞蹈、器乐、书法、体育、计算机、少儿剑桥英语等培训项目30余个；全日制在宫学习的学生300余人，双休日培训1500余人，全年培训人数达6000余人，是全市青少年中小学生校外教育培训活动的指导中心。

曾获“全国先进青少年宫”、“山西省下岗青工再创业培训基地”、“艺术教育示范基地”、全市“十佳小公民道德教育示范基地”称号，是团中央千宫百万行动计划“音乐计算机培训考级基地”。

〔群众文化活动〕　2004年，青少年宫开展以加强和改进未成年人思想道德教育为主题的丰富多彩的活动10余次，参加人数达1.5万余人次。

主要活动有：“六一”儿童庆祝游园活动、“五四”青年节青年健美操大赛、“万名青年登山活动”、举办“阳泉市中小学生海模比赛”、暑期上海“东方绿舟”体验之旅夏令营、“内蒙古草原之梦”夏令营、“阳泉市中小学生书画比赛”、“岁月如歌”——青少年宫舞蹈教育陈玉梅从事舞蹈事业35年专场舞蹈晚会等活动。

〔社会合作〕　1.与平定团县委建立协作关系，以平定县实验小学为阵地，联合开办“阳泉市青少年宫平定艺术教育培训站”，选派骨干教师，开设美术、书法、舞蹈、器乐等艺术培训。2. 选择学校密集区、居民集中区在矿区赛鱼建立赛鱼地区艺术教育培训中心，开展艺术培训活动。

〔兴趣活动小组〕　2004年春、秋季青少年宫共招收学员4500余名，开设美术、书法、器乐、舞蹈、体育、英语等特色专业培训项目 30 余个，开设班级150余个。

〔青少年社团〕　1. 青年健身俱乐部，学员100余名，全年面向全社会开设。2. 少儿艺术团、小青年管弦乐团、民乐团。拥有200余名团员。参加春节晚会、“六一”专场演出、慰问演出等多种演出活动10余次。　(李　伟)

长治昌盛少年宫

〔基本情况〕　长治市位于山西东南部，地处太行之巅。长治历史悠久，是著名的革命老区，目前已成为全国著名的红色旅游胜地、新兴的工业城市。

长治昌盛少年宫坐落在长治市标志性建筑“上党门”脚下，面积8800多平方米，作为一所民办教育机构，少年宫坚持连锁化和集团化的办学模式，目前拥有附属彩虹幼儿园、潞城双语小学、幼儿园各1所，同时先后在屯留、长子、长治县、沁县、长北、潞矿、长钢、王庄等开办了分部，加盟单位有康杰儿早教中心、鑫龙跆拳道俱乐部。2004年，在昌盛少年宫总部、分部学习的幼儿、少儿达到1万多名。

曾获长治市“三名工程”素质教育先进集体、长治市“三名工程”教育创新先进集体等称号；建立了中央音乐学院校外音乐水平考级长治考级工作站、全国少儿剑桥英语培训点、全国书画等级考核工作站、中国少年通讯社工作站、北京美国英语语言学院培训基地等。

〔以活动促教学，以创新带基础〕　“动感专业、活力在线”是昌盛少年宫提出的口号。在抓好扎实的日常教学的同时，全年不间断地举办、承办各项喜闻乐见、丰富多彩的展示、联欢、竞技活动，如承办每年一届的全国青少年英语口语大赛、走进美妙的数学花园大赛、世纪之星绘画展评、全国少儿风采大赛、中央音乐学院音乐考级、全国剑桥英语考级、每年一届的户外课堂展才华活动、每年的开心夏令营、滑雪冬令营等活动的开展都能让所有的孩子按自己的兴趣有机会参与、感受、自信、快乐、成功。

少年宫每年都有100余名学员赴全国各地参加活动，展现风采。2005年春节，昌盛少年宫彩虹艺术团40 名同学到香港参加了“金紫荆”大联欢活动；“六一”期间，60名同学到北京参加“孩子们笔下的童话——上海合作组织六国儿童画展”。

〔关注家庭教育，举办公益活动〕　2004年，昌盛少年宫启动了万名家长培训工程，先后为全市及各县区40多所小学的近5万名家长免费做家庭教育专场报告32场，在上党老区掀起了家庭教育的热潮。

在长治获得“中国十大魅力城市”的称号后，昌盛少年宫承办了“魅力长治知多少”有奖征答活动；为喜欢美术的孩子家长请来了首都师范大学教授举办专场美术素养报告；为喜欢音乐的孩子家长请来了中央音乐学院教授举办了音乐素养报告。

〔**兴趣小组活动**〕　昌盛少年宫各兴趣社团开辟有书法绘画、剑桥英语、头脑思维训练、声乐器乐、舞蹈体育、语言潜能开发6类40多个专业。靠着先进的办学理念，扎实过硬的教学管理业绩，获得了国内众多少儿教育专家的好评。

〔**教育成果**〕　2004年，在第一届全国青少年英语口语大赛中获二等奖1名、三等奖2名；第二届全国青少年英语口语大赛获二等奖1名，1三等奖5名、优秀奖5名；全国第二届“走进美妙数学花园”青少年数学论坛获一等奖5名、二等奖8名、解题技能展示4名、论文类4名、三等奖27名；波兰国际少儿书画大赛获金奖3名、银奖9名；“热爱生活，热爱家园”全国少儿美术大赛获一等奖1名；“冰雪情”全国少儿书画大赛获金奖26名、银奖多名、铜奖37名；获宋庆龄基金奖奖学金1名；获“晋冀鲁豫”相声小品邀请赛一等奖2名；全国首届“侯宝林杯”中华青少年曲艺大赛群口快板《童心呼唤》获铜奖6名、优秀奖2名；第十届全国推新人大赛（山西赛区）获一等奖4名、二等奖2名、三等奖5名；全国第二届青少年艺术风采大赛获金奖1名；文化部“中华艺术新秀国际交流活动”山西赛区选拔赛获二等奖1名；长治市首届校园风采大赛获一等奖1名；全国山东快书大赛获优秀奖1名；首届全国少儿风采展示大赛获声乐金奖1名、银奖1名、铜奖1名；语言艺术赛获银奖4名、铜奖1名；钢琴专业获铜奖1名；体育舞蹈专业（长治赛区）获一等奖1个16名；文化部“蒲公英奖”获金奖1名；全国第二届青少年艺术风采大赛获金奖1名；全国“中华魂”读书演讲大赛获特等奖2名；长治市首届小提琴大赛获优秀演奏奖10名、希望之星奖14名。并向中国音乐学院附中、天津音乐学院附中、山西省戏剧职业学院、中央美术学院、中国美术学院、西安美术学院、山西大学、太原师范学院、山西师范大学输送了多名优秀学生。　（郭保京）

运城市蓝天少年宫

〔**基本情况**〕　运城市蓝天少年宫是由运城市妇联创办的全市第一所集文化教育、科技实验培养、艺术培养、体育锻炼、娱乐活动为一体的综合性校外教育基地。

少年宫成立于2002年6月1日，开设有少儿剑桥英语、少儿书法、少儿简笔画、国画、素描、写作、演讲、摄影、摄像、武术、航模、声乐、舞蹈以及二胡、小提琴、大提琴、古筝、琵琶、扬琴、竹笛、葫芦丝、电子琴、手风琴、钢琴、单簧管、萨克斯、长笛、小号、圆号、鼓乐等30多个专业，100多个班级；共有200余名学习声乐、二胡、小提琴、古筝、扬琴、竹笛、单簧管、萨克斯、电子琴、钢琴的同学参加了“中国音乐学院校外音乐考级”，分别通过了3～8级。

建宫3年来，少年宫学员先后参加了“全国少儿美术书法大赛”、“第四届全国中小学作品赛”和“第21届中日国际书画大赛”等活动。共有116名学员分别获得银奖、铜奖和优秀作品奖。2004年在全国首届56个民族青少年艺术大赛河南赛区比赛中，共获得集体舞蹈、声乐、表演、古筝4个第一名，5个第二名和3个第三名。3年中，参加了运城电视台各种颁奖晚会、运城电视台“蒲乡红”、“露一手”、“太阳花”、“大赢家”等专题演出，并成功举办了“纪念毛主席在延安文艺座谈会上的讲话发表53周年”暨“庆六一专场晚会”和“2005年庆元旦迎新年晋豫两省少年儿童联欢晚会”等大型文艺晚会；多次参加了市妇联颁奖晚会和市工会知识竞赛等文艺演出；向中国国际艺术学校、中国歌舞团艺术学校、西安音乐学院、山西大学音乐学院、太原市师范学院音乐系、运城学院音乐系等艺术类大、中专院校输送了10名优秀人才。　（李立嵩）

内蒙古自治区校外教育

综　述

未成年人思想道德建设活动

〔**发展概况**〕　2004年以来，为了让全区610万未成年人健康成长，自治区各地、各部门积极行动起来，形成了动手早、行动快、全区上下联动、全面贯彻落实未成年人思想道德建设工作的新格局。6月末，自治区党委组织召开了全区加强和改进未成年人思想道德建设工作会议，成立了自治区未成年人思想道德建设领导小组，建立了自治区未成年人思想道德建设联席会议制度。针对未成年人思想道德建设的突出问题，组建“联席会议”，初步建立了青少年成长环境评估体系和青少年成长环境预警机制，健全并实施了社区预防计划保障体系，建立起了预防青少年违法犯罪的工作队伍、监督员队伍、志愿者队伍；完善了预防青少年违法犯罪的目标管理责任制、信息调查机制、跟踪教育机制、协调处理机制。并将未成年人思想道德建设工作成效列入各级领导及地区、部门实绩考核中。并把未成年人活动场所建设纳入自治区国民经济和社会事业发展总体规划，加大经费投入，2004年已完成全国青少年学生校外活动场所建设项目24个，在建11个，新申报12个国家建设项目和3个自治区自建项目，为24个场所各配备了60万元的项目设备。

〔**教育行政部门充分发挥主渠道作用**〕　2004年，内蒙古教育行政部门抓住修订后的《守则》和《规范》发布实施的有利时机，结合中小学评价制度改革，把中小学生遵守《守则》和《规范》的情况，作为评价学生综合素质的重要内容，使广大中小学生在日积月累中养成良好的习惯和品质。利用传统节日、历史人物纪念日、重大历史事件纪念日等，引导学生弘扬民族精神，增强爱国情感。要加强青少年校外教育基地的建设和管理，有计划地组织学生到青少年科技教育基地、德育基地、博物馆、纪念馆、革命烈士陵园等场所进行学习、参观和考察，把思想道德建设内容融入其中，使学生在实践中自我认识、自我感悟、自我教育，逐步培养实践第一的观念、为人民服务的精神和开拓创新的能力。

〔**全力推进家庭教育工作**〕　2004年，内蒙古妇联制定并落实《自治区妇联关于进一步加强和改进未成年人思想道德建设的实施意见》，落实责任部门和责任人，把家庭教育工作推向新阶段。重点开展全国妇联发起的以“为国教子、以德育人”为主题的“争做合格父母、培养合格人才”家庭教育宣传实践活动，实施“六个一”工程，“小公民道德建设计划”实践活动。同时还启动了“社区家庭教育现代化工程”，在全区12个盟市设立社区家庭教育试点，开展家庭教育指导工作。继续大力实施“春蕾计划”、“安康计划”等公益项目，积极争取项目支持，救助1000名春蕾女童，并在区直机关开展实施“春蕾计划”活动，倡导人人奉献爱心，结对救助女童。

〔**重视实践育人活动**〕　2004年，内蒙古团委结合纪念建党83周年、共青团成立80周年、少先队建队50周年、“五四”青年节、“六一”儿童节等重大节日，在未成年人中推出了以“草原儿女永远跟党走”为主题的颂党恩、学党史、知国情、跟党走教育活动，引导未成年人继承光荣传统，树立远大理想。全面启动“草原少年同体验，争做合格小公民”、“学航天精神，做了不起的中国人”、“保护母亲河行动”、成人预备期志愿服务、18岁成人宣誓仪式等活动；选树了“12．14”英雄群体等一批亲切感人、具有时代感的青少年先进典型，并以先进文化和民族精神鼓舞凝聚未成年人，进一步优化未成年人成长环境。同时，开展了全区30余万名青少年“倡树文明新风尚、志愿服务暖千家”志愿服务日活动，清明节“缅怀革命先烈，弘扬民族精神”主题团队日，承办了中国与欧盟的司法合作项目——中国中西部未成年人维权干部首期培训班等活动。

2004年，内蒙古妇女儿童中心与联合国儿童基金会、中国儿童中心联合开展了“儿童发展状况考察夏令营”，组织少年儿童深入农牧区，走访农牧户家庭，实地考察医疗条件、生存状况以及儿童的学习环境和饮食结构。

占地1万多亩的内蒙古青少年生态园是全国“保护母亲河工程”中的精品工程。每年从4月初开始到国庆节期间，园区内青少年主题活动丰富多彩，诸如祭奠“12.14”英雄群体、青少年植树节、18岁成人宣誓仪式、“五四”青年文化周、“六一”主题队会、“七一”入党宣誓、认养爱心林、青少年素质拓展训练等活动，深受广大青少年的欢迎。建园3年多来，美国、日本、澳大利亚、韩国、朝鲜、新加坡等十几个国家近2000名青少年和友好人士慕名前来园区参加植树造林和文化交流活动。

校外教育活动

〔投资力度加大，活动场所环境改善〕　2004年内蒙古全区对校外教育工作十分重视，各活动场所通过自筹等办法解决资金，使学生校外活动场所的环境极大改善，特色更加突出，艺术氛围更加浓厚。包头市少年宫投资200多万元对讲演厅进行装饰改造，更换灯光设备，使场内环境更优雅、更安全，为学生开展各种演出、比赛活动提供展示的窗口。包钢少年宫也进行重新装修改造，新增音响放映设备，包头青山区少年宫新增活动场所1900平方米，创办“包头锦林花园国际学校”。呼和浩特市少年宫以20年宫庆为契机，对校园、教室、办公环境进行了全面美化。其他各地区少年宫也有不同程度的投入，使教学环境更优美，为教学规模的扩大和吸引更多孩子参加校外教育活动提供硬件基础。

〔儿童思想教育活动〕　2004年，各地区少年宫、活动中心根据自身条件，以不同内容、不同形式开展了丰富多彩的儿童思想教育教育。如包头市少年宫开展的“同在蓝天下，献爱心庆六一活动”；组织赴草原的美术写生学生夏令营和赴上海东方绿舟科技夏令营；呼和浩特市少年宫参加“6、26”禁毒宣传活动、组织“体验夏令营”和“双有”活动；包头市青山区少年宫开展了“科技兴市宣传展”活动和“内蒙古风情采风”、“可爱的包头”学生夏令营活动；乌海青少年宫组织走进“昆明、桂林”少儿夏令营；呼伦贝尔盟青少年宫组织“民族精神代代传”青少年读书活动等。这些活动不仅丰富了青少年儿童的节假日生活，也向青少年开展了良好的思想品行教育。

2004年包头市少年宫学员参加了在天津举办的第四届华夏未来国际少儿艺术节和第十三届孙敬修杯百城儿童讲故事邀请赛；参加了包头市举办的各种文艺演出以及全国的各级各类美术、书法大赛等活动；包头青山区少年宫开展了赴上海的全国舞蹈大赛暨夏令营活动、第四届全国少儿电子琴大赛等；包钢少年宫参加了香港国际武术节比赛和全国少年宫青少年宫武术大赛；呼和浩特少年宫少儿艺术团赴港参加“少数民族少儿歌舞周”交流和“第二届中港东西南北舞”的演出等活动；呼伦贝尔市少年宫草原小百合艺术团赴韩国进行访问；乌海市青少年宫选送舞蹈《古丽》、《社戏》参加了全国第二届少儿艺术风采大赛；为全面展示自治区少年儿童精神风貌和才艺，创造了广阔的空间和舞台。

（孙维纲）

科技教育活动

〔发展概况〕　截至2003年底，内蒙古全区共有科普场馆基地175个，科普经费2677万元，出版科普图书33种，期刊48种，音像制品46种，科普网站19个。在自治区科技事业45周年宣传活动中，内蒙古自治区科协筹办了科技45周年展览；编辑出版了科技45周年大型画册；出版了科技群英谱一、二辑丛书和科技发展战略文集；进一步加大了与新闻媒体的合作，在内蒙古电视台等媒体和《实践》、《内蒙古工作》等刊物上发表科技稿件200多篇。

2004年5月，由科技厅牵头，与自治区党委宣传部、科协共同举办了2004年科技活动周暨全区第九届科普活动宣传周。据初步统计，在科技活动周期间，参与群众达百万余人次，共发放宣传资料150余万份（册），举办培训班或讲座逾1000场次，出动宣传车300辆（次），放映科普电影和录像300场次以上，广泛宣传了科学思想，普及了科技知识，受到广大人民群众的好评。

为了配合内蒙古自治区科技活动周，开展了科普大篷车下基层活动。科普大篷车分别在内蒙古电力中学、包头市达茂旗和呼市清水河县希望小学开展了全国青少年科技创新大赛优秀作品展示、电脑机器人演示、车床操作、电脑基础知识学习及应用等活动。

2004年6月，内蒙古青少年科技活动中心举办了“走进飞翔文明”——纪念航空百年系列活动。活动通过图文并茂的形式，向前来参观的400余名中小学生展示航空、航天百年历史、百件大事、百架飞机等，特别是对我国刚刚发射成功的“神州”五号载人飞船图板的展示，激发了学生们对航天知识的兴趣。

包头市校外教育

〔**基本情况**〕 2004年，包头市校外教育以包头市少年宫为龙头，实现优势互补，资源共享，统筹全市校外教育工作，组织召开全市校外教育工作研究会，讨论全年制定全市校外教育工作方案，同时，组织全市各少年宫的有关人员赴上海、南京、杭州等地校外教育机构考察学习，开展了全市校外教育活动场所舞蹈、美术、武术等专业的观摩课，聘请北京舞蹈学院教师进行舞蹈考级教师培训，全市的校园教育工作呈现良好的发展势头，并取得了丰硕成果。

〔**以展示活动激发孩子们的学习兴趣**〕 为了充分激发孩子们参加校外教育活动的兴趣，全市各少年宫积极开展活动。2004年，包头市少年宫继续举办一年一度的教学汇报演出和书画作品展；参加了全市消夏艺术节演出；全市庆祝第二十个教师节文艺演出和市电视台、广播电台举办的颁奖晚会；带着两个蒙古特色的舞蹈参加了在天津举办的第四届华夏未来国际少儿艺术节；参加了第十三届孙敬修杯百城儿童讲故事比赛，取得一金五银的成绩，在自治区棋类和全市中小学乒乓球比赛中，市少年宫均有突出表现。包头青山区少年宫组织学员参加全国少儿风采展示大赛、全国电子琴大赛、第八届全国少儿书画大赛，组织28名学员赴上海参加全国舞蹈大赛暨艺术夏令营。包钢少年宫参加了在香港举办香港国际武术节，取得了优秀成绩，同时，在全国青少年宫武术比赛中获得一等奖7个、二等奖4个。包头各少年宫还积极参加全市以及各个区组织的各类文艺演出，为繁荣包头的少儿文化艺术事业发挥重要作用。

〔**发挥校外教育活动场所优势，积极开展青少年儿童思想道德建设**〕 全市各少年宫积极开展各种少年儿童思想教育活动。包头市少年宫组织学生赴草原夏令营，参观草原英雄小姐妹纪念馆，与草原当地儿童开展文艺联欢；组织了赴上海东方绿舟的科普夏令营；“六一”节，赴社会福利院进行慰问活动，并给福利院的孤残儿童赠送慰问品。包头青山区少年宫利用五一、十一长假组织学生开展乡村实践采风、“可爱包头”写生夏令营活、参加区里举办的“普新法、讲事故”的警民共建文艺演出，参与包头科技兴市宣传展览活动。

（孙维纲）

校外教育单位

呼和浩特市少年宫

〔**发展概况**〕 2004年，呼市少年宫重视社会效益，开展活动百余项，活动人次30余万；获市级以上奖励523项，为各校培养艺术骨干2000余人。3月，少年宫第三次被评为“全国先进少年宫”。

〔**学生社团活动**〕 2004年，少年宫少儿艺术团积极参加各种比赛及公益活动。如春节慰问老干部演出、内蒙古妇联专场演出、庆“六一”少儿文艺专场演出、“少年宫20年宫庆”专场文艺演出、广场消夏专场少儿文艺演出、“草原昭君文化艺术节”演出、“全国推广普通话”闭幕式舞蹈演出、赴港参加“少数民族少儿歌舞周”交流活动和“第二届中港东西南北舞”的演出。舞蹈《赛音呼罕》、《牧童》、《花的原野》，小合唱《草原女孩》获奖。

〔**艺术培训活动**〕　少年宫艺术部在提高教学质量的同时，积极组织参加社会活动。组织参加的主要比赛活动有：第九届“春蕾杯”全市中小学幼儿园书画征稿大赛，获一等奖45人、二等奖58人、三等奖89人、优秀奖116人；43名学生参加了“世界和平”书画展，2人获特等奖、6人获金奖、10人获银奖、17人获优秀奖；参加第二届“母亲颂”中华海内外少年书画大赛，获金奖10人、银奖12人、铜奖15人、优秀奖13人、教师1人获“全国百杰教育家”称号；参加全区青年文化精品大赛活动，获一等奖8名、二等奖14名、三等奖16名。此外，还参加了全国“双龙杯”、“小星星杯”少儿书画赛等，并承办了中国美术学院社会美术水平考级和少儿书画呼和浩特考区考级工作。

〔**科体培训活动**〕　少年宫科体部积极从教学形式、内容、方法上进一步改进教育课程，激发学生兴趣，学员成绩突出。在“人人参与、乐在其中”庆“六一”艺术节活动、“全国英语奥林匹克竞赛”、全区少年乒乓球赛上获多项奖项。

〔**群文活动**〕　少年宫少儿教育活动部充分利用少年宫市级爱国主义教育基地的优势，在少先队员中开展爱国主义教育活动，举办阅读习作兴趣班、小记者等特长培训，组织参加了全国青少年科普知识竞赛、“可爱的家乡”美术、书画作品征集活动、全国“故事大王”大赛内蒙地区选拔赛以及乡村夏令营、草原夏令营等系列活动。多名学员在活动中获奖。少年宫连续16年获全国“双有”活动优秀组织奖。

〔**文体馆活动**〕　少年宫文体馆放映爱国主义影片《宝莲灯》、《我的兄弟姐妹》、《惊涛骇浪》、《暖春》、《我们手拉手》等30余场，接待内蒙古话剧团为中小学生演出话剧《宝贝儿》16场；积极为兄弟单位提供演出、比赛场地，如市直机关羽毛球比赛、“国策杯”羽毛球比赛、市残联“献爱心”演出等。一年来，来馆参加活动人数达11万余人次。

〔**宫庆活动**〕　2004年，恰逢呼市少年宫建宫20周年，少年宫积极投入宫庆筹备工作中，各环节工作部署周密、人员落实、配合默契，少年宫硬件、软件建设都不同程度地得以改善。20年的奋斗历程，20年的经验积累，汇成20年宫庆的“九个一工程”：一个主题、一首宫歌、一部电视专题片、一本论文集、一个宫史展、一个作品展、一台庆祝大会、一场专题汇报演出、一次座谈会，使宫庆成为多年来成果的一次展示，也成为攀越更高峰的一个新起点。（杨丽娜）

呼和浩特市回民区少年宫

〔**基本情况**〕　呼和浩特市回民区少年宫隶属于回民区教育局，位于呼和浩特市新华西街，于2000年建成使用，是该市西部惟一的公办校外教育活动场所。

少年宫开办几年来，先后培养学生3000多名。有近1500多名学生参加了各级各类比赛。其中获国家级奖项500多人次，获省、市级奖项1000多人次。少年宫先后10多次获组织奖和集体奖。

〔**场馆建设**〕　少年宫场馆总面积1800平方米，建筑面积800平方米，活动区面积618平方米，绿地/操场面积500平方米。少年宫的建设投入基本依靠财政拨款。

〔**管理情况**〕　从2004年开始，少年宫对全体教职工实行合同制管理。同时制定了《目标管理考核细则》和《专业教师超工作量代课费发放办法》，对学员实行学员证管理办法，效果较好。

〔**兴趣小组活动**〕　2004年，少年宫共开办了电子琴、打击乐、舞蹈、武术、声乐、英语、绘画等8个专业、27个兴趣小组，培训学生480人。同时开展了中小学生象棋赛、军民联谊等活动。（张文运）

包头市少年宫

〔**基本情况**〕　2004年，包头市少年宫围绕《若干意见》，发挥校外教育活动场所的优势，开展丰富多彩的学生校外教育活动。1. 组织一年一次的培训教学书画展和文艺汇报演出。展出书画作品280幅；举行了学员舞蹈和声乐、器乐两场专场文艺演出，演出节目46个，800名学员登台表演。2. 参加第十九届全市消夏文化艺术节开幕式演出、全市庆祝教师节文艺晚会的演出、市电视台、广播电台“土羊城之夜”电台颁奖晚会、“伊利杯”少儿绘画、书法赛和“世纪之星”全国少儿美术书法摄影艺教成果展、“中国青少年书法美术大赛”、“我与祖国一起成长”少儿绘画大赛等。3. 参加在天津举办的第四届华夏未来国际少儿艺术节和全国企业少年宫舞蹈大赛，两个舞蹈获一等奖。

〔**竞赛活动**〕 2004 年，包头市少年宫积极组织参加了在郑州举办的第三届全国青少年棋院棋类比赛、自治区第十六届少年 3 项棋类赛、全市中小学生“北重杯”乒乓球比赛、自治区青少年武术比赛、在北京举办的第十三届孙敬修杯百城儿童讲故事邀请赛、全市中小学生英语棋类大赛等，市少年宫多名队员获得多项奖励。

〔**未成年人教育活动**〕 1. 7月，组织了包头市少年儿童科普夏令营，50 名学生赴上海参加夏令营活动。8 月，组织了美术舞蹈学员的草原夏令营，与当地的少年儿童举办了文艺联欢活动。

2. “六一”前夕，举办了“同在蓝天下，献爱心活动”，市少年宫学员到包头市社会福利院，与孤残孩子们进行庆“六一”联欢活动。9 月，参加了昆区妇联组织的“救助女童”活动，市少年宫的小朋友在百米长卷上现场作画，并表演了舞蹈节目。

〔**协调指导全市校外教育工作**〕 1. 由市少年宫牵头组织两次全市校外教育工作研究会例会，讨论制定了全市校外教育工作的计划，传达全国校外教育工作信息，介绍了各个宫、家开展活动的情况。

2. 2004 年，由市教育局负责，市少年宫牵头，组织了全市校外教育工作考察团，赴南京、上海、杭州、宁波等地区进行考察学习；组织了全市校外教育舞蹈、美术、武术、器乐 4 个专业全市少年宫家之间的教学观摩课活动，供大家学习和借鉴。

3. 为规范全市中小学艺术考级环境，聘请北京舞蹈学院教师来宫进行舞蹈教师考级培训和等级考试，全市各少年宫、幼儿园及民办艺术培训学校的 29 名教师参加培训学习，并进行了考试。（孙维纲　张燕瑜）

包头市昆区少年宫

〔**基本情况**〕 包头市昆区少年宫成立于 1974 年，占地 5000 平方米，建筑面积 4200 平方米，隶属昆区教育局，有职工 44 人，其中高级职称教师 4 人，中级教师 22 人。

〔**群众文化活动**〕 2004 年，昆区少年宫面向全区中小学举办了“民族精神代代传”系列主题教育活动；举办了各种美术、体育、科技创新和教育活动，如：“消夏文艺演出专场”、“庆祝第 20 个教师节文艺汇演”及“伊利杯”书画大赛、“春之足迹”文艺汇演、“亲近自然，彩绘大地”文艺汇演、书画展、庆“六一”文艺汇演、书画展、科技表演、“独生子女节”大型公益宣传文艺汇演、与武警支队共渡“八一”建军节文艺联欢等；还组织了昆区中小学生运动会的科技航模火箭发射表演、科技创新大赛、科技夏令营、科技风筝制作放飞比赛、冬季中小学生跳绳比赛等活动。丰富了市民的文化、精神生活，进一步树立了少年宫素质教育进社区的良好形象。

〔**公益活动**〕 少年宫利用节假日组织了一系列公益活动，如四驱车比赛、航模系列培训、石趣科学创想课、趣味生物小实验、单片机应用培训、校园无线电寻踪定位趣味游戏、科普读书有奖阅读、科学小实验自选超市、笑话大擂台、观影片大讨论、假期学理财、迎新年诗会、乒乓球俱乐部、大型才艺大比拼、迎春书画展等，丰富了学生的课余生活。

〔**教育培训活动**〕 昆区少年宫开设了舞蹈、美术、声乐、器乐、乒乓球、剑桥英语、武术、主持与演讲、动漫绘画、珠心算等 20 多个培训项目。年平均参加学生达 1500 人，学员在各级各类的比赛、演出、考级活动中获得良好成绩。有的已考入国家艺术院校继续深造，成为专业人才。

〔**活动成果**〕 在全国首届青少年武术大赛中昆区获团体第一名，参加全国文化衫自绘大赛和内蒙“伊利杯”书画大赛中少年宫获优秀组织单位奖，国际少儿艺术大赛获“全国先进单位”称号。少年宫美术专业班选出的 40 幅书画精品赴韩国参加中日韩儿童美术作品展，提高了国际知名度。少年宫还获得首届小超人全国中小学生作文大赛教师指导奖，舞蹈《草原翠鸟》获内蒙首届舞蹈大赛二等奖，舞蹈《漠柳》、器乐与舞蹈《赛马》获市艺术节一等奖，键盘乐合奏《西班牙斗牛士》获市艺术节二等奖。（李雪梅）

包头市青山区少年宫

〔**基本情况**〕 包头市青山区少年宫的前身是青山区少年之家，始建于 1963 年 3 月。1993 年 11 月，更名为青山区少年宫，现隶属于青山区教育局，是青山区少年儿童校外活动的主阵地。少年宫行政机构设置为四部一室两校，即教学活动部、培训部、计财部、服务部、办公室、少儿艺校、锦林花园国际学校。

全日制少儿艺术学校现有10个教学班，260名幼儿学员。锦林花园国际学校采用意大利蒙台梭利教育模式，开展幼儿早期教育和研究。

青山区少年宫先后荣获包头市“五四”红旗团组织创建单位、青山区校外教育管理先进集体、青山区优秀教工团支部、青山区文明单位、青山区教育局先进基层党支部等多项市级、区级荣誉，连续5年被青山区教育局评为目标管理工作实绩突出单位。

〔**创办包头锦林花园国际学校**〕　2004年，青山区少年宫创办了办学分部——包头锦林花园国际学校。学校位于包头市青山区文化路138号锦林花园小区内，主体建筑为三层结构。场馆总面积为4500平方米，由青山区少年宫与包头锦盛房地产公司合作办学，资金投入共计1040万元，其中，青山区少年宫投资240万元，商家投资800万元。学校融合了包头锦林花园优越的人文环境和少年宫的办学特色，依托包头锦林花园国际学校办学优势的青山区第二少年宫已开始试运行，计划建成为融学前教育、小学教育、校外活动为一体的综合教育机构。

〔**群众文化活动**〕　青山区少年宫每年面向全区少年儿童开展各类主题性教育活动、少儿群众文化活动、小记者团活动、社区活动、参赛演出活动、冬令营、夏令营等各类活动达60多项。全年参加各类活动学员24万人次，全年组织学员参加国际、国内各类比赛，获奖学员500人次。各专业每年有20多名学员考入各类高等艺术院校。

〔**科技活动**〕　科技活动是青山区少年宫重点开发研究的校外活动课题，也是少年宫的特色活动项目，活动内容包含了模型制作、航模表演、生物、物理等领域，现有3名专职教师，教学体系完善，师资优势明显。

〔**兴趣小组培训活动**〕　少年宫开设科技、钢琴、手风琴、电子琴、美术、书法、声乐、舞蹈、拉丁舞、主持人、英语、阅读写作、奥林匹克数学、珠心算、爵士鼓、萨克斯、小提琴、笛子、二胡、古筝、琵琶、乒乓球、武术、足球24个兴趣活动项目，164个兴趣活动小组，学员3000多人。（洪　涛　刘瑞军）

包钢少年宫

〔**基本情况**〕　包钢少年宫建于1981年，位于昆区少先路，隶属包钢教育处，属企业单位。现有教职工16人，聘任教师56人，是包钢少年儿童校外活动的主要阵地。

〔**场所建设**〕　少年宫场馆总面积6744平方米，建筑面积7400平方米，资产总值1040万。2004年包钢集团公司投入资金300万，改建或新建面积6400平方米。少年宫所在地区有中学14所，小学20所，学生人数4万余人。

〔**兴趣小组培训活动**〕　2004年，少年宫开设美术、书法、芭蕾舞、民族舞、国标舞、街舞、跆拳道、电子琴、手风琴、小提琴、萨克斯、琵琶、古筝、二胡、声乐、小学阅读与写作、奥数、中学文化课培训等课程，拥有56个培训班，学员人数近1000名。在环境和教学设施的改善上，少年宫积极努力多方协调，创造条件投巨资进行改造修缮，每个教室都配备了新照明设施、饮水机、新桌椅，剧场新配置了环绕音响、数码立体投影机，适应了现代教育需要。

〔**群众文化活动**〕　包钢少年宫充分发挥剧场宏大而特殊的教育阵地作用，每年吸纳4万多名学生接受影片、话剧、歌舞剧、文艺演出、知识讲座等方面的教育。充分发挥“宣传、活动、培训”的作用，开展丰富多彩的特长培训和举办各类少儿文化活动、主题活动、竞赛活动。2004年，参加全国青少年宫舞蹈大赛，《吉祥的祝福》、《雄克儿腾飞》获一等奖；参加香港国际武术节比赛，获第一名11个、第二名3个、第三名8个；参加全国青少年宫武术大赛，获一等奖7名，金、银、铜牌22块；参加全国青少年宫书法、美术大赛，获一等奖2个、二等奖4个、三等奖4个；参加全国少年儿童故事大王比赛，获二等奖1个。

呼伦贝尔市民族少年宫

〔**基本情况**〕　呼伦贝尔市民族少年宫作为全市最大的校外教育阵地，2004年围绕市委要求和团市委的工作部署，以少年宫二十年宫庆为契机，扎实有效地开展校内外教育教学工作，取得了可喜的成绩，被团中央、文化部评为全国先进少年宫，被市直工委评为先进党支部。

〔场所建设〕 2004年，少年宫在资金紧张的情况下投入4万多元资金对暖气管道进行改造；进行了部分设置的装修，建造宣传栏，美化校园环境；更新了专业培训部所有的电子琴，为幼儿园增加了教学琴，更换了附小和幼儿园学生的部分桌椅，聘请王敏、赵红柔等知名专家学者为少年宫的艺术顾问，建立了少年宫网站。

〔群众文化活动〕 少年宫组织参与大型国际活动3次，全国活动7次，全区活动2次，接待了来宫访问的德国、韩国代表团，组织和参与全市及海拉尔区的大中型活动20余次。

少年宫附属实验小学定期开展艺术节、乒乓球比赛、演讲比赛、歌咏大赛、少先队大队会、课本剧比赛、艺术欣赏会，通过丰富多彩的少先队活动，培养了一大批优秀的人才。

结合宫庆20周年，少年宫举办了以“我爱家乡”为主题的第九届全国小学生绘画书法作品比赛活动、以“民族精神代代传”为主题的全市青少年读书活动，全市4000多名中小学生参加；组织了兴趣英语大赛、全市少年儿童书画展、“康踏”杯2004呼伦贝尔市街头(三人)篮球挑战赛、第二届呼伦贝尔青少年现代舞、街舞大赛、“中华小记者”培训班；参加了全国青少年儿童第三届曲艺、朗诵、主持人、小品综艺大赛、全区少先队课本剧大赛、“我是人大小代表”提案征集活动等。

年初，草原小百合艺术团一行48人赴韩国进行访问，以充满呼伦贝尔风韵、展现草原青少年精神风貌的精彩演出倾倒了韩国观众，成为名符其实的文化小使者。

〔教育培训活动〕 2004年，少年宫加大了教育培训活动的力度，为广大家长开设了儿童心理与营养健康知识讲座；在专业培训方面，增设了朗读与主持人、跆拳道和英语辅导专业，得到广大青少年喜爱。

〔幼儿教育成果〕 少年宫小花艺术幼儿园在进行常规教学的基础上，在幼儿舞蹈、电子琴、外语专业教学的同时，对学前幼儿进行早期艺术培养。全年组织幼儿文艺演出、幼儿运动会、大型团体操表演、幼儿、家长共同联谊等活动；参加“小百合艺术团”的演出、“幼儿英语大赛”、“幼儿美术大赛”等，向外界展示了幼儿的艺术风采。

乌海市青少年宫

〔基本情况〕 乌海市青少年宫占地6000余平方米，建筑面积3812平方米，是集校内、校外为一体的适合青少年活动、培训和进行思想道德教育的综合性场所。现有正式员工46人，兼职教师51人，平均年龄35岁，大专以上文化程度占85%以上。设有培训一部、培训二部、培训三部、活动部、财务行政部、育英学校。

〔场所建设〕 2004年，青少年宫积极为青少年开展活动创造条件，先后投入大量资金改造修缮了儿童水上乐园、乒乓球馆、舞蹈厅等场所；购进了深受少儿喜爱的陶艺拉坯机，增添了钢琴、微机、电子琴、少儿综合体育器械等设施；建成由一批知识性、趣味性、科学性强的图书、报刊和音像光盘组成的少年宫三成影库和图书室，向学生开放；创办了“小红鹰”素质教育体验训练基地。周六、周日接待来自全市各小学的学生，深入到矿山、企业、军营、农场，组织开展各种有意义的社会实践活动。

〔群众文化活动〕 2004年，青少年宫开展了多项趣味性有意义的文化、艺术、体育活动：举办乌海市第二届少年儿童三项棋类锦标赛、市青少年第三届少儿乒乓球邀请赛，承办以美丽、健康、博学、品味为主题的乌海市青少年风采大赛暨企业形象代言人选拔赛、全市少儿消夏文艺晚会等。选送的舞蹈《古丽》、《社戏》在全国第二届少儿艺术风采大赛中获区一、二等奖和全国优秀奖；继“走进北大、清华”、“拥抱大连——威海行”后，2004年举办了“走进昆明、桂林”少儿夏令营。

〔办学成果〕 育英学校是市青少年宫2000年9月创办的一所全日制寄宿学校，在前瞻的教育理念下，结出丰硕成果，得到社会各界的普遍认可。5年来，有100多名学生参加第四届、第五届、第六届、第七届全国“世界之星”书画大赛，并获金牌23枚、银牌23枚、铜牌30枚、优秀奖16名。在全市3项棋类比赛中，连续2年获团体一、二、三等奖，并有多名学生获金、银、铜奖。在电子琴、小提琴全国考级中，学校多名学生已达到四级以上。在全市、全自治区的汇演中，学校学生多次获奖。2003年度，学校被市政府评为群众体育先进单位。

满洲里市青少年宫

〔**发展概况**〕 2004年，满洲里市青少年宫积极开展青少年素质教育活动，成效显著，被市委、市政府授予群众文化活动先进单位称号，被呼伦贝尔市政府命名为“卫生先进单位”。青少年宫主任南方荣获自治区青少年科技中心、青少年科技协会授予的自治区优秀科技组织工作者称号。

2004年8月，参加由文化部、中央电视台、中央音乐学院举办的首届全国声乐器乐舞蹈大赛内蒙古赛区选拔赛中，获得器乐类优秀组织工作奖。

8月，参加第九届全国中小学生绘画、书法作品比赛中，荣获由教育部艺术委员会授予的优秀组织工作奖。

12月，参加全国中小学生“民族精神代代传，争做合格小公民”读书竞赛活动，荣获优秀组织奖。

〔**“新蕾杯”系列活动**〕 2004年3～5月，满洲里市青少年宫举办“新蕾杯”系列活动。活动包括：

全市中小学生风筝大赛，全市各中小学共300余名学生亲自动手制作风筝，参与了此次比赛。

全市中小学生卡拉OK大赛预赛，为全市的青少年儿童搭建一个展示风采的平台。全市共有700余人参加了预赛和决赛。

全市中小学生“新蕾杯”作文大赛。通过孩子们双眼，用独特视角去观察家乡的人、事、物、景，将所见、所闻、所感、所思融为一体，赞美满洲里、赞美家乡人。活动共收到全市中小学生的作品1200多份，近百份作品获奖，获奖作品在满洲里市学生报上发表，并编辑文集《晓荷初扬》。

全市中小学生“新蕾杯”绘画大赛。以“童心、环保、创新”主题，赞美家乡，共创绿色家园。全市中小学生及幼儿园小朋友近万人参与。

5月31日，举办了庆“六一”“新蕾杯”全市中小学生卡拉OK决赛暨“新蕾杯”全市中小学生征文、绘画大赛颁奖仪式。全市中小学获奖代表参加了活动。

〔**暑期系列活动**〕 暑期，青少年宫组织全市中小学生参加了全国少年儿童“民族精神代代传”读书竞赛活动、组织全市中小学生参观了“崇尚科学，锐意创新”为主题的科技展览、“爱祖国、爱家乡”为主题的绘画展览，举办了“音乐伴我成长”为主题的艺术讲座，全面开放青少年活动场所，供全市青少年儿童参与实践活动。

〔**科技系列活动**〕 2004年，青少年宫在组织各学校进行科技小发明、小创造辅导讲座的基础上，于3～5月举办了全市中小学生科学幻想画、科技小发明、小创造、航空、航天知识手抄报大赛。全市近万名学生参与了此项活动，并向自治区推荐优秀作品参加全区第二十届青少年科技创新大赛。

6～8月，组织全市中小学生观看了“金星凌日”，全市近500名天文爱好者观察了这一罕见天象。

9～12月，组织科技教师到各校进行环保知识辅导讲座，介绍环境的概念，讲解植物、水资源、大气、沙尘等现象与人类生存息息相关的关系，倡导从我做起，保护环境。

〔**学生社团活动**〕 2004年，青少年宫新蕾艺术团积极参加了全市精神文明建设实践活动。举办了慰问人大、政协两会代表专场演出、参加满洲里市电视台“七彩桥”儿童频道开播仪式、组织“庆六一”电视录像、与全国第二届十大演出盛事评委进行联谊活动、参加第三届中、俄、蒙三国交界地区旅游节广场文艺演出活动、由满洲里市东山社区组织的“迎七一，做文明人”广场演出、在满洲里市国际饭店举办慰问19个国家驻华大使、参赞及夫人小型文艺演出活动等。

〔**教育成果**〕 2004年，青少年宫学员在第九届全国中小学生绘画、书法作品比赛中，有31名学生获奖；参加五洲之星杯、新思维全国中小学生作文大奖赛44名同学获奖；参加首届全国声乐器乐舞蹈大赛内蒙古赛区选拔赛8名学生获奖；参加首届放飞心灵创意未来全国小书画家比赛10名同学获奖；参加2004年全国中小学生“民族精神代代传争做合格小公民”读书竞赛活动，16名学生获奖。全年在各项比赛活动中，青少年宫多名教师获优秀辅导教师奖、优秀科技辅导员称号。 （南 方）

辽宁省校外教育

综 述

〔**发展概况**〕 2004年，辽宁省校外教育工作在省委和省政府的高度重视下，在各级青少年宫的共同努力下，围绕全省老工业基地振兴的中心工作，在未成年人思想道德建设、青少年法制宣传教育、青少年阵地建设、未成年人保护、预防未成年人犯罪等方面，开展了富有成效的工作，全省青少年活动场所的建设和发展呈现出良好的发展态势。

〔**广泛开展主题教育示范活动，青少年活动场所的育人职能得到增强**〕 2004年，全省各青少年活动场所广泛组织开展了生动活泼、内容丰富的主题教育示范活动。通过深入开展"小公民道德建设计划"、"青少年素质训练"、"千宫百万"、"青少年文化广场"等主题示范活动。积极采用社会化的工作方式，加强与社会力量的合作。组织开展了多项全省性主题教育活动，如小公民活动、少儿电子琴大赛、"故事大王"选拔赛活动等。各级青少年宫也充分发挥自身优势，优势互补，开展了各种形式的对外文化交流活动。

2004年，全省青少年宫培训青少年65万人次，约10%的学生在市级以上的各类比赛中获奖，向国家或地方各类专业院校或团体输送了专业人才苗子。

〔**不断挖掘潜力，青少年宫的社会服务领域进一步拓展**〕 2004年，全省各宫不断转变观念和机制，确立服务的理念，寻求新项目，拓展新领域。尤其在充分发挥青少年宫系统互联网站的作用，用积极健康的文化占领青少年活动阵地，运用现代科技手段，大力提高培训的覆盖面。沈阳、大连等青少年宫与英特尔（中国）有限公司合作，建立了电脑小博士工作室，为青少年开辟了网上绿洲。

各青少年宫不断扩大教育培训辐射面，寻求市场的扩大和事业的更大发展，适应青少年成长的需求，开设多种青少年技能培训班，拓展了青少年培训工作。如抚顺市青少年宫，开办了河南培训中心和胜利开发区培训中心；本溪市青少年宫以整合社会资源开展活动的新思路，更新传统活动形式，实行宫企合作、宫商合作，达到了"双赢"的目的。

〔**加强青少年活动场所的建设**〕 近年来，各地青少年宫主动争取各级党委、政府的支持，加大了省青少年活动场所的建设改造力度。据不完全统计，5年来省市两级财政及福彩投入约2500万元，全省各宫自筹资金1200万元以上，用于青少年活动场所的建设和环境改造，青少年宫数量少、规模小、功能差、分布不合理等状况不断得到改善。

〔**建设一支高素质、高水平校外教育工作者队伍**〕 2004年，全省广大校外教育工作者在校外教育管理和教科研活动方面进行了深入的理论研究，撰写了大量理论文章，协会共收到110余篇论文。在省青少年宫系统的教师和管理者队伍中，已经形成重理论、肯钻研、善实践的良好氛围。

〔**充分发挥协会的资源优势，为各级青少年宫提供有效服务**〕 1. 2004年，省青教办对全省各宫进行了全面的安全检查，并于上半年对全省未成年人专门活动场所进行了专项清理整顿，促进了青少年宫的建设和管理。2. 省宫协在全省青少年宫系统中建立了校外活动研究组织，就专门课题开展了深入的调查研究，使协会对全省校外活动的指导、规划、评估等更加科学、合理，为政府和有关主管部门制定政策、进行决策当好参谋。3. 进一步规范和加强了校外教育工作者培训工作。省青教办协会邀请有关学科专家，采取“以会代训”的形式拓展了培训途径和方式，对广大校外教育工作者进行多学科、多层面、多种形式的综合性培训。4. 省青教办组织校外教育工作者参加了少年儿童身心发展教育国际学术研修班、全国校外艺术教育管理研修班、现代教育经济管理研修班、少儿戏剧编导培训班，为校外教育工作者的继续教育和职业化教育创造条件。

〔**存在问题**〕　青少年宫的总体发展不平衡，规模小，数量少，设施陈旧，经费不足，出租、挪用、挤占情况不同程度存在；一些青少年宫的改革创新不够，培训活动项目单一，功能开发利用有限，师资队伍整体素质有待提高，管理者工作作风亟待加强；一些国家政策没有得到很好地贯彻落实。这些问题都需要在今后的工作中予以高度重视和不断改进。

（辽宁省青少年教育保护委员会供稿
执笔　肖玉杰）

沈阳市校外教育

〔**发展概况**〕　2004 年，沈阳市认真贯彻落实中共中央办公厅、国务院办公厅《关于加强青少年学生校外活动场所建设和管理工作的通知》和《中共中央国务院关于进一步加强和改进未成年人思想道德建设的若干意见》文件精神，坚持以思想性、趣味性、科学性为指导原则，突出时代特点，树立社会经济发展促进校外教育，把国家教委、团中央、全国妇联和中国儿童中心在全国开展的“心中有祖国、心中有他人”双有主题教育活动的内容渗透到校外教育各项活动之中，促进了沈阳校外教育在新形势下的健康发展。

〔**开展青少年校外活动场所全面普查工作**〕　2004 年，全市校外教育在认真贯彻落实中办、国办《通知》精神，按照市委、市政府提出的“沈阳市社会文明建设发展战略”的目标，采取了“全面普查，树立典型，评比表彰”的工作方法，使青少年学生校外活动场所的建设和管理工作得到了进一步的加强。

为了摸清全市青少年学生校外活动场所的现状，在 2003 年调查的基础上，2004 年对 13 个区县的校外活动场地进行了全面普查，摸清了青少年学生校外活动场所的数量、建设规模、设施配置以及存在的问题。沈阳市现有少年宫（含青少年宫）15 所，总建筑面积 4. 36 万平方米；社区委员会活动站 671 个，总建筑面积 6. 78 万平方米；爱国主义教育基地 64 个。市青教办和各区县培植和树立了一批青少年学生活动场所典型阵地、形象阵地，为青少年学生开展校外活动创造了良好条件。

〔**举办少年儿童硬笔书法比赛活动**〕　2004 年年初，市青少年教育办公室以“团结、实干、求知、创新”这一沈阳精神为主题，在全市校外系统广泛开展了少年儿童硬笔书法比赛活动。各区县青少年教育办公室、少年宫，采取多种形式参与。征集的作品经专家评选，有 3699 名同学分别获得了一、二、三等奖。

〔**庆祝“六一”儿童节系列活动**〕　在“六一”国际儿童节前夕，市青教办与兴隆大家庭联合，共同开展了庆祝“六一”儿童节系列活动。系列活动包括 3 个主体活动：举办“金色的童年”沈阳市少年儿童作文比赛；举办沈阳市少年儿童书画展；举办沈阳市少年儿童现场长卷作画比赛。活动有 100 多所中小学校、近 7 万名中小学生参加， 600 名学生在绘画、作文比赛中分别获得了金、银、铜和优秀奖。

〔**举办“沈阳市少年宫系统少儿文艺大赛”**〕为迎接 2005 年第八届“东北、西北、华北”地区省会城市少年宫少儿文艺汇演，检阅近 3 年来全市少年宫系统少儿文艺发展水平，市青教办于 8 月 24～25 日在沈阳空军俱乐部举办了“沈阳市少年宫系统少儿文艺大赛”。此次少儿文艺大赛有和平区、沈河区、苏家屯区和辽中县等 12 个区县的少年宫组队参加。共演出舞蹈、声乐、器乐等 71 个节目。分别评选出了一等奖、二等奖和优秀奖。这次大赛的优秀节目将代表沈阳市参加 2005 年在哈尔滨市举行的第八届“东北、西北、华北”地区省会城市少年宫少儿文艺汇演。

〔举办“沈阳市少年儿童建筑模型比赛”〕 为推动全市青少年科技活动的开展，市青教办于暑假举办了首届“沈阳市少年儿童建筑模型比赛”活动。据统计，全市有1万多名中小学生参加了这次活动，制作模型5000多件；有46件作品被评为一等奖，53件作品被评为二等奖，46件作品被评为优秀奖。

〔开展中小学生社会公益日活动〕 市青教办在寒暑两假中开展了中小学生社会公益日活动。在每年寒假的2月22日和暑假的8月22日，全市中小学生统一开展社会公益日活动。2004年，针对一段时间频发的交通事故，市青教办以“遵守交通规则，文明驾驶，关爱生命”为活动主题，以给司机叔叔、阿姨一封信的形式，组织全市广大中小学生开展了交通安全、文明走路的宣传教育活动。8月22日，以“革除十大陋习，树立文明新风”为主题，以“小公民”社会实践为主要形式，针对影响沈阳城市形象的“大摇大摆乱穿马路、拥挤混乱、无序乘车、随地吐痰便溺”等10种不文明现象，在市内5区和东陵、于洪、苏家屯、新城子和辽中县等区县，组织中小学生开展了大型宣传教育和社会实践活动。

举办了沈阳市中小学生航空模型比赛活动、“火炬奖”影评活动，参加了全国“双有”组委会和中国家庭教育学会少年儿童校外教育专业委员会开展的2004年优秀论文评选活动。 （王兴慧）

校外教育单位

沈阳市儿童活动中心（原沈阳市妇女儿童宫）

〔发展概况〕 2004年，沈阳市儿童活动中心在改革、创新中取得了更大发展。来少年宫参加校外教育培训和活动的学员人数不断增多，其中校外教育培训较2003年增长40%；幼稚园在园人数较2003年约增长15%。校外教育活动蓬勃开展，20余项大型活动开创了社会效益、经济效益的双丰收。

2004年，少年宫组织学员参加各种比赛、演出等教学活动达百余场次，学员获奖人数约500人次，获得国际大奖200余项，少年宫美术班学员李啸天在全球Visa奥运畅想少儿绘画大赛中获得特等奖，并获得了免费观摩雅典奥运会的机会。

2004年，少年宫被授予全国小公民道德建设活动实践基地、全国小记者站、辽宁省百万家长教育工程工作站等荣誉称号。中央、省、市等约20家新闻媒体对少年宫的教育教学及其开展的活动进行了宣传报道，年报道次数达百余次之多，电视台的专题报道、报刊的整版或大篇幅报道达20余次，使少年宫的知名度、美誉度不断提高。

〔群众文化活动〕 少年宫每年开展冬、夏令营，“市长小参谋”，“争做人民小代表”，“小公民”星期六社区志愿者活动，走进植物园、浑河乐园、三农博览园一日营等多项融知识性、娱乐性、趣味性、教育性为一体的道德实践活动，充分发挥了少年宫校外活动阵地的实践育人功能。

〔教育培训活动〕 2004年，少年宫举办了大型艺术培训公开展示课，首次把课堂搬到了“八一”剧场舞台上，现场接受1200名家长和社会各界人士的监督、品评；“走进幸福宫”慰问沈阳市儿童活动中心建设者文艺晚会、庆祝“六一”儿童节举办的“亲亲太阳”文艺演出、赴厦门“音乐之声”夏令营活动、“妈咪宝贝”电子琴演奏会；美术作品展、写生一日营、献爱心绘画大赛、幼稚园春季走进动物园亲子同乐会、秋季走进森林公园亲子同乐会、英语快乐行、“参观可口可乐”、“我和妈妈做月饼”共度中秋佳节活动、“宝贝也疯狂”亲子游戏等活动。同时少年宫还积极承办及组织学员参加全国及省市的各类比赛、展演、交流活动，承办了第八届全国故事大赛辽宁赛区比赛、参加了香港“校园展翅贺回归”大型文艺汇演活动、上海国际少儿艺术节展演活动、全国少年儿童舞蹈大赛、全国“侯宝林杯”曲艺大赛、省市庆“六一”联欢会、辽宁电视台国庆节晚会演出、全国第五届记者节演出、东三省体育舞蹈大赛、辽宁省体育舞蹈大赛等约百项活动。

〔坚持开展公益活动〕 2004年，少年宫举办的“假日欢乐城”活动，已连续举办7届。这项活动被新闻媒体喻为“假日欢乐好去处”；30余项趣味活动面向全市儿童免费开放，受到孩子及家长的普遍欢迎。2004年，少年宫多次为孤残、贫困儿童义务举办科技一日营、学农一日营、小公民道德实践大课堂等参与式活动。“六一”在少年宫举办了“儿童欢乐谷”活动，孩子们通过参与玩具置换、捐赠、义卖、现场绘画竞拍等实践活动进行捐款资助孤残儿童，赢得了社会各界的高度关注和赞誉。

〔**品牌活动的创新**〕 2004年，少年宫对“小代表”活动、“小公民”活动、“一日营”等品牌活动进行了全新策划，通过常变常新的活动形式及内容的变化来确保活动的永久性和鲜活性。在全国“四进”行动基础上，首先开展了“小公民”星期六社区志愿者活动，为开展其他活动提供了新的思路；夏季“一日营”活动设计了走进植物园、浑河乐园、三农博览园3条线路，同时各线路都设计了中小学生素质拓展训练内容和游戏互动内容，使原来较为单纯的参观、游玩活动变得丰富多彩。

〔**学生社团活动**〕 沈阳市妇女儿童宫组成了金摇篮少儿艺术团、小记者团、小蜻蜓书画社、模型俱乐部和木偶剧团等各类少儿社团组织，活跃在国内外各类文化艺术的交流、展览、比赛及庆祝活动中，不仅为学生提供了充分展示才艺的舞台，也树立了少年宫文化艺术教育的整体品牌。

〔**兴趣小组培训活动**〕 表演专业是少年宫多年来坚持开设的拳头项目。2004年少年宫对表演专业进行了细分，根据家长和广大中小学生的不同需求，开设了小主持人班、讲故事班、曲艺班、音乐剧班等各种兴趣小组；在舞蹈专业项目中增设了街舞、男孩舞蹈班；在美术大专业基础上，结合时代特点和社会需求，开设了动漫画班、手工制作班、陶艺等富于时代特色的教学培训项目。

2004年，少年宫培训项目达51个，培训班次由原来的160个增加到现在的221个，在学人数由原来的不足3000人扩大到现在的4000人。

〔**教育成果**〕 2004年，少年宫金摇篮少儿艺术团在中国小公民风采展示——全国少年儿童舞蹈大赛中表演的舞蹈《梦想太空》获全国一等奖，并在中央电视台进行展演；舞蹈《丫丫钹》、表演唱《画四季》、歌舞《亲亲太阳》等节目分别参加了上海、天津国际艺术节开幕式和闭幕式的演出；学员作品《奥运未来》在第三届“奥运畅想”少儿绘画大赛中获全国仅有的两个特等奖之一，并赢得了为期六天免费观摩29届雅典奥运会的机会，被中央电视台及辽沈各大媒体誉为“英才少年”；拉丁舞艺术团在辽宁省第一届国际标准舞大赛中，获得20个第一名，《拉丁风采》获得集体舞第一名；在全国故事大王赛中，学员获全国故事大王少年组金、银奖；在全国第六届少年书法临帖大赛中38名小学员获奖；在全国第六届青少年书法临帖大赛（硬笔书法）中32名学员获奖。 （段立珍）

沈阳市苏家屯区少年宫

〔**基本情况**〕 沈阳市苏家屯区少年宫是苏家屯区教育局直属校外教育单位，始建于1963年。少年宫占地面积1391平方米，建筑面积2614平方米，下设艺术学校和艺术幼儿园。少年宫连年被评为市青少年教育先进单位，沈阳市社会力量办学先进单位。艺术学校连续几年被评为沈阳市社会力量办学先进单位。在各种大赛中多次荣获组织奖。

〔**“小松树”征文活动**〕 “小松树”征文活动始办于1982年，至今已坚持23年。每一届“小松树”征文活动的主题均与时代脉搏紧密结合，从孩子的眼睛里看世界的变化，为孩子们的成长记实，得到了社会各界家长和学生的好评。

〔**全区中小学生艺术专业技能大赛**〕 苏家屯区艺术专业技能大赛分声乐、舞蹈、器乐、美术、书法几大类。2004年，少年宫以学校为单位层层选拔，推选优秀选手参加各项艺术专业大赛，获奖的作品在庆“六一”活动中展览和演出，给学生提供了展示才艺的舞台。

〔**“金色祖国”诗歌朗诵比赛**〕 “金色祖国”诗歌朗诵比赛是区爱国主义教育活动之一，由少年宫主办，经过班级、年级、学校层层选拔推荐优秀选手参加比赛，推动和促进了区少年儿童整体语言艺术的发展。学生们通过比赛参加了市级乃至全国的语言类比赛，多人次获奖。

〔**“阳光洒满校园”艺术节活动**〕 每年金秋时节，少年宫都要结合时代要求设定不同的活动主题，开展“阳光洒满校园”艺术节活动，至今已开展12届，推动了校园文化的建设和发展。

〔**艺术培训活动**〕　少年宫作为区艺术教育的摇篮和阵地，有专兼职教师26名，2004年开设美术、书法、舞蹈、钢琴、电子琴、手风琴、武术、体操、英语、写作、奥数、语言艺术、古筝、二胡、小提琴、科技，计算机及铜管乐等二十几个专业，57个培训班，每年约有2000多名学生参加各项艺术培训。

〔**教育成果**〕　少年宫至今已有2.86万人次在国际、国内、省、市比赛中获奖，其中在国际比赛获奖人数达3360人次，全国比赛获奖人数达8780人次。2004年，少年宫共参加了国际国内省市级9类22项赛事，有1035人次学生和18名教师获奖。（马　兵）

沈阳市少年儿童图书馆

〔**基本情况**〕　2004年，沈阳市少年儿童图书馆以迎接文化部图书馆评估为契机，全面提高办馆水平，完成了2004年各项工作指标。2004年购书费由原来的45万元增加到100万元，解决了困扰多年购书经费短缺的难题。截至11月底，采购各类精品图书16．64万种、5．25万册。全年接待读者28．89万人次，流通图书62．31万册次，新发展读者8186名。全年举办读书活动105次，参加活动的读者3．25万人次。精心组织3项全市范围大型读书活动，覆盖13个县区(市)近百所中小学校2万余名学生，为全市未成年人健康成长营造了良好的社会环境。充分利用馆藏文献资源，进行2次文献的开发与利用，全年编辑《家教导航》小报12期，为学生和家长提供最新家教信息近200条。在全市各区县共建分馆和图书流动站25个。进一步增强和扩大了少儿图书馆辐射功能和服务覆盖面。文化产业创收45万元，超额完成年初计划40万元指标，人均收入1.6万元，收支结余1万元。

〔**场所建设**〕　2004年，少儿图书馆现代化建设在各方面都有了新的进展，现代化建设步伐不断加快。在网站开辟了方正电子阅览系统、电子连环画、新书介绍、电子文献、特色馆藏、交流园地、共享资源、网上导航等服务，进一步提高了图书馆网络服务的能力。自筹资金安装卫星接收系统，加入全国文化信息资源共享工程，在声像服务室专设5台共享工程阅读计算机。读者可以通过电子阅览室、声像服务室共享。创建了连环画专题书目数据库、馆藏50年工具书书目数据库等5个特色数据库，形成电子阅览室、声像服务室集电子阅读、共享资源、SVOD数字化图书馆管理系统、光盘图书馆、音像图书馆为一体。

〔**开展丰富多彩的读书活动**〕　精心设计组织开展了沈阳市中小学生“爱我家乡，振兴沈阳”读书竞赛活动。以小学生组“快乐读书，健康成长”知识才艺表演赛、中学生组“走向未来”双语演讲比赛、举办“知识与成长”专题巡回讲座3项主题活动，通过“读、听、写、做”读书竞赛活动，激发广大中小学生热爱沈阳家乡的情感，树立努力学习、振兴沈阳的新理念，践行市文化局提出的“东北要振兴，沈阳要先行，文化做贡献”的目标。

这次读书竞赛重点向全市中小学生推荐了《沈阳名胜》、《走进图书馆》、《少儿科普乐园丛书》、《难不倒的小博士》等20余种优秀图书。全市有近2万名中小学生参加活动。

与沈阳市雷锋精神研究会、共青团沈阳市委宣传部、沈阳市关心下一代工作委员共同举办庆“六一”快乐读书做雷锋式好少年系列读书活动。以倡导课外阅读、努力学习为主线，以培养书法、绘画、表演、朗诵、歌舞等技能为内容，开展了书法绘画展、知识问答竞赛、诗歌朗诵、歌舞比赛、特长才能展示等活动。全市征集参展优秀书画作品1000余件，5月28日～6月5日，举办了做雷锋式好少年书画展；5月29日，举办庆“六一”快乐读书做雷锋式好少年大型综艺汇演，会上表彰了2003～2004年“读书明星”10名。

“六一”期间，为进一步推动学生阅读，采购1000余种、5000余册新书，开展新书展览活动，设立节日新书架，并向全市少儿推荐了《中华传统美德格言300则》、《诺贝尔获奖者与儿童对话》、《21世纪校园抒情诗》、《奇妙的探究活动》等10部优秀图书，5月30日举办“庆‘六一’节日影视系列观赏”活动，免费为少儿放映爱国主义录像和电影《滑板梦之队》。

大连市青少年宫

〔**基本情况**〕　大连市青少年宫是共青团大连市委直属的全额拨款教育事业单位，占地5.24万平方米，建筑面积1.13万平方米。内设多功能影剧院、透光大厅、天象厅、展览厅、健身厅、女子健美厅以及器乐、舞蹈、武术等28个各类培训教室，是大连市规模、影响最大的青少年校外教育、培训、活动阵地。

建宫12年来，青少年宫教职员工被评为市级以上“劳动模范”称号5人次；获市“三八红旗手”、“三八红旗手标兵”称号5人次；获市级以上“有突出贡献的专家”称号（享受政府津贴）4 人次；市级以上政府表彰的优秀教师 4 人次；获大连市政府授予的文艺界最高奖“金苹果”奖 1 人次。1992 年、1995 年、1999 年、2004 年，大连市青少年宫连续 4 次被共青团中央和文化部评为“全国先进青少年宫”；连续数年被评为“辽宁省先进青少年宫”和“辽宁省青少年教育先进单位”。

〔**活动成果**〕　大连市青少年宫坚持树立品牌活动，其中有：已成为全市最具权威性的传统中小学声乐赛事——“小百灵歌咏节”活动（举办 11 届）、每年都吸引万余名中小学生参加的“大连市少年儿童自制贺年卡大赛”（已举办 11 届）。每年举办各类大型群众性青少年文化活动，如纪念“五四”运动 81 周年高校征文暨演讲比赛（2000 年）、高校优秀歌手演唱会（2000 年）、全国青少年英语口语大赛大连地区决赛（2002 年、2003 年）以及各类市级儿童书法比赛、棋类比赛、英语比赛等。

〔**教育成果**〕　在大连地区久负盛名的“张呈钢笔速成法”自 1989 年从青少年宫推出以来，以其新颖、实用、简易、速见成效而受到广大群众的普遍欢迎。普教 15 年来，直接受益者近 20 万人，间接受益者数十万人，被称为“社会力量办学单项人数之最”，影响波及全国。连续两次受邀参加比利时布鲁塞尔“尤里卡世界发明博览会”。

〔**兴趣小组活动**〕　2004 年，大连市青少年宫共开设 26 个培训门类，在册学员 6000 余人。自 1989 年以来，向全国各级专业团体、艺术院校输送人才近 400 人，获省级以上奖励 400 余项次，各级各类获奖人员达 3500 余人次。　（大连市青教办供稿）

大连市少年宫

2004 年，在团市委、市青少年教育保护办公室的领导下，大连市少年宫在全市范围内先后举办了大连市少年儿童第二届卡拉 OK 大赛、大连市少年儿童第三届语言艺术大赛、大连市少年儿童第七届美术绘画大赛、大连市少年儿童第三届头脑奥林匹克竞赛、大连市少年儿童首届英语艺术大赛。参与人数达 4 万多人次，被授予辽宁省小公民道德实践教育先进单位。

〔**深入开展“心中有祖国、心中有他人”主题教育活动**〕　2004 年，市少年宫与“心中有祖国、心中有他人”系列活动相呼应，适时组织开展了具有示范指导意义的大型主题活动。如“我做合格小公民”实践活动、“手拉手”活动、“太阳花杯”系列公益活动、“争做环保小卫士”实践活动以及丰富多彩的夏令营活动、头脑奥林匹克普及活动等。

〔**教育培训活动效果明显**〕　大连市少年宫用于培训和科技活动的阵地场所面积约 6000 多平方米，开设专业 26 个，可同时容纳上万名学员到此参加培训和活动。　（大连市青教办供稿）

大连市中山区少年宫

〔**发展概况**〕　大连市中山区少年宫位于依山望海的植物园西侧，占地 7000 平方米，建筑面积 5400 平方米，环境优美，教学条件完备，师资力量雄厚，是中山区实施素质教育重要的校外阵地，也是中山区精神文明建设的一个窗口。

2004 年，中山区少年宫以满足学生兴趣需求为目的，结合各专业教学实际，将学员思想道德教育融于教学之中，使学员在专业培训之中受到良好的道德教育，以爱国主义为主题编排武术、舞蹈、声乐、器乐等节目，举办语言类、写作、美术等比赛。

扩大招生力度，拓展教学领域。为了顺应社会的需要，少年宫增设了跆拳道、散打、乒乓球及以民族器乐教学为主的“姊妹琴室”。

加强教学监督，举办阶段性展示。为了向家长展示教育教学活动，少年宫在一楼大厅修建了小舞台，定期举办专业教学观摩及教学成果汇报。如举办美术、书法、摄影作品展；科技制作展；口头作文、英语对话、语言表演节目 DV 播放等，让家长及时监督，促进教育教学质量的不断提高。

2004 年 6 月，少年宫创编了“成长快车”学员评价手册，手册设制了“我的理想”“小档案”“家长的心愿”“芝麻开门”“阶段评价”“成长树”等内容，由教师、学员、家长共同填写，促进教学相长。

〔**“明日之星”少年艺术团**〕　中山区“明日之星”少年艺术团成立于 2002 年 12 月，是集舞蹈、曲艺、合唱、器乐等为一体的综合性艺术团体，共聘请了 5 位国内外艺术界知名人士为艺术顾问，由少年宫 10 名教师担任专业指导教师。目前，已选拔 300 余名小演员。艺术团多次参与市区大型宣传、庆祝、迎宾等活动演出，丰富了全区青少年文化娱乐生活，为有艺术天赋的少年儿童提供了展示的舞台，营造了一个拥有健康向上的艺术氛围的校外艺术阵地。

〔**大连国际音乐俱乐部与中山区青少年管弦乐团**〕 由中山区少年宫辛亮等器乐教师与日本驻连代表发起，于1995年在中山区少年宫成立，吸收了在连的广大中、日、韩音乐爱好者，每月双周周六的下午在少年宫进行音乐交流，切磋技艺，排练乐曲。2000年，少年宫在外企的赞助下，又成立了“中山区青少年管弦乐团”，这两支音乐团体常年活跃在社会大舞台之中——曾参加首届中日音乐交流；多次参加社会义演，成功举办了10届音乐会，促进了中日两国民间音乐事业的交流与发展。（大连市青教办供稿）

大连市沙河口区少年宫

〔**教育成果**〕 2004年，大连市沙河口区少年宫参加中、日少年儿童美术书法大赛，14人获金奖，9人获银奖，7人获铜奖；参加“双兴杯”全国自绘文化衫大赛，4人获一等奖、6人获二等奖、3人获三等奖；参加大连市“中华漆”杯少年儿童绘画大赛获一等奖；参加全国群星杯大连赛区选拔赛舞蹈节目获2个铜奖、1个银奖；参加大连市首届“辽宁省小舞蹈家杯”少儿舞蹈选拔赛分别获金、银、铜奖；参加大连市科华杯武术比赛获小全能第一名5人，第二名6人，第三名4人，第四名1人，第六名2人，第八名1人；参加辽宁省武术比赛获二等奖3人，三等奖2人。

〔**特色活动**〕 2004年，少年宫组织近百名学生参加了大连市国际服装节少年儿童绘画表演大赛，学员们用手中五彩画笔在百米长卷上设计服装，描绘美丽城市。

2004年“六一”前夕，沙河口少年宫在沙区五四路花园举行了“群星风采”庆祝建党83周年的文艺演出，会上宫内学员用精彩的舞蹈、歌曲、武术、相声表演表达了少年儿童对党的抚育的感激之情，赢得了台下观众阵阵掌声，活动在《大连日报》、《大连晚报》重点报道。（大连市青教办供稿）

大连市甘井子区少年宫

〔**发展概况**〕 2004年，大连市甘井子区少年宫在全国城区少年宫（西安）工作会议精神的指导下，在区教育局的正确领导下，在丰富群众的文化生活和中小学的校园文化生活以及青少年的艺术特长培训方面取得了可喜的成绩。同时，积极配合区教育局，对全区79所中小学的校园集体舞和班班有歌声进行了督导评估，为不断提升校园文化氛围和档次起到了促进作用。以学校为单位，分中、小学参加了大连市中小学合唱比赛，取得良好成绩。

〔**群众文化活动**〕 大连市甘井子区少年宫积极参加社会公益活动，承办全国少年儿童卡拉OK大奖赛大连市甘井子区赛区活动；参加庆“六一”儿童节的大型文艺演出；参加全市性的“星海湾广场艺术活动”、沃尔玛广场“民办教育促进法颁布三周年庆祝演出活动”等。

〔**教育培训活动**〕 为了进一步推广普及群众文化生活，培养青少年的文艺特长，少年宫艺校钢琴、手风琴、电子琴、小提琴、古筝、二胡、琵琶等所有的器乐类，以及舞蹈、艺术体操、武术、美术、书法等全部免费向青少年开放，引起社会的强烈反响，得到了有关领导的支持和认可，2004年共招收免费学员827人，取得了良好的社会效益。

〔**教育成果**〕 少年宫学员郭大好考取了美国伊兹曼音乐学院，成为该校惟一享受助学金的中国学生。袁媛同学被天津音乐学院录取。少年宫学员在中国加拿大少年儿童绘画比赛中获一等奖1名，二等奖4名，三等奖4名；在全国的书法比赛中10名同学获一等奖，25名同学获二等奖，31名同学获三等奖。在全国“故事大王”的比赛中获二等奖1名。

（大连市青教办供稿）

旅顺口区少年宫

〔**发展概况**〕 旅顺口区少年宫位于大连市旅顺口区黄河路，新宫落成于2000年5月29日，占地面积2350平方米，建筑面积1700平方米。附设少年儿童艺术学校。2004年，少年宫开设了钢琴、小提琴、手风琴、电子琴、吉他、管乐、架子鼓、古筝、琵琶、二胡、竹笛、葫芦丝、声乐、舞蹈、英语、语言、书法、美术共18个科目，年平均培训学员1300余人次。少年宫连年获得全国“双有”主题活动先进集体、“大连市社会力量办学先进单位”等光荣称号，并被评为“辽宁省先进少年宫”。

〔群众文化活动〕　2004年组织区级以上庆"六一"、军民联欢、新年晚会等专场文艺演出22场，协助社会各界各类演出30余场，参加学员2600余人次。组织参加全国、省、市级比赛23场，参赛学员500余人次，获得国家级比赛一等奖34人、二等奖44人、三等奖43人、优秀奖42人。省级比赛获一等奖3人、二等奖6人、三等奖6人、优秀奖4人。市级比赛获一等奖78人、二等奖31人、三等奖28人、优秀奖23人，共347人获奖。2004年，由主任李建军作曲，舞蹈教师方丽萍创编的舞蹈《漂儿》获辽宁省"老基地新风采"舞蹈比赛金奖。

〔教育培训活动〕　少年宫从2001年起承办全国音乐考级旅顺分考场工作，共设立小提琴、电子琴、二胡、琵琶、儿童歌唱5个专业。少年宫在考试前一个月为参加考级的学员免费辅导，5年来参加全国考级学员1361人次，合格率达到98%；6名专业教师荣获"辽宁省首届全国音乐考级优秀指导教师"光荣称号。22名学员被收入由中国儿童音乐学会编辑的《小音乐家》（辽宁分册）一书。近年来向沈阳音乐学院、沈阳体育学院、沈阳文化艺术学校、辽宁歌剧团、辽宁师范大学、大连大学音乐学院等上级院校或文艺团体输送的学员共14名。　（大连市青教办供稿）

金州区少年宫

〔发展概况〕　金州区少年宫始建于1987年。2004年，开设60多个教学班，其中声乐、器乐、舞蹈、书法、美术、语言、武术、棋类等专业科目达21个，是全区中小学生以及学龄前儿童提高综合素质的社会教育基地；曾荣获"大连市青教系统先进单位"、"大连市校外教育先进单位"和"金州区社会力量办学先进单位"等称号。

〔教育成果〕　自2001年以来，少年宫共组织举办了近百次有影响的公益性活动，在市级以上各类比赛中取得了较好的成绩。2001年举办了"桃李芬芳"电视文艺演出，选送音乐剧"娃娃与奶奶"和小品"钓鱼"在人民大会堂参加全国儿童剧普及交流汇演。2002年承办大连市第六届"福音杯"声乐、器乐、舞蹈大赛；举办庆"六一"专题文艺演出"走向未来"；组织学员参加全国少年宫武术比赛。2003年，举办"金州，金色阳光"大型歌舞晚会。2004年组织学员参加第四届中国青少年艺术新人选拔大赛、参加"中美少年儿童环境美术书法比赛"和全国首届青少年英才艺术选拔赛等。近5年来，少年宫向全国选送了市级以上大专院校学员近百名，学员参加市级以上展演并获奖达500余人次。　（大连市青教办供稿）

瓦房店市少年宫

〔群众文化活动〕　2004年，瓦房店市少年宫充分利用广场文化活动形式，在夏、秋季节举办了"绿色的向往"、"特别空间"、"童心飞扬"等多场次的文化活动。为丰富文化活动的形式，使之系列化，瓦房店市少年宫每年都开展20多场次的送戏下乡、送戏进军营、送戏到社区等活动。

〔家庭教育活动〕　以家长学校为载体，传授科学的育人之道是少年宫开展家庭教育的指导思想。2004年，少年宫开设了家长学校，请市内外知名教育专家，传授育人之道，进行心理咨询，极大地提高了家长的育儿水准。从《科学育儿》、《心理学》、《教育学》到引导家长《培养孩子走艺术成才之路》等，专家讲解，深入浅出，实现了社会教育、家庭教育、学校教育的大融合。

〔社会实践活动〕　少年宫贯彻休验教育的思想，开展丰富多彩的社会实践活动，组织写作小记者、美术专业，到工厂、到农村、到部队去采风、去写生，丰富人生阅历，感受时代进步；为孩子展示才艺搭建平台，特色活动抓特色，立足于自己的实际，探索出了校外教育发展的新路。

〔教育成果〕　2004年，瓦房店市少年宫组织参加了全国推新人大赛、"蒲公英"艺术新人选拔大赛、首届艺术新人选拔大赛，共有12人获全国金奖、18人获银奖、15人获铜奖；承办了全国希望之星大赛辽宁赛区的比赛，3人获全国十佳，先后有6名教师获国家级辅导奖。　（大连市青教办供稿）

庄河市青少年宫

〔发展概况〕　庄河市青少年宫隶属于大连市庄河团市委，是庄河市的校外教育活动中心、指导中心、辅导中心。2004年，青少年宫坚持把艺术团作为广大未成年人了解社会、走入社会的重要载体，先后组织了多次公益演出活动。如，"3·15消费者宣传日”庄河电视台文艺晚会；“五一国际劳动节”庄河电视台文艺晚会；举办以展示素质教育成果、活跃文化生活为主题的“阳光，花季，童年”政府礼堂专场文艺晚会等。通过系列文艺演出，为未成年人展示才艺、接触社会提供了机会，使未成年人在实践中锻炼了自理和自立能力，认清了自身的价值，提高了服务社会的意识。

〔**家庭教育活动**〕 2004年9月，组织实施了“家长教育素质工程”，邀请北京知名专家对家长进行了“未成年人心理、家庭教育学习方法”专题讲座，使家庭、未成年人之间形成共鸣。共举办系列讲座6场，近千个家庭参加了培训活动，收到了良好的社会效果。

〔**教育成果**〕 2004年，青少年宫开展多次贴近未成年人学习生活的各类竞技性比赛，如书画即兴表演、英语、钢琴、电子琴、征文比赛等，使未成年人在竞赛中锻炼自己、提高素质；积极参加和承办全省乃至全国的大赛。2004年有60余人次在国家省市各级各类大赛中获奖：在“蒲公英”杯全国青少年艺术新人大赛辽宁赛区的比赛分别获得舞蹈儿童组第一、第五名，声乐儿童组第二名、第三名，小提琴、小主持人儿童组前十名的成绩。参加大连市第二届少年儿童卡拉OK及第三届语言艺术大赛，两项十佳各占2名，总分名列前茅；参加大连市“群英杯”艺术选拔赛，分别获得金奖2枚，银奖1枚，铜奖3枚；参加“蒲公英杯 2004 中国青少年艺术新人选拔大赛”获声乐1金、1银，故事1银、1铜，舞蹈1金；小提琴获辽宁省金奖1枚。 （大连市青教办供稿）

大连市长海县青少年宫

〔**发展概况**〕 长海县青少年宫于1997年成立，最多时入宫学习的青少年达200多人，为丰富特色教育做出了一定贡献，得到了社会和家长的认可。2004年，长海县进行事业单位机构改革，青少年宫由原来的13名教职员工缩至5人，改革后的青少年宫通过调动和发挥现有教职员工的积极性，最大限度地利用社会办学力量，及时调整办学思路，坚持以优立宫，以特取胜，先后从社会上聘请多位教师到青少年宫授课，不但丰富了青少年宫的办学科目，而且提高了青少年宫对外的影响。全年开设了舞蹈、书法、英语、器乐等几个特长班，发挥青少年宫的应有作用。

〔**农村少年宫事业的发展**〕 长海县近几年来群众业余文化生活方兴未艾，富裕后的海岛人不满足物质生活的丰盈，而且追求精神生活的充实，长海县青少年宫积极在广场文化、社区文化、楼道文化等社会活动的舞台上展示少年宫学员才华，汇报青少年宫的教育成果。青少年宫还组织学生参加社会和社区的公益活动，先后举办了多期以“爱家乡”为主题的技能竞赛和社区服务活动；组织书法班的小学员春节期间参加县里举办的“书春”活动；清明节带领学员祭扫烈士墓，瞻仰革命烈士纪念碑，进行革命英雄主义和理想教育；春季举行“踏青”活动，培育热爱大自然的朴素感情和增强环境保护的意识。这些丰富多彩的活动，培养了孩子们良好的品质和道德操行，在潜移默化中得到培养。 （大连市青教办供稿）

铁岭市青少年宫

〔**基本情况**〕 铁岭市青少年宫地处辽宁省北部，坐落在银州区体育馆路，创办于1989年，隶属于共青团铁岭市委，是辽北最具影响力的综合性的青少年校外教育活动阵地和思想道德建设的重要阵地。开设艺术、文化、体育3大类40余项培训项目，年累计培训学员6800余人。有4305名学员在国内外各级各类比赛中获奖，上百名学生被输送到国家和省艺术、体育院校及专业团体，20余名专业教师被评为全国优秀指导教师、获优秀园丁称号。青少年宫被誉为“艺术人才的摇篮，素质教育的沃土”，曾被评为全国先进青少年宫等荣誉称号。

〔**活动基地建设**〕 正在建设的铁岭市青少年宫少儿活动基地充分利用山水资源优势，突出生态环保特点，注重人与自然的和谐相融，集教育实践、团队活动、外事交流和度假休闲为一体，具有鲜明的地方特色。预计2005年“六一”正式对外开放。

〔**立足公益性的大型活动**〕 铁岭市青少年宫每年利用寒暑假及“六一”等节假日，开展大型少儿活动。如：百米书画长卷活动、“同唱一首歌”双拥联欢活动、“艺海同心”、“党在我心中”、“六一”大型少儿汇演、“老基地新风采”、“烂漫童心绘铁岭”少儿书画展、世纪诗会及各类社区、广场文化活动。

结合加强未成年人思想道德建设，青少年宫重点开展了“爱家乡，看铁岭，立志成材”活动，创建“文明长廊”、“争做文明小公民”活动，开辟“少年法庭”、

"科技助学"、"关爱老前辈"春节特别行动等主题性教育活动。

结合兴趣性的娱乐活动，青少年宫开展了"迎新春快乐灯迷会"、"奇情妙趣探冰雪"冬令营、"走进青岛、探索海洋"夏令营，启明星网络作文赛、欢乐小擂台、"珍稀蝴蝶展"小发明、小制作成果展等。

结合服务性的指导活动，青少年宫开辟假日公益课堂，包括"文明礼仪"、"音乐节拍"、"心灵碰碰撞"、"英语趣谈"、"名著导读"、"亲子教育"、"家长学校"等，为青少年成长提供有益的指导和教育服务。

〔**开播少儿栏目**〕 2004年，青少年宫借媒体优势，扩大社会影响，与铁岭市人民广播电台联合开播了少儿栏目——"未来星空"。青少年宫邀请了社会各界的专家走进直播间，传授各方面的知识，使栏目成为未成年人思想道德建设的传播阵地。

参加、承办各类教育、竞赛活动统计表

项目	活动名称	时间	市级赛	全国赛	获奖	活动名称	时间	市级赛	全国赛	获奖
体育活动	"党在我心中"全市庆"六一"大型演出武术《中国功夫》	2001.6	20		20	"东北三省"体育舞蹈邀请赛	2002		16	12
						辽宁省少年围棋锦标赛				
	青少年宫首届少儿围棋赛	2001.8	90		18	铁岭市第五届运动会武术比赛	2003		5	1
	铁岭市青少年围棋赛	2001	15		3	铁岭市青少年围棋赛	2003	24		9
	全国棋院首届棋类比赛	2001		4	3	铁岭市2000年少儿乒乓球赛	2004	13		7
文艺活动	铁岭市国际艺术节	2002	51		51	辽宁省少年儿童艺术大赛	2003		58	19
	首届"大都市"青少年英语艺术大赛	2002		78	28	第十届"新世纪"杯中华青少年美术书法摄影大奖赛	2004		13	8
	第十一届"小星星"杯东方少儿美术书法大赛	2002		14	12	铁岭市第二届"外研杯"英语口语大赛	2004	22		1
	市首届"爱祖国、爱家乡"少儿书画展	2003	150		31	"职教杯"首届铁岭市校园艺术表演大赛	2004	82		82
	第十届"慧光杯"全国中、小学生作文大赛	2003		36	24	银州区小学生庆"六一"音乐才艺大赛	2004			1
	全国首届"中学生创新作文"人赛	2003		3	1	铁岭市青少年宫首届"启明星"杯网络作文大赛	2004	96		28
	第四届"未来之星"全国青少年文学艺术创作大赛	2003		7	3	第十一届"慧光杯"全国中小学生作文竞赛	2004		56	45
	"新世纪星杯"全国少儿文学大赛	2003		18	9	第五届"未来之星"全国青少年创作大赛	2004		48	37
	市首届"大光明"杯作文大赛	2003		25	12	第十届全国少年儿童电子琴大赛	2004		16	4
	第十二届"小星星"杯东方少儿美术、书法大赛	2003		47	26	第三届中国青少年书法美术金像奖大赛	2004		52	21
	第十三届"小星星"杯全国少儿美术书法大赛	2004		55	22	第二届全国少年儿童艺术风采展示大赛	2004		120	15
	首届"金色童年杯"全国少儿美术书法大奖赛	2004		36	21	第九届全国中、小学生绘画书法比赛	2004		108	32
其它活动	小发明、小制作成果展	2004	50		29	珍稀蝴蝶展	2001	1500		
	小记者在行动	2002	55			假日公益课堂	2004	350		
	少年法庭活动	2003	30			文明长廊活动	2004	2000		
	冬令营、夏令营活动		1500			快乐语文擂台赛	2004	200		40
	书画百米长卷活动	2001	1000		200	"启明星"网络作文比赛	2004	110		20

抚顺市青少年宫

〔**基本情况**〕 抚顺市青少年宫成立于1980年，占地1.2万平方米，建筑面积5536平方米。曾获得"双有"主题活动先进单位、市"摇篮工程"中小学生素质教育培训基地、"全国青少年模型活动重点市"；2004年3月团中央、文化部授予少年宫"全国先进青少年宫"荣誉称号；2004年1月被抚顺市委、市政府命名为"抚顺市儿童工作先进集体"。

〔场所建设〕 2004年，抚顺市委、市政府决定对市青少年宫进行升级改造。新建的抚顺市青少年宫由教学培训功能部分和公益活动两部分组成。教学综合楼拟占地1万平方米，建筑面积不少于5000平方米；公益活动部分兴建5000平方米的青少年活动基地，其功能包括天像馆、科技展室、少儿多功能剧场、少儿阅览室、室内儿童乐园、少儿生态馆等。建成后的抚顺市青少年宫建筑面积超过1万平方米，儿童户外活动场地总量达17万平方米，具备艺术、科技、体育、假日活动、展示交流、文化娱乐、信息研究、管理服务等方面的功能。

〔阵地建设〕 抚顺市地形南北狭窄，东西较长。2001年，青少年宫提出“敞开大门、拆除围墙”办宫的口号，走出青少年宫，深入学校，先后在相距很远的望花区雷锋小学、东洲区章党小学等11所小学开办了各类艺术培训班。学校负责管理，青少年宫负责教学，将少年宫的影响扩大到全市范围，在班学习的孩子达到4000多人。2002年，青少年宫先后以租用房屋的方式，开办了抚顺市青少年宫河南艺术培训中心和抚顺市青少年宫胜利开发区艺术培训中心。经过近3年的运作，目前两个中心已形成了一定办学规模，使少年宫构建成了三足鼎立的办学格局。

〔积极开展外联合作〕 2000年开始，青少年宫利用丰富的少儿艺术人才资源，与社会单位联合创办了多个少儿艺术团体。2001年，青少年宫在抚顺联通公司的支持下，“承包”了抚顺电视台每年的春节少儿专场文艺晚会，每年2万元的资金投入，使青少年宫为全市未成年人奉献出一道春节文艺大餐。

〔以创新思路开展群众文化活动〕 2000年“六一”节，由少年宫发起首届“中、日、韩三国青少年书画大赛”。来自日本磐城市、韩国汉城市的青少年书画使者与抚顺青少年代表切磋技艺，增进友谊。这一人赛至今已举办3届。

从2001年开始，青少年宫与市教育局、市科协联合举办了由沙画大赛、桥梁模型比赛、四驱车比赛、世界珍稀昆虫标本展、科普讲座、风筝大赛、无线电制作、航海模型比赛等活动构成的中小学生“智慧杯”校园科普活动，每届都吸引了几万名中小学生参与其中。市教育局将此项活动纳入学校全年考核目标，对繁荣全市少儿科普工作、推动“三模”（车模、海模、空模）活动不断向纵深发展起到重要促进作用。

2002年“六一”庆祝活动，青少年宫与中小学校和社区联合，设立了一个主会场和20个分会场，同步举行“抚顺市少年儿童庆“六一”广场文艺演出”活动，3000名小演员登台演出，4万多市民观看，形成了连锁效应。

2003年7月，“非典”疫情刚过，青少年宫在市环保局的支持下，在市繁华的商业步行街上举办“抚顺—蓝天碧水”少儿百米长卷绘画活动。1000名中小学生用画笔在百米长卷上描绘心中美好的家乡。

〔教育培训活动〕 青少年宫低偿或无偿开设了声乐、舞蹈、器乐、美术、科模等25个专业近百个培训班，共培训青少年近万名，向上级文艺团体和专业院校输送学员近千人，在省以上各类比赛中4000多人次获奖，培养了大批文体活动骨干。

2002年，“红领巾”小提琴合（重）奏团在参加全国推新人少儿器乐大赛中，获9金1银的佳绩，并受到文化部领导的亲切接见，被选定为庆“十一”赴港澳大型文艺汇演节目，于2002年10月2～3日分别在香港、澳门与当地选手同台演出。（张东雷）

鞍山市青少年活动中心

〔发展概况〕 2004年，鞍山市青少年活动中心遵循“坚持育人为本、发挥阵地作用、打造艺术品牌、勇于开拓创新”的工作方针，积极引导、带领全市青少年广泛参与社会实践活动，充分发挥团的阵地作用。“五四”期间围绕团市委举办的“鞍山市青少年文化艺术节”开展了一系列活动，如“少儿书法大赛、少儿美术大赛、少儿普通话大赛、青少年综合艺术展，参与“鞍山市青少年文化艺术节”开幕式及闭幕式文艺演出。在“六一期间，“青青草少儿艺术团”在人民公园广场与市儿童福利院联合举办了题为“爱心陪伴我成长”大型文艺演出。“青青草艺术团”年内先后6次参加鞍山电视台举办的“相约周末”专题节目。为活跃市少年儿童业余文化生活做出了积极贡献。

〔德育建设活动〕 为贯彻《若干意见》，青少年活动中心将加强和改进青少年思想道德教育融入教学工作中，寓教于活动之中。在今年举办的各种大型活动中，不论文艺演出、文化交流、书法比赛、绘画比赛、艺术作品展览、口才大赛等，都是以贯彻《意见》为主线，在孩子们中间逐渐形成讲礼貌、讲团结、守秩序、爱护环境的良好风气；活动中心制定了“关爱长辈服务社会”对老年人全面开放的活动方案，提供了5间教室及部分设施，以确保老年人在文化、娱乐、健身方面的需求。请老前辈参加儿童活动，邀请阅历丰富的老人为小学员进行革命传统教育，把敬老爱幼的中华美德体现在实际生活中。

〔**特色培训活动**〕 为适应形势的需要，2004年中心全面拓展特色培训，抓好两条主线——艺术学校和艺术幼儿园，一年来，共培训了4200多名学员，更多的孩子受到了良好的艺术及道德品质教育。

〔**教育成果**〕 2004年，活动中心在所参加的全国性的各类比赛中都取得了历年来最好的成绩：武术队在全国少年“安利杯”武术比赛中获团体第一名，优秀组织奖及个人3项冠军。乒乓球队在“庄则栋杯”全国少年乒乓球比赛中获女子甲组团体第三名、女子单打第四名。国际象棋队在全国“哈棋校杯”国际象棋比赛中获幼儿团体冠军、男子个人冠军、女子第三名。围棋队在全国少儿围棋邀请赛中，获得团体冠军、6项个人冠军。2004年，乒乓球班、武术班、声乐班、舞蹈班、美术班、萨克斯班、二胡班共16名学员分别被输送到省级以上运动队、部队及艺术院校。此外，中心承办的市青少年民族器乐考级共有300多名学生顺利通过，被辽宁省民族管弦学会评为“全省民族器乐考级优秀组织单位”。

丹东市振兴区少年宫

〔**基本情况**〕 振兴区少年宫位于丹东市中心，建筑面积1000平方米，是一所小型城区校外教育机构，也是丹东市中心惟一初具规模、功能齐全的少年儿童活动场所。2002年，振兴区少年宫异地回迁，面临区财政困难局面，少年宫合理利用空间，尽可能增加活动室，提高利用率，培训室和活动室兼容，把争取到的有限经费用于基础设施投入。通过寻求社会赞助或临时赊借等办法，建起钢琴教室、古筝教室、爵士鼓教室。以后随工作的开展，每月用60%创收经费还欠款，购置设施，逐步完善。

〔**积极开展科技素质教育活动**〕 2004年，少年宫成立了“少年科技模型俱乐部”，在寒假和“六一”儿童节期间，少年宫和市教委、科技局、体委两次联合举办丹东市小学生奥迪四驱车模比赛，来自全市各学校的500多名学生参加了比赛。现俱乐部已有100多名儿童常年定期参加动手动脑的科技活动。

〔**拓宽活动资源**〕 2004年是丹东市争创旅游城市年。5月，著名相声表演艺术家姜昆赴丹进行旅游宣传，少年宫抓住这一契机，和共青团丹东市委、丹东市关心下一代工作委员会、市曲艺家协会等部门联合举办了“丹东市首届少年儿童才艺展示”活动，邀请著名相声表演艺术家姜昆参加了活动启动仪式。

〔**“快乐少先队员”活动周**〕 从2003年开始，少年宫面向全区各校的少先队员，在寒、暑假集中组织“快乐少先队员”活动周，开展免费技能培训等实践活动。每个假期有近200名少先队干部在活动中受益。

〔**学生社团实践活动**〕 少年宫先后与丹东人寿保险公司、辽宁证券联合成立少儿艺术团，近千名小学生参加了艺术团排练、演出等实践活动。艺术团参加了辽宁电视台、丹东电视台录制儿童节专场电视文艺晚会；多次为辽宁电视台、丹东电视台、丹东市政协、教委、文化局等演出。2004年，在举办的“小平百年”大型文艺晚会上，少年宫大型儿童歌舞“我们是邓爷爷的好娃娃”受到好评。

〔**兴趣小组培训活动**〕 少年宫开办了舞蹈、美术、声乐、电子琴、萨克斯管、古筝、二胡、武术、航模、车模、围棋、潜能开发等项目，年培训学生近2000人。舞蹈、美术、表演、潜能开发4个专业形成了少年宫素质教育品牌，近千名少年儿童在形式新、内容活的培训中受益。2004年，少年宫还以此申报并正式运作了省级课题《少年宫在活动中开发儿童多元智能的探索与研究》，出版了《少儿口才训练》教材。

〔**教育成果**〕 2004年，少年宫学员获中国少儿艺术节多项大奖、辽宁首届曲艺大赛少儿组金奖、2004年世界儿童书画大赛银奖。美术班10多名学生考入北影、鲁美等院校，舞蹈班2名学员考入北京舞蹈学院，器乐班3名学员考入沈阳音乐学院，6名学员考入海军军乐团。每年近百名艺术骨干从少年宫走向学校、走向社会。

营口市青少年宫

〔**基本情况**〕 营口市青少年宫2000年归属营

口市团市委，更名为营口市青少年宫。青少年宫大楼坐落在辽河之滨，是21世纪初营口市委、市政府投巨资兴建的校外教育优质工程。新楼建于原少年宫旧址，2001年4月1日开工，同年9月26日竣工，建筑面积1.12万平方米。门前的希望广场占地1.6万平方米。楼内大小活动室42间，可满足舞蹈、武术、乒乓球、器乐、美术、书法、文学、棋类等专业教学的需要。

先后荣获“全国先进青少年宫”、“辽宁省校外教育特色工作先进单位”、“营口市升国旗先进单位”、“营口市市直机关工委先进党支部”。

〔**场所建设**〕 营口市青少年宫新楼于2002年启用。2004年装修了多功能活动室258平方米，投入资金25万元，购置了多项设备。活动室集展览、会议、演出、排练于一体，充分发挥了多功能作用。自投入使用以来，在这里举行的报告会10场，召开会议20多次，各种演出10多场，举办科普知识展、美术作品展、昆虫标本展等10余次。

2004年装修了舞蹈活动室，安装了太阳能热水器，修建了幼儿园操场围栏，增加了教室暖气片，各个活动室安装了电风扇，总投资60万元。

〔**群众文化活动**〕 2004年，营口市开展各种展览活动，举办了“营口改革开放成就展”、“崇尚科学，反对迷信科普知识展”、“营口市少年队光辉业绩展”、“6.5”环境保护书画展、“大学生美术作品展”、“纪念邓小平诞辰一百周年书画展”、“新宫启用两周年成果回顾展”等。

2004年，少年宫共举办各种比赛12次，文化广场活动8次。在五四青年节推出了大型广场晚会《青春放歌》，邀请大中小学学生、驻军官兵、市区居民和文艺团体演员200多人参加演出，观众达5000多人；在助残日推出文艺专场《情系我的兄弟姐妹》；“七一”推出《党是太阳我是花》大型文艺晚会；国庆前夕，青少年宫举办了“迎国庆暨庆祝新宫启用两周年”大型文艺晚会《繁花似锦》。

〔**阵地活动**〕 2004年，举办了第二届“庆元宵有奖猜谜活动”；暑假期间，青少年宫教师带领学员走进农村，参观农场，参加社会实践活动；利用宫里的活动大厅开展“假日欢乐宫”活动；举办未成年人心理健康教育讲座、青年企业家论谈会等，共有万余人参加，充分发挥了青少年宫阵地作用。

〔**兴趣小组培训活动**〕 2004年，青少年宫开设电子琴、钢琴、手风琴、打击乐、表演、朗诵、古筝、舞蹈、吉他、绘画、跆拳道、围棋、武术、小提琴、声乐、书法、硬笔书法、英语、奥数等专业31个，兴趣小组202个，学员总数3120人。

〔**科研活动统计**〕 2004年，青少年宫教师喻永红论文《我心中的理想音乐》、于学成《青少年宫活动部要“活”起来》、王恩通《对<神龙兰亭>的一点浅见》获省级论文一等奖。

2004年参加、承办各类教育、竞赛活动统计

项目	活动名称	活动时间	市级参赛人数	获奖人数	活动名称	活动时间	市级参赛人数	获奖人数
体育活动	营口市第四届《人民大会堂杯》乒乓球赛	2004.4	160	58	营口地区青少年拉丁舞大赛	2004.7	120	40
文艺活动	营口市青少年表演大赛	2004.4	300	60	营口市青少年器乐大赛	2004.12	360	70
科普活动	未成年人心理健康教育	2004.8	480		青少年四驱车大赛	2004.11	240	40
实践活动	暑假欢乐宫、剪纸、手工制作	2004.7	3000		参观农场	2004.8	240	
竞赛活动	青少年英语大赛	2004.6	120	30	假日欢乐宫钓鱼比赛	2004.7	1000	200
其他活动	庆元宵猜谜大赛	2004.2	3000	1200				

（姜树彬）

吉林省校外教育

综　述

〔吉林省制订未成年人思想道德建设工作措施〕 2004年6月22日，吉林省召开了加强和改进未成年人思想道德建设工作会议，拟定了吉林省促进未成年人思想道德建设的各项措施，为吉林省的570余万未成年人的健康成长创造良好的环境。

省教育厅组织了师德报告团在全省进行巡回演讲；组织力量修订完善了心理健康教育、弘扬民族精神教育、诚信教育、法制教育、环境教育、安全教育、健康教育、禁毒教育等专题教育教学资源，纳入教育内容和教学计划。

团省委坚持体验教育的理念，突出实践育人、文化育人和服务育人三方面重点内容，启动社区16岁居民身份证颁发仪式教育活动，扩大18岁成人仪式教育活动覆盖面；认真清理整顿名不副实或被挤占、挪用、租借的未成年人活动场所，加强青少年宫、博物馆、爱国主义教育基地等青少年活动阵地建设。

〔家庭教育工作取得新进展〕 2004年，吉林省家庭教育工作紧紧围绕加强和改进全省未成年人思想道德建设的战略任务，以"争做合格父母、培养合格人才"活动为载体，继续深化"五好文明家庭"创建活动，在全省组织开展了"争做合格父母、培养合格人才"活动，把未成年人的家庭教育与正在开展的"小公民"道德建设活动结合起来，开展"给父母的一封信"活动和"我做一天小家长"等家庭教育实践活动。

据统计，吉林省现有依托中小学校、托幼园（所）建立的家长学校8710所。2004年，全省表彰标准化家长学校438所，占家长学校总数的5.03%；积极与吉林教育电视台合作开办电视家长学校或家庭教育论坛节目，与吉林省通信管理局联合开办网络家长学校，在坚持提高现有家长学校的使用率的同时，在城乡社区普遍建立家庭教育组织网络，全省力争在1年内将家长学校普及到社区和村。

省妇联共有家庭教育讲师团188个，成员1624人，2004年进一步调整充实了家庭教育讲师团队伍。同时，组建了吉林省0～6岁科学育儿讲师团队伍，并力争在1年内，在全省县以上地方建立家庭教育讲师团，定期举办家庭教育知识讲座。

〔共青团吉林省委积极开展青少年教育活动〕 2004年，共青团吉林省委紧密结合实际，采取有效措施，充分发挥团队组织在未成年人思想道德建设中的积极作用，突出实践育人、文化育人、服务育人功能，坚持"三贴近"原则，切实加强青少年思想道德教育。

重点开展了"民族精神代代传"系列活动，组织少年儿童传唱民族歌曲，举办了"吉林省少年儿童'民族精神代代传'歌曲演唱会"，在全省各中小学广泛征集"民族精神代代传"原创歌曲，并组织传唱。

开展了"把阵地还给孩子"活动，对全省团属青少年活动阵地进行集中治理和安全检查，清理整顿名不符实或被挤占、挪用、租借的未成年人活动场所，真正把阵地管起来、用起来。

开展了"青少年网上健康行"主题系列活动。通过加强团属青少年网站建设、开展《全国青少年网络文明公约》宣传活动、"远离社会网吧、走进阳光网室"承诺签名活动以及"青少年安全放心网吧"创建活动。实施了未成年人"关爱行动"，举行了预防青少年违法犯罪公开宣判大会观摩教育活动，首次将真实案例、真正的法庭移至校园内，让未成年人和被告人在面对面的接触中进行警示教育。

〔**吉林市家庭教育工作成绩**〕 吉林市是全省第二大城市，是全国32个特大城市之一，全市总人口430余万，其中，在校中小学生为58万。吉林市教育局与妇联、关工委等相关部门就如何开展家庭教育工作形成了共识，确立并加强了开展家庭教育的职能部门，即吉林市校外教育办公室，建立了一支比较齐整的工作队伍，为深入开展家庭教育提供了有力的保障。

从2002年开始，吉林市校外教育办公室在全市广泛开展了“素质教育进万家”活动。同时借助社会上的社团组织、中介机构、培训机构广泛开展了家庭教育报告、讲座等活动；多次邀请了吉大著名学者、心理学专家董进宇博士，北华大学著名心理学专家沈健教授，全国十大杰出母亲李晓凡，“知心姐姐”卢勤等来吉做报告，在吉林市引起了轰动效应。

积极开展了以中小学校为依托的“标准化家长学校”创建活动。到2003年，在市教育系统内共有省级标准化家长学校18所，市级家长学校78所。没有达标的学校也都在认真开展家庭教育。 （崔宪刚）

校外教育单位

长春市宽城区少年宫

〔**发展概况**〕 2004年，长春市宽城区少年宫面向学校、面向社区、面向全体少年儿童，开展了多项群众性教育活动。

少年宫舞蹈班参加长春市慰问离、退休老干部文艺晚会，演出少儿歌舞节目；参加长春市电视台《红风筝》宽城区少年宫专场文艺晚会节目录制；在沃尔玛广场为市民演出歌舞表演《快乐时光》、在人民大街电信广场参加宽城区计划生育文艺晚会；举办宽城区中小学艺术节；参加纪念邓小平诞辰100周年吉林青苹果乐园专题演出；同区教育局共同承办“中国教育学会宽城区教改实验区现代素质教育汇报演出”；参加宽城区庆祝教师节文艺晚会；参加吉林电视台《音乐一百度》节目录制等。

2004年，少年宫在中国少儿“公益小天使”评选中获吉林省赛区优秀组织奖；在第十三届海峡两岸电脑通讯比赛中获优秀组织奖；在长春市第十四届少儿艺术系列大赛中获最佳组织奖；参加全国少儿优秀文艺节目汇演获吉林省赛区优秀组织奖；获吉林省第六届少儿舞蹈大赛表演一等奖。

〔**兴趣小组活动**〕 2004年，少年宫开设舞蹈、声乐、钢琴、电子琴、手风琴、吉他、视唱、萨克斯、儿童画、国画、素描、色彩、书法、珠脑速算等专业。少年宫仅有专业教师16名，但教学班达45个，全年培训5000余人次，逐年向艺术院校输送人才。学生在各种比赛中获一、二、三等奖，专业教师分别在区、市、省及全国比赛中获优秀指导教师奖。

〔**教育成果**〕 2004年，少年宫参加吉林省第六届少儿舞蹈大赛20名学员获表演一等奖；参加长春市春芽杯少年儿童艺术特长大赛获一等奖2名；首届中国少年儿童文艺表演“公益小天使”选拔赛获金奖2名、银奖3名；全国少儿优秀文艺节目选拔赛获金奖2名、银奖1名；春芽杯大赛获一等奖1名、二等奖1名、三等奖1名；第十届少儿电子琴大赛吉林省选拔赛获一等奖1名、三等奖1名；长春市春芽杯少年儿童艺术特长大赛获一等奖2名；首届中国少年儿童文艺表演“公益小天使”选拔赛获二等奖1名、三等奖1名；全国推新人大赛获一等奖4名、二等奖3名；首届中国少年儿童文艺表演“公益小天使”选拔赛获一等奖2名、三等奖1名；第13届海峡两岸珠算通讯赛获一等奖9名；参加长春市第18届珠算技术比赛6名获奖。

2004年，少年宫7名教师在全国各项大赛中获优秀指导奖、编导金奖、园丁奖、优秀教师等称号；1名教师获全国中小学教师论文大赛一等奖。

（汪伟力 于志强）

长春市二道区青少年活动中心

〔**基本情况**〕 长春市二道区青少年活动中心(少年宫)是二道区教育局直属单位。中心师资力量较强，有教职工42人，兼职教师10人，95%的任课教师具有大学本科学历。2004年11月，被增选为中国教育学会少年儿童校外教育分会理事单位。

〔**教育培训活动**〕 2004年，中心开设舞蹈、国标、少儿形体韵律操、成人健美操、声乐、视唱练耳、器乐(钢琴、电子琴、二胡、琵琶、手风琴、小提琴、马头琴)、艺术表演(影视表演、京剧表演、节目主持)、软硬笔书法、中国画、儿童卡通画、儿童简笔画、水彩画、素描、美工剪纸、思维训练、珠心算、文学创作、英语、武术、科技制作等27个门类近40个培训班及幼儿艺术特色班、学后辅导活动班，初步形成了设施完备、活动多样的校外教育阵地。每周双休日、课余时间参加活动达1000人次以上。为拓宽活动范围，中心与长春报业集团《求知时报》联办二道区小记者活动中心，成立了吉林省少儿书画院二道分院、长春市少儿图书馆二道分馆等知名度较高的活动组织。中心建立的二道区红领巾合唱团、少儿艺术团为全区中、小学免费培训大批艺术骨干。多年来，活动中心组织各类大赛、演出，艺术节、冬、夏令营及城乡小伙伴联谊活动，深受学生欢迎。舞蹈队参加长春教育展、冰雪节、电影节演出得到各级领导好评，艺术团获三届全国少儿文艺调演表演金奖的殊荣。众多学生在国际、国内各类比赛中取得优异成绩，数名学生考入艺术院校。

〔**爱心工程**〕 为落实《中共中央国务院关于进一步加强和改进未成年人思想道德建设的若干意见》精神，中心从2004年开始启动以“让同一片蓝天下的孩子享有受教育的同等权”为主题的爱心工程，用实际行动关爱弱势群体。

爱心工程受助对象是二道区属(乡)各中小学享受低保家庭的孩子，利用双休日免费参加专业短训班，通过学习让孩子认识和了解活动中心，树立自信，参与中心组织的各种活动，增强友爱。这项工作得到学校和孩子的支持，受到社会各界的一致好评。

四平市青少年宫

〔**基本情况**〕 四平市青少年宫坐落在四平市铁西区，1988年启用，占地面积960平方米，建筑面积1500平方米。隶属于共青团四平市委，是青少年业余文化活动的指导中心；连年荣获市级“文明单位”称号；1998年、2000年被省市关工委评为关心下一代“先进集体”；1998年被评为市精神文明建设“五个十”示范工程“达标单位”、市城区庭院绿化“达标单位”；多次被市直机关工委评为“先进单位”；2004年荣获全国“先进青少年宫”称号。

〔**群众文化活动**〕 2003年，青少年宫组织参与了“红嘴子迎新春客户联谊会”表演；组织参加“四平市第二届中小学生电影节”闭幕演出；参加了“辉煌岁月——庆祝四平解放55周年诗歌朗诵会”和四平电视台“美丽四平是花园”等节目的录制演出；组织了四平电视少儿艺术团社区“大家乐”流动舞台演出；联合四平电视台录制了“2003年农家乐春节联谊会”和少儿歌舞专题节目，播出后得到好评。

2004年，青少年宫与四平电视台文艺部联合录制了四平市少儿春节联欢晚会；“六一”儿童节前夕，分别在英雄广场、南湖公园、海银绿苑录制了舞蹈、武术、戏曲联唱等节目，在四平电视台专题播出；组织参加了“海银‘六一’嘉年华会”、“华展新天地庆‘六一’广场演出”；组织少儿艺术团社区“大家乐”流动舞台，分别在铁东、铁西多个社区巡回演出；参加了四平市“十佳”少先队员、少先队工作者表彰大会暨纪念中国少年先锋队建队55周年文艺演出。

〔**突出办学特色，增强服务功效**〕 四平市青少年宫坚持“以活动促培训”的办学特色，组织开展10期“少先队小干部培训班”；组织中小学生演讲、技能竞赛、夏令营等活动；举办节庆日书画大赛；与国际友好城市联谊互访；到电视台、工厂、部队、学校、社区慰问演出，为繁荣市精神文明建设起了重要作用。2004年，开设培训专业11项，年培训班次20余个，受训学员达3000余人次。

〔**教育成果**〕 2003年，四平市青少年宫27名学生分别考取首都师范大学、北京印刷学院、鲁迅美术学院、东北师范大学、江苏大学、吉林艺术学院等多所专业院校；在全国艺术推新星国际交流大赛吉林赛区声乐比赛中获金奖1名、银奖2名、铜奖3名、优秀奖19名；在东三省国际等级比赛中获第二名，并获市级比赛第一名；在舞蹈、声乐、小提琴等专业考级中通过九级的有14人、八级的有20余人；在四平市第七届少儿武术比赛中6名队员获单项第一名。在全国中小学生英语口语大赛中获一等奖；在吉林省第十二届“新苗杯”少年儿童艺术系列大赛中，4项节目获表演一等奖；在吉林省武术比赛中获短器械第二名、长器械第四、六名；在四平市中小学生武术比赛中7人获前六名；在“庆祝中华人民共和国成立55

周年、纪念邓小平同志诞辰100周年”四平市书画篆刻大赛中5名学员获一等奖、7名学员获二等奖；声乐班学员共有29人通过全国、省音协考级；舞蹈班学员共有51人通过省舞协考级；书法班学员共有19人通过书法考级。 （张健英）

白山市青少年宫

〔**发展概况**〕 吉林省白山市青少年宫坐落在长白山脚下，成立于1992年，隶属于共青团白山市委，建筑面积3053平方米，是白山市最大的融思想文化教育、科技艺术培训、文体娱乐培训为一体的综合性青少年文化活动中心。先后3次被共青团中央、国家文化部评为全国先进青少年宫、全国青少年教育基地、全国青少年宫协会会员单位，被团中央誉为“千宫百万”现代知识技能培训竞赛先进集体，从1997年起，连续3年荣获全国“心中有祖国，心中有他人”活动先进集体，被共青团吉林省委授予“思想政治工作”先进集体。

〔**阵地建设**〕 白山市青少年宫建立了“长白山自然博物馆”、“四保临江纪念馆”、“东北抗联史迹纪念馆”，在全市青少年中开展了丰富多彩的革命传统教育活动。10年来累计接待中小学生7万余人次，接待外宾30余次。

近两年，青少年宫发挥自身优势，在周边县（市）区建立少年宫分站，在4所小学建立校内少年宫；在4所小区建立了少年宫社区分站。在分站开展了声乐、器乐、舞蹈、美术、作文、英语等10余门专业课程80多个班次，同时开设如剪纸、模型等活动小组。累计培训学员计3000人次。

〔**活动成果**〕 白山市青少年宫自建宫以来，组建了声乐队、器乐队、舞蹈队、美术书画队，与市电视台联袂创办了“白山市少儿电视艺术团”，在每年“六一”、国庆、元旦、春节等重大节日、纪念日，联合市教委、市文联、团市委、市环保局、市美协等相关单位举办文艺演出、教学成果汇报演出等活动。

2004年，青少年宫成功举办了“第四届白山十大小歌星评选”、“庆‘六一’大型露天汇报演出”、“童心系白山”百名少儿长卷现场书画表演、“首届航空模型大赛”、“第三届乒乓球、武术大赛”、“‘小明星杯’作文竞赛”，与边防官兵举办“童心献给解放军”联谊会，与育林孤儿院联合举办“手拉手，献爱心”联谊会以及“做清洁文明城市小市民”等活动。

〔**兴趣小组培训活动**〕 2004年，青少年宫共开设电子琴、钢琴、手风琴、音乐素质、二胡、朗诵、英语、奥数、幼儿艺术等专业40个，兴趣小组231个，学员总数1800人。学员参加国家级、省级比赛多次，获奖人数达近千人，有800余名青少年通过器乐、声乐、英语、计算机等级考试，且通过率达99%。在兴趣小组活动中，如心理素质训练、小提琴速成演奏等课程有6个班次结业，结业人数达150人。

2004年培训优秀计算机应用人才300余名，并组织了2004年的全国计算机等级考试，有93名学生获得了全国等级证书。

〔**教育科研活动**〕 2004年有3篇学术论文获国家及省级奖励，有4人获国家突出业绩奖。钢琴教师马秀华撰写的《钢琴考级后的感想》等多篇论文，均获得省级优秀论文奖。 （刘世红）

延吉市少年儿童活动中心（延吉市少年儿童图书馆）

〔**基本情况**〕 延吉市少年儿童图书馆成立于1982年5月，馆舍面积2500平方米，设有借书处、资料室、玩具室、图书阅览室、报刊阅览室、电子阅览室、活动厅等读者活动场所，366个阅览座位，收藏图书、文献14.29万册（件），业务工作实现了采访、编目、流通管理自动化。全年开馆334天3006小时（因装修闭馆一个月），接待读者12万多人次，图书流通46万册次；开展读者活动41次，2730人参加。

2004年4月，延吉市政府妇女儿童工作委员会将少儿图书馆命名为延吉市少年儿童活动中心，并举行了揭牌仪式。

〔**场所建设**〕 2004年，延吉市文化体育局投资8万元，馆内自筹资金3万元，对玩具室、图书阅览室、报刊阅览室、走廊、门厅等读者活动场所进行了改造装修，添置了部分办公自动化设备；在各街道社区的配合下，分别在公园街道园辉社区等5个街道7个社区建立了少儿图书馆分馆，定期为各分馆提供500册少儿文献；2004年12月，受延吉市教育局技术装备办公室委托，对全市31所中小学图书馆工作进行了使用效益评估和巡回检查指导。

〔**以少儿图书馆为阵地，开展形式多样的校外读书活动**〕　延吉市少年儿童图书馆是延边朝鲜族自治州惟一以少年儿童为服务对象的公共性质的图书馆，2004年寒暑假期间，图书馆开展了贯穿整个假期的读书、读报百科知识问答、主题作文、智力竞技、续写童话、拼图比赛、跳棋比赛等读者喜闻乐见的活动，有800余名少儿读者参加。两个假期先后有566名学生获得了“答题小状元”称号。

〔**开展各种兴趣培训活动**〕　图书馆开办了作文与演讲、英语口语训练、计算机基础等多种兴趣培训班，通过阅读方法、口语表达、写作指导、演讲比赛、计算机知识辅导等系统化的训练，使学生的阅读能力、表达能力、写作能力、综合思考能力和运用计算机的能力得到提高，为学校培养了一批“小人才”，受到小读者的喜爱。

2004年，图书馆举办了作文与演讲培训班4期，培训学员205人次，编印学员优秀作文选5册，召开演讲汇报会4次，延边电视台、延吉市电视台、延边日报社、东北朝鲜族少年报社等有关媒体的记者多次采访报道了学习班及小学员的学习情况。

〔**积极开展课外活动**〕　2004年寒假，由延吉市关心下一代工作委员会、延吉市少年儿童图书馆共同举办了全市青少年“学好文化练本领，面向未来建小康”主题系列活动。

暑假期间，在全市少年儿童中开展了“曙光杯”民族精神代代传系列活动。包括：手抄报比赛、书法比赛、讲故事比赛。在各街道社区预赛的基础上，选送23人参加了书法比赛，30人参加了手抄报比赛，6名成年人和17名青少年参加了讲故事比赛。

9月～10月，少儿图书馆与延吉市教育局、文化体育局、共青团延吉市委在全市中小学生中联合开展加强未成年人思想道德建设读书征文活动。（宋佩玲）

黑龙江省校外教育

综　述

〔**发展概况**〕　2004年，黑龙江省青年宫协会重视抓好信息传递工作。通过建立省宫协网站、《活动阵地信息》，举办交流会等加强信息交流，开展调查研究，比较全面地了解掌握了全省社会教育的基本情况、探索社会教育和文化产业经营之路。针对社会各种教育培训机构大量涌现的情况，省宫协通过广泛宣传，开展丰富多彩的活动，树立青少年活动阵地的公益形象，打造全省统一的品牌；切实维护会员的合法权益，立足解决经费、税收政策、人事制度改革、加强管理等方面，发挥宫协的代表和维护作用，推动政府出台相关政策，为会员和社会教育服务；加强学习交流，通过走出去，请进来、举办培训班、请名家讲座等方式，开阔眼界，学习发达地区的先进工作经验，提高工作水平和师资水平。积极开展青少年教育活动。据不完全统计，全省青少年活动阵地年举办各类主题教育活动110次以上，参加活动的青少年达110余万人次；开办各类培训班1718个，参加培训的青少年达10.7万人次，为提高青少年综合素质做出了积极的贡献。

〔**阵地建设**〕　到2004年，全省共投资2.059亿元，新建或改扩建61个市地和县区青少年活动阵地，加上原有共青团、教育、妇联、企业、工会等所属的青少年活动阵地，目前全省已有和正在建设的青少年活动阵地达104家，大兴安岭和黑河建立了市地级青少年宫，13个地市已有12个有青少年活动阵地。随着改革开放和全省经济的不断发展，过去被挤占、挪用的青少年活动场所也重新回收用于青少年教育事业。哈尔滨少年宫在原址重建，哈尔滨青年宫、哈尔滨儿少中心等政府投入巨资进行改造，完善功能。许多青少年活动阵地变财政差额拨款变为全额拨款单位。通过事业单位改革，理顺了体制，优化了结构，加强了内部管理，全省青少年活动阵地得到了长足的发展，迎来了大发展的良好局面。

〔**共青团黑龙江省委制订青少年思想道德教育工作实施方案**〕　2004年2月5日，共青团黑龙江省委制订了《关于进一步加强和改进青少年思想道德教育工作的实施方案》，文件立足于培养青少年基本道德观念、良好的学习生活习惯和社会责任感为宗旨，以18岁以下青少年为重点对象，以少先队建设、社区教育、道德实践活动和阵地建设等为主要内容，以实践基本道德规范为着力点，提出了2004年黑龙江省青少年德育教育工作的4大重点工作：

1.加强社区青少年思想道德工作。2004年，全省13个市地都要确定5～10个试点社区建立少先队组织。创建青年中心等社区青少年活动阵地。全省要在15%的街道建立统一标识，建立具有一定室内面积的青年中心，配备青年志愿者进行管理，组织青少年开展健康有益的文体和精神文明创建活动和思想道德教育活动。在寒暑假期间，社区团队组织要开展大家乐、才艺大舞台等文体活动和社会公益活动。开展少年雏鹰行动、少年平安回家行动、保护母亲河行动、社区道德“双十”评选、手拉手、“一助一”失足青少年帮教等活动。

2.大力开展青少年道德实践活动。开展“五讲五做”主题教育活动。各地以县区为单位，立足中小学校组织知识竞赛和征文演讲比赛的初赛和复赛。开展少先队道德实践活动。在少年儿童中开展好少年雏鹰行动、手拉手、民族精神代代传活动。每年实现少先队手拉手1万对。开展中学生道德实践活动。通过开展“课前一首歌”、“推荐优秀图书”等方式，深化“唱读学”活动，广泛开展十八岁成人仪式教育、青年志愿者、保护母亲河、“六个一”、青春辉映夕阳红、艰苦磨炼营等活动。

3.深化青少年新世纪读书计划。大力开展“加快发展与青年责任”主题读书活动，强化对读书活动的指导，加强读书阵地建设。年底前，13个市地都要建立5个以上读书俱乐部和读书基地；继续开展“333行动”，即组织300个城市和大中学校的团组织捐300册以上书刊在社区和农村建立300个新世纪书屋。

4.抓好青少年活动场所的建设和管理。制订和完善青少年宫建设发展规划。力争在2008年消灭县(市)无青少年宫的空白点。2004、2005两年力争通过财政拨款、地方配套、社会赞助、企业捐资等多种方式建设若干个区级青少年宫，广泛开展音乐、舞蹈、美术、外语、计算机、戏剧、乒乓球、棋类等文体培训。

〔**制订青少年活动阵地管理措施**〕　2004年10月31日，黑龙江省青少年宫协会召开了第一次会员代表大会，就大力加强青少年活动阵地的管理提出了具体的措施和建议。团省委副书记高环指出，面对全省1500万青少年，省内青少年校外活动阵地面临着如何满足青少年的巨大需求，如何扩大培训规模，提高培训质量，迎接来自社会多方面挑战的课题。

会议对各级青少年校外教育活动阵地提出了新的要求：一要坚持正确办宫方向，坚持社会效益第一的原则，坚持把培育“四有”新人作为工作的根本出发点。二要努力建立健全与市场经济相适应的管理体制。三要加强队伍建设，全面提高管理人员和教师的政治素质和业务素质。四要提高信息化水平。五要做好青少年活动阵地的安全工作，建立各种安全管理制度。

在各级青少年校外教育活动阵地管理上，一要创新组织架构，引导和培育一个青少年服务市场。二要创新资本结构。大胆融资进行改造，发展民营文化企业。三要创新经营模式，把青少年活动阵地做大做强。四要创新运行机制，与共青团、教育、妇联的工作，与全省性青少年活动结合起来，同轨并行。

〔**各青少年活动阵地特色活动项目**〕　海拉尔铁路青少年宫“走进交响世界”普及高雅音乐活动。2004年，海拉尔铁路青少年宫在市关心下一代工作委员会的协助下，与市交响乐团进行沟通，利用青少年宫场馆优势，选拔学习各种乐器的青少年组建学生管弦乐队，使青少年感受音乐、欣赏音乐、学习音乐。

哈尔滨青年宫冰上婚礼。由共青团哈尔滨市委主办，哈尔滨青年宫承办的中国·哈尔滨国际冰上婚礼自1984年1月5日起至今已有21年的历史。21年来吸引了来自世界各地不同年龄，不同肤色的726对青年参加。其中包括德国、法国、美国、日本、韩国、俄罗斯、新加坡、土耳其及中国的20多个省、市自治区及6个少数民族的青年。冰上婚礼已成为哈尔滨国际冰雪节的“保留节目”。

全国青少年艺术素质训练营活动。哈尔滨青年宫发挥哈尔滨的冰雪优势，向全国各地的青少年儿童朋友展示冰情雪韵和冰雪之旅的独特魅力，5年来，创立并承办了5届声乐、器乐、舞蹈、戏曲、小品展示活动，2届全国青少年冬令营活动。参加比赛活动的单位多达19个省(市、自治区)的52个大中城市的青少年宫，参赛选手多达2700多人。

佳木斯市青少年宫花花泥手工制作活动。2004年10月，佳木斯市青少年宫参加了由中国儿童中心花花泥工作室和《学与玩》杂志社举办的花花泥浮雕造型装饰画创意大赛。2000名中小学生参与其中，200多幅作品获不同奖项。

双鸭山市青少年宫少先队辅导员基本技能比赛活动。在双鸭山团市委和市教育局等有关部门的支持下，双鸭山市青少年宫每年在教师节前举办一届全市中小学校团委书记、少先队辅导员基本技能比赛，全市中小学近200名教师参加比赛。通过对教师团队知识、演讲口才、艺术、体育、青少年思想道德教育等才艺进行比试，评选出10名优秀团队工作者进行表彰。

〔**黑龙江省青少年宫协会会长办公会**〕　2004年10月31日下午，黑龙江省青少年宫协会召开了第一次会长办公会。省青少年宫协会会长、副会长及有关领导参加了会议。

会议讨论通过了《黑龙江省青少年宫协会会长办公会议议事规则》和《黑龙江省青少年宫协会秘书处工作制度》，研究了2005年青少年宫主要工作和2005年协会服务会员的工作事项。

会议认为，省青少年宫从27家发展到60多家，这是跨越式的大发展。省宫协的成立是一件高兴和振奋精神的大事，团省委成立省宫协为全省少年儿童做了一件好事，为今后青少年社会教育，推动青少年宫向前发展创造了良好的外部条件。　（刘　冰）

校外教育单位

黑龙江省妇女儿童活动中心

〔**阶梯英语专业**〕　阶梯英语教学是黑龙江省妇儿中心1997年与台湾阶梯英语总部(原中国儿童中心阶梯英语部)签约的合作项目,是黑龙江省的惟一总代理。妇儿中心严格按照阶梯英语的办学模式对教师、教学、班级设置等进行规范的操作。中心设立了阶梯英语部,引进了一批来自美国、英国等国的外籍教师,并投入大量的资金、教室,改造更新教学视听设备。2004年,阶梯英语专业由最初的2个班、40名学员发展到今天的90个班、1400多名学员。

中心以“阶梯英语”品牌抢占市场,先后在哈尔滨、大庆、牡丹江、绥化等地开办了8个分校,招收学员近3000名。目前,阶梯英语已成为中心最大的专业,在全国阶梯英语同行中名列前茅。

〔**彩虹桥英语学习园**〕　彩虹桥英语学习园是中心与美籍教师迈可合作兴办的纯美式英语专业。它以美国原版中小学教材为载体,全部用外籍教师以开放快乐的教学方式授课,深受孩子们的欢迎。彩虹桥英语学习园的知名度越来越高,打出了中心区别于其他外语教学的独特的“品牌”。

〔**中国舞专业**〕　舞蹈专业是中心重点专业之一。中心引进了北京舞蹈学院的中国舞考级教材教学模式。现有1400多名学员,目前,中心的舞蹈专业的教学水平在黑龙江省处于前列。

〔**社会艺术水平考级**〕　自1998年以来,中心承办中国音乐学院、北京舞蹈学院、中国美术学院社会艺术考级在黑龙江考区的音乐、舞蹈、美术的考级活动。中心在各地市设立了报考点,把全省的考级工作引向规范化轨道。考级规模由最初的几百名考生发展到2004年的7000多名考生,取得了良好的社会效益和经济效益,在全国各省的考级规模中名列前茅。

哈尔滨市少年宫

〔**发展概况**〕　2004年,哈尔滨市少年宫以活动为载体,注重把思想道德教育融入到丰富多彩的少先队群众教育活动中,在以“我做合格小公民” 为主线的系列活动中,相继开展了“我学英雄见行动”参观访问活动;“小手拉大手”消防知识宣传、演练;“挑战自我、磨练意志”军事夏令营等系列活动。

2004年,少年宫以宫为阵地,组织了全市“第四届少儿希望之星”艺术特长大赛;“我参与、我成功、我展冰城少年风采”少儿艺术特长竞赛;成立哈尔滨市少年军警校总校;开展了未成年人思想道德教育宣传周活动;举办了“彰显当代少年风采”大阅兵;“铿锵鼓乐展冰城少年风采”鼓乐队展示等活动;与企业协作组织了哈尔滨市少年儿童“奇奇伴我共成长”幸福宝宝健康流动课堂活动;参与了中央电视台未成年人思想道德教育活动专题片的录制;继续组织了哈尔滨市第二届少先队辅导员技能技巧大赛。全年参与活动人数达到10万人次,受到国家省市上级相关部门的奖励,在全国“双有”工作会议进行了经验交流发言。

〔**电脑小博士活动**〕　1. 2004年元旦期间,哈尔滨市少年宫举行了“电脑娃娃闹新春,无限冰雪无限行”数字化冬令营活动。参加活动的主要有天津、哈尔滨两地英特尔电脑小博士工作室和东北地区英特尔培训基地的优秀学员及辅导教师。举办的冰雪活动有:溜冰、滑雪、冰雪世界、夜闯迷宫、雪地足球赛等,电脑活动有:动画贺卡、数码视频、电子影集、机器人等;还有一系列背景突出的拜年场景:索非亚广场、冰灯园、雪雕园、冰雪大世界、机器人西游记、中外联欢会等。编辑制作成多集“电脑娃娃闹新春,无限冰雪无限行”电视系列片在春节期间连续播出。

2. 2004年“六一”儿童节,哈尔滨市少年宫绿色网站举办“电脑小博士论坛”,在网上开展“快乐数码儿童节”活动,孩子们自己上网申请注册、上传自己的文字图片帖子,发表心得、见解。不仅哈尔滨及东北地区少年宫学员积极参与,北京、天津、南京、深圳、成都、西安等各地少年宫的电脑小博士纷纷加入论坛。注册会员达到300人,发帖子上千条。

3.“五一”、“六一”、“十一”等节假日、双休日,电脑小博士工作室开展了少年儿童“数字化开放日活动”，分场组织少年儿童到电脑工作室，了解使用先进的多媒体网络电脑制作作品的方法，进行网络应用指导，参加数码设备互动的体验。

4. 8月6～11日，少年宫举办了“电脑小博士东北草原科考暨东北城市青少年宫第十二届少年儿童电脑科技应用竞赛”活动，活动由全国少儿计算机教育研究会东北分会、哈尔滨市少年宫、大庆龙凤青少年宫主办。科考代表队每地一队6人，哈尔滨、大庆、沈阳、吉林等60名优秀电脑小博士参加了活动，大庆电视台对此次活动进行了全程摄制和专题报道。

〔**科技活动**〕　2004年，参加少年宫科技培训总人数达到400人次。开展了儿童机器人组装大赛，承办“市中小学生科普、科幻电影周”、举办“第20届哈市青少年电脑科技竞赛”(已经连续20年)和“全国青少年信息学奥赛哈尔滨选拔赛”、数字化电脑夏（冬）令营、草原科考等活动，鼓励了少年儿童参加电脑科技活动的兴趣。2004年，在英特尔公司资助下，开展了评选“数字少年先锋”活动，并在年终评出10名优秀“数字少年”，吸引了一批少儿科技活动爱好者。

2004年，少年宫学员在全国少年电脑奥运会比赛中夺得3金4银2铜的突出成绩；在全国首届电子贺卡设计大赛中，有24个作品获一等奖；还相继荣获全国奥林匹克电脑运动会赛金牌、银牌各一枚、全国信息学联赛哈尔滨赛区一等奖、全国第四届机器人比赛铜牌、省科技创新大赛一等奖、省信息学奥赛一等奖等多项荣誉。其中获英特尔平面设计一等奖同学被邀请到北京参加颁奖仪式。

〔**艺术教育**〕　2004年，少年宫美术专业参加全球VISA奥运畅想绘画大赛取得了第三次优秀组织奖。学员李婉婷获全国金奖，另有29名学员别获银奖和铜奖。少年宫成为全国参赛连续3年获得金、银牌数最多的单位。全年还相继组织和举办了多次少年儿童水粉绘画、儿童画等画展和赛事。全年为中央美术学院、天津美术学院、清华大学、上海戏曲学院、上海音乐学院、北京舞蹈学院等专业院校输送学员57人。

〔**学生社团活动**〕　2004年，少年宫中学生乐团和小雪花艺术团参加了第三届中国青少年艺术新人选拔大赛；全国青少年“东方魅力之星”大赛；全国青少年艺术新人“蒲公英杯”选拔大赛；黑龙江省第四届“希望杯”青少年综合才艺大赛；黑龙江省第四届“群星奖”大赛；第27届哈尔滨之夏音乐会交响乐民族音乐会专场演出、群众性的广场专场演出；哈尔滨第七届声乐、器乐大赛；第十七届哈尔滨市学校艺术节；哈尔滨市校园文化之声专场演出；省电视台庆“六一”六月阳光文艺晚会和省少先队建队五十周年文艺晚会以及省市电视台少儿台开播晚会录制等23场重大的比赛和演出活动，分别获国家级金牌13块、奖项20个，银牌16块、奖励40个，省市级金银奖57人次。11名艺术部的教师分别被评为国家、省市级文化艺术优秀指导教师。

〔**教育培训活动**〕　2004年，少年宫组织开展了“第二届小明星朗诵比赛”，有912名学员参加；组织了500多名学员参加“小学生公民道德建设——添色”画比赛；“安利杯”全国首届少年儿童绘画比赛；第38、39两期教学成果汇报活动，舞蹈、声乐、器乐专业有1000多名学员参加了演出，在市区教育评估检查的过程中得到好评。

〔**举办国际夏令营活动**〕　2004年，少年宫成功举办了首届北京、哈尔滨、台北、巴黎国际夏令营活动。来自法国及我国台北、北京、温州、锦州等地的萨克斯大师和管乐专家分别为参加夏令营的孩子们讲述了萨克斯演奏艺术的历史和当今的发展趋势，对学生们进行了培训和训练。

哈尔滨儿童少年活动中心

〔**发展概况**〕　2004年，哈尔滨儿童少年活动中心充分发挥基地优势，所有活动场馆在重大节日、寒暑假和平时周三下午免费对少年儿童开放。新建的少先队德育活动展示厅免费为中小学校、少先队用于举办大中队会的场所，用服务打造了儿少中心独特的品牌。

〔**场所建设**〕　2004年，中心二期改扩建工程竣工后，又新增了海陆空军事模型展览馆、海陆空模拟作战馆、动植物大观园、天文观测台、陶吧、科技制作吧、篮球馆、乒乓球馆、儿童玩具图书馆等融科技、实践于一体的场馆。

〔**科普教育活动**〕　中心充分发挥天文馆作为全市青少年科技教育基地的优势，结合天象活动对儿童少年进行科普教育。举办了“水星凌日”、“十五的月亮十六圆——科学赏月，欢度中秋”大型赏月现场直播活动、“蓝色星球——人类唯一的生存家园”天文环保征文大赛、“难忘今宵，群星灿烂——万年一遇的火星大冲撞让我们欢聚”系列活动，并邀请了哈市天文协会理事长、哈工大理学院教授张景波为儿童少年做“火星冲撞”天文科普报告，受到广大儿童少年的欢迎。

〔**扶贫帮困爱心活动**〕 为帮助义务教育阶段的孤儿和贫困儿童解决困难，中心成立了全国第一家孤困儿童帮扶中心。2年来，组织开展了“9．24”社会救助、“葵花”爱心助学善行、“联通新时空”爱心救助贫困儿童、发放《爱心卡》等活动，筹集捐款400余万元人民币，捐赠物品5000余件，使5050名孤困儿童得到了救助。儿少中心还免费对孤困儿童进行才艺培养，400多名才艺特长突出的孤困儿童频频在全国、省、市级比赛中获得大奖。

〔**深入实施中国小公民道德建设计划**〕 2004年，哈尔滨儿少活动中心利用哈尔滨市申办2010年冬季奥运会的契机，在全市少年儿童中开展了以“我做合格小公民，为申办冬奥助力”为主题的“中国人寿保险杯幼儿合唱比赛”活动，有8支代表队、600多名幼儿参加了比赛；儿童少年“醒目杯”绘画作品大赛活动，有4.5万名少年儿童参加了这次比赛，2000名小选手分别获金、银、铜奖。

开展了“蓝色星球——合格小公民为建设生态环境城、为绿色环保做贡献”系列活动。在哈市15所小学中先后开展了环保知识讲座和征文比赛。在世界地球日前夕，举办了“争做环保优秀小公民，小小画笔绘绿洲”儿童少年百米长卷绘画表演赛。

齐齐哈尔市青少年宫

〔**发展概况**〕 2003年，齐齐哈尔市青少年宫在财政支持下投入160万元，完善了消防设施，为全市青少年营造了一个安全的学习和活动场所，增加青少年活动面积1000平方米；自筹资金，新建了2个舞蹈室，1个会议室。通过校企合作，积极开拓适合青少年需求的培训项目。2004年比前一年培训人数增加了30%，共培训1万人次，发挥了青少年宫在全市青少年思想教育中的阵地作用。

〔**教育培训活动**〕 青少年宫在原有声乐、舞蹈、美术、科技文化等15个培训项目的基础上，增设了影视表演、武术杂技，器乐等5个培训项目。日培训能力由原来的300人上升到近600人。

青少年宫注重提高教学质量，要求任课教师必须精心备课，耐心细致，通过示范的方式向学员传导艺术素养；采取辅导的方式去培养学员们的审美情趣，运用启发的方式去激发学员的独立思考和理解能力；选择鼓励的方式去发挥学员的想象力和创造力，培养学员们逐步形成自主、自立、自律等良好意志品质。

〔**积极开展实践性教育活动**〕 “六一”儿童节期间，青少年宫举办了全市“童心乐”游戏比赛、书画作品展、书画长卷现场表演、教育教学成果汇报演出等，少年宫大型玩具免费开放，7个专业500多名学员免费接受培训，吸引2000余名青少年参加。暑假期间，少年宫设计了形式多样的活动，组织《迎绿博、走进农村》体验教育一日夏令营、与重庆华莱学校开展朗诺超常记忆训练营活动，提高了广大青少年儿童的综合素质。

齐齐哈尔市图书馆

〔**发展概况**〕 2004年，齐齐哈尔市图书馆坚持以“宣传科学知识，丰富学生课余生活”为宗旨，充分发挥馆藏文献丰富的有利优势，积极开拓各种类型的读书活动。为加强未成年人思想道德建设工作，图书馆将每月的第一个星期日定为未成年人接待日，组织学生参加“读一本好书”、“争当世纪好少年”读书比赛活动，观看《激励永远》——大型爱国主义教育系列片；为实现在全市每所社区都创办一个社区图书馆的目标，率先在北三区各选择一个社区创办社区分馆。市图书馆为社区分馆投放流通图书2000余册，其中少儿类图书占80%以上，市委、市政府等领导出席了开办仪式，并参观了社区图书馆。

〔**图书进校园活动**〕 齐齐哈尔市图书馆开展的“图书进校园”活动始于1990年，是图书馆的品牌活动。图书馆根据不同时期、不同层次学生的需要，及时挑选出相关文献，配有爱国主义教育录像片，定期送往全市各中小学校巡回展出。目前该馆已建立固定校外图书流动站5个，“图书进校园”活动几乎遍及全市所有中小学，深受广大学生喜爱。

〔爱国主义教育活动〕　2004年3月，图书馆在全市中小学校开展“向雷锋同志学习”活动之际，图书馆举办了“弘扬雷锋精神，做新世纪先锋”图书、图片展，展出30多张纪念雷锋同志的照片和《雷锋日记》，数百名学生参观了展览。

在清明节到来前夕，图书馆面向中小学生开展了“学习先烈，热爱祖国”专题图书、图片展，全市10余所小学1.3万多名师生参观了图片展；在“七一”，图书馆举办了“辉煌壮丽的历程——纪念建党83周年”图片展，在市第三十七中学、南浦小学等处展出，有千余名学生参观。

〔零距离接触图书馆参观活动〕　图书馆与建华区团委联合，为学生提供“零距离”接触图书馆的机会，举办了“走进图书馆一日游”活动。2004年8月10日，来自齐市10余所学校近200名学生来到市图书馆，聆听了副馆长亲自主讲的“走进图书馆”专题讲座，举行了“零距离接触图书馆”参观活动，使学生们了解了图书馆的历史和职能，掌握了利用图书馆的基本方法，亲身体验和感受了图书馆作为知识殿堂的独特魅力。

〔加强革命传统教育〕　在“八一”建军节到来之际，图书馆于7月30日～8月5日在市第一军队干休所举办了“军魂颂”图书、图片展纪念活动。共展出军史战例、将帅传记等内容的图书300余册，反映现代部队生活和军队现代化建设等内容的图片130余幅。退伍老军人和青年学生参加了活动。

〔读者之星——最佳小读者评比活动〕　12月1日，齐市图书馆举办了“读者之星——最佳小读者”读书评比活动，图书馆将根据学生上交的读书心得评选出读书月冠军、季冠军和年度总冠军，并将评选结果及表扬信通报所在学校。此次活动共有64名学生参加，从中评出了优秀参加者进行了张榜公示。

12月20日～1月20日以“伟人精神激励我成长”为主题，开展了“五个一”活动，号召广大少年儿童“读一本伟人的书”、“讲一个伟人的故事”、“看一部伟人的纪录片”、“学习伟人的优秀品质”及“写一篇读后感”，从中评出最佳小读者。

12月20～25日到二厂二小、龙沙小学、江岸小学等学校播放“激励永远——大型爱国主义教育系列电视片”，1000多名学生观看了《毛泽东同志纪念馆》、《邓小平同志故居》等电视片。　（吴　凯）

大庆市青少年宫

〔发展概况〕　2004年，大庆市青少年宫注重强化素质教育，突出育人为本功能，努力为青少年成长成才服务，在3个方面取得了优异的业绩。

1.深入开展“千宫百万”行动。青少年宫在建立计算机、剑桥英语、音乐培训站的基础上，又申请建立了中国美术学院社会美术考级大庆分站。几年来，青少年宫共有7个专业班96名学员分别在全国省、市各类专业特长比赛中赢得荣誉。小油苗艺校38名学员全部通过了由“中国歌舞剧院”举办的钢琴、小提琴、电子琴等级考试；在“全国少儿新人钢琴大赛”黑龙江赛区的比赛中获金奖1名；在中国少年儿童舞蹈比赛中以《蒙古人》出色表演夺得金奖；在参加“全国中小学美术书法大赛”获一等奖1名、二等奖2名、三等奖5名；有3人分别考入中央美院、鲁迅美术学院、大连轻工学院等专业院校。

2.举办丰富多彩的校外活动。青少年宫成立了“中国少年报大庆学生记者站”，在近300名中小学生中选拔录用了34名优秀学生为小记者。组织开展了小记者野外生存体验训练；举办了“大庆地区首届少年儿童综合才艺展示”，有350余名选手参加了器乐、声乐、舞蹈、演讲等项目的展示；联合市教育局、市体育局、市科协等多家单位共同举办全市中小学车模、航模比赛，有23所中小学的370名选手竞赛，赛事引起普遍关注，深受学生和家长的喜爱。

3.支持再就业。青少年宫在市劳动局帮助下，按照再就业培训工程要求，投入资金近8万元，改造了微机培训站的机器配置，首批通过了有关部门的审核验收，成为市劳动局再就业培训微机培训点，共为再就业工程培训下岗失业人员155人次，已结业120人。

大庆油城儿童少年活动中心

〔发展概况〕　大庆油城儿童少年活动中心以课外教育为主，积极利用现有场所开展文化艺术活动和创收工作，近年来，活动中心在特长培训和校外教育活动方面做了3个方面的工作。

1.成功组织全油田范围的“六月的花——儿童文艺演出”、“教师才艺表演”、“广场文化周少儿专场演出”、“六月的蓓蕾——儿童文艺演出”、“少儿书画展”、“广场演出和百米长卷现场作画”等活动。先后有1500多名学员参加。

2. 儿少中心与黑龙江省妇女儿童发展中心联合举办了中国音乐学院、北京舞蹈学院的考级活动，成立了中国音乐学院、北京舞蹈学院的考级站，每年进行一次考试。对培养儿童少年热爱音乐及舞蹈艺术，进行审美教育、强健体魄、提高音乐文化素养起到了推动作用。

3. 整顿教学环境，抓好教学管理。儿少中心修改和完善了《教育工作条例》、《考勤制度》、《班级管理制度》、《专业教师职责》等制度，对学科的调整严格把关，要求教师认真备课，保质保量地完成教学任务；注重安全工作，制定安全制度，每个学期都和教师签订安全责任状，落实到人。2 年来，接受上级拨款近50万元，在安全预防和设施方面进行维修和改造。

大庆石化总厂青少年科学宫

〔**基本情况**〕　青少年科学宫始建于 1987 年，隶属于大庆石油化工总厂工会兴化文体活动中心，占地面积 3．7 万平方米，建筑面积 1．2 万平方米。楼体共分体育天文台、艺术楼、综合楼、剧场 4 个板块，是大庆目前建筑规模最大的校外教育阵地之一。

〔**兴趣小组培训活动**〕　科学宫先后开设了舞蹈、声乐、器乐、美术、书法、乒乓球、围棋、中国象棋、武术、体操、网球、英语等 36 个专业 48 个教学班。利用科学宫现有的办学条件，让孩子们根据自己的兴趣爱好，自由选择学习项目，自由参加活动，吸引了少年儿童，得到了广大学员和家长的好评。

科学宫坚持多渠道、多层次、多形式积极开展教学活动。为使闲置的教室得到充分的利用，将社会上具有一定教学能力的教师吸引到青少年科学宫来，青少年科学宫结合石化广场文化系列活动，组织各种活动，在电视、网络、报纸等宣传媒对青少年宫进行大力的宣传。仅暑期就新引进了各类教学班 14 个，弥补了专业教师不足的现象，宫内教室利用率达到 100%。

双鸭山市青少年宫

〔**基本情况**〕　双鸭山市青少年宫成立于 1987 年 10 月，是团市委直属差额拨款事业单位。青少年宫建筑面积 4600 平方米，占地面积 3200 平方米，运动场面积 1500 平方米。下属单位有青少年宫艺术幼儿园、小百灵艺术实验学校（小学全日制）。

青少年宫成立以来，有 6 万余名青少年儿童参加青少年宫各类专业的学习和锻炼，先后被双鸭山市委、市政府授予“精神文明建设标兵单位”、被黑龙江团省委授予“先进青少年宫”、被团中央授予“现代知识技能培训先进集体”等多种荣誉称号。同时，被团中央、国家教委、中国音乐学院、北京舞蹈学院、中国美术学院分别确定为全国“千宫百万”青少年英语、计算机、音乐、舞蹈、美术考级培训基地。百灵艺校连续多年被授予全市艺术教育先进单位、东北三省美术教育先进单位。幼儿艺术园始终保持全市一类幼儿园，是“民间艺术教育系统工程省级实验园”，被确立为“全省小画家培训基地”，幼儿园师生先后在国际、国家、省、市、区各类比赛和文艺演出中获奖 400 多人次。

〔**教育培训活动**〕　青少年宫开办钢琴、电子琴、手风琴、扬琴、古筝、声乐、舞蹈、美术、书法、英语、计算机、奥林匹克数学、文学兴趣、口才、乒乓球等培训项目，每年培训学员 3800 人次。2001 年以来，学员在国际、国内文化、艺术大赛中获奖达 3000 多人次，学员在全国音乐考级通过率达百分之百。

〔**群众文化活动**〕　几年来，青少年宫每年都组织全市青少年开展声乐、器乐、舞蹈大赛；书画大赛；中国象棋、围棋比赛；散文、故事、演讲比赛；少先队辅导员技能比赛；组织承办全国音乐、舞蹈考级等。

青少年宫百灵艺术团、幼儿艺术团举办了“先进文化兴煤城”主题系列活动、庆“十一”游园展演等；2003 年组织承办了“双鸭山分赛区的黑龙江省第三届‘希望杯’青少年宫儿童舞蹈、器乐、口才与主持人大赛暨中国首届少年儿童艺术节选拔赛”，在庆祝建国 55 周年之际，组织了“千名儿童广场书画大赛”。

2004 年，青少年宫组织了全市青少年参加“全国第二届青少年美术、书法大赛”，11 名学生分获三等奖和优秀奖。

2004 年 4 月 10 日，举办了双鸭山市第四届青少年围棋、象棋、五子棋大赛。五一期间举办了双鸭山市第六届“电信杯”青少年声乐、器乐、舞蹈大赛，有 336 名选手参赛；2004 年 8 月，组织中国音乐学院、北京舞蹈学院音乐、舞蹈考级，全市各县区共有 437 名青少年参加音乐考级，23 人参加舞蹈考级，考级通过率达 97%；2004 年 9 月 25 日，举办了“千名少儿庆‘十一’广场书画大赛”，各县、区设立分赛场与中心赛场同时举办。2004 年 10 月，组织了中国美术学院在双鸭山市的首次美术考级。

2004年参加、承办各类教育、竞赛活动统计

项目	活动名称	活动时间	市级赛人数	省级赛人数	全国赛人数	获奖人数
体育活动	双鸭山市第四届青少年围棋、象棋、五子棋比赛	2004 4	184			96
文艺活动	全国第二届青少年书法、美术大赛	2004.2～7			80	12
	双鸭山市第六届“中国电信杯”青少年声乐、器乐、舞蹈大赛	2004.5	336			219
	庆“六一”陈文举师生书画展	2004.6	160			
	全国音乐考级	2004.8			437	420
	全国舞蹈考级	2004.8			23	全通过
	双鸭山市千名少儿庆“六一”广场书画大赛	2004.9	1201			325
	全国美术考级	2004.9			172	全通过

（鞠秋阳）

牡丹江市青少年宫

〔**发展概况**〕　2004年，牡丹江市青少年宫以校外培训、活动等为龙头，坚持“面向学校，面向少先队，面向广大青少年”的办学方针，以“双有”为主线，先后在全市组织举办了中小学生“让五星红旗永远飘扬”、“国旗、国徽、国歌知识知多少知识竞赛”、“百名优秀少年儿童慰问解放军”、“边防哨卡献国旗、升国旗”、“畅想21世纪‘花花泥’创作比赛”、“我爱祖国，我爱澳门知识答卷”、“中小学生文艺汇演”、“我爱家乡保护野生动物”素质训练、“做新世纪的人”冬令营、“我爱妈妈”征文、“庆‘六一’书画现场比赛”、“中小学生歌唱比赛”等大型活动。

〔**创建新的办学模式**〕　青少年宫陆续建立了小牡丹艺术幼儿园、小牡丹艺术团、小牡丹艺术实验小学等文化教育实业，每年国庆节期间，组织优秀考生举办国庆器乐演奏汇报音乐会，受到了社会各界和省音乐家协会专家们的高度评价。

〔**培训活动**〕　在贯彻落实团中央“千宫百万”活动中，市青少年宫坚持“合格加特长”办学模式，不断拓展素质教育的新领域。由青少年宫组织的等级考试活动十分活跃，全市3400余名的中小学生参加并通过了计算机、剑桥少儿英语方面的全国统一考试，4800余名青少年通过并获得了全国器乐、美术业余等级考试的证书。

七台河市青少年宫

〔**基本情况**〕　七台河市青少年宫坚持发挥青少年宫的阵地作用，近年来，通过开展一系列大型活动，给全市青少年提供了展示和检验艺术才能的舞台。每年举办庆“六一”、庆“五四”、庆“七一”专场演出，举办“永远跟党走”为主题庆祝建队日专场演出。参与团市委组织的“三下乡”活动及城乡少年手拉手互学互助活动；举办全市“保护环境，爱我家乡”百米长卷书法绘画活动；举办美术、书法、舞蹈、围棋、二胡、古筝、吉他、声乐、架子鼓等培训班。学员们多次参加全市大型文艺演出，受到社会各界好评。近两年青少年宫学员获国家级金奖6人，银奖13人，省级一等奖20人。围棋班学员参加全国少儿围棋大赛获儿童组第二名，幼儿组第三名，获第四届十一省市业余围棋赛儿童组第一名。青少年宫组建的少儿星河艺术团，包括合唱组和器乐组，多次为省市电视台输送节目，每年深入社区、广场举办大型文艺演出，受到了市民的热烈欢迎。

海拉尔铁路分局青少年宫

〔**管理成果**〕　2004年，海铁分局青少年宫校外活动丰富多彩。青少年宫采用多学科、多功能的素质教育形式，培养儿童青少年的兴趣和特长，先后开展了海铁地区中小学生象棋、军棋、跳棋、乒乓球、跳绳、踢毽子等项目的比赛，连续举办了7届“冰雪杯”数学智力抢答赛；配合教育团委和分局团委举办冬、夏令营活动；组织学生们在假期观看百部爱国主义教育影片等。

〔**兴趣小组培训活动**〕　几年来，青少年宫先后开办了书法、美术、声乐、舞蹈、电子琴、写作、电脑、英语、数学、学前幼儿艺术等14个班，培训学生1328人次，组织各项活动55次，近5000多名青少年参加了培训活动，取得了可喜的成果。

〔**教育成果**〕　青少年宫学员在全国少儿“双龙杯”美术大赛中有十几人分别获二、三等奖；参加全国声乐考级，有89名同学分别获得一至六级证书；参加内蒙古电视台“娜荷芽”声乐大赛获三等奖；参加全国少儿歌曲大赛中获一等奖；参加全国舞蹈考级，有238名同学分别获得了一至六级证书，并有24人分别考入内蒙古艺术学院、呼市艺校等大中专院校。

青少年宫组建的“小百灵”艺术团远赴香港、澳门演出，受到香港廉政公署、女童军总会的好评及港澳小朋友的热烈欢迎。

佳木斯市青少年宫

〔**场所建设**〕　2004年，佳木斯市青少年宫在原舞厅基础上还原改建拥有1100座位的现代化青少年剧场，分期分批实施了青少年宫整体办学条件和办公条件的改善工程，扩建了1500平方米青少年剧场和5000平方米青少年宫大楼。在7个月时间，青少年宫完成整体改建、发展教学业务、开拓培训项目、全新开放青少年剧场的重大转变，大型教育活动也走进了中央电视台。

〔**兴趣小组培训活动**〕　青少年宫通过“走出去、请进来”等方式培训教师，引进和外聘专业教师近10人；实施“塑造名师工程”、“专业拔尖工程”，让优秀的专业教师“聚得拢、冒得出”；不断扩大教学培训规模，开设了音乐、美术、舞蹈、体育、文化5大类20余个专业门类30多个教学特长班；成立少儿艺术合唱团，开办思维训练特长班等。

2004年，青少年宫进行招生改革，成立“青少年宫招生办”，一改过去“百里挑一”的招生观念，提出“普及与提高”相结合的招生原则，尽可能满足家长和孩子们来宫学习的心愿和要求。每年暑期承办全国艺术考级活动，创造了青少年宫考级人数的历史新高。

〔**群众文化活动**〕　几年来，青少年宫组织开展了“利华杯”、“华联杯”等少儿卡拉OK大奖赛、健美操、拉丁舞比赛，各种形式的电子琴、书法、绘画、围棋、花花泥手工制作等活动，深受青少年欢迎；组织策划的夏、冬令营 “我爱军营”、“京都之梦”、“我能行”等主题的夏、冬令营，成为帮助孩子们磨练意志、增长知识的舞台和空间，吸引了近万名青少年参加，成为青少年宫经典活动。

赵光农场少年宫

〔**兴趣小组培训活动**〕　赵光农场少年宫建有文艺、美术、科技、体育各专业学科的培训班，少年宫把提高质量和广泛普及相结合，重视教学质量，优化培训环境，使培训班从10多个发展到50多个，学员从100多人发展到2000多人，培训近万名少年儿童。

〔**教育成果**〕　2003～2004年，少年宫学员获国家级奖30多个；省级奖50多个；市级奖80多个。作为培训各类文艺人才的专业教学部门，少年宫已建成钢琴、电子琴、小提琴、铜管乐、语言艺术影视等内容的培训中心，成立了少年合唱团、赵光农场少儿管乐团等活动团体。少年宫针对不同年龄少年儿童的生理和心理特点开办了水粉画、国画、素描、彩笔画、书法、工艺等各种形式的培训班，建立起从幼儿到小学生、中学生的系统培训工程。

〔**主题教育活动**〕　在培养青少年特长的同时，少年宫始终把德育工作放在首位，以场史教育中心为依托，坚持运用多种教育手段对少年儿童进行以爱国主义、英雄主义、法律知识、赵光农场发展史、中小学生心理健康常识、中小学生行为礼仪等为内容的教育。结合社区主题情感教育活动，实施了“走进生活”活动，通过与学校、种子公司、净水场、药材基地、九三油脂北安分公司、气象站、奶牛小区等教育实践基地建立长期共建关系，共同开展青少年教育活动。

依兰县青少年宫

〔**基本情况**〕　依兰县青少年宫以育人为本，坚持普及与提高的原则，通过各种形式的培训教学和展演，形成了校外教育培训和活动的组织网络。开办了舞蹈班、美术班、书法班、电子琴班、声乐班、器乐班等培训班，年培训青少年儿童近百人次。青少年宫每年还举办各类丰富多彩、适合青少年特点的展览、文艺演出、交流比赛等特色活动，以青少年宫为基地，组建各类少儿艺术团，并委聘资深艺术教育工作者进行指导和集训。每年有众多学生在全市、全省乃至全国美术、书法、舞蹈、绘画等各类比赛中获奖。

〔**面向青年群体，开展服务活动**〕　青少年宫充分发挥阵地的文化、教育辐射作用，建立青年服务机构。创建了青年志愿者服务站、外来务工青年服务中心、青年婚姻介绍所、青年职业介绍所、青年再就业培训中心等各类服务组织,服务对象涉及中小学生、社会青年、企业青工、机关青年干部等青少年群体,为青少年健康成长创造了良好的社会环境。

勃利县青少年宫

〔**教育特色**〕 勃利县青少年宫面对激烈的市场竞争,着力在教学水平上下功夫,通过3年的实践,形成了4个较有特色、有影响的班类。1.计算机培训班,参照国家计算机等级考试的教学大纲,增设VB、VF程序设计课,使专业安排更适应社会需求;针对公务员办公需要,开设了办公自动化班;针对财务人员的需求,与县财政局、黑龙江省计算机中心联合开设会计电算班,为推动全县会计电算化的进程发挥了重要作用;针对计算机爱好者的需求,增添了计算机组装、维修、网络等课程。由于教育质量不断提高,计算机班的规模不断扩大,一跃成为勃利县IT教育品牌,并扩建为同创计算机学校。2.乒乓球班采用电视教学,每月一次专家教学,在课余时间、双休日时间集中训练,每半年举行一次全县范围的赛事活动,受到了青少年的欢迎,青少年宫成立了乒乓球俱乐部。3.幼儿舞蹈班,聘请北京舞蹈学院的毕业生担任教练,利用每周的业余时间及双休日进行辅导,带领学生经常参加各种演出活动,让学生们得到实际锻炼的机会。4.开办美术培训中心。培训中心以校外美术教育为突破口,在深化第二课堂活动中,开展了一系列校外美术活动,创作了大量的歌颂党、歌颂祖国、反映家乡巨大变化的美术作品。有近200幅作品在国际、国内各级画展中获奖。

肇东市实验小学青少年活动阵地

〔**基本情况**〕 肇东实验小学青少年活动阵地坚持"以德治校、爱满校园"的办学思想和"以德治校,以美育人"的德育工作方略,全面加强文化建设和艺术教育工作力度,在坚持上好文化课的同时,开设了舞蹈、乒乓球、器乐、书画等各类特长班,并成立了由全校2000多名师生组成的"学校千人口琴队",力求"以美辅德、以美益智、以美促劳、以美健体"。从1995年起,每年都举办一次少儿卡拉OK大赛、少儿舞蹈大赛、器乐大赛、才艺大赛。每年6月举办"希望之星"艺术节,提高了学生审美素质,促进了学生智力开发和综合素质的提高。

近年来,学校和活动阵地培养了大批全面发展学有特长的学生。学生的书法、绘画作品有1000多幅在国际、国家和省级大赛中获奖,有64幅被送往日本、韩国、俄罗斯、新加坡等地展出,有60余幅作品被编入国际和国家级少儿书画优秀作品选;学生的800多篇作文在国家级大赛中获奖,有300多篇学生的优秀作文被编入省和国家级刊物。

(以上文章除署名外,均由黑龙江省青少年宫协会供稿)

上海市校外教育

综　述

〔**上海市立法保护未成年人**〕　2004年11月，上海市十二届人大常委会十六次会议二十二日审议了《上海市未成年人保护条例(修改二稿)》。新条例在第二十七条中明确阐明：任何组织和个人不得披露未成年人的个人隐私。报刊、广播、电视、网络和其他公开出版物，不得披露违法犯罪的未成年人或者受侵害的未成年人的姓名、住所、单位、照片和图像。这意味着，今后遇到侵犯隐私权的行为，上海的未成年人可以直接援引法律，维护自己的权益。

一个时期以来，未成年人隐私权得不到保护的情况时有发生，家长及监护人翻看孩子信件、日记等行为尤其突出，今后未成年人的姓名、住所、肖像以及信件和电子邮件等相关的隐私，将得到法律条款的明文保护。

校外教育管理活动

〔**发展概况**〕　2004年，上海市教育学会校外教育专业委员会围绕学习贯彻中共中央、国务院下发的8号文件做了以下工作：

1. 召开了会长、副会长、理事会会议学习了文件，拟写了“开展思想道德建设方案评比活动策划书”；

2. 召开了以学习贯彻中央8号文件精神的华东地区校外教育工作组年会，上海中福会少年宫，长宁、杨浦、徐汇、青浦、虹口等区少年宫、少科站、活动中心代表在会上进行了交流介绍；

3. 召开了本年度的工作会、理事会。

〔**2004年市校外教育工作会议**〕　1. 2004年1月9日在川沙少年宫召开了校外教育工作研讨会，市教委副主任李骏修讲话。市教委体卫艺科处副处长梁建敏部署了2004年上海校外教育工作要点；在举行的“迎世博论校外教育新发展”论坛上有7位同志作了有准备的发言，对2004年校外教育工作的科研有很大启发。

2. 2004年2月19日，在静安区青少年活动中心召开了以“剖析现状、学习研究、求新创新”为主题的专业委员会理事会，会上大家结合近日来上海各报对校外教育的有关报导进行了积极的分析。并吸纳正确的意见进行改进。

〔**学习培训活动**〕　1. 受市教委体卫艺科处委托与市师资培训中心联合举办本市少年宫、少科站、活动中心、活动营地等校外教育机构领导的“十五”期间的在岗540课时培训（高级研修班）。自2004年3月～2005年1月，每周全天集中在静安区青少年活动中心。课程由华东师范大学教育科学院承担，结业者可发给华东师大教育科学院的高级研修班证书（其中理论240课时，科研论文300课时）。

〔**科研工作**〕　1. 在上海教育评估院指导下完成了“少年儿童校外教育机构评估条例”的研究，在撰写过程中多次召开了领导、教师的会议听取意见，还组织科研人员到闸北区青少年活动中心进行试评后完稿。

2. 具有独特教育功能的当代校外教育活动模式研究的课题向市教委科研处进行了申报立项。

3. 还在进行中的课题有华东地区校外教育工作组确定的“校外教育活动体系建设”课题（该课题向中国教育学会少年儿童校外教育专业委员会申报立题）。

4. 2004年初结合上海各报对校外教育工作的反映组织课题秘书组同志进行了调研分析。

5. 撰写下发了“2004～2005年课题指南”稿，供各基层单位选用。

〔论文获奖情况〕 论文8篇获全国一等奖；19篇获全国二等奖；11篇获全国三等奖；8篇获全国优秀奖。活动方案2篇获华东一等奖；24篇获华东二等奖；11篇获华东三等奖；3篇获华东优秀奖。

〔调研活动〕 1. 根据剖析现状、学习研究、求实创新要求，组织课题秘书组人员对各自单位进行调查，并供会议研讨之用。

2. 为推动华东地区校外教育同行共同落实中央8号文件精神，专业委员会秘书组前往山东、安徽、江苏、福建、浙江等地进行了调研并将调研成果在2004年11月在宁波召开的年会上进行了交流。

〔举办高级研修班〕 上海市教委为提高校外教育机构在职领导的管理水平，自上世纪90年代初开始，每五年举行一轮540课时的在职学习，简称为“540”学习，本次学习参加的市区少年宫、少科站、活动中心、活动营地的行政领导、党支部书记共60人，自3月起每周四集中一天学习。经考核合格者，由华东师大教育科学院发给高级研修班结业证书。

1. 培训内容。(1) 新世纪基础教育课程改革研究。内容包括：国际视野中的教育发展（包括社区教育）、新世纪学校教育热点问题探索、国家基础教育课程改革的构想与实施；纲要解析、课程目标的变革、建构主义视野中的素质教育、德育理论与德育活动。(2) 校外教育与学生发展。包括：学会生存——国外中小学课外活动的组织实施理念、校外教育中教师与学生的互动、综合实践活动及其个案研究、科技发展与科学教育、教育的社会学研究、学生的心理健康与健康心理、青少年青春期性心理、与孩子一起成长。(3) 知识、学习与能力培养。包括：学生思维策略与学习能力的培养、知识、学习与教学创新、知识经济与创新思维、学生新人文精神的塑造、教育评价与心理测量、资优青少年的开发与教育。(4) 信息技术与教学设计。包括：信息技术与课程教学、课程与教学设计、网络教育与网络道德、网络时代少儿辅导员的角色转换与素质开发。(5) 教育规划与教育科研。包括：教育规划与人力资源开发、教育管理与学习型组织的构建、教育研究方法、教育科研与论文撰写。

以上内容为240学时，以课程、讲座与讨论相结合的方式进行教学，每大块课程由任课教师或讲座专家提供内容提纲，推荐相应的参考书。

2. 考核。每大块课程内容结束后，进行考试，总计有五次考试。考题要求除考察他们对基本知识点的掌握，还考虑其已有的工作经验和特点，考察他们校外教育的体会和对理论的运用。

3. 论文完成。论文写作结合课题《校外教育的标准化建设》，由华东师范大学指派专家学者专门指导完成，此为300学时。

4. 证书。经考核合格者，由华东师大教育科学院发给相应证书。

〔编写工作〕 组织撰写了2001～2003年上海市校外教育工作年鉴，报送了《中国校外教育年鉴》办公室，编入《中国校外教育年鉴》之中；全年编印4期《校外教育信息》。

〔第四届上海市学生戏剧节〕 由上海市教委、市文化广播影视管理局、市劳动和社会保障局、共青团上海市委员会、中国福利会联合举办。自1994年开始，每四年举办一届，至今已成功举办四届。全市各高校、中小学、中专职技校均以此活动切入口，组织学生广泛开展艺术实践活动，并组织开展校级、区县级比赛，通过层层选拔与指导，推荐优秀节目参加市级比赛。据统计，每届戏剧节都有1000个节目，近万名学生参加市级各专场的比赛。2004年在举办第四届学生戏剧节的同时，举行了“中国上海第六届国际艺术节‘身边的故事’——优秀戏剧节目校园巡演活动”，使得到了戏剧爱好者及有关专家的好评，打造了本市学生艺术实践活动的品牌，丰富了学生的课余文化生活，促进了校园文化的繁荣和社会主义精神文明建设。

第四届上海市学生戏剧节特色主要体现在以下几个方面：

1. 上海市学生戏剧节始终以学生为本，坚持普及与提高相结合的原则，在全市各大中小学、中专职技校学生中广泛开展活动，普及面广、参与率高，活动对象及活动内容逐步得到拓展，学生的艺术欣赏能力和艺术表演水准也逐年得到了提高。具体表现为：1994年第一届上海市学生戏剧节的对象对本市中小学、中专、职校、技校学生，2000年将高校学生纳入活动对象之中，至2004年，全市几百万学生或参加创作、参与编导，或参加演出，或观摩优秀剧目、观看经典戏剧或戏曲，或聆听戏剧讲座，或面对面地与名导演和名演员进行交流沟通。在戏剧节活动期间，各区县、基层学校也纷纷举办戏剧节，组织开展各项活动，努力实现戏剧节提出的"立足普及、重在参与"宗旨。

许多区县、学校也以戏剧节为契机，组建了一批学校文学戏剧社团，形成了一支热衷于推进学校戏剧活动的骨干教师队伍，涌现了一批校园戏剧活动的积极分子，促进了校园文化建设。基层学校和区县十分重视市级活动，层层选拔，聘请专家或资深教师加以指导，从而使节目质量得到了大大的提高。

2. 主题鲜明，紧扣时代脉搏。学生戏剧节确定鲜明的主题，通过演绎学校、家庭、社会发生的具有的时代气息和校园特色的故事，以诗歌朗诵、戏剧小品、戏曲曲艺等形式歌颂中国上海改革开放以来的成就，寓思想教育于艺术活动之中，激发学生的爱国热情，增强民族自豪感，塑造崭新的上海城市精神。如 2004 年的学生戏剧节以"多彩的生活，美好的家园"为主题，鼓励专业、业余及师生作者，创编具有时代特征、校园特色及学生特点的新作品。把德育有机地渗透在学生的艺术实践活动中，陶冶了学生的情操，激发了学生热爱党、热爱祖国、热爱生活的热情。

3. 注重创新，拓展学生艺术实践活动的时空。上海市学生戏剧节已走过了 10 个年头，活动中，主办单位注重创新，不断充实活动内容，丰富活动内涵，有效地拓展了学生艺术活动的时间和空间。如第一届上海市学生戏剧节将活动与教师培训相结合，缓解了戏剧指导教师短缺的矛盾，并将京、昆剧唱段搬进中小学音乐教材，保证了青少年学生学习戏剧知识的时间，还组织青少年学生戏曲爱好者进行宣传演出，拓展了戏剧实践活动的空间。2004 年的戏剧节在总结前几年戏剧节的基础上，集培训、创作、观摩、展演为一体，全方位开展戏剧知识普及活动，多层次组织戏剧艺术实践活动，实现了学生戏剧节的创新和发展。

4. 机制健全，实现学生戏剧节的可持续发展。几年来，上海市学生戏剧节始终由上海市教育委员会、上海市文化广播影视管理局、上海市劳动和社会保障局、共青团上海市委员会、中国福利会联合举办，在管理机制、业务辅导等方面都得到了保证。组委会在上海市艺术教育中心设立办公室，具体统筹、协调、指导各高校、各区县开展活动。各高校、各区县也成立了校级、区县级工作领导小组，高校由分管校长、各区县由教育局分管局长分管此项工作，并设有联络员具体沟通、联络。每届戏剧节均将各校、各区县开展活动的情况以简报的形式向全市各中小学反馈，形成良好的信息交流网络。各区县、高校也都拨出专款，设立专项资金，保证活动的正常开展。这一系列机制和措施的落实，保障了上海市学生戏剧节走上了一条健康的可持续发展之路。

〔**第五届上海市学生电影节**〕　由上海市教委、市文广影视管理局、共青团上海市委、市劳动和社会保障局联合举办的第五届上海市学生电影节，于 2004 年 6 月 25 日开幕，在各区县教育局和各级各类学校师生的努力下，取得圆满成功，于 2005 年 1 月 23 日隆重闭幕。

举办学生电影节是上海的一项传统项目。这一届电影节举办时正是全国认真学习《中国中央、国务院关于进一步加强和改进未成年人思想道德建设工作的若干意见》和胡锦涛总书记重要讲话的时候，电影节以弘扬主旋律、展现时代风采、培养民族精神为宗旨，落实未成年人思想道德建设工作，弘扬民族传统文化。通过集中展映推荐优秀影片，以丰富多彩的影视活动，强化学生影视教育的德育功能，对青少年进行爱国主义、集体主义和社会主义教育，促进城市精神的培育，塑造、树立学生坚定的理想信念和正确的人生观。

电影节以贴近现实、贴近生活、贴近学生为主导，注意普及、重在参与。全市各区县、高校、中小学、中专职校都花大力组织学生观看电影节推荐的优秀影片。各区县教育局都为学生电影节的举办发出了通知，不少区县教育局还举办了区县的学生电影节，一些有影视教育传统特色的学校还举办了校级影视教育专题活动，使本届电影节的参与面更加广泛。据电影节组委会办公室对全市 150 万左右中小学生的统计，有近 250 多万人次观看了推荐影片，不少区县做到了每人观看 2 部以上影片的要求。

这一届电影节充分运用影视教育生动形象的特点开展了许多有影视特点的活动，有影评征文比赛，有校园纪实新闻拍摄评选，有身边的故事 DV 短片拍摄评选。全市各级各类学校学生参加了这项活动，经过学校、区县和市里的评选，有 140 多人分获高校、中专职校、高中、初中和小学组的一二三等奖。电影节还举办了高校、中小学、中专职校三个"新世纪青少年题材影视创作"论坛，邀请电影主创人员与学生代表共同研讨、互相交流。这些活动内容丰富、富有创意，深受广大学生欢迎。　（上海市校外教育研究会供稿）

青少年科技教育活动

〔**"2049 上海试点项目"阶段性工作汇报会**〕　2004 年 3 月 22 日，在上海市科协召开了"2049 上海试点项目"阶段性工作汇报会。中国科协青少年工作部、市科协、市教委、33 所试点学校的分管领导及上海试点项目办公室的有关人员出席了本次会议。与会领导对上海市半年的试点情况给予了充分肯定。

〔上海市科协英特尔英才俱乐部〕　2004年3月20日，“上海市科协英特尔英才俱乐部”在上海科技馆举行揭牌仪式。中科院院士、上海市科协主席沈文庆和英特尔全球教育事务总监、美国国际科学与工程大奖赛总负责温蒂·霍金女士为俱乐部揭牌。

“上海市科协英特尔英才俱乐部”的会长由中科院院士、上海市科协主席沈文庆担任，聘请国内外著名科学家担任名誉会长；由上海市科协所属学会专家组成专家指导团，本市中小学优秀教师组成教师顾问团，优秀青少年创新人才组成学生顾问团；并将从每年10月举行的英特尔上海市青少年科技创新咨询月中吸纳新会员。俱乐部还将陆续在高校和研究所建立相关学科的实验基地，为优秀青少年科技创新项目提供更好的孵化条件。

〔第十九届英特尔上海市青少年科技创新大赛〕2004年3月20～21日，以“探究身边的科学”为主题的第十九届英特尔上海市青少年科技创新大赛在上海科技馆隆重举行。上海市副市长严隽琪，市政协副主席谢丽娟，中科院院士叶叔华，中科院院士、上海市科协主席沈文庆，中国科协青少年工作部部长牛灵江，英特尔全球教育事务总监、美国国际科学与工程大奖赛总负责温蒂·霍金斯女士出席了大赛开幕式。市科协、市教委等11家主办单位的领导，以及大学、各区县教育局、区县科协等单位的代表参加了开幕式。

来自上海市19个区县的1000多位中小学生带着各自的作品参加了比赛。参赛作品共有1000多项，经层层选拔，近500项涵盖14个学科的科技创新成果、380多幅想象奇特的科学幻想画、90多项富有时代特征的科学实践活动、近100多台创意新颖的机器人参加了终评展示。上海市科协组织100多位学会专家和高校教授对各活动项目进行了认真的评审工作。

〔上海郊区青少年科技传播行动专题座谈会〕2004年4月8日，“拉起你的手，我们与科技同行”——上海郊区青少年科技传播行动中的郊区科普专题座谈会在崇明县召开。此次座谈会是上海市科协开展的上海郊区青少年科技传播行动的重要内容之一。通过传播活动，上海科协重点调查了上海郊区青少年科普教育现状，郊区青少年关心科技发展的动态，研究郊区青少年科普工作的特点和形式，总结基层科普工作的典型经验，在此基础上探索新形势下郊区青少年科普教育的新模式和新方法。

校外教育单位

中国福利会少年宫

〔发展概况〕　中国福利会少年宫作为全国最早建立的群众性、综合性少年儿童校外教育机构，始终遵循中国福利会的“实验性、示范性，加强工作研究，加强对外交往”的工作方针，积极探索、创新与实践，首创了“布谷鸟歌咏节”、“小孔雀舞蹈节”、“戏剧节”和“少年儿童游戏节”等一系列在全市乃至全国深有影响的少儿阵地活动；承接完成了“八五”国家重点课题《少年宫教育发展史》，“九五”国家重点课题《面向21世纪中国少年宫的现状调查与对策研究》。目前正在组织力量完成国家教育部“十五”重点课题《21世纪少年宫综合实践活动的研究与开发》的课题研究任务。

中国福利会少年宫多次获得全国先进青少年宫、上海市绿化先进集体、花园单位、外事接待先进单位、上海市群众文化工作先进集体、市劳模集体等荣誉，还连续11届获得“上海市文明单位”荣誉称号，以及“2002年全国精神文明建设先进集体”荣誉称号，并被授予首批“上海市小公民道德建设实践基地”和“全国小公民道德建设活动实践基地”。

场所建设

〔新宫建设〕　中国福利会少年宫正在建设中的综合大楼占地2000多平方米，地下2层，地上16层，建筑面积1.72万平方米，投资1.2亿人民币，预计2005年6月1日正式投入使用。综合大楼的设计建造，着眼于我国校外教育发展趋势，按照“实验性、示范性”的工作方针，突出未成年人素质的全面提高，并努力朝“少年儿童素质教育活动中心，国际少年儿童文化交流展示中心，全国校外教育师资培训中心”的目标发展。

新大楼1～6层是群众文化活动场地，设有少年广场，“勇敢者道路”，多媒体演播厅，小伙伴金色大厅，阅读指导基地，玩具天地，多功能厅等少年儿童活动的欢乐天地。7～11层是小伙伴艺术团的学习训练基地。12～14层则是少儿科技活动基地，建有“亲子少儿网络英语教学”、科学探索工作室、乐高机器人工作室、少年MBA工作室、英特尔工作室等。同时，新大楼现代化的设施和条件为中国福利会少年宫更好地承担中国教育学会少年儿童校外教育分会委托承办的“全国校外教育研修基地”和国家教育部委托承办的“全国青少年学生校外教育培训中心（上海部）”的各项培训任务提供了必要的保证。

教育科研活动

〔教育部“十五”重点课题《21世纪少年宫综合实践活动的研究与开发》研究工作取得重要进展〕 截至2004年底，教育部“十五”重点课题的研究工作取得重要进展。在研究力量和研究对象上，已经覆盖全国14个校外教育活动机构，成立了相应研究领域的子课题组；在研究主题上，不仅包括传统意义上的群文活动、小组教学、少儿社团、社会活动、社区教育等领域，而且已经关注到进城务工人员子女教育、青少年民主意识培养等社会热点问题。对校外教育新的活动领域进行了理论上的探讨，为校外教育理论研究拓展了新的研究视角。

〔举办全国艺术教育管理研修班〕 2004年7月22～28日，中国教育学会少年儿童校外教育分会研修基地在上海举办了“全国艺术教育管理研修班”，来自北京、辽宁、黑龙江、吉林、安徽、浙江、广东、福建、贵州等近10个省市的44名校外教育活动场所的艺术教育管理者参加了培训。此届研修班以2004年上海国际少年儿童文化艺术节为主线，开展以演出观摩和理论探讨相结合的多项活动。

〔开办全国校外视觉艺术教育研修班〕 2004年8月16～24日，中国教育学会少年儿童校外教育分会研修基地与内蒙古呼伦贝尔盟民族少年宫联合在内蒙古海拉尔市举办了“全国校外视觉艺术教育研修班”。来自北京、天津、上海、江苏、浙江、福建等近10个省、市、自治区的35名从事视觉艺术教学的专业教师参加了研修，深入了解了内蒙古大草原独特的民俗、民风及文化生活。此届研修班采取专题讲座、主题发言、优秀论文交流、作品展览、采风交流等多种形式，以提高参培校外视觉艺术教育工作者的专业素质，促进美术、摄影、书法、工艺等视觉艺术学科的教学思路的拓展与教学方法的创新，并搭建平台交流、展示各地视觉艺术教育课程的系列成果。

〔举办全国青少年学生校外活动场所管理人员培训班〕 全国青少年学生校外教育培训中心（上海部）分别于2004年5月11～21日、6月3～10日、9月24～30日、11月28日～12月7日，完成了全国青少年学生校外活动场所管理人员培训班2004年第1～4期的培训任务，共有301名新建校外活动场所的管理人员参加了培训。培训让来自中西部地区的学员深入了解了校外教育的功能、定位、特点、教育方法和运作规律等，也让他们借鉴上海校外教育发展的成熟经验，为他们在中西部地区少年儿童校外教育事业的起步和发展奠定了基础。

〔上海市少年宫系统教师240培训学分网上发布〕 按照上海市教委规定，“十五”期间教师必须完成继续教育240课时的培训任务(简称240培训)。上海市各区县少年宫、活动中心在中国福利会少年宫参加培训的教师，教学管理工作已经全部纳入上海市教师教育网。中国福利会少年宫2001年～2004年共组织完成40项培训课程，1500多人次接受了校外教育舞蹈、声乐、计算机等12大类的专业培训。接受培训教师2004年5月起可以在网上查看获得的学分。在上海市校外教育系统中，中国福利会少年宫组织的教师240培训，率先实现了学分网上发布。

〔举办“科学·艺术与人格塑造”——中国福利会少年宫未成年人教育案例研讨会〕 2004年12月18日，中国福利会少年宫、上海华夏社会发展研究院在中国福利会少年宫共同主办了“科学·艺术与人格塑造”——中国福利会少年宫未成年人教育案例分析研讨会，围绕校外教育在未成年人思想道德建设教育中所具有的独特作用开展研讨。通过这次研讨会，首次让学术界专家走入校外教育领域。少年宫的教师通过案例收集，将各种实践活动归纳提升到理论高度，对未成年人思想道德建设起着实践指导作用。

〔宣传出版〕 《少先队活动》，每期发行数6万册，2004年出版25期。《校外教育研究》，每期发行数1000册，2004年出版4期。《每周动态》，每期发行数15册（内部刊物），2004年出版44期。

管理成果

〔管理体制改革〕　围绕少年宫“十五”规划中队伍建设的总体要求，少年宫在聘用合同制和一宫多制的基础上，2004年10月，根据沪府发[2003]4号文关于进一步规范事业单位聘用关系的精神，少年宫通过了《中国福利会少年宫聘用合同制实施方案》和《中国福利会少年宫人事管理制度》修改文件，进一步规范了事业单位的聘用关系，强调了少年宫对人员聘用的要求以及对受聘人员的考核内容。

活动成果

〔网络·和平·先锋——纪念邓小平“计算机的普及要从娃娃做起”发表20周年活动〕　2004年2月14日，“网络·和平·先锋——纪念邓小平‘计算机的普及要从娃娃做起’发表20周年活动”在中国福利会少年宫举行。纪念活动通过电脑动画、视频、网络等先进的多媒体技术，展示了20多年来中国福利会少年宫在计算机普及方面“实验性、示范性”的探索。中国福利会主席胡启立出席了活动并致词。上海市副市长严隽琪、中国福利会副主席许德馨以及市教委、团市委、市科协、市科技馆等方面领导也应邀出席此次活动，近200名少年儿童和来自全市各区的电脑教育相关人员参加了活动。上海电视台、上海东方卫视等媒体进行了报道。

〔老照片　新风采——少先队员与革命老干部开展联谊活动〕　2004年3月7日，为了让离休老奶奶们过上一个别具特色的“三八”国际妇女节，中国福利会儿童计算机活动中心与上海市老干部局在中国福利会少年宫联合举办了主题为“老照片·新风采”的少先队员与革命老干部联谊活动。10多位曾在解放前参加革命工作的老奶奶们带来了许多她们在革命战争年代拍摄的珍贵老照片来到少年宫。少先队员利用学到的先进信息技术，手把手地教老奶奶们学习如何将照片“旧貌换新颜”。通过图像处理技术，将这些极具纪念意义的照片还以原貌。活动中，老奶奶们向少先队员们讲述当年亲身经历的故事，让少年儿童从中接受到许多课堂上学不到的知识。

〔开展“沟通无极限——亲情双通道”母亲节献礼活动〕　2004年3～5月，为深入贯彻《中共中央国务院关于进一步加强改进未成年人思想道德建设的若干意见》文件精神，由中国福利会少年宫和上海外滩观光隧道联合主办的“沟通无极限——亲情双通道”母亲节献礼活动在全市近百所学校全面展开。整个活动包括母亲节贺卡创作评比展示和“我为妈妈献首歌”——校园小歌手选拔赛。全市共有300所小学参加了此次活动。5月15日，在上海浦东观光隧道举办获奖小歌手展示表演和颁奖仪式，并邀请获奖选手家庭到场与孩子们一同活动。

〔2004上海市少年儿童礼仪英语游戏系列活动〕　2004年4～8月，少年儿童礼仪英语游戏系列活动举行。活动分为“选词、填词、造句游戏”，“礼仪英语对对碰”，“2004上海少儿礼仪英语夏令营”三个系列。通过《少先队活动》杂志，组织学生运用英语，以趣味化的游戏形式，正确地介绍上海、介绍学校、表达自己思想、观点，从而激发兴趣，提高能力。同时也是对少年儿童进行一次行为习惯、礼仪规范的检阅，探索“学生英语表达能力”和“行为规范”的培养模式。

〔小记者赴温州考察采访〕　2004年5月3日，由中国福利会少年宫、《新闻晚报》、上海民办金苹果学校共同组成65人的小记者团，前往温州进行考察采访活动。为期3天的活动中，同学们参观了温州知名企业——森马集团童装有限公司、正泰科技集团。小记者们用自己的眼睛看温州、看现代民企，切身体会到“要从小打好知识基础”不是一句空话，只有兼备德、识、绩、能和团队协作精神，才能成为当代社会需求的人才。

〔与外来务工子弟联谊活动〕　2004年6月1日，中国福利会少年宫与市少工委联合主办的“同在一片蓝天下·我们从小是朋友‘六一’庆祝活动”举行。来自外来务工子弟学校、聋哑学校、盲童学校等近700名少年儿童与城市孩子欢聚少年宫，共度“六一”儿童节。

2004年7月5日，中国福利会嘉道理流动少年宫组织了平南小学、曹家宅小学百余名外来务工子弟，到东方绿舟开展为期2天的“欢乐小伙伴”夏令营活动。中国福利会少年宫邀请了美国明泉中学的5名学生志愿者，与外来民工子女一起在东方绿舟进行各种有趣的生存挑战活动。

〔联合主办“太平洋产险杯”第四届全国青少年围棋比赛〕　2004年7月15～19日，由共青团中央宣传部、中国棋院、全国青少年宫协会联合主办的“太平洋产险杯”第四届全国青少年围棋比赛在中国福利会少年宫举行。参加本届比赛的有来自全国各地的30多支代表队近300名小棋手。本次大赛既是各地青少年棋手切磋棋艺，提高水平的一次聚会，也是对各地开展围棋群众活动和围棋培训教育水平的一次检验。

〔**唱响世界“华敏杯”上海市中外少年儿童首届双语少年儿童歌曲演唱大赛**〕 2004年8月15日，“唱响世界‘华敏杯’上海市中外少年儿童首届双语少年儿童歌曲演唱大赛”举行。本次大赛由中国福利会少年宫、上海音乐家协会儿童音乐专业委员会和上海发展侨务事业基金共同主办。

在12月5日举行的颁奖仪式上，中国福利会少年宫东方小伙伴艺术团合唱分团分别荣获儿童组一个一等奖、两个二等奖；幼儿组一个二等奖、一个三等奖。无伴奏女声小合唱《小黄莺鸟》夺得大赛特别奖。合唱指导顾晓萌获优秀指导奖。

〔**联合主办第五届“英特尔杯”全国少年儿童计算机应用竞赛**〕 2004年8月18～21日，第五届“英特尔杯”全国少年儿童计算机应用竞赛在中国福利会少年宫举行。来自北京、天津、哈尔滨、广州等全国10个城市的近100名小选手参加了本届竞赛。本次竞赛分为小学和中学两个组别，设立“中华好儿女”电脑动画作品创作、LOGO寓言故事创作等竞赛项目。为了鼓励少年儿童的创新意识和动手能力，大赛新增设了“解决难题高手”、“机器人擂台赛”创新竞赛项目。中国福利会少年宫计算机活动中心学员分获“解题高手”中学组、“LOGO七巧板”小学组、“电脑动画”中学组和小学组共4枚金牌。

〔**视像中国——沪港两地网上姊妹学校结盟**〕 2004年9月17日，为期两年的“视像中国”香港教统局优质教育基金计划在中国福利会少年宫正式启动。为了加强两地的联系，提升两地的教育成效，由香港联校资讯科技学会和中国福利会少年宫等发起并主办了“远程视像教学室”项目。沪港网上“远程视像教学室”教学活动包括：香港学生接受上海教师每周一次的普通话培训，内容涉及学生听讲、朗读、唱歌、交谈等；上海学生则可通过活动获得英语朗读、名句指导、儿歌创作等指导。网上姊妹学校的结盟，是沪港两地在基础教育领域第一次进行的网上课程合作。目前，香港罗陈楚思中学、培基中学、圣文德小学等30所学校与上海外国语大学附中、延安中学等30余所中、小学结成网上教学的“姊妹学校”。

〔**联合举办“2005年新年电子贺卡创作活动”**〕 2004年10～12月，中国教育学会少年儿童校外教育专业委员会计算机工作组（中国福利会儿童计算机活动中心）与英特尔（中国）有限公司联合举办了“2005年新年电子贺卡创作活动”。“自制新‘e’卡，传递‘芯’问候”是本次活动的主题。活动自2004年10月在全国正式启动后，共有21个城市近1.5万名少年儿童踊跃参加。各地在初赛的基础上，择优选送了500多幅作品，经过评委最终评审，100幅作品获得各类奖项。中国福利会少年宫参赛选手，美术中心学员金亦函的作品“鸡年幸福”荣获大赛一等奖，并已制作成英特尔公司新年贺卡，在全国推广。

〔**“宝贝1+1”亲子欢乐营——爱婴室爱心大放送**〕 2004年10月23日、24日，由中国福利会少年宫、东方少儿频道和悦婴婴幼儿用品有限公司联合主办了“宝贝1+1”亲子欢乐营——爱婴室爱心大放送专场活动。活动包括爱心咨询、亲子互动、活动比赛、广场义卖等内容。全市共有2000户婴幼儿家庭近8000人参加了此次爱心捐赠活动。

〔**联合举办2004首届“上海磁浮”杯少年儿童快乐作文征集活动**〕 中国福利会少年宫与磁悬浮公司于2004年11～12月联合举办了“2004年上海市少年儿童快乐作文”征集活动。全市有近500所中小学校，5000余学生参加了活动。

〔**主办“马可杯”我心中的美丽家园——首届上海市少年儿童绘画比赛现场绘画交流暨颁奖仪式**〕 2004年12月12日，由中国福利会少年宫、上海马可文化用品有限公司联合主办的“马可杯”我心中的美丽家园——首届上海市少年儿童绘画比赛现场绘画交流暨颁奖仪式在中国福利会少年宫举行。此次绘画比赛的主题是美丽家园。自9月开赛以来，来自本市各区少年宫、学校的近1000名4～16岁的少年儿童踊跃报名参加，经过美术专家评审，其中93名小选手荣获一、二、三等奖。上海知名画家俞晓夫、黄阿忠亲临现场，对小选手进行绘画指导及作品点评。

〔**高雅艺术进校园**〕 2004年12月22日，在毛泽东同志诞辰111周年前夕，中国福利会少年宫东方小伙伴艺术团管弦乐团一行 130 人，首次走进高校演出，受到上海大学的千余名学生的热烈欢迎。艺术团小演员分别用管乐和诗朗诵的形式演出了《游击队之歌》、《七律·长征》、《南泥湾》等 12 首中国革命历史组曲，演奏了管弦乐合奏《乡村骑士》、《费加罗的婚礼》等 6 首世界名曲。专场演出为大学生走近高雅艺术提供了一次机会。

〔**"数字，让节日更快乐！"庆祝"六一"国际儿童节**〕 "六一"儿童节期间，中国福利会儿童计算机活动中心在上海科技馆举办了"数字，让节日更快乐"活动，数字体验活动主要由无线游戏、数字健身、数字影像、数字乐队等组成。2 天活动中共有 3000 多位少年儿童参加了各类数字体验活动。

〔**沪浙两地少年开展"我的 CD 我制作"活动**〕 由中国福利会少年宫、杭州青少年活动中心、上海市少儿图书馆、上海市计算机音乐协会、杭州市电脑学会共同组织的"我的 CD 我制作"活动于 11 月在沪浙两地开展。上海、杭州两地有近 1000 名少年儿童参加。

〔**承办长三角十城市"城市，让生活更美好"青少年环保系列活动**〕 以 2010 年世博会为契机，在"上海庄臣青少年环境教育基金"成立 10 周年之际，举办了"长三角十城市'城市，让生活更美好'青少年环保系列活动"。活动由上海环境教育协调委员会主办。系列活动由"绿色家园"儿童画比赛、环保儿童剧表演大赛、"美丽家园"摄影比赛、双语演讲比赛、"绿色生活行动"DV 大赛组成。本次活动共有 18 万青少年学生参与，并得到了社会各界的一致好评，上海电视台等多家媒体对活动进行了报道。

〔**兴趣小组活动**〕 2004 年，中福会少年宫共开设计算机、围棋、小记者、英语、手风琴、朗诵、琵琶、舞蹈、小提琴、声乐等专业 26 个，兴趣小组 580 个，学员总数 1.56 万人。

计算机教育活动

〔**儿童计算机活动中心建设与发展**〕 中国福利会儿童计算机活动中心成立于 1983 年 6 月 1 日，是全国最早建立的少年儿童计算机教育活动机构。2004 年，儿童计算机活动中心在联合全市各校开展沪港两地网上姊妹学校结盟等活动的同时，还走进军营与武警官兵联合举办庆祝八一建军节活动。尤其是去年 9 月，计算机活动中心试点在本市华师大附小、一师附小、卢湾区第二中心小学、黄浦区徽宁路第三小学和浦东新区金英小学开展了英特尔"求知计划"活动，全市共有 700 多名少年儿童接受了该项目的培训，收效甚好。中心计划以信息技术为平台，通过一系列基于社区的活动，培养少年儿童的创新能力和信息素养，并提升他们的团队合作意识。

〔**不断探索计算机课外活动的新模式、新内容**〕 2004 年，中福会少年宫儿童计算机活动中心提出了跨地域、跨文化、跨学科，多元化、多层次、多样性的"三跨"、"三多"的活动理念。除举办每年一度的上海市少先队雏鹰竞飞计算机应用竞赛和电脑网络系列章考章等活动外，还举办了沪港青少年资讯科技营，数字家庭大搜索，电脑音乐培训，电脑机器人比赛，第 5 届全国少年儿童计算机应用竞赛，视像中国——沪港网上姊妹学校结盟活动，2005 年新年电子贺卡创作比赛，我的 CD 我制作等活动。同时，中心设立了上海首个国际电脑使用执照（International Computer Driving Licence-- ICDL）考试项目的培训和考试中心。在中国内地首届 ICDL 考试中，报名参加、经过专业培训的 12 名中心学员，全部通过此项考试，并以优异成绩获得 ICDL 证书。据统计，儿童计算机活动中心全年活动的直接参与面达 4 万人次，覆盖面达 25 万人次。通过开展这些形式多样、内容丰富有趣的活动，在构建校外教育信息平台的基础上，帮助了更多的学生学会运用信息技术、学会学习，把握成才之路。

学生社团演出及交流活动

〔**小伙伴艺术团参加联合国亚太经会第 60 届年会祝贺演出**〕 2004 年 4 月 27 日晚，中国福利会少年宫东方小伙伴艺术团参加联合国亚太经会第60届年会祝贺演出行，为国家副主席曾庆红和来自 10 多个国家的政要们表演。小伙伴艺术团的舞蹈《中国风》和合唱《友谊地久天长》获得全场热烈掌声，受到晚会演出导演组的领导和同志们的称赞。

〔**小伙伴艺术团参加 2004 上海市学生戏剧节比赛**〕 2004 年 7 月 11 日，中国福利会少年宫东方小伙伴艺术团戏剧影视分团新创作小品《爱的翅膀》、《阳光夏令营》，分别获得上海市学生戏剧节小品比赛创作一等奖、表演一等奖。戏剧影视分团被评为上海市学生戏剧节优秀表演团队。卢小芳、夏燕飞指导教师被评为优秀指导教师。优秀剧目小品《爱的翅膀》代表获奖剧目参加上海市学生戏剧节颁奖典礼演出。

〔**小伙伴艺术团参加上海市第 20 届教师节大型文艺晚会《感动岁月》演出**〕 2004 年 9 月 8 日，中国福利会少年宫东方小伙伴艺术团30余名小演员参加上海市第 20 届教师节大型文艺晚会《感动岁月》的演出。戏剧影视分团的小品《数字、考试》、《网络、游戏》、《树根、立魂》得到了与会领导和专家的高度赞扬。卢小芳指导被授予“默默耕耘奖”，姚嘉鑫同学被授予“最有潜质奖”。

〔**小伙伴艺术团参加国际卫生组织亚太地区第 55 届会议开幕式及晚宴演出**〕 2004 年 9 月 13 日，中国福利会少年宫东方小伙伴艺术团 120 名师生参加了在上海国际会议中心举行的国际卫生组织亚太地区第 55 届会议开幕式及晚宴演出，为国务院副总理、卫生部部长吴仪及 30 多个国家卫生部部长作了表演。

〔**小伙伴艺术团参与第六届中国上海国际艺术节的演出**〕 第六届中国上海国际艺术节期间，中国福利会少年宫东方小伙伴艺术团参与了本届艺术节“综合类文艺天天演”、“‘我们的家园’群文艺术成果展演”、“‘花之韵’上海市青少年优秀音乐节目展演”等多项群众性演出活动。连续几周的双休日，小伙伴艺术团小演员先后在静安寺广场、中山公园、南京路广场等演出点，为广大中外观众呈献了舞蹈《中国风》、独唱《梦想莫停步》等优秀节目。

〔**小伙伴艺术团赴澳大利亚交流演出**〕 2004 年 1 月 15～24 日，应澳大利亚上海总商会的盛情邀请，中国福利会秘书长艾柏英率中国福利会少年宫东方小伙伴艺术团一行 35 人赴澳大利亚悉尼、堪培拉、墨尔本访问演出。期间，小伙伴艺术团在这 3 个城市和悉尼中文电视台举行了专场演出，受到当地华侨华人及澳方代表欢迎，澳大利亚各大媒体进行了宣传。除夕之夜，小伙伴艺术团演职人员应邀到中国驻澳大使馆演出，受到文化参赞汪志刚先生称赞。

〔**隆重举行“愿望天空”祈福吉祥物悬挂活动**〕 2004 年 3 月 20 日，西班牙巴塞罗那 2004 文化论坛项目之——“愿望天空”(Sky Of Aspirations)祈福吉祥物悬挂活动在中国福利会少年宫隆重举行。当日下午的少年宫内长廊里支起了硕大的绿色网织物。小朋友们以演唱、舞蹈、朗诵等形式表达了对和平的祈望和祝愿。仪式结束后，200 多名孩子纷纷将自己制作的吉祥物挂上了“愿望天空”。这些吉祥物，将满载着中国少年儿童的希望与祝福，于今年 5 月连同其他 7 个国家儿童的吉祥物汇集在巴塞罗那，把期盼“让世界更美好”的愿望带给全世界。

〔**小伙伴艺术团赴德国参加 2004 国际儿童舞蹈大赛**〕 2004 年 4 月 28 日～5 月 8 日，中国福利会少年宫东方小伙伴艺术团一行 29 人专程赴德，参加由德国萨克森州文化部主办的 2004 国际儿童舞蹈大赛。这次大赛共有德国、法国、瑞士、捷克、斯洛伐克、西班牙、中国等国家的 22 个舞蹈代表队约 247 人参赛。参赛的 3 个节目《向前冲》、《孔雀》、《小鱼钓猫》，以独特创新的舞蹈编排和孩子们极富童趣的表演，获得现代舞、双人舞、民族舞 3 个组别的一等奖。

〔**小伙伴艺术团赴西班牙参加全球文化论坛和平营地交流活动**〕 2004 年 5 月 26 日～6 月 6 日，应西班牙巴塞罗那全球文化论坛组委会邀请，中国福利会少年宫一行 15 人赴巴塞罗那参加由联合国组织的全球文化论坛和平营地交流活动。来自亚、非、拉、欧四大洲 8 个国家 9 个团组，以游戏、演讲、艺术表演、各国文化展览和参观交流活动等多种形式，就自然资源保护、多元文化展开讨论。

〔**小伙伴艺术团赴香港参加“手拉手”文艺汇演**〕 2004 年 5 月 28 日～6 月 7 日，中国福利会少年宫东方小伙伴艺术团一行 72 人赴香港参加内地与香港少年儿童“手拉手”文艺汇演和交流活动。6 月 3 日下午，香港特别行政区行政长官董建华在伊利莎白体育馆观看了艺术团的演出，予以高度评价：“这是内地‘手拉手’少儿艺术团首次来港演出，这样的演出很好，很有意义，希望这样的活动能够年年搞。”艺术团在港演出两天，吸引了约 2000 名市民观看。大公报、亚洲电视、无线电视等数十家香港媒体对此进行了连续数日的宣传报道。

〔**小伙伴艺术团赴法国参加中法文化年巴黎“上海周”演出**〕 2004 年 6 月 30 日～7 月 7 日，中国福利会少年宫东方小伙伴艺术团一行 38 人应邀赴法参加中法文化年巴黎“上海周”演出活动。艺术团作为赴法演出惟一入选的少儿艺术团队，带去了经典保留节目舞蹈《中国风》。在巴黎都日丽公园举行的开幕式演出上，艺术团小朋友还与法国巴黎圣江德西茜小歌手合唱团的小朋友同台用中文演唱一曲脍炙人口的中国民歌《茉莉花》。期间，艺术团的《孔雀飞来》、《群鸽在飞翔》等舞蹈也在巴黎学生歌舞专场进行了演出。

〔小伙伴艺术团赴朝鲜访问演出〕　2004年9月28日~10月5日，中国福利会少年宫东方小伙伴艺术团一行142人的赴朝鲜访问演出。朝鲜劳动党总书记金正日等朝鲜党和国家领导人观看了艺术团在朝演出。金正日对艺术团孩子们的精彩表演给予热情赞誉。

〔第4届上海国际少年儿童文化艺术节〕　2004年7月25日~8月2日，中国福利会少年宫承办了在沪举行的第4届上海国际少年儿童文化艺术节。来自世界五大洲的20多个少儿艺术团近2000名小演员欢聚在一起。艺术节期间，举行了开幕式、闭幕式、“幸运星”点击仪式、百人钢琴、国际儿童论坛、拜会市长、儿童剧展演、专场交流演出、儿童博览会等9项活动。上海东方电视台现场直播开幕式的实况，数百万电视观众观看了演出，反响强烈。

2004年参加、承办各类教育、竞赛活动统计

项目	活动名称	活动时间	获奖人数
体育活动	“太平洋产险杯”第四届全国青少年围棋比赛	2004.7	20
文艺活动	第8届中国广播电影电视才艺选拔赛	2004.8	3
	2004年上海之春国际音乐节少儿专场	2004.5	1
	首届中国青少年演艺新人上海赛区	2004.1	1
	首届上海市琴童钢琴电视大赛	2004.6	11
	首届中国青少年演艺新人推选赛	2004.2	1
	2004年上海民乐十佳琴童电视大赛	2004.6	8
	“艺术之星”全国少儿美术大赛	2004.2	2
	第12届芬兰国际青少年艺术展	2004.4	2
	第2届上海青少年写生画大赛	2004.5	3
	中宏保险绘画比赛	2004.4	1
	2004年VISA奥运畅想（中国赛区）	2004.2	5
	第9届全国中小学生绘画比赛	2004.8	1
	上海市第10届小青蛙讲故事比赛	2004.5	1
	2004年上海市学生艺术单项比赛	2004.10	122
	2004年东方青少年艺术明星大赛	2001.7	2
	上海市中外少年儿童首届“华敏杯”双语歌曲演唱大赛	2004.12	13
	2004年上海市学生绘画书法摄影作品展	2004.6	2
	2004年航空少儿绘画（上海赛区）比赛	2004.6	1
	2004年“酷儿杯”少儿才艺大赛	2004.7	1
	2004年国际儿童舞蹈大赛	2004.5	3
	2004年上海市学生戏剧艺术节	2004.9	2
	2004年日本爱知世博少儿绘画比赛	2004.5	1
科普活动	第19届英特尔上海市青少年科技创新大赛	2004.3	5
	第6届“我爱祖国海疆”全国青少年海模比赛	2004.8	8
	第5届“英特尔杯”全国少年儿童计算机应用竞赛	2004.8	4
	2005年新年电子贺卡创作比赛	2004.12	11
	第6届全国青少年航海模型竞赛选拔赛	2004.6	2
	第4届“星星河”全国少儿美术书法摄影大赛	2004.6	4
群文活动	第5届武汉国际中小学生楚才作文竞赛	2004.6	5
	2004年度上海市“绿地杯——我心中的绿色生活”征文比赛	2004.6	1
	全国小诗人夏令营诗歌创作大赛	2004.4	1

（中国福利会少年宫供稿）

上海青年文化活动中心

〔发展概况〕　上海青年文化活动中心是共青团上海市委员会下属的市级青少年校外教育阵地，2004年1月，活动中心被团中央、文化部评为全国先进少年宫。

教育科研活动

〔课题研究〕　2004年，上海青年文化活动中心着手研究“青少年儿童成长教育文化建设的思考与实践”课题，同步开展了“校外教育活动中环境课程系列（案例）研究”，同时还与上海少科院中心组的部分成员学校合作进行“拓展型课程活动辅导模式”等 6 个专题课题的研究。这些科研活动旨在把青少年儿童的成长教育活动构成一个连续的、目标一致的、和谐发展的序列化教育活动，使青少年儿童能兴致勃勃地用“心”去感悟和积累，一步一个脚印地体验其魅力，从而形成一个活动教育的育人发展链，使序列化教育活动充满智慧挑战。

〔**宣传出版**〕　2004 年，中心编印了《上海市青年文化培训学校建校五周年儿童美术教学成果集》、《郭子徽舞蹈作品集》（VCD）、《大拇指报》等。

〔**青少年科普兴趣“模块”化研究**〕　上海青年文化活动中心积极开展以实践为基点，以求知求乐、求动求新、培养能力，提高素质为主要任务的青少年科普兴趣阵地活动。根据青少年“喜新厌旧”、“喜实厌虚”的心态，用“动物世界探秘园地”、“科技作坊”、“科技游艺吧”、“趣味实验台”、“模型天地”、“智能聚焦互动舞台”、“机器人娱乐区”、“电子组合魔块操作站”、“千纸百态创作室”、“可视电话体验活动”、“泥塑泥雕馆”、科技天空等 12 类“模块”组合式的方法来组成活动内容，给予参与者以足够的自主性，倡导一种实践、探究与玩乐紧密结合的科普育人模式。

教育活动

〔**启明星广场“社区科技派对”创新活动**〕　2004 年 3 月 28 日举办的“社区科技派对”创新活动是全市首次尝试“街道青保办——社区——学校——少科院”互动推进式科技活动，活动有空模活动、车模系列活动、航天火箭模型制作、火箭模型发射场区活动、船模活动、模拟沙滩趣味活动及泥塑吧、电子吧、建筑模型吧、环保玩具吧、近视治疗吧。

社区科技派对创新活动主广场共接纳青少年 3000 余人，辐射区域共接待了万余名青少年，电视台和有关报刊做了报道。

〔**绿色承诺——“科技创造绿色生活”科普日活动**〕　2004 年 5 月 21 日，开展“绿色承诺”科普日活动，把“科技创造绿色生活”理念渗透到日常生活和实践活动中，树立“绿色文明”观念，提高“生态道德”素质。活动内容包括：绿色宣言、绿色咨询、绿色展示、“绿色承诺行动”签名、环保知识有奖竞猜活动、废电池换一盆小花卉活动。

“绿色承诺”科普日活动共有万余名青少年和市民参加，气氛热烈，效果显著，很受欢迎，受到上海市科协好评。

〔**“千‘纸’百态”环境艺术创新大赛**〕　2004 年，中心开展了“环保纸系列活动”。在青少年收集、利用废纸、废盒制作科技作品的过程中，激发创新思维，增强环保意识。

活动分 3 大类：（1）纸模型系列：航模、船模、建模。包括：“创意纸船”大赛：“创意纸船”意为用纸设计的船，可载人在水上进行划船竞赛；航天器设计创作：以“真”为原则，设计大型的纸卫星，航天飞机、导航器等，有些爱好者还安装上了旧玩具上的线路板，使作品会动、会发声。

（2）制作创意系列：风筝、风车。由青少年用铅画纸等材料设计“构件承重”装置。

（3）纸的模拟生活系列：服装设计、美丽家园等。如纸凳、纸艺术花瓶、实用笔筒、服装设计、家园美化等。

整个暑假参与活动的青少年有 2 万之多，作品也是五花八门，通过《动手做》报的竞赛评比，推动了科技创新活动的深入发展。

〔**弘扬郑和精神　普及船模知识技能——纪念郑和下西洋 600 周年活动**〕　上海少年科学院按照全国《郑和下西洋 600 周年纪念活动实施方案》的要求，组织开展“纪念郑和下西洋 600 周年 2004 年度海洋知识竞赛”，上海地区组织了 3576 位青少年参加此项竞赛，上海少年科学院亦因此获得全国优秀组织奖。

〔**兴趣小组活动**〕　2004 年，中心开办了电子琴、钢琴、书法、硬笔书法、国画、素描、吉他等专业 21 个，学员总数 1 万余人。

社会化活动

〔**社会化科技共建基地**〕　2004 年，活动中心与《动手做》报联办“动手做基地”、与航宇科普中心共办“航宇活动实践基地”、与奉贤南桥农业园艺园合办“航天种质种植基地”、与老科技工作者学会联合试办“科技模型综合活动基地”、与植物园邬志星园艺工作室合作创立“环境艺术指导基地”、与南汇郭龙生蝴蝶园共办“昆虫蝴蝶标本制作基地”，6

个社会化共建基地全年共接待了8000余名青少年。

〔禁毒教育巡展〕 活动中心上海市禁毒教育馆2004年共接待参观者24万余人次，其中75%为中小学生。为充分利用现有的禁毒教育资源，配合各区县深入开展“不让毒品进社区，不让毒品进家庭”活动，禁毒馆多次组织禁毒宣传车深入到本市19个区县（包括海岛崇明），在闹市地段、建筑工地、学校、车站码头、农村等地开展巡回禁毒宣传，大大拓展了禁毒教育的辐射面。2004年，禁毒宣传车共出车237天，到225个街道乡镇进行巡展，受众达到30万余人次，深受广大群众的欢迎。

交流活动

〔组织小记者赴香港、澳门交流〕 2004年7月，组织《中国少年报》小记者站小记者赴香港、澳门开展以“做可爱的都市人”为主题的文化交流活动。

〔组织少先队员赴美国文化交流〕 2004年7月15日，组织33名优秀少先队员赴美国进行为期15天的文化交流活动。活动期间，参加了由洛杉矶哈岗学区教育局组织的英语口语课、科技辅导课等丰富多彩、别开生面的教学活动。为了与美国孩子“零距离”接触，孩子们还入驻美国同龄学生的家中，与他们同吃、同住、同玩乐，全面感受美国青少年生活和学习。

这批以小学生为主的青少年美国之行引起了洛杉矶媒体的高度关注。《世界日报》、《星岛日报》、《国际日报》、《侨报》等媒体分别以《上海小留学生暑假放洋学英语》、《气球保蛋》为题，从不同侧面对活动作了大量报道。

〔接待活动〕 2004年，接待罗马尼亚青年代表团、法国图尔市市长代表团、著名男高音歌唱家阿尔巴诺·卡雷拉斯等外国客人来中心进行交流活动。

（钱美琳）

上海市青少年科技教育中心

〔基本情况〕 上海市青少年科技教育中心（原上海市青少年科技指导站）系上海市教委直属事业单位，创建于1957年6月1日，是全国最早成立的青少年校外科技教育机构之一。

中心在上海市教委的领导下，每年举办“明日科技之星”评选活动、科技创新大赛、机器人大赛、计算机操作技能比赛、数理化应用知识和技能比赛、头脑奥林匹克竞赛等科普活动，全市数百万人次的青少年参加到各项活动之中。

中心策划和设计了一系列生动活泼、动手动脑、寓教于乐的科普阵地活动；并开设了创造发明俱乐部、科技创新工作室、机器人工作室、现代通讯工作室、环境科学综合实验室、现代生物技术实验室、自动化创新设计工作室、综合应用物理实验室、生物化学实验室等专用活动室，并依托高校和科研院所，开办各类科技培训班，指导科技特长学生开展各项科技制作和科学探究活动，组织各类大赛集训。通过中心的组织和培训，上海中小学生参加全国乃至国际竞赛屡屡获奖，成绩斐然。

2004年2月，团中央命名上海市青少年科技教育中心为“先进青少年宫”。2004年11月，中国科协青少年科技辅导员协会评选上海市青少年科技教育中心为“全国科技教育先进集体”。

〔场馆建设〕 2004年，中心改建了一幢楼房，作为教室与教师办公室，补充教学需要。中心的室外设施有勇敢者道路，科普乐园，体育健身器材。2004年，中心开发了原有紫藤长廊资源，建立“紫藤科普苑”，展示世界近代影响重大的发明发现，让学生接受科学精神熏陶。

中心植物资源丰富，每年为上海市中小学生常见植物识别活动提供场所和资源，使中小学生在认识常见植物的基础上，热爱自然，保护环境。

管理成果

〔人事制度〕 2004年，中心制订了《上海市青少年科技教育中心人才队伍建设战略规划》，对干部任用管理、人才队伍结构、人才队伍需求、人才素质要求、人才培养计划等作了前瞻性的思考。年初，又启动了新的改革举措——在教师中建立以岗位管理为基础的人事管理制度，实行职称与岗位的评聘分离，将工资外收入与工作业绩紧密挂钩；同时实行后勤社会化管理，提高单位后勤管理的水平和质量。

〔管理制度〕 中心严格执行《上海市教育委员会直属事业单位工作手册》中的各项规章制度，认真履行市教委赋予的各项工作职责，并且结合本单位工作实际出发加强制度建设。2004年初，进一步修订了《教师岗位任职要求和考核管理办法》、《科技竞赛管理制度》、《教学事务管理》等一系列内部管理制度，强化部门的管理职能，形成新的激励机制，完善分配制度，在一定程度上调动了教职工的工作积极性。

教育活动成果

〔**参加全国科技竞赛（活动）情况**〕 通过科技教育中心的组织和培训，上海中小学生参加第19届全国青少年科技创新大赛、第21届全国青少年奥林匹克信息学竞赛、2004年HYT杯全国青少年无线电测向锦标赛、2004年全国青少年业余电台竞赛、2004年全国青少年航空航海模型竞赛。2004年全国青少年奥林匹克建筑模型竞赛再创佳绩，共获全国个人一等奖（第一）38项，全国个人二等奖（第二）50项，全国个人三等奖（第三）39项；共获全国团体第一名5项，全国团体第二名1项，全国团体第三名3项。

其中，中心组织培训的上海中小学生参加第19届全国青少年科技创新大赛获7项一等奖、14项二等奖和5项英才奖，取得了全国首位的好成绩。

〔**“快乐暑期科技行”活动**〕 2004年暑期，中心策划和组织了富有新意的“快乐暑期科技行”科技单项系列竞赛活动，系列活动分为中小学生科技竞技擂台赛（非双休日）、双休日亲子科技制作竞赛、青少年科普园活动3个大类，共18个项目，这些活动分布在整个暑期，面向所有学生免费开放。

〔**联校机械奥运会**〕 联校机械奥运会在1999年由香港迦密主恩中学简志光先生为主发起和策划，并获当年香港优质教育基金支持。每年举办一次。经考察，2003年10月，中心组团参加由香港机械奥委会组织的首届“联校机械奥运会2003上海香港澳门埠际赛”，荣获4个冠军、4个亚军、6个季军和6个殿军的好成绩。

2004年，中心与香港机械奥委会、上海市青少年科技教育中心和宝山区教育局联合举办了“中国上海海洋探索比赛暨联校机械奥运会2004埠际赛”。上海、香港代表团各有44支参赛队，澳门代表团有30支队，近200名学生参加本次大赛。在短跑、接力、拔河、格斗、足球、篮球、障碍、追踪、海面环保、水球、海洋探索项目打捞和寻宝、机械造型设计等项目中展开激烈的角逐。其中海洋探索、水面环保和水球项目是本届埠际赛新增项目。上海队在原来基础上再创佳绩，获得16个冠军、14个亚军、6个季军和4个殿军。

〔**未来工程师大赛**〕 未来工程师大赛是中心推出的以培养青少年“创新、实践”能力为目的的重点活动。活动内容是利用模型制作的一般技能、简单的机械工程设计、电子工程设计、计算机控制技术和计算机辅助设计（CAD）等技术，设计和制作以电气、电子和计算机进行控制的机械装置（机器人），并以自行设计制造的作品进行展示、竞技和较量。“未来工程师”活动以普及和提高并重，并通过多种形式测试和展现参与者的能力和风采。2004年“未来工程师”大赛分4个子项目：“机器人竞技场”、“铁骑神枪”、“绘出我心中的‘F.E’”、“闯关夺城”。

〔**中心各项科技竞赛（活动）开展情况**〕 2004年，中心举办了“明日科技之星”评选、科技创新大赛、机器人大赛、计算机操作技能比赛、数理化应用知识和技能比赛、头脑奥林匹克竞赛等近70个科普竞赛（活动），全市数百万人次的青少年参加到各项活动之中。

〔**科技培训**〕 2004年，中心开设科技类特色培训有：创造发明，头脑奥林匹克，计算机信息类，数理化应用知识和技能，智能机器人，船模、建模，无线电测向、定向，无线电通讯，遥控航模等，全年共有49个培训班，学员总数达1128人。

教育科研活动

〔**对全市科普教育资源开发整合的研究**〕 2003年下半年，中心组织力量对上海科技馆、上海植物园、上海动物园、上海昆虫博物馆等12个科普基地的教育资源进行了开发利用研究，2004年编纂出版了《走出校门、走向社会——上海市科普基地教育资源应用指南》丛书（12册/套）；在上海动物园召开了经验交流会和现场教育观摩活动，上海市教委分管领导对这一工作所取得的实质性推进给予了高度评价。

〔**对全市科技教育的指导和研究**〕 中心几年来形成了完善的教科研制度，成立各类科技活动教研组，定期进行区县科技教师教研活动，形成对全市科技教育的指导和研究。中心共有航模、船模（建模）、车模、无线电测向、无线电通信、电子技术、物理试验、应用化学、应用数学、科普英语、机器人、创造发明、生命科学、活动课（天文、小制作、能源、航天）、计算机、头脑奥林匹克等多个教研组。每学期教研组活动4～8次，中心教研组主持教师与区县科技教师共同讨论全市科技活动、培训开展，并对各区县开展科技活动、培训进行指导。

〔**科研活动成果**〕 中心每年将教师的教科研论文汇编成册，2004年编写的论文集为《学习·探索·研究——上海市青少年科技教育中心教育论文集》。

2004年，主要开展了上海市青少年科技教育的现状与校外教育机构功能定位研究。主要研究成果有《上海市青少年科技教育的现状分析和对策》、《上海市青少年校外科技教育机构功能定位的研究》，并受上海市教委委托进行上海市校外教育机构运作模式研究。

上海市青少年科学研究院活动

〔**基地建设**〕 2004年4月17日，上海市青少年科学研究院受市教委、市科委的委托，由中心建立，是上海市青少年科技后备人才培养项目。

科学研究院根据青少年科技后备人才发展的需要，制定了专题研修、短期实习、实地考察、科学沙龙、专家咨询、课题研究、集训参赛、信息联网、项目支持等专门的培养机制；建立了一系列的保障机制，如：收集资源信息，形成需求意向；联系高校基地，落实实验基地；走访高新企业，落实实习基地；组建专家资源，落实指导保障；建立创新工作室，研究运行模式等。

中心制订了《2004～2005年上海市青少年科学研究院具体实施方案》和各项工作的实施细案。

〔**举行专家课题咨询活动**〕 2004年6月26日，举行了上海市青少年科学研究院首次大型专家课题咨询活动。270余名学生带着自己的课题设想和研究方案参加了工程学、机器人、环境科学、动植物学、医学健康、信息技术、数学、化学等11个学科的咨询，30余名市科委“启明星”计划及长期热心支持青少年科学研究的专家们对学生的课题进行了悉心指导。

〔**上海生命科学研究院揭牌**〕 2004年7月15日，上海青少年科学研究院的首个实践基地——上海生命科学研究院揭牌。举办了“生命科学与我们的未来”系列活动，向学生开放了6个实验室。中科院院士张永莲等专家学者就免疫系统与人类健康、细胞凋亡与分化、核酸与蛋白质相互作用等科学前沿问题作了精彩的专题报告。

〔**参加第十九届全国青少年科技创新大赛**〕 2004年8月，上海市青少年科学研究院组队参加了第十九届全国青少年科技创新大赛，获得了7项一等奖和14项二等奖的佳绩，居全国各省市之首。

〔**人才培养**〕 上海市青少年科学研究院通过全市课题咨询选拔和常年招收等方式招收学员150余名，分别以项目支持、跟踪培养、引导探究和远程培养等方式有计划、有步骤地实施培养。

2004年参加、承办各类科技竞赛活动统计

活动名称	活动时间	参赛人数	活动名称	活动时间	参赛人数
第二届明日科技之星评选活动	2004.1～5	/	2004年上海市青少年电子知识与技能竞赛	2004.9～12	200
第九届上海青少年创造发明设计竞赛	2004.4～6	40000	2004年上海市青少年单片微机应用竞赛	2004.9～12	312
2003年上海市青少年“白猫杯”应用化学与技能竞赛（初中）	2004.2～3	9000	2004年上海市青少年电子探雷竞赛	2004.6	5730
上海市《少年化学家》认证活动	2004.3～12	1390	上海市“上师杯”青少年物理实验竞赛	2004.5	1940
2004年上海市中学生数学知识应用竞赛	2004.4～12	6240	2004年上海市中小学生英语听力竞赛	2004.4～12	3111
2004年上海市青少年机械奥运比赛	2004.3～6	5000	2004年全国青少年无线电通讯锦标赛	2004.8	743
上海、香港、澳门联校机械奥运比赛	2004.7	180	2004年上海市无线电计算机图像通讯竞赛	2004.7	1132
第十九届青少年无线电测向、定向竞赛	2004.5	800	“黄浦杯”上海市青少年无线电通讯竞赛	2004.10～12	532
全国青少年无线电测向、定向竞赛	2004.8	/	2004年上海SVA未来工程师大赛	2005.1.23	4240
初中物理实验竞赛	2004.3～4	1000	上海市青少年“上大附中杯”机械奥运比赛	2004.5	929
第18届上航杯青少年航空模型比赛	2004.5～11	400	中国上海海洋探索暨联校机械奥运会2004埠际赛	2004.7	72
第21届上海市青少年船模、建模竞赛	2004.2～6	20000	2004上海市青少年机器人知识竞赛	2004.12	4782
2004年上海市青少年车辆模型竞赛	2004上半年	5000	市青少年“白猫杯”《生活中化学》知识竞赛	2004.3～7	6350
“电子通”创新实验比赛	2004.7	/	2004年上海市青少年“白猫杯”应用化学与技能比赛(初中)	2004.9～2005.3	8820

（续表）

活动名称	活动时间	参赛人数	活动名称	活动时间	参赛人数
“电子通”实验比赛	2004.6	/	2004 年上海市青少年“白猫杯”应用化学与技能比赛(高中)	2004.9～2005.3	8300
“128 合一”实验比赛	2004.7～11	/	2004 年常见植物识别系列实践活动	2004.12	21698
“DDS～2”实验比赛	2004.7～11	/	第十届头脑奥林匹克擂台赛	2004.9～12	8017
上海市“六一”小学生计算机竞赛	2004.3～6	/	上海市青少年新闻摄像大赛	2004.9～12	215
全国 NOC 活动“复兴杯”上海市竞赛	2004.2～4	/	上海市青少年摄像师（中级）考证	2004.10～12	87
全国信息学奥林匹克竞赛上海市选拔赛	2004.7	726	上海市中小学生天文知识竞赛	2004.9～12	14758
全国第 21 届信息学奥林匹克竞赛	2004.8	/	上海市中小学生自制天文望远镜评比	2004.10～12	419
第 19 届英特尔上海市青少年科技创新大赛	2004.2～3	/	上海市中小学生能源科技制作比赛	2004.9～12	5910
第五届“壳牌美境行动”设计方案实施评审	2004.2～6	51311	上海市中小学生水火箭比赛	2004.10～11	1925
上海市“庄臣绿色活动行动”“城市，让生活更美好”环保系列活动	2004.2～7	135626	“野生鸟儿知多少”下半年测试	2004.9～12	5696
智力七巧板比赛	2004.3～7	15000	救救猿猴下半年活动	2004.9～12	12642
能源小制作比赛	2004.3～6	15000	野生生物入侵试点活动	2004.9～12	950
火箭模型制作比赛	2004.3～8	2000	上海市中小学生第六届“壳牌美境行动”	2004.6～12	47183
上海市中小学生纪念“三八”国际妇女节摄影大赛	2004.2～6	/	英特尔青少年科普教育基地教师研修及学生论坛	2004.9～2005.1	95
第三届女学生摄影比赛	2004.3～5	800	上海市中小学生数字天地摄影大赛	2004.8～12	1470
2004 年上海市青少年摄影作品大赛	2004.1～6	1000	上海市中小学生图像处理大赛	2004.8～12	250
第二届女学生摄影作品演讲比赛	2004.3～5	/	上海市“少年摄影师”考证活动	2004.9～12	1210
中国上海市第十七届头脑奥林匹克竞赛	2004.2	1400	“探索，在夏日的骄阳下”科普实践征文比赛	2004.8～10	142
“头脑奥林匹克万人大挑战”竞赛	2004.3～7	100000	“我与野生动物做一天伴”活动	2004.10.31	200
上海市青少年爱鸟护鸟科学实践活动	2004.3～12	/	“上海市中小学生科技教师走进上海科技馆”	2004.12.2	222
市中小学濒危野生动物保护科普教育活动（猴）	2004.3～12	/	上海市第二届小学生科普英语竞赛	2004.12	17816
市中小学湿地、野鸟、城市生活科普活动	03.9～04.2	/	上海市第四届初中生科普英语竞赛	2004.11	17491
上海市中小学“一株古树，一个故事”科普活动	2003.9～2004.3	/	上海市第 12 届高中生科普英语竞赛	2004.9～10	12685
上海市青少年电视专题片竞赛	2004.3～7	160	第 21 届全国信息学奥林匹克竞赛	2004.8	4
上海市青少年摄像师考证实践活动	2004.3～6	280	第 10 届全国信息学奥林匹克联赛上海区竞赛	2004.10～2005.1	656
第十届上海市中小学科技模型活动评比	2004.9～12	19475	第 4 届西部集团杯青少年计算机应用操作竞赛	2004.10～2005.1	1869
上海市青少年车辆模型技能赛	2004.9～12	10014	第 2 届全国 NOC 活动“复兴杯”上海市竞赛全国总决赛	2004.10～12	68
2004 年全国青少年贺航空航天模型锦标赛	2004.7	18	第 3 届全国 NOC 活动“复兴杯”上海市竞赛	2004.10～12	93544
第十七届上航杯航空夏令营	2004.8	41	第 2 届上海市纵横码汉字输入大奖赛	2004.12	278
2004 年上海市青少年“电子百拼”竞赛	2004.9～12	545	第 5 届全国纵横码汉字输入大奖赛	2004.10	39

（龚有俊　杨　芸）

上海市青少年校外活动营地——东方绿舟

〔**发展概况**〕　上海市青少年校外活动营地——东方绿舟的建设是上海市落实科教兴国战略和大力推进素质教育的重大举措，也是上海市教育发展的标志性工程之一。开营 3 年以来，每年接待国内外的学生和社会游客约 120 余万人次。被命名为全国青少年校外活动示范基地、上海市文明单位、上海市国防教育中心等多项称号。

教育活动项目

〔**教育活动项目**〕　1. 人文教育项目。智慧大道：是一条长 700 米、宽 25 米，集艺术性、思想性、知识性为一体的大型雕塑群像景观道路。地球村：由 32 幢风格迥异的中外房屋建筑群组成。园区名桥：18

座“世界名桥”横跨于营地的内湖水面。

2. 心理素质教育项目。勇敢者道路：全长200米，由军事障碍和勇敢攀爬两部分组成。趣桥世界：由18座不同类型、功能各异的运动桥组成。拓展园：共有34件训练器械，可以根据不同年龄学生的生理心理特点开展训练活动。户外攀岩：目前国内一流的户外攀岩设施，达到世界级水平。

3. 国防教育项目。以仿真航空母舰为标志的国防教育馆、武器装备馆、枪械馆、迷彩馆、战争演示馆、数字化战术对抗演习场、防空、岸防、反坦克火炮操作训练场、4D立体动感电影院。

4. 国家安全教育项目。在仿真航母上有展示面积2500平方米的国家安全教育馆。

5. 科普与环保教育项目。拥有17万平方米上海最大的四季常青草坪和丰富独立的植物生态群。

6. 体能训练教育项目。上海运动员训练基地的训练比赛场馆；水上运动区有龙舟、手划船、皮划艇，外湖有快艇、水上摩托等活动设施。

7. 生存训练教育项目。依托自身的资源优势开发的野外宿营、野炊野餐、风味竹筒饭、徒步越野、丛林觅路、孤岛求生等。

8. 素质体验测试活动。国内首创的“素质体验测试园”，由跋山涉水、跨越山谷、勇士冲浪等趣味性很强的动态游乐项目和身高体重测量、握力测试、肺活量测试、台阶测试、体前屈测试等静态项目组成。

9. 数码影像创作活动。由美国虹软公司全程赞助的数码技术设施，是一种户外活动与室内活动相结合，学习技术与激发思维融合、动与静的和谐、个人与集体配合的特色课程。

10. 地球村内有32幢别墅、中国餐厅、邮局、超市和电信馆等相关配套设施，提供给来参加素质教育活动的学生，形成了一个以学生自我管理的“小社会”。

活动成果

〔国防教育活动〕　2004年，根据上海市教委的统一安排，全市18个区分62个批次，共13.7万名高一年级学生参加了国防教育为主题的营地活动，总人数较往年增加了76.8%。同学们在3天2夜的营地活动中接受了严格的军事训练，培养了坚毅的品格，增强了集体荣誉感和组织纪律性。

〔上海市少年儿童纪念邓小平同志诞辰100周年主题教育活动〕　2004年8月是邓小平同志诞辰100周年，上海市青少年校外活动营地、上海市群众艺术馆、上海市书法家协会联合主办了“‘小平爷爷你好’纪念邓小平同志诞辰100周年上海市少年儿童书法现场挥毫”主题教育活动。参加活动的300多名青少年，在东方绿舟智慧大道的邓小平雕塑前现场挥毫，同时，主办方还邀请了小平家乡——广安纪念馆和广安希望小学的师生们一起出席活动，将青少年书写的歌颂小平同志和改革开放的长卷捐赠给广安邓小平纪念馆。

〔航天英雄杨利伟“降落”东方绿舟〕　2004年8月29日，航天英雄杨利伟来营地参观。他与军训的嘉定区学生一起观看了4D电影《神圣的使命》；观摩了学生军训的成果汇报表演；与全市各区的学生代表进行了座谈，面对学生的提问，杨利伟用精彩的回答赢得了阵阵掌声，座谈结束后他将自己亲笔签名的“神五”模型赠送给营地。

〔百万学生绿舟行——素质体验系列活动〕　营地针对全市不同年龄层次的学生，设计了“科普行•遨游知识海洋”、“文化行•徜徉历史长河”、“休闲行•享受阳光自然”、“运动行•体验竞技快乐”、“军事行•感受国威军魂”5大系列板块活动，体现了“寓道德建设于活动之中，融教育理念在内容之间”的教学宗旨，让学生在活动中勇于探索、勤于实践、敢于创新，体验活动的欢乐与成功。

（上海市东方绿舟青少年活动基地供稿）

上海市少年儿童佘山活动营地

〔发展概况〕　上海市少年儿童佘山活动营地成立于1983年7月，是上海市妇女儿童工作委员会创办、上海市妇女联合会主管的新型的少年儿童野外教育基地。营地占地面积2.2万平方米，建筑面积4543平方米，绿化覆盖率高达60%。营地内生活设施齐全，主要用于素质教育活动场所。活动区有野营灶具、秋千、趣桥等。

营地曾先后获上海市教育局校外教育先进集体、上海市教育局先进集体、上海市教育局文明少儿营地、上海市妇联直属单位先进集体、全国校外教育先进集体，上海市社会主义共建文明先进集体等称号，连续3年被评为“佘山国家旅游度假区文明单位”。2004年，获国家教委基础教育司、共青团中央少年部、全国妇联儿童工作部、中国儿童中心联合颁发的2004年全国少年儿童“心中有祖国、心中有他人”主题教育活动优秀组织奖。

〔**营地建设情况**〕 营地在上级领导的支持下，通过上级拨款、自筹款项等方式，对营地软硬件设施、现代化装备、绿化、美化等育人环境作出前瞻性的设计和建设。

为了体现营地环境的儿童化、教育化、艺术化，努力做到“让营地的每一面墙都会说话，给孩子带来美的熏陶，发挥教育的功能”。营地2003年投入一定资金，在注重布局的和谐性、布景的生动性、布置的针对性的前提下，在4幢学生宿舍墙上粉刷了大幅图画，并悬挂了醒目标语横幅，分别是“象山一样的威严”、“象风一样的行动”、“象铁一样的纪律”、“象钢一样的意志”，要求学生以4句口号为准绳，时刻约束自己。

管理成果

〔**建立健全可持续发展的人事制度体系**〕 营地自2003年起，以实施聘用合同制为抓手，加大人事制度改革力度，制定并实施了《上海市少年儿童佘山活动营地聘用合同制实施办法》、《上海市少年儿童佘山活动营地实行上岗聘用制的实施细则》、《上海市少年儿童佘山活动营地下岗待聘人员管理细则》、《上海市少年儿童佘山活动营地人事争议调解委员会工作条例》、《上海市少年儿童佘山活动营地关于职工“内部提前退休”的若干规定》、《营地职工考核具体办法》等一系列具体措施。

到2004年底，营地编制为25人，在职教职员工23人。专职教师6人，其中中级职称5人，专职管理人员2人。

〔**健全分配制度**〕 营地在人事制度改革的基础上，着手进行内部分配制度改革。2004年底，营地对原有的分配方案进行了修正。新的改革方案将分配方案与绩效、考核挂钩，用具体、可操作、可评判的标准制定奖励机制，做到奖罚分明。

教育活动项目

〔**常规活动项目**〕 1. 国防教育。一是佘山的人防坑道内的防空展览，二是与营地周边的武警部队合作，通过参观、锻炼，培养学生不怕艰难困苦，机智勇敢精神。

2. 道德教育。组织学生为福利院里的老人们献上一份小礼品、表演一个节目、献上一句爱心话语。活动从细微处着手，培养孩子尊老敬老和关心他人的优秀品质。

3. 科普教育。营地属佘山国家旅游度假区，区内森林密布，植被覆盖率高达78.88%。该地植物种类繁多，鸟类栖息、繁衍密集，又有众多昆虫种类，组成了一个美丽的森林世界。营地组织学生参观天文台，通过观看录像、幻灯和听天文台专业人员的实地讲解，向孩子们形象揭示了宇宙奥秘。

活动成果

〔**“小公民”活动的拓展**〕 2004年，营地根据现有条件和设施，在继续拓展完善原有的少儿素质活动的基础上，在“一日营”、“二日营”、“三日营”、“星期营”原有形式上进行了项目上的突破，继续深化“做营地小主人，争合格小公民”系列活动。

“小鬼当家”活动：包括有“我爱我家”、“今天我当家”、“我是理财小能手”、“我有一双勤劳的手”等多个环节。通过叠被子、洗衣服、烧竹筒饭、栽种树木、定向越野等活动开展素质教育。

“我是国防预备兵”活动：开展“我是一个小小兵”、“学走长征路”等系列活动。

〔**仪式教育**〕 从“奏响青春的序曲——十四岁生日活动”到“十八岁成人仪式”，营地根据来营学生不同的年龄阶段的特点，设计出多种不同内容的仪式，包括入营仪式、“青春颂”十四岁生日主题活动开幕仪式、十八岁成人仪式等。迄今为止共有80万人次青少年参加各类仪式教育活动。

〔**“亲子休闲营”活动**〕 为了促进家庭、学生的密切联系和协调一致的配合，营地丰富并完善了“亲子休闲营”活动，并对它进行重新定位，作为佘山活动营地的品牌活动。

亲子营活动对象为3口之家。参与者将在为期2天的时间里投入到各种丰富多彩的活动中去，有升旗仪式、登高比赛、野炊烧烤、亲子晚会、农家活动等。整个活动都是在家长和孩子的默契配合中进行，为他们提供一个快乐、难忘的周末。

“亲子休闲营”活动自1997年开展至今，始终坚持“挖掘孩子潜能，让家长了解孩子；交流家长甘苦，让孩子更有孝心”的活动宗旨。

教育科研活动

〔**科研活动**〕 开展了德育研究、营地特色活动研究、教师队伍建设研究等项目研究。多年来，营地涌现出一批教育科研先进个人。多篇论文曾获奖和发表，如顾宏权老师的《野外活动营地辅导员工作方法浅谈》、王蓓芳老师的《如何在野外营地活动中推进素质教育》、沈伟丽老师的《浅谈少儿活动营地的社会性、教育性、趣味性》、张红黎老师的《野外营地中独生子女的教育》等。

营地制定《关于对得奖论文奖励和研究课题拨给经费制度》，对获市级、地区、全国论文奖给予奖励，对区、县和市级、全国级课题分别拨给经费。

〔**出版成果**〕 营地编写了《彩色天地专题·活动优秀论文、优秀方案选》，包括思考篇、管理篇、教育篇、优秀方案选4大部分，对校外教育发展的方向、面临的新情况及对策、新形势下的管理工作、当代少年儿童的爱国主义教育、国防教育、竞争教育等问题进行了探讨。 （岳建敏）

上海市少年儿童浏河活动营地

〔**场馆改造**〕 2004年，营地投入24万元资金，对原178平方米教工食堂进行了改造，新增添了85平方米的入营学校教师用餐包房和30平方米的导游、司机专用餐厅；投入41万元资金，对上一年建成的540平方米的礼堂进行了装修；投入6万元，对学生宿舍的生活设施进行了更换和充实；投入50万元资金设计开发了“水上滑道、迷宫、趣桥”等野外活动项目；投资19万元开办了电子阅览室。2004年引入社会资金90多万元，建立了以合作为主体的营地“全进骑马俱乐部”，为2005年建设营地学生娱乐区定下了基调。

〔**管理成果**〕 营地注重用“四增强”主题教育活动引导教职工。通过“增强进取意识，追求自我超越；增强集体意识，追求团结协作；增强效益意识，落实岗位职责；增强精品意识，提高办营水平”主题教育活动，使得营地教职工的整体性观念、协作性观念和应急性观念大有提高。

〔**制度建设**〕 2004年，营地陆续建立、健全和完善了“教职工代表大会制度”、“行政例会制度”、“政治学习制度”、“岗位职责考核制度”、“重业绩、重贡献的分配制度”以及“老师持证上岗制度”、“带班活动奖励制度”和“来营师生评价和回访制度”等。岗位管理的实施，使营地逐步建立了“目标、责任、利益、效益”竞争激励机制，增强了合力，对提高营地管理水平起了重要作用。

〔**科研活动**〕 2004年，营地承担了《浏河营地“三趣”体验教育研究》课题，开发适合于野外营地开展野外活动的活动项目、活动教材以及相关理论。2004年获奖论文有《野外营地教育功能的探索和实践》、《“勇敢者道路”活动方案》；出版书籍《自主自理实践创新》、《教师论文集锦》等。（王惠萍）

黄浦区青少年活动中心

〔**发展概况**〕 2004年，黄浦区青少年活动中心在各方面取得了骄人的成绩。科技竞赛屡获高奖，艺术教育享誉沪上；民乐团、合唱团、少儿工艺表演团已成为上海一流的学生艺术团，活动中心成为全市惟一一个拥有3个市级学生艺术团的单位；机器人、头脑奥林匹克、美术、茶艺等多个项目处于全市领先地位；学生代表队参加多次交流、演出、比赛和外事访问等活动，展示了未来一代的聪明才华和精神风貌。

〔**场所改建工程**〕 2004年，黄浦区教育局加大了对活动中心的经费投入，除了增加日常办公经费以及各专项经费外，为期10个月的文庙路分部改建工程也于4月底竣工。文庙路分部的环境布置较具特色，从底楼到四楼每条走廊的墙面，都布置了与科技相关的内容，形成了“身边的院士”、“人体奥秘”、“建筑的演变”、“飞行器的演变”、“信息技术的演变”等系列，使学生一来到这里就仿佛进入了科学的殿堂。

活动成果

〔**科技、艺术类竞赛**〕 2004年，活动中心组织开展了黄浦区中小学生硬笔书法比赛、庆‘六一’大型主题集会活动、黄浦区青少年科技模型比赛、黄浦区头脑奥林匹克擂台赛、黄浦区“小红星”节庆祝活动、黄浦区少先队鼓号队比赛等竞赛活动；承办上海市学生艺术单项比赛西洋乐、茶艺、工艺比赛、上海市青少年无线电通讯比赛等竞赛。

2004年，在各级各类竞赛中，中心共获得国际奖项10多项，全国奖项30多项，市级奖项370多项。

〔**群众文化活动**〕 应市政协邀请，中心工艺表演团参加“上海市各界人士中秋联欢活动”表演，得到市领导的亲切接见；中心春天合唱团参加“上海市庆祝建国55周年群众歌咏大会”，与市领导同台演出；国庆期间，中心工艺表演团参加“北京劳动人民文化宫游园活动”，受到了吴邦国、黄菊等中央领导同志的高度评价。

2004年，活动中心组织、承办、参与的各类群众性活动涉及项目20多项，参与人数达7万多人次，取得了良好的社会效益。《人民日报》、《光明日报》、《文汇报》、《新闻晨报》、《少年日报》、《青年报》、上视新闻坊等媒体都作了相应报道，黄浦有线电视台连续4次作了相关报道。

〔**兴趣小组活动**〕 2004年，中心开设科技、艺术类兴趣小组涉及20多个项目共180多个小组，学员总数2438人。多个兴趣小组已形成各自特色，如头脑奥林匹克、机器人及自动控制、新闻摄影、民乐、合唱、工艺、茶艺等。通过参与各类重大演出或庆祝活动，或与国际同行进行互访交流，在上海乃至全国形成了一定的影响，并在各级各类竞赛中获得了较高的奖项。每年都有不少特长学生升入高一级学校进行深造。

〔**社团活动**〕 目前，活动中心共有民乐团、合唱团和工艺表演团3个市级学生艺术团，还形成了黄浦区中学生书画社和钢琴沙龙2个学生社团，社团由学生参与管理，通过定期开展各种交流及演出活动，提高学生的艺术修养、社交能力和管理能力。

社会化活动

〔**社区活动**〕 活动中心积极开展社区活动，与周边街道共同开展全民健身活动；参与社区文化建设，指导社区开展科技、艺术类培训；寒暑假以及节假日期间，免费向社区青少年开放阵地游艺场所，免费播放青少年喜爱的各类影片，开设各类科普讲座等。

暑假期间组织社区少先队进行小队队名、小队会标设计竞赛、开展“千面小队旗飘起来”社会考察等活动。

信息化成果

〔**构建远程多媒体信息化网络教育综合应用平台**〕 2004年，文庙路分部各办公室已全部开通了光缆，福州路总部、浙江路分部也有一半的办公室开通了光缆，配置了2个计算机教室，共50多台计算机，建成了一个多媒体教室，依托黄浦区教育信息网，将中心与黄浦区的教育机关、中小学校连接起来，在黄浦区范围内构成一个远程多媒体信息化网络教育综合应用平台，为教师和学生提供了丰富的网络教学、培训服务资源。

〔**各类计算机竞赛和信息展示活动**〕 中心结合各中小学的计算机普及教育，组织全区中小学生参与各类计算机竞赛和信息展示活动，取得了较好的成绩，如上海市小学生“六一”计算机竞赛、全国奥林匹克信息学分区联赛、全国“复兴杯”电脑创新大赛、上海市电脑信息展等。

交流活动

〔**赴法国参加“中法文化年巴黎上海活动周”**〕 7月初，活动中心12名学生和长宁区少年宫3名学生组成上海市学生艺术团青少年才艺表演团，赴法国巴黎参加“中法文化年巴黎上海活动周”交流表演，取得圆满成功。

〔**赴德国参加“第三届国际奥林匹克合唱比赛”**〕 7月中旬，春天少年合唱团45名团员赴德国布莱梅参加“第三届国际奥林匹克合唱比赛”，获得童声组金奖。比赛给五大洲热爱艺术的人们搭建了一个切磋、交往的平台，也锻炼了中心队伍。

2004年参加、承办各类教育、竞赛活动统计

项目	活动名称	活动时间	区级赛人数	市级赛人数	全国赛人数	获奖人数
体育活动	全国青少年业余电台锦标赛	8月			7	4
	市第三届青少年运动会武术比赛	11月		12		10
	市中小学生武术锦标赛	11月		6		4
文艺活动	举办区中小学生硬笔书法赛	3月	2200			
	春天少年合唱团参加央视少儿台音乐专题片拍摄	4月			80	
	春天合唱团参加“上海之春”国际音乐节开幕式演出	5月		80		
	市“六一”计算机竞赛	5月	300	40		25
	春天合唱团参加“上海之春”国际音乐节儿童音乐歌舞专场比赛	5月		80		优秀奖

（续表）

项目	活动名称	活动时间	区级赛人数	市级赛人数	全国赛人数	获奖人数
文艺活动	举办庆“六一”文艺演出	6月	500			
	中法文化年巴黎上海活动周	7月			12	
	第三届国际奥林匹克合唱赛	7月			45	金奖
	参加上海市学生艺术单项比赛	7月		350		100
	承办市学生艺术单项比赛西乐、工艺、茶艺专场比赛	7月		500		
	市中小学生百首爱国歌曲大赛	7月		18		一等
	春天合唱团参加上海国际少儿文化艺术节演出	8月		30		
	第九届全国中小学生书画赛	8月			20	6
	民乐团参加天津国际少儿艺术节演出	8月			25	
	黄浦区庆国庆歌咏比赛	9月	80			一等
	上海市庆国庆歌会演出	9月		80		一等
	“阳光大地”上海市青少年音乐天地启动仪式	10月		80		
	承办市中小学生双语歌曲比赛	10月		200		
	上海国际艺术节合唱专场	11月		80		
	“冬日里的暖流”民工子女新年音乐会演出	12月		80		
科普活动	市航海模型锦标赛	4月		20		12
	市青少年船模建模赛	6月		80		62
	全国青少年航海模型赛	8月			10	7
	市“嘉定杯”F1车模赛	9月		8		7
	市遥控车精英积分赛	9～11月		16		8
	上海市车模锦标赛	10月		14		4
	市“江南杯”船模赛	10月		18		10
	全国青少年奥林匹克建筑模型赛	10月			2	2
	市“西部杯”青少年计算机应用操作竞赛	11月	250	30		20
	承办区青少年科技模型赛	11月	1000			200
	市“奥迪杯”车模赛	11月		30		28
	第五届中国智能机器人大赛	11月			9	9
	市车模技能赛	12月		24		10
	上海市电脑信息展	12月	4000	350		70
	全国奥林匹克信息学分区联赛	12月	200	30	5	20
	市中小学科技模型评比	12月		50		35
	承办市青少年无线电通讯竞赛	12月	600			
	全国复兴杯电脑创新大赛	12月	6000	300	10	30
	科普讲座	6次	3000			
	科普电影	18次	9000			
生活实践活动	区优秀学生暑期素质拓展夏令营	8月	3500			
	“千面队旗在飘扬”雏鹰假日小队快乐营活动	7、8月	10000			
学科类竞赛	市“白猫杯”青少年应用化学知识与技能竞赛初、复赛	11月	1000			
	市中小学生英语听力竞赛	12月		30		17
其他活动	黄浦少先队员弘扬民族精神启动仪式	3月	2000			
	“弘扬民族精神，做自强自豪黄浦少年”东方绿舟教育活动	4月	3000			
	“与黄浦同行，与巨博同行”区第二届少代会	6月	3000			
	“我们是红旗的一角”庆祝少先队建队55周年主题集会	10月	4000			
	“我与祖国母亲同生日”区少儿庆国庆活动	10月	2000			
	“青春的旋律”区初中社团巡礼	11月	2000			
	“璀璨红星，欢乐童年”区庆祝小红星活动	12月	3000			
	“民族精神代代传”区少先队主题教育系列活动总结表彰会	12月	1000			
	区第二届少先队鼓号赛	12月	5000			

（陈韶军）

卢湾区青少年活动中心

〔发展概况〕 卢湾区青少年活动中心在多年的教育实践中已建立具有卢湾特色的优势活动项目，如机器人、海空模型、书法、绘画、摄影、声乐、舞蹈等，同时也形成了一批有较高职业素养和专业能力的教师队伍。2004年，中心在保持传统优势活动项目的基础上，一是重点发展科技创新教育、现代信息技术等活动项目；二是与市科协合作筹建小型科技博物馆；三是举办全国和市一级的青少年科技、艺术大赛和交流展示活动。

〔青少年活动中心新建宫落成〕 为打造卢湾精品教育，实现卢湾教育现代化，从2001年12月开始，经过3年努力，2004年12月，一座集青少年科技创新、艺术训练、培训服务、展示交流于一体的现代化多功能青少年活动中心顺利落成。卢湾区青少年活动中心占地面积1.2万平方米，建筑面积1万平方米，总投资8400万元。

〔品牌活动〕 中心坚持普及为主的科技节、艺术节活动。卢湾区第十七届青少年科技节和第十九届学生艺术节，都搞得有声有色、丰富多彩。31所中小学2000余名学生参加《纪念毛主席诞辰》合唱比赛，更是精彩纷呈。“五一”、国庆广场文化、走进社区的文艺演出得到社会称赞；承办了2004年中外少年儿童大联欢；积极组织参与区教师节庆祝文艺演出。

〔少先队活动〕 2004年少先队工作以“民族精神代代传”活动为重点，开展了“向雷锋同志学习”纪念活动、卢湾区优秀队员、队集体测试工作和区“六一”少先队庆祝表彰工作，组织了卢湾区红领巾理事会短期培训等。

〔科技活动〕 2004年，中心把培养青少年创造能力和创新精神作为科技活动的重点，以科技竞赛项目为突破口，开展了如创造发明竞赛、机器人竞赛等活动和全国青少年创造发明大赛。全区几千名中小学生参加选拔赛，从100余件科技作品和200余幅科技幻想画中评选出科技作品、科学幻想画和优秀科技实践活动参加全市、全国比赛。获上海市一等奖5项，二等奖8项，三等奖10项。第十九届英特尔全国青少年科技创新大赛一等奖1项，二等奖2项，三等奖1项。

〔艺术教育活动〕 2004年中心艺术教育工作稳步发展，深入基层，渗透课内，坚持到基层学校辅导，坚持艺术沙龙（合唱、书法、美术）活动。辅导培育了14个基层学校的艺术团队。在全国、市各艺术、绘画、书法竞赛中获金奖、特等奖、一等奖20多项，2004年百首革命歌曲大家唱比赛一等奖2项，2004上海之春国际音乐节少儿音乐歌舞专场获最佳表演奖。

〔教育培训活动〕 2004年，中心开办了以创造发明类、现代信息技术类和环境生化类的3类25项科技特色培训以及声乐、书画、器乐3类艺术培训，学员达2000多人。 （孙小棉）

徐汇区青少年活动中心

〔发展概况〕 徐汇区少年宫是以艺术为特色的校外教育机构，创办于1953年，是上海市第一个区级少年宫。少年宫常年举办表演、声乐、器乐、书法等30多个项目的培训班，其中京剧、话剧、故事、琵琶、手风琴、书法、工艺美术、室内乐等均是少年宫的特色强项，属全市一流水平。每学年有学员2500余人，先后为专业团体输送千余名艺术人才，被人们誉为“活动的天地，艺术的摇篮”。少年宫是上海市艺术教育中心戏剧分中心，在市艺教委的领导下，发挥青少年戏剧教育的领军作用。徐汇区少年宫是上海市优秀外事接待单位，每年接待外宾近2万人次。少年宫也频频受邀组团代表上海市学生艺术团出访日本、新加坡、德国、荷兰、法国等地。2002年9月，上海市徐汇区青少年活动中心揭牌正式成立。

徐汇区青少年科技指导站是以科技教育为特色的校外教育机构，创办于1977年，也是上海市率先成立的青少年科技指导站之一。2004年开设的科技活动有：创造发明、头脑奥林匹克、环保、空模、海模、车模、电脑、电子技术、生物、机器人、国际电台项目等。先后开设钳工、电子技术、工艺木工、建筑模型、摄影、摄录像、艺术与设计、电脑绘图设计等项目。

〔场馆建设情况〕 坐落在上海市田林东路的徐汇区青少年活动中心新场馆还在建设之中，资金投入约9000万，2004年资金投入6000万，总面积1.5万平方米。现中心资产总值8000万，所在地区有幼儿园47所，小学47所，中学52所，学生人数12万。

教育活动

〔承办上海市学生戏剧节、区教师节庆祝活动〕

2004年，中心承办了上海市学生戏剧节、区教师节庆祝活动，组织开展了区民乐比赛。同时组织科技、生态、少先队夏令营活动10余场，3000余人参加，在拓展中小学生视野，培养综合素质方面达到预期效果。

〔**校园文化“希望之星”系列活动**〕　校园文化“希望之星”系列活动贯穿一整年，开展了6大项活动：母亲节献礼活动、头脑奥林匹克万人大挑战、教师风采大赛、校园健身舞比赛、民族精神代代传活动、少先队校园鼓乐大赛等，参与人数5000余人次；组织区中小学生参加全国“双有”活动，获全国“双有”优秀组织奖；承办上海市学生戏剧节获特别贡献奖。

〔**兴趣小组活动**〕　开设各类兴趣专业25项，兴趣班346个，学员2400人。特色项目有京剧、话剧、书法、OM、模型、机器人、环保。组建上海市“好小囡”少儿京剧团、上海市少儿影视学生艺术剧团、徐汇区少儿舞蹈团。艺术项目获国际一、二等奖11项，全国一、二、三等奖95项。科技项目获国际二等奖1项，本区中小学生参加青少年活动中心组织的各类竞赛获全国一、二等奖37项，市级一、二等奖198项。

〔**交流活动**〕　2004年，徐汇区青少年活动中心成功组织了上海国际少儿文化艺术节徐汇一日营活动，各国小客人与活动中心学员同台献艺，度过了难忘一天。

11月，接待了日本草津市“友好之翼”教育代表团、新加坡学生游学团培训交流活动；组织本区舞蹈、声乐、民乐学生赴日本进行艺术交流，获圆满成功。

〔**课题研究**〕　活动中心以科研课题为龙头，不断拓展课题研究的内容和方法。其中《校外科技教育发展态势的初探》、《社区青少年科技活动操作模式的研究和探索》、《加强教师队伍建设实践活动方案》、《徐汇区青少年科技导师创新实践活动方案》等研究成果获得数十项全国级、市级教育科研奖。中心现有3个市级课题、1个区级课题在继续研究中。

〔**科技教师培训活动**〕　2004年起，青少年活动中心确立8门教师职后培训课程，即“中小学科技教育”、“科普概论”、“环境教育专题研究及指导”、“新能源开发”、“数字影音技术”、“动漫设计教育课件制作技术”和“科技模型理论与实践”等。先后开班10多期，开展30多次专题研讨活动，培训教师近千人。

2004年参加、承办各类教育、竞赛活动统计

项目	活动名称	活动时间	区级赛人数	市级赛人数	全国赛人数	获奖数
体育	小运会	2004.12		66		3
	新闻晨报杯篮球赛	2004.7	2700	150		3
文艺活动	2004年上海市学生戏剧节	2004.4～10	6700	160		21
	2004年上海市学生单项比赛	2004.7～8		672		10
	全国书画类比赛				205	95
	国际书画类比赛					11
科技活动	第55届国际科学与工程学大赛	2004.5			2（国际）	2
	第十九届全国青少年科技创新大赛	2004.8	27950	2000	10	10
	首届中国青少年科技创新奖	2004.8			1	1
	2004年全国少年儿童“科技之星”科普知识竞赛	2004.5	2000余	200	50	1
	2004年全国少年儿童海尔科技奖	2004.11		30	20	6
	全国第六届“我爱祖国海疆”船模竞赛	2004.8	2000	50	5	2
	全国青少年奥林匹克建筑模型竞赛	2004.5	3000	35	10	4
	2004年度全国大、中、小学生“珍惜、爱护水资源”比赛	2004.5			2	1
	第十届全国青少年信息学奥林匹克联赛“上中杯”上海赛区	2004.9～12		100	64	43
	第二届全国网络英语知识与技能实践活动竞赛	2004.5		100	11	4
	第二届全国“中小学生信息技术创新与实践活动”全国决赛	2004.12	3000	100	100	32
	2004年世界工程师大会——“青年和未来工程师联展”	2004.11			50	3
	2004年“飞向太空”全国青少年航空航天模型比赛	2004.8			5	2
	第二届小学“希望杯”全国数学邀请赛	2004.5～11	1000	300	150	41
	第九届“华罗庚”金杯全国少年数学邀请赛	2004.5～11	1500	500	200	76
	2004年长三角十城市青少年环保系列活动	2004.2～8	5000	200	50	11

（续表）

项目	活动名称	活动时间	区级赛人数	市级赛人数	全国赛人数	获奖数
科技活动	2004 年机械奥运会沪、港、澳埠际赛	2004.10～12		20		3
	第十九届英特尔上海市青少年科技创新大赛	2004.4	27950	2000		80
	第二届上海市青少年“明日科技之星”	2004.5	5000	30		2
	2004 年度上海少年科学院小院士	2004.10		10		3
	第九届上海市青少年创造发明设计竞赛	2004.10		8		2
	第十九届亿利达青少年发明奖	2004.10		10		1
	2004 年上海市第八届优秀发明选择赛	2004.10		5		1
	第十七届中国上海头脑奥林匹克创新大赛	2004.5		50		4
	上海市第十届头脑奥林匹克擂台赛（第一期）	2004.11		50		1
	上海市青少年头脑奥林匹克万人大挑战	2004.6	2 万	100		42
	2004 年上海市青少年金钥匙科技竞赛	2004.9	300	60		16
	2004 年青少年机器人世界杯大中华区上海选择赛	2004.10		80		6
	2004 年上海市青少年“上大附中杯”机械奥运比赛	2004.10		100		30
	2004 年上海市青少年车辆模型技能赛	2004.12		16		8
	第二十一届上海市青少年船模建模竞赛	2004.11		2500		20
	第十届上海市中小学科技模型综合评比	2004.11		100		16
	2004 年上海市航天航空模型锦标赛	2004.11	500	10		3
	2004 年上海市“上航杯”航空模型竞赛	2004.11	450	20		8
	2004 年上海市青少年无线电计算机图象通讯竞赛	2004.10		8		4
	上海市“西部集团杯”中学生计算机应用操作竞赛	2004.9～12		300		15
	第二届全国“中小学生信息技术创新与实践活动”上海市竞赛	2004.11		80		12
	“光彪杯”上海市“六一”小学生计算机竞赛	2004.10	2000	200		52
	2004 年上海市少先队雏鹰竞飞计算机应用竞赛	2004.6		34		24
	2004 年上海市青少年“电子通”实验比赛	2004.10		100		36
	2004 年上海市青少年电子知识与技能竞赛电子制作比赛	2004.9		15		6
	2004 年上海市青少年《百拼电子》竞赛	2004.12		10		5
	2004 年上海市青少年《单片微机应用》竞赛	2004.12		30		17
	2004 年上海市第十一届高中科普英语竞赛	2004.5～12	1000	500		47
	2004 年上海市第三届初中科普英语竞赛	2004.9～12	1000	300		54
	2004 年上海市首届小学科普英语竞赛	2004.10～12	1700	500		35
	2004 年“白猫杯”上海市青少年化学知识与技能竞赛	2004.3	400	50		12
	2004 年上海市青少年摄影作品大赛	2004.10		15		3
	2004 年上海市中小学生“华联王震”杯摄影大赛	2004.10		20		7
	2004 年上海市女学生“华联王震”杯摄影大赛	2004.5		5		2
	2004 年上海市第二届女学生摄影作品演讲比赛	2004.5		7		5
	第三届“工美杯”上海市青少年工艺技能竞赛	2004.9		75		16
	2004 年“均瑶杯”上海市小学生思维能力训练活动决赛	2004.5	1000	100		18
	2004 年上海小学生“争当安全小卫士”安全教育实践活动比赛	2004.12	2000	3		1
	2004 年青少年“庄臣绿色生活行动”环保系列活动	2004.2～8	2000	100		27
	上海市中小学生第五届“壳牌美境行动”方案设计比赛	03.6～04.1	2000	50		6
	上海市中小学生第五届“壳牌美境行动”优秀方案实施比赛	2004.1～5		10		1
	2004 年度徐汇区科技“杯赛”（24 项）	2004.3～12	2 万			若干
其他活动	上海市第五届学生电影节	2004.5～12	250	12		6
	上海市小青蛙故事比赛	2004.3～5	30	2		2
	上海市故事大王比赛	2004.4～8	30	2		2
	“祖国明天更美好”诗歌创作比赛	2004.3～10	120	4	2 人	6
	“上海磁浮”少年儿童快乐作文征集	2004.11	340	240		40
	纪念邓小平 100 周年征文	2004.8～9	260	80		26

（冯缘冰）

长宁区少年宫

〔**发展概况**〕　长宁区少年宫占地面积8338平方米、建筑面积5720.6平方米，其主楼是一幢豪华典雅的欧式城堡建筑，是区教育局领导下的综合性校外教育机构，是全区中、小、幼学校艺术教育的活动中心、培训中心和指导中心。同时，少年宫也承担了上海市艺术教育中心书画分中心的工作职能，负责全市学生书法、美术、工艺项目的交流、推广、竞赛等各项事宜。民乐、书画、工艺等特色项目被市艺术教育委员会命名为上海市学生艺术团。

长宁区少年宫除了举办各种全区性的活动外，还经常受市有关部门委托，承办各种大型的全市性活动。如：音乐节、电影节、围棋比赛等，已连续承办了7届上海市学生书画摄影作品展和2届上海市“樱花杯”美术作品比赛。

〔**场馆建设**〕　长宁区政府非常重视发展校外教育事业，已制定了新的少年宫改扩建规划，并作为政府实事将于2005年起实施。按照规划，少年宫周边的原《小主人》报社、区武装部及部分居民楼将并入少年宫（占地面积增加70%），并新建影剧场和一些辅助设施（建筑面积增加80%），同时在保持原建筑欧式古典风格的基础上进行“整旧如旧”的整体改造，至2006年，将建成一个环境典雅、风格独特，欧式古典建筑群与绿化景观相映争辉的新少年宫。

〔**组织机构改革**〕　2004年，长宁区少年宫采用精干的直线式管理结构，即主任室下设办公室、服务部、教学部、活动部4个部门，宫主任实行纵向分层直线式领导和管理。实践证明，这样的管理结构能使宫主任更直接地了解每一个部门的情况，做到既宏观、又微观，实行更有效的管理。

教育活动成果

〔**“心向大别山”——知识帮困系列活动**〕　长宁区少年宫策划组织的“心向大别山”——知识帮困系列活动，从2001年延续至今。2004年组织了“给山区孩子一封信”评比活动，两地的孩子们继续保持着真诚的友谊。今后除了将继续捐赠图书、举办“大别山夏令营”外，还将邀请大别山的孩子来上海活动游玩、邀请大别山的老师来上海学习交流。

〔**德育专题活动**〕　2004年，长宁区少年宫策划、承办了一系列丰富多彩的德育专题活动：上半年设计策划了“看长宁，爱上海”——主题系列教育活动，并从中派生出“中学生自行车考察”、“交通法规”知识竞赛、“家乡知识知多少”知识竞赛、“‘不看不知道’网上交流会”等9个中小型活动；下半年设计策划了“民族精神薪火相传”——主题系列活动，由“讲民族故事、树民族气节”、“唱民族歌曲、展民族风采”、“看民族电影、育爱国情怀”等7个中小型活动组成。这两个系列活动吸引了1.4万多名学生参加。

〔**兴趣小组活动**〕　2004年，少年宫共开设合唱、舞蹈、戏剧、影视表演、主持人、钢琴、电子琴、小提琴、长笛、萨克斯、二胡、琵琶、古筝、柳琴、唢呐、书法、硬笔书法、绘画、素描、国画、泥塑、面塑、软陶、编织、围棋等专业26个，兴趣小组171个，学员总数3540人。

〔**科研工作情况**〕　2004年，少年宫圆满完成了市级课题《新世纪区域性学校艺术教育发展的实践研究》、《自主发展的少年宫美术教育活动模式研究》和区级课题《少年宫推进少先队社区工作发展的实践研究》、《少儿钢琴教育中艺术创造能力的实践培养》、《影视教育的多元模式和课程改革》等5个课题的结题验收工作，其中2个课题获“长宁区第八届教育教学研究项目”成果奖，其余课题的评奖正在申报中。2004年又有4个新课题立项。

2004年，长宁区少年宫教师撰写的论文和设计的活动方案，有8篇在全国获奖、3篇在上海市获奖或发表在市级刊物上。少年宫2位民乐教师参与编写、出版了2本民乐教材。

2004年承办各类教育、竞赛活动统计

项目	活动名称	活动时间	参加人数	获奖人数
体育活动	长宁区“希望杯”小学生围棋比赛	2004.4	100	12
	“你来我来大家来”长宁区小学生文明课间操比赛	2004.4	600	6
	上海市“华光担保杯”中小学生围棋比赛	2004.5	250	36
	长宁区中小学生“阳刚少年”健身操比赛	2004.12	480	200

（续表）

项目	活动名称	活动时间	参加人数	获奖人数
文艺活动	长宁区“高雅音乐进社区”活动	2004.4	500	
	“我眼中的上海”长宁区中小学生画漫画、编故事比赛	2004.4	600	24
	长宁区中小学生民族歌曲大擂台	2004.4	1000	12
	长宁区中小学生“走近伟人邓小平”主题征文比赛	2004.4	400	12
	长宁区小学生演讲比赛	2004.5	600	200
	长宁区“祖国明天更美好”朗诵比赛	2004.5	250	50
	长宁区学生戏剧节比赛（4个专场）	2004.5	1200	50
	上海市学生绘画书法摄影作品展览	2004.6	8500	800
	上海市“樱花杯”中小幼美术作品比赛	2004.8	2200	420
	长宁区中小学生教师节诗歌比赛	2004.9	200	30
	“爱我中华”长宁区中小学生大型歌会	2004.9	2000	
	长宁区中小学生讲民族故事比赛	2004.11	500	100
	长宁区中小学生小组唱比赛	2004.11	550	100
生活实践活动	长宁区中学生自行车社会考察	2004.4	100	
	长宁区中小学生“交通安全”知识竞赛	2004.4	420	80
	长宁区小学生消防夏令营	2004.7	300	
	长宁区“亲亲一家人”家庭小品比赛	2004.9～11	900	90
	长宁区“亲亲一家人”家庭卡拉OK比赛	2004.9～11	900	90
	长宁区“亲亲一家人”家庭游戏比赛	2004.9～11	900	90
其他活动	长宁区中小学“知我长宁、爱我长宁、兴我长宁”主题活动	2004.	10000	
	长宁区“手拉手快乐学习”与民工子弟互帮互学活动	2004.	900	
	长宁区“金鼓银号”少先队鼓号交流比赛	2004.4	2000	13
	长宁区中小学生“照片里邓爷爷的故事”系列纪念活动	2004.4	10000	
	长宁区“文明好少年”评选活动	2004.5	1200	10
	长宁区中小学生影评征文比赛	2004.5	300	12
	长宁区小学生“家乡知识知多少”竞赛	2004.5	640	130
	长宁区中学生“不看不知道”网上交流活动	2004.5	800	
	长宁区少年儿童“六一”主题集会	2004.6	700	
	长宁区“给山区孩子一封信”评比活动	2004.8	350	20
	长宁区“我心中的教师”形象电视大赛	2004.9	120	1
	长宁区中小学生奥运知识竞赛	2004.12	360	60

（刘大维）

长宁区少年科技指导站

〔基本情况〕 上海市长宁区少年科技指导站于1977年11月正式挂牌成立，与区少年宫科技部合并办公。少科站占地面积5570平方米，绿化面积1700平方米。建有科普楼2130平方米、科技楼3130平方米、科学广场近4000平方米。现教职工人数为34人。

2004年长宁区少年科技指导站获2003～2004年度全国青少年科技活动先进集体、上海市青少年科技辅导员协会学会先进单位。

〔重大活动〕 2004年，少科站先后接待了美国戈尔副总统访问代表团的先遣队、全国政协代表团、原上海市委书记黄菊、著名数学家苏步青、市人大副主任沙麟、东华大学校长邵世煌、上海工程技术大学校长徐子成、市教委副主任夏秀蓉等。苏步青、沙麟、邵进煌、夏秀蓉等还专门为长宁青少年科技教育题词。

〔组织参加上海市第十九届英特尔青少年科技创新大赛〕 2004年2月，组织全区中小学生参加了上海市第十九届英特尔青少年科技创新大赛，全区成绩在全市名列前茅。获一等奖12项，二等奖26项，三等奖21项，占所有奖项的十分之一，区少年宫还获得17项专项奖。8月，在四川成都举行的第十九届全国青少年科技创新大赛上，长宁区获优秀组织奖，1名老师获全国优秀科技辅导教师奖，科幻画获1个一等奖、2个二等奖、1个三等奖，科学实践活动获1个一等奖，1个二等奖。

〔**参加上海市百万青少年争创“明日科技之星”活动**〕　3月份，组织全区中学生参加了上海市百万青少年争创“明日科技之星”活动，2名同学荣登“明日科技之星”榜。9位同学获“科技希望之星”。延安中学朱守晨老师获导师提名奖。6月10日在市三女中由区政府召开了“长宁区青少年科技创新奖励大会”，会上表彰了“明日科技之星”、“科技希望之星”以及创新大赛一等奖获得者和优秀教师。

〔**特色科普活动**〕　5月份，少科站根据长宁区科技周组委会的要求，开展多媒体校园行、民工子弟学校科技传播活动、“绿色家园”环保征文竞赛、上海市“天五杯”无线电测向比赛等。

〔**环保活动**〕　6月5日是世界环境日，2004年的主题是“海洋存亡，匹夫有责”。少科站承办了中国世纪环保行上海组委会、上海市环保局、长宁区人民政府主办的纪念世界环境日宣传活动。创建了7所区级绿色学校、4所市级绿色学校，最近市三女中、延安初级中学又在创建全国绿色学校。

〔**社区活动**〕　少科站科普阵地经常配合本区街道的主题活动，把科技大篷车进入社区，有科普展项、拓扑和科技制作等常规项目，也有数码摄影演示、机器人操作表演等层次较高内容。有时还通过实验演示向居民讲解一些生活中的科普知识。

少科站科普大篷车和模型表演多次到民工子弟学校和辅读学校为学生传播科技知识。大篷车还参加儿童节、国庆节游园会、区旅游节以及市区科技周组织的相关活动，普遍受到欢迎。

〔**学生社团活动**〕　少科站中大洁润丝青少年摄影俱乐部举办了摄影创作、讲座、参观、夏令营、展览等；GLOBE学校协会举办了论坛、参观考察、社会调查、社区宣传、展示交流、课题研究、网上论坛、中英语演讲、辩论会等，参加人数约5000人次。

〔**兴趣小组培训活动**〕　长宁区少科站兴趣小组活动在2004年开设了摄影、环保、无线电测向、生物、化学、小学生程序设计、信息技术、FLASH动画、网页制作、创造发明、电子、机器人、建筑模型、航空模型、航海模型、车辆模型、火箭模型、科普英语、业余电台、生化、各类小制作、科普美术等专业。在一年中，分春季、秋季、暑期3期组织学生培训，共培训学生并结业1.7万余人。

〔**学员获奖情况**〕　2004年，长宁区少科站共组织学生参加了36项市级竞赛，获个人奖339个；获团体59个；参加全国竞赛3项，获个人奖5个，团体奖4个。参加上海市第19届英特尔青少年科技创新大赛获多项奖励。

〔**课题研究**〕　参加或承办全国“十五”重点课题的子课题《上海地区青少年科学探究学习活动的实践研究》、全国“十五”教育规划课题《国际大都市建设中，绿色家园教育课程建设与实施研究》、市级课题《中小学科技类研究型活动课程的实践研究》、区级重点课题《构建科技类研究性(探究性)活动课程，培养学生动手实践和创新能力的研究》、《绿色家园教育校外实践活动研究》、《摄影探究性学习的教学研究》、《摄影题材发现法与创新思维培养的应用研究》、《儿童画创作心理研究》等课题研究活动。

参加国家科技部等《2001～2005年中国青少年科学技术普及活动指导纲要》实施项目优秀科研成果评比，长宁区少科站被评为“优秀科研成果先进单位”，5位教师的“学习资源”成果被评为“优秀课题成果奖”。张卫平老师被评为先进个人。

〔**获奖论文、案例**〕　2004年本站组织教师参加市、全国青少年科技辅导员论文征集评比，获全国一、二、三等奖3人，获市一、二、三等奖5人。参加EPD项目论文、案例的评比，获全国一、二、三等奖7项。

〔**承办“青少年科学探究学习活动”全国现场交流会**〕　2004年4月19～21日，由中国科协青少年部、中国科普研究所和中国青少年科技辅导员协会主办，上海市科普促进会和长宁区学校科技教育委员会承办的“科学探究学习活动的理论与实践研究”全国研讨会在少科站召开。现场会对《上海市青少年科学探究学习活动的调查报告》进行了交流；与会人员现场观摩了少科站的科学探究学习活动。

〔**“东西部手拉手科技教师培训交流活动”**〕　10月18日，在上海市长宁区少科站进行了“东西部手拉手科技教师培训交流活动”。长宁区少科站站长周柳贞作了“四科并举，提高青少年科技文化素质”的发言；西部代表参观了长宁区少科站的科学探索馆；观看了少科站模型表演队的精彩表演；与少科站的老师作了交流和技艺切磋。

〔举办《推进学习型社会建设的摄影实践活动研讨会》〕 11月18日，在长宁区少科站举办了“推进学习型社会建设的摄影实践活动研讨会”。摄影教师董尼的论文《建立摄影学习型家庭推进学习型社会发展》获得中国青少年科技辅导员协会论文评选一等奖，上海市青少年科普促进会论文评选一等奖，参加全国交流。

2004年参加各类教育、竞赛活动统计

项　目	活动名称	活动时间	市级赛人数	获奖人数
学科类竞赛活动	上海市第三届初中科普英语竞赛	2004.3	66	10
	上海市中学生科普英语竞赛	2004.3	400	6
	2004“光彪杯”上海市“六一”小学生计算机竞赛	2004.3～5	300	20
	上海市首届“上外双语杯”小学生科普英语游戏竞赛	2004.4	15	4
	第十九届英特尔上海市青少年科技创新大赛科幻画	2004.5		23
	上海市青少年车辆模型竞赛	2004.5	45	21
	上海市青少年摄影作品大赛	2004.5	120	32
	上海市白猫杯《生活中化学》竞赛	2004.5	900	38
	上海市第十九届青少年无线电测向定向竞赛	2004.5	130	55
	上海市青少年“庄臣绿色生活行动”环保系列活动	2004.6	21556	27
	2004年“绿色生活，让城市更美好”长三角十城市青少年环保系列活动	2004.7	25	17
	上海市青少年电子知识与技能竞赛	2004.7	35	23
	“体育杯”上海市无线电测向、定向越野锦标赛	2004.10	170	49
	第九届“奥迪杯”全国青少年四驱车模比赛上海赛区	2004.11	9	12
	2004年长三角城市青少年“美丽家园”摄影竞赛	2004.11	50	15
	上海市青少年常见植物竞赛	2004.11	20	19
	第四届“西部集团杯”计算机应用操作竞赛	2004.11	56	10
	“工美杯”青少年工艺技能竞赛	2004.11	26	26
	上海市第十八届“上航杯”青少年航空模型比赛	2004.11	14	6
	上海市青少年车辆模型技能赛	2004.12	26	14
	上海市青少年电子知识与技能竞赛	2003.12	28	21
	第九届全国青少年信息学奥林匹克联赛	2003.12	48	14
	上海市青少年航空模型锦标赛	2003.12	15	4
	“王震杯”小小摄影家看百联上海市中小学生数字天地摄影大赛	2004.12	30	10
	上海市中小学生天文知识竞赛	2004.12	16	8
	“龙华杯”第十届上海市中小学生科技模型活动	2004.12	23	10
	上海市青少年“上大附中杯”机械奥运比赛	2004.12	20	5
	“黄浦杯”2004年上海市青少年无线电通讯竞赛	2004.12	12	7
	上海市第三届“西部集团杯”青少年计算机应用操作竞赛	2004.12	26	15
	第二届“利乐杯”全国中小学生环保英语演讲比赛	2004.4		1
科技活动	全国青少年科技创新大赛科幻画	2004.8	4	4
	全国青少年科技创新大赛实践活动	2004.8	2	2

（长宁区少年科技指导站供稿）

静安区青少年活动中心

〔**发展概况**〕 活动中心于1997年6月1日正式落成并投入使用。中心占地面积1万平方米，建筑面积1.62万平方米，除52间专用教室外，还拥有设施先进的剧场、演播厅、视听室、多功能厅及各类活动阵地，按照德育、科技、艺术、劳技、文化、体育、娱乐等各类教育教学活动的开展要求，构建了电视演播制作区、科技活动区等7大活动区域。抢抓机遇，挑战自我，构建校外教育的新格局是2004年静安区青少年活动中心的工作主旨。

2004年，中心学员在戏剧、书法、美术、民乐、手风琴、电子琴、船模、车模、业余电台、OM竞赛、机器人、红读、主题征文等多项市级以上比赛中均获金奖；少女军鼓队应邀参加“2004上海国际旅游节”开幕式巡游表演与迎宾；合唱团、民乐、小提琴、爵士乐团的学员在“第六届上海国际艺术节”、“2004上海国际少儿文化艺术节”、静安区政府与市文广局合办的“中国颂”大型文化广场演出、“静安·让生活更美好”文化节的演出中充分展示了自己的才华。

〔**新课程设置**〕　2004年暑期，中心新课程的设置全面展开。首先，变师本课程为校本课程。在新一轮课程设置中，课程不再是教师的个人行为，而是由学校规划审核由教师组织实施。不少课程有了具体的学制安排与阶段划分，有了教学内容的有效整合与版块设置。其次，变人人可教为量体裁衣。根据教师自身的教学水平与教学风格，安排其执教课程的不同阶段或版块，避免了教师因跨学科或跨阶段教学而力不从心的局面，使教师更有针对性地钻研教材。其三，变自上而下的中心统管为自下而上的教研组分管。课程内容由教研组成员共同确定，教学任务由教研组成员共同分担，课程的实施效果需依靠全组成员的共同努力来加以保证，构成了一个自主自理的教学整体。

〔**品牌活动**〕　中心组织的“六一”庆典、暑期欢乐周、区德育工作年会、“新蕾杯”校园歌手大赛、区学生戏剧专场比赛、“继传统，扬精神”拥军慰问夏令营等活动均以德育为核心，以学生为主体，引导学生体验，并充分挖掘教育内涵，寓乐于教。各种活动组织形式丰富灵活，在欢乐的氛围中达到了教育引导与愉悦身心的作用。

〔**“七彩俱乐部”活动**〕　中心以素质教育为目标，以阵地开放为基础，以文化活动为载体，走出了一条活动育人的道路。2004年，中心的“七彩俱乐部”开放422场次，活动人次达16万余人，并设立了中小学爱心专场与社区专场。阵地开放满足了青少年学生休闲娱乐的需要，主题教育活动则成为青少年学生自主发展的舞台。　（黄　婕）

普陀区青少年活动中心

〔**发展概况**〕　普陀区青少年活动中心是普陀区教育局投资1亿多元建造的一座17层高的现代化校外教育机构。共有1.5万平方米面积可供青少年活动所用。内设剧场、多功能厅、视听室、多媒体母子钢琴室（供32人同时使用）、生物克隆实验室、机器人培训制作室、舞蹈室、电脑室、合唱室、围棋室、陶艺制作坊、游艺廊等60多个活动场所和教室。目前，以科技、艺术为主要内容的学生培训项目有40多项，学生万余人。并成立了合唱、舞蹈、民乐等市、区级的学生艺术团、普陀少年科学院。2004年，中心辐射全区中、小、幼学生的思想道德建设实践活动和群众文体、科普活动达20万人次。2004年被评为全国“双有”活动先进集体、全国美育实验基地。

〔**“330工程”**〕　中心“330工程”为就近学校开设电子、机器人、航模、车模、生物、剪纸等10项拓展型课程，做到优质资源共享。中心组织15位骨干教师坚持每周到启星、甘霖特殊学校义务送教，为他们开设航模、主持人、声乐、陶艺、绘画和工艺等拓展型课程，让更多的学生享受到专业教师的指导；每月召开各校“科技和艺术总辅导员”例会，每周培训科技指导教师，每学期召开全区学校科技、艺术活动现场会，以点带面，推进区“文体工程”蓬勃发展；组织学生参与区科技节、艺术节、花卉节等活动，达20多万人次。

〔**竞赛和培训活动**〕　2004年，中心组织了面向小学生的上海市“六一”计算机竞赛、上海市少先队雏鹰竞飞计算机竞赛、上海市计算机雏鹰考章和面向初、高中学生的上海市“西部集团杯”青少年计算机应用操作竞赛、上海市“大同杯”信息学奥林匹克竞赛、全国NOC“复兴杯”上海市计算机竞赛等活动；充分利用网络资源。共有5000多人参加竞赛活动，获得了优异成绩。另外，每年有500多学生参加中心的电脑培训。中心常年设立电脑章考核点，还开设了计算机雏鹰考章辅导班、竞赛班，让有计算机特长的学生能更好地学习。

〔**社会化活动**〕　全区9个街道（镇）都有一个社区学校，每个街道（镇）都建立了一个社区少先队队部。通过整合社区优质资源，组建了一支热心关心青少年成长的志愿者队伍，开设现代信息技术、英语口语、测试、心理讲座、少儿影视欣赏、乐器培训、各类球队等兴趣小组，积极开展“动手动脑，智趣无限——科普夏令营”、“纪念红军长征70周年故事会”、“为了母亲的微笑”法制教育讲座、“改变陋习、美化环境”小小啄木鸟行动和“美丽家乡”儿童书画展等活动。

〔**交流活动**〕 2004年4月11日，普陀区青少年中心接待了“日本香川县多度津町”友好代表团一行121人，这是他们第3次来到少年城；7月14日，普陀区青少年中心师生一行19人前往韩国釜山市金井区进行友好访问；7月26日，接待了参加上海市国际少儿艺术节交流演出活动的200多名中外小朋友，他们分别来自美国、新疆和桂林。

〔**教育科研活动**〕 2004年，中心教师王征《少儿艺术火花》、《民族之光闪耀大世界吉尼斯》，顾佩兰《“五十六朵花”钢琴主题演奏会》，王纲领《青少年昆虫考察夏令营》，陈刚、王征、倪炜《欢乐普陀少年城——双休日系列活动方案》分别获华东地区校外教育活动方案评比一、二、三等奖6个奖项。贺欣民《在程序设计教学中教学生“搭积木”》获全国计算机教学论文二等奖。英长海《比照学生在素描教学中的运用》获全国少儿美术教育教案评比二等奖，并出版《少儿美术教育理论与实践探究》、《素描》。

2004年参加、承办各类教育、竞赛活动统计表

项目	活动名称	活动时间	区级赛人数	市级赛人数	全国赛人数	获奖人数
体育活动	民族之光闪耀大世界吉尼斯	1月	2010	1200		320
	上海“农丰杯”围棋升级升段比赛	8月		1000		25
	上海市暑期学生围棋比赛	8月		1000		25
	“活力健康齐上阵，欢乐尽在同运动”校园健身活动	12月	1000	80		240
文艺活动	“酷儿杯”少儿才艺大赛	5月	500	50		150
	第四届统一企业梦公园儿童妈妈写生比赛	5月29日		10000		280
	参加“王力宏演唱会”伴奏	7月		20		
	上海市学生艺术单项竞赛	7月	10000	2500		500
	普陀区学校美育节专场演出	5月				
	上海市学生戏剧节闭幕式	10月				
	上海市第九届中小学生交运安全绘画、书法比赛	8月	500	100		20
	上海市“复旦杯”陶艺比赛	8月		500		45
	普陀区少儿文艺专场演出	9月～10月	10000			
	第五届“古典与流行”钢琴音乐会	10月31日	400			
	《绿色家园》环保儿童画比赛	5月		540		9
	环保儿童剧比赛	5月		42		3
	庄臣环保儿童画比赛	5月			540	6
科普活动	上海市“记易宝”英语才艺大赛	1月	100	100		30
	迎“世博”电脑板报设计	5月	500	200		50
	市二十一届青少年船模建模竞赛	6月		80		35
	全国青少年奥林匹克建模竞赛	10月			3	3
	市“江南杯”船模竞赛	10月		12		5
	“磁悬浮”征文	12月	600	200		100
	市航天水火箭比赛	6月		20		4
	十八届“十航杯”比赛	2～11月	100	20		15
	市航模锦标赛	10月				8
	市中小学车模竞赛	5～12月		25		17
	市中小学探雷竞赛	6月		8		5
	普陀区中小学车模竞赛	8月	130			50
	普陀区曹杨车模比赛	10月	85			16
	区第十二届“浪花杯”航模比赛	5～10月	480			70
	市中小学生爱鸟周野外知识竞赛	4月		15		6
	救救猿猴知识竞赛	6月	2200	220		47
	全国青少年业余电台锦标赛	8月			7	7
	《电子通》创新实验赛	7月		36		12
	《电子通》实验器比赛	7月			7	7
	《DDS-II》电子实验赛	7月		256		44

（续表）

项目	活动名称	活动时间	区级赛人数	市级赛人数	全国赛人数	获奖人数
科普活动	《128 合一》电子实验赛	7月		20		11
	无线电计算机图像通讯赛	6月		16		6
	市青少年环保摄影赛	2月	30	15		8
	“格林杯”中学生摄影比赛	5月	150	25		8
	“城市，让生活更美好”摄影赛	4月	30	10		2
	市少儿摄影大赛	6月	120	15		2
	市“华联杯”摄影大赛	10月	120	25		4
	市青少年摄影大赛	12月	120	25		3
	科幻画比赛	10月	150	30		8
	“美丽的家园”摄影赛	8月	30	20		7
	庄臣环保摄影大赛	4月	30	20		6
生活实践活动	幼儿彩泥手工创作比赛	5月	200			80
	国土知识竞赛	6月	336			72
	国土宣传板报比赛	6月	100			16
	七巧板智力竞赛	5月	285	54		66
	市能源制作竞赛	6月		48		12
	十九届青少年创新大赛	2月	100	100	2	13
	市优秀科学实践活动	2月	2000	18		5
	“均瑶杯”思维能力竞赛	4月	700	71		124
	“绿色生活行动”—DV 大赛	6月		15		3
学科类竞赛活动	雏鹰竞飞计算机比赛	8月		13		6
	全国“华杯赛”	4月			2017	71
	“西部杯”青少年计算机比赛	9～11月	350	35		21
	“大同杯”Pascal 竞赛	9～11月	50	20		13
	“希望杯”数学竞赛	3～4月			50	8
	第四届全国青少年电脑机器人比赛（上海赛区）	1～3月		60	8	18
	十九届英特尔青少年科技创新赛	2月	2100	30	2	3
	“沪港杯”机械奥运	10月		2		2
	市中学生物理实验竞赛	4月		180		21
	头脑奥林匹克擂台赛	5～10月	12000	1000		502
	头脑奥林匹克万人大奖赛	5～6月	12000	64		502
	金钥匙竞赛	4～10月	400	77		2
	“白猫杯”《生活中化学》竞赛	10月		393		20
	环保双语演讲比赛	10月		210		4
其他活动	首届国际儿童博览会文艺展示	8月		200		
	欢乐普陀少年城——民工子弟一日营	8月	600			
	超级教师我来选	10月	100	50		10
	“和我一起改变世界”海报设计竞赛	11月	1000	200		100
	高中科普英语竞赛	11～12月				
	初中科普英语竞赛	12月	306	11		
	市少先队雏鹰电脑考章	6月		1500		
	昆虫考察夏令营	7月	120			
	六届学生电脑制作机器人比赛	12月		100		80

普陀区中小学校假期社区活动统计表

街道社区学校	兴趣小组活动								群文活动		图书阅览		
	合计		科技		文艺		体育				图书流通		阅览开放
	班级	人数	班级	人数	班级	人数	班级	人数	场次	人数	人数	册数	人次
曹杨	172	26400	22	400	110	18000	40	8000	12	2200	3000	300	3000
石泉	125	9242	62	4146	15	1201	48	3895	78	6465	2320	48277	6961
真如	133	4120	28	613	100	2880	5	627	210	5051	236	793	7000
甘泉	188	69820	82	3947	88	5206	12	241	6	13300	23703	80188	23423
桃浦	29	1864	12	380	3	90	14	420	3	900	74	1132	629
宜川	12	230	2	30	8	120	2	80	4	800	20	50	200
长征	30	438	24	358	1	15	5	65	3	178	120	500	600
长风	421	14020	177	5641	188	5959	56	2420	6	2670	122	976	961
长寿	67	10000	22	3500	25	4000	20	2500	20	20000	350	500	8270

（陈　刚）

普陀区中小学社会实践中心鲁汇基地

〔**发展概况**〕　基地创办于2001年10月，上海市普陀区教育局投资1200多万建造，占地7公顷。2004年，鲁汇基地充分利用基地以及周边地区的教育资源，从实际出发，根据学生的年龄特点，开展了以学生为本、以德育为首、以农为特、以实践育人为抓手，以“我能行”社会实践教育活动为主题，开展了系列的社会实践活动。

〔**基地布局**〕　基地以人为本，根据城市未成年人的年龄特点，以农为主线，构建5大实践区域：生活自能训练实践区、果树园艺实践区、蔬菜园艺实践区、花卉盆景园艺实践区及家禽家畜养殖实践区。基地依托鲁汇社区教育资源，开设了100多户农家，为未成年人开展“当一天农家人”提供活动场所；与鲁汇地区大治河西闸共建，开辟水资源与水环境社会考察；与73171部队共建，开设国防教育与军政训练社会实践活动内容；与浦江地区世博森林合作，开展“我为世博作贡献”活动；组织农民讲师团，做村史报告，为未成年人创设良好的实践育人环境。

〔**活动项目**〕　从学生年龄特点各年级的不同，形成小学五年级、初二年级、高一和高二的社会实践活动3个层面。教育活动内容分为6大主题：军事活动、学农活动、基地活动、自主活动、夏令营活动及一日营活动、探究性活动。

军事活动：参观部队内务整理、观摩军事表演、队列军训、夜行军、军训会操、学唱军歌、国防报告和观看录像。

农田劳动：农作物护理、翻地、锄草、挑泥、种植、花卉护理、果树种植、果树采摘、编草帘、喂养家禽、制作桃袋、农业报告。

基地活动：参观大治河、法制报告、环保讲座、消防报告、消防演练、蔬菜拼盆、寻找知识乐园、钓龙虾、露天电影、西瓜纳凉晚会、农家乐（剪窗花、搓草绳、做糕饼、包馄饨、烧菜饭）。

自主活动：学校根据自身特点，开展富有个性化的主题教育活动：初二的《我能行，我做主》、《我自主，我自信》、《迈好青春第一步》、《奏响青春的旋律》十四岁生日晚会。小学五年级的《我能行，雏鹰学飞翔》军民联欢会。高一、二年级的《乡情浓浓，其乐融融》、《我能行，放飞自然》主题班会等。

夏令营活动：小学“贴近自然，享受自然——鲁汇基地一日游”、“你真行体验成功”夏令营，中小学生、幼儿园小朋友的“爱鸟周活动”及“植树节活动”等。

探究性活动：学生撰写的“浦江镇发展规划”、“鲁汇基地畅想”、“大治河西闸的功能及环保”、“鲁汇基地农民文化生活现状调查”、“学生学农调查报告”、“学生自主管理的可行性、重要性及方式”等。

〔**多种活动形式**〕　基地遵循中小学的教育大纲制订社会实践活动内容，将学校教育与社会教育融为一体，围绕三个年级的主题“我能行，雏鹰学飞翔”、“我能行，我做主，奏响青春序曲”、“我能行，放飞自然”，通过一听、二看、三动、四结合的活动形式，拓展活动内容和空间。

一听：听报告，从原来的《鲁汇镇农业发展史》报告，扩展到军事讲座、法制报告、消防报告、环保讲座，让学生从鲁汇镇的变化看上海的变化，乃制全国的发展变化，激发学生热爱家乡，热爱祖国的热情。

二看：一看农村的变化。二看大治河西闸，让学生了解日益严峻的环保和资源问题。

三动：一是动手操作，在农家乐活动中，做饭、烧大灶头、吊井水、做南瓜饼、搓草绳、剥豆子等，在欢歌笑语中体验纯正的农家生活。二是内务整理，通过铺床、叠被、整理物品、打扫卫生，提高学生的自理能力，相互协作的能力。三是掌握劳动技能，翻地、锄草、割稻、挖沟、制作桃袋等。

四结合：一是学军与国防教育相结合。二是学军与行为规范教育相结合。三是学农与科教兴农教育相结合。四是学农与创建特色活动相结合。

"贴近自然、享受自然——鲁汇基地一日游"，又是一种新的尝试，种植、家禽喂养、采摘等，让学生亲身体验农田的乐趣，弥补学校春秋游活动的不足。

〔**2004年主要活动**〕　2004年共有3万多名中小学生在基地开展了"我自主、我自信、奏响青春序曲"为主题的初二年级社会实践活动、"我能行"为主题的小学五年级学生社会实践活动、"亲近自然，放飞自然、保护环境"为主题的幼儿园小朋友社会实践活动、"乡情浓浓、其乐融融"为主题的高二学农社会实践活动、普陀区妇联组织的9个街道镇400余人参加的"迎六一、走近自然、体验生活"亲子活动、"贴近自然、享受自然、拥抱自然"为主题的暑期夏令营活动。（殷志强　刘　晴）

闸北区青少年活动中心

〔**场馆建设情况**〕　中心于2003年9月扩建完工，在区教育局的关心下，投资数百万元进行了全面的改建、扩建，不仅重新设计了中心的主体建筑，使其更具现代感、艺术性，还新增了音乐制作室、多媒体语音室等专用活动室，增添了电脑、办公设备等其他设施。同时，中心继续引进合作项目，新增美国儿童互动探索馆分馆。2004年，中心用于添置更新设备和校舍改建共200多万元，保证了场地、设备安全、高效地服务于中心教育教学工作和青少年活动。

〔**活动成果**〕　中心充分发挥校外教育机构师资、设备优势，开展了"我为塑造上海城市精神添光彩——争做合格小公民"、"养成道德好习惯教育"等特色活动；精心策划"330"活动，开展系列主题教育活动，如"红领巾小奥运"、"激情小甲A——三人制足球比赛"、"快乐篮球——灌篮高手"、"COOL——COOL运动会"、"红领巾奥斯卡"活动、开展欢乐迪斯科，在社区内以小队为单位，创编健身又健心的欢乐自编操。中心还进一步加强了"330"活动的主题性和德育实效性，设立了"法制教育专场"、"民俗社团专场"、"团结就是力量——体育健身专场"、"中华传统工艺制作专场"、"民族风——竹竿舞展示专场"、"大手牵小手——亲子活动专场"等，开展了"快乐相约330民族精神伴我行"、"献给妈妈的爱"展示活动、"自信100分——我是小车手"假日小队活动、"相信自己，创造奇迹"主题活动、今天我当家——水果拼盘比赛、"游戏大挑战"等。中心充分发挥"330"红领巾服务队作用，继续完善"330"小公民特色章考章机制，使"330"活动与"七彩广场"有机结合，形成新发展、新突破。

〔**兴趣小组活动**〕　2004年，中心共开设电子琴、钢琴、手风琴、二胡、朗诵、扬琴、琵琶、古筝、笛子、萨克斯、舞蹈、小提琴、声乐、书法、国画、素描、生物、绘画、围棋、武术、国际象棋、小记者、英语等专业21个，兴趣小组176个，学员总数3582人。

〔**交流活动**〕　2004年，中心组织各类交流活动数十次，如"2004上海市国际少儿艺术节"闸北一日交流活动；"2004日本岐阜县立聋校访沪交流活动"；"2004台湾澎湖——闸北交流活动"；第七届台湾和平小天使访沪交流活动；"两岸少年共争章，天使奋飞新世纪"等交流活动。来自瑞士、日本、南非、丹麦、法国、美国、香港、台湾等国家和地区的5000余名青少年参加了活动。

〔**科研工作情况**〕　2004年，中心教师论文10余篇在全国、市、区比赛中获奖。科研课题获上海市首届学校科研成果评选二等奖。相继开发了中心的校本课程以及《全景式校外教育服务的建构实践研究》、《校外艺术教育儿童画课程纲要》、《校外艺术教育电脑美术课程纲要》、《校外艺术教育儿童书法课程纲要》、《校外艺术教育陶艺课程纲要》等课题。

〔**科研活动获奖情况**〕　在全国校外、课外优秀论文、活动案例征集活动中，徐林峰、吴有源《校外电脑美术课程开发与教学的研究》获一等奖，胡文亮《关注儿童全人格，开发儿童个性化书法课程》获二等奖，许艳《陶艺活动课题案例"手的表情"》获优秀奖，徐林峰、吴有源《拼贴有趣的人物》获全国第二届少儿美术杯优秀课例大赛一等奖。

2004 年参加、参办各类教育、竞赛活动统计

项目	活动名称	活动时间	区级赛人数	市级赛人数	全国赛人数	获奖人数
体育活动	“酷儿杯”少儿才艺大赛	2004.3	240	/	/	20
文艺活动	超级变变变	2004.10	367	38	/	296
	超级教师我来选	2004.10	/	1	/	1
	2004 闸北区学生艺术节	2004.5				
科普活动	遨游太空知识竞赛	2004.5	/	320	/	61
生活实践活动	阳光、海滩、快乐假期夏令营	2004.7	2219			
	闸北区队长夏令营	2004.7	200			
学科类竞赛活动	小公民艺术乐旅沙画比赛	2004.11	1500	360	/	180
	“民族精神代代传”知识竞赛	2004.12	123			
其他活动	闸北区辅导员技能技巧比赛	2004.5	78	/	/	10

（李晓艳　王　蔚）

闸北区少科站少年宫

〔**场馆建设情况**〕　闸北区少科站少年宫设有计算机教室、舞蹈教室、美术教室、小礼堂、摄影教室、标本室、电台教室，并设有 e 网络、摄影、美术、电台等专业名师工作室。

〔**管理成果**〕　2004 年，少科站少年宫进一步完善教师管理机制，实施教师岗位绩效工资制，以“按需设岗、按岗聘人、按人评价、按评取酬”为原则，根据受聘教职工所在岗位不同、工作量的大小、职称高低、承担的责任不同，实行分块测算，经费分开的报酬办法。教师工作量以实际授课时数为依据，实施正常上班或弹性坐班制。在新的管理机制下，各教师充分发挥个人才能，履行职责，各项工作开展井然有序。

〔**活动成果**〕　“科普百校行”是闸北区少科站少年宫坚持了 5 年的一项向基层学校进行科普宣传的活动。每周一上、下午各赴一所学校进行科普宣传。2004 年，更新了科普传播的项目，增添更加适应新时期科普教育的小制作及机器人表演。“六一”儿童节组织游园活动，所设 14 个项目全部对学生免费开放，有文艺类的卡拉 OK 大家唱、有美术类的沙画、有体育类的迷你高尔夫、有娱乐性的动画片大展映等。当天参加游园活动的学生达到 1600 多人，受到社会好评。

〔**社会化活动**〕　2004 年，闸北区少科站少年宫在暑假、寒假期间开放了网络教室，免费为学生提供健康上网的场所；开放游艺室为他们提供乒乓球、羽毛球等活动器材和场地。在“六一”、国庆节日举办各类游园活动；派教师深入到社区为青少年服务；为青少年提供科普书籍和现场讲解各类科学知识的科普超市；为所在街道社区的老年大学提供场地和培训教师，满足他们终身教育的需求。2004 年上海市科普教育基地联合会表彰了 24 个先进集体，闸北区少科站少年宫是全市惟一一所区级校外教育单位。

〔**科研活动情况**〕　2004 年，少科站少年宫教师贾宏《青少年信息素养的培养》获 2004 年计算机教育年会论文评选一等奖，冯卫莉《青少年网络学习者特征的分析与启示》、付晓波《指导教师在学生创造发明活动中的作用》获第十二届全国青少年科技辅导员论文二等奖，王健《校外教育计算机学科教学中对学生加强德育的探索》获三等奖，任宁春《中小学校内外美术课程的设置及功能的探讨》获上海市闸北区成人教育协会三等奖。此外还有吴申广、王健等参与了青少年多媒体课程设计教材的编写和全国及上海市中学信息教育技术课程教材的整改和编写工作。

2004 年参加、承办各类教育、竞赛活动统计

项目	活动名称	活动时间	区级赛人数	市级赛人数	全国赛人数	获奖人数
文艺活动	全国“华辰杯”中小学书画、摄影大赛	2004.10			10	10
	奥运畅想 VISA 中国赛区比赛	2004.5				
	“华联王震”杯摄影比赛	2004.5		50		3
	2004 年上海市青少年数码摄影大赛	2004.10		5		4

（续表）

项目	活动名称	活动时间	区级赛人数	市级赛人数	全国赛人数	获奖人数
文艺活动	2004 年第二届市女学生摄影比赛	2004.5		10		5
	2004 年市青少年摄影作品大赛	2004.5		40		12
	2004 年“猴年画猴”比赛	2004.5		60		1
	2004 年少年儿童摄影大赛	2004.10		40		3
	2004 年 CIHAF 杯首届市晴少年建筑摄影赛	2004.11			15	3
科普活动	全国中小学信息科技创新与实践活动	2004.5	7000	125	4	10
	2004 年青少年航天模型创新航天画比赛	2004.11		30		17
	第二届“明日科技之星”评选	2004.4		12		2
	2004 年市青少年电子知识与技能竞赛	2004.5		81		20
	2004 年市青少年电子模拟探雷竞赛	2004.6		70		18
	第九届全国青少年信息学奥林联赛	2004.1		35		20
	2004 年市青少年车辆模型竞赛	2004.4		320		4
	第 21 届青少年船模建模竞赛	2004.2		48		10
	“科技之光”影视征文、小报	2004.4				5
	第十九届英特尔市青少年科技创新大赛	2004.3		235		35
	中国上海海洋探索比赛	2004.7	600			2
	头脑 OM 万人挑战赛	2004.7	250			2
	2004 年市青少年电子知识与技能竞赛	2004.7		20		7
	第十七届上海头脑奥林匹克创新大赛	2004.2	300			8
	2004 年青少年金钥匙科技竞赛	2004.12		29		13
	2004 年市“江南杯”船模邀请赛	2004.10.31		10		3
	“龙华杯”第十届市中小学科技模型比赛			24		24
	2004 年上海市中小学生能源科技制作比赛	2004.6		23		10
	2004 年市中小学生智力七巧板比赛	2004.6		40		16
	2004 年市中小学生常见植物识别系列活动	2004.11.27		60		57
	2004 年第三届市“通讯杯”中小学生英语听力竞赛	2004.6				100
	2004 年中小学创意太阳能小车比赛	2004.12		30		6
	2004 年全国青少年航大模型上海选拔赛	2004.6		28		9
学科类竞赛活动	第九届“华罗庚金杯”少年数学邀请赛	2004.4	4000			147
	2004 年全国 CKC 杯纵横汉字输入大赛	2004.10		15		4
	2004 年“均瑶”杯思维能力邀请赛	2004.5		800		22
	2004 年“上师杯”青少年物理知识竞赛	2004.4		81		6
	“天五杯”市第十九届青少年无线电测向定向竞赛	2004.5		97		18
	2004 年“光彪杯”市六一小学生计算机竞赛	2004.4		602		94
	市首届“上外双语杯”小学生科普英语游戏赛	2004.4		200		16
	市“白猫杯”应用化学比赛	2004.6		225		4
	2004 年市青少年无线电计算机图像通讯赛	2004.6		250		4
	2004 年第二届小学生现场作文比赛	2004.10		50		2
	2004 年全国青少年业余电台锦标赛	2004.8			300	20
	2004 年“体育杯”市无线电测向锦标赛	2004.10		300		11
	“黄浦杯”2004 年市青少年无线电通讯竞赛	2004.12		500		3
	2004 年市少先队“雏鹰竞飞”计算机应用竞赛	2004.6		200		11
	第三届市初中科普英语竞赛	2004.4	1470			19
	第三届市高中科普英语竞赛	2004.3	360			5
	“弘扬上海城市精神，争做合格小公民”影视征文比赛	2004.4				2
	2004 年市中小学生“野生鸟儿知多少”竞赛	2004.6.29		62		45
	“崇中杯”2004 年市青少年电视专题片	2004.10		6		4
	2004 年“庄臣杯”市青少年绿色生活行动	2004.7		390		22
	2004 年“杜邦”杯市小学生安全小卫士	2004.12	100	3		3
	2004 年市天文知识与自制望远镜比赛	2004.12		38		13

（闸北区少科站少年宫供稿）

虹口区青少年活动中心

〔**发展概况**〕 虹口区青少年活动中心占地面积6274平方米，拥有剧场、多功能厅、演奏厅、F1模拟赛车世界、陶艺室、魔幻彩虹桥等大型活动场所。

2004年，虹口区青少年活动中心共开设艺术、科技、群众文化等229个兴趣班，广泛组织各类科技、艺术、共青团、少先队等活动。设在中心的上海市艺术教育中心舞蹈分中心先后出访美国、日本、波兰等国进行文化交流。

虹口区青少年活动中心不断扩大群文、科普活动的外延，提升群文、科普活动的内涵，构建“大文化立交桥”，形成社区文化、社团文化、周末沙龙、创新广场、游戏大篷车等特色，满足了青少年求知、求乐、显能的需要。

〔**无线电遥控车辆模型活动**〕 虹口区青少年活动中心车辆模型活动是一项传统而有特色的科技与体育相结合的活动项目。2004年5月1～7日，中心在虹口足球场举办了“‘五一’黄金周·赛车嘉年华”遥控车模比赛。40名参赛选手，每天进行8轮比赛，连续7天56轮的比赛创下了我国场次密度最高的纪录，受到了车模爱好者的广泛关注。

7月31日～11月27日，4个月的时间连续举办了7场“上海遥控车模精英赛”和“上海青少年遥控车模竞赛”积分赛，吸引了沪杭宁3地的选手约为2000人次。

12月3～5日，举办了“2004上海国际遥控车模邀请赛”。参赛的除沪杭两地的40名选手外，还有来自日本、泰国、美国、香港等国家和地区的以广坂正美为首的一批世界级车模高手。选手们的精湛技术给参加闭幕式的1000余名观众留下了深刻的印象。

2004年，中心利用“赛车世界”优良设施，举办了2场“上海市MINI遥控车模比赛”约240人次，3场“虹口区中小学车模比赛”约600人次。

虹口区的一批青少年选手在一系列比赛中积累了丰富的比赛经验。他们其中8人组成的“上海一队”，参加2004年8月“全国青少年车模锦标赛”，获团体亚军、2项个人冠军、2项个人亚军。张方洲同学9月赴香港参加“田宫亚洲杯”车模锦标赛，获得第五名。

〔**初中生周末沙龙活动**〕 2004年，中心利用周末休闲时间，举办了初中生周末沙龙活动。各中学少先队骨干与活动中心策划者共同组成活动策划智囊团，负责宣传组织、安排内容、主持活动，在活动中心多功能厅中开展多种多样的适合青少年的主题活动。全区有中学50所学校参与，参加人数7500人次。

〔**“游戏大篷车”系列活动**〕 2004年，中心将“游戏大篷车”这一少年儿童喜闻乐见的形式开进社区，在社区街道的支持帮助下，结合街道的“小手牵大手”的主题活动，开展了亲子游戏、“万众齐心跳”、“超级蜈蚣步”、“大力挑战赛”、“开心大脚丫”、“障碍接力赛”等活动项目，取得了良好的社会效果。

（陈如玉　崔可嘉　刘　珊　崔依萍
金浩良　饶志刚　胡　蔚）

杨浦区少年宫

〔**特色活动**〕 1．“上海东方论坛”是上海市委宣传部设立在少年宫的一个演讲点，2004年4月，少年宫请上海交通大学党委宣传部部长谢海光同志为本区的中学生演讲《E时代你准备好了吗？》博得了300余名中学生的阵阵掌声。“东方院线”是上海文广局在少年宫的学生影视放映点，放映禁毒教育片《纸飞机》、家庭伦理片《一个独生子女的故事》等，观后开展征文活动。5万余名中小学生和家长观看影片，取得很好的社会反响。

2．仪式教育。2004年，组织全区54所小学6000多位一、二年级的小朋友开展“红领巾，我们心中永远的旗帜”入队仪式活动，2000余名初中学生参加“传承民族精神，争做快乐小公民”共青团入团仪式教育。开展了《邓小平在1928》电影的观看讲评、“诚信教育大搜索，诚信榜样我来塑，诚信诗歌我来创，诚信格言我来说”主题教育活动、“中华好儿童，环保快行动”、“我爱上海，我爱大自然”、“迎世博，做文明小使者”等主题教育活动、“红读”教育、“当代青少年创新故事选”、“珍爱生命，健康成长”读书征文活动，34所中小学、200名中小学生在读书活动中获得奖励。

3．2004年暑期，少年宫受市教委委托承办“上海学生百首爱国主义歌曲大家唱”比赛，17个区县选拔优秀歌手参赛。30档节目、600名学生汇聚少年宫影剧院。11月，组织全区中小学古诗吟诵比赛，70余支队伍参加。12月，开展校园文化组合秀“快乐队建，一触即发”的自我组合、自我表演、自我娱乐活动。

〔展演活动〕　少年宫的各个艺术社团在上海国际艺术节静安文化广场举办民歌联唱，创作以“诚信”为主题的话剧小品《小白兔春游记》，获得专家和市民的高度赞扬。教师曹建辉的《希望新曲》参加全国“群星奖”比赛中获金奖。全年少年宫组织了12个专场的演出，参加近百场演出活动。

〔兴趣小组活动〕　2004年，少科站少年宫共开设了电子琴、钢琴、手风琴、二胡、朗诵、扬琴、琵琶、古筝、笛子、舞蹈、小提琴、声乐、书法、国画、素描、吉他、绘画、空模、围棋、武术、英语、感统训练、华数、车模等48个专业，兴趣小组377个，学员总数5566人。

〔上海市音乐学院民族器乐杨浦教学研究基地〕上海市音乐学院杨浦区民乐教学基地于1999年4月正式在少年宫成立。基地由上海音乐学院提供师资、教材，少年宫提供校舍、教育。上海音乐学院著名民乐指挥夏云飞、刘英、王蔚、陈春园等20位教授、教师来少年宫任教。

〔杨浦区少年宫消防总校〕　于2000年创设，全区有41所分校。2004年开展“增强消防意识，珍爱生活安全，呵护美好家园”为主题的消防教育“五个一”的活动，即一次消防安全教育大讨论，一次消防主题教育讲座，一次消防教育为主题的板报展示，一次以消防教育为主题的班、队会，利用校园媒体开展一次媒体广播宣传，使广大少年儿童增强消防意识。

〔杨浦区少年宫交通安全小卫士总校〕　于2002年创设，全区98所中小学生建立交通安全小卫士分校，2004年开展“小小蒲公英在行动”——杨浦区学生文明交通安全宣传出征仪式，全面开展“让城市更加有序，争当文明小使者”为主题的交通安全手势操表演展示活动、“消防安全漫画作品”征稿比赛活动、“遵守交通法规，做可爱的上海人”电脑小报制作大赛等系列活动，全区9万余名少年儿童参加。

〔杨浦区校园文化组合“秀”〕　2004年12月，少年宫开展杨浦区校园文化组合“秀”活动，为本区中小学生搭建“自己组合，自由选择，自我展示，自己主持”的文化艺术展演舞台。活动以中学团委、学生会、小学少先队大队部为组织载体，根据学校参加组合“秀”的内容有机组合，以此形成校园文化组合“秀”——“快乐之旅，一触即发”的T型舞台展示活动，学生的才华得到充分的展现。

〔交流活动〕　2004年7月，马来西亚“沙巴崇正中学学生民乐团”40位师生来杨浦区少年宫交流演出，沙巴崇正中学学生民乐团和少年宫民乐团缔结民族器乐友好姐妹团。7月26日，在上海少儿国际艺术节中，俄罗斯少儿舞蹈团、中国香港少儿艺术团等150位小演员来少年宫开展合唱、舞蹈、民乐、工艺美术等联谊活动，并进行了交流演出，杨浦区千余小朋友观看了俄罗斯少儿舞蹈团、香港地区少儿艺术团的精彩表演。7月19日，接待美国纽约垂水少年小提琴演奏团。在杨浦区四平街道文化中心少年宫民乐团同美国纽约垂水少年小提琴团进行交流演出，200余名小朋友观摩了演出活动。8月27～30日应上海市对外交流协会邀请，少年宫民乐团15位师生赴日本大阪市交流演出。

〔杨浦区民乐教育研究室〕　2004年3月成立杨浦区民乐教育研究室，由上海师范大学音乐学院院长戴定澄任顾问，上海学生艺术团、民乐团指挥音乐高级教师曹建辉任室主任。

研究室由杨浦区中、小、幼学校开展民乐教育活动及关心民乐教育活动的学科教师组成，定期开展民乐知识讲座、观摩研讨、专家评点、演出比赛、带教指导、课题探讨等内容。

〔上海市艺术教育中心杨浦区民乐分中心〕2004年3月，经上海市艺术教育委员会、上海市艺术教育中心审核，批准杨浦区少年宫承担上海艺术教育中心民乐分中心的工作，面向全市中小学开展民族器乐活动。民乐分中心成立后，连续举办了2期中小学器乐教师培训班。全市有130余位老师参加培训；承办了上海市学生艺术单项比赛民乐专场，全市有1300余名小选手参加。

〔科研活动〕　2004年，少年宫开发研究的课题有：《群文活动体系研究》、《综合艺术素质培养与提高的研究》。全年少年宫教师论文（案例）获一等奖2名、二等奖4名、三等奖4名。2004年出版刊物有《新与实》（2期）。

2004年参加、承办各类教育、竞赛活动统计

项目	活动名称	活动时间	区级赛人数	市级赛人数	全国赛人数	获奖人数
体育活动	上海市围棋升级比赛	2004.11.20		1100		275
文艺活动	“欢乐蹦翻天”少儿迪斯科舞蹈大赛	2004.12.7	600			150
	2004杨浦区第18届学生艺术节（民乐比赛）	2004.5.4	380			95
	2004杨浦区第19届学生艺术节（合唱比赛）	2004.5	2500			625
	2004杨浦区第20届学生艺术节（戏剧比赛）	2004.5	200			50
	2004杨浦区第21届学生艺术节（钢琴比赛）	2004.11.9	110			27
	2004杨浦区第22届学生艺术节（素描比赛）	2004.5	847			211
	2004杨浦区第23届学生艺术节（器乐比赛）	2004.5	870			217
	2004年上海市10月歌会	2004.9.20		80		金奖
	2004上海市国际音乐节“上海之春”	2004.5.16		80		金奖
	上海市百首爱国主义歌曲大家唱比赛	2004.7		600		150
	上海市学生艺术单项比赛	2004.7		1100		275
	上海市戏剧比赛	2004.7		98		24
	群众文化活动“群星奖”比赛	2004.9.23			80	金奖
	全国少儿书画大赛	2004.10			110	22
科普活动	杨浦区头脑蹦级赛	2004.5	70			23
	杨浦区小学一百科知识竞赛	2004.11	37000			700
	杨浦区业余电台图像通讯赛	2004.11	100			25
	杨浦区小学生计算机动画制作比赛	2004.11	200			50
	上海市航天杯青少年太阳能动手做大赛	2004.12		7所学校		
	上海市业余电台图像通讯大赛	2004.12		15		团体
	上海市青少年船模建模比赛	2004.11		25		团体
其他活动	上海市少先队“夸夸我们的好老师”演讲比赛	2004.10		7		3
	上海市少先队活动“超级变、变、变”比赛	2004.11		27		9

（朱汉培）

杨浦区青少年科技站

〔场馆建设情况〕　2004年，杨浦区青少年科技站中原分中心前后共投入资金近200万元，扩建了实验室，新建了计算机实验室，扩大了电力容量，整修2000余平方米。整修后的分中心增添了单片计算机应用、计算机图形处理等新项目，扩大了培训项目，增加了活动人次，更加适应了现代科技培训和劳动技术培训的需要。

〔“爱阳光、爱杨浦”青少年暑期活动成果展示〕2004年9月9日，上海市副市长严隽琪、市科教文明办、区委、区政府领导一行赴杨浦区少科站视察了该区的青少年暑期科技活动成果展。通过民乐、武术、书法、工艺制作、集邮、围棋及天像模拟演示、机电快乐宫、天文影视观摩、四驱车磁悬浮模型、生物环保实践等精彩纷呈的艺术、科普、体育项目的现场展示活动，展示了该区青少年在暑期及课外科普实践、艺术及“330”工程中的活动成果。

〔磁悬浮列车模型竞赛活动〕　2004年5月，举行了“杨浦区青少年磁悬浮列车模型竞赛”。竞赛得到了全区30多所学校、68个参赛队、300多名学生参与。评选出团体奖12所学校、个人奖项共计52名。

〔“机器人竞技场”比赛〕　2004年4月起，杨浦区少科站组织了区内的10所中小学参加了市首届“未来工程师”大赛，共获7个一等奖、13个二等奖、19个三等奖；在计算机CAD设计项目中也有多名学生获奖。

〔参加第十九届全国青少年科技创新大赛〕2004年3月，杨浦区少科站在第十九届全国青少年科技创新大赛中获一等奖1项、二等奖3项、三等奖1项。其中《Koch曲线的推广》获科技创新成果项目一等奖及英特尔英才奖、《防盗窨井盖》获科技创新成果项目三等奖、《关注江湾湿地，保护城市生态》获科学实践活动二等奖、《日光医院》获科学幻想画二等奖、《看我71变》获科学幻想画二等奖，青少年科

技站还获优秀组织奖。

〔“让申城水更清”活动〕 2004年3月，举办“让申城水更清——杨浦区青少年爱河、护河大行动”，全区有83所中小学，3.3万名学生参加此项活动，获上海市青少年“明日科技之星”优秀活动创意奖、2004年华东地区校外教育工作组年会评选三等奖。

〔计算机普及教育〕 2004年，杨浦区少科站举办了上海市“六一”小学生计算机竞赛活动、“西部集团杯”青少年计算机应用操作竞赛、全国奥林匹克分区联赛，全国中小学信息学实践与创新活动、纵横码汉字输入大奖、小小程序设计师考证活动、上海市少先队雏鹰电脑考章系列活动、上海市少先队“雏鹰竞飞”计算机应用竞赛。

上海市“六一”小学生计算机竞赛中有400多人参加初赛，各个项目约有20多学生获市级奖励。

“西部集团杯”青少年计算机应用操作竞赛，全区有140名学生参加比赛，4名学生获得上海市奖项。

〔重大竞赛及活动获奖情况〕 在上海市创新大赛的评比中，杨浦少科站以优异成绩获得了优秀组织奖，共获市一等奖项目5项，其中2项推荐送全国评比获“市长奖”。控江中学的一等奖项目，还获得复旦、交大等4所高校专项奖。

2004年杨浦区有120多名学生参加全国奥林匹克分区联赛，共有50名学生获得各类奖项。高中组、小学组的团体均为总分第二名。

全国中小学信息学实践与创新活动，有9500多人参加初赛，550人参加了复赛，4名学生参加全国赛，均获全国奖项。杨浦区获优秀组织奖和先进单位。

纵横码汉字输入大奖赛，全区3所学校开展此项活动。2004年有10多名学生参加比赛。2名学生获奖。

小小程序设计师考证活动，2004年5月考PASCAL二级证书的有50人，10月考PASCAL一级证书有95人。

上海市少先队雏鹰电脑考章系列活动，共有10多个学校400多名学生报名参加。

上海市少先队“雏鹰竞飞”计算机应用竞赛，杨浦区获得团体第三名。

〔兴趣小组活动〕 2004年，杨浦区少科站共开设了计算机、生物、化学、环保、电子技术、业余电台通讯、小记者采访报道、头脑OM、天文、模型、等20余门课目的兴趣小组。其中具有特色的兴趣小组有计算机、生物、环保、业余电台通讯。共有2000多位学生参加了各类兴趣小组活动，其中有130多位学生获得了市级以上的各类科技活动奖项。

〔交流活动〕 2004年11月，科技站的2位教师参加了市组织的机器人竞赛观摩团，前往新加坡观摩2004年国际奥林匹克机器人大赛。

2004年1月，邀请牛津大学动物学教授Ann-Terry、农林局国家濒危办上海办事处的孔毅副主任与同学们一起座谈交流关于城市建设、江湾湿地生态保护课题。

2004年12月，来自美国宾夕法尼亚大学的客座教授戴安·胡受邀参加了杨浦区“家在清水边”主题科普英语1分钟演讲竞赛，与学生们就水环境保护与污染防治进行了英语交流。

〔教科研活动情况〕 2004年，少科站教科研活动围绕“开拓青少年科普教育基地资源”征集优秀活动方案；与水产大学合作完成出版了《上海水生生物科普教育基地科教资源应用》一书；评出的优秀活动方案《关注江湾湿地，保护城市生态》在华东校外教育的年会上评为一等奖。

2004年参加、承办各类教育、竞赛活动统计

项目	活动名称	活动时间	区级赛人数	市级赛人数	全国赛人数	获奖人数
科技类竞赛活动	第十九届全国青少年科技创新大赛	2004年3月	20000	200	20	13
	第十届全国青少年信息学奥林匹克联赛	2004年10月	1050	100		43
	2004年上海市青少年无线电计算机图像通讯竞赛	2004年6月		16		5
	上海市第六届“壳牌美境行动”设计方案	2004年3月	3890	50		9
	上海市“六一”小学生计算机竞赛	2004年5月	374	30		5
	全国中小学信息技术创新与实践活动及上海市赛	2004年12月	9500	486		4
	第四届“西部杯”青少年计算机操作竞赛	2004年11月	116	30		4
	“黄浦杯”市青少年无线电通讯竞赛	2004年12月	300	16		9

（续表）

项目	活动名称	活动时间	区级赛人数	市级赛人数	全国赛人数	获奖人数
科技类竞赛活动	第十届高中科普英语竞赛	2004年11月	1500	100		2
	上海市小学生“智力七巧板”竞赛	2004年5月	1200	100		1
	上海市中小学“野生鸟儿知多少”科普活动	2004年4月	300	30		5
	拯救濒危野生动物上海市中小学科学知识普及活动	2004年4月	590	59		4
	上海市中小学常见植物识别系列实践活动	2004年4月	484	48		1
	上海市中小学天文知识竞赛	2004年11月	1230	120		18
学科类竞赛活动	第二届“希望杯”全国小学生邀请赛	3月14日	2500	625		63
	杨浦区第四届小学生“信息学”数学竞赛	2004年1月	1200			100
	全国第九届华杯赛	2004年3月	226	30		5
	上师杯物理实验操作竞赛（高中组）	2004年12月	96			5
	上海市第二届小学生科普英语竞赛	2004年12月	1900	40		
	上海市第十一届高中生科普英语竞赛	2004年11月	1500	8		
	上海市青少年“白猫杯”应用化学与技能竞赛	2004年10月	1679	198		

（杨浦区青少年科技站供稿）

闵行区少年宫

〔**场馆建设情况**〕　闵行区少年宫属区教育局直属单位，是上海市闵行区政府文明单位。2004年，区教育局投资78万对少年宫分部教学大楼进行整修。

〔**活动成果**〕　2004年，举办了主题为“欢乐，自主，绚丽”的闵行区第六届学生艺术节，全区10余万学生参加；结合校园区域网，举行“艺术教育网上行”活动；组织参加了上海市学生戏剧节活动，获2个市一等奖，4个二等奖，区少年宫获组织奖；在上海市2004年度红领巾读书读报活动中，少年宫获市优秀组织奖；在艺术类、群众性、少先队活动中获一等奖8个，金奖32项，银奖56项。

〔**兴趣小组活动**〕　2004年，少年宫共开设了电子琴、钢琴、手风琴、打击乐、舞蹈、小提琴、声乐、阮乐团、书法、硬笔书法、国画、素描、绘画、武术、芭蕾舞、英语、幼儿艺术等专业24个，兴趣小组93个，学员总数1488人。

〔**社会化活动**〕　少年宫与外来建设者子女学校结对，组织外来建设者子女与少年宫小伙伴艺术团联欢；对全区外来建设者子女学校组织故事比赛、文艺汇演、“六一”庆祝活动；为江川路街道开放社区学院培训活动场所；为莘庄镇各居委会、老年学校提供演出场所。学生艺术团参加2004年金秋闵行艺术节活动，与社区互动活动共6次，人数2800人。

〔**科研活动情况**〕　2004年，闵行区少年宫研究院的区级课题《传播优秀民族文化普及民族器乐教学——阮乐器进入校园与课堂的实践与研究》、《闵行区学校艺术教育现状调查与对策》获区教育局教科研论文三等奖；3篇论文获论文一等奖；一篇论文《谈对德育活动课的认识与实践探索》入选《中国校外教育工作年鉴》；一位老师著书《汉代隶书简介》于本年度出版。目前开发研究的课题有《运用新基础教育理论、优化古筝教学的实践与研究》、《发挥校外教育优势、关注外来务工子女健康成长的实践与研究》，于2005年底结题。

2004年参加、承办各类教育、竞赛活动统计

项目	活动名称	活动时间	区级赛人数	市级赛人数	获奖人数
体育活动	武术表演	9月份			
文艺活动	第六届学生艺术节	全年	8600	600	600
	市戏剧节	1～6月份	1808	71	71
生活实践活动	少先队体验教育活动	全年	800	60	40
其他活动	影视活动（征文比赛）	5月	700	50	38
	红读活动（故事比赛）	4月	700	48	35

（唐月红）

闵行区青少年科技指导站

〔发展概况〕　2004年，上海市闵行区青少年科技指导站开展了多达25项科技培训项目及科普教育传播活动。包括：创造发明、应用化学、应用物理、应用数学、生物、环保、计算机、机电一体化、船模、车模、空模、建模、科普英语、科普美术、工艺美术、活动课、金钥匙、航天、能源、OM、无线电测向、电台、摄影、摄像。

科普传播活动有：大型纪念日宣传活动、青少年科普参观活动、青少年科技节、科技活动周等。

〔科普教育及宣传活动〕　1. 2004年5月，少科站举办了“生态闵行、绿色家园”科普教育系列活动和一系列的科普竞赛、科普文艺演出、环保培训班、绿色学校的交流评选活动。活动持续到12月底，共开展各分类科技活动65次，全区共有2. 52万人次的青少年参与了此项活动。

2. 2004年2月，少科站开展了“闵行科技发展知多少”科普系列活动。整个活动历时半年，分科普参观活动、网上科普知识竞赛和科普演讲比赛3部分。全区共有40所学校、8751人次学生参加；全区共有47所学校、8119名学生通过网络点击参与网上科普知识竞赛，有22名选手进入了科普演讲比赛的决赛。

3. 2004年下半年，少科站结合闵行区外来人口流入大的特点，开展了“我们爱上海，爱闵行，爱科学”——新上海市民子弟学校科普教育系列活动，逐步形成少科站和包括新市民子弟学校在内的全区学校间的科技教育网络。到2004年底为止，少科站共开展各类分项活动26场次，全区共有1. 1万人次参加活动。此项活动将持续到2005年上半年。

4. 2004年7月8日，少科站邀请相关领导和闵行区10位“明日科技之星”就“节约能源、合理用电”等热点问题进行电视对话，号召青少年学生积极响应，积极参与到闵行区青少年暑期“节电伴我行”活动中去，以实际行动缓解上海市电力紧张。

〔开展丰富多彩的青少年科普参观活动〕　2004年，少科站继续坚持“自主、合作、体验、创新”的宗旨，结合一系列科普教育实践活动的开展，组织了10期2000人次的科普冬令营和夏令营，使学生们在参观实践中开阔视野、增长知识。

〔科技教育及竞赛活动获奖情况〕　2004年，全区95%以上的青少年参加科技类竞赛、培训、科普宣传等活动，获奖5423人次，获市一等奖214项、二等奖220项、三等奖328项；获全国一等奖33项、二等奖14项，三等奖12项。

〔社区活动〕　2004年，少科站结合社区建设开展科普教育活动，通过“小手、大手互联”、“学校、社区互动”、“宣传、实践结合”的方式，在碧江路小学开展“家校携手、关注交通、关爱生命”科普实践活动；开展“我与爸、妈一起学科技”运动会和“小手牵大手、美化净家园”科普实践活动。

〔闵行区青少年建筑模型俱乐部〕　俱乐部是少科站的品牌项目，2004年活动6次。学员在全国建模竞赛中获优异成绩，获金牌2枚，银牌5枚，铜牌3枚，一等奖6项；少科站“机器人爱好者俱乐部”学员在19届青少年科技创新大赛中获一等奖2项，二等奖2项；参加全国电脑机器人大赛取得团体二等奖。“创新俱乐部”有14名学员申报第三届“明日科技之星”评选，17人积极准备参加第20届青少年科技创新大赛。

〔兴趣小组培训活动〕　2004年，少科站共开设各类兴趣小组135个，全年累计培训学员4531人，结业342人。除了传统的模型项目，还开设了摄影、生物、环保、科普小记者、能源、头脑奥林匹克、创意机器人等。其中，暑期开设的科技特长生免费培训班，汇集了全区中小学优秀的科技新苗52人，历时20天。

〔课题和论文获奖情况〕　2004年，少科站《青少年科普教育与区域经济、社会发展》的研究课题进入实践层面；参与“上海市青少年科普教育基地科技教育资源应用指南”课题的开发与研究，承担《上海航宇科普中心科技教育资源应用指南》、《上海市农科院科技教育资源应用指南》两个分册的编写工作。

2004年5月16日，少科站代表区教育局联合区知识产权局举办了“闵行区青少年科技创新专利教育研讨会”。少科站4名教师参加“全国校外教育优秀论文、案例征集（评选）活动”，有3人分获一、二等奖和优秀奖。闵行区青少年科技辅导协会被授予“全国先进集体”称号。

2004 年参加、承办各类教育、竞赛活动统计

项目	活动名称	活动时间	区级竞赛人数	市级竞赛人数	全国竞赛人数	获奖人数
科普活动	“生态闵行、绿色家园”科普教育系列活动	2004.4～ 12	14639			398
	闵行区第五届青少年科技活动周	2004.5	35629			543
	“闵行科技发展知多少”科普教育系列活动	2004.1～7	10158			110
	“我们爱上海、爱闵行、爱科学”新上海市民子弟科普教育活动	2004.9～2005.3	4818			201
	生态考察冬令营——南京三日营	2004.1～2				
	军事科技冬令营——宝山少年军校二日营	2004.1～2				
	6.5 环境日宣传活动	2004.6	650			
	生态考察夏令营——绍兴三日营	2004.7				
	生态考察夏令营——安吉二日营	2004.7				
	闵行区青少年暑期“节电伴我行”活动	2004.7～8	5423			
	2004 年创新咨询月活动	2004.10		98		
学科类竞赛活动	第九届“华罗庚杯”少年数学邀请赛	2004.3	4160	1262		24
	上海市“方正杯”数学竞赛	2004.11	314	51		67
	上海市金钥匙“均瑶杯”思维能力训练竞赛（小学）	2004.2～2005.8	376	36		7
	“国际科学与和平”上海市青少年金钥匙科技竞赛（中小学）	2004.9～2005	3200	25		8
	上海市金钥匙“中环杯”思维能力训练竞赛（中小学）	2004.10～2005.5				
	“上师杯”物理实验竞赛	2004.4		256		3
	上海市第十二届高中生科普英语竞赛	2004.5～2005.2		980		
	上海市第四届初中生科普英语竞赛	2004.4～2005.2		1870		
	上海市第二届小学生科普英语竞赛	2004.11～2005.4		1920		
	2003 年上海市青少年“白猫杯”应用化学与技能竞赛（初中组）	2003.9～2004.3	2000	200		11
	2003 年上海市青少年“白猫杯”应用化学与技能竞赛（高中组）	2003.9～2004.1	1000	5		17
	2004 年上海市青少年“白猫杯”《生活中的化学》知识竞赛	2004.3～2004.7	1500	150		27
	2004 年上海市青少年“白猫杯”应用化学与技能竞赛	2004.9～12	1100	10		
其他活动	第十九届青少年科技创新大赛	2004.3～8	9857	86	9	61
	第三届闵行区“明日科技之星”选拔与培养系列活动	2004.4～ 2005.2	3417	18		
	闵行区青少年科技创新专利教育研讨会	2004.5	56			
	28 项常规竞赛	2004.1～12	108943	16035	134	2970

（易和生）

宝山区少年宫

〔**发展概况**〕 2004 年，宝山区少年宫在已经形成的艺术教育和群文、少先队活动两大教育模块及民族打击乐、二胡、琵琶、扬琴、古筝、笛子、戏剧、钢琴、手风琴、小提琴、电子琴、舞蹈、声乐、书法、绘画、雕塑、陶艺、摄影、工艺等 20 多门艺术学科教育基础上，以红领巾读书活动俱乐部、中小学影视教育俱乐部、少儿文学院、少儿英语俱乐部、少先队队长学校、电脑小制作、阵地活动等形式的教育阵地，重点构建了辐射全区少年儿童的活动网络。以多种的形式与组织，丰富的教育内容，不断扩展校外教育基地的功能，取得显著成绩。

〔**场馆建设**〕 2003 年宝山区教育局投资 400 万元完成少年宫教学楼、小剧场的装修和改建。2004 年又投资 54.8 万元添置了小剧场的灯光、音响等设备。

〔**信息化成果**〕 宝山区少年宫拥有百兆光纤校园网系统，Winschool 多媒体学生电脑房，每年有 1000 多名中小学生来宫参加各类计算机培训和比赛，是上海市少先队“雏鹰争章”电脑章考核指定考核点，每年有 1200 多名中小学生来宫参加“雏鹰争章”电脑章的考核。

〔**小银杏艺校结硕果**〕 一年来，宝山区少年宫小银杏艺校有 20 多个培训项目取得优异成绩，集体荣获 2004 年上海市学生绘画书法摄影作品展优秀组织奖、2004 上海少年儿童摄影比赛优胜团体奖、第二届上海青少年写生画大赛优秀组织奖、第四届“星星河”全国少年儿童美术书法摄影大赛优秀集体奖；组织排演的戏剧节节目《时装女孩》获 2004 市学生戏剧节表演创作二等奖；在 2004 上海市艺术单项比赛中，4 名学员获金奖，5 名学员获银奖，6 名学员获铜奖。10 位老师在各类艺术教育竞赛活动中获优秀指导奖。另有 55 名学员在其他各级各类竞赛中获奖。

〔**群文活动**〕　2004 年，少年宫少先队共开展了 30 多项全区性的大活动，约有 15 万多人次参加。在少先队“换戴大号红领巾”和“儿童团入团”等活动中积极创新，充分发挥各个爱国主义教育基地的作用，设计了 4 套入团活动方案，供学校自由选择。

〔**戏剧活动**〕　宝山区中小学生参加“2004 年上海市学生戏剧节”成绩卓著。全市共评出 78 个获奖节目，宝山占了 9 个，其中小品《森林命案》、《走近“雷雨”》，课本剧《雷雨》，诗歌朗诵《园丁日记》、音乐哑剧《皇帝的新衣》5 个节目获得表演一等奖，音乐剧《时装女孩》等 3 个节目获二等奖，3 个节目获创作一等奖。

〔**兴趣小组活动**〕　2004 年，少年宫开设了电子琴、钢琴、手风琴、打击乐、武术、二胡、朗诵、扬琴、琵琶、古筝、英语口语、笛子、舞蹈、小提琴、声乐、工艺、书法、电脑、国画、素描、小记者、绘画等专业 26 个，兴趣小组 69 个，学员总数 5197 人。

〔**社区文化活动**〕　2004 年假期，少年宫开展了“阳光暑期”系列活动，组织了“阳光暑期”首日展示、宝山区优秀少先队员夏令营、宝山区红领巾理事会“素质拓展训练营”、“友谊街道社区少工委成立仪式”、纳凉晚会等。社区文化活动的蓬勃开展得到社会各界、学生的好评和欢迎。

〔**科研活动**〕　2004 年，少年宫以组织全体教师参加“华东地区校外教育未成年人思想道德建设方案评比活动”，6 位老师的活动方案获全国二、三等奖。开发研究的课题《开发地域文化资源，构建具有校外教育特色的综合实践活动》获全国城区少年宫论文评比一等奖。论文《在计算机和课程整合教学中开展思想品德教育的实践》、《浅析小干部耐挫能力的培养》获比三等奖。教师王歆宇出版的《21 世纪中国儿童钢琴曲优秀作品选集》2002 年获华东地区优秀图书奖。

2004 年参加、承办各类教育、竞赛活动统计

活动名称	活动时间	区级赛人数	市级赛人数	全国赛人数	获奖人数
上海市第五届学生电影节影评征文	2004 年 10 月	150	6		5
上海市宝山区“三个了不起”讲故事比赛	2004 年 6 月	200	2		32
上海市宝山区“邓爷爷照片里的故事”征文比赛	2004 年 11 月	300	20		52
上海市宝山区“祖国明天更美好”配乐诗朗诵比赛	2004 年 10 月	600	20		90
上海市宝山区“上海磁浮”少年儿童快乐作文比赛	2004 年 12 月	200	100		60
宝山区“迎北京 2008 奥运会”知识竞赛	2004 年 10 月	250			40
2003 年上海少年儿童第一届“奇人运动会”总决赛	2004 年 1 月	800	60		260
“我的成长故事”上海市少年儿童绘画（摄影）征文大赛	2004 年 4 月		1500		50
“超级教师，我来做”上海教师展风采电视邀请赛	2004 年 10 月		30		3
上海市少年儿童“创意变变变”电视邀请赛	2004 年 11 月	120	18		9
2004 年上海市少年儿童第二届“奇奇运动会”总决赛	2005 年 1 月		52		3
2004 年宝山区少先队“雏鹰竞飞”计算机应用比赛	2004 年 4～6 月	50			20
2004 年上海市少先队“雏鹰竞飞”计算机应用比赛	2004 年 6 月		150		9
2004 年宝山区少先队第五届“网络先锋少年”评选活动	2004 年 9～12 月	40			19
2004 年上海市少先队“雏鹰奖章”电脑章考级	2004 年 6～12 月		5000		1381
2004 年全国少年儿童计算机奥林匹克运动会	2004 年 8 月			80	1
全国第二届“吉的堡”杯英语大赛	2004 年 4 月		68	10	6
2003 市“金孔雀舞蹈节”	2003 年 4 月		24		24
2004 宝山区学生戏剧节	2004 年 3～6 月	500			500
2004 上海市学生戏剧节	2004 年 7 月		100		100
上海市学生艺术单项比赛（戏剧）	2004 年 7 月		8		2

（续表）

活动名称	活动时间	区级赛人数	市级赛人数	全国赛人数	获奖人数
东方青少年艺术明星大赛（古筝）	2004 年 7 月			1	1
上海市学生艺术单项比赛（古筝）	2004 年 8 月		1		1
上海市学生艺术单项比赛（笛子）	2004 年 7 月		7		7
上海市学生艺术单项比赛民乐大奖赛（扬琴）	2004 年 6 月		2		2
2004 年上海民乐十佳琴童电视大赛（二胡）	2004 年 4 月		9		9
中国首届青少年演艺新人推选活动（手风琴）	2004 年 2 月			1	1
2004 上海市学生艺术单项比赛（手风琴）	2004 年 7 月		10		9
2004 年上海市青运会	2004 年 10 月		7		7
第四届统一企业梦公园儿童、妈妈写生比赛	2004 年 7 月 20 日		5		2
2004 年宝山区中小学教师工艺作品展	2004 年 12 月	30			14
“马可杯”我心中的美丽家园—上海市少年儿童绘画比赛	2004 年 1 月 30 日		9		3
第二届上海青少年写生画大赛	2004 年 5 月 22 日		3		1
第四届“星星河”全国少年儿童美术书法摄影大赛	2004 年 4 月 30 日			25	9
“拼贴美好生活”幼儿拼贴画比赛	2004 年 6 月	150			24
宝山区中小幼教师纸花比赛	2005 年 1 月	65			30
“VISA 奥运畅想”少儿绘画大赛	2004 年 2 月	52			1
第二届上海市青少年写生画比赛	2004 年 4 月		8		7
第九届全国中小学生绘画比赛	2004 年 8 月			5	2
2004 年上海民间艺术博览会市中、小学生展	2004 年 3 月			7	7
“看上海新貌，做可爱少年”第三届少儿新闻大赛	2004 年 11 月		90		7
2004 年上海市宝山区中小学书画摄影大赛	2004 年 6 月	9	10		12
2004 年上海市“六一”少儿美术、书法摄影大赛	2004 年 6 月		20		3
2004 年上海市少儿摄影比赛	2004 年 9 月		50		3
2004 年宝山区庆祝教师节教师摄影比赛	2004 年 7 月	47			47
2004 年宝山区教师摄影绘画作品选比赛征集	2004 年 11 月	119			119

（曹丽丽）

宝山区青少年科学技术指导站

〔**发展概况**〕　2004 年，宝山区少科站围绕科技教育，以特色学校为示范，辐射科技教育的榜样效应，以品牌项目为支柱，形成了一批如“生物与环境”、“创造发明”、“金钥匙”、“三模”等在本市和全国具有影响的科技特色品牌项目。12 年来共接待中小学生 13 万多人次，全区中小学生参与率达 70%以上。2004 年组织市级及以上比赛 60 多项，获市级及以上奖 1255 项，其中国际奖 7 项，全国奖 85 项。培养了一批以邢诗萌等为代表的上海市“明日科技之星”。2004 年区少科站被评为“全国科学教育实验基地”。

〔**场馆建设情况**〕　全站占地面积 5400 平方米，建有科技楼、科普活动楼各一幢，建筑面积 2320 平方米。站内有区科普活动中心、专用科技活动室及科技设施设备等。2004 年，科技站投入设备费 360 万元，通过资源整合实现“一室多用，资源共享”的要求，科技活动室设施设备等比同类单位领先 5 年标准配备。

〔**教育培训项目**〕　现设有生物与环境、创造发明、金钥匙、模型、计算机、机器人等科技活动项目 19 项。设有计算机业余学校、业余科技学校、区青少年创造发明俱乐部，雏鹰科技兴趣培训考章基地、科技小记者站等青少年科技培训机构若干。

〔**开发宝山区青少年学习性知识产权教育网站**〕科技站为“学习性知识产权活动”的课程化建设，开发了“宝山区青少年学习性知识产权网站”。建立了资源信息、发明在线、专利申请、专利检索、点子社区栏目，以“各类测评表”、“社区积分”为主要评价工具，转变青少年创造发明成果评价方式。

〔**以教师的发展为本，建设一支以区少科站教师为项目带头人的骨干教师梯队**〕　科技站积极推进教师的专业化发展，2004 年开设科技项目 30 多项，人均 2 项左右；积极探索师资培养与培训的机制，推进教育部“青少年科技后备人才创新能力培养的师训计划”，建设“全国科学教育宝山实验区”。

〔**大型科普活动**〕　1. 2004 年，承办“中国上海海洋探索比赛暨联校机械奥运会 2004 埠际赛”。来自香港、澳门、上海 3 个代表团的机械奥运选手、宝山区各科技教育特色学校的校长、科技总辅导员、学生和多家新闻媒体 400 余人参加了本届埠际赛。

2. 举办具有宝山本土特色的“科普摄影主题系列活动”，宝山区 400 余名各校的小摄影家参加。他们用手中的相机的“大眼睛”聚焦宝山的发展，捕捉宝山的巨变。宝山区委宣传部、教育局领导参加开拍仪式。

3. 组织参与宝山区科技活动周活动开幕式暨宝山区青少年科技活动展示，开设的“青少年科技教育专场展示”内容丰富多彩，有独具一格的“宝山区青少年头脑奥林匹克万人大挑战”活动、“机器人奥运会”活动、个人“机械障碍”表演、“机械篮球和机械水球”表演等，还有集动手动脑的科普游艺活动等。宝山区教育局领导给予了高度评价。

4. 2004 年暑期，组织“我与科技快乐行——青少年暑期科技主题系列活动”。包括益智类科普 VCD、智力抢答、动手实践等一系列形式多样、知识涵盖面广的科普阵地活动为炎炎夏日抹上丝丝凉意。

〔**社会化活动**〕　科技站科普活动中心 2001 年被列入上海市青少年科普活动基地。科普活动中心现有室内活动场地 1300 平方米，室外活动场地 2000 平方米，划分为展示实验区、科技知识普及区、数码创意区、植物生态区、擂台竞技区、科技游艺区 6 大活动区域，并配备相应的设施和器材、设备。

科普活动中心每周二向基层学校四年级学生开放，通过展版、展具、讲座等各类实践活动，将科技送进校园。2004 年接待学校近 60 所，7000 多人次。

〔**教育培训和社区活动**〕　中心开设计算机、小记者、科普英语、英文打字、头脑 OM 等项目培训班，每年有数千名中小学生参加。此外，科技站在海滨街道开设了社区教育班，开设通用英语 100 句、花卉园艺、家庭布艺等课程，有近 100 人参加。

〔**科研活动情况**〕　宝山区少科站确立了“青少年科技活动项目课程化的开发与实践研究”等一批区级以上的教育科研课题，协作主导学校开发了“生物与环境”等探究性、综合性校本课程多套。《在校本、区域科学课程开发中寻求教师的专业化发展》课题已被立项为全国课题，《青少年科技活动项目课程化的研究》已被立项为上海市级课题。

〔**参加全国及地区校外教育交流活动**〕　参加国家教育部《全国青少年科技后备人才创新能力培养的师讯计划》项目“全国科学教育实验区”授牌仪式，全国各省市 30 家“全国科学教育实验基地学校”代表等 100 多人出席了大会。上海市宝山区成为全国首家实验区。

2004 年参加、承办各类教育、竞赛活动统计

项目	活动名称	活动时间	区级赛人数	市级赛人数	全国赛人数	获奖人数
学科类竞赛活动	第 19 届青少年科技创新大赛	2004.2～3	15000	250	10	120
	上海市第二届“明日科技之星”评选活动	2004.1～5	30	16		14
	2004 年上海市青少年金钥匙科技竞赛	2004.4～12	5000	70		41
	第五届中国智能机器人大赛	2004.9～11		30	30	12
	2004 年上海市中小学濒危野生动物保护科普教育活动	2004.9～12		300		30
	2004 年上海市中小学生常见植物识别实践活动	2004.4～12	2560	250		60
	上海市中小学生第六届“壳牌美境行动”设计方案评比	2004.10～12	2132	50		9
	上海市青少年机器人知识竞赛	2004.11	250			15
	2004 年上海市青少年车辆模型竞赛	2004.11	760			18
	2004 年上海市嘉定杯青少年 F1 赛车模型大赛	2004.12		17		5
	2004 年上海市青少年“白猫杯“应用化学与技能竞赛（高中）	2004.7～12	350	40		11
	上海市能源科技制作比赛	2004.9～12		180		11
	中国上海海洋探索暨联校机械奥运会 2004 埠际赛	2004.7			33	15
	全国青少年奥林匹克建筑模型竞赛	2004.7～10			14	8
	2004 上海市机械奥运比赛	2004.5		180		15
	第十届上海市中小学模型科技活动评比			37		10

（徐　群）

嘉定区青少年活动中心

〔场馆建设情况〕 2004年，嘉定区青少年活动中心由区财政拨款，兴建了新的教学大楼（建筑面积3200平方米），于2004年9月正式投入使用，综合办公楼也在动工兴建当中。2004年3月，儿童公园为配合嘉定区政府实事梅园路改造工程进行了改建，增设了小型足球场、篮球场、大型露天电子屏幕等一系列娱乐、健身设施。

截至2004年底，嘉定区青少年活动中心场馆总面积4万平方米。其中活动区面积8500平方米、绿地操场2.88万平方米，各类教室、办公用房等面积3590.24平方米，在建综合办公楼面积2999平方米。

〔重点活动〕 2004年，中心举办了区教师节20周年庆祝活动、“快乐重阳”敬老节文艺汇演等大型活动。全年共组织参与了“红领巾小主持人班”及“队长学校知识竞赛”、“故事大王邀请赛”、“科技之光”影评小报设计竞赛、第二届“奇奇运动会”等国家级、市级、区级活动50多项，参加学生人数达17.5万人次。

〔社会化活动〕 2004年，中心将科普教育活动进社区作为一项重要工作来抓，以“走出去”的办法深入到部分街道、里弄、偏远学校，先后在新成路街道、真新街道、黄渡镇等地区以科普宣传教育版面，向居民发放科普宣传材料、邀请有关专家举办科普知识讲座等形式，由科技教师当场演示、辅导，让居民亲手尝试、操作，对社区居民进行科普宣传教育。

〔活动成果〕 2004年，嘉定区青少年活动中心组织各学校参加各级、各类竞赛，成绩显著。在国际性比赛中获二等奖1个、三等奖3个；全国性比赛获一等奖4个、二等奖8个、三等奖8个；市级各类比赛获一等奖151个、二等奖118个、三等奖259个。

〔兴趣小组培训活动〕 2004年，嘉定区青少年活动中心发挥校外教育机构的特有功能，开设了以兴趣实践活动为主的艺术、科技、文化等28个项目329个兴趣小组和培训班，全年3期，参加培训的在籍学生达6680人次。

〔科研活动〕 2004年，中心开展了一系列课题研究，积极组织教师参加各类论文评比等活动。共有4个课题被评为区级课题（其中重点课题1个，一般课题3个）。2004年，嘉定区青少年活动中心有4位教师论文获奖；1位教师的论文在市级刊物发表。编写的《教师论文选集》和《嘉定区青少年活动中心简讯》，收集了20篇教师论文和嘉定区青少年活动中心的各种信息。

2004年参加、承办各类教育、竞赛活动统计

项目	活动名称	活动时间	区级赛人数	市级赛人数	全国赛人数	获奖人数
体育活动	嘉定区“龙飞汽销杯”车辆模型比赛	2004.5	600	/	/	36
	上海市“嘉定杯”青少年F1车辆模型大赛	2004.9	/	46	/	35
	上海市“江南杯”船模邀请赛	2004.10	/	12	/	7
	第九届“奥迪杯”上海赛区比赛	2004.11	/	30	/	11
	嘉定区青少年船模比赛	2004.11	300	/	/	30
	嘉定区青少年车模比赛	2004.12	400	/	/	40
	上海市青少年模型技能比赛	2004.12	/	9	/	3
	嘉定区青少年航空模型通讯赛	2004.3～6	1000	/	/	30
	上航杯青少年空模比赛	2004.9～10	300	35	/	7
	上海市航空航天模型比赛	2004.10～11	/	25	/	3
	全国青少年航空模型锦标赛	2004.5	/	/	3	1
	全国成人航模锦标赛		/	/	3	3
文艺活动	2004年上海市学生绘画、书法、摄影比赛	2004.4	650	/	/	208
	上海市第二届青少年写生画大赛	2004.5	/	180		不详
	上海市“孩子妈妈”青少年写生画大赛	2004.6	/	200		不详
	2004年上海市学生戏剧节	2004.7	/	11	/	11
	上海市学生艺术单项比赛		130	/	/	/

（续表）

项目	活动名称	活动时间	区级赛人数	市级赛人数	全国赛人数	获奖人数
文艺活动	澳门国际青少年儿童音乐比赛	2004.8	/	/	4	4
	第十届北京国际手风琴比赛	2004.8	/	/	1	1
	2004 中国音乐学院全国校外音乐考级	2004.8	/	/	130	125
	2004 中国歌剧舞剧院全国校外舞蹈考级	2004.8	/	/	68	68
科普活动	上海市青少年明日科技之星活动	2004.4	/	10	/	2
	青少年科技辅导员论文赛	2004.5	60	50	4	15
	全国青少年科技辅导员制作赛	2004.6	/	/	10	3
	上海市青少年“庄臣绿色生活行动”环保儿童画比赛	2004.6	1800	180	/	3
	上海市青少年“庄臣绿色生活行动”环保儿童剧比赛	2004.6	600	60	/	2
	上海市青少年“美丽家园”摄影比赛	2004.6	780	80	/	2
	长三角十城市青少年环保系列活动	2004.7	500	/	/	3
	2004 年第五届中国国际发明展览会	2004.1	/	/	5	3
	市壳牌美境行动实施演讲赛	200.10	1200	120	/	2
	市青少年科技辅导员演讲赛	2004.10	/	5	/	2
	“一棵古树一个故事”科普征文活动	2004.6	500	50	/	3
	常见植物识别竞赛	2004.6	480	48	/	7
	上海市航天知识竞赛	2004.6	3000	300	/	26
	上海市小制作比赛	2004.6	/	30	/	7
	上海市火箭比赛	2004.7	150	15	/	13
	上海市机器人比赛	2004.7	/	30	/	6
	2004 年青少年“救救猿猴”知识竞赛	2004.12	3800	380	/	50
	2004 年嘉定区青少年金钥匙竞赛	2004.12	3000	30	/	17
	2004 年嘉定区青少年太阳能小车竞赛	2004.12	800	80	/	10
	2004 年嘉定区青少年太阳能小船竞赛	2004.12	120	/	/	10
	2004 年上海市水火箭留空时间大赛	2004.12	/	60	/	20
	2004 年上海市防震减灾知识竞赛	2004.12	30	3	/	团体第三
	2004 年上海市杜邦杯中小学安全知识竞赛	2004.12	/	4	/	团体三等奖
	上海市青少年创新大赛（优秀实践活动）	2004.4	2000	200	/	5
	上海市青少年创新大赛（优秀项目）	2004.4	200	20	/	21
	上海市青少年创新大赛（科幻画）	2004.4	600	60	/	17
	全国青少年创新大赛	2004.8	2000	/	10	5
	上海市第六届电脑作品展	2004.10～12	411	250	/	/
	中小学生信息技术创新与实践比赛	12～2005.1	8657	256	/	/
	嘉定电信杯“走进 F1”网上贺卡制作竞赛	2004.9	100	/	/	/
	嘉定区中小学生电脑作品竞赛	2004.10～12	411	/	/	/
学科类竞赛活动	上海市首届“上外双语杯”小学生科普英语游戏竞赛	2004.1	480	50	/	10
	第十届“华罗庚”金杯数学邀请赛	2004.1	1200	120	/	15
	第二届小学“希望杯”全国数学邀请赛	2004.2	1500	150	/	52
	上海市小学生“生活中应用化学”技能竞赛	2004.3	800	80	/	12
	上海市青少年环保双语比赛	2004.6	200	/	/	1
	上海市“白猫杯”应用化学知识竞赛	2004.11～12	680	58	/	16
	上海市科普英语竞赛	2004.11～12	500	50	/	21
	上海市“方正杯”数学训练棋比赛	2004.12	400	32	/	35
群文活动	2004“酷儿杯”少儿才艺大赛	2004.4	1200	115	/	5
	“学习雷锋精神，做可爱小公民”诗歌征文比赛	2004.4	2000		/	
	“祖国明天更美好”读书活动	2004.5	/	/	38	8
	“我的成长故事”绘画征文大赛	2004.5	/	600	/	7
	“科技之光”影评小报设计	2004.5	/	250	/	4
	故事大王邀请赛	2004.5	100	2	1	16
	“母亲节献礼”——儿歌演唱比赛	2004.5	250	2	/	2
	“集火花，长知识”火花知识竞赛	2004.5	2500	20	/	8

（续表）

项目	活动名称	活动时间	区级赛人数	市级赛人数	全国赛人数	获奖人数
群文活动	“集火花，长知识”火花知识演讲	2004.5	/	集体	/	1
	“传承民族精神，争做时代能人”知识竞赛	2004.5	/	4300	/	92
	“小公民艺术乐旅”创意沙画大赛	2004.5	/	3700	/	40
	“我与磁悬浮”征文比赛	2004.5	500	/	/	
	建队五十周年知识竞赛	2004.5	4200			
	“科技之光”影视征文大赛	2004.5	10000	400	/	5
	“和我一起改变世界”海报设计大赛	2004.9～11		660	/	
	“祖国明天更美好”诗歌朗诵比赛	2004.10		100	/	2
	“超级教师我来选”上海教师风采电视大赛	2004.10	80	4		4
	“看上海新貌，做可爱少年”小记者新闻大赛	2004.11	8000			未知
	“学知识，长本领，做五好队长”队长知识竞赛	2004.11	2700	8300	/	87
	“创意变变变”上海市少儿电视大赛	2004.11	40	2	/	2
	“放送新年的关爱”中华小当家设计大赛	2004.11	15000		/	
	上海市第三届少儿新闻、摄影大赛	2004.11	5000		/	
	上海市第五届学生电影节活动	2004.9～12	/	72	/	
	踏响时代新节奏——踢踏舞比赛	2004.12	500		/	
	上海市第二届齐齐运动会	12～2005.1	600	55	/	4
其他活动	“星星火炬代代传”少先队入队活动	2004.4	423	/	/	/
	“祖国明天更美好”读书活动	2004.4～5	2万	/	/	/
	“弘扬城市精神，做可爱的上海人”童谣儿歌征集活动	2004.4	600	/	/	/
	“文明礼貌伴我行”主题教育实践活动	2004.5	3000	/	/	/
	“330工程”活动	2004.5	600			
	“沟通无极限，亲情双沟通”贺卡制作活动	2004.6	200	/	/	/
	嘉定区“六一”庆祝表彰集会	2004.6	1000	/	/	/
	“东方少年”夏令营活动	2004.6～7	2000	/	/	/
	STV荧屏夏令营	2004.7～8	5万	/	/	/
	红领巾大篷车社区活动	2004.7	600	/	/	/
	“快乐大搜索，欢乐你我他”新风故事演讲、论坛	2004.10	900	/	/	/
	“书香满园”嘉定区红领巾读书读报现场会	2004.11	1800	/	/	/
	全国“双有”主题教育系列活动	2004.3～12	2万	/	/	/
	贝塔斯曼书友会活动	2004.12	3000	/	/	/

（张　蓉）

浦东新区少年宫

〔**发展规划**〕　2004年，浦东新区社发局将浦东新区现有3个少年宫整合为一个少年宫。“三宫合一”后的新区少年宫，在浦东新区社发局的直接领导下，按照《浦东新区教育事业发展“十五”计划与2010年远景目标》和《浦东新区校外教育发展规划》的要求，有计划地在新区每个街、镇设立浦东新区少年宫××活动中心，为建设新型的“学习型城市”发挥少年宫教育的独特功能。

“三宫合一”后的少年宫，在教育资金投入和使用方面体现出明显的优势，根据工作进度和发展需要，统一编制资金预算，统一制定资金运作计划，实现资金的良性循环和合理配置，创造出最佳的整体效应。

〔**场馆建设情况**〕　2004年，浦东新区少年宫加紧场地设施规划和建设，仅上半年，浦东新区少年宫共建设项目11个，其中自筹资金建设项目8个，自己资金投入51.8万元；资助建设项目1个，3.9万元；上级拨款1个项目，50万元；待拨款项目1个，资金为10万元。总投入资金为115.7万元。

〔**少年宫信息技术教育和运用**〕　川沙活动中心开展的信息技术教育项目有：计算机程序设计、电脑动画、网页制作等。1996年起为上海市少先队雏鹰奖章电脑章考核基地。

花木活动中心自2002年起开始信息技术的教育活动。教育活动内容涉及计算机程序设计、电脑动画、数码影像、网页制作、幼儿计算机故事等。2002年6月1日承办了《上海市少先队“雏鹰竞飞”计算机应用竞赛》。2002年下半年起为上海市少先队雏鹰奖章电脑章考核基地。2003年初，成立网络演播团。

《少年宫》网站开通之后，每位教工可以使用基于国际互联网的电子邮件系统和其他功能。2004年上半年更新了每位教工的办公用电脑。目前，电子邮件、文字处理系统和电子演讲等得到广泛的应用。

少年宫科学管理信息的数字化包括：少年宫公共信息的发布、专题信息的传递、教务管理信息的处理。

少年宫现代媒体的主要形式是电子媒体和印刷媒体相结合的转播形式。少年宫网站以其即时性和广泛性特点，及时报道少年宫的活动，并向建立浦东新区少年儿童网络电视台方向发展。

〔**管理情况**〕　2004年，浦东新区少年宫先后健全完善了文明服务制度、教育常规管理制度、外聘教师制度、岗位聘用制度、奖惩考核制度、学习研修制度、文书档案管理制度、财政核算制度、安全防范制度、车辆使用制度等10项涉及行政管理、教育教学管理规章制度。形成少年宫“人员进出流程”、“资金进出流程”、“物品进出流程”等人、财、物方面所涉及的16条工作流程；编印了《少年宫员工手册》，自觉维护少年宫依法行政的严肃性。

少年宫通过教代会，组织代表讨论审议、民主决策，全面推行岗位聘任制，建立与目前岗位聘任制度相配套的考核奖惩制度，制订了《少年宫5年发展规划与运作模式》、《部门和岗位设置》、《奖惩考核暂行条例》及《岗位工作量的核定与考核办法》。

〔**群众文化活动**〕　少年宫通过艺术、文化、科技、体育等教育活动，对少年儿童实施“开发全脑、挖掘潜能、培养兴趣、发展个性、锻炼能力、激励创新”的多项活动。2004年，少年宫艺术教育教学活动全年接纳4.3万人次；截止至9月份，参加群众文化活动、主题教育活动的少年儿童达10万人次。

〔**学生社团活动**〕　少年宫少儿舞蹈团参加上海国际童声合唱夏令营闭幕式、国庆55周年庆祝活动、第六届国际艺术节“周周演”、“上海之春”少儿歌舞专场等演出，获2个二等奖。

武术团参加上海市第五次少先队代表大会、市国际少儿艺术节、市少先队建队55周年、上海解放55周年等演出，获21项奖牌。

合唱团参加上海（浦东）中外小使者音乐夏令营国际童声合唱比赛、“上海之春”国际音乐节、上海市国际少儿艺术节、丹麦女子合唱团等交流演出，获优秀表演奖、小使者金像奖。

书画社，获全国奖1个；市级奖比赛2个。

影视表演儿童剧《耳朵飞了》获市学生戏剧节比赛表演创作一等奖。

民乐团参加上海市国际电影节闭幕式、十月歌会的比赛、区社会事业系统各界人士迎春联欢会、区社会发展系统离退休老干部迎春团拜会等。多人获高级组金奖、银奖、中级组金奖。

工艺社参加上海市艺术节、中外少年儿童文化艺术交流活动，获市级二等奖。

声乐团，获中华艺术新秀国际交流选拔活动声乐专场金奖1名；上海市十月歌会一、二、三等奖各1名；市区其他各类比赛金银铜奖34名。

〔**兴趣小组活动**〕　2004年，少年宫共开设电子琴、钢琴、手风琴、音乐素质、二胡、朗诵、扬琴、琵琶、古筝、长笛、笛子、舞蹈、小提琴、声乐、书法、硬笔书法、国画、素描、绘画小制作、计算机、健美操、乒乓球、围棋、武术、芭蕾舞、国际象棋、散打、英语专业22个，兴趣小组1256个，学员总数4.33万人。与华东师范大学美术教授张定钊建立“张定钊美术教育工作室”，开展少儿美术教学；与著名钢琴家孔祥东签订了“孔祥东音乐艺术中心”，合作开展键盘乐教学；还聘请了冀瑞铠教授及林友声、林振地、陈白桦、胡蕴琪等10多位艺术教育专家、教授担任少年宫艺术社团的艺术顾问。

〔**交流活动**〕　2004年，浦东新区少年宫交流活动接连不断，全年接待中外来宾交流演出共计45批、涉及15个国家1710人；其中，港台3批、286人；有6次重大的跨越国界的交流演出活动：上海市国际艺术节、上海浦东国际小使者音乐夏令营、丹麦王妃携带丹麦少女合唱团、法国童声合唱团、日本大阪吹奏乐团等。

〔**科研活动统计**〕　少年宫教师积极参与全国、市、区级课题研究，撰写论文参加各类评比，发表各类教育教学研究文章。2004年开发研究的课题有：区级课题《当代少年宫教育模式的探索与实践》、全国、市级子课题《21世纪少年宫综合实践活动的研究与开发》子课题《农村少年宫综合实践活动的研究与开发》、《如何在夏令营中开展综合实践活动的探索》；少年宫教师论文获全国奖10篇、区级奖2篇；在各级报刊上发表的论文有9篇。　（张成明　阮燕萍）

浦东新区中小学科技指导站

〔**基本情况**〕　浦东新区中小学科技指导站创建于1983年，常年开展科技培训、军体项目训练、科学普及等活动。几年来，在科技站的指导和组织下，浦东新区中、小学生每年参加科普活动达3.5万人次，在各级各类竞赛中取得了优异的成绩，为上海市和浦东新区争得了荣誉；“明日科技之星”、“浦东小院士”的推选评比等活动让浦东的许多中、小学生享受政府规定的加分政策，分别优先进入重点初中、重点高中和大学深造。

2004年，浦东新区中小学科技指导站积极筹建10个科技俱乐部，以培养“军体项目冠军”、“未来诺贝尔”为目标，为培养学生良好的科学精神提供发展空间。

〔**群文活动和兴趣小组活动**〕　2004年，科技站举办了全国“英特尔杯”创新大赛、头脑奥林匹克竞赛等活动；开设了环保、天文、航空模型、航海模型、车辆模型、业余无线电台、无线电测向、电子技术、信息奥林匹克竞赛、摄像、摄影、应用数学、应用物理、应用化学、科技英语等专业项目。

2004年参加承办各类教育、竞赛活动统计

项目	活动名称	活动时间	区级赛人数	市级赛人数	全国赛人数	获奖人数
科普活动	浦东新区青少年科技周	2005.5.14	30000			
	大擂台	2005.11.18	15000			81
生活实践活动	参观科普基地	全年	60000			
	东方绿舟活动		4000			
学科类竞赛活动	各种科技活动	全年	55000	6000	72	

金山区第一少年宫少科站

〔**基本情况**〕　金山区第一少年宫少科站地处杭州湾畔，上海西南郊区。该宫占地15亩、建筑面积6000多平方米，庭院式构筑，造型别致。金山区第一少年宫少科站坚持“内抓质量、外树形象”的办宫思路，为全面实施素质教育、振兴金山教育作出了重要贡献。自1987年至今，连续被评为金山区安全合格单位、金山区（县）文明单位：1993～1996年连续两届被评为上海市农口系统文明单位，1991年获上海市先进文明少年宫称号。

〔**场所建设**〕　2004年，少年宫少科站投资40万元将原有固定座位的小剧场改建为300座位的大型多功能活动厅，总面积635平方米，可用于文艺演出、报告会、舞会、各类竞赛、展览等。

〔**艺术教育成果**〕　少年宫少科站与金山农民画相融的少儿绘画创作在国内外屡屡获奖，在上海市颇有特色；书法教学富有个性，作品多次在中国美术馆、上海美术馆、日本东京美术馆等展出。小提琴与键盘乐器培训具有特色；弦乐队坚持举办新春音乐会，经常在社区、部队演出，指导的学员多次在市、全国比赛中获奖，2004年在上海市艺术教育委员会等单位联合主办的艺术单项比赛中又获金奖。

〔**培训活动**〕　2004年，少年宫少科站开设电子琴、钢琴、二胡、舞蹈、小提琴、书法、硬笔书法、国画、素描、吉他、绘画、跆拳道、奥数专业13个，兴趣小组32个，学员总数1336人。参加全市性活动150人，参加全国性活动22人，在上海市比赛中45人获奖，在全国比赛中30人获奖，在国际比赛中21人获奖。绘画、书法、舞蹈等培训项目已形成特色品牌。

〔**活动成果**〕　2004年，少年宫少科站配合学校二期课改，积极开展全区性的科普科技教育。金山区（北片）共有28所中小学、3.34万人次参加各项活动，970人获得各项奖励，其中获市级个人等第奖达461人，获全国等第奖14人。有25所中小学校获市以上团体奖，13所学校获全国级团体奖。2004年最具突破性的科技活动项目，是在“第五届广茂达杯中国智能机器人大赛”上，少年宫少科站指导的11支国际赛制“机器人灭火”队伍全部囊括了小学组、初中组、高中组的3个冠军，并获得7个全国一等奖，4个全国二等奖的突出成绩，为少年宫少科站赢得了殊荣，也体现了少年宫少科站科技教育的活动成果。

2004年，金山区第一少年宫少科站在体育活动项目竞赛中获得优异成绩，在“上海市第二十二届中小学跳踢比赛中，参赛人数达142人，获上海市中小学跳踢比赛团体第一名的殊荣。

2004年参加、承办各类教育、竞赛活动统计

项目	活动名称	活动时间	区级赛人数	市级赛人数	全国赛人数	获奖人数
体育活动	上海市第二十二届中小学跳踢比赛	2004.1.14	1800	142		130
文艺活动	艺术教育活动竞赛	2004	190	150	22	75
	第十九届英特尔上海市青少年科技创新大赛	2003.11～2004.3	3000	1992		12
	上海市OM第十届擂台赛	2004.5		670		78
	上海市第九届青少年创造发明设计竞赛	2004.6	7545	30		23
	上海市未来工程师大赛（分区赛）	2004.11	154	10		待定
	金山区中学生知识产权、知识竞赛	2004.4	65			
	第二届全国中小学信息技术创新与实践活动“智能机器人竞赛”——机器人灭火比赛	2004.4～6		200	15	10
	第五届“广茂达杯”中国智能机器人大赛	2004.11		60	60	11
	机器人与简单机械基础知识竞赛	2004.11～12		300		18
	上海市青少年电子知识与技能竞赛	2004.6		100		12
	上海市青少年电子探雷比赛	2004.4～6		120		
	第二届小学“希望杯”全国数学邀请赛	2004.5		221	56	10
	第九届全国“华罗庚杯”数学邀请赛	2004.2～6		1150	332	4
	上海市中小学生常见植物识别教育	2004.9～12	1670	170		51
	上海市野生动物保护科普知识竞赛	2004.9～12	2246	235		73
	上海市（初中生）“白猫杯”应用化学技能竞赛	2004.4～5.2	294			
科普活动	上海市青少年第二十一届船模、建模竞赛	2004.3～6	800	6		1
	2004上海市青少年车辆模型竞赛	2004.3～6	800	10		7
	“龙华杯”第十届上海市中小学科技模型活动评比	2004.3～6	800	12		4
	上海市青少年车辆模型技能赛	2004.9～12	800	6		3
	上海市第十八届“上航杯”青少年航空模型比赛	2004.3～12	1000	20		7
	2004年上海市中小学生能源科技制作比赛	2004.1	697	14		11
	2004年上海市中小学生智力七巧板比赛	2004.3～7	1070	12		9
	“光彪杯”上海市“六一”小学生计算机竞赛	2004.3～6	40	3		25
	上海市中小学生实验与制作技能竞赛		870	62		48
	上海市青少年航天知识与技能竞赛	2004.3～8	506	25		22
	首届上海市小学生科普英语竞赛	2003.11～4.5	323	64		3
	上海市第四届初中学生科普英语竞赛	2003.5～4.4	359	36		1
	上海市第十一届高中生科普英语竞赛	2003.4.4	478	48		2
	上海市第三届“工美杯”青少年工艺技术制作竞赛	2004.3～12	195	9		4
	2004年上海市青少年摄影作品大赛	2004.2～5	38	6		4
	2004年上海市女学生摄影、演讲比赛	2004.2～4	40	8		6
	全国NOC活动“复兴杯”上海市中小学计算机竞赛		4552	40		待定

（顾维云）

金山区第二少年宫少科站

〔**基本情况**〕　上海市金山区第二少年宫少科站1986年建成，占地14亩，建有教学楼、小剧场、溜冰场、碰碰车等，建筑面积共4000多平方米。开办多年来，开设了钢琴、电子琴、小提琴、古筝、民乐、声乐、舞蹈、演艺、戏剧等50多个项目的教学班，每期招收学生人数2000多人。

〔**场馆建设**〕　2003年少年宫投资1000多万元，新建一幢4层综合教育楼，建筑面积6143平方米。2004年，金山区在建一幢4层综合教育楼，资金投入1200万元。工程于2003年11月18日正式打桩开工，2004年9月完成土建工程，10月开始进行内外装饰工程，2005年1月正式投入使用。

〔**科研活动**〕　2004年，少年宫朱在英论文《保护蝶类资源，重视生态环境》获全国一等奖；谬承恩《试论少年宫钢琴课的教学改革》被收入《全国优秀论文集》；周卫星《学民乐有益于开发少儿智能》发

表于《金山教育》杂志。出版适用于中小学校科技老师的《赏蝶制蝶》、《常见植物识别》等书籍。

〔兴趣小组活动〕　2004年，少年宫共开设电子琴、钢琴、打击乐、二胡、朗诵、扬琴、古筝、笛子、萨克斯、舞蹈、小提琴、声乐、书法、素描、吉他、绘画、演艺健美操、中国象棋、英语专业20个，兴趣小组163个，学员总数610人。

2004年参加、承办各类教育、竞赛活动统计

项目	活动名称	活动时间	区级赛人数	市级赛人数	获奖人数
体育活动	奇奇趣味运动会	2004.11	150	50	
	迎春棋类比赛	2004.1.2		300	5
	“中国人寿”棋赛	2004.12.25	100		33
	鼓浪屿杯象棋赛	2004.5.20	300		8
科普活动	“植物识别”比赛	2004.5.15	1800	180	45
	“保护野生动物”知识赛	2004.11.28	1750	175	68
	“壳牌美境”方案设计赛	2004.11	9	9	5
	“杜邦杯”安全设计赛	2004.11	12	12	1
	市“江南杯”船模赛	2004.10.31		15	10
	市“龙华杯”船模赛	2004.12.4		6	2
	金山区南片科技模型竞赛	2004.12.15	122		85
生活实践活动	爱心小当家	2004.12	400		
	“让生活更美好”环保实践活动	2004.3.6	3568	25	128
学科类竞赛活动	未来航天食品创想	2004.12	50	10	
	科普英语比赛	2004.6～12	1756	175	82
	全国中小学生信息技术比赛	2004.1	3947	196	150
其他活动	敬老节活动	2004.9	50		
	演讲比赛	2004.10	50		

（夏其明）

松江区青少年活动中心

〔**基本情况**〕　松江区青少年活动中心坐落于松江新城东西走向的中央公园，是松江区人民政府在新城区投资建造的首批公益文化教育设施之一。中心主体建筑三面环水，四周绿树、草坪，鸟语花香，犹如一个现代化的童话世界，获得优秀建筑设计奖。

中心现有教职工44人，目前分设有艺教一部（书法、美术等）、艺教二部（器乐、声乐、舞蹈等）、岳伟强音乐工作室、科教部（科技、群教）、办公室、科惠业余学校。

〔**场所建设**〕　松江区青少年活动中心主体建筑由科技楼、文艺楼、行政办公楼、展厅等构成，建筑面积5635.01平方米，资产总额约为2300万元。2001年8月建成。2004年教育局出资3.33万元维修。2004年10～12月由松江区青少年活动中心出资约2.8万元对内部设施整修，基本上解决了建筑落成交付使用后存在的缺陷和使用不合理的状况。

〔**学生社团及活动**〕　2004年有学生社团4个：松江区少儿艺术团民乐队、淳风文学社、“惠鑫”英才俱乐部及“中国少年雏鹰网”小记者松江分站。共有学员287名。这些学生社团在辅导教师的指导和组织下坚持活动，多次参加公益性活动和比赛。

〔**计算机活动**〕　中心计算机普及教育活动先后被松江区电信局和上海市信息化培训协会授牌成为“宽带网络演示中心”和“百万家庭网上行授权培训中心”。2004年培训在校学生1600多人次，培训社区成人约5000多人次，帮助松江区方松街道500多名居民拿到了“百万家庭网上行”合格证书，为松江区的信息化建设和普及提供了服务和指导。

〔**活动成果**〕　2004年，松江区青少年活动中心开展了丰富多彩的德育、艺术、科技、文化、国防、影视、读书、少先队、小记者团、夏令营、一日科普实践等系列主题活动。各项活动累计参加人数达10万人次。在各类活动和比赛中获省级团体一等奖1个、二等奖2个、三等奖11个；省级个人一等奖58个、二等奖152个、三等奖265个；获全国团体三等奖15个；全国个人一等奖2个、三等奖5个。

〔**兴趣小组活动**〕 2004年，开设了文艺类、科技类30个项目，共301个兴趣小组（培训班）。主要课程有美术、书法、音乐、舞蹈、童话写作、车、船、空模制作、计算机、英语、电台、定向越野、小记者等，共有4433名学员参加培训，其中在本区影响力较大的特色兴趣班主要有美术、童话写作、小提琴等。

〔**科研活动**〕 2004年，中心共成立6个课题组。分别开展了6个课题研究，其中3个课题被批准为松江区区级课题。10月《创新美术色彩教育培养儿童创新能力的实践与研究》课题通过验收获区优秀奖。中心《从小构图和命题起步》美术教学论文获全国论文评比二等奖；《红领巾，人生路上永远的旗帜》论文在上海市少工委编写的交流刊物上发表；有10余篇案例分别发表于全国、市级刊物。2004年，中心出版了深受中、小学生喜爱的《淳风》文学期刊3期，每期发行350份。2004年10月，中心美术教师出版了适合小学生的校外教材《水笔画》。

2004年参加、承办各类教育、竞赛活动统计

项目	活动名称	月份	参赛人数	获奖人数	活动名称	月份	参赛人数	获奖人数
科普活动	高中学生社会实践	1	64		漂亮妈妈市女学生摄影演讲比赛	5	12	6
	松江区第三届科普节	5	1800		中华好儿童，环保快行动	3	30000	27
	我们的科技馆活动	6	2000		2004年市青少年计算机图像通讯赛	6	24	6
	区青少年创造发明设计竞赛	5	4800		2004年市青少年车模赛	6	8	1
	区惠鑫杯少儿摄影大赛	6	61	15	2004年市青少年建模赛	6	14	5
	2004年松江区中小学六一即时摄影赛	5	57	38	2004年市青少年船模赛	5	7	15
	松江区科技周电子制作竞赛	5	320	104	2004年市中小学智力七巧板比赛	5	32	15
	松江区科技周计算机图像通讯赛	5	104	65	2004市青少年机器人小专家认定活动	2	200	
	2004年松江区中小学车模赛	5	480	81	全国第九届华罗庚杯少年数学邀请赛	4	160	12
	2004年松江区中小学船模赛	5	540	100	2004年均瑶杯小学生思维能力训练赛	4	30	1
	2004年松江区中小学建模赛	5	220	44	全国中小学信息技术创新与实践复兴杯上海市竞赛	4	4550	186
	2004年松江区中小学空模赛	6	540	91	复兴杯项目DLY、网页、作文	3	67	8
	2004年区中小学智力七巧板比赛	5	146	15	光彪杯市六一小学生计算机比赛	5	319	12
	2004年松江区中小学能源制作竞赛	5	263	121	庄臣杯绿色生活行动系列活动	1	4000	10
	2004年区中小学机器人比赛	6	155	103	一棵古树一个故事征文比赛	2	20	4
	第九届华罗庚金杯赛数学邀请赛	3	517	110	上海市少先队雏鹰竞飞网海冲浪竞赛	11	5	
	2004年均瑶杯小学生思维能力训练复赛	4	535	134	上海市雏鹰竞飞动画制作	11	11	
	松江区六一计算机竞赛	5	90	61	市第五届学生电影节DV拍摄活动	11	2	
	松江区DV数码竞技比赛	6	26		市第五届学生电影节新闻拍摄活动	11	2	
	松江区中小学植物摄影竞赛	11	85		市第五届学生电影节影视征文赛	11	16	
	松江区中小学校园植物名录编号竞赛	11	60		市上航杯空模赛	11	12	
	西部杯区级（动画动态网页制作）	11	100		王震杯小摄影家摄影比赛	12	9	1
	科普实践一日活动	9～12	1400		江南杯船模邀请赛	11	10	
	初中科普英语竞赛	11	630		庄臣杯绿色生物行动	9	10	
	第12届市中学生科普英语初赛	10	430		长三角十城市绿色生物环保活动	9	10	
	复兴杯汉字输入竞赛	12	90		野生鸟儿知多少测定竞赛	9	80	
	2004壳牌美境行动方案	12	176		濒危野生动物知识竞赛	9	120	
	小凡情定云间松江签售会	12	300		西部杯市应用操作竞赛（动画设计）	12	6	
	全国第3届信息技术创新与实践（松江）	12	25		西部杯市应用操作竞赛（程序设计）	12	5	
	松江区青少年计算机竞赛（程序设计）	12	15		市中小学校级植物名录编写竞赛	12	60	
	中小学太阳能小船竞赛	12	156		市中小植物摄影竞赛	12	60	
	中小学太阳能小车竞赛	12	153		中小学天文知识竞赛	12	45	
	机器人考章	12	112		机器人知识考章	12	56	
	市第十九届英特尔创新大赛	5	148	12	市青少年车辆模型技能比赛	12	10	
	中国少年雏鹰网松江分站小记者团挂牌成立	5	34		龙华杯第十届市中小学科技模型活动评比	12	35	

（续表）

项目	活动名称	月份	参赛人数	获奖人数	活动名称	月份	参赛人数	获奖人数
科普活动	市青少年设计大赛	5	2900		实践与创新	4	1	1
	市明日科技之星评比	5	20	1	其昌慈善爱心活动	4	60	
	一百分自助课堂英语课本剧擂台赛	1	500		开元杯松江区首届六一绘画创新大赛	6	1052	149
	2004 年松江区学生戏剧节	5	1000		2004 年松江区学生书画作品评比	3	320	56
	松江区中小学纸艺大赛	5	266	69	松江区少先队辅导员风采大赛	9	88	
	松江区中小学模仿影视角色表演比赛	5	135	14	做个小创造发明家科普征文大赛	6	80	11
	感受光荣诗歌朗诵大赛	4	550	10	2004 年市青少年能源制作竞赛	6	13	2
其他活动	松江区红理会增补竞选	3	39		2004 年市学生艺术单项比赛	4	128	
	华亭老街文化之旅现场观摩活动	5	1700		酷尔杯少儿才艺比赛	4	83	
	松江区六一表彰大会	6	700		市第 19 届英特尔创新大赛科幻画项目	1	43	16
	松江区优秀队长队员夏令营	7	80		敏之杯市六一书法展	5	70	26
	肯德基写生创作活动家	9	16		庆上海市解放 55 周年书法现场展	5	45	4
	少先队理论研讨会	11	60		上海市第九届小学生交通安全书法评选	5	30	
	同在一片蓝天下我们从小是朋友捐书活动	10	744		弘扬上海市精神争做合格小公民征文赛	1	8	4
	爱国主义巡视	9	62		市少儿故事邀请赛全国故事大王选拔赛	6	2	1
	小红理庆祝活动	12	275		中国舞考级	2	14	14
	上海东视采访活动	9	15		我的成长故事绘画摄影征文大赛	7	30	5
	好饰家民乐考级点评活动	10	500		大型歌舞晚会	11	1	1
	演出联欢活动	9	75		民乐考级	9	666	
	市红理会培训夏令营	8	31		民乐欣赏	9	500	
	2004 年全国少儿动漫创作大赛	2	228	6	诗歌朗诵	10	28	1
	沙龙演出	11	25		放送新年的关爱中华小当家设计大赛	12	108	
	2004 上海市学生艺术单项比赛	10	3		全国书画等级考核	11	300	
	上海音乐学院小提琴考级	10	27		全国双有评比	10	60000	15
	樱花杯少儿画赛	10	3	3	市学生戏剧节	12	5	2
	创意变变变	11	30	2	上海民间艺术博览会	3	15	5
	上海市队长知识竞赛	10	529	11	上海市学生艺术单项比赛工艺项目	8	10	3
	市少儿新闻大赛	12	56					

（林小松）

青浦区少年宫

〔**基本情况**〕　上海市青浦区少年宫于 1985 年 6 月正式挂牌成立，是青浦区教育局所属的区级校外教育机构，其主要经费由教育局下拨，通过开设的科技、艺术培训项目和乐园阵地开放补充经费，开展群众性的科技、艺术及少先队活动。2004 年儿童乐园游园活动人数达 8.07 万人次。青浦区少年宫荣获上海市农口系统文明单位。

〔**场所建设**〕　青浦区少年宫、少科站、儿童乐园总占地面积 1.1 万平方米。总建筑面积 3787 平方米，资产总值 377 万元。分别建有文艺楼、科技楼、舞蹈房、儿童乐园阵地活动楼，2004 年投入资金 42.65 万元，对儿童乐园活动设施进行了更新，改建或新建面积 3000 平方米。

〔**教育科研活动**〕　2004 年，开发研究的课题有《区域性推进学生科技教育的实践与研究》，教师高建新论文（案例）《陈云爷爷，我们怀念你》、《骨肉情深盼团聚》获华东地区一等奖。

〔**区学生艺术节活动**〕　2004 年，少年宫承办了区第三届学生艺术节，以“多彩的生活，美好的家园”为主题，开设了“师生书画、摄影比赛”、“戏剧曲艺”、“戏曲小品”、“课本剧”、“朗诵”等专场比赛，共收到作品 400 多件，全区 40 多所学校的 98 个节目参加了 4 个专场的比赛，参赛学生达 1000 多人次；有 8 所学校的 87 名学生参加市学生戏剧节的各项比赛。据不完全统计，有 80%的中小学生参加了学生艺术节活动，近 700 多人次获市、区一、二、三等奖。

〔**科技教育活动**〕　2004 年，先后组织了区青少年科技创新大赛，区中小学模型竞赛，野生动物科普、电子、环保教育、摄影、未来工程师及青少年知识产权等10多项竞赛活动，参加区级竞赛的青少年学生达1万多人次，有300多人次参加市级各类比赛，有100多人次获市一、二、三等奖。

〔**未成年人思想道德教育活动**〕　2004年，青浦区少年宫围绕未成年人思想道德建设，组织开展了一系列少先队、红读、影视、集邮等主题教育活动共30多项，其中，“陈云爷爷，我们怀念你”主题教育系列活动方案、“骨肉情深盼团聚”主题教育系列活动方案，在华东地区校外教育未成年人思想道德建设方案评比中，分别获一、二等奖；“红读活动”获上海市先进区县；“集邮活动”获上海市青少年集邮活动示范基地。

〔**兴趣小组活动**〕　2004年，少年宫共开设了电子琴、钢琴、二胡、舞蹈、素描、绘画、其他（故事）、小科学迷、计算机、电子10个专业，兴趣小组129个学员总数1577人。

2004年参加、承办各类教育、竞赛活动统计

项目	活动名称	活动时间	区级赛人数	市级赛人数	获奖人数
群文活动	市红读、影视等活动	2004年	2535	260	350
	区涉台、集邮等活动	2004年	4580		250
文艺活动	青浦区第三届艺术节	2004年	732		600
	市学生戏剧节比赛	2004年		100	100
科普活动	市科技创新大赛	2004年	246	52	34
	科技竞赛14个项目	2004年	7400	350	580
少先队活动	区庆“六一”系列活动	2004年	2500		132
	市少儿欢乐健身活动	2004年	550	50	50

南汇区青少年科技艺术指导中心

〔**场所建设**〕　南汇区青少年科技艺术指导中心所在地区内小学23所，中学22所，学生人数为7.91万人。场馆总面积750平方米，建筑面积750平方米，活动区面积300平方米。2004年教育局投入资金100万元用于改建或新建项目。

〔**艺术节教育工作**〕　2004年，中心承办了以戏剧为主要活动内容的区第二届学生艺术节活动。开展戏剧辅导讲座、戏剧创作比赛、戏剧专场比赛、戏剧观后感征文比赛、市戏剧节比赛。全区有2000多名师生直接参与各项活动。

〔**科技教育工作**〕　2004年上半年，结合全国科技活动周成功举办了南汇区模型大赛。下半年，建立了由来自高校和区级科研单位和机关的8位专家组成的“专家顾问团”，出台了青少年科技创新教育指导教师奖励措施，于12月22日成功召开了“南汇区青少年科技创新教育工作推进会”。同时配合区教育局开展了新一轮科技教育特色学校和特色项目学校评比。全年共组织指导了创新类、技能类、模型类、学科类4个大类23个主线共73项市级、区级科技竞赛或科普活动，共获市级学生个人一等奖125个，二等奖202个，三等奖385个；团体一等奖25个，二等奖8个；国家级学生个人二等奖5个，三等奖64个。

〔**“民族精神代代传”活动**〕　2004年，中心围绕“民族精神代代传”这一主题，开展活动30余项，参与学生2.5万多人次。8～9月份，举办了“学生暑期成果展示会”和“民族精神推进会”。

〔**兴趣小组活动**〕　2004年，中心共开设科技、艺术、文化、棋艺、体育等19个项目76个教学班，共计培训学员1504人次。培训教师13个班463人次。小提琴、芭蕾舞等项目基本确立了品牌学科的形象。

〔**社会化活动**〕　2004年，组织全区中小学学生投入到两港建设中，开展了“我与港城同成长”的主题系列活动；8月份，与区宣传部文明办开展了中小学学生暑期成果展示活动；以学校、社区联动，开展丰富多彩的假期活动。

〔**科研活动情况**〕　2004年，中心参加区级开发研究课题《在二期课改新理念下我区校外科技教育再实践的研究》和《情感教学心理学在校外教育教学活动中运用和研究》；4篇论文参加了全国青少年科技辅导员协会论文交流评比，分获全国二等奖、市级一等奖、三等奖。《情感教学心理学在校外教育教学活动中运用和研究》参加了区级论文交流。

2004 年参加、承办各类教育、竞赛活动统计

项目	活动名称	活动时间	参赛人数	获奖人数	项目	活动名称	活动时间	参赛人数	获奖人数
科普活动	发明创造		65	30	文艺活动	市戏剧节比赛	10 个月	92	92
	机器人		400	20		市绘画书法摄影		87	7
	模型类		6404	76	学科类竞赛活动	生物科技		4468	149
	能源		1147	32		应用化学		100	4
	航天		1100	26		科普英语		2500	
	OM		2200	35	其他活动	“超级教师”风采大赛	5 月 10 日	4	4
						“民族精神代代传”	5 月～12 月		12

（张云镳）

奉贤区少年宫

〔**奉贤少先队“蒲公英”系列教育活动**〕　奉贤少先队“蒲公英”系列教育活动是从 1986 年 3 月邬桥乡牛桥村“黄纪龙小队”命名仪式开始的独具特色的品牌活动。1986～1991 年，连续以不同的教育主题开展了 5 届“蒲公英”系列活动。1992～1995 年开展奉贤少先队“绿色希望工程”，以其“高、远、新、活、实”的特色被团中央《辅导员》杂志连续报道，并在全国少工委会议工作专题介绍。连续 5 次荣获全国少工委颁发的“全国少先队工作先进集体”、“全国少先队达标创优先进集体”、“全国少先队学赖宁活动先进集体”、“全国少先队劳动实践先进集体”和“全国少先队创新活动先进集体”五连环殊荣；由少年宫少工组指导的少先队创新活动荣获“全国最佳奖”十连冠。2004 年，少年宫继续开展了“蒲公英”系列活动。

〔**艺术教育活动**〕　1. 合唱指导教育是少年宫传统优势项目。现作为艺术教育的普及型项目已在全区遍地开花，奉贤中学、致远高中、育秀学校、实验小学等多所学校均在市级比赛中荣获全市一等奖。

2. 书画美术教育是少年宫的强项。工艺美术“头饰”于 1989 年获上海市一等奖；书法作品在国家文化部举办的比赛中获金奖；书画美术工艺作品共 70 多件曾前往日本国展示。

3. 小提琴培训。近年来，共有 9 名学生通过十级考试，数十人获八级、九级证书。

〔**科技教育活动**〕　1. 航模是少年宫的特长，每年都有奉贤学生在各类市级比赛中获第一名。1998、1999、2000、2001 年连续 4 年获上海市青少年航空模型比赛个人一等奖，2001 年获青少年航模比赛全国第一名。

2. 国际象棋活动。1998 年开始设立的项目，近年来教学成果稳步上升，多人多次在市级比赛中获好成绩。学生周安妮于 2000 年分别获幼儿组上海市第一名、全国第二名。

3. 头脑奥林匹克培训活动。奉贤少年宫起步虽晚，但见效很快，奉贤中学、江海小学等一批学校已成为这一领域的中坚力量。奉贤中学的施磊荣登 2002 年上海市 OM 擂台赛的金擂主。

〔**兴趣小组活动**〕　2004 年少年宫共开设了美术、书法、声乐、钢琴、舞蹈、民乐、小提琴、手风琴、电子琴、摄影、电脑、空模、方正棋、国际象棋、幼儿英语、少儿剑桥英语、科普英语、生物科技、环保能源、地理国土、金钥匙、普及型机器人 OM（头脑奥林匹克）、青少年创造发明、小记者、小主持、创维思想等 30 余个培训项目，其中多个项目的活动成绩已达到全市一流水平。

〔**群众文化活动**〕　少年宫坚持阵地活动与指导基层活动相结合，重点培养和群众性的普及活动相结合，每年来宫（站）参加培训的学生均在千余名左右。艺教、科教、少先队、群文的群众性普及活动，每年参与的人次均以数万人计。

崇明县青少年活动中心

〔**场馆建设情况**〕　崇明县青少年活动中心于 2003 年 8 月竣工，总投资 1800 万元。中心占地面积 19.2 亩，总建筑面积 8391 平方米。2004 年，崇明县地方财政又投入资金 300 万元，用于中心剧场、计算机房、图书阅览室、科普游艺场馆、电化教室、专用教室等基础设施建设改造，并添置了钢琴等教学设备，为区域内青少年学生创造了优越的条件。

〔活动成果〕 为参加上海市学生戏剧节活动及“酷儿杯”少儿才艺大赛，活动中心先期在全县范围内组织开展了“崇明县学生艺术节”活动和全县少儿才艺大赛，并先后组织开展了由全县少先队员参与的“民族精神代代传”歌曲传唱比赛，共有27支校队参加了总决赛；举办了由近千名学生参与的“勇于实践，创新自我”小小广交会；“身边的故事”优秀戏剧节目巡演活动；崔晓蓉钢琴、电子琴教学汇报音乐会等活动。

〔兴趣小组培训活动〕 2004年活动中心开设了电子琴、钢琴、手风琴、二胡、朗诵、笛子、舞蹈、小提琴、声乐、书法、绘画等艺术类辅导项目共14个，举办艺术兴趣小组17个，结业学员786名；开设了海模、空模、车模、电子、测向、定向越野、计算机、环保等科技类辅导项目共9个，举办科技兴趣小组29个，有2000多名学员参加培训和辅导。

〔学生社团〕 2004年，中心协助全县中小学组建青少年社团，如崇明中学戏剧团、大新中心小学“小星星”戏剧队等。在上海市学生戏剧节戏剧小品专场演出中，上海市崇明县崇明中学戏剧团、上海市崇明县大新小学戏剧团、上海市崇明县西门小学戏剧团分别获得创作一等奖、演出一等奖和创作二等奖。

〔获奖情况〕 2004年，青少年活动中心在组织开展群文、艺术、科技等辅导和活动中，取得了一系列优异成绩。“上海市学生戏剧节”比赛有5个节目获表演一等奖，4个节目获创作一等奖；“沪港澳机械奥运”竞赛获4枚金牌、1枚银牌，全国科技竞赛获团体第一、二名各2个，个人一等奖和第一、二名11个；上海市科技竞赛获团体第一、二名21个，个人第一、二名和一等奖74个。

〔科研活动情况〕 2004年，崇明县青少年活动中心开发研究的校外教育课题计有县级课题3个，校级课题17个。其中《区域性推进农村青少年科技教育的研究》分别获全国二等奖、上海市一等奖、崇明县二等奖；《头脑奥林匹克活动与学生素质教育实践探索》获上海市二等奖；《校外教育儿童美术教学互动模式的研究》获崇明县一等奖；《区域性推进农村青少年科技教育的研究》还在上海市教育科学研究所组织的“上海科技教育创新研讨会”上作交流发言。

由中心编写的《农村小学学习——活动——实践基地建设的研究》被收入上海市“绿叶”课题成果集；《崇明前卫生态村科普教育资源应用指南》一书作为《上海科普教育基地教育资源应用指南》丛书的分册，由上海科技出版社出版并公开发行。

2004年参加、承办各类教育、竞赛活动统计

项　目	活动名称	活动时间	区级赛人数	市级赛人数	全国赛人数	获奖人数
体育活动	测向	8月	/	/	48	12
	船模、建筑模型	7～8月	/	/	30	42
文艺活动	上海市学生戏剧节	7月	300	54	/	54
	“酷儿杯”少儿才艺大赛	5月	200	10	/	8
	“民族精神代代传”歌唱赛	10月	2400	/	/	/
科普活动	县级科技竞赛（25次）	3～12月	25000	/	/	500
	市级科技竞赛（17次）	3～12月	/	1500	/	170
其他活动	电子	7月	/	/	16	15
	机械奥运	8月	/	/	10	6

（刘建军）

崇明县堡镇少年之家

〔场馆建设情况〕 2004年，在县教育局支持下，政府投入5万元，用于改建或新建面积80平方米。新建了两间钢琴房和翻建了两间电子琴、民乐班教室，安装了电、水、窗帘、灯光、风扇等设备，配置了教学用桌椅、琴架等。现少年之家共有建筑面积和场地总面积2520平方米，活动面积2400平方米。教育局投入10万元，购置了一辆中型客车，便利了少年之家的艺教辅导员下校送教送艺活动。

2004年，挤出自有资金近4万元，装修各个艺教班教室，使堡镇地区和下半县方圆500平方公里内的学生来到少年之家都能享受到温馨快乐的环境，体验到卓有成效的艺术熏陶。

〔科研活动〕 少年之家自2002年起组建了教

育科研领导机构，由主任牵头，教务组负责抓好科研工作，制订了规章制度，实施教研成果与年度考核、评优记功挂钩的做法。一年内有1到2次的教案、教研课题或教学论文的交流和讲评。

少年之家教科研究活动为校级3个层面，即课堂研究、教研组研究、校本研究。

〔**管理成果**〕　在教育管理上，少年之家贯彻了以法治校、服务育人、管理育人、活动育人和环境育人的管理方法。在办学的管理上，严格执行收费许可证，因需设班，因材施教，以自己力量为主，适当招用外聘老师。

在办学的观念上强调周到的服务意识。指导并开办了北堡小学少儿合唱队，堡镇第二小学歌咏表演队，开辟了五滧小学美术与创作教学点等，帮助和缓解了学校的迫切需求。

〔**兴趣小组培训活动**〕　2004年，堡镇少年之家开设18个专业，20个培训班，每年3期培训，每期300多人。全年共计培训学生近千人（不包括3个校外教育点的学生人数）。

〔**教育成果**〕　儿童画创作班共有2人次获得全国一等奖，2人次获得全国特别金奖，4人次获得金奖，6人次获得市一等奖，另有多名同学获得了二、三等奖和优秀奖；舞蹈演出团举办了庆祝“八一”建军节的军民联欢晚会、居民委员会的慰问老人演出、学生艺术节的演出表演。

〔**群众文化活动**〕　2004年，少年之家组织承办了崇明县“六一”少年儿童书画摄影展览、参加了上海市的“六一”少儿书画展、市樱花杯少儿绘画比赛、国际航空绘画比赛上海赛区和全国赛区的比赛、“金色的童年杯”、“小星星杯”书画比赛、第九届世界和平书画展等，取得了一系列成绩，少年之家获上海市“六一”少年儿童书画摄影比赛优秀组织奖。

〔**假期社区艺术活动**〕　2004年暑期，少年之家组建专项假期艺术培训工作班，共有科技类、文艺类学生460多人参加培训。

2004年暑期，联合镇教委举办少年儿童暑期书画竞赛，动员全镇8个居委会、16个村委会，组织起各自的代表队，参加者近百人。

组织暑期少年儿童文艺会演。组织起全镇8个小学、幼儿园和1个中学共15个节目，吸引了全镇的学生和家长观看。

2004年参加、承办青少年教育活动统计

学科类竞赛活动名称	活动时间	区级赛人数	市级赛人数	全国赛人数	获奖人数
崇明县“六一”少年儿童书画摄影展览	2004.4～6	480	150		16
上海市樱花杯少年儿童绘画比赛	2004.9	10	5		
国际航空绘画比赛上海赛区全国赛区	2004.5～6	20	7		6
“金色的童年”杯全国少年儿童书画大赛	2004.3	20		20	15
第九届“世界和平书画展”国际少儿书画赛	2004.6	25		25	16
“小星星杯”全国少年儿童书画大赛	2004.10	50		50	.

（施徐平）

江苏省校外教育

综　述

〔江苏省加强未成年人教育工作〕　2004 年 7 月，江苏省省委对全省加强和改进未成年人思想道德建设工作进行了专题研究并作出部署，明确提出了以学校、家庭、社会三个关键环节为重点，实施“学校育人”、“团队育人”、“家庭育人”、“实践育人”、“基地育人”、“环境育人”6 大工程，落实有利于未成年人思想道德建设的 50 件实事。

自中央 8 号文件下发以来，江苏省贯彻迅速，省委于 4 月 29 日召开全省加强和改进未成年人思想道德建设座谈会，总结了全省未成年人思想道德建设的做法和经验。省文明委两次召开全体会议，对全省贯彻落实工作进行了部署。省有关部门在深入调查研究、广泛听取意见的基础上，制定了《江苏省加强和改进未成年人思想道德建设行动计划》。

〔江苏省小公民道德建设活动〕　2004 年，江苏省小公民道德建设活动按照《江苏省加强和改进未成年人思想道德建设行动计划》的要求，围绕“小公民展风采”年度活动主题，通过举办省小公民道德建设活动成果展，评选表彰省级“十佳百星”小公民等活动，激发了全省百万少年儿童积极参与道德实践活动的热情。各成员单位发挥自身优势，有针对性地开展丰富多彩的道德实践活动。省文明办的“弘扬三创精神、争当新一代江苏人”主题系列活动，省妇联的“争做合格家长、培养合格人才”家庭教育宣传实践活动，团省委的道德体验教育和“民族精神代代传”活动，环保厅的儿童环保宣传周活动等，都富有特色和创新精神，吸引了广大儿童参与。

〔江苏省开办“阳光学堂”，推进社区未成年人思想道德建设〕　2004 年，在江苏省南京市荷花池、琼花观两个社区率先成立了以“托起明天的太阳，促进青少年健康成长”为宗旨的“阳光学堂”，随后在 44 个社区全面推开。“阳光学堂”充分利用社区各种文化、教育设施，以及社区服务中心等，开展丰富多彩、青少年喜闻乐见的服务项目，组织未成年人参加各类健康有益的活动，对他们进行思想道德教育渗透。

现在，“阳光学堂”已成为社区未成年人思想道德教育的新平台，成为未成年人学习知识、陶冶情操、愉悦身心的小乐园，每个社区在册“小学员”都在数百名以上，有的青少年还主动跨社区参加“阳光学堂”的各项活动。

〔江苏省举办“未成年人网络文明行”活动〕　随着网络的普及，互联网上网服务营业场所的迅速发展，江苏宽带用户数量已突破 120 万。江苏省文明办、省文化厅、省电信有限公司在 2004 年 10 月举办了“江苏未成年人网络文明行”活动。活动包括：网络文明社区行、“青少年优秀网站 100 荐”、绿色上网有奖体验、征文、绿色上网业务咨询会等一系列主题活动。江苏电信公司在全省各地同步推出了“绿色上网”业务，智能化地实施互联网内容控制与过滤服务，可以过滤绝大部分不良信息。该业务试开放近 4 个月，就吸引了 7000 多户家长使用。

〔江苏省重视妇女儿童基础设施建设〕　江苏现有 13 个省辖市、108 个县(市、区)，总面积 10.26 万平方公里，总人口 7438 万。全省妇女儿童工作得到党委、政府的高度重视和支持。省委于 2000 年 10 月下发了《关于进一步加强和改善党对妇联和妇女工作领导的意见》。省政府连续7年每年一次召开妇女儿童工作会议，专题研究妇女儿童工作，先后颁布实施了妇女儿童发展“九五”、“十五”规划。2001年11月，省政府常务会议专门研究妇女儿童工作，并就各级妇儿工委的机构、编制、经费及“十五”期间拿出1500万元专项经费用于经济困难地区实施妇女儿童规划工作。全省13个省辖市已拥有妇干校、妇女儿童活动中心、幼儿园、儿童乐园等35所。被列入扬州市政府为民办实事的重点工程少儿图书馆，建筑面积达2200平方米，环境优雅、设施齐全，成为孩子们课外学习的好去处。集教育、培训、娱乐于一体的泰州市妇女儿童发展中心，建筑总规模1.4万平方米，分3期实施，其中艺术幼儿园、儿童校外综合教育活动中心、巾帼创新业指导中心已启用。常州市投资数亿元先后建立一批福利院、康复中心和儿童医院、妇儿活动中心，并通过聋哑学校、培智学校、职业先修学校为残疾或智力有障碍的学生举办职业教育。

〔江苏省举办第三届青少年电子技师软件仿真、电路制作赛〕 2004年2月20～22日，由江苏省青少年科技中心和江苏省青少年科技教育协会主办的省第三届青少年电子技师软件仿真和电路制作比赛在无锡社桥中学举行。从江苏省各地1万多名青少年电子技师认定活动者中层层选拔出来的480名优胜者参加了竞赛。经江苏省青少年电子技师认定活动组委会的认真评审，全省共有40个代表队获得团体一等奖，28个代表队获得团体二等奖，251名选手获得一等奖，208名选手获得二等奖，550名选手获得三等奖。其中有8名同学分别荣获高中（包括职高）组、初中和小学组最佳软件仿真和最佳电路制作选手的称号；5名老师获得应用EWB软件征文比赛一等奖，9名老师获得二等奖，4名老师获得三等奖；全省有46所学校荣获江苏省青少年电子技师认定活动先进单位。

〔江苏省青少年科技中心积极开展“社区青少年科学工作室”〕 江苏省青少年科技中心在南京市下关区建宁路街道、白下区苜蓿园街道、玄武区新街口街道3个社区开展了“社区青少年科学工作室”试点工作，给“工作室”配备了机器人,电子技师、小车床等设备。“社区青少年科学工作室”本着以人为本、因材施教和尊重学生个性发、倡导研究性学习和创新与实践的宗旨开展活动。“社区青少年科学工作室”活动启动后，以崭新的面貌、巨大的生命力和具有时代感的活动内容，适应了当代青少年学生的需求，起到抵制社会上不良现象对青少年的影响。同时，“工作室”又起到指导学校“青少年科学工作室”开展活动的示范作用，也成为青少年科技教育教研活动的基地，还将成为地域间、学校间横向联系与交流的纽带。

〔江苏省组团参加“第三届亚太经合组织青少年科学节”〕 经国务院批准的“第三届亚太经合组织青少年科学节”（简称“APEC青年科学节”）于2004年8月3～9日在北京举办，这是亚太地区最具影响力的青少年科学教育和科普交流的综合性活动。江苏省委、省政府领导十分重视，分管科技的副省长张桃林、分管教育副省长王湛分别作了重要批示。江苏省科协、省教育厅.省科学技术厅经过商议联合转发了活动文件，明确提出具体事项由江苏省青少年科技中心负责落实。针对APEC会议的5大类选题，安排高校专家指导学生完成课题，请来专业人员对展览进行总体设计，挑选了一批教学质量高，对科技活动特别重视的学校来完成课题，报送第三届APEC青年科学节组委会。

〔江苏省东海县兴建青少年科技活动中心〕 2004年，江苏省在东海县建立青少年科技活动中心正式立项，目前已进入设计阶段。江苏省科协及青少年科技中心从江苏省青少年校外工作联席会议争取到项目资金210万元，用于东海县青少年科技活动中心建设。该项目由东海县科协牵头，总投资560万元，占地30亩（一期)，建筑面积5000多平方米，分为天文馆、展览馆和17个活动室和办公场所，预计2005年5月份建成使用。

〔南京市17件实事惠及70万中小学生〕 2004年7月，南京市教育局作出部署，今后3年内该市将办好17件实事，以此推动全市未成年人思想道德建设。

这17件实事包括：加强中小学生心理健康教育，3年内使80%的校园心理咨询室达到合格标准；继续办好“南京市中小学生谈心电话”、“中小学生心理健康教育网站”;用3年时间使每个区县至少有一个青少年活动中心（青少年宫)，每个社区都有一定规模的青少年活动场所；加强社会实践教育；筹集资金，扩大南京市中小学生社会实践“行知基地”的规模，每次接待量达到700人;建设10个中小学社会实践活动基地、10个校外科技教育基地、10个中小学生艺术团、10所体育特色学校、10所科技教育特色学校；加强工读学校建设，筹资3800万元，完成新校舍建设；挖掘公办学校的潜力，公办学校接纳外来人口子女就读的比例上升10个百分点；加强班主任队伍建设；开展优秀班主任评选表彰活动；建立班主任培训制度，编制中学、小学班主任工作流程，提高班主任；落实向低保家庭义务教育阶段子女发放助学券；构建家庭、学校互通互联网络，教育“一线通”覆盖1000所学校，家长学校覆盖面达95%；加强校园及周边地区社会治安的综合治理工作，成立学校110，为青少年创造良好的学习环境等。

〔**南京市“地行仙”汽车俱乐部活动**〕　“地行仙”汽车俱乐部是南京一个知名度很高的志愿者群体。第四届“全国十佳少先队志愿辅导员”吕翩是俱乐部的创始人之一。“地行仙汽车俱乐部”组织成员绝大多数为都市里的“有车一族”，是一个“以网络为联络平台，以热爱生活为基础，以喜爱汽车为纽带，以友爱互助、关注社会为宗旨”的文化性汽车俱乐部。俱乐部成立短短2年里，注册会员达到7000人以上，吕翩带领俱乐部开展了多次服务少年儿童公益性活动。

2003年，俱乐部组织了扶贫助学，“挺进大别山——地行仙捐资助学希望之旅”；“皖南行”、“扬州行”助学活动；非常时刻——“心手相连抗‘非典’特别关爱行动”；突发灾情——“心手相连抗洪助学行动”；2004年，举办了民工子弟学校——手拉手特别关爱行动；“六一”特别儿童特别关爱行动等。几年来，“地行仙”汽车俱乐部通过不懈的努力，已经在社会上形成了一种“友爱互助”的公益思想。

2004年春天，江苏团省委成立了全省志愿者协会，4月3日，吕翩代表地行仙汽车俱乐部被团省委任命为“江苏省志愿者辅导总队”，成为第一个社会团体的志愿者注册单位。

〔**无锡市制订未成年人思想道德建设七大工程和38项具体工作**〕　2004年9月3日，江苏省无锡市召开加强和改进未成年人思想道德建设工作会议，下发了《无锡市加强和改进未成年人思想道德建设行动纲要》，提出要积极实施“学校育人”、“家庭育人”、“社区育人”、“实践育人”、“阵地育人”、“环境育人”、“队伍育人”7大工程，落实有利于未成年人思想道德建设的38项具体工作。为确保《行动纲要》提出的各项任务和要求落到实处，无锡市还进一步明确了本年度完成的22项目标管理项目。各地区、各有关职能部门根据自身担负的职责，进一步细化分解了项目任务，制定具体落实措施，严格实行责任制，实现争创全省“两个率先”先导区示范区的奋斗目标。

扬州市校外教育

〔**扬州市形成未成年人思想道德教育新格局**〕　近年来，江苏省扬州市针对未成年人身心成长的特点，以开展多形式的道德实践活动为载体，积极构筑学校、社会、家庭“三位一体”未成年人思想道德教育网络，形成了未成年人思想道德教育的新格局。

1. 以环境育人为着力点，加强未成年人活动场所建设。近年来，扬州市建设了一批未成年人文化活动基地、爱国主义教育基地、法制教育基地等。目前，已建成扬州大剧院、体育场、图书馆、少儿图书馆、国际会展中心、工艺美术馆等，开工建设了扬州博物馆新馆、雕版印刷博物馆等。扬州市委、市政府还多方筹资1000多万元，重新修建烈士陵园。投入140多万元，重修朱自清纪念馆。投入4万多元，重新修缮“侵华日军万福桥大屠杀遇难同胞纪念碑”。此外，还陆续修建、修缮了扬州八怪纪念馆、史可法纪念馆等。目前，扬州建成省级爱国主义教育基地12个、市级33个、县级60多个；全市现有成建制的青少年活动场所5个，各类活动厅室150多个；建成青少年科普教育基地11个，青少年首批法制教育基地2个，生态环境教育基地10多个。全市每年有250多万人次到爱国主义基地等各类基地参观、游览。

在阵地建设中，市关工委主持兴建的少儿图书馆集少儿科技、教育、艺术、娱乐活动于一体，建立了“电子图书馆”，内有4000多种学习光盘和60多台电脑。不但确保了少儿视觉健康，且可直通全国各地58个知名少儿专业网站，年接待少儿50万次。

2. 坚持围绕爱国主义教育主线，广泛深入开展未成年人道德实践活动。从2000年起，为学习贯彻江泽民向吴霜同学回信精神，扬州市委宣传部、团市委、市教育局在全市中小学开展了“珍惜伟大时代，树立远大理想，努力成为有用之才”主题教育活动，开展了“知我扬州、爱我扬州、兴我扬州，我为扬州作贡献”教育活动。市委宣传部举办了“万人看扬州”活动、“知、爱、兴”征文比赛、知识竞赛活动。市关工委组织专题报告团赴中小学巡回报告21场，3万多名学生受到教育。

3.以规范行为习惯为基础，培养良好的道德品质和文明行为。近年来，扬州市以培养合格小公民为宗旨，积极实施小公民道德建设计划。如以“实现宏伟蓝图，做好全面准备”活动为主题，开展“手拉手，话小康”、“养成道德好习惯”、 “民族精神代代传”、“争奖章、做准备”活动；开展“小手牵大手、文明结伴走”、“小手牵大手、环保进万家”、 “小手牵大手、法制进万家”活动；开展了“手拉手解困救助”、“手拉手情系灾区小伙伴”、“东西部少年手拉手助学”、“手拉手红领巾助残”等活动。同时，在全市积极开展“校园拒绝邪教” 活动，引导学生崇尚科学，远离邪教；结合城市“三创”，开展“文明规范月”活动；结合抗击“非典”，开展“告别陋习，走向文明”活动。

4.坚持以人为本，扎实推进中小学思想道德教育。扬州市充分考虑未成年人身心成长的特点和接受能力，在全市少先队中开展“新世纪我能行”活动。针对同学们“成长的烦恼”，开展了“生活碰碰车”活动、“少年大使馆”体验活动、“跟父母上班”、“我是校长助理”、“假如我是盲人”等主体体验、跟随体验、模拟体验、换位体验等活动。

5.突出齐抓共管，注重管理育人。发挥社会教育网络优势，成立了未成年人保护委员会，指导、协调未成年人思想道德建设、维权等各项工作；发挥社会共建共管优势，教育部门与部队、机关、社区、工矿企业、乡镇等建立了共建网络，开展军地共建、军民共建、社区共建，学校与各类教育基地共建；发挥社会环境整治优势，大力加强社会治安综合治理。

〔**扬州市制订中小学生参观爱国主义教育基地试行办法**〕 2004年10月13日，扬州市委宣传部、扬州市文明办、扬州市教育局、扬州市关心下一代工作委员会颁布了《扬州市中小学生参观国主义教育基地试行办法》。

文件规定，中小学生参观爱国主义教育基地实行记录册(卡)制度。小学生参观爱国主义教育基地分低、高年级阶段，低年级(一年级～四年级)学生每学期参观1处基地，高年级(五年级～六年级)学生每学期参观2处基地。中学生参观爱国主义教育基地分初中、高中阶段，初中学生每学期参观2处基地，高中学生有条件的可以走出去，参观全国爱国主义教育基地。

扬州市爱国主义教育基地统计

省级	扬州革命烈士陵园	蜀岗瘦西湖风景名胜区
	侵华日军万福桥大屠杀遇难同胞纪念碑	江都水利枢纽工程
	扬州博物馆	扬州中学树人堂
	史可法纪念馆	许晓轩故居
	鉴真纪念堂	盂城驿
	朱自清故居	苏中公学纪念碑
市级	扬州革命烈士陵园	郭村保卫战烈士陵园
	侵华日军万福桥大屠杀遇难同胞纪念碑	邵伯保卫战烈士陵园
	扬州博物馆	高邮市烈士陵园
	史可法纪念馆	宝应县烈士陵园
	鉴真纪念堂	周恩来少年读书处
	朱自清故居	仪征市烈士陵园
	蜀岗瘦西湖风景名胜区	曾玉良烈士陵园
	江都水利枢纽工程	普哈丁园
	扬州中学树人堂	扬州市档案馆
	许晓轩故居	扬州市城市建设展览馆
	盂城驿	江都市博物馆
	苏中公学纪念碑	宝应县博物馆
	扬州八怪纪念馆	宝应县红枫园
	扬州唐城遗址博物馆	江都市龙川广场
	江都市烈士陵园	仪征鼓楼

校外教育单位

江苏省妇女儿童活动中心

〔**基本情况**〕 江苏省妇女儿童活动中心坐落在历史文化名城南京的西南部，与著名的莫愁湖相伴，景色秀丽，童趣浓郁。活动中心建于1986年，占地面积18亩，建筑面积1.04万平方米，活动中心作为省妇联、省儿基会的重要阵地与窗口，承担着培训、活动和开展交流等任务。她是向儿童少年进行综合素质教育的场所，是儿童活动的乐园，是培养人才的摇篮，也是妇女干部、家长、教师研讨有关家庭教育、儿少工作的阵地。

10余年来，省妇女儿童活动中心先后获得了“江苏省青少年校外科技教育工作先进集体”、“全国校外教育先进集体”和江苏省“文明单位”等殊荣，1997年，中心顺利地通过评估，成为国家一级一类(优秀)校外教育机构。2001年，中心被全国妇联表彰为“优秀校外教育单位”。目前，活动中心已成为江苏省儿童少年的活动中心、培训中心和交流中心。

〔**活动设施**〕 活动中心开设有科技宫、艺术宫等活动场所。科技宫是中心向广大儿童少年开展活动的场所。设有天象、展览、舰航模、图书、阅览、动物王国、科学发现、小精灵聪明屋、淘气堡、游艺等10个厅室70余个活动项目。科技宫开放10余年来，共接待了国内外100多万人次的儿童少年，使他们在活动的过程中，锻炼了体能，启迪了智慧，被市教委命名为“南京市中小学生校外科技教育基地”。

艺术宫是对儿童少年进行艺术培训的场所，设有多功能大厅、接待室以及电子琴、手风琴、舞蹈、民族器乐、打击乐、美术、书法、围棋等30个科目的教室。星汉儿童艺术团、宋庆龄基金会金钥匙电子琴学校、施特劳斯钢琴学校、幼小儿童珠江钢琴育才研究基地也设于其中。

〔**艺术幼儿园**〕 中心艺术幼儿园创办于1992年，是孩子们学习与生活的乐园。幼儿园根据孩子们的特点与兴趣，开设各类艺术科目供孩子们学习，使他们在获得其他各类知识的同时，得到良好的艺术情操的培养。2001年，艺术幼儿园通过了南京市优质园的验收。

南京市青少年宫

〔**发展概况**〕 2004年，是南京市青少年宫全面实施现代化工程五年规划、深化改革取得成效的关键年。在全面深化“宫内部改革方案”的基础上，青少年宫依据3个中心的主要任务，加大了深化改革力度，调动了教职工的积极性，加强了制度建设。

〔**管理成果**〕 青少年宫行政管理中心通过建立合理的聘用机制、严格的管理制度，相适应不同岗位的分配机制，指导和服务一线，体现管理效益。整合校外教育资源，发挥龙头作用，做好全省校外教育专业委员会和全国中学少先队工作专业委员会常规性工作。举办和承接了多项如年会、教科研活动、教师基本功大赛、省书法大赛、电脑多媒体大赛等活动。

〔**教育培训活动**〕 2004年，青少年宫培训活动中心以保持稳定的教学秩序，创造良好的教学环境为第一要务；以提高培训质量、加强教学研究为生存基础；以团队建设和开展生动而广泛的活动为重要平台；以分部建设、完善社区网络为发展空间；充分利用本宫品牌优势，吸纳社会资源，开展各类活动，积极参加全国、省、市组织的各项活动。2004年培训收入再创新高。

〔**小博士工作室活动**〕 小博士工作室是由英特尔与青少年宫共同合办的，工作室双休日开展日常培训及活动，社会活动也得到了广泛的响应，2004年主要开展的活动有:“三八”妇女节亲子网络知识讲座、庆“六一”数字家乡网页作品展示联欢活动、头脑奥林匹克素质能力个人擂台赛、百场公益电脑生存夏令营等，受到了学生及家长的欢迎，实现了经济效益和社会效益的双丰收。

〔**举办中小学生书法大赛**〕 金秋10月，在中华人民共和国建国五十五周年的日子里，青少年宫举办了江苏省首届“颂祖国，盼统一”中小学生书法大赛及获奖作品大型展览。

本次参赛、参展的都是江苏省少年儿童的优秀作品，均出自于6～14岁中小学生之手，是近年来江苏省少年儿童书法艺术方面最新水平的展现，展示了全省少儿书法艺术方面不断前进的稳健步伐，同时也渗透着孩子们盼望祖国早日统一的期望。（刘静如）

南京市白下区少年宫

〔**基本情况**〕　南京市白下区少年宫是白下区教育局直属单位，成立于1957年4月。现有教职工6人，平均年龄28岁，外聘教师100余人。少年宫创办了南京市第一家少年宫报——《白下少年报》，原南京军区司令员向守志上将题写刊名。白下区少年宫发展迅速，现人均培训据全市之首，艺术社团精彩纷呈，国际交流独树一帜。《七色童年》画册全面展示了少年宫的风采，被评为“江苏省校外教育先进单位”。

〔**场所建设**〕　新少年宫建于2001年1月，占地面积2000平方米，建筑面积4000平方米，建有风格别具的少儿剧场、淡雅精致的音乐室、宽敞瑰丽的舞蹈房、小巧玲珑的钢琴室及科技宫、微机房、书画室外、科技角、图书角、书画展示角、荣誉展示角等；少年宫二期工程即将动工兴建，新址位于紫金山下，月牙湖畔，占地约8000多平方米。

〔**特色活动**〕　“笑脸看世界”——来自世界的幽默画展：由著名旅英华裔作家欣然女士在世界20多个国家签名售书之际收集的世界各地幽默画片，展示了世界各国的风俗习惯，让人看后忍俊不禁。来自世界20多个国家的出版商来宫访问并参观画展。江苏电视台教育频道作了相关报道。

“开采未来”白下区新苗文艺汇演：2004年5月19日，少年宫举办了全区新苗文艺汇演，在这次汇演中共有44所党校参加，节目类别有舞蹈、合唱、戏曲、相声等。

国际明信片展：2004年9月，少年宫举办“国际明信片展”，展出了全世界各地明信片百余幅，使少年儿童通过小小的明信片所折射出的大千世界了解了各国的风情、名胜古迹。

〔**社团活动**〕　少年宫艺术社团成绩显著，多次荣获省、市少儿艺术大赛的一等奖，并应邀参与中央电视台、省市电视台的专场演出。

“零点星”艺术团。2000年建立，该团的舞蹈是少年宫的强项，舞蹈《红旗飘飘》自创编以来在省、市屡屡获奖。艺术团还为各艺术院校输送了一批人才，多次被中央电视台和江苏电视台播出。

东西方文化交流实验剧团。由美、英、中三方艺术家联合创建，拍摄的电视剧连续剧《成人止步》中的人物台词均由剧团小演员根据所扮演的角色，自己临场编讲，由导演撷取其中最精粹部分剪辑完成。

“臣功”童声合唱团。南京白下区少年宫该团是少年宫在南京臣功制药有限公司资助下成立的，由南艺兼职教授陈慧芬女士负责组建，并聘请著名指挥家陈佳南先生执棒。多次在省、市演出中获得佳绩，新世纪之初就被邀请参加江苏省最高层次的“世纪回响”大型音乐会，是中国合唱协会集体会员。

〔**培训活动**〕　少年宫长年开设艺术教育、文化培训、科技活动和群众性活动，每年接纳2万多人次的4～12岁的少年儿童在这里进行专业培训和参加丰富多彩的节假日活动。开设了乐器、合唱、舞蹈、表演等20多项专业科目。手风琴学校现有学员1000多名，均为全市范围内考录的有一定艺术造诣的少年儿童。

南京市秦淮区少年宫

〔**基本情况**〕　南京市秦淮区少年宫始建于1958年，是秦淮区精神文明窗口。其前身为秦淮区少年之家，坐落于白鹭洲公园内。1994年，在区委、区政府的关心下，区教育局筹资700多万元迁址新建秦淮区少年宫。

新的秦淮区少年宫于1995年6月1日落成，占地面积1780平方米，建筑面积达4365平方米，有各类专业教室、活动室34个；占地293平方米的大型娱乐宫“欢乐世界”有27个活动项目；还有一座拥有500个座位的小剧场和一间200余平方米综合功能厅。

2004年，少年宫被江苏省精神文明办公室、江苏省教育厅评为“江苏省校外教育示范基地”，2004年8月22日中央精神文明办公室组织12家中央媒体来少年宫集中采访，给予了高度评价。

〔**群众文化活动**〕　长期以来，少年宫有针对性地开展了一系列青少年喜闻乐见的教育活动。连续24年的“好苗苗”书画展活动成效卓著，组织武中奇、俞继高、盖茂森、赵绪成等著名书画家现场指导孩子们作画；通过冬（夏）令营、组织革命老区游、为烈军属送春联等活动；开展农家游、小发明比赛、少年绿色行等活动，培育他们的劳动、创新、环境意识和科学精神。

〔**教育培训活动**〕　南京市秦淮区少年宫开办了各类少儿兴趣培训班 190 多个，其中器乐项目有：钢琴、手风琴、古筝、电子琴、小提琴、二胡、爵士鼓等；舞蹈项目有：形体舞蹈、少儿舞蹈、芭蕾、综合素质；声乐项目有：合唱、独唱；书法项目有：硬笔书法、软笔书法；美术项目有：彩画、国画、素描等。科技项目有：航模和计算机；文化类项目有：小记者、思维训练、英语等；竞技体育类有：围棋、国际象棋、中国象棋、武术等。全年参加培训和活动的学员近万人次，受到了社会、家长的广泛好评。

〔**活动业绩**〕　多年来，秦淮区少年宫举办了各级各类竞赛、演出、展览、冬夏令营等活动，并取得了优异的成绩。“小白鹭”艺术团编排的《小白鹭又飞回来了》、《秦淮河畔闹花灯》等舞蹈多次在省、市级各项比赛获奖；三棋代表队在全国、省、市比赛中都曾有不俗的表现：围棋队中有 3 人获市比赛、1 人获省比赛个人冠军；中国象棋和国际象棋也获得市个人名次。

〔**科研活动**〕　2004 年，少年宫开发研究的课题有：“英特尔电脑创新思维”项目获国家科协课题研究设计大奖，教师祁敏论文《浅谈在“英特尔电脑创新思维”项目中教师的语言艺术》、臧翠微《浅谈创造性思维能力的培训》获区级比赛一等奖。少年宫教师刘庆国出版了《刘庆国作品集》、《刘庆国书画作品集》、《刘庆国书法作品集》，并出版《行书教材》、《隶书教材》、《柳体教材》3 册。

2004 年参加、承办各类教育、竞赛活动统计

项目	活动名称	活动时间	全国赛人数	获奖人数
棋类活动	南京青少年宫杯棋类比赛	2004.1		8
	“南京市夫子庙大世界商业城”杯小棋王争霸赛	2004.1		2
	“太平洋产险杯”第四届全国青少年棋院围棋比赛	2004.7		2
	江苏省少年儿童围棋比赛	2004.7		2
	江苏省少儿围棋升段赛	2004.8		1
文艺活动	“全国首届少儿艺术节”	2004.1		3
	华东地区“少儿艺术节”			1
	江苏省少儿艺术节			1

项目	活动名称	活动时间	全国赛人数	获奖人数
科普活动	创新大赛		4	4
学科类竞赛活动	航海模型		4	23
	电子百拼		1	39
	综合			4
	金钥匙			2
	“新星杯”全国中小学生英语词汇游戏大赛	2004.8	8	8
书画活动	第九届少儿书画大赛	2004.6	500	171
	南京市中小学生书法篆刻作品比赛		120	20

（陈建伟）

南京市下关区少年宫

〔**基本情况**〕　南京市下关区少年宫始建于 1953 年，时名“少年之家”。1990 年正式迁至热河南路 33 号，改为现名。少年宫位于美丽的扬子江畔，雄伟的阅江楼下。现拥有自己的教学楼、影剧院、舞蹈房、器乐房、跆拳道馆、航空航海模型等训练基地。同时还组建了小学生无线电测向中心、小学生合唱团、二胡演奏团、少儿书画院等活动社团，设立了江苏省舞蹈考级站。为下关区儿童的思想品德教育、科技、艺术、体育等专长教育及群众性活动开展做出了突出的贡献，充分发挥了校外教育的主阵地作用。

〔**积极开展校外教育活动**〕　多年来，少年宫培养了一批又一批现代型人才，小学生无线电测向活动、航空、航海模型等科普活动的开展，带动了全区的中小学生，形成了人人讲科学、学科学、爱科学、懂科学的良好风尚；舞蹈、声乐、器乐、书画等艺术人才更是层出不穷，在全国、省、市竞赛中捷报频传、硕果累累。近年来，少年宫不断地组织和承办了许多有新意、有特色、有影响、有成效的全国、省、市科技、艺术活动（竞赛），获得了好的发展和社会知名度，少年宫多次被评为省、市、区相关先进集体。

徐州市青少年宫

〔**基本情况**〕　徐州市青少年宫始建于 1956 年，现占地 21 亩，总建筑面积为 1.4 万平方米，是徐州市青少年校外教育和素质发展教育的重要基地和对外文化交流的重要窗口，曾连续12年获得团中央颁发的“双有”活动奖章；3次荣获全国先进青少年宫荣誉称号；获得江苏省青少年宫先进集体称号；多次被评为徐州市文明单位。

〔**特色培训活动**〕　近几年来，青少年宫加大资金投入，改善育人环境，根据人才培训的特点，认真组织教材钻研方法，注重青少年的主体地位，使青少年按兴趣爱好选择专业，专业项目不断增加和扩展，每学期的招生人数都保持在2300人左右。高质量的培训结下了丰硕的成果，青少年培训的学员人才辈出，在各类演出和比赛活动中佳绩不断。据不完全统计，1997年以来经青少年宫培训的学员有500多人在国际比赛中获奖，有百余人考入专业文艺团体或大专院校。

〔**丰富多彩的实践教育活动**〕　青少年宫坚持开展丰富多彩的实践教育活动，依托中小学利用节假日举办各种大型主题教育活动。由青少年宫首创的“赞锦绣彭城”教育活动已成为传统系列项目，以此为主题组织的各类大型青少年思想教育活动深入人心。几年来，青少年宫举办的以爱国主义、集体主义、社会主义思想教育为内容的近百次大型实践活动和主题夏冬令营，参加者达数十万人次，为青少年走向社会接受教育提供了宽广的平台。在实践活动中，青少年宫顺应中小学生的需要，成立了小蜜蜂记者团、中国少年报徐州记者站、青少年文学院等社团组织，在提高青少年综合素质、传播先进文化，加深社会主义精神文明建设中发挥了重要作用。

沛县妇女儿童活动中心

〔**基本情况**〕　江苏省沛县妇女儿童活动中心创建于1995年，经过10年的发展，规模不断扩大，现占地面积近10亩，建筑面积4000平方米，投资600万元，由实验幼儿园、妇女儿童培训中心、巾帼服务部3部分组成。活动中心以满足妇女儿童的需求为出发点和落脚点，着力构建了妇女儿童培训中心、育人中心和服务中心3大服务体系。

〔**培训活动**〕　培训中心以提高妇女儿童综合素质为目的，每年结合形势、工作重点和基层妇女干部的实际情况，举办各类妇女干部培训班、座谈会，专题讲座，满足现代女性需求；开办少儿艺校，开设剑桥英语、珠心算、小记者、舞蹈、电子琴、书法、绘画、象棋等各类特色专业，组织艺校学员参加全国、省、市各类比赛，取得了优异成绩。

〔**育人中心活动**〕　中心近两年来不断加大投入，先后投资50余万元用于幼儿园和活动中心硬件设施建设，购买了大型综合性玩具，铺设了塑胶草坪，建造了儿童乐园，使园内环境焕然一新；开办了县家长学校总校，邀请市家教专家进行授课。开设“学做合格父母，培养合格人才”、“当好孩子第一任老师”等专题讲座，组织开展“家长读书活动”；与县计生局联合举办独生子女健康成长图片展、独生子女全家乐运动会等活动；以幼儿园、少儿艺校为示范基地，广泛开展小公民道德“五小”活动，2004年“六一”节幼儿园与县环保局联合，在人民会堂演出了大型幼儿歌舞剧《绿色家园》；组织家庭制作才艺大赛，展出了百余件由幼儿、家长共同精心制作的各类工艺制品，培养了幼儿的动手能力、艺术才能和参与意识。

〔**服务活动**〕　以巾帼服务中心为阵地，举办劳务输出培训班，为广大妇女寻岗就业提供规范服务；针对农村孩子在城里上学来回奔波或寄居的情况，开办巾帼三好学生公寓，切实解决家长的后顾之忧；成立女子健身中心，投资2万元购置了各种健身器材，倡导健康、文明、科学的生活方式，免费为全县妇女开放。开办了女子瑜珈功训练班、聊天室；举办夏令营活动，丰富少儿业余生活。　（贺文清）

淮安市青少年宫

〔**发展概况**〕　2004年，少年宫各项培训工作比往年有了新突破；暑期有3000多新学员、秋季2000多学员参加了少年宫文化、艺术培训。

少年宫在此基础上，进一步挖掘培训项目。引进珠心算、美国智多星儿童感统训练、截拳道，华莱超级学习方略等项目，聘用了10多名英语专业教师，扩大剑桥少儿英语招生面，开设1对5、1对10小课。暑期有300多名新学员参加剑桥英语培训，使该项目在第一年就形成规模运作的态势，在全国剑桥少儿英语考级中，宫内学员有5人获得满分的好成绩。

〔**队伍建设**〕　2004年，青少年宫进一步加强教师队伍建设，努力提高教学质量。多次派教师到北京、上海、南京、苏州等地学习；不断注入新鲜血液，从国内知名艺术院校引进了5名艺术专业毕业生充实到培训教学第一线。艺术小学参加省级课题《科学认读》研究，所制定的子课题《科学认读与孩子的情商培养》获得批准并已挂牌，一名教师获省《科学认读》优课评比三等奖。2004年，青少年宫党支部被市级机关工委授予“基层先进党组织”称号。

〔**阵地建设**〕　青少年宫先后在市委东大院、北枣路中学、第六中学、第三中学、淮师附小、清河小学、承德路小学、小营小学、王营填小学、王营镇第二中心小学、涟水实小、楚州区河下小学等学校成立培训分部或设联合办学点，2004年全年培训生数总计超过5000人次，扩大了培训规模。

〔**积极开展教育活动**〕　2004年“六一”期间，青少年宫在市区举办了6场进社区专场演出，在体育广场举行“四城同创”千名少儿书画长卷现场表演；共青团艺术小学成功举办“地球妈妈，我爱你”社会实践活动。参加市附小同步作文竞赛、计算机小能手竞赛、数学竞赛均取碍好成绩。成功组织庆“六一”学生书画展、文艺汇报演出；艺术幼儿园组织幼儿参观军营、庆“三八”亲子游艺、“六一”文艺汇报演出等多项活动。

〔**利用品牌优势扩展幼儿教学**〕　艺术幼儿园上半年成功扩招一个小托班，使在园幼儿突破580人，第二青少年宫在园幼儿260余人。暑假期间，开设了多项适合幼儿特点的培训科目，吸引了全市1000多名幼儿前来报名学习。“小型实验班”更是吸引了众多家长、幼儿前来报名竞争。艺术幼儿园实验大班小朋友丁云菡在江苏电视台“非常周末”栏目“闪闪童星”大赛中，从700名同龄小朋友中脱颖而出，以决赛第一名的成绩获得赴法国旅游的奖励。

扬州市少年宫

〔**基本情况**〕　扬州市少年宫是综合性校外教育机构，前身为扬州市少年之家，始建于1957年，1982年更为现名。建宫22年来，在各级党委、政府和社会各界的关心支持下，在青少年素质教育方面取得了显著成绩，是全国校外教育成员单位，华东校外教育理事单位，江苏省校外教育副理事长单位，江苏省校外教育先进集体。

〔**群众文化活动丰富多彩**〕　2004年，少年宫组织全区广大少年儿童开展了丰富多彩的少先队活动。4月，组织参加了“绿色江苏，生态扬州”书画签名活动；“小琼花艺术团”为原国务院总理朱镕基、省委书记李源潮和扬州市领导作了汇报演出；7月18日，成功举办了封敏师生古筝音乐会和DVD首发式，并入选2004年广陵区教育十件大事。暑假期间，少年宫3次参与举办了社区未成年人思想道德建设专题纳凉晚会；与团区委、广陵区教育局、区少工委联合开展“做诚信孩子，争‘五小’标兵，当合格公民”未成年人思想道德建设系列教育活动，11月，在全区各社区积极策划推进建立“综合实践之家”，推动实现学校、家庭、社区“一体化”教育。（丁绪松）

泰州市妇女儿童发展中心

〔**基本情况**〕　泰州市妇女儿童发展中心集教育、培训、活动、娱乐为一体，该中心规划建设总规模1.73万平方米，工程由3个部分组成：一是艺术幼儿园，建筑面积4600平方米；二是儿童校外综合教育培训中心，建筑面积3700平方米；三是巾帼园及欢乐亲子园，建筑面积9000平方米。2001年9月已建成8300平方米、总投资1292.31万元的艺术幼儿园和儿童校外综合教育培训中心。3年来，已建成的艺术幼儿园及培训中心运转正常且不断发展壮大，并取得了很好的经济效益和社会效益。

〔**艺术幼儿园**〕　中心幼儿教学大楼共有大、中、小、托16个班，现有教职工64名，幼儿650名。3年来，幼儿园着力普及双语教育，突出艺术教育，做好家庭教育，全面提高幼儿的综合素质，先后顺利通过市一类幼儿园、省基本实现现代化幼儿园和省示范实验幼儿园的评估验收。2004年，幼儿园开设8大类艺术科目，培训儿童900多人次，被江苏省授予为“小公民道德建设教育”实践基地。

〔**巾帼创新业指导服务中心**〕　服务中心近年来共接待求职妇女4786人次、用工需求3053件次，中介上岗2978人次；先后免费举办《编织与设计》、《缝纫与裁剪》、《现代家政》、《美容护理》、《插花技艺》、《烹饪厨艺》及新市民培训班22期，培训下岗失业妇女、农村富余女劳力1451人；陆续扶持巾帼小餐桌、巾帼幼托园、巾帼服务车、巾帼接送车、巾帼礼仪队、妇儿用品商店等再就业项目18个，安置下岗女工200多人；相继传递农村劳动力转移信息百余条，指导基层帮助1.16万名农家女实现转移。

2004年启动建设芬芳巾帼园和欢乐亲子园，工程总建筑面积9000平方米，其中欢乐亲子园4700平方米，芬芳巾帼园4300平方米，工程建设总需投入资金1500万元左右。

南通市儿童少年教育活动中心

〔**基本情况**〕 南通市儿童少年教育活动中心成立于1988年6月，隶属于南通市妇女联合会，是一所成建制的综合性少年儿童校外教育机构，是南通市少年儿童校外教育活动的主要阵地之一。中心已连续15年获全国少年儿童“心中有祖国、心中有他人”主题教育活动先进集体；2004年获“中国‘小公民道德建设’活动示范基地”、“江苏省校外教育先进集体”、“江苏省校外活动示范基地”、“中国小公民道德建设实践基地”等荣誉称号。

〔**群众文化活动**〕 2004年，以“五小”活动为中心，在全市少年儿童中开展“迎‘六一’、小公民道德建设活动月”活动；举办“迎‘六一’小公民道德建设活动表彰暨成果展示会”，中心组织示范基地的11个方队1100名少年儿童演唱爱祖国、爱家乡、爱集体的歌曲，200多名少年儿童开展南通“五城同创”百米现场绘画活动。签字条幅和现场百米绘画作品于濠河边展出；配合市区各小学“争做合格小公民”、“民族精神代代传”活动的展开，继续开展“‘我做合格小公民’（肯德基）主题教育流动课堂”活动，由南通市儿童少年教育活动中心派员在市区40家小学利用班会活动时间开展活动，受到了学校领导和学生的欢迎。

〔**教育成果**〕 10余年来，中心积极开展德育教育活动和艺术培训活动。其中，舞蹈班有20余名学员获全国文联主办的“推新人”青少年艺术大赛“十佳”称号；故事班学员在全国第七届“故事大王”、南通市历届“肯德基杯”故事大王比赛中多人次获特等奖、一等奖；儿童棋院培养出业余段位棋手30余人，多人次获省赛冠、亚军；美术书法班学员已有500余人次获全国各级各类比赛金、银、铜奖；舞蹈班、管乐班学员近20人次升入各级各类艺术院校深造；作曲班学员创作的80余首儿童歌曲在《校外教育》、《中小学音乐教育》等杂志上发表；文学班和奥数班学员在历年省、市组织的竞赛中均有多人次获得各类奖项。

〔**教育培训活动**〕 2004年，中心的培训类别已达15类，培训科目27项，年培训学员近万人次。历年来组织各类公益演出50余场、主办少儿书法绘画比赛20余次，还多次组织了夏（冬）令营活动和各类知识竞赛。（中国良）

镇江市少年宫

〔**基本情况**〕 自1984年建宫以来，镇江市少年宫就成了全市青少年集邮活动基地。20年来，少年宫形成了集邮与科普结合，寓教于乐，新老结合，传、帮、带蔚成风气的工作特色，目前，镇江市有4000多名青少年集邮爱好者，宫外设点有16所学校，50多个兴趣小组，形成了相当规模的组织体系。2004年，全国邮联授予镇江市少年宫“全国青少年集邮活动示范基地”称号，少年宫成为全国首批青少年集邮活动10大示范基地之一。

〔**场所建设和网络建设**〕 作为镇江市的青少年集邮活动基地，组织各校成立集邮兴趣小组，定期活动，并推聘一名热心于集邮工作、责任心强的教师担任集邮辅导员。在健全网络基础上开辟了信息渠道：定期召开一次辅导员工作会议，编发集邮活动资料，建立市青少年集邮工作委员会教育网页，有计划地对辅导员进行全面培训。

〔**开展丰富多彩的集邮活动**〕 少年宫坚持邮票的艺术性与科学性并重的原则，用邮展、讲座、讲故事等形式让学生了解邮票中美丽的风光、奇异的动植物、宇宙、天象等科普知识；开展了以《地球，环境》、《我爱科学、爱家乡》为主题的邮展、邮票设计展；连续7年举办“老少同乐庆‘六一’联谊活动”以及游戏形式老少同组参赛的智力竞赛、邮品交换、“青少年邮票、首日封设计赛”等。1999年《展望21世纪》邮票设计赛，全市选出60幅作品参加省赛，其中1名同学获二等奖，2名获三等奖，并有两幅作品参加全国赛。2000年，少年宫将学生自己设计的邮票印制成“小版张”，并举行首发式签字活动，使学生在接受素质教育的同时享受集邮的乐趣；先后举办《我爱香港》、《喜庆建国五十周年》、《喜迎澳门回归》等主题邮展和邮票、首日封设计展。2004年又举办了“邮票慈善拍卖会”，将所得款额全部捐给市慈善总会。

〔**“小青蛙”讲故事比赛**〕 镇江市“小青蛙”

讲故事比赛是镇江市少年宫的经典赛事，由镇江市少年宫主办，自1986年开赛以来，已成功举办了18届，成为从起初的几十人到2004年的1000多名小选手，选手从市区扩展到丹阳、丹徒、扬中等地。2004年的比赛历时一周，分3个赛场进行了28场预赛。参赛的小朋友最小的才两周岁，有的选手从幼儿园小班起就一直参加比赛，一直到小学二年级，每年都到“小青蛙”讲故事赛场来锻炼自己。（黄立袁瑜）

常州市妇女儿童活动中心

〔**未成年人思想道德建设活动综述**〕 2004年，常州市妇女儿童活动中心积极开展未成年人思想道德建设活动，组织少年儿童开展了“爱家乡”、“爱自然”、“爱父母”、“爱童年”、“爱他人”的“五爱”教育活动，取得了丰硕成果。

在“爱家乡”活动中，中心开展了“我看见”采访日记征文竞赛活动。孩子们通过采访考察，在看看、听听、想想、问问的过程中了解和认识了常州。他们用最美丽的语言描绘家乡的变化，用最真挚的话语抒发对家乡的热爱。

在“爱自然”活动中，中心开展了“地球是人类共同的家园”活动。组织青少年参观绿色牛奶生态循环链；参观中国花木之乡——夏溪镇。

在“爱父母”活动中，中心开展了“看看父母的一天”、“与父母比童年”、“为父母分担一项家务”系列活动。通过看、比、做，使孩子从小就懂得孝。

在“爱童年”活动中，中心组织了“寻找鲁迅童年的足迹”活动，结合小学语文第十二册第13课《早》的教材，组织到绍兴鲁镇活动。

在“爱他人”活动中，中心邀请了原郊区文教局长杨天骅和记者蒋建平介绍他们如何发起与四川绵阳北川县的小学结对“手牵手”的事迹，引起了孩子们的共鸣，他们自发组织了“爱心行动小组”，帮助民工子女。活动使他们学会了关爱和奉献。（贺文清）

无锡市崇安区少年宫

〔**基本情况**〕 江苏省无锡市崇安区少年宫地处无锡繁华市中心，2004年，少年宫在全区范围内开展了“心中有祖国、心中有他人”、“争做合格小公民”、“中国少年雏鹰行动”等许多有新意、有特色、有影响、有成效的主题教育活动，并设立了为少年儿童服务的“知心姐姐电话”。全国少先队工作学会在崇安区建立了“全国少先队教育实验基地”；《辅导员集体建设》研究课题获全国一等奖。1998年成功承办了全国城区少年宫第八届工作研讨会，被国家教育部、团中央领导赞誉为“小丫扛大旗”。

〔**教育成果**〕 少年宫每年开办600多个兴趣培训班（次），受教人数达1.8万人次，一大批“小画家”、“小孔雀”、“小作家”、“小书法家”脱颖而出。近几年有5000余名学员在省和全国各类竞赛中折桂。“小百灵”艺术团在2003年7月赴澳大利亚参加CSTD国际儿童舞比赛中获得特别推崇优秀奖。崇安区少年宫先后获得了“全国艺术教育先进单位”、“江苏省价格诚信展示单位”、“无锡市社会教育培训优秀单位”等称号，成为无锡市少年儿童“人才的摇篮，育人的阵地，素质教育的窗口”。（杨培麟）

江阴市少年宫

〔**基本情况**〕 江阴市少年宫坐落于澄江路与健康路的交汇处，全宫占地10余亩，建筑面积约3500平方米。2004年，少年宫将发展思路定位于6个方面：一是大力发掘弘扬传统文化，确保书法、绘画培训品牌；二是传承中华艺术瑰宝，做强做大民乐及民族舞蹈；三是弘扬光大现代文明，引进、拓展芭蕾舞、拉丁舞、跆拳道等项目的培训；四是突破区域界限、激活办学机制。五是紧贴社会脉搏，设计构思更新、更美、更具时代特色的少儿活动。六是竭诚服务，以优质的服务赢得市场。2004年以来，少年宫全力打造民族器乐、体育舞蹈、主持演讲等多个亮点项目，市场份额占有度越来越大，社会声誉及满意度越来越高。

〔**队伍建设**〕 为了不断促进教师自身素质的发展，少年宫组织开展了说、唱、弹、跳、书、画等基本功比赛，并派老师赴上海、南京、苏州等地培训学习，邀请专家、学者来宫做讲座，努力提升教师的专业素养。在充分有效地整合内部资源的同时，少年宫还聘请了上海、苏州、无锡、扬州等高校的老师和江阴各中小学的优秀教师来少年宫任教、为学员做专题讲座。

〔**特色活动**〕 2004年，少年宫结合实际创设了富有特色的体验项目，如文学采风、开展送温暖、献爱心活动、与聋哑儿童举行手拉手联欢活动、去部队进行慰问演出、参观远望号、与江阴市老干部开展了“让青春闪光，让夕阳更红”重阳节慰问活动。

〔教育成果〕　2004年，少年宫学员在首届中国国际卡通艺术“金蛙奖”青少儿歌舞、才艺展示大赛中获民乐古筝类儿童组金奖、竹笛类少儿B组银奖；在“五洲之星杯·新思维全国中小学作文大赛”中获银奖；在江苏省2004“颂祖国盼统一”中小学生书法大赛中获硬笔书法A组一等奖；6人在第六届全国中小学生书画大赛中分获金、银奖；在“美术之星”全国少儿书画大赛中获银奖，在江阴市少儿“三独”比赛中，9名学员获二等奖，充分展示了少年宫艺术教育的成果。

〔教育培训活动〕　少年宫的培训涉及语言、体艺、舞蹈、声乐、器乐、科技等6大类，近40个项目200多个班，每年有上万人在这里学习。2004年总培训人数超过1万人次。

〔少年宫幼儿园〕　少年宫还设有少年宫幼儿园、园内0点亲子园、托儿班及大班，已形成托幼一体化模式，被江苏省核准为省级示范性实验幼儿园，先后获得“无锡市常规管理先进园”、“无锡市文明单位”、“江阴市特色幼儿园”、“江阴市先进集体”等荣誉称号。

苏州市平江区少年宫

〔基本情况〕　成立于20世纪70年代的苏州市平江区少年宫位于古城区商贸繁华地带。20多年来，平江区少年宫根据少年儿童兴趣、爱好，开设了各类文学、艺术培训班，开展各种少先队主题教育活动和各种科技群文活动，每年吸引近万人次的少年儿童到少年宫参加培训和各种活动，充分发挥了校外教育主阵地的重要作用。

〔师资队伍建设〕　2003年，平江区少年宫对全体教师进行了共5期200多课时的非计算机教师的信息技术培训，通过培训使广大教师掌握了现代教育技术，并广泛地运用在实际的教育教学工作中，100%的教师通过了江苏省教师信息技术考试。

〔信息建设〕　近两年中，少年宫投入了大量的资金用于少年宫的信息化建设，逐年添置硬件设备，建成中心机房一个，学生多媒体机房一个；充分运用少年宫网站的作用，进行信息发布、网上交流、学生管理、教师管理、教学资源管理等工作，实现了教育教学信息化管理。同时，少年宫重视对少年儿童进行信息化普及教育，建立了“平江少年宫信息网站”，设立了“苏州市英特尔电脑培训基地”，先后举办了“网上夏令营”、“电脑绘画比赛”、“少儿科技沙龙”、“网上主持人现场大赛”以及“小学生航空、航海、车模比赛”，使孩子们在丰富多彩的活动中增知识、长才干。

〔学生社团〕　平江区少年宫为更好地发掘、发现和培养艺术新苗，于上世纪80年代先后成立了“苏州市小星星艺术团”和“平江少儿书画社”两个少儿艺术团体。有4万多人次参加了文艺团体组织的培训和艺术交流、演出、展示活动，为艺术类高等院校和部队、地方专业团体输送了大批艺术人才。多年来，这两个文艺团体开展了赈灾义演、义卖活动，参加全国、省、市大型文艺演出及慰问、联欢活动400多次。举办各级展览、比赛活动60多次，创作的少儿文艺节目和书法、美术作品屡屡在全国、省级以上比赛中获奖。

〔计算机活动〕　2002～2003年，少年宫以网站“让我们托起明在的太阳”为平台，连续两年和全国计算机教育研究信息中心联合举办了全国“小学生网上手拉手”夏令营活动；2002年举行了区小学生“网上探宝”、“网上学科学”活动；2003年带领学生参加了中、日、韩少年先锋数码冬令营活动、与英特尔中国有限公司联合举办了“让我们成为网络好孩子——星星网栏目主持人”活动；2004年举行了“书中自有黄金屋”区小学生网上读书活动、“红烛颂”区小学生“网志”比赛；区小学生“新年贺卡设计”比赛等。2004年11月，在《中小学电脑报》社的支持下成立了“苏州市小记者活动基地”，为学生学习信息技术和记录信息社会提供了展示自我的舞台。（凌秋红）

〔“姑苏娃”苏州少儿迎接世遗会系列活动〕2004年3月，苏州平江区少年宫与《姑苏晚报》联合举办了历时3个多月的“姑苏娃”苏州市少儿迎接第28届世界遗产大会系列活动。活动期间收到来自平江区、沧浪区、金阊区、工业园区、吴中区、相城区及常熟、吴江等各区市学校学生美术、书法、摄影、散文、儿歌、童谣作品300多份。《姑苏晚报》每周一在“孩子”版上开辟“姑苏娃”苏州市少儿迎接世遗会活动专栏，刊登活动中的优秀文章、绘画作品、摄影作品，50位学生作品获奖。

〔**平江少年宫小星星合唱团在第 28 世遗会开幕式表演**〕　2004 年 6 月 28 日，平江少年宫小星星合唱团在第 28 届世界遗产大会在开幕式会上，用纯洁、优美的童声唱响和平之歌《Let there be peace on earth》，向世界展示苏州少年儿童的风采，用自己的歌声唱响和平、友好的心声。

平江少年宫小星星合唱团 4 月 30 日承担了在第 28 届世遗会开幕式上的演出任务。合唱团经过一个多月努力，圆满完成了演出任务。中国联合国教科文组织全国委员会主任章新胜高度评价了小星星合唱团的演唱，称其是“非常优美的歌声。”　（赵燕浔）

2004 年参加、承办各类教育、竞赛活动统计

项目	活动名称	活动时间	区级赛人数	市级赛人数	省级赛人数	全国赛人数	获奖人数	活动名称	活动时间	区级赛	市级赛	省级赛	全国赛	获奖人数
体育项目	登山比赛	1.1	100				6							
文艺活动	演唱大赛	1.31				4	4	电子琴演奏	7.22		120			30
	电子琴演奏	5.2			2		2	演唱比赛	11.7		2			2
科普活动	机器人赛	2.3				6	2	航模比赛	7			13		13
	风筝比赛	4.5	100					航模比赛	11		25			25
	机器人比赛	4.25		6			6	建筑模型	10.8		5			5
	机器人大赛	5～7			8		8	车模比赛			2			2
	海模比赛			8			8	小发明、创新				6		6
	航模比赛		120											
其他活动	书画比赛			320			30	摄影比赛			58			8
	征文比赛			200			20	童谣创编			84			26

苏州市吴中区妇女儿童活动中心

〔**发展概况**〕　2004 年，苏州市吴中区活动中心在区妇联的领导下，积极组织志愿者服务、参加建党八十周年活动，参观“一大”会址；观看《李荣法》先进事迹；参加由宣传部组织的文化周活动、“万人看吴中，齐心奔小康”等教育活动。通过一系列的参观学习，强化了队伍，提高了教职员工的政治水平和业务水平。

〔**兴趣小组活动**〕　活动中心作为吴中区对外开展校外培训的窗口，面对新的机遇和挑战，增强服务意识、发展意识和创新意识，建立家庭教育领导小组和家长委员会，把校外教育与家庭教育结合起来；结合教学；开展小型比赛、市级比赛和全国比赛。2004 年有 3 名学生获得一等奖，10 多名学生获银奖和优秀奖。全年共招收学生近千人次，接待咨询报名人数约 1400 人左右。

〔**活动项目**〕　根据儿童对娱乐活动项目的要求，中心在原有的基础上又增添了溜冰项目；协助苏苑街道创建全国示范社区，提供乒乓室、桌球室、阅览室等活动场所，方便了周围群众的娱乐活动和文化学习。2004 年 8 月，中心配合苏苑街道在溜冰场内举办了夏季纳凉晚会，受到周围居民群众的欢迎，赢得有关部门的一致好评。　（高　虹）

太仓市青少年活动中心

〔**发展概况**〕　2004 年，太仓市青少年活动中心工作的重点是：培养自己的优秀教师，推出自己的特色教学，打造品牌项目。中心通过大型活动的评展、报刊宣传、家长学校的讲课、社团的辅导、大型节目的亮相等为教师提供充实、提高的机会。中心的古筝、科技、剑桥少儿英语成为品牌项目，舞蹈、钢琴、声乐、书画、写作等成为支柱项目。

在培训教学方面，中心采取“金字塔”式的分层次培训，设立了初级班、中级班、高级班，并将高级班学员吸收为各社团的成员，走出了一条培训与社团相结合的新路子。中心的小燕子艺术团、茉莉花古筝艺术团先后被评为苏州市优秀业余文艺团队。2004 年 7 月，小燕子艺术团的声乐队和茉莉花古筝艺术团在 2004 上海国际少儿艺术节的开幕式上与美国匹兹堡海华青少年室内交响乐团联合演出，8 月中旬，应新加坡华乐协会邀请，赴新参加交流演出活动。2004 年，中心科技、文学、钢琴俱乐部、书画协会等社团也逐步发展起来，在丰富多彩的社团活动中，学员能力得到很大提高。

〔**群众文化活动**〕　2004年，中心配合教育局举办了“弘扬民族精神，培养良好道德”师生演讲比赛、“小燕子艺术团”与海警支队进行联欢慰问演出、太仓市第三届中小学生科技节、太仓市中小学生小主持人比赛、太仓市小学生围棋比赛等活动，为学生提供了学习、交流、表现的机会，推动素质教育开展。

〔**课题研究活动**〕　2004年，中心协助教育局开展了《构建城乡一体化校外教育运行机制的实践和研究》课题研究。在全国校外、课外优秀论文、活动案例征集活动中，赵萍、周晓东、郝珉、陈榕等老师的论文分获二、三等奖。在江苏省教育学会组织的论文评比中，赵萍、周晓东老师的论文《设立校外教育基地的现实意义及实践体会》获得三等奖。教师赵萍、周晓东、王丽萍、陈蓉、徐强、郝珉、周伟等人的论文入编《全国校外教育优秀论文选编》。徐希伟、徐强的论文获得太仓科学技术进步奖二等奖。

〔**教育成果**〕　2004年，小燕子艺术团、科技之星俱乐部、文学之星俱乐部、书画协会的学员获得了多项全国及市级奖项。

〔**老年大学活动**〕　在市老龄委的领导下，中心利用周三～周五的时间，继续开办“老年大学”。秋季招生开设10多个班级，11月举办了老年大学联谊活动，得到老年同志的一致欢迎。　（周晓东）

常熟虞山少年宫

〔**场馆建设**〕　常熟虞山少年宫场馆总面积2500平方米，建筑面积1900平方米。所在地区小学22所，中学10所，学生人数3.5万人。2004年投入资金50万元用于场所改造。

〔**科研活动**〕　2004年，少年宫积极组织教师开展科研活动。开发研究的课题有《关于校外教育的深化研究与实验》。教师朱宏的论文《用生命润泽生命》发表于苏州市书刊，教师鞠华的论文《校园呼唤绿色童谣》获市一等奖。

〔**兴趣小组活动**〕　2004年，少年宫共开设了电子琴、钢琴、二胡、朗诵、琵琶、古筝、萨克斯、素描、绘画、小科学迷、小制作、环保、海模、计算机、电子琴、围棋、武术、中国象棋、小记者、英语、奥数、车模等24个专业。　（朱　宏）

2004年参加、承办各类教育、竞赛活动统计

项目	活动名称	活动时间	区级赛人数	市级赛人数	全国赛人数	获奖人数
体育活动	“三湖杯”青少年武术大赛	2004.8				2
	青少年健美操大赛	2004.5		18		18
文艺活动	“小画家杯”美术书法大赛	2004.12			90	8
科普活动	“小能人”车模比赛	2004.11		185		90
生活实践活动	“安全文明健康”活动	2004.5		1600		60
	“民族精神代代传”演讲比赛	2004.6	350	85		34
	“传承民族精神，争做时代能人”知识竞赛	2004.6		3600	70	75
学科类竞赛活动	德育论文评比	2004.12	180			

张家港市少年宫

〔**基本情况**〕　张家港市少年宫是市教育局直属的少年儿童校外教育机构，始建于1964年，1998年易地新建。市少年宫拥有一流的教育环境，占地面积33亩，建筑面积7000平方米，总投资金额约为1500万元。整体设计新颖别致，具有较强的时代气息，内部设施齐全，设备先进，设有科普游艺厅、陶艺坊、天象馆、儿童剧场及各类专业教室。

〔**培训项目**〕　少年宫每年分春、暑、秋3期开设初、中、高各层次的培训班120余个，年培训学生万余人。开设书法、美术、声乐、舞蹈、钢琴、电子琴、航模、车模、象棋、围棋、电脑、英语、陶艺、文学、主持与演讲、思训等20多个培训项目，为基层学校培养了大批少先队干部和艺术、科技、文化、体育活动骨干，为专业院校输送了大量的优秀专业人才，不少学员走进中央美术学院、南京艺术学院、上海音乐学院、北京舞蹈学院、苏州教育学院和上海舞蹈学校等艺术院校深造。

〔**社团活动**〕 少年宫经常组织各类青少年文艺演出、美术展览和科技比赛，举办的“艺术节”、“书画展”、“航（海、车）模比赛”、“夏令营”等大型活动，深受中小学生的喜爱。近年来，每年有几百名学员在全国、省、市各类艺术、科技竞赛活动中获奖。2003～2004年市少年宫民乐团连续参加了在贺绿汀音乐厅举行的首届、第二届中国长三角地区大、中、小学生民族乐团展演，并获殊荣。少年宫学员组建的科技代表队在国家、江苏省、苏州市航模比赛、风筝比赛中，多次获单项前3名和综合团体冠军。2004年，有100多位学员在全国中小学生书画比赛中获一、二、三等奖；市少年宫象棋学员在江苏省棋类运动协会组织的全省象棋比赛中获得多个单项冠军。

〔**教育科研**〕 少年宫承担了“以少年宫为龙头，带动全市青少年科普活动的开展”的国家教育科研“十五”规划课题，2003年，在中央教科所举行的“十五”规划重点课题结题活动中，通过了结题鉴定。许多教师撰写的教育论文在各类评比中获奖，或在各级教育刊物和专业杂志发表。市少年宫还正式出版了教师的教育研究文集，编著了优秀学员的作品集、画册。

〔**40周年宫庆活动**〕 2004年是张家港市少年宫建宫40周年，为体现“回顾历史，展示成就；促进交流，丰富理念；承前启后，创新发展”的宫庆理念，少年宫举行了隆重的建宫40周年庆典活动。活动期间，举行了校外教育论坛，出版展示了少年宫教师校外教育的研究成果、少年宫40周年宫庆纪念画册、历届学员和家长代表撰写的宫庆纪念文集，在市少年宫小剧场召开了“40周年宫庆大会”、“少年宫40亦少年”学员专场文艺汇报演出，举办了“醉墨港城”师生书画作品展览。

（徐纯赤）

浙江省校外教育

综　述

〔浙江省实施未成年人“五大工程”〕　2004年5月，浙江省召开了贯彻全国加强和改进未成年人思想道德建设工作会议精神座谈会。会议决定实施“阵地工程”、“精品工程”、“净化工程”、“绿网工程”、“帮教工程”，为全省1000万未成年人做实事、好事。

“阵地工程”：建设使用好爱国主义教育基地，落实爱国主义教育基地等文化场馆对未成年人免费开放的政策。全省县级青少年活动中心建成率要在“十五”期末达到100%。省有关青少年和未成年人教育和建设的专项资金要重点向未建、改建、扩建青少年活动中心的地区倾斜，向老区和贫困山区县倾斜。

“精品工程”：组织生产和推荐一批面向未成年人的集知识性、趣味性、科学性强的图书、报刊、音像制品和电子出版物。

“净化工程”：开展“扫黄”“打非”斗争和清理银幕荧屏，大力整顿经营性网吧和电子游戏经营场所，对两次违规容留未成年人的网吧和成人娱乐场所，除重罚以外，要取消其经营资格。

“绿网工程”：引导青少年健康上网、文明上网，各类互联网站尤其是政府公共网站，要开设针对青少年思想道德建设网页，提供健康的娱乐游戏，安装封堵暴力、凶杀、恐怖、色情等不健康内容的过滤软件。

“帮教工程”：加强法制教育、防止未成年人犯罪、帮助特殊未成年人健康成长，建立健全未成年人合法权益保护机制，提高未成年人的法律意识和自我保护意识。

〔浙江省青少年校外活动场所建设工作会议〕为进一步贯彻落实中央和省委关于加强和改进未成年人思想道德建设的工作部署，切实推进浙江省青少年校外活动场所建设，2004年11月29～30日，省青少年工作领导小组在杭州召开了浙江省青少年校外活动场所建设工作会议。18个未建或尚未重建青少年校外活动场所的市(县)分管领导分别汇报了各自的建设或规划情况，并与省青少年工作领导小组办公室签订了“十五”期间青少年学生校外活动场所建设责任书。

〔浙江省青少年校外活动场所建设情况〕　2004年，在省青少年工作领导小组办公室、团省委、省财政厅、省教育厅的指导和支持下，浙江省青少年宫协会秘书处主动承担了督查、彩票公益金补助项目的审核、争取相关部门支持等具体工作，扎实推进青少年校外活动场所建设。一是开展了未建和尚未重建青少年校外活动场所地区的专项督查。二是筹备召开了浙江省青少年校外活动场所建设工作会议，与18个未建或尚未重建青少年校外活动场所的市、县(市)签订了建设责任书。三是切实加强彩票公益金的使用和管理。严格按照彩票公益金审批的程序和要求，确立了17个补助项目，共下拨了1076万元的补助资金，其中，仅7个省级补助项目，各地就配套投入建设资金1个多亿。四是积极争取到了省国土资源厅的支持。截至2004年底，18个未建和尚未重建青少年校外活动场所的市、县(市)已有6个地区的项目开工建设，其中竣工建成2个，全省青少年宫的数量增至82家。

〔浙江省青少年宫信息网络工程建设〕　2004年，团省委、省宫协经过充分论证，实施了浙江省青少年宫信息网络IT程，并确定了开通浙江青少年宫在线、建设青少年宫“天天”电子阅览室等重点项目。一年来，协会通过调查摸底，确定了14个试点单位，抽调信息技术骨干教师，成立了信息网络工程研发组，加强研发力量。同时召开了信息采编工作会议，进一步推进工程的研发进程。中国青少年宫协会、教育部和中央联合调研组对信息网络工程的实施给予了充分肯定，中国青少年宫协会已将该工程列为了全国惟一的试点项目。

〔浙江省青少年活动阵地的建设和发展情况〕1.制度保障。浙江省委、省政府高度重视青少年校外活动场所的发展，成立了由20个与青少年教育直接相关的职能部门和社会团体为成员的浙江省青少年工作领导小组，建立了统筹协调的工作机制，并把加强政策和制度保障作为解决问题的突破口。浙江省精神文明建设委员会将青少年活动中心的建设列入《浙江省文明城市评审条件评分标准》的重要指标之一。浙文明[2000]11号文件明确规定，市级以上青少年活动中心建筑面积不少于8000平方米，县级不少于4000平方米；制定了《浙江省关于加强青少年宫建设和管理工作的若干规定》、《浙江省用于青少年校外活动场所建设的彩票公益金使用管理办法》、《浙江省青少年教育经费使用管理办法》、《2001～2005年浙江省青少年学生校外活动场所建设与发展规划》，建立了青少年校外活动场所建设和管理工作的督察制度，从政策和制度层面有效地加强了全省青少年校外活动场所的建设和管理。

2.场所建设。根据浙委办发[2002]29号文件确定的总体目标和浙江实际，团省委充分发挥国家返还专项用于青少年校外活动场所的彩票公益金的作用，制定了严格的彩票公益金申报标准和规范的使用操作程序；同时启动实施了浙江省青少年宫信息网络工程，探索建立一个遍布全省的“空中青少年宫”，通过现代网络技术，整合全省青少年宫的优势资源，把青少年宫建设成未成年人非营业性网络服务场所。

目前，浙江省青少年校外活动场所主要有：青少年宫(青少年活动中心)、青少年素质教育实践基地、爱国主义教育基地、社区等社会服务与实践场所、科普教育基地等5类。2001年以来，以省彩票公益金扶持青少年校外活动场所建设补助项目36个，彩票公益金补助共计2616万元，各级党委、政府投入建设资金共计5．5317亿。全省现共有青少年宫、青少年活动中心80个，其中市级11个，县(市、区)级60个，镇级9个，团属72个，教育部门所属7个。占地面积在1万平方米以上的活动场所有14个，在5千平方米以上的有19个，3000～5000平方米的有15个，2000～3000平方米的有10个，2000平方米以下的有22个。

3.内部管理。建立一套与青少年校外活动场所发展相适应评价激励制度。团省委会同省发改委、省教育厅等8个部门制定了《关于对浙江省青少年宫、青少年学生校外素质教育基地进行评估的意见》，对青少年宫和青少年学生校外教育基地的基础建设、机构和体制、队伍建设、内部管理和工作业绩等方面进行全面、综合的评估，确定等级后给予命名挂牌；建立了一套与经济社会发展相适应的内部管理制度，深化人事制度和分配制度改革，建立健全各种规章制度和目标管理责任制，明确青少年宫为独立法人机制，实行主任负责制、年度考核评议制度，强化安全管理，健全安全工作制度，定期进行安全检查。

4.队伍建设。要求青少年宫专业老师与行政管理人员的比例不低于3：1，在专业教师队伍稳定的前提下，鼓励吸收具有较高素质和业务能力的兼职教师；加强培训，2004年，下发了《关于加强青少年校外教育活动场所工作人员继续教育的暂行规定》，明确要求青少年校外活动场所工作人员每年接受继续教育的时间不少于48课时，并把参与继续教育的情况作为工作人员职称评审的必备条件；坚持每年开展校外教育研讨。2004年，省青少年宫协会组织开展了“浙江省校外教育先进集体”、“浙江省校外教育优秀教师”和“浙江省校外教育优秀工作者”的评比活动，评选了25个省级教育先进集体、46名省级校外教育优秀工作者和53名省级校外教育优秀教师。浙江省6个青少年宫、7名宫主任和12名青少年宫教师还被团中央和中国青少年宫协会评为“全国先进青少年宫”、“全国青少年宫优秀工作者”和“全国青少年宫优秀教师”。

2004年，全省青少年宫编制人员共1077人，在岗教职员工总数880人，其中从事校外教育的专业技术人员603人，占总数68．5%。同时，教师队伍呈多元化发展，外聘教师和在编专职教师的比例达5：1。

5.充分发挥育人功能。紧扣时代要求，精心设计和开展丰富多彩的主题教育活动。近3年来，全省各级各类青少年校外活动场所以征文赛、书法展、读书会、演讲赛、夏（冬）令营等方式，共开展各类主题教育活动1395多次，参加者达103．53多万人次；大力开展社会实践活动；进一步丰富科技、文化、艺术、体育等教育活动。全省各青少年宫举办各类文体科学艺术活动2799次，参加人数207．05万人次，举办各类兴趣培训班6010班次，累计参加培训144．32万人次。现全省青少年宫、青少年活动中心已建有少年科学院、艺术团、书画社等青少年社团159个，每年参加社团组织人员2.64万人，2003年以来，各社团共获得国际级奖项110个，国家级奖项2260个。

6.存在问题。一是个别地区对青少年宫的定性还不够清晰，没有将活动场所作为社会公益类事业单位，而是作为文化经营性单位推向市场。目前，全省定为纯公益性事业单位的青少年宫有37家，实行全额拨款；定为准公益性事业单位的青少年宫有38家，实行差额拨款，还有5家青少年宫被定为自收自支的事业单位。二是少数地区资金投入与经济社会发展不相协调。目前，全省有18个地区未建有或尚未重建有青少年宫，少数青少年宫，特别是县级青少年宫的设施设备还较陈旧。三是部分地区教育文化政策落实尚未完全到位，财政政策不到位，税收政策不到位，人事政策不到位，教师待遇还没完全落实。四是青少年宫队伍素质还有待于进一步提高。全省有6个青少年宫没有专业教师，教职工总数在5名以下的青少年宫有16家。全省从事青少年宫工作的教职员工中，大专以上学历的有547人，占61.6%；全省青少年宫在编专职教师中大学以上学历共156人，占25.9%，具有中级以上职称的有317人，占52.8%。五是整体功能发挥不够充分。在资源整合利用上，地区内或地区与地区之间的密切配合、通力协作、资源共享的局面尚未完全形成，对社区、农村、学校的辐射带动还不够。

〔**浙江省校外教育工作主要成果**〕 2004年2月24日，浙江省青少年工作领导小组办公室建立浙江省青少年校外教育研修中心。3月，省青少年宫协会三届六次会议在遂昌县召开。会议部署了2004年工作任务，组织校外教育论坛。省青少年工作领导小组组织对全省尚未建有青少年校外活动场所的地区和尚未重建青少年校外活动场所的地区进行督查。4月，省文化厅、团省委、省青少年宫协会联合举办了浙江省青少年书法美术比赛。共收到109个单位选送的6569件参赛作品，共有466件书法作品和511件美术作品获奖，35名教师获优秀指导教师奖，21个单位获优秀组织奖。5月，举办了庆祝“六一”电视晚会。来自全省各地34个青少年宫、学校、幼儿园或专业文艺、体育团队的1800多名小演员参加了演出。5月30日中央电视台少儿频道庆“六一”专场播出了浙江省的晚会实况。6月，在浙江省校外教育优秀论文、活动案例评选活动中，评出二等奖论文3篇，三等奖论文6篇，一等奖活动案例2个，二等奖活动案例3个，三等奖活动案例4个。12月上旬，团省委分6个组分赴全省对团工作进行检查调研。12月15日，团中央、人事部在北京召开全国共青团系统先进工作者的表彰大会，杭州青少年活动中心金娟娟等30位同志荣获此称号。金娟娟同志是惟一一位获此荣誉的校外教育工作者，并受到王兆国等中央领导的接见。 （陈 寅）

宁波市校外教育

〔**宁波市积极开展社区未成年人思想道德教育**〕 2004年，宁波市按照建设“美丽的花园、舒适的家园、文明的乐园”的总要求，大力开展文明社区创建活动，为发挥社区在未成年人思想道德教育中的积极作用打下了良好基础。

1.发挥各类组织作用，形成社会联动格局。全市各城区建立了社区教育委员会，由教育、妇联、共青团、关工委、街道、社区居委会等部门组成，社区教育委员会办公室设在教育局，配备了专职工作人员，城区教育部门还抽调优秀教师给每个街道配备了专职的社区教育助理，负责组织和指导街道及各个社区的青少年教育工作。目前，全市形成了一个网络健全的组织体系和较为稳定的工作队伍，每年暑期以培训青少年良好道德品质和文明习惯为重点，组织开展了丰富多彩、寓教于乐的主题教育活动。市团委举办了宁波市首届青少年社区文化节、“青年文明社区”创建活动。妇联组织创立了“知心家庭学校”教育模式，设立五大教育板块：“家长课堂”、“知心论坛”、“心灵之约”、“亲亲乐园”、“微型法庭”。科协组织开展的科普活动、司法部门开展的自护训练活动。消防和交警部门开展的安全防范教育等活动，都以未成年人为主要的教育对象，使社区未成年人思想道德教育在形式和内容方面具有更大的吸引力和实效性。

逐步形成以社区自治组织为主的社会化。社区党组织和居委会针对孩子放学，家长却尚未下班的社会问题，全面推广社区主办、学校支持的“四点钟学校”模式。以社区、街道、学校联动的形式，形成了道德教育、电子阅览、科普教育、文艺修养等4个系列的教育阵地。

2. 发挥社区教育阵地作用，开展文明社区创建活动，建立社区学院、市民学校、家长学校和党员活动室、文化活动室、图书阅览室、室外活动场地等“四室一场”为主体的教育阵地网络建设，依托社区内“十分钟文体、教育圈”的阵地网络，全市社区利用法定节日、传统节日、各类纪念日以及暑寒假期，开展了“知党、爱党、跟党走”、“弘扬民族精神、争做文明使者、共建美好家园”、“小手拉大手、朝着文明走”、“绿化环保进家庭”、“社区网络文明行”等各类未成年人思想道德教育实践活动。同时，以“百场文化”进社区为主线，大力开展“同在蓝天下，爱心满家园”、“绿色与科普”、“华夏文化永放光芒”、“书香溢社区”及“青少年自护系列教育”等系列主题文化活动和法制教育活动，丰富了未成年人的文化生活。

在家庭教育方面，利用全市1591所家长学校，在全市开展家庭教育系列讲座进社区、进家庭活动，指导社区利用周边图书馆、社区文化活动中心、少年宫、中小学活动场所等开展亲子活动。

利用网络优势，开展网上教育。市教育局、文化局、团市委和社区组织建设了一批非营利性的互联网上网服务场所，为未成年人提供健康有益的绿色网上空间，学校的网络教育设施在暑寒假和双休日有组织地免费向未成年人开放，已经建成的社区文化宫或示范阅览室的社区电子阅览设备无偿为未成年人服务。2003年7创办了全市首家专业性家庭教育网，在网上开通专家热线、聘请特约教师、进行专家讲座。家庭教育网开通以来，访问量已达1.8万多人次。

3. 积极探索构建社会公众通过志愿服务方式服务于未成年人思想道德建设的机制，按照公开招募、自愿报名、组织选拔、经常服务的方式，招募热心未成年人教育工作、有责任心的社会人士注册成为未成年人思想道德教育志愿者，组建以“五老”（老干部、老战士、老专家、老教师、老模范）和中青年人参与的专门志愿者队伍，实施“社区德育”、“爱国教育”、“护苗成长”、“场所监督”、“爱心援助”等项目，定期开展志愿服务活动。

〔**宁波市在少年儿童中开展“民族精神代代传”活动**〕　2004年是建国55周年、宁波解放55周年、五四运动85周年纪念。为深入贯彻落实党的十六大精神，宁波市以弘扬和培育“以爱国主义为核心的团结统一、爱好和平、勤劳勇敢、自强不息的伟大民族精神”为主题，在全市少年儿童中广泛开展了“民族精神代代传”系列活动。

一是开展“寻找历史的足迹”活动。组织全市少年儿童参观爱国主义教育基地。二是开展“民族精神在歌声中代代传唱”活动。三是结合宁波国际服装节和第四届少儿服饰文化节，开展“新锐少年形象设计大赛”活动、少年儿童形象设计大赛。四是开展“童眼看世界”活动。整合电视台资源，以儿童为主体，以校园为基地，形成“自已看、自已拍、自已办”儿童节目。五是开展“同在蓝天下”环保活动。开展“清除乱张贴”、“小小市容监察队”、“红领巾卫生街”、“万童认养小树苗”等活动。六是开展“名人故事大家讲”活动。七是开展“城乡小伙伴手拉手”活动。

校外教育单位

杭州青少年活动中心

〔**场所建设情况**〕　杭州青少年活动中心的改扩建工程已被列入《杭州市进一步加强和改进未成年人思想道德建设的二十件实事》的第一件实事。2004年改扩建工程的重点是改建现有教育用房和设施，并做好新建项目的设计和2005年改建项目的设计和前期工作。全年完成投资额3300万元，财务用款3200万元；3300平方米文艺楼和文艺楼前景观改建项目，按期完工交付使用；4200平方米科技楼改建项目，完成改建和装修设计、报批、招标、搬迁、装修拆除工作，改建和装修已完成80%的工作；2080平方米活动楼新建项目，完成新建和装修设计、报批、招标、三通一平、设备搬迁工作，新建和装修已完成80%的工作；新建项目前期准备、调研、方案设计和招标工作也已基本完成。

〔**管理成果**〕　2004年中心全面修订完善教育管理制度，根据各项制度的内容和规定建立了教学考核册及教育管理册。探索和建立了教育培训活动课程体系，现有17位教师完成了17个科目第一学期教学纲要的初稿。

通过向社会公开招聘，层层测试、筛选，择优录用事业编制11人、企业合同工8人上岗工作。在岗职工大专以上学历的人数从去年的73人增加到今年的92人，比例从49.6%上升到57%，教师人数从74人增至92人，年轻教师占58%，35岁以下职工从去年的41人增加到今年的61人，比例从27.9%上升到38%。

〔**社团活动**〕 2004年新成立“小小科学家俱乐部”，通过开展小课题研究，培养科学态度和科学道德，培养对社会的责任心和使命感；新成立数学俱乐部，吸收五年级以上的数学爱好者加入，开展数学与实用性的探索学习。

春假期间，少科院和市内部分中小学学生科技社团组织了省科普周重点项目的“杭州青少年西溪湿地科学考察活动”。暑假，参加了第三届APEC青年科学节，用高科技手段展现了杭州少年科学院历年来科考成果。8月，与《小爱迪生》杂志组织与英国科普作者尼克·阿诺德、托尼·德·索雷斯的大型电视直播见面会，并分别邀请他们担任了少科院的外籍专家委员，使少科院的外籍专家委员人数达到4人。

中心艺术团积极创作《西湖的孩子》等精品演出的排练，参与了浙江省庆祝“六一”国际儿童节电视文艺晚会、文艺节少儿广场专场演出、杭州市中小学生艺术节开幕式、国际儿童电影节和中国儿童电影“童牛奖”颁奖晚会、浙江省国庆55周年纪念活动电视直播、“2004年杭州西湖博览会闭幕式演出”、“2004杭州西湖合唱节”、“2004年杭州市西博会集邮展开幕式”、“西博会广场群众文化展演”等全国、省、市各种大型文艺演出和比赛，在各大型活动中出色地表现了中心少儿艺术教育的累累硕果。

英语俱乐部开展了“洋员外闹元宵”，“Hello Spring”春假广场游艺活动、“感恩节”、“Happy Halloween”万圣节、圣诞Christmas晚会等活动。文学社、记者团组织了“为杭州做一张文化拼图”为主标题的大型系列活动，精心设计了“穿越，一个名叫博物馆的时光隧道”、“浪漫北山街——杭州历史风情寻访”、“吃吃玩玩河坊街——杭州民俗文化探访”，“艺术画廊南山路——与美术大师亲密接触”、“魅力中山路——老杭州邻里文化叩访”等活动。

西子少儿记者团在暑假期间参加了浙江日报组织的“浙江在线”活动，体验真正的记者编辑生活，采访了原浙江日报老总江坪；成功采访并编辑《西子小荷》活动专刊。

杭州少年书画院在暑假期间组织“悠悠北山路”采风活动，对历史文化名街进行采访和写生。活动历时三个月，创作作品300余幅，国庆期间在杭州西湖博览会博物馆举办大型主题作品书画展，参观人数达7万人次，该活动案例被评为华东地区校外教育未成年人思想道德建设案例评比一等奖。

〔**群文活动**〕 2004年，中心参与开展了多项颇具权威性的大型活动，成功打响了中心活动品牌。

“六一”节，中心承办了由中央电视台、全国宫协、团省委、省文明办等主办的《新世纪，我能行》庆祝“六一”国际儿童节电视文艺晚会。参加演出的有来自全省各地青少年宫、学校、幼儿园和专业团体的34个单位的学生演员。“六一”期间在中央电视台少儿频道黄金时间整台播出。

11月，举办杭州市中小学生艺术节。共有360个节目、5000多人参加器乐、舞蹈、戏剧曲艺、声乐的市级比赛，520人参加书法、绘画、工艺、摄影现场比赛，征集到节歌135份、节徽240个；同时新辟了网上文化艺术知识竞赛。名为《西湖手拉手》的开幕式在黄龙体育馆举行，整台演出气势恢弘，近万名学生，5000多件器乐，演员和观众的强大互动，成为杭城历史上规模最大，形式最新的中小学生艺术活动。

2004年以“飞跃港澳·激情香江”为主题的玫瑰婚典走出杭州，成为西博会活动跨地区举办的惟一注册项目。120辆婚车车队环抱西湖巡游，创下杭州乃至全国集体婚礼历史之最。活动不仅再次被评为西博会优秀活动银奖，还赢得了国内包括港澳地区社会各界的广泛关注。

从2004年4月30日起，中心举办了《走进音乐殿堂——百场系列经典音乐会》。至今已举办名家名师系列、经典音乐欣赏系列、专业音乐基础教育系列、专题性音乐讲座系列、戏曲唱段专场系列等22场音乐会，并免费组织青少年弱势群体、外来务工人员子女的参加，为UT斯达康、杭钢集团等公司企业组织专场演出，人数达4600余人。音乐会还以“音乐大本营”的形式吸引更多的音乐爱好者加入音乐俱乐部。

4月成立大中专学生为主体的“哥哥姐姐”志愿服务队，目前已有600名志愿者成为校外志愿者辅导员。队伍成立以来，全年总服务785人次，时间超过1600小时。

暑假期间，举办了杭州中小学生艺术节“成长快乐杯”网上文学艺术知识大赛，有12万人次登录中心网站，1.6万人注册参加比赛；10月举行了“建设我们共同的家园最佳网络上传手”的活动；春假期间举办了“数码一日游”活动。

暑假期间，组织了民工子弟学校的200多名学生来中心参加活动。中央电视台焦点访谈栏目组做了题为《少年宫里来了民工子弟——关注未成年人》专题报道，在8月20日焦点访谈栏目中播出，引起很大反响。

2004年，中心积极利用社会活动资源开发社会实践活动场所，在宋城集团旅游景点“山里人家”授牌成立“杭州青少年活动中心假日活动营地”，现已成为配有700个床位的具有特色的训练活动基地。

〔**科研活动**〕 2004年中心编发了《2004杭州青少年活动中心论文选编》及《2004杭州青少年活动中心青少年社团建设及活动案例选编》，汇集了中心教师近期撰写的17篇优秀论文和富有特色的3个社团、14个优秀活动案例。

2004年，中心2个活动案例在全国校外、课外教育优秀论文（案例）评选中获一、二等奖。5个活动方案在华东地区校外教育未成年人思想道德建设方案评选中分获一、二、三等奖。2篇论文、5个活动案例在浙江省校外教育优秀论文、活动案例评选中获奖，占全省获奖篇目总数的55%。浙江省教育科学2002年度规划课题《校外教育社会化模式的理论研究与实践创新》、浙江省教育科学2003年度规划课题《社团制——青少年校外培训模式的创新与实践》均已结题，分别获得省科研成果三等奖和市科研成果三等奖。2004年研究所承接杭州市发展计划委员会的《构建杭州市终身教育体系的策略研究》、《杭州市基础教育均衡发展策略研究》两大课题已顺利结题，获市委领导的高度赞扬。

杭州市江干区少年宫

〔**基本情况**〕 浙江省杭州市江干区少年宫建立于1975年，其前身为区少年儿童图书馆、区少年之家。现址坐落在美丽的钱塘江畔，占地面积15亩，建筑面积4744平方米，于1999年8月建成并投入使用。现与采荷三小共同使用。

〔**场所建设**〕 江干区少年宫设立了钢琴室、电子琴室、二胡室、古筝室、科技室、多媒体室、书法室、绘画室、阅览室、舞蹈室等专用教室，开办了舞蹈、电子琴、钢琴、古筝、二胡、琵琶、手风琴、书法、绘画、声乐、科技制作、电脑、小记者、趣味数学、少儿英语等培训项目。

〔**活动成果**〕 近年来，少年宫面向广大少年儿童，积极组织开展少先队、科技、文艺、读书教育和夏(冬)令营等活动，全区有数万名学生参加“爱心所盼系列活动”、“钱江少年系列活动”、“小小发明家在行动”、“科技探索小论文”、“做平凡小事、塑美好心灵”等群众性活动，均取得了很好的教育效果，受到基层学校的一致好评。近年来，有1000多人次在全图书画大赛、创新大赛，以及省市各类艺术、科技比赛中获奖。

2001年，少年宫获得省市荣誉11项，全国荣誉1项；2002年获得省市荣誉8项；2003年获得省市荣誉12项，全国荣誉1项。2004年获得省市荣誉10项，全国荣誉1项。

〔**教育培训活动**〕 少年宫先后开设了器乐、舞蹈、书法、美术、航模、计算机、小记者、少年军校等10余个培训项目，建立少年宫校外培训基地21个，培训学员10余万人。

杭州市西湖区青少年宫

〔**基本概况**〕 西湖区青少年宫创办于1984年，位于浙大玉泉校区，处于西湖区政治文化中心地段，目前所使用的5层楼教学楼建筑面积约3200平方米，设有专业教室10间，普通教室12间，大礼堂一个。教育局近年来共投资 76 万多元用于青少年宫的各方面建设。1999年，为加强对青少年的国防教育，拓展学生的社会实践基地和行为规范训练基地，西湖区教育局投资100余万元，在部队营区内建立了“西湖少年军校”，占地面积 1.13 万平方米，建筑面积 1345 平方米，可同时容纳330余人军训。开校至今已开展各类军训200多期，受训人数达2万余人。

〔**艺术教育活动**〕 以普及和推广艺术教育为目的，青少年宫已成功地举办了7届西湖区中小学生艺术节。开展“节徽征集”、“校园歌曲征集”、“声乐、器乐、舞蹈、曲艺”、“书画”等20余项内容，少年宫连续3届获得杭州市中小学艺术节优秀组织奖。2004年组织参加杭州市中小学生艺术节各项比赛获得 25个第一，其中8个是团体第一，获优胜奖。

〔科技教育活动〕 2004 年，西湖区青少年宫承办了两年一届的“西湖区中小学生科技节”，开展了“科技小论文”、“奇思妙想金点子”、“头脑奥林匹克竞赛”、“机器人竞赛”、“计算机竞赛”、“空模、车模、海模赛”、“小发明、小制作竞赛”等活动，并取得了多个第一名的好成绩。

组织开展了“科技特色学校”的评选。“科技特色”学校类别有：空模科技特色学校、海模科技特色学校、车模科技特色学校、计算机科技特色学校、机器人科技特色学校、头脑奥林匹克科技特色学校、科技小发明、小制作特色学校等。

〔假日活动〕 青少年宫每年组织青少年参加夏令营、冬令营、一日营活动，如：“走进大自然”夏令营、“探寻古文化”夏令营、“飞向蓝天”航空夏令营、“蒲公英快乐营”春假套餐系列活动。2004 年，为庆祝抗日战争胜利 60 周年，少年宫在春假期间组织了“蒲公英快乐营——红色之旅南京行活动”。在 3 天的活动中，组织孩子们去了雨花台、中山陵、大屠杀纪念馆，给学生进行了身临其境的爱国主义教育。

〔少先队阵地建设〕 青少年宫积极开展“新世纪我能行”体验教育活动、“中国少年雏鹰行动”和“五小五大”、“实现宏伟蓝图，做好全面准备”、“民族精神代代传——寻西湖文化瑰宝，做家乡文化传人”、“红领巾跟党走，七色花显身手”、“红五日”、“鼓号声声迎回归”、“欢庆回归，展望未来”、“迎香港、澳门回归”、“五十六个民族五十六个家”、“黄金周里寻国优”、“国产名品知多少”、“我是西博小使者”、“红五日”等系列主题教育活动；开创了具有浓郁西湖特色的少先队工作。几年来推荐全国二级雏鹰奖章 8 人，杭州市火炬金奖百余人次，火炬银奖 1000 余人次，3 所学校获全国“雏鹰红旗大队”称号，省“红领巾示范学校”1 所，省“雏鹰红旗大队”4 所。区少工委历年都被评为“杭州市先进少工委”。2004 年，青少年宫荣获“关心支持少先队工作先进集体”。

〔特色培训活动〕 西湖区青少年宫于 1998 年开设了小记者班，创建“西湖小记者站”，创刊《西湖小记者》读物，已有 45 位学员成为《中国少年报》小记者。1999 年初浙江省少年通讯社和《中国少年报》社先后在宫内设立了学生记者站。以书法班、绘画班为基础成立的“西湖少儿书画社”，有多名学员通过浙江省艺术特长 B 级测试并获多项奖项；与电台合作，开办了语言艺术表演班；与浙大的美籍博士生合作，开设外语培训班；与浙江省儿童音乐学会、杭州华爱小天使乐园影音工作室联合开设 MTV 班和音乐剧班；与大创琴行合作开设器乐班；每学期都出版小刊物《优秀作文》和《小记者》，学生们通过写作，既能提高自己的写作水平，又能抒发自己的情怀，交流思想。

杭州市余杭区青少年宫

〔基本情况〕 余杭区青少年宫位于浙江省杭州市余杭区临平景山路，占地面积 6.8 亩，一期工程于 1987 年 5 月落成并正式对外开放，区青少年宫经过 3 期工程建设，目前，建筑面积已达 4300 平方米，曾获余杭区“八五”期间儿少工作先进集体，余杭区文明单位，浙江省青少年文化教育工作先进集体，全国先进青少年宫等荣誉称号。2004 年青少年宫被评为“浙江省校外教育先进集体”，青少年宫“耕读缘”被评为“中国文化产业杰出贡献奖”。

〔科研活动〕 2004 年，青少年宫美术教师张力设计的“儿童画展海报设计”获得全国第二届少儿美术杯课例大赛一等奖。青少年宫每年定期出版两期《余杭青少年》报。主要刊登少年宫近期内举办的活动信息、学生作品展示、知识宣传、师生交流等内容，随宫报发行。

〔教育培训活动〕 2004 年，青少年宫共开设美术、舞蹈、书法、器乐、文学、英语、电脑、综合等各类班级 286 个班次，学员达 5800 余人次。

〔群众文化活动〕 2004 年，青少年宫举办了儿童美术作品展、送春联下乡、全区小学生电脑制作大赛等活动；并组织学员赴上海美术馆写生、组织 100 幅美术班学员作品在北京中华世纪坛展出。

2004 年，获全国级各类奖项的师生达 20 人次，省级奖项 3 人，市、区级奖项 4 人，总计获奖 27 人次。另有多名师生的书画、文学作品在全国及省市刊物上发表。青少年宫“耕读缘”、“溜冰场”、“少儿乐园”等场所长年开放，年接待 15 万人次以上。 （杨 军）

杭州市萧山区青少年宫

〔基本情况〕 萧山区青少年宫由业余艺术学校、艺术幼儿园构建了萧山区校外教育旗舰，确立了校外教育主阵地的地位。2004年，第二次被评为全国先进青少年宫、浙江省校外教育先进单位。

〔**场馆建设情况**〕 青少年宫1985年建成，10月对外开放，场馆占地面积2400平方米，建筑总面积3700平方米（在外租用一小区幼儿园，建筑面积1600平方米）。资产总值500万元。2004年投入资金100万元，完成建筑面积3700平方米。在萧山青少年宫场馆建设中，2/5的建筑面积由青少年宫自筹资金投资建成。

〔**科研活动**〕 青少年宫根据培训教育的实际情况，组织兴趣小组，开展教研活动，撰写教学论文，编写教材、教学大纲，在教学实践中发挥一定的作用，收到预期的成果。出版刊物《萧山青年》，每期发行500册，2000年由虞诵南等任主编出版教材《小花朵集》、《青少年写作、教与练》。

〔**活动成果**〕 青少年宫艺术班是活跃在全区群文舞台上的一支生力军，经常亮相于各种演出场所。书画班学生积极参加市、省、全国的书法美术比赛，在浙江省艺术特长生水平测试中，取得毛笔书法A级资格的学生占全省的1/3。在澳门首届国际青少年音乐大赛中，青少年宫学生大部分获奖。每年有千余人参加考级。青少年宫计算机培训中心发挥网络优势，曾成功举办了有近21万人参加的浙江省青少年航海模型（网络）锦标赛。

〔**兴趣小组活动**〕 2004年，青少年宫共开设电子琴、钢琴、手风琴、二胡、古筝、笛子、萨克斯、舞蹈、小提琴、声乐、书法、硬笔书法、国际象棋、中国象棋、英语、奥数、车模等专业多个，兴趣小组208个，学员总数2.5万人次。

〔**信息化成果**〕 青少年宫计算机培训中心是千宫百万全国青少年现代知识竞赛先进集体。2004年投10余万元，更换原有的设备。计算机培训中心不仅是全区青少年接受计算机知识培训的基地，而且是城镇失业人员再就业的岗前培训中心。

2004年参加、承办各类教育、竞赛活动统计

项　目	活动名称	活动时间	市级赛人数	省级赛人数	全国赛人数	获奖人数
体育活动	省青少年航海模型锦标赛（网络）	2004.7	63	45	34	131
文艺活动	澳门首届国际少儿音乐大赛					8
学科类竞赛活动	器乐考级	2004.7				350
	英语考级	2004.9				264
	电脑考级	每个月				900
其他活动	省青少年书法美术比赛	2004.3				35
	全国青少年书法美术比赛				35	32
	全国青少年书法美术硬笔					27

（吴水忠）

建德市新安江青少年活动中心

〔**场所建设**〕 中心场馆总面积4900平方米，建筑面积4700平方米，资产总值1114万元，活动区面积900平方米，绿地及操场面积1600平方米。

〔**教育培训活动**〕 2004年，中心共开设电子琴、钢琴、二胡、朗诵、扬琴、舞蹈、英语、武术等专业16个，兴趣小组50个，学员总数1465人。

〔**学生社团活动**〕 2004年，中心中国少年报建德联络站小记者团开展了多次采访、学习活动。中心新安少儿艺术团参加了庆“六一”文艺会演出等。

嘉兴市青少年宫

〔**基本情况**〕 嘉兴市青少年宫创建于1986年，现坐落于市区禾兴北路，占地33亩，总建筑面积1.3万平方米，为公益型事业单位。

嘉兴市青少年宫拥有一支专业水平高、教学经验丰富和善于管理的教职工队伍，现有在编教职工24人，其中专业教师10人，群文活动和行政人员14人。先后多次荣获“全国先进青少年宫”、“浙江省青少年文化教育先进集体”、“千宫百万”现代知识技能培训竞赛先进集体、市级文明单位等荣誉称号。

〔**场馆建设情况**〕 2004年，投入40多万元资金用于青少年宫阵地建设，改造置换培训教室、东侧门的修建、沿河道路整治和青少年文化广场。使青少年宫整体形象得到有效提升。

〔教育培训活动〕 青少年宫常年开设声乐、器乐、舞蹈、体育、书画、科文等6大门类250多个培训班，长期在宫学员达7000多名，年培训学员人数达2万多人次。每年组织举办各类青少年文化教育活动10多次，参与活动人数达2万多人次。

〔科研活动情况〕 2004年，青少年宫成立校外教育研发部，由青少年宫优秀的专业教师下学校进行辅导，协助学校办好围棋队、舞蹈队、合唱团等团队的培训。2004年在全体专业教师和中层以上管理人员中开展论文评比活动，共评出二等奖2篇，三等奖5篇。青少年宫编印的内部刊物——《嘉兴校外教育》。每年结合培训、活动情况出刊3期，每期1万份，主要向市区各中小学及幼儿园发放。

〔活动成果〕 1.群文活动：2004年嘉兴市青少年宫组织承办了由团市委、市教育局、市文联举办的“亚厦杯”首届嘉兴市青少年书画美术大奖赛。参赛对象为五县二区7～40周岁的书画美术爱好者，共收到有效参赛作品1667幅，有386幅作品获奖。

2.社团活动：2004年组成了合唱团、民乐团两个艺术团队，并开始起步运作。

3. 社会化活动：2004年，嘉兴市青少年宫共组织举办了10多次中小型社会化活动：“金猴闹春”少儿文艺演出；“感受春天的气息”体验城乡一体化进程的郊外踏青活动；庆祝“六一”儿童节少儿记忆力比拼大赛；快乐暑假健康行等活动。

〔教育成果〕 2004年，青少年宫围棋队参加省围棋传统学校比赛中获团体第四名，个人第三名；11月参加省“国强杯”围棋段位赛获团体第五名。电子琴培训学员参加“文海杯”第十届全国少年儿童电子琴大赛选拔赛10人获奖，“文海杯”第十届全国少年电子琴大赛获三等奖。“阳光少年”合唱团在“江南文化节”南湖放歌市属中小学校赛区中获银奖。书画班的学员在“双龙杯”全国少儿书画大赛中2人获特等奖，5人获金奖，15人获银奖；在“亚厦杯”首届嘉兴市青少年书画美术大奖赛中有2人获二等奖，二人获三等奖。

2004年参加、承办各类教育、竞赛活动统计

项　目	活动名称	活动时间	市级赛人数	省级赛人数	全国赛人数	获奖人数
体育活动	省围棋传统学校比赛	7月		3		
	省“国强杯”围棋段位赛	11月		5		
文艺活动	“文海杯”第十届全国少年电子琴选拔赛	4月		17		10
	“文海杯”第十届全国少年电子琴大赛	8月			1	1
书画类竞赛活动	“亚厦杯”书画美术大奖赛	10月	1667			386
	“双龙杯”全国少儿书画大赛				150	22
	“亚厦杯”书画美术大奖赛		50			7

（鲍海良）

嘉善县青少年宫

〔基本情况〕 嘉善县青少年宫成立于1984年10月，位于本县魏塘镇市中心；现有在编职工13名。2004年培训人数4000余人次。在“艺术之星”全国少年儿童美术书法摄影大赛中获集体优秀奖；在2004年度“世纪之星”全国少年儿童美术书法摄影艺术教育成果展中，获集体三等奖；在第四届“星星河”全国少年儿童美术书法大赛中获集体二等奖等。

〔场馆建设情况〕 2004年新青少年宫大楼正在建造中，建筑面积4922平方米，目前土建工程基本结束，预计在10月份竣工。

〔科研活动〕 2004年，开发研究了校外教育活动课题“实施品牌战略”。论文《品牌战略思路下的校外教育》在中福会少年宫创办的《校外教育研究》杂志上刊登。青少年宫编写的《嘉善校外教育》，2004年出刊2期，每期150份，刊物主要内容为理论研讨、习作园地、工作动向、作品展示、简讯等。

〔活动成果〕 2004年，青少年宫全年共开展活动30多次，其中大型活动5次，参与活动1万余人次。5月30日，在县影剧院组织举办了“庆六一”暨红杜鹃艺术团成立二周年文艺演出，直接参与演出的人员达400多人次，1000多名家长观看了演出；8月16～18日组织百名优秀学员赴奉化滕头村，开展了主题为“生态健康”的夏令营活动；5月1日，组织了近百名少儿书画社的学员，举办以环保为主题的少儿书画现场表演；5月5～6日，举办了第四届少儿围棋升段定级大赛，270多名小选手参加了比赛。

〔**兴趣小组活动**〕 2004年，组织少儿书画社、少儿舞蹈队、少儿器乐队等兴趣小组的学员，分别组织了写生、观看爱国教育的电影、到嘉兴南湖革命纪念馆等地开展青少年社会实践活动。2004年结业学员500多名。

〔**青少年社团活动**〕 2002年6月1日，组建了嘉善县红杜鹃艺术团，该团由6支队伍组成：分别是少儿合唱队、舞蹈队、器乐队、武术队、小主持人队和少儿书画社。艺术团全年开展文化下乡演出，进社区演出、广场文艺演出等活动20多次；2003年11月组织了书画社的 10 多名学员赴韩国釜山市进行书画交流活动，丰富和活跃了县青少年文化娱乐生活。

〔**教育成果**〕 2004年，参加中小学生书画摄影艺术大赛获奖作品43件；在第四届“星星河”全国少年儿童美术书法摄影大赛暨中国少年儿童美术书法摄影作品大赛中29幅书画作品获奖；在第六届绿星国际少年儿童美术书法摄影大赛中，获奖作品33幅，辅导老师获园丁一等奖；在“艺术之星”全国少年儿童美术书法摄影大赛中34幅作品获奖；在第六届“世纪之星”全国少儿美术书法摄影艺术成果展中33幅作品入围；在嘉兴市“亚厦杯”首届青少年书法美术大赛中4幅作品获奖。舞蹈《姑苏行》分别在全省、市“社区之声”文艺大赛上荣获金奖和银奖；舞蹈《水乡花鼓》在全国第七届艺术节上获金奖；创编的《酒娃》、《嬉雪》、《劳动最光荣》等舞蹈节目在全县“小杜鹃”比赛中获金奖等。

〔**社会化活动**〕 青少年宫根据本镇的地域情况，设立的校外教育基地有3个，全年累计开展活动40多次，开办各类培训班130多个。

青少年宫充分发挥红杜鹃艺术团的作用，利用节假日进社区开展少儿舞蹈、器乐演奏、配乐诗朗诵、少儿武术表演等。

舟山市青少年活动中心

〔**基本情况**〕 浙江省舟山市青少年活动中心创建于1984年5月17日，1995年易地新建，更名为舟山青少年活动中心，属团市委下属的差额拨款的事业单位。

活动中心现有职工12名，专职教师4名，大专以上文化程度8名，高中及中专3名。高级职称1名，中级职称3名。

〔**场所建设**〕 舟山青少年活动中心一期工程于1995年动工建造，投资560万元，建筑面积为2000平方米，于1998年1月建成。2000年，投资200万元，建筑面积2200平方米的活动中心二期工程建成。2004年建筑面积3700多平方米的三期工程动工建造。总投资为560万元。预计2005年9月可建成。建成后的舟山青少年活动中心共有建筑面积8000平方米，有550 座位的报告厅及展览厅、舞蹈厅、教室、健身房等。是全市规模最大的青少年校外教育基地。

〔**阵地活动**〕 2004年的“五一”和“十一”长假期间，中心分别举办了免费阵地活动。活动主要项目有中小学生摄影现场抓拍赛、军事5项、攀岩、乒乓、棋类、四驱车、海洋生物标本展、航模展、少儿图书展、魔术玩具展和各项游艺活动。据不完全统计，约有近6万名学生及家长参加。舟山电视台、电台及舟山晚报等新闻媒体也及时报道，提高了活动中心的社会知名度。

〔**群众文化活动**〕 2004年5月，举办了“欢乐快车”舟山市校园歌手演唱赛，动员组织了近万名参赛选手，吸引了1000余名学生观看了比赛。

8 月底，与北园社区联合组织了素质教育成果汇报演出暨北园社区第二届文化节活动。把学员的学习成绩通过表演展示出来，使校外教育的成果得到了充分的肯定。

“六一”期间，举办了上海音乐学院教授、琴童舟山现场钢琴教学活动。有近500名舟山的钢琴爱好者、老师参加，是一次生动的、高水平的艺术大餐。

宁波市青少年宫

〔**发展概况**〕 2004年，宁波市青少年宫积极主动开展面向未成年人的思想道德建设活动。在中央《若干意见》刚刚发表之时，即在5月举办了宁波市少先队工作研修班，邀请了中国青年政治学院陆士桢副院长、团中央《辅导员》杂志社柯英总编等8位全国著名的少年儿童教育专家为全市200多位少先队辅导员授课，及时宣传贯彻《若干意见》。

〔外来务工子弟学校少先队文化建设活动〕 针对近年来宁波市外来务工子弟越来越多的情况，青少年宫针对性地开展了宁波市外来务工子弟学校少先队文化建设活动。

1.用讲座、现场指导、图片巡回、观看电影以及发放宣传资料的形式，开展了以认识生命、热爱生活和生命健康3大内容的"关爱生命、健康成长"的"安康"教育活动。

2.开展以"扩大交往，丰富生活"为目的的教育文化活动，举办了专为外来务工子弟开设的"我健康、我快乐、我成长"暑假乐园活动，免费参加游艺活动、观看电影、做科技实验以及夏令营活动；举办了"天文科普车"和外教进民工子弟学校活动、全市首次外来务工子弟学校风筝比赛、元旦文艺演出和中华少年小甲A足球比赛。在市第四届少儿服饰文化节中，邀请外来务工子弟学校时装模特队与城市小伙伴同台演出。

3.建立长效机制。青少年宫建立了外来务工子弟学校校长联谊会，成立了首个外来务工子弟艺术特色培训班，并为外来务工子弟教师开办了小足球活动、风筝制作以及电子琴弹奏培训班，外来务工子弟学校少先队辅导员联谊会正在筹建之中。青少年宫向外来务工子弟服务的活动得到社会的关注，中央电视台《焦点访谈》栏目8月20日进行了报导。

〔青少年教育活动〕 2004年，青少年宫举办了"宁波市第九届少儿风筝赛"、"第二届北岸琴森杯少儿钢琴、小提琴大赛"、"肯德基健康流动课堂"和"强生欢乐健康课堂"等活动，举办面向青少年的各类器乐、声乐等考级活动。在宁波市第十个爱国主义教育周活动中，青少年宫承担了开幕式和"血染的丰碑"展览任务，承办了"宁波市纪念'五四'运动85周年晚会"，承办了"第二届中国软件行业杰出青年颁奖晚会"、"2004年华东地区校外教育年会"和"宁波市第七届少先队辅导员技能技巧比赛"。

〔宁波市第四届少儿服饰文化节〕 2004年，青少年宫开展的"宁波市第四届少儿服饰文化节"采用了以服饰表演为主题，结合文艺节目，成为宁波市第8届国际服装节和首届中国（宁波）青年服饰时尚周中的一个亮点。为了突出"手拉手共同成长"的主题，青少年宫邀请了贵州省26位苗族、侗族、彝族、布依族、土家族和仡佬族小朋友、天津华夏未来少儿艺术团、市外来务工子弟及在华的13个国家的外国小朋友共同上台表演。通过"手拉手"为主线形成5大活动亮点：辅导员与少先队员手拉手、城乡小伙伴手拉手、东西部小伙伴手拉手、双城小伙伴手拉手、中外小伙伴手拉手。同时，在"我们与环保手拉手"的主题下，展示了孩子们自己精心设计、用废旧物品制作的DIY环保服饰系列。《中国青年报》以及中央电视台综艺频道、新浪网等15家媒体作了大幅报道。

〔教育培训活动〕 在年培训达2万人次的繁重工作下，青少年宫把工作重心向富有校外教育特质的科目倾斜，2004年特别加强了模型制作、机器人制作、工艺美术和创意动手等动手、动脑的科目，加强了小记者、少先队队长学校等社会实际性强的科目，还加强了跆拳道、乒乓球、武术等体育项目的教学；与宁波大学合作成立了教科研基地；承担了宁波市基础教育研究课题《提高学生素质开发"特色化"校外素质教育课程的探索与实践》课题任务。 （郑明芳）

宁波市镇海区青少年宫

〔基本情况〕 浙江省宁波市镇海区青少年宫始建于1984年，1987年迁址新宫吴穗梅大楼。占地3000平方米，建筑面积2000平方米，在编教师7名，有中国书法家协会、音乐家协会及省美术家协会、舞蹈家协会会员4名。

20年来，青少年宫历经了创业、探索、发展之路，坚持育人为本，社会、人才、经济效益并举为主导，不断推进少年宫的教育、活动和服务功能，日益得到了社会的认同，打响了自己的品牌，先后获得了一类青少年宫，省、市校外教育先进荣誉称号。

〔教育活动〕 青少年宫常年设有书法、美术、音舞、器乐、体育、文学等6大类28个项目培训班，年培训1万人次以上，并向全国各类艺术院校输送学员数十名，每年保持200余人次在全国、省、市各类竞赛中获奖；各类艺术考级合格率在95%以上。近年来，还开设了成人计算机、汽车驾驶等一系列为青年成长、成才服务的培训项目。

绍兴市青少年活动中心

〔基本情况〕　绍兴市少年宫创办于1955年6月1日，2002年更名为绍兴市青少年活动中心。2003年新建的青少年活动中心占地13.3万平方米，建筑面积2万平方米，建有科技楼、幼儿园等，设有多功能厅、健身房、拓展训练场地、网球场、篮球场、健身设施等，有适合少儿阅读的书籍5万册、电脑80台、电子琴24架、钢琴20架和各类教育用具。1990年被评为浙江省一级少年宫；1999年被评为浙江省青少年文化教育工作先进集体；2004年被评为全国先进青少年宫。

〔场所建设〕　2004年，中心先后投资80多万元，建造网球、篮球场，购置体育健身设施，使体育俱乐部成为一个设施先进的集培训、健身、娱乐、竞赛多种功能于一体的大众化体育运动场所；在学工基地投入资金，组织老师开发新产品，邀请专家编写教材，使小学生学工基地形成一个劳技综合实践的系列活动，为第二轮学生参加实践活动提供了良好的保障。

〔群众文化活动〕　2004年，中心凭借场地和师资优势，开展丰富多彩的活动。一年来，参加学工类社会实践的学员达2万人以上，参与各类主题活动和春秋游、夏令营、文艺演出等活动的人数逾20万，充分发挥了公益性校外教育机构的特有功能。

举办了“六一”大型游园活动，仅两天时间，参与人数达2万人之多；与台湾和平小天使代表团联合举行“两岸小龙人手拉手营火晚会”，组织了“拥抱海洋”和“亲近自然”夏令营，接待了团省委“红色之旅”以及来自市区、上虞、新昌、余姚、象山、杭州、义乌、平湖、玉环等10多个地区的20多个活动团队。

中心推出了10期“激情团队”拓展活动，为广大青年团员提供了生动活泼的拓展训练；与文理学院联合，成立了大学生社会实践基地。

〔学生社团活动〕　1．室内乐团迅速成长。绍兴市学生室内乐团从4月筹备，短短8个月时间里连创佳绩，特别是在暑期的“雁荡山国际音乐夏令营”中，一举夺得了弦乐比赛2个二等奖和1个“蓓蕾奖”。

2．与绍兴电视台合作推出了活动中心专题“跳跳猴”少儿系列节目。此节目全年共播出了52期，从培训、活动、团队、师资、阵地等不同角度对青少年活动中心进行了全方位宣传，已成为一档深受小朋友喜爱的节目。

〔社会合作〕　自2003年青少年活动中心体育俱乐部成立以来，一直致力于探索社会化运作之路，2004年，广泛开展轮滑、网球、跆拳道、武术、篮球等项目，形成活动、培训、比赛一体化格局，收到良好的效果。暑假以来，体育类培训人数大增，跆拳道等项目供不应求；双休日运动场地利用率大大提高，网球、轮滑场地常常客满；俱乐部承办的“肯德基杯”三人制篮球挑战赛十分红火，健美操培训班学员参加“金东杯”2004年浙江省健美操比赛，首次参赛便获佳绩，荣获团体第六名。

〔社区活动〕　中心心理室深入社区，开展心理健康教育图片展，深受社会好评。2004年心理阳光室和市教育局团工委联合举办的“了解心理健康，关心心理卫生”图片展，在绍兴市区有关社区、公共场所展出10多次，观展人数在2万以上；心理阳光室的咨询员为社区少先队及社区家长学校组织心理健康讲座8场次，听众达2200余人次，深受好评。（陈吉良）

上虞市青少年宫

〔基本情况〕　浙江省上虞市青少年宫建立于1984年，2004年场地新建(在建)，现位于上虞市市民人道，占地7亩，建筑面积2708平方米。2004年被评为浙江省校外教育先进集体。

〔场馆建设情况〕　新青少年宫建设在2003年底正式立项，2004年初动工，占地30亩，投资5000万元。内设金近儿童文学院，竺可桢少年儿童科学院，谢晋少年儿童艺术中心，现土建工程已结项，2005年底投入使用。新宫建筑面积1.1万平方米，新宫落成后，将成为上虞市广大青少年素质提高的学园，活动休闲的乐园，体验交流的公园。

〔科普活动〕　科普活动是青少年宫的重要组成部分，2004年举办了“我爱祖国海疆”上虞市青少年航空航天航海模型、建筑模型锦标赛、模型制作锦标赛，参加人数达800余人，成为市主要的科普项目活动；组织了近900人参加省体育局举办的省航海模型网络化竞赛，有130人获奖。

〔特色活动〕　承办上虞市十大杰出青年颁奖典礼暨“五四”青年大型文艺晚会；举办“多元杯”上虞市青少年墙体绘画比赛，吸引150多名美术爱好者参加；2004“上虞国大杯”上虞市首届青少年钢琴比赛，85名青少年钢琴爱好者参加，22名选手获奖。

青少年宫近几年来力推了“北京·北戴河‘激情之旅”夏令营、“海洋环保”舟山夏令营两个活动，跨7～8月两个月时间在社会上造成积极反响。

利用节假日集中开展思想道德主题宣传教育活动，是青少年宫工作的重点。活动主要有：“六一”大型游园活动、“六一”铭香杯上虞市少儿围棋比赛、第十七届“迎元旦”中小学生跳绳踢毽比赛暨第二届幼儿跳绳比赛等。

〔**兴趣小组活动**〕　2004年，青少年宫共开设电子琴、钢琴、海模、空模、舞蹈、声乐、书法、硬笔书法、国画、英语、奥数、绘画等专业13个，兴趣小组25个，学员总数5385人。

2004年参加、承办各类教育、竞赛活动统计

项　目	活动名称	活动时间	市级赛人数	省级赛人数	全国赛人数	获奖人数
体育活动	青少年跳绳踢毽比赛	12月				
	少儿围棋比赛	5月				
文艺活动	市“多元杯”墙体画比赛	10月	150			35
	市首届钢琴比赛	12月	88			22
科普活动	市青少年航空航天航海模型制作赛	5月～11月	800		1.7	1.20
其他	“六一”游园活动、围棋比赛	6月				
	夏令营、冬令营	7、8、1月				

衢州市常山县青少年活动中心

〔**基本情况**〕　常山县青少年活动中心位于常山县大桥南路，创建于1991年，于2000年2月重新开放，占地面积5亩，总建筑面积2330平方米。分综合培训活动楼、艺术幼儿园、室外娱乐场3个部分组成。

〔**场所建设**〕　综合培训活动楼总建筑面积1150平方米。分3大功能：第一为青年活动功能，设置歌舞厅、舞蹈体操训练厅等；第二为少年儿童活动功能，设置乒乓球厅、棋室、少儿活动展厅和演出厅等；第三为青少年培训教学功能，开设声乐、器乐、舞蹈、书画、体育、写作、美术、电脑、手工制作、少儿英语、少儿艺术团等10多个项目的培训班。艺术幼儿园总建筑面积为1180平方米。目前已有10个班，413名幼儿在园学习和生活。室外娱乐场占地面积1200平方米。由花坛、草地、操场、绿化带和大型娱乐项目等组成，是青少年室外娱乐、休闲场所、共青团、少先队组织活动场地。一年多来，共接待3.9万人次，是全县青少年活动的乐园。

金华市青少年宫

〔**场馆建设**〕　2004年，金华市青少年宫大力加强基地建设，在市区江北、市郊白龙桥开设培训分部，增添使用教室面积2000余平方米；完成了集中办公场所建设和办公室搬迁。新建立了青少年野外素质拓展基地；在民工子弟学校建立了爱心支教帮扶教育基地。

〔**学生社团建设**〕　大力加强社团建设，建立了以宫少儿艺术团为龙头的各类社团30余个，小虹卢书画社、青少年作家协会、棋类俱乐部、英语剧社等深受青少年的喜爱。学员获国际级奖项28个、国家级奖项55个、省级奖项101个、市级奖项107个。在全国艺术展演等各级各类比赛中获国家级奖项42个、省级奖项30个、市级奖项59个；积极参加市茶花节、春节晚会等重大活动；舞蹈《生命之绿》在全省庆“六一”晚会演出受到好评；10月2日在金华市区人民广场举办了“快乐阳光”少儿文艺专场。

〔**教育培训活动**〕　全年培训招生3.2万余人次，培训项目扩展到52个。“一校一品”学校艺术教育基地训练、演出工作受到学校、家长广泛好评。

〔**青少年教育活动**〕　一年来，青少年宫以文化广场为阵地，联合社会各界，推出了“可口可乐”婺州少年风采展示快乐大舞台系列活动、纪念“五四”青年节风采卡拉OK大家唱、三人篮球赛、“夏天的畅想”器乐展示、“逗逗秀”幼儿才艺展演、庆“六一”阳光节拍少儿集体舞、“世界环保日”诗情画意新金华、

“金华了不起”英语演讲、跆拳道展示等17个活动。同时还推出了“与税法同行，为纳税喝彩”青少年税法宣传、纳凉文化广场活动、古筝、二胡、“区域少儿围棋比赛”等10多个主题鲜明、内容丰富、寓教于乐的活动。据不完全统计，2004年全宫组织开展各类主题性青少年群文活动132个，其中大型活动12个，参与活动的青少年计30余万人次。

〔**积极开展未成年人道德实践活动**〕 认真以《若干意见》精神指导宫本课程改革，“展现风采周周有舞台、服务青少年朋友有特色”成为全市青少年活动的新亮点；服务民工子弟，推出了“四个一”活动：分别是帮助市区民工子弟学校组建一支社团、开好一门课程，每季组织一次活动和培养一批特长生。秋季还免费为该校赠送了50个培训名额。

〔**教育科研活动**〕 2004年，金华市青少年宫开发研究的课题《金华市少年儿童校外素质需求状况调研》和《开展快乐大舞台活动的实践与探索》，对金华市校外教育培训和活动作了较为系统的研究，已顺利结稿，取得了阶段性成果。有7篇论文在全国、省、市获奖。3篇文章在全国性刊物上刊登，《金华市少年儿童校外教育需求状况调研》获金华市共青团工作调研奖、浙江省共青团工作调研三等奖，《金华市青少年宫开展快乐大舞台活动的实践与探索》获金华市共青团工作实事奖，同时还被评为省级科普教育基地、荣获金华市共青团工作信息先进集体，应志良同志获浙江省共青团信息工作先进个人。

2004年参加、承办各类教育、竞赛活动统计

项目	活动名称	活动时间	区级赛人数	省市级赛人数	全国赛人数	获奖人数
体育活动	浙江省少儿棋类比赛	2004.7	/	15	/	12
	金华市第四届暑期少儿棋类比赛	2004.8	/	21	/	13
	浙江省青少年棋类比赛	2004.8	/	4	/	2
	浙江省青少年国标舞大赛	2004.8	/	20	/	15
文艺活动	全国小童星艺术人才展演	2004.3	/	/	3	3
	金华市第五届音乐舞蹈节	2004.11	/	12	/	9
	浙江省庆“六一”文艺晚会	2004.6	/	15	/	15
	金华市第二届文化艺术节	2004.10	/	1	/	1
	金华市“红烛颂”文艺汇演	2004.9	/	1	/	1
	金华市青少年古筝比赛	2004.8	/	2	/	2
	全国儿童艺术表演大赛	2004.4	/	/	1	1
	金华市首届二胡比赛	2004.7	/	3	/	3
	金华市第五届中小学器乐大赛	2004.12	/	2	/	2
	金华市“诚信”演讲比赛	2004.5	/	1	/	1
	浙江省青少年书法美术比赛	2004.6	/	36	/	26
	第二届国际少儿艺术大赛	2004.8	/	/	35	24
	“墨彩杯”第二届全国少年儿童书画作品电视大赛	2004.10～12	/	/	55	32
	金华市中小学生书画大赛	2004.9	/	20	/	15
	金华市第二届六一儿童书画赛	2004.6	/	5	/	3
	“群星杯”全国群星奖评选活动	2004.8	/	/	19	16
科普活动	第三届浙江省青少年电脑机器人大赛	2004.10	/	3	/	1
	2004年浙江省青少年车辆模型比赛	2004.10	/	10	/	7
	市“遵守网络公约、享受阳光生活”计算机技能比赛	2004.5	/	3	/	3
	金华市第十三届中小学生计算机竞赛	2004.10	/	8	/	5
生活实践活动	金华市区中小学生五项智能（技能）广场展示	2004.8	/	25	/	20
学科类竞赛活动	第五届世界华人小学生作文大赛	2004.6	/	/	40	12
	浙江省小学数学活动课竞赛	2004.5	/	38	/	14
	浙江省小学数学活动夏令营	2004.7	/	40	/	18
	金华市诗歌大赛	2004.9	/	19	/	10
	省剑桥少儿英语有奖知识竞赛	2004.5	/	65	/	39

（应志良）

金华市武义县青少年宫

〔基本情况〕　浙江省武义县青少年宫建于1997年9月，是县全额拨款的公益性青少年校外教育文化机构，占地面积8896平方米，建筑面积1660平方米，现有资产195万元，是县青少年校外教育主阵地，1999年获县级文明单位称号。

〔场所建设〕　青少年宫已建综合楼一幢，1460平方米，附属房一幢，200平方米，现有专业教室9个、舞蹈教室1个及办公用房。2005年将新建培训教学楼。

〔活动成果〕　2004年，青少年宫积极贯彻中央8号文件精神，在广大青少年中开展思想道德及文体娱乐活动，全年共举办大型活动4次，组织600多学生参加各级各类比赛活动，有100多人次获奖，全年共开没培训项目8个，培训学生2000多人次，取得了较好的社会、人才效益。

温州市少年宫

〔发展概况〕　2004年，温州市少年宫整体工作继续呈蓬勃发展的势头，年培训数高达2.3万人次，全年受教育人次超过20万，工作覆盖了温州市11个县市区，第7次获得全国先进，第8次获得省先进，被聘为全国校外教育培训研究中心副主任单位，是浙南地区最具品牌影响的校外教育阵地之一。

〔场所建设情况〕　少年宫场馆总面积5.8亩，资产总值849万元，建筑面积5482平方米，所在地区小学120所，中学25所，学生人数22万。2004年投入资金446万元。投入资金来源为财政补助收入62万元、事业收入384万元。

〔教育改革〕　2004年，温州市少年宫在实践的基础上提出了培训社团化、活动社会化、发展个性人、教育品牌化的“四化”工作目标。积极推进各类社团的工作，成立了“温州少儿书画社”、“温州少儿棋院”、“温州少儿文学社”、“温州少年宫民乐团”、“瓯越古筝艺术团”、“温州市少年宫舞蹈团”、“温州天宇航模俱乐”、“少年宫英语俱乐部”、“温州少年编辑部”、“温州少年邮局”等青少年社区组织，定期开展各类活动。一年一度“快乐的少年宫”大型社团艺术节，是10大社团整体水平的大检阅，产生了广泛的社会影响；“温州少儿棋院”多次代表市参加全国比赛，成绩斐然；“温州少儿书画社”的创作展示得到全国美协少儿艺委会领导的高度评价；“英语俱乐部”的工作得到教育部门的承认，经省自考委、省教育厅审批成为剑桥英语培训考试机构。“温州少儿文学社”社员作文选《拾豆集》已出版了第二辑，“温州少年编辑部”运用《温州少年报》阵地，担负起少年宫对外交流的重任。

〔品牌活动〕　长期的工作积累，少年宫打造了许多家喻户晓的品牌活动。春节欢乐大游园、暑期爱国爱乡夏令营和文艺活动月、快乐少年宫艺术节、市中小学生艺术节书画比赛、市聪明杯棋赛以及一系列少先队体验活动，形成20余个品牌活动，造就了少年宫的金字招牌。2004年，少年宫在市区推广了寓教于玩的流动课堂、传播安全知识、环保意识为主题的街头乘凉晚会，吸引了许多社区大人小孩；向全市少年征集年画活动则是通过新颖有效的方式向少年儿童灌输传统美德与社会公德；少年宫春节广场大游园超过2万人参与；奇奇欢乐流动课堂走进了全市四十几所小学；教师节手绘贺卡表心意有2万多中小学参加。少年宫连续第5次获得全国“双有”活动优秀组织奖。

〔兴趣小组活动〕　2004年，青少年宫共开设电子琴、吉他、钢琴、绘画、二胡、小制作、扬琴、模型、琵琶、乒乓球、古筝、围棋、笛子、武术、萨克斯、中国象棋、舞蹈、小记者、小提琴、英语、木偶、奥数、声乐、书法、硬笔书法、素描等专业，兴趣小组25个。学员总数2.06万人。

〔科研活动〕　2004年，青少年宫教师廖笑焱的论文《论校外美术教育中的儿童“玩”性》获全国优秀奖。青少年宫面向全市小学生出版《温州少年》报，每期发行5000份，2004年出版7期。　（吴　彰）

2004年参加、承办各类教育、竞赛活动统计

项目	活动名称	活动时间	获奖人数	活动名称	活动时间	获奖人数
体育活动	第三届全国青少年棋类比赛	2004.1	7	市少儿棋类比赛	2004.6	22

（续表）

项目	活动名称	活动时间	获奖人数	活动名称	活动时间	获奖人数
体育活动	市新春围棋邀请赛	2004.2	8	省围棋甲级赛	2004.7	2
	市聪明杯棋类比赛	2004.5	26	省少儿象棋比赛	2004.7	2
文艺活动	第二届硬笔书法比赛	2004.1	120	市少儿文艺大奖赛	2004.8	12
	市中小学生艺术节美术书法现场赛	2004.5	14	全国第二届少儿美术年度艺术展评	2004.8	20
	温州市首届青少年素描现场赛	2004.10	20			
科普活动	少儿心理咨询	2004.7		科技夏令营	2004.8	
	社区科普宣传活动	2004.8				
生活实践	英语夏令营	2004. 7		农家乐夏令营	2004.7～8	
学科竞赛	《全国中小生学获奖作文大全》	2004.11	3	市“园丁杯”现场作文赛	2004.8	1
	全国少儿英语表演赛	2004.7	1	中国小作家全国中小学生文学写作大赛	2004.9	1
其他活动	“团队合作”流动课堂	2004.4		教师节活动	2004.9	

丽水市青田县青少年活动中心

〔**基本情况**〕　青田县青少年活动中心（又称少年宫），坐落在青田县鹤城镇少年宫路，初建于1984年，占地面积1560平方米，建筑面积1600平方米，资产总值35万元。是全省建设较早的县级宫，邓颖超同志亲笔题写少年宫宫名。

〔**场馆建设情况**〕　2004年初，提前收回二楼场地，并运用自筹资金将场地装修成1个书法室、1个美术室、1个古筝室、2个钢琴室及2个储存室。将三楼的原钢琴室及古筝室改为棋室。经过整修，改变了少年宫原来的旧面貌，带给学员的是宽敞明亮的教室及舒适的学习环境。经过多方筹集，添置了课桌椅、空调、数码相机、电脑等设备，逐步改善了学习条件及办公条件。

〔**活动成果**〕　2004年，少年宫积极响应县委县政府号召，4月份协办“情系滩坑、服务移民”演讲比赛；7月，为丰富广大青少年暑期生活，创办了青少年暑期百项活动，少年宫举办了游园活动。全县中小学生3000余人次参加。8月，举办舟山海洋夏令营，培养青少年独立自主、吃苦耐劳的品质。（詹林杰）

丽水市遂昌县青少年宫

〔**基本情况**〕　浙江省遂昌县青少年宫位于遂昌县城妙高镇君子山脚下，筹建于1982年，1985年6月正式开宫，总用地面积2373平方米，建筑面积1719平方米，隶属共青团遂昌县委的全民事业单位。2004年荣获“浙江省校外教育先进单位”，宫主任朱学苏荣获“全国青少年宫优秀工作者”。

〔**教育培训活动**〕　青少年宫常年开设舞蹈、电子琴、书法、美术、手工制作、英语、写作、思维训练、电脑、棋类、球类等兴趣培训班，宫内设有多功能厅、演出厅、幼儿园、展览厅以及舞蹈、电子琴、美术、书法、电脑等教室，是遂昌县惟一的青少年校外教育阵地。

〔**活动成果**〕　2004年，青少年宫配合县委、县政府中心任务，开展了丰富多彩、有利于青少年成长的各项活动。承办了遂昌县第四届青年歌手大奖赛，参赛选手1000多人，观众达1万多人次；策划和承办了遂昌县政协成立二十周年和县文联换届选举的文艺晚会；举办了《未成年人思想道德教育》专题文艺演出，送文化下乡到乡镇，观众每场达上千人次；协助县委、县政府举办民间文化大集系列活动，历时20天，举办文艺演出8场，每场观众达上万人次；积极参加庆祝遂昌县个体劳动者协会成立20周年《光彩之夜》文艺晚会和凯恩集团庆祝股票上市文艺演出等。

奉化市滕头学生社会实践基地

〔**发展概况**〕　浙江省奉化市滕头学生社会实践基地位于浙江奉化滕头村，面积2平方公里，是奉化市教育局直接领导下的一个学生素质教育基地。创办于1998年11月，基地依托滕头村“全国生态500佳、全国环境教育基地、国家级农业示范区、AAAA级旅游景区”等教育资源，以培养学生创新精神和实践能力为重点，以提高学生综合素质为宗旨，开设了“爱国主义、科学普及、生态环保、国防教育、磨难拓展、劳动技能”等6大教育体系，并根据不同年龄层次学生的心理特征、兴趣爱好结合基地实际精心设计了100多项寓科学性、教育性、参与性和娱乐性于一体的实践项目。

〔**基础设施建设**〕　滕头学生社会实践基地基础设施齐全，有地质古生物展厅、奉化英烈展厅、军事国防展馆、“二弹一星”功臣事迹展馆、宁波籍院士风采展厅、科普展厅、农具博物馆、书画馆、明清奉帮石窗馆、村史陈列室等10多个展馆，建有植物组织培养中心、种子种苗繁育基地、花卉苗育基地、全国第一条柑橘观赏林、千米绿色长廊、果植园、盆景园等；占地4万多平方米的磨难野营基地，有百米障碍赛、勇攀高峰、勇敢者之路、模拟航空、智走绿色迷宫等，开设了野炊烧烤、帐篷住宿、篝火晚会等内容。基地可同时容纳500多人住宿，1000多人就餐。2004年，又新建一幢同时能容纳600多学生住宿的宿舍楼，改建教学楼、多功能阶梯教室、室内体育场等，配备了多媒体、投影仪等教学设备，使基地设施更加完善，为学生开展社会实践创造了更好的条件。

〔**开展丰富多彩的实践活动**〕　2004年，基地以10多个展馆为依托，组织学生参观中国科学院南京地质古生物研究所支持共同建造的地质古生物展厅，参观“两弹一星”功勋展、宁波籍院士风采展、科普展厅。让学生在南京紫金山天文研制中心设计制造的天文台上观望银河天系，探索宇宙奥秘；参观农具博物馆、国防军事展厅。2004年还增设了许多可供学生动手操作的科技作品，如锥体上滚、双曲夹槽、拱型桥等，让学生在动手操作中亲身体验感悟其中的科学原理。

〔**环保教育**〕　滕头是全球生态500佳、全国环境教育基地，基地组织学生参加各类环保活动：测量水质、空气、收集废电池、废碟片、垃圾归类；保护珍稀动物，放大海龟回东海，成立护绿队，向全国少先队发出“人人争做绿色小卫士”倡议书等，培养青少年热爱生活、崇尚科学、保护自然的高尚情操。

〔**科普教育**〕　组织学生参观高科技农业示范园，了解植物组培技术，参观在高科技下的产物奇花异果棚、蔬瓜果种子繁育基地，采果尝鲜。在快乐农庄里学习各种农活，让青少年广泛接触社会，亲近大自然，感受科学技术在农业生产中结出的累累硕果。

〔**磨难拓展训练**〕　基地根据学生年龄特征、兴趣爱好，把国防教育渗透在各项丰富多彩融思想性、知识性、趣味性、参与性于一体的活动之中，如“飞跃沼泽、飞夺泸定桥、过草地、爬雪山、两军胜利会师”的模拟长征路。“过梅花桩、下壕沟、钻矮墙、翻高墙、过独木桥、钻电网”的百米障碍赛，还有勇敢者之路、勇攀高峰、网上探险、智走绿色迷宫、彩弹模拟战、请军事教官进行三防战地救护等知识讲解、演习，晚上住宿帐篷进行站岗放哨、偷袭军营、紧急集合、围歼特务等军事游戏，在融融的篝火旁进行军事知识竞赛、联欢晚会等，还组织学生进行按地图寻找营地、围猎、战地野炊等活动，培养青少年勇于探索，崇尚科学，不断进取的时代精神。

〔**社会效益瞩目**〕　基地成立6年来，已接待了来自欧美、日本、香港、澳门等国内外师生100多万人次，得到社会各界人士和师生的一致好评。2000年10月，承办了省少先队“新世纪我能行”争章技能展示活动；2001年承办全国“手拉手地球村”培训班、全国“知心家庭辅导员”培训班；2003年被国家教育部评为“全国中小学生德育工作先进集体”；2004年，又被评为“全国科普教育先进集体”、浙江省校外教育、国防教育、科普教育先进集体。　（蒋宝军　顾燕萍）

安徽省校外教育

综　述

〔**安徽省制订未成年人思想道德建设的实施意见**〕　2004年9月28日，安徽省委、省政府下发了《关于贯彻＜中共中央国务院关于进一步加强和改进未成年年人思想道德建设的若干意见＞的实施意见》。文件强调要充分认识加强和改进未成年人思想道德建设的重要性、紧迫性，要求各级党委、政府积极采取有效措施，狠抓薄弱环节，着力解决影响未成年人健康成长的突出问题，努力开创未成年人思想建设工作的新局面。

文件规定了全省加强和改进未成年人思想道德建设的总体要求和主要任务，在推进中小学思想道德教育、德育课程改革、日常行为规范教育、教师职业道德建设、共青团和少先队组织建设、社会教育、家庭教育等7个方面作了具体要求。

〔**安徽省教育厅制订未成年人思想道德建设实施意见**〕　2004年12月，安徽省教育厅下发了《安徽省教育厅关于学习贯彻<中共中央国务院关于进一步加强和改进未成年人思想道德建设的若干意见>的实施意见》。

《意见》提出，青少年学生德育工作为一把手工程，由中小学校长对学校德育工作负总责。今后校长的任用、教师的晋级、先进人物的评定，都要把重视和做好德育工作并抓出成效作为重要依据。各级教育行政部门要为学校德育活动提供条件保障，在人力、物力、财力上对学校德育工作予以支持。自2005年起，省教育厅设德育专项经费每年100万元，用于全省开展德育活动。

重视青少年校外活动场所和社会实践基地建设，充分利用国家彩票公益金专项的契机，力争在3～5年内，全省每个县、市都建有青少年校外活动场所，全省每个市都建有学生社会实践基地。

〔**安徽省未成年人保护委员会下发关于进一步加强未成年人保护工作的通知**〕　2004年10月，安徽省未成年人保护委员会下发了《关于进一步加强未成年人保护工作的意见》。文件就进一步加强全省未成年人保护工作提出具体意见和措施。

文件要求，各市、县（市、区）要建立健全未成年人保护组织，确定专人负责未成年人保护的日常工作；乡镇、街道办事处都要有人负责未成年人保护工作。切实保障未成年人保护工作的正常经费，并列入财政预算，实行专款专用，同时随着财政收入的增加而逐步增加。各级未成年人保护组织要结合实际，认真研究探索建立未成年人保护工作的机制，推进全省未成年人保护工作逐步走上制度化、科学化、规范化的轨道。

要强化未成年人活动场所建设、使用和管理，充分发挥现有的青少年宫、儿童活动中心等未成年人活动场所的作用，坚持面向未成年人、服务未成年人的宗旨，把社会效益放在首位，积极开展教育、科技、文化、艺术、体育等未成年人喜闻乐见的活动。同时，把未成年人活动场所建设纳入当地国民经济和社会事业发展总体规划，在大城市逐步建立布局合理、规模适当、功能配套的市、区、社区未成年人活动场所。中小城市要因地制宜重点建好1～2个未成年人活动场所。对已建的未成年人活动场所进行认真清理整顿，被挤占、挪用、租借的要限期退还，名不符实的要限期整改。图书馆、文化馆（站）、体育场（馆）、科技馆、影剧院等场所，也要发挥积极作用，主动为未成年人开展活动创造条件。

〔安徽省青少年科技创新大赛〕　3 月 26～28 日，在合肥市科技馆隆重举行了“2004 年安徽省青少年科技创新大赛”。在大赛中，很多参赛项目不仅新颖奇特、极富想像力和创造力，而且具有较高的应用价值、科研价值，有的已经申请了国家专利，一些参赛项目涉及高技术领域，有的项目对于环境保护等社会问题提出了有深度的解决方案。

〔安徽省组团参加“第三届亚太经合组织青少年科学节”〕　为参加由国家科技部、国家教育部、中国科协、共青团中央和北京市人民政府联合主办的“第三届亚太经合组织青少年科学节”（简称“APEC 青年科学节”），根据安徽省政府领导的意见，安徽省由省科协负责牵头组团。在安徽省科技厅对外科技交流中心、教育厅基教处、安徽省青少年科技活动中心密切协作下，全省产生了 17 名代表，经费筹措到位，展板、论文的准备工作以及英语口语强化训练进展顺利，2004 年 8 月，安徽省代表团进京参加了“APEC 青年科学节”。

校外教育单位

合肥市瑶海青少年活动中心

〔基本情况〕　合肥市瑶海青少年活动中心是安徽省首家由教育部主办的区级校外教育机构，成立于 1995 年。10 年里，合肥市有几十万青少年儿童走进活动中心参加各类培训和体验教育活动；中心已经成为合肥市一所集辅导培训、策划组织、联络协调青少年儿童的规模较大、较有影响力的校外教育基地。

〔教育实践活动〕　活动中心充分利用社区和校园各类文化资源，开展形式多样、喜闻乐见的教育实践活动。向学生开放文体活动场所，为他们提供课外活动和体能锻炼的空间；利用双休日及寒、暑假向青少儿开设计算机教育课程，指导学生安全上网；建设“电影教育院线”，选取各类影视、戏剧作品组织学生观看，引导学生远离色情、远离暴力；为了加强青少儿的社会实践活动，中心建成了一批体验教育基地和示范性的中小学活动场所。全年共组织各类参观、访问、写生、采风、汇演等近百次。

〔群众文化活动〕　2004 年，活动中心组织了“优秀少儿话剧展演月”活动，为数万名中小学生送上 100 多场次寓教于乐的优秀少儿话剧剧目；组织了近年来全区规模最大、由几十所中小学共同参加的大型活动——“瑶海少年看瑶海”；举办了 2 场以“诚信为本”和“社区文化建设”为主题的大型现场书画活动。

〔学生社团活动〕　2004 年，成立“金玉兰”少儿艺术团，中心自编舞蹈《打春》、《欢鼓咚咚》参加了省电视台迎春晚会的录制；原创舞蹈《花裙子飘起来》获合肥市文艺调演惟一金奖，并代表安徽省赴京在北京展览馆演出，各大媒体亲切地称呼为“小徽班”。

〔教育培训活动〕　中心现有培训专业 42 个，包含文化、科技、体育、艺术 4 大门类。同时组织剑桥英语专业学员与外籍教师在野外开展了以“寻找春天”为主题的互动交流活动；在“万圣节”举办了内容为“happy halloween”的英语公开课暨原声电影欣赏活动；举办了书法、国画、素描、舞蹈、英语等专业的大型专题欣赏课活动；组织几百名小记者专业学员赴三河、庐江开展采风活动。

对于一直在中心学习现已升入初、高中的专业学员，中心并没有因为他们的人数少、办学成本高而放弃，而是加大扶植力度，高薪聘请水平较高的专家型教师，对他们进行专业指导。开设“高考美术辅导班”、“高级国画强化班”、“芭蕾高级班”等，其中芭蕾高级班的学员已取得全国舞蹈等级考试七、八级证书，目前为省内业余舞蹈等级考试的最高级别。

（黄　洁　唐新平）

马鞍山市青少年宫

〔基本情况〕　安徽省马鞍山市青少年宫位于马鞍山市花雨路，东邻花雨广场，北依南湖公园，与市图书馆隔湖相望，四周环境优雅，文化氛围较浓。

1997年，市青少年宫被团中央列入“全国百家优秀宫”之一，1998年被团中央授予“全国‘千宫百万’青少年现代知识技能培训竞赛先进集体”称号。先后被团中央等单位命名为“青少年计算机培训基地”、“青少年外语培训基地”、“马鞍山市青少年武术后备人才培训基地”、“青工再就业培训基地”和“马鞍山市小公民道德建设实践基地”等，并先后建成“《中国少年报》社马鞍山学生记者站”、“《少年博览》杂志社马鞍山学生记者站”等。2004年被团中央、文化部联合授予“全国先进青少年宫”称号，并多次获省、市有关部门表彰。

〔**场所建设**〕　马鞍山市青少年宫于1984年4月筹建，1984年10月建成并举办落成仪式。1985年青少年宫开始申报新宫建设，1986年获批准并在市计委立项，经省政府批准同意征地33.168亩（计2.21万平方米），划拨给青少年宫建设使用，青少年宫占地形状上采取“风帆”型的设计构思，手法独特，寓意深远。成为1987年马鞍山市政府为民办十件实事之一。1990年10月，市青少年宫新宫一期工程（建筑面积近3750平方米）建成并投入使用。

经过历年自筹资金进行改扩建，青少年宫现有青少年校外活动用房24间，150平方米环形展览厅1座，130坐席的小剧场1座，56坐席的多媒体教室1间，会议、办公等用房9间，现总建筑面积近5000平方米，其总体改扩建工程正在筹建中。

〔**群众文化活动**〕　青少年宫作为校外教育主阵地，先后举办和承办全市文艺、科技、体育、国防教育等各类大型活动73场次，直接参与59万人次。组织开展或承办影响较大的活动有：每年的“六一”专题系列活动、1989～1991年青少年宫少儿艺术团深入企业、农村慰问演出活动、1990年4月“难忘的日子”集体婚礼活动、1990年8月安徽省“献给祖国的歌声”童声合唱节活动、1991年4～10月“全市少儿文艺系列大奖赛”活动、1994年“建宫十周年宫庆系列活动”、1996年“恐龙、蝴蝶科普展览”活动、1998～2001年市“小荧星艺术团”专场演出、2001年“我当一天兵”国防教育系列活动、2004年“建宫二十周年宫庆系列活动”、各年度青少年声乐、器乐、舞蹈、写作、美术、书法等市级比赛活动、各级少先队辅导员培训、各类夏令营等。此外，还与市科委、市教委、市文化局、市少工委、市关工委、市老龄委等单位有关部门联合举办活动多场次，每年还多次参与各有关单位组织的文化、体育、科技等活动。

2004年，马鞍山市青少年宫举办了宫庆二十周年系列活动“我与青少年宫的故事”征文比赛、“我爱家乡美”少儿书画比赛、少儿器乐才艺展示大赛、“翼腾杯”智力七巧板科普系列活动、庆“六一”系列活动和宫庆二十周年大型文艺汇演等活动，参加了团市委等单位主办的“三下乡”、“进社区”等活动。

〔**教育培训活动**〕　截止到2004年10月，市青少年宫培训青少年6.8万人次，学员共获省级以上各类比赛各项奖励者5213人次，向各专业院校输送人才114人，培训下岗青工722人，取得了良好的社会效益。

〔**学生社团活动**〕　1989年成立青少年宫少儿艺术团，1997年由团市委与市电视台共同组建成立马鞍山市小荧星艺术团。艺术团每年深入企业、农村举办专场慰问演出活动，先后在华冶会堂、市体育馆等地举办多场专题演出；并先后组织赴青岛市、上海静安区等地少年宫演出交流；多次参与省、市重大活动的演出和文艺调演并多次获奖。艺术团专场演出曾多次在中央电视台和省、市电视台播放。

（王方斌）

福建省校外教育

综　述

〔**福建省未成年人思想道德建设确定5条贯彻落实意见**〕　2004年5月13～14日，福建省分别组织省级干部和省文明委成员认真学习领会全国加强和改进未成年人思想道德建设工作会议精神。6月14日下午，又召开省委常委会，深入学习全国会议精神，研究了5条贯彻落实意见：1.下发《关于贯彻<中共中央国务院关于进一步加强和改进未成年人思想道德建设的若干意见>的实施意见》和《目标任务分工》，部署全省当前及今后一个时期的工作。2.抓几件群众反映强烈、社会影响大的好事实事，为未成年人办实事，并予以大力宣传。3.加强组织机构建设，成立“福建省未成年人思想道德建设办公室”。4.设立未成年人思想道德建设专项资金，增加未成年人思想道德建设的投入。5.抓好检查落实。

〔**共青团福建省委、少工委部署未成年人道德建设工作**〕　2004年3月27日召开的省青少年宫协会第六次会员代表大会暨省少年儿童校外教育研究会教改观摩会，对全面推进全省青少年校外教育阵地建设和理论研究的发展，为未成年人思想道德建设作出了具体部署。会议要求各级团委、少工委组织要紧扣服务大局、服务社会、服务青少年的宗旨，要紧紧围绕党的中心任务，始终坚持培育“四有”新人的目标，坚持与社会主义市场经济相适应的原则，积极探索校外教育的新理论、新方法、新途径、新阵地，进一步延伸校外教育工作手臂；要始终坚持贴近实际、贴近生活、贴近青少年，从他们的学习、生活、工作实际出发，因地制宜地开展各种富有趣味性的课外文化体育活动、怡情益智的课外兴趣小组活动和力所能及的社会性活动，培养青少年的劳动观念和创新意识，丰富青少年的课外生活，促进青少年的全面发展。

〔**福建省妇联未成年人思想道德建设综述**〕　中央下发8号文件后，福建省妇联高度重视，迅速行动，主要抓了10项工作：

1.找准定位，切实担负起起指导和推进家庭教育工作的责任，面向家庭，深入农村，深入社区。

2.深入调研，着力研究新形势下家庭结构、功能、环境的变化给子女教育带来的新变化，研究单亲、特困、流动人口等特殊家庭的子女教育问题，积极探索开展家庭道德教育的新方法、新举措。

3.积极响应全国妇联的号召，率先启动了以“为国教子、以德育人”为主题的“争做合格父母，培养合格人才”的“双合格”家庭教育宣传实践活动。

4.突出思想道德教育主题活动。“六一”期间，举办了“快乐的小公民”电视直播文艺晚会、“道德诚信从娃娃培养起”大型少儿及家长签名等活动。

5.充分发挥并增强全省妇联系统儿童活动中心、托幼园(所)的育人功能，加强对儿童阵地的建设和管理。

6.各级妇联看望慰问了一批外来务工人员子女、贫困学生，发动社会力量资助“春蕾女童”，积极维护未成年人的合法权益。

7.深化家庭教育宣传实践活动，在全省开展“六个一”行动，即推出一批家庭道德教育丛书，培训一批家庭教育工作骨干，建设一批家庭教育讲师团，树立一批“以德育人”的好家长典型，表彰一批家庭教育工作先进集体，在建设一批家庭教育工作示范点的基础上，建立10个家教工作示范县。

8. 巩固发展阵地，健全工作网络，发挥全省现有2.53万所家长学校的示范、引导和辐射作用。

9. 发挥省维护妇女儿童合法权益联席会议的作用，积极参与《未成年人保护法》等有关保护儿童的各项法律法规的执法检查。

10. 紧密配合，形成政府支持、妇联牵头、部门配合、社会参与的社会化、开放式工作格局。

〔全国妇联部分省区儿童校外活动场所调研会在闽举行〕 为贯彻中央8号文件精神，落实李长春同志关于加强校外活动场所建设和管理的重要批示，为出台《进一步加强和改进未成年人校外活动场所建设和管理的若干意见》做准备，2004年11月22～23日，中国儿童中心教育长李新民、全国妇联儿童部李玉莲以及湖北、湖南、江西、安徽、广西省妇女儿童活动中心主任等一行8人到福建开展妇联所属儿童校外活动场所的专题调研。

座谈会上，福建省妇女儿童活动中心主任贺建波以及湖北、湖南、江西、安徽、广西省妇女儿童活动中心的主任分别介绍了本省妇女儿童活动中心建设、管理的情况，并针对中心建设资金投入不足，自收自支性质影响功能发挥，人才资源缺乏，没有明确的定性定位等问题，建议全国妇联呼吁政府对校外教育阵地进行统筹规划，将妇女儿童活动中心的性质由自收自支事业单位改为公益型事业单位，制定有利于儿童活动中心发展的财税政策；协调教育部门将妇女儿童活动中心专职教师的职称评定纳入教育系统评定范围，为中心提高工作水平提供人才保证。

〔2004年福建省青少年科普教育工作主要成效〕 1. 坚持举办科技活动周，1995年至今已累计连续举办了10届。每年5月的第3周开展系列科普活动，带动了全省各地群众性、社会性日常科普活动的开展。据统计，2003年福建省共举办科普(技)讲座1.7万场，开展科普咨询活动17591场，发放各类科普(技)资料及读物1098万份。

2. 加速科普基地建设步伐。目前全省有各类科普基地185个，截至2003年底，全省各类科普基地展厅面积共计9.8万平方米，全年有167万人次参观。初步形成了校内外科普工作相互呼应的格局。

3. 组织院士入闽行，开展高层次科普活动。2001年，由省委组织部、省人大科教文卫委、省政协经科委、省人事厅、省科技厅、省教育厅、省科协等7个部门联合开展了“院士入闽行”大型高层次科技与人才活动。2004年福建省“院士专家入闽行”活动以“人才强省、建设海峡西岸经济区”为主题，参加活动的在闽和外地院士专家共18人。活动的形式包括科技报告、科普报告、院士进高校进厂矿，活动从10月一直持续到11月。4年来，共有院士71人次、知名专家31人次参加了“新世纪、兴科教”，“自然资源、环境保护、生命科学”，“建设科技合作通道，提高公众科学素养”等主题活动。“院士专家入闽行”成为全省常规性、高层次科普活动之一。

福建省的科普工作近年取得了一定的成绩，但与先进省市相比还有差距，主要表现在：由于科普经费的总量不足，作为省和地方各级科普工作联席会议组长单位科技行政部门没有掌握一定的专项经费，缺乏调控手段，科普规划难以全面落实。科普投入的不平衡。目前，从总量均看，全省各级财政安排的人均科普专项经费已达到省委、省政府要求的人均0.5元的目标，但沿海和山区市、县（区）间的差距较大。科普工作队伍难以稳定。科普社会化、产业化进程缓慢。科普创作还不适应于互联网发展的要求。

〔福建省举办“两岸科教创新论坛”活动〕 2004年11月27～29日，由福建省科技厅、福建省教育厅、中国自然辩证法研究会、中国科学学术与科技政策研究会及福州大学等单位共同主办的“两岸科教创新论坛”在福州大学举行。两岸科技、教育界的知名专家学者于光远、何祚庥、冯之浚以及来自台湾中央大学的单骥教授和台湾中山大学的汪明生教授等80多人参加了本次论坛。福建省政府、省政协、科技厅领导会见了部分专家学者。

论坛围绕着从科技创新到教育创新的主题，从经济、科技全球化对两岸科教创新的影响、科技创新到教育创新对区域经济发展的推动、两岸科技教育创新的现状与发展趋势、两岸协同推进科技教育创新的可能性和制约因素及其相关政策等诸多方面进行了高水平的学术研讨和交流。

〔福建省举办青少年科技教育培训班〕 2004年3月25～27日，福建省青少年科技教育协会在福州市举办青少年科技教育培训班。培训班邀请了中科院专家就中小学的创新教育、航天、国外农业、生物技术、环境保护等方面作了专题报告。来自福建省各级科协、教育部门的组织工作者和各学校的科技辅导员150多人参加了培训。

校外教育单位

福州科学艺术宫

〔**群众文化活动**〕 2004年，福州科学艺术宫组织承办了鼓楼区第十五届春芽杯舞蹈比赛暨2004中国国际舞蹈分级大赛福州赛区比赛；举办了鼓楼区第十届春芽杯少儿书画现场比赛，3500多名学生参赛；春芽合唱团和春芽电子爱乐乐团在融侨新天地举办了“欢乐的童年”——融侨家园迎“六一”音乐会。

组织参加第九届全国中小学生书法美术大赛，共有2700多人参加。11个单位获优秀集体奖，40名教师获指导奖，1000多名学生获一、二、三等奖，科艺宫获优秀组织单位奖。

与省武警边防总队、福清澳华语言学校联合举办“快乐雏鹰”夏令营，60多名学生参加。夏令营活动中有军事、科技、文艺、体育、美术、外语、园艺、瓜果晚会、电影晚会、和解放军叔叔联欢晚会活动。

举办2004年福州市鼓楼区中小学生合唱比赛，共有31所学校的合唱团参加比赛。

科艺宫书法美术初级班270名学员参加全国双龙杯少儿书画比赛。科艺宫在全国青少年校外活动示范基地评选活动中入选，并在人民日报上公示。

〔**艺术交流活动**〕 2004年，科艺宫精心组织了鼓楼科艺宫学员书法美术作品展，展出高质量书画作品500多幅，被评为建国以来全省少儿书画展之最。

5月16日，日本业余无线电爱好者山本胜带领日本雅乐演员到宫交流，在宫演播厅举办了联合演出，并现场与宫春芽艺术团、书法美术班、科技班和市部分业余无线电爱好者进行了交流。

5月29日，美术班学员为福州市儿童医院绘制大型儿童壁画；美术班100名学员在省会展中心参加市电视台举办少儿手工表演赛、在省会展中心参加市电视台举办少儿书画表演赛，获优异成绩。

组织参加“金桥教育杯”2004中国国际分级舞蹈大赛福州分赛区汇报演出。科艺宫节目“戏偶”获最佳表演奖和优秀剧目奖。

接待并组织安排两岸五地（厦门、金门、泉州、漳州、福州）“闽南风、海峡情”福州段青少年艺术交流演出及活动。两岸师生约200人欢聚一堂，在党委党校礼堂举办大型文艺晚会，1000多名观众到会观看。

（江道坦）

政和县青少年宫

〔**基本情况**〕 政和县青少年宫坐落于县城内繁华地段，于1987年10月1日建成。五层框架结构，占地面积3.41亩，建筑面积2870平方米，内设三棋室、图书阅览室、微机室、舞蹈室、美术室、书法室、音乐室等，1所幼儿园，综合活动楼1栋，建筑面积500平方米。是本县惟一的校外教育阵地。

〔**场馆建设**〕 青少年宫自建宫以来，由于资金严重短缺，仅于2002年投入2万余元资金，对主大门进行更新改造，完成教学修缮及教室的改造工作。2004年在活动楼3楼天台搭建一家室内旱冰场。

〔**科研活动情况**〕 青少年宫副主任黄声峰论文《论心理健康的标准》获2003年南平市优秀校外教育论文一等奖；邢桂花论文《论少儿舞蹈教学的发展方向》荣获三等奖。2003年8月，青少年宫正式发行内部刊物《政和校外教育》，每年出版两期，主要刊登本宫年度工作总结、计划及宫里举办的活动、培训情况。2004年1月13日，青少年宫参加了南平市青少年宫第十届暨校外教育研究会第二届年会，学习南平地区各县市青少年宫的办学经验。

〔**群文活动**〕 2004年，为纪念“五四”运动85周年，加强青年文化建设，青少年宫协助团县委举办了“五四”系列活动：

4月24～25日，在政和县体育馆举办大型羽毛球赛，政和县企事业单位、乡镇、学校共28个单位80多名选手积极参加了比赛。

4月30日，在县体育场举办政和县首届全县青少年趣味运动会，县企事业单位、乡镇、学校共27支代表队200多人参加了此次比赛。

〔**教育培训活动**〕 2004年，青少年宫在巩固原有的舞蹈、美术、电子琴、书法等项目的基础上，重点推出了剑桥英语、高考美术、初一、高一英语数学学前班及初中、高中英语数学辅导班，其中初中英语数学学前班尤为受欢迎。

2004年，青少年宫共开办了10个培训班：舞蹈、少儿美术、少儿书法、电子琴、高考美术、剑桥英语、初一英语数学、初二英语数学、高一英语数学、高二英语数学。

三明市青少年宫

〔**场馆建设**〕　2002年，青少年宫将原有1000平方米的经营性歌舞厅改造成多功能活动厅（融少儿剧场、会议演讲厅、舞蹈练功厅、展览厅为一体），该项目总投资80万，其中财政拨款20万，企业赞助30万，自筹30万，于2002年5月交付使用。2004年青少年宫终止租赁合同收回二楼活动场所800平方米，进行改造建成青少年素质拓展训练基地。项目投入资金50万元，其中财政拨款30万，自筹20万。

〔**群文活动**〕　2001年以来，结合三明市特点，青少年宫紧紧围绕“迈进新世纪、百歌颂中华”、“争做合格小公民”、“养成道德好习惯、争做合格小公民”、“小公民进社区、进家庭、进学校道德实践”为主题，积极开展各种小公民道德建设实践活动。组织开展了“新天地杯”电脑小报编辑制作竞赛、“党在我心中、百歌颂中华”歌咏比赛、“东西部少儿手拉手，百万图书献真情”、“我做合格小公民”童谣征集、创编传唱活动、“故事大王”演讲赛、“新世纪我能行”、“酷儿杯”少儿绘画大赛、“小公民道德建设图片展签字仪式”、“道德火花创作征集”、“体验自然、素质拓展夏令营”等10余项活动。还积极组织少年儿童参加全国各项竞赛活动，获全国奖169个。据统计，2001～2004年全市有3.8万人次参加了活动。

〔**未成年人的思想道德教育活动**〕　2003年以来，青少年宫在宫广场开辟“少儿文化广场”，利用周末、暑期、节假日，先后举办了“你乐、我乐、大家乐”、“走进社区、欢乐你、我、他”、“心系国防、爱我中华”、“迎国庆少儿文艺表演”、“东新一路片区文艺晚会”等10场次，还举办了“纪念毛泽东同志诞辰110周年书画作品展”、“纪念毛泽东同志诞辰110周年剪纸艺术作品展”、“迎国庆书画精品展”、“珍稀蝴蝶标本展”等，为少年儿童提供了一个施展才华的大舞台。

〔**学生社团活动**〕　青年摄影协会。举办多项活动，参加各类比赛，会员获全国级金奖4枚、银奖2枚、铜奖1枚，省级奖20多个。

少儿艺术团。组建于1985年。现拥有舞蹈、合唱、民乐、管弦、武术5个专业队，团员200名。2001年以来共获奖53个，成为三明市文艺舞台上一支重要的骨干力量。

〔**科研活动情况**〕　2002年6月，青少年宫编印《三明市青少年宫教育教学论文经验集》，编入19篇论文。2003年在福建省校外教育系统论文评选中，青少年宫教师陈欣论文获二等奖，李应雄、莫德武、黄丽真论文获三等奖。2004年，青少年宫面向县级宫征集论文，评出优秀论文20篇，编印了《三明市校外教育系统论文经验集》。

2004年，青少年宫美术教师辜承森编写的《辜承森书画艺术》一书由香港荣誉出版有限公司出版；计算机教师李应雄先后出版《电子演讲稿制作》、《新编小学生计算机竞赛教程》。三明市青少年宫编写的刊物《青少年活动简报》，不定期内部发行。

〔**阵地建设**〕　为进一步扩大教育活动的辐射面，2003年青少年宫加强对宫外点的领导，专门成立宫外培训组，与三元区教育局联合在三元区中小学设立培训点，并与周围的列东中学、六中、十中、十一中等联合办班。据统计，宫外点学员达1.2万人次。

〔**交流活动**〕　2004年5月，电脑机器人班学员2人赴澳门参加电脑机器人世界杯竞赛大中华区选拔赛；8月，青少年宫主任李应雄赴金门参加“闽南风·海峡情”少儿文化交流活动；8月，少儿艺术团舞蹈队、声乐队学员15人赴厦门参加与印尼文化交流访问团的文化交流活动；11月，电脑机器人班学员2人赴新加坡参加亚太区青少年电脑机器人奥林匹克竞赛，学员唐家骥获铜牌。

〔**兴趣小组活动**〕　2001年以来，青少年宫根据青少年的特点，先后举办了舞蹈、声乐、器乐、美术、计算机、航模、棋艺、武术、英语、写作、摄影等26个专业的培训班。目前，青少年宫每个学期都开办美术、书法、舞蹈、声乐、器乐、航模、计算机、棋艺、武术、英语、写作、业余电台、摄影等学科的专业培训100多个班次，学员人数2000多人。

建宫以来，青少年宫累计开办了3000个各类专业培训班，参加培训活动青少年达6.8万多人次，在省以上各类比赛中获奖近1000个，其中一、二等奖300多个，为高等院校输送了100余名学员。（黄丽真）

宁化县青少年宫

〔**基本情况**〕　宁化县青少年宫于1983年12月建成，全宫占地面积8664平方米，建筑面积3050平方米，教学活动用房16间。室内活动设施有：少儿娱乐城、棋艺室、哈哈镜室、图书室、乒乓球室、标本室。室外活动设施有：青少年旱冰场、飞机展台、少儿乐园。下设青少年科技辅导员协会、青少年书画协会、科艺幼儿园、艺术中心(文艺中心、美术中心)、青少年体育运动中心、科技电脑培训中心、青少年法制教育基地。青少年宫连续4年被全国“双有”活动组委会评为“先进集体”、连续10年被评为县“文明单位”，连续12年被评为三明市普教“先进集体”。

〔**群文活动**〕　2004年，青少年宫以“心中有祖国、心中有他人”主题教育为主线，开展了“关注我们，倾听我们的声音”电视演讲；举办首届“正泉盛杯”中小学生故事大王比赛；配合宁化县开展科技宣传周活动，举办“科技创造未来”征文演讲比赛；开展了“客家少儿书画展”系列活动。为纪念中国共产党成立83周年和中国工农红军长征70周年，开展了“宁化——清流手拉手，高举火炬跟党走”少先队系列教育活动。

开展以“我做合格小公民”为主题的暑期实践活动，连续12年承办县中心夏令营，举办了“小交警”、“小法官”、“小医生”等特色课程夏令营，同时还请有关专家进行知识讲座，参观革命纪念碑、纪念馆，进行营员队列训练，上街便民服务等活动。

青少年宫以传统的纪念日、节假日为契机，在“元旦”、“五一”、“六一”、“国庆”、“春节”、寒暑假等节日期间开展丰富多彩的大型游园及广场演出、文化下乡等系列活动。此外，利用纪念日组织开展了“学雷锋行动日”上街“便民服务”，承办了“为同一条河，献同一份爱”宁化县保护母亲河广场文艺晚会；开展了“保护母亲河，从小做起”演讲比赛和“我做环保小卫士”征文竞赛。

〔**兴趣小组活动**〕　2004年，青少年宫兴趣小组培训种类已达30余种，如钢琴、小提琴、电子琴、声乐、舞蹈、形体训练、素描、国画、乒乓球等。每期有近500名学生参加培训。除60～70%的学员进入青少年宫艺术中心的提高班外，有30%左右的学员分别在县级以上比赛中获奖，舞蹈、武术专业在市级比赛中获得了第一、二名好成绩。有20～30%的学员被输送到省级以上的专业团体和高等院校，其中有20名文艺专业的学员考上音乐院校，有60名美术专业学员考上高等院校。（伍泽光）

晋江市青少年宫

〔**加强未成年人思想道德工作**〕　2004年，青少年宫在设计和推出各项活动时充分考虑了各种社会资源和载体的整合，使一些常年举办的活动运作规范化、传统化，树立了良好的活动品牌，使各类活动的开展和各类社会资源产生了良性互动。由青少年宫承办的第六届晋江市少儿美术书法作品展、第二届晋江市“绿化杯”少儿棋类比赛、晋江市第三届“五羊本田杯”中小学生器乐比赛等都被列为晋江市青少年科技文化艺术节的活动项目；中小学生卡拉OK比赛、音乐考级等都成为青少年宫全年工作中的一个个亮点。暑假在“鹭岛之旅”夏令营圆满成功的基础上，增加了南天竺夏令营，为更多孩子提供了贴近自然、交流协作的机会。

〔**教育培训活动**〕　2004年，青少年宫全年共开设各类培训班320多个，参加培训的学员近6000人次，新增了奥林匹克数学班、希望数学班、跆拳道班及暑期初中数学、英语衔接班等科目。通过加强教学管理、教学服务、教学研讨等工作，健全和完善培训工作体系，强化了青少年宫的品牌影响。为展示培训工作成果，通过举办一系列活动来让更多学员参与，如：举行迎新春联欢会；定期举行器乐习奏会、学员作业展览；编辑出版《我心飞翔》青少年宫学员优秀作文选；选派学员参加各类比赛等。

〔**学生社团**〕　少儿艺术团参加文化下乡、慰问部队、社区活动、纪念活动等各种演出几十场次。赴香港参加“中港少儿聚香江”演出活动；赴罗山街道办事处参加“世界因女孩而精彩”计生、税法宣传演出活动；参加“一切为了人民——开展宪法宣传暨庆祝人民代表大会成立50周年、地方人大设立常委会25周年”大型文艺晚会演出；参加晋江市庆祝建国55

周年系列文化活动；参加泉州市庆祝建国55周年《祖国颂》文艺晚会；承办了晋江市第四届青少年科技文化艺术节闭幕式暨第三届“五羊本田杯”中小学生器乐独奏比赛颁奖晚会；少儿合唱团参加《同一首歌》走进晋江演出等。

〔**教育成果**〕　2004年，青少年宫在集体与个人方面取得的成绩与荣誉主要有：在福建省青少年宫协会第六次代表大会上当选省宫协第六届理事会常务理事；宫主任庄春霞同志被共青团中央、文化部授予“全国青少年宫优秀工作者”称号；庄春霞、侯冰瑜、蔡志扬3位同志被福建省音乐家协会吸收为会员；参加“新苗奖”全国儿童音乐大奖赛获得3金2银的好成绩；少儿舞蹈《女孩也要跳火群》参加中央电视台文艺部《舞蹈世界》栏目、“红舞鞋杯”2004年首届校园舞蹈比赛的决赛获表演二等奖，蔡彩虹教师获创作奖，青少年宫获单位组织奖；在第三届全国“四进社区”文艺展演活动节目评选工作和首批“全国文化先进社区”评选命名工作中，青少年宫舞蹈《蝴蝶，蝴蝶，你飞吧》代表福建省参加评选获铜奖。

2004年青少年宫主要活动统计

项目	时间
赴香港参加“中港少儿聚香江”演出活动	1月3日
艺术团“文化三下乡”慰问演出	1月13～15日
赴内坑镇祭扫烈士陵墓，与内坑怀斉小学、内坑中心小学的小学生开展“城乡少年手拉手”活动	4月10日
晋江市中小学生校园卡拉OK比赛	4月17～18日
第六届晋江市少儿美术书法作品展颁奖仪式百米长卷书画创作活动	5月12日、6月5日
第二届晋江市“绿化杯”少儿棋类比赛	6月26～27日
福建电视台《女性人生》栏目拍摄《舞之彩虹》专题片	7月1日
暑期培训班、艺术幼儿园暑期班开班	7月5日
南天竺夏令营开营	7月5日
参加“宪法宣传暨庆祝人民代表大会成立50周年、地方人大设立常委会25周年”大型文艺晚会演出	7月18日
选送5个节目赴京参加“新苗奖”全国儿童音乐大奖赛	7月18～23日
晋有线电视《晋江时讯》栏目摄制跆拳道专题节目	8月1日
“鹭岛之旅”夏令营	8月2～7日
少儿舞蹈《女孩也要跳火群》赴京参加 “红舞鞋杯”2004年首届校园舞蹈比赛决赛	8月8～11日
“高飞吧，雏鹰”——2004年暑期结业汇报演出	8月15日
参加纪念邓小平诞辰100周年暨福建省第四届少儿优秀获奖作品大型文艺晚会	8月28～29日
晋江市第三届“五羊本田杯”中小学生器乐独奏比赛	10月16～17日
晋江市第四届青少年科技文化艺术节闭幕式暨第三届“五羊本田杯”中小学生器乐独奏比赛颁奖晚会	10月23日
福建省第四届少年儿童音乐、舞蹈、服饰大赛暨全国第十三届群星奖福建选拔赛	
少儿合唱团参加中央电视台“《同一首歌》走进晋江”大型演出	12月22日
第三届全国“四进社区”文艺展演活动节目评选工作和首批“全国文化先进社区”评选活动	12月

（张清江）

厦门市青少年宫

〔**场所建设**〕　2004年初，青少年宫完成了新科体楼的验收并交付使用，完成了新科体楼小花园及停车场的建设和拓展攀岩墙的建设及基建工作。

〔**群众文化活动**〕　2004年，少年宫举办了第四届“闽南风、海峡情”少儿文化系列交流活动、厦门市第二届“酷儿杯”小学生英语口语大赛、厦门市首届“欢乐家庭”广场才艺秀、第九届“六一儿童城”系列游园活动、第二届“鹭岛之星”少儿朗诵大赛、第七届青少年科技文化艺术节、首届青少年亲子攀岩大赛、家长学校系列专题讲座等主导性活动。

2004年，共参与了50多项协作性活动，如参与市委宣传部、团市委、市妇联、市公安局、厦门电视台、思明区教育局等单位主办的纪念“五四”运动85周年“青春厦门”大型歌会、第四届全国校园春节联欢晚会、2003年度厦门市十大关注焦点文艺晚会等；配合厦门日报举行读者节游园活动，组织闽南童谣征集活动、闽南讲古场民俗活动、“走进西藏”风土人情讲座、市“波力海苔杯”春天的畅想征文比赛、市第二届科幻画现场比赛等；组织学员参加了第九届全国中小学生绘画书法比赛、第四届国际中小学生美术书法大赛、2004年全国中小学生优秀美术书法摄影作品大赛、2005年电子贺卡大赛等7项全国性、国际性大赛。

2004年，共举办了11项日常活动。举办书画、计算机、英语等专业的考级培训；国贸钢琴学校、器乐、声乐等教研组举行相关科目的汇报演出；开展了职工的在职培训，进行了“多元化智能理论”、“如何让青少年宫事业长盛不衰”、“厦门市课程改革专题讲座”等5大主题的专题讲座。

〔**特色活动**〕 1.“欢乐家庭”才艺秀广场活动。5月1～4日，由青少年宫承办的厦门市首届“欢乐家庭”才艺秀广场活动在白鹭洲和市青少年宫广场举行。活动分文艺赛、DIY服装秀、儿童现场绘画赛3部分组成。参与该项活动的家庭近300个，参与人数近2000人。《厦门日报》、《厦门晚报》、《海峡导报》、厦门电视台、福建省电视台、中央电视台《晚间新闻》等多家媒体做了报导。并被列入“中国厦门凤凰花旅游节”活动内容之一。

2.“闽南风、海峡情”活动。闽南童谣是最具闽南特色的民俗文化之一。为了传承这一宝贵的闽南文化遗产，7月17日～8月6日，由厦门市青少年宫发起，联合《海峡导报》、厦门、漳州、泉州青少年宫、金门县音协4地同时开展“童谣一曲两岸唱——闽南童谣征集活动”，共征得童谣120余首。活动历时半个月，《海峡导报》做了连续15天的跟踪报导。

〔**教育培训活动**〕 2004年，青少年宫共举办了文学、艺术、英语、科技、体育、素质拓展等44个科目的培训班，全年的培训人数为3.9万人次，比2003年多3111人次，增长8.77%。2004年全年培训班级数为1763个，比2003年的1595个增加168个。

〔**交流活动**〕 2004年2月19～23日，接待金门县金城国中管乐团63名师生来厦，与厦门市青少年宫管弦乐团交流，拉开了第四届“闽南风、海峡情”少儿文化交流活动的序幕。

8月21～25日，印尼棉兰江厦乐龄合唱团一行61人，访问厦门及闽南周边地区，开展闽南“寻根之旅”，与星鲨青年合唱团、青少年宫少儿舞蹈团、老教师艺术团、三明市青少年宫少儿艺术团等文艺团体联合举行了厦门——棉兰“星星索之夜”文艺晚会。

以许辉煌主任为团长的厦门市青少年宫教师考察团一行10人，于2004年12月1～10日赴印尼雅加达及棉兰地区考察访问。访问期间，访问团与当地青年文娱社团进行业务交流和联欢演出，并达成了相关交流互访及合作创办棉兰校外教育机构意向。

〔**学生社团活动**〕 2004年，青少年宫社团活动丰富多彩，有第四届“闽南风、海峡情”序幕活动——金厦青少年民乐音乐会、少女合唱团赴昆明参加第三届中国童声合唱节、少儿合唱团赴广东参加南海歌潮童声合唱节、组团参加福建省推新人大赛、全国青少年艺术英才推选大赛、全省国标电视锦标赛，以及与印尼苏北省江夏乐龄合唱团在厦进行“星星索之夜”演出等。

〔**教育成果**〕 2004年，青少年宫的教学多点开花，在各种类型的比赛中取得了多项荣誉。全年共有17件师生作品获得国家级金奖，20件获得国家级银奖，21件获得国家级铜奖；5件作品获得省级金奖，3件作品获得省级银奖，4件获得省级铜奖；市级奖项高达120项。此外，青少年宫还第3次获得了由团中央、文化部颁发的“全国先进青少年宫”、全国校外教育示范单位等集体荣誉。 （缪雪萍）

厦门市巾帼园

〔**基本情况**〕 巾帼园大厦坐落于秀丽的松柏小区筼筜湖畔，占地3117平方米，建筑面积8150平方米，拥有多媒体教室、标准琴房、舞蹈教室等功能齐全的儿童和成人培训教室31间，多功能会议厅、女子健身房、心理咨询室、儿童游乐园以及内设客房、餐厅、会议室和地下停车场，配置中央空调、进口电梯、消防联动、高级音响和大屏幕投影等，是厦门市独具特色、设施一流的综合性妇女儿童活动场所。

厦门市巾帼园是政府主导、妇联领导的大型综合性妇女儿童活动基地，曾获全国“儿童活动中心先进单位”、福建省“妇女创业与就业工作先进集体”和“巾帼文明岗”。

巾帼园下设儿童培训中心、妇女就业培训中心、少儿电视艺术团、巾帼家政服务中心、心理咨询室、女子健身中心、乒乓球室、多功能会议厅等设施。

〔**教育培训活动**〕 巾帼园儿童培训部坚持规范、科学、小班制和灵活教学的办学特色，拥有很好声誉。儿童培训中心常年开设声乐、舞蹈、器乐、英语、语文、数学、美术、书法、电脑、跆拳道、六年级强化班和初中补习班等30多科目，每年分春季、暑期、秋季3期招生，每期14次28节课。

〔**巾帼园艺术团**〕　2004年5月1～5日，巾帼园少儿电声乐队应MOMOCO公司的邀请，作为全国第一支年龄最小的少儿电声乐队到北京中国儿童中心、亚运村和燕莎商场进行了为期5天的巡演，受到社会各界的肯定和表扬。

2004年5月30日，巾帼园艺术团举办了庆“六一”文艺演出。演出了唱歌、跳舞、古筝、武术、童话剧等，整体体现了巾帼园较好的教学质量和管理水平，拉开巾帼园下一期培训报名的序幕。

“六一”期间，巾帼园艺术团舞蹈《小鱼钓猫》和《托起明天的太阳》参加了厦门市妇联为了表彰一批全市优秀“五小标兵”，在厦门电视台演播厅举行了颁奖晚会。

8月22日，巾帼园教育培训部组织30名美术培训学员参加了“双星杯”2004年全国儿童自绘文化衫比赛，学员作品《白鸽象征和平》获一等奖；《嗨!朋友》和《保护环境，人人有责》获二等奖；《琴岛·鼓浪屿》和《我爱北京2008》获三等奖。

〔**“博饼”活动**〕　2004年9月26日，在巾帼园新改建后的广场上举办了“迎中秋、庆国庆”暨暑期培训优秀学员博饼晚会。晚会上，艺术团学员们表演了精彩的文艺节目。巾帼园还特邀了厦门市福利院的老人和小朋友们前来观看并参加活动。演出结束后，福利院的老、少朋友与艺术团的小演员、巾帼园儿童培训班的学员，赏着明月，品尝着月饼，掷着骰子，玩起了好玩刺激的“博饼”活动。骰子声、喊状元声、笑声连成一片。这次活动获得来宾、领导、家长们的一致好评。

〔**幸福宝宝健康流动课堂**〕　2004年10月，巾帼园教育培训部承办了厦门地区的“幸福宝宝健康流动课堂”活动。活动融合少先队330课程内容，结合校外机构“请进来，走出去”的模式，采用孩子们易于接受的手偶表演、讲故事、趣味游戏、欢乐带动跳等形式，由活泼、可爱的卡通人物及亲切、可爱的健康姐姐带领孩子们在轻松愉快的氛围中开展活动。活动时间跨度约两个月，进校园50家，共有1万多名低幼儿童参与了此次活动。（周海梅）

厦门市集美区少年宫

〔**活动成果**〕　少年宫本着一切为了孩子的宗旨，在人力、物力允许的情况下，开展少年儿童喜闻乐见的活动，如乒乓球比赛、“六一”文艺汇演等；2004年8月，全国少儿民乐大赛福建赛区中，少年宫派出3名学生参赛，都获得铜奖。11月，少年宫参加福建省电脑机器人大赛，获得第4名。

2004年，少年宫参加了在厦门市举办的“百事可乐杯”中国美术馆藏儿童美术作品、PHE世界儿童美术精品大巡展，组织集美区部分中、小、幼学生50人参观画展，让学生了解我国和世界儿童的精美书画。

〔**传承嘉庚精神**〕　厦门市集美区嘉庚公园是国家4A级风景区，也是我国的爱国主义教育基地，每年都接待上百万的游客，给客人们都留下美好的记忆。每年都有数千学子接受嘉庚精神——“诚毅”的教育。少年宫每年都要组织学生参观陈嘉庚故居及嘉庚公园，让学生充分体会到“诚毅”两字在心中的分量。

〔**兴趣小组活动**〕　在兴趣小组培训方面，少年宫主要开展民族乐器教学和活动，2004年，少年宫共开设电子琴、二胡、扬琴、琵琶、古筝、笛子、舞蹈、书法、绘画、计算机、跆拳道、乒乓球、武术、中国象棋、小记者、英语、奥数、大提琴等专业18个，兴趣小组40个，学员总数1442人。（林茂荣）

2004年参加、承办各类教育、竞赛活动统计

项　目	活动名称	活动时间	区级赛人数	市级赛人数	全国赛人数	获奖人数
体育活动	区中小学生乒乓球赛	2004.12	104			
	跆拳道锦标赛	2004.6		5		3
文艺活动	“六一”汇演	2004.6	230			
	省少儿民乐大赛	2004.8			3	3
科普活动	电脑机器人赛	2004.11			4	4
学科类竞赛活动	2004年全国中小学生优秀美术书法摄影赛	2004.5			30	30
	第二届全国万校作文大赛	2004.9			5	5
	奔向2008——第三届国际少儿艺术大展	2004.10			5	5

漳州市青少年宫

〔基本情况〕 漳州市青少年宫是一所融教育、文化、娱乐等功能为一体的培育青少年艺术新苗的校外教育基地。常年开设美术、书法、钢琴、电子琴、手风琴、声乐、舞蹈、武术、健美、英语、写作、电脑等各类专业培训；成立了青少年艺术团，经常性开展丰富多彩的文艺演出。先后获得“全国先进青少年宫”、“福建省先进青少年宫”等荣誉。

〔群众文化活动〕 2004年，在实施未成年人思想道德建设活动中，漳州青少年宫充分发挥校外教育阵地作用，积极开展主题鲜明、教育意义明确、活动内容丰富、形式新颖活泼的活动。

1. 积极开展“小公民”道德建设活动。2004年，青少年宫结合自身实际开展了“我做合格小公民”征文比赛；开展了“心中有他人”——手拉手、献爱心活动；组织青少年宫学员与市聋哑学校学生结对，让学员学会尊重人、帮助人。

2. “水仙韵·龙江情”首届漳州校外教育文艺汇演活动。8月，由漳州市青少年宫牵头组织，漳州9县（市）青少年宫艺术团少年儿童欢聚在漳浦县青少年宫，举办校外教育文艺汇演。

3. 丰富多彩的夏令营活动。暑假期间，青少年宫与团市委、市教育局、市少工委联合举办了“漳州‘寻’红领巾夏令营”；与市青年志愿者服务中心联合举办“特困生计算机夏令营”，解决他们学习计算机困难。

4. 欢声笑语庆“六一”活动。漳州市青少年宫举办了“庆‘六一’科技与未来”大型游园活动，设立了10个游园区，为孩子们提供近百种科技游戏项目，几千名儿童欢聚一堂，共庆节日。

5. 举办“首届青少年宫文化艺术节”。12月，青少年宫与团市委、市文联联合举办了“首届漳州市青少年宫文化艺术节”，艺术节内容丰富，有“祖国颂”征文展、“少儿美术作品展”、“祖国小太阳冉冉升起，未来建设者时刻准备着”文艺综合汇演等9个项目，有500多名学员参加表演，新闻媒体做了大量报道。

〔教育培训活动〕 2004年，青少年宫开设培训项目有美术、书法、钢琴、手风琴、电子琴、声乐、音乐素养、健美、外语、写作、电脑等，还增设幽文经典诵读、科技创作等，全年开班78期次，4800名学员参加培训。

〔交流活动〕 2004年8月，漳州、厦门、泉州、金门4地共同承办了第四届“闽南风·海峡情”少年儿童文化交流活动。漳、厦、泉3地青少年宫首次组团于8月6～9日赴金门进行以闽南传统文化为主题的交流访问活动。访问团抵金门时受到金门青少年热烈欢迎和招待。在金门的3天活动时间，漳、厦、泉、金4地小朋友为金门观众献上闽南方言童谣大汇唱、舞蹈、魔术与木偶、南音清唱、武术等极具闽南文化特色的精彩演出，引起强烈反响和一致好评。金门县长李炷峰观看了演出，并对此次活动给予高度评价。演出之余，代表团师生们还参访了金门各项文化设施，名胜古迹，与金门童军做深入交流。

8月11日，青少年宫迎来了来自金门少儿文化交流团的嘉宾和小朋友。青少年宫为金门小朋友组织了漳州本土文化之旅，参观了东南花都、天福茶庄、滨海火山地质公园，领略了漳州与金门相近的乡音乡韵、风土民情。在海边，两岸小朋友面对大海，共同放飞和平鸽。晚上，漳州与金门小朋友在九龙公园，一起点篝火，手拉手愉快地跳舞、嬉戏，在他们纯洁的心灵里播撒了友谊的种子和和平的希望。

龙海市青少年宫

〔基本情况〕 龙海市青少年宫于1984年筹建，1986年2月开放并投入使用。青少年宫占地面积250平方米，使用面积1000平方米。现有教职员工53名。常年设有中小学美术班、少儿书画班、儿童美术班、少儿棋艺班、少儿写作、少儿武术、中小学生硬笔书法班等30多个青少年专业培训项目，还附设一个所全日制幼儿园。

近年来，青少年宫先后荣获“福建省先进青少年宫”、“漳州市少儿工作先进单位”、“龙海市教育先进单位”、“龙海市文明单位”、“巾帼文明岗”、“先进党小组”等称号，还通过了“福建省三级青少年宫”评估验收，附属幼儿园也被授予“漳州市标准幼儿园”。

〔群众文化活动〕 近年来，青少年宫结合节假日，举办了许多健康有益、具有新意和吸引力的富有特色的活动项目。如“龙海市青少年百米长卷画”活动、青少年军事夏令营、首届“家园同乐”运动会等。同时还多次组织专场文艺汇演，如2002年“七一”期间，组织“一切为了孩子的明天”为主题的专场文艺汇演；利用节假日或春节期间开展美术作品展览等。在2004年6月5日，第32个世界环境日期间，青少年宫举办了“环保杯”青少年中国象棋邀请赛。

〔教育培训活动〕　建宫以来，青少年宫开创了“以练为主，边讲边练，讲练结合；课堂教育与课外、家中辅导结合；课堂作业展评、切磋结合和建立学员学习档案卡”这样一条适合宫情、富有特色的“五结合一建立”校外教育教学路子，有效地提高了培训教育质量。近年来共开设了16个项目、179个班，学员近6000人。

〔教育成果〕　几年来，青少年宫有300多名学员在各级各类比赛活动中，获得了较好的成绩。2004年，青少年宫学员获“皇藏干红杯”漳州市第六届中国象棋比赛男子个人第六名；参加第六届“和平杯”国际青少年美术书法摄影大奖赛获多项国际金奖；参加2004年福建省青少年武术套路锦标赛获基本功第一名、南拳第二名、刀术第四名。参加漳州市青少年武术套路锦标赛获儿童组棍术第一名、拳术第二名、刀术第二名，少年乙组刀术第一名、棍术第二名、拳术第三名、枪术第一名；参加第四届“希望杯”全国青少年书画、写作大赛，3篇作文获一等奖，24名学员分别获得二、三等奖。

〔教育科研活动〕　2004年，郑小平老师编纂的《不称职的邮票》邮集，参加“纪念龙海市集邮协会成立二十周年集邮展”获三等奖；高志坚撰写的《儿童美术思维与创造力的培养》论文获“全国校外、课外优秀论文、活动案例征集活动”二等奖。

龙岩市青少年宫

〔基本情况〕　龙岩市青少年宫位于龙岩中心城市龙津河畔、风景秀丽的登高山脚下，占地1.8万平方米，是闽西规模最大、设施最全、师资最强的青少年校外教育基地。

2000年、2003年青少年宫连续2次被共青团中央、文化部授予“全国先进青少年宫”的称号，是共青团中央“千宫百万”行动青少年外语培训站，全国青少年“千宫百万”少儿电脑培训基地，福建省科普教育基地，福建省小公民道德教育基地，福建省青少年舞蹈、音乐、美术考级培训站龙岩考点，省校外“雏鹰争章”基地。（林永和）

〔场馆建设〕　龙岩市区政府出资750万元，征地1.63万平方米，建成8层共1万平方米的青少年宫综合楼。青少年宫新建了1000多平方米的科技馆、1200平方米的健身活动场所和1.2万平方米的网球场、篮球场、羽毛球场等综合运动场。2004年又竣工了占地面积3000平方米的青少年宫游泳馆，成为全市目前最先进最完善的青少年活动场所。多年来，青少年宫面向社会多方筹集资金，共投资1500万元用于场馆建设和内部设施设备建设，设立文学、艺术、体育、科技活动室20余个。室外绿地、操场5000平方米，配备了各项活动设施设备，软硬件设施已跃居福建省前茅，被评为乙级青少年宫。（熊　健　郭锦平）

〔活动成果〕　青少年宫积极开展社区活动，争取了10余万元赞助，在宫内绿地上安装大型全民健身器械；每天早晚免费为社区的群众开放露天舞池；太极拳、武当内家拳的队员每天早、晚在青少年宫大厅、操场上带领武术爱好者们操练，成为闽西一道风景线。每年春节，青少年宫都组织学员举行“迎新春”广场文艺表演，深受社区群众的欢迎。

青少年宫天象馆、天文台长期向青少年儿童开放，年接待青少年天文爱好者8000余人次。

青少年宫组织少先队员先后为残疾儿童、贫困学生、灾区孩子捐款助学10余次，与偏远山区两所小学建立“手拉手”互助关系，开展《保护华南虎，保护野生动物》、《爱闽西、美家园》等主题队会，为打击“六合彩”、“法轮功”等活动，队员们组成小分队到社区进行调查、宣传，发挥各自说、弹、唱、跳、写等专长，通过表演、谈心等方式为社区群众展现美好、和谐、健康的生活。（邱健萍　林　芳）

〔教育成果〕　青少年宫连年举办全市中、小、幼学生美术、书法摄影展览、现场作画比赛、小学生征文比赛、青少年儿童卡拉OK赛、器乐比赛，科技小制作比赛、全市青少年围棋、象棋大赛、学员才艺表演，与消防中队、区武装部联合举办少年军校（军校夏令营）、重走长征路“红色之旅”夏令营等活动；有500多幅书画作品在国际、全国、福建省、龙岩市比赛中获奖；创编的舞蹈多次获省、市级奖，并推荐参加全国“小荷风采”少儿舞蹈大赛；100多篇学员习作在《中国少年报》、《小学生周报》等报刊杂志上发表并获省、市级奖；声乐、器乐学员在全国、省、市各级比赛中获奖；举办了声乐、器乐、美术、中国舞等艺术等级考试，有近3500名学员参加各类考级，并取得了合格证书。

舞蹈学校2001年创编的舞蹈《嬉雨》被福建省舞协推荐参加全国“小荷风采”少儿舞蹈大赛；2003年7月舞蹈《山娃看海》参加福建省“QQ童”杯少儿舞蹈大赛获创作铜奖；音乐学校的学员2002年、2004年参加全国少儿歌手大赛两名学员获得优秀歌手奖。体育学校武术队参加福建省少儿武术比赛分别获得拳术、刀术、棍术第一、第二名。棋艺队2001年参加“露露杯”全国农民运动会中国象棋赛获第十二名。

（熊 健 郭锦平）

〔**交流活动**〕 2003年11月，接待台湾金门音乐界专家访问；2004年7月，应台湾金门县的邀请参加“闽南风、海峡情”活动，进一步搭起闽西红土地与台湾两地的交流。（邱健萍 林 芳）

〔**兴趣小组介绍**〕 1997年，青少年宫正式开宫以来，积极开展以青少年儿童为主要对象的各种兴趣小组活动，开设了舞蹈、声乐、钢琴、小提琴、手风琴、吉他、爵士鼓、琵琶、电子琴、古筝、幼儿美术、少儿美术、水粉画、素描、国画、书法、阅读写作、电脑写作、英语、奥数、少年军校、游泳、武术、健美操、电脑、棋艺、乒乓球等60多个培训科目，年培训人数近5000人次，年参加活动人数几万人。近3年来，开设了舞蹈学校、音乐学校、美术学校、作文学校，有数百名学员在国际、国内各项比赛中获奖。

（张红云 罗玉珍）

〔**科研成果**〕 2001～2004年，青少年宫获奖的课题论文有：邱健萍《校外幼儿舞蹈教学》、熊健《儿童水粉画技法与教学》、张红云《童话作文教学》、王建国《幼儿游泳运动与科学选材》、罗玉珍《儿童画与创造力的培养》、吴冬云《儿童琵琶》。几年来共有566名师生作品在国际国内各项比赛获奖，485篇师生的论文和习作在全国、省、市级刊物发表，多名教师荣获全国、省、市、区级“优秀教师”、“优秀辅导员”、“先进工作者”等荣誉称号。

2001年～2004年青少年宫开展群众文化活动统计

年份	内容	年份	内容
2001	龙岩市中、小、幼学生美术书画展览	2004	中国舞艺术等级考试
	新罗区小学、幼儿园“晨星杯”钢琴、电子琴大赛		龙岩市青少年宫“放飞希望”系列活动电视展播
	龙岩市青少年才艺广场表演		龙岩市中、小、幼学生美术书法展览
	新罗区小学生“标致杯”科技小制作比赛		龙岩市“动感地带”青少年儿童卡拉OK大赛
2002	龙岩市中、小、幼学生美术书画摄影展览		龙岩市“天文爱好者”天象观测活动
	龙岩市青少年“标致杯”科技小制作比赛		新罗区“关爱女孩”作文大赛
	龙岩市“少年军校”活动		新罗区“关爱女孩”美术书法现场作画比赛
	龙岩市“麦当劳杯”现场作画比赛		中国音乐家协会器乐考级中国音乐家协会声乐考级
	龙岩市青少年宫“迎新春”广场		龙岩市“安利杯”希望工程文艺汇演
2003	龙岩市中、小、幼学生美术书画摄影展览		龙岩市“重走红军路，体验红军生活”少年军校活动
	中国舞艺术等级考试		龙岩市“世界珍稀昆虫”科普展览
	龙岩市“世界珍稀蝴蝶”科普展览		龙岩市“世纪车模”大赛
	龙岩市小学生“世界珍稀蝴蝶”征文比赛		

（邱健萍 林 芳）

江西省校外教育

综　　述

〔江西省制订未成年人思想道德建设的实施意见〕　2004年，为认真贯彻落实《意见》精神，结合江西实际，江西省委省政府下发了《关于贯彻<中共中央国务院关于进一步加强和改进未成年人思想道德建设的若干意见>的实施意见》。

《意见》指出，江西省户籍人口中有18岁以下未成年人1257万，占全省总人口的31%。切实加强和改进省未成年人思想道德建设，是加快江西经济社会发展，实现在中部地区崛起的迫切需要，各级党委政府一定要把思想和行动统一到中央精神上来，把加强和改进未成年人思想道德建设，摆在更加突出的位置，切实抓紧抓好。

〔江西省加强校外青少年活动场所建设〕　2004年，江西省委、省政府重视校外教育场所的建设与管理。明确提出了青少年宫、儿童活动中心等未成年人活动场所要大力开展面向未成年人的服务活动。各青少年、儿童活动中心要积极开展教育、科技、文化、艺术、体育等未成年人喜闻乐见的活动，把思想道德建设内容融于其中，决不能借开展活动之名搞营业性创收。各级公共图书馆、文化馆和文化中心要专门设立少儿阅览室、开辟少儿文化活动场所，并列入全省公共图书馆、文化馆评估定级的重要标准和条件。要对已建的未成年人活动场所进行认真清理整顿，名不副实的要限期改正，被挤占、挪用、租借的要限期退还。

在场所建设上，各地要有计划分步骤地充实和加强一批未成年人活动场所。省里将重点建设江西省青少年宫和江西省少儿图书馆，各区市要逐步建立布局合理、规模适当、功能配套的未成年人活动场所。

各级政府对属于公益性文化事业的未成年人校外活动场所建设和运行所需资金要予以保证，并制定优惠政策，吸纳社会资金，鼓励、支持社会力量兴办未成年人活动场所。省里将从中央返还的彩票公益金中安排一定数额资金，用于资助未成年人活动场所建设。

〔江西省召开加强和改进未成年人思想道德建设工作会议〕　2004年10月22日，全省加强和改进未成年人思想道德建设工作会议在南昌召开。省委书记、省人大主任孟建柱出席会议并作了重要讲话。

会上，副省长赵智勇传达了全国加强和改进未成年人思想道德建设工作会议精神。省教育厅，省委宣传部、省文化厅，省广播电视局，省新闻出版局，团省委，省妇联6个部门在会上发言。

各设区市党委分管副书记、政府分管副市长和宣传部、文明办负责人，省委有关部门、省直有关单位负责同志，武警江西总队政治部负责同志，各人民团体分管领导，在昌的本科院校、科研机构、部分大中型企业党委分管副书记和宣传部长，省直新闻单位和中央驻赣新闻单位的负责同志参加了会议。

〔江西省6部门联合打造未成年人道德教育新平台〕　2004年暑假前夕，江西省要求教育、新闻出版、广播电视等6部门利用各自优势联合打造一个为未成人喜闻乐见、丰富多彩的思想道德教育新平台。

教育系统抓紧建立城镇中小学学生心理健康教育咨询室及社会实践基地，利用暑假等时间组织学生参加校外实践活动。新闻出版界集中出版一批优秀少儿出版物，开展一次“万名师生拒绝盗版、远离色情”

大型签名活动。广播电视系统年内力争开播江西电视台少儿频道，市、县各级电视台都要开设和办好少儿专栏和专题节目。团省委积极开展“国旗下成长”、“寻访长征足迹”等一系列健康向上的主题活动。文化厅组织一批以少儿为参赛对象的文化、艺术活动。妇联建立社区家庭教育指导中心，组织好“妈妈报告团”、“家教新知识讲座”等活动。

〔**江西省全面开展学校及周边治安专项整治百日行动**〕 为贯彻落实《中共中央国务院关于进一步加强和改进未成年人思想道德建设的若干意见》和江西省未成年人思想道德建设工作会议精神，进一步优化校园及周边治安秩序，净化学校周边文化环境，江西省从7月1日起分3阶段在全省范围内开展学校及周边治安专项整治百日行动。

各地在当地党委、政府的领导下，由综治委牵头，组织教育、公安、司法、文化、新闻出版、工商、建设、卫生等各有关部门集中统一行动，彻底整治学校及周边的治安秩序文化环境。铲除各种危害学校教学育人的违法违规活动。对一些重点难点问题，派出联合行动组，采取现场办公形式集中解决。

〔**江西省关工委15万老干部与青少年结对**〕 为进一步推进省未成年人思想道德建设，江西省关工委专门部署，要求每一名老同志投身“四个一活动”：向未成年人讲述一个革命故事、带领未成年人看一场爱国主义电影、带领未成年子女参观一个爱国教育基地、跟未成年人参与一次学校组织的志愿者活动。积极实施“老手牵小手”工程，组织15万名老干部与青少年结成对子，组成爱国主义报告团、失足青少年帮改团、网吧义务监督管理队等思想道德教育队伍，深入学校、社区，帮助教育未成年人。

〔**江西省爱国主义教育基地对未成年人免费开放**〕 从2004年8月起，江西省各类博物馆、纪念馆、展览馆、烈士陵园等爱国主义教育基地，对18周岁以下的未成年人实行免费参观，不得收取门票或其他任何参观费用。学校集体组织中小学生参观凭学校证明，未成年人单独参观凭身份证或户口簿，也可予以免费。

省发改委要求各市、县（区）政府价格主管部门会同当地有关部门，将上述门票减免政策迅速传达、落实到本辖区内所有博物馆、纪念馆、展览馆、烈士陵园等爱国主义教育基地，并加强监督检查，对不执行门票减免政策的单位依法从严查处。

〔**江西省开展体验教育，扎实推进青少年思想道德建设**〕 2004年，为切实加强少年儿童的思想道德教育，江西省通过开展以“民族精神代代传”为主题的教育活动，弘扬和培育民族精神；以行为习惯、民族精神和理想信念教育为抓手，开展了一系列丰富多彩的主题教育活动。在“童心奔小康”活动中，通过演讲、征文比赛、报告会和“小小画笔绘明天”等形式，使少年儿童初知“三个代表”重要思想，了解全面建设小康社会的宏伟目标，确立为实现中华民族伟大复兴做好全面准备的志向。

与此同时，从“养成教育”入手，江西省开展了许多深受少年儿童喜爱的体验活动。围绕家庭美德和社会公德，开展了“倡导文明我先行、体验生活我能行”的体验教育活动；在争做家务小帮手、理财小能手、爱心小天使、安全小卫士、文明小标兵、社区小议员、环保小模范、快乐小主人的“八小”体验中，为养成良好的道德品质创造条件；围绕培养创新精神和实践能力，开展了富有儿童情趣的“争当小实验家”科学体验活动，在了解科学实验的过程中，增强了爱科学、学科学、用科学的兴趣。围绕提高身体健康水平，开展了少年儿童“小甲A足球健身”体验活动，学习了做人做事的道理，体验到团队合作的重要和顽强拼搏的意义。

〔**江西省开展青少年科技传播活动**〕 2004年3月，江西省科协组织开展了“大手拉小手青少年科技传播行动”，活动主题为“感受科技魅力”。

活动以向广大青少年传播世界科学技术发展，在青少年中普及科学技术知识，增强科学意识，培养他们对科学的兴趣为目的，江西各地和各科协组织充分发挥了科协特色和整体优势，结合全省科技活动周和“6·29”全国科普行动日两大活动，呼应省科协提出的“共享、联动、效益”的2004年度工作思路，聚合科普力量因地制宜地积极开展了多种内容和形式的“大手拉小手青少年科技传播行动”和大型科普活动。活动获得了各级教育、科技、宣传等部门的支持和配合，省内各级新闻媒体给予了充分宣传报道。

〔**“春蕾计划10元捐”活动**〕 2004年6月1日，江西省举行了隆重的“六一”国际儿童节庆祝大会及系列活动，“春蕾计划10元捐”活动成为一份献给老区儿童节日的厚礼。作为“春蕾计划”活动的创新，“10 元捐”活动有效地动员了社会各界的参与热情，继 2003 年全省募集 29 万元以后，2004 年猛增到 318 万元。在“六一”庆祝大会上还表彰了一批“爱心集体”和“爱心使者”。

〔**江西省妇联开展家庭教育“八个百”活动**〕 2004 年 6 月，围绕净化未成年人成长环境这一主题，江西省妇联开展了“百万年轻新父母，接受家教新知识”的“八个百”活动。

“八个百”活动是：组织百名家教专家讲师团，对百万父母进行家教知识传播与指导，举办百场亲子家教互动活动，建立百个家庭教育实践基地，推出和宣传百名优秀家长先进事迹，表彰百名优秀家长和优秀家教工作者，每年培训百名家教工作骨干，每年举行百场家教知识讲座。同时，省妇联还将建立省亲子教育指导中心，探索 0～6 岁儿童家庭教育工作的科学指导与管理，并扩大各类“家长学校”的数量和规模，推出一批广播电视家长学校、社区家长学校、双休日家长学校，推动灵活多样的家庭教育组织形式。

〔**江西省掀起弘扬家庭美德，争做文明家庭新热潮**〕 自 2003 年 10 月在瑞金市沙洲坝镇沙洲坝村举行全国“美德在农家”活动示范点揭牌以及全省“美德在农家”活动示范点授牌仪式暨全面启动以来，有力促进了江西省“美德在农家”活动的深入开展，在全省广大农村掀起了弘扬家庭美德，争做文明家庭的新热潮。

江西省由于外出务工的年轻夫妇较多，儿童隔代抚养和寄养现象较普遍，农村家庭教育中存在的一些误区和“留守儿童”问题令人堪忧。省妇联加大了对农村家长的思想教育力度，通过建立农村中小学家长学校，借助乡（镇）的人口学校和妇女活动阵地，开办家教知识讲座、进行科学育儿培训，举行教子有方妈妈报告会，帮助广大家长掌握科学的家庭教育知识和方法，完成从“自然父母”到“合格父母”的转变，为孩子的健康成长创造良好的家庭教育氛围。

〔**“百万青少年绿色上网”签名活动**〕 2004 年 9 月，为了把向“网络妈妈学习”活动不断引向深入，引导广大青少年健康上网，共同杜绝“黄色网站”的侵蚀，江西省委宣传部、江西省委教育工委、江西省广电局、江西省新闻出版局、共青团江西省委、江西日报在“网络妈妈”刘焕荣家乡弋阳县方志敏中学举办“百万青少年绿色上网”签名活动启动仪式。省、市、县的有关领导及方志敏中学的 2500 多名学生参加此次活动的启动仪式。

启动仪式上，学生代表宣读了《绿色上网倡议书》，向广大青少年发出了不进营业性网吧、不浏览色情网站、不沉迷网络游戏、科学上网、文明上网、绿色上网的倡议。

在场的 2500 多名学生在老师的带领下，郑重地签下了自己名字，表达了他们文明上网、绿色上网决心。

校外教育单位

江西省儿童少年活动中心

〔**基本情况**〕 江西省儿童少年活动中心创建于 1986 年，地处江西省南昌市风光迤逦的青山湖风景区内，占地面积为 3.6 万平方米，已建面积 1.3 万平方米，社区培训基地面积 3200 余平方米，中心以科研推广、宣传、博览、娱乐、培训为主要内容，是江西省惟一的省级校外教育单位。

中心创建 19 年来，先后被国家教委、文化部、全国总工会、团中央、全国妇联、中国科协联合授予“全国少年儿童校外教育工作先进集体”光荣称号。被江西省儿童少年校外教育研究会评为“先进集体”；2002 年被全国妇联授予“先进集体”；2003 年被江西省人事厅、省妇联授予“三八红旗先进集体”；1997～2003 年被评为全国“心中有祖国、心中有他人”主题教育活动“优秀集体”和“优秀组织奖”；2004 年被中国小公民道德建设计划领导小组授予“小公民道德建设活动”实践基地。

〔**教育特色**〕 活动中心本着面向现代化，面向世界的教育方针，现已开设了十几个特色教育专业。经过 10 多年儿童校外教育实践，积累了丰富的办学经验，形成了完整的教学体系，教师精英荟萃，教学加强团结，各项专业屡次受到国际国内和省级表彰，博得了学校、家庭和社会各界的广泛好评。（成必玲）

江西省南昌市图书馆少儿部

〔基本情况〕　江西省南昌市图书馆少儿部成立于1999年。地处风景秀美的青山湖畔，毗邻空气怡人的湖滨公园。6年来，少儿部逐步发展壮大，阅览室由原来的1个增至2个，阅览面积扩大到400多平方米。现拥有持证读者3万多人，藏书10万多册，报刊300多种，至今共接待读者4000余人次。少儿部经常举办各类丰富多彩的少儿读书活动，即充实了少儿读者的课余生活，又开阔了孩子们的视野。自2000年以来，连年荣获共青团江西省直属机关工委授予的"青年文明号"称号，并多次受到省文化厅及省馆领导的赞许。

〔与孩子共同成长报告会〕　2004年，少儿部为小读者推出了一位成功家教的典范——吴康萍女士，为望子成龙心切的家长们举办了一场生动、实用的免费报告会，拉开了博士母亲谈家教系列报告会的序幕。吴康萍女士是图书馆一名普通职工，但她通过个人的努力和实践，把一双可爱的女儿培养造就成了赴美留学博士。报告会采用了零距离对话的形式，吴女士精心总结了多年的家教经验，并配以她保存的珍贵资料，让家长们了解家教的重要性。报告会空前成功，使吴女士名声大振。少儿部相继安排了6场大型免费报告会和一场与吴康萍女士见面会。前后到会取经者达8000余人次，不仅得到了小读者和家长们的认可，更得到社会各界的赞许。江西电视台、江西教育电视台、江西日报、江南都市报等多家媒体争相报道。

〔"兰兰姐姐故事会"活动〕　为丰富少儿部的服务内容，充分发挥图书馆藏书资源的作用。少儿部推出了一项名为"兰兰姐姐故事会"的导读活动，故事会形式多样，有主持人讲故事、小朋友续讲故事以及故事情景表演等。由于内容新颖、独特，形象直观，得到了广大小读者的积极响应，每期都有许多小读者报名参加。到目前为止，故事会已经成功举办了近百余期，参加人员达到1000多人，发展固定会员500余人。图书馆管理员肖美兰姐姐也成为了孩子们心中的知心姐姐。

〔服务读者活动〕　读者活动积分卡。为了让小读者充分利用图书馆的资源，少儿部专门为小读者设置了"读者活动积分卡"，通过参加活动累计积分的方式，提高他们的读书积极性。

迎"六一"联欢会。举办"我的节日我做主"联欢会，以形式多样的节目尽情抒发对生活的热爱。

"迎六一"猜谜活动。每年"六一"，少儿部都会应小读者的要求举办猜谜活动。

"一日图书管理员"活动。该活动自举办以来一直深受广大家长和小读者的青睐。孩子们在这种社会实践活动中锻炼了自理能力，更学到图书馆专业知识。

文体活动。为丰富每年的寒暑假生活，少儿部在孩子们中开展了棋类挑战赛、跳绳比赛、踢毽子比赛等，让孩子们在挑战中得到无穷的快乐。　（周国萍）

南昌市中小学生活动中心

〔发展概况〕　南昌市中小学生活动中心直属于南昌市教育局，于2002年1月揭牌，现已形成了有总部、分部、野外活动营地的教育集团，拥有全省首家学生科技馆和各类活动与培训设施。两年多来，中心接待了参加主题活动的中小学生10余万人次，现在册培训学员达1.6万人次。中心被市政府、市教育局授予园林化单位和花园式学校称号，系华东地区校外教育协会和中国校外教育研究会会员、全国信息技术创新与实践活动先进单位、中国海模协会试验基地。

〔场所建设〕　2002年11月，中心开始在南昌地区建设分部，实施规模化集团化战略，现已在南昌及省内其他地区开设了14个分部25个培训点，成为省内规模最大范围最广的培训中心。

2004年，经市政府批准，市教育局决定由中心筹建南昌市青少年校外教育活动营地。营地选址位于秀丽的梅岭国家级风景区，占地2600亩，设置科技馆、农业科技园、国防教育园、极限挑战园、中国民居大观园、世界名船大观园、江西物产大观园、江西名人大观园等8大主题园区。正在筹建的营地国防教育园，亦即南昌八一少年军校，将是全市中小学生重要的国防教育基地、爱国主义教育基地，是南昌各少年军校的总校和青少年进行军事训练和野外生存训练的重要场所。

〔特色活动〕　1."七彩之旅"创新实践一日活动。以游历为形式，科技为特色，实践与创新为核心。活动分为"科技之旅"、"艺术之旅"、"创造之旅"、"健康之旅"、"智慧之旅"等板块，共20余项。2002年以来，共接待中小学生10万余人次，制作科技、劳技、艺术作品20余万件，是全市素质教育、校外教育的品牌活动。

2.文艺巡演进社区。中心以“文化进社区，共创花园城”为主题，先后在洪都体育场、海关广场等社区广场进行了巡回演出，受到市民的热烈欢迎。

3.承办南昌市第二十个教师节文艺专场演出。这次文艺演出是市教育局主办的规模最大的一次，中心担当了执行编导、主持人、节目策划、舞台设计、后勤服务等重要工作，受到领导好评。

4.与CCTV携手“动画城南昌行”。2004年12月，中心与央视动画城南昌行组委会合作举办了中央电视台充气动画城活动，央视少儿频道著名主持人与英雄城的孩子们一道迎接新年，成为南昌市一件盛事。

5.2004年承办的主要赛事有：全国青少年物理化学及创新展示大赛（南昌赛区）、全国青少年走进美妙的数学花园建模大赛（南昌赛区）、南昌市第二届少儿三棋等级称号赛、南昌市十九届青少年科技创新大赛、南昌市“六一”少儿书法美术摄影展评、南昌市第二十个教师节教师美术书法摄影比赛等。

〔**教育培训活动**〕 2004年，中心开设了文化、文艺、美术、科技、体育5大门类40余个专业，逐步形成了包括大纲、教材、岗位培训等环节的科学的培训体系。3年来，各期培训学员总数已逾5万人次，现在册学员达1.6万人次。中心还为残疾儿童、特困学员减免费用，受到社会赞誉。

〔**社团活动**〕 中心成立的主要社团有：育苗体艺中心、小蝌蚪音乐教室、爵士鼓培训班、南昌市红孩子艺术团、南昌市少年科学院，开展了丰富多彩的活动。

（余克坚）

南昌市少年宫

〔**发展概况**〕 南昌市少年宫隶属于共青团南昌市委，坐落在风景秀丽的百花洲畔，位于市中心繁华地段。少年宫创建于1957年，现占地面积5700平方米，总建筑面积2.1万平方米。由胡耀邦同志题写宫名，是江西省历史最悠久、专业成建制的校外教育机构，被团中央、文化部授予“全国先进青少年宫”的光荣称号；被全国集邮联授予“全国青少年集邮活动示范基地”称号；被中国科学技术协会授予“全国青少年科技活动示范基地”称号；被团省委推荐为“全国青少年校外活动示范基地”；被南昌市直机关工委授予“先进党支部”称号。

少年宫设有南昌市少儿艺校、学前班和艺术幼儿园，共开设了40多个专业门类，300多个特色班。少年宫内设机构有办公室、教学部、美术部、文艺体育部、儿少活动中心、调研室和总务部等职能部门。2004年秋季招生总人数达7000余人，少年宫青云谱分部、洪小分部、南航分部继续保持了良好的发展态势。少年宫艺术幼儿园实行目标管理责任制，管理工作、经济效益和社会效益明显上了一个台阶。

〔**教育成果**〕 2004年，少年宫组织参加第二届“走进美妙的数学花园”青少年数学论坛暨全国青少年数学竞赛活动，1人获银奖，1人获铜奖，5人获二等奖，13人获三等奖；参加“第八届全国故事大王”选拔赛，1人获特等奖，2人获二等奖；参加“第十届全国少年儿童电子琴大赛”获三等奖；参加“第八届舞王杯体育舞蹈公开赛”获第3名和第6名；参加全国“广播杯”国际象棋大师赛获团体总分第7和F7组团体第6名；参加2004“江宁杯”全国国际象棋棋协大师赛获团体第7名。参加“中国小公民风采展示——全国少年儿童舞蹈大赛”，三项节目均获二等奖；少年宫原体操班学员彭勃在第28届雅典奥运会上勇夺金牌。

影视班学员韩俊等人被珠江电影制片厂挑选担任影片中男女第一号主角，中央电视台《异想天开》、《童言无忌》栏目来少年宫挑选小演员联合录制节目，北京舞院、北京体院、广州艺校、上海舞校、北京群星艺校等单位在少年宫设点招生；舞蹈团去年9月分别向北京舞院、上海舞院、广东舞校和厦门艺校输送了7名学员；少年宫分别成功组织了“南昌市第十期集邮美术爱好者”和“小标兵相约西安”夏令营活动；举办“首届全国少年儿童模特大赛”江西赛区选拔赛，推荐4位优秀选手参加2005年1月全国总决赛。

新余市妇女儿童活动中心

〔**基本情况**〕 新余市妇女儿童活动中心落成于1989年6月，是江西省第一个集妇女儿童培训、活动、娱乐为一体的校外教育专门机构。中心隶属新余市妇联，在编教职工11人，外聘教师7人。

中心连续13年被市委、市政府授予“文明单位”、市妇联目标考核优秀（优胜）单位，先后9次在全国同行业中获先进集体（优秀组织奖）、3次获省集体奖。2004年被授予“江西省小公民道德建设示范基地”和

"中国小公民道德建设活动实践基地"。

〔**教育培训活动**〕　中心现有乒乓球俱乐部、少儿业余艺校、妇女短训班、家长学校等。少儿业余艺校开设了舞蹈、电子琴、美术、琵琶、声乐、书法、小记者等10余个专业，年培训达千余人。近几年来共开办妇女培训班30余期，定期举办了少儿武术、手风琴、琵琶、声乐、舞蹈、电子琴、美术、书法、英语、小记者、乒乓球、语言表演等培训班；举办各项音体美竞赛、演讲赛、故事赛、作文赛、联欢游艺会、节日庆典等活动，共接待游玩人员20余万人次；参加市以上各类比赛获奖890余人次，其中获国际奖30人次，290名学生获全国等级考试证书，部分学员以优异成绩考入各类艺术院校。

九江市青少年宫

〔**基本情况**〕　九江市青少年宫是目前全市惟一一所政府创办的市级青少年校外教育活动阵地，其前身是1961年成立的九江市少年宫。1984年新宫基本建成；同年，时任中共中央总书记胡耀邦同志来九江视察，亲笔题写宫名"青少年宫"，至今已经历20个春秋。

市青少年宫坐落在庐山南路与姚家洼交汇处，毗邻甘棠公园。全宫现占地面积9000平方米，建筑面积7800平方米，教学楼和活动大楼以及辅助设施相继建成。拥有舞蹈厅、武术厅、演出排练厅、健身中心、图书室、电脑学校，功能齐全。设有校外培训中心、全日制少儿文化艺术学校、艺术幼儿园和"千宫百万"计算机学校。

青少年宫属于全额拨款教育事业单位，是全国青少年宫协会理事单位、华东地区和省校外教育研究会常务理事单位。1991～2003年，青少年宫连续多年获得"心中有祖国，心中有他人"主题教育活动组织奖、校外教育先进单位、全国先进青少年宫、文明单位等称号；2004年2月被共青团中央、文化部授予"全国先进青少年宫"称号。

〔**群众文化活动**〕　青少年宫活动部每年结合形势，利用节假日、纪念日举办"心中有祖国、心中有他人"演讲比赛、征文比赛、全国故事大王选拔赛、"加强法制教育，抵制毒品蔓延"宣传教育活动、合格小公民活动、少儿独唱、独奏、舞蹈、作文、演讲比赛以及航模制作、少年儿童书画展、吃苦夏令营、科技夏令营等主题鲜明的文化教育活动，丰富了市青少年儿童的文化生活。

〔**教育培训活动**〕　市青少年宫每年接待参加校外培训及参加各种兴趣小组活动的学员达几万人次。校外培训中心开设有美术、书法、舞蹈、武术、声乐、二胡、扬琴、手风琴、钢琴、电子琴、古筝、琵琶、小提琴、管乐、长笛、英语、阅读作文指导、奥数、语言表演、象棋、围棋、健身体操、电脑等20多个专业70多个班级，每年培训4000多名学生。几年来，培训学员先后获得国家级奖励200多人次、省级奖励500多人次，其他级别的奖励多项，先后有300多名学员考入了国家高等院校和专业文艺团体。

青少年宫全日制少儿文化艺术学校现有6个班级，近300名学员。该学校与其他小学不同之处，是除完成《教学大纲》规定的文化课外，每周一、三、五的下午还进行艺术专业学习。开设声乐、舞蹈、钢琴、小提琴、二胡、扬琴、手风琴、电子琴、古筝、琵琶、美术、书法、英语等专业。15年来，有31人被输送到全国著名艺术院校及解放军艺术团体进行深造，舞蹈《鄱阳湖小鹤》、《四小天鹅》先后在全国城区少年宫舞蹈汇演和2000年全国首届少儿声乐、舞蹈电视比赛中一举夺得一、二等奖，二胡专业学生在华东地区民乐大赛中荣获一等奖。

"千宫百万"计算机学校是团中央宣传部、劳动部职业技能鉴定中心和中国计算机学会联合发文批准的考级站。多年来培训了大量学生，到目前为止，从学校结业的青年达3000余名，为工厂培训青工约1800余人，培训在校小学生1000多人，有480多人通过了全国计算机一、二级考级，为专业晋升职称人员培训达1500人次。

〔**学生社团**〕　青少年宫先后成立了"青少年集邮爱好者协会"、"少儿书画爱好者协会"、"少先队队长学校"、"青少年电子爱好者协会"、"小记者团"等群众团体，除经常下到工厂、农村慰问演出以及随团到日本演出外，还经常在市委、市政府大型活动中一展风采，受到市委市政府领导及来宾们的一致好评。

山东省校外教育

综 述

〔**山东省委省政府制订加强和改进未成年人思想道德建设的意见**〕 2004年4月，山东省委省政府下发了《关于贯彻落实中发[2004]8号文件精神进一步加强和改进未成年人思想道德建设的意见》。文件从学校教育、家庭教育、社会教育几个方面提出了广泛开展未成年人思想道德实践活动的要求。文件指出，山东在革命战争年代涌现出的革命英烈和模范群体，是进行未成年人思想道德教育的生动教材。山东在改革开放和社会主义现代化建设中取得的巨大成就，是对未成年人进行思想道德教育最现实、最生动的教材。要通过组织未成年人阅读党史人物传记、瞻仰烈士陵园、祭扫烈士墓以及组织“齐鲁少年红色之旅”等实践活动和“心系祖国、健康成长”读书活动、“手拉手、话小康”实践活动，让未成年人从中受到教育。要充分利用“五四”、“六一”、“七一”、“八一”、“十一”等节日，以及历史人物和重大历史事件的纪念日，入队、入团、成人宣誓等有特殊意义的重要日子，开展多种形式的思想道德主题宣传教育活动。

〔**山东省未成年人思想道德建设工作成效显著**〕 2004年，山东各级团组织充分运用各种有利条件，广泛组织青少年开展丰富多彩的思想道德教育活动，开展了青少年新世纪读书计划、齐鲁青少年古诗文诵读工程。举办了全国首届青少年读书节。同时充分利用好现有的团属20多个青少年活动基地，500多个爱国主义教育基地和 1000 多个少年军校广泛开展民族精神代代传、手拉手体验教育、中学生素质拓展和自愿服务等多种实践活动。

山东省广播电台、电视台在推出《加强和改进未成年人思想道德建设》专栏基础上，播出了一批未成年人喜爱的电影、电视剧、广播剧、动画片、歌曲等。省电台、电视台增加少儿节目、开办少儿频道，精心组织创作儿童题材的歌曲、影视剧、广播剧、动画片。

山东省文化厅把儿童剧创作作为整个艺术创作的一个重要方面，努力创作排演适合少年儿童心理需求、具有鲜明时代特征、寓教于乐的儿童剧精品。同时，各级博物馆、公共图书馆、纪念馆、美术馆积极利用互联网站，开设专门为广大未成年人服务的网页、专栏，组织开展各种形式的网上文化活动。

山东省教育系统突出青少年学生思想道德建设的重点，主要围绕民族精神教育、加强文明行为习惯的养成教育、诚信教育、心理健康教育作了大量工作。省2004年，各级教育行政部门和中小学利用春节等民族传统节日，“十一”等重要节日，“七七事变”等重要事件和重要人物纪念日，开展了主题校（班）会、团（队）会，请革命前辈和各行业的英雄模范作报告，组织学生观看反映伟大民族精神的影视片等多种活动，充分利用抗日战争、解放战争时期我党、我军革命遗址以及博物馆、纪念馆、烈士陵园等教育资源，建设了60处革命传统教育基地。全省新建、改建青少年学生校外活动场所51所，中央和省财政补助5100万元。

省妇联把促进家庭道德教育作为家庭教育工作的重点，召开了全省妇联系统家庭教育工作会议，按照山东全省会议要求对家庭教育工作进行了再部署，以使家庭教育更好地适应家长和儿童需要。

山东省新闻出版管理部门研究制定了推进4项工程：舆论营造工程、精品生产工程、管理环境净化工程、管理发展工程。国庆节前推出了50种以介绍革命领袖、爱国英雄、先进人物和科普知识为重点的新版图书和音像制品，丰富青少年的精神文化生活。

〔**山东省青少年宫系统认真落实未成年人思想道德教育工作**〕 2004年，山东省各青少年宫坚持走社会化、市场化建设的道路，充分发挥组织、人才和联络等方面的优势，积极争取各级党委政府的支持，努力把青少年宫建设纳入本地经济社会发展总体规划，广泛动员社会各方面力量，多渠道筹措建设资金，不断加大活动阵地的建设力度。

各地青少年宫充分发挥自身优势，精心策划，组织开展形式多样的主题教育活动和科技、文体教育培训活动，使全省青少年宫教育培训工作迈上了新台阶。各地青少年宫在"五四"、"七一"、"十一"期间，举办了演唱会、书画大赛、文艺晚会等内容丰富、形式多样的文化活动。

省青少年宫协会牵头组织的重点活动有：在淄博举办了"诗威德杯"2004少年儿童钢琴赛，来自全省100多名少年儿童参加比赛；2004年"济钢新事业杯"齐鲁青少年交响音乐（大师班）夏令营活动；纪念邓小平诞辰100周年交响音乐会。

11月30日～12月2日，由团省委、山东省青少年宫协会主办了2004山东省青少年校外教育暨青少年宫改革与发展论坛。来自全省各地的40多名青少年宫负责人参加了论坛。 （冯俊良）

〔**山东团省委、少工委积极开展未成年人思想道德建设**〕 山东团省委、少工委以《若干意见》的下发为契机，积极开展"扬民族精神，修思想品德，做时代少年"系列思想道德教育活动；开展"三个了不起"为主题的爱国主义教育活动、"平安山东"红领巾行动、"培养良好行为习惯，从我做起"主题队会；在省内命名100个红领巾实践教育示范基地、深化"小手拉大手"活动；与省教育厅联合发文，将思想道德建设纳入"省少先队工作规范化学校"达标评估验收标准、开展省"十佳少先队员"评选表彰活动、实施少先队辅导员培训计划、组织"齐鲁小名士红色之旅"、少年军校绿色夏令营、重走烽火路巡回报告等活动。

〔**山东省妇联举办隆重的"六一"庆祝活动**〕 2004年6月1日上午，山东省"六一"国际儿童节庆祝大会在省妇女儿童活动中心隆重举行。"六一"期间，各地、各部门围绕"道德规范，从我做起"的主题，以亲子互动为特色，以家庭、社区和校外活动场所为主阵地，积极开展了小公民道德建设"四进"行动。组织开展了多项体现儿童特点的内容鲜活、形式新颖、吸引力强的儿童道德实践活动，举办了全省小公民道德建设成果展示、少年儿童创新设计作品大赛、"更新家庭观念"专家巡回报告、家长与孩子共同参与的"亲子1+1"道德实践及"同学习、共成长"读书活动等。省妇联在"六一"期间表彰了100名"优秀春蕾女童"和50名"优秀春蕾园丁"。

〔**首届中国青少年读书周活动**〕 2004年10月9～13日，由共青团中央、教育部、新闻出版总署、中共济南市委和济南市人民政府共同主办，以"传承中华文化，立志学习成才"为主题的"青春中华"首届中国青少年读书周活动在山东济南举行。

此次中国青少年读书周活动，是中宣部等有关部门共同实施的青年文化行动的重点活动项目，也是各级共青团组织广泛开展中国青少年新世纪读书计划的重要内容。读书周期间，开展了一系列具有鲜明时代特色的读书学习活动，举办了青少年图书博览会、美文诵读、优秀图书推荐、读书讲座、青年学习成才奖、青年齐鲁文化行、齐鲁国际动漫艺术展、全国中小学师生藏书票展和优秀青年学习组织表彰等活动，着力营造浓厚的读书学习氛围，形成良好的读书学习导向。

校外教育单位

山东省少年儿童图书馆

〔**发展概况**〕 2004年，山东省少年儿童图书馆围绕加强和改进未成年人思想道德建设，争做合格小公民这一主题，开展了"我做图书管理员"、"争做合格小公民"等社会公益活动，并定于每周五下午为青少年接待日，接待各校中小学生来图书馆参加社会实践活动。2004年共接待参加社会实践活动的中小学生10余批200余人。2003年10月，图书馆被山东省委宣传部、山东省妇联等上级部门授予“山东省实施中国小公民道德建设计划示范基地”称号。

〔**“争做合格小公民”活动**〕　“争做合格小公民”征文活动于2004年3月在20余所学校和省未成年人管教所同时启动，1．5万名中小学生参加了这一活动。在收到各校选拔的500余篇征文中，评出佳作奖14名，优秀奖25名，优秀辅导奖16名，组织工作奖12名，于金秋10月在济南市刘家庄小学举行了隆重的颁奖仪式。山东电视台、济南电视台、济南人民广播电台对活动进行了采访。

11～12月，举办了“我做合格小公民”知识竞赛活动，1万余名中小学生和省未成年人管教所700余名学员参加了活动。

〔**馆外服务**〕　自2000年以来，图书馆先后在山东省未成年人管教所、济南市特殊教育中心及中小学设立分馆和图书流通站，至2004年年底，共建立馆外服务点23个，定期更换图书，送书上门，开展读书活动，受到师生们的欢迎。

济南市青少年宫

〔**发展概况**〕　济南市青少年宫是泉城济南的一所综合性的校外教育专门机构，始建于1965年，如今整整走过了40年的辉煌历程，多次被评为全国先进青少年宫，是中国青少年宫协会常务理事单位。青少年宫占地2.9万平方米，原有建筑面积8.3万平方米，2005年初开始进行改扩建，一座1.3万平方米的新教学大楼不久将竖立在青少年宫大院内。青少年宫现有教职员工60人，另有外聘教师和聘任制人员200多人。

〔**教育活动**〕　青少年宫每年都举办许多青少年喜闻乐见的活动，坚持年年有所创新，如每年一届的“七项技能大赛”，吸引数万名少年儿童参赛；“小红花征文比赛”历时25年经久不衰，每年出版发行一本作品集；2004年举办了“青春中华——首届中国青少年读书周美文诵读会”，以精巧的构思、周密的组织取得了圆满成功，受到了团中央、教育部、新闻出版总署以及市委主要领导的高度赞扬。2004年成功实现了艺术团与企业的联合，进行了重新冠名。

〔**教育成果**〕　济南市青少年宫为国家培养了一批又一批的人才幼苗，“济南小名士”多数为青少年宫学员，其中包括全国十佳少先队员兰珍妮、著名二胡演奏家于红梅、马向华，青年歌唱家王庆爽和一大批国内知名的学者、专家。

青少年宫常年开设30多个专业的兴趣小组培训，每年都有数万名青少年参加培训。青少年宫还是团队活动和群文活动的主阵地，拥有小记者团、好队长学校、小红花文学院、艺术团、棋院、书画院等社团组织，团结吸收了一大批爱好者。

〔**交流活动**〕　少年宫是对外交流的窗口，每年都有许多外国友好组织和团体访问青少年宫。青少年宫先后20余次组团出访亚洲、欧洲、美洲，成为传播友谊的小使者。　（李瑞勇）

济南市市中区少年宫

〔**基本情况**〕　济南市市中区少年宫始建于1965年11月，现占地面积1600平方米，建筑面积3000平方米。共有多媒体、舞蹈、美术、书法、钢琴、电子琴、古筝、剑桥英语等11个专用活动室和一个能容纳200余人的礼堂。年培训能力1500多名学生。先后被评为全国中小学生书画、摄影大赛组织奖；全国“太阳花”杯公益活动先进单位；全国无线电测向活动优秀组织单位；山东省青少年工作先进单位；山东省德育工作先进集体；山东省“三模一电”活动先进单位；济南市科技创新大赛优秀组织奖；济南市中区小学文化艺术节优秀组织奖；济南市中区小学生合唱节优秀组织奖；济南市中小学生书画、摄影大赛优秀组织奖等荣誉。

〔**场所建设**〕　2004年成立了以区长任组长，区教育局、科协、财政局、民政局、体育局主要负责人为成员的市中区校外教育工作领导小组，制定了《2005～2010年济南市市中区未成年人校外活动场所建设与发展规划》，将青少年校外活动场所建设纳入全区经济与社会发展计划。2005年底前将筹建一处占地300亩、总投资1.5亿元、设施完善、功能齐全的大型综合性青少年教育活动基地，目前这一项目已规划立项，预计“十一五”期间完成。

〔**教育科研活动**〕　少年宫通过教研活动、辅导员专题培训、教师基本功的培训，采取请进来走出去的做法，先后观摩了全国首届中、小学艺术展演，全国中、小学合唱节大型演出，全国科技创新大赛，全国计算机、机器人培训等，使教师综合素质得到进一步提高，在全国和省、市论文评比和评优课比赛中有80多人获奖，有4人被评为区首席教师，1人被推选为市人大代表，1人被推选为区政协委员，1人被评为全国艺术教育先进个人，1人被评为全国优秀科技教育工作者，带动了全系统年轻专业教师业务素质的进步和提高。

〔**群众教育活动**〕　几年来，少年宫结合素质教育的实施，组织开展了一系列丰富多彩、形式多样、青少年喜闻乐见的科技创新大赛、“三模一电”活动、计算机知识竞赛、“太阳花”知识竞赛、中小学生合唱比赛、舞蹈比赛、书画大赛、校园集体舞比赛、文化艺术节等各种科技、文化艺术普及与提高活动；结合艺术节、合唱节、科技宣传月、校园文明工程、庆“六一”、暑假等，组织举行了校园集体舞比赛、高雅艺术进校园、送文化下乡、科技创新大赛、中、小学生才艺比赛、联谊夏令营等。通过比赛促进了各校活动的开展，不少学校都相继成立了具有自己特色的艺术团或代表队，建立和形成了多个特色学校，在全国及省、市各类比赛和活动中得到了充分的展示。

〔**教育成果**〕　在全国七部委举办的科技创新大赛比赛中，市中区连续3年获一等奖；在全国中小学书画大赛中，有3000多名同学分别获一、二、三等奖；少年宫少儿艺术团两次进京到中南海汇报演出，连续4年在“太阳花”杯大型公益活动颁奖晚会上演出，先后受到李鹏、万里、孙孚凌、荣高棠、林丽韫等有关领导的亲切接见；2004年暑假少儿艺术团参加了“让世界更美好”国际儿童文化艺术节活动，两名同学获一等奖，一名同学获优秀奖，受到乌克兰总统夫人、总理和各国大使的亲切接见，姜蕾同学被命名为“中国儿童和平使者”。

德州市青少年宫

〔**发展概况**〕　2004年，德州市青少年宫在原来培训项目的基础上，又新增了科技、奥数、陶艺、跆拳道等新的培训项目，据初步统计，截至2004年11月份，培训人数已达10万多人次。艺术高中在校学生近400人，有多名学生被西安美院、山东艺术学院、山东工艺美院等省内外著名艺术类院校录取。特色学前幼儿园2004年招生规模达800余人，成为德州市规模最大的幼儿园。2003年，德州青少年宫被授予“山东省实施小公民道德建设示范基地”。

〔**场所建设**〕　2004年11月，德州市委、市政府将总资产过亿元、占地70余亩的大型游乐场所希森欢乐岛(现更名为德州游乐园)无偿移交给青少年宫使用，使其成为一流的未成年人思想道德建设阵地。

〔**群众文化活动**〕　青少年宫每年设计、组织活动几十次。2001年举办“为了孩子健康成长”大型科普人文知识展览系列活动；开展“校园拒绝邪教”活动；2002年举办以纪念宪法颁布20周年为主题的大型文艺会演；以“三成联创”为主题的预备役慰问演出；2003年举办了庆“六一”、防非典大型科普人文知识展览；青少年宫少儿美术作品展览暨争做防非典小卫士承诺签名活动；2004年举办“德州青少年宫广场千人敲击乐表演暨德州首届百佳少年表彰大会”活动，得到广大青少年和市民的广泛赞誉。

青岛市儿童少年活动中心

〔**发展概况**〕　2004年，青岛市儿童少年活动中心被命名为“全国校外活动示范基地”，“全国小公民道德建设活动实践基地”。被全国少年儿童双有主题教育活动组织委员会授予优秀组织奖。原人大常委会委员长李鹏偕同夫人朱琳在山东省委书记张高丽等领导同志的陪同下视察了中心。

〔**场所建设**〕　2004年，全面改造了中心足球场，斥资70余万元铺设人工草皮，建成标准7人制足球场。将科技宫四层展厅和地下一层展厅改造成正规展览厅，安装可移动式展板，连续举办了儿童画展和奥运招贴画展。

〔**奥运主题活动**〕　1.中心组织全市少儿参加“我与奥运·帆船”电脑动漫作品比赛，收到了近400余幅作品，中心对获奖作品进行表彰奖励并举办专题展览。

2.组织“2008扬帆青岛”儿童奥运主题专场文艺演出。

3.由奥帆委、市委宣传部和中心共同组织2.6万人参加的“第三届VISA奥运畅想少儿绘画大赛”，中心获得青岛地区优秀组织奖；组织承办了奥帆委主办的“全国奥运招贴画暨万名儿童画奥运”活动，共收集来自全国各地的稿件1万余幅，同时举办迎奥运招贴画大赛获奖作品展览，有260幅获奖作品参展。中心获得奥帆委颁发的优秀组织奖。

4.“六一”期间，由奥帆委、市妇联主办，中心组织开展了全市性的“奥之帆·我的梦”庆“六一”系列活动，组织百名儿童参与“艺术风帆儿童现场创意绘画活动”；组织“我做奥运小使者”中外儿童庆“六一”英语联欢会等活动。

5.中心与奥帆委、航海运动学校联合主办了公益性活动“相约暑假，扬帆青岛——百名青少年体验帆船帆板运动”，中心获得“第二届‘北京2008’奥林匹克文化节优秀执行奖”。2004年奥帆委将中心的少儿艺术、体育、科技活动纳入奥运宣传活动。

〔**科技活动**〕　2004年4月，中心承办了由市科协、教育局、科技局、妇联等8个部门共同举办的“青岛市第十九届青少年科技创新大赛决赛暨展示活动”；10月，承办了由中国科协和国家科技部举办的“全国青少年科技创新大赛历届获奖作品展览”，展出作品75件，接待参观近万人次；组织征集全市220件作品参加“山东省少年儿童创新设计作品大赛”，获小学组一等奖2个、中学组一等奖1个，并获优秀组织奖；与市少年科学院共同举办“科技头脑风暴”科技主题活动3期；组队参加青岛市中小学生无线电测向比赛，获女子组小学、中学男、女组3个第一名和团体第一名的好成绩。

与青岛市青少年科技中心合办了英特尔电脑创新思维计算机培训班，培训了2期5个班次180名学员；发挥科技宫阵地优势，以海洋科技夏令营的形式组织接待本市及外地2200多名师生参观。中心全年共接待参观近4万人次。

〔**主题教育活动**〕　由青岛市妇联主办、中心承办了“青岛市首届亲子(1+1)家庭劳动技能大赛‘旧衣物赶新潮’家庭服饰创新活动”，共有120多个家庭参加，被评为全省小公民道德建设最佳“五小”活动。

推出了“中华大地行——走进青岛海洋科技夏令营”，内蒙古、郑州的妇儿中心先后组团参加。组织了“中华大地行——走进内蒙古草原沙漠环保夏令营”；开展“热爱海洋走近科技”等3个主题一日营活动，组织2200多学生参与。

组织学军活动，4000余名师生参加了军旅一日营，暑期先后组织5期近600人参加“快乐军旅六日夏令营”。

暑期期间中心组织了快乐“DIY”全日制夏令营、太阳鸟英语夏令营、科技快乐实践营，招收营员近千人。

〔**学生社团活动**〕　2004年，中心艺术团参与专场演出11场，参加青岛市各大节庆活动32场。舞蹈《2008扬帆青岛》参加了“中国小公民风采展示暨全国少年儿童艺术（舞蹈）大赛”，获二等奖，中心获优秀组织奖；获第十届全国推（文艺）新人大赛全国总决赛最佳组织奖。参加市级以上各类文艺类竞赛，共获得各级个人奖项百余个。中心管弦乐队和北京市少年宫管乐团联袂举办了主题为“情系北京奥运，相约帆船之都”管弦乐公益交流演出。

中心组织承办了全国元老杯乒乓球邀请赛、绮丽杯全民健身大奖赛、市南海之情全民大赛，获省乒乓球业训工作先进集体称号。小运动员陈梦代表中国少年队参加东亚国际少年赛获团体冠军、单打亚军，并代表青岛40万中小学生与夏耕市长共同为奥运倒计时启动仪式揭牌。

组织全市8000余名儿童、妈妈一同参加了“亲近自然、彩绘大地梦公园儿童妈妈写生比赛”；首届“好娃娃”杯全国少年儿童书画、摄影、陶艺、作文大赛青岛赛区比赛于9月中旬启动，全市有2万多名适龄儿童参加，青岛赛区评选出金奖36个。

中心面向全市特困家庭子女，招收了舞蹈、美术、表演3个专业的学员60名，免费举办特困生艺术特长培训班。

配合英国儿童救助会与中国儿童中心，8月16～20日在青岛举办了为期5天的儿童权利培训实验班。

中心图书馆举办了青岛市首届中小学生“我爱海洋”主题征文活动，收到30所学校的近150篇征文，评出56篇优秀作品。　（吴晓谦）

青岛市李沧区少年宫

〔**场所建设**〕　2004年，李沧区委、区政府、科技局、教体局投资130余万元，建成了青岛地区设备最先进的天文台，成为少年儿童学习天文知识、观测天象、开展科普活动的基地。教体局投资100余万元，对少年宫进行改造装修，设置多功能厅、排练厅、小型琴室、舞蹈室、天文多媒体展厅、地下室展厅等。

〔**群众文化活动**〕　几年来，少年宫共开展了百余项活动。其中有传统的“为群众义务写春联”、每年老人节去敬老院搞“慰问演出”、与老人们进行“书画、美术交流”、“少儿合唱比赛”、“集体舞比赛”、走进大自然“书法临摹”、“到崂山写生”、“科技创新大赛”。

〔**科技教育**〕 少年宫每年组织全区性的“李沧区创新精神与实践能力成果展”，全区2万多名小学生参加。组织各学校参加市级以上科技比赛和活动百余次，成绩显著。获全国奖项30余人次，申请国家专利1项；获省级奖项50余人次；市级奖项300余人次。

〔**艺术教育**〕 少年宫少儿艺校是少年宫与永安路小学联办的一所优势互补的学校。学生在少年宫里强化了基本乐理、视唱练耳、器乐欣赏、舞蹈等。少儿艺校成立6年来，已举行了近百余场演出。创作的舞蹈《鼓妞》获全国中小学生文艺汇演二等奖(直辖市最高奖项)，并代表青岛市进京汇报演出；在青岛市舞蹈大赛中创作的舞蹈《盼》和《群狮争雄》分获专业组第一名和第三名。少儿艺校第一届毕业生98%考入中央音乐学院、中国音乐学院、北京舞蹈学院等艺术院校和中学艺术班。

烟台市青少年宫

〔**基本情况**〕 烟台市青少年宫创建于1960年，位于烟台市中心文化广场，现有在编教职工39人，外聘从业人员100余人，占地面积7000平方米，建筑面积3300平方米，是目前全市惟一成建制公益性青少年儿童校外教育机构。青少年宫连续多年被团省委、省宫协评为“山东省红旗青少年宫”；先后被山东省总工会授予“富民兴鲁劳动奖状先进单位”称号；获“全国先进青少年宫”、“市级文明单位”、“市区十佳窗口单位”等称号，命名为“小公民道德建设示范基地”和“爱国主义教育基地”。

〔**教育科研活动**〕 青少年宫科研活动活跃，每年组织举办科研论文交流、教案展评、“规范与创新”优质课评选等活动。教职工每年都有10多篇论文在各级报刊上发表。青少年宫办有宫报《烟台市青少年宫通讯》，辟有工作动态、活动采风、论文交流、学员习作等多个栏目，年出版4期，发行2000份。

〔**群众文化活动**〕 2004年共举办、参加各类活动20多场次，参加活动人数2万多人次，市以上新闻媒体对活动的宣传报道120多条次。其中组织举办全市性大型活动10项，如：“托起明天的太阳”迎新春美术作品暨爱心捐赠活动和文艺联欢会、“让先烈的旗帜更红，为祖国的明天更好”革命传统教育实践活动、第三届少儿电子琴大赛、第四届“少儿英语杯”英语口语比赛、“我为文明烟台添光彩”庆“六一”大联欢、“小乐手”消夏系列音乐会、“把爱心献给山乡的小伙伴”城乡少年“手拉手”捐赠助学活动、“寻访美丽烟台亮点，做魅力城市好少年”主题教育实践活动和“播种文明”走进乡村校园系列文艺演出活动等；开展中小型活动多项；参加社区、市里有关演出7项，如全市2003“感动烟台”十大人物颁奖晚会演出、庆祝教师节演出、青年志愿者行动演出、社区纳凉演出、走进少教所法制教育演出、中央电视台充气动画城烟台巡展活动演出和庆祝烟台荣膺“最佳中国魅力城市”文艺演出等。

〔**兴趣小组活动**〕 青少年宫常年开设文艺、书画、科技、体育、外语等30多个项目150多个兴趣培训班，年培训学员8000多人次。办有以文化教育为基础、以艺术教育为特色的全日制小学——烟台市星海艺术学校和艺术幼儿园，在校（园）生分别为240人和150人。

〔**青少年社团**〕 青少年宫组建有少年艺术团，下设舞蹈、声乐、民乐、管弦乐4个演出队，有骨干团员120余人，是全宫文艺演出活动的骨干力量，也是烟台市文化艺术舞台上最活跃的力量之一。

〔**交流活动**〕 2004年共举办和参加对外交流活动4次，少年宫艺术团21人赴俄罗斯符拉迪沃斯托克市参加了第三届“飞吧，鸽子”国际儿童合唱节的演出与交流活动；接待美国圣迭戈市友好代表团的参观访问和联谊活动；接待保加利亚布尔加斯市友好代表团的访问和联欢活动；少年宫艺术团36人参加了中国蓬莱“和平颂”国际青少年文化艺术盛典的演出与交流活动。 （李明科）

淄博市博山区青少年宫

〔**发展概况**〕 2004年，青少年宫成立了专门部门面向市场，研发新项目，开拓新市场。全年共有珠心算、跆拳道、散打、中、高考辅导班、少儿剑桥英语、成人幼师大专班等5个新上项目，在当年实现了社会、人才、经济3个效益的同步增长。特别是幼儿珠心算，采用挂靠名牌，走集团化经营的办学理念，从9月份开班，不到半年时间，便在全区打开了局面。

〔教育培训活动〕 2004年，青少年宫共开设艺术、体育、文化、启智4大类10个项目的业余培训班，分别是舞蹈、钢琴、电子琴、架子鼓、古筝、乒乓球、武术、跆拳道、美术、剑桥英语。暑假期间增开文化补习、棋类、书法、声乐等，全年培训人数达2000人次。

2004年共获得各种奖项24项，计131人次。其中获国家级奖项4项34人次、省级奖项7人次、市级奖项10项52人次、区级奖项6项38人次。古筝项目在全省才艺比赛及全国器乐类山东赛区比赛中，分获金奖和一、二、三等奖；舞蹈节目在市级比赛中获金奖；乒乓球有35人次分别在市、区“希望杯”、市级联赛等14个比赛项目中获奖，成为博山地区乒乓球优秀小选手最多的训练基地，多次代表博山区外出参赛。

〔群众教育活动〕 以提高孩子生活自理能力为主题的“我最棒”学生生活技能比赛、以师德教育为主题的教师师德演讲比赛、以爱国主义教育为主题的“爱我家乡、爱我祖国”征文比赛活动等已成为青少年宫的特色活动。2004年，为博山区政法系统成功举办了“鼓浪屿杯”乒乓球比赛，收到了良好的社会效果。

〔艺术小学教育成果〕 2004年，艺术小学在全区小学五年级语数成绩检测中名列前茅。在全区小学数学竞赛中，参赛选手获奖率达100%。毕业生考取城区民办学校比例达71%，居全区各校之首。

〔教育科研活动〕 全年共安排教师参加业务脱产培训、业务交流、外出参观学习达62人次。通过学习，提高了教师职工的自身素质。 （刘持斌）

潍坊市青少年宫

〔阵地建设〕 青少年宫针对场地狭小，生源受区域性限制的实际，积极开辟渠道，建立了3处连锁性质的校外培训中心、培训基地，增强了青少年宫对外的辐射和中心指导作用。

〔教育培训活动〕 2004年，青少年宫开设各种形式的培训，有音乐、美术、舞蹈等5大门类18个专业，参加年训的各专业学生达7200余人次，参加暑期各培训点1000余人。少儿艺校在校生达200余人，艺术幼儿园400余人。

〔教育活动〕 组织、承办一年一度的中国音协器乐、舞蹈、音乐素养业余考级，每年接待考生3000余人次；每年推荐年度优秀教师由全国音协、舞协进行表彰；2004年组织各类活动36次，如每年派出节目参加潍坊市人民政府举办的一年一度的潍坊国际风筝会，参加市委组织的庆祝建党73周年文艺晚会等；与企业联姻合作连续三年举办“云门春杯”大型交响音乐会；以潍坊市少年科学院为主体，大力开展活动、培训，定期组织比赛。开展以“三模”（航模、船模、飞机模)、“五小”(小制作、小发明、小观察、小实验、小论文)为形式的比赛。

2004年，青少年宫获得国家、省级奖励100余项。在教育部、中央电视台举办的全国少儿电视艺术大赛中，取得一枚金奖，一枚银奖，三枚铜奖。

枣庄市妇女儿童活动中心

〔发展概况〕 枣庄市妇女儿童活动中心原名枣庄市儿童乐园，于1985年5月建成开园，是山东省建园最早的妇女儿童校外教育阵地，是集幼教、培训、娱乐、服务于一体的综合性多功能的学习、娱乐场所。2004年，中心圆满完成全年各项工作目标。幼儿园教育设施进一步完善，全年创收146．8万元，同比增长39．54%。2004年获得省级“巾帼建功”竞赛活动先进单位，全国“双有”活动优秀组织奖等荣誉。

〔场所建设〕 经过一年多的不懈努力，中心教培综合楼续建工程现已顺利收工，总面积2538平方米。为了配合整个沿街改建的完工，中心重新规划园内主道路，对园区主道路进行了整修，重新铺设道路面积3400平方米，节约资金4万余元，使活动中心的硬件设施得到进一步提高。

2004年，为改变园区游乐设施陈旧、落后的困境，于10月份引入投资商投资近30万元，兴建“大风车世纪乐园”，对园内游乐区进行重新规划、合理调整，添设新型游乐设施30余种，于2005年元旦正式营业，实现社会效益与经济效益的双赢。

〔群众文化活动〕 2004年“六一”期间，开展了小公民道德建设宣传活动；举办了全市第四届少儿手工制作大赛，分别决出小学高年级、小学低年级、儿童组一、二、三等奖各12名；举行了全市中小学生乒乓球比赛，分别决出初中组、小学组、团体前六名、个人前八名；暑假期间举办了消夏文艺演出，钢琴演奏会等活动；9月底举办了“迎中秋、庆国庆”文艺汇演，在广大青少年和社会各界产生了良好的影响。

〔**教育培训活动**〕　2004年初，中心在规范、扩展原有钢琴、电子琴、小提琴、微机、乒乓球、萨克斯、舞蹈、英语、书法、绘画、健美操、长笛、声乐等培训项目基础上，又积极引进了砺智特色教学，迪士尼英语等项目。全年累计参加长、短期培训班少儿5000余人次，为社会培养了大批特色人才，社会声誉不断增强。

〔**幼儿园教育成果**〕　2004年，幼儿园坚持以素质教育为中心，以培养幼儿的创新意识和实践能力为教育重点，本着“营造一流的环境，培养一流的师资，提供一流的服务”的办园宗旨，努力营造优美的育人环境，在社区和广大家长中赢得了良好的声誉。全年幼儿园累计在园幼儿3931人次，收入61万元，超额完成当年经济目标。

〔**早期教育中心教育活动**〕　2003年成立早期教育中心，根据枣庄婴幼儿早期教育现状，在巩固发展原有亲子课程的基础上开设了全程班。全程班采取以蒙特梭利教育为主，八音盒、彩虹屋、全脑开发、语言、英语等课程为辅的小班化教学，课程设置的内容都能被2～3岁的宝宝吸收，为进入小学和幼儿园打下良好基础。经过1年的努力，全程班的开办得到了家长的认同，社会各界报名踊跃，确保了全程班的后续生源。

10月，开设了3～6岁蒙特梭利实验班，以蒙式、多元智能、福禄贝尔、早期阅读等为主要教育内容。填补了全市蒙特梭利教育的空白，实验班的生源不断增加。

2004年，举办了“枣庄市首届爬爬秀比赛”、“庆六一大型亲子活动”、“亲亲宝贝欢乐圣诞夜活动”，以先进的教育理念和独特的教学方式，得到了社会各界的普遍认可，取得了较好的经济效益和社会效益。全年创收26.5万元，较2003年(七个月)的13.1万元，增收13.4万元，增幅102%。

泰安市青少年教育培训活动中心

〔**基本情况**〕　泰安市青少年教育培训活动中心是隶属于共青团泰安市委的一所青少年校外教育阵地，处于山东省泰安市泰城中心。前身是泰安市青少年宫，始建于1984年，1993年10月批建活动中心。

活动中心下设5个科级单位，分别是青少年宫、团校、泰山雷锋学校、泰山青年旅行社、泰山青年实业公司。单位现有职工37人。

1990年创办了艺术幼儿园。1993年创建了雷锋学校，常年在校生630余人，开创了全省团办学校的先河。寒暑假、双休日举办各种艺体专业培训班，年培训学员在4000余人次，在全国、省市各类比赛、汇演中多次获奖。

中心先后被团中央分别批建为全国青少年泰安活动营地、全国少先队辅导员培训基地等。被省教委授予全省社会力量办学先进单位，被市委、市政府评为精神文明建设先进单位，连续多年被团省委评为红旗青少年宫，2000年被团中央、文化部表彰为全国先进青少年宫，2001年被市委、市政府授予市级文明单位。

〔**场所建设**〕　中心场馆总面积1.12万平方米。2004年，中心在没有财政经费支持的情况下，单位每人集资3万元，建起2200平方米的5层教学楼、2层可同时容纳500人就餐的学生餐厅。各项工程的相继竣工，为单位的发展注入了活力，使单位整体面貌焕然一新。

〔**科研活动**〕　中心出版宫刊《信息交流》，2004年出版4期。面向全市各中小学校，编发《泰山小灵芝报》、《绿芽报》，每期发行2万份，2004年分别出版4期。2004年活动中心主任李增文出版书籍《戈壁滩》，出版教材《泰山雷锋学校学生作文集》。

〔**兴趣小组活动统计**〕　2004年，青少年宫共开设电子琴、钢琴、手风琴、二胡、朗诵、扬琴、琵琶、古筝、笛子、舞蹈、小提琴、声乐、书法、硬笔书法、国画、素描、绘画、计算机、乒乓球、围棋、武术、中国象棋、小记者、英语、感统训练专业25个，兴趣小组85个，学员总数6560人。

2004年参加、承办各类教育、竞赛活动统计

项目	活动名称	活动时间	市级赛人数	全国赛人数	获奖人数
体育活动	中小学棋类比赛	2004.3	150		100
文艺活动	全国美术比赛	2004.1		300	1076
	第二届中小学生艺术展演大赛	2004.5		16	
	庆“六一”文艺汇演	2004.5	60		
	全省中小学生艺术考级	2004.8	1000		
	市电视台专访少先队活动	2004.3			
科普活动	星星河全国少儿美术书法摄影作品大赛	2004.3		16	124
	全国中小学生优秀美术书法摄影作品大赛	2004.4		26	
	全国中小学生书法绘画摄影大赛	2004.5		12	
	“小超人”杯全国作文大赛	2004.6		70	
生活实践活动	“健康宝宝”评选活动	2004	1		801
	老少同乐笔会	2004.2	200		
	元宵灯谜	2004.2	600		
学科类竞赛活动	第二届小学生作文比赛	2004.12		12	1712
	中华美文诵读	2004.3	300		
	中小学生作文比赛	2004.12	1000		
	全国美术考级	2004.11		400	
其他活动	学雷锋活动启动仪式	2004.3			
	成人计算机培训	全年			
	团干部培训	2004.3			

（辛丽丽）

河南省校外教育

综　述

〔河南省制订未成年人思想道德建设的实施意见〕　2004年7月，河南省委、省政府下发了《关于进一步加强和改进未成年人思想道德建设的实施意见》，明确提出了河南省加强和改进未成年人思想道德建设的总体思路，围绕一个目标，抓好一个载体，在全省组织开展以优化学校育人环境、优化家庭育人环境、优化社会育人环境、争当合格建设者和可靠接班人为内容的“三优一争”活动。

实施4项工程：为未成年人开展活动、接受教育提供场所的“建设工程”，以满足未成年人精神文化需求为内容的“精品工程”，为未成年人创造健康成长环境的“净化工程”，维护未成年人合法权益、关心帮助其成长进步的“关爱工程”。突出3个加强：加强中小学校德育工作，加强教师职业道德建设，加强团组织建设和少先队工作。

〔河南省未成年人思想道德建设综述〕　河南现有18周岁以下的未成年人2970多万，约占全省人口总数的30%。几年来，全省各级团组织在各级党委政府的领导下，在社会各界各部门的密切配合下，以培育“四有”新人为目标，坚持正面教育、积极引导的方针，深入开展了各种富有实效的活动，努力实现了学校教育、家庭教育、社会教育的有机结合，使全省青少年的思想道德建设取得了较大成效。

共青团和少先队组织以“党在我心中”为主题，在青少年中广泛开展了“学习科学理论，坚定理想信念”读书铭志、读书征文和“跟党走、献青春”大型演唱会等系列活动；广泛开展了青年志愿者、希望工程、保护母亲河、“除陋习、树新风、争做文明青少年”、“大眼睛看河南、红领巾爱家乡”、手拉手、18岁成人预备期教育、中原青年文化项目擂台赛等道德实践活动，使广大青少年在道德实践中提升道德素质。据统计，全省注册青年志愿者已达30多万人，在扶贫济困、敬老助残、植绿环保等领域广泛开展活动。全省创建市级以上青年文明号1.1万个。全省已建设市级青少年宫7个，省级爱国主义教育基地100多个。

成人仪式教育活动不断引向深入。自1995年该项活动在全省开展以来，郑州、新乡、焦作、开封、南阳、安阳等大多数市地每年都在“五四”青年节、国庆节等节日和纪念馆、爱国主义教育基地等不同地点举行4000人以上规模的18岁成人宣誓仪式。

在开展公民意识教育方面，以年满16岁公民领取居民身份证为契机，充分利用现有的中学生团校、业余党校、青少年公民素质学校等阵地，通过编印公民意识教育教材、聘请知名教育、法律专家授课，以《中华人民共和国宪法》及相关法律法规为主要内容，对适龄学生进行公民意识教育。

在学校广泛推行法制副校长聘任制度，把法制教育纳入学校总体教学计划，普遍开设法制课。全省2万多所中小学聘请了法制副校长。

开展“社区青少年远离毒品”行动。近年来，团省委联合省公安厅等部门在全省开展了“社区青少年远离毒品”行动。各地结合创建“无毒社区”、“青年文明社区”活动，充分利用青少年法律学校、青年文化广场等活动阵地，运用影视、广播、图书、网络等手段，组建禁毒青年志愿者服务队，通过向青少年赠送禁毒书籍、戒毒学员现身说法、禁毒图片展览、拒绝毒品签名、禁毒知识讲座等多种形式，在社区开展多种形式的禁毒宣传，帮助青少年认识毒品、拒绝毒品。

在社区，开展了创建“青少年法律学校”活动，全省已创建了近200所青少年法律学校和法制教育基地，聘请了一大批关工委的老同志、司法机关的专业人员担任青少年法律学校的顾问和教员，成为社会对青少年进行法制教育的重要阵地。

〔**河南省关工委积极投入参与未成年人教育**〕河南省在全省创建各级各类家长学校3万多所，初步形成了“关工委”综合协调，教育局牵头，以学校为依托，以老干部、老教师为骨干的家庭教育格局。河南省漯河市针对城市父母上班或外出务工后，隔代养育带来的问题，创办了社区“四老”（爷爷、奶奶、姥爷、姥姥）家长学校，在办学机制上，依托社区活动场所、管理人员，吸收有责任心、有家教经验的辖区居民和老同志为专职教师；在教学内容上，针对不同层次、不同特点，分基础班和特色班，以不同方式进行授课；在教学形式上，采取集中授课、交流座谈、亲子互动等方式，使“四老”家长乐于接受和参加；在教学目标上，注重学用结合、知行统一。目前，受教育的“四老”家长近万人次。

2004年，全省有4万多名老同志担任校外辅导员，组成报告团3200多个，作报告22000多场，听众达260多万人。

〔**河南省校外教育发展概况**〕　改革开放以来，中共河南省委、省政府和省各主管部门，通过多种途径提出和强调，各级党政领导要把培养教育少年儿童的工作摆到议事日程，各部门要切实加强领导，充分发挥校外教育机构的育人作用。省人大还成立了省妇女儿童工作协调委员会，并多次召开本系统的全省会议，讨论研究和全面部署少年儿童校外教育工作，分别转发了《青少年宫管理条例》、《加强妇联系统儿童少年活动中心管理的指导意见》。2000年7月，省委、省政府转发了中央“两办”13号文件，先后成立了相应的机构，加强了领导，强化了管理职责，深入扎实地推动了校外教育事业的发展。

2001年，郑州市人民政府斥资3000余万元对郑州市青少年宫进行了扩建。扩建后的少年宫占地27余亩，建筑面积增加1万多平方米，主体楼造型独特，气势恢宏。据初步统计，到2002年末，全省已有各级各类少年儿童校外教育活动阵地27所，其中教育系统所属少年宫、科技馆(站)、少年之家10余所；妇联系统所属妇女儿童活动中心4所，共青团系统所属青少年宫9所，另有儿童图书馆(室)4所。

河南省各地少年儿童校外教育机构全面贯彻党的教育方针，广泛开展各种教育活动，充分发挥了校外教育机构的育人功能。在教育活动内容和项目设置上，不仅涉及思想道德、科学技术、文化艺术、体育卫生、劳动实践和游戏娱乐等各个方面，而且还根据科学发展和当代少年儿童的新特点新需求，及时调整和增添计算机、外语、环保、生物、陶艺、摄影摄像、影视表演、人际交往、社会服务和国际交流等新的项目和内容。在教育活动形式上，将群众性教育活动、专业兴趣小组培训活动和阵地开放活动并举，寓教育性、知识性、科学性、实践性于娱乐性、趣味性之中。各种活动空前活跃，丰富多彩，不断创新，硕果累累。仅以河南省妇女儿童活动中心为例：该中心于1996年建成投入使用后，先后设置了多种专业培训，建立了特色艺术幼儿园，组织了许多有影响的比赛和才艺展示活动。根据少年儿童日益增长的学习要求，该中心不断增加新的专业知识门类，到2002年底，全中心已开设30个专业、约500个班次，全年参加培训的少年儿童已突破1.5万人次。7年来，该中心共培训少年儿童达十多万人次，科普活动吸引和服务少年儿童数10万人次，显示了与日俱增的良好发展趋势。省会校外教育机构发挥地处全省政治、经济、文化中心的优势，奋发有力、与时俱进、开拓创新，为未来有待发展的市、县校外教育闯出了路子，积累了经验，起到了应有的示范引导作用。

由于河南省各地区情况不同，少年儿童校外教育事业的发展、校外教育活动场所和机构的建设，也存在着显著的不平衡现象。一方面，在广大的边缘地区，校外教育长期发展缓慢；另一方面，在校外教育发展较快的中心城市，少年儿童校外教育机构和场所在数量、规模、布局上的不够合理。究其原因，主要有以下3个方面：第一，经济基础薄弱，资金投入不到位。第二，对校外教育意义和重要性认识不到位。没有把它摆在同学校教育同等重要的“并举”位置。第三，领导和管理不到位，由于前两个原因，因此在领导力量和管理措施上缺乏逻辑性、系统性。

因此，河南省校外教育同北京、上海、山东、广东、浙江等兄弟省份比较，无论从规模、数量上看，还是从质量、结构和发展速度上看，距离都在拉大。与此同时，全省少年儿童及其家长对接受校外教育的重要性认识越来越明确，他们要求接受校外教育的愿望与现实的校外教育机构、场所、条件所能满足的程度，形成的反差也越来越大。许多地方，特别是广大经济欠发达的农村，多数少年儿童根本没有享受正规校外教育机构培育的机会。（魏　爱　邹辉林）

〔**河南省青少年科技活动综述**〕　2004年，省青少年科技辅导员协会在中国青辅协理事会、河南省科协的指导下，用科学理论指导青少年科技教育事业的发展，坚持以人为本，协调发展，积极团结广大会员，开展了丰富多彩的青少年科技教育创新实践活动。

1.开展科技教育理论研究与教育工作者发明制作展评活动。2004年2～5月，省辅协组织了以“学习型社会与青少年科学素质培养”为主题的第12届科技辅导员论文征集活动。于2004年4～7月组织开展了第四届教育工作者发明与科教制作活动。2004年征集优秀论文56篇，科教制作15项，评出省论文一等奖25篇，二等奖17篇，三等奖13篇，科教制作一等奖4个，二等奖7个。

2．举办省青少年科技创新大赛培训班。2004年10月30～31日，在郑州举办了省青少年科技创新大赛培训班。来自各辖市科协组织者、学校科技辅导员约150人参加了培训。通过培训及相互交流学习，使教师们进一步了解了我国科技创新大赛的动态和发展，为他们提供了进行学习与交流的机会

3.组织各省辖市广大少年儿童参与开展“智力七巧板”科普活动。2004年参与活动的有郑州、商丘、濮阳、信阳、鹤壁、南阳等市，利用课余时间培训教师及小学生近千人，销售科普活动器材约1600多套，使广大少年儿童及小学生在娱乐活动中开发智力，增强了动手能力。

4.积极参与省第十八届青少年科技创新大赛组织活动。2004年，第十八届河南省青少年科技创新大赛终评展示活动于2004年4月22～25日在南阳梅溪宾馆举办，此次大赛，上报参加省级评选的优秀作品达1091项，共有1000多所学校的100多万青少年参与。共评出省级优秀项目426项，优秀实践活动66项，少儿优秀科幻画381幅，教师优秀活动方案30个。在全国第十九届青少年科技创新大赛上，河南省代表队获优秀项目一等奖6项，英特尔英才奖等各种专项奖共12项，优秀实践活动一等奖1项，优秀科幻画获奖作品20幅，郑州市科协等4家单位获得了优秀组织奖。

5.参加中国辅协举办的主题学术年会。中国科协学术年会于2004年11月20～23日在海南召开。省辅协组织了10余名教育工作者及科技教师参加年会。年会期间，对全国第十二届科技辅导员论文征集进行了评选颁奖。河南省获国家级优秀论文一等奖2篇；二等奖13篇；三等奖12篇。

〔**河南省开展“青少年网络文明行动”**〕　近年来，随着计算机的普及和网络技术的日益成熟，互联网已经成为青少年学习和娱乐的重要平台。但是，互联网上的一些不良信息也对青少年的身心健康造成危害，尤其是一些网吧等上网营业服务场所存在接待未成年人进入、超时经营等问题，致使青少年沉迷网络、荒废学业、违法犯罪等现象时有发生。2004年3月，河南团省委、省综治委预防青少年违法犯罪工作领导小组、省学联、省少工委联合开展了河南省“青少年网络文明行动”。3月20日上午，在济源市世纪广场，6000余名青少年参加了活动的启动仪式。此次“青少年网络文明行动”，旨在通过宣传教育，动员和组织社会各方面力量参与社会监督，引导青少年养成健康文明的网络生活方式。从3月到8月1日，河南省各地团组织利用各种形式，大力宣传《全国青少年网络文明公约》。同时，积极配合文化部门深化“安全放心网吧”创建活动，向社会公布监督举报电话，组织社会监督队伍，广泛参与网吧整治专项行动，努力营造有利于青少年成长成才的网络环境。

校外教育单位

河南省妇女儿童活动中心

〔**发展概况**〕　2004年，是省妇女儿童活动中心团结向上共努力，执著追求创佳绩的一年。全年招生1.89万人，比上年增招2781人，增长率为17.2%。学费收入总额375万元，比上年增收64万元，增长率为20.6%。

2004年，中心被中国小公民计划实施领导小组命名为“中国小公民道德实践基地”、被国家新闻出版协会小记者指导中心批准为“中国小记者指导中心河南工作站”、被全国妇联批准挂牌为“全国家庭教育研究

基地”，被教育部、全国妇联等七部委命名为全国少年儿童“心中有祖国、心中有他人”主题教育活动优秀组织单位、先进集体。金水区、二七区多所学校也通过参加我们主办的活动获得了荣誉。

〔**未成年人道德建设活动**〕　2004年，中心从增强爱国情感做起，策划了“中华大地行——走进青岛”活动，利用暑假组织孩子们走进青岛科技城，感悟“科学技术是第一生产力”的深刻含义；从确立未成年人远大志向做起，通过教育部等七部委联合打造的全国少年儿童“心中有祖国，心中有他人”主题教育活动，选择出“我的成长故事”作为“六一”儿童节前夕的活动重点，联合金水区、二七区20余所学校，收到1万多份由小学生自己创作的表达成长经历的文章及绘画作品；从规范未成年人的行为入手，充分发挥橱窗、标语、公益活动宣传折页、公益活动媒体信息发布、“小螺号”小报等形式，把“五小”、“四进”活动融入其中；从提高基本素质入手，开展了“中国少年儿童平安行动”，组织了上千名学生参加了“我心中的平安校园”、“我心中的平安家园”、“郑州——祝您平安！”主题征文活动。中心未成年人思想道德建设工作受到省委、省政府有关领导的好评。

〔**教育培训活动**〕　2004年，中心语言专业招生人数不断攀升，占全部招生人数的三分之一还多。从事语言专业教学的专兼职教师已达10余位。语言专业向外扩张，率先尝试连锁办学，在焦作、安阳、开封、郑州铁路幼儿园等地开办了语言分校。甘肃省、江苏省同行、本省新乡等地同行纷纷赶赴郑州，学习语言专业的管理模式和教学艺术。

〔**常规群文活动**〕　2004年，中心从青少年身心成长的实际出发，区分不同年龄层次，设计和组织开展了内容鲜活，形式新颖，吸引力强的教育、科技、文化、艺术、体育等活动，把“小公民在行动”系列活动进一步提炼和精化，举办了“我的成长故事”、“中华大地行”等主题教育活动的组织实施，为中心再度争得了“全国优秀组织单位先进集体”荣誉，推出了服务教学的多个讲座；艺术团全年演出不断，在“全国第七届少儿故事大王比赛”中获一等奖、优秀组织奖，在“首届全国56个民族青少年才艺大奖赛”中荣获金奖。

〔**幼儿艺校**〕　幼儿艺校是中心未成年人教育和培养事业的一部分。一年来，中心班子指导艺校严格按照国家教委颁发的《幼儿园工作规程》进行教育实践，建立目标管理体系，促进幼儿全面发展；完善岗位责任制度，实行目标责任及优质服务；抓好教学研究，提高保教质量；突出办园特色，使幼儿学有特长。2004年，幼儿艺校全年招生近300名学员，人数和效益比上年增加30%。

〔**家庭教育科研活动**〕　2004年，中心主持撰写的《校外教育是未成年人素质教育工程中不可缺少的“链环”》、《强力开发幼儿学前教育的价值、前景及对策》两篇论文发表于学术双核心期刊，并获中国教育学会校外教育专业委员会第二届论文评选一等奖。

据统计，全年共有16位专兼职老师在各种专业比赛及评比中被评为优秀辅导老师。数以百计的学员在艺术及学科比赛中取得优异成绩。在业务科室的统一安排下，全年共有15位老师讲授了公开课，部分优秀外聘教师还为中心专业老师上了示范课。（邹辉林）

安阳市妇女儿童活动中心

〔**基本情况**〕　安阳市妇女儿童活动中心成立于1989年，1991年“六一”投入使用，是安阳市妇联领导下的公益性少年儿童校外教育机构和妇女活动阵地。活动中心园内环境幽雅，绿草如茵，集培训、活动、娱乐、服务于一体，是少年儿童学习科学知识和艺术的理想场所，同时也是开展文化体育活动的美好园地。2004年被中国小公民道德建设计划领导小组命名为“中国小公民道德建设计划实践基地”，被全国“心中有祖国、心中有他人”组委会评为优秀组织奖。

〔**设施建设**〕　2001～2002年，中心新增绿地面积2000平方米，建成了篮球训练场；2003年购置了电影放映设施。2004年被列为市政府向市民承诺的10个方面重要实事之一的综合教学楼工程已开工建设，建筑面积5255.95平方米，预算总投资为570万元，全部由市财政投资。综合教学楼设计有多功能展厅、舞蹈形体排练厅、图书阅览室、亲子乐园、体育活动室、电脑室、天文台和声乐、器乐、书画教室。该项目的建设将为全市妇女和未成年人的学习、娱乐提供更为宽广的空间和平台。

〔**庆“六一”系列活动**〕　2004年，中心开展了以手抄报大赛、书法绘画大赛、舞蹈大赛为内容的安阳市庆“六一”小公民道德建设风采展示活动，全市共有100余所中小学校、幼儿园5400余名少年儿童参加，共收到手抄报作品2050多幅；书法绘画作品2300多幅；51支代表队参加了舞蹈大赛。中心选出74幅参加首届河南省“清华园环保杯”少年儿童书画大赛，8位同学获银奖，5位同学获铜奖，63名同学获优秀奖，选送《爱•快乐•希望》等4个舞蹈参加全国少年儿童风采展示舞蹈大赛获三等奖。

〔**小公民道德建设活动**〕 2002年6月1日，是安阳市“庆‘六一’中国小公民道德建设计划”宣传日，在市政广场和活动中心广场同时举行了宣传活动。2002年8月暑假期间，活动中心在全市组织选拔了48名小朋友参加了中央电视台的《周末七巧板》栏目，展示了市“小公民”道德建设的成果和少年儿童良好的综合素质。

〔**“小龙人”讲故事大赛**〕 2004年，以“我做合格小公民”为主题，举办了以“五小”和“四进”活动为内容的第12届“小龙人”讲故事大赛，历时近2个月，1900余名选手参加了比赛，共有442名小朋友获得一、二、三等奖和优秀奖，100余名老师获优秀教师奖，25个学校、幼儿园获优秀组织奖。中心选送了12名代表，于2004年5月22日参加了河南省第三届少年儿童故事比赛暨第八届全国故事大王选拔赛，取得1个特等奖、3个一等奖、8个二等奖。

〔**“双有”活动**〕 2001年，开展了“迈进新世纪、百歌颂中华”活动、东西部红领巾手拉手百万图书传真情活动，共收到市5县4区各学校学生捐赠的图书8000余册，市少年儿童参加中国少年网络之星评选活动也取得了优异的成绩。

2002年开展了我做合格小公民“M&M”儿歌、童谣征集、评选、传唱活动。在全市小学生中开展以“我做合格小公民”为主题的儿歌、童谣征集、评选和传唱活动。各学校积极踊跃参加，6000张儿歌征集卡被各学校认领一空。经评选，选出10幅优秀作品参加全国评比。

2003年开展了“养成道德好习惯，争做合格小公民”道德实践活动。活动根据小公民计划中“我做合格小公民”为主题和“五小”行动内容，以儿童自主参与为特点，把小公民道德实践活动和学校德育工作、少先队体验教育、环保小卫士等活动结合起来。

2004年开展了小公民进社区、小公民进家庭、进公共场所、进学校等活动。

〔**教育培训活动**〕 中心在2004年开设了舞蹈（民族、拉丁舞）、声乐、器乐（钢琴、电子琴、古筝、二胡、小提琴）、美术、书法、英语、作文、语言、奥数、珠心算、武术、乒乓球、足球、篮球等培训班和学前幼儿艺术班。

〔**教育成果**〕 2001年8月，中心舞蹈《木偶戏》参加“做新世纪的主人”全国妇联系统儿童活动中心文艺汇演，舞蹈《踏青》获入选奖；2004年中心乒乓球班小队员在安阳乒乓球锦标赛中获男女团体第一；舞蹈节目在2004年庆“六一”舞蹈大赛中获一等奖；武术班学员在河北省武术散打比赛中获冠、亚军；艺术幼儿园在全国少年儿童风采展示舞蹈大赛、市“七色花”幼儿绘画比赛等各项活动中获奖。（张　伟）

焦作市青少年宫

〔**基本情况**〕 焦作市青少年宫（原名少年宫）初建于1958年9月，占地面积1万平方米。开办时，全楼使用面积约1000平方米，设有科技、美术、阅览、文体等多种活动项目，是河南省起步较早的青少年社会教育场所之一。1987年恢复青少年宫，二、三楼被市群艺馆占用至今；1996年市人民会堂改造，青少年宫又被拆去近二分之一。目前市青少年宫实有活动阵地320平方米，正式教职工8名，外聘教师5名和工作人员7名。

〔**场所建设**〕 为了缓解青少年宫阵地乏缺的现状，青少年宫租用社会闲置场所1000平方米，成立了焦作市青少年宫教育发展中心，于2002年暑期投入使用，使校外培训能力由原来的不足500人增加到目前的1500多人，一定程度上缓解了全市100多万青少年日益剧增的校外学习和活动的需求。但由于市青少年宫教室改建、活动设施、安装设备所用资金都是依靠贷款、借款和欠资的办法解决的，每年必须承付6.5万元的房屋租赁费，4万多元的授课费及管理人员的工资等，限制很大。目前仍有相当一部分青少年学生的校外活动空间被录像厅、游戏厅、网吧等场所占领。

〔**群众文化活动**〕 青少年宫每年组织中小学生艺术夏令营、美术夏令营、专业交流营；主办焦作市“六一”少儿晚会、“六一”游园活动、全市新年少儿晚会、少儿文娱大赛、全市少儿美术画展；承办焦作市“六一”文化周晚会；参加每年一次的焦作市春节文艺晚会、市太极拳年会以及团市委“五四”晚会、“手拉手”红领巾文化下乡、“希望工程”大型义演、与“希望小学”结对子文化活动；参加河南电视台七彩风铃“六一”专题；参加焦作电视台“七色光”节目演出和电视台“梨园风”2004年戏剧晚会；积极到全市各大中型企业慰问演出、到基层团组织和中小学指导排练节目等。

〔**未成年人思想道德教育活动**〕 青少年宫始终把未成年人思想道德建设摆在首位，策划了丰富多彩的活动。如：开辟未成年人素质教育活动专栏、举办焦作市首届故事大王比赛及河南省第三届故事大王选拔赛、庆“六一”少儿文艺晚会、青少年素质拓展夏令营等。在首届故事大王比赛活动中，来自全市以及各县区的400多名中小学生报名参加了比赛；在全省“故事大王”选拔赛中，选送的13名小选手获得7个一等奖、6个二等奖佳绩。

〔**承办“河南省第三届青少年宫少儿文艺调演活动”**〕 本次活动由共青团河南省委、河南电视台、河南省青少年宫协会主办，焦作市青少年宫承办。2004年9月18～19日在焦作市人民大会堂隆重举行。全省10个地市，近1000名少年儿童参加了这次少儿文艺调演。本次参赛的42个节目除了传统的歌曲、舞蹈、器乐、曲艺类型外，还有辅导老师们巧妙构思的创新类型，如音乐剧、歌舞表演、诗趣表演等综合节目。河南省电视台、焦作日报社、焦作市电视台、焦作广播电视报等新闻媒体都对此次活动进行了宣传报导。

〔**学生社团**〕 1989年，焦作市青少年宫成立了全市第一个少儿艺术团体——青少年宫萌芽艺术团，参加全省（郑州）青少年宫文艺调演，舞蹈《小公鸡》被评为一等奖；1995年，参加河南省（郑州）第一届青少年宫文艺调演，舞蹈《山妞妞的梦》获全省第一名、美术第二名和最佳组织奖；1998年参加第二届河南省（郑州）青少年宫文艺调演，获最佳组织奖，舞蹈《祖国祖国多美好》获一等奖；1999年，参加全国青少年艺术大赛，取得了2金3银1铜的好成绩，舞蹈《飞向明天》、《斗鸡》获全国一等奖，青少年宫被授予最佳组织奖；2002年，参加河南省（洛阳）青少年宫文艺调演获最佳组织奖，舞蹈《同一首歌》获一等奖；并多次在国内少儿绘画比赛活动中获奖。

〔**教育培训活动**〕 多年来，青少年宫遵循充分发挥“培训、活动、指导”3大教育功能的作用，开设有少儿舞蹈、美术、素描、硬（软）笔书法、合唱、语言表演、钢琴、电子琴、萨克斯、吉他、爵士鼓、无线电测向、青年时装模特、成人形体训练、中老年合唱团等十几个项目、30多个培训班，年培训学生上万人次，为国家、社会培育输送了大批各级各类的人才。

鹤壁市浚县善堂镇石佛铺村青少年活动中心

〔**基本情况**〕 2003年10月～2004年5月，河南省鹤壁市浚县善堂镇石佛铺村的小学教师庞留安、朱素红夫妇，将自己在家乡石佛铺村创办青少年活动中心的目的、过程以及产生的社会效益，以《苦心创办校外乐园》为题，参加了由中国教育学会少年儿童校外教育专业委员会、全国少工委办公室、中国教育报共同开展的“全国校外、课外教育活动论文（活动案例）征集活动”。他们夫妇在农村组织青少年开展道德实践、体验教育活动的做法，受到了全国少工委办公室的充分肯定和高度评价。同时也为石佛铺村青少年活动中心的发展带来了勃勃生机。

9月24日，庞留安作为全国惟一一位农村青少年活动中心的代表应邀参加了《中国校外教育工作年鉴》编辑工作会议，并在会上做了经验介绍。

〔**个人的义举引起多方关注**〕 庞留安个人创办青少年活动中心的义举引起了市、县各级党委、政府领导的热切关注。市、县文明委、团市委、县委、县教体局领导多次到石佛铺村青少年中心调研并指导工作。省、市、县电视台、《河南日报》、《河南农村报》、《教育时报》、《鹤壁日报》、《辅导员》杂志等多家媒体也相继报道了石佛铺村青少年活动中心情况。

8月19日，庞留安在市委、团市委组织召开的全市团组织关于加强和进一步改进未成年人思想道德建设工作会议上，接受了表彰并作典型发言；10月15日、12月15日分别在市委宣传部、市文明委组织召开的“全市第三季度十件好事”、“全市全年十佳好事”表彰会上接受了表彰并作典型发言。市委领导在会上强调：石佛铺村青少年活动中心为传播先进文化、弘扬民族精神，加强农村未成年人思想道德建设，促进农村精神文明建设做出了突出贡献。庞留安夫妇不愧为公民道德建设活动的先行者，精神文明建设的排头兵。其他单位和个人要以先进为榜样，从我做起、从现在做起、从点滴做起，积极投身到公民道德实践活动和3个文明建设之中。

〔**创新中务发展、求实效**〕 自团县委、县教体局领导到活动中心调研并指导工作以后，石佛铺村青少年活动中心的有益尝试和积极探索的经验，进入向全县甚至全市农村推广的历程。从2000年7月创办到2004年7月，石佛铺村青少年活动中心组织开展各项有益于青少年身心健康的活动，深受村里有觉悟、有远见的学生家长的支持。

从石佛铺村走出去的大中专学生，利用暑假、春节回家探亲的机会，来活动中心义务辅导小弟弟、小妹妹们，交流学习方法，与小弟弟、小妹一起打球、下棋、绘画、唱歌、练字。

团市委、县委领导送来《中国少年儿童》、《中国新一代》杂志、《辅导员》杂志、《中国青年报》；鹤壁市教育电视台捐赠《十万个名人故事》、《上下五千年》等书籍；全国少工委赠送了“中华少年小甲A足球活动”足球、光盘、录音带、《跨世纪中国少年雏鹰行动——“五自”教育活动系列卡通丛书》、“童趣杯”全国少先队特色小队展示活动光盘等。

8月21日，“浚县善堂镇石佛铺村青少年法律学校”在石佛铺村青少年活动中心正式成立。主抓教育工作的善堂镇副镇长、镇团委书记担任名誉校长，镇司法所所长徐普桓等工作人员担任辅导员。青少年法律学校立足基层，贴近青少年，提高青少年的法律意识和法律素质，帮助青少年学法、懂法、守法和用法，预防和减少青少年违法犯罪，促进青少年健康成长。青少年法律学校以自我互动教育为形式，开展主动活泼的法律活动；以体验教育为形式，开展多种类型的法律实践活动；以亲子双向教育为形式，开展潜移默化的家庭法律教育活动；以集中授课为主要形式，开展法律基础知识教育活动。 （马廷彦）

湖北省校外教育

综 述

〔湖北省制订未成年人思想道德建设的实施意见〕 2004年7月16日，湖北省委、省政府下发了《关于进一步加强和改进未成年人思想道德建设的实施意见》。文件就切实加强全省未成年人思想道德建设，全面提高湖北省未成年人的思想道德素质，提出具体实施意见和要求。

文件指出，目前，湖北省有未成年人约1600万，加强和改进未成年人思想道德建设，是涉及千万家庭切身利益的希望工程、民心工程。文件提出了加强和改进未成年人思想道德建设的总体要求、遵循原则和主要任务。并对扎实推进中小学思想道德教育、积极营造有利于未成年人健康成长的社会氛围、优化未成年人成长环境、努力为未成年人思想道德建设提供保证等几个方面进行了具体布置。

〔湖北省未成年人思想道德建设活动综述〕 2004年，湖北省在加强和改进未成年人思想道德建设方面进行了积极有益的探索和实践，取得了明显成效。

1. 重视学校德育工作，建立完善学校德育工作体系。把学生的思想品德状况和参与社会实践、社区服务的情况纳入到对学生的整体评价中，使德育考评在升学成绩中占有一定比例。

2. 拓展社区教育内容形式，发挥社区在“三位一体”教育网络中的平台作用。武汉市成立了家庭教育学校总校，15个区、883个社区建立了家庭教育学校分校，总校与分校互动，统一领导、统一规划、统一内容、统一安排、统一要求，使家教知识普及率达90%以上。

3. 切实加强建设和管理，提高青少年校外活动阵地的教育效果。湖北省拥有丰富的爱国主义教育基地资源，90%以上的爱国主义教育基地和公益性文化设施已向未成年人集体参观免费开放。省投入7000万元，把红安建成“湖北省爱国主义教育和革命传统教育基地”。

4. 湖北省是劳务输出大省，针对农村外出务工人员增多的情况，不断探索加强对农村“留守儿童”教育和管理的途径。湖北省团委开展了“城乡少年手拉手、百万图书进山村”活动，动员10万家庭条件较好的城市少先队员每人向一名农村少先队员捐赠10本优秀少儿图书，实现了全省20万城市、农村少先队员长期结对、互学共进。

〔共青团湖北省委切实维护未成年人的合法权益〕 2004年，共青团湖北省委建立省“未成年人维权服务中心”，并利用2年时间，在全省普遍建成“青少年维权服务中心”，构建维护未成年人合法权益的工作体系。建成后的“青少年维权服务中心”积极落实“青少年违法犯罪社区预防计划”，大力实施“帮教工程”，组织一批志愿帮教队伍，与失足、闲散和困难家庭未成年人实行“一帮一”结对，加强对特殊未成年人群体的帮教、矫治和救助工作；积极开展“青少年网络文明”行动、“青少年远离毒品”、“青春自护”等活动，保护未成年人免受侵害，健康成长。

〔湖北省文化厅为全省青少年做实事〕 2004年，湖北省文化厅结合自身优势，充分利用全省群艺馆、文化馆现有设施、设备及人才资源优势，开展高雅艺术进校园演出活动，丰富城乡未成年人的精神文化生活；办好全省少儿图书馆（阅览室），不断充实少儿图书藏量，改善阅读环境；对中小学生观看爱国主义教育影片实行票价优惠，合理安排放映时间，利用节假日集中开展优秀影片展映活动。

〔**湖北省对文化市场开展两次专项治理行动**〕 2004年，湖北省新闻出版局开展了2次专项治理行动。上半年开展了未成年人读物市场的清理整顿。坚决取缔传播淫秽、凶杀、暴力、封建迷信和伪科学的出版物，取缔各类游戏盗版软件市场。打击的重点是以未成年人为读者对象的宣扬色情、暴力的“口袋书”、卡通画册及含有恐怖、残忍等有害内容的游戏软件产品。下半年集中开展了教材教辅的专项治理工作，坚决堵住盗版教材、教辅读物流入学校的渠道。重点是滥编滥印、加重学生负担的教辅资料。让中小学生远离盗版教材教辅。

新闻出版部门同时要求各类游戏软件除了要刊登《健康游戏忠告》外，还要对未成年人提出必要的警示忠告。积极开发优秀的动漫画和网络游戏软件产品，用优秀的出版物占领这个市场。

〔**湖北省实施“母亲素质工程”**〕 从2004年开始，湖北省妇联联合有关部门在全省组织实施“母亲素质工程”。通过施教于母亲，使母亲提高思想道德、科学文化和心理健康素质，掌握科学教子方法，由“自然母亲”成为“合格母亲”。为此，省妇联组织开展了“百万母亲大学习”行动，筹建“母亲教育指导中心”，开办母亲教育讲座，编辑母亲教育丛书，制作母亲教育音像资料，举办“母亲教育论坛”，开展“新时期母亲形象”大讨论，评选“十大杰出母亲”等系列活动。

〔**湖北省开展净化荧屏运动**〕 2004年，省广播电视局紧扣电视剧、电影、娱乐类节目、广告等重点节目进行全面清查，对那些不利于未成年人思想道德建设的节目和情节、内容，立即纠正和调整，坚决删除、停播。此外，省广播电视局规定，各级电视台的所有频道播出含有展示暴力、凶杀、恐怖等内容的涉案题材电视剧、电影片、电视电影以及用真实再现手法表现案件的纪实电视专题节目，必须在每晚11：00以后播放。

2004年10月1日前，省直和武汉市有线电视网络完成了中央电视台少儿频道落地任务。省广播电视局要求全省所有有线电视网络在传输覆盖中央电视台少儿频道节目的过程中，不压缩、删减播出时间、不以任何形式插播自办节目和广告，确保中央电视台少儿频道的落地效果。省电视台和武汉电视台少儿频道要坚持以未成年人为主要对象，制作播出优秀的动画片、儿童影视剧、教育节目、娱乐节目、专题节目，并体现湖北地方特色。

〔**省妇联启动“家庭教育志愿者进社区”活动**〕 2004年9月19日，湖北省妇联在武昌水果湖放鹰台社区举行了“湖北省家庭（母亲）指导仪式暨家庭教育志愿者进社区”启动仪式，武汉市武昌、洪山等区妇联主席、儿童部长、部分社区儿童工作者和家长以及百余名家庭教育志愿者等200余人参加了活动。

活动以普及“三优”知识为重点，以“科学育儿、以德育人、为国教子”为主题，开展的“争做合格家长、培养合格人才”的家庭教育宣传实践活动，推出了“五个一”行动：组织一支家庭教育指导师资队伍，培养一批家庭教育骨干，树立一批“科学育儿、以德育人、为国教子”的好家长典型，创新一批家庭教育指导模式和案例，建立一批家庭教育指导中心（站）。仪式结束后，100余名家庭教育志愿者分别进入水果湖放鹰台、洪山路等社区面对面的为200余名家长和孩子服务，对家庭教育中的有关问题进行咨询和辅导。

校外教育单位

武汉市青少年宫

〔**发展概况**〕 2004年是武汉市青少年宫的改革年，一年来，全宫干部职工根据中央经济工作会议和全国青少年宫协会工作会议的要求，在团市委的领导下，以“青少年宫艺术综合楼建设”为重心，以“培育有特色的教育品牌，打造校外教育大超市”为主线，以推行“全员目标管理”为抓手，全力做好艺术综合楼建成前管理工作格局、教育活动格局的调整和必要管理制度、经营模式的变革。

2004年，青少年宫被共青团中央，全国宫协评为

"先进青少年宫",宫主任张其军被授予"全国青少年宫先进工作者"光荣称号,培训中心教师高长江被评为"优秀教师"。

2004 年初,在宫办公室和活动中心的积极筹备下,武汉市青少年宫协会在青少年宫正式成立,全国宫协副会长谷丽萍与团省委、市委领导亲临现场,参加了揭牌仪式。

〔场所建设〕 武汉市青少年宫艺术综合楼于2003年6月1日破土动工,2004年12月20日竣工,12月24日顺利通过验收。工程建设资金投入1.3亿元,建设用时一年半。艺术综合楼从规划设计到建设施工,都得到了市委、市政府的高度重视和社会的大力支持。

2001 年 2 月,市委、市政府下发了《关于加强青少年学生校外活动场所建设和管理工作的通知》,明确提出将新建一座适应时代发展需要、具有现代教育手段的市级少儿艺术教育培训综合楼纳入 2001 年全市建设项目计划。结合武汉市青少年宫实际情况,市委、市政府决定在位于市中心黄金地段的市青少年宫投资1.3亿元新建武汉市青少年宫艺术综合楼。

艺术综合楼的建设得到了社会各界的大力支持。市建委、规划、环保、城管、水务、公安、人防办等部门鼎力支持,在政策允许的条件下,为工程建设打开"绿色通道",减免了综合楼的相关建设费用 600 多万元。

建成后的艺术综合楼占地面积 3.2 万平方米,高 7 层,建筑面积 3 万多平方米。艺术综合楼建有 722 座的音乐厅,各类教学用房 156 间(其中艺术、体育、文化 3 大类培训教室 92 间)以及体操馆、健身馆、乒乓球馆、排练厅、视听间、综合演艺厅、智能会议厅等综合场馆,并建有可泊车位 137 辆的地下车库和可泊车位 40 辆的地上停车场,年培训学员可达 12 万人次。有线通讯网络、局域网、800 多个家长休息椅等设施和场所,将为青少年、广大市民的培训和活动提供更全面的服务。

〔群众教育活动〕 2004 年,参与组织了"2004 年 VISA 国际奥运少儿绘画大赛"、"第九届全国少儿绘画大赛"、"武汉市少儿珠心算比赛"、"2004 年武汉市少儿武术大赛"、"第十届全国少儿电琴大赛湖北省选拔赛"以及"武汉市青少年宫军事科技夏令营"、"全国青少年宫'庄则栋杯'少年儿童乒乓球邀请赛"、"全国青少年宫武术比赛"等活动,并取得较好成绩。活动中心还组织了"欢乐快车"武汉市少儿"六一"游园活动和武汉市第二届"共青杯"足球大赛,受到广大青少年欢迎。仅 2004 年暑期,来水上世界参加水上体育活动的青少年及市民达到 30 万人次,全年到青少年宫参加各类活动的青少年及市民超过百万人次。

〔教育培训活动〕 2004 年,由于受工程建设和周边城市环境改造工程的影响,来宫参加学习和校外活动的青少年锐减。宫培训中心和活动中心积极动脑筋想办法消除不利因素,保证各项培训活动的正常开展。培训中心积极探索由现行的 1 年 2 季招生过渡到 1 年 3 季招生的办法。一方面尽量利用现有的办学条件,拓展办学时段和办学项目,特别是暑期办班项目;另一方面,加强了日常教学质量的监督管理。据初步统计,培训中心全年开办各类素质教育培训班 1000 余个、培训学员近 3 万人次,实现培训收入 500 余万元。

（罗惠东）

武汉市江汉区青少年宫

〔发展概况〕 武汉市江汉区青少年宫位于湖北省武汉市江汉区友谊路商业繁华地带,属财政拨款的全民所有制事业单位,归口共青团江汉区委领导。青少年宫开办美术、舞蹈、电脑、英语等校外兴趣培训项目,并逐步形成了以"小脚丫少儿舞蹈团"创品牌,以"红黄蓝小画家教室"创特色,以文化素质传统培训创效益的格局,平均年培训青少年 9000 人次。2004 年,培训学员在全国、省市比赛中获奖达 84 人次,学员们编排的节目多次在各种大型演出中亮相,好评如潮。

江汉区青少年宫曾被评为省阵地建设活动先进集体,市教育工作先进集体,区青少年德育先进集体,江汉区文明单位。

〔场所建设〕 青少年宫场馆总面积 600 平方米,建筑面积 2600 平方米。资产总值 44 万元。2004 年投入资金 20 万元,投入资金来源为财政拨款和门面租金。

〔群众教育活动〕 2004 年,武汉市江汉区青少年宫组织青少年学生参加第九届全国中小学生绘画书法比赛,全区共有 1000 余名青少年参加了比赛,共有 292 幅绘画书法作品获奖;举办了江汉区中小学生"我爱中华"绘画书法作品展,共有 220 幅优秀作品参加了展览;组织了 2004"欢乐快车"系列活动暨"江汉区第六届小学生卡拉 OK 大赛”,全区 32 所小学 1000 名小学生踊跃参赛;组织了电脑夏令营及“古徽州”采风写生夏令营活动。

〔兴趣小组活动〕 2004 年,青少年宫继续开展传统项目美术、书法、英语、熟读熟记、电脑、健身健美等。同时不断拓展以“红黄蓝小画家教室”为试点的特色项目,采用故事教学法,以竞赛展览活动为依托,形成独特的校外美育教学方法。2004 年,青少年宫开办培训班 35 个,培训 9000 余人次,其中,84 人次在全国、省、市比赛中获奖。

〔青少年社团活动〕 2004 年 7 月,青少年宫以舞蹈艺术教学为载体,与黄陂街小学、天一街小学合作开办了全市惟一一家宫校合办的“小脚丫少儿舞蹈团”。“小脚丫少儿舞蹈团”开设了武汉市首个男生舞蹈队,填补了武汉市校外阵地无少儿男子舞蹈的空白。黄陂街小学的 14 名学生成为“舞蹈团”男子队的首批队员。

舞蹈团成立不久,就在纪念建国 55 周年江城青年广场文艺晚会、江汉地区万名“庆重阳、寿星乐”联欢活动、“欢聚在今朝、相伴到永久”楚天新闻台听众见面会等活动中登台表演,受到观众们的热烈欢迎。

〔教育成果〕 2004 年 5 月,青少年宫举办了 2004“欢乐快车”系列活动暨“江汉区第六届小学生卡拉 OK 大赛”,产生了一等奖 2 名,二等奖 4 名,三等奖 6 名,优秀奖 18 名,4 所小学获大赛优秀组织奖。

6 月,组织 20 名学员参加了“武汉市招商银行杯少年儿童书画大赛”,获一等奖 2 名,二等奖 2 名,三等奖 4 名。

8 月,组织 42 名学员参加“第二届中国青少年书法美术大赛”,42 名学员获得优秀奖。

11 月,承办“第九届全国中小学生绘画书法作品比赛”江汉赛区比赛,1000 名参赛选手中产生了一等奖 43 名,二等奖 75 名,三等奖 91 名,优秀奖 83 名。

11 月,组织 4 名舞蹈学员参加湖北省教育厅举办的“2004 年小人才大赛”,获得大赛一等奖 1 名,二等奖 3 名。 (李 莉 郑 憧)

武汉市硚口区青少年宫

〔发展概况〕 武汉市硚口区青少年宫始建于 1982 年,占地面积 6934.56 平方米,建筑面积 7439 平方米。现有在职教职工 15 名,外聘教师 20 名。共设有美术室、舞蹈室、声乐室、跆拳道馆、综合室、活动室等 40 多间专业教室及一座室内恒温游泳馆,是全市规模大、环境美、质量高、信誉好的区一级校外教育培训场所。2004 年被团中央、文化部授予“先进青少年宫”的光荣称号。

〔场所建设〕 2004 年,青少年宫在财政局人头经费拨给不足的情况下,克服资金紧张,紧缩公用经费开支,投资近 10 万元用于各专业教室硬件设施配置及教室特色布置,让青少年儿童在优美、文明、有特色的环境中学习。

〔教育培训活动〕 青少年宫常年开设美术、舞蹈、声乐、器乐、游泳、跆拳道、电子琴、钢琴、书法、围棋、文化等 10 多个项目 30 多个培训班,开展丰富多彩的教育活动。面对培训市场竞争日趋激烈,逐步走向白热化的局面,青少年宫积极探索与社会资源的合作,以互惠互利为指导思想,寻求不同层次的合作点。2004 年分别与“好又多”公司、“海洋大世界”、“娃哈哈”集团湖北公司相互发放“优惠卡”、“培训卡”、培训信息等,为扩大青少年宫培训影响和青少年宫的社会知名度起到了一定的积极作用。

〔学生社团活动〕 2004 年,硚口区“小白鸽”艺术团共吸收团员 105 名,举办大型文艺演出 2 次,共有 12 名团员在艺术团的推荐下参加全国、省、市各级文艺演出并获奖。

〔教育成果〕 2004 年,青少年宫在第 11 届湖北省小星星绘画、书法、摄影、征文大赛中,4 人获金奖、4 人获银奖、4 人获铜奖、3 人获优秀奖、4 人获佳作奖;在湖北省“健康宝贝”电视选拔赛中,1 人获独舞、才艺、器乐铜奖;在中国联通湖北省青少年才艺大赛中 1 人获得少年组舞蹈比赛一等奖;在武汉市首届少年舞蹈电视大赛中 1 人获舞蹈专业组二等奖;在湖北省青少年艺术新星朗读大赛中 1 人获银奖、1 人获二等奖、3 人获三等奖;在 2004 年“蒲公英”中国青少年艺术新人选拔赛中,1 人获儿童组铜奖。

武汉市青山区青少年宫

〔发展概况〕 2004 年,武汉市青山区青少年宫抢抓机遇、面向市场、勇于竞争、综合发展,先后被授予“全国先进青少年宫”、青山区道路交通安全先进单位等荣誉称号，被评为全国“心中有祖国、心中有他人”主题教育活动先进集体、全国第九届中小学生绘画书法比赛优秀组织单位、湖北省第八届中小学生幼儿美术、书法、摄影作品比赛优秀组织单位；在湖北省珠心算协会举办的珠心算团体比赛中荣获优胜奖。

〔场所建设〕　4 月，青山区政府将青少年宫拆墙透绿增加教学面积列入 2005 年政府十件实事之一。青少年宫争取政府资金 56 万元，解决了宫内部维修尾款及配电房改造事宜。

〔群众教育活动〕　2004 年，成功承办了首届中国少年儿童“公益小天使”湖北赛区评审及优秀节目进京决赛，并在人民大会堂进行演展，来自全省 300 余名小选手参加了在青少年宫举行的湖北省地区初赛比赛。活动评出 40 余名小选手代表湖北地区参加总决赛；承办了“天舜怀”《美丽的青山》青山地区首届中小学生书法大赛，17 所小学 600 余名学生参加了比赛；成功承办了首届 3 城市围棋邀请赛活动，来自湖北省黄石市、荆门市、武汉市共 10 支代表队 100 余名小选手参加了比赛，学员获团体第三名；与青山地税分局联合组织了第十三个小小税法宣传员现场绘画书法比赛活动；组织了贝海奇观科普展，来自武汉市中小学校近 8000 余名学生参观了展览；承办了青山地区艺术考级，400 余名学员参加声乐、器乐的考级，其中近 80%达到优秀等级。

〔教育培训活动〕　2004 年，青少年宫文化艺术培训中心有 293 人次在全国性比赛中获奖，981 人在省市级比赛中获奖，在各类考级中优秀率达 80%，合格率达 100%，常年在青少年宫参加培训和活动的学员达 1 万余人次。　（杨望安）

荆门市青少年活动中心

〔发展概况〕　2004 年，荆门市青少年活动中心被团中央、文化部授予“全国先进青少年宫”称号，12 月被省教育厅授予“全省中小学生社会实践先进单位”，同时被市妇联、团市委分别授予“全市先进妇儿活动中心”、“全市先进青少年活动中心”等荣誉称号。

〔群众文化活动〕　2004 年，中心与市妇联、团市委共同组织了多项主题鲜明的教育活动，如走进三峡征文、绘画、摄影比赛活动，协助市龙泉街土门巷社区组建社区艺术团，开展了 20 余次下乡进社区的演出活动。

〔主题活动〕　2004 年，中心组织了多种类型的学生社会实践活动。一是少年军训活动，在“五一”、“十一”及暑假期间组织学生到军营驻地参加军训；二是组织有意义的夏令营活动，如“北京名校叩访夏令营”、“革命圣火延安寻访夏令营”、“青岛海洋考察夏令营”、“内蒙古草原风情夏令营”等活动；三是组织城区学生到农村插秧、吃农家饭、接受吃苦教育。这一系列的活动为校外教育事业作出了有益的探索。

〔教育培训活动〕　2004 年，中心开办了钢琴、古筝、小提琴、电子琴、二胡、葫芦丝、电吉他、手风琴、少儿舞蹈、少儿美术、基础美术、高考美术、陶艺、少儿英语、小学(初中、高中)英语、奥数、珠心算、阅读与写作、书法、健身舞蹈等 40 余个项目，年培训总量 1 万余人次。开展了学生夏令营、下乡劳动、少年军训、大型德育报告会等学生社会实践活动，接待了青少年 10 万人次。

〔社团活动〕　2004 年，中心组建了市第一个少儿合唱团——金帆少儿合唱团。该团自建立以来，共招生团员 100 余名，参加了荆门市庆祝第二十个教师节文艺晚会、2005 年荆门市新年音乐会、中心成立 4 周年文艺晚会等各类社会性演出活动 10 余场，取得了良好的社会效益。

〔科普活动〕　活动中心动物标本馆有馆藏动物标本 691 件，馆舍面积 320 平方米，是湖北省中小学动物标本馆中藏量及品级最大的馆舍。开馆以来共接待了 21 万余名学生参观。2004 年，中心免费组织 4 万余名中小学生参观中心标本馆、科技馆，有效地发挥了集中建设，有效辐射的作用。　（李良斌）

宜昌市青少年宫

〔发展概况〕　2004 年，宜昌市青少年宫累计培训学员 1.5 万人次，接待青少年 35 万人次，实现了建宫以来连续 7 年无火警、火灾和安全责任事故，荣获“全国先进青少年宫”、“宜昌市文明单位”等荣誉称号，圆满完成了全年各项任务。

〔教育培训活动〕　2004年，青少年宫共开设少儿素质教育培训40个项目近700个班，年培训量1.5万人次。学员在全国、省、市各级各类大赛中屡创佳绩。其中，武术班学员入选市代表队参加湖北省武术锦标赛获金牌5枚、银牌3枚、铜牌4枚；美术、书法专业学员在第九届全国中小学生绘画、书法比赛中获一等奖4名、二等奖10名、三等奖42名；跆拳道专业学员在湖北省跆拳道锦标赛上获金牌1枚、银牌2枚、铜牌7枚；在全国青少年跆拳道锦标赛上获金牌1枚。同时，积极组织寓教于乐的教学展示活动，如：英语组的圣诞节英文歌曲表演及英语口语大赛、综合组作文专业的“给杨利伟叔叔的一封信”主题书信赛、舞蹈组和音乐组的庆“六一”及“新春乐”文艺汇演、美术组“我为青少年添色彩”书画大赛等。

〔群众教育活动〕　1.以“颂家乡、知宜昌、爱三峡”为主题，暑假组织了小记者、美术、英语、写作4个专业共200余名学生赴车溪开展采风写生活动；开展宜昌市“我是三峡小导游”小学生体验教育活动。

2.组织参加了全国少年儿童“心中有祖国、心中有他人”主题教育活动；同时承办了由中国儿童中心组织主办的“中华大地行——走进新三峡”全国中小学生夏令营调研工作会，全国30多家青少年校外活动阵地代表来宫交流学习经验。

3.成功举办“春之声”第三届宜昌市青少年新春音乐会。

4.举办“三峡雏鹰·金色童年”宜昌市庆“六一”少儿广场汇演，使青少年宫鸽子花少儿艺术团走进社区，展示了青少年宫社会教育的阶段性成果。

5.首次成功承办了中央音乐学院校外音乐考级，来自宜昌城区及枝江、秭归、宜都等周边县市区的169名考生分别参加了钢琴、电子琴、小提琴、二胡、琵琶、扬琴、古筝等7个专业的音乐考级，85人获得优秀和通过成绩，通过率50.29%。

6.使用国家彩票公益金创建的青少年宫青少年体育俱乐部正式挂牌运行；2004年先后承办了湖北省少儿乒乓球比赛、全市“苗子杯”乒乓球选拔赛、宜昌市第二届少儿棋类比赛。参赛人数比上届增长了70%。

7.充分发挥主阵地作用，承办、协办各类健康向上的文体活动，如：个体私企协会的乒乓球比赛、西陵公安分局杯体育运动会、全国少年儿童发明创造活动——小发明家讲座、中央音乐学院青少年音乐教育讲座、美术教育讲座、《走进孩子的心灵》阳光家庭心理讲座、“诚信大使”比赛等。

〔学生社团活动〕　鸽子花少儿艺术团现拥有合唱队、舞蹈队、民乐队、体育舞蹈队、武术队5个分团队，团员200余人。2004年成功地举办了“多彩旋律”宜昌市第三届“春之声”青少年新春音乐会、“三峡雏鹰·金色童年”宜昌市庆“六一”少儿广场文艺汇演，参加了“宜昌市民间艺术大赛”、“宜昌市庆祝中国人民解放军建军77周年大型文艺晚会”、“纪念邓小平诞辰100周年文艺晚会”、“无烟花季，健康成长‘太阳花’杯公益活动”宜昌分会场启动仪式、外籍在宜教师“教师节”联谊会。（王卫平　高博宁）

十堰市青少年宫

〔发展概况〕　十堰市青少年宫于1992年立项，1993年动工兴建，当年被列为十堰市十大重点项目之一。青少年宫占地18亩、建筑面积1.12万平方米，固定资产1500万元，职工20人，外聘教师30余人。

〔教育培训活动〕　几年来，青少年宫服务全市青少年儿童，开设各类培训班培训青少年儿童万余人次，特别是在少儿舞蹈、声乐、器乐、美术、剑桥英语、电脑培训等方面培养了众多的少儿艺术人才，年培训5000人次。通过组织和参与各种演出、竞赛、展示等活动，获得了众多的国家、省、市级奖项，青鸟艺术团已成为湖北省知名品牌。

湖南省校外教育

综 述

〔**湖南省未成年人思想道德建设工作综述**〕《中共中央国务院关于进一步加强和改进未成年人思想道德建设的若干意见》下发以来，湖南省在加强和改进未成年人思想道德建设方面进行了积极有益的探索和实践，取得了明显成效。

1.深化德育课程改革，建立完善学校德育工作体系，按照实践育人的要求，积极开展多种形式的社会实践活动。

2.湖南省积极探索发挥社区教育的有效途径，积极创建社区教育阵地，建立了一批社区读书室、社区电子图书阅览室、社区文化网站等。各社区针对未成年人的特点，设计开展丰富多彩的社会实践活动。

3.创办了幼儿园家长学校、散居儿童家长学校、隔辈人家长学校、特殊家庭家长学校、社区家长学校等，编写了《亲子教育丛书》。省妇联组织还通过组建"更新家庭教育观念报告团"、组织"百万母亲家教行动"等，积极开展家教知识传播与辅导。

4.切实加强建设和管理，提高青少年校外活动阵地的教育效果。抓紧实施韶山爱国主义教育示范基地建设"一号工程"，并注重发挥校外活动场所的作用。长沙市内5区分别建设了5个各具特色的青少年素质教育基地，10个现代农业、10个现代企业和2个现代国防教育实践基地，并拟于3年内，在全市宣传文化中心（站）增设498个未成年人活动室，每个活动室不少于30平方米，市里每个资助1万元，配备适合未成年人特点的图书资料、体育器材、娱乐设施。

5.运用多种途径，针对农村外出务工人员增多的情况，在全省推广实施"代管家长"制，在农村"留守儿童"中开展"代管妈妈"活动，使"留守儿童"受到了更多的关爱。

6.注重营造未成年人社会环境，从教育、监管、处罚、责任追究等方面开展"扫黄打非"和网吧治理工作。

〔**湖南省青少年科技教育工作**〕 2004年，湖南省科协青少年科技教育工作在省科协和中国科协青少年工作部的领导和指导下，活动有了新的发展。

1.认真抓好青少年科技创新竞赛活动。2004年4月24～26日，举办了第25届湖南省青少年科技创新大赛活动。通过各市、州评选推荐，本次大赛共对302项作品，65项活动项目，28个优秀组织奖申报材料，140幅科幻绘画进行了评审。评选出优秀项目一等奖46项、优秀科技实践活动一等奖8项、优秀组织奖34项、优秀科幻绘画一等奖20个、优秀科技教师14名。其他作品分别获得了二、三等奖。

从本届全省大赛上获得一等奖的项目中精选出的12件作品和8项活动，参加了8月份在四川成都举办的第十九届全国青少年科技创新大赛。其中，竞赛项目获一等奖2项，二等奖6项，三等奖4项；总成绩进入全国前六名。由沅江市第一中学张煦等3名同学发明的"管涌快速抢险器"除在全国大赛上获得一等奖外，还获得了大赛最高荣誉奖"中国科协主席奖"。

另外，省科协从获省一等奖的学生当中挑选出11名优秀学生参加了在北京举办的"亚太经合组织"（APEC）"第三届亚太国际青年科学节"。

2.为配合"科技活动周"的开展，省科协组织了"预防、认识、关爱——青少年预防艾滋病知识展览"，参加了在长沙市举办的"科普活动日"和"科技活动周”启动式，省领导和1万余名观众参观了展览。该展览还到怀化、邵阳等市进行了巡回展出，共接待了50所学校、3万多学生和社会公众的参观。继续开展了“大手拉小手”科技传播行动。

3.规范全省高中学科奥赛的管理工作。湖南省学生每年参加全国中学生学科奥赛联赛达1万余人，成绩多年位于全国前列。省科协筹划成立了湖南省奥赛管理委员会。2004年，省中学生在国际上共获得了5枚金牌，继续保持了良好的势头。

4.继续做好科技辅导员培训，充实省青少年科技活动示范基地。2004年，省科协组织专家10余人次到各地举办的科技辅导员培训班讲课。举办了省内二次培训班。

5.完成了中国科协与联合国儿童基金会合作项目年度计划：中国科协与联合国儿童基金会非正规教育项目2004年项目行动计划。

6.发挥“青少年科学工作室”开展青少年校外科技活动的作用。2004年，以工作室为中心，在长沙市6所中小学开展了“中国科协——英特尔电脑创新思维教育培训计划”，有千余名学生参加了培训活动。

〔**长沙市“杜鹃花”文化广场活动蓬勃开展**〕 长沙市“杜鹃花”文化广场自2000年5月在长沙市青少年宫开办以来，广泛开展形式多样、健康文明的青少年群众文化活动，已成为长沙青少年和广大市民重要的文化活动场所。2004年，文化广场先后举办50余场次活动，湖南电视台、湖南日报等省市新闻媒体先后80余次报道活动情况。

“杜鹃花”文化广场开办以来，坚持群众参与的原则，采取自愿报名参加，免费自娱自乐的形式，为青少年提供施展才华的舞台。针对青少年的需求，一年来，文化广场先后举办了“仲夏夜·大家乐”、“圣诞狂欢夜”、“走进新时代”、元宵“金蛇闹春”、“玫瑰旋风——浪漫情人夜”等专题青少年文化广场活动，每晚均吸引数千名青少年朋友驻足观看和积极参与。同时，文化广场还针对青少年的特点，积极探索和推出新的节目形式，先后推出了“游戏演兵场”、“才艺大比拼”、“青宫幸运星”、“疯狂大家乐”等重头综艺节目，增强了活动的参与性，让青少年朋友既玩得开心，又受到启发教育，展示了青少年良好的精神风貌和艺术风采。

校外教育单位

湖南省妇女儿童活动中心

〔**基本情况**〕 湖南省妇女儿童活动中心成立于1985年，占地面积10余亩，建筑面积1.1万余平方米，包括办公培训大楼、综合楼和其他附属设施，设有培训教室、幼儿园、排练厅、儿童音乐室、演出厅等，是展示全省妇女儿童事业发展的一个重要窗口。2004年7月，斥资千万对培训大楼进行扩建改装，使布局更合理、功能更完善。

中心面向社会开办了舞蹈、音乐、美术、书法、英语、作文、计算机等各类妇女、儿童培训班和艺术幼儿园；组建了湖南省少儿艺术团、湖南省广播电视少儿合唱团等一批课余团队。迄今为止，中心已培训儿童4万余人次，其中有1500余件儿童绘画、剪纸和陶艺作品发表在国内各报刊杂志上，出版社编辑发行成书共5册；参加各类国内外少儿文化艺术比赛获奖共960余次；向中央音乐学院、北京舞蹈学院等各大院校附中及艺术团体输送少儿艺术人才100余名。

中心积极参加全国“心中有祖国、心中有他人”和中国小公民道德建设“我做合格小公民”主题教育活动、联合国项目儿童发展夏令营、美国福特基金会推动中国贫困地区和少数民族地区儿童的艺术教育等系列社会公益活动；承担了宋庆龄基金会全国少儿电子琴比赛、全国卡拉OK电视大赛等湖南代表队和全省“少儿艺术团文艺调演”、“湖南儿童画展”、省会庆祝“三八”、“六一”等大型活动的组织工作。

2004年开设舞蹈、器乐、英语、书法、美术、声乐、作文、奥数、围棋等各类培训班194个，幼儿园在园幼儿和学前班230人，总计培训学员3600人次。

〔**少儿合唱团活动**〕 2004年，少儿合唱团参加湖南卫视“还珠格格（三）”系列活动及“湖南省首届少儿春节联欢晚会”的演出；参加中国红十字会百年华诞（湖南）大型文艺晚会演出，获得红十字“水晶奖”；赴云南参加第三届中国童声合唱节比赛荣获金奖；参加广州“南海歌潮”演出；参加“中国羽毛球队雅典奥运凯旋庆功晚会”演出；参加湖南省第三届合唱节比赛，获最高奖——芙蓉奖；参加由长沙市委、市政府举办的 2005 新年音乐会演出及湖南卫视“真情”、湖南经济电视台“绝对男人”栏目的演出等。

〔**少儿艺术团活动**〕　6 月，中心少儿活动部组织了两场器乐、舞蹈汇报演出，表演了 40 多个器乐舞蹈节目；7 月，少儿活动部组织器乐、舞蹈学员 270 人参加全国艺术考级，合格率 100%，优秀率 68%；11 月，舞蹈《喜鹊窝》荣获第 22 届中国电视金鹰奖少儿电视文艺节目最佳作品奖和中南 6 省电视艺术“金帆奖”少儿电视文艺节目一等奖；11 月 20 日，参加长沙市消防百年纪念“光荣的使命”文艺演出；12 月编排大型歌舞《喜讯》祝贺“湖南省第十次妇女代表大会”的召开。

〔**群众文化活动**〕　参加全区幼儿体操比赛，获团体总分第三名；举办第四届少儿美术书法围棋现场比赛；参加全国小星星杯、雏鹰杯、小百花杯绘画及书法比赛，取得了 12 个金奖、30 个银奖、38 个铜奖；组织 6 名学员参加长沙市青少年围棋大赛，获团体一等奖。

〔**国际合作项目**〕　中心与美国福特基金会合作实施“蒲公英行动”少儿美术教育专项课题，在谢丽芳研究员主持下，开通了一个呈现儿童向民间美术学习和儿童民间美术教学研究的网站——儿童与民间美术网站。在全国 4 个省市参加课题实验的学校已增加至 14 所，直接参与课题的学生近 2 万名。（汤　萌）

长沙市少年宫

〔**场所建设**〕　2004 年，长沙市少年宫立足现有条件，一方面自筹资金 7 万多元更换了剧场舞台的灯光、防治白蚁，消除宫内建筑的安全隐患；一方面积极争取市教育局领导的大力支持，投入 60 多万更换剧场的中央空调、外墙装饰板，改建装修多功能多媒体教室，重建了有安全隐患的少年宫围墙等，进一步优化了育人环境。

〔**承办全市中小学校园文化节**〕　在市教育局的领导下，积极组织承办全市中小学校园文化节的系列活动。包括：个人网页制作比赛、课间操比赛、校园小剧比赛、“菁菁校园”摄影比赛、校园文学社文学刊物评选、“校训记我心”书法比赛、雷锋卡通形象设计比赛等。新华通讯社湖南分社、湖南卫视、湖南经视、长沙电视台、长沙晚报、三湘都市报等新闻媒体都进行了报道。

〔**比赛活动**〕　2004 年，在市教育局的领导下，少年宫组织、策划、承办了 2004 年长沙市中小学生“独唱、独奏、独舞”的比赛活动，并将此项活动与中小学生艺术特长生认定工作结合进行。由省教育厅艺术教育委员会主办的 2004 年湖南省中学生“海韵琴行”杯独唱、独奏、独舞比赛高中组决赛于 10 月 27～30 日在湘潭市二中举行，长沙市经过预赛挑选出的 24 名优秀选手在全省的比赛中，18 人获得一等奖，3 人获得二等奖，3 人获得三等奖，名列全省榜首。全市初中、小学组的“三独”比赛在 11 月 13 日举行。同时，少年宫协助长沙县教育局在长沙县开元大剧院成功举行了第九届四县（市）中学生文艺调演。

〔**科技活动**〕　为提高中小学生科学素质，充分发挥科技辅导员协会和青少年科技活动基地的作用，少年宫组织长沙市大中学生科技创新大赛初赛，收集创造发明作品 310 件、网页制作 150 件、信息成果 72 件、科幻画 180 件、论文 110 篇。

组织长沙市青少年参加湖南省第二十五届青少年科技创新大赛，获省项目一等奖 11 名、二等奖 18 名、三等奖 5 名；获省实践活动一等奖 1 名、二等奖 6 名；科幻画荣获省一等奖 2 名、二等奖 4 名、三等奖 4 名。

还组织了大中小学生科技创新大赛复赛、大中小学生科技创新大赛的电视决赛等活动。

〔**教育培训活动**〕　少年宫根据校外教育特点，开展了丰富多彩的学生培训、活动，共开设舞蹈、艺术体操、声乐、器乐、小主持人、书法、美术、数奥、作文等专业的培训班 160 多个，采取 4 级阶梯式一条龙网络的校外培训模式，1～7 月份受培训的学生已有 3000 多人。（佘新兴）

2004 年参加、承办各类教育、竞赛活动统计

项目	活动名称	活动时间	区赛人数	市赛人数	全国赛人数	获奖人数
体育活动	广播体操比赛	3～11 月				45 校
文艺活动	省独唱、奏、舞比赛	10 月			参省赛 24	24

（续表）

文艺活动	市独唱、奏、舞比赛	9～11 月		845		845
	雷锋卡通形象设计赛	3～11 月		162		162
	校园剧比赛	3～11 月				30 校
	菁菁校园摄影比赛	3～11 月		163		163
科普活动	市科技创新大赛	4 月	1 万	400		233
	省科技创新大赛	5 月			参加省赛 49	41
	全国科技创新大赛	8 月			参加国家级比赛 6	5
	市大中学生创新大赛	4～6 月				14
其他活动	校训记我心书法比赛	9～11 月		1000		298
	文学刊物评比	9～11 月				35
	中学生个人网页制作赛	9～11 月		300		55

澧县少年宫

〔**发展概况**〕　2004 年，澧县少年宫服务全县青少年儿童，通过开设各类培训班，组织和参与多项演出、竞赛、展示等活动，培养了众多的青少年儿童，在素质教育领域取得了丰硕的成果；获“民办教育先进单位”、“关心下一代工作先进单位”、“民间组织工作先进单位”称号。

〔**场所建设**〕　由于少年宫原场馆面积相对狭小，设施设备较陈旧且不完善，远不能承载和满足当前教学培训与活动需要。2003 年、2004 年，县委、县政府先后数次组织县教育领导小组、县妇联、县教育局、县文化局、县规划、城建、国土等部门会商研究，选址修建少年宫。2005 年初，由湖南省千府设计院设计的澧县少年宫修建设计方案获准通过，由湖南金龙玉凤餐饮有限公司等企业出资赞助，少年宫自筹部分资金，改造修建澧县少年宫工作正式启动。

〔**教育教学活动**〕　2004 年，为进一步规范管理，提高教学质量，少年宫建立教师授课听课制度，每学期均由教研组组织安排听课一至二次，并及时反馈意见，确保教学质量；每期举办教学汇报展演；每年暑假举办向社会公演并颁发优秀教师、优秀学员奖；每两年由少年宫牵头承办一届全县“青少年电视才艺大奖赛”，推新人并展示校外素质教育成果。现已连续举办 3 届，社会反响良好。

〔**活动成果**〕　2004 年 3 月，组织承办了澧县“庆三八幸福家庭才艺大赛”、澧县“人医杯”乡村歌手大奖赛，参加湖南省“第四届三湘蒲公英舞蹈大赛”，集体舞《小辣椒》获银奖，教师获园丁奖；组织参加常德市首届“珍珠鼓杯架子鼓大赛”，参加湖南省“第二届兰光杯打击乐大赛”，参加“二届常德市书画素质教育成果奖暨少儿书法美术作品大展赛”，多名学员获奖。

（杨军模）

广东省校外教育

综　述

〔青少年校外活动场所建设情况〕　上世纪 90 年代以来，广东省儿童校外活动场所不断增加，省委、省政府把“各市、县（区）都应建有一定规模的儿童校外活动场所”列为全省 90 年代儿童发展的主要目标，纳入全省社会发展的总体规划。各地政府在城市建设、旧城改造、居住区建设中注重配套建设儿童校外活动场所，加大资金投入。10 年来，省财政拨款 5770 万元，重点扶持贫困县、新建市妇女儿童活动中心的建设，市、县两级财政共投入 2 亿多元兴建妇女儿童活动中心。儿童活动场所建设以珠江三角洲为中心，逐步向东西两翼、山区发展，地区发展不平衡状况有了明显改善。至 2000 年，全省建成县级以上中小学生德育基地 478 个、爱国主义教育基地 479 个、青少年宫 74 所、妇女儿童活动中心 74 个、儿童公园 29 个、图书馆 125 个、影剧院 460 个、科技馆 38 所、体育场馆 431 个。

在发展大、中城市少儿文艺活动的同时，全省 130 所县级以上的博物馆，为儿童提供了直观的、形象的人文科学和自然科学教育。80%的县级以上图书馆为少儿设立了阅览室，有的还开设少儿网站，为儿童提供信息服务。全省群众艺术馆（站）、文化馆（站）纷纷设立少儿艺术培训中心，开展少儿艺术培训活动，积极协助中小学校和幼儿园开展第二课堂的艺术教育。全省 179 个特级馆、站组建了少儿艺术活动队伍。已形成制度的省级少儿文艺作品评奖活动、少儿文艺创作研讨会和大型“少儿艺术花会”，以其鲜明的导向性、示范性，有效推动全省少儿文艺活动的开展。广东省每年都有一批既有童真童趣，又具时代特色的少儿戏剧、曲艺、音乐、美术等艺术门类的作品涌现。在 2000 年全国首届少儿文艺“蒲公英奖”比赛中，广东省共获得 19 个奖项，其中金奖 10 个。2000 年广东省成功举办了第五届少儿艺术花会暨 CIOFF 第二届亚洲儿童民间艺术节。10 年来，派出 60 多批次 1000 多名少年儿童出外演出交流，涉足亚洲、欧洲、美洲、澳洲等国家和地区。

〔广东省部署中小学德育工作，加强民族精神教育养成教育诚信教育〕　2004 年 5 月 9 日，广东省在深圳召开中小学德育工作会议，会议重点部署加强全省中小学思想道德建设工作，形成“育人为本、德育为首，突出重点、抓住关键，建立机制、优化环境，加强领导、强化队伍”的新思路。会议总结推广了深圳市建立学校安全文明长效机制、珠海市推进中小学心理健康教育等经验。要求全省各级教育行政部门、各级中小学校要把全面实施素质教育、构建学习型城市等有机结合起来，形成以学校教育为主渠道，学校教育、家庭教育、社会教育一体化的机制；重点抓好弘扬和培育民族精神教育、文明行为习惯的养成教育和诚实守信教育，结合基础教育课改实验，抓住德育课程建设和改革关键环节，改革学生思想道德行为综合考评制度，做好中小学生成长记录，作为评先、升学的重要依据；重视课堂教学主渠道和学生课余实践活动主阵地的建设。全省在利用彩票公益金资助山区县已立项建设 35 个青少年宫的基础上，继续增加投入，做到“十五”期间全省所有市县至少各自建成 1 个综合性青少年学生校外活动专用场所。

〔广东省建立百支大学生山区农村未成年人思想

道德建设实践服务团〕 针对广东省山区农村师资力量较为薄弱、未成年人课外活动阵地少，信息相对闭塞、未成年人的思想状况未受到足够的关注的情况，广东团省委启动了百支大学生山区农村未成年人思想道德建设实践服务团计划。建立一支由专职辅导员和青年志愿者组成的未成年人思想道德宣讲队，组建100支大学生未成年人思想道德建设“三下乡”社会实践服务团，深入省内各地中小学开展政策宣讲、法律咨询、辅导员培训等活动。2004年暑期，100支团队深入到山区农村，开展教唱一首歌、学跳一个舞、赠送一批未成年人读物、举办一场联谊活动等的“五个一”活动。暨南大学还将思想帮扶触角延伸到省外，组织3支青年志愿者队伍分赴湖南韶山、四川广安和江西婺源开展山区农村未成年人的思想道德建设和扶助帮困实践活动。

〔**广东省青少年维权中心成立**〕 2004年12月12日，广东省青少年维权中心正式成立，省人大常委会副主任汤维英出席了挂牌仪式。广东作为团中央“12355”热线开通的试验田，这条全省青少年维权和心理咨询热线是全国“12355”热线系统的一部分。今后全省各地也将按照团中央统一部署陆续开通“12355”热线电话，为青少年提供24小时的维权服务和心理咨询服务，形成全省青少年维权服务网络。

〔**广东省青少年科技活动成绩显著**〕 广东省以学校为主体，社会各界参与的少年科普活动发展迅速。据不完全统计，全省中小学生参加“广东青少年创造发明比赛”和“生物和环境科学竞赛”人数达13万人次。近3年来，广东在这两项全国比赛中均获得前三名的好成绩。广东省每年举办天文摄影比赛、无线电通讯赛、业余电台考级赛以及海、陆、空航模比赛，均在全国取得突出成绩。1992～2000年，广东在参加国际和全国中学生数学、物理、化学、计算机奥林匹克竞赛中共获得国际金牌8枚，银牌3枚。

〔**广东省举办“科技进步活动月”活动**〕 2004年5月，广东省举办“科技进步活动月”活动。活动持续一个多月，至6月15日结束。活动主题为“树立科学发展观，建设科技强省”。活动内容包括：组织全省科技进步奖励大会、举办“树立科学发展观，建设科技强省”论坛、广东科技创新成果展示暨交易会、开展“村村通”科技信息下乡活动、科技成果珠三角巡回对接活动、省内高校科技文化节、大型“科普进社区”等，获得了社会的巨大反响。

根据国家科技部公布的全国科技进步的评价结果，广东的科技综合实力位于上海、北京之后，居全国第三位。广东省科技进步对经济的贡献率已经上升为47%。2004年，省委领导分别对广东的科技工作作出了重要的批示，提出建设科技强省的目标和要求。

〔**家庭教育工作获新进展**〕 广东省家庭教育工作得到各级党委政府的重视和支持，到2000年底，省及21个地级以上市建立了家庭教育研究会（促进会），122个县（区）建立了家教领导机构，市、县、镇建立起1020个家庭教育咨询机构，10个市、县建立了科学育儿实验站，21个市和91%的县（区）成立了关心下一代工作委员会，全省基本形成省、市、县（区）、街（镇）——学校——家庭教育工作网络。全省0～14岁儿童家长受教育率从1990年的57.3%提高到2000年的95.2%，达到了儿童规划和家教计划目标。家长学校在办学模式上打破了以往单纯以学校、托幼园所为依托的形式，逐步延伸到社区；家长学校数量大幅度增加，由上世纪90年代初的1.55万所增至2000年的4.45万所。“九五”期间，中小学、幼儿园家长办校率从1995年的72.5%提高到2000年的95%。全省在园（班）幼儿数达到214.18万人，比1990年增加64.18万人，年均增长速度为3.8%，比1995年增加了14.17万人，年均增长速度为1.38%。中山市1998年全市基本普及学前三年教育；广州市、佛山市、惠州市、肇庆市、梅州市、茂名市等市区已撤消学前班。3～6岁幼儿入园（班）率从1990年的27.3%提高至2000年的51%。2000年每万人口在园（班）人数295人。城市（含县城）基本满足学前三年幼儿入园的需要，农村基本普及学前一年教育。

广东省积极实施希望工程，到2000年3月底，累计筹集金额达1.41亿元，共援建希望小学310所，资助失学少年63922名，为一批农村小学配置了“希望书库”和“三辰影库”，为全国实施希望工程提供资金1700多万元。1994年荣获全国首届“希望工程建设奖”，1999年又获全国“希望工程建设奖”。

据不完全统计，1992～2000年全省共募集资金1200万元，在省内外捐资建校14所，资助女童近2万人次。

〔**广州市全力打造未成年人活动新场所**〕 2004年，广州市青少年活动阵地网络正日益完善。除了总投入约3.2亿元的市第二少年宫正在加紧建设外，投资1.8亿元的市第三少年宫也已经立项，并选址天河区珠吉路。第四少年宫也正在策划之中。动工两年的新儿童公园确定在2004年年内竣工，广州市少年儿童主题公园也在积极筹划之中。

2004年，广州市13个区（市）共有11个少年宫、3个儿童活动中心，47个市级爱国主义教育基地，已经全部实行中小学免费参观打卡制度。至2003年底，广州共认定科普基地18家，新增体育场所2400多个。市、区（市）、街（镇）三级的182间人口婚育学校还特别向青少年开展青春期和性与生殖健康教育。

市计委、市规划局等单位已经将青少年校外活动场所规划纳入城市文化体育科教专项规划之中，合理布局青少年活动阵地。广州市人大新近通过的《广州市城市总体规划（2001～2010）》提出，广州将要建立市、区、街三级文化网络，保证每区有国家一级图书馆、一级文化馆、少年宫、博物馆以及具有演出功能的文化广场。计划兴建的太空天象厅、少年科学探索宫、儿童智力开发中心、小型海底城、电子图书馆等科普娱乐设施，将更有效地提高青少年科学文化水平。南部的南沙将高标准地规划建设青少年宫，北部的花都也将规划布局一个区级青少年活动中心，并结合新居住区开发建设各自配套的青少年活动中心。

〔广州市投资3.2亿元兴建第二少年宫〕 2004年3月28日上午，总投资3.2亿元、位于广州“新城市中轴线”的广州市第二少年宫开工，实现了广州市委市政府提出的“把最好的地方留给孩子”的诺言。

目前，广州市有少年儿童70万人，即使将8个区的少年宫及市儿童活动中心加起来，“九宫一中心”1年也只能提供12万个学习名额，远远不能满足需求。由于资源紧张，每年到市少年宫给孩子报名的家长凌晨3～4点钟就来少年宫门口排队，成为广州一道让人哭笑不得的风景线。

广州市第二少年宫是广州市的重点工程项目，选址珠江新城J1－7地块，与广州歌剧院、广州博物馆及广州图书馆共同组成文化广场上的标志性建筑。该项目建设用地面积1.65万平方米，总建筑面积4.59万平方米。

广州市第二少年宫预计在2005年7月建成投入使用，届时可同时容纳2万名少年儿童，1年可提供5万多个学习名额。目前，广州市第三少年宫也已立项。

〔广州市少年宫建成广州少年文化广场〕 为体现党和政府关心下一代的健康成长，进一步实施对少年儿童进行综合素质教育，为少年儿童健康成长创造、提供良好的环境条件，广州市少年宫继1999年“六一”儿童节在从化新建“广州青少年营地”后，又在少年宫内建成“广州少年文化广场”。

“广州少年文化广场”是为少年儿童建设的集文化教育、科普教育、康乐体育于一体的少年儿童校外活动场所。它坐落在流花湖畔的少年宫内，广场由休闲区和活动区组成，占地1.8万多平方米。文化广场环境优雅、开阔，既有茵茵绿草、荫荫大树及弯弯小道相依而成的休闲绿地，又有1万多平方米的整齐坚实的花岗岩铺就的活动区和康乐体育区。广州少年文化广场将面向少年儿童，积极开展益智、健身、娱乐活动，为少年儿童的健康成长，培养祖国的新一代发挥积极的作用。

〔广州市青少年爱国主义教育基地实行免费打卡制〕 广州市共有47个市级爱国主义教育基地，远远不能满足全市2000多间学校、160多万未成年人思想道德建设的需要。2004年，在中央加强和改进未成年人思想道德建设的文件下发后，各市级爱国主义教育基地对青少年参观实行了免费打卡制。这一制度得到了省委的充分肯定，同时，全市各类公共博物馆、纪念馆、展览馆等文化设施，也对未成年人集体参观实行免费。

〔广东省清新县青少年宫正式动工兴建〕 2004年11月，广东省清新县青少年宫正式动工兴建，这是中央返拨2002年度彩票公益金资助广东省青少年学生校外活动场所建设的主要项目。清新县作为全省16个受助县之一，获助资金300万元用于建新青少年宫。

清新县在2003年7月经广东省少年校外教育工作考察组进行实地考察评估，召开联席会议通过后，被确定为资助对象。为争取项目落户，该县县委、县政府主要领导亲自参加选址，县政府专门无偿划出土地20多亩作为新青少年宫的建设用地，县教育局积极主动做好资料搜集、项目申报及建筑主体设计等前期各项有关准备工作。为确保项目的顺利推进，保证建设资金专款专用，清新县专门成立了相应的工作机构，具体负责日常筹建工作。

该项目预计2005年5月完成建设，届时清新县将拥有自己的新青少年宫，为广大青少年提供一个良好的校外教育活动场所。

校外教育单位

广州市少年宫

〔发展概况〕 2004年，广州市少年宫工作指导方针是:“整合资源，调整结构，继续创新，稳定发展”，在工作中“不求最大，但求最精；不求最强，但求最好；不求最快，但求最稳；不求最多，但求最新”，尽力谋求少年宫工作上的新突破和高素质的发展。

2004年，围绕“共同关注祖国未来，创造成长良好环境”主题，少年宫积极开展了培训、群众文化活动、对外交流，创作研讨、参演参赛、基本建设（尤其是二宫建设）等方面的工作，取得了可喜的成绩。据统计，全年共聘请外聘教师366人次，开设了871个班次，长训班招生人数达到4．21万人次，培训收入达到1800多万元。少年宫各中心团队和培训班学员参加由国家、省、市有关部门举办的比赛和演出，获得各项金、银、铜奖的数量达历年之最。

〔场所建设〕 2004年3月28日，广州市第二少年宫举行了奠基开工仪式，建设工作密锣紧鼓地进行。10月25日，中共广州市委书记林树森又一次视察了二宫的建设工地，提出“加快建设速度，争取明年‘六一’落成，向全市的少年儿童送礼”的要求。二宫建筑主体工程于年底封顶，二宫的筹备开办也已进入了倒计时阶段。

2004年，市委、市政府决定拨款2500万元，把少年宫蓓蕾剧院改造成具有大型专业演出条件的剧院。经改造后的蓓蕾剧院将成为广州市文化艺术传播、中外艺术交流、少年儿童展示才华的舞台。剧院的改造工程，经过反复论证，年底正式动工，力争2005年7月1日投入使用。

〔群众文化活动〕 2004年，少年宫举办和承办丰富多彩的较大型的活动多达45场，平均每周一场，其中影响较大的活动有“首届广东现代舞蹈周暨穗港舞蹈交流营”、“飘扬的红领巾——广州地区庆祝‘六一’国际儿童节大型游园活动”、“首届青少年创造剧场”、“广州市第五届青少年科技汇演”、“2004年穗港澳首届少年棋艺邀请赛暨广州市少年棋艺百人擂台赛”、“广州市第十次少代会成果展演专场演出及大露营活动”、“广州市学校美术新课堂习作展评现场比赛及展览”等。

〔积极开展交流活动〕 2004年，少年宫对外交流的任务比以往都多，7月份就有5个团出访，创下少年宫历年之最。全年出访团队达19个，其中国外10个，港澳9个。少年宫艺术团受国家文化部和广东省文化厅选派分赴摩洛哥和突尼斯参加“中国文化北非行”活动深受赞誉；合唱团应邀赴加拿大参加国际合唱节作示范演出，荣获“合唱节驻团艺术家”的最高荣誉；少年宫优秀学员组成的代表团已第三次代表广州市参加在日本福冈举办的“亚太地区儿童大会”。

〔在活动策划与宣传中注重创新，追求高品位、高质量〕 2004年，少年宫注重大型活动的策划创新，如“穗港舞蹈交流营”的策划与宣传、“飘扬的红领巾”节目创编和舞台设计制作、“第五届青少年科技活动汇演”在湖畔别开生面的开幕式及现场活动、“青少年创造剧场”的创意、“为祝贺廖冰兄荣获第二届金彩成就奖而举办的漫画赛颁奖仪式”、“第十届少代会成果展演与大露营现场气氛布置”等，都体现了与众不同、超越以往的水平。少年宫宫内广场、大门橱窗、大型电子屏幕，以及教学楼各部门的橱窗多姿多彩的内容和版面设计、宫刊和业务部门的专刊以及活动海报，构成了少年宫对外宣传交流的一道亮丽的风景线。2004年9月，少年宫建成“资源资讯中心”，投资配套了先进的器械配备，为教学与业务资料收集与整理、保存和对外宣传提供了有利条件。少年宫为“第三届中国国际童声合唱节”准备的宣传资料和制作的DVD，受到了香港以及有关方面好评。

〔“有作为才有地位”〕 多年来，广州市少年宫一直把与省、市各有关部门合作开展工作、承办各类活动的组织策划和实施作为确立少年宫在社会上的地位和作用的最好体现。2004年3月，在少年宫举行了“中国合唱协会童声合唱委员会首届委员会议”；少年宫先后承办了省、市的少儿美术、合唱、科技（航海模型、生物）等各项活动的比赛和演出组织工作；第十届少代会参与组织展演。2004年，少年宫与广州市教育基金会的少儿美术、音乐教育委员会联合主办了一系列活动，进一步使广州市少年宫成为了省、市乃至全国校外教育的“龙头”。

几年来，广州市少年宫连续4次被授予“全国先进青少年宫”称号、“全国小公民道德建设活动实践基地”称号；少年宫主任黄南冰被共青团中央、全国少工委授予“全国一级星星火炬奖章”、“全国青少年宫优秀工作者”称号；副主任谢妙琼被授予“广州市优秀教育工作者”称号；温如珍、王雯、王文生、周嘉儿被授予“全国青少年宫优秀教师”称号。

2004年参加、承办各类教育、竞赛活动统计

项目	活动名称	活动时间
体育活动	少年宫武术队赴港参加“香港国际武术节”，获9块金牌、5块银牌、5块铜牌	2月5～10日
	少年宫健美操队赴深圳参加2004全国健美操锦标赛，获1项亚军；1项第4；1项第7	3月7～10日
	艺术体操队赴长沙参加全国健美操锦标赛决赛	4月27日～5月1日
	武术队参加广东省少年传统武术大赛，共获一等奖57个；二等奖35个	8月2～7日
	举办“2004年穗港澳青少年棋艺邀请赛暨广州市青少年棋艺百人擂台赛	8月～9日
	武术队赴天津参加全国青少年宫武术比赛，获金牌2个；银牌1个及多项奖项	8月13～17日
群众活动	举办的“真情传递，爱心捐助”系列公益活动	5月15日
	举办“我爱北京天安门”夏令营30人赴京参加暑期活动	7月9～14日
	举办的“快乐健康网上行”活动	7月10日
	组织广州中小学音乐教师30多人赴昆明参加第三届中国童声合唱节观摩活动	8月8～12日
	协办广州市第十次“少代会”大露营活动和闭幕式，区少先队代表约400人参加	10月13～14日
	举办每年一次的少年宫消防知识培训班	11月10～11日
	举办著名漫画家廖冰兄人文基金会启动仪式	11月20日
	主办“天地之间有我”——特殊孩子艺术创作活动暨国际残疾人日嘉年华活动	12月5日
文艺活动	少年宫合唱团培训中心在蓓蕾剧院举办教学汇报音乐会	1月4～5日
	举办广州市青少年寒假嘉年华会活动及青少年才艺展演	1月10日
	少年宫文艺部在蓓蕾剧院举办舞蹈班学员汇报演出	1月10日
	举办“大地·天空·心灵暨‘古谷惠’杯命题漫画赛颁奖仪式”	1月11日
	为市委、市政府举办“老干部迎春茶话会”表演	1月12日
	举办“跨越时空的对话——‘华夏文明之源文物精品展’少儿书画、作文比赛”	1月17日至3月底
	举办广州市第九届学校合唱节颁奖暨汇报演出晚会	3月27日
	举办“图画广州2010—少年儿童支持广州申亚百米长卷大型绘画活动”	4月4日
	少年宫艺术团参加由中央电视台“心连心”艺术团在广东的首场慰问演出活动	3月30～31日
	举办“穗港两地美育教育交流活动”	4月11日
	少年宫合唱团参加广东电视台在番禺香江野生动物园举办的迎亚运大型演出活动	5月1日
	主办首届广东现代舞蹈周暨现代舞交流营	5月2～7日
	艺术团参加广州市文化局、教育局主办的广州少儿艺术精品晚会的演出	5月23日
	合唱团培训中心与香港童声合唱协会“合唱天地”合唱团联欢活动	5月29日
	主办的广州市首届青少年“创造剧场”展演活动在蓓蕾剧院举行	5月30日
	主办“愚公移山”穗港澳绘画创作比赛	5月～11月
	举办“广州地区庆祝‘六一’国际儿童节大型游园会活动”	6月1日
	艺术团舞蹈《今日疍家妹》获首届全国儿童艺术表演大赛“国苗杯”一等奖	6月1日
	艺术团参加由广东省文化厅、省公安厅主办的禁毒专题文艺演出活动	6月26日
	艺术团参加中央电视台在会展中心举办的“申亚成功”大型文艺晚会	6月28日
	合唱团培训中心小组唱《森林公园》作为广东省送选节目获得全国“群星奖”	6月
	少年宫艺术团赴深圳参加广东省第六届少儿艺术花会比赛，获3块金牌和1块银牌	7月22～27日
	少年宫于每周六晚在文化广场免费举办“优秀儿童电影”放映专场活动	7月24日～8月21日

（续表）

项目	活动名称	活动时间
文艺活动	合唱团培训中心学员参加“中华艺术新秀国际交流大赛”获一等奖	7月28日
	参加“蒲公英杯”即2004中国青少年艺术新人选拔大赛中获银奖一个	7月26～29日
	合唱团培训中心在文化广场举办“放飞心灵的歌”音乐会	7月31日
	参加第二届全国少年儿童艺术风采展示大赛获金奖1个、银奖2个	8月3～8日
	艺术团赴京参加故事大王比赛获特等奖1个及多项奖项	7月2～6日
	艺术团参加广州电视台大型专题节目《老师您好》的演出活动	9月10日
	艺术团参加广州市政府举办的“中日友好联欢会”演出	9月23日
	艺术团参加“我爱你，中国——庆祝中华人民共和国国庆55周年歌舞晚会”演出活动	9月30日
	艺术团参加广东省妇女代表大会开幕式的演出活动	11月8日
	合唱团参加“文化广东——山高水长”——庆祝中山大学创办80周年大型文艺晚会	11月12日
	艺术团参加庆祝中国第四届音乐金钟奖“羊城少儿闹金钟”大型文艺演出活动	11月21日
	合唱团培训中心学员参加“第三届羊城新秀歌唱大赛”获最具前途潜质奖	11月23日
	艺术团参加全省基层文化工作会议演出活动	12月21日
	合唱团参加 “同一首歌”——走进广州元旦特别节目的演出活动	12月24日～1月5日
	艺术团参加广东省三水市广播电视台13周年台庆晚会演出活动	12月26日
科普活动	少年宫组织第四届“京商杯”遥控车模全国总决赛	2月28～29日
	少年宫车模队赴阿联酋迪拜市参加第五届世界杯车模大赛，获总成绩第七名	4月6～9日
	少年宫电脑小博士工作室组织举办“我和妈妈学电脑”活动	3月8日
	举办广州市第五届青少年科技汇演之水火箭发射竞赛和科技与环保辩论赛	4月17、25日
	主办的“广州市第五届青少年科技活动总汇演”	5月22日
	车模队赴青岛参加全国车模大赛，获团体第三名，3项个人第二名，1项个人第三名	7月18～26日
	科技部的6人赴上海参加全国少儿计算机应用竞赛，获银奖1个、铜奖3个	8月18～21日
	车模队赴青岛参加全国青少年车辆模型锦标赛，获多项奖项	8月20～26日
	车模队赴北京参加全国车辆模型锦标赛，获多项奖项	10月2～6日
	主办“2004年广州市航海模型竞赛”活动	10月23日
	科技部学员赴港参加“网络发展与青年成长国际交流营”活动	12月26～30日
学科类活动	文学中心在蓓蕾剧院举办“快乐大作文”——学习新课标作文示范课及报告会	2月29日
	2004年全国小学生英语竞赛广州赛区总决赛在我宫举办	5月16日
	赴澳门参加“第一届穗港澳儿童及青少年愚公移山寓言阅读交流营”	8月9～11日
	书法培训部学员30多人赴杭州参加穗杭少年儿童书法交流夏令营；	8月2～7日
	外语培训中心承办全国剑桥少儿英语考试广州赛区的比赛	9月19日
	主办“泛珠江流域的未来”少儿美术展	12月27～30日
	文学中心学员100多人参加“广州开发区开放日”活动	12月27～30日
	协办“广州市学校美术新课堂习作展评复赛”， 600多学生参加	10月16日
	美术学校和书法部学员赴韶关参加“广州韶关青少年书画交流营”	11月6～7日
	主办“广州市学校新课堂习作展”	11月10日
	承办广东省教育厅主办的以“我的家园”为题的全省中小学绘画大赛	6月
	书法班学员在文化广场举办即席挥毫书法比赛	7月10日
交流活动	加拿大CIEC国际文化交流中心来宫参观交流	1月5日
	民族乐团学员黄沂赴港参加香港电视台主办“乐满童声”专题片的首播仪式	1月25～27日
	国际合唱联盟秘书长、瑞典音乐家克里·斯蒂恩与加拿大作曲家兰西女士为合唱团讲学	4月17日
	美国洛杉矶城市代表团来少年宫参观访问	6月27日
	艺术团受国家文化部委派赴摩洛哥访问交流	7月4～17日
	合唱团应邀赴加拿大国际合唱节示范表演，夺得“合唱节驻团艺术家”称号的最高荣誉	7月4～14日
	少年宫优秀学员代表9人赴日本福冈市参加第16届“亚太地区儿童大会”	7月11～25日
	外语培训部优秀学员8人赴英国参加暑期英国游学营	7月14日～8月4日
	与香港游乐场协会组织“穗港青少年夏令营”	7月18～23日

（续表）

项目	活动名称	活动时间
交流活动	艺术团赴突尼斯访问交流演出	7月18～29日
	艺术团应香港葵青区青年协进会邀请赴港交流演出	8月7～9日
	接待香港杰出青年40多人来宫参观访问	9月19日
	接待以日本福冈教育委员会理事桑野素行为团长的日本福冈市教育代表团来宫参观	9月23日
	接待香港教育联会组织的14名香港教师观摩团来宫参观	10月23日
	国际合唱联盟秘书长、芬兰、美国、香港等国家和地区的合唱专家来宫参观考察	11月23～24日
	香港善导会组织的“社区服务义工”参观团来我宫参观交流	11月27日
	台湾与香港联合组成的工商社团一行42人来宫参观座谈	12月30日

（广州市少年宫供稿）

广州市越秀区少年宫

〔**发展概况**〕　广州市越秀区少年宫历来十分重视校外教育特色活动和项目的开拓，在几十个教育培训项目中，航空（航天）模型活动和无线电测向活动分别被国家体育总局、中国宇航协会授予全国活动重点单位、指导站、科普网点。创新项目（科学论文、发明创造）、航空模型项目，被广州市确定为青少年科技教育特色项目。近两年又被广东省、广州市首批命名为科普教育基地，2004年基地开放接待了中、小学生1.5万人次，开设科技讲座35场（次），成为广州市校外科技教育的一个亮点。

〔**科技活动**〕　2004年，越秀区少年宫科技部共组织、参与全国、省、市的活动和比赛53场（次）、夺得金牌108枚、银牌138枚、铜牌152枚（前三名）。学生参加活动、制作的覆盖率保持在80～100%之间。

2004年参加国家级竞赛活动，航空模型类全区学校参赛率100%，获一等奖6个、二等奖2个、三等奖2个；航海模型类全区学校参赛率100%，获一等奖18个、二等奖7个、三等奖2个；无线电测向工程制作类全区学校参赛率50%，获一等奖15个、二等奖17个、三等奖15个；电脑机器人获一等奖5个、二等奖5个、三等奖6个；创新项目类全区学校参赛率100%，论文300篇、作品400多件、科幻画300多幅，获二等奖1项、三等奖4项。

〔**少先队活动**〕　越秀区少先队工作部长期以来积极配合不同时期的特点，开展特色活动。如：结合贯彻《中国少年雏鹰行动雏鹰奖章细则》，制订了《越秀区少先队社区化、社会化整体改革实施方案》，编写《越秀区少先队达标争章手册》，为少先队改革提供了生动鲜活、行之有效的经验，成为全国少先队工作改革4种颇具有代表性的模式之一，受到全国少工委“起步早、思路新、力度大、效果好”的充分肯定。如今越秀区十条行政街道全部成立了街道少工委，重新组合了少先队的中、小队。雏鹰达标争章活动在学校、社区得到蓬勃开展，分级、分段达标争章人数达100%，为社区资源的充分利用和少先队活动注入了新内涵和新活力。

2004年，越秀区充分挖掘地域优势，组织了“古城展新姿”系列活动，历时6个月，参加者达3万多人（次），进行了3大项目的评比和表演，收到作品3000余件，有力地推动广州市迈向文化强市的步伐。

广州市东山区少年宫

〔**发展概况**〕　2004年2月，广州市东山区少年宫认真学习《若干意见》，明确了新时期校外教育工作的重点是将思想道德建设融入到丰富多彩的校外活动中，以体验教育为基本途径，提高活动的针对性和实效性，发挥少年宫联系学校、社区和家庭教育的纽带作用，把各种资源组合起来，开展各类实践活动。

〔**“民族精神代代传”活动**〕　在全国开展的“民族精神代代传”活动中，以小队为单位，开展“小公民道德论坛”、“东山文化寻根”专题活动，在全区中小学开展“争做美德少年，创建学习家园”为主题的第24届东山区少先队金钥匙万人读书活动，参加人数达4.8万人。在全区推广“学雷锋做好事”、“小公民道德论坛”、“探究性的科研小课题队活动”、“社区手拉手”等“1530先锋队”活动，引导队员“知我东山，爱我东山，扬我东山，做东山小主人”。

〔**“六一”为全区少先队员演出**〕　编导了大型舞剧《红领巾的呼唤》，全区13所学校400多名小演员在“六一”为全区少先队员演出，受到各方面的好评；成立小云雀实验乐团，引导学生主动参与音乐实践；组织学员参加“童心协力·2004广东省首届捐助重症儿童美术作品义卖活动”、“广东省第十四届野生动物保护宣传月活动”。

〔**“支持申亚，爱我广州”**〕　2004年4月，广州申办2010年亚运会成功，少年宫组织区小记者采访广州市申亚办公室，在全区青少年中掀起了“支持申亚，爱我广州”的活动高潮。　(麦广宇　马文捷)

广州市天河区少年宫

〔**发展概况**〕　2004年，广州市天河区少年宫春季共招收学员6702人，秋季共招收学员6150人。在教育教学过程中，少年宫坚持通过多种形式向青少年进行爱祖国、爱人民、爱劳动、爱科学、爱社会主义为基本内容的思想品德教育；积极向青少年普及科学技术、文化艺术、体育卫生、劳动技术等方面的知识；培养青少年多方面的兴趣、爱好，促进青少年全面发展，健康成长。

〔**协办“天河区首届青少年钢琴艺术大赛”**〕　5月30日，少年宫成功协办了“天河区首届青少年钢琴艺术大赛”。本次参赛选手共380人，分学龄前组、小学A、B组、少年组A、B组等5个组别。经过激烈的角逐，5个组别的26位选手分获金、银、铜奖。

〔**参加国庆游园会演出**〕　10月1日，少年宫少儿合唱团和舞蹈《小鼓手》参加了由广州市政府主办、天河区政府协办的“广州市各界人士庆祝中华人民共和国成立55周年大型游园会”。少年宫组织了100多个学生参加“百米长卷绘新颜”集体绘画活动。广东省及市、区有关领导观看演出和作画。

〔**其他活动**〕　2004年4月，少年宫参加教育部、中关工委举行的“全国中小学信息技术创新与实践大赛颁奖晚会”文艺演出；5月，成功举办“天河区中小学生美术大赛”，参加此项大赛的学校70多所，参赛学生400多人；少年宫组织中小学美术爱好者参加“2010图画广州”申亚绘画活动；少年宫参加“亲近自然，彩绘大地”的美术绘画活动；在天河区教育局主办、天河区少年宫协办的“同在蓝天下——天河区少年儿童庆祝‘六一’”活动中，承担少儿文艺演出和少儿美术展览活动；6月，在星海音乐厅成功举办“天河首届青少年钢琴艺术大赛”颁奖音乐会；7月，少年宫少儿拉丁舞节目参演“广州市各界祝申亚成功文艺演出”。

〔**教育成果**〕　2004年，少年宫组织区少先队辅导员代表队参加“广州市少先队辅导员技能大赛”获冠军；宫语艺团学员演出的小品《消失的红舞鞋》获“全国希望之星（广东赛区）十佳奖”称号，同时获得该大赛“全国准决赛十佳奖”；在2003年度广州市第九届中小学合唱节颁奖仪式中少年宫少儿合唱团获特等奖；11月，少儿舞蹈《同乐》获广州市敬老、爱老、助老主题教育活动文艺汇演三等奖；参加广东省第六届少儿艺术花会暨第三届亚洲民间艺术节活动，少年宫教师张丽编导的舞蹈《小鼓手》获金奖。

〔**交流活动**〕　7月2～12日，区教育局卢琳副局长带领天河少儿合唱团一行50人前往德国不莱梅市参加“第二届国际奥林匹克合唱节”比赛，获儿童组和民族组金奖。

广州市方圆少儿艺术培训中心

〔**基本情况**〕　广州市方圆少儿艺术培训中心是经广州市白云区教育局审批成立的校外教育机构，坐落在广州市黄石路白云高尔夫花园内。艺术中心由全国一级甲等优秀校外教育机构的广州市东山区少年宫原主任吴冠明、李明信主持，聘请了多名教育精英及艺术界专家从事管理和任教。

〔**教育成果**〕　艺术中心于2004年1月成立，学员从开始的100多人发展到现在的1000多人；2004年美术学员首次参加全国少儿美术大赛有6人获奖；在全国第十届少儿绘画、书法作品比赛中，艺术中心学员3人获一等奖、7人获二等奖、8人获三等奖、11人获优秀奖，中心胡莉娟、陈志雄、梁向申老师分别获得一等、二等指导教师奖。

由中心指导的方圆实验学校排练的英语童话剧《猴子王》参加全国妇联、妇女儿童发展中心举办的全国首届少儿英语文艺表演大赛，在全国选送的1000多个节目中以99.64的总分获总冠军，同时获得编导一等奖、表演一等奖、舞美一等奖和服装一等奖，中心吴冠明主任获全国优秀园丁奖，全国多家报刊、中央电视台均作了报道。

文学、奥数、游泳培训班的学员分别在市、区比赛中获奖。“电脑神童”培训班有31名学员经考核获由联合国科教文组织协会和微软北京公司联合颁发的初级专业证书。艺术中心是广州市第一个被委托为该项目的实验基地。

〔香港迪士尼乐园宣传活动〕 2004年暑假，在共青团中央青少年发展中心大力支持下，在中心举办了香港迪士尼乐园宣传活动启动仪式，香港迪士尼乐园的负责人和美国的米老鼠来到学校，与中心学员和实验学校学生进行了面对面的指导活动，学唱歌、做游戏、做迪士尼中童话小屋的拼装及“小小妙想家”活动，孩子们还逐个与米老鼠合照，切身体验了“迪士尼”童真、童趣的奥妙。

〔开展“寻找国父的足迹”活动〕 中心接待香港五邑商总会学校师生到穗开展“寻找国父的足迹”活动；接待香港“圣公会”属下50多所小学的校长来中心参观。在香港回归6周年纪念日，中心与香港沙田友艺术中心的师生开展“穗港儿童手拉手”的艺术交流演出活动，增进了穗港儿童的友谊。

〔开展“弘扬齐白石国粹文化”活动〕 6月，配合省委、市委宣传部开展“弘扬齐白石国粹文化”活动，邀请北京燕京书画院院长及齐白石的孙女齐惠娟等多名书画家来到中心，为孩子们即席挥毫和现场指导。孩子们为获得艺术家们的签名排起了长长的人龙，场面热闹非凡。 （吴冠明）

汕头市青少年活动中心

〔基本情况〕 广东省汕头市青少年活动中心成立于1998年，是共青团汕头市委员会属下的事业单位，实行汕头市青少年活动中心、汕头市少年宫、共青团汕头市委团校3块牌子一套人马运作，是汕头市正式建制的市级青少年校外教育机构。中心占地16.02亩，建筑面积1.86万平方米，主楼21层，配有电脑室、多媒体教室、语音室、钢琴室、美术教室、工艺教室、文化教室、舞蹈室、展览馆、广场等教学活动场地2万多平方米，是汕头市精神文明建设标志性工程之一。

汕头市青少年活动中心1998年、1999年连续两年被汕头市委青少年教育领导小组评为“青少年教育先进基层集体”，2000年被全国青少年宫协会推选为理事单位，2002年被省委宣传部、省妇联等六部委命名为首批广东省“小公民”道德建设实践基地，2003年被汕头市委精神文明办评为“精神文明示范窗口单位”，2004年被团中央、文化部评为“全国先进青少年宫”。

7年来，活动中心少儿特长培训人数达6万多人次，年均培训1万多人次；开展“六一”大型游园活动等各类青少年社会教育主题活动60多场；成人技能培训、学历教育共2万多人次。

〔培训内容〕 充分利用寒暑假及学校春秋季开学期间举办各类特长培训，现已开设了80多个特长培训专业班，即美术、素描、色彩、国画、书法、写作、奥数、英语、电脑、武术、少年电子科技、声乐、钢琴、小提琴、潮剧表演、曲艺、拉丁舞、中国舞、少儿芭蕾、瑜伽等培训班，另外，还专门为中学生设置了中学生文化类初中数学辅导、奥数、英语辅导等专业班，形成结构合理、层次分明、门类较齐全的青少年校外教育培训体系。组建了汕头市少年宫金源少儿潮艺团、舞蹈队、武术队、合唱团、小提琴乐团等团队，经常活跃于各类文艺演出舞台，参加比赛或承办演出活动，许多学生在全国、省、市各类特长比赛中夺金捧银，屡获殊荣，为活跃青少年校外生活和推进汕头市青少年的素质教育做出了积极贡献。

〔社会教育实践活动〕 汕头市青少年活动经常开展融教育性、知识性、趣味性、科学性、娱乐性为一体的校外活动，举办了“厦门军事夏令营”、“音乐冬令营”、“广州电影冬令营”、“电视艺术冬令营”、“潮汕文化夏令营”、“广州高校冬令营”等10多次夏（冬）令营；每年均举办“六一”大型游园活动、潮汕“希望之星”征集评选、“少年儿童心理健康教育系列活动”、“科技节”、“漫画联展”、“书法大赛”、“珍稀动物科普展”等社会公益活动。7年多来，汕头市青少年活动中心举办各种大型青少年社会教育活动60多个，涉及文艺、科技、思想道理教育等领域，在青少年中影响巨大。

〔注重成人教育〕 中心积极与省内外各大院校联合办学，开设大专、本科专业班。现已与中国青年政治学院、广州美术学院、韩山师范学院、华南农业大学联合办学，开办环境艺术设计、装潢艺术设计、汉语言文学、英语、历史学、思想政治教育、化学、数学与应用数学、计算机科学与技术、电子信息科学与技术、物理学、生物科学、体育教育、教育学、音乐学、美术学、法学、园林、报关与国际货运等大专、本科专业，现在校生1304人。暑期还开设升大、专升本实习班，帮助学生顺利通过成人高考，先后被评为全国先进函授站和“管理规范函授站”等荣誉称号。

汕头市妇女儿童活动中心

〔**基本情况**〕　汕头市妇女儿童活动中心于1997年11月19日落成。中心位于汕头市广厦新城春江路与乐山路交界处，占地面积8000平方米，建筑面积近2万平方米。整个建筑清新亮丽，风格独特，设有南楼、北楼、连廊及地下停车场。主要设施有：艺术幼儿园、妇女儿童培训中心、儿童游乐场、小剧院、展览厅以及与之配套的招待所、餐厅等综合服务设施，是汕头市第一座大型体现妇女儿童对现代科学文化需求的妇女儿童活动阵地。

〔**教育培训活动**〕　中心举办以提高儿童综合素质教育为主的培训，主要有舞蹈、声乐、器乐、美术、书法、武术等各类特长班。2004年新开办的JK快速阅读记忆培训班以开发学生智力潜能，培养学生学习能力，提高阅读技能技巧为宗旨，吸引了几百名中小学生参加。经过系统的训练，学生每分钟能阅看1000字以上，进步快的学生每分钟能看5000多字的文章，阅读记忆效果明显。

2004年，中心与全国妇联联合举办“阳光童年”儿童才艺艺术培训班，采用国内资深教育人士汇编的专业教材，引进乐舞演培新模式，全方位提高儿童的语言、乐感、舞美等综合艺术素质。经过严格挑选，第一期已有180名小朋友接受培训，培训班结业后，将有部分小学员充实到七彩少儿艺术团，继续进行专业训练和开展艺术交流活动。

〔**群文活动**〕　2004年，承办“社区儿童欢乐节”、“奥迪四驱车竞技赛”、“儿童才艺展示”、“小学生演讲比赛”、“少儿作品参赛暨观摩展”和各种类型的儿童夏(冬)令营。几年来，中心所策划的主题活动及参加全国、省、市所组织的书画美术作品大赛均获佳绩。中心现是全国、省小公民道德建设实践基地。

深圳市南山区青少年活动中心

〔**基本情况**〕　深圳市南山区青少年活动中心于1998年成立，2000年投入使用，是全国首家环保型青少年校外教育机构。中心位于深圳市南山区中山公园南，占地3000平方米，建筑面积6000平方米。傍依古城，古树环抱，绿草成茵。中心内设青少年培训部、“大家乐”舞台、青少年科普园等，是一个拥有教育训练、艺术展演、社团活动、青年服务等多项功能的校外教育基地。中心先后被中国少年科学院命名为“科技教育示范基地”、深圳市科协命名为“深圳市科普教育基地”；多次被上级机关授予“优秀组织奖”、“先进集体”等荣誉称号。

〔**教育培训活动**〕　中心开设了书法、绘画（国画、素描、漫画）、舞蹈（国标、中国舞、模特、健美）、器乐（电子琴、钢琴、小提琴、古筝、爵士鼓）、影视语言、健美、三模、无线电、生存训练、体能训练、心理训练等活动，重点培养青少年的体能、体魄、意志，涌现出“岭南小周旋”周咏怡、“阳光女孩”袁子清、“民族男孩”樊宁等一批艺术新人。

〔**群文活动**〕　中心成立6年来，充分挖掘社会资源，拓展活动空间，自创品牌活动。“五四青年歌手大奖赛”已成为南山歌坛参赛人数最多、规格最高的歌手大赛；每年一届“南山是我家”活动，时间长达两个月，横跨元旦、春节、元宵3个传统节日，是全区市民的节日文化大餐；青工才艺展示、好歌大家唱活动、东西南北地方曲艺展演，为青工提供了自娱自乐的舞台。此外，中心每年都组织“红色之旅夏令营”、“特区老区手拉手夏令营”、“环保春、秋游”、“缅怀革命先烈”、“小公民道德建设”等活动，深受青少年学生的欢迎。2003年暑期，在全国首次组织“1+1西藏环保夏令营”，《人民日报》、新华网、西藏自治区和深圳特区主要媒体都作了报道。还经常组织青少年学生开展祭扫烈士陵园等活动。

〔**科技、环保活动**〕　“事先介入、全程跟踪、专业指导、经费资助”的青少年实践展能活动管理模式是南山区青少年活动中心在全国率先建立的科技实践活动。每年有100多个具有学习价值、教育价值、科学价值和社会价值的项目得到资助。近3年，中心有200多个项目在全国、省、市竞赛评比中获奖、10余项体验教育活动获全国奖。中心还联合企业资助，创办了“青少年校外活动课中心”，开设了少年鲁班小机床、传统工艺（剪纸、中国结）、石膏工艺、巧手串珠、工艺DIY、陶艺成型、挑战多米诺、贝贝福特桌球、奇特烙画等十几项动手实践活动；“青少年科普园地”建立了20多项科学展览，免费向青少年开放，每年吸引5～8万人次。中心还成立了流动的科普学堂，利用展板、天文望远镜观测天象和现场讲座等多种手段，进行天文科普知识宣讲；定期组织全区少儿科普优秀作品展，开设电脑绘画、史丰收速算、机器人编程、无线电测向等培训课，开展科技小发明、小制作竞赛活动，以开放式、研讨式、参与式教学活动培养青少年的科学兴趣和创新精神。

〔**社会实践活动**〕　中心利用军营、科技馆、美术馆、图书馆、博物馆、纪念馆、烈士陵园、植物园、动物园、福利院等社会资源，丰富青少年素质教育的内容与方式，组织青少年参加军训、农场和工厂劳动、社区服务、慈善活动、社会捐助、帮助孤寡残疾人等公益性社会实践；利用大沙河、红树林、西丽水库、南头古城今昔、赤湾港新貌、蚝民变迁等环保和社会资源，开展认养公园树木、收集植物标本、检测海水质量等丰富多彩的社会实践活动，加快青少年角色社会化过程。

〔**阵地建设**〕　中心利用南山高新技术企业集中和环保主题公园多的优势，先后在科技园、中山公园、西丽果场、华侨城建立了科技实践基地、道德培训基地和环保教育基地。在前海、后海、桃源、南头等社区建立了多个青少年素质教育网点，实现了青少年素质教育社区化、社会化、网络化。

〔**“大家乐”活动**〕　是南山区团委品牌项目之一，90年代后期初创于街头，2000年常设于青少年活动中心主楼“大家乐舞台”。该活动以阵地为依托，以社会作舞台，主要以来深青年建设者为服务群，按照开放性、参与性、群众性、娱乐性、教育性、公益性和网络化的原则，每年举办各类文娱活动50多场，节日文艺演出、科普有奖问答、健康知识讲座、才艺展示、演讲比赛、歌咏比赛、卡拉OK、科普影像、“红色”电影、周一至周四的自娱自乐表演，周五的“周末开心夜”，周六的“星光科普夜”，每场都吸引愈千名观众，节日演出观众达几千人次。（*石兰涛　郭　远*）

深圳市宝安区青少年活动中心

〔**基本情况**〕　深圳市宝安区青少年活动中心位于宝安区宝城新安公园旁，于1988年成立，中心综合大楼占地6000平方米，建筑面积1万平方米，于1994年5月4日正式启用。现年培训量已达3.53万人次，年参与活动人次达11万人之多，是宝安区最大的校外培训机构。

中心先后被评为“深圳市160假日行动校外活动基地”、“深圳市务工青年城市文明培训站”、“专业技术人员继续教育基地”、“千宫百万”行动“全国青少年外语等级考试培训站”、“全国青少年计算机等级考试培训站”、“全国青少年音乐培训站”、全国首批“青少年棋院”、“先进校外教育单位”及区级“先进单位”等称号。

〔**场馆建设**〕　2004年，配合宝安城市化进程，中心投入140万元，进行了系列的项目建设，完成了广场改造、行政办公区的装修；区政府出资880万元成功收回“艾士龙”公司租用地使用权；完成青少年宫筹建工作，出台了《青少年宫可行性研究报告》，预计2005年底动工。

〔**培训成果**〕　中心形成了3大系列（艺术培训、基础教育、成人教育），8大类别（文化、艺术、科技、体育、学前教育、学历教育、考前辅导、技术技能考级）的培训格局。2004年，总培训人数达3.53人次，比去年递增了60%。其中少儿培训人数达8394人次。开设的项目有美术、书法、声乐、钢琴、电子琴、吉他、古筝、中国舞、芭蕾舞、拉丁舞、武术、跆拳道、计算机、网球、三棋、外语、趣味数学、文学兴趣等，形成了美术、舞蹈、声乐教学品牌。成教在读学生超过1518人，专科层次开设行政管理、学前教育、会计、国际货运与报关、工商管理、英语、国际贸易、物流管理、形象设计与美容、文秘10个专业，本科层次开设会计、法学2个专业，共开设专本科学历班25个。幼儿园春秋两季入园人数达268人。

〔**学生社团活动**〕　中心社团活动也十分活跃。大家乐艺术协会突出“大家乐、乐大家”的功能；体育舞蹈协会致力于推广体育舞蹈，通过开展体育舞蹈专场比赛活动和讲座，促进会员与会员之间、协会与社会之间的交流；少儿书画协会以“培养书画人才”为重点，通过开展少儿书画现场比赛、少儿书画义卖等活动来扩大影响，达到“艺术交流、共同提高”的目的；青少年棋院举办的“引进杯”三棋大赛已经形成品牌。

〔**活动成果**〕　2004年，中心全年共组织活动

67次，其中群文活动42次，校外教育活动25次，参与活动人数达11万多人次。活动涉及文化、体育、艺术、科技等领域，一是以展示少儿艺术风采为目的，成功地举办了第二届少儿文化艺术节，共吸引近800名小选手参加。二是以节假日为契机，承办、协办各类演出、比赛42场，其中深圳市第七届羊台山登山节活动，是历年来档次最高、活动内容最丰富的一次活动。三是以拓展学生视野为主导，积极推出多种主题教育活动，如举办“引进杯”三棋大赛、“远离网吧，争当文明小市民”宣誓活动、珍稀蝴蝶标本展等活动。

〔**教育成果**〕 2004年，中心组织268名美术学员、14名中国舞学员、21名声乐器乐学员、24名模特学员以及跆拳道、棋类学员参加全国、省、市各级各类比赛，共有240人次获得市级以上奖项，其中国家级奖项217人次，有7名学员被各专业院校录取，有14名教师获辅导奖。

（张　林）

2004年举办的特色活动

项目	活动名称	活动时间	活动人数
体育活动	第三届“引进杯”宝安区三棋大赛	2004.1	900
	深圳市第七届羊台山登山活动	2004.10.22	10000
文艺活动	第二届少儿文化艺术节	2004.8	800
	青年文化艺术节	2004.9	10000
	“六一”游园会	2004.6	5000
	送戏下乡		30000
科普活动	蝴蝶标本展	2004.6	3000
生活实践活动	夏令营活动	2004.7	18
	春游、秋游		3000
	第十七届“荔枝杯”青年歌手大赛宝安分赛	2004.6	60
其他活动	三模比赛	2004.4	700

深圳市龙岗区青少年活动中心

〔**基本情况**〕 深圳市龙岗区青少年活动中心于1995年6月成立，建筑面积4000平方米，是共青团龙岗区委属下的青少年文化事业单位。

中心结合龙岗区地域广、青少年学生分散以及目前学校开展素质教育的实际，致力拓展新阵地，将培训工作送教上门，服务到校，初步形成了以青少年活动中心为“专、尖、新”教学示范主阵地，以学校为分部、分校的培训网。开设书画、舞蹈、跆拳道、英语、武术、电脑、文学与写作、棋类、速算、器乐、陶艺、表演等26个专业培训班80多个，建立少年电视台、团队用品服务部，管理“区青少年书画摄影协会”、“区青年职业技能培训中心”、“中国围棋培训中心龙岗培训部”、龙岗区青少年摄影协会“全国青少年信息技术培训指导站”4个文化团体。

〔**群文活动**〕 2004年，中心举办“2004年龙岗区少儿围棋比赛”。来自全区15所学校和8个幼儿园60名选手参加了比赛。12月，中心组织了“龙岗区第二届少儿主持人选拔赛”，共有200人参加选拔。

〔**兴趣小组活动**〕 中心培训部共开设基础学科、体育学科、艺术学科4大类，开设电子琴、钢琴、朗诵、古筝、舞蹈、小提琴、计算机、跆拳道、健美操、围棋、武术、芭蕾舞、中国象棋、书法、硬笔书法、国画、素描、英语、奥数等共26个专业，80个班次，结业人数8000人次。

珠海市青少年妇女儿童活动中心

〔**基本情况**〕 珠海市青少年妇女儿童活动中心位于珠海市香洲迎宾北路西侧的童心路18号，由两栋建筑物和一个中心广场组成，占地2.9万平方米，总建筑面积2万平方米，总投资1亿元，于2004年9月15日落成剪彩。活动中心是珠海团市委、市妇联属下的一个集培训、活动、娱乐等功能为一体的校外教育事业单位，由原市青少年宫和市儿童活动中心合并而成。

〔**设施规模**〕 位于活动中心北侧主楼是培训大楼，主楼以“扬帆出海”为设计主题，突显珠海的地域特点。主楼建筑面积1.3万平方米，楼高12层，2～9层设有各类教室、培训室，10～11层为办公室和会议室，12层是天象馆和科技展厅。南侧科技楼建筑面积7000平方米，楼高3层。楼内附设游泳池、健身房、咖啡厅、滚轴溜冰场、羽毛球场、乒乓球场、壁球场、交谊舞厅、科技网吧、电影院、亲子乐园等。在活动中心中央建有一个可容纳千人的圆形大广场，是举办各类大型活动的场所。广场中央装有一台超大电视屏幕，可供千人同时观看。

〔**教育培训活动**〕 活动中心培训分为美术书法、舞蹈、器乐、表演、记忆速算、基础学科、剑桥英语、计算机、无线电、模型、成长教育、成人培训等30多个项目100多个特长培训班，秋季培训学员1300多人，有多名学员在参加全国、省和市竞赛中屡获殊荣。童话剧《森林的故事》在2004年8月全国5省市电视台共同主办的首届安徒生故事大王大赛中荣获一等奖，并获邀请赴丹麦参加纪念安徒生诞辰200周年国际文化交流团的演出。

〔**群众文化活动**〕 2004年，中心除开展常规的夏令营、冬令营和各项比赛外，协助团市委、市妇联组织参与的大型活动有：珠海市各界青年纪念“五四”运动85周年文艺晚会、大专电视辩论大赛、市中学生我心中的“珠海精神”巡回演讲比赛、“同一蓝天下”手拉手共同成长——珠海市“城市少年儿童与进城务工人员子女”手拉手活动、粤港青年交流促进会、“爱我中华”两岸五地青年大联欢、港珠日台——国际儿童文化交流营、广东省第二届青少年艺术大奖赛总决赛、市青少年妇女儿童活动中心落成文艺晚会、“牵挂你的人是我”——市外来工中秋歌会、市家庭文化艺术节闭幕式暨颁奖文艺晚会、市第二届“快乐家园”妇女学校文艺汇演、“爱我家乡——美丽珠海”市未成年人思想道德建设系列活动剪彩仪式、“赤子心、民族魂、青年情”——珠澳各界青年庆祝澳门回归5周年文艺晚会、“青春珠海”——千人倒计时嘉年华会等96场(次)，参与活动单位385个(次)、参与活动人员2.76万人次，观众达10万人次。

佛山市少年儿童图书馆

〔**基本情况**〕 佛山市少年儿童图书馆是广东省规模较大的地级市公共少年儿童图书馆，隶属于佛山市图书馆。1993年1月8日正式开馆，建筑面积2500平方米。主要服务对象为0～18岁的少年儿童、中小学教师、家长及少儿工作者。

〔**设施情况**〕 儿童图书馆现有馆藏10多万册图书，报纸杂志200多种，形成以青少年科普读物、文学作品、教育教学类图书为主体的藏书体系，是佛山地区最大的青少年文献信息中心。图书馆各项业务工作均采用国家标准实行规范化管理，业务工作流程全部实行自动化管理。每年进馆读者近26万人次，书刊流通20万多册。

〔**“阳光”读书会活动**〕 2003年7月成立，以组织特困家庭学生开展读书活动为主。现有会员124人，其中小学组39人，中学组85人。利用佛山市少年儿童图书馆、禅城区少年儿童图书馆、祖庙文化站及各社区文化室等场所，免费为特困家庭学生办理借书证，每月开展读书心得讨论、读书讲座、文体活动、外出参观、三人篮球赛、跳绳比赛等；组织大家参观民间艺术社；开办网站专栏、课题讨论等活动。

〔**“雷锋精神永放光芒”少年儿童主题读书月活动**〕 2004年3月，图书馆发起“雷锋精神永放光芒”少年儿童主题读书月活动。参加对象为佛山市禅城区的学生。以设立有关雷锋书籍的专柜、在报告厅播放了5场有关雷锋的免费影片、组织学生深入社区学雷锋做好事等活动宣传雷锋精神。

〔**“家庭读书”活动**〕 佛山市少年儿童图书馆家庭读书活动至2004年已举办了5届。第五届家庭读书活动从2004年5月～2005年4月，时间跨度为一年，由佛山市教育局、佛山市妇女联合会、佛山市文化局主办，佛山市少年儿童图书馆承办。

2004年举办的第五届家庭读书活动的主题为“与文明同行”，活动对象包括佛山市禅城区、顺德区、南海区、三水区、高明区数十万名中小学生及其家庭。开展了“我与父母每月共读一本好书”活动、“与文明同行”家庭读书征文比赛、“同城读书，共创未来”向佛山市贫困学校捐赠图书活动、建立“动感地带”绿色图书室活动。

〔**“走进知识，传承文化”蜂蜂书香夏令营活动**〕 2004年7～8月，图书馆联合佛山团市委、市教育局、市少工委、佛山日报社、安利（中国）佛山分公司，开展了佛山青年文化之旅“走进知识，传承文化”蜂蜂书香夏令营活动。活动内容包括：“佛山知多少”过三关网上挑战赛、佛山市少儿粤曲赛、佛山市少儿剪纸赛、蜂蜂读书之星评选、蜂蜂带你遨游图书馆等活

动，吸引了佛山市各区的青少年积极参加。（张远青）

肇庆市端州区青少年宫

〔**基本情况**〕　广东省肇庆市端州区青少年宫坐落于肇庆市中心，是肇庆城区惟一的校外教育专门机构。始建于1984年，1998年迁到现址。2004年，肇庆市端州区青少年宫被团中央、文化部授予“全国先进青少年宫”称号。

〔**教育成果**〕　2004年，青少年宫曲艺小品《快乐的夏令营》被广东省文化厅推荐参加全国“群星奖”评选，并在广东省第六届少儿艺术花会暨CIOFF第三届亚洲儿童民间艺术节荣获金奖；幼儿故事《小猴子值日》荣获“十佳童星”奖。参加“爱我中华”广东省第二届青少年艺术大赛获银奖2项；参加第十七届“双龙杯”全国少儿书画大赛获钻石奖1人、金奖4人；参加第九届、第十届、第十一届“素质杯”全国少儿书画大赛获金奖14人；参加“华夏明珠杯”全国少儿书画大赛获一等奖1人，银奖、铜奖、优秀奖128人；参加2004年全国中小学生美术书法摄影大赛获金奖1人；参加“和平杯”书画艺术国际联展大赛获特金奖2人、金奖7人；参加2004年第三届全国中小学生“金象杯”美术书法摄影大赛获特金奖2人、金奖7人；参加2004年广东省青少年书法美术大赛获金奖1人、银奖、铜奖、优秀奖100多人。

2004年各兴趣班学员共6658人，长、短期兴趣班341个。

〔**群文活动**〕　2004年，青少年宫组织了“共创美好明天”肇庆市少儿书画即席挥毫大赛；“辛勤耕耘二十载，校外教育花盛开”文艺晚会；“关爱人类的好朋友”主题教育活动；“传艺育人二十年”大型宫史展览；参加肇庆电视台16周年晚会演出、庆祝云浮电视台建台15周年“共聚西江情，携手向未来”两广六台大型文艺晚会、肇庆市庆祝国庆55周年“群星璀璨迎国庆”文艺晚会、肇庆市庆祝国庆55周年曲艺晚会、城东社区“贺中秋、迎国庆”文艺演出、阳光华庭社区“庆国庆”文化活动、恒裕花园社区文化活动、共青团肇庆市委组织的“青春孕育希望，责任成就理想”肇庆市18岁成人仪式活动。（谢桂生　梁智文）

广西壮族自治区校外教育

综　述

〔**广西自治区党委、区人民政府制订关于贯彻《中共中央、国务院关于进一步加强和改进未成年人思想道德建设的若干意见》的实施意见**〕　2004 年 10 月 27 日，广西自治区党委、人民政府根据全区实际，下发了《关于贯彻<中共中央国务院关于进一步加强和改进未成年人思想道德建设的若干意见>的实施意见》，对全区未成年人思想道德建设提出了具体实施要求。文件指出，全区 18 岁以下未成年人约 1400 万人，要把加强和改进未成年人思想道德建设作为事关全局的战略任务；要认真实施“以德育人”工程、“实践育人”工程、“文化精品”工程。

〔**广西自治区制订对青少年校外活动场所管理要求**〕　2004 年，广西自治区党委、人民政府在“实施意见”中，提出了切实加强爱国主义教育基地、公益性未成年人活动场所和舆论阵地三个阵地建设的要求。

要加强爱国主义教育基地建设。各类博物馆、纪念馆、烈士陵园等爱国主义教育基地和青少年宫、少儿活动中心、科技馆等场所，要积极为广大中小学生提供良好的参观条件，要创造条件对全社会开放，对中小学生集体参观一律实行免票，对学生个人参观可实行半票或凭学生证全部免票。要按国家规定对爱国主义教育基地给予减免税收等优惠政策。

要加强青少年宫、少儿活动中心等公益性未成年人活动场所的建设和管理，将公益性未成年人活动场所建设纳入地方国民经济和社会发展规划以及城市建设总体规划，千方百计保证青少年学生校外活动场所建设和运行所需资金。自治区在 2005 年以前要扩建、修缮广西少儿活动中心，使其更好地发挥作用；各地级市 2006 年以前要建好并投入使用市一级青少年学生校外活动中心；各县(市、区)要在国家彩票发行收益资金和自治区彩票发行返还公益金的扶持和自身的努力下，在 2007 年以前建好并投入使用青少年学生校外活动场所；有条件的社区、街道、乡村也要积极兴建青少年学生校外活动室；全区各地已建成的县宣传文化中心、乡镇宣传文化站、村宣传文化室，都要专门开辟免费向未成年人开放的学习活动室。经过 3～5 年的努力，逐步做到自治区有大型活动示范基地，各地级市有规模较大的青少年学生校外活动中心，各县(市、区)有独立的青少年学生校外活动场所，有条件的社区、街道、乡村有青少年学生校外活动室，构成和健全惠及全区广大未成年人的活动场所网络。

〔**广西自治区教育系统关工委工作会议在南宁召开**〕　2004 年 4 月 27 日，全区教育系统关工委工作会议在南宁召开。这次会议的主要任务是总结全区教育系统关工委工作，交流经验，表彰先进，研究部署全区教育系统 2004 年关工委工作。广西关工委主任韦继松在会上作了重点讲话。

会议认真学习了《若干意见》，详细分析了全区未成年人思想道德建设的局势和发展。多年来，全区教育系统各级关工委，在党政领导的重视下，自觉配合教育部门主渠道和群众组织、社会团体等单位，重点为中小学生的思想道德教育做了大量工作。特别是在课外、家庭、社区等领域，以及济困助学、扶贫帮教等方面，对未成年人困难群体开展了内容丰富与形式多样的教育活动，取得了一定的实际效果，涌现了广西民院关工委、广西师大关工委、玉林市教育局关工委、邕宁县教育局关工委等一大批先进典型。

会议决定，区关工委要着力建设好老干部、老战士、老专家、老教师、老模范等“五老”队伍，形成一支专兼结合、素质较高、人数众多、覆盖面广的未成年人思想道德建设工作队伍，形成一支专兼结合、素质较高，人数众多，覆盖面广的未成年人思想道德建设工作队伍，开展内容丰富、形式多样的教育活动。

〔积极开展青少年学生校外活动场所的队伍建设〕　1.2004年5月28日～6月3日，广西2003年度国家扶持建设的青少年学生校外活动场所建设8个项目的县、市的分管副县长（副市长）、财政局长、教育局长共24人在区青少年学生校外教育培训基地的组织下，赴上海参加由全国青少年校外教育培训中心（上海部）举办的管理人员培训班。

2.2004年10月29日～11月7日，自治区素联办和校外教育培训基地再次安排2002年度国家扶持建设的青少年学生校外活动场所负责人8人赴上海参加管理人员培训。培训期间，学员们还参观了上海市的校外教育设施场馆，包括上海科技馆、东方绿舟、中福会少年宫等，亲身感受和体验活跃、富有情趣的校外教育气氛。

3.2004年10月16～20日，自治区教育厅联合广西青少年学生校外教育培训基地在柳州市举办了广西青少年学生校外活动场所工作人员自治区级培训班。这是全区第一期自治区级校外教育培训班，邀请了全国青少年校外教育培训中心专家授课。参加学习的学员来自全区2001年～2003年度国家扶持建设以及自治区利用国家返还资金自建的43个项目县（市）的校外活动场所管理人员101人。（邓才伟）

科技教育活动

〔发展概况〕　广西各级党委、政府对科普工作十分重视，近年来逐渐加强了对科普工作的组织与协调。目前广西全区建立科普工作联席会议的县（市、城区）比例已达84%。科普投入逐年增长，以政府财政拨款为主，社会、群众自筹的多渠道、多层次科普投入体系逐步形成。

自2000年以来，广西积极探索科普工作新形式，采取公众易于理解、接受、参与的方式，组织开展了一系列各具特色的科普活动。一是面向农村的科普活动。二是面向领导干部的科普活动。三是面向企业职工的科普活动。四是青少年科普活动，全区共建立青少年科技教育基地127个。科普活动群众参与面越来越大。广西科技活动周已连续举办13届，自2001年以来，全国科技活动周期间，广西都推出丰富多彩的科普活动，全区每年参与科普活动群众达数百万人次。

〔举办广西青少年科技创新大赛〕　2004年4月16～18日，由广西科协、广西教育厅主办，广西青少年科技中心、柳州市科协、柳州市教育局联合承办，以“探究身边的科学，放飞创新的梦想”为主题的2004年广西青少年科技创新大赛，在柳州市科技馆举行。共有28.5万学生参加了大赛，推出了128项优秀科技项目作品、13项优秀机器人创意设计作品、14名科技教师及其科技活动方案；另有54个优秀科技实践活动、175幅少年儿童科学幻想绘画参加现场展评，评出了优秀项目一等奖16个、二等奖31个、三等奖54个；优秀机器人创意设计一等奖2个、二等奖4个、三等奖7个；优秀实践活动一等奖8个、二等奖18个、三等奖28个；少年儿童科学幻想绘画一等奖20幅、二等奖60幅、三等奖80幅；优秀科技教师和科技活动方案2个、优秀科技教师提名奖5名、优秀科技教师鼓励奖7名；优秀组织奖35个。并推荐出优秀项目12个、优秀机器人创意设计2个、优秀实践活动8个、少年儿童科学幻想绘画20幅、优秀科技教师和科技活动方案2个、优秀组织奖5个参加第十九届全国青少年科技创新大赛。

〔组织“快乐科普伴我行”青少年科普教育活动〕为配合由科技部、中宣部、中国科协等部门联合发起的2004年“科技以人为本，全面建设小康”为主题的“科技活动周”活动，5月15～19日，由广西区科协、广西科技厅、广西区教育厅联合主办，广西青少年科技中心、广西科技馆承办的“‘快乐科普伴我行’青少年科普活动”在广西科技馆顺利举行。活动内容包括：广西传统天文节目“爱我壮乡星空”放映、天文小制作、万能迷你小机床、电脑机器人搭建、演示等。活动期间共有2386名青少年学生参加，培养了青少年的科技创新精神和动手实践能力。

〔纪念邓小平为首届“全国青少年科技作品展”题词25周年城乡青少年手牵手科普活动〕　为纪念邓小平诞辰100周年和邓小平为首届“全国青少年科技作品展”题词“青少年是祖国的未来，科学的希望”25周年、百色起义75周年，中国科协青少部、广西区科协于2004年11月共同组织开展了有400多人参加的城市青少年代表和科技教师赴平果县凤梧乡“城乡青少年手牵手，科普活动进老区”大手拉小手科普活动。此次活动由广西青少年科技中心和百色市科协共同承办，内容包括“重走红军路，缅怀革命先辈丰功伟绩”、城乡青少年心系老区——我为老区献爱心、闵乃世“红烛星座工程”捐献活动、“我想对邓爷爷说一说”座谈以及一系列的科技知识展览等科普进老区活动。广西青少年科技中心还帮助学校建立了科普活动组织机构——科学实践活动课题组，组织南宁市学生代表参观百色红七军纪念馆等。

〔**“爱科学月”活动**〕 每年10月，是广西青少年学生的“爱科学活动月”，各地开展形式多样、内容丰富的科技教育活动。广西科协、广西教育厅和共青团广西区委多次联合下文，先后在贺州、梧州、贵港、来宾、南宁、桂林等33个县（区）、市，举办科技辅导员培训班，先后有2010所学校参加开班培训，约有3.5万名学生参加了“我爱我家——建筑模型搭建”、“智力七巧板拼图”等科技小制作竞赛。

南宁市校外教育

〔**发展概况**〕 南宁市目前建有青少年校外活动教育场所市级2个、城区级5个。除了1983年就成立的南宁市青少年活动中心，2002年起，南宁市相继建成了青秀区青少年活动中心、兴宁区青少年活动中心、江南区青少年活动中心、西乡塘区青少年活动中心、西乡塘区青少年校外活动基地，同时还挂牌成立了南宁市青少年校外活动教育基地。团市委在对各青少年校外活动中心的进一步完善建设中，克服硬件条件不足的弱势，因地制宜地利用城区相关单位和企业的优势资源，使目前全市7个青少年活动中心（基地）健康发展。

〔**积极打造青少年活动品牌**〕 自1983年6月1日南宁市青少年活动中心成立以来，该中心一直是南宁市最吸引青少年参与校外教育的活动场所，也是南宁市目前最大的青少年校外教育事业单位。

南宁市青少年活动中心一直履行着组织青少年校外教育、文化活动的职能，广泛组织青少年文化科技兴趣爱好的培训、夏令营活动、文艺汇演等大型活动，成为对全市广大青少年进行思想品德教育、科学精神教育、养成教育等综合素质教育的有效载体，也创出了市青少年艺术活动的品牌。目前，隶属于南宁市青少年活动中心的南宁市少儿艺术团代表着广西首府少年儿童艺术的最高水平，先后代表南宁及广西出访奥地利、法国等国家，并到香港、北京、海南、广东、贵州等省市区进行访问演出，中心围绕创建全国文明城市的目标，不断地改进中心的硬件和软件建设，抓住社会热点开展中心活动。并针对下岗人员、进城务工人员、残疾人员子女和孤儿等社会弱势群体中的未成年人，开办了免费的音乐班、舞蹈班和英语班等，并将这种活动作为一项制度长期坚持下去。

南宁市委、市政府也在不断扶持南宁市青少年校外活动场所加强基础建设，增加服务内容，努力打造南宁市青少年校外活动品牌。2004年，南宁市提出了“力争把市青少年活动中心建设成为全国省会城市中具有一流水平的青少年活动中心”的建设思路。建成后，中心将拥有完善的青少年科技馆、青少年艺术馆、青少年体育馆、夏令营基地、青少年生物馆、青少年溜冰场等设施，并不断创新活动内容，在全市乃至全区青少年校外活动场所中发挥龙头示范作用。

〔**让青少年活动遍地开花**〕 自南宁市开展创建全国文明城市以来，首府“创城”办公室就把全市的青少年校外活动中心（基地）作为一项实地考察项目进行建设。各城区的青少年校外活动中心积极克服城区青少年教育活动基础设施落后、吸引力较差、场地少的困难，坚持资源共享的原则，积极与城区内相关单位或企业联合开展阵地建设和活动，加大青少年活动中心建设力度。目前全市5个城区级的青少年活动中心（基地）基本达到了管理制度完善、设施较齐全、活动丰富多彩，文档管理齐全、环境优美的要求。

在西乡塘区青少年活动中心，借助南宁市自来水公司的场地资源，中心不但有宽敞的羽毛球馆、乒乓球馆、保龄球馆，还有一个漂亮实用的游泳场，不少中小学生趁着假期来到该中心学打球、学游泳；江南区青少年活动中心则依靠资源整合，依托市群众艺术馆积极开展青少年校外活动。中心现有美术、书法、摄影、舞蹈、声乐、器乐等艺术门类业务人员16人，具有一支高水平的师资队伍。

青秀区青少年活动中心的拉丁舞班已成为城区青少年追捧的假期活动，该中心与南宁市东方星光文化艺术学校合作，开展了各种艺术、读书、英语、主持人、小记者培训班，其中读书活动已成为该中心的特色活动，而小记者培训班则成为团中央和中国记协在南宁市设立的小记者培训基地。

青少年群体文化活动的开展在这几年显得更为丰富多彩：组织的青少年文化艺术节，内容包括舞蹈、器乐、书画、科技、体育等项目，一批又一批的优秀青少年文艺人才在这里得到了锻炼；每年开展的“六一”系列活动、双休日竞技活动，众多的书法、美术、舞蹈、器乐、英语、航模、体育等比赛和活动，不失时机地引导青少年坚持正确的文化娱乐方向。目前，南宁市基本上做到大型的示范性青少年文化活动月月有，小型双休日竞技活动周周有，定期举办春季、秋季青少年素质综合展示等活动，充分发挥了青少年活动中心作为未成年人思想道德教育平台的作用，成为创建全国文明城市中的重要项目。

〔**“争做合格父母、培养合格人才”家庭教育宣传实践活动**〕 2004年8月2日上午，自治区妇联、自治区教育厅在南宁市正式启动广西“争做合格父母、培养合格人才”家庭教育宣传实践活动，“广西家庭教育讲师团”同时成立。

本次活动以“为国教子、以德育人”为主题，通过演讲、经验交流会、读书活动、示范培训等各种形式活动的开展，进一步教育和引导全区家长提高自身素质，更新家庭教育观念，掌握科学教子方法，营造有利于儿童健康成长的家庭环境。

“广西家庭教育讲师团”由在家庭教育方面有突出成绩的专家、学者、家长和社会热心人士组成。讲师团将在全区范围内开展巡回演讲。自治区妇联向第一批20名志愿者颁发了广西家庭教育工作志愿者证书，并将南宁市新城区确定为此次活动的首个基地。

校外教育单位

广西妇女儿童活动中心

〔**发展概况**〕 广西妇女儿童活动中心是广西壮族自治区妇女联合会主办的公益性事业单位，占地面积2.46亩，建筑面积1500平方米。中心成立于1985年。1996年成立“广西少儿艺术团”，11月成立“宋庆龄基金会广西电子琴培训中心”；2002年成为“广西艺术学院后备人才培训基地”；2003年成立“广西少儿广播合唱团”；2004年成立“广西华蓝少儿合唱团”。2001年，中心获全国妇联颁发的“全国校外教育先进集体”，2003年被南宁市政府评为“优秀社区家长学校示范点”、“社区青少年培训基地”。

〔**教育培训活动**〕 中心全年开办各类少儿培训班170个，分春、秋季两个学期招生，暑假期间开办暑期班，2004年在校人数2215人次。日常开设的培训班有：1.书法，包括毛笔、硬笔书法；2.美术，包括国画、彩笔画、工笔画、素描、剪纸、版画、粘贴画等；3.舞蹈，包括民族舞、现代舞、韵律操、模特表演等；4.声乐，包括小歌手班、合唱团等；5.器乐，包括小提琴、电子琴；6.其他：包括讲故事、数学奥林匹克（小学一至五年级）、“老三届”合唱团等。其中舞蹈、声乐、器乐、美术等学科的教学独具特色。

〔**举办中国儿童发展状况考察夏令营**〕 为了促进《中国儿童发展纲要（2001—2010）》的落实，2004年，广西自治区妇联和广西妇女儿童活动中心联合南宁市教育局、妇联组织实施，从南宁市中小学选拔30名学生组成了中国儿童发展状况考察夏令营。

夏令营考察分成儿童与健康、儿童与教育、儿童与环境、儿童与法律保护4个专题开展。通过儿童自己的努力，在广西崇左市所辖的凭祥市、龙州县、江州区的农村地区开展，引起了当地政府对儿童发展状况的关注，促进儿童生存和发展环境的改善。

〔**家庭教育活动**〕 中心全年出版《家教园地》，制作参加社会公益活动、教学活动、演出、比赛的照片宣传板报21个版，共展示书画班级学员的书画作品9期63个版。“绿荫妇女热线”举办了开通5周年庆祝活动。2004年接线1592例，志愿者服务1442小时，新加入具备心理咨询员资格证书志愿者12名。12月中旬绿荫妇女咨询中心成立了“港湾之家”俱乐部，为单亲家庭提供交流平台和心理咨询服务。

〔教育成果〕　2004年，中心少儿艺术团赴天津参加国际儿童艺术节获“登长城”比赛优胜奖；在“六一”儿童节举办2004年广西少年儿童故事大王比赛暨第八届全国少年儿童故事大王选拔赛，51名选手参加比赛，7名获奖选手赴上海参加第八届全国少年儿童故事大王比赛；11月，举办“好娃娃”杯全国少儿书画、作文大赛广西赛区启动仪式，中心选送学员书画、作文作品300多幅参赛。

中心参加第九届世界和平书画展获世界和平奖3名，特别金奖10名，金、银、铜、优秀奖136名；参加中国第二届少儿美术杯年度艺术展获一等奖22名，二等奖29名，三等奖41名，优秀奖14名；在第八届全国少年儿童故事大王选拔赛上获一等奖1名，二等奖6名。参加第二届全国少年儿童艺术风采大赛获金奖11人、银奖6人、铜奖6人；“华联杯”南宁市社区文化艺术节中，舞蹈《洛桑梅朵》、《瑶山瑶》获舞蹈组优秀奖；在广西首届少儿舞蹈大赛中舞蹈《藤枝叶》获一等奖，《嬉雪》、《苗家妹妹》获二等奖，《山娃》获三等奖；广西小音乐家专项技能竞赛获银奖12名、铜奖3名；“六一”国际儿童节广西首府少年儿童卡拉OK大赛获一等奖4名，二等奖3名，三等奖6名，优秀奖4名。

〔交流活动〕　2004年7月5～21日，中心少儿广播合唱团赴德国布莱梅参加第三届国际奥林匹克合唱节，在决赛中获银牌；8月，中心接待了香港小童群益会14人的来访，中心学员与香港小童群益会一行进行友好交流；12月，澳大利亚著名小提琴教育家张世祥先生应邀来中心讲学，来自南宁、柳州、桂林等地的50位小提琴学员听了讲座并得到名师的具体指导。

〔科研成果〕　2004年，在第九届世界和平书画展中，中心教师蒋梦珏获国际书画艺术启蒙教育家称号，韦志端获特等园丁奖；5名教师获一等园丁奖；在全国第二届少儿美术杯年度艺术展中，7名教师获特等“园丁奖”；蒋梦珏的课例《老街的房子》获全国第二届少儿美术杯课例大赛一等奖；在第二届全国少年儿童艺术风采大赛中，3名教师获优秀辅导教师奖；“六一”国际儿童节广西首府少年儿童卡拉OK大赛中，1名教师获学前组、小学组“园丁奖”。（梁滨阳）

广西青少年科技中心

〔开展大手拉小手系列科普活动〕　2004年，广西青少年科技中心与南宁铁路一中联合开展了主题为“雏鹰在新世纪展翅翱翔”的大型科普活动。此项活动被中国科协青少部评选为全国“大手拉小手活动重点资助项目”。活动以“读”航空科技发展史，“看”航空一百年图片展，“听”航空专家知识讲座，“做”世界第一架飞机绘画等内容，普及科技知识。该项活动在第十九届全国青少年科技创新大赛评比中荣获优秀科技实践活动一等奖。

〔组队参加全国青少年科技创新大赛〕　组队参加每年一届的全国青少年科技创新大赛是中心的重点工作之一。2004年8月，广西组织了由20名学生选手、21名科技教育工作者和科技辅导员组成的广西代表队参加第十九届全国青少年科技创新大赛。3个项目获得竞赛项目二等奖、9个项目获得竞赛项目三等奖、2个项目分获“中国科技馆新苗鼓励奖”和《博物》专项奖、3个项目获乐高科学奖。在优秀科技实践活动评比中，取得了1个一等奖、2个二等奖、3个三等奖；19幅少儿科幻画获优秀科幻画三等奖。

〔积极开展青少年科技教师师资培训〕　2004年，共在南宁市、柳州市、百色市、河池市、钦州市等地举办与青少年创新大赛、中小学生开展科技活动技能等内容有关的培训班30期，累计培训超过1万名。

〔推广普及青少年机器人活动〕　广西青少年科技中心天象科充分利用科学工作室较为完备的硬件设施——电脑、机器人套件和良好的软件条件——技术过硬的专业师资队伍，在2004年5月组织了全市各中小学校科技辅导员共20多人参加青少年机器人培训。随后，青少中心又在年内以俱乐部的形式开办青少年机器人培训班，到目前为止共培训青少年学生几十人。

2004年6月，柳州市二中的张艺宝同学和市八中的李帅韬同学代表中国赴葡萄牙参加机器人足球世界杯比赛，获得了大赛中学组冠军；11月份，南宁市民主路小学黄科铭同学和天桃小学石明阳同学及柳州高中陆昱、祝文鑫同学参加在新加坡举行的2004年度世界机器人奥林匹克竞赛，分别获小学组轨道赛亚军和中学组摔跤赛季军的好成绩。

〔组织实施中国科协——英特尔电脑创新思维（计划）项目工作〕 中国科协——英特尔电脑创新思维（计划）是中国科协青少部与英特尔（中国）有限公司共同合作推出的以学生为中心、教师为主导的一项面向青少年的社区课外IT教育计划。2004年暑期，广西科协培训了700名学员，以重点建设的项目学校为基点，以点带面，积极构建起广西青少年IT教育合作平台，共同致力于推动英特尔创新思维项目活动的开展，实现组织者（广西青少年科技中心、项目合作学校）、教学者（项目研发人员）、学习者（中小学学员）的“三赢”受益。 （邓才伟）

崇左市江州区青少年校外活动中心

〔基本情况〕 崇左市江州区（原崇左县）青少年校外活动中心是2001年国家资助青少年校外活动的场所建设项目。活动中心占地面积3105平方米，总投入资金260万元（国家项目资金180万元，县配套资金80万元），中心大楼建筑面积2172.6平方米，大楼于2003年5月28日竣工验收并交付使用。大楼内设有多功能厅、排练厅、音乐舞蹈厅、展览厅、图书阅览室、会议室、办公室及计算机房。成立以来，活动中心已举办了3次书法、美术、摄影、工艺等艺术作品展览，共展出作品1500多幅（件）。2004年暑假招收2个舞蹈训练班60人和合唱训练班80人。

玉林市玉州区青少年宫

〔基本情况〕 广西玉林市玉州区青少年宫占地面积5000多平方米，建筑面积2500多平方米，设有专门的电子琴室、古筝室、电脑室、舞蹈室及各种文化培训教室20多间。

玉林市玉州区青少年宫前身为玉林市青少年宫(县级市)，成立于1989年元月，1997年玉林撤地设市后，改名为玉林市玉州区青少年宫。

〔兴趣小组活动〕 青少年宫围绕青少年素质教育，开办了器乐(钢琴、电子琴、古筝等)、美术、书法、声乐、武术、舞蹈、电脑、奥数、写作等20多个培训科目，2004年培训人数达4000多人次，组织参加活动人数达3000多人次。

在搞好教育培训的同时，青少年宫还举办全市性的青少年钢琴、电子琴、书画、卡拉OK、艺术风采等各种大赛，代表玉林市参加全区(省)、全国的各种比赛，获得了可喜的成绩。多次获得团广西区委授予“全区先进青少年宫”的光荣称号，2004年被玉州区人民政府定为“传统道德教育基地”。

作为广西艺术学院考级委员会的定点考级单位，12月组织了钢琴、电子琴、手风琴、小提琴、古筝等项目的招生500多人参加了2004年度的考级。

〔群文活动〕 2004年5月，举办全国少年儿童艺术风采展示大赛玉林分赛区选拔赛，70多位选手代表玉林市参加全国、广西赛区总决赛，获全国金奖7人、银奖6人、铜奖3人，青少年宫获优秀组织奖。

8月，成功举办玉林市青少年钢琴独奏音乐会，精选了30多位学员参加；几百名青少年儿童、家长及领导观看了精彩演出，充分展示了青少年宫的教学成果。

组织“2004广西手风琴邀请赛”，来自湖南、广东、广西等省的300多名选手参加。评出一等奖60人、二等奖120人、三等奖130人，少年宫荣获优秀组织奖。

组织开展“广西小音乐家钢琴技能比赛玉林市选拔赛”，参加人数100余人，评出一等奖18人，二等奖36人，三等奖若干。其中18人代表玉林市到南宁参赛，青少年宫代表队获广西小音乐家钢琴技能竞赛总决赛第一名，获金奖3人、银奖7人，青少年宫荣获优秀组织奖。

11月，组织参加“中国星全国流行音乐大赛获全国金奖1人、银奖4人、铜奖6人；组织参加“广西首届少年儿童舞蹈比赛”，获一等奖1名、二等奖2名、三等奖1名，青少年宫获优秀组织奖。

12月，组织参加“2004年中华青少年精英演艺人才大赛”，获全国金奖1人、银奖2人，青少年宫获优秀组织奖；组织学生参加全国手拉手艺术团赴法国、欧洲等6国青少年文化艺术节交流演出；庆祝澳门回归五周年到澳门、珠海两地交流演出。（覃 勤）

重庆市校外教育

综　　述

〔**召开加强和改进未成年人思想道德建设工作会议**〕　2004年5月31日，重庆市召开加强和改进未成年人思想道德建设工作会议，会议分析了重庆未成年人思想道德建设面临的形势，对全市未成年人思想道德建设工作提出了总的要求和5项任务。会议出台了《关于进一步加强和改进未成年人思想道德建设的实施意见》，要求宣传、教育、文化等38个部门形成合力，为全市18岁以下的未成年人营造良好的成长环境，为810万未成年人提供健康有益的精神食粮。

〔**团市委制订关于加强和改进未成年人思想道德建设的实施意见**〕　2004年8月22日，共青团重庆市委颁布了《关于加强和改进未成年人思想道德建设的实施意见》。文件要求各级团委要积极推进中小学思想道德教育；深化和创新未成年人成人教育活动；深入开展手拉手活动；进一步丰富道德实践活动内涵；扎实做好文化育人工作；深化青少年新世纪读书计划；广泛开展青少年文化活动；创作推广优秀文化精品；加强文化载体建设；推进青少年网络文化建设；要整合社区德育资源，充分利用社区文化多样性和生活情境化的特点，尝试建立未成年人社区评价体系；加强未成年人思想道德教育阵地建设；积极开展“红色之旅”教育活动，用好爱国主义教育基地资源。

〔**重庆从10个方面加强和改进未成年人思想道德建设**〕　1.扎实推进在校400万中小学生的思想道德教育，把思想道德教育溶于各学科之中；2.重视家庭教育的特殊作用，把家庭教育、学校教育和社会教育紧密结合起来；3.充分发挥社区联系家庭、学校的纽带作用，探索和深化社区教育对未成年人思想道德的影响；4.利用团组织和少先队在中小学生的核心作用开展生动活泼的思想道德建设工作；5.抓好社会实践、道德实践活动；6.更多建设未成年人的活动场所，博物馆、纪念馆、科技馆、图书馆等文化设施要免费或优惠对未成年人开放；7.电台、电视台、报刊、出版物等传媒要为未成年人营造一个积极向上、有利于未成年人思想道德建设的氛围；8.净化未成年人的成长环境；9.深入开展未成年人思想道德现状和教育理论的研究；10.建立未成年人思想道德建设联席会议制度。

〔**重庆市校外教育机构在未成年人思想与道德教育活动中发挥重要作用**〕　中央关于加强未成年人思想道德建设的文件下发后，重庆市委、市政府立即行动。市委副书记邢元敏连续3次主持召开会议，确定了学校教育、家庭教育和社会教育三方协调的机制。据重庆市副市长余远牧介绍，三方协调共涉及教委、文化局、团委等20多个部门。为避免职责交叉难以落实，每一方面的工作都确定了“首责部门”。

4月29日，重庆市人民政府同时印发了市文化局《关于对互联网上网服务营业场所实行分类编组管理的实施办法》、市通信管理局《关于规范互联网上网服务营业场所接入服务的实施办法》和市教委《关于利用课余时间向中小学生开放校内计算机网络设施的实施办法》，建立了互联网上网服务长效管理机制。

为了使全市未成年人长期拥有安全文明、健康向上的活动场所，重庆市在向未成年人免费开放国家级和市级革命传统教育基地的基础上，还决定投资数亿元，改造少年宫、图书馆、科技馆、博物馆和少儿野营训练基地。同时，再争取全国资助和市级资助建设3个青少年活动中心，2年内40个区县要全部建成综合性、多功能的青少年活动中心。

积极开展了“红色之旅”教育活动。定期组织中学生团员、少先队员到红岩革命纪念馆、歌乐山烈士陵园及刘伯承、聂荣臻纪念馆，赵世炎、杨闇公故居等爱国主义教育基地进行集中参观。在重庆市所有革命传统教育基地免费向未成年人开放后，全市文博纪念馆的中小学生参观者激增。一些文博纪念馆也推出了形式多样、寓教于乐、寓教于思的活动，吸引中小学生参与。“五一”假期前3天，前往红岩革命纪念馆和歌乐山革命纪念馆参观的未成年人超过了5000人。

〔重庆市青少年学生校外活动场所建设情况〕2000年，在市委、市政府领导的高度重视下，中共重庆市委办公厅、重庆市人民政府办公厅联合下发了《关于加强青少年学生校外活动场所建设和管理工作的通知》(渝委办[2000]238号)文件，成立了重庆市青少年学生校外教育工作联席会议，联席会议办公室设在团市委宣传部。

2004年9月，市校外联办公室向市政府作了专题汇报。11月，市校外联办公室拟定并由市政府转发了《关于进一步加强和改进青少年校外活动场所建设与管理工作的通知》(渝办发[2004]326号)，该通知对全市40个区县(自治县、市)青少年校外活动场所建设与开放的时间进度作了具体安排，对青少年校外活动场所的设立提出了4个必要条件，为加快场所建设、规范场所管理提供了全市性的指导意见，市政府督察室还将于2005年3月开展一次专项督察。

到2004年，重庆市新建青少年校外活动场所25个(其中争取国家扶持项目22个、市级自建3个)，同时对原有7个项目及市妇女儿童活动中心进行了设备配套及维护。重庆青少年校外活动场所区县覆盖率从2000年20%上升至2004年72．5%。到2004年底，即“十五”期末，全市将达到40个区县(自治县、市)至少有一所青少年校外活动场所的规划目标。

1．国家扶持项目建设呈高峰，区县场所覆盖面不断扩大。2004年是国家扶持项目建设的高峰期。国家扶持的4批共22个青少年学生校外活动场所建设项目分布于全市22个区县，主要集中于三峡库区、少数民族地区和经济相对落后地区。

到目前为止，国家扶持项目中已有13个项目竣工，9个项目在建。所有竣工项目正在陆续接收国家配套设备，设备全面到位后将全面投入使用。其中，有6个项目已自筹部分资金和设备提前向所在区县青少年开放。

2．积极兴建市级自建项目，发挥辐射带动作用。通过市校外联席会议决定，2004年重庆市确定并批复了北碚区和渝北区2个区建设市级自建项目，和已竣工投入使用的第一个市级自建项目巴南区青少年活动中心一起，形成了以重庆市青少年宫为中心，市级自建项目辐射分布的网状结构。其中，北碚区青少年活动中心从2003年9月开工以来，主体工程已全面完成，建设工作卓有成效。

3、加强扶持原有活动场所，充分发挥应有功能。2000年，涪陵区、万州区、沙坪坝区、铜梁县、忠县、梁平县及重庆市少年宫南湖少儿野营基地等7个原有青少年校外活动场所中有的年久失修，有的只有场地缺少必要设备，有的需要更新设施，大多都无法充分有效地发挥作用。市校外联办公室根据青少年校外活动特点，利用中央返还彩票公益金对这7个项目以及市妇女儿童活动中心进行了场所维护和设备购置，以免费或低收费形式向当地青少年开放，场所功能得到充分体现。

〔重庆市青少年学生校外活动场所管理情况〕1．建立健全管理网络，场所管理有序进行。4年来，市校外联办公室统筹协调和指导全市青少年学生校外教育工作以及青少年学生校外活动场所的规划、建设和管理工作，积极指导全市青少年学生校外教育协调机构的工作，全市青少年校外活动场所建设和管理走上制度化、规范化的轨道。特别是从2004年市部分新建青少年校外活动场所建成投入使用以来，建立健全了各种规章制度，确保各项工作有序进行。

2．坚持三个效益，大力开展各种活动。全市大部分已开放场所克服经费上的困难，坚持社会效益、人才效益和经济效益相结合的原则，在元旦、春节、“六一”等节假日举办各种形式的书画展、航模比赛、少儿电子琴表演大赛、文娱演出，参加当地的春节晚会，参加全国、省、市、区的各类大赛，参加三峡库区文艺慰问演出，为下岗职工、贫困家庭、残疾人家庭的小孩提供免费培训等，产生了良好的社会效果。同时，部分场所坚持举行冬、夏令营，特别是军训夏令营，深受广大青少年和家长的广泛欢迎。

3．举办培训、促进交流，培养校外教育工作者队伍。为了促进项目建设和管理运行的顺利实施，市校外联办公室一方面加强对青少年校外活动场所建设和管理人员的培训，会同市财政局、市发改委等单位先后举办了青少年校外活动场所设备管理培训会、青少年校外活动场所建设与管理研讨会、青少年校外教育工作座谈会、国家扶持项目建设工作培训会等，指导各项目建设和管理的具体工作。另一方面，市校外联办公室认真组织了新建项目责任单位负责人参加全国校外联在上海举办的4期项目建设和管理工作培训班，培训近50人次，为市新建项目建设和管理工作的开展培养了人才，打下了基础。

同时，市校外联办公室积极引导和组织各项目所在区县走出去，学习考察发达地区青少年校外教育工作和校外活动场所建设与管理的先进经验，取得了良好效果。

〔重庆市青少年学生校外活动场所存在的问题〕 1. 场所建设工作严重滞后。市新建青少年校外活动场所的区县项目责任单位普遍存在重申报、轻建设的现象，在建设过程中随意改变项目申报材料承诺的内容。有的项目放置几年、久拖不建，有的项目盲目扩大规模、造成资金缺口，有的项目随意改变规划设计，有的项目随意改变项目建设地址，有的项目随意改变项目业主单位等，无法在全国和市规定的时限内竣工并投入使用，造成大量建设资金闲置。

2. 场所管理人员及师资的编制问题没得到解决，不利于青少年校外活动中心的管理和发展。

3. 场所经费和投入严重不足。重庆市区（县）两级财政都很困难，根本无法达到国家提出的“在地方财政教育经费增加的一个百分点中安排”的经费安排指标，这对市校外活动场所在坚持公益性原则下的良性运行和长远发展十分不利。

4. 场所活动和培训项目上存在不全面性。由于市青少年活动阵地自身条件限制和指导思想上局限，现实施和正在规划设计的活动和培训项目主要集中在艺术类上，青少年（宫）活动中心实质上相当于少儿艺术培训中心。而科技类、体育类、技能类、思想（心理）类和社交类的活动项目比较少，不能完全适应新时期青少年素质教育和全面发展。　（赵　孟）

〔举办第六届重庆高交会青少年科技创新大赛展评活动〕　2004年11月13～16日第六届中国重庆高新技术交易会期间，由重庆市科协、市教委联合举办的重庆市青少年科技创新大赛展评活动同期在重庆展览中心进行。

本次展评活动的主题是“探究身边的科学”。作品内容包括发明创造、科学研究、优秀科技实践活动、少年儿童科学幻想绘画、优秀机器人创意设计、科技教师科教制作及发明等6个方面。共展出作品187件，其中学生作品163件（发明创造56项，科学研究22篇，优秀科技实践活动17件，少年儿童科学幻想绘画60幅，优秀机器人创意设计12件），教师作品24件（科技制作与发明10件，优秀论文10篇）。本次展评活动还专门开辟了“动手做”科普园，以增强青少年的创新思维和动手能力。

在展评活动期间举行了第三届重庆市青少年机器人竞赛。来自全市38所中小学、111支参赛队的235名小选手参加了机器人搜救、FLL工程挑战赛、机器人足球赛、机器人舞蹈等4个项目的角逐。

据统计，第六届重庆高交会青少年科技创新大赛展评活动期间共接待观众近2万人次，发放宣传资料6000余份、科普读物《诺贝尔对孩子说》3000册。

〔重庆市表彰家教工作先进集体和个人〕 2004年4月22日，重庆市妇联、市教委、市家庭教育研究会联合召开了重庆市家庭教育工作会，对143个先进集体及46名先进个人进行了表彰及奖励，全市各区县妇联、教委分管领导及家教会专家120余人参加了会议。会议还就全面贯彻落实中共中央国务院《若干意见》和《重庆市家庭教育工作“十五”计划》进行了研究讨论，对全市家教工作进行了研究部署。

少先队活动

〔“民族精神代代传”原创少儿歌曲征集评选活动〕　2004年，重庆市少工委联合市委宣传部、市文明办、团市委、市教委等5部门开展了“民族精神代代传”原创少儿歌曲征集评选活动。活动得到了各级少先队组织和社会各界人士的广泛关注和热情参与。经基层少先队组织遴选推荐，市少工委办公室共收到原创少儿歌曲（词）75首，其中《再见，三峡的浪花》、《我们都爱祖国妈妈》等10首作品被评为重庆市“民族精神代代传”优秀原创少儿歌曲。市少工委又分别在红岩革命纪念馆、四川外语学院礼堂举办了“红岩精神代代传”少先队主题集会示范活动，在全市掀起了加强少年儿童思想道德建设的热潮。

〔扎实推进“红岩雏鹰素质拓展计划”〕　2004年，重庆市少工委继续以“达标争章”为抓手，深入开展“红岩雏鹰素质拓展计划”。全年以争获“国防小卫士章”、“科技章”、“环保章”为重点，开展达标争章活动。团市委、市少工委联合市公安局、武警重庆总队等单位共同开展了以争雏鹰奖章——国防小卫士章为载体的“少年军(警)校训练营”活动，600 余名少年儿童获得“国防小卫士章”。建队日期间，市少工委开展了“四星级雏鹰奖章”和“雏鹰争章小标兵”评选活动，举行了颁章仪式，对50名重庆市“四星级雏鹰奖章”获得者进行了表彰。

渝中区、巴南区、南川市、丰都县、云阳县等地还组织少年儿童举行了“红岩雏鹰素质拓展计划”成果展示活动。

〔**深入开展体验教育**〕 为增强少年儿童创新意识和实践能力，2004年，少工委体验教育活动着重从科技、环保等方面开展。举办了“健康网络伴我行”——重庆市青少年多媒体设计制作精品展示会、重庆市少年儿童“关爱之星”科普体验活动、首届“好娃娃”杯全国少年儿童书画大赛重庆赛区比赛。活动吸引了广大少年儿童的热情参与，全市 40 个区县近 20 万少年儿童参加了由团市委、市少工委联合市邮政管理局举办的书信写作大赛。

〔**“六一”少先队活动丰富多彩**〕 “六一”期间，市少工委向全市广大少年儿童推出了一系列“儿童大餐”，极大地丰富了儿童节的活动。“六一”节当天，团市委、市少工委联合市文化局举办了重庆市庆祝“六一”国际儿童节主题文艺晚会，在解放碑中心购物广场开展了“六一”欢歌主题文艺汇演。在建队55周年期间，市少工委联合市话剧团向全市少年儿童推出了经典童话游戏剧《兔子和枪》等文化精品。

〔**“手拉手”活动取得新进展**〕 2004 年，市少工委在传统“手拉手”活动的基础上，更加注重关心进城务工就业农民家庭子女以及弱势少年儿童的成长。分别在渝北区、巴南区等地举行“同在一片蓝天下，手拉手共同成长”城市少年儿童与进城务工就业农民子女手拉手结对示范活动。黔江区、荣昌县、铜梁县、潼南县、秀山县、彭水县等地少先队组织积极参加活动。针对开县遭受特大洪灾，市少工委在全市开展了“与灾区小伙伴手拉手”主题活动，累计为灾区捐资捐物达 3.1 万元。据统计，全市近 100 万名少年儿童参加了丰富多彩的“手拉手”活动。（赵　孟）

校外教育单位

重庆市妇女儿童培训活动中心

〔**基本情况**〕 重庆市妇女儿童培训活动中心是重庆市妇联直属的事业单位，成立于 1992 年。2003 年，在重庆市委、市府的关心支持下，中心改扩建工程竣工并投入使用。新中心建筑面积 1.2 万多平方米，王鸿举市长亲自为中心题字。中心配有多媒体全套设备的阶梯教室、语音教室、电脑教学室、形体训练室、电子琴教学室、成人及儿童书吧、儿童游乐室和大、中、小豪华会议室、停车场、综合超市、餐饮茶楼和宾馆，是全市惟一一个规模最大、设施最先进、功能最完善的妇女儿童培训机构和西南师范大学教育科学研究所“潜能开发与素质培训基地”。

〔**“阳光童年”少儿舞蹈大赛**〕 2004 年“六一”国际儿童节期间，市妇联和市文明办组织了以“展示小公民风采，推进未成年人道德实践”为主题的“阳光童年”少儿舞蹈大赛。

初赛于 2004 年 5 月 25 日在市妇女儿童活动中心结束。参加初赛的 60 个节目，都是由各区县（市）文明办和妇联从辖区中小学、幼儿园中选拔推荐出来的，代表了各地的少儿舞蹈水平。初选出 16 个节目，于 2004 年 5 月 30 日在重庆南岸宏声艺术广场进行了现场决赛。最后评选出一等奖 3 名、二等奖 5 名、三等奖 8 名和优秀奖 40 名，

2004 年 8 月 17 日，在北京中国儿童中心影剧院“中国小公民风采展示——全国少年儿童舞蹈大赛”中，重庆市选送的 9 个节目均获奖，市妇女儿童培训活动中心和市文明办获“优秀组织奖”。

〔**幼儿教育**〕 为开拓 0～3 岁儿童亲子教育阵地，中心开办了“小勇士婴儿游泳馆”。这是除医疗等专业医疗保健部门外，重庆市第一个面向社会、服务社区的亲子教育项目。中心于 2004 年 10 月组织开展了重庆市首届“婴幼儿运动会”，参与儿童达 500 余人。

2004 年，活动中心与加拿大派力捷英文教育中心合作，在 3 个幼儿园开办了“全外教幼儿英语班”，由

北美外籍教师授课，受到家长欢迎。（凌　雪　王　强）

万州区青少年宫

〔**基本情况**〕　重庆市万州区青少年宫位于万州区电报路，占地42.7亩，建筑面积8260平方米。1986年12月建成并对外开放。青少年宫坚持“面向学校、面向少先队、面向广大青少年”的办宫方向，把“社会效益、人才效益”放在首位，拥有一支高素质的师资队伍和教学行政管理班子，具有先进的教学设备和育人设施，环境优美。

〔**兴趣小组活动**〕　青少年宫常年从事青少年艺术培训，开设的项目有国画、儿童画、素描、幼儿舞、系统舞、书法、声乐、器乐、英语、演唱、语言艺术、电脑、围棋、象棋、乒乓球、摄影、三模、武术等20多个科目。建宫近20年来，培养了大量艺术人才，为全区各中小学和全国艺术院校，输送了大批优秀学生，在历次国内、国际各类大赛中获金奖600多人次、银奖900多人次、铜奖1700多人次，累计培训学员6.5万人次，成为万州区校外教育的主要力量。

〔**科研活动**〕　2004年，教师易良军歌曲《走进雨里》获《心声周刊》2003年全国歌词、歌曲创作大赛一等奖，《三峡移民谣》在第三届“金色彼岸之声”全国新人新作歌手选拔大赛定为演唱规定曲目。青少年宫出版刊物有《万州区青少年宫简报》，每期发行100份，2004年出版6期。（许　辉）

2004年参加、承办各类教育、竞赛活动统计

项目	活动名称	活动时间	区级赛人数	市级赛人数	全国赛人数	获奖人数
文艺活动	希望飞向未来	6月	5000			
	迎新年少年儿童书画表演	12月	2500			
	第九届“希望星杯”全国青少年儿童书画赛	5月			250	195
	第四届PHE国际中小学幼儿美术大赛	9月			340	265
	全国中小学优秀美术书法大赛	5月			320	243
其他活动	万州区迎新春文艺演出	1月				
	万州区迎新年电视现场直播	1月				

（周康全）

涪陵区少年宫

〔**发展概况**〕　重庆市涪陵区少年宫已经走过45年的历史，少年宫硬笔、软笔、国画、油画、水粉、儿童画等培训成绩显著。近5年参加国内外书法美术展览比赛，有36幅作品获一等奖，8幅作品到香港、日本等国家和地区巡回展出。经少年宫琵琶、二胡培训，现已考过八级以上的学生36人，六级以上的学生28人，四级以上的学生60人。2003年参加全国校园春节联欢晚会获二等奖。2004年1月，少年宫舞蹈班参加团中央举办的首届少儿艺术节，一举夺得团体金奖2个，银奖1个，个人表演金奖13个。少年宫国际象棋班是冠军的摇篮，少年宫组织队员参加全国青少年宫系统“希望杯”棋类比赛15次，夺得团体冠军8个，个人冠军28个，2000年成功举办14届“希望杯”棋类比赛，谢军、叶江川到涪助阵，在比赛中夺得团体冠军4个，个人冠军13个，创下举办单位夺冠之最。

少年宫艺术培训部每年分春、暑、秋三季招生，开设书法、美术、舞蹈、琵琶、二胡、钢琴、声乐、计算机、剑桥英语、语言艺术、武术、中国象棋、国际象棋、围棋等专业培训班。全年培训学生3000多人次。

〔**暑期“吃苦”夏令营**〕　涪陵区少年宫从2000年暑期起，由过去的游览名胜古迹和大城市，转到组织城市青少年到农村进行“吃苦”夏令营，让学生真正体验农村生活的艰苦和快乐，几年来深受社会认同和学生的欢迎。“吃苦”夏令营每年暑期举办一次，每次活动3～7天。活动内容为参加农业劳动（掰玉米、打玉米、割稻子、放牧等）、采集植物标本、野营、野炊、和农村的小朋友结对子、为农村失学贫困儿童捐资捐物、“心连心”慰问演出等，成为少年宫的特色活动之一。（白显余　张　琳）

南湖青少年素质拓展训练基地

〔**基本情况**〕　重庆市南湖青少年素质拓展训练基地是市少年宫所辖的一个培训组织。基地位于重庆市南湖旅游风景区，距市区 48 公里。2000 年，市委、市政府将该项目列入当年十大“民心工程”，投资 1500 万元按青少年素质训练要求予以开工建设，2002 年 6 月 1 日正式对外开放。野营基地由接待中心和素质训练区两大板块构成，总占地面积 100 亩，建筑面积为 5590 平方米，是目前全市设施完善、功能齐全的青少年校外教育活动场所。先后举行了重庆市校外教育恳谈会、重庆市少先队辅导员培训、重庆市少年军(警、消防)校培训、青少年素质拓展训练等活动，共承接各类全市性教研活动数十次，开放至今共接待少年儿童 1.8 万余人次。

〔**活动项目**〕 南湖野营基地素质训练区位于三面环水的湖中岛屿上，占地 70 余亩，植被丰富，景色清幽，岛上根据自然地形划分为拓展训练区、野营住宿区、农耕养殖区等。拓展训练区根据国内、外素质拓展最新成果设计了“携手并进”、“信任背摔”、“勇攀高峰”等 20 余个集趣味性、新奇性、知识性及自然性为一体的训练项目；野营住宿区可开展露营、篝火、野炊、沙滩运动等项目与活动；农耕养殖区建有农田、果园、饲养场等。

〔**群文活动**〕 基地自 2002 年 6 月对外开放以来，针对进城务工人员子女、公安英模英烈子女、农村贫困儿童和城市低收入家庭子女等特殊群体，先后开展了“同在一片蓝天下，关爱贫困小伙伴”、“热血铸警魂，关爱献真情”、“我们的基地我们的家”等大型公益性活动 10 余次，免费接待特殊群体少年儿童 2000 余人，得到了各级领导、新闻媒体和社会各界的广泛好评。

基地充分发挥校外教育的阵地优势，与武警、公安、消防等开展少年军(警、消防)校共建活动，聘请校外辅导员，充实了师资队伍，整合了社会资源，探索出了一条校外教育阵地师资队伍建设的新路子。

（赵 孟）

重庆市学生素质教育基地
（五云山寨学生素质教育基地）

〔**基本情况**〕 五云山寨位于重庆市沙坪坝区回龙坝镇（原名兴隆场）约 2 公里的五云山上。占地约 70 亩，梁滩河环绕山寨，蜿蜒流过。山寨有柏油公路通回龙坝镇。

上世纪 90 年代末,区委、区政府决定在 3～5 年内将五云山寨建设成具有示范性的学生素质教育基地，并以此带动西部地区经济、旅游、交通发展。1998 年 10 月～1999 年 7 月，沙区教育局投资 1800 万元，完成了山寨一期建设工程，建成馆、舍、楼、堂，建筑面积达 7000 平方米，道路 2.5 公里。1999 年 9 月 28 日基地落成揭幕。

山寨开发建设巧用古寨自然风貌，依势安排楼、塔、亭、轩，做到了自然风光和人文景观，现代建筑艺术和文化遗存的和谐统一。

1999 年 8 月 23 日，沙坪坝区教育局作出《关于启用五云山寨学生素质教育基地的决定》。至今基地已试营业 5 年，接待中、小学生 14 万多人。

〔**活动项目**〕 基地实施竹编、草编、泥塑、壁画、农艺、钓鱼、烧烤、种植、养殖、摄影、厨艺、推豆花等近 20 个活动项目；学生自己挖红薯、搞烧烤；推豆子、喝豆浆、吃豆花；叠被子、洗衣服；制作泥塑，喂养白鸽。短短几天，孩子们亲近土地，反哺自然，躬与农桑，兼习百艺，受到大自然的教育和熏染。

〔**活动推广**〕 山寨以独特的地理环境、自然风光和教育模式吸引广大中、小学师生。现每周接纳一所学校（最多达 700 名）师生。除本区中、小学外，市内重点学校也组织学生来山寨接受素质教育。前往参观考察的社会各界人士络绎不绝，美国、上海、新疆等地教育同行流连山寨，赞叹不已。 （黄 华）

四川省校外教育

综　述

〔**四川省未成年人维权行动月启动仪式暨四川青少年维权志愿者出征仪式隆重举行**〕　5月31日上午，四川省未成年人维权行动月启动仪式暨四川青少年维权志愿者出征仪式在团省委隆重举行，中共四川省委常委、省国资委党委书记甘道明，团省委书记罗强、副书记宣迅等领导出席会议。

会上，省领导为首批青少年维权志愿者佩带上了经过精心设计的四川青少年维权志愿者徽记，团省委书记罗强郑重地将四川青少年志愿者旗帜授予青少年维权志愿者代表，来自公安、法院、律师、高校等各行各业的50名青少年维权志愿者面对队旗庄严宣誓：践行志愿精神，关注青少年健康成长，参与青少年维权行动，为维护青少年合法权益贡献力量！

〔**四川省家庭教育的成就与发展**〕　四川是一个拥有8600多万人口，2000多万个家庭的多民族农业大省，其中0～18岁的儿童有2000多万人。近年来，省妇联积极协调各方面的力量，建立了家庭教育网络体系。据2003年不完全统计，全省建立各级各类家长学校2.28万所，广播父母学校3424所，家教咨询站、服务站1.25万个，从事家教工作的专兼职人员达2.45万人，培训家长500多万人，形成了以《家教规划》为指导，以更新家庭教育观念为主题，以提高家长素质为重点，以广播父母学校、家长学校为阵地，以丰富多彩的活动为载体的新的工作格局，逐步形成了以“空中”教学和“地面”辅导相结合的家庭教育网络（“空中”指创办19年的四川省广播父母学校；“地面”是指以家长学校为主体，辅导站、咨询点为补充的家庭教育辅导阵地）。同时，省妇联提出了“素质教育进家庭、家庭教育进社区的口号”。据统计，全省建立社区家教指导中心100个，“三优”图书室1000多个，初步形成以校带点，以点带面、点面结合的工作格局。

〔**四川省成立“未成年人自我保护教育基地”**〕　2004年12月，成都市青羊区青少年宫被省委青教办、省青少年宫协会授予四川省未成年人自我保护教育基地，成为全省首个未成年人自我保护教育基地。青羊区青少年宫历经半年努力，建成了以“快乐、体验、成长”为主题，以“快乐大本营”为载体的未成年人思想道德教育活动基地，整个基地由学会做人、学会生存、学会审美、学会创造4个快乐营地组成，以组织开展德育主题活动、小主人自主活动、百花园艺术活动、启明星科技活动等开展对未成年人的思想道德教育活动。每周四对各校中小学生开放。这个基地将成为四川省中小学生增强自我保护意识、学会自我保护措施的专门培训学校。

〔**四川省成都市教育系统积极加强和改进未成年人思想道德建设**〕　2004年，《中共中央国务院关于进一步加强和改进未成年人思想道德建设的若干意见》下发后，成都市教育系统举行了学习贯彻《若干意见》座谈会。成都市教育局有关领导、教育专家和部分中小学校长近百人参加了座谈会。

座谈会上，代表们对目前成都市未成年人的思想道德建设所面临的形势进行了分析，从学校、家庭、社会等几个方面就如何进一步加强和改进未成年人思想道德建设提出了意见和建议。

〔**四川绵阳市被确认为中国惟一科普示范城市**〕　在2004年5月16日举行的2004年四川科技活动周开

幕式上，国家科技部正式宣布，绵阳市被确定为全国科普示范城市试点，成为中国惟一的科普示范城。

目前，绵阳市已创建科普文明乡(镇)83个、科普文明村345个。围绕调整农业产业结构，全市先后建成科普示范基地73个，培训科技示范户1.5万余户，示范推广新技术、新成果近300项。逐步构建起以农村科普示范基地、青少年科技教育示范基地、园区孵化器、星火产业带为主的科普示范体系；以农业专家、农技协、科技扶贫专家组为主的科普服务体系；以及以青少年学科竞赛、创造发明竞赛、社区非正规教育等活动为载体的青少年科技教育体系；以实施"金桥工程"、"科普进社区活动"、"工程师进社区"等为主要内容的城镇社区科普体系正在形成。

2004年全国科技活动周在北京、上海和四川省绵阳市同时开幕，并实现三地互动。四川省为此举办了"弘扬两弹一星和载人航天精神，全面建设小康"的大型科普活动。活动包括了科普大篷车表演，青少年车模、海模比赛，大手拉小手科技传播活动，科技讲座，现代农业园区产品展览等活动。

遂宁市校外教育

〔**基本情况**〕　遂宁市现有人口380万，其中未成年人105万，遂宁市以提高未成年人思想道德素质为目标，以爱国主义教育为主题，积极构筑了学校、社会、家庭"三位一体"的思想道德教育网络，不断优化未成年人成长环境，取得了明显成效。

2004年，遂宁市结合实际，制订了加强组织领导、扎实推进中小学思想道德教育、重视家庭教育、开展道德实践活动、加强未成年人活动场所建设使用和管理、营造良好的社会氛围、净化成长环境等8个方面79项工作，分别责成市级40个责任部门落实。同时，投入经费39.12万元用于未成年人的思想道德、科技教育、英模事迹展览等方面的工作。

〔**积极开展未成年人教育活动**〕　遂宁市突出工作重点，重视德育、爱国主义教育。市委宣传部、团市委、市教育局在全市中小学开展"珍惜伟大时代，树立远大理想，努力成为有用之才"主题教育活动，举行"民族精神代代传"启动仪式；市教育局在全市开展看好一部电影、开展一次主题班会、教唱一首主旋律歌曲、开展一次经典格言诗词诵读活动、写一篇作文的"五个一"活动；关工委组织专题报告团走进中小学作巡回报告21场；市教育局和市妇联在全市幼儿园、中小学建立"小公民道德建设实践基地"；全市广泛开展了"十佳小帮手、小标兵、小伙伴、小卫士、小主人"评选活动。

〔**重视"留守学生"教育**〕　遂宁市十分重视流动人口家庭、单亲家庭和贫困家庭子女的教育情况，并制订相关的工作措施，使进城务工子女在流入地享受与本地居民子女一样的待遇，不断提高农民工子女入学率。2004年，全市为230名贫困学生提供资助28.97万元。近年来，全市已结成手拉手互助学校50所、手拉手家庭850对、筹集希望工程资金200万元，资助1233名贫困中小学生，并帮扶525名城市特困生。

〔**扩大家庭教育覆盖面**〕　2004年，市妇联成立了未成年人家庭教育工作领导小组，城区中小学100%有家长学校，并设家长委员会。目前，全市共建立社区家长学校16所，在校家长1万余人，其中国家级社区家长学校1所，省级示范家长学校3所。同时，广泛开展家教宣传。开展街头宣传、举办家长座谈会403次，下发家庭教育问卷调查1万余份。设立家长咨询日，进一步畅通与学校的联系。市妇联举行了"十万学习型家庭"、"十万妇女创业成才"、"十万妇女普法维权"的行动启动仪式。

〔**校外活动场所建设情况**〕　遂宁市委、市政府把文化活动、爱国主义教育和法制教育基地建设纳入城市总体规划，先后建成了体育馆、图书馆、博物馆、少儿美术馆。加强青少年校外活动场所建设，争取国家彩票公益金480万元，新建青少年活动场所3个。全市建成省级爱国主义教育基地2个、市级6个、县级8个；全市现有成建制的青少年活动场所5个；建成青少年科普教育基地11个，青少年首批法制教育基地10个，生态环境教育基地7个。每年有250多万人次到各类基地参观、游览。同时加大公共文化设施向未成年人等社会群体免费开放的力度。

〔**积极净化学校周边环境**〕　全市公安、文化、工商、教育、经贸委等部门对迪吧、网吧、书吧、游艺厅等场所进行专项整治。建立网吧智能监控中心，在社区成立网吧协管队，许多老年志愿者主动监督网吧和电子游戏厅接纳未成年人的问题。目前，市城区中小学200米内无一家网吧、电子游戏厅，城区“黑网吧”基本绝迹。

校外教育单位

攀枝花市少年宫

〔**基本情况**〕　攀枝花市少年宫成立于1986年10月，占地面积2.66万平方米，建筑面积8122平方米，有文体楼、科技楼、教学楼、职工宿舍、儿童娱乐场。年年保持“市级文明单位标兵”、“四川省先进青少年宫”称号，2000、2004年两次被共青团中央、文化部评为“全国先进青少年宫”。

〔**阵地建设**〕　少年宫为了给学生、家长一个良好的学习、休闲、娱乐环境，2004年，投入资金扩大阵地建设，改善办学条件。利用空地修建儿童乐园，添置了多种娱乐设备，修建了300平方米的水磨石地，集演展竞赛、溜冰等为一体的多功能活动场所，为少年儿童、家长创造了舒适的休闲、娱乐环境。

〔**教育成果**〕　2004年，有9名学员考入专业院校，在全省、全国乃至国际专项竞赛中获世界和平奖5人、特金奖6人、金奖41人、银奖69人、铜奖50人、优秀奖48人；由舞蹈教师黄桂生创作，学生唐子龙表演的独舞《雪域少年》参加“第八届中国广播电视国际夏令营选拔赛”获初中组一等奖；少年宫副主任陈宏被团中央、文化部授予“全国青少年宫优秀工作者”；书法教师马宝山、袁登云获“世界和平杯书画展”优秀辅导教师称号；教师王小宽获“少年儿童书画国际艺术大赛”园丁奖；少年宫被世界和平杯少儿书画联展委员会授予“国际艺术教育基地”称号。

〔**群文活动**〕　2004年，少年宫精心策划组织实施以爱国主义教育为主题，以全面提高素质教育为目的的丰富多彩的主题演展竞赛活动：配合市里开展“科技之春宣传月”活动，送科普下乡，到仁和区大田镇三家村、大青、银昌箐、乌喇摩所边远贫困地区小学，送去少儿图书100册、四驱车模100余套；举办“市第十五届车辆模型竞赛”等主题活动；承办市“六一”少年儿童书法美术大展赛；暑假组织了峨眉山、乐山夏令营；组织美术书法等专业学生150多人“采风”；“八一”建军节、春节，组织慰问团到市武警支队、消防支队、森林武警支队、福利院慰问演出；与市关工委、团市委联合举办家长讲座16次，共8个主题，培训家长1600多人次。

〔**兴趣小组培训活动**〕　少年宫积极开展青少年文化培训活动，常年开办航模、写作、奥数、英语、书法、美术、舞蹈、艺术体操、武术、健美、声乐、电子琴、古筝、棋类等科文艺体20多个专业，300余个培训班，2004年培训学员1.49万多人。

泸州市青少年宫

〔**场所建设**〕　2000年，泸州市委、市政府将青少年宫搬入市惟一的城市公园内新建，把最佳的环境让给了未成年人。新宫占地21亩，建筑面积5675平方米，拥有各种活动室40余间，共享占地280余亩的城市公园内丰富的自然资源和教育资源，以环境优美、安全宁静、使用方便，被誉为校外活动的乐园。

〔**品牌活动**〕　泸州市青少年宫把思想道德建设同丰富多彩的活动结合起来。精心设计、精心组织，小型活动与大型活动结合。小型活动多样化、经常化，突出针对性；大型活动节日化、主题化，突出普及性。少年宫与多个部门联合组织的“读好书故事演讲”比赛，已成功举办10届，在广大中小学生中产生了较大的影响，已成为全市未成年人思想道德教育的品牌；配合团市委组织的“五月的花海”大型文艺表演，已成功举办8届，成为市青年和未成年人思想道德教育的名牌活动。

（向安东）

贵州省校外教育

综　述

〔**贵州省召开全省加强和改进未成年人思想道德建设工作会议**〕　2004年6月25日，贵州省委在贵阳市召开全省加强和改进未成年人思想道德建设工作会议，贯彻落实中央关于加强和改进未成年人思想道德建设工作的部署，研究和布置今后一个时期贵州省加强和改进未成年人思想道德建设工作。省委书记钱运录作了重要讲话。

〔**加强未成年人思想道德建设，贵州省委省政府决定办好5件实事**〕　2004年5月19日，贵州省委、省政府在贵州省精神文明建设指导委员会扩大会议上决定在加强未成年人思想道德建设中办好5件实事：1.全面实行全省公共文化设施和爱国主义教育基地向未成年人免费开放。2.抓好中央电视台少儿频道落地工作，积极筹备开设贵州电视台少儿频道。3.净化未成年人社会环境。4.加强阵地建设，清理、归还现有的青少年活动场所，把未成年人活动场所建设纳入经济和社会发展规划，争取5年内实现县县有活动阵地。5.设立省少儿文艺创作专项资金。

〔**团省委为未成年人办好10件实事**〕　2004年7月，贵州省共青团和少先队组织按照为未成年人办好事、办实事的要求，制订10件实事：

1.启动中学团校、业余党校网络工程，年内在100所中学建立团校、业余党校或党课小组。2.开展“六一”儿童节与进城务工农民子女手拉手活动。3.举办“全省首届少先队员辅导员风采大赛”。4.组织“希望工程——助学长征”活动援建希望小学30所。5.组建网吧志愿监督员队伍，初步构建社区未成年人成长环境检测预警机制。6.筹集建设省级青少年维权中心。7.征集“民族精神代代传”原创歌曲。8.策划多形式、多层次的红色、绿色之旅夏令营。9.争取青少年活动场所中央补助经费，按团中央总盘子1/20落实工作项目。10.提高团队刊物质量，发挥其在青少年宣传思想工作方面的积极作用。

〔**贵州省妇联出台关于进一步加强和改进未成年人思想道德建设的意见**〕　2004年5月，贵州省妇联以黔妇字[2004]11号文件出台了《贵州省妇联关于进一步加强和改进未成年人思想道德建设的意见》。该《意见》对全省各级妇联提出了9个方面的要求：

1.各级妇联自觉用中央精神指导和推动妇联工作，努力把家庭教育工作提高到新水平；2.各级妇联要把指导和推进家庭教育工作、促进家庭道德教育纳入妇联系统的目标考核。3.各级妇联要通过调研掌握当前家庭教育的现状、矛盾和问题进行研究。4.以“三优秀”工程为龙头，促进家庭教育知识的传播与实践。5.加强管理，促进家长学校科学化、规范化、制度化建设。6.依靠社会合力推动发展家庭教育。7.积极实施“中国小公民道德建设计划”。8.加强儿童活动场地建设。9.维护儿童合法权益。

〔**举办第十九届贵州省青少年科技创新大赛**〕　2004年4月9～11日，第十九届贵州省青少年科技创新大赛举行。此次活动由贵州省科协、省教育厅和省科技厅等单位联合主办。全省9个市、州、地的100余名代表参加了本次省级展评，共评出竞赛类一等奖19名，二等奖22名，三等奖36名。本次大赛得到了贵州省知识产权局等的特别关注，省知识产权局、省教育厅和省科协联合发文，资助进入全国青少年科技创新大赛决赛的作品，免收他们的申请费、审查费和代理费等。

〔贵州省科技活动周活动〕　2004年5月16日，贵州省科技活动周在贵阳拉开序幕，“以人为本——全面建设小康社会”的主题突出了科学发展观的基本要求。活动周期间，贵州省科协青少年科技活动中心、贵阳市科协还共同举办了“科技辅导员培训班”，有50多所中小学校的70多名教师参加培训，为今后开展学校科普工作起到了促进作用。

校外教育场所的建设与发展

〔校外教育管理体系〕　贵州省委、省政府高度重视青少年校外教育工作，于2002年成立了贵州省青少年校外教育工作联席会议，由21个成员单位组成，每年定期召开会议就全省青少年校外教育工作进行研究。目前，已建青少年活动中心33个。下一步要把工作重点放在活动场所的管理和使用上，让已建好的青少年活动场所发挥效益，充分发挥其教育青少年功能。

〔青少年校外教育场所建设情况〕　2001年起，贵州省抓住中央财政用一部分彩票公益金，扶持中西部省（自治区、直辖市）青少年学生校外活动场所建设的契机，建成或启动了33个县级青少年校外活动场馆。在场馆建设中，每个项目县均把场馆建设列为“民心工程”，无偿划拨土地，积极匹配资金，按时或提前完成项目工程建设。开阳县在国家拨付120万元资金基础上，县里又超额匹配了280．91万元。思南县的匹配资金也在380万元左右，建成了一座座功能齐全、外观独特的标志性建筑。2004年，贵州省青少年校外活动场所建设项目有11个，中央扶持项目是：贵阳市息烽县，遵义市湄潭县，毕节地区黔西县，铜仁地区江口县，黔南州独山县，黔东南州黄平县、三穗县，黔西南州贞丰县。省扶持项目有：铜仁地区石阡县，黔南州三都县，黔东南州麻江县。

在33个青少年活动场所中，近半数场馆已投入使用。在对青少年学生的服务中，每个场馆均坚持公益性原则，节假日免费或低于半价向青少年开放，并在寒暑假增加开放的时间。开阳县青少年活动中心除开展各类兴趣爱好特长培训，还利用中心资源辐射到乡村中小学。

此外，调动一切社会资源，丰富校外教育内容，成为扩展校外教育的重要手段。自1999年至今，贵州省已有15个青少年科技教育示范基地相继挂牌。其中省气象台、中科院地化所、农科院等5家还跃升为国家级示范基地。中科院地化所仅在5月22日“开放日”中，就接待了贵阳9中、8中、18中等校1500余名学生参观。

同时，各类中小学还利用学校内部的各种活动场所、设施，在课外或节假日及寒暑假向学生开放。并在校内外建立一批固定的综合实践基地，有针对性地开展“研究性学习”、“社区服务与社会实践”、“信息技术教育”、“劳动与技术教育”等综合实践活动，如贵阳旅游学校家政服务基地、贵阳10中艺术科技基地、贵阳31中学工基地、省农科院学农基地等，成为青少年校外学本领、接受锻炼的重要阵地。至此，全省已初步构建起青少年活动场馆、校外基地、校内活动场所的教育网络。（刘　杰　张　娜）

少先队特色活动

〔深化少先队重点活动〕　按照团省委集中力量办好未成年人思想道德建设10件实事的要求，全队上下协调行动，紧紧围绕“手拉手”、“民族精神代代传”、“雏鹰争章”等重点活动，出实招，办实事，求实效，取得了显著成绩。

“城市少年儿童与进城务工就业农民子女手拉手”活动取得明显成效。5月28日，“贵州省城市少年儿童与进城务工就业农民子女手拉手活动启动仪式”在贵阳市举行，400多名进城务工就业农民子女与城市少先队员们结成了“手拉手”小伙伴。

“民族精神代代传”活动蓬勃开展。3月1日，省各地少先队组织按照全国少工委统一部署开展了以弘扬民族精神为主题的统一行动日活动。毕节地区少工委在全市少先队员中广泛开展“民族精神代代传”诗歌朗诵会、征文比赛等活动。省少工委采取“让孩子们自己写歌”、“请成人给孩子们写歌”和“邀请名家为孩子们写歌”的方式，开展“民族精神代代传”优秀原创少儿歌（词）曲征集活动，评选出了10首优秀作品参加全国评选。

“雏鹰争章”活动取得新突破。各级少先队组织积极探索，结合当地课程改革的进程，按照素质教育的要求，完善雏鹰争章的过程，构建与课程改革相适应的雏鹰争章运行机制，取得了新的突破。

〔道德实践活动〕　2004年，全省各地少先队组织抓住“六一”、少先队建队日、少代会等有利契机，集中开展道德实践活动。10月13日少先队建队日前后，贵阳、六盘水、黔南、黔东南、黔西南等市（州、地）少先队组织，通过举行纪念会、座谈会、主题队会，表彰先进典型等形式多样的少先队活动，隆重纪念中国少年先锋队建队55周年。

〔**加强少先队自身建设**〕 2004年以来，省少工委先后就未成年人思想道德建设、农村少先队组织建设的情况进行了专题调研。4月，举办了100余人的少先队辅导员培训班。贵阳、黔东南等地区也结合本地实际，有针对性地加大了对团队干部的培训力度。6月，贵州省首届少先队辅导员风采大赛在贵阳举办，展示了新时期少先队辅导员的时代风采。10月，在首届全国少先队辅导员风采大赛上，贵州省参赛的少先队辅导员代表队发挥出色，取得了户外对抗一等奖、舞蹈竞赛二等奖、校园戏剧竞赛二等奖、综合知识与技能现场对抗赛二等奖、才艺展示竞赛三等奖以及演唱竞赛三等奖，省少工委获团体总分第二及“首届全国少先队辅导员风采大赛组织奖”。

〔**贵阳市委市政府制订加强和改进未成年人思想道德建设的实施意见**〕 文件指出，贵阳市加强和改进未成年人思想道德建设面临着新的机遇，也面临严峻挑战。目前，贵阳市户籍人口中有未成年人110万左右，约占全市总人口的30%，加强和改进未成年人思想道德建设是贵阳市社会全面发展进步的需要。各级党委、政府和各部门要着力办好几件作用大、影响好的实事，让人民群众真正看到加强和改进未成年人思想道德建设的成效，具体实事包括：

1. 2004年7月1日起，贵阳市爱国主义教育基地，青少年宫、文化体育场馆、科普实验基地免费为未成年人开放。2. 加快青少年活动基地的建设。2007年建成贵阳市青少年活动中心；各区市县3年内都要有少年宫或青少年活动中心。3. 每两年举办一届国际或全国性“少儿民族文化艺术节”。4. 建设市科技馆。5、组织开展好《中华传统美德名篇导读》的发行、学习和运用。6. 各中小学建立校内图书阅览室。7. 新建贵阳市少年管教所、恢复贵阳市工读学校、扩建云岩区工读学校，新建南明、小河两区工读学校。8. 市及各区县法院组建少年审判合议庭。（刘 杰 张 娜）

校外教育单位

贵阳市青少年宫

〔**基本情况**〕 贵阳市青少年宫是贵阳市惟一的团属青少年活动阵地，始建于1983年，2004年进行了大型维修。现有电影院、普通教室、计算机教室、音乐教室、语言教室、美术教室、舞蹈教室、图书室、陈列室、办公室、会议室、游泳池、小足球场等设施，共占地28亩。是贵阳市免费向中小学生开放部分公益性文化设施的场所。

贵阳市青少年宫专职教师共有28人，大学本科学历占10.7%，具有中、高级职称的教师占14．2%。

贵阳市青少年宫由于设备老化，已逐渐不能满足青少年的需求，根据市委有关意见，2007年将在金阳新区建成新的贵阳市青少年活动中心，届时，新建的青少年活动中心将成为全市青少年的快乐家园。

贵阳市南明区少年宫

〔**基本情况**〕 贵阳市南明区少年宫成立于1982年。1990年，政府投资修建一座拥有6078平方米教学活动新大楼。经过18年的发展，南明区少年宫已逐步完善了开展校外教育活动的条件，设施设备良好，师资力量较强，环境优美，管理完善，兼有苗苗实验幼儿园、小学、初级中学，形成校内外教育结合、多层次的办学体系。团中央于1997年授予少年宫“双有”教育活动先进集体荣誉称号。

〔**群众文化活动**〕 建宫以来，少年宫面向全区少年儿童举办了大量富有时代气息，主题鲜明、形式新颖的活动。1987～2004年，组织全区各校开展“心中有祖国，心中有他人”系列活动。其间，还组织全区公、民、厂办学校开展了“让赖宁精神传遍南明河畔”活动，举办了《英雄少年赖宁事迹展览》，并赶排了大型音乐剧《赖宁之歌》。在香港回归前夕，少年宫组织全区各校参加了“我们爱祖国，我们爱香港”全国大型系列活动，荣获国务院港澳办、国家教委、团中央等颁发的组织奖，并选派10余名师生代表赴香港参加了颁奖大会。在建国五十周年之际，少年宫派出的鼓乐团赴北京参加全国少先队鼓乐团展示邀请赛，以全国最高分而荣获第一名，被组委会授予全国鼓乐团“一级分团”称号。

〔**教育成果**〕　少年宫业余培训班为全区数万名少年儿童开展了各种兴趣爱好培训教育活动，先后向中央及地方各级院校和艺术专业团体选送了数十名专业人才；少年宫学员在参加国内外书画、舞蹈、声乐、器乐、微机等各项大赛中获奖千余人次。少年宫苗苗艺术团先后应邀多次赴法国、新加坡，土耳其、马来西亚、美国、朝鲜等国家及香港、澳门等地区访问演出。1990 年，苗苗艺术团应邀赴北京参加了北京第十一届亚运会艺术节，受到了党和国家领导人的亲切接见。2003 年，还到中南海为国家领导和机关工作人员演出。

〔**创办苗苗实验学校**〕　1991 年，少年宫经区政府批准创办了苗苗实验学校，1993 年创办苗苗实验幼儿园，1999 年又创办了苗苗实验中学，全面实施素质教育，为教育改革开辟了又一条实验道路。

〔**兴趣小组培训活动**〕　少年宫现开办有声乐、舞蹈、书法、儿童画、国画、微机、素描、武术及各类器乐等 10 多个培训班，5000 多平方米的教学活动楼设有天象馆、图书馆、微机室、语音电教室等各类专业教室，有上千名少年儿童在少年宫培训和活动。近几年来，少年宫自筹资金 100 多万元添置完善了天象馆、微机室的各种教学设备及部分乐器，为区少年儿童前来开展活动及培训学习发挥了极大效用。

〔**科技活动**〕　为配合抓好区第 23 届“青少年科技活动月”活动，结合中小学生“奇思妙想”系列科技体验活动——电脑科技创新绘画设计竞赛，少年宫举办了全区科技辅导老师培训活动和全区部分学校的“小计算机迷”培训活动，推动了科技活动的开展。

〔**“苗苗”艺术团文艺演出活动**〕　2004 年，少年宫“苗苗”艺术团在“童星璀璨”贵阳市第四届青少年艺术表演大赛中，获得一等奖 1 名(童声独唱)，二等奖 1 名(少儿舞蹈)，三等奖 2 名(少儿舞蹈)，并先后顺利完成市委宣传部、文化局安排的“创建两个文明”广场 2 场文艺演出活动，被评为贵阳市广场文艺演出先进单位。　(贵阳市南阳区少年宫)

贵阳市云岩区少年宫

〔**云岩区少年宫春季培训开班**〕　2004 年 3 月 5 日，云岩区少年宫培训部春季培训班正式开班。共开设了民族舞蹈、国标舞、美术（国画、儿童画、素描、儿童装饰画）、书法、英语、信息技术、声乐、小提琴、电子琴、武术、科技、围棋等培训项目 42 个班。

〔**“知心姐姐”关注孩子心灵健康**〕　2004 年 9 月 11～18 日，《知心姐姐》杂志社心理健康教育全国巡回报告团在少年宫为云岩区中小学生及家长进行了为期 9 天的题为“关注孩子心灵的健康成长，传播最新家庭教育观念”的巡回报告会。

〔**“小花”艺术团活动**〕　2004 年，少年宫“小花”艺术团参加了多项演出活动，获得多项奖项，受到各界人士的好评和赞扬，已成为区少年宫的一朵艳丽的花朵。

〔**“小花”书画社活动**〕　2004 年 10 月 30 日，小花书画社的学员和小花小学的 13 名学生参加了主题为“科学・未来・家园”的车体绘画活动。学生们发挥丰富的想象，围绕主题，在丰田系列车体上绘出了一幅幅色彩鲜明的作品。11 月 12 日，小花书画社学员及小花小学 12 名学生参加了 2004 年国际宣传画竞赛活动。孩子们围绕“畅想未来”、“一位母亲的承诺”、“庆祝平等和赋权”等选题进行了创作。

〔**“寻找红军足迹”弘扬民族精神**〕　为纪念红军长征及遵义会议召开 70 周年，云岩区委宣传部、区关工委、区教育局、团委、妇联、区少年宫 6 家单位联合举办了“寻找红军足迹”大型图片展。2004 年 11 月 19 日上午，在云岩区少年宫大院内举行了“寻找红军足迹”图片展览开展仪式。

〔**“小花”学生参加中小学生电子作品大赛成绩斐然**〕　2004 年 11 月 20 日，在贵阳市中小学生电子作品大赛中，区少年宫小花文化艺术学校学生丁丹妮电脑绘画创作作品《大山童谣》以最高分 89.5 的成绩获得小学组电脑绘画第一名，并将于 2005 年 3 月作为贵州省小学生代表参加 2005 年全国电子作品大赛。

〔**云岩区少年宫参加贵阳市第四届青少年艺术表

演大赛获多项大奖〕　2004年11月20～22日，云岩区少年宫参加贵阳市第四届青少年艺术表演大赛，歌唱表演《夸我侗家小歌手》获一等奖，三人舞《抓鱼》获二等奖，群舞《稻草人》和《山铃》获三等奖，少年宫获组织奖；三人舞《抓鱼》和独舞《金色的木鼓敲起来》获新创节目奖，舞蹈《童乐》和《金色的木鼓敲起来》获优秀表演奖。（魏仁毓）

六盘水市青少年活动中心

〔基本情况〕　六盘水市青少年活动中心现有编制8人，外聘教师3人。活动场所面积约200平方米。活动中心人员工资由财政拨款，其余办公经费、活动经费、教学用具购置均依靠各类艺术培训班收入来解决。

〔在建的活动中心情况〕　在建的六盘水市钟山区青少年学生校外活动中心位于钟山区凤凰新区，占地面积2.7万平方米，其中，综合楼面积1500平方米，绿地面积5000平方米，室外活动场地面积1.5万平方米。计划投入资金250万元人民币，一期工程投资160万元，其中国家拨付专款20万元，区配套40万元，中心主体已于2003年10月完工。共修建综合楼一栋，建筑面积100平方米；第二期工程预计需投入90万元，用于室内、外多功能厅、路、球场（含看台）等修建。经区委区政府研究决定，中心由团、教两家共同管理使用；中心教师及工作人员面向社会招考；中心负责人员由团、教两家负责人兼任。

活动中心在建工程主体楼包括市青少年活动中心、妇女儿童活动中心。总建筑面积1.3万平方米，投资2308万元，青少年活动中心建筑面积约7000平方米，内设青年剧场、多功能报告厅、展厅和各类艺术、体育培训班教室的青少年活动场所。建成后，将是全市功能最齐全、设施最完善的青少年活动场地。中心现已完成土建封顶工作，剩余的附属设施、外装设施力争于2005年元月底完工。2005年中心将主要开展二次装修工作。

遵义市青少年宫

〔基本情况〕　2003年初，遵义市青少年宫竣工交接给团市委管理和使用。由于政府没有投入前期启动资金，按照有关政策规定，经过深入的调研考察，借鉴各地青少年宫运作的经验，团市委采取了社会化和市场化的启动运作方式，青少年宫实行团市委统一领导下自主经营的方式开展工作，在保证社会效益、人才效益的前提下，努力实现社会效益、人才效益和经济效益的有机统一。

〔积极开展校外培训活动〕　目前，综合素质学校和金色彼岸艺术中心已投入了120余万元资金购置了相关设备，聘用了100余名教师，开设了文学、音乐、合唱、舞蹈、双语幼儿教育、棋艺、美术、电脑等近50个专业，招收了近千名学生。

铜仁地区民族青少年宫

〔基本情况〕　铜仁地区民族青少年宫始建于1984年5月，于山环水绕、风景秀丽的付家山上，总占地面积23亩，现有建筑面积7000余平方米。基础设施有书画教室、舞蹈排练厅、琴房、书画展厅、旱冰场、武术练功室、文化教室、电脑微机室等。

贵州省铜仁地区民族青少年宫实行主任负责制，下设少年军校、小白鸽艺术团、小白鸽书画社。小白鸽实验小学为二级机构。隶属共青团铜仁地委领导。青少年宫开展业务工作19年，累计举办各种培训班98期，培训少年儿童达10.8万余人次，举办少先队活动182项，参加活动的青少年5456人次。

〔加强青少年活动阵地建设〕　2004年，团地委协调有关部门，把青少年宫建设纳入当地社会发展总体规划，并得到地委、行署的高度重视和国家民委大力支持，于10月份下拨教学设备专项款10万元投入青少年宫的教育设施装备。

〔“小白鸽”艺术团〕　铜仁地区“小白鸽”艺术团是由各民族的优秀小朋友组成的艺术团体。2004年，艺术团参加了多项演出活动。

在庆“六一”大型文艺演出晚会上，“小白鸽”艺术团的演出得到了行署副专员卢蓉、游明进的高度评价和赞扬。

7月，“小白鸽”艺术团参加在德国柏林市举办的第三届“中德”青少年艺术节，学员精湛的艺术表演赢得了国际友人的高度赞扬。艺术团访问了德国、法国、比利时、荷兰、卢森堡等西欧5国，开展了文化艺术交流活动。

8月，“小白鸽”艺术团在铜仁市锦江广场举办了大型文艺晚会。铜仁电视台、铜仁日报均作报道。

11 月，“小白鸽”艺术团在渔塘乡小学开展手拉手活动作了精彩的表演，受到鱼塘乡党政领导和全体师生们热烈欢迎。

12 月，参加铜仁市第三届文艺体育节、铜仁市市中办事处、文化广场文艺汇演的演出。

〔**群众文化活动**〕 1 月 24 日，青少年宫举办了 500 人参加的“迎新春”中老年、少年儿童书画现场大赛，评出一等奖 4 名，二等奖 12 名，三等奖 24 名和优秀奖若干名。地区关工委领导和团地委领导等观看了比赛和颁奖。

〔**教育培训活动**〕 青少年宫开设了美术、书法、电子琴、拼音、写作、少儿英语、舞蹈、电脑等专业培训活动，已形成富有特色的培训项目。2004 年，青少年宫美术、书法培训班的学员在“双龙杯”、“金环杯”、“小白花杯”等全国大赛上获金奖 24 人，银奖 34 人，铜奖 100 人，优胜奖 208 人。10 人作品收录 2004 年中国当代青少年优秀作品集。

剑桥少儿英语培训基地有初、中、高级 3 个班，300 名学生参加培训；100 名学生参加了一级、二级、三级的考试，全部合格，年培训人员 800 人次。

〔**“小白鸽”实验小学**〕 “小白鸽”实验小学创办 10 年来，面对市场经济的竞争和私人办学的挑战，坚持以改革促进发展，2004 年生源从 2003 年 240 人，增加到 320 人左右，无论是基础文化课还是特长教育均取得较好成绩。 （黄 铁）

凯里市民族青少年宫

〔**基本情况**〕 凯里市位于贵州省东部，有各族青少年儿童 11 万左右，占全市人口的 1/4，凯里市民族青少年宫位于凯里市大友庄开发区的中心地段，占地面积 1 万平方米，建筑面积 3200 平方米，办公区面积 400 平方米，活动区面积 7800 平方米，始建于 1985 年。目前，由于资金匮乏，给青少年宫的正常培训工作带来极大不便。年培训学员达 3000 人次左右。

〔**阵地建设**〕 目前，凯里市青少年活动阵地只有市民族青少年宫，承担着全市 11 万青少年的校外教育培训任务。青少年宫积极争取党政支持，争取专项资金用于危房维修、新修围墙、堡坎、大门及活动阵地；同时采取互惠互利的办法，引资 200 多万元修建办公宿舍综合楼、门楼及新星小学教学楼。市委、市政府高度重视青少年宫的修建工作，将其列为 2004 年市委、市政府要办的十件实事之一，目前正积极争取多方面的援建资金。

〔**教育培训活动**〕 凯里市民族青少年宫开设了舞蹈、美术、书法、英语、写作、电脑、航海棋、跆拳道等 10 多个项目的培训班，分春季、夏季、秋季招生，每年开设长训班和短训班 40 个以上，培训学员超过 3000 人次。各类培训班都以全面提高素质为中心，着重培养学员的各种技巧和能力，丰富学员的课外生活，陶冶学员的情趣，发展少儿的个性特长，使学员既学到知识和技能，又得到锻炼。

〔**群文活动**〕 市青少年宫每年都组织上万名青少年参加各项教育活动。组织学生参加文艺交流、广场演出、文化下乡及省外各项大奖赛。目前，市青少年宫已成为凯里市校外教育的主阵地。青少年宫小芦笙艺术团活动在国内享有较高声誉，荣获多项全国、省市级奖项。

（本章稿件除署名外，均由团省委少年部提供）

云南省校外教育

综 述

〔**云南省出台《意见》保障未成年人健康成长**〕 2004年7月25日，云南省委、省政府出台了《关于加强和改进未成年人思想道德建设的实施意见》。

《意见》指出，云南省共有未成年人1310万，约占全省人口的1/3。未成年人的思想道德建设事关国家前途和民族命运，关系千家万户切身利益。各级单位要以学校为龙头、社区为依托、家庭为基础，着眼于工作的针对性和时效性，着力于解决存在的突出问题。文件从德育教育、教师职业道德建设、建立网上不良信息监督举报机制、社会环境治理、建立少儿频道等几个方面作了规定和要求。

〔**云南省召开加强和改进未成年人思想道德建设工作现场会**〕 2004年7月27～28日，云南省委在昆明召开加强和改进未成年人思想道德建设工作现场会，认真学习贯彻全国会议精神，总结交流经验，部署全省未成年人思想道德建设工作。

省委书记、省人大常委会主任白恩培出席会议并讲话。他强调，全省各地各部门要结合实际，认真贯彻落实省委、省政府关于加强和改进未成年人思想道德建设的实施意见；既要从群众反映强烈的问题入手，抓立竿见影的实事，更要加快制度建设，建立完善统筹协调机制、目标导向机制、督促检查机制、奖惩激励机制、政策保障机制、信息反馈机制，形成富于实效、不断推进的长效机制。

与会代表实地参观考察了昆明市盘龙区东华社区、昆三中、五华区翠湖片区开展未成年人教育的工作情况。

〔**云南省出台多项措施，为青少年营造良好成长环境**〕 2004年，云南省各级单位出台多项措施，为青少年成长营造良好成长环境。

在新学年一开始，全省中小学开展了以爱国主义为主旋律，反映中华传统美德、革命传统和优秀文化的古诗文、格言、名篇佳作诵读和歌咏、演讲、故事会等校园文化活动。围绕弘扬和培育民族精神开展“读一本好书、参观一个爱国主义教育基地、做一件好事、写一篇学习体会文章”的活动。

全省文化部门充分发挥公益性文化单位的作用，利用文化馆开展积极健康的文化活动，举办一系列贴近未成年人的卡拉OK、电子琴、少儿歌舞、少儿美术书法摄影等赛事；在节假日举办了各类少儿文艺培训班和民族民间艺术展、美术摄影书法展、声乐器乐演唱演奏会等；以省图书馆为载体，积极开展未成年人读书活动；利用博物馆开展爱国主义教育活动。

全省各广电媒体均加大了对青少年思想道德教育和法制教育的宣传力度。云南人民广播电台和云南电视台加强了对《未成年人保护法》的宣传，严格控制渲染暴力、凶杀、恐怖等内容的剧目，取消了网络游戏类节目《虚拟世界》、昆明电视台《互联时代》等。

全省新闻出版机构持久开展“扫黄”、“打非”斗争，大力整治危害未成年人身心健康的不良文化环境。加强出版物市场的监管，查处色情口袋书、黄色卡通画、暴力游戏，互联网站、上网服务营业场所的监管。

团省委、省少工委实施了校园文化行动、健康成长行动、共享成长行动、爱心成长行动、实践成长活动、队伍成长行动6项道德实践活动。

省妇联切实推进家庭教育，开展“学做合格父母、培养合格人才”的“双合格”家庭教育宣传实践活动，培养一批家庭教育骨干，树立一批“科学育儿、为国教子、以德育人”的好家长；表彰一批家庭教育工作先进集体，命名一批家庭教育工作示范县；开通了早期心理教育咨询热线；举办预防未成年人犯罪和心理健康教育讲座；定期免费为孤儿做智能测试和体能训练，实施提高大龄女童技能培训项目。

〔**云南省“关工委”重视关心下一代工作**〕　在云南省委2003年颁发《中共云南省委关于进一步加强关心下一代工作的意见》文件精神指导下，全省各级关心下一代工作委员会工作以“提高思想道德素质，科学文化素质，身心健康素质”为主线，守住青少年成长成才的城镇阵地、学校阵地、农村阵地，抓好抓实对失足、失学、失业这一特殊群体、弱势群体的关怀、帮教工作。到2004年12月底，全省16个地州市、126个县市区、756个乡镇(办事处)、7299个村及1688个机关、学校和企事业单位成立了关心下一代工作委员会，有各级领导班子成员4.41万人，专兼职人员2333人，从事关心下一代工作队伍已达14万人。全省农村的试点村已扩大到642个，开办青年文化技术学校2428个，培训1万多期，培训农村青年近100万人次；城市社区试点已扩大到138个。

昆明全市各级关心下一代工作委员会共收到捐资248万余元，资助贫困学生3557人，其中为553名品学兼优的贫困学生圆了大学梦；云南省各地关心下一代工作委员会已累计筹资1000万元，帮助上千名大、中学生解决就学困难。云南省关心下一代工作委员会的成员单位团省委等部门筹资开展“爱心成就未来”特别助学行动，共筹资、捐资1015万元助教助学；省妇联多渠道筹资760万元，实施春蕾计划、安康计划和帮助灾区、贫困地区解决实际困难，把党和国家的温暖送到下一代身上。

〔**举办未成年人思想道德宣传教育活动**〕2004年9月，云南省委宣传部、省文明办等部门举办了加强和改进未成年人思想道德宣传教育活动。活动为期一年，力争构建“家庭、学校、社会”三位一体的未成年人思想道德建设网络，为未成年人健康成长创造良好的社会环境。省委宣传部、省文明办等6部门及昆明市文明委联合向贫困地区、基层社区捐赠了《云南省加强和改进未成年人思想道德建设宣传教育读本》，并由聘请的未成年人思想道德建设宣讲员分赴各地学校和社区开展宣讲活动。

〔**云南省学生校外活动场所建设情况**〕　云南省现有少先队员345万人，昆明市有81万人，而全省只有30个青少年宫，远不能满足青少年需求。云南省各青少年宫现有专职教师400余人，外聘和兼职教师是专职教师的3～4倍，其中大专以上学历的仅占40%。各青少年活动场所一般有团委管理、教委管理、妇联管理和社会民办几种管理方式。2004年，云南省委、省政府向全省有关单位下发文件提出，全省各级各类青少年学生校外活动场所和设施，必须把社会效益和教育功能放在首位；到“十五”期末，全省85%以上的县至少建1所学生校外活动场所。由国家和省内各级有关部门命名的“爱国主义教育基地”、“德育基地”、“法制教育基地”、“青少年科技教育示范基地”、“科普教育基地”等场馆、设施，接待学生课外教育活动的“学生票价”一般不应超过市场价的30%，要提供不低于5%的免费名额用于家庭经济困难的学生，并积极创造条件免费向青少年学生开放。省级财政部门对财政部返还的、可支配的彩票公益金，实行分账核算，用于补助本行政区域内的青少年宫或活动中心的建设和维护，以及补偿现有青少年活动场所因对青少年降低门票标准或免费开放而减少的收入。

在农村青少年校外活动场所建设以及农村文化阵地建设和使用上，充分利用和发挥好农村中小学校的作用。在城市街道社区和农村城镇，成立社区教育办公室，因地制宜建立和发展小型分散的社区活动场所，城镇中小学校要抽调合适人员，轮流到社区教育办公室专职从事校外教育。共青团要在社区、农村建立校外少先队组织，此项工作将纳入地方基层党委、政府的工作职责。

〔**云南省科协开展一系列青少年科普教育活动为未成年人服务**〕　为了贯彻落实《若干意见》，云南省科协联合省教育厅出台了《关于进一步加强我省青少年科普教育工作的实施意见（试行）》，开展了一系列青少年科普教育活动。省科技馆推出集声、光、电为一体的“云南科普画廊”橱窗，以丰富多彩的实物和模型，加强了宣传效果和力度。科普画廊自对公众开放以来，已接待观众达30多万人次，其中近80%为青少年。投资上百万元的科技馆科普乐园成为云南省未成年人学科学、体验科学的乐园及健康快乐成长的第二课堂。青少年科学工作室举办了多种形式的青少年机器人系列活动：机器人进校园、我和爸爸妈妈一起做机器人等。工作室全年对青少年开放，参与活动的未成年人已覆盖云南省9个州市、15个县区、100

所中小学校、10万多人次。

2004年，云南省科协与省教育厅共同启动了“云南省农村青少年山鹰科普行动计划”，结合农村脱贫致富的任务，针对校内外青少年开展农业科技和思想道德教育活动，为全国农村青少年科学素质培育寻求对策、方法和经验。

校外教育单位

西双版纳热带植物园

〔发展概况〕 中国科学院西双版纳热带植物园位于西双版纳州勐腊县勐仑镇境内，坐落在涠公河——澜沧江最大支流罗梭江环绕的一个葫芦形半岛上。植物园建于20世纪50年代末期，现已发展成为集科学研究、种质保存、科普教育和科技开发为一体的综合性研究机构，在亚洲乃至世界上都有一定影响。是国家知识创新基地、国家种质资源保存基地、国家科普教育基地、国家青少年科技教育基地、国家首批AAAA级旅游风景区和全国文明风景旅游区示范点。

〔科考资源〕 植物园引种栽培了来自中国和世界热带地区的1万多种热带植物，成为世界上户外保存物种最多的植物园之一。植物园的园艺家们在900公顷的园地上精心设计和建设了棕榈园、南药园、龙血树园、奇花异木园、民族森林文化园、荫生植物园等35个植物专类园区，在为众多热带植物创造了一个生长繁殖优秀天地的同时，不仅为开展生态学与生物多样性的研究提供了一个重要的平台，而且也为科普教育和科普旅游的开展奠定了良好的基础。

〔热带雨林民族文化博物馆〕 为了向入园者传播植物学、生态学知识，植物园以长期的科研积累为基础，在民族森林文化园内建设了“热带雨林民族文化博物馆”、展示艰苦创业史的“西园谱”、“热带雨林景区科普展示楼”等科普设施。并建成了具有现代先进设备的多媒体投影学术报告厅、博物馆多功能厅、视频会议室、计算机网络系统等，可为各类入园者提供一个良好的工作条件和生活环境。2003年10月该馆对外开放，迄今已累计接待参观者近40万人次。

〔科普设施〕 植物标本馆占地面积1200平方米，具备了现代技术水平标准的硬件设施，共存储装订标本10万多份。热带植物种质资源库占地面积450平方米，已保存云南及邻近东南亚国家的4100余份种质材料。图书网络信息中心占地面积1000多平方米，馆藏各类植物学书刊数万册。热带雨林生态系统定位监测站是中国生态系统研究网络惟一的热带雨林定位站及国家重点野外科学观测试验站。

〔科普活动〕 植物园在每年寒、暑假，利用独特的科普资源、良好的科普设施以及大量的科研储备，旅游黄金周和全国科技活动周期间，精心策划安排有内容丰富的科普活动，取得了很好的社会效果。

在春节黄金周举办了“走进博物馆”科普活动。该活动以博物馆为场所，主要通过对入馆者的科普讲解，进行热带雨林与民族文化知识的有奖问答。整个活动发放问卷1100份，回收983份，送出奖品1200份。累计参加人数近9000人。

“五一”黄金周期间，植物园与云南生态学会联合举办了“走进植物园”科技活动周。活动主要以发放知识问卷的形式开展。在进入博物馆的8443名游客中，有1100人参加了本次科普活动。共发放问卷1100份，回收1060份，回收率为96.6%。

5月17～23日与云南省生态学会联合举办第三届全国科技活动暨西双版纳植物园“植物科学与我们的生活”科技活动周。

“十一”黄金周举办“博物馆开馆一年工作回顾展”。围绕博物馆科普教育和民族森林文化研究支撑平台的建设，回顾一年的工作，完成10块科普展板。

〔联合开展科普活动〕 2月，联合玉溪市红塔区科协，组织科普冬令营；与云南省生态学会合作联合开展科普活动。7月中旬，组织昆明师大附小举办科普夏令营活动；与勐仑中心小学签订开展科普活动的意向协议，4月下旬为勐仑中心小学学生在博物馆热带雨林厅开展互动式的科普讲解。 （朱鸿祥）

昆明市五华区青少年宫

〔**基本情况**〕　五华区青少年宫于 1988 年 6 月 1 日剪彩，全面向少年儿童开放，总投资 750 余万元，建筑面积 7200 平方米，可同时容纳 3000 多名青少年开展天文、地学、生物、气象、医学、空海模、无线电、计算机、影视、声乐、器乐、舞蹈、电视演播、艺术、图书阅览、琴棋书画、乒乓球、网球等方面的活动。1993 年 11 月，被国家体委有关领导誉为“中国第一馆”的五华区短式网球馆在宫内落成，填补了国内儿童短式网球活动场所的空白。2004 年，五华区青少年宫培训学员突破 1 万人次，与 2003 年相比增长了 47%，获各级、各类奖项 658 次。

〔**“山娃娃艺术团”活动**〕　五华区青少年宫的“山娃娃艺术团”是青少年宫的品牌，曾荣获“文化部群星奖”。参加省电视台“娃娃乐”晚会、中央电视台“手拉手”晚会、文化部“小童星”评选活动，3 个节目、29 名学员分别获金、银、铜奖。曾参加中国儿童歌舞协会组建的“中国少儿艺术团”赴德国参加第三届中德青少年艺术节演出而享誉海外。

〔**教育成果**〕　2004 年，“山娃娃艺术团”声乐团 35 名学员在全国艺术新秀大赛中获一、二等奖；在云南省少儿声乐大赛中 40 名学员分别获特等、金、银、铜、优秀奖，五华区青少年宫获集体奖；“山娃娃艺术团”古筝团学员在全国艺术新秀大赛中，8 名学员分别获一、二、三等奖。

在第 29 届北京奥运会组委会等组织的“奥运畅想”美术比赛中，青少年宫 20 多名学员的美术作品获银、铜奖。在云南美术出版社出版的《云南美术教材》中，青少年宫的 30 多名学员的绘画作品被选用。在云南省外办组织的中日友好活动中，青少年宫 110 多名学员的绘画作品送往日本参展。美术授课教师参与编写了《初中美术》、《小学美术》20 多册。少儿画社出版了学员作品《云南画派·儿童画》，美术专业形成“儿童画班”和“美术高考班”两个特色班，为社会和大专院校输送了大量美术人才。

〔**“智能机器人”学习制作培训班**〕　“智能机器人”学习制作培训班是五华区青少年宫 2004 年新增设的专业之一。青少年宫投入几十万元资金，选用丹麦乐高集团、美国麻省理工大学、美国国家仪器公司合作开发的课堂机器人器材和最新图形化编程软件作为专业教学制作手段，并聘请了专业的辅导教师。5 月 2 日，在曲靖市由省教育厅、省科技厅等举办的“第二十届云南省青少年科技创新大赛”智能机器人竞赛中，五华区青少年宫小学组、中学组制作的两个智能机器人获投篮 2 个单项三等奖和创意三等奖。

〔**实施“云岭先锋工程”**〕　2004 年 5 月，五华区青少年宫在实施“云岭先锋工程”中，免费为五华区低保、困难职工、残疾人家庭子女培训，7 月以来，为五华区低保、困难、残疾人家庭子女免费培训 200 多人次，涉及的专业有美术、舞蹈、武术、写作、英语、声乐 6 个专业，免费金额上万元，得到上级有关部门和社会的广泛赞誉。

〔**群文活动**〕　5 月，五华区青少年宫承办了“五华区学生艺术节”的声乐、器乐、舞蹈比赛。与区教育局德育处共同举办了“我爱我家”五华区少儿集体现场绘画的创作比赛，部分获奖作品被选入中国移动 IC 卡版面上，引起社会的广泛关注。12 月，与市美协联合举办“昆明市第三届少儿美术、书法邀请赛”。2004 年，青少年宫共开展(参与)各项活动 22 次，学员参加活动 2000 余人次，来宫参加活动 3600 余人次，来宫参加培训 1.1 万余人次。

〔**出色完成多项公益演出活动**〕　五华区青少年宫积极配合上级安排，出色地完成了多项公益演出活动，如五华区庆“六一”金马碧鸡广场文艺演出；省教委“云南省中小学生弘扬和培训民族精神启动仪式”演出；五华区“科普活动周”演出；云南省“爱心成就未来特别助学行动”义演晚会；云南省首届学生艺术节开幕式文艺演出等。青少年宫获得全国少年儿童校外教育工作先进单位、云南省科学普及教育基地、昆明市文明单位、昆明市社会力量办学先进单位和五华区花园式单位称号。

〔**科研成果**〕　青少年宫鼓励教师向高学历、高素质发展，为教师的再学习、再进修创造条件。2004 年教师撰写的论文有 4 篇被云南省《美术教育论文集》、《中华武术》等收编发表。　（廖　明）

个旧市青少年活动中心

〔**发展概况**〕　个旧市青少年活动中心隶属于

个旧市教育局。中心现开设美术书法、音乐舞蹈、体育竞技、科普教育、语言文化等5大门类，30余门专业课程。从1959年至今有近10万青少年在此接受培训学习，是一所综合性的校外教育机构。1992年被团中央、文化部授予“全国先进青少年宫”荣誉称号，连续12年被评为全国少年儿童“心中有祖国、心中有他人”主题教育活动全国先进集体。

〔**场馆建设情况**〕　个旧市青少年活动中心地处金湖东岸，总占地面积7万平方米，室外设施面积2.5万平方米，内设艺术馆、体育馆和科技馆，有少年图书馆、室内溜冰场、乒乓球室、台球室、棋艺室、科技室、声乐室、舞蹈室、电子琴室、钢琴室、多功能厅、展厅等活动室。具有开展活动、教育培训、娱乐竞技及对外交流等多种功能，是全市青少年儿童校外活动的主要阵地。中心计划投入资金10万元，筹建红河州第一所青少年活动中心航模科技馆，为广大青少年航模科技爱好者提供活动场所。

〔**活动成果**〕　中心坚持“面向学校、面向少先队、面向广大青少年儿童”的方向，充分发挥“培训、活动、指导”三大教育功能的作用，不断地开展丰富多彩的活动，2004年，共组织开展了乒乓球省运会、教师节演出、科普园学习、云南省英语口语大赛、个旧市计算机大赛等活动。

〔**社会化活动**〕　中心与各中小学校的少先队大队辅导员、各社区负责人建立联系，共同组织一系列的文体活动和社会活动实践活动，为孩子们营造一个宽松、健康、快乐的教育环境，丰富学生课余文化生活，形成了一个由活动中心、学校、社区、家庭组成的教育网络。

〔**兴趣小组培训活动**〕　2004年，中心共开设了电子琴、钢琴、手风琴、打击乐、琵琶、古筝、萨克斯、舞蹈、小提琴声乐、硬笔书法、国画、绘画计算机、跆拳道、乒乓球、武术、散打等专业，为青少年提供了多样的学习机会。

〔**培训内容**〕　舞蹈专业：幼儿初级、中级班；小学初级、中级、高级班；儿童芭蕾舞班；“山娃娃”艺术团；拉丁踢踏舞；幼儿艺术体操；少儿现代舞。

音乐专业：声乐；合唱；钢琴；数码钢琴集体课；电子琴；西洋及民族管乐；电声乐队；手风琴；小提琴；古筝；架子鼓；琵琶；葫芦丝；巴乌；二胡；竹笛；古典吉他；民谣吉他；民乐队；管乐队。

美术专业：幼儿初级、中级、精品班；小学初级、中级、高级班；小学、初中、高中素描色彩班；国画书法班；书法初级、中级、高级班；硬笔书法初级、中级班。

文化专业：小学写作启蒙、初级、中级、高级班；华罗庚数学班、珠心算初、中、高级班；英语初、中、高级班。

科技体育类：武术初级、中级、高级班；散打；跆拳道；自由搏击班；计算机；智能机器人；三模班；围棋初级、中级、高级班。　（龙　艳）

陕西省校外教育

综　述

〔陕西省委、省政府下发关于进一步加强和改进未成年人思想道德建设的实施意见〕　2004年6月8日，陕西省委、省政府下发了《关于进一步加强和改进未成年人思想道德建设的若干意见的实施意见》。

文件从完善制度，整合资源，建立健全学校、家庭、社区协调配合的未成年人思想道德教育体系、高度重视和发展家庭教育，建立健全学校、家庭、社会相结合的未成年人思想道德教育体系，加强社区教育，充分利用和整合各种德育资源、加大对未成年人的维权和保护力度、充分发挥陕西省历史文化丰厚，革命遗迹、爱国主义教育基地多的优势，组织未成年人开展多种形式的活动，积极开展各项适合未成年人参与的群众性精神文明创建活动、实施精品战略，加大整治力度，净化未成年人成长环境，建立强有力的领导体制和工作机制等方面提出了具体的要求和措施。

〔陕西省未成年人思想道德建设情况综述〕《中共中央国务院关于进一步加强和改进未成年人思想道德建设的若干意见》下发之后，陕西省委、省政府多次召开加强和改进未成年人思想道德建设的工作会议。宣布了为陕西青少年办好10件实事。主要内容有：利用陕西省爱国主义教育基地众多的优势，各类博物馆、纪念馆、展览馆、烈士陵园、陈列室、革命旧址等对中小学生集体参观一律实行免费；组织“文明小公民看西安、参观爱国主义教育基地”活动；市电影公司开展“希望杯”影评活动；市儿艺创作演出精品儿童剧，开展“好剧献孩子”暑假系列演出；住宅小区未成年人活动场所要纳入建设规划等。

西安市委常委会为未成年人确定了办好12件实事。组织制定了《西安市关于加强和改进未成年人思想道德建设的实施意见》。

延安市以中共中央将延安确定为全国爱国主义教育一号基地为契机，抓紧做好延安革命纪念馆改建前期各项工作，加快延安新闻纪念馆、抗大纪念馆的布展工作，力争年内向青少年开放。

宝鸡市提出了开展“三三三五工程”。三个阵地：学校、家庭、社会。建成1200所家长学校。三大资源：利用宝鸡市的革命传统人文资源、自然资源对未成年人进行思想品德教育；三支队伍：青少年思想品德教育队伍、学校党团少先队组织和校外辅导员队伍。五小活动：做小帮手、小标兵、小伙伴、小卫士、小主人。

汉中市投资270元建立汉中市青少年文化宫，设立舞蹈厅、数码钢琴室、声乐厅和微机室等文化娱乐设施，筹划科协、市图书馆与青少年文化宫整合，给全市未成年人建立一处全方位的活动娱乐场所，初步定名“汉中市青少年活动中心”。

渭南市在市图书馆专门设立少儿阅览室，免费为未成年人开放。韩城市司马迁图书馆，临渭区、澄城区、华县等图书馆都设立少儿阅览区，免费供少儿阅读；筹措资金，加快启动建设渭南市青少年活动中心。

商洛市为未成年人办的10件实事已落实7件。全市367所中心校配备法制副校长377名；全市共建国家、省、市级示范家长学校522所，家长学校3731所。

咸阳市给未成年人营造“绿色”环境，成立假日读书俱乐部和健身俱乐部，在社区发放未成年人德训绿卡。多渠道筹集资金，加快建设咸阳市青少年活动中心。

铜川市开辟22个爱国主义教育基地，对中小学生集体参观实行免费；在陕甘边照金老区正式启动了三讲（即讲传统、讲诚信、讲守则）两实践（即道德实践、创新实践）活动；开展了“三有”（心中有祖国、心中有集体、心中有他人），抵制毒品，参与禁毒和民族精神代代传等教育实践主题活动。

西安户县以农民画博物馆为中心开展户县农民画小传人绘画活动。辛垦小学革命阵列室2004年接待国内外集体或个人参观已逾4万人次。（郑 梅 张景衡）

〔**陕西省教委、共青团陕西省委开展未成年人思想道德建设情况**〕 2004年，陕西省教育厅建设了一批中小学生校外活动基地，加强管理，提高使用效益，开通中小学德育网络；配合实施“百万家长教育工程”，为各级家长学校提供优质师资；认真清理含暴力、色情等不利于青少年学生健康成长的口袋书、卡通画、游戏软件等，切实净化校园文化环境。省教育厅从2004年秋开始在中小学开设法制教育课，切实加强对青少年学生进行法制教育。

2004年，共青团陕西省委从5方面做好青少年工作。在2006年底普及全省中学生的业余党、团校，为未成年人树立一批可亲可敬可学的榜样；2004年底前各县区建立未成年人权益保护机构，切实保护青少年权益；全省每年援建希望小学20所，“一助一”助学2000人。为贫困地区未成年人完成义务教育提供服务；陕西省将规划建设一座省级青少年宫，2004年准备建设商洛、铜川、延安3个市的青少年宫，整个建设规划已送往团中央特批。以后要再建3个市青少年宫，力求每个市都有1座青少年宫（西安、榆林、宝鸡、安康4市已有一座青少年宫），让青少年宫成为孩子们活动的乐园。

〔**陕西省青少年校外教育阵地教育活动状况**〕 陕西省教育厅、共青团陕西省委、陕西省少工委为了贯彻落实中央8号文件精神，2004年5月28日命名陕西省历史博物馆、西安八路军办事处革命纪念馆50家单位为首批陕西省“红领巾实践教育基地”。其中西安市7处，宝鸡市5处，咸阳市7处，渭南市4处，延安市13处，榆林市6处，铜川市4处，安康市、汉中市、商洛市、杨凌区各1处。全省博物馆、纪念馆等在2004年5月1日以后实行免费接待未成年人已有105家，接待未成年人达40万人。

2004年，陕西省把未成年人活动场所建设纳入省国民经济和社会事业发展总体规划。在落实2004年陕西省为未成年人办的10件实事中，省建设厅等部门积极行动，截止到2004年8月底，已为未成年人建成100多个活动场所。

2004年，全省确立了西安市长安区等13个校外活动场所建设项目，包括8个国家级项目及5个省级项目。这些项目将分别获得180万元的投资。陕西省有关部门将投入千万余元。

〔**少先队特色活动**〕 陕西省少先队高举“创建西部强省，做好全面准备”的大旗，认真贯彻落实中央8号文件精神，充分发挥少先队优势，围绕“育人”这条主线，开展了丰富多彩的少先队活动。精心打造了许多各具特色的品牌活动。

1.“节水——红领巾在行动”。这是团省委、省水利厅、省教育厅、省少工委共同主办的一项社会公益活动。3月26日，在中国节水周宣传日举行了“人水和谐”为主题的“节水——红领巾在行动”宣传教育活动启动仪式。与会者达600人。少先队员们发出节水倡议书；开展节水五个“一”活动；节水周结束时，团省委、水利厅联合命名西安南门小学等10所小学校为“红领巾节水示范学校”，并评选出100名“节水小使者”。

2.举办“同处一片蓝天，共享繁荣进步”城乡少年手拉手捐赠活动。陕西团省委、省少工委、陕西电视台、三秦都市报“六一”前夕在西北大学礼堂举行了儿童故事片《我们手拉手》首映式，再现了10年来手拉手活动丰硕成果。

3.“少年儿童平安行动”活动。陕西团省委、少工委联合公安部门在少儿中开办“少年自护学校”、“少年警校”和少年交通夏令营活动，有效地强化了安全教育。现在全省已有“少年自护学校”、“少年警校”1000所，近10万少儿参与此活动；2004年，陕西省少工委被团中央、全国少工委、教育部、公安部评为“中国少年儿童平安行动”优秀组织奖。

4.“红苹果”少先队特色活动。“红苹果”乐园开展了许多有趣的活动：开心红苹果队会，设计大赛，报警小分队，图片展览，红苹果小记者采访，“快乐的红苹果”主题大队会，红苹果广播站、“小市长对话大市长”红苹果小市长论坛等。陕西省少工委组织了西安市关心少儿成长女专家、女学者、女领导、女教师的“红苹果姐姐信箱”顾问团，建立了信箱，专门帮助清除红苹果的烦恼、困惑的“毛毛虫”。信箱的口号是“消灭烦恼，挥洒快乐”。

5.“延安精神驻我心，革命传统永相传”系列活动。2004年9月西安西航回校开展了“延安精神驻我心，革命传统永相传”活动，历经一个月。通过看（看反映延安精神的影片、延安精神图书)、说(交流观后感、读后感)、动(反映延安精神小报、板报、队角),学习理解延安精神,自觉做延安精神传承者。

〔**社区少先队活动**〕　陕西省少工委致力于构建学校、家庭、社区"三位一体"教育网络,形成学校、家庭、社区的互动交流,进一步提高青少年思想道德建设的成效。学街社区成立"社区青年中心",组建了1000名青年团员的社区共青团志愿者队伍,分别辅导近千支少先队雏鹰假日小队。团省委、省教育厅、省关工委和《华商报》社联合向社会招募校外辅导员,100名富有教育经验的老师被聘为校外辅导员,他们工作在社区,组织少先队员建立社区少先队大中小队。还经常深入社区,讲故事,传经验,开展了"关注未成年人,校外辅导员进社区"活动。

9月19日,为搞好"9月20日全国第二个'公民道德日'"活动,省委宣传部、文明办、广电总局、团省委、省少工委联合举办了"大手牵小手——保护未成年人在行动"综艺现场直播活动。通过文艺形式,全方位、多角度反映未成年人的社会环境,在少儿中倡导20字的道德规范。受到了社会、家长和少年儿童广泛好评。

〔**陕西省妇联发挥家庭在未成年人思想道德建设中的作用**〕　2004年,陕西省妇联牵头完成了陕西为未成年人思想道德建设做好十件实事中的第七件和第十件:为完成这两件实事,省妇联争取财政厅划拨经费36万元。举办百所示范家长学校骨干培训班,280人参加。开展万人调查问卷活动。从申报参加创建活动家长学校150所中,评选出120所示范家长学校。

1. 在全省实施百万家长教育工程,截止至2004年底,全省城乡家长学校已达2万所,城镇办学率达80%,农村达50%,家教知识普及率城市达80%以上,农村平原地区达70%以上,山区达50%左右。形成了省有千人,市有百人,县有数十人的家庭教育专家骨干队伍,建立了陕西省家庭教育研究会和指导中心。创建百所社区、机关、企业示范家长学校,开展了"争做合格家长,培养合格人才"活动。

2. 全省开展了"小公民在行动"系列活动。"小手拉大手,共朝文明走"——陕西省"五小"活动进家庭道德实践知识竞赛活动;学唱《小公民向前进》、《我是快乐的小公民》歌曲活动;"我身边的优秀小公民"征文活动;举办小公民道德建设成果展及文艺演出活动。

配合文明办、关工委、团委、少工委、教育厅组织"小公民在行动"实践主题活动,开展了为妈妈做"十个一",体验无私母爱的亲情活动,受到全国文明办、全国妇联的好评,被评为全国二等奖。

3. 陕西妇联筹措资金800万元,建立春蕾小学14所,女童班147个,2.6万名失学女童重返校园。

〔**陕西省青少年科技教育工作成果**〕　陕西省科协按照中央8号文件精神和陕西省委、省政府要求,有针对性开展了一系列青少年科技教育活动。2004年4月底,科协接到陕西12厅局联合下达的文件,从5月1日起,陕西省各科技馆、自然博物馆,对未成年人集体参观实行免票,陕西省科技馆一年接待观众15万人次,接待免票未成年人达3.4万人次。"省科技馆"、"省气象科普基地"2004年荣获全国青少年校外教育活动示范基地。

2004年,陕西科协举办和参加了"陕西省青少年航天科普系列活动"、"第十九届全国青少年科技创新大赛展评活动"、"明天小小科学家奖励活动"、"全国第四届青少年电脑机器人竞赛活动"、"第三届APEC青年科学节"、"智力七巧板"等科普活动;举办了2004年全国中学生陕西赛区数学、物理、化学、计算机、生物学"学科竞赛"。

全省以陕西省科技馆为依托,发挥各类青少年科技基地的辐射示范带动作用,开展培训讲座56场次,科普展览活动17次。先后到西安、榆林、汉中等8个市(区)开展活动,接待了未成年人观众达10万人次;发放科普宣传资料6万余份,播放科普录像20部。深入农村、社区、学校开展了"青少年预防艾滋病知识展览"巡展,参观人数达10万人次。

2004年,全省科技活动取得丰硕成果:获得全国性各类奖励51项,1500人获奖。航天科普系列活动获全国优秀科普活动二等奖和优秀方案奖。大手拉小手、青少年科技传播活动获全国优秀组织奖。

〔**陕西省青少年体育活动情况**〕　陕西省体育局注重推进全省青少年素质教育,德智体美全面发展,锻炼强健的体魄和坚强的意志。2004年7月,陕西省成功地举办全省第四届重点项目少儿运动会。共有58个县区代表团,1905名少儿运动员参加田径、游泳、跆拳道、国际式摔跤、武术、幼儿体操等7大项205个小项的比赛,充分展示全省后备人才建设的丰硕成果;发现选拔了300名优秀体育苗子,已进入全省体育后备人才库;经国家体育总局考核,西安市军体校、青少年体校、榆林市体校、陕西省青少年体校等5个体校被正式命名“国家级高水平体育后备人才基地”；杨凌水上运动中心建成了国家级青少年俱乐部户外活动营地；少儿体育俱乐部已达34个。

全省依托54个体育场、18个体育馆，以多种形式开展趣味性的课外体育健身活动。开辟未成年人为服务对象的体育主题公园（篮球一条街、中球中心、乒乓球活动中心、航模中心），充分发挥各校小运动场的（全省中小学有1278个）作用，开展课外体育活动。

全省中小学体育传统项目中学有1792个，小学有2499个。每年省级经费15.8万元，市级经费32.1万元，各类比赛成绩优异。（张景衡）

校外教育单位

陕西省科技馆

〔**基本情况**〕 陕西省科技馆建于1988年。1998年省政府投资改建，增设了科普展厅、电化培训教室、多种类科技报告厅等设施。大楼主体8层，建筑面积9770平方米。科普展厅位于1～4层，面积2000平方米，展厅展览自然科学中的力学、电磁学、光学、声学、数学、航空、航天、机械、人体科学、多媒体技术、科技动手园、网上科技馆等79项200件展品，其中80%可供观众直接动手参与。

〔**服务设施建设**〕 科技培训部位于大楼五层，拥有电化教室、语音教室和多媒体网络教室、学术报告厅、科普会馆、小型学术交流厅和多功能厅。科普大篷车是科普展览宣传教育专用车，配有演示展品、投影放映、多媒体等装备。2004年9月23日，中国科协主席周光召视察科技馆，对开展科普特色活动给予很高评价，并题写了馆名和题词：“普及科学知识，弘扬科学精神”。（张景衡）

西安市妇女儿童活动中心

〔**基本情况**〕 西安市妇女儿童活动中心于2001年3月6日落成开放，坐落在西安市北郊（未央区）经济技术开发区，占地面积30亩，建筑面积6677平方米，总投资2120万元。中心设有700平方米多功能厅，500平方米健身中心，500平方米培训基地，500平方米展览中心，数百平方米娱乐场所，30余亩文化广场。中心是集科普教育、素质教育、国际交流、强身健体、信息交流、综合服务为一体的多功能活动中心。共开办培训活动16大门类，176个班次，培训学员达6000余人次。2004年“六一”前夕，中心首批被教育部命名为“全国妇联小公民道德建设活动实践基地”。

〔**培训活动**〕 1.文化类：国际儿童英语俱乐部。俱乐部以英语培训为龙头，以“培养21世纪国际人”为口号，是素质教育的金招牌。俱乐部现有88个班次，2400余人次培训规模，1275人通过初级认证，825人通过中级认证。

2.艺术类：舞蹈培训班、健美操班、声乐器乐班、电子琴班、书法培训班、少儿绘画班。

3.体育类：围棋、跆拳道、乒乓球等体育专门训练。

4.开办家长英语学习班和微机培训班，成人及儿童微机培训，妇女学习电脑操作等内容。

〔**群众文化活动**〕 参加中日自制玩教具创新与发展展评活动。在全市12个区县、34家幼儿园所的320件参展作品、76篇理论文章中评选出48件作品、4篇论文赴北京参加全国评选，全部获一、二、三等奖，中心获全国组织奖。

广场文化活动。举办了仲夏之夜电影晚会，连续放映3场电影，观众达1万多人。（李　荟）

西安市青少年宫

〔**发展概况**〕 西安市青少年宫位于古城西安市市区中心的新城广场，是西安市青少年校外教育的重要场所和示范窗口，在西北地区乃至全国校外教育系统中享有盛誉。近年来，青少年宫在共青团西安市委的领导下，从教育理念和教学管理入手，勇于探索先进的教学模式；以现代人才标准为基点，不断改革教学培训内容和文化活动方式；以市场化的服务方式，满足广大青少年成长成材的需要，通过实践，取得了良好的社会效益和人才效益；先后被团中央、文化部评为“全国素质训练先进集体”、“全国先进青少年宫”。

〔**教学成果**〕 少年宫在教学培训中突出自选

性和参与性相渗透的现代人才个性培养特色，开设70多种专业及10多个新型教学项目；在文化活动中突出了经营文化和文化经营的活动模式，创办“双有”主题教育活动、“假日文化广场”、“假日素质苑”、“素质益智苑”等一系列具有时代气息和现代化文化活力的品牌活动；艺术团是少年宫对外文化交流的窗口，由400多名演员、声乐、器乐、舞蹈表演4大种类组成，通过专业演导人员的策划、排练、演出、比赛等，每年参加国际国内文化演出交流50余次。（杨清波）

西安市莲湖区少年宫

〔**基本情况**〕 陕西省西安市莲湖区少年宫为陕西省小天鹅艺术团教育基地，现有教学班218个，学员5000多名。从成立至今为清华大学、北京大学、北京舞蹈学院、中国人民解放军艺术学院、中央音乐学院、西安音乐学院、西安美术学院、西安交通大学、西北工业大学、西安电子科技大学等许多高等院校输送人才近千名，先后有10万余名少年儿童在此接受艺术教育。被教育部、文化部、共青团中央、陕西省教育厅、文化厅、陕西团省委、省环保局等相关部门命名为“全国少年儿童校外教育先进集体”、“全国青少年宫先进集体”、“全国少年儿童文化工作先进集体”、“陕西省少年儿童校外教育先进集体”、“陕西省文化工作先进单位”、“陕西省少年儿童艺术基地”、“陕西省首批绿色学校”等称号。（李志华）

西安市碑林区少年宫

〔**发展概况**〕 碑林区少年宫创建于1957年，位于西安市书院门古文化步行街，与西安碑林博物馆相邻，占地2304.6平方米。少年宫隶属碑林区教育局，现为中国青少年素质教育研究实践基地、全国小记者培训指导站、全国青少年棋院、全国航空航模重点单位、全国青少年地掷球培训中心、陕西省社会艺术水平考级中心、陕西省青少年国际标准舞培训基地、陕西省青少年跆拳道培训基地、陕西省青少年校外教育培训研究中心。少年宫曾先后获陕西省校外教育先进单位、陕西省青年文明号、西安市关心下一代工作先进集体、碑林区社区服务先进单位、碑林区社区文化工作先进集体、碑林区通讯报导工作先进集体等多项荣誉称号。2004年，少年宫被团省委授予“陕西省青年文明号”称号。

〔**群众文化活动**〕 2004年，少年宫举办了“我爱祖国海疆”夏令营活动、“西部行”摄影采风活动、我们爱科学“十个一”青苹果电视专题录制活动、“新世纪，我能行——体验教育主题队会”、“今早报杯”西安青少年卡通画、硬笔书法大赛、碑林区青少年“英才杯”小主持人电视大赛、西安市青少年地掷球比赛、中法文化年地掷球交流赛等诸多活动。

少年宫常年开展“四驱车拼装改装”、“航模拼装”、“英德”机器人拼装、“七巧板”拼装等科技活动，充分发挥少年宫“全国科技基地”的功能作用，在中小学校中广泛开展海航模比赛，组织科技辅导员培训班，组队参加全国青少年海航模大赛，成绩显著。

少年宫多次组织承办省、市、区各级青少年三棋大赛、全国“协作杯”少儿三棋赛。队员获全国少儿象棋比赛两金一银的优秀成绩。国家棋管中心、全国青少年宫协会授予少年宫“青少年棋院”，市体育局授予少年宫“西安市青少年棋类培训中心”光荣称号。

〔**培训活动**〕 少年宫常年设有软、硬笔书法班、国画班、素描班、儿童画及水彩画班、电子琴班、中国舞班、拉丁舞班、声乐班、影视表演班、棋类班、吉它班、踢踏舞班、架子鼓班、古筝班、跆拳道班、钢琴班、剑桥英语班、地掷球队、中华全国小记者班、航海模速成班、快速识字班、快速阅读班、手工制作班。平均每学年培训5000人次。

参加全国各类高规格的书画大赛，在“兴善杯国际书画大赛”、“陕西省跨世纪书画大赛”、“素质杯全国少儿书画大赛”、“新世纪杯全国少儿书画大赛”、“小太阳杯全国少儿书画大赛”、“双龙杯全国少儿书画大赛”中，少年宫均获集体优秀组织奖、集体一等奖。

〔**学生社团活动**〕 碑林区少年宫先后组建了少年宫艺术团、小百灵儿童合唱团和双胞胎艺术团等多个艺术群体，多次在社区大舞台、闹“十五”、迎国庆、庆“六一”节日中演出，赢得了良好的社会赞誉。

2004年国庆节期间，少年宫艺术团被文化部特邀赴北京人民大会堂参加颁奖展演。

〔**交流活动**〕 2004年，少年宫开展了与外国书道友人笔会、联谊共进晚餐活动，还与碑林博物馆一起接待了来自五湖四海的国内书法交流团。2004年上半年，日本广岛教育协会理事长进腾正则先生率领日本广岛小书画家们来少年宫访问，为中日儿童书画笔会传情谊。（彭建平）

陕西省历史博物馆

〔**基本情况**〕 陕西省历史博物馆位于西安市小寨东路，是一组雄伟壮观的仿唐建筑群。建筑面积5.6万平方米，展览面积1.1万平方米，是我国第一座拥有现代化设施的大型国家级博物馆。被誉为“古都明珠，华夏宝库”。博物馆国家投资1.44亿元，1991年正式对外开放，珍藏文物37万多件。

〔**群众文化活动**〕 为了发挥教育基地的作用，博物馆组织许多精彩的活动，如“陕博杯”中学生重振汉唐雄风文物历史知识竞赛、扶贫助学与文物图片下乡活动、组织大、中、小学生志愿讲解员活动。

2004年5月，在博物馆举办了少儿国学经典诵读演奏会。整个演出以《诗经》、《书经》、《左传》、《论语》等传统精粹的历史文化为内容，气势宏大，憾人肺腑，激发了人们伟大的民族情怀。（张景衡）

西安“八办”旧址革命纪念馆

〔**基本情况**〕 西安“八办”旧址革命纪念馆位于西安市北新街七贤庄，是占地为1.5万平方米的民族建筑群，1959年建成并开放。“八办”旧址包括七贤庄1、3、4、7号房院。面积5098平方米，包括会客厅、住所、客厅、办公室和地下室。现存三级以上文物80件，一般文物379件，珍贵资料525份，珍贵照片3000张。

“八办”被称为红色桥梁，这里不仅留下了许多革命前辈的足迹，如刘少奇、朱德、周恩来、彭德怀、邓小平曾住此处，并指导、组织“八办”的工作，而且也留下许多国际友人的足迹，如白求恩大夫、史沫特莱等也曾在此工作。

〔**教育活动**〕 纪念馆编辑摄制2部专题片，发表论文30多篇，出版发行《红色桥梁七贤庄》等多部书籍，并推出《人民的胜利》等20个专题展览；组织宣讲队深入中小学社区举办故事会、报告会，与百所学校签订教育基地协议书，为他们提供活动场所；组织一年级小学生举行入队宣誓仪式，初中二年级退队仪式和新团员入团宣誓仪式。（张景衡）

延安革命纪念馆

〔**基本情况**〕 延安是中国革命圣地，以毛主席为核心的党中央在这里生活和工作了13年，在这里领导中国人民夺取抗日战争和解放战争的伟大胜利。延安拥有枣园、杨家岭、凤凰岭、王家坪等351处革命旧址和历经千秋的革命博物馆——延安革命纪念馆。延安市计划投资亿元对纪念馆、革命旧址进行改建，对革命旧址进行场景恢复，增加原址上的陈列品，再现革命前辈旧居的生活和工作气息。

〔**教育活动**〕 2004年，为充分挖掘陕西省红色旅游资源，加强对未成年人的思想道德教育，组织了京、沪、湘、宁、陕、青“四省两市”的红领巾革命圣地延安行系列活动，并同时开展了“我心中的延安”征文比赛、“长征和延安精神”知识竞赛两项比赛，评选优秀者各160人。建设红领巾革命圣地纪念林活动，此活动有10万人参加，捐款达10万元。

开展红领巾与延安精神网上论坛和征文活动。7月10日在北京举行了启动仪式，7月16日在延安举行了红领巾革命圣地延安行夏令营仪式。团中央、陕西省委、延安市委等领导和来自全国各地少先队代表3000人参加仪式，进行为期4天的参观学习。

延师附小少先队员开展了“小小讲解团”活动，在延安旧址利用节假日义务为游客讲解。这项活动坚持了12年，12年来共接待国内外旅游团4000多个，观众达12万人次。2004年6月1日正式由团省委命名授旗。

〔**延安精神宣讲团**〕 2002年组建，不仅能讲解，而且能唱、能演，应邀赴华东5省进行演出，宣讲延安精神。2004年“五一”旅游黄金周期间，100多名小小讲解员在枣园、宝塔山等5个革命旧址接待团体900多个，游人3万余人次。外地游客也为之赞叹，他们说：“延安儿童是全国儿童的榜样。”这种独特的教育形式，受到党和政府高度的重视和赞赏。教育部把此项活动制成专题片，在全国教育工作会议上进行交流，与会者给予了极高的评价。（张景衡）

辛垦小学西安中共历史教育基地

〔**基本情况**〕 西安辛垦小学党史教育基地位于西安户县石井镇曹家堡。于1936年建校，是党的地下组织以教书为掩护而开展革命活动的所在地。教学楼前的辛垦精神纪念碑，碑顶造型为十字锥形，象征当年在辛垦任教的进步教师和学生的刚直不阿、有棱有角的教学态度和积极向上的拼搏精神；碑的北面为郭沫若当年为辛垦小学题写的校训。在抗日救亡的危险时期，许多共产党人先后到辛垦小学教书从事积极传播进步思想，揭露日本帝国主义侵华罪行，宣传中国共产党的救国方针，激发广大民众抗日热情，为革命培养人才。

1938～1939 年，辛小中、低年级成立“少年儿童团”，高年级成立“抗日先锋队”，辛小英才辈出，桃李满天下。为了让“辛垦”后人们记住这段辉煌的革命史，弘扬“辛垦精神”，学校建立了辛垦革命传统陈列室，详细记载着在战争年代老一辈革命家与敌斗争的历史。这个陈列室已被县文明委命名为户县“爱国主义教育基地”，被县教育局确定为全县德育基地。

〔**积极开展宣传活动**〕 2004 年，辛垦小学组织了 8 名少先队员参加“辛垦精神”宣讲团，并由一名志愿辅导员和一名教师组成讲师团，对辛垦光荣革命史进行广泛宣传，发挥党史教育基地的作用。

2004 年，辛垦小学共接待了国内外参观者 4 万余人，美国、新西兰、加拿大、泰国等外国友人和港澳台同胞络绎不绝地来陈列室参观，感受中国革命历程。他们认为这里古朴的陈设，真实的反映了中国的历史，是“陕西的第二个延安”。 （张景衡）

铜川市耀州区药王山博物馆

〔**基本情况**〕 药王山在陕西耀县，距城市约 1.5 公里。因唐代医学家孙思邈晚年归隐于此而得名，是关中名胜之一。1986 年 5 月建成药王山博物馆。

主要陈列孙思邈生平展，药用植物标本展，药王山石刻。展室面积 1574 平方米，2004 年又新修石刻保护厅，建筑面积 1420 平方米。馆内有珍藏品 1702 件（其中石刻 303 件）。

耀州区城关镇塔坡小学以药王山博物馆为教育基地，邀请药王山博物馆馆长张世英为顾问，以研究药王孙思邈为内容，建立了“孙思邈研究院”。下设“孙思邈生平研究所”、“孙思邈医术研究所”、“孙思邈医德研究所”、“孙思邈养生研究所”、“孙思邈国际交流研究所”5 所。他们收集民间治病单方，采集中草药制成标本。立志要当孙思邈小传人，为国家为民族做出贡献。 （张景衡）

甘肃省校外教育

综　述

〔**甘肃省制订未成年人健康成长行动计划**〕2004年6月11日，甘肃省委、省政府下发了《关于组织实施<甘肃省未成年人健康成长行动计划>的意见》。文件针对未成年人身心成长的特点，制订了组织实施《甘肃省未成年人健康成长行动计划》的各项具体要求和措施。文件指出，落实未成年人思想道德建设，要重点落实5项任务：一是从增强爱国情感做起，弘扬和培育以爱国主义为核心的伟大民族精神。二是从确立远大志向做起，树立和培育正确的理想信念。三是从规范行为习惯做起，培养良好道德品质和文明行为。四是从了解国情省情做起，培养吃苦耐劳、艰苦奋斗的作风。五是从提高基本素质做起，促进未成年人全面发展。

〔**甘肃省确定11个方面共55条措施开展未成年人思想道德建设**〕　2004年4月，甘肃省结合本省实际，出台了涉及家庭、学校和社会等11个方面共55条措施，以加强和改进未成年人思想道德建设。并提出了为未成年人办的12件实事。具体为：1.全省将建立一批未成年人校外活动中心和中小学社会实践基地，重点抓好会宁会师纪念馆、八路军驻兰办事处等6个示范性爱国主义教育基地建设工作。2.开放公共教育场所，清理、整顿纪念馆、博物馆、科技馆、文化馆、青少年宫、儿童活动中心等公益性文化设施，对未成年人集体参观要免票。3.省市电视台要做好中央电视台少儿频道落地、转播工作，并开办少儿频道。4.向未成年人推荐百部优秀影视片、百种优秀图书、百首优秀歌曲。5.深入开展网吧等互联网上网服务营业场所和电子游戏厅的日常监管及专项治理。6.开展“校园净化工程”。7.在全省城乡开展救助失学儿童活动。8.新建、改建一批流浪儿童救助中心、儿童福利院、工读学校。9.成立“甘肃省儿童早期发展中心”，开办未成年人心理咨询热线。10.在城乡成立家庭教育指导中心，开办一批家长学校。11.切实减轻中小学生课业负担，举办夏令营、冬令营。12.加强对学校周边餐饮摊点和未成年人食品卫生的监督检查。对这12件实事，省将成立专项工作小组逐一检查落实。

〔**甘肃省召开全省未成年人思想道德建设座谈会**〕　2004年3月19日，甘肃省召开了全省未成年人思想道德建设座谈会，省委常委、省委宣传部部长陈宝生指出，要创新未成年人思想道德教育的载体和形式，启动未成年人健康成长行动计划，覆盖社会教育、学校教育、家庭教育，覆盖未成年人生活学习的各个环节，形成一个系统工程；开展未成年人健康成长行为的指导方针，即“政策引导、社会参与、学校主抓、家为基础”。目前需要抓的几件工作是：搞好调查研究，制定好行动计划。各有关部门对已经开展的活动和载体进行一次分析评价，进一步补充、完善、修订，统一纳入甘肃省未成年人行动计划中来。

〔**甘肃省共青团未成年人思想道德建设工作情况**〕　2004年，团省委根据中央的精神和团中央、省委提出的要求，结合实际制定了《共青团组织实施“甘肃省未成年人健康成长行动计划”20条》，组织开展了2004年全省大中专学生志愿者暑期文化科技卫生“三下乡”社会实践活动，共组织大中专学生15万人，组建各类服务小分队近300支；完成了2004

年“大学生志愿服务西部计划”项目的招募、培训、派遣工作。希望工程取得新成效，1～6月份累计接受各类捐款542万元，立项援建希望小学34所，资助失辍学儿童2175名，培训希望小学教师89名，捐资62.5万元配备“大红鹰图书室”和“卡森图书室”45所。

在加强和改进未成年人思想道德建设方面，不断深化“手拉手”、“中国少年雏鹰行动”、“少年军校”、中学生素质拓展计划、中学生成人预备期志愿服务、保护母亲河、“体验成长快乐”、“野外生存训练”、“新世纪我能行”、“少年儿童平安行动”、青少年毒品和艾滋病预防教育、“青春红丝带”活动、“青少年网络文明行动”、民族精神代代传等活动。

加大团属青少年宫（家、站）、青年中心的建设力度，力争两年内在全省14个市（州、地）60%以上的县市区建起青少年活动阵地。

〔甘肃省教育厅制订“甘肃省未成年人健康成长行动计划”的实施意见〕　2004年，甘肃省教育厅制订了《关于贯彻落实省委省政府＜关于组织实施“甘肃省未成年人健康成长行动计划”的意见＞的实施意见》，提出要着力培养未成年人的良好道德和行为规范。按照“爱国守法，明理诚信，勤俭自强，敬业奉献”的基本道德规范，引导广大未成年人养成文明的行为方式和生活习惯。在中小学中落实好、贯彻好、执行好《中小学生守则》和《中小学生行为规范》，从小事抓起，从最基本的要求抓起，抓好素质教育，促进未成年人德、智、体、美全面发展。爱国主义教育要注意3个结合：历史与现实相结合、继承优良传统与弘扬时代精神相结合、教育引导与实践活动相结合，选好素材、选好基地、选好活动。让青少年学生在各种实践生活动中陶冶情操、锻炼意志、培育民族自尊心、自信心和自豪感。

〔甘肃省妇联实施“家庭教育百千万行动”〕　2004年，甘肃省妇联认真实施了“家庭教育百、千、万行动”，即在全省创建100所示范家长学校，在城乡千处广场集镇开展家庭教育宣传咨询活动，万所家长学校宣传发行家庭教育书刊，开展把“知识送给家长”的活动，取得了显著成效。

省成立了由省妇联、省教育厅、省文明办等12个单位组成的甘肃省家庭教育工作协调领导小组，各市（州）、县（市、区）也相继建立了相应的组织机构，形成了全省家庭教育工作组织网络。各级妇联组建了家庭教育讲师团，赴城乡学校、社区、集镇开展家庭教育巡回宣讲活动；开展形式多样的主题宣传教育活动。通过开展“争做合格父母，培养合格人才”、“家庭读书”、“绿色家庭”、创建“学习型家庭”等活动，带动和引导更多的家长重视子女思想道德教育；围绕未成年人思想道德建设开展了形式多样的主题实践活动。省妇联在兰州举行了“小公民道德建设成果展示活动”，组织儿童文艺演出、书法绘画小制作、家园共乐亲子游戏、儿童道德论坛等活动。

〔甘肃省青少年科技活动情况〕　2004年，甘肃省青少年科技辅导员协会在全国青少年科技辅导员协会及省科协的领导和支持下，组织市、州科协各有关单位，参加全国科技优秀论文的征集评选活动；配合2005年全国第九届智力七巧板竞赛，甘肃省组织并邀请全国青少年科技辅导员协会专职老师到省各市、州等有关单位举办了5期培训，有近500人参加；在没有活动场地的情况下，利用“甘肃青少年科学工作室”科普活动场所，组织开展科普知识竞赛、机器人的搭建和编程、车、航模比赛、智力七巧板竞赛、模型制作等活动；组织评选并推荐省优秀科技辅导员3名、优秀组织工作者2名、先进集体2名。

兰州市校外教育

〔兰州市校外教育发展概述〕　2004年，在兰州市委市政府的领导下，兰州市校外教育战线以《中共中央国务院关于进一步加强和改进未成年人思想道德建设的若干意见》为准绳，全面总结20年来的工作经验，抓住机遇，振奋精神，求真务实，乘势而上，推动了校外教育各项事业的新突破、新发展。

1.认真落实中央8号文件，全面规范校外教育各项工作。2004年4月16日，召开了兰州市校外教育指导委员会第九次会议。会议讨论制定了《兰州市校外教育指导委员会关于贯彻落实＜中共中央国务院关于进一步加强和改进未成年人思想道德建设的若干意见＞的实施方案》和《兰州市校外教育指导委员会关于加强和改进少年儿童社区校外活动中心管理工作的意见》。

加强和改进社区少儿校外活动中心的管理。兰州市校外教育办公室于2004年5月13日举办了由县区校外教育办公室负责人、少儿社区校外活动中心主任参加的培训班,提出了加强督导评估、理顺收费渠道、编印兴趣活动大纲等切实可行的改进措施。

理顺管理体制,加大校外教育活动场所建设力度。2004年4月19日,兰州市委市政府主要领导视察校外教育工作。8月,全市未成年人思想道德建设工作会议做出了加快县区专门场所建设、抓紧立项建设兰州市少年儿童社会实践基地的决定。12月,兰州市编制委员会做出了市少儿活动中心归市政府直接管理的决定。

切实加强和改进安全管理工作。根据国务院和省市政府的要求,从制度和实践两个方面切实加强了校外教育安全管理工作。

2. 积极开展未成年人思想道德建设社会实践活动。

组织开展了以"传承民族精神,做合格小公民"为主题,包括品德教育、才艺展示、社会实践3大系列共10多项倡导示范活动和200所示范校(园)"五小"行动"四进"活动,参加活动的学生超过40万人次。

充分发挥由兰州市少儿活动中心和市少工委主办的《少年文摘报·少儿活动专刊》的宣传功能,新辟"未成年人思想道德建设"专栏和"小公民论坛"专版,及时报道学校课外活动信息,宣传和介绍典型经验,全年共发行12期25万份。

为了强化督导评估、深化激励机制,深入8个县区70所示范校(园),对学校课外活动特别是小公民道德建设实践活动开展情况进行了专题调研,推荐、命名了20所小公民道德建设示范基地,表彰了第四批全市课外活动先进学校,使示范基地达到36所,课外活动先进学校达到92所。

3. 以社区为重点,整合社会教育资源,全力推进校外教育社会化和普及化。

兰州市于1996年第三次校外教育工作会议以后,积极组建以城市街道和农村乡镇为单元的社区少儿活动中心。2004年,建立社区少儿活动中心102个,每期有4万多名中小学生参加活动。同时,广泛建立以居住小区为单元的社区少儿活动小组,以"我做合格小公民"为主题,引导学生节假日开展环保宣传、公益劳动、扶残助孤、参观访问、图书阅览、影视观摩、文体娱乐等健康有益的社会实践活动。

4. 以学校课外兴趣活动为基础,采取各种措施,促进课外活动制度化。中小学课外兴趣活动,是兰州市校外教育三级网络的基础,也是校内外教育的契合点。为了推进学校课外活动的健康开展,兰州市形成了3条引导、带动中小学课外活动的途径:一是精心设计、精心组织开展主题教育活动,激励和引导课外活动的开展。二是通过兰州市少先队队报《少儿活动专刊》指导课外活动的开展。三是定期评选先进课外活动学校,推动中小学课外活动进一步制度化、规范化。现已形成城区小学全员参加,农村70%以上中小学开展课外活动的格局。

〔兰州市委书记王军视察兰州市少儿活动中心〕 2004年4月19日上午,中共甘肃省委常委、兰州市委书记、兰州市人大常委会主任王军,市委副书记陈传书,市委常委、宣传部长牟少军,市委常委、秘书长殷吉平等市委领导,视察了兰州市少年儿童活动中心,亲切看望少儿校外教育工作者和少年儿童代表。

王军同志听取兰州市校外教育办公室、兰州市少年儿童活动中心主任赵云英的汇报后,发表了重要讲话。他指出,市少儿活动中心同时承担了指导全市少儿校外教育的工作。现在全市少儿校外教育工作越来越普及,这与少儿活动中心的工作是分不开的。王军书记代表市委市政府对同志们的辛勤努力表示衷心的感谢,对全市少儿校外教育工作者和各位老师表示亲切的慰问。

王军书记强调指出,《若干意见》的公布,对我们少儿教育工作提出了新的要求。党中央提出以人为本的理念,就是要注重人的全面发展。而人的全面发展应该从青少年儿童时期抓起。随着市场经济的发展,国家社会生活中出现了生活多样化、人际关系多样化、就业多样化等市场经济的现象。对于少儿活动中心这样一个重要的教育阵地来讲,怎样适应新的形势,面临新的挑战,需要认真地研究。

关于校外教育管理体制问题,王军书记明确要求市委有关领导同志进行协调,抓紧解决。关于少年儿童实践基地建设问题,王军书记指示市少儿活动中心尽快形成正式报告,请有关部门进行论证,搞好选址,抓紧建设,解决有关经费、设备问题。

〔兰州市校外教育指导委员会第九次会议〕 2004年4月16日,兰州市召开了校外教育指导委员会第九次会议,中共兰州市委副书记陈传书参加了会议。会议听取了兰州市校外教育办公室主任赵云英的工作报告,报告全面总结了兰州市校外教育工作经验,分析了校外教育形势和问题，提出了加强和改进校外教育工作的具体意见。并讨论了关于加强兰州市少年儿童校外教育工作的两个《实施意见》。

陈传书同志在会上作了重要讲话。他从加强和改进少年儿童校外教育工作的重要性和迫切性、统一领导、构建学校教育、社会教育和家庭教育“三结合”的教育体系、各级党委和政府要高度重视校外教育工作4个方面作了重要指示。

他强调指出，未成年人校外教育和思想道德工作的战线很长、时间不固定，对象层次复杂，工作难度较大。因此必须集合各个方面的力量，统筹各个方面的资源，争取各个方面的支持，调动各个方面的积极性，要真正形成党委统一领导，党政群齐抓共管，文明委组织协调，有关部门各负其责，全社会积极参与的领导体制和工作机制。当前，要重点抓好3个方面的工作：

一是抓好小公民道德建设实践活动，将其创建成为兰州市精神文明建设的一个精品活动。二是抓好中央8号文件精神的学习贯彻，切实加强校外教育机构和校外活动场所的建设和管理工作。三是抓好辅导员队伍建设。

〔**兰州市委、市政府制订未成年人思想道德建设的实施意见**〕　2004年，兰州市委、市政府下发了《关于进一步加强和改进未成年人思想道德建设的实施意见》。文件制订了全市开展未成年人思想思想道德建设的具体要求和措施，确定了各项工作的重点和责任分工，制订了推进全市未成年人思想道德建设的重点专项工作方案，对组织领导、工作要求和工作方式都作了具体部署。文件提出了要抓紧规划、建设兰州市少年儿童社会实践基地。皋兰县、永登县和红古区在2005年年底前各建一所青少年活动中心，城关区、西固区和安宁区力争在2006年年底前各建一所青少年活动中心。

〔**兰州市组建社区教育办公室**〕　2004年，根据兰州市文明委[2004]9号《兰州市精神文明建设委员会关于推进全市未成年人思想道德建设的重点专项工作方案》的要求，兰州市校外教育办、市教育局、团市委、市关工委、市妇联共同组建了社区教育办公室。社区教育办公室由辖区学校、老干部工作队、青少年工作、妇女工作、治保工作等方面代表组成。由街道社区确定专干具体负责办公室工作。

社区教育办公室的职责是：1.依托社区所辖中小学，办好家长学校，做好家长工作，支持未成年人参加各种思想道德建设实践活动；2.支持学校在社区开展小公民道德建设实践活动，形成社区未成年人思想道德建设的长效机制；3.办好少儿社区校外活动中心，有效开展未成年人寒暑假、双休日各类兴趣培训活动。4.落实离校“问题少年”具体帮教工作。

社区教育办公室组建工作采取先试点后铺开的方式展开，2005年内近郊4区力争有40%的街道组建起社区教育办公室，有效展开工作；2006年内普遍建立起社区教育办公室。近郊四县区2005年内在县镇和区政府所在地全部建立起社区教育办公室；2006年内力争在县区属镇和30%的乡，依托学校所在村建立起社区教育办公室。

〔**青少年校外活动场所建设情况**〕　到2004年底，兰州市少年儿童社会实践基地已经完成选址和立项报告，榆中、皋兰、永登三县校外教育活动场所建设取得进展，实现了兰州市县区校外教育活动专门场所零的突破。榆中县青少年活动中心于2004年6月竣工，场馆总面积5732平方米，共设有活动厅室26个，国家配套提供的60万元设备基本到位，基本满足活动需要，拟于2005年初正式启动。皋兰县青少年校外活动中心工程总投资360万元，2004年已完成投资160万元，建成大楼主体工程。建筑面积2360.8平方米，共设有活动厅室16个。60万元配套设备已到位。永登县青少年活动中心2004年完成了征地工作，已破土动工开始建设，预计建筑面积4500平方米，配套资金已部分到位。七里河区少儿活动中心继续借用辖区安西路小学的场地开展活动，使用效果良好。

〔**教育科研活动**〕　在2004年4月22日兰州市少儿工作研究会七届二次会员大会上，制定和公布了2004～2005年度校外教育理论研究计划，并对课题研究的时间、进度做了安排。课题分为校外教育发展和政策研究、创新教育和社会实践活动研究、思想道德建设和心理健康教育研究、专业校外教育单位建设和发展研究等4大主题和68个子课题，分别由研究会理事单位为主的26个课题组承担。截止2004年底，各课题组已上报成果76篇。部分课题已在兰州市少儿活动中心系统理论研讨会上进行了交流。2005年将评审意见反馈各课题组进行进一步的修改。

2004年组织完成课题研究论文119篇，完成首部《中国校外教育工作年鉴》兰州卷的编撰工作；兰州市少儿工作研究会向全国少年儿童“双有”主题教育活动组织委员会、中国家庭教育学会少年儿童校外教育专业委员会推荐的11篇论文，在第二届全国校外教育论文评选活动中获一等奖1篇、二等奖3篇、三等奖7篇。《兰州地区少年儿童德育环境问题调查》、《少年宫体育兴趣培训活动现状及改进措施的探讨》、《对兰州市中小学图书馆(室)的现状的调查与评析》等11篇论文、案例被《全国校外课外活动论文(案例)选编》收录。5月，兰州市校外教育办公室和兰州市少儿活动中心总结近10年的研究成果，编辑出版了《兰州市校外教育实践与研究》论文专集。

（兰州市校外教育办公室供稿）

2004年参加、承办各类校外教育活动、竞赛活动统计

项目	活动名称	活动时间	区级赛（人）	市级赛（人）	全国赛（人）	获奖人数	活动名称	活动时间	区级赛（人）	市级赛（人）	全国赛（人）	获奖人数
体育活动	全国青少年棋类大赛	1月				3	兰州排球比赛	5月	217			
	全国青少年武术比赛	8月			12	12	中小学生田径运动会	4月	800			120
	兰州市“体彩杯”武术比赛	5月				37	体育比赛	5月	1878	125		214
	初中生篮球赛	5月	132				红古区第一届运动会	4月	1080			709
	七里河区中小学生运动会	4月	500									
文艺活动	第十二届中小学生艺术表演	2月			2	2	市第7届少儿舞蹈大赛	5月		2000		1200
	五洲之星杯新思维全国作文大赛	3月			174	78	兰州市少儿书画比赛	5～6		411		123
	“彩墨杯”全国青少年书画大赛	1月			30	24	兰州市小公民论坛活动	9～10		275		118
	“教师节”文艺汇演	9月	100				兰州市主题征文活动	9～11		2061		700
	兰州市第四届中小学生手抄报展览大赛	3～6		2473			兰州市第十二届中小学生现场作文赛	1～5		5487		1000
	第二届中国青少年美术书法大赛	2月			116	60	“英才杯”作文大赛	3月			96	25
	甘肃省少儿文化艺术节	2月				26	文艺活动	10	836	513	114	348
	兰州市少儿英语口语大赛	12月			2000	200	校外教育书画成果展	10	1960			
	兰州青少年航空航天模型比赛	6月		700	160		酷儿文采之星比赛	6月	160			
	兰州市小学生合唱节	9月		100		100	民族周	4月	220			
	兰州市中小学生艺术节	9月		1121		590	五月歌潮	5月	220			
	兰州市第四届中小学生器乐大赛	5月		326		110	合唱比赛	5月	5000			
	兰州市第十届师生硬笔书法大赛	5～9		15382		5384						
科普活动	第19届省青少年科技创新大赛	3月			16	12	反邪教警示征文	6月				
	青少年知识竞赛	3月	850				科技手抄报	11	8000			225
	人与环境征文	10月		700		8	小公民在行动	11	15000			
	航天科技夏令营	1月					“科普展”征文比赛	10	551			30
生活实践活动	兰州市小记者赴海南冬令营	1月		23			“小公民”清明活动	3月	30000			
	兰州市小记者赴北戴河采访团	7月		254			走进大自然夏令营	8月	60			
	小记者赴武夷山厦门采访团	8月		25			我做合格小公民	3-12	50000			250
	纪念郑和下西洋青岛夏令营	8月		13			城乡手拉手活动	4-6	21所学校			
	腾格里大漠实践活动	6-8		286			兰州市小学生军训	4-10	3458			
	走进新三峡夏令营	7-8		6			初一、高一新生军训	9月	13235			
	市中小学生国防科技夏令营	8月		15			实践活动	5-10	1218	53		4
	学雷锋百米长卷签字	5月	4000				全区小学生军训	7-9	574			
其他	第二届全国青少年英语口语大赛	1-2			8	8	告别不良文化	9月	35000			
	其他活动	1-12	341	4028	25	137						

兰州市中小学校假期社区活动统计

区(街道)名称	街道数(个)	兴趣小组活动								群文活动		图书阅览		
		合计		科技		文艺		体育				图书流通		阅览开放人次
		班数	人数	班数	人数	班数	人数	班数	人数	场次	人数	人数	册数	
安宁区元台子社区	1											13270	28000	
安宁区安宁社区	23	66	1677	45	969	17	508	4	200	34	2226	820	3410	820
红古区平安镇第一社区	1	6	191	3	129	2	47	1	15			130	2000	

（续表）

区（街道）名称	街道数（个）	兴趣小组活动								群文活动		图书阅览		
		合计		科技		文艺		体育				图书流通		阅览开放人次
		班数	人数	班数	人数	班数	人数	班数	人数	场次	人数	人数	册数	
												1370	15000	
红古区窑街街道办事处	1	6	74	2	18	2	20	2	30					
红古区下窑街道办事处	1	6	54	2	16	2	18	2	20					
红古区花庄镇第一社区	1	14	402	3	90	6	180	5	132	1	402	402	2000	
红古区花庄镇第二社区	1	28	837	8	240	10	300	8	303	1	837	837	4000	
红古区海石湾社区	1	26	900	4	200	12	500	10	200	2	800			
红古区海石中心社区	3	28	628	8	148	12	323	7	145					
永登县城关镇社区	4	26	580	2	60	20	480	4	120	1	3000	3000	6000	
七里河区华林坪社区	4	15	586	5	210	10	376			45	2230	375		
七里河区西湖社区	9	33	3092	21	1834	12	1258							
七里河区西站社区	8	2	180	1	100	1	80			4	600	100		
七里河区敦煌路社区	8	19	477	11	237	8	240			34	460			
七里河区建兰路社区	7	5	680			5	680			12	140			
七里河区龚家湾社区	6	5	600			5	600			5	2300			
七里河区晏家坪社区	5	61	2096	10	346	51	1750			103	1628	63		
城关区少儿社区活动中心	31	40	721	19	108	13	153	14	154	3	300	1633	821	
皋兰县三川口社区	1	9	390			5	270	4	120	5	1080	867	12000	1500
西固区社区兴趣培训中心	1	824	7660	234	880	373	9540	187	5237					
西固区街道社区	9	83	3329	12	1208	50	374	21	1647	8	10343	4382	15000	11000

校外教育单位

兰州市少儿活动中心

〔**发展概况**〕　兰州市少儿活动中心直接管理3个直属单位：市少年宫、市少儿图书馆、市新蕾幼儿园；担负2项具体业务工作：一是策划、组织、实施全国少年儿童主题教育系列活动，全市每年直接参加的中小学生达到30万人次。二是少儿校外教育研究工作。主办《少儿工作研究》专刊和《少儿活动专刊》，辅导校外活动和少先队活动，指导家庭教育工作。

1990年市委市政府决定成立兰州市校外教育办公室，与市少儿活动中心一套人马、合署办公，作为政府主管校外教育的职能部门，负责计划、组织、指导全市校外教育工作。1992年成立兰州市校外教育指导委员会，代表市委市政府直接指导市校外教育办公室，统筹协调全市校外教育工作。经过1988、1992、1996年3次全市校外教育工作会议，制定并实施了“八五”、“九五”、“十五”至2010年兰州市校外教育事业发展规划，形成了政府主导、社会联动的运行机制和市、县区、街道社区、学校4级校外教育组织管理体制，组建完成以市属专业校外教育基地为龙头、以社区少儿活动中心为骨干、以中小学课外活动为基础的三级校外教育活动网络。

20年来，兰州市少儿活动中心以“预备队在行动”、“改革在我心中，我在改革中成长”、“心中有祖国，心中有他人”和“我做合格小公民”等为主题，组织开展清明纪念革命先烈主题队会、英模事迹展览、革命传统报告会、百部爱国主义教育影片放映等德育系列活动；少儿舞蹈、器乐、体操、绘画、书法、征文、演讲、乒乓球、武术、航舰模比赛等科技、文体普及和才艺展示系列活动；社会调查、科技考察、冬夏令营等社会实践系列活动。每年直接参加活动的中小学生遍及8个县区200多所学校，约30万人次。

〔**活动成果**〕　1. 小公民主题教育活动。2004年精心策划、组织开展了以“传承民族精神，做合格小公民”为主题，包括品德教育、才艺展示、社会实践3大系列共10多项倡导示范活动。参加活动的少年儿童达到30万人次。

（1）德育活动：2004年设计开展了清明纪念先烈革命传统教育主题队会活动、“为中华之崛起”征文比赛活动、“小公民道德建设论坛”活动和200所示范校园“小伙伴互助”、“今天我当家”、“公共场所一日实践行动”、“星期六社区卫生志愿者在行动”的小公民道德建设实践“四进”活动，通过老革命与少年儿童座谈、革命传统报告会、烈士陵园誓师大会、撰写确立远大志向的读书征文、开展以从自己做起，从现在做起，从提高基本素质做起为主题的论坛活动和深入学校、家庭、社区、公共场所的道德实践活动。

（2）才艺展示活动：2004 年，以增强少年儿童动手动脑能力、促进科学文化素质培养为目标，精心设计、组织开展了“七彩画笔炫世界”少儿绘画大赛、硬笔书法大赛、手抄报大赛及展览、舞蹈大赛、器乐大赛、纸船模制作大赛、现场作文赛、英语口语大赛等十几项才艺展示活动。

（3）社会实践活动：2004 年寒暑假期间，组织开展了小记者赴海南采访冬令营、赴北京参观采访团、赴厦门参观采访团、走进新三峡夏令营、赴青岛海洋夏令营、青海国防教育夏令营、腾格里大漠环保实践夏令营、西北五省区书画采风夏令营等社会实践活动。

2. 广泛开展“四进”活动。2004 年，中心在全市200所“我做合格小公民”“五小”行动示范校（园）推出了重点突出、要求明确、操作性强的小公民道德“四进”活动。包括进校园“小伙伴互助活动”、进家庭“今天我当家”活动、进社区、进公共场所实践活动。

在2004年主题教育倡导示范活动中，全市涌现出优秀集体30个、优秀辅导员48人，受到全市小公民道德建设计划领导小组表彰的优秀辅导员171人、优秀小标兵330人。兰州市少儿活动中心荣获全国“双有”主题教育活动优秀组织奖。

〔**交流活动**〕 2003 年 9 月，兰州市少儿活动中心接待日本八户市政府友好代表团和日本友人铃木继男先生，举行了兰州市少儿图书馆“铃木”多媒体阅览室开幕仪式。2004 年兰州市少儿活动中心先后有3 批校外教育工作者赴欧洲、韩国等国家考察交流，并且接待了国际慈善机构和国际儿童心连心组织医学专家20人，与少年宫的小朋友进行了联欢交流。

兰州市少年宫

〔**教育培训活动**〕 兰州市少年宫以兴趣培训活动综合课程实践为突破口，强化兴趣培训活动示范基地建设。2004年全年开设长、中、短期各类兴趣班1138个，学员2.27万人。全年培训班超额11.38%、培训学员人数超额13.72%。

〔**教育成果**〕 2004年，少年宫学员参加全国、省、市级竞赛活动，获等次奖1182人次；声乐节目《草原藏家娃》获文化部第十三届“群星奖”暨第七届全国艺术节金奖；英语专业8名学员在团中央举办的第二届全国青少年英语口语大赛中获一、二、三等奖和优秀奖；少年宫获团中央、文化部授予的“全国先进青少年宫”称号及10项集体奖，专业教师获28项园丁奖和优秀辅导奖。学员考入专业院校20人。专业考级考证91人，声乐3～9级17人，电子琴4～8级44人；省教育厅艺术类考证：A级：书法2人；B级：书法14人。

全年共完成教学课题18篇，教学论文8篇。其中有9篇获得优秀论文奖，其他均获得入选奖。

〔**群众文化活动**〕 2003年底，少年宫举办了2004年大型新年游艺晚会，设计了不同的英语游艺活动40余种，参加的学员约2000多名。11月，举办了“首届兰州市少儿英语口语大赛”，共有1994名儿童报名，大赛获得圆满成功。

2004年，少年宫举办、参加了“五洲之星杯全国中小学新思维作文大奖赛”、第九届全国中小学生美术、书法比赛（兰州赛区）、“第八届全国少年儿童故事大王选拔赛”、2004 年“飞向北京——飞向太空”全国青少年航空航天模型竞赛兰州赛区比赛、“宋庆龄基金会”全国卡西欧电子琴比赛、兰州市少年儿童天庆“嘉园杯”水云阁景观现场绘画大赛、“兰州市第十六届小学生纸模型制作比赛”、“首届兰州市少年儿童英语口语大赛”、“第二届全国青少年英语口语大赛”、“彩墨杯”全国青少年书画大赛、全国第一届中小学生艺术展演、第二届中国青少年美术书法大赛、“五洲之星杯新思维全国作文大赛”等多项活动，少年宫学员获多项奖项，多名教师获辅导奖。

〔**科技活动成果**〕 在第十九届甘肃省青少年科技创新大赛中，少年宫美术教研室获一等奖2名(手绘和电脑绘各1幅)、二等奖3名、三等奖5名、优胜奖4名。参加全国青少年航空航天模型锦标赛，获全国个人第六名。参加第十九届全国青少年科技创新大赛，获优秀科技创新项目银奖1名、科技美术作品获三等奖2名。

兰州市少年儿童图书馆

〔**发展概况**〕 兰州市少儿图书馆作为兰州市惟一一所面向少年儿童的专业图书馆，拥有文字和电子图书、音像资料8万多册。实行365天全开放和全开架借阅服务，建立10个远郊学校和远郊社区流动阅览站，争取到日本友人2次捐款1000万日元，建立铃木书屋和多媒体阅览室，广泛吸引小读者参加读书活动，年接待小读者约25万人次。

〔**宣传活动**〕 配合图书借阅，在暑假期间开展“聪明屋”知识竞答活动，共举办5期，参加人数136人。9～11月举办了“我给市长的一封信”征文活动。共有9所学校参加，参加人数285人。“六一”儿童节发放了题为“兰州市少儿图书馆欢迎您”的宣传单7000份。利用暑期是读者来馆的高峰期，图书馆组织了一次读者调查活动。共发出问卷101份（回收率100%），调查对象为小学生25人，中学生67人，家长9人。从调查内容包括的16个小项反映出工作人员专业水平和办理借书证的办法得到了读者的认可。

〔**教育科研**〕 参加市少儿工作研究会课题研究及中心系统理论研讨会。2004年，全馆提交论文11篇，其中获优秀奖4篇，7篇论文入选《兰州市校外教育实践与研究》一书。颜青同志参与了由甘肃少儿出版社出版的《幼儿教育研究导论》一书的编写工作。全年发表论文4篇，分别发表在《中小学图书情报世界》、《甘肃科技》、《图书馆工作与研究》。

兰州市儿童艺术剧团

〔**基本情况**〕 兰州市儿童艺术剧团，县级建制，编制40人，是演出和培训双功能的艺术教育演出团体。现有排练办公用房600平方米，是甘肃省惟一成建制的专业少儿艺术团体。成立20年来，先后创编了《渔夫和金鱼的故事》、《金水车》、《九色鹿》等大型童话剧和《生命树》等近20个优秀小品及多台综合文艺节目，每年下乡、下厂、下学校为孩子们演出近80场，同时积极参与文化下乡、重大节会、群众文化活动等演出。获文化部优秀演出奖、甘肃省敦煌文艺奖、兰州市金城文艺奖等多项奖励。

市儿童艺术剧团以贴近少年儿童为宗旨，认真发挥宣传育人功能。2004年精心创作编排了一台适合中小学生观看、反映未成年人思想道德教育的文艺节目，深入到40余所学校巡回演出，并积极参加迎春社会演出、送戏进军营、文艺下乡活动，全年演出62场，接待观众8万人次。

（兰州市校外教育办公室、兰州市少年儿童活动中心
张元清 刘占爱 高秀林供稿）

青海省校外教育

综　述

〔青海省重视加强未成年人思想道德建设工作〕 青海省文明办在贯彻落实《中共中央国务院关于进一步加强和改进未成年人思想道德建设的若干意见》精神时指出，青海省一定要抓好未成年人思想道德建设方面的薄弱环节和突出问题，当前重中之重是将中央精神与省实际结合起来，积极探索一条适合青海未成年人思想道德建设的新思路、新内容、新方法和新途径。

加强青海省未成年人思想道德建设，要处理好4个方面的关系。1.继承和创新的关系，要不断地改进工作方法，创新工作方法，在未成年人思想道德建设方面取得新成绩。2.长远规划，着眼当前。目前要着重增强未成年人的爱国情感，教会他们待人接物、文明礼貌、团结友好等最基本的做人道理。3.要创造一个良好的社会环境、法制环境、人文环境和自然环境。4.各级党委和政府要将加强青海未成年人思想道德建设切实摆上议事日程，作为工作重点来抓。

〔青海省召开未成年人思想道德建设工作会议〕 2004年5月28日，青海省加强和改进未成年人思想道德建设工作会在西宁举行。青海省委副书记骆惠宁出席会议并作重要讲话，省委常委、宣传部长曲青山主持会议。

会议传达了全国加强和改进未成年人思想道德建设工作会议和省委常委会议精神；安排部署了省文明委《贯彻落实〈中共中央国务院关于进一步加强和改进未成年人思想道德建设若干意见〉的目标任务分工》和《我省近期为未成年人要办的10件实事》。

骆惠宁强调，要把办好事、办实事作为加强和改进未成年人思想道德建设的切入点。针对当前青海省未成年人思想道德建设方面存在的薄弱环节和突出问题，本着重在建设的方针，经过广泛征集社会各界的意见和建议，省委已研究决定，近期要在改进学校思想道德教育方法、提高家庭教育水平、改善设施条件、优化社会环境等方面，为未成年人办好10件实事，各地、各有关单位要以对人民群众高度负责的精神，改进作风，真抓实干，切实履行好职责，严格兑现承诺，接受社会和群众的监督。

〔青海省为未成年人办实事纪实〕 2004年，由省新闻出版局牵头抓的“扫黄打非”专项整治，从7月开始到年底，共出动检查人员7346人（次），检查出版物市场1523个（店、档），取缔、关闭非法市场23家，查缴非法出版物32600册（盒、张）。

中央电视台少儿频道在青海落地工作进展迅速，已全部覆盖全省有线电视网用户。省市电台、电视台开办了未成年人宣传栏目和少儿电视专题节目，定时播放未成年人喜爱的节目和优秀动画片。

教育、文化、出版系统组织“师德先进典型报告团”的10名优秀教师作了22场报告，有2万多名中小学教师听取了报告；40所中小学被确定为校园网建设示范学校；全省新建6所青少年校外活动场所；各类公益性文化场所全部向未成年人免费开放，参观学生达11.27万多人次；省博物馆接待中小学生参观4.07万人次。

在净化未成年人成长环境工作中，有关部门依法取缔非法网站、网吧3个，对违规操作的14家网吧作了罚款，并要求限期整改。全省文化部门共出动检查人员1万人次，检查网吧4900家次，暂扣电脑设备

317 台，停业整顿 196 家。“扫黄打非”专项整治查处案件 24 起，取缔关闭非法市场 27 家，共查缴非法出版物 3.26 万册(盒、张)。

团省委协调省内外有关单位，救助了 1255 名贫困大、中学生完成学业，为全省 6 所小学的孩子们捐赠了价值 30 万元的“儿童型高钙亲”营养品。暑假期间，开展了“争做网络文明小公民”、“争创网络道德新风尚”、“我是小小发明家”、“体验小警察”、“今天我当家”、“给妈妈一个惊喜”、“小能人露一手”、“西宁地区小公民道德建设才艺展示”等各类健康向上的未成年人社会实践活动。

省妇联举办了 610 期家长培训班，培训家长达 21 万人次。全省家长学校已发展到 1000 所，仅 2004 年下半年就增加了 166 所。由省妇联牵头抓的中小学生家长培训也有了新举措。在 8 月份，省妇联组织 28 名同志到北京参加了“全国家庭教育骨干培训班”的学习，从 9 月份开始在全省各地对家长进行授课培训，目前已办了 520 期培训班，受教育家长达 18 万人(次)。

青海省有 1200 多名老干部、老战士、老专家、老教师、老模范积极参与了未成年人思想道德建设的各项活动。

〔青海省暑期未成年人思想道德建设活动丰富多彩〕 2004 年暑假期间，青海省各级团组织以体验教育为基本途径，区分不同年龄段青少年的身心特点，精心组织开展了一系列内容鲜活，形式新颖，吸引力强的思想道德实践活动，极大地丰富了未成年人的暑期生活，为未成年人的健康成长营造了良好的氛围。

7 月底由团省委、省少工委牵头，联合省教育厅、青海省移动通信有限公司举办的“中国移动全球通快乐夏令营”在西宁隆重开营，共有 260 名西宁地区的儿童参加了夏令营。夏令营分 3 个团历经北京、北戴河、广东、深圳、珠海、敦煌、酒泉、嘉峪关等地，让少年儿童亲身体验祖国改革发展的新成果。

同一时期，发起全省青少年法律体验实践营活动。来自西宁市、海东等地的 120 名中学生在 3 天的时间里，参观了多巴劳教所、西宁市四区检察院、西宁市中级人民法院、西宁市城东消防科、青海省少教所等青少年法制宣传教育基地，进行形象化的法制教育。

〔青海省从三方面推进家庭教育工作〕 2004 年，青海省妇联、省家庭教育研究会从 3 个方面切实推进全省家庭教育工作。

一是成立省家庭教育指导中心，对全省家长学校规范管理、科学指导、定期评估；二是组建一批家庭教育讲师团队伍，承担州、地、市、县家长培训工作；三是开展以“为国教子、以德育人”为主题的“争做合格父母、培养合格人才”家庭教育宣传实践活动。确定每年 9 月份为“家庭道德教育宣传实践月”。在全省开展“五个一”活动，即在全省推出一批家庭道德教育指导图书、培训一批家庭教育工作骨干、组建一批家庭教育讲师团、树立一批“以德育人”好家长典型、表彰一批家庭教育工作先进集体、先进个人。

〔青海开办春蕾女童班 23 个〕 为贫困女童捐资助学是青海省各级妇联为未成年人办的 10 件实事之一，是集中开展帮扶困难家庭子女和特殊未成年人群体的献爱心活动。2004 年，青海省各级妇联组织想方设法，积极争取儿童救助项目，在全社会组织开展了“帮扶困难家庭儿童完成学业”的献爱心活动，得到了社会各界的广泛响应。1～8 月，仅省妇联就争取到救助儿童项目 4 个，其中争取到香港救助儿童会援建学校项目 1 个，资金 37.09 万元，新建学校于 9 月 1 日建成使用；争取到中国儿童少儿基金会援建幼儿园项目 1 个，资金 12 万元，计划 2005 年 8 月交付使用；争取到救助女童资金 15 万元；争取到继续资助 67 名优秀女童初中阶段学费 4 万元。至 2004 年 10 月，全省共开办“春蕾女童班”23 个，使 793 名贫困女童上了学。

校外教育单位

青海省青少年活动中心

〔发展概况〕 省青少年活动中心是团省委下属的差额拨款的县级事业单位。中心始建于 1984 年，占地 3.9 万余平方米，建筑面积 1.2 万平方米，1987 年一期工程建成并正式招生。中心从青少年儿童的兴趣和爱好出发，开设了艺术、美术、音乐、体育、科技、外语、舞蹈等 20 多个培训项目，培养了青少年儿童的特长和爱好，发展了个性，陶冶了情操，拓展了素质。2004年培训学生6145人。

2003年5月，中心被团中央、全国学联授予“青年科技创新教育基地”，2004年10月被全国文明办、团中央、教育部等单位推荐为“全国青少年校外活动示范基地”，被全国小公民道德建设计划领导小组评为“小公民道德建设活动实践基地”；曾多次被教育部、团中央、文化部、全国妇联、中国科协等部门授予“全国少年儿童校外教育工作先进集体”、“全国先进青少年宫”等多种荣誉称号。

中心成立了美术书法学校、舞蹈学校、电子琴学校、少儿英语学校、计算机培训站、青少年棋院等，与省电视台、省音乐家协会联合成立了“青海省童声合唱团”、“青海省红领巾广播电视艺术团”。

〔**教育成果**〕　中心培养的青少年儿童在国际、国内、省内的音乐、美术、计算机、英语、武术、球类等各项比赛和考级中，取得了优异的成绩。有近8000人次获得奖励和等级证书。在中央音乐学院校外音乐考级中，中心参加考级的电子琴等5个专业的学员通过率达95%以上。2003年12月中心老师指导的学生作品《羊皮筏子》赴英国代表中国参加展出并获金奖；2004年2月中心编导的舞蹈《吉祥龙鼓》获第一届全国中小学生艺术展演活动第一名；2004年8月代表青海省参加全国“安利杯”首届青少年宫武术大赛并获得1块金牌、2块铜牌和团体三等奖。在参加青海省组织的武术比赛中，获3块金牌，并取得团体第3名。连续举办10届青少年美术书法大赛，参与人数达到1.8万多人次。2002、2003年分别组织参加在北京和兰州举办的第十七届和第十八届全国青少年科技创新大赛，中心获得三等奖和优秀组织奖，参赛选手获一等奖1人；2人获“明天小小科学家”二等奖，5人获“航空模型”三等奖，1人获科技新苗奖，1人获创新大赛二等奖，3人获小发明、小论文三等奖。

〔**群众文化活动**〕　中心面向社会和全省中小学校，通过组织、举办、参加各种示范性演出、表演、公益活动、主题队会、大型展览、各种比赛、观摩、夏令营等富有教育意义而又活泼新颖的活动；中心根据少年儿童的不同兴趣爱好，组织了夏令营、“小能人”技能技巧大赛、“故事大王”比赛、“小记者”采访活动、军营体验、读书讲座、新书推荐、证书心得交流、同贫困地区学生“手拉手”献爱心活动、法律知识、交通安全知识、消防知识讲座等活动。

〔**社团活动**〕　中心艺术团2003年7月和2004年7月参加第二届郁金香节、第二届和第三届国际环青海湖自行车赛的开幕式演出。2004年“六一”期间，中心红领巾艺术团在西宁市文化公园、新宁广场举办的两场高水平的文艺专场演出和省庆祝第20个教师节文艺演出，产生了良好的社会反响。

〔**科技活动**〕　中心自2002年起连续3年成功举办3届青海省创新实践“探究式”系列科技比赛活动，共有近1100人次参加15大项74个小项目的比赛。中心利用开展科技活动的优势，同省内10余所中小学联合举办科技活动，取得了很好的社会效益和教育效果。中心还在香港、澳门回归前夕，组织了“我们爱祖国”迎回归大型系列活动，如迎回归征文活动、港澳知识竞赛活动、青海青少年儿童迎回归百米长卷绘画等。

（**原继光**）

青海省科学技术馆

〔**基本情况**〕　青海省科技馆始建于1984年9月，1988年正式对外开放，占地面积1.2万平方米，建设面积8889.2平方米，是目前青海省最大的科技活动场所。属全额拨款的公益性事业单位。青海省科技馆负责青海省青少年科技活动的组织与管理。内设常设科技展厅1个（有80余件展品）；青少年科学工作室1个（约300平方米，内设创造与发明工作室、电脑机器人工作室、科技模型工作室和科学与艺术工作室等）；科技培训中心1个，主要开展计算机、英语、高考补习等方面的培训工作。

〔**教育培训活动**〕　科技馆以科技培训中心为依托，利用社会力量办学，积极开展青少年科技培训工作。2003年举办各种培训班82个，2532人，2004年，开展英特尔电脑创新思维项目培训工作，完成700人的培训。

〔**科普展览活动**〕　科技馆创造条件每年研制开发新增2件或2件以上的科技展品；不定期地举办“崇尚科学文明、反对迷信愚昧”、“法轮功地下组织”、“现代人的健康生活”、“飞向蓝天——纪念人类动力飞行一百年航空科技展”、“海洋科普知识”、“创新大赛获奖作品展”和“科幻画展”等临时性科普展览，展厅年均对外开放350天以上，观众人数达2万人次。

〔**科普教育活动**〕 2004年组织青少年参观了图书馆、科技馆、动物标本馆、智能化蔬菜大棚、太阳能研究基地，举办科技夏令营活动，还举办了第13届青海省少数民族科技夏令营活动和非正规教育校外儿童技能培训和校外儿童科普夏令营活动。并先后在青海省师大附中、西宁七中、青海昆仑中学等中小学校和民和县、海南州等地相继开展科普报告会、科普赶集、街头宣传等活动。受教育人数约8000人。

青少年科学工作室在青少年科技教育活动中发挥着积极的作用，自2002年以来，先后组织全省青少年开展“走进工作室，大家动手做”活动，组织农村青少年，搭建自己喜欢的机器人，各类机床的组装、模型制作等活动。共有2000余名青少年参加。青少年科学工作室为开展全省科技教育活动举办的电脑机器人、创造发明培训班共40多期，6000多人。

〔**“关注母亲河——从湟水开始”综合科学考察活动**〕 2004年7月，32名青少年就有关环保、植物、水文、文化、地理等进行了考察活动。 （王顺禄）

西宁市少年宫

〔**基本情况**〕 西宁市少年宫是西宁地区惟一一所市属的校外教育单位，创办于1963年，占地面积14.3亩。1998年市委、市政府投资1700余万元，在原址上重新扩建。新宫坐落于西宁市城中区解放路4号，建筑面积8856平方米，可同时容纳2000余名少年儿童开展校外活动。现开设文艺、科技、书画、体育、英语5大门类50多个专业60多个培训班。全宫现有教师28人，专业技术人员26人，专职教师24人。

〔**群众文化活动**〕 西宁市少年宫专业培训和组织活动并重，在认真进行专业培训的同时，积极组织各种活动，如千人粉笔画大赛；声乐、器乐、舞蹈比赛；中心广场教学活动展示；流动杯乒乓球比赛；西宁地区中小学“三棋”比赛；全市中小学师生书画大赛；主题多样的“征文”比赛等。 （张清菊）

宁夏回族自治区校外教育

综　述

〔**宁夏制订加强和改进未成年人思想道德建设的实施意见**〕　2004年7月，宁夏自治区党委、区政府制订下发了关于加强和改进未成年人思想道德建设的实施意见。文件指出，各级党委、政府要根据紧密结合区经济社会发展和建设小康社会的实际，结合科技发展和经济一体化给未成年人思想观念带来的负面影响，针对未成年人身心健康成长的特点，积极探索思想道德建设的新规律、新方法，有效地引导未成年人的思想，规范他们的行为。自治区精神文明建设指导委员会负责指导全区未成年人思想道德建设工作，组织协调各有关部门和社会各方面共同做好未成年人思想道德建设工作。

〔**宁夏自治区制订青少年校外活动场所的建设目标和要求**〕　在2004年7月宁夏自治区党委、区政府制订的"关于加强和改进未成年人思想道德建设的实施意见"中，明确规定了宁夏校外教育活动场所的建设目标和要求。文件规定：各级党委、政府要把未成年人活动场所建设纳入当地国民经济和社会事业发展总体规划，力争用5年时间，使每个市、县（区）都有一所综合性、多功能的未成年人活动场所。

要积极推进城市社区校外活动中心建设，加快城市、农村"俱乐部"建设，每年建设20个"城市读者俱乐部"和50个"农村读者俱乐部"。

各地博物馆、纪念馆、展览馆和烈士陵园等公共教育场所对中小学生集体参观一律免票、学生凭证个人参观实行半票。高校、企业、事业单位的科技文化体育场馆要尽快设立少儿阅览室和专门的活动场所。

体育部门每年在全区30个城市小区、公园、广场，30个农村乡镇建设全民健身工程，配置适合未成年人特点的体育设施器材；在全区每个县（市、区）建设一个篮球小学或篮球广场，并配置体育器材；要配合"青少年中心"建设，争取3～5年内每个县（市、区）都有一所综合性、多功能的未成年人体育活动场所。建好22所青少年体育俱乐部。

〔**宁夏区政府做好5件实事，创造未成年人健康成长良好环境**〕　2004年5月，宁夏回族自治区党委召开常委会议，就创造未成年人健康成长的良好环境进行统一部署。会议决定，2004年要抓好5件实事，组织开展一次网吧专项整治行动；集中开展一次"扫黄打非"行动；对全区公共文化设施免费向未成年人开放的执行情况进行督查；以"六一"儿童节为契机，策划组织开展系列主题教育活动；组织开展未成年人思想道德教育新闻宣传战役。

〔**宁夏自治区教育厅制订中小学生思想道德建设实施意见**〕　2004年12月，宁夏自治区教育厅下发了《加强和改进中小学生思想道德建设实施意见》的文件。

《意见》要求全区各级教育行政部门和各中小学校，围绕诚信、责任、关爱等基础道德品质，重点抓好学生基本道德观念的形成和基础道德行为习惯的养成。每年暑期要组织好中学生"四个一"社会实践活动（即参观一次爱国主义教育场所、参加一次社会志愿服务活动、为回报父母和长辈做一件实事、学习一项生产技能或自护自理知识）。各学校每年要组织学生开展1次至2次参观工厂、农村、军营、社区的活动。要力争用5年左右时间在全区每个市、县（区）建成一所综合型、多功能的青少年校外活动中心。建立由老干部、老战士、老专家、老教师、老模范组成的学校顾问和校外辅导员队伍。

〔宁夏自治区率先启动“双合格”家庭教育活动〕　2004年10月，在全国妇联、教育部等9部委联合发起的“争做合格家长、培养合格人才”家庭教育宣传实践活动中，宁夏被确定为率先启动该项活动的10个省区市之一。

2004年，自治区各级妇联通过广播、电视等形式宣传“双合格”的意义，逐级举办培训班，培训家教骨干5万多名，积极开展了以“争做合格父母，培养合格人才”为主题的“三优”知识传播与实践活动，积极创建双休日家长学校、亲子学苑家庭教育咨询站，实现家庭教育组织的多样化，积极开展创建“五好文明家庭”、学习型家庭等活动。全区建立家长学校3000多所。

〔举办预防和遏制艾滋病宣传周活动〕　2004年4月10日，宁夏科协与宁夏妇联、宁夏预防疾病研究所、宁夏卫生厅等单位联合在银川光明广场举办了预防和遏制艾滋病宣传周活动启动仪式。国家卫生部、自治区领导，以及来自银川各中学的1000多名青少年参加了活动。

在启动仪式上，银川唐徕中学学生代表全市青少年宣誓：远离毒品、关爱生命，做合格的接班人。在活动现场青少年开展了“远离艾滋病”签名活动。

在各宣传点，科普志愿者回答了青少年提出的有关预防艾滋病知识的问题。

〔宁夏青少年科技教育活动成果综述〕　2004年，在中国科协的指导下，宁夏科协青少年工作部坚持教育与实践相结合，加强青少年科技教育和未成年人思想道德建设，积极探索“社区——家庭——学校”这一传播方式在未成年人思想道德建设中的有效运用，坚持用科学实践活动引导和调动未成年人的兴趣和爱好，以内容鲜活、形式新颖、吸引力强的青少年科技教育活动，努力提高青少年思想道德建设水平和科技教育水平。

1.2004年，宁夏科协与教育、科技、环保、体育、团委、妇联等有关部门联合举办了第十九届宁夏青少年科技创新大赛。全区共有近万名青少年参与了这项活动，共评选上报各类科技作品139项（其中发明创造作品86件，科技论文53篇），科学幻想绘画316幅，科技实践活动20项，评选出全区优秀科技创新项目38项、优秀科技实践活动13项、优秀科学幻想绘画49幅、优秀科技教师13人。在成都举办的第十九届全国青少年科技创新大赛上，宁夏共有5个竞赛项目、14幅科学幻想绘画、7项科技实践活动获奖，1名科技教师入选参加了科技教师论坛。

2.实施联合国儿基会项目，促进贫困山区校外未成年人的综合发展。宁夏作为实施联合国儿基会非正规教育的项目省（区），共有固原市原州区、盐池县、彭阳县3个项目县参与了活动。2004年7月，组织3个项目县的17名校外女童参加了2004年宁夏校外青少年同伴教育者生活技能培训班暨科普夏令营活动。

3.开展“大手拉小手——科普报告西部行”活动，11月8～17日，科普演讲团在宁夏25个市、县（区）的17个市、县（区）举办了64场科普报告，近百所学校的3万多名师生现场聆听了中科院著名老科学家的科普演讲。

4.大力普及艾滋病预防知识，保障未成年人身心健康发展。2003年12月～2004年5月，在宁夏科技馆内举办了《预防、认识、关爱——青少年预防艾滋病知识展览》。2004年4月初，宁夏科协与宁夏妇联、宁夏预防疾病研究所、宁夏卫生厅等单位联合举办了预防和遏制艾滋病宣传周活动。2004年5月，宁夏科协科普大篷车带着《预防、认识、关爱——青少年预防艾滋病知识展览》及其他与预防艾滋病有关的科普资料，行程近千里，在银川、中卫、海原、固原、石嘴山等地的近30所中小学校和城镇广场进行了艾滋病预防知识的宣传教育活动，共有2万多名学生受到了教育。

5.充分发挥固定宣传阵地的宣传教育作用。宁夏科技馆、宁夏气象科普馆、宁夏地震台、宁夏沙坡头自然保护区等一大批已命名的全国和自治区级科普教育基地、青少年科技教育基地通过常设科普展览、科教电影放映、接待青少年科技实践等方式，充分发挥出了在青少年科普宣传和爱国主义教育中的主导作用。仅宁夏科技馆今年就举办大型科普专题展览6场，接待未成年观众5万人次，放映科教和爱国主义电影200多场次，受教育未成年人4万人次。

6.节假日青少年科技活动丰富多彩。2004年6月29日是《科普法》颁布两周年。区科协与自治区党委宣传部、自治区教育厅等区、市多家单位在宁夏科技馆举办了《走进科学》大型科普展览。6月27日，全国青少年科技教育基地之一的宁夏气象科普馆更新改建后正式对外开放，科技中心组织1000多名中学生同于革胜、李东东、金晓韵等自治区领导一起观看了气象科普展览。

2004 年 2 月 16 日，是邓小平同志提出“计算机的普及要从娃娃做起”二十周年纪念日，区科协以“祖国腾飞”为主题，组织开展了宁夏青少年计算机作品主题竞赛活动，共推荐上报优秀作品近 200 件，促进了全区青少年计算机水平的提高。国庆节期间，与银川市科协、市少年宫联合开展了全市青少年航模比赛，50 多名选手参加了比赛，丰富了青少年的节日生活。

7. 整合社会科普资源，努力延伸和拓展青少年科技教育领域。区科协和宁夏少数民族科普工作队积极合作，依托科普大篷车，常年进乡村、进学校、进社区，带着《世纪辉煌——诺贝尔百年》、《崇尚科学、铲除邪教》、《预防、认识、关爱——青少年预防艾滋病知识展览》、《古典智力难题》等科普展板和 30 多件科普展品，先后走遍了各市、县（区）的集镇、学校、社区，通过科技大集、校园主题科普展等形式，举办科普展览 40 多场，免费发放科技录像带、科技光盘 300 多盘，发放各类科普资料 5 万份（册），服务青少年 6 万多人次，在提升青少年的科技文化素质、传播科学精神等方面发挥了积极的作用。（黄建忠）

校外教育单位

银川市青少年宫

〔**基本情况**〕　银川市青少年宫位于宁夏回族自治区银川市中心。始建于 1986 年，2001 年由市政府统一规划对青少年宫实施了翻扩建工程，2003 年 11 月新宫落成。内部设施完善，功能齐全，有用于教学的各种教室、厅等培训场所 30 个。目前开设专业 30 个，有 120 个教学班，参加长期培训的学员达 2000 余人，是全市惟一的、高标准的大型校外教育基地。2004 年“小公民道德建设基地”和“银川市科普教育基地”在银川市青少年宫挂牌。4 月，青年文化广场成立，为进一步推动青少年思想道德建设，丰富和活跃青少年业余文化生活，提供了更优越的条件。

〔**群众文化活动**〕　2004 年初，青少年宫在全市中小学举办“我爱大银川、我爱青少年宫”作文、美术、书法作品征集比赛活动。4 月，举办“银川市首届靓丽青春风采大赛”。5 月，举行“银川青年文化广场”启动仪式，举办“银川市第二届青少年公益歌曲大赛”。6 月，举办“纪念郑和下西洋六百周年航海、航空模型竞赛表演活动”。7 月，开展全国“双有”系列活动。8～9 月，在青年文化广场举办爱国主义教育电影周展映活动；与兴庆区教育局联合举办“兴庆区中小学鼓号队比赛”；承办“第十三届中国电影金鸡百花电影节”青年志愿者文艺演出活动。11 月，在宁夏大学新华学院举办了“银川市首届青少年现代舞大赛”选拔赛。12 月，在青少年宫多功能厅举行了“银川市首届青少年现代舞大赛”决赛。

〔**银川市第三届青少年航海模型表演竞赛活动**〕
2004 年“十一”，青少年宫在银川市中山公园进行了“银川市第三届青少年航海模型表演竞赛”活动。竞赛设置 FM-P 普及级无线电遥控帆船，F5-E 国际级和 F2-A 电动无线电遥控竞赛项目，共有 7 个代表队分中学组和小学组参加团体和个人的角逐。

〔**兴趣小组培训活动**〕　2004 年，青少年宫共开设美术、武术、书画、电子琴、奥数、作文、象棋、围棋、手风琴、合唱、计算机、二胡、吉他、古筝、琵琶、乒乓球、艺术团、跆拳道、舞蹈、英语、陶艺、艺术、学前班专业 23 个，兴趣小组 23 个，学员总数 2262 人。

〔**教育成果**〕　2004 年，银川市青少年宫代表银川市赴区内外参加各种比赛、演出活动，获奖 280 余项，为全国及区内大中专院校输送优秀人才 100 余名；获全国第六届民运会武术表演一等奖，第七届民运会舞蹈表演一等奖，三北文艺汇演创作表演一等奖，全国少儿绘画联展金、银、铜奖。

在 2004 年 7 月第 8 届全国“故事大王”选拔赛中，经过全市中小学校的层层选拔，4 位同学赴上海比赛，取得一、二等奖的优异成绩。少年宫武术队参加在天津举办的“2004 年全国青少年宫武术比赛”，夺得团体第一名，获 7 枚金牌、6 枚银牌、12 枚铜牌。少年宫乒乓球代表队参加第 17 届“‘庄则栋杯’全国少年儿童乒乓球邀请赛”，获男子甲组团体第五名。8～9 月承办自治区团委、区教育厅等单位主办的“宁夏首届少儿综艺大赛”，18 名选手获奖。

2004年2月，银川市青少年宫乒乓球队参加“银川市中小学生乒乓球比赛”，获得女子儿童组团体冠军、女子乙组亚军、男子甲组亚军及男子乙组第三、男子儿童组第五、第六名的优异成绩；参加西北五省青少年宫乒乓球赛获得男女团体亚军、儿童组女子单打第一名。在银川市举行的各项乒乓球比赛中保持团体、个人第一名的好成绩。获得 “精神文明奖”、“优秀组织奖”、“拼搏奖”。

〔**教育科研活动**〕 2004年，在全国校外、课外优秀论文、案例评选活动中，青少年宫教师伊兆荣的论文《宁夏地区的科技模型活动》获一等奖；葛黎萍的论文《浅谈少儿美术教育中学生创造能力的培养》和杨秀丽的论文《加强青少年德育教育的几点思考》均获三等奖。青少年宫6名英语教师参加“2004年度全国青少年外语培训考务工作会议暨全国少儿剑桥英语口语考官的培训考试”，获得考官资格证书。

〔**交流活动**〕 2004年7月，接待我国“香港赵聿修纪念中学”的师生，参观青少年宫各培训班的培训情况，同少年宫航模班的学员在银川市中山公园观看激烈的海战表演，并进行航模知识交流及模型操作活动。

2004年8月，接待“美国青年政治领袖理事会代表团”，举办联谊活动，观看青少年宫“小凤凰”艺术团孩子们的精彩表演，并同孩子们进行英语对话交流。

2004年参加、承办各类教育、竞赛活动统计

项目	活动名称	活动时间	区级赛人数	市级赛人数	全国赛人数	获奖人数
体育活动	2004年全国青少年宫武术比赛	2004.8.13～8.15			12	12
	第三届少儿乒乓球邀请赛	2004. 5. 2～5. 4			16	12
	第十七届庄则栋杯全国少年儿童乒乓球邀请赛	2004.7.25～7. 29			11	3
	2004年全国青少年宫武术比赛	2004. 7. 16～7. 18	33			33
	全区中小学生乒乓球比赛	2004. 7. 20～7. 23	28			28
	银川市第三届青少年航海模型表演竞赛	2004.10.1～10.7		2000		
文艺活动	银川市首届靓丽青春风采大赛	2004.4. 3～5.3		300		12
	银川市第二届青少年公益歌曲大赛	2004.5.22～7. 11		120		24
	银川市首届青少年现代舞大赛	2004.12.26		100		13
	宁夏首届少儿综艺大赛	2004.8.27～8.29	2000			548
科普活动	纪念郑和下西洋600周年航海、航空模型竞赛表演活动	2004.6.1		2000		
	兴庆区中小学鼓号队比赛	2004.5.26-5. 30		3000		300
生活实践活动	“我爱大银川、我爱青少年宫”作文、美术、书法大赛	2004.1	1050			345
	第八届全国“故事大王”选拔赛	2004.7.4～7.7			4	4
其他活动	中华飞行第一龙	2004.8.3		500		

（马　莉）

新疆维吾尔自治区校外教育

综 述

〔**新疆制订未成年人思想道德建设的工作重点**〕 2004年4月，新疆自治区党委、政府下发了“贯彻《中共中央国务院关于进一步加强和改进未成年人思想道德建设的若干意见》的工作要点”，确定了一个时期新疆未成年人思想道德教育的重点工作。文件指出，新疆18岁以下的未成年人有532.47万人，占全区总人口的27.53%。未成年人思想道德建设是一个重中之重的工作。文件要求，各级教育部门、学校要结合全区实际，加快中小学思想品德、思想政治课的改进和建设。要组织专家编写民族文字思想品德、思想政治课教材和课外读物，解决对少数民族学生进行思想道德教育的教材和读物问题。有关部门要制定政策，拓宽筹资渠道，鼓励全社会增加对涉及未成年人的青少年宫、儿童活动中心和图书馆、文化馆（站）、体育场（馆）、科技馆、影剧院等设施建设的投入。

〔**新疆未成年人思想道德建设情况综述**〕 2004年，新疆维吾尔自治区通过建立健全学校、家庭、社会相结合的未成年人思想道德教育体系，使学校、家庭、社会相互配合，相互促进，为未成年人筑起了一道抵御不良行为影响的思想道德防线。

自治区首先充分发挥学校教育主渠道作用，把德育工作摆在素质教育的首要位置，纳入学校教育的全过程。建立学生思想道德行为综合考评制度，并把它列入各级教育行政部门对学校教学质量的管理和评估。同时，自治区充分发挥妇联、共青团、工会和关心下一代工作委员会等团体组织在未成年人思想道德建设中的重要作用。各级妇联先后开展了“做一个好妈妈”、“更新家庭教育观念”等专题教育、培训活动，引导家长以良好的思想道德修养为子女做好表率。各级工会关心职工的家庭教育，引导职工重视对子女特别是学龄前儿童的思想启蒙和道德品质培养。各级团委、少工委也在各族未成年人中深入开展手拉手、民汉联谊、结对子等活动，教育和引导各族少年儿童从小牢固树立互相信任、互相尊重、互相学习、互相关心、互相帮助的思想。

〔**新疆采取五项措施加强未成年人思想道德建设**〕 2004年，新疆维吾尔自治区从青少年义务教育、文化展馆开放、青少年活动场所及未成年人读物建设以及加强网吧管理等5个方面采取一系列措施，加强未成年人思想道德建设。

建立和完善保障进城务工就业农民子女接受义务教育的工作制度和保障机制。儿童福利机构和流浪儿童救助保护机构做好孤残儿童合法权益的保护工作和流浪儿童的救助保护工作。全区各中小城市因地制宜重点建好市级未成年人活动场所。自治区将酌情对重点爱国主义教育基地和贫困农牧区的未成年人活动设施建设予以补助。各大媒体专设适合未成年人特点的栏目，进一步加强国产少年儿童影视片、动画片民族语言的译制工作。

〔**新疆召开未成年人思想道德建设工作会议**〕 2004年5月，新疆自治区召开了未成年人思想道德建设工作会议。会议提出，自治区将在青少年义务教育、文化展馆开放、青少年活动场所建设等方面采取措施，为青少年营造良好的学习和生活环境。各类博物馆、纪念馆、展览馆、烈士陵园要创造条件对全社会开放，对学生集体参观、个人参观实行免票。进一步加强青少年宫、儿童活动中心等未成年人专门活动场所和图书馆、文化馆(站)、体育场(馆)、科技馆、影剧院等的建设和管理，把未成年人活动场所建设纳入当地国民经济和社会事业发展总体规划。各中小城市要因地制宜重点建好市级未成年人活动场所。有条件的城市还将辟建少年儿童主题公园。对已建成的未成年人活动场所，将进行认真清理整顿，使其真正发挥作用，被挤占、挪用、租借的要限期退还。自治区将酌情对重点爱国主义教育基地和贫困农牧区的未成年人活动设施建设予以补助。

〔**新疆广电局实施“四项工程”营造未成年人良好环境**〕　2004年，新疆广电局实施“四项工程”：

1. 切实推进广播影视“建设工程”。进一步拓宽未成年人题材，丰富节目样式，努力推出精品节目和栏目。增加家教节目、科普节目、知识竞赛节目等，创建名牌节目，加强对未成年人的法律教育，加大对《未成年人保护法》和《预防未成年人犯罪法》等法律法规的宣传力度。

2. 开展广播影视“净化工程”。要求各级广播影视管理部门和播出机构严格把好节目的制作关、审查关、播出关。各级电视台所有频道要控制、删减、弱化和调整含有暴力、凶杀、恐怖等内容的涉案题材的电视、电影以及用再现手法表现案件的纪实电视专题节目。

3. 大力构筑广播影视“防护工程”。加强境外引进节目的管理，为繁荣发展有利于少年儿童健康成长的民族影视艺术创造条件。

4. 努力强化广播影视“督察工程”。各级广播影视管理部门要建立专门的监测机构和监测队伍，制定一套包括监看、登记、通报、奖惩和整改的监测办法，装备一套专业的收听收看设备。

〔**新疆重视家庭道德教育活动**〕　新疆自1986年起普遍办起了以幼儿园、中小学为阵地的家长学校，通过各种类型的家长学校，对各族家长进行指导。目前，新疆15个地、州、市都成立了地州一级家庭教育研究会，县、乡妇联设有家庭教育工作人员，全疆共设立各类家长学校3993所。2004年12月，新疆自治区妇联召开家庭教育工作会议，会议确定了新疆家庭教育要以家庭道德教育为核心，努力促进青少年思想道德水平的提高；家庭教育要以提高家长素质和更新家庭教育观念为重点，以构建家庭教育和家庭教育工作服务指导体系为基础，努力推进家庭教育工作科学化、社会化和法制化进程。

〔**新疆首批青少年科技教育基地通过验收**〕自2002年以来，新疆首批青少年科技教育基地共投入7645.6万元，其中设施添置404.6万元、布展280万元、科普活动241万元。除上级部门的投入外，各基地自身的投入也超过1000万元，相当于同期全区三级科协青少年科普经费3倍以上，为青少年科技活动创造了良好条件。参与科普活动的青少年人数也有大幅度增加，达到近83.4万人次。其中，到各基地参观人数达19.57万人，有6个基地超过万人，地矿博物馆重新开馆两个月观众人数就达3.5万人；参与各类科技竞赛人数达 40 万人；参与科普巡展活动的人数达7.4万人；各类讲座则吸引了16.416万人，其中天文站举办天文科普讲座达360多场，参加听讲人数超过9.5万人。科普活动也呈现了多样化，包括场馆活动、园区活动、科普讲座、科普巡展、科技竞赛、科学试验、网上科普、科普创作、科普研究等。科普活动从灌输式逐渐转向互动式，广大青少年学到了科技知识，增强了动手能力。

新疆自治区于2002年9月命名首批自治区青少年科技教育基地11个，2004年7月26～30日，自治区科普工作联席会议办公室组织有关专家对自治区首批11个青少年科技教育基地进行了评估验收，评定“优秀基地”6 个：中国科学院新疆生态与地理研究所标本馆、新疆青少年科技中心、新疆石油地质陈列馆、中科院乌鲁木齐天文站、乌鲁木齐盛贝特水族馆、新疆师范大学生命环境学院；“合格基地”4个：新疆地矿博物馆、农科院综合试验场、中科院吐鲁番沙漠植物园、乌鲁木齐地震基准台；“不合格基地”1个：新疆医科大学地方病分子生物学实验室。

〔**新疆科协召开青少年科技教育工作先进集体和个人表彰大会**〕　新疆自治区科协召开了“新疆维吾尔自治区青少年科技教育工作先进集体、先进个人表彰大会”。表彰2000～2004年度在自治区青少年教育工作中作出突出贡献的集体和个人。自治区党委、区政府、区科协领导出席了会议。会议对自治区4年来的青少年教育工作作了总结。在这次会议上，新疆地理学会荣获“自治区青少年科技教育工作先进集体”，并获得了由自治区科协、科技厅、教育厅联合颁发的奖牌，学会专职干部王存牛同志荣获“自治区青少年科技教育工作优秀组织工作者”荣誉称号。

校外教育单位

新疆青少年科技中心

〔**青少年科技活动**〕 1.开展自治区第19届青少年创新大赛评选活动，参加全国第19届青少年科技创新大赛。全疆各地经层层竞赛选拔，共申报科技创新竞赛项目140项、少年儿童科学幻想绘画160幅、科学实践活动38项。8月20～24日在成都举行的“第十九届全国青少年科技创新大赛”，新疆申报参赛的10个项目中1个项目获一等奖，3个项目获二等奖，5个项目获三等奖。7个科技实践活动项目中1项获一等奖，3项获二等奖，3项获三等奖。少年儿童科幻画1幅获二等奖，15幅获三等奖。新疆青少年科技中心组织开展的“2003～2004大手拉小手——科技传播行动”获全国优秀实践活动一等奖。

2.2004年8月7日，由宋庆龄基金会、中国发明协会、中国教育学会、全国少工委主办的第四届“宋庆龄少年儿童发明奖”评选活动在昆明举行，自治区推荐的发明作品“留言门铃”获三等奖。

3.2004年1月，自治区组队参加了教育部、中国科协、香港周凯旋基金会在北京举办的“第三届明天小小科学家”奖励活动，参赛的1个项目获得二等奖，2个项目获得提名奖。

4.组队参加全国青少年电脑机器人大赛。组织乌鲁木齐市、奎屯、克拉玛依市的10名学生组成新疆代表队参加全国第四届青少年电脑机器人竞赛。新疆队获得全国团体精神文明奖，两个（足球、创意）项目获二等奖。

5.组织参加第21届全国青少年信息学（计算机）奥林匹克竞赛和举办全国第10届青少年信息学（计算机）奥林匹克分区联赛新疆赛区竞赛活动。

6.8月8～14日，第21届NOI全国青少年信息学（计算机）奥林匹克竞赛在湖南省长沙市举办。自治区共有1376名青少年参加初赛，经组织专家阅卷、评审，选拔出210名选手参加复赛。

〔**开展自治区青少年科技传播活动**〕 1.2004年3月10日，启动了由自治区科协、自治区卫生厅联合举办的“2004认识、预防、关爱——青少年预防艾滋病知识巡回展”活动。

2.6月25～27日，组织乌鲁木齐市第50中学31名学生到克拉玛依市开展“地质、石油”科学实践活动，主题为“走出校园，认识大自然，了解大自然”。活动期间，学生们参观了魔鬼城、黑油山，参观克拉玛依地质陈列馆、一号井及引额济克水利工程。

3.暑假期间，组织以“普及科学知识、体验科学快乐”为主题的2004年北京科技夏令营。来自和田地区、博州、新源县等地70余名各族青少年参加了活动。

〔**科学俱乐部活动**〕 充分发挥自治区青少年科学俱乐部的作用，开展面向社会免费开放青少年科学俱乐部活动，开办青少年“电脑机器人和发明创造”培训班、全疆电脑机器人科技辅导员师资培训班；开展了“电脑机器人、万能机床进学校、社区”科普讲座及南、北疆电脑机器人科普知识讲座；开办电脑机器人及发明创造科学实践活动。其中举办青少年电脑机器人和发明创造培训班8期，培训学生436人，接待来自各地科技辅导员和各族青少年1000人。

〔**做好中国科协与联合国儿基会非正规教育合作项目**〕 2004年8月11～13日，联合国儿童基金会2名项目官员与中国科协项目主管及新疆科协青少年科技中心项目主任赴联合国儿基会非正规教育项目合作县喀什地区疏勒县实地走访、调研，检查项目执行情况，对项目在当地实施以来产生的效果和影响给予了充分肯定。2004年8月6～8日，中心组织3个项目县举办“校外青少年科技夏令营”活动。8月中旬，新疆青少年科技中心组织来自巩留、巴里坤、疏勒3个项目县及新疆其他部分地区30名少数民族青少年赴北京参加中国科协举办的“我们与科技同行——少数民族青少年夏令营”。

〔**组团参加第三届亚太经合组织（APEC）青年科学节**〕 2004年8月，科技中心组成新疆代表团参加由科技部、教育部、中国科协、共青团中央和北京市人民政府在北京联合主办的第三届亚太经合组织（APEC）青年科学节。自治区科协举行了“参加第三届亚太经合组织新疆代表团出发仪式”，自治区政府、科协、教育厅、科技厅领导参加了出发仪式。

〔组织科技辅导员进行业务培训、交流、参观活动〕 2004年，中心组织举办了自治区第二期青少年电脑机器人师资培训班、赴成都观摩第18届全国科技创新大赛、上海"东西部科技创新手拉手行动"活动和科技辅导员培训、全国青少年电脑机器人组织工作者和教练员培训班、农村科技教师骨干培训班；开展"智力七巧板"科普讲座，近千名科技辅导员和学生参加了活动。

9月14日，邀请中国创造学会常务理事在乌市第五十中学举办了内容为"青少年科技创新教育"的科普报告会。全市2000多名师生聆听了科普报告。

参加中国青少年科技辅导协会举办的"第十二届全国青少年科技辅导员论文征集活动"。评选出40篇科技论文参加全国评选，2篇论文获一等奖，24篇论文获二等奖，12篇论文获三等奖。 （摆晓宏）

乌鲁木齐市青少年宫

〔发展概况〕 2004年，青少年宫在内部改革上加大现代化管理的力度，努力建设以人为本、全面协调、可持续发展的管理体制，努力开拓市场，不断创新，根据社会需求和各族青少年儿童所需增设培训项目，调整专业内容，努力扩大了招生规模。全年先后为教学场地及教学设施投入资金10万余元，校外教育工作又创新局面。全年计划完成经济指标344万元，实际完成361万元。共计开设各类专业培训班358个，年培训青少年儿童1.3万人次，参加各类活动和比赛36次，参加人数5700人次，获各类奖项1040个，获优秀辅导员称号37人。

〔群众文化活动〕 青少年宫承办的"六一"大地画延续至今已16届。经过全体教职工的不懈努力，不断创新活动内容，已成为青少年宫的品牌活动，每年有1600多名各族少年儿童通过参加书法、绘画比赛的方式欢度节日。2004年"六一"期间，中共中央政治局委员、自治区党委书记王乐泉，自治区及市委领导亲临比赛现场，参观了小朋友的绘画作品。

组织参加丝绸之路国际服装服饰节人民广场行业服装展示大赛，荣获"优秀组织奖"、"优秀表演奖"、"优秀个人奖"；组织青培部结业汇报演出，共4个专业19个节目，有近150名学员参加演出。

青少年宫美术书法艺术团参加"全国素质杯少儿书画大赛"、"全国双龙杯少儿书画大赛"、"全国小星星少儿书画大赛"，均取得较好的成绩。

〔科技活动〕 2004年8月，参加自治区航模锦标赛，获二等奖2名，三等奖2名；学员苏雨参加2004年全市青少年航模比赛，荣获第一名；参加河南举办的2004年全国航模大赛，2人荣获第十名；参加乌鲁木齐市中小学生中国象棋比赛，荣获团体第一名。

〔艺术教育活动及成果〕 2004年，青少年宫组织多项艺术大赛，多名学员获奖。组织参加全疆电子琴大赛、全国器乐、声乐大赛新疆分赛区比赛、昌吉市庆"六一"儿童节文艺演出、新疆电视台庆"六一"文艺专场演出、"六一"雪莲花艺术团社会公演、庆祝"八一"建军节文艺演出、全疆小提琴大赛、全国少儿才艺大赛、新疆电视台少儿才艺大赛、第九届全国中小学生绘画书法作品比赛、第四届"儿童妈妈写生比赛"、第十五届乌鲁木齐"六一"少儿现场书画大赛、第十五届中学生绘画比赛、全国青少年口语大赛、中国首届青少年国际外语大赛等。 （李 涛）

附　录

校外教育表彰

教育部　共青团中央
关于公布全国第一届中小学生艺术展演活动组织奖及各项目评选结果的通知

教体艺函[2004]2号

各省、自治区、直辖市教育厅(教委)、团委：

为了全面贯彻教育方针，促进学生全面发展，展示学校艺术教育成果，推动学校艺术教育的改革和发展，教育部、共青团中央联合举办了全国第一届中小学生艺术展演活动。

本届展演活动以“新世纪、新校园、新生活”为主题，突出育人宗旨，充分体现了中小学艺术教育的特点，展现了新世纪中小学生奋发向上的精神风貌，对于推进中小学艺术教育工作，全面深化素质教育，加强校园精神文明建设，产生了积极的作用和影响。活动期间还举办了中小学艺术教育科学论文报告会，有效地调动了广大中小学艺术教师开展艺术教育教学研究的积极性，推动了艺术教育教学研究的开展。

按照本届展演活动方案和规定，评出优秀组织奖23个；艺术表演类节目一等奖41个，二等奖71个，三等奖112个，专业组优秀奖17个，优秀创作奖12个(小学组艺术表演类节目未评创作奖，中学组器乐节目创作奖空缺)；艺术作品一等奖63幅，二等奖302幅，三等奖732幅；科学论文一等奖21篇，二等奖68篇，三等奖122篇；艺术表演类节目和艺术作品一、二等奖的指导教师，获本届艺术展演活动指导教师奖。

现将评选结果印发给你们。希望各地认真总结经验，发扬成绩，以本届艺术展演活动的成功举办为契机，进一步推进中小学艺术教育工作健康、深入地发展。

附件：1.全国第一届中小学生艺术展演活动优秀组织奖名单（略）

2.全国第一届中小学生艺术展演活动艺术表演类节目获奖名单（略）

3.全国第一届中小学生艺术展演活动艺术作品类获奖名单（略）

4.全国第一届学校艺术教育科学论文获奖名单（略）

教育部　国家体育总局　共青团中央　全国少工委 关于命名天津市河西区等10个地区（县、团）为“全国中小学生课外文体活动工程示范区”的决定

教体艺[2004]4号

由教育部、国家体育总局、共青团中央、全国少工委共同组织实施的“全国中小学生课外文体活动工程”开展以来，各地教育、体育、共青团、少工委等部门和学校，积极采取有效措施，引导广大中小学生参加文明、健康、活泼的课外文体活动，积累了成功的经验，涌现出了许多好的典型。为推广先进经验，表彰先进典型，促进课外文体活动的制度化和规范化，教育部、国家体育总局、共青团中央、全国少工委决定命名天津市河西区、河北省唐山市、内蒙古自治区赤峰市、辽宁省营口市、湖北省襄樊市、四川省双流县、贵州省贵阳市云岩区、重庆市沙坪坝区、江西省宜春市袁州区、新疆生产建设兵团农八师一二一团等10个地区（县、团）为“全国中小学生课外文体活动工程示范区”。

希望各地学习他们的经验，继续贯彻落实《教育部国家体育总局共青团中央全国少工委关于实施“全国中小学生课外文体活动工程”的通知》精神，把开展中小学生课外文体活动，作为推进素质教育、促进中小学生全面发展和健康成长的重要任务，切实加强领导，勇于实践，不断创新，积极探索新形势下开展中小学生课外文体活动工作的特点和规律，推动全国中小学生课外文体活动工程深入、持久的开展。

教育部　国家体育总局　共青团中央　全国少工委

二〇〇四年六月七日

共青团中央　文化部 关于表彰“全国先进青少年宫”、“全国青少年宫优秀教师”和“全国青少年宫优秀工作者”的决定

中青联发[2004]4号

近年来，各级青少年宫以邓小平理论和“三个代表”重要思想为指导，认真贯彻落实党中央、国务院关于加强青少年活动场所建设的重要指示精神，充分发挥青少年活动阵地在教育服务青少年中的积极作用，涌现出一大批先进典型。为表彰先进，进一步推动青少年宫事业发展，共青团中央、文化部决定，授予北京市青年宫等100个单位“全国先进青少年宫”称号；授予潘青禾等200名同志“全国青少年宫优秀教师”称号；授予张其军等100名同志“全国青少年宫优秀工作者”称号。

这次受表彰的“全国青少年宫优秀工作者”，认真实践“三个代表”重要思想，热爱本职工作，具有强烈的事业心和责任感，开拓创新，在管理、教育、培训等工作中成绩优异，为青少年宫事业的发展做出了积极的贡献。

共青团中央、文化部希望这次受表彰的先进集体和个人，要珍惜荣誉，戒骄戒躁，不懈努力，再创佳绩。各级青少年宫和广大青少年宫教职员工要

向受表彰的先进单位和优秀个人学习，以“三个代表”重要思想为指导，求真务实，开拓创新，竭诚为青少年健康成长服务，推动青少年宫事业进一步发展，为培养社会主义“四有”新人做出更大的贡献。

附件：1. 全国先进青少年宫名单
2. 全国青少年宫优秀教师名单
3. 全国青少年宫优秀工作者名单

共青团中央　文化部

二〇〇四年三月十五日

附件 1　全国先进青少年宫名单（100 个）

北京市　北京市青年宫

天津市　天津青年宫
天津市青少年儿童活动中心
天津市红领巾凤凰山营地

河北省　石家庄市青少年宫
石家庄市青少年科技文化活动中心
秦皇岛市青少年宫

山西省　太原市青年宫
太原市少年宫
大同市少年宫

内蒙古　呼和浩特市少年宫
包头市少年宫
乌海市青少年宫
呼伦贝尔市民族少年宫

辽宁省　沈阳市青少年宫
大连市青少年宫
抚顺市青少年宫
本溪市青少年宫
营口市青少年宫
丹东市青少年宫

吉林省　吉林市青少年宫
四平市青少年宫
白山市青少年宫

黑龙江省　哈尔滨市青年宫
哈尔滨市少年宫
牡丹江市青少年宫
鹤岗市青少年宫

上海市　中国福利会少年宫
上海青年文化活动中心
上海市青少年科技教育中心

江苏省　南京市青少年宫
无锡市少年宫
徐州市青少年宫
丹阳市青少年宫

浙江省　杭州青少年活动中心
宁波市青少年宫
宁波市海曙区少年宫
金华市青少年宫
绍兴市青少年活动中心
杭州市萧山区青少年宫

安徽省　合肥市少年宫
马鞍山市青少年宫
安庆市青少年宫

福建省　福州青少年活动中心
厦门市青少年宫
泉州市青少年宫
龙岩市青少年宫

江西省　南昌市少年宫
赣州市青少年宫
九江市青少年宫

山东省　山东省青少年活动中心
济南市青少年宫
青岛市少年宫
泰安市青少年教育培训活动中心
淄博市青少年宫

河南省　郑州市青少年宫
洛阳市青少年儿童活动中心
平顶山市青少年宫

湖北省　武汉市青少年宫
武汉市硚口区青少年宫
荆门市青少年活动中心
宜昌市青少年宫

湖南省　长沙青少年宫
衡阳市青少年宫

广东省　广州市少年宫
深圳市青少年活动中心
珠海市青少年宫
汕头市青少年活动中心
中山市青少年活动中心
肇庆市端州区青少年文化宫

广　西　南宁市青少年活动中心
　　　　桂林市少年宫
　　　　柳州铁路局青少年活动中心
海南省　海口市青少年宫
重庆市　重庆市少年宫
　　　　铜梁县青少年活动中心
四川省　成都市青少年宫
　　　　自贡市青少年宫
　　　　绵阳市少年宫
　　　　攀枝花市少年宫
　　　　巴中市青少年宫
　　　　剑阁县青少年宫
贵州省　贵阳市青少年宫
　　　　全国青少年贵州活动营地
云南省　昆明青少年活动中心
　　　　昆明市盘龙区青少年宫
　　　　保山市青少年宫
西　藏　巴松措青少年活动营地
陕西省　西安市青少年宫
　　　　西安市莲湖区青少年宫
　　　　榆林市青少年宫
　　　　安康市青少年宫
甘肃省　兰州市少年宫
　　　　金昌市青少年活动中心
青海省　青海省青少年活动中心
　　　　海南州青少年文化宫
宁　夏　银川市青少年宫
　　　　西吉县青少年宫
新　疆　乌鲁木齐市青少年宫
　　　　克拉玛依市青年宫

附件2　　全国青少年宫优秀教师名单　（200人）

北京市　张秀燕　北京市青年宫培训部教师
　　　　叶惠茹　北京少年宫教师
　　　　柳毓栋　北京少年宫教师
天津市　郭秀英　天津市青少年儿童活动中心教师
　　　　杨艳红　天津市少年宫培训部教师
　　　　安维新　天津市少年宫教师
　　　　谢　谦　天津市青少年绿色文明基地教师
河北省　郝明霞　石家庄市青少年宫教师
　　　　潘青禾　华北油田少年宫主任
　　　　刘延杰　张家口市青少年宫主任
　　　　龚占堂　邯郸市青少年宫培训部长
　　　　岂立民　秦皇岛市青少年宫教师
　　　　刘小刚　唐山市青少年宫教师
　　　　张　波　保定市青少年宫副主任
　　　　刘　芳　石家庄市青少年科技文化活动中心教师
山西省　张晓东　太原市青年宫文艺部部长
　　　　黄　英　太原市少年宫教师
　　　　陈玉梅　阳泉市青少年宫教师
内蒙古　张春年　呼和浩特市玉泉区少年之家教师
　　　　徐艳萍　包头市昆区少年宫教师
　　　　洪　威　包头市青山区少年宫教师
　　　　王彼得　包钢教育处辅导员
　　　　王雷赤　峰市巴林右旗少年宫教师
　　　　乌　兰　鄂尔多斯市东胜区少年宫教师
　　　　郭相利　土默特左旗少年宫教师
　　　　苏雪梅　乌盟青少年宫副主任
辽宁省　颜秀华　沈阳市青少年宫教师
　　　　孙玉秋　沈阳市和平区少年宫教师
　　　　南玉春　沈阳市妇女儿童宫教师
　　　　于宏军　大连市少年宫教师
　　　　曹　敏　瓦房店市少年宫辅导员
　　　　李　仁　大连市沙河口区少年宫美术部长
　　　　代　劲　本溪市青少年宫教师
　　　　刘宝贵　丹东市青少年宫教师
　　　　于春河　锦州市青少年宫教师
　　　　刘文远　营口市青少年宫教师
　　　　刘毅平　阜新市海州区少年宫副主任
　　　　雷鸣翔　阜新市蒙古族自治县少年宫教师
　　　　郇爱明　辽阳市青少年宫教师
　　　　孙　彬　朝阳市凌源青少年宫副主任
　　　　董莉莉　盘锦市青少年宫教师
吉林省　胡显超　榆树市青少年宫辅导员
　　　　吴翠莲　吉林市青少年宫教师
　　　　郑　梅　四平市青少年宫培训部长
　　　　咸颖琨　白山市青少年宫教师
　　　　沈智峰　白城市青少年活动中心教师
黑龙江省　崔文龙　哈尔滨青年宫文化艺术学校校长
　　　　刘伟华　哈尔滨少年宫教师
　　　　刘爱琴　大庆市青少年宫副主任

管世友　牡丹江市青少年宫外语教研部主任
高蕴珠　双鸭山市青少年宫教师
哈俊英　鹤岗市青少年宫艺校校长
刘　娜　鹤岗市青少年宫教师
孙雪梅　七台河市青少年宫副主任

上海市
闵无褆　上海市青年宫教师
沙林芬　宝山区少年宫副主任
周培基　卢湾区青少年科技指导站副站长
范燕明　南汇区青少年科技艺术指导中心教师
李鑫国　徐汇区青少年活动中心副主任
叶银花　闵行区青少年科技指导站站长

江苏省
陆汀兰　无锡市青年文化中心主任
程宏强　无锡市少年宫副主任
许艾岷　华阳中心小学校长
庄淑娥　金坛市青少年宫教师
苏丹懿　南通市青年宫教育培训部部长
张丽军　苏州市青少年活动中心副主任
左新华　大丰市青少年宫副主任
张本洲　淮安市青少年宫教师
周国良　盐城市青少年活动中心主任

浙江省
庄启宁　宁波市青少年宫教师
陈建平　富阳市青少年宫副主任
王传涛　杭州市拱墅区青少年宫主任
余　青　温州市青少年活动中心教师
王兴昌　湖州市少年宫副主任
钱　曦　嘉兴市青少年宫副主任
蒋黎炫　金华市青少年宫教师
叶朝晖　常山县青少年活动中心教师
徐军跃　舟山市普陀区青少年宫主任
刘晓君　青田县青少年宫主任
符茂青　台州市椒江区青少年宫主任
邵　峰　绍兴市青少年活动中心副主任

安徽省
朱黎丽　蚌埠市青少年宫主任
徐守东　巢湖市少年宫教师
徐　皓　铜陵市青少年宫教师
唐玉霞　淮南市青少年宫教师
刘尚恒　安庆市青少年宫教师
丁　汛　芜湖市少年宫教师
常贞德　合肥市少年宫教师

福建省
潘小清　福州市青少年活动中心教师
陈慧白　莆田市青少年宫办公室主任
康　美　华宁德市蕉城区青少年宫教师
李应雄　三明市青少年宫主任
熊　瑛　南平市青少年宫副主任
齐声怡　建阳市青少年宫主任

江西省
曾志龙　景德镇市青少年宫教师
张　伟　南昌市少年宫教师
丁胜茂　江西省青少年棋院教师
胡慧珍　临川区青少年宫主任
罗　莹　吉安市青少年宫教师
郑剑琳　新余市青少年宫教师

山东省
王　辉　山东省青少年活动中心学前部教师
李瑞勇　济南市青少年宫副主任
李依群　济南市青少年宫艺术团团长
王　蕾　济南市青少年宫艺术团教师
刘峰梅　青岛市少年宫教师
车　玲　淄博市青少年宫柳泉艺术学校副校长
危学莉　枣庄市青少年宫艺术培训部部长
王建民　烟台市青少年宫培训部部长
洪　峰　济宁市青少年宫主任
李　萍　济宁市青少年宫教师
别立凡　泰安市青少年宫副主任
刘溢璐　威海市青少年活动中心教师
张　峰　临沂市青少年宫教师
金　宏　德州市青少年宫主任助理
何　斌　胜利石油管理局青少年活动中心教师
郭婷婷　淄博市博山区青少年宫教师
白　海　霞威海市环翠区青少年宫教师

河南省
侯　鑫　郑州市青少年宫教师
董　霞　郑州市青少年宫教师
王根龙　焦作市青少年美术教师
田青刚　开封市青少年活动中心教师
刘蜀英　南阳油田青少年宫教师
张　涛　许昌市青少年宫主任
闫豫川　南阳油田青少年宫主任
韩晓传　洛阳市青少年儿童活动中心教学主任

湖北省
高长江　武汉市青少年宫美术部长
张　俐　江汉油田青少年宫教师
但恩东　武钢青少年活动中心教师
王莎莎　黄石市青少年宫教师
徐隆全　葛洲坝青少年宫教师

湖南省
张全生　郴州市青少年宫教师
杨东剑　湘潭市青少年宫教师
刘建仁　株洲市青少年宫教师

广东省
温如珍　广州市少年宫教师
王　雯　广州市少年宫美术学校副校长
王文生　广州市少年宫教育活动部部长

周嘉儿 广州市少年宫艺术教育发展中心副主任
劳健儿 广州市青年文化宫教师
欧阳玲卡 深圳市青少年活动中心教师
韩月菊 深圳市青少年活动中心教师
刘洪华 汕头市潮阳区青少年活动中心教师
李秀芳 佛山市青少年文化宫教师
李柳香 中山市青少年活动中心教师
余柄权 江门市青少年宫培训部部长
詹定 湛江市遂溪县青少年宫教师
李梅 茂名市少年宫教师
谢冰 肇庆市端州区青少年宫教师
黄绍良 清远市清城区青少年宫教师
叶汉坚 罗定市青少年宫教师

广西 杨帼荫 南宁市青少年活动中心音乐舞蹈培训部部长
纪欣欣 南宁市青少年活动中心器乐培训部部长
黄伟萍 柳州市青少年宫文艺科科长
秦裔工 桂林市少年宫教师
黄鹏昌 柳州铁路局青少年活动中心培训部干事
覃启仕 柳州铁路局青少年活动中心教师

重庆市 周康全 万州区青少年宫主任
王小明 南川团市委副书记
喻卉晶 忠县青少年宫教师

四川省 刘玉林 成都市青少年宫美术学校校长
王前琭 绵阳市青少年活动中心副主任
张永红 三台市青少年宫主任
李云华 自贡市青少年宫副主任
李亚玲 乐至县市青少年宫教师
杨梁相 眉山市东坡区青少年宫主任
陈正销 雅安青少年宫教师
何蓉 宜宾市青少年宫教师
谭明德 南充青少年宫主任
宋艳 达州市通川区青少年宫教师

贵州省 张蕙 全国青少年贵州活动营地教师
李华毅 贵阳市青少年宫教师
陆敏 六盘水市青少年活动中心教师
吴晓萍 铜仁地区青少年活动中心教师

云南省 吴正川 玉溪市青少年宫副主任
陈东 昆明青少年活动中心主任
李济君 昆明市盘龙区青少年宫教师
王冬梅 保山市青少年宫教师

西藏 普布次仁 拉萨市少年儿童活动中心教师
群丹洛珠 自治区群艺馆辅导部副主任

陕西省 熊飞 西安市青少年宫艺术团教师
王彩琴 西安市青少年宫体育部部长
彭莉 宝鸡市青少年宫培训部部长
孙晓丽 宝鸡市青少年宫教师
崔兆康 安康市青少年宫教师
王晓莉 商洛市青少年文化活动站教师
彭建萍 西安市碑林区青少年宫主任

甘肃省 赵建红 甘肃青年宫助理会计师
王维云 兰州市少年宫教师
裴正晓 金昌市青少年活动中心教师
索南昂 毛夏河县青少年宫教师
赵晓琴 永昌县青少年宫教研室主任

青海省 刘淑清 青海省青少年活动中心教师
曹进福 西宁市少年宫教师
李永珍 海南州青少年文化宫教师

宁夏 王梁 银川市青少年宫副主任
肖敬元 青铜峡市黄河少儿艺术团团长
祁建军 石嘴山市回民高级中学教师

新疆 张锋 克拉玛依市青年宫教师
戴永芬 昌吉学院教师
朴桂花 博州青少年宫教师
牛哉心 昌吉市青少年宫教师

附件3 全国青少年宫优秀工作者名单（100人）

北京市 刘岩 北京市青年宫副主任

天津市 于和平 天津市少年宫教师
王普选 天津市少年宫外联部副主任
王义松 天津市青少年绿色文明基地教师

河北省 孙建林 唐山市青少年宫主任
雷记双 邯郸市青少年宫副主任
李文慧 保定市青少年宫主任

山西省 李平贵 太原市青年宫主任
贾陵京 太原市少年宫主任
宋嘉文 阳泉市青少年宫副主任

内蒙古 邹成利 呼和浩特铁路局少年宫主任
潘丛熠 阿盟青少年宫主任
金双贺 奈曼旗体育局副局长
涂娅 呼伦贝尔市民族少年宫副主任

辽宁省 李　鹤　沈阳市妇女儿童宫主任
郭继昌　鞍山市台安县少年宫主任
盛文峰　丹东市青少年宫副主任
张　旭　铁岭市青少年宫主任
刘素新　葫芦岛市青少年宫主任
吉林省 李　杰　吉林市青少年宫主任
孙乃岩　白城市青少年活动中心主任
张绪峰　榆树市青少年宫主任
黑龙江省 李庆余　哈尔滨青年宫主任
谢尊先　牡丹江市青少年宫党支部书记
张金光　佳木斯市青少年宫党支部书记
鲁志华　七台河市青少年宫主任
上海市 蔡　丰　上海市青年宫主任
汤　钧　上海青年文化活动中心副总经理
冯克胜　普陀区青少年中心主任
江苏省 曲征宇　南京市青少年宫主任
林庆生　镇江市青年宫主任
周海清　沭阳县青少年宫主任
钟　玲　徐州市青少年宫副主任
浙江省 金娟娟　杭州青少年活动中心主任
郑明芳　宁波市青少年宫主任
马晨叶　海宁市青少年主任
朱学苏　遂昌县青少年宫主任
王建国　衢州市青少年宫主任
吴　彰　温州市少年宫主任
童杏法　杭州市余杭区青少年宫主任
成　珊　长兴县青少年宫主任
安徽省 王　磊　六安市金安区青少年宫主任
王鹏飞　宿州市青少年宫主任
张学仁　淮北市青少年宫主任
福建省 柯瑞宁　厦门市青少年宫副主任
赵楚明　漳州市青少年宫副主任
林永和　龙岩市青少年宫主任
庄春霞　晋江市青少年宫主任
江西省 李　菲　江西省青少年宫协会秘书长
黎维雅　九江市青少年宫主任
李　辉　赣州市青少年宫主任
山东省 高　永　山东省青少年活动中心主任
贺建国　青岛市少年宫主任
孙雷鸣　潍坊市青少年宫主任
李增文　泰安市青少年教育培训活动中心主任
董崇文　威海市青少年活动中心主任
河南省 任长山　郑州市青少年宫书记
胡素霞　洛阳市青少年儿童活动中心财务部主任
李　灿　平顶山市青少年宫主任
湖北省 张其军　武汉市青少年宫主任
崔先进　十堰市青少年宫主任
曹　虹　武汉青山区青少年宫主任
程　琴　武汉市硚口区青少年宫主任
湖南省 李剑刚　长沙青少年宫主任
孙　江　湘西州民族青少年宫主任
广东省 黄南冰　广州市少年宫主任
方小平　广州市青年文化宫主任
周文杰　珠海市青少年宫主任
欧丽华　中山市青少年活动中心主任
梁家基　江门市青少年宫主任
陈岳群　深圳市青少年活动中心副主任
广　西 陈志刚　南宁市青少年活动中心副主任
吴荫标　梧州市青少年文化宫主任
李志新　柳州铁路局青少年活动中心主任
重庆市 蒋　秋　重庆市少年宫主任
孙少华　石柱县团委书记
四川省 罗承德　成都市青少年宫主任
吴丽群　成都市青羊区青少年宫主任
陈　宏　攀枝花市少年宫副主任
谢自能　内江市青少年宫主任
刘淑蓉　乐山市青少年宫主任
罗八一　泸州市青少年宫主任
贵州省 邹善珍　全国青少年贵州活动营地主任
吴德怀　普定县马官镇青少年宫主任
云南省 王　宏　玉溪市青少年宫主任
褚　志　昆明青少年活动中心文化艺术学校教师
余允珠　昆明盘龙区青少年宫主任
西　藏 多吉卓嘎　西藏雪莲少儿艺术团艺术教师
陕西省 杨清波　西安市青少年宫主任
李咏军　西安市青少年宫副主任
周兰强　宝鸡市青少年宫主任
田宝生　原安康市青少年宫主任
甘肃省 韩　萍　兰州市少年宫党支部书记
夏应海　庆阳市青少年宫主任
青海省 胡国祥　青海省青少年活动中心培训部主任
寻雄武　青海油田少年宫主任
宁　夏 张　萍　石嘴山市青少年活动中心主任
沈彩霞　固原市原州区少年宫主任
新　疆 徐　洁　伊宁团市委书记
韩晶宇　昌吉市青少年宫主任

中国科协关于确定第二批全国科普教育基地创建单位的决定

科协发普字[2004]65号

各全国性学会、协会、研究会，各省、自治区、直辖市科协，新疆生产建设兵团科协：

为进一步贯彻落实《中华人民共和国科学技术普及法》，动员更多的社会科普资源积极投身于社会公益性科普事业，中国科协在第一批全国科普教育基地建设工作取得阶段性成果的基础上，于2003年布置了第二批全国科普教育基地创建单位的申报工作。各全国性学会和省、自治区、直辖市科协、新疆生产建设兵团科协积极组织申报工作，共推荐了89个申报单位。

中国科协组织相关方面的专家，严格按照《全国科普教育基地标准（试行）》和《关于对第一批全国科普教育基地进行检查和申报第二批全国科普教育基地创建单位的通知》要求，对89个申请创建的单位逐个进行了评审，最终确定81个单位为第二批全国科普教育基地创建单位（名单见附件），其中全国性学会推荐的有14个，省级科协推荐的有67个。

各全国性学会、协会、研究会，各省、自治区、直辖市科协，新疆生产建设兵团科协要重视科普教育基地建设工作；要与全国科普教育基地建立固定的工作联系；要加强对基地的指导与管理；要及时了解并掌握全国科普教育基地的科普工作动态，及时通报情况、交流经验。同时做好省级科普教育基地的建设工作，依托科普教育基地积极组织开展社会化科普活动，发挥好科普教育基地的作用，使科普教育基地成为开展群众化、社会化、经常化科普活动的主要力量。

各科普教育基地创建单位要认真贯彻《中华人民共和国科学技术普及法》，按照《全国科普教育基地标准》的要求认真做好各项工作，积极开展形式多样、内容丰富、贴近群众、贴近生活、满足公众科普需求的社会化科普活动，不断扩大科普活动的覆盖面或辐射范围，为提高全民族科学文化素质努力工作。

中国科协

二〇〇四年七月二十七日

附件　第二批全国科普教育基地创建单位名单（81个）

全国性学会、协会、研究会推荐的14个

中国气象学会

山东聊城市气象科普教育基地

中国海洋学会

太平洋海底世界

中国测绘学会

中国测绘科学研究院人卫观测站

中国铁道学会

詹天佑纪念馆

中国铁道博物馆

中国航空学会

中国人民解放军93619部队

中国煤炭学会

中国煤炭博物馆

中国消防协会

青岛消防博物馆

北京消防教育训练中心

中国农学会

北京市顺义区大孙各庄农业示范区

中国水产学会

小汤山渔业高科技园区（北京市汇瀛水产良种开发中心）

中国水土保持学会

中国科学院水利部水土保持研究所

中国药学会

广西壮族自治区药用植物园

中国体育科学学会

中国体育博物馆

省、自治区、直辖市，新疆生产建设兵团科协推荐的67个

北京市科协

北京市索明科普乐园

北京工体富国海底世界

天津市科协

天津宁河县中小学劳动教育实践培训中心

天津市北方花卉基地

河北省科协

河北省唐山科技馆

河北省正定县科技馆

山西省科协

山西省长治妇女儿童科教中心

内蒙古区科协

内蒙古海拉尔国家森林公园

内蒙古自治区地震局乌素图地震台

辽宁省科协

辽宁大连自然博物馆

辽宁大连老虎滩海洋公园

吉林省科协

吉林龙湾国家级自然保护区

吉林市科学技术馆

黑龙江省科协

黑龙江省五大连池地震火山监测站

上海市科协

上海浦东气象科普馆

上海城市规划展示馆

上海公安博物馆

上海地震科普馆

上海市农业科学科普教育基地

江苏省科协

江苏无锡市排水管理处芦村污水处理中心

江苏常州中华恐龙园

江苏南京海底世界

江苏科学宫

浙江省科协

浙江省农业高科技示范园区

浙江安吉竹子博览园

安徽省科协

安徽省科学技术馆

合肥气象科技园

合肥市科技馆

福建省科协

厦门桥梁博物馆

厦门市园林植物园

福建省福清市天生林艺园

福建省福州国家森林公园

江西省科协

江西省景德镇陶瓷历史博物馆

江西省赣南树木园

江西省南昌市鸟语林科普园

山东省科协

山东省科技馆

河南省科协

河南郑州科学技术馆

湖北省科协

武汉东湖海洋世界

湖北黄冈市李四光青少年科技馆

湖北省博物馆

湖南省科协

长沙岳麓山鸟语林科普园

湖南张家界森林公园

湖南省气象台

广东省科协

广东省深圳市仙湖植物园

广东省中山大学生命科学院生物博物馆

广东省珠海市农业科学研究中心

广东省江门市新会区圭峰山国家森林公园

广东省广州南沙科学展览馆

广西区科协

广西壮族自治区药用植物园

广西现代农业科技示范园

海南省科协

海南省兴隆热带植物园

海南火山口公园

海南师院生物多样性博物馆

重庆市科协

重庆市动物园

四川省科协

四川峨眉山博物馆

中国工程物理研究院科学技术馆

四川雅安市碧峰峡野生动物园

贵州省科协

贵州消防教育馆

贵州气象科技馆

云南省科协

中国科学院昆明植物园

昆明动物园

西藏区科协

西藏自治区气象台

陕西省科协

陕西昆虫博物馆

甘肃省科协

兰州重离子加速器国家实验室

青海省科协

青海省国土资源博物馆

宁夏区科协

宁夏回族自治区地震局银川基准地震站

新疆生产建设兵团科协

新疆兵团绿洲生态农业重点实验室

全国少工委关于表彰“2004年度中国少年儿童海尔科技奖”获奖者和获奖单位的决定

各省、自治区、直辖市、副省级城市少工委：

为贯彻落实《中共中央国务院关于进一步加强和改进未成年人思想道德建设的若干意见》（中发[2004]8号）精神，大力开展少年儿童科普教育活动，培育少年儿童的创新精神、实践能力与综合素质，增强少年儿童科学素养，全国少工委联合海尔集团共同开展了“2004年度中国少年儿童海尔科技奖”活动。

活动开展以来，得到了广大少年儿童的热烈欢迎，受到社会各界人士的广泛关注和大力支持。在各级少先队组织的精心筹备下，共有来自全国27个省市的近10万名少年儿童通过不同方式积极参与了2004年活动。

经过各地申报和专家评审委员会认真评选，《第三代遥控消毒机器人》等10个项目（共15名同学）获得“2004年度中国少年儿童海尔科技创新奖”，《蔬菜中硝酸盐含量对比实验和问题分析》等20个项目（共25名同学）获得“2004年度中国少年儿童海尔科技优秀奖”，《多用途小力士》等300个项目（共460名同学）获得“2004年度中国少年儿童海尔科技希望奖”，周又红等36名教师获得“2004年度中国少年儿童海尔科技奖”活动园丁奖，山东省少工委等10个单位获得了“2004年度中国少年儿童海尔科技奖”活动组织奖。全国少工委决定对以上获奖者和获奖单位进行表彰。

希望受表彰的获奖者和获奖单位再接再厉，开拓创新，取得更加优异的成绩。各级少先队组织要积极行动起来，努力协调社会各有关方面力量共同参与，开展各种丰富多彩的科技教育活动，为广大少年儿童营造“爱科学、学科学、用科学”的良好氛围和社会环境，为服务广大少年儿童的健康成长做出更大的贡献。

附：1.“2004年度中国少年儿童海尔科技创新奖”名单（略）

2.“2004年度中国少年儿童海尔科技优秀奖”名单（略）

3.“2004年度中国少年儿童海尔科技希望奖”名单（略）

4.“2004年度中国少年儿童海尔科技奖”活动园丁奖名单（略）

5.“2004年度中国少年儿童海尔科技奖”活动组织奖名单（略）

全国少工委

二〇〇四年十二月十八日

全国少工委办公室关于表彰“中国少年儿童平安行动”2004年度先进集体和个人的决定

各省、自治区、直辖市少工委：

“中国少年儿童平安行动”是共青团中央、教育部、公安部、全国少工委等部委共同主办的一项引导全社会关注和预防少年儿童意外伤害、促进少年儿童健康成长的社会公益活动，是“少年儿童平安回家”活动的深化和拓展。

今年是“中国少年儿童平安行动”的第二年，各地以共青团、少先队组织和教育、公安部门为主导，依托中小学校和社区少先队组织，紧紧围绕“预防校园侵害、创建平安校园”的活动主题，充分发挥少年儿童的自主性和创造力，引导他们开展了“争创‘平安校园’六个一”活动。少年儿童通过唱响“平安校园歌”、创编“平安校园警句”、参加“平安校园征文”、“平安校园知识竞赛”、“平安校园训练营”、“平安校园论坛”等丰富多彩的活动，在体验中学习自护知识、增强自护意识，提高了自护本领。在此基础上，各地积极组织少年儿童参加全国的知识竞赛和征文比赛两个单项活动，参与人数高达500万人，收到了很好的效果。

为了总结工作成绩，表彰鼓励先进，进一步推动活动的顺利开展，在各级组委会层层推荐和审核的基础上，全国组委会评出“中国少年儿童平安行动”优秀组织奖123个，“争创平安校园”组织奖293个，“平安行动好队员”856名，优秀“平安使者”106名，予以表彰。

希望受表彰的组织和个人再接再厉，开拓创新，取得更加优异的成绩。希望各级团队组织进一步充分认识到“中国少年儿童平安行动”的重要意义，认真总结经验，努力探索良好的运行机制和活动方式，依靠社会资源，促进此项工作健康有序地发展，共同为少年儿童营造一个平安、健康、和谐、快乐的社会环境！

附：1.“中国少年儿童平安行动”优秀组织奖名单（略）

2.“争创平安校园”组织奖名单（略）

3.“平安行动好队员”名单（略）

4.优秀“平安使者”名单（略）

全国少工委办公室

二○○四年十一月十五日

校外教育名师

北京市

张　玫　东城区少年宫书法高级教师，书法部部长。现为中国书法家协会会员、北京市书法家协会青少部委员，北京传统文化艺术交流协会少年儿童书法分会秘书长。2002年9月获中国书法专业最高奖——“兰亭奖”的教育提名奖；2003年4月获东城区“劳动奖章”；2003年9月获东城区首届基础教育成果（个人）二等奖；2001年9月被评为东城区中青年骨干教师；2001年5月小组活动录像观摩获北京市校外系统一等奖；2001～2003年均获全国少年儿童书画比赛辅导教师一等奖；2004年9月10日获东城区人民政府授予的“人民教师”称号。

许巍巍　东城区少年宫美术高级教师，美术部部长。从事少儿美术教育工作近20年，辅导的学生作品在国内外美术赛事中取得优异成绩。出版教材有《教儿童听、说、看、想、画》、《儿童速写辅导》、《我和大师一起画》、《一年365天天天画故事》、《幼儿入学准备——学绘画》、《小朋友大画室》、《新编幼儿入学准备教材美术·手工》上下册等。《少年宫工作室式美术活动模式探索》获北京市政府颁发的“北京市第二届基础教育教学成果二等奖”，是2004年北京市教育系统骨干教师。

徐　玮　东城区青少年科技馆副馆长，北京市校外兼职教研员，东城区政协委员。1978年开始从事校外教育工作，任船模辅导教师，1993年荣获首都劳动奖章和全国“五一”劳动奖章。辅导的学生多次在北京市、全国航海模型竞赛中获奖，其中1人获一项全国冠军、6人获国家一级运动员称号。

李学军　东城区青少年科技馆教研副主任，教研组长，区校外教研员，中学计算机高级教师，东城区第十三届人大代表。常年负责东城区小学升初中计算机特长生的考评工作，培训的学员参加各级各类比赛共获得区级奖励80余个、市级21个、国家级67个；获东城区教委校外系统先进个人、区科协“优秀科技辅导员奖”、东城区校外教育先进个人、“NIT培训教师”资格、“全国计算机竞赛裁判”称号，多次获得全国优秀辅导教师奖、全国优秀辅导员奖、北京市优秀辅导教师奖、北京市优秀组织工作者奖等。

张俊菊　东城区青少年科技馆生物组辅导教师。中学高级教师。参与策划并负责组织的东城区柳荫公园、东城区青少年科技馆联合举办的“我和柳树交朋友”科普教育活动，被北京电视台等多家媒体报道。辅导学生参加北京市青少年科技创新大赛，撰写的生物科技论文分获市一、三等奖。参加北京市中小学生生物知识竞赛，一等奖5人，二等奖8人，三等奖5人，团体第一名1人。本人撰写的论文多次获得市级一、二、三等奖励和不同等级的优秀辅导员称号。

李　雪　西城区青少年科技馆生物教师，教研组长。中学高级教师。中国动物学会鸟类学分会会员。西城区教育学会中青年教育理论工作者研究会会员。辅导的学生论文在全国获金、银奖3篇，北京市级奖30篇，区级奖60篇。论文《鸟类小组中级组活动辅导纲目》获北京市课外校外教育系统中级辅导纲目一等奖，《生物科技活动有利于发展学生的综合素质》获北京市教育学会中青年教育理论工作者研究会优秀论文二等奖，2002年被评为西城区第七届青少年科技园丁奖优秀科技辅导员，2004年被评为西城区优秀科技辅导员、新鸟类科学青年奖。

张巧云　崇文区科学技术协会主席。2002年，在崇文区体育馆路街道办事处建立了全国首家社区青少年科学工作室。2002年，在全市中小学率先倡导开展了“我心目中的奥运形象设计普及系列活动”，在科技与艺术的结合方面探索出一条新路子；积极组队参加青少年科技活动，在全国及北京市青少年科技创新大赛中，崇文区青少年的成绩一直名列前茅。2003年有56个项目获奖，其中获全国及北京市一等奖9项。获北京市校外教育先进个人称号。

袁　强　崇文区少年宫主任，硬笔书法教师。中国教育学会少年儿童校外教育分会常务理事，中国教育学会少年儿童校外教育分会城区少年宫工作组组长。中国硬笔书法协会副秘书长。北京市教育学会校外教育研究会常务理事。崇文区学科带头人。

在教育教学活动实践中积累了丰富的教学经验，不断创新，形成一套有特色的硬笔书法教育教学的内容、方法、纲目、教材等一系列教程，编撰了百种书法视、听、训、写辅导材料，撰写的论文多次获奖，荣获汉字书写艺术教育家、全国校外教育优秀理论研究工作者、全国硬笔书法十大理论家、北京市优秀教师和北京市校外教育系统中青年骨干教师等称号。2004年被北京市教育委员会评为北京市骨干教师。

唐汝明　崇文区少年宫副主任，崇文区校外教育理论研究会秘书长，北京市校外教育先进个人，北京市课外校外教育兼职教研员。2004年获北京市校外教育先进个人称号。

20年来开展了对校外教育的各个方面的研究活动，涉及的课题包括：“校外教育管理”、“校外教育群众性活动评估”、“校外教育兴趣小组活动特色”、“校外教育兴趣小组活动中普及与提高的关系”、“校外教育生源问题调研”、“校外教育机构的环境与设施”等；撰写的论文多次在全国城区少年宫工作研究会、北京市校外教育研究会、崇文区教育学会等学术年会上获奖。

参加国家教育部教科研“九五”规划重点课题《中国教育史研究》子课题《中国少年宫教育史研究》课题研究；担任北京市教育学会教科研“十五”规划重点课题《校外教育活动评估》子课题《校外青少年群众性教育活动评估》课题组负责人；承担《北京市校外教育资源整合与开发》课题研讨工作。

李廷茹　崇文区天坛少年之家舞蹈教师。2004年8月，她创编排练的舞蹈《红扇情韵》荣获第一届北京市校外教育艺术节舞蹈比赛一等奖；9月，撰写的论文《浅谈在舞蹈教学中气息运用的重要性》获崇文区校外教育理论研讨会论文年会一等奖；11月，在崇文区校外教育办公室教育教学展示活动中获一等奖。2004年被崇文区人民政府授予“先进教育工作者”、“学科带头人”称号。

赵丹娜　崇文区前门少年之家教师。小学高级教师。北京曲艺家协会会员，崇文区教育协会理事。曾获北京市校外教育先进个人称号。教学活动辅导方案《曲艺表演——“眼睛与手势”在曲艺表演中的作用》在第2届京津校外教育“理论与实践创新论坛”案例评选中获一等奖；科研论文《教育心理效应在校外教育管理中的应用》在全国“十五”教育科研重点课题“新学习方式下教与学策略应用研究”中期成果评比中获二等奖。2003年被评为崇文区骨干教师，2004年被评为崇文区学科带头人。

梁春梅　崇文区前门少年之家教师。小学高级教师。曾获北京市紫禁杯优秀班主任奖、崇文区德育先进工作者、优秀班主任、崇文区优秀辅导员、德育先进个人等称号。撰写的论文《个性心理品质的培养，必须从儿童抓起》获崇文区优秀班主任论文一等奖，撰写的案例《拥有自信不是梦》在《情商》杂志上发表。在朗诵教学培训活动中，利用创新的“情景育人”进行教学，效果显著，培训的学员在区艺术节比赛中获奖。2004年被评为崇文区青年骨干教师。

李学颖　崇文区青少年科技馆计算机专职教师，从事中小学校外计算机知识的普及与提高以及教师培训的工作。先后开展了计算机基础知识、计算机语言、Office系列办公软件、数据库、网络知识、多媒体制作、电脑绘画及二维、三维动画制作等众多内容的培训活动。辅导的学生在北京市、崇文区计算机信息展示竞赛及电脑绘画、动画竞赛中多次获奖。撰写的论文以及教学辅导方案在北京市、崇文区多次获奖。辅导的青年教师在崇文区评优课中获优秀奖。2004年被评为崇文区师德先进个人、区学科带头人。

孙心若　宣武区少年科技馆电子教师。中学特级教师。北京市无线电运动协会副主席，全国少年电子技师专家指导委员会委员、北京地区专家指导委员会副主任，北京市发明学会理事。

孙心若潜心创造教育研究，深入浅出地将微电子学引入数学集成电路教学，根据社会需求引入热门电子乐器技术，编写出了适合活动课的创造思维培训课程。创新出一些具有校外特色的辅导法。近20年来，辅导学生获市级以上发明奖200余项，获国际和全国发明奖100余项。获得北京市中小学生最高荣誉金、银帆奖牌25枚。1991年被评为北京市有突出贡献的专家，1995年2月经国务院批准享受政府特殊津贴，多次荣获市、区优秀教师、优秀教育工作者、师德优秀教师等称号。

符其卫　宣武区青少年科技馆航模教师。中学高级职称。宣武区学科带头人，宣武区兼职校外教研员、教研组副组长，同时兼任市校外航模教研组组长。与国家测绘科学院及其他国防科研单位合作，研究、探讨新科研项目，为全市及宣武区举办过50多次业务指导培训班，参加培训教师达1500多人；担任北京市中小学生航空（航天）模型竞赛总裁判长，带领北京市青少年航模队参加全国比赛，多次获全国团体冠军、亚军称号；多名学员获得金、银牌。多次获北京市先进儿童教育工作者、优秀科技辅导员、优秀科普工作者等称号。

车金相　宣武区青少年科技馆智能控制专业教师。中学高级教师。市级骨干教师、区级学科带头人。曾获北京市优秀青少年科技辅导员、宣武区教育系统先进教育工作者、宣武区优秀科技园丁、宣武区骨干教师、宣武区师德标兵、宣武区文明标兵等称号；曾获全国青少年校外科技教育工作研讨会论文一等奖、全国首届科技辅导教师作品征集、评选活动一等奖。

闫冬云　宣武区少年美术馆教科研主任。小学高级教师。宣武区校外教育教研组教研员，2004年7月，被评为宣武区美术学科带头人；9月，被评为宣武区模范教师；10月，被评为北京市中小学优秀德育工作者；11月被评为宣武区文明标兵。

杨凤桐　宣武区少年宫民乐教师。中学高级教师。中国音乐家协会会员、中国民族管弦乐学会会员、中国笛子演奏家协会理事。掌握多种乐器的演奏技巧，辅导的多个乐团及学员在各种比赛中多次获奖，部分学生被输送到专业院校，教学业绩在国内外众多媒体中报道。2004年7月被评为宣武区学科带头人。

张利安　宣武区少年宫武术兼跆拳道教师。中学高级教师。北京市武术教研组组长、北京市武术协会会员、北京市八卦掌协会副秘书长，国家一级裁判员，获中国武术段位五段称号，香港武德会馆跆拳道黑带三段称号。曾在中央电视台体育节目中主讲武术课程。在市、区校外系统教学评优课中获优异成绩。任建国五十周年大庆晚会武术表演和北京市第六届少数民族运动会大型团体操总创编人员。培养学员多次在各种比赛中获奖。

孙耀先　宣武区少年宫中国象棋教师、体育部部长。中学高级教师。北京市棋协委员，宣武区骨干教师，曾被评为北京市校外教育先进个人。参与北京市校外重点课题的研究工作，撰写多篇研究文章获奖并发表。培养的学生成绩突出。出版著作《象棋流行布局》一书及教学光盘。

韩寅生　朝阳区青少年活动中心主任。北京市校外教育学会常务理事，坚持“深化改革、务本求实、自我发展、开拓创新”的指导思想，积极探索校外教育发展规律，形成具有自身特色的校外教育管理模式，取得引人瞩目的教育成果。曾任1993～2003年两届朝阳区人大代表；2004年朝阳区党代会代表。先后被评为北京市校外教育系统先进个人、北京市青少年科技教育先进工作者、朝阳区教育工会十佳校长、朝阳区普教系统优秀党员、北京市优秀教育工作者等称号。

周　放　朝阳区校外教研室主任兼青少年活动中心副主任，北京市青少年科技教育协会第五届理事会聘为常务理事、理论专业委员会主任。注重对现代教育理论的学习，结合工作实际积极探索新形势下校外教育的规律，在校外教育的理论与实践研究上取得了较大的成绩。辅导学生开展20余项科学探究活动，在全国、北京市级比赛中获奖。多次参与国家、北京市级课题研究，并承担主要研究任务；多次被评为市、区级优秀科技辅导员、科技园丁、北京市骨干教师、北京市优秀德育工作者等称号。

王德明　朝阳区青少年活动中心武术教练。中学高级教师。技艺高超，教学能力强，1998年收入《中国武术名人录》。2003年负责全国首届武术形象大赛问答题参考书武术分类部分的编写，并任大赛专家组组长、竞赛部常务副主任。6年中负责管理的武术教学部门共26个班（小组），近800名学员。2000～2005年期间所指导的武术队在市级、全国、世界性的各种比赛中多次获得一、二等奖。被评为北京市骨干教师。

沈　莉　朝阳区青少年活动中心书法教师。中学一级教师。书艺精湛，教学成果突出。辅导的学生多次在国际、全国、北京市重大书法比赛中获奖，2002年获中国书法家协会“德艺双馨”书法家、中国书法家协会首届“兰亭奖”书法创作奖、北京市优秀教师称号，2004年评为北京市先进教师。

王振民　丰台区青少年活动中心主任，中学高级教师，中国教育学会会员，中国儿童歌舞学会常务理事，全国城区少年宫研究会常务理事，北京市校外教育研究会常务理事。在他的领导下，丰台区青少年活动中心被评为北京市校外教育先进集体，丰台区师德先进集体，丰台区文明单位。本人6次获丰台区教育系统先进工作者称号，撰写论文10余篇，其研究成果多次获奖并在市级以上刊物上发表。2003年被评为全国少年儿童校外教育优秀理论研究工作者。2004年获北京市中小学优秀德育工作者称号。

赵　俭　丰台区青少年活动中心文艺部声乐专业教师兼部长。中学高级教师。全国社会艺术音乐水平考级高级考官，中国儿童歌舞学会理事，2002年当选北京市第十二届人大代表。辅导的学员中有近百人在各级各类声乐比赛中获奖，47人分别考入专业院校，2名学生代表中国赴埃及参加国际声乐比赛。本人曾11次在市级声乐比赛中分别获一、二等奖，所编写的教学论文、辅导纲目以及声乐教学活动课多次获奖。2004年，被评为北京市中青年骨干教师。

王小蓓　丰台区青少年活动中心音乐专业教师。市音乐家协会常务理事。辅导的学员参加中央音乐学院的考级测试平均通过率在98%以上；2001年度考级通过率达100%；钢琴学生通过率常年保持98%；30%以上的学生通过了中央音乐学院九级测试。2004年9月自己创编的《北风吹》获北京市校外系统艺术节三等奖；2004年12月，撰写的论文《儿童学琴心理初探》在北京市第十届课外教育理论研讨会论文评选中获三等奖。

张　莉　丰台区青少年活动中心文艺部声乐教师，教研组长。辅导的学生在全国和市的少年儿童声乐比赛中有150多人次分别获一至三等奖。近2000人次通过了校外声乐考级，通过率100%，优秀率30%以上。2003年3月获中国音乐学院社会艺术水平考级考官资格证书。多篇论文获市、区奖项；多次在市、区各种声乐比赛中获第一、第二和第三名；多次获全国及北京市少儿声乐比赛园丁奖。

赵长林　丰台区劳动技术教育中心航模教师。2002年被国家体育总局授予航空模型国家级运动健将称号。现任全国航天模型运动指导站指导、北京模型运动协会副秘书长，负责组织指导北京市中小学生航天模型活动。带领北京队参加全国青少年航空航天模型锦标赛获得冠军。为北京市培养了300多名航天模型辅导教师，并组织3万多名学生参加了航天模型科普及竞赛活动。2004年指导的学生获得了科技创新北京市长奖、科技创新丰台区长奖、北京市中小学金帆奖；3名学生被授予国家级运动健将称号；本人获丰台区科技教师最佳贡献奖。

王洪林　丰台区劳动技术教育中心陶艺教师、笛子教师。校本教材《陶艺初级教材》获第一届全国陶艺教育成果展二等奖。论文《校外劳技教育活动“专业融合模式”的实践与研究》获北京市教育学会劳技教育研究会第五届教育教学论文二等奖。2003首届中国少年儿童艺术节全国少年儿童艺术风采展示大赛中获优秀辅导教师奖。

王富强　丰台区劳动技术教育中心美术教师，培训部长。1997年获丰台区政府论文优秀奖。1998年、1999年获北京市教委语言文字宣传画入选奖，并印刷发行。《我心中的彩虹》入选市教委《我与普通话》一书；辅导的学生在全国《我与童谣》大赛中获一等奖，2003年辅导学生设计《抗击非典》徽章，获三等奖并印制发行。2003～2004年连续两届获全国科幻绘画一、二、三等奖。

刘智萍　首都师范大学附属丽泽中学化学教师，课外活动负责人。中学高级教师。开设化学实验设计与探究、开发图书馆课外活动的校本课程、历史人物评价、绘画基础、汉字的演变、当代国际关系、数学的应用、“心问”社、跆拳道、电影欣赏、钢琴演奏、天文观测等课外活动小组，深受学生的喜爱。所带班级曾获全国中小学大课间比赛二等奖。2001年被评为区级骨干教师，2002年被评为丰台区优秀教育工作者，化学教研组多次获市、区先进集体称号。

李日成　门头沟区少年宫主任。重视政治业务学习，重视以法治宫和以德治宫相结合，重视教师队伍建设，为教师成材铺路搭桥，真诚服务山区中小学生、服务家长、服务社会，爱岗敬业，律己奉公，关心教职工的学习、工作和生活，勇于创新。2004年被评为北京市校外教育先进个人。

何志东　通州区青少年活动中心主任。中学高级教师。中国教育学会少年儿童校外教育分会常务理事，北京市教育学会校外教育研究会副理事长，北京市通州区人大教科文卫委员。北京市优秀校外教育工作者。2004年被选为北京市通州区第三次人大代表。

张建云 大兴区少年宫音乐教师。中学一级教师。北京市音乐家协会会员，大兴区文联理事，区音协副主席。擅长演唱评剧、民歌、美声。撰写的论文多次获市校外教育奖项。辅导的学生多次获全国、市级大奖；2004年“六一”为胡锦涛等中央领导人演出；为中央人民广播电台和音乐出版社录制幼儿歌曲磁带3盘，作为幼儿园教材在全国发行。本人多次在市级各种比赛获一、二等奖。2004年被授予“2003年度北京青年岗位能手”称号；2004年被评为“北京市校外教育先进个人”。

孙凤广 大兴区少年宫航模教师，科技部部长。中学一级教师。中国航空运动协会会员、北京分会理事，全国“少年电子技师”认证高级导师。2000年以来辅导学生参加北京市中小学生航模比赛，共有194人次获奖，其中个人冠军68个，综合团体冠军13个。曾3次出任北京第一领队或教练，带队参加全国青少年航模比赛，曾取得团体第一、二名，辅导的学生有5人获个人名次。本人多次获市、区级先进教师、优秀科技园丁荣誉。

徐文彪 大兴区少年宫书法教师。中学一级教师。北京书法协会会员，大兴区书法家协会秘书长，大兴区文联理事，大兴区青联委员。曾获北京市校外系统美术、书法专业教师作品展“最佳作品奖”，录像课曾获北京校外教育创新活动一等奖。培养学员数千名，数百人次在国内比赛中获奖。

曹冬梅 大兴区少年宫艺术体操教师。中学一级教师。从事校外艺术体操教学10年，所辅导的学生中有5人考入北京市级重点中学，36名学生获国家三级运动员证书，2名学生获二级运动员证书。多次组织学生参加大型的区级演出活动，创编的节目达20多个。教学论文《校外艺术体操项目创新的研究》在2004年12月北京市第十届课外校外教育理论研讨会论文评选中获二等奖。

王建国 大兴区少年宫国画专职教师。中学高级教师。北京美术家协会会员，中日民间文化艺术交流协会理事，中国江都画院、北京南海画院等画院特聘理事，北京美术教育协会会员，大兴区四届政协委员。作品曾获“中国劳动者杯”大赛银奖、1997香港回归全国书画大展赛金奖。作品多次入选《当代书画名家作品集》、《中国美术家选集》、《中国近代百人作品集》等。培养了4000名学员，有几百人先后在各级比赛中获奖。

聂玉峰 昌平区少年宫主任。3年抓三建：建立网站，建设天象厅，建设师资队伍；3年创三最：获得奖项最多，招生人数最多，职工收入最多。在校外教育工作中做出了显著成绩。2004年，被评为北京市校外教育先进个人。

刘淑娟 房山区少年宫美术教师，少年宫教务副主任。中教一级职称。根据各个年龄段孩子的认知特点和规律，使专业设置由单一绘画训练向多学科渗透，取得可喜教学成果；在各级各类比赛中，辅导的学生多次获奖；自编了《校外素描组活动辅导纲目》、《素描起步》等辅导教材；撰写的论文《为学生营造第三个“家”》获市级三等奖；主持承担市级课题“校外美术小组活动与创新教育的实践研究”，课题报告《由单一向多元》获市级一等奖；多次获房山区杰出书画园丁、优秀辅导教师、房山区骨干教师等称号。2004年被评为北京市校外教育先进个人。

王海斌 延庆县青少年活动中心美术教师。小学高级教师。2003年10月，小组活动辅导方案和小组活动实录《具像静物作品创造性变构》参加北京市校外教育系统教育教学创新系列展示活动评为一等奖，2004年在京津两地校外教育“理论与实践创新论坛”中获一等奖。2004年2～6月以“我爱美丽的延庆”为主题，举办了色彩创新系列活动，受到很高评价。2004年被延庆县委、延庆县人民政府评为2004年度优秀教师。

天津市

陆鹏沽 天津市少年宫声乐教师，天津市校外教育声乐学科教研组组长。中学高级教师。全国童声合唱专业委员会委员，全国考级声乐专业高级考官，天津市童声合唱理事会理事。《对少年儿童的头声训练》实验报告参加天津市少年儿童声乐研究及发展的研讨会获一等奖；《综合型教学活动案例》获第二届京、津青少年学生校外教育理论与实践创新论坛活动一等奖；教学观摩课曾被评为市级优秀示范课；辅导的合唱节目多次获得一等奖。

韩佳男　天津市少年宫教师。天津美术家协会会员。作品《无助中的希望》系列4幅参加中国首届九大美术院校毕业生优秀作品展，获优秀作品奖并收入作品集。论文《关于儿童水墨画的理论探索》获天津教育学会举办的第三届新世纪杯教育科研论文评选三等奖；教育教学活动案例获第二届京津两地校外教育“理论与实践创新论坛”案例评选一等奖。

郭秀英　天津青少年活动中心武术教师，科技体育部副部长。中国武术协会委员、武术国际级裁判。天津青少年体育俱乐部董事长。钟爱校外教育事业，撰写的论文《论天津合气健身操的创编对传统武术现代发展的启迪》荣获2003年全国武术论文报告会三等奖。1992～2004年获市级以上各大赛事金、银、铜牌200余枚，2004年获“全国青少年宫优秀教师”称号。

曹俊英　天津青少年活动中心声乐教师。辅导的学员多次被中央电视台邀请参加“同一首歌”的演出和节目录制，并参加了“北京市为奥运加油”等国家级大型演出活动。在近20年教育工作中多次被评为“优秀教师”、“优秀共产党员”，连续获教育部、文化部、团中央、中央电视台等单位授予的全国少儿歌手电视大赛“园丁奖”。

黄　华　天津青少年活动中心美术教师。在16年美术教学中有数百名学生在各级各类赛事中获奖，数十名学生被天津重点中学因美术特长生破格录取，在天津市校外基本功竞赛活动中取得优异成绩，获天津首届教师美术书法作品展二等奖，论文《谈儿童画教学艺术》在河西成人教育调研论文中获“优秀奖”。

刘　荣　天津青少年活动中心学前教育部部长，艺术幼儿园园长。幼教高级职称。多次组织大型向社会散居儿童免费开放活动，参加人数近1600人次；举办家长学校公益讲座，参加人次600人。

韩如意　天津青少年活动中心艺术体操教师。20年的教学工作培养学员达1.26万人次。获二、三级运动员证书和各种荣誉达260人次；获天津市第十届全运会金牌2枚、银牌1枚、铜牌1枚；获天津市艺术体操、基本体操、健美体操比赛第一名56人次，为专业院校输送人才18人；多次被评为市级“优秀教练员”荣誉称号。

山西省

闫跃东　太原市少年宫文艺部部长，少年宫支部主委，全国学校剧研究会副理事长，山西省朗诵艺术研究会副秘书长，太原演播艺术研究会会长。省、市青联委员，迎泽区政协委员。回民小学名誉校长，山西省一等功获得者。从事艺术教育工作20年，在全国获各类奖百余项。编、导、演、相声、小品、诗、故事、演讲均有最高奖。参加了许多电视剧、译制片、专题片的表演、解说及策划工作。在电视台、电台播讲多部长篇作品，出版个人演播专辑10盘。《闫跃东讲故事》获全国五个一工程奖。出版《十二生肖系列故事》、《猪八戒学作文》（低、中、高）、《科学系列童话》等；参加编写《古代民歌鉴赏辞典》，编著《语言表演》一书；培养出以中央电视台主持人“月亮姐姐”为代表的优秀学生。

宫小军　太原市少年宫语言艺术高级教师。太原市优秀教师、太原市优秀辅导员、太原市教育系统高水平骨干教师、山西省优秀辅导员、全国故事员、全国“双有”活动优秀组织工作者。获全国晨光杯童诗朗诵比赛优秀园丁奖、全国故事大王比赛优秀辅导奖、全国蒲公英大奖赛曲艺类创作铜奖、全国儿童剧比赛最佳编剧奖、最佳导演奖、征文比赛优秀辅导奖等奖项；培训学员连年在全国及省市比赛中获大奖，创作多篇作品获发表，出版了《宫小军语言艺术教学获奖作品选》VCD一套。

魏素英　太原市少年宫武术教师，科体部部长，全国青少年宫武术协会副主席，国家级裁判员，山西省形意拳协会常务理事，山西省武术协会理事。在全国武术比赛中曾获得规定拳第一名、太极拳第一名、剑术第二名、长拳第三名。所培养的学生在全国、省、市武术比赛中，共获得200多项名次，金牌87项。本人曾多次获国家和省优秀裁判员、市优秀辅导员称号。4 篇论文发表于国家级和省级刊物。2001 年 9 月被评为山西省优秀教师。2003 年评为高水平骨干教师。2004 年评为市优秀教师。

王燕娜　太原市少年宫音乐教师。中教一级职称。太原市南城区音乐教育研究会理事，从事音乐教育工作 31 年，为太原市中、小学音乐教学研究会成立大会做公开观摩课，获得太原市“中、小学音乐教学改革成绩优异”荣誉证书。近年来，多次承担省城大型纪念活动的演出及庆“六一”、庆“国庆”电视台少儿专场演出，在“三北”省会城市少年宫的比赛中获一等奖。为省各重点中学输送了大批优秀学生。先后被评为市教育系统骨干教师、高水平骨干教师、优秀少先队辅导员等称号。

黄　英　太原市少年宫舞蹈教师。中国舞蹈家协会会员，太原市舞蹈家协会秘书长。培养的学生在市教育活动月举行的舞蹈比赛中，有近百人获一、二、三等奖的好成绩；多次参加省、市举行的各种大型演出活动，受到专家及同行的好评。先后为各专业院校输送人才 80 余名。撰写的论文《从舞蹈演出的现实谈舞蹈教学改革》获山西省艺术理论研讨会优秀论文奖，《能力、耐力、表现力》获全国少儿舞蹈优秀论文奖。连续多次被评为优秀教师和先进工作者。

崔惠剑　长治市昌盛少年宫数学教师。小教高级职称。在数学教学中，积极进行数学课堂教学价值本位的变革，强调课堂教学目标要体现“知识与技能，过程与方法，以及情感、态度和价值观”三方面的有机整合，受到家长和学员的欢迎。2001 年撰写论文《谈课堂教学中的启发艺术》在《山西教育》上发表，并转载于晋东南师范《专科学报》。2002 年，“浅谈数学教学中学生思维过程的培养”在《教育教学文论》上发表。2004 年，承担市级课题“生活中的数学”研究。

杨丽霞　长治市昌盛少年宫英语教师。高级讲师，从事教学 23 年来，在国家级刊物发表论文多篇。在幼儿英语教学中，针对幼儿的特点，从儿童身心发展的需要和规律出发，利用儿歌形式丰富课堂教学，使课堂教学游戏化，极大激发了学生的兴趣和创造性，收到了良好的教学效果。在 2004 年“全国首届高职高专英语口语大赛（山西赛区）比赛”中，辅导的学生获比赛一等奖，本人获优秀指导教师奖。

李玉赛　长治市昌盛少年宫体育舞蹈教师，少年宫彩虹幼儿园副院长，小教高级职称。在体育舞蹈教学中坚持循序渐进的原则，根据学生的基础情况制定科学的教学方法，使学员的学练水平同步提高。2003 年，获首届全国少年儿童艺术节“全国少年儿童艺术风采展示大赛”园丁奖，2004 年赴港参加“金紫荆”大联欢，获优秀教师奖。

内蒙古自治区

洪　威　包头市青山区少年宫美术教师、美术教研组组长。内蒙古美术家协会会员、包头书法家协会会员、包头书画院院士、包钢书画院院外书画师。多次被自治区团委、教育厅、文化厅、少工委评为优秀辅导教师。其书画作品在国内各级展览中多次获奖并被书画院和宾馆收藏。1995 年 10 月，国画“国色天香”和“出污不染”被编入《中国书画家大辞典》。从事美术教育和国画、书法作品创作多年，辅导的学生多次参加国内外少儿美术、书法大赛，获得优异成绩。2004 年 5 月，被共青团中央、文化部评为“全国青少年宫优秀教师”。同年 10 月，被包头市美术家协会聘为包头市少儿美术艺委会副主任。

李锦媛　包头市青山区少年宫钢琴专业教师。包头市音乐家协会键盘乐学会理事，从事钢琴教学已有 5 年，在教学实践中大胆创新，总结集体课的优势，结合单独授课的特点，开设了钢琴小组课。所教学生近两年参加全区各级各类比赛获 2 金、7 银、7 铜共 21 枚奖牌的好成绩，本人多次被评为优秀辅导教师，获得自治区级、市级、区级各项奖励。

2003 年 4 月，代表青山区少年宫参加青山区辅导员技能技巧大赛获得能手一等奖，2003 年 8 月代表青山区参加包头市辅导员风采大赛荣获能手一等奖，2003 年 12 月，代表包头市参加全区辅导员技能技巧大赛再次荣获能手一等奖，同年被评为市级优秀辅导员。2003 年、2004 年连续两年被评为区级优秀教师。2003 年被评为区级优秀教工团员。

辽宁省

庄凤来 沈阳市妇女儿童宫高级美术教师。中教高级职称。中国书画艺术研究会理事，辽宁省美术家协会会员，中国少儿艺教网辽宁工作站站长，中国翰墨书画院副院长，沈阳东方书画院艺术委员会主任，中国少儿造型艺术学会会员，全国少儿书画评委。

在近20年的美术教学中，运用启发式教学，把活动、教学和欣赏结合起来，取得了优异成绩；著书多篇；主讲《儿童学画》电视讲座；辅导数千名学生在国际、全国少儿书画大赛中获奖，个人先后30余次获国际、全国优秀教师辅导奖，2002年被世界和平书画展组委会授予“国际书画艺术启蒙教育三百家”。2004年在国际奥运畅想少儿绘画大赛中所辅导的学生获世界大奖，并应邀赴希腊参加奥运会。

南玉春 沈阳市妇女儿童宫美术教师，美术教研组组长。中学高级教师。辽宁省青少年教育先进工作者，全国优秀教师。自1989年建宫以来，辅导学生的作品分别在美国、日本、意大利、法国、加拿大、新加坡、中国台湾、香港特别行政区和祖国内地的各种少儿美术比赛中获单项大奖，本人多次获优秀辅导奖。撰写多篇论文并获奖。著书《少儿学画百问》、《新少儿简笔画》等，并撰写了儿童宫美术专业教学大纲（初、中、高级）。2003年，国画作品《虎仔图》在辽宁省首届美术教师画展中获银牌奖；《鹰扬图》在“成就未来”全国少儿美术教师画展中获优秀作品奖。

吴艳秋 沈阳市妇女儿童宫表演教师，表演教研组组长。中教一级。在教学中，注重少年儿童主体地位，不断创建新项目，编著表演专业教材，在教学中成果显著；参加了多部电视剧的拍摄，其中电视剧《劳模的河》获金鹰奖提名；撰写的3篇专业论文在全国校外教育系统论文评比中获一、二等奖。十几年来，培养学生近万人，有千人以上获国家、省、市级表演专业比赛金、银、铜奖，为全国各大艺术院校和文艺团体输送了大批优秀人才。先后获得全国优秀课、全国教学能手、辽宁省先进校外教育工作者、沈阳市“双十佳”优秀德育工作者、沈阳市青年岗位能手等荣誉称号。

才志舜 沈阳市妇女儿童宫美术教师。中学高级职称。中国少儿造型艺术学会理事、辽宁省沈阳市青年美术家协会理事。在多年教学实践中，运用新颖的教学方法，取得明显教育效果。辅导学生数千人次，多人在海峡两岸、日本神奈川、美国、荷兰、法国等国内外少儿绘画比赛中获奖；撰写论文数十篇，在全国少儿美术课理论研讨会中多次获奖。专著有《少儿学画》、《儿童线描画教程》等，被沈阳市政府评为“艺术新秀”称号。1992年获第二届全国美术教学成果优秀奖；2001年获沈阳市少儿美术公开课一等奖；2002年在鲁迅美术学院成功举办了师生画作品成果展；2003年主讲“用儿童眼睛看世界”少儿电视讲座，光盘在全国发行。

孙　丽 沈阳市音乐家协会青少年艺术团团长。中国音乐家古筝协会会员、中国青少年艺术教育研究会副会长、辽宁省音乐协会会员、辽宁省民族管弦乐协会会员、辽宁省社会艺术考级（民乐乐器）指导教师。从事古筝教学14年。在教学中不断完善和提高教学质量，所辅导的学生在各类比赛中有千人以上获各种等级奖项。

李天佳 沈阳市音乐家协会青少年艺术团教务主任。红领巾小提琴重奏团艺术指导，抚顺市青少年小提琴培训中心指导教师。中国青少年艺术教育研究会理事，辽宁省音乐协会会员，沈阳市音乐协会会员，沈阳市青少年艺术团指导教师。多次在省、市重点比赛中担任小提琴主审评委。指导的学生获得优异成绩，曾获澳门首届国际青少年儿童音乐大赛儿童组小提琴合奏专业“园丁”银奖，中国少年儿童文艺表演“公益小天使”评选活动辽宁赛区优秀辅导教师“园丁奖”，并多次获得“优秀指导教师”称号。

牛福礼 沈阳市苏家屯区少年宫国画教师，中学高级教师。沈阳市美协会员。在30余年绘画教学中，在传统画法的基础上融入自己对中国画的理解，自创春雪山水画，创造出具有自己个性风格的艺术作品；注重学生潜能的开发，采用生动、形象的教学方法，取得了显著成果。1985年以来，培养学生参加各级各类画展，获市级以上奖项作品5600余幅；参加世界儿童画展大赛数次获国际特别奖、金、银、铜奖牌152枚；270余幅作品在美国、法国、伊朗、印度、荷兰、埃及等40多个国家和地区展出。1987～1992年，培训学生考入鲁迅美术学院、辽宁师范大学等大专院校32人。本人先后被评为全国优秀教师，辽宁省教育系统劳动模范，多次被评为优秀辅导教师。

杨静婷 抚顺市青少年宫专职美术教师，辽宁省美术家协会会员，抚顺市青年书画家协会理事。国画作品《三友图》入选中韩优秀画家选拔交流展，《映日》入选抚顺美术家作品集。曾被授予“千禧龙杯”全国青少年书画作品联展优秀园丁奖，“新世纪杯”中华青少年美术书法摄影大赛优秀辅导奖，辽宁省“庆祝中华人民共和国成立五十周年少儿书画大赛”辅导一等奖，中日少年儿童美术书法摄影比赛优秀辅导奖，第三届“千禧龙杯”全国青少年书画作品大赛辅导三等奖，“母亲颂”第三届中华海内外少年儿童书画大赛二等园丁奖，“2004 中华百杰少儿书画教育家”称号。

王兆君 抚顺市青少年宫键盘教师。小学高级教师。抚顺市音协会员，辽宁省音乐家协会、电子琴学会理事。辅导学员参加历届辽宁省“金钥匙杯”及全国宋庆龄基金会少儿电子琴选拔赛，多次获得二、三等奖，多次获得优秀指导教师、园丁奖。辅导 800 多名学员取得考级证书，其中五级以上学员 300 多名，及格率 98%以上。撰写的论文《浅谈少儿电子琴教学》在辽宁省优秀音乐论文评选中获优秀奖。

王　然 抚顺市青少年宫专业美术教师，辽宁省美术协会会员，抚顺市青年美术家协会理事。作品《荷风送香》被编入抚顺市美术家作品集；作品《竹》入选抚顺市“扬正气、求振兴”书画展；撰写的论文《浅谈幼儿绘画入门初期的诱导》获辽宁省青少年宫理论研讨一等奖，并多次获全国、省、市书画比赛优秀指导教师奖。所辅导学员多名在“双龙杯”全国青少年书画大赛、“千禧龙杯”全国青少年书画大赛、抚顺市青少年儿童建设绿都抚顺沙画大赛中获金、银、铜奖。

张　明 抚顺市青少年宫小提琴教师。所教的学生多次参加全国重大比赛并获得奖项，多人考入全国重点艺术院校和文艺团体。多次被评为“优秀辅导教师奖”。2004 年 8 月，率红领巾小提琴演奏团学员赴澳门参加“首届国际青少年儿童音乐大赛”，参赛全体学员获奖，获得 1 金、12 银的佳绩。本人被文化部授予“园丁奖”。

姜树彬 营口市青少年宫写作专业教师，主任助理。中学高级教师，辽宁省特级教师，全国优秀教师。辽宁省小学语文研究会会员，省小学教材审查组成员，营口市德育研究会理事。30年来，从事小学语文阅读与写作教学，积累了丰富的教育教学经验，取得累累硕果；多次应邀在沈阳、大连、抚顺、锦州等地上示范课，并在辽宁省小学作文研讨会上介绍经验；多次指导学生参加全国、省市作文大赛，并获优秀指导奖，学生获奖作品曾在报刊杂志上发表，受到学生和家长的普遍赞誉。

刘文远 营口市青少年宫美术专业教师，文美部部长。中学高级教师，全国优秀教师。中国美术教育学会会员，省美术家协会会员，营口市美术家协会油画学会副主席兼秘书长，市职业技术学院美术系客座副教授。从教 30 余年，治学严谨，培养了一批批艺术学子。作品《秋阳》、《银色世界》、《黑白世界》等在省油画展中获得优秀奖，并在报刊上发表；创作的油画《幻》、《苗女》赴新加坡和中国台湾展出并被收藏；创作的油画《月夜》、《火塘》、《雪域》在北京荣宝斋画廊展出。多次获市政府文艺创作奖。

王恩通 营口市青少年宫高级书法教师。辽宁省特殊教育师范学院、营口市幼儿师范学校书法教师。从事教育工作 27 年。曾被评为市教委“优秀党员”，市教委“师德杯”先进个人，省“校外教育先进工作者”，省“德育教育先进工作者”，中国文联书画艺术中心会员。自幼研习书法，喜爱文学和艺术。诗书作品数十次在全国、省、市比赛中获奖，被国内一些艺术展馆收藏，入编 20 余部诗书画典籍。2000 年被文化部艺术人才中心授予“世界华人艺术人才”称号。书法作品被美国、日本有关部门和友好人士收藏。有数百名学生在全国各种比赛中获佳绩。

陈铁桥 铁岭市青少年宫美术专业教师。中学高级教师。曾兼任中国少儿书画院少儿培训部主任、亚洲生态艺术研究院少儿艺委会秘书长。创编《儿童创意画》教学法和《多元智能训练法》，受到中国美协和中央教科所的认可和支持。在北京、上海、天津、沈阳、大连等二十几个城市举办了教师培训班和报告会。先后出版了《儿童画教程》、《儿童创意画教程》、《儿童画问答》、《儿童创意画教学法》等教材。其教学法分别在《世界科技》、《中国幼教》、《少儿美术》等杂志上发表。2004 年被中国美术家协会少儿艺委会评为“全国少儿美术教育精英”。在 2004 年《少儿美术》杂志的“名师教法”专栏上连续推广其教学法。所教学员有 1500 余名获全国大赛金、银、铜奖，其中 50 余人考入美院及其他大学艺术系。

高景琴 丹东市振兴区少年宫副主任，舞蹈教师，少年宫少儿艺术团团长。高级教师。辽宁省舞蹈家协会会员，丹东市舞蹈家协会理事，丹东地区少儿舞蹈学科带头人，市政协委员。在汲取国内外舞蹈教学经验的基础上，构建了"激趣导入——赏析乐曲——感悟韵律——示范点拨——尝试表现——舞姿再现"的创新教学模式。为国家、省市输送了140多名舞蹈专业人才。满族少儿舞蹈"哈拉巴"在辽宁省第二届少儿艺术节上获编导、表演二等奖。"学戏"获辽宁省少年儿童文化活动周编导二等奖。创编的大型少儿舞蹈"世纪之光"荣获丹东市政府奖。连续多年被评为市优秀教师，优秀园丁，优秀政协委员。

吉林省

赵 霓 长春市宽城区少年宫声乐教师。在声乐教学中注重教学的多样性和有效性相结合，既注重音乐理论的学习和掌握，又注意培养学生的实践能力，通过实践表演使学生们相互学习和自我锻炼，达到了良好的教学效果。10多年来，辅导上百名学员在全国、省、市、区各级声乐比赛中获一等奖；2004年，在全国公益小天使评选活动中被评为"伯乐奖"，2004年3月在首届全国"艺术之星"才艺表演秀选星活动中获最佳指导奖；所撰写论文《少儿声乐教学浅谈》在2001～2002年度全国城区少年宫工作研究会上获二等奖，2004年被评为宽城区优秀教师。

王丽敏 长春市二道区青少年宫舞蹈教师，文艺部长。中学高级教师。在幼儿舞蹈教学中，针对儿童特点因材施教，用童趣激发表现欲，取得显著成效。2000年，作品《快乐女孩》、《走进新时代》获"龙年相聚在北京"少儿舞蹈展演金、银奖；2001年，作品《新苗韵律》被选入长春市冰雪旅游节大型文艺汇演；2002年，作品《哆咪咪》参加长春市电影节开幕式文艺晚会；2003年，作品《跳起来》、《网络战士》等多次参加省、市电视台的专题节目录制；2004年，作品《英雄小哪吒》获"向阳花"全国少儿民族舞展演金奖；培养百余名学生考入高等舞蹈院校、歌舞团体；多次被评为先进教师，2004年获首届声乐、器乐、舞蹈大赛少年组舞蹈专业优秀指导教师奖。

高 册 长春市朝阳区少年宫古筝专职教师。中国音乐家协会古筝专业委员会会员、中国民族管弦乐协会古筝学会会员、吉林省音乐家协会会员。高册出生于古筝世家，外公曹正被誉为"中国筝王"。从事音乐教育工作十余年来，致力于古筝教育的普及工作，积累了丰富的教学经验，多次受到吉林省文化厅、吉林省音乐家协会等单位的表彰。2003年在全国音乐考级活动中获专业教学"音乐园丁"奖；2004年获吉林省音乐家协会颁发的优秀指导教师奖；2000年论文《音乐课中的素质教育》获长春市教育科研成果二等奖；2001年论文《音乐教学初探》在长春市第六届音乐教学年会获优秀论文评比一等奖；所教学生百余人在各类比赛中获奖。

马秀华 白山市青少年宫高级钢琴讲师。中国音乐家协会会员、中国音协高级考官、吉林省音乐家协会会员、吉林省青年音乐家协会会员、白山市青联委员。2004年8月26日，成功举办了马秀华个人钢琴独奏音乐会；学术论文曾多次获省市优秀奖。学员参加考级通过率达98%，钢琴最高级别10级、音乐素养3级成绩均优秀通过。每年有数十名学生获得省级以上金、银奖；多名学生考入高级院校；2004年有2名学生考入东北师大、1名考入吉林大学、1名考入沈阳音乐学院、2名考入吉林艺术学院。本人获国家、省、市优秀辅导教师等各类奖项100余次。

王钰钢 白山市青少年宫美术学校校长，高级美术讲师。中国艺术教育促进会会员、吉林省书画研究协会常务理事、吉林省美术家协会白山会员、吉林教育学会会员、中国吴道子艺术馆名誉副馆长，荣获青年百名书画大师称号。学术论文多次获省级以上大奖。其作品发表于《中国美术家选集》、《中国名家中国画作品集》、《中国当代绘画艺术》、《中国艺术博览收藏与指南》。

黑龙江省

刘文凤 哈尔滨市少年宫心理辅导教师，研究部部长。高级讲师。在教育科研上不断探索，先后组织了“教师规范化教案”、“新教程与校外教师的角色定位”、“教师的教育策略与教育方法”等讲座，结合工作实践运用先进的幼儿教育理念“瑞吉欧教育体系”和皮亚杰的课程构建理论来设计和创建少年宫全日制艺术启蒙教学实验活动，对儿童进行潜能的早期开发和艺术综合实践活动能力的培养；获国家级奖励5项，市级奖励17项，撰写论文多篇，出版学术著作多部。

王　民　哈尔滨市少年宫美术教师。中学特级教师。中国美术家协会黑龙江省分会会员、中国校外教育研究会会员、黑龙江省国画会会员、黑龙江出版者装帧艺术委员会会员、黑龙江青年美术、书法家协会会员。不断探索少年儿童美术教学的规律，对多年的校外美术教学模式进行了大胆改革，在实践中收到了良好的效果。十几年来，辅导的学员在国际、国内比赛展览中获百余次一等奖，先后有200余人考入高等美术院校深造；本人先后出版了《童年的彩虹》、《美术启蒙系列教程》、《儿童涂鸦》等儿童美术辅助教材；先后被评为首届全国少儿美术教育“三十大精英之一”、黑龙江省优秀教师、黑龙江省优秀少先队校外辅导员；获辅导奖国家级21次，地市级30余次；多次被评为哈尔滨市优秀教师。

李　玲　哈尔滨市少年宫舞蹈教师。中学高级教师。从事儿童舞蹈的艺术教育、教学、创作20年，根据学员不同条件与感悟程度，因人施教，因人设计课程与课堂提示，运用科学的训练课程，教学成果显著，为社会培养艺术骨干6000余人，其中400余人考入国家、部队和地方艺术院校及专业团体；创作百余个大、中、小型儿童舞蹈，分别由省、市电视台录制播放；代表作《东北风》、《小滑雪手》、《晨鹤》等许多作品在国际、国内各项舞蹈比赛中获金奖、一等奖；先后创作、主讲、录制了《少儿舞蹈教程》、《儿童校园舞蹈指导》等教学影碟在全国发行，撰写多篇论文在学术研讨中获奖；多次荣获省、市教学能手、优秀教师等荣誉称号。

王小红　哈尔滨市少年宫声乐教师。中教一级。10多年来，尊重儿童心理、挖掘培养声乐表演潜能，以声乐小节目为载体，锻炼培养学员2000余人；辅导学员参加全国性比赛获金奖7项50余人次，银奖6项30余人次，铜奖5项10人次；省级比赛、汇演金奖5项11人次，银奖4项6人次，铜奖7项10人次；市级比赛、汇演金奖、特别奖50余项200人次；撰写论文获奖5篇，发表教育探索、活动简讯、成果宣传等文字报道10余篇，多次获省、市优秀指导教师奖；1999～2004年连续6年获市辅导金奖、伯乐奖，2004年获第27届“中国·哈夏”先进个人、全省青少年宫优秀青年教师称号。

杨卫堂　哈尔滨市少年宫航模教师。航空模型健将，中学高级教师。在多年教学中，采用情趣教学法、案例教学法、讨论教学法进行教学；针对航模学习的特殊性，摸索出一套适用于学生的动手与动脑相结合，理论与实践相结合，训练与比赛相结合的教学形式，教学成果显著。10多年来，培训学员3000多人次，其中获国家级奖励8人次，省级奖励65人次，市级奖励600人次；发表论文多篇；1996～2001年获哈尔滨市青少年航空模型比赛优秀辅导奖，2001年获哈尔滨市妇联先进工作者荣誉称号，2002年被评为哈尔滨市直属机关“十大杰出青年”。

上海市

陈白桦　上海市特级教师，中国福利会少年宫主任，中国福利会少年宫东方小伙伴艺术团团长，中国舞蹈家协会上海分会副主席，华东六省一市少儿舞蹈研究会主席、中国儿童歌舞学会常务理事，中国教育学会少年儿童校外教育分会副理事长。曾连续3年获上海市“三八”红旗手称号，还被评为全国优秀教师，上海市劳动模范，获全国“五一”劳动奖章等荣誉称号，被中国儿童音乐学会授予首届百名儿童舞蹈家、音乐突出贡献奖，并获国务院颁发的特殊津贴。2004年，又获得“上海市优秀专业技术人才”称号及“儿童工作白玉兰奖”。

创作的舞蹈《白鸽》、《金葵花》、《剪窗花》、《课间》、《新世纪，中国风》、《我们和小树》等多次获奖。2001年以来，带领小伙伴艺术团参与了国内外各项重大演出，担任策划、组织、导演和艺术指导。主创的优秀少儿舞蹈作品《中国风》在美国、日本、澳大利亚、朝鲜、香港等国家和地区交流演出，被上海市选为赴法申博、中法文化年的重要宣传演出节目。

鲍秀芬　中国福利会少年宫党总支书记、少年宫副主任，中国教育学会少年儿童校外教育分会研修基地常务主任、全国青少年学生校外教育培训（上海部）主任。中学高级教师。曾编著24万字的《现代社交礼仪基础》；撰写的活动案例《红领巾DISCO欢乐健身活动》获全国校外、课外活动论文（案例）二等奖，论文《关于少年宫未来教学模式的思考》获全国少年儿童校外教育工作优秀论文评选一等奖。

策划的群文活动和主题教育活动有：上海市红领巾DISCO欢乐健身活动，全国红领巾DISCO欢乐健身活动，上海市少年儿童纪念上海解放 50 周年大型集会，上海少年儿童与国际残运会冠军见面活动，以及上海少年儿童与神舟5号功臣见面会等，这些活动都在全市乃至全国引起了强烈反响。

王颂赞　上海市特级教师，中国福利会儿童计算机活动中心主任，中国教育学会少年儿童校外教育分会计算机工作组组长，中国计算机学会教育与培训专业委员会委员，上海市计算机学会理事。曾多次被评为上海市劳动模范、上海市新长征突击手，获全国优秀教师、优秀教育工作者、上海市科普志愿者称号和大众科普奖，并获国务院颁发的特殊津贴。

坚持“实验性、示范性和加强科学研究”的工作方针，培养了众多计算机领域里的一代新星，有 30 多名学员获得过“亿利达”青少年发明奖，其中获得一、二等奖的就有10多人，获得高级程序员合格证书的学员有数十位；编写了多本《信息技术》、《小学生学电脑》教学用书，撰写的论文先后多次在国内外学术会议和书刊媒体上发表。

先后策划、举办了电脑音乐会、电脑小队报设计、沪港数字少年夏令营、数字家庭大搜索、沪港姊妹学校结盟计划、新年电子贺卡制作、“我的CD我制作”等活动，并以《多学科互动的计算机网络教学》为课题，对利用计算机及网络技术结合校外其他学科的互动教学活动进行了积极的探索。

顾晓萌　中国福利会少年宫声乐中心主任，中学高级教师。上海市少年宫系统合唱中心教研组组长，中国音协童声合唱委员会常委，上海音协合唱专业委员会理事，上海音协歌唱专业委员会理事，上海音协儿童音乐专业委员会音乐表演艺术部（声乐）主任。在多年的教育实践中，努力探索少儿合唱教学规律，多篇论文获奖，编写出版了《小伙伴之歌——中外童声合唱曲精选》两集。近年来，带领合唱团参与了APEC会议晚宴演出，35届亚行年会开幕式，世界500强财富论坛闭幕式，亚太经社会第60届会议，上海国际艺术节闭幕式等各项国内外重要演出和交流活动；在上海市布谷鸟音乐节中获一等奖第一名，获上海浦东中外小使者合唱邀请赛金奖第一名；指导的学生获全国及上海市学生艺术比赛独唱金奖、上海首届双语歌曲大赛特等奖等。1984年至今，指导合唱团为《哈罗，上海》等10多部电影、电视录制主题歌，录制出版《小红帽》等几十盒儿童歌曲专辑。曾获上海市“三八红旗手”、上海市园丁奖、全国少年儿童校外教育“优秀理论工作者”荣誉称号。

冯耀武　中国福利会儿童计算机活动中心指导。中学高级教师。从事校外教育工作20余年，积极创新教学，策划，开展了“争做电影小导演”、“DV网络先锋夏令营”、“Flash动画制作大赛”、“第三只眼看特区”全国少年儿童DV夏令营、网上“数字家庭”擂台赛、“老照片、新风采”庆祝“三八”妇女节活动等；不断探索新的教学内容，提出了开展电脑音乐培训活动项目、电脑机器人比赛等新课题；组织、开展沪港中小学生“网上激答”、“网上辩论赛”；指导的学生在各项活动、比赛中多次获奖。

参加编写市教委中小学《信息科技》课程教材、《电脑动画》分册、9年义务教育《信息技术》初、高中教材、《网页制作》教材等；论文曾获第4届全国少年儿童计算机教育研讨会论文一等奖；曾获优秀创新教育奖，“全国少年儿童校外教育优秀理论研究工作者”、“上海市优秀科技辅导员”称号。

袁超群　中国福利会少年宫东方小伙伴艺术团管理中心主任，小伙伴艺术团常务副团长。中学高级教师。常年在少儿校外教育第一线担任教师和业务领导，培育出了许多德才兼备的戏剧影视人才；在上海市学生艺术节、世界中学生运动会、上海国际少年儿童文化艺术节、纪念宋庆龄诞辰110周年关心中国儿童癌症基金义演、中国福利会少年宫成立50周年大型文艺专场演出等近百项大型活动中负责策划和导演工作；多次带领中国福利会少年宫东方小伙伴艺术团赴美国、澳大利亚、朝鲜、香港等国家和地区开展少儿间的文化交流活动，获得较好反响；带领小伙伴艺术团深入社区演出、到医院病房为癌症儿童演出、赴学校为外来务工子女演出、走进高校为大学生演出等，广泛开展艺术普及活动，获得广泛社会赞誉；曾获上海市园丁奖、上海市校外教育先进个人称号。

葛智伟 上海青少年科技中心教师。中学高级教师。曾获上海市优秀科技辅导员、2003年首届上海少年科学院小院士培养辅导伯乐奖、上海市2004年园丁奖。最早开设了上海市中学和少科站系统“单片微机教师培训班”；策划了首届上海中学生机器人“分拣乒乓球”比赛、普及型和展示型的机器人活动、“未来工程师”系列活动、首届上海市青少年电子设计比赛、国脉杯现代通信知识与制作比赛、第一、二、三届上海市头脑奥林匹克擂台赛、上海青少年“未来工程师”系列比赛、首届上海市中学生机器人比赛和上海市青少年科技节机器人系列活动；参与策划了英特尔上海中学生科技论坛和“明日科技之星”评选活动。

李柏伟 上海青少年科技中心科技教师。中学高级教师。2001～2002年度全国优秀科技辅导员。2003年被评为上海市优秀科技辅导员。指导的学生作品在本市及全国获得20多个奖项，包括上海市第二届创造发明比赛论文一、二等奖，上海市第九届青少年科学讨论会二等奖，英特尔上海中学生科技论坛论文一等奖，全国英特尔青少年科技创新大赛论文三等奖，周凯旋基金会“明天小小科学家”奖励活动提名奖等；多篇论文发表并获奖。

余晓清 上海青少年科技中心科技教师。中学高级教师。曾获2003年上海科技节科普贡献奖、2003年优秀科技教育工作者、2004年全国青少年信息学奥林匹克竞赛优秀组织工作者称号。组队参加第一届～第二十届全国青少年信息学（计算机）奥林匹克竞赛、IPSC网上国际在线解题竞赛多次获奖；指导的学员在全国及上海市各项青少年科技创新大赛中屡获佳绩。

策划设计了上海市首次青少年电脑DIY竞赛、上海市中学生信息科技竞赛；参与编写了《全国青少年科技活动全书——计算机分册》、《计算机基础》、《操作与实践》、《应用与范例》、《优秀青少年科技教育活动项目选编》等书籍。

郭子徽 上海青年文化活动中心手拉手艺术团团长。中国舞蹈家协会会员，著名少儿舞蹈教育家，中国儿童歌舞学会副秘书长，中国儿童舞蹈委员会委员，中国小舞蹈家联谊会导师，全国教育系统劳动模范。几十年来，为上海的艺术教育培养了5000多名学员，为基层培训了大批舞蹈骨干，许多学生从艺术团这个摇篮走向中央歌舞团、上海舞蹈学校等专业艺术院校和团体；曾率艺术团多次出访日本、法国、美国、韩国等国家，取得过多项大奖。

谢永康 黄浦区青少年活动中心教师，上海市高级职称评审委员会学科组成员。美术特级教师。连续3届被评为区拔尖人才，曾获上海市“园丁奖”、上海市校外艺术教育先进个人等荣誉称号；编写了《儿童画教程》、《儿童写生画教程》、《少儿素描教程》、《一日一画》、《100天成画家》、《鼠标画》等校外美术教育书籍；主持编写了《上海市九年义务教育中小学美术课本》等3套教材。所辅导的学生创作了大量优秀的儿童画作品，连续6届在上海市“六一”儿童画展中夺魁，每年都有学生考入高等美术专业院校学习，多位学生在美术院校中担任专业教师。

何　莹 徐汇区青少年活动中心戏剧指导教师。先后创作了多部校园剧、儿童剧，如《追求》、《钟声》、《母亲河》、《军魂》、《红手绢的故事》、《放飞绿舟》，多篇作品获全国和上海市学生戏剧创作与表演的特等奖和一等奖。在艺术教育中作出了成绩；学生戏剧表演深入校园，深受学生的欢迎和喜爱。上海市校外教育研究会、全国少工委以及徐汇区教育局多次举办青年教师何莹作品专场演出。

朱　强 徐汇区青少年活动中心科技教育培训组组长，科技教师。中学高级教师。青少年OM项目教练。培养的学员获国际奖项5次，全国级奖项12次，市级奖项50多次。多篇论文在有关专业会议上交流，曾独立和参与编写多本教材。多次被评为上海市优秀科技辅导员、上海市优秀OM项目教练，是上海市徐汇区青少年科技名师。

钱宇光 长宁区少年宫培训活动一部主任，长宁区围棋总教练，长宁区围棋协会副秘书长，国家级围棋裁判。中学一级教师。曾获全国优秀教练员、上海市小学优秀体育教师、长宁区园丁奖、长宁区专业技术拔尖人才希望奖、长宁区教育系统学科带头人、长宁区教育系统中小学学科导师等荣誉。积极探索围棋直接进入学校课堂的途径，成立了由10所重点中、小学及少年宫组成的长宁区围棋训练中心。10多年来，先后培养了千余名围棋小选手，2001年以来，他的学生在上海市和全国的各级各类比赛中共获得42个冠军。

陈发奎 长宁区少年宫美术教师。上海市艺术教育中心常务副主任。努力探索校外美术教育活动和体系建设的实施途径，积极开展活动课程的教学实验，从教学实践中总结经验；在校外教育活动中多次获得全国美术教育论文一等奖；组织上海学校、少年宫系统美术教师开展了240期培训，多次被评为优秀辅导教师；2002年获区教育科研先进个人；市级课题二、三等奖；2003年获全国少年儿童校外教育优秀理论工作者称号。

丁海棠 长宁区少年科技指导站美术教师。中学高级教师。编著《童心飞翔——上海长宁区少年科技指导站学生科幻画作品获奖选评》；所作《利用废旧材料制作版画》方案，参加了《2001～2005年度中国青少年科普活动指导纲要》实施项目——上海“学习资源开发”子课题的上海市青少年优秀活动方案评比，获一等奖并被评为全国三等奖，收入到《国家科技活动方案库》；论文《中高年级学生创作画中选用新材料的思考》获上海市第十届青少年科技辅导员论文三等奖；论文《低年级儿童美术心理的特点与美术创作》获长宁区第二届教育论文二等奖。

董　尼 长宁区少年科技指导站办公室主任，专业摄影教师。中学高级职称。上海摄影家协会会员、中国青少年科技辅导员协会会员、长宁区教师摄影协会秘书长。开设摄影班4个；与中大科技发展有限公司共同建立了“中大洁润丝青少年摄影俱乐部”；建立了摄影学生“家长沙龙”、“长宁区教师摄影协会”，常年开展教师摄影爱好者活动；在站内建立摄影教研组。曾获区级优秀科技辅导员、区教育系统园丁奖、上海市科普促进提名奖、首届全国青少年摄影大奖赛优秀教师、全国青少年科研先进工作者等荣誉。

张卫平 长宁区少年科技指导站教科研主任。中学高级职称。积极开展环境科学的探究性学习活动，在少科站开设初中环境科学探究学习活动、高中环境科学课题研究学习、环境科学教师培训教研班等；指导学生经过研究性学习实践活动，形成科学论文及创作发明科技作品，参加青少年英特尔国际科学工程大赛、青少年全国和市级创新大赛、“全国长江小小科学家”评比、“科技希望之星”评比等活动，均获得奖项。多篇论文获奖并发表。

李炳富 上海市学生艺术团普陀区青少年中心合唱团团长、指挥兼声乐指导。中学高级教师。上海市音乐家协会会员、普陀区教育系统名师、区音乐学科带头人。长期从事声乐教学，有深厚的教学功底与优秀的教学素养，带教的许多学生获得市少儿声乐考级最高级证书。合唱团二度赴日演出。在市级和全国的合唱比赛中获优异成绩。曾获市园丁奖、市优秀艺术教师、市优秀校外教育工作者称号。撰写的论文《音乐教育与素质教育》获好评。

顾佩兰 普陀区青少年中心教师。中学高级教师。上海市音乐家协会会员、上海市少年宫系统钢琴中心教研组副组长、上海市校外教育优秀工作者、普陀区音乐学科带头人，获普陀区园丁奖。长期从事少儿钢琴教学研究，将钢琴教学与绘画、雕塑有机结合，开设“音乐欣赏课”、“钢琴演奏会”、“音响造型课”、“音乐综合课”等；善于将音乐、演奏、娱乐巧妙衔接，突出钢琴教学的艺术性、教育性、知识性和趣味性。多篇论文获奖。

郁其福 普陀区中小学社会实践中心鲁汇基地主任。2001年调入新创建的鲁汇基地。在他的领导下，鲁汇基地形成了以德为首、以生态农业为特点、以道德实践为载体的一系列主题教育实践活动。几年来，鲁汇基地引导学生走进自然，热爱生活，崇尚民族文化，传承中华民族美德。开展保护生态环境，团结友善，诚实守信，遵纪守法的道德实践活动；以管理为抓手，健全各项管理制度，制定岗位责任制。明确各部职能，分工明确，分层管理，各司其职，各负其责。建立健全管理体系，形成有序、规范、高效的工作局面。2000年获区优秀共产党员、2003年获区生产先进工作者、2004年获区优秀园丁奖称号。

许　艳 闸北区青少年活动中心陶艺工作室主持教师，上海市陶瓷艺术家协会会员。在7年的艺术教育工作中，不断探索少儿陶艺教育的新方法新思路，指导学生获得国际奖项6个，国家级奖项20余个，市级奖40余项，本人创作的作品和撰写的论文多次在全国、市、区级比赛中获奖，并发表于各类报刊杂志；为活动中心赢得了“全国陶艺教育基地”美誉；她的工作室曾接待过外国国家元首、国家和地区领导百余批，为创建闸北优质教育区作出了贡献。

徐林峰 闸北区青少年活动中心电脑美术教师。中学一级职称。中国艺术促进会会员，全国少儿美术教育研究会会员。1997年指导学生制作出第一部无声动画课本剧。2000年8月多媒体动画《救救大海》、《保护森林》在第四届全国少儿计算机应用竞赛中获动画制作一等奖；利用“徐林峰电脑美术工作室”知名品牌，举办学生美术汇报展、外出写生、少先队电脑动画雏鹰争章等活动。不仅培养学生的电脑美术技能技巧，也借助电脑美术创作锻炼了学生的各种素质和能力。他的电脑美术作品《生命》、《人物》等多次在中国美协、教育部、中国教育学会等举办的教师画展中获奖。7年来，辅导学生获国际奖项40余个，获国家级奖项150余次，获市级奖项近300次。2001年被评为“闸北区青年岗位能手”；2002年被授予“全国少儿美术教育新星”。2002～2003年，被中国教育学会授予“全国少儿校外教育优秀理论研究工作者”称号；2003年被授予“乐为闸北作贡献先进个人”称号；2004年被评为“闸北区新长征突击手”。6次被市教委授予指导教师一等奖。

胡文亮　闸北区青少年活动中心艺术教育部部长，书法教师。中学一级教师。上海市书法家协会授予的上海市7位“优秀书法导师”之一，被中国书法家协会授予“全国书法教育奖”；多次被国家教育部艺术教育委员会、上海市教委、中国教育学会书法教育研究会等机构授予优秀指导奖，被文化部社文司特聘为“中国国际科技文化成果博览会书画大展”组织委员会委员。近年来，依托闸北区青少年活动中心的优质教育资源和专业阵容，创建了胡文亮书法工作室，以现代的开放型书法工作室形式倾力进行少儿书法教学探索，在全市率先进行了儿童个性化书法课程的研究，创设了儿童个性化书法课程教学团队分级模式；先后有50多名品学兼优的学员被市区名校录取，有40余名学员成为上海市书法家协会青少年书法专业委员会会员。

吴申广　闸北区少科站电脑组组长。闸北区计算机学科带头人。中学高级教师。带领学生参加上海市的小学生计算机竞赛已连续11年获得上海市第一名；全国奥林匹克信息学程序设计联赛上海赛区小学程序设计大赛组包揽团体第一名。论文《授人以渔，还是授人以鱼》获全国校外教育论文评比三等奖；编写上海市、山东省、江西省小学信息科技教材；参与编写全国高中算法与程序设计教材和上海市青少年多媒体教学的系列教材。2004年率闸北区代表队参加全国信息科技创新大赛获得全国优秀组织奖，优秀指导教师奖。

任宁春　闸北区少科站美术专业教师。中学高级教师。曾受到安徽省安庆市人民政府记功表彰；被安庆市人民政府任命为优秀共产党员、先进工作者称号。2000年作为人才引进调入闸北区少科站少年宫。潜心研究美术教学与技能技法，对油画、水彩画、水粉画、素描画、平面设计有较深入的研究。每年都有多名学生考取全国各大艺术院校。本人创作的美术作品也参加过全国、省、市级美展及教育系统展览，其中部分作品获奖，并到新加坡、马来西亚、香港等国家和地区展出，部分作品被收藏。

胡蕴琪　虹口区青少年活动中心舞蹈团团长，舞蹈编导。高级教师。中国舞协儿童舞蹈分会理事。培养的学生有80余名考入艺术院校、团体；多名学员获国际比赛金奖、全国“桃李杯”舞蹈比赛一等奖。创编优秀作品160多个，有28个作品获上海市、全国、国际比赛金奖、群星奖。多次率团出访美国、英国、意大利、波兰、俄罗斯、日本、韩国、澳大利亚、瑞典、奥地利等国；参加了2001年10月的APEC会议开幕式演出，得到参加会议的21国首脑的高度赞扬；曾获全国优秀教师、上海市优秀教师标兵、特级教师等荣誉称号，1997年被评为上海市劳动模范，1999年获国务院特殊津贴，2000年被评为全国先进工作者，2001年获全国艺术教育先进个人。

崔可嘉　虹口区青少年活动中心少先队总辅导员。中学高级教师。在团队岗位工作的16年间，设计了大量在区、市、全国有影响的团队活动。多次获得优秀辅导员称号。撰写的论文多次获奖；曾获虹口区先进工作者、上海市优秀辅导员、上海市园丁奖、上海市少先队优秀工作者称号；1998年9月获全国教育系统劳动模范；1999年被命名为“上海首批少先队名师”；2004年被评为上海市少先队首批“星星火炬”奖章获得者。

季志琴　虹口区青少年活动中心音乐教师。古筝团团长，中学高级教师。曾获上海市园丁奖、上海市优秀艺术指导教师、上海市十佳琴童优秀指导教师、区“三八”妇女积极分子等荣誉。在教学活动中采用“互动互补式”的合作学习，以学生合作活动作为教学主流，给学生创建了展示才能的机会。古筝教学在全市名列前茅，古筝三重奏在上海之春比赛中获最佳表演奖，古筝扬琴、琵琶弹拨乐合奏在上海市学生艺术节比赛中获一等奖、在上海市布谷鸟音乐节比赛中获一等奖，在学生艺术节单项比赛中获金奖10多人、银奖10多人，在上海民乐“十佳琴童”电视大赛中获入围奖1名、一等奖5名，古筝团被上海市教委选定为上海市民族文化特色项目。

饶志刚　虹口区青少年活动中心科技教师。中学高级教师。辅导的学生获得24次全国青少年车辆模型锦标赛冠军，5次上海市头脑奥林匹克比赛冠军，1997年带队赴美国参加世界头脑奥林匹克决赛获得第4名，2人获得“上海市未来建设者”的荣誉称号，

1 人入选 1993 年全国十名“希望之星”，1 人被评为 2000 年度“中国少年科学院院士”。撰写的《开展科技活动，实施素质教育》一文，获得 2002 年度全国青少年科技辅导员论文三等奖。曾获上海市优秀科技辅导员，虹口区政府特殊津贴，虹口区科技育苗功臣，上海市车辆模型优秀辅导员，上海市头脑奥林匹克优秀教练，上海市青少年科普促进提名奖等荣誉。

曹建辉 杨浦区少年宫副主任，上海市学生艺术团民乐二团指挥、副团长。中学特级教师。上海市音乐家协会会员。创造“流动金字塔”教学组织法，使所有的学生在充满希望、充满团队精神的师生互动中都有上升的空间，都有获得成功的机会。在他的精心指导下，民乐团在全国、市级比赛中屡屡获奖；指挥乐团参加上海市国庆 50 周年庆祝晚会、国务院高校后勤改革现场会、建党 80 周年的演出，受到了李岚清副总理、陈至立部长等领导的接见。

创作了许多形式多样、具有教育意识、深受学生喜爱的乐曲。其中《忆——一个老红军的回想》、《一个老红军的故事》、《愉快的队日》等乐曲获 1999～2001 年文化部、市委宣传部、市文广局颁发的创作比赛一、二等奖。曾获上海市优秀教育工作者、全国校外教育先进工作者、上海市优秀艺术教师、杨浦区专业技术拔尖人才、全国学校艺术教育工作先进个人、上海市师德标兵、全国师德先进个人称号。

杜坚素 杨浦区少年宫德育教师，活动部部长，杨浦区少先队总辅导员，中学高级教师。具有丰富的群文工作经验和少先队工作经验；组织了多场市、区级现场会，对全区的基层学校具有较大指导作用；所撰写论文《以“推优入团”促进中学少先队工作的发展》获 1996 年区少先队论文竞赛一等奖；《初中少先队全员全程一体化思想的确立和实践探索》获 2000 年区德育论文评比三等奖；《初中少先队仪式教育的实践与思考》获 2004 年全国校外课外论文评选三等奖；主编了《基层少先队工作指南》、《迈向青春第一步——初中少先队仪式教育指南》等书籍。

万丽梅 杨浦区青少年科技站科技教师。中学高级教师。积极组织指导基层学校科技教育活动，使杨浦区在市青少年重大科技竞赛中连续保持好成绩。2000 年 4 月代表杨浦区赴山东济南一中为济南市同行进行了拓展型课程的公开教学演示，受到广泛的好评。辅导的学员获全国大奖。撰写的论文《用实践活动引导学生研究性学习探索》被编入《强学力行——教育论文集》，2 篇案例被收录在《初中探究性活动选题与设计》一书中；在《科学教育》、《中学科技》、《上海市青少年科技报》、《生命科学新章》等刊物上陆续发表了多篇论文。2001 年获杨浦区“园丁奖”，2004 年获上海市“园丁奖”。

钱　汾 杨浦区少科站计算机教师。中学一级教师。在计算机教学培训中，通过自编适合学生的教材，用“任务驱动法”让学生在体验和创造过程中学习，提高了学生的学习兴趣。辅导的学生多次在竞赛中获奖；每年策划、组织全区中小学生参加市级及市级以上的计算机竞赛 5～6 次，参加人数达 1 万人次，多次获得高中、初中、小学组团体总分第一或第二名。2003 年 12 月被评为上海市优秀科技辅导员，2004 年 2 月被评为杨浦区“三八”红旗手。

朱晓蓉 闵行区少年宫古筝、琵琶教师，乐团团长，中学高级职称。致力于推广民乐的普及，2001 年在中学音乐课上开设中阮兴趣课，组建学生阮乐队。在少年宫开设琵琶、古筝、中阮、阮乐团、古筝团等培训课程，多次获得区、市级单项奖。曾获区级记功二次和区园丁奖。作曲《江南春韵》由上海民族乐团演奏录制在《优秀器乐作品专辑》CD 中。主要作品：民乐合奏《江南春韵》、古筝二胡重奏《情怀》、琵琶独奏《春风又绿》、弹拨乐四重奏《孔雀东南飞》、民乐合奏《丰收情》。

王西林 闵行区少年宫美术教师。中国美术家协会会员、中国版画家协会会员、上海美协会员、全国中小学师生藏书票联合会副会长、上海市小学师生藏书票联合会会长。开设版画、儿童画、素描教学课程，获市、区级单项奖多项；辅导基层学校和少年宫学生自 1996～2004 年每年获市教委主办的“六一”画展一、二、三等奖。指导闵行区马桥中心幼儿园、新基础学校、花园学校等为版画或藏书票特色学校；撰写的论文《版画艺术与儿童心智成长》、《版画艺术与儿童毅力的养成》曾获闵行区教育科学研究课题类论文二等奖；曾获闵行区教育局优秀共产党员、区园丁奖和行政记功奖励。

王歆宇 宝山区少年宫钢琴教师。中学高级教师。上海音乐家协会会员、上海钢琴专业委员会会员。兼任《上海音讯》执行主编。首创钢琴美育教学法，音乐作品获全国“群星奖”创作一等奖。组织成立了 500 多名会员的宝山区青少年钢琴俱乐部，成为目前上海市规模最大的钢琴爱好者学生社团。2004 年被评为上海市学校艺术教育先进个人，2004年被评为宝山区教育系统艺术首席教师。

吴　青　嘉定区青少年活动中心艺术教师，戏剧指导、工会主席，嘉定区教育局艺术教育办公室副主任。小学高级教师。《从戏剧班小学员到故事大王》获上海市教育系统科研论文三等奖，个人戏剧作品集《来自校园的故事》由华东大学出版社出版。曾获上海市园丁奖；1998年，在“学先进、讲奉献、铸师魂”主题活动中被评为首届“我心中的好老师”；1999年受中国教师奖励基金会邀请赴云南参加全国优秀教师“园丁之家”活动；1997～2004年间，3次受区教育局记大功奖励。

陈卫伟　嘉定区青少年活动中心音乐教师，少儿合唱团声乐、合唱指导，上海音乐家协会声乐专业委员会、合唱专业委员会、儿童音乐专业委员会会员。上海市声乐考级中级考官。从事教学十几年来，硕果累累。多次在《上海教学研究》等市、区级刊物上发表教育教学论文。4次带少年合唱团出访日本大阪参加国际交流演出，参加香港“沪港综合晚会”及澳门国际青少年音乐比赛；指导的少儿合唱团多次荣获“上海市学生艺术节”、“布谷鸟音乐节”合唱比赛区级歌队专场的二等奖；指导的学生参加市、区级声乐比赛也屡屡摘金夺银，曾获上海市“中华大家唱”歌唱比赛优秀歌手、上海市教育系统声乐比赛一等奖、上海市园丁奖、区“新长征突击手”、区教育局优秀党员等称号。

平志刚　浦东新区少年宫少儿武术团团长兼总教练。中学高级教师。中国武术协会会员，中国武术六段，国家武术一级裁判，全国青少年宫武术协会理事，浦东新区武协副秘书长。经过5年多努力，武术团发展到22个高中低不同层次的武术班、近500名学员、7名武术专兼职教师、5个武术训练房，成为上海市最大的武术训练基地之一。先后编排的《中国功夫》、《中国龙》、《自古英雄出少年》等节目参加了市、区重大演出30多场；2003年被评为全国少年儿童优秀理论研究先进工作者。

张世光　金山区第一少年宫音乐教师。中学高级职称。在少年宫开设小提琴初、中、高级课程和弦乐合奏、重奏课程，指导的学员获得国家、省市级多项奖项。曾被授予上海市优秀艺术教师、上海市优秀校外教育工作者、上海市中学教师高级专业技术职务任职资格评审委员会评审、中学音乐高级教师、小提琴高级考官。多项论文获奖。

廖承恩　金山区第二少年宫钢琴教师。中学一级教师。上海市音乐家协会会员，上海音协钢琴专业委员会会员。中国聂耳冼星海学会会员、香港音乐导师同盟盟员。培养多名学生考取专业艺术院校和专业文艺团体，2004年有2位学生在市级以上比赛中连获4次大奖。

岳伟强　松江区青少年活动中心小提琴教师，国家一级演奏员。曾参加省级、国家级演奏比赛获奖，在歌剧《樱花》参选国家级“文华”奖评选演出中担任小提琴SOLO并获奖。在音乐会巡回演出中担任小提琴独奏。2003年执棒指挥新春民族音乐会，与台湾指挥家陈澄雄先生共同执棒“天涯共此时——交响音乐会”。2004年指导8名学生参加业余考级十级考试，6名获优秀、2名获良好。

尹东权　松江区青少年活动中心教师。中学美术高级教师。少儿美术指导，肖像画家。著有《中外人物肖像速写——尹东权作品专集》、《速写（2）》等。油画作品《蓝》入选2004年全国美展上海展。所指导的少儿美展曾应邀在浙江美术学院陈列馆及国内外展出，成功举办《尹东权美术教育活动周》。曾获全国少年儿童校外教育先进工作者和全国少年儿童校外教育优秀理论研究工作者称号。

柳文耀　松江区青少年活动中心写作教师。中学高级教师。辅导学生曾获“世界华人小学生作文大赛”特等奖、“全球华人少年写作美文奖”等，出版《快把星星擦擦亮——中小学生优秀童话作品选》。《冰冻的太阳——柳文耀童话、科幻作品集》获“金鹤文学奖”；《唐寅》一书入编“青少年艺术修养书库”。出版30万字的古典文学论集《云间思辨》。另有多篇小说、散文发表并获奖。

王也弟　奉贤区少年宫合唱指导、钢琴教师。小学高级教师。1987年，开始研究童声合唱训练，创设了自己的训练模式，多次在市“布谷鸟音乐节”、“阳光大地”合唱比赛中获一、二等奖。从教20年来，创作大量舞蹈音乐、器乐作品、校歌等，多部作品获奖。曾先后获“奉贤县十佳团员”、县“优秀青年教师”、“上海市优秀艺术教师”、“区教学能手”等称号。2001年2月被评为“奉贤群文活动十佳明星”提名奖，2002年第十届教师节被命名为“奉贤区名教师”。

封惠平　奉贤区少年宫党支部书记。中学高级教师。先后撰写了30多篇教科研论文，发表于全国及市级有关刊物中，其中《论辅导员的反馈思维》先后获市、全国一等奖，并被编入《全国辅导员进修学校教材》，多篇论文获市年会一、二等奖。与他人合著《红领巾咨询手册》等教科书，参与《全国少先队教育大纲》的编写。先后获全国先进少年儿童工作者、全国优秀辅导员、全国“创新杯”指导先进个人、上海市“十佳”辅导员、新长征突击手、上海市优秀少先队总辅导员、上海市“六一”儿童奖章获得者、县先进教育工作者等28项荣誉称号。1999年教师节被市少先队工作委员会命名为“上海市少先队名师”。

金田则　奉贤区青少年科学技术辅导站科技教师。小学高级教师。连续8届获上海市青少年创造发明活动优秀组织奖、10多个科技活动获上海市优秀科技活动奖。参与编写或论文发表的书籍多部。曾获上海市奉贤区学科带头人、奉贤区名教师、奉贤区师德标兵、上海市优秀科技辅导员、上海市优秀教师、全国优秀科技辅导员称号。2004年3月被授予上海市优秀科技教师奖。

江苏省

诸根友　南京市青少年宫围棋教师。南京市青少年宫棋院院长、全国青少年棋类协会常务委员会理事、南京市棋协副秘书长、中华人民共和国棋类裁判，5段棋手。从事教育30年，培养多名学生获全国、省及南京市冠军，为省女队输送多名人才。

曹恒琴　南京市青少年宫手风琴教师。1997年组建了“小茉莉艺术团”任团长兼指挥。江苏省音乐家协会会员，南京市音乐家协会理事，国家二级演员。在20年教学中，培养了大批优秀专业人才，并举办了多场音乐会。1997年组建民乐团，每年参加市级团队比赛均获一等奖和各类单项奖。多次组织百名以上少儿手风琴演奏阵容和优秀的舞蹈队、合唱队，参加全国及江苏省的大型演出活动；带领南京市青少年宫小茉莉艺术团，多次出访获奖。每年有80人次参加考级。被省音协授予优秀辅导教师奖。2003年被文化部批准为高级考官；2003年省广电总台举办了“曹恒琴师生音乐会”并出版发行了音乐会的VCD光盘。

陈少平　南京市青少年宫钢琴教师。南京晓庄学院现代音乐系钢琴课程指导教师。组织、参与了各类儿童钢琴教育教学的学术交流及教科研活动，编写了大量专业教材。有关儿童钢琴教育教学的论文、论著多次刊登在省、市级核心音乐刊物中。2003年被江苏省教育学会评为省教育学会先进个人。

汪霞萍　南京市青少年宫少儿棋院象棋教师。中教二级职称。江苏省棋类运动协会委员，南京市棋类运动协会常委。以传统文化的熏陶，国粹艺术的感染教育青少年，共开设象棋课程培训班70余班，总计培训学员2320学时，学员2200人次，66人获奖；在象棋专业刊物及报纸发表了多篇文章。其中《怎样下象棋》一书被选为江苏省校外教育教材。2002年获得象棋国家级裁判。所培养的学生多人次获得全国、省、市象棋比赛优胜奖。

宗巧珍　南京市青少年宫武术教师。中教一级职称。武术六段。1974年获全国武术比赛女子全能冠军，剑术冠军。曾多次代表中国武术团出访日本、美国、英国等20多个国家；辅导的南京少年武术队曾获江苏省武术比赛团体第一名，辅导的学生多次在省、全国大赛中获奖；所撰写的《越南武术现状及发展对策》获2003年国际武术论文报告会三等奖。

刘庆国　南京市秦淮区少年宫书法教师。国际美术家联合会会员，受聘于日本国艺书道院客座教授，中韩文化艺术专家委员会委员，国家人事部人才研究中心高级研修员，中国书画艺术委员会委员，中国书法家协会会员，中国硬笔书法协会理事，南京莫愁湖书画院副院长。作品在日本、韩国、加拿大、新加坡、悉尼、香港、澳门等国家和地区展出，发表多篇书法教学论文。多年来，培育了几千名书法学员，并取得了优异的成绩。多次被评为特级园丁奖、书法艺术教育贡献奖、中国书画家百杰等。

傅必超　南京市秦淮区少年宫音乐教师。中学高级职称。南京市音乐家协会会员、江苏音乐家协会会员、江苏省手风琴学会会员。从教40年，一直担任少儿文艺辅导员，1985年起从事手风琴教学，提出“快乐教育”理念，教学成绩显著，培养的学员多人被市级、省级重点中学以艺术特长生录取。100多位学生通过了江苏省级音乐家协会主考的手风琴2～10级考试，1人获7级优秀，多人在省、市比赛中获奖。

苏总明　南京市玄武区少年宫美术教师。中学高级职称。南京市美术家协会会员，江苏省教育学会会员，玄武区教育科学研究学术委员会委员，玄武区文联书画协会理事。辅导多名学员参加国际、国家、省级美术比赛获一、二等奖；多名学生考入东南大学、江苏省戏剧学校、南京师范大学等专业院校；多篇论文获奖并发表；编绘《少年宫少儿书法教材》、少儿《素描》、《水粉画》、《美术字》讲义、《少年宫培训班儿童画教学大纲》、《少年宫培训班少儿书法教学大纲》等。1995年、1999年、2003年3次被评为玄武区关心下一代工作先进个人；玄武区优秀教育工作者，南京市学校艺术教育工作先进个人。

戚晶萍　南京市白下区少年宫主任，钢琴、合唱教师。南京市音乐家协会会员，南京市教育局艺术视导组员、副组长。组织少年宫积极参加各项活动，教育教学成果显著；辅导的学员多名在全国、省级大赛中获奖；本人曾获全国辅导员技能技巧大赛能手奖，获2002～2004年全国"双有"主题教育活动先进个人称号，获南京市教坛新秀、南京市百名青年标兵、先进工作者奖、白下区合唱比赛优秀指导奖、南京市优秀青年教师等荣誉。2004年被评为先进个人。

张　敏　南京市下关区少年宫文艺教师，主任助理。小学高级职称。江苏省教育学会会员、南京市教育学会会员、南京市小学艺术活动中心视导组成员、下关区文联舞协理事。在全国、省、市、区范围上公开课百余节；多次指导学生在全国、省、市、区文艺竞赛及演出活动中获奖；撰写的教育教学论文、教案多次在省、市、区论文和教案评比中获奖；担任《小学素质教育同步训练读本》执行编委、江苏省九年义务教育小学教科书《音乐》配套录音带的演唱录制指导工作；多次在省、市、区青年教师基本功大赛、好课评比中获奖。连续2届当选南京市优秀青年教师、区优秀共产党员、南京市青年岗位能手。

仇　倩　徐州市青少年宫语言表演、舞蹈教师。中教一级职称。江苏省戏剧家协会会员，徐州市戏剧家协会理事，中国儿童歌舞协会会员。创作童话剧《森林里的故事》、《冬天里的故事》、《受伤的仙鹤》、《珍贵的教科书》等一系列儿童剧本；撰写了《青少年语言表演教学大纲》、《青少年舞蹈教学方法》等教材。先后获江苏省优秀演员奖、江苏省优秀青年演员奖、徐州市拔尖人才、徐州市青年突击手、徐州市"三八"红旗手、徐州市劳动模范等称号。

贾秀琴　徐州市青少年宫音乐教师。中教一级职称。中国音乐协会江苏分会、江苏省校外教育声乐研究会理事、徐州市音乐家协会会员。多次参加省、市电视台、文化厅举办的青年歌手、"十佳歌手"大奖赛。在市首届艺术节、青年文化艺术节、"蓝天杯"电视大奖赛、省"新人·新春·新歌"电视大奖赛中均获得美声唱法第一名。在10余年的声乐教学实践中总结出适合青少年声乐特点的教育教学方法；编写的"少儿声乐教学方法"艺术论文获中国艺术教育论文二等奖；指导的学生多人考入中央音乐学院、南京师范大学、徐州师范学院艺术系和部队文艺团体。许多学生在省、市、全国及国际少儿声乐比赛中获得大奖。

邵长运　徐州市青少年宫管乐、爵士鼓艺术教师。徐州市音乐家协会会员、国家三级演奏员，1975年进修于上海音乐学院，多次赴中央音乐学院学习打击乐器、主修爵士鼓。从教近30年，先后担任了铜管乐、打击乐及爵士鼓等课程的授课工作。在多年的教学实践中，探索总结出了一套自己独特的教学方法和模式。所教的学生多名考入音乐学院、各大学音乐系、部队及文艺团体、中师、中专等。

王九诗　徐州市青少年宫美术教师。中学高级教师。中国美术家协会会员、江苏省美术家协会理事。本人多次参加国家级美术大展、省展；多幅作品获奖、出版、发表、收入画集；多幅作品被全国美术协会选送美、法、日、加拿大、丹麦等国展出；部分作品被各级美术馆及法国巴黎国家美术馆收藏；美术教学论文曾获得省级、国家级一、二等奖。从事青少年美术教育30年，为美术学院及其附中和其他高校、艺术学院培养了大批人才。辅导的儿童画作品有千余幅获奖。

姜红军　东台市少年宫副主任，美术教师。小学高级教师。市书画协会会员。在多年美术教学中，他总结出"激发情趣、保持特色、创新技法"的经验，运用"因材施教、分层编组、动静搭配、纵横兼顾"的教法。1996年创办了全市第一个由市镇挂牌认可的少儿书画社——"蓓蕾书画社"，先后有800多人次获全国、省、市举办的少儿书画比赛等级奖，50多幅儿童画见诸报刊杂志，20多幅作品在日本参展，10多幅被外国友人购藏。近年来，他荣获各级各类比赛的组织奖、指导奖10余次，先后被吸收为市文艺联合会会员、国际青年书画家联合会会员、中国川夫书画院院士，作品编入《中国书画篆刻家年鉴》，被全国少儿书画段位评定委员会授予“少儿书画教育伯乐奖”称号。

赍　辉　东台市少年宫古筝教师。2000年论文《但见奔星劲有声——幼儿古筝一得》获省校外教育论文评选优秀奖；2003～2004年，10名以上学员在省、市古筝现场比赛中获多项奖项；50多名学员通过南京艺术学院八级以上考级，其中多人过十级。

封　敏　扬州市少年宫古筝教师。中国民族管弦乐学会会员，中国音乐学院音乐考级评委，扬州市广陵琴社副社长。从教近20年，培养学生近2000人，学生在参加全国、省级各项大赛中获金奖，为高等音乐院校输送多名音乐人才，曾获“全国优秀古筝教师”称号。论文“古筝教学中的审美教育”获华东六省一市论文比赛和江苏省教育学会论文比赛一等奖。创作乐曲古筝二重奏《小苗青青》获国家文化部“群星奖”。2004年成功举办师生音乐会，受到领导和音乐界专家的好评，被评为扬州市师德标兵。

张　忠　泰州市少年宫主任，舞蹈教师。中国儿童歌舞协会会员、江苏省舞蹈家协会会员、泰州市舞蹈家协会理事。创作编排的舞蹈作品多次参加全国、省、市级比赛，获多项奖项。多名学生考取艺术院校和团体。撰写了《舞蹈教学初探》、《谈舞蹈课堂教学的优化》、《校外教育在素质教育中的地位与作用》等多篇论文，先后在全国、省级刊物上发表并获奖。本人多次被评为优秀辅导员。1997年以来连续6年受到海陵区政府嘉奖；2000年被共青团中央、文化部授予“全国优秀青少年校外教育工作者”称号；2002年获市政府文艺奖；2003年2月被市委表彰为泰州市宣传思想工作“十佳先进个人”。

邓　文　盐城市少年宫副主任。中学高级教师。中国教育学会会员，江苏教育学会、心理学会会员。多年来潜心于小学数学教学和心理教育研究，主持中小学生心理咨询工作。共主编、参编、撰写教学论著30多本，公开发表论文10多篇，编写和出版20多本小学生课外辅导用书，共计约200多万字；主持的盐城市重点教育科研课题成果《“小学素质教育实验区”综合改革实验研究报告》获教育部1996年度全国师范院校基础教育改革实验研究项目优秀成果二等奖；曾获盐城创建卫生城市先进个人；被江苏省教育厅、体育局、卫生厅表彰为贯彻“两个条例”先进个人；10多次被盐城市人事局嘉奖。

费海兵　盐城市文港小学教师。小学语文高级教师。10多年来，潜心钻研“把微笑、幽默带进课堂”的教学方法，20多篇论文在市级以上报刊发表；10多篇论文获市级以上一、二、三等奖；二次获县公开课竞赛一等奖。指导学生发表习作近30篇，获国家、省、市以上奖项的习作达7篇。本人被省教育厅评为青少年科技教育先进个人、《盐城晚报》小记者优秀辅导员。

严　君　盐城市少年宫二胡教师，少年宫文艺部主任。小学高级教师。盐城市音乐家协会会员，盐城市教育学会艺术教育专业委员会委员。教学10多年来，培养出一批批优秀二胡学员，多人次获得国家、省、市级各类器乐比赛的奖项，本人获多个园丁奖。2001、2002年连续被评为先进教师；2002年12月获市政府三等功表彰；2004年8月获“江苏省教育学会先进个人”称号；2004年9月获市政府颁发的“教育系统先进工作者”称号。

杨保忠　盐城市少年宫科技、武术、美术教师。在长期校外教育培训中，爱岗敬业，刻苦钻研业务，任劳任怨，教学认真负责，教学育人效果显著。所辅导的学员成绩突出，不少学员在国家、省、市级（武术、科技、美术）比赛中获奖，深受学生和家长的好评，为少年宫赢得了信誉。曾获“江苏省优秀科技辅导员”、市级先进工作者称号。

杨迎春　射阳县小学美术教师，射阳县少儿活动中心儿童画辅导教师。小学高级教师。射阳县首届美术学科教学能手，江苏省、盐城市两级教育学会美术专业委员会会员。从事美术教育工作20年来，在各级绘画及美术教学竞赛中多次获奖，10多次在市、县内外开放观摩课教学现场，赢得好评。先后辅导并组织300多人次在市、省和国家级绘画大赛中获奖，所撰写的《对儿童画辅导的点滴体会》等8篇论文分别发表或获奖。

黄礼钊　射阳县少儿活动中心艺术培训部主任、小提琴指导老师。江苏省曲艺家协会会员。连续3年获南京艺术学院考级委员会“小提琴专业优秀指导老师”、2004年授予“德艺双馨”称号。音乐作品《我和新中国同龄》等近百首歌曲在“上海歌声”、“解放军歌曲”、“工人音乐报”等刊物发表。合唱曲《丝绸之路再延伸》获中国音乐家协会工人歌曲评选优秀奖，女声独唱《摇起小船湖里走》入编盐城名歌金曲100首。指挥大合唱《祖国颂》获盐城市首届企业文化艺术周首位金奖。多次组织“黄海之春”、“鹤乡之声”等大型文艺演出并担任编导和指挥。创作多部戏曲小品在省、市调演中获奖。唐子豪等5名小提琴学生获“中日韩国际少儿艺术展示大赛江苏赛区”二金三银的优异成绩。

冯敏德　南通市少年宫副主任，钢琴、电子琴专业教师。中学高级教师。中国音乐家协会会员、中国教育学会音乐教育研究会会员，江苏省音乐家协会会员、南通市钢琴家协会副会长、南通市教育局教研室教研员，江苏省校外教育少儿器乐展演评委。从事音乐教育工作30年，培训的学生多次在全国及省市比赛中获奖；多名学员考入上海音乐学院、南京艺术学院等专业院校；本人多次被评为先进工作者。

王　炜　南通市实验小学教导处主任。小学高级教师。江苏省、南通市教育学会小学语文专业委员会会员，江苏省教育学会中小学写作教育研究中心研究员。她辅导的青年教师在市、区语文（作文）、思想品德、社会课教学竞赛课中数十人次获得一、二等奖；所辅导的学生在全国、省、市、区级作文、朗诵、故事等比赛中数十人次获得一、二、三等奖；近百篇学生优秀作文在各级各类报刊上发表。所撰写的多篇教育教学论文屡获一、二等奖；先后被评为“先进工作者”、“优秀少先队辅导员”、南通市“青蓝工程”优秀师徒等，并被南通市崇川区人民政府“记功”表彰。

生家琦　南通师范第二附属小学教学处主任，南通市少儿中心兼职教师，小学高级教师。多年来担任少儿中心思维训练教学工作，具有深厚的教学功底，用灵活的教学方法，创设充满情趣的课堂氛围，教学成果显著。任教以来，每年都有学员获省、市、区及全国数学竞赛一、二等奖。1993年获江苏省小学青年教师教学基本功大赛一等奖，1998年获省教海探航征文比赛一等奖。先后在《江苏教育》等刊物上发表文章10余篇；被评为南通市巾帼建功标兵，江苏省巾帼建功先进个人。

姜　勇　南通市儿童少年教育活动中心美术教师。小学高级职称。南通市美术家协会会员、南通市教育学会美术、书法专业委员会会员、南通市教育学会校外教育专业委员会会员、中国少年儿童造型艺术学会会员。从事美术教学工作10余年，坚持以人为本的教育模式，执教儿童画启蒙班、儿童画中级班、儿童画创作班等，采用自编的教学方案，指导学生在全国、省、市比赛中获奖数百次。

王聚宝　南通市儿童少年教育活动中心音乐教师，中学一级教师。中国音乐著作权协会会员，中国音乐家协会江苏分会会员，南通市音乐家协会副秘书长。培养了大批学生考入上海音乐学院、南京艺术学院附中。先后在报刊杂志发表作品560余首，50多首作品在全国、省市级获奖。歌曲《铃铛在摇响》获中国音乐家协会、林业部联合举办的征歌“绿叶奖”，《市政之歌》获全国征歌银奖；撰写多篇论文获全国论文评比一等奖、华东地区论文评比二等奖。出版了《金色的海浪花》王聚宝少儿歌曲123首、《人生畅想曲》——王聚宝歌曲创作精选100首。个人曾获《中国金曲大集锦》百名作曲家、中国民间名人等称号。

吴丽娟　海安县少年宫琵琶专职教师。小学高级教师。海安县骨干教师、海安县优秀青年教师。坚持以“审美为核心，以兴趣为动力”的教学理念，通过多种教学手段激发学生演奏琵琶的兴趣；辅导的节目多次在市、县文艺调演中被评为优秀节目；辅导的学员10余人在国家级、省级比赛中获奖；多篇论文发表于国家级、省级教育杂志。

方　俊　镇江市少年宫专职美术教师兼活动部大队辅导员。镇江市美术家协会会员。着力研究新课程的综合开发，开展综合艺术创意教学。所教学生屡获全国、国际儿童绘画赛事大奖，作品发表于多家书画刊物。本人多次荣获“优秀园丁奖”、“全国少儿书画比赛最高指导奖”，多次担任镇江市儿童绘画大赛及市美术教师基本功大赛的评委工作，教育教学论文多次获省、市级论文大赛一、二、三等奖。曾任市电台“空中家教”节目美术主讲教师。论文《试论艺术通感在儿童美术、音乐、舞蹈综合艺术班的创意教学》获江苏省教师论文大赛一等奖。

孙　炜　镇江市少年宫书画教研组组长、专职美术指导。江苏省美术家协会会员，江苏省诗词协会会员。从教15年，中国画作品参加“首届江苏省山水画作品展”、“南京师范大学美术学院100周年院庆美术作品邀请展”等。中国画作品多次发表于《扬子晚报》等报刊；书画作品被南京师范大学美术学院、镇江焦山定慧寺等收藏，并被收入《当代书法篆刻大观》。2003年，由《江苏画刊》提名，江苏美术出版社出版发行“21世纪优秀艺术家画集——孙炜专集”个人画册。多篇教学论文获省市优秀教育论文评比一、二、三等奖。所授学生作品在各级重要赛事中屡获嘉奖并被多家书刊发表；多次荣获“优秀园丁奖”。

黄　立　镇江市少年宫副主任，书法高级讲师。

镇江市中青年骨干教师，江苏省书法教育专业委员会常务理事，省书协会员，中国硬笔书协会员，市硬笔书协副主席。先后开办硬笔书法启蒙班、毛笔书法启蒙实验班，在毛笔书法教学的目标定位、书体选择、教学方法、教学策略、创造力培养等方面取得了突出业绩；在2003年镇江首届童话节书法比赛中，12件作品获一等奖；在2004年江苏省中小学生“颂祖国盼统一”书法比赛中4人获一等奖；撰写的论文获省、市级评比一、二等奖，作品在国家级专业报刊发表多篇。出版《小学生写字（硬笔、毛笔）》丛书24册；指导学生在全国、省、市书法比赛中获奖数百次。

刘逸安 常州市少年宫音乐总监。少儿民族乐团总监。华东少儿民乐研究会副会长兼秘书长，中国著名少儿民族器乐教育家。他指导训练的民族乐团在国际、全国、省级比赛中多次获奖。其论文、曲集及声乐、器乐作品多次在全国、华东地区、省级比赛中获奖。主要专著有《少年儿童二胡教程》、《儿童学二胡电视教程》等。1992年应中央电视台邀请赴北京担任我国第一部少儿民乐电视教学片《儿童学二胡》（共26集）艺术指导，在中央及多家省、市电视台播出。曾多次获全国优秀教师、市劳动模范、德艺双馨艺术家等称号。在“ART”杯中国乐器国际比赛中获园丁奖。

徐诚卿 常州市少年科技艺术宫副主任，摄影教师。中学高级教师。江苏省摄影家协会会员，常州市摄影家协会理事。10年来，担任少年宫摄影小记者课程教学和市青少年摄影分会工作；坚持从实际出发，以简单明了的形式，在儿童摄影教学工作中积极创新，教学成绩显著；集聚青少年摄影爱好者，成立常州市青少年摄影协会，组织摄影夏令营和各种摄影比赛，推动各校艺术教育的深入开展。摄影作品2次入选省级教师摄影展；摄影作品2幅入选2004“中华情”全国政协作品展。

辛济仁 无锡市崇安区少年宫培训处主任，书法总监，中国书法家协会会员，中国书法家协会书法培训中心教授，书法中学高级教师。几十年来，潜心钻研书法教育，为探索、创新书法教育模式，进行了一系列的研究与实践，教学效果突出。主要著作有：《欧书基础》、《辛济仁书法》、《欧书字帖》、《欧书概论》、《四体书法概论》（合作）等。1987年在中央电视台主讲《中国书法电视讲座》（欧书指导），1997年中国教育电视台作《辛济仁欧体书法讲座》（13讲），录像及配套教材由安徽音像出版社出版。曾获江苏省书法指导“伯乐奖”，连续多年被教育部艺教委授予“书法指导一等奖”。所教学员在全国、省、市书法比赛中屡屡获奖，几十年来为高等艺术院校和书法艺术的普及培养了大批人才，是无锡市及江苏省很有名望的资深书法教师。

王伟澍 无锡市南长区少年宫声乐指导教师，小学高级教师。兼任区音乐教研员，无锡市音乐家协会会员。师从中国合唱家协会主席、合唱指挥家聂中明先生。经过声乐个别辅导，许多学生在全国、省、市独唱比赛中屡获佳绩；经常参加省、市举办的大型演出活动及电视电台的录音录像表演，曾参与录制磁带发行。撰写的5篇论文获省、市级一、二、三等奖，其中《让心灵自由地歌唱》发表于《江苏教育》。2003年被评为无锡市优秀教育工作者。

宋　峰 无锡市南长区少年宫专职美术教师。小学高级教师。“跨世纪园丁工程”中小学市级骨干教师，先后获无锡市优秀教育工作者，市、区青年美术教师基本功比赛一等奖及学科能手称号，曾任无锡市南长区美术教研员。所辅导的学生在全国及省市各类美术大赛中屡屡获奖或在报刊发表作品；多篇论文在刊物上发表，多次获全国优秀指导教师奖。

刘　金 无锡市南长区少年宫书法教师。小学高级教师。中国青少年书法学会理事，江苏省书法协会会员。其书法作品在全国老中青年书法大赛中获得特等奖、金奖；在中央电视台首届“明星杯”师生书法大赛中，获指导教师一等奖。2001～2004年，在16次全国及省市级美术比赛中，辅导的学生均获多项奖项；本人有5篇论文在全国、省、市教学论文比赛中获得等级奖，被评为无锡市青年突击手、市优秀辅导员、市优秀教育工作者。

魏松坤 无锡市少年宫器乐教师。中学高级教师。江苏省音乐家协会会员、中国民族管弦乐协会常务理事。在20多年的教学实践中，改变了传统二胡中民间艺人式的传授方式，总结出一套科学的二胡教学法，先后为中央音乐学院、中国音乐学院等培养输送了20多位二胡演奏人才。二次囊括市级二胡比赛所有组别的一等奖。在江浙沪二省一市二胡比赛中获4个组别的3个一等奖；连续五届蝉联华东六省一市比赛一等奖，2次获全国比赛一等奖。

邵国芬 江阴市少年宫幼儿园园长助理。在10年的艺术教学活动中，先后3次参加江苏省、无锡市的青年教师比武活动，均获一等奖，所编排的舞蹈《向往》获无锡市小铃铛演唱会一等奖，辅导的幼儿多次在市级各项文艺比赛中名列前茅。曾先后获“江苏省优秀青少年工作者”、“无锡市先进幼教工作者”、“江阴市新长征突击手”等称号，有3篇论文在国家级论文评比中获奖、发表。

王淑萍　江阴市少年宫美术教师，小学一级职称。在10年教学中取得优异成绩，被评为江阴市新长征突击手、少年宫教学新秀和先进工作者。文章多次在省、市获奖。2004年参与编辑并负责指导完成了少年宫幼儿园的首本画册——《童话·童画》，获得同行们的赞赏。所辅导的历届幼儿美术作品多次在市、省、全国获奖。

韩　莹　宜兴市青少年活动中心培训部主任，英语教师。曾获“宜兴市优秀青年教师”、“宜兴市优秀党员”等称号。积极实践“剑桥少儿英语”教学，以“交际教学法”、“情景教学法”入手，设计了大量让学生“玩中学”、“学中玩”的教学活动，充分体现了一种全新的英语教学思想。撰写的论文两次获江苏省教育学会论文大赛三等奖。

李　伟　宜兴市青少年活动中心专职钢琴教师。小学高级教师。指导学生参加江苏省音协组织的器乐考级各级别均顺利通过；学员参加市级钢琴比赛屡获一等奖，“上海大剧院杯”全国少儿钢琴邀请赛无锡赛区第一和第三名，上海总决赛第三名；首届中国国际卡通艺术“金蛙奖”第二名。本人撰写的论文《“鹰爪”和“柳絮”》在2003年江苏教育学会校外教育专业委员会的优秀论文评比中获二等奖。获无锡市教育局能手奖、文化部颁发的“导师奖”等称号。

冯朝明　苏州市平江区少年宫声乐、合唱教师。中学高级教师。训练的合唱团受到中外专家的赞誉，曾率领平江少年宫合唱班参加全国童声合唱比赛获大奖，出访日本、韩国，多次参加中央电视台、省、市大型文艺演出，2004年6月28日指挥第28届世界遗产大会开幕式演唱。培养的学生在国际、全国、省级各类比赛获奖；本人多次获得全国、省级优秀“园丁奖”、“指导奖”、“指挥奖”，多年来培养了众多的学生，为各个领域输送了一批优秀的人才。曾被评为优秀少儿工作者。出版了许多音像资料作为学生教材，创作的歌曲及电视短片获省级金奖和全国一等奖。

凌秋红　苏州市平江区少年宫信息技术主讲教师。在1998、1999年执教的《重复构成》、《收发电子邮件》区评优课活动中获一等奖；2002年执教的《美丽的红丝带》一课在全国第五届信息技术与学科整合观摩活动中获一等奖。辅导的学生有10多名在省奥林匹克电脑绘画比赛中获一、二等奖；共6次被评为“优秀辅导奖”。她撰写的《充分利用现代教学手段造就学生的审美素质》等8篇论文在全国各级各类刊物获奖和发表；同时参加省编信息技术教材《小学生学电脑》和上海教材《信息科技》的编写工作。

方亦中　苏州市平江区少年宫专职美术教师，教务副主任，区少先队总辅导员。从事美术教学20年，根据少年儿童生理、心理及认知能力等特点，自编教材，改进教学方法，特别是在少儿水墨画教学中积极创新，探索出一套独特的教学方式，多次获得全国、省、市少儿书画优秀指导教师、特等园丁奖等称号。2002年被江苏省文联授予“江苏省少儿书画特聘指导教师”。2004年被江苏省文联聘为省书画考级“中国画专业”中级考官。参与江苏省省编《校外美术教材》的编写工作，其中《绘画》一册任编辑。

杜顺明　苏州市平江区少年宫音乐教师。在长期的教学实践中积累了丰富教学经验，自编电子琴、小提琴教学教材，参加培训的学员不仅迅速增加，而且演奏技巧大幅度提高，多人在省、市电子琴、小提琴各类比赛中获奖。创作的歌曲《我生长在改革开放的年代》获苏州市音乐创作一等奖，《小星星之歌》、《清晨》、《小城》获二等奖，创作的舞蹈音乐《绿鸟的心声》获市创作一等奖，《花季》获创作二等奖。

蔡志建　苏州市平江区少年宫电子琴教师。小学高级职称。在电子琴教学中采用母子班教学形式，教学效果显著；目前少年宫已发展到28个电子琴班，学员近400名，形成了苏州市最具规模、最有成绩的教学培训中心，经常以少儿百人电子琴演奏的节目参加苏州市大型文艺演出；1990～2004年间，电子琴班的学员在市级、省级少儿电子琴比赛中获一、二、三等奖人数达百人之多。在苏州市组织举办的6届少儿电子琴演奏比赛任组委会负责人、评委，并组织江苏省华南地区器乐邀请赛；本人多次获得市级、省级优秀园丁奖。

徐希伟　太仓市青少年活动中心电子、模型、科技教师。小学高级职称。中国电子学会会员、中国无线电运动协会会员、中国青少年科技辅导员协会会员、国家社会体育无线电运动一级指导员、全国青少年宇航技师特级导师、太仓市青少年科技教育协会常务理事。撰写的论文多次获奖；辅导的学生在国家级、省级、地区级的各类科技竞赛活动中获奖累累，多名学员考上与科技有关的高等院校。本人多次获“中国青少年科技活动组织工作奖”及“中国无线电运动优秀指导员”等荣誉；连续12年获“江苏省青少年优秀科技辅导员”、“优秀航模教练”等称号。

朱　宏　常熟市虞山少年宫主任。小学高级职称。论文《用生命润泽生命》、《让校外教育活动更有生命》、《学校心理健康教育的实施》等在全国优秀论文评比中获奖，并在国家级杂志上发表。在苏州市、常熟市思想品德优秀课评比中多次获奖，有多节优秀课被评为“百节好课”；有的还被中央教育电视台录用并播出；被评为常熟市“中青年优秀技术人才”、江苏省“金钥匙科技竞赛先进个人”等光荣称号。

徐　崇　江都市少年宫副主任，美术教师。小学高级职称。自1987年至今，在校外美术教学领域积极探索，以线描儿童画为教学特色，以多样形式激发学生的学习兴趣和创新能力，在少儿美术教育理论领域深入研究，撰写的教学论文多次获奖并发表。所教学生多次获国际、国内少儿绘画大赛，多人考入高级艺术院校。曾获江都市优秀教育工作者、江都市名师、扬州市学科带头人、“2003年度全国少年儿童校外教育优秀理论研究工作者”称号。

徐春华　江都市少年宫硬笔书法教师。小学高级职称。中国硬笔书法协会会员。楷书作品被评为全国最高段8段，行草书为7段。书法论文《书法教学审美素质的培养》获“中华世纪之光”全国比赛二等奖。2002～2004年获国际绿星杯大赛辅导教师一等奖。10多年来，潜心钻研业务，注重自身文化素质提高，教学成果丰硕，在省内校外教育系统有一定的知名度。

李　羚　江苏油田小油花艺术团钢琴教师。南京晓庄学院音乐系钢琴教师。从教以来所指导的学生均通过考级，其中部分学生获得优秀学员称号。2002年被江苏省音协评为“知音杯”优秀指导教师。2003年辅导的学员参加TOYAMA亚洲青少年音乐比赛囊括初中组第一名，少儿组三、四、五名；获得2004年“星河杯”江苏赛区优秀奖、“山德杯”海峡两岸钢琴赛包揽第4～9名。学员参加中、高考均取得优异成绩。

钱　锋　淮安市青少年宫美术教师。小学高级教师。16年来，以学生素质的全面发展为本，敬业爱岗，不断提高业务水平和业务能力，逐步形成了“以讲导练，以练固技，以批促练，以评激趣”的美术教学风格，取得了显著的成绩。先后获得市级、省级优课评比一、二等奖，区级美术教师基本功大赛一等奖，市级论文评比一等奖，全国论文评比三等奖，全国优秀指导教师奖；培训、指导的学生有500多人次在全国及国际比赛中获奖，40多人次在省级以上报刊发表美术作品。

石怀生　张家港市少年宫二胡教师。安徽省音乐家协会、安徽省音协民族弓弦乐委员会会员，安徽省文化艺术人才学会会员，江苏省音乐家协会会员，上海音乐家协会二胡专业委员会理事。培养了几百名二胡演奏特长生，分别获取国家艺术考级权威机构颁发的二胡4～10级的级位证书，其中10多名优秀学员曾获全国、省、市级二胡比赛大奖，有的学员以优异成绩考入上海音乐学院、上海戏剧学院、南京艺术学院等专业艺术学院深造。

浙江省

张　力　杭州市余杭区青少年宫专职美术教师，中国少年儿童造型艺术学会会员。所撰写课例《儿童画展海报》、《接触伟大艺术家的心灵》分别在第一、二届全国优秀课例大赛中获一等奖，2004年被评为浙江省校外教育优秀教师。

李建明　杭州市余杭区青少年宫专职书法教师，中国书法家协会会员，杭州市书法家协会理事、教育委员会委员，省中国花鸟画家协会会员，浙江开明画院、杭州吴山画院、余杭画院画师。从事书画创作20余年，教学18年，是余杭区第一位获得艺术最高奖“政府文艺奖”的书画家。

郑明芳　宁波市青少年宫思想品德教师，青少年宫主任、书记，宁波市少先队总辅导员。中学高级教师。20多年来，锐意创新，努力做好未成年人各项工作，形成了一支具有独特创业精神的团队。宁波市青少年宫曾3次荣获全国先进青少年宫称号。

2004年，领导青少年宫开展了“宁波市外来务工子弟学校少先队文化建设”，领导承办了第三届国际童声合唱节，建立了宁波学生艺术团、宁波市社区联谊会、宁波市青少年天文爱好者协会等社团；主持开展“宁波市风筝比赛”、“宁波市少儿服饰文化节”等活动；先后主编《宁波市少先队分年级教育提纲》等著作，主持起草《浙江省青少年宫评估条例》，撰写论文 4 次获全国少年儿童校外教育优秀论文一等奖。被评为“2003 年度全国少年儿童校外教育优秀理论研究工作者”。

孙福昌 宁波市青少年宫音乐教师，青少年宫副主任。中学高级教师。宁波市音乐家协会副主席，宁波市教育局艺术教育委员会委员，宁波市学生艺术团常务团长，宁波市青年表演艺术协会会长。

在教育方面，积极实践寓教于乐、寓教于活动之中，运用启发式、示范式、对比式等教学方法，取得显著成效。辅导学员多人获省、市钢琴比赛一、二等奖；策划、组织“宁波市少儿服饰文化节”、“我们拥有共同的太阳”等主题教育活动；是市级科研课题《提高学生素质——开发“特色化”校外素质教育课程的探索与实践》负责人之一，撰写的多篇论文在华东地区、省、市获奖，创作的歌曲多首在全国及省、市刊物上发表并获奖。

周宗毅 宁波市青少年宫书法教师。中国书法家协会会员，中国美术家协会会员，中国《书法报》特约创作员。在书法教学中努力探索，更新教学理念，取得显著教学效果，多名学员在国家级比赛中获金、银奖。本人曾获第七届全国钢笔书法大赛一等奖，作品入选中国书协举办的第二、三届中国书坛新人新作展，全国第八届中青年书法篆刻家作品展，西泠印社举办的第一、二届国际篆刻书法作品展。著有《唐诗三百首硬笔书法字帖》、《新编家教三字经多用钢笔字帖》等书籍 20 余种。

傅伟民 宁波市青少年宫美术、摄影教师。小教高级职称。在教学中，坚持把美术教育和学员素质的全面培养结合起来，运用科学的训练课程，因人施教，教学成果显著。十几年来，所辅导学员 800 多人次在全国各类比赛中获奖，为高等艺术院校输送了一大批优秀人才；先后获第二届“全国百宫书画教育成果展”辅导优秀奖、“和平杯 2004 俄罗斯第四届青少年儿童书画国际联展”国际艺术教育金奖、第九届全国中小学生绘画、书法作品比赛美术类指导一等奖。

郭小华 上虞市青少年宫主任。小学高级教师。所指导的小学奥数兴趣小组，已有 120 余人在全国奥赛中获奖。曾被评为浙江省少先队优秀辅导员，绍兴市教育新秀和浙江省校外教育优秀工作者。

王 芳 上虞市青少年宫教师，上虞市青少年宫“东山草”少儿文学社社长兼指导教师。中学语文高级教师。全国中小学校园文学社联谊会理事。上虞市文联文学协会理事。教学经验丰富，教学理念先进，学员的优秀习作 500 多篇发表在全国少儿报刊杂志上，540 篇优秀习作在全国征文比赛中获奖。本人曾多次被评为全国校园文学社优秀指导教师，获浙江省青少年宫先进工作者，市青年优秀岗位能手称号。

王雪飞 上虞市青少年宫活动部部长、绍兴市音乐家协会理事。中级教师职称。策划、组织多起大型文艺活动皆取得成功，如“海外学人，青年企业家”圣诞联欢晚会、上虞市十大杰出青年颁奖典礼暨“五四”青年大型文艺晚会、2004 年“上虞国大杯”首届青少年钢琴比赛等；成立了上虞市首个公益性少儿艺术团体——“百灵鸟”少儿合唱团；所辅导的青少年学生曾在省、市音乐比赛中多次获奖；多名学生考入浙师大、杭州师大音乐系深造；本人曾获浙江省“虎山杯”青年歌手大奖赛金奖、浙江省首届声乐(综合)大赛金奖、“迎七艺”绍兴市音乐舞蹈节声乐演唱银奖。

蔡 汀 上虞市青少年宫美术教师。中级职称。浙江省美术协会会员，省人物画研究会会员，绍兴市美术家协会副秘书长，上虞市美术家协会副主席，上虞市政协委员。从事青少年书法美术教学 20 年，经常组织策划全市青少年美术书法活动和比赛，学员的美术作品在全国省市各类比赛中获奖或在报刊杂志上发表。2004 年被评为省校外教育优秀教师。

钱 曦 嘉兴市青少年宫专职音乐键盘教师。中学一级教师。嘉兴市音乐家协会副主席。在教学中，坚持把音乐教育和学员素质的全面培养相结合，运用科学的训练课程，因人施教，教学成果显著。所辅导的多名学员在全国各类比赛中获奖。2004 年获“全国青少年宫系统优秀教师”称号。

杨启恒 舟山市青少年活动中心教师。高级讲师。中国教育家协会理事，中国美术教育研究会会员，中国艺术教育促进会会员，中国书画家联谊会会员，浙江省美术教育研究会常务理事。美术作品多次在国内各大城市展出，作品远赴美国、丹麦、加拿大、日本及港台等国家和地区展出或被各界人士收藏。曾获教育部、文化部、国家人事部主管部门“金烛奖”、“园丁金奖”、“全国书画百佳导师”等奖励与称号。1997 年出版画册《中国当代花鸟画家——杨启恒》。

朱学苏 遂昌县青少年宫主任，舞蹈教师。对教学业务精益求精，培养了一批批艺术苗子，为大中专院校输送了许多人才。教学成果多次被省市新闻传媒报道；创作的文艺节目屡次在省级文艺大赛中获金奖、银奖、创作奖、编舞奖、园丁奖、组织奖等。1998年创编的少儿戏曲团扇舞《牡丹亭·游园》获全国首届戏曲艺术小梅花奖，受到中国文联特别表彰。2004年被评为全国青少年宫先进工作者。当选为丽水市第一届人大代表，遂昌县政协第四、五、六届常委。

福建省

蔡彩虹　晋江市青少年宫舞蹈教师。中国舞蹈家协会会员。2002年中国首届“爱爱杯”百名儿童舞蹈家、音乐家突出贡献奖获得者。多年致力于舞蹈创作及舞蹈教育的研究，创作的舞蹈作品多次获得全国舞蹈比赛大奖；设计组织综艺活动《生日快乐》在中央电视台《天地之间》栏目播放，编导的节目多次在福建电视台播放；曾撰写多篇论文发表于报刊。1994年获文化部第四届“群星奖”铜奖，2000年获中国第二届“小荷风采”金奖，2004年获全国首届校园舞蹈比赛二等奖。先后创作10多个舞蹈作品获福建省舞蹈比赛二等奖，多次被评为优秀教师、先进工作者。

陈忠进　龙海市青少年宫文明办主任，美术教师。中学一级教师。漳州市第十届人大代表、龙海市第六届政协委员、中国工业设计协会会员、福建省美术家协会会员、漳州市美术家协会理事、龙海市美术工作者协会副会长兼秘书长。担任美术培训班辅导员，共开办培训班90期，学员3600人次。多次组织学生参加全国美术比赛均获得好成绩，连续3届获得全国中小学生美术比赛“集体组织一等奖”，连续3届获“PHE国际中小学生美术大赛”集体组织一等奖。每年均培养输送多名优秀学员考入厦门大学、福州大学、福建师范大学等院校。曾被评为龙海市“优秀教师”。多幅作品入选省级展览或获奖。

高志坚　龙海市青少年宫美术教师，兼任团支部书记。小学高级教师。几年来，共培训学员3000多名；组织200多件优秀作品参加全国、省、地（市）级展览、比赛均获好成绩；创作的作品《坐井观天》、《水系列》参加上海现代设计大展，分别获三等奖和优秀奖。多次被评选为“校外教育先进工作者”和“龙海市优秀青年教师”、“漳州市优秀团干部”等。

李应雄　三明市青少年宫科技教师。中学高级教师。中国教育学会少年儿童校外教育分会计算机组副组长。1982年开始在三明市青少年宫从事少年宫科技活动的辅导工作。1985年起负责计算机班的教学活动。培养学生3000多人次。2001年以来，学员参加国际性竞赛获大奖多项。编写了《电子演讲稿制作》、《新编小学生计算机竞赛教程》等教材，曾多次获得全国、省、市优秀指导奖、全国青少年宫优秀教师、省青少年宫优秀教师、省优秀科技辅导员等称号。

辜承森　三明市少年宫书画教师。小学高级教师。福建省书协会员。美术作品曾入选福建省第二、四届教师书画展。书法作品提名入选全国第二届楹联书法展、“三明金叶奖”中国书画精品展、首届全国青年美术书法作品展、“屈原杯”全国书法大赛（获优秀奖）、第四届全国电视书法大赛（获优秀奖）、福建省首届校外教育系统书画展（获二等奖）。多件作品发表于省内外专业报刊并收入有关专集。多次获得由国家教委、中国书协、中国美协颁发的少儿书画大赛指导一、二等奖，省教育厅、省文化厅等单位颁发的少儿书画、手工作品辅导二等奖、三等奖、银奖等。辅导的学生有大量书画作品在省级以上展赛中获金、银、铜或等级奖并发表。有40多名儿童获得国家有关部门授予的“小画家”、“小书法家”称号。

付亚芬　三明市青少年宫武术教师。小学高级职称。国家武术套路一级裁判。曾获得全国武术比赛女子南拳冠军，被福建省政府授予二等功。在2002年中国·焦作第二届国际太极拳年会中获女子成年组42式太极拳、剑竞赛套路两项优秀奖。从事少儿武术培训工作20年，培养的学员在福建省青少年武术套路锦标赛中获得团体总分第二名至第六名集体奖17项，单项奖第一名11项、第二名11项、第三名17项。学员25人获国家二级运动员证书，10人考入体育学院。

陈体元　三明市青少年宫航模教师。中学一级教师。自1977年起在青少年宫开始竞技性航空模型教学活动，1978年学员参加省空模比赛打破省纪录，多次获得省级比赛前三名的好成绩。2000年指导学员获全国青少年航模比赛第一名。2001年全国航空模型比赛中获无线电遥控电动模型滑翔机第三名。在搞好教学培训的同时，积极推动学校航模活动的开展，至2004年已组织了十八届全市中小学航模比赛，成为省内积极开展航模活动的地区之一。

林永和 龙岩市青少年宫主任，福建省青少年宫协会副会长、福建省校外教育研究会副秘书长、中国音乐家协会福建分会会员、福建省音协手风琴分会会员、福建省音协电子琴分会会员、福建省龙岩市音乐家协会秘书长、新罗区音乐家协会副主席、龙岩市首批中青年骨干教师。参加工作20多年来，为人师表，积极钻研业务。指导、带队参加省、市、区各级组织的演出、比赛、活动200多场（次），组织、指挥校内各项文艺汇报专场演出、比赛、活动50多场，指导的学生参加省、市、区各级音乐比赛，学生个人和集体获奖累计200多次(项)。本人13次被评为新罗区“先进工作者”，3次获省教委“优秀指导教师”称号。2003年获“全国校外教育优秀理论研究工作者”和“全国青少年宫先进工作者”两项殊荣。

邱健萍 龙岩市青少年宫副主任、舞蹈教师。新罗区少先队总辅导员，福建省舞蹈家协会会员、龙岩市舞蹈家协会理事、福建省音乐家协会会员。几年来培养了一大批舞蹈学员，组织了龙岩市、区各级的文艺汇演、中小幼学生书画展览、青少年儿童卡拉OK赛、小学生征文比赛、科普展览、科技小制作等活动，编辑了青少年宫10个电视专辑，在福建省电视台、龙岩市电视台、《闽西日报》等多家新闻媒体上报道；撰写的论文及编导的节目均在省、市级获奖。2002年被评为福建省优秀少先队辅导员、2003年获得福建省少儿舞蹈创作铜奖、2003～2004年被评为福建省少儿舞蹈考级优秀辅导教师。

熊　健 龙岩市青少年宫副主任，美术教师。福建省少年儿童校外教育研究会美术专业委员会秘书长。闽西青年书画家协会秘书长，小学高级教师。从事校外教育工作多年，有近百幅学生作品在国际国内各项比赛中获奖，多篇论文在全国、省、市级交流或刊物发表。本人获省“优秀教师”称号。

张红云 龙岩市青少年宫副主任，龙岩市文联闽西作家学会会员，小学高级教师。多年从事写作教学工作。撰写论文多次在各类刊物上发表，培养了近千名文学爱好者，学员作品多次在各级比赛中获奖，在报刊上发表。编辑学校学员作文作品《小雨滴》共7期，共收集学员作品600多篇。曾被评为福建省校外教育优秀教师、龙岩市优秀辅导员、作文比赛优秀指导教师。

江西省

钱　璇 南昌市少年宫体操、舞蹈老师。国家级跳水裁判员。培养的拉丁舞学员每年参加全省体育舞蹈锦标赛均囊括全省金、银、铜牌奖。有15人被北京体育大学附中录取。撰写多篇论文在全国、华东地区、省校外教育研讨会上获奖并发表。2004年雅典奥运会男子3米跳板跳水冠军获得者彭勃——就是钱璇调入少年宫任教时招录、培养、输送进江西省跳水队的第一批学生，当年彭勃只有五岁半。

张晓芳 南昌市少年宫声乐教师。中学高级教师职称。1995年被评为南昌市优秀教师；曾获国家教委、文化部等颁发的辅导奖和中国文联颁发的导演奖；共青团中央颁发的“素质训练”专项知识技能培训工作先进个人。训练指导的南昌市少年宫合唱团经常应邀参加江西省的大型演出及录像，录制了CD、录音带及江西省初中、幼儿音乐教材等；曾获得江西省少儿艺术节合唱一等奖、中国“曹禺戏剧奖·小品小戏奖”全国业余组一等奖；2001年选送的合唱作品获文化部颁发的全国第二届“蒲公英奖”创作、表演两项金奖；2002年获全国歌咏比赛三等奖，第六届中国合唱节优秀表演奖。

曲　涛 南昌市少年宫副主任，美术科技部部长。中学高级教师。世界教科文卫组织专家成员、中国少年儿童造型艺术学会常务理事、江西省美术家协会少儿艺委会副主任、江西省书法家协会常务理事、江西省美术教育研究会常务理事。曾获“全国优秀青少年宫工作者”、“优秀理论研究工作者”、“南昌市劳动模范”称号。创作美术作品及论文多次在全国获奖并出版发表，编辑出版少儿美术书法教科书20多册，20年来，培养了一届又一届青少年美术书法新秀。

曹　峻 南昌市中小学生活动中心二胡专业教师。中学高级教师。江西省音乐家协会室内乐团二胡演奏家，国际艺术家交流协会会员、中国民族音乐协会会员、中国硬笔书法协会会员、中国美术家协会江西分会会员、江西中国画研究会会员、中国曹雪芹书画院特聘高级书画师、“南昌画派”促进会会员。培养造就了一批二胡演奏人才；其书画作品流传海内外，为众多美术馆、画廊、收藏家所珍藏。

刘镁荣　南昌市中小学生活动中心声乐、舞蹈教师。南昌市红孩子艺术团团长、编导，“全国十佳歌手”，江西教育电视台特约演员。先后获得驻赣部队教师技能技巧比赛舞蹈、语言表演、声乐、器乐一、二、三等奖，南京军区教师技能技巧知识竞赛一等奖、声乐三等奖，“中北寻呼”杯歌手比赛民族组三等奖，江西省青年教师声乐比赛第一名，全国希望之星歌手大赛“全国十佳歌手”。2004 年在全国青年歌手电视大奖赛江西赛区比赛中获得优异成绩，并代表江西参加全国总决赛。曾受南昌陆军学院二次嘉奖，还被江西航天科技学院特聘为声乐副教授；是活动中心和全市教育系统、部队重大演出活动的主要策划、编导和主持人，为中心艺术培训和对外交流作出了积极贡献。

余克坚　南昌市中小学生活动中心活动指导教师。中学高级教师。南昌市优秀科技辅导员，全国模范教师、全国教育系统劳动模范、南昌市首届“十佳园丁”、陈香梅教育奖获得者，省思维科学学会会员、省学习科学研究会会员。有多项专利发明获得全国自制教具评选一等奖、省教育科研成果二等奖、全国新产品设计大奖赛三等奖。发明的“百变魔棒”现已开发成中心的一项活动项目；辅导的学员在省及全国青少年科技创新大赛中获奖。

霍　标　九江市青少年宫副主任，美术教师。中教一级。在美术教学中，坚持以人为本、因材施教的原则，所教学员近 200 人次获全国、省、市奖，所带高考美术班每年专业通过率为 90%。个人作品多次获奖，1994 年油画《夏日小镇》入选江西省第十届美展；1997 年版画《美庐残雪》入选江西省第四届版画展，并获新人新作奖；1998 年油画《静静的风》入选江西省纪念“五四”八十周年美术作品展；2002 年获“繁星杯”全国青少年美术、书法、摄影大赛辅导一等奖；2003 年获江西省少年儿童美术作品大赛优秀辅导奖；2004 年获江西省少年儿童美术、书法、摄影比赛优秀辅导奖；2003 年、2004 年获九江市少年儿童美术、书法、摄影比赛优秀辅导奖。

河南省

郭　峥　河南省妇女儿童活动中心艺术团团长，音乐教师。中教一级职称。在合奏、重奏的基础上创立了电子琴交响乐演奏班，10 年来，多名学员考入专业院校。组织全省有经验的电子琴教师，担任主编编著了《电子琴基础教程》一书，在全国推广使用。1996、1998 年在第六届、第七届全国儿童电子琴比赛中，辅导的学生分别获 1 个一等奖，2 个二等奖，本人 2 次获得园丁奖；2003 年 8 月，在河南省第四届青少年钢琴、电子琴、手风琴大赛中，4 名学生获金奖，本人获优秀辅导奖。论文《音乐“考级”利弊观》获中国家庭教育学会少年儿童校外教育专业委员会论文评选三等奖。

陈娅妹　河南省妇女儿童活动中心主任助理、培训部长、专职语言教师。中教高级教师。根据社会需要和家长的迫切希望，创办了语言口才兴趣班，培养的学生获得全国故事比赛特等奖 1 人，一等奖 1 人，二等奖 6 人，朗诵金奖 2 人，省级比赛奖 78 人；曾先后 5 次获全国“优秀辅导教师奖”、河南省教育系统先进个人、河南省“三八”红旗手、河南省故事比赛一等奖、河南省“优秀园丁奖”。

湖北省

张建兵　武汉市硚口区文化局新星文化公司青少部主任，声乐教师，小白鸽艺术团艺术顾问。参加“北京国际合唱节”、“顺德中国合唱节”、“哈尔滨全国合唱比赛”获一等奖；辅导的星海童声合唱团在武汉剧院与著名艺术家同台演出获广泛好评；创作的歌曲《抓一把阳光呼唤你》刊登在“大江乐潮”上；歌曲《眷恋祖国》刊登在“建国 50 周年歌曲集”上；歌曲《九九雁归来》获优秀创作奖；男声小合唱《橘红色的救生衣》获文化部“群星奖”、优秀奖。

广东省

李　颖　广州市芳村区少年宫美术教师、科技文化部部长。中学一级教师。广州市少儿美术教育委员会会员。从事少儿美术教育工作10年，辅导学生多次在国际、全国、省、市的美术大赛中获特别金奖及一等奖。曾获芳村区先进工作者、广州市优秀美术园丁奖、国际艺术教育奖、广州市优秀少儿美术工作者等称号；1998年、1999年、2000年、2002年获全国中小学学生书画比赛辅导一等奖；2002年获广州芳村区政府嘉奖；2004年被评为广州市优秀教师。

金舒青　深圳市宝安区青少年活动中心舞蹈教师。曾任甘肃省歌舞剧团舞蹈演员，甘肃省艺术学校教师，中国舞蹈家协会会员，中国民族民间舞蹈委员会理事，副教授，国家二级编导。著有《舞蹈演员的基本训练》、《怎样跳交谊舞》等著作，是《中国民族民间舞蹈集成·甘肃卷》主编，《中华舞蹈志·甘肃卷》主编。1988年被文化部、中国舞蹈协会等四部委评为全国先进工作者，1997年获得文化部、中国舞蹈协会授予的艺术科研成果一等奖，1998年受法国文化交流公司邀请赴法国、德国、荷兰等5国讲学，2004年参加由共青团中央、全国少工委主办的中国儿童艺术节第二届少年儿童艺术风采展示大赛，获得舞蹈专业优秀辅导教师奖。

伍早银　深圳市宝安区青少年活动中心美术教师。助理讲师。重庆美术家协会会员、中国艺术教育促进会会员。近年来，曾指导学员参加中国青少年巡回作品展，第七、八、九届全国中小学生绘画书法作品比赛，第二、三、四届“PHE”国际中小学生幼儿美术书法大赛，第二届青少年美术书法大赛等，有数以百计的学员获得各级奖项；辅导的学生多名考入中国美术学院附中；撰写的《试析着色画谱的危害》刊载在湖北美术出版社的《小画家》杂志，《作为一种文化的美术教育》于2003年4月获中国艺术教育促进会优秀论文奖，入编《中国美术教育优秀论文、书画作品集》。先后获优秀园丁奖、指导工作一等奖、指导教师特等奖，2次获得美术教育成就一等奖。

孙瑞强　深圳市宝安区青少年活动中心书法教师。助理美术教师。在素描和速写教学上，积累了丰富的教学经验，让学生通过素描训练认识自然，开发创造意识；通过油画素描教学使学生多方位地接受自然，多角度地思考造型空间等模式，从而达到符合各院校高考招生需要的条件；培养了一大批专业人才，有多名学生被国家级美术专业院校录取。

王亚洲　深圳市龙岗区青少年活动中心教师。跆拳道教练。专业省级教练员，裁判员，黑带五段。辅导的学员在省、市锦标赛中多次取得好成绩，为全区赢得荣誉。每年培训学员800多人次。

广西壮族自治区

蒋梦珏　广西妇女儿童活动中心美术教师。辅导的儿童美术作品多次在国际、国内的展赛上获金、银、铜奖，并获多项辅导奖、优秀园丁奖。1997年参加编写《儿童绘画100课》一书。2002年撰写的案例《大自然的女儿》在“全国首届少儿美术杯课例大赛”中获一等奖，《家长对儿童美术教育的影响与存在的问题》在全国第五届少儿美术教育研究论文评选活动中获二等奖。2003年编著儿童美术教学丛书《版画教室》和《线描教室》；同年被评为“全国第五届少儿校外教育优秀理论研究工作者”。2004年撰写的课例《老街的房子》获“全国第二届少儿美术杯课例大奖赛”一等奖，同年获“国家书画艺术启蒙教育三百家”称号。

覃　勤　玉林市玉州区青少年宫钢琴、电子琴教师，青少年宫主任。小教高级职称。广西音乐家协会会员，广西电子琴、手风琴学会常务理事，广西钢琴学会理事，广西高等教育学会钢琴教育专业委员会理事，广西儿童音乐学会理事。十几年来，不断探索少年儿童键盘教学规律，改进青少年宫教学方法，对多年的校外美术教学模式进行了大胆改革，收到了良好效果。指导的学生获全国金奖5人次，自治区金奖15人次，多人获等次奖；本人多次被自治区、玉林市评为先进个人、园丁奖、优秀指导教师、校外教育优秀工作者等。

重庆市

周康全　万州区青少年宫主任，硬笔书法班教师，全国青少年宫优秀教师。在教学上，探索出了一套新的教学思维方式和符合青少年宫特点的教学方法，书法教学不再只是技巧的训练和情操的陶冶，而是培养学生心理素质、艺术个性各种因素统一协调发展，在培养学生发展创造力，完善各种素质训练的过程中，取得了显著的成绩，赢得了社会普遍好评，取得了明显的社会效益。

许　辉　万州区青少年宫副主任。专职美术教师。青少年宫学科带头人和骨干教师。从事美术教学18年来，探索出一套行之有效的快乐教学方法和随着儿童年龄心理特点变化的教材，儿童美术课成为万州区的金牌科目。指导数百名学生的作品参加国际、全国、省市级书画比赛获金、银、铜奖和一、二、三等奖，指导多名学生考入艺术院校。多次被全国、省、市各级大赛组委会评为少儿美术大赛优秀指导教师；论文《儿童美术与素质教育初探》在1996年全国少年儿童校外教育工作优秀论文评选中获三等奖；《浅谈儿童美术教育与儿童素质提高及各种能力发展的关系》入选理论研讨会，20幅教学作品在四川省美术馆展出。曾获重庆市优秀青少年科技辅导员称号。

四川省

黄桂生　攀枝花市少年宫舞蹈专职教师，市直机关工委优秀共产党员、市优秀教师，四川省校外教育先进个人。17年来，在他的舞蹈培训班接受教育的青少年超过1万人次，许多学员毕业后成为艺术表演团体的新生力量或成为演艺界初露头角的新星。坚持因材施教，重视对舞蹈新苗的扶持与培养，教学强调“倾心注意接受慢(的学生)，尖子学生吃偏饭，抓住两头促中间。”每当省市舞校、艺校前来招生，他积极为学生应试“加餐”，报考过程的每个环节加倍注意。在他的指导下，考上省舞校、艺校深造的学员达100余人。

云南省

李锦荣　昆明市五华区青少年宫舞蹈教师。“山娃娃艺术团”儿童舞蹈创作编导。10年来培养学生突破2000人。多名学生考入高等艺术院校。在他的指导下，“山娃娃艺术团”成为省市级的艺术品牌，是同级同行领域中的佼佼者。曾多次获区先进教育工作者、学科带头人、优秀辅导员等。

王广范　昆明市五华区青少年宫教导主任，美术部部长。云南艺术教育委员会、云南美术教育专业委员会常务理事，云南省教科院美术学科兼职教研员，美协云南分会会员，美协昆明分会少艺委主任、常务理事。20年来，从事美术教育工作及创作，建立了从幼儿教育至高考辅导的完整教学体系，探索出了一套符合青少年宫特点的教学方法，所率部门培养学生人数年近4000人。10年来，参与编写多套九年义务制教科书及科研项目。

陕西省

李　荟　西安市妇联儿童工作部副部长，西安市妇女儿童活动中心副主任，英语、家长学校教师。活动中心4年来举办各类大型亲子教育活动，家长学校公开示范课20余场，参与人数5万余人，被“中国小公民道德建设计划领导小组”首批命名为“中国小公民道德建设实践基地”，并于2004年“六一”授牌。

相保侠 西安市妇女儿童活动中心钢琴、电子琴教师。小教一级职称。培训学生600多人，其中电子琴学生的最高级别达九级水平，钢琴学生的最高级别达十级水平，每年的学生考级通过率为100%。在各种比赛中屡屡获奖；连年被陕西省音乐家协会授予优秀教师的称号。

张　娜 西安市碑林区少年宫教导主任，象棋教师。小学高级教师。曾连续在1998年和1999年荣获全国女子象棋冠军。1999年获陕西省团委新长征突击手、全国优秀科技辅导员、陕西省青少年现代知识技能培训先进工作者称号。带领象棋代表队多次参加全国、省、市象棋大赛并获优异成绩。2002年在第二届全国体育大会上夺得象棋业余组冠军，同年认证为象棋国家级裁判。撰写《学生象棋读本》。带领少年宫三棋代表队 2002 年在太原比赛中夺得幼儿组团体冠军；2003年在哈尔滨的比赛中获铜牌；2004年在郑州比赛中获团体亚军、个人两金、一银、一铜的成绩。

赵　强 西安市碑林区少年宫素描教师、书画教研组组长。在教学中始终坚持培养学生兴趣和积极实践相结合的道路，教育、教学效果收效显著。2001年4月组织“碑林杯”全区少儿书画大赛；2002年举办“迎新春春联比赛”；2003 年组织学生参与“亿万少年迎奥运”陕西画卷的绘制工作，受到省、市、区领导及社会各界一致好评。2004年被评为碑林区优秀教师，并多次受到表彰、奖励。

杨庆红 西安市碑林区少年宫舞蹈教师。小学高级教师。创作编导的《印度舞》、《花巧巧》、《捉蛐蛐》、《捕蝶》、《猜字童谣》、《长大了我就成了你》、《跨世纪的好儿童》等获多项全国、省、市、区大奖。论文《少儿舞蹈教学方法初探》在全国城区少年宫工作研究会2001～2002年度被评为二等奖。论文《浅谈少儿舞蹈教学中心理素质》获全国少儿舞蹈论文比赛二等奖。

鲁　迁 西安市湘子庙街退休教师。以创作童谣、儿歌为毕生事业，40余年创作多篇童谣、儿童诗，人称“儿歌大王”。把孩子熟悉的校园生活编成喜闻乐见的儿歌，教育效果极佳。系列儿歌“跳皮筋”、“礼貌之歌”、“放风筝”、“长颈鹿”等在孩子们中间广为流传。先后在《中国少年报》、《陕西日报》上发表儿歌1000多首；获全国大奖13次。

杜生耀 榆林市青少年宫总辅导员、舞蹈教师。小学高级教师，陕西省舞蹈家协会会员。主持创办了青少年宫星星少儿艺术团。从事少儿舞蹈教学 30 年来，以其特有的教学方式、艺术风格、性格魅力，培养学员2万多人次，累计为专业院校输送艺术人才上千人。1995年参加全国城区青少年宫文艺汇演，获编导一、二等奖；1999年参加全省舞蹈大赛获编导三等奖、演出三等奖；2000年参加全国少年宫文艺汇演获编导金奖；2002年获陕西第三届“公关杯”舞蹈大赛编导一等奖；2003年获陕西第四届舞蹈大赛编导一等奖。

李玲娥 榆林市青少年宫舞蹈教师、培训部部长。小教高级。陕西省舞蹈家协会会员。热爱本职工作，潜心钻研业务，近20年来，她始终在教学一线辛勤工作，每年上课近1000课时，累计培训学员上万人次。创编少儿舞蹈40多个，其中《陕北秧歌大场子》、《扭起秧歌闹新春》等节目在全国城区青少年宫文艺汇演中获创作、编导一等奖、金奖多次。本人多次被省校外教育委员会评为先进工作者。2004年被陕西舞蹈家协会、陕西儿童文化艺术学会授予“优秀教师”称号。

张　磊 榆林市青少年宫音乐教师。小教高级职称。10多年来，在音乐领域为社会培养出一批批具有一定水平的文艺人才。1995年8月在“全国城区少年宫文艺汇演”中，所辅导学员获多项奖项；1997年7 月参加“全国城区少年宫第五届文艺汇演”，学员获二等奖1个、三等奖1个；1998年8月，在“三北汇演”中，学员获电子琴独奏二等奖1个，本人获辅导教师二等奖；1996年，被评为陕西省校外教育先进个人。1999年，论文《少年宫教师如何提高自身素质》获陕西省第五次优秀论文和科研成果评比三等奖。

甘肃省

王德荃 兰州市少年宫声乐、电子琴教师。中学高级职称。从教 20 余年来，成绩斐然。2004 年，撰写《少儿声乐培训中思想品德教育的现状及改进措施》在中国家庭教育学会少年儿童校外教育论文评选中获三等奖。2001年，在文化部主办的全国少儿文艺最高奖“蒲公英”大赛中，辅导的电子琴合奏《西部社火》、独奏《大漠春色》获2个金奖。2004年，在教育部主办的首届少儿艺术展演中，辅导的独唱《幸福的小撒拉》和表演唱《我的哈达献给香巴拉》获2个二等奖，本人获优秀辅导奖。

王维云　兰州市少年宫声乐教师。中学高级职称。长期从事少儿声乐教育，积极探索科学教学方法。在演唱方法上，借鉴民族唱法的优势，以行腔韵味为特长，集情、声、字、腔为一体，所辅导少儿声乐小组年平均获奖20多项，成绩突出。1999年，《尕娃娃捉蚂蚱》获全国第九届“群星奖”比赛金奖；2001年，《快乐裕固娃》获全国少儿文艺最高奖“蒲公英”大赛金奖；2004年，辅导的少儿表演唱《草原藏家娃》在文化部主办的全国第十三届“群星奖”比赛中获金奖；同年被共青团中央、文化部评为“全国青少年宫优秀教师”。

梁　宏　兰州市少儿活动中心兰西活动基地书法教师。所辅导的学生多次在各级书法比赛中获奖，并被评为“优秀教师”。2001年，在第三届“祖国颂”国际书画摄影大赛中获“德艺双馨”全国书画教育优秀教师称号；2004年，在第十一届“金球杯”全国青少年美术书法摄影大赛中获“三级园丁”奖。

窦金刚　兰州市七里河区少儿活动中心主任，兼科技辅导员。省航空运动协会理事，兰州市七里河区科普协会常务理事。从事科普教育工作20余年，教学成绩突出。多次参加兰州市青少年航模比赛，获6次团体冠军、3次团体亚军；先后组织学员参加兰州市青少年“三小”活动，共参评科技小作品近千余件、科技小论文200余篇。多次获得全国优秀辅导员、先进工作者、优秀党员称号。

宁夏回族自治区

王　樑　银川市青少年宫副主任、武术教师。国家武英级运动员称号，自治区武协副秘书长、银川市武协副主席、青联优秀委员、全国青少年宫武术协会理事。中学高级教师。培养学员4万多人次，82名学员获国家二级运动员称号。经本人挖掘、创编的《西夏王刀》、《六盘鞭杆》在第五、六、七届全国少数民族运动会上获集体项目2个一等奖、1个二等奖。在宁夏各级武术比赛中获金牌87枚。2003年获自治区政府特殊津贴奖、全国青少年宫优秀教师奖；获市优秀教练员奖。2004年获全国青少年宫武术比赛优秀辅导员奖。连续5年被自治区武术协会评为“全区武术贡献奖”和“优秀教师奖”。多次被日本、马来西亚、突尼斯等国聘为国家队教练员。

张志国　银川市青少年宫文化艺术部部长、“小凤凰艺术团”执行团长。中学高级教师。全国社会艺术水平考级电子琴考官、中国音乐家协会二胡学会会员、宁夏电子琴学会理事、秘书长，擅长声乐、乐队指挥，二胡、电子琴专业教学。多年从事音乐器乐教学，曾多次获得国家级、自治区级比赛“优秀辅导员奖”、“园丁奖”。辅导的学生多次在国家级及区内外各类比赛中获奖，共获得国家级比赛一等奖4个、二等奖3个；区内外各种奖项20个。为专业团体输送数十名优秀学员，培训学员2000人次。

伊兆荣　银川市青少年宫科技体育部部长、航模培训班教师。小学高级职称。航空模型一级裁判员。多年来从事航空航模活动，兼任多所学校的业余科技模型辅导员。曾获全国科技作品展览三等奖、自治区科技作品展览3项一等奖及多项二等奖；曾获科技模型类5项国家专利、银川市科技进步三等奖、优秀作品奖；全国西北赛区道具设计奖、优秀辅导员奖。多年来，坚持科技活动不间断，银川市青少年宫连续4年荣获银川市航海模型表演竞赛及全国奇石展航模表演优秀组织奖、科技模型制作及竞赛贡献奖。

新疆维吾尔自治区

胡　光　乌鲁木齐市青少年宫美术教师，美术部部长。中国美术教育研究会新疆分会会员，乌鲁木齐市美术协会会员。从事少儿美术教学 20 年，将教学的思想性、科学性、知识性、趣味性融于一体，在教学过程中积累了丰富经验。辅导近千名学生参加国际、全国和自治区、市各级各类的大赛，有百余人获金、银、铜奖和一、二、三等奖，并有数名学生获联合国嘉奖。本人多次被评为全国优秀辅导员，2000 年被共青团中央、文化部评为“全国优秀青少年宫工作者”称号。

武　军　乌鲁木齐市青少年宫音乐教师，文体部部长。在多年的教学实践中，总结出一套完整的电子琴班级授课方案，因材施教，积极开展电子琴、乐队、合唱队等各项音乐技能教育。十几年来，所辅导学生多次在全国和省、市比赛中获奖，培养出了一大批电子琴和钢琴爱好者，向北京、上海、天津、四川、西安、新疆等地专业院校和文艺团体输送了几十名优秀人才，是乌鲁木齐市青少年宫音乐教学的带头人。

校外教育活动典型案例

“骨肉情深盼团聚”

——上海市青浦区中小学生涉台教育系列活动方案

上海市青浦区少年宫　高建新

一、活动背景

完成祖国统一大业是我们国家新世纪的三大任务之一，而祖国统一、民族团结又是民族精神教育的核心内容。上海市青浦区少年宫在区台办、区教育局等有关部门组成的区青少年学生涉台教育领导班子的领导下，结合10月25日台湾光复节（上海市青少年涉台教育日），连续4年举办全区性的“骨肉情深盼团聚”青少年学生涉台教育系列活动。

早在1997年开始，少年宫在区台办、区教育局的支持下，在8所学校进行了青少年学生涉台教育的试点工作，并逐年扩大试点，面向全区各校学生。目前，青少年学生涉台教育工作已得到区各级党委和有关部门的高度重视，建立了由区台办、区教育局等有关部门组成的区青少年学生涉台教育领导班子，指导全区青少年学生涉台教育工作，各街道、镇党委建立由分管书记任组长和有关部门负责人参与的涉台教育领导小组或工作小组，各中小学校建立涉台教育工作小组，把青少年学生涉台教育工作摆到了议事日程，作为学校德育工作的一项重要内容，确保了青少年学生涉台教育工作的正常开展。

二、活动宗旨

通过开展中小学生涉台教育系列活动，让广大中小学生进一步明确完成祖国统一大业，是每一个中国人的神圣使命和崇高目标；了解掌握我国“和平统一，一国两制”的对台方针政策和台湾的政治、历史、文化、风土人情；提高中小学生的思想道德品质；落实《中共中央国务院关于进一步加强和改进未成年人思想道德建设的若干意见》精神。

三、活动主题

骨肉情深盼团聚

四、活动对象

全体中小学生（包括职校、中专生）

五、活动内容

围绕活动主题，连续4年在全区中小学生中广泛开展“六个一”系列活动，如：聆听一次国旗下讲话、阅读一本有关台湾的书（或观看一部有关台湾的纪录片）、撰写一篇相关的读书笔记（或观后感）、举行一次诗歌朗诵会、参加一次专题社会实践活动、召开一次主题班（队）会、开展一次少先队大队主题集会、举办一次专题辅导讲座、组织一次专题征文演讲、开展一次知识竞赛、创作一幅书画作品、制作一张电脑小报、参与一次专题文艺宣传活动等。

六、活动阶段

第一阶段：区、镇、学校宣传发动阶段。

1. 主办单位制定活动方案，召开有关会议部署系列活动计划。2. 主办单位举办教师涉台教育学习培训班。3. 各镇根据区活动方案，制定镇级活动方案。4. 各校通过红领巾广播、黑板报、墙报、国旗下讲话等形式进行宣传，让广大学生明确活动的目的意义。

第二阶段：镇、学校开展活动阶段。

1. 各校组织一次专题辅导讲座或组织一场相关影视的观摩。2. 各校组织专题社会实践活动，以小队（组）、中队（班级）为单位参观台资企业，举办讨论会、交流会、主题会。3. 各校围绕活动主题组织校级诗歌朗诵会、征文演讲会、主题中队会、知识竞赛、电脑小报展评。4. 各镇组织镇级诗歌朗诵会、征文演讲会、主题中队会、知识竞赛、电脑小报展评。

第三阶段：区级展示活动阶段。

1. 区级诗歌朗诵会、征文演讲会、主题中队会、知识竞赛、电脑小报展评。2. 区中小学生涉台教育活动日展示活动。

第四阶段：总结表彰阶段。

1. 各镇、各校做好总结。2. 举行青浦区中小学生涉台教育系列活动总结表彰大会。

七、评比奖励

1. 活动单项竞赛设一、二、三等奖及优胜奖若干名。2. 活动设优秀组织奖（镇）及优秀集体奖（学校）若干名。3. 凡获奖单位及个人均颁发证书、奖品。

八、活动特点

4 年来，少年宫在开展“骨肉情深盼团聚”系列活动中，十分注重工作指导。每年在活动方案制订以后，对活动的内容、形式、要求进行专题辅导，使各镇、学校在开展活动时，目标明确、方法得当。在活动过程中，深入各镇、学校，现场指导；就活动的主题思想、内容形式、教育效果逐一进行点评，实现活动的“三个结合”；具体做到“四落实”：内容、时间、参加对象、负责老师，使青少年学生涉台教育活动有序开展。

1. 活动坚持常规性和灵活性相结合。通过国旗下讲话、黑板报、墙报、校园广播台、画廊等宣传阵地的广泛宣传，对学生进行涉台教育。并建立清晰的认知目标：①让学生知道台湾岛是我国第一大岛；②使学生懂得台湾自古以来是祖国不可分割的领土，统一大业一定会实现；③要求学生知道台湾的地理位置；④使学生知道台湾风景秀丽、物产丰富，是祖国的宝岛；⑤增强学生对祖国宝岛的热爱之情。使全体学生对祖国的宝岛——台湾有了基本的认识。

2. 注重学校、家庭、社区相结合。将涉台教育有机地结合到学科教学中去，利用地理课、历史课，进行相关的教育；在社会上开展了涉台知识宣讲、板报、横幅宣传活动；开展“我给台湾小朋友的一封信”写信活动；利用暑期返校的机会，组织中学学生听取台情报告；在暑假期间，以社区为单位组织学生观看台情资料录像片，讲述两岸形势；通过社区与学校相互支持配合，将涉台教育辐射到家庭，开展丰富多彩的活动。

3. 活动坚持普及与提高相结合。在各校普遍开展活动的基础上，区少年宫每年承办全区性的青少年学生涉台征文演讲比赛、涉台知识竞赛、书画比赛、诗歌朗诵比赛、电脑小报展评、主题队会评比活动。重点是“涉台教育宣传日”活动。2004 年，在青浦电视台演播中心举行了“骨肉情深盼团聚——青浦区第四届青少年涉台教育展示会”。

九、活动评价

少年宫在区台办、区教育局的支持下，对每年的青少年学生涉台教育活动作了精心的策划。2001 年，重点开展了区级书画作品、电脑小报、征文演讲竞赛活动；2002 年，重点通过“合唱、舞蹈、戏曲、小品、诗歌朗诵、小组唱、器乐”等喜闻乐见的文艺形式开展涉台教育宣传活动；2003 年，编辑《青浦区青少年涉台教育知识集》，重点开展“青浦区青少年涉台教育知识竞赛活动”，共有 56 所学校、44800 多位学生参加了区、镇、校级征文、知识竞赛等活动，其中 162 位学生分别获区级竞赛一、二、三等奖，18 所学校分别获区级知识竞赛总决赛团体一、二、三等奖；2004 年，重点开展青浦区青少年涉台教育主题班（队）会评比活动，共有 67 所学校、65800 多位队员参加了学校、社区的各类涉台教育活动，其中 52 个中队、4800 多名队员分别参加了区级诗歌朗诵、主题队会、征文演讲竞赛活动。

关注外来建设者子女健康成长“蒲公英”系列活动

上海市闵行区少年宫　叶琴琴

一、活动目的

贯彻《中共中央国务院关于进一步加强和改进未成年人思想道德建设的若干意见》，发挥校外教育机构育人作用，关注外地来沪建设者子女的健康成长，把特殊的爱献给特殊的群体，使他们在系列活动中感受到同在祖国蓝天下，小伙伴们共成长的幸福感。

二、活动背景

上海市闵行区是人口导入区，目前全区就读的外来建设者子女学生比例已占我区中小学生比例的三分之一，这些学校条件简陋，少先队组织不健全，健康活泼的课余活动几乎没有。家长忙于打工，忽略对孩子思想道德教育和关心，是一个政府必须关注、校外教育机构不能遗忘的群体。

三、活动对象

闵行区外来建设者民工子女学校1～5年级学生，分批分类，开展活动。

四、活动内容

“蒲公英”系列活动名称寓意。以“蒲公英”作为本次系列活动的名称是这些外来建设者子女提议的，蒲公英是农村中常见的一种生命力较强的植物，寓意这项活动的生命力，持久性，广泛性，让中华美德像蒲公英的种子撒向每个孩子的心田。

活动一：“‘六一’的阳光，鲜艳的领巾”千人入队仪式（“六一”儿童节）。来自全区40所外地民工子女学校的1200名学生来到爱国主义教育基地——闵行区烈士陵园，参加了隆重难忘的“‘六一’的阳光，鲜艳的领巾”千名学生入队仪式，全体队员佩戴的红领巾由少年宫老师捐送，区少工委、区教育局领导参加了活动并对新队员提出了殷切希望。

活动二：“我爱艺术”外来建设者子女一日营活动（暑期）。学生分期分批来到区少年宫：自编小队，自选队长，自取队名；在广场舞台举行入营仪式；在少年宫小剧场由少年宫艺术团和外地民工子女学校学生开展艺术联欢活动；分批进入活动室学跳集体舞，学习儿童画，参观学生藏书票、版画作品展览；参观“奇妙的乐器室”了解民族乐器和西洋乐器的特点；参观闵行区博物馆。结束时，少年宫艺术团小伙伴和外地民工学校小伙伴互赠心愿卡。

活动三：“阳光育艺苗”（贯穿一学年）。区少年宫免费吸收外来建设者子女来宫学习相关艺术类项目，面向区民工子女学校以黎安学校为指导点，以点带面，帮助这些学校组建课余合唱队、舞蹈队、美术、书法兴趣小组。区少年宫老师是“阳光育艺苗”的志愿者，义务为我区外地民工学校开设系列培训指导项目。这些学生积极参加少年宫兴趣小组活动，成为学校艺术骨干，得到校长们的支持，学生们的喜爱，外地民工子女家长的欢迎。

活动四：“艺术的阳光，欢乐的天地”外来建设者子女艺术系列活动（庆元旦、红五月、国庆节期间）。活动包括：外地民工子女学校学生文艺汇演；外地民工子女学校学生《祖国的明天会更好》故事比赛；外地民工子女学校与闵行区公办学校结对子，开展艺术教育、少先队工作的指导和互动活动；举办“流动的花朵”书画展览（外地民工子女学校学生书画作品展）；邀请市儿童艺术剧院，市民族乐团举办专场演出，让这些孩子欣赏高雅艺术。

活动五：“红领巾飘起来”（贯穿一学年）。包括：在各民工子女学校设大队辅导、艺术总指导，建立全区网络，定期开展培训；面向民工子女学校开展少先队干部系列培训；组织民工子女学校队干部免费参加“我们放飞心愿”东方绿舟放风筝系列活动。

五、“蒲公英”系列活动的特点

1. 教育性：注重每项活动有主题，渗透教育目的。

2. 针对性：针对这一特殊群体特殊的生存状况和认知水平。

3. 自主性：系列活动的名称、活动的设计由这一群体小伙伴共同创意参与，让学生成为活动的主人。

4. 时代性：贯彻《中共中央国务院关于进一步加强和改进未成年人思想道德建设的若干意见》精神，落实《国务院关于基础教育改革和发展的决定》中指出关于流动人口子女接受教育的权利的精神。这些孩子将来将成为新上海市民，关心这一特殊群体也是创建上海和谐社会的重要内容之一。

5. 平等性：充分尊重这一群体学生的自尊和人格，平等地交流和活动，让上海小伙伴和他们手拉手齐进步，而不是居高临下式的恩赐式的怜悯。

6. 系列性：按不同的时间段，开展有主题的系列性教育活动，系列活动把中华美德的种子似美丽的蒲公英撒向这一特殊群体孩子的心田，把党和政府的关怀传递到这些特殊学生中间。让他们在系列活动中得到教育，健康活泼地成长。

六、活动影响

活动的策划、开展凝聚了闵行区少年宫教师们的心血和汗水，也得到了闵行区政府、区少工委、区教育局的关心和支持。少年宫教职工踊跃捐书、捐款解决活动经费。上海电视台2004年7月4日“新闻坊”节目对活动进行了报道。民工学校健全了少先队组织，有了大队辅导员、艺术总指导，课余少先队活动、艺术活动开展起来，营造出很好的全区外地民工子女学校学生思想道德教育和素质教育的氛围，让这一群体感受到政府的关爱，感受到同在祖国蓝天下，小伙伴们齐成长的幸福感。

上海市虹口区学生彩虹网络电视台的方案

上海市虹口区青少年活动中心　金浩良　谢雨滋

一、成立背景

顺应教育改革的时代发展，各校为了全面推进素质教育，开展了一系列的活动，实施了各项措施。为了能更好地发展，必须有一个便于沟通、易于交流的更广阔的平台。虹口区青少年活动中心成立了虹口区学生彩虹网络电视台，把各校的活动、方案、措施上传网上，使广大的师生从中得到启发。

二、发布内容

1. 重大信息（开会、教研）的发布；
2. 开放活动的实况；
3. 校园热点的研讨；
4. 社会、家庭的反馈；
5. 学生校内校外的学习、生活。

三、组建构架（流程图）

1. 建立在原本已经成立的校校通宽带网上；
2. 由各校信息员（学生）采集本校或社区、家庭的新闻，送交网络电视台；
3. 制成规定格式上传网上；
4. 各校自定时间下载，并组织学生在电脑课上浏览。

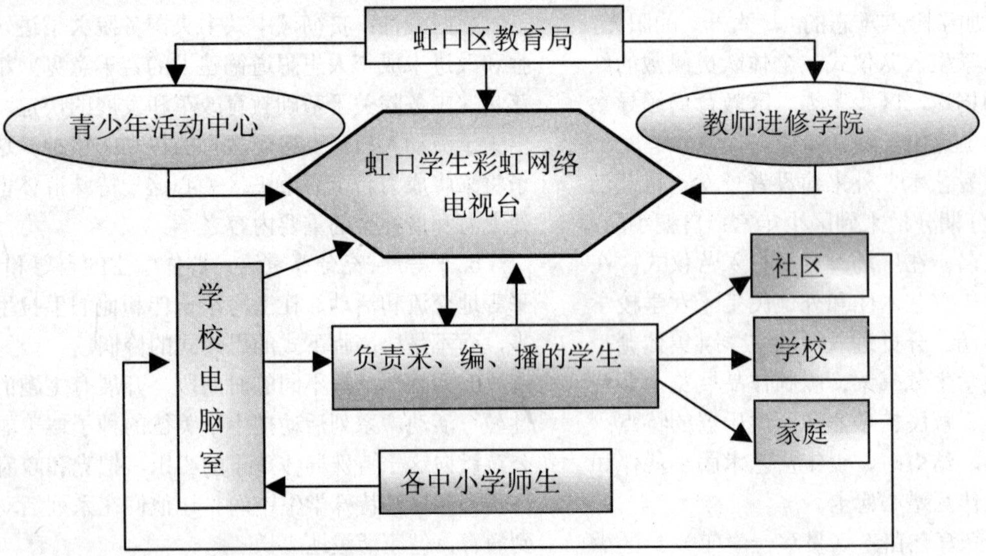

四、技术流程

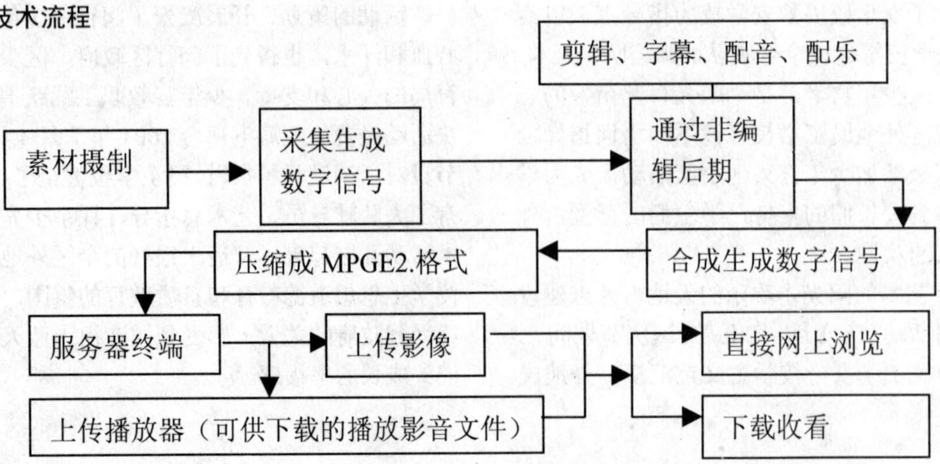

注：如用 MPQ2.VCD2.0 格式，1 分钟内容大约占网络空间 10MB，定期更新。

五、队伍组建

1. 各校的电教员（或电脑教导教师）负责对学校上交资料及从网络下载的任务；

2. 各校选送 2 名文字记者、1 名摄影记者、1 名播音主持，由青少年活动中心负责培训上岗；

3. 活动中心的活动部（负责培训基本人员队伍）、艺术二部（收集资料、制成合成）、科技部（负责资料上传）的部分老师组成网络电视台基本工作人员。

六、培训方式

以学校为单位，选送 4 名学员（摄像记者 1 名，文字记者 2 名，播音主持记者 1 名）。

每周培训一次，以每学年为一期。

注：4 人在学校电教老师的指导下可成立一个通信站，定期提供摄制素材。

七、优势体现

下载收看节目学校无须付任何费用，也不用投入大量人力和精力；可以扩大学校的声誉，为学校做更大的宣传；操作实施比较简单；提高学生的实践能力。

八、未来展望

先以虹口教育网络站作为影音信号的传播载体。先以少数学校逐渐扩展到全区中小学、职技学校，如发展到一定规模，可独立申请网络空间，形成一个专项性、综合性的虚拟数字影像网，以专门服务学校。

中国·天津青少年维也纳“金色大厅”音乐之旅活动实施方案

天津市少年宫　杨家璠

一、活动背景

奥地利首都维也纳的“金色大厅”是世界优秀乐团和音乐家争相登台的音乐圣地和殿堂。世界各地音乐家都以能到“金色大厅”举办音乐会视为终身自豪，每年底在“金色大厅”举办的新年音乐会已成为全世界人民欢度新年的重要的文化大餐。应奥地利奥中友协的邀请，由天津市少年宫主办并组织的中国·天津青少年维也纳音乐之旅活动是中国青少年第一次登上“金色大厅”音乐舞台。它不仅为中国青少年提供一个向全世界展示音乐风采的难得机会，而且它标志着中国五千年优秀民族文化光彩夺目，后继有人，这是一次具有重要意义的中外青少年文化艺术交流活动。

二、活动宗旨和目的

通过开展中国·天津青少年维也纳“金色大厅”音乐之旅的国际交流活动，使中外青少年之间进一步加深了解与沟通，增强友谊与情感，为两国青少年搭建一个广交朋友的平台，达到以外事促内事，以外事促培训，以外事促活动的目的。为此，2004 年 10 月，天津市少年宫组织中国·天津青少年维也纳“金色大厅”音乐之旅代表团到金色大厅举办了中国青少年音乐会。

三、组织结构

主办单位：奥地利奥中友协、天津市少年宫

组团单位：天津市少年宫

承办单位：天津市少年宫国际交流部

协办单位：维也纳音乐之友协会

演出地点：奥地利维也纳“金色大厅”

演出时间：2004 年 10 月 10 日 19 时 30 分

四、活动理念

1. 以到世界音乐殿堂“金色大厅”举办音乐会活动为载体，以艺术交流活动和展示我国青少年风采为形式，为我国青少年了解和认识世界构建载体和窗口。

2. 以弘扬中华民族传统文化为平台，促进我国青少年与世界各国青少年之间的情感和友谊，传承和平与友好、友谊与和谐的理念。

3. 以开展青少年境外出访活动为契机，让青少年正确认识世界，提高我国青少年的整体素质。站在金色大厅的舞台上，让青少年深切体会到为国争光的自豪感。

4. 在青少年境外出访活动中开展爱国主义、集体主义、团队精神和吃苦耐劳精神的教育和培养。

五、活动的重点和难点

1. 确保在金色大厅举办音乐会的节目质量。

2. 确保全体团员安全到达、顺利凯旋。

3. 需要及时了解和掌握维也纳的信息与沟通。

4. 处理好各活动之间的环节衔接，制定活动安全预案。

5．提高团员与别人相处和社会交往的基本素质，锻炼和增强青少年的团结友爱和团队意识以及集体主义精神。

六、活动内容

1．在维也纳举办中国·天津青少年维也纳“金色大厅”音乐会。

2．在奥地利与维也纳童声合唱团同台演出。

3．参观维也纳音乐学院，聆听著名音乐教授的精彩讲座。

4．回国后召开家长座谈会征求收集反馈意见。

5．组织举行“金色大厅”颁奖和汇报演出。

七、活动实施流程

1．2004年3～5月为组织报名阶段。

2．6月1日～9月26日为筛选节目、初审、办理护照签证、彩排和领导审查节目以及进行出国前教育阶段。

3．10月2日出发。

4．10月10日在金色大厅正式演出。

5．11月中旬举办颁奖晚会和汇报演出。

八、宣传意向

1．媒体进行前期宣传。

2．邀请有关新闻记者随代表团全程进行跟踪报道。

3．印制宣传资料，制作演出海报，在维也纳进行音乐会前的宣传工作。

4．利用网站进行宣传报道。

5．演出期间，及时发回消息和花絮，在各大新闻媒体进行报道。

九、活动效果

经过半年多的紧张筹备，由天津市少年宫组织的中国·天津青少年维也纳“金色大厅”音乐之旅代表团一行147人，于2004年10月10日在维也纳举行了中国·天津青少年“金色大厅”音乐会，获得了圆满的、巨大的成功。

正在奥地利访问的中共中央政治局委员、书记处书记、中宣部部长刘云山等中央领导，在奥地利政府主要官员和中国驻维也纳联合国大使张炎、中国驻奥地利大使卢永华的陪同下，来到彩排现场慰问了参加演出的全体团员。中外政府官员和贵宾与1600多名奥地利市民一起兴致勃勃地观看了精彩的演出。约翰·施特劳斯的圆舞曲《蓝色多瑙河》和中国民歌《茉莉花》同样博得全场观众的热烈欢迎。音乐会在《同一首歌》的旋律中结束。精彩的演出获得全场观众雷鸣般掌声，整个“金色大厅”台上台下交织成一片欢乐的海洋。

10月11日，维也纳音乐之旅代表团的全体演员和老师应邀到中国大使馆做客，这在我国驻奥地利大使馆的历史上还是第一次。

十、活动启示

1．瞄准高端，超前设计，大胆创新，是我们这次组织外事活动的指导思想。

2．提高青少年儿童的整体素质，有利于他们的身心健康成长。

3．通过这次出访和演出活动，使青少年有机会在国外接触社会的各个层面，开阔了视野，扩大了知识面，促进了团队精神，锻炼了技能、技巧，展示了我国少年儿童的精神风貌。

4．拓宽了校外教育特别是艺术教育的思路，对提高校外教育教师基本素质起到十分重要的作用。

5．提升了天津市少年宫在社会的影响力，促进培训工作步入良性循环。

书籍让我们的生活充满阳光

——记广东省佛山市第五届家庭读书活动

广东省佛山市少年儿童图书馆　马　慧

为响应江泽民同志“大兴勤奋读书之风”的号召，推动社会上形成读书的良好风气，使阅读成为孩子掌握知识的工具和丰富精神生活的源泉，佛山市少年儿童图书馆于1999年联合佛山市教育局、佛山市妇女联合会、佛山市文化局等单位，在全市开展了家庭读书活动。

一、活动目的

此次活动是为了从家庭入手，从孩子抓起，让父母和子女一齐来读书，共同领略、分享阅读的乐趣，建立起家庭阅读氛围，从而推动全社会形成浓厚的学习风气，树立“全民学习”、“终生学习”、“全面发展”的理念。

每一届佛山市家庭读书活动时间跨度为一年，从1999年至今已开展了5届。每年一个主题，依次为：“共建书香”、“绿色家园”、“沟通从心开始——我爱我家”、“与德同行”、“与文明同行”。

2004年的第五届家庭读书活动的主题是“与文明同行”。广东省委九届二次全会提出要建设文化大省，佛山也在为建设文化名城而努力。加强未成年人道德建设是建设现代化大城市的客观需要，是建设文化名城的重要内容。为此，我们开展了以“与文明同行”为主题的家庭读书活动。希望能够共建书香社会，建立良好的家庭读书氛围，为佛山建设文化名城奠定基础。

二、活动计划

家庭读书活动的对象包括佛山市小学一年级至初中三年级的学生及家长。活动以佛山市直及各区（包括禅城区、南海区、顺德区、三水区、高明区）学校为单位开展。在2004年的第五届家庭读书活动中，根据主题开展了各种不同类型的活动。具体活动有：

1.“同城读书，共创未来”向佛山市贫困学校捐赠、建立绿色图书室活动：为了让佛山市每一个孩子都享有阅读的权利，倡议在校学生每人捐献1本图书，再由主办单位捐献部分新书，共同组成绿色书屋。同时，定期对管理图书室的老师进行专业培训，使图书室管理规范化，发挥最好的作用。我们最终的目的是让佛山市每一间学校都拥有绿色图书室。

2.推荐书目：向中小学生推荐与主题相关的图书100种（包括少儿图书和成人图书），并在佛山市少年儿童图书馆和新华书店设专柜供学生阅读。

3.“我与父母每月共读一本好书”活动：倡导家长与孩子共同读一本书，多一些沟通，多一些了解。活动以学校为单位开展，每所学校组织在校学生及家长参加，将推荐书目和家庭读书记录册下发，要求家长指导子女选择读物，并与他们讨论图书内容，撰写读后感。

4.“与文明同行”家庭读书征文比赛：以“与文明同行”为主题，可以围绕言行举止文明，礼貌用语，不骂人，不打架，不说脏话，不赌博，不涉足未成年人不宜的活动和场所等方面来撰写征文。

5.评选“读书标兵家庭”活动：对在年度的家庭读书活动中表现突出的家庭进行表彰，共评选20个家庭，这些家庭将在学校做巡回演讲。

6.组织奖：各区根据活动开展情况推荐2个优秀单位（含教育局、教育组等）。

三、组织过程

活动通过教育局、妇联、文化局三条线发文，使每所学校的学生和家长都能知道活动的内容及要求，并按照计划的要求阅读图书。少年儿童图书馆准备了大量的相关图书供小读者借阅，新华书店也设立了推荐图书的专架，引导学生和家长选购，在全市掀起了一股读书热潮。

活动将建立“绿色书屋”作为重头戏来对待，活动之初就积极筹备，6月初在全市范围内下发相关的活动通知，每所学校认真对待、组织，广大学生也积极参与。最后在4所民办学校（禅城区颖林学校、高明区西安小学、塘肚小学、三水区育才学校）建立绿色图书室。

征文活动共收到了5万余份，同学们纷纷将生活中、读书中的感受付诸于文字，经过评委的严格评审，共评选出一等奖16名，二等奖80名，三等奖130名，优秀奖230名。

读书标兵家庭的评选更加严格，通过调查，我们设立了基本的评选要求：（1）家庭读书记录册：阅读图书至少12本，题材包括3种不同类别以上的图书；（2）家庭读书征文入选优秀作品奖；（3）家长须撰写介绍家庭读书方法的文章；（4）家庭藏书超过300本以上（须有学校证明）。上报符合要求的家庭再通过专家评审会进行审核，共评选了22名标兵家庭。

在2005年4月23日，举办了佛山市第五届家庭读书活动的颁奖大会暨“同城读书，共创未来”图书捐赠仪式，宣传部、人大、政协、教育局、妇联、文化局等有关领导为获奖选手颁发了奖品，并给予了高度的评价。至此，佛山市第五届家庭读书活动结束，同时启动第六届家庭读书活动。

四、活动效益

第五届家庭读书活动已经结束，在活动的一年中，通过广泛的宣传，几十万的学生和家长参与了活动。回顾本届活动，从推荐图书、到读书、再到谈图书、最后捐图书整个过程是圆满的、成功的，达到了预期的效果。

更为重要的是通过活动倡导了一种良好的社会风气，通过学生带动家长，在全市广大青少年和家庭中掀起了读书、学习的新高潮，有效地推动了家庭读书工程的进程。而且，孩子和家长多了沟通，多了了解，和睦向上的家庭不断涌现。

由于此项活动在学校成为老师、学生最热衷参与的课外活动，在社会上效益良好，影响力较大，被评为第三届广东家庭文化节活动单项优胜奖及个人优秀奖。获得第一届家庭读书活动现场知识竞赛一等奖的韩心牧家庭，经图书馆申报，又获得了文化部的“优秀读书家庭”，并在全省巡回做报告为全国树立了一个家庭读书品牌。

2004年青少年西溪湿地科学考察活动

浙江省杭州青少年活动中心　施泽民

主办单位：杭州市科协、杭州青少年活动中心

承办单位：杭州少年科学院

承办时间：2004年5～8月

活动类型：青少年大型湿地生态科学考察活动——杭州青少年西溪湿地科学考察

活动环境：杭州市西溪湿地区域（西湖湿地10.67平方公里面积中的五个规划分区）。

活动理念：湿地是自然环境中的一个组成部分。湿地环境中的水生动物和微生物，水生植物和周边以芦苇为主的植物群，加上特有的湿地飞禽，组合成为淳朴水乡的特有风貌。湿地环境对调节周围地区的小气候也起着不可磨灭的作用。杭州西溪湿地是目前杭州市最大的一块湿地，是我们这座城市赖以生存的“肾”脏。这块自然留存的湿地，除了自然的功能之外，还保留着许多历史文化的遗迹，培育着丰富的湿地文化。保护杭州的湿地，开发利用好杭州的湿地，有着深远的意义。

利用杭州中小学首次实行“春假”的机会，利用杭州少年科学院组织青少年科学考察的经验，在省科技厅的指导和杭州市科协的关心支持下，杭州少年科学院组织了杭州少年科学院的小院士们和市区4所中小学科技团队共200多人次，于2004年5～8月分成3次对西溪湿地实施全方位的科学考察。这是一项落实对未成年人开展爱国、爱家乡、保护自然环境教育的新型操作形式；是用科学的知识、科学体验的方法对青少年开展思想教育的现实探索。

考察设计：以西溪湿地5个规划分区内的水质的测量与比质、水中浮游生物的测量、湿地植物的样本采集、标志性植物——芦苇的调查、水域周围的小气候对比等5项科目的考察为主，附带湿地的衍生文化调查。这些内容的涉及，通过6个考察分队，散布在湿地区域内的水网和旱地中。一边行进一边开展每小时一次的高密度测量。既突出考察的科学性，又让学生们在路途中体验科学考察的艰苦性和严谨性。

考察目的：让参加科考的青少年切身感受与实践：

体验——对什么是湿地环境的现实体验；对西溪湿地的自豪感受，提升为对家乡热爱的体验；认识现实的湿地问题，具体而真实地提升环境意识。

实践——学习“湿地”的科学知识；实践“湿地”的研究方法；学用“湿地”的考察仪器；掌握资料处理方法。

历练——实事求是的科学作风；吃苦耐劳的科学意志；严谨有序的科学作风。

参加人群：在杭州市教育局、市科协的全力关心支持下，共有杭州第十四中学、杭州中策职高、杭州六中、杭州西湖高级中学四所中学报名限额参加考察；有杭州少年科学院俱乐部的9名小学生和OM培训班的高级学员10人报名；有杭州少年科学院的30位成员直接参加考察（他们是考察的老手），共计112人报名。这样的组织工作采用少科院学生为主，各校学生参插组队的形式编成分队。

考察内容：以西溪湿地5个规划分区内的水质对比、水中浮游生物的对比、水中植物的对比调查、标志性植物——芦苇的调查、水域周围的小气候对比等5个科技大项的考察为主，附带湿地的衍生文化调查。

1.水的部分——PH分布、水的透明度分布、大肠杆菌的分布、水中浮游生物的对比。

2.湿地区域的植物种群——采样、制标本、查学名和科目属。

3.湿地区域的动物种群——采样、制标本、查学名和科目属。

4.湿地的衍生文化调查。

重点和难点：

1.各队按计划如何准确地使用仪器、收集相关科学资料；

2.各队在空间位置上怎样互相联络，自动弥补考察地域的盲点；

3.在现场确定怎样的水体和植物、动物及文化对

象作为考察对象；

4. 安全地组织考察行动。

各考察分队把长时期的考察资料进行初步的整理，提交给课题协作组进行课题论证（包括感受交流），完成课题，以及整个科考期间的人身安全是重点。

实施过程：为组织本次考察，从4月份起就开始了准备工作：

1. 实行社会报名：考察以杭州少科院的成员为主体操作。由于有市教育局、市科协的全力关心和参与，在杭州市的中小学里对科技团队进行动员，报名参加。

2. 事先组织学习：报名者将被集中接受学习——有关湿地的知识、有关考察的内容及其相关的背景材料、有关考察器材的使用、有关考察资料的采集与记录及保存、有关行动安全问题、有关参加活动的时间地点分配等具体事宜。

3. 任务职责明确：对参加考察的学生进行组合，以小分队的形式明确任务，责任到人。

4. 集散整体运作：考察活动将采用分散与集中相结合方法，对重要的部位或水体实行相对集中的方法开展考察；对边缘较安全的地带实施分散的方法开展以调查为主的考察。

5. 考察分期分批：在保障每一位报名者都有参加具体活动的前提下，对各小分队进行分工。时间安排上分期出发，突出重点内容和地域的考察。

6. 强化安全措施：请武警省府警卫连派出支援力量，分派到各个涉及水的小分队里，连同带队教师一起管理，保障安全；对参加报名者进行水性了解；与武警部队或当地联系，借用救生衣，发放给每位可能涉水者；与当地的蒋村联系，请有责任心的村民协助考察。

7. 统合考察结果：根据整体分工，各个不同任务的小分队把考察的资料按要求，汇集到总部，进行统一处理，为“报告”作基础。

8. 做出考察报告：考察完毕后，集合主要骨干整理编写《报告》。

9. 前期策划筹备：地形勘探：确定考察地点、范围；资源勘察：确定考察内容、项目、方案；安全防范：制订应急反应方案、措施，落实安全责任；人员落实：技术保障人员、安全措施人员、后勤保障人员。

10. 考察进行时间实施：

前线指挥系统——指具体指挥操作考察的机构。由业务指导教师、武警志愿者、交通调度安排、器材保障系统组成。

协调系统——指市科协、杭州青少年活动中心的相关领导组成对整个考察活动的领导指挥系统。

宣传——请媒体跟踪报道，有杭州日报、杭州晚报、杭州电视台、杭州政府网记者随队采访。

考察日程：

日期	参加者	考察任务	操作任务	备注
4.28 下午	全体考察人员	学习相关内容	学习操作方法	编小分队
5.4 一天	全体考察人员	整合考察资料	所有考察项目	编6个分队，派警力6人
5.16 一天	全体考察人员	水体资料	6大主流附支流	省市领导参加
8.20 一天	少科院的新老成员	自然景观区的综合考察	所有考察项目	2支分队共20人
4.20-8月	少科院的新老成员	整理资料	分项和集合结合，个别汇总	

活动评价反响强烈：

1. 媒体的反应：杭州电视台派摄制人员随队专访并作报道（2004.5.3杭州明珠台）；杭州日报、钱江晚报、今日早报、都市新闻等报纸都作了考察的报道。杭州政府网把考察的活动情况公布在新闻专栏里。浙江科技报专版报道了这次活动的全过程，《小学生时代》和《小爱迪生》杂志也对本次考察作了专版报道。

2. 学生的感受：绝大多数的学生把这次亲身经历的科学实验过程，详细地写了体会文章或感想。杭州长寿桥小学的秦琪同学更是在《小学生时代》上发表了自己《一生中的又一个第一次》的感想。中策职高的学生把考察过程当作社会实践的安排来参加；把考察的结果作为写实践论文的宝贵素材使用，把参加活动的过程单独作成网页和橱窗版面，向全校师生宣传。

3. 参加考察的学校教师反应：这个活动对学校来说已经是非常大的科学考察活动。仅凭一个学校是组织不了的，规模大，综合科学性强，考察仪器设备齐全，对我们来说也是一次科学实践的经历(杭州六中)。

4. 学生家长的反应：参加考察的学生家长中有十几位是在孩子多次强烈要求下，才让孩子成行的。有1/4 家长的意见征求表反馈中写道：“同意。希望今后多给孩子这种锻炼的机会。”有的家长专程找组织考察的老师，要求务必批准自己的孩子参加。有的家长还主动开车为考察队送器材。家长们普遍认为：我们不可能给孩子营造这样有科学性、有那么多孩子参加的野外考察环境，也不可能对孩子进行那么多的科学仪器的学习。即使有仪器我们也不知道怎么教孩子。这种超出学校课本的实际锻炼太少了，政府和学校要多组织一些这样的活动。

5. 社会各界的反映：考察结束后曾经组织了一次向社会作考察汇报的活动。浙江省科技厅社会发展处的领导说，这种有益于青少年科普教育的现实活动今后要大力提倡，要给予大力度的支持。杭州市科技局领导、杭州市科协的领导都对本次考察作了极高的评价。

活动启示： 对未成年人开展有效的思想道德教育和科技活动教育，特别在突出有青少年自主性的活动方面，“导”理优于“教”理。

1. 思想道德教育的内容很广，无论哪一个方面的内容，都是容易被“导”入心田，而不易被“浇”（教）入心田的。

2. “浇”的方法或载体显得十分重要，这个方法对青少年的吸引力大小，本身的设计过程就是一个“导”的过程。对青少年特定的身心条件来说，是教育实施成功的关键。一个好的教育形式，可以联动包括家长、社会评价在内的一系列的良性效应。科考的新形式、学生自主选题的自由、在考察中愿意接受酷暑日晒的意志考验、愿意接受生活艰辛的环境考验等都是“导”的产品。

3. “导”的技法注意突出有青少年自主性的因素，唤起他们的内在需求，他才会引起跟你的“浇”（教）的互动。

4. 对应“导的理念”，引导青少年开展自然科学探索的兴趣，引导科学的实验方法，引导科学精神的实践，更容易激发他们的兴奋点。

5. “导”出学生自由选题的自主性、“导”出在做考察时的快乐体验、“导”出在考察中不畏艰辛的意志、“导”出学生主动学习掌握科学知识技能的“内需”、“导”出学生在完成课题任务时的责任感、“导”出他们去自觉寻求研究方法的能力等。

总之，这些 “导”的技巧和伏笔，是对组织新型教育活动的“功底”要求。组织这样的科学考察活动，成功的保障有 3 条：一是事先在“导”字上做足文章，制定符合青少年喜欢而能为之的考察方案；二是必须放开思想，有学生从头到尾参与管理的考察过程；三是选择一个能开展综合科学素质训练的环境（自然条件和社会条件）。

校外教育工作纪事

（2004年）

■ 1月6日～8日，由北京市教育学会校外教育研究会、天津市青少年校外教育工作联席会议办公室和天津市少年儿童校外教育研究会联合主办的第二届京津校外教育“理论与实践创新”论坛在天津宾馆举行。京津两地380多名校外教育工作者参加本次论坛。

■ 1月8日，中国科协2049行动计划办公室下发《关于开展“全民科学素质行动计划”试点工作的通知》。

■ 1月10日，共青团中央召开2004年共青团社区和权益工作会议。书记处书记杨岳在会上作了“以城市社区青年中心建设为统揽，推动社区和权益工作，取得新突破”的报告。

■ 1月11日，在2004年全国中小学德育工作会议上，教育部部长周济，共青团中央书记处书记、全国少工委常务副主任张晓兰分别发表了重要讲话。

■ 1月12日，全国“‘中华魂’高举光辉旗帜誓做时代新人”主题教育活动表彰大会暨冬令营开营仪式在北京人民大会堂举行。近400名先进个人和100余名先进集体代表受到表彰。活动吸引了约1300万青少年参加，发行活动用书近400万册。

■ 1月30日～2月3日，由中国科协主办，中国科协青少部、广西科协、广西教育厅、广西科技厅、南宁市人民政府联合举办的第四届中国青少年电脑机器人竞赛在广西南宁国际会展中心举行。28个省、自治区、直辖市和香港、澳门特别行政区及有关单位的1700 多名青少年机器人爱好者和辅导员老师参加了竞赛活动。

■ 2月2日，《中国古典益智数学少年展》大型系列展示活动在冰城哈尔滨拉开帷幕。近200名少年科技爱好者参加了开幕仪式。展览通过详实生动的文字和71块展板说明以及200多件可供观众动手参与的实物展品，向观众开启了智慧的大门。

■ 2月5日，共青团黑龙江省委制订了《关于进一步加强和改进青少年思想道德教育工作的实施方案》，提出2004年黑龙江省青少年德育教育工作的4大重点工作。

■ 2月6日，第四届“明天小小科学家”奖励活动在北京举行颁奖典礼。教育部副部长吴启迪，中国科协副主席、书记处书记徐善衍，香港周凯旋基金会主席周凯旋，诺贝尔奖获得者 Mr.Charles Townes，评审委员会名誉主任王绶院士、王乃彦院士，中国科学院植物研究所匡廷云院士等领导参加了颁奖大会。

■ 2月10日，在中央精神文明建设指导委员会召开的第三次全体会议上，中共中央政治局常委、中央精神文明建设指导委员会主任李长春同志作重要讲话。

■ 2月23日，全国学联、全国少工委联合下发《关于开展“青少年网络文明”行动的通知》。

■ 2月23日，全国少工委下发《关于开展2004年“中国少年儿童平安行动”的通知》。

■ 2月24日，浙江省青少年工作领导小组办公室建立浙江省青少年校外教育研修中心。

■ 2月25日，教育部办公厅下发《关于进一步加强中小学诚信教育的通知》。

■ 2月26日，中共中央国务院下发《关于进一步加强和改进未成年人思想道德建设的若干意见》文件，为全国的未成年人思想道德建设工作提出要求。

■ 2月27日，共青团中央办公厅下发《关于开展团属青少年活动场所安全检查和专项治理工作的通知》。

■ 2～4 月，天津市少工委组织全市少先队员开展“我是天津小主人”提案征集活动，积极开辟反映意愿、谏言献策渠道。活动历时两个半月，全市 80 万少先队员深入社会，广泛参与，共收到提案 31.42 万件。

■ 从3月1日起的每周二，故宫博物院将对中小学生集体参观实施免票，免票对象包括有组织的中小学生（含各类职高、技校、中专院校学生等）团体、有组织的相关院系（如历史系、建筑系、美术系等）学生团体，以及组织学生的老师。

■ 3月1日，全国1.3亿少先队员、80万个少先队大队、400万支少先队中队、1600万支少先队小队以体验教育为基本途径，举行民族精神代代传——“三个了不起”全队统一行动日。

■ 3月7日，第四届“北京市中小学生金鹏科技论坛”在朝阳区青少年活动中心举行。13个区县的260多项优秀青少年科技实践项目参加了评选。

■ 3 月 10 日，新疆维吾尔自治区启动了由自治区科协、自治区卫生厅联合举办的“2004 认识、预防、关爱青少年预防艾滋病知识巡回展”活动。

■ 3月17日，美国 Intel 全球教育总监温迪·霍金斯和亚太地区市场总监及教育总监在中国科协赵剑龙处长、北京市科协副主席等陪同下到朝阳区青少年活动中心对 Intel 电脑创新思维培训课程进行观摩考察。温迪先生对朝阳区青少年活动中心开展此项活动表示肯定和赞许。

■ 3 月 19 日，北京市召开“北京市青少年学生校外教育工作联席会议第四次全体成员会议”，联席会议成员及部分联络员出席了会议，各区县主管区县长、区县教委主管主任列席了会议。

■ 3 月 20～21 日，以“探究身边的科学”为主题的第十九届英特尔上海市青少年科技创新大赛在上海科技馆隆重举行。来自上海市 19 个区县的 1000 多位中小学生带着各自的作品参加了比赛。

■ 3 月 22 日，上海市科协召开了“2049 上海试点项目”阶段性工作汇报会。中国科协、市科协、市教委、33 所试点学校的分管领导及上海试点项目办公室的有关人员出席会议。

■ 3 月 26 日，陕西团省委、省水利厅、省教育厅、省少工委在中国水周宣传日举行了隆重的“人水和谐”为主题的“节水——红领巾在行动”宣传教育活动启动仪式。

■ 3 月 27 日，福建省召开青少年宫协会第六次会员代表大会暨省少年儿童校外教育研究会教改观摩会，对未成年人思想道德建设作出了具体部署。

■ 3 月 28 日，总投资 3.2 亿元、位于广州“新城市中轴线”上的广州市第二少年宫开工。

■ 3 月 29 日，中国科协办公厅下发《关于开展第二批全国科普示范城区和全国科普示范县（市、区）创建活动总结检查的通知》。

■ 3 月 29 日，共青团中央、全国少工委联合下发《关于学习贯彻〈中共中央国务院关于进一步加强和改进未成年人思想道德建设的若干意见〉的通知》。

■ 3 月 30 日，中共中央宣传部、教育部制定下发了《中小学开展弘扬和培育民族精神教育实施纲要》，要求各地根据《实施纲要》要求，切实加强领导，认真组织制定本地中小学开展弘扬和培育民族精神教育的具体实施办法，并将贯彻落实情况及时报教育部和中宣部。

■ 3 月 31 日，共青团中央办公厅下发文件，组织全国开展“欢乐快车”系列活动。

■ 3～10 月，由全国少工委主办，中国少先队事业发展中心和辅导员杂志社承办的首届全国少先队辅导员风采大赛在全国开展。

■ 3 月，江西省科协组织开展了“大手拉小手青少年科技传播行动”，活动主题为“感受科技魅力”。

■ 4 月 1 日，中共中央宣传部、中央文明办、共青团中央、教育部、文化部、国家广播电影电视总局、新闻出版总署联合下发《实施青年文化行动，加强青年文化建设的通知》。

■ 4 月 2 日，全国妇联下发《学习贯彻〈中共中央国务院关于进一步加强和改进未成年人思想道德建设的若干意见〉的意见》。

■ 4 月 6 日，在学习贯彻《中共中央国务院关于进一步加强和改进未成年人思想道德建设的若干意见》座谈会暨中国小公民道德建设计划领导小组第三次全体会议上，全国妇联书记处书记张世平作了大会汇报。全国妇联主席顾秀莲作了重要讲话。

■ 4 月 6～8 日，中国家庭教育学会少年儿童校外教育专业委员会第二届年会在北京召开。参加本届年会的代表来自全国各省、自治区、直辖市校外教育系统共 100 人左右。全国妇联书记处书记张世平同志、中国家庭教育学会秘书长蒋月娥同志应邀参加了开幕式并作了重要讲话，会议进行了理事会的换届工作，共同参加了全国妇联儿童事业发展集团的挂牌仪式。

■ 4 月 8 日，教育部召开全国教育系统学习贯彻落实《中共中央国务院关于进一步加强和改进未成年人思想道德建设的若干意见》视频会议，周济部长就教育系统进一步学习贯彻落实《意见》，切实做好青少年学生的思想道德教育工作发表重要讲话。

■ 4月8日，全国妇联儿童事业发展集团在人民大会堂举行隆重的揭牌成立仪式。同时举办了中国儿童事业（产业）发展高层论坛。来自全国妇联、各有关部委的领导、全国校外教育机构的代表、研究儿童问题的专家、学者以及国内外著名企业的代表300多人参加了本次大会。

■ 4月9日，吉林省妇联制定并下发《吉林省妇联关于贯彻落实全国妇联学习贯彻〈中共中央国务院关于进一步加强和改进未成年人思想道德建设的若干意见〉的意见》。

■ 4月10日，宁夏科协与宁夏妇联、宁夏预防疾病研究所、宁夏卫生厅等单位联合在银川光明广场举办了预防和遏制艾滋病宣传周活动启动仪式。国家卫生部、自治区领导，以及来自银川各中学的1000多名青少年参加了活动。

■ 4月12日，中国青少年科技辅导员协会主办的“进一步加强和改进未成年人思想道德建设座谈会”在京举行。有关专家和领导出席了座谈会。此次座谈会旨在贯彻落实《中共中央国务院关于进一步加强和改进未成年人思想道德建设的若干意见》，探讨在新的形势下如何通过科技教育活动，提高未成年人思想道德素质的思路与方法。

■ 4月16日，全国少工委下发《关于大力弘扬科学精神深入开展“2004年度中国少年儿童海尔科技奖”活动的通知》。

■ 4月16～26日，中国少年军校总校举办第四期全国少年军校教官（辅导员）研修班，来自全国15个省、市、自治区、直辖市的少年军校示范校校长、教官、辅导员参加为期10天的培训。

■ 4月19日，共青团中央办公厅下发《关于深入开展社区青年文化节活动的通知》。

■ 4月22日，中国科协制订了包括20多条具体措施在内的工作计划。中国科协将依靠所属全国性自然科学学会、协会和广大科技工作者积极开展青少年科普活动，推动素质教育的发展。这些活动包括“大手拉小手——青少年科技传播行动”、“全国青少年科技创新大赛”、“‘明天小小科学家’奖励活动”、“全国青少年电脑机器人竞赛”和中学生的奥林匹克学科竞赛等。中国科协将加强对科技竞赛活动的管理和指导，使科技竞赛活动成为对未成年人进行思想道德建设的重要形式。

■ 4月22日，重庆市妇联、市教委、市家庭教育研究会联合召开了重庆市家庭教育工作会，对143个先进集体及46名先进个人进行了表彰奖励。

■ 4月27日晚，中国福利会少年宫东方小伙伴艺术团参加联合国亚太经会第60届年会祝贺演出，为国家副主席曾庆红和来自10多个国家的政要们表演。

■ 4月28日，中国科协办公厅下发《关于首批全国科普教育基地检查情况的通报》。

■ 4月29日，全国妇联、全国总工会、共青团中央、中国科协、教育部、文化部、卫生部、国家广播电影电视总局、国家工商行政管理总局、国家质量监督检验检疫总局、中国残疾人联合会联合下发《关于庆祝2004年“六一”国际儿童节的联合通知》。

■ 4月，山东省委省政府下发了“关于贯彻落实中发[2004]8号文件精神进一步加强和改进未成年人思想道德建设的意见”。

■ 4月，甘肃省结合本省实际，出台了涉及家庭、学校和社会等11个方面共55条措施，以加强和改进未成年人思想道德建设。

■ 4月，新疆维吾尔自治区党委、政府下发了“贯彻《中共中央国务院关于进一步加强和改进未成年人思想道德建设的若干意见》的工作要点”，确定了一个时期新疆未成年人道德教育的重点工作。

■ 从5月1日起，全国文化、文物系统各级博物馆、纪念馆、美术馆将对未成年人集体参观实行免费，对未成年人个人参观实行半票；家长携带未成年人子女参观的，对未成年人免费。

■ 5月9日，广东省在深圳召开中小学德育工作会议，会议重点部署了加强全省中小学思想道德建设工作。

■ 5月10日，中共中央在北京召开全国加强和改进未成年人思想道德建设工作会议。中共中央总书记胡锦涛发表重要讲话。强调进一步加强和改进未成年人思想道德建设，是中央从推进新世纪新阶段党和国家事业发展、实现党和国家长治久安出发作出的一项重大决策，对于确保我国在激烈的国际竞争中始终立于不败之地，确保实现全面建设小康社会、进而实现现代化的宏伟目标，确保中国特色社会主义事业兴旺发达、后继有人，确保实现中华民族的伟大复兴，具有重大而深远的战略意义。

■ 5月13日，共青团中央书记处第一书记周强致信全国乡村青年文化建设现场经验交流会，向会议的召开表示祝贺，并对乡村青年文化建设提出了希望和任务。

■ 5月13～14日，福建省分别组织省级干部和省文明委成员认真学习领会全国加强和改进未成年人思想道德建设工作会议精神。

■ 5月16日，在2004年四川科技活动周开幕式上，国家科技部正式宣布，绵阳市被确定为全国科普示范城市试点，成为中国惟一的科普示范城。

■ 5月18日，共青团中央书记处书记杨岳在全国网吧等互联网上网服务营业场所专项整治工作协调小组全体会议上发言，要求共青团系统要按照国办发[2004]19号文件的总体部署和陈至立同志的讲话要求，把参与网吧整治和青少年网络文明教育作为全团重点工作，切实采取有效措施，狠抓落实。

■ 5月19日，贵州省委、省政府在贵州省精神文明建设指导委员会扩大会议上决定在加强未成年人思想道德建设中办好5件实事。

■ 5月20日，全国妇联办公厅下发《全国妇联关于学习贯彻全国加强和改进未成年人思想道德建设工作会议精神的通知》。

■ 5月25日，共青团中央办公厅下发《关于开展团属青少年宫集中检查和专项治理工作的通知》。

■ 5月28日，中国儿童中心举办了庆祝“六一”国际儿童节“学做合格家长，争做五小公民”家庭亲子教育展示活动。活动主题为“学做合格家长，争做五小公民”。

■ 5月28日，青海省加强和改进未成年人思想道德建设工作会在西宁举行。青海省委副书记骆惠宁，省委常委、宣传部长曲青山出席会议并作重要讲话。

■ 5月31日，中共中央总书记、国家主席胡锦涛来到中国科技馆和北京市少年宫少年儿童中间，与孩子们一起庆祝节日。他代表党中央，向全国广大少年儿童致以节日的祝贺和亲切的问候，祝全国小朋友们身体健康、学习进步、生活幸福。

■ 5月31日，重庆市召开加强和改进未成年人思想道德建设工作会议。

■ 5月31日，四川省未成年人维权行动月启动仪式暨四川青少年维权志愿者出征仪式在团省委隆重举行，省委常委、省国资委党委书记甘道明出席会议。

■ 5月，浙江省召开了贯彻全国加强和改进未成年人思想道德建设工作会议精神座谈会。会议决定实施“阵地工程”、“精品工程”、“净化工程”、“绿网工程”、“帮教工程”，为全省1000万未成年人做实事、好事。

■ 5月，广东省举办“科技进步活动月”活动。活动主题为“树立科学发展观，建设科技强省”。

■ 5月31日～6月1日，天津市第五次少代会在天津大礼堂隆重召开，会议全面总结市少先队5年来工作经验，科学规划了今后5年天津少先队的发展方向，中共中央政治局委员、市委书记张立昌与少年儿童一起欢庆“六一”儿童节日并出席大会。

■ 2003年10月～2004年5月，中国教育学会少年儿童校外教育专业委员会与全国少工委办公室、中国教育报社共同开展了“全国校外、课外论文（活动案例）征集活动”，共收到来稿4120篇，经过初评、复评，共评选出优秀论文223篇，活动案例71篇。

■ “六一”期间，经党中央批准，全国青联、国务院港澳办、全国少工委、香港特别行政区政府等有关部门组织全国少工委“手拉手”少儿艺术团赴香港举办大型演出交流活动。香港特首董建华等有关人士观看了演出，活动在香港引起轰动。

■ 6月8日，陕西省委、省政府下发了《关于进一步加强和改进未成年人思想道德建设的若干意见的实施意见》。

■ 6月9日，国家广播电影电视总局、文化部、教育部、财政部、共青团中央、全国妇联联合下发《关于进一步做好少年儿童电影工作的通知》。

■ 6月10日，共青团中央、全国少工委联合下发《关于加强和改进未成年人思想道德建设的实施意见》。

■ 6月11日，甘肃省委、省政府下发了“关于组织实施《甘肃省未成年人健康成长行动计划》的意见”。文件针对未成年人身心成长的特点，制订了组织实施《甘肃省未成年人健康成长行动计划》的各项具体要求和措施。

■ 6月22日，共青团中央召开了全团加强和改进未成年人思想道德建设暨推进青年文化行动工作会议，团中央书记处第一书记周强在会上发表重要讲话；团中央书记处常务书记赵勇、书记处书记杨岳、张晓兰也作了重要讲话。

■ 6月22日，吉林省召开加强和改进未成年人思想道德建设工作会议，拟定了吉林省促进未成年人思想道德建设的各项措施。

■ 6月25日，共青团中央、教育部、公安部、全国少工委联合下发《关于举办“全国少年警校教育成果展示”活动的通知》。

■ 6月25日，上海市教委、市文广影视管理局、共青团上海市委、市劳动和社会保障局联合举办的第五届上海市学生电影节正式开幕。

■ 6月25日，贵州省委在贵阳市召开全省加强和改进未成年人思想道德建设工作会议，贯彻落实中央关于加强和改进未成年人思想道德建设工作的部署。

■ 6月26日，西部13省市校外教育学习班的领导和校外教育单位负责人70余人到北京市朝阳区青少年活动中心参观学习。朝阳区青少年活动中心主任韩寅生做了专题讲座，从实践的角度阐述了校外教育的创建、发展和运作过程中应注意的问题。

■ 6月30日，中关工委、中组部、教育部、民政部、全国总工会、中国科协、国务院妇女儿童工作委员会办公室、解放军总政治部下发了《关于发挥“五老”队伍在加强和改进未成年人思想道德建设中的作用的通知》，要求充分发挥老干部、老战士、老专家、老教师、老模范（“五老”）队伍在加强和改进未成年人思想道德建设中的作用。

■ 6月，山西省委、省政府召开会议，明确提出将“红色景区”建设纳入未成年人教育总体规划。省政府安排专项资金，确保25处爱国主义教育基地对未成年人免费开放，并对平型关战役纪念馆等10处爱国主义教育基地进行维修，更新展览内容。

■ 6月，内蒙古自治区党委组织召开全区加强和改进未成年人思想道德建设工作会议，成立了自治区未成年人思想道德建设领导小组，建立了自治区未成年人思想道德建设联席会议制度。

■ 6～11月，共青团中央开展了“感动”——首届全国青少年网络短信作品大赛。以互联网络和手机短信为活动平台和纽带，动员青少年运用自己的语言和乐于接受的方式去发现、表达身边让人感动的人和事，追求创造文明和和谐、美好的生活。

■ 7月7～16日，中国少年军校总校组织来自全国18所少年军校的520多名小教官，在总校房山基地进行了为期10天的训练。

■ 7月13日，江苏省委召开了全省加强和改进未成年人思想道德建设电视电话会议。省委书记李源潮作了重要讲话。

■ 7月15～21日，由全国少工委、中国少年军校总校联合组织“首届全国少年军校‘共创美好明天’赴港交流团”赴香港交流。交流团与香港新界、九龙两地童军进行了广泛的交流，受到香港童军总会的热烈欢迎，中央人民政府驻香港联络办公室科教部的领导接见了交流团代表。

■ 7月16日，中央文明办、教育部、科技部、共青团中央、全国妇联、中国科协联合下发《关于推荐全国青少年校外活动示范基地的通知》。

■ 7月20日，全国青少年宫协会下发《关于开展〈全国青少年活动营地状况调查〉的通知》。

■ 7月22日，中国青少年网络协会成立，共青团中央书记处第一书记周强发表讲话。

■ 7月25日，云南省委、省政府出台《关于加强和改进未成年人思想道德建设的实施意见》。

■ 7月27日，中国科协下发《关于确定第二批全国科普教育基地创建单位的决定》。

■ 7月，江苏省省委制定了《江苏省加强和改进未成年人思想道德建设行动计划》，对全省加强和改进未成年人思想道德建设工作进行了专题研究并作出部署，明确提出日后的工作思路。

■ 7～11月，中华全国青年联合会、中央电视台联合举办了第二届全国青年时代风采电视大赛。

■ 7月，山西省文明委第五次全委会讨论通过了建立全省未成年人教育联席会议制度的决定。

■ 7月，山西省承办“第四届全国教育工作者发明与科教制作展评活动”。中国科学院院士、原上海市人大副主任叶淑华，中国青少年科技辅导员协会理事长、原中国科协副主席刘恕，山西省委、省科协领导以及联合国教科文组织驻华教育官员等领导和嘉宾出席了盛会。

■ 7月，河南省委、省政府下发了《关于进一步加强和改进未成年人思想道德建设的实施意见》，明确提出了河南省加强和改进未成年人思想道德建设的总体思路。

■ 7月，宁夏自治区党委、区政府下发关于加强和改进未成年人思想道德建设的实施意见。

■ 8月2日，由共青团中央、公安部、全国少工委联合主办，中国少年军校总校办公室、公安部消防局、交通管理局共同承办的“首届全国少年警校检阅式”在北京隆重举行。来自北京、浙江、广东、山西、贵州、西藏等省、市、自治区的少年警校共1000余人参加检阅式。

■ 8月2日，教育部办公厅下发《关于开展“体育、艺术2+1项目”实验工作的通知》。

■ 8月2日，教育部办公厅下发《关于进一步学习贯彻〈中共中央国务院关于进一步加强和改进未成年人思想道德建设的若干意见〉深入开展教育思想大讨论活动的通知》。

■ 8月2日，山西省委、省政府下发了《关于进一步加强和改进未成年人思想道德建设的实施意见》。

■ 8月3～9日，由国家科技部、教育部、中国科协、共青团中央和北京市政府共同主办的第三届APEC青年科学节在北京举行，主题是“科学、青年、未来”。

■ 8月6～11日，由陕西、北京和新疆的37名少年儿童代表和少先队工作者代表参加了由全国少工委与香港游乐场协会共同举办的“第三届内地香港少年手拉手体验交流营”活动。

■ 8月7日，团中央书记处书记尔肯江·吐拉洪在山东省农村青年中心建设现场推进会上提出进一步增强建设农村青年中心的责任感和青年中心先进县(市)创建活动发表重要讲话。

■ 8月10～13日，天津市少工委在红领巾凤凰山营地举行了“2004天津市少先队辅导员新秀评选暨辅导员技能比武”，80多名来自全市20多个区、县、局单位的辅导员参加了为期4天的辅导员技能比武。

■ 8月12～17日，中共中央政治局常委李长春先后到山西太原、大同、朔州、忻州、晋中、长治等地，深入农村、企业、社区，考察山西经济社会发展，检查加强和改进未成年人思想道德建设情况。

■ 8月13～15日，团中央宣传部、中国青少年宫协会、天津团市委、天津电视台、今晚报社联合主办，天津青少年活动中心承办的“‘安利杯’首届青少年宫武术大赛”在天津青少年活动中心体育馆举办，来自全国17个省、市、自治区的38支代表队540名运动员参赛。

■ 8月15日，河北省委、省政府下发了《〈关于进一步加强和改进未成年人思想道德建设的若干意见〉的实施意见》，明确了全省在未成年人思想道德建设方面的中心工作。

■ 8月17日～9月26日，北京市教育委员会举办“第一届北京市校外教育艺术节”。艺术节共有来自18个区县校外教育系统的113个节目、5000名学生参加了舞蹈、合唱、器乐的演出，2000名学生参加了书法、绘画、摄影等项目的艺术作品展示。

■ 8月20日，共青团中央、全国少工委，国家邮政局联合下发《关于开展第一届全国少年儿童书信写作比赛活动的通知》。

■ 8月22日，共青团重庆市委颁布了关于加强和改进未成年人思想道德建设的实施意见。

■ 8月26日，由河北团省委、省电视台、省音乐家协会、省宫协联合主办的河北省首届青少年宫系统少儿文艺汇演颁奖晚会在石家庄市青少年宫希望会堂隆重举行。

■ 8月30日，全国妇联办公厅下发《关于开展“家庭道德教育宣传实践月”活动的通知》。

■ 9月新学期开始之际，中共中央宣传部、教育部、新闻出版总署、中国科学技术协会和中国音像协会联合向全国中小学生推荐了100种优秀音像制品。这是五部门落实中央关于加强未成年人思想道德建设要求的又一个具体措施。

■ 9月8日，在新疆乌鲁木齐市举行了全国企业青少年宫2004年工作会议，会议总结了2004年企业宫的各项工作；认真学习、讨论了《校外教育管理条例》、《校外教育场所管理条例》；探讨了当前校企分离给企业所属青少年宫带来的影响以及今后工作思路。

■ 9月19日，文化部、国家发展改革委员会、教育部、科技部、民政部、财政部、国家文物局、解放军总政治部、中华全国总工会、共青团中央、全国妇联、中国科协联合下发《关于公益性文化设施向未成年人免费开放的实施意见》。

■ 9月20日，中国儿童中心隆重举办爱心帮困办公室成立大会，以庆祝“公民道德日”。

■ 9月20～21日，为交流和总结《中国校外教育工作年鉴（2001～2003）》编辑出版工作，研究部署《中国校外教育工作年鉴（2004）》的编辑任务，中国教育学会少年儿童校外教育专业委员会在北京召开了《中国校外教育工作年鉴》编辑工作会议。来自全国各地的校外教育机构代表和年鉴编辑人员60余人参加了会议。

■ 9月26日，由北京市教委主办，北京学生活动管理中心、东城区少年宫承办的“第一届北京市校外教育艺术节”在东城区少年宫礼堂举行隆重发奖仪式和闭幕演出。

■ 9月28日，中共中央宣传部、中央文明办、国家发展改革委员会、教育部、民政部、财政部、文化部、全国总工会、共青团中央、全国妇联联合下发《关于加强和改进爱国主义教育基地工作的意见》。

■ 9月28日，安徽省委、省政府下发了“关于贯彻《中共中央国务院关于进一步加强和改进未成年人思想道德建设的若干意见》的实施意见”。

■ 9月29日，共青团中央办公厅下发《关于印发〈团中央加强未成年人思想道德建设主要工作推进计划〉的通知》。

■ 9月，云南省委宣传部、省文明办等部门举办加强和改进未成年人思想道德宣传活动。

■ 10月9～13日，由共青团中央、教育部、新闻出版总署、中共济南市委和济南市人民政府共同主办，以“传承中华文化，立志学习成才”为主题的“青春中华”首届中国青少年读书周活动在山东济南举行。

■ 10月10日，由天津市少年宫组织的中国•天津青少年维也纳“金色大厅”音乐之旅代表团一行147人，在维也纳举行了中国•天津青少年“金色大厅”音乐会，获得了圆满的成功。

■ 10月12～13日，在天津召开了2004年全国妇联少年儿童“双有”活动工作会议，来自全国各省、自治区、直辖市的校外教育系统的代表120人参加了会议。会议从5个方面对2004年全国“双有”活动所取得的成就作了系统的回顾和总结。

■ 10月18日，团中央书记处常务书记赵勇在中国青年服装时尚论坛发表了“传承民族之魂，创造时代之美”讲话。

■ 10月20日～12月10日，北京市教委与市科协、市科委、市体育局举办第二十二届北京学生科技节活动。

■ 10月，由全国妇联、共青团中央、中央综治办共同主办发起，全国总工会、中国残联、全国工商联、教育部、国家广电总局、国家新闻出版总署、中国社科院七部委联合支持开展了“关注未来，关爱孩子‘十大杰出母亲’思想道德教育传播行动”。

■ 10月21日，中国教育学会少年儿童校外教育专业委员会秘书处下发《关于开展〈全国青少年学生校外教育工作评估标准〉和〈全国青少年学生校外活动场所管理规程〉研究工作的通知》。

■ 10月22日，江西省“全省加强和改进未成年人思想道德建设工作会议”在南昌召开。省委书记、省人大主任孟建柱出席会议并作了重要讲话。

■ 10月22～24日，中国教育学会少年儿童校外教育专业委员会城区少年宫2004年工作会议在西安召开。来自全国23个省、市、自治区城区少年宫的144名代表参加了会议。

■ 10月25日，全国妇联办公厅下发《关于切实加强妇联系统自办托幼园所和儿童活动中心安全管理工作的通知》。

■ 10月25日，全国妇联、教育部、共青团中央、公安部、民政部、卫生部、国家人口计生委、国家广电总局、中国关工委联合下发《关于在全国开展“争做合格家长、培养合格人才”家庭教育宣传实践活动的通知》。

■ 10月25日，全国妇联、公安部联合下发《关于进一步加强家庭教育工作的意见》。

■ 10月25日，全国妇联、教育部联合下发《关于全国家长学校工作的指导意见》和《关于印发〈家长教育行为规范〉的通知》。

■ 10月27日，广西自治区党委、人民政府根据全区实际，下发了“关于贯彻《中共中央国务院关于进一步加强和改进未成年人思想道德建设的若干意见》的实施意见”。

■ 10月31日，黑龙江省青少年宫协会召开了第一次会员代表大会，就大力加强青少年活动阵地的管理提出了具体的措施和建议。

■ 10月，安徽省未成年人保护委员会下发了《关于进一步加强未成年人保护工作的意见》。

■ 11月2～4日，全国妇联召开了全国家庭教育工作会议。来自全国各省、市、自治区及部分计划单列城市妇联分管儿童工作的副主席、儿童部长、儿童中心负责人以及全国妇联未成年人家庭教育工作领导小组成员160余人参加了会议。全国人大常委会副委员长、全国妇联主席顾秀莲做重要讲话，全国妇联副主席、书记处第一书记黄晴宜作了“把握机遇，面向未来，努力开创家庭教育工作新局面”的工作报告。全国妇联书记处书记张世平主持会议。

■ 11月3～4日，中国教育学会少年儿童校外教育专业委员会2004年计算机教育年会在西安召开。来自全国各地近40位从事校外计算机教育的教师参加了会议。

■ 11月10日，团中央书记处常务书记赵勇在中国青年文化发展论坛上发表“大力发展青年文化，为实现中华民族伟大复兴贡献力量”的演讲。

■ 11月10日，教育部部长周济在全国中小学安全工作电视电话会议上发表讲话，提出责任落实、制度落实、措施落实的工作要求。

■ 11月11～12日，为推动少年儿童校外教育活动课程研究工作，研讨21世纪少年儿童校外文化艺术教育活动课程设置，中国教育学会少年儿童校外教育专业委员会联合天津市新闻出版管理局和天津华夏未来少儿文艺基金会，在天津市召开了“21世纪少年儿童校外文化艺术教育研讨会”。来自全国各地的校外教育机构代表40余人应邀参加了会议。

■ 11月13～15日，中国教育学会少年儿童校外教育专业委员会华东地区校外教育工作组年会在宁波市召开。年会进行了贯彻加强未成年人思想道德建设若干意见开展的活动方案评选活动，举办了“校外教育功能的再认识”论坛。

■ 11月15日，以“预防校园侵害，创建平安校园”为主题的“中国少年儿童平安行动”总结表彰大会在人民大会堂隆重召开，大会公布了“你认为最急迫需要解决的校园伤害”专项调查结果，并对2004年度“中国少年儿童平安行动”先进集体和个人进行了表彰。

■ 11月16日，美国英特尔公司总裁及夫人与中国科协副主席韦钰、国家教育部基础教育司副司长李天顺一起在北京市朝阳区青少年活动中心共同主持了英特尔“求知”计划在全球正式启动的仪式。

■ 11月17～21日，第四届全国少年军校示范校年会在重庆召开，全国各地100余名示范校代表参加。

■ 11月26日，共青团中央办公厅下发《关于开展团属青少年活动阵地情况专题调研的通知》。

■ 11月27日，中日青少年将棋友谊比赛在北京日本人学校举办。

■ 11月29日，中国科协办公厅下发《关于下发〈全国科普教育基地标准（2004修订）〉的通知》。

■ 11月29～30日，浙江省青少年工作领导小组在杭州召开了浙江省青少年校外活动场所建设工作会议。18个未建或尚未重建青少年校外活动场所的市(县)分管领导分别汇报了各自的建设或规划情况，并与省青少年工作领导小组办公室签订了“十五”期间青少年学生校外活动场所建设责任书。

■ 11月30日～12月2日，山东团省委、山东省青少年宫协会主办了2004山东省青少年校外教育暨青少年宫改革与发展论坛。来自全省各地的40多名青少年宫负责人参加了论坛。

■ 11月，中国科协青少部、广西区科协共同组织400多人开展城市青少年代表和科技教师赴平果县凤梧乡“城乡青少年手牵手，科普活动进老区”大手拉小手科普活动。

■ 12月5日，由北京市教育委员会主办，丰台区东高地科技馆承办的“北京市中小学生航天知识竞赛”和北京市中小学生“我乘神舟游太空”征文比赛、“太空我的家”科幻画比赛落下帷幕。北京市有6734名中小学生参加了活动。

■ 12月11日，中国青少年宫协会三届四次理事会在上海国际会议中心召开，中国青少年宫协会主要领导和82家理事单位的代表出席了会议。会议总结了2004年的工作，明确了新形势下青少年宫工作的思路、目标和任务，部署安排了2005年协会工作。团中央书记处常务书记赵勇在会上作重要讲话。

■ 12月12～13日，共青团中央、全国妇联、教育部、国家广电总局、新闻出版总署、中国社会科学院、全国少工委等联合举办，共青团上海市委、共青团中央宣传部、中国青少年宫协会、中国青少年社会服务中心等承办的“中国青少年社会教育论坛——2004·媒体与未成年人发展”（简称“2004·媒体与未成年人发展论坛”）在上海国际会议中心举行。国内外知名媒体和青少年教育研究机构的专家学者以及来自全国各地的青少年教育系统和广电、影视、报刊、网络、出版及音像制作等行业的代表300余人参加。团中央书记处常务书记赵勇在论坛上发表“大众传媒应为未成年人的健康成长创造良好环境”讲话。

■ 12月12日，广东省青少年维权中心正式成立，省人大常委会副主任汤维英出席挂牌仪式。

■ 12月14日，全国青少年校外教育工作联席会议下发《关于公布2004年度国家扶持青少年学生校外活动场所建设项目名单的通知》。

■ 12月17日，中国共产主义青年团第十五届中央委员会第三次全体会议通过《共青团中央关于加强青年中心建设的决定》。

■ 12月18日，“2004年度中国少年儿童海尔科技奖”颁奖仪式在北京世纪剧院国际会议厅隆重举行。

■ 12月27日，团中央书记处常务书记赵勇在少先队工作年会上发表“儿童为本，德育为先，充分发挥少先队在未成年人思想道德建设中的重要作用”重要讲话。

■ 12月29日，中国科协普及工作委员会下发《中国科协关于认真学习贯彻胡锦涛、曾庆红等中央领导同志重要指示精神的通知》。

■ 12月，河北省财政厅为省内青少年宫建设划拨补助经费200万元。

■ 12月，四川省成都市青羊区青少年宫被省委青教办、省青少年宫协会授予四川省未成年人自我保护教育基地，成为全省首个未成年人自我保护教育基地。

2004年校外教育活动

风采

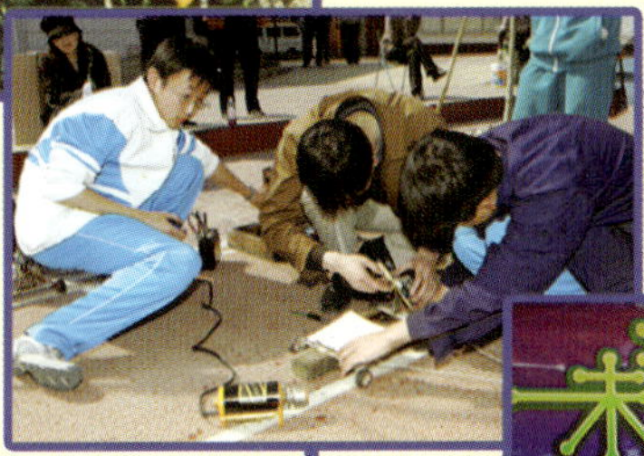

北京市副市长范伯元等领导观看学生的科技展示项目

北京学生科技节开幕式于2004年10月20日在中关村中学举行

2004年8月“小亚洲杯”北京晚报百队足球赛在崇文体育场开幕

北京市合唱节闭幕式在北京音乐厅举行

9月10日教师节，首都学生为教师献上一台气势恢宏的音乐会

舞蹈晚会

北京学生活动管理中心
北京市少年宫
北京市青少年科技馆

为贯彻落实《中共中央国务院关于进一步加强和改进未成年人思想道德建设的若干意见》，在以党的“十六大”会议精神和“三个代表”重要思想为指导的基础上，以科学的发展观，积极推动党的德智体美全面发展的教育方针， 2004 年北京学生活动管理中心（北京市少年宫、北京市青少年科技馆）依据校外教育理论并遵循校外教育活动的规律，以“关爱学生，给他们飞翔的广阔天空”为教育理念，寓德育于各类活动之中，运用多种活动形式开展对未成年人的思想道德教育，通过开展丰富多彩的艺术、科技、体育等活动，培养了学生高尚的思想品质和良好的道德情操，发展了学生的个性特长。2004 年组织开展了北京市学生合唱节、校外教育艺术节、北京市中小学生“小亚洲杯”北京晚报百队杯、北京市学生科技节、北京市中小学生科技英语创意大赛等传统性活动，组织了北京学生演出季开幕式暨庆祝教师节音乐会、“青春中国”——首都学生庆祝建国 55 周年文艺晚会，与 IBM 公司组织了科技异彩夏令营等大型活动。

北京市中小学生金帆艺术团颁奖仪式

北京市千名中小学生欢聚一堂庆祝建国 55 周年

北京市校外教育研究室

召开北京市"十五"立项课题研讨活动

举办北京市第十届课外校外教育理论研讨会

组织编写《北京市校外教育工作者手册》研讨活动

举办科研培训班

北京市校外教育研究室于1988年成立，同北京市教育学会校外教育研究会合二为一，负责组织北京市校外教育系统的工作者开展科研、业研和群众性理论研讨活动，促进首都校外教育理论和实践研究；同时指导全市教育系统的校外教育机构开展教育教学活动，在教育科学研究上具有一定的管理职能。

2004至2005年，北京市与外省市之间、全市各区（县）之间、各校外教育机构之间、校外教育机构与学校、社区之间，广泛开展了横向和纵向的交流与研讨活动。大家在校外教育的理论与实践研究等方面进行了多层次、多角度的深入讨论；并组织广大教师积极参与和承担全国重点课题的研究。同时，通过《课外校外教育》杂志，宣传校外教育工作经验，为学术研究成果的推广普及和研究工作者的脱颖而出搭建平台。一年来，北京市校外教育研究室还积极组织师生开展全国性的专题研讨和调查研究活动，使之更广泛、更深入地加强北京市的校外教育教学理论研究，充分发挥了组织、研究、指导作用。

组织参加中央教科所的"未成年人科普素养"研讨活动

为承办子课题单位的负责人颁发委托书

开展北京市校外教育艺术节优秀舞蹈作品研讨活动

参加深圳中华民族儿童歌舞周研讨、展示活动

北京市校外教育兼职教研员

探讨校外育人途径
丰富理论研究内涵

承办全国青少年"未来工程师"设计与技能竞赛

学生参加"返回仓"竞赛活动

组织参加北师大国家级立项课题研讨

舞蹈组组员参加纪念邓小平同志诞辰100周年《小平你好》大型文艺晚会演出，与党和国家领导人合影

少年宫组员与国际友人共同体验中国传统文化的魅力

在创新中坚持校外教育特色
在发展中体现校外教育特点

2004年9月18日手风琴组组员在“我们共同成长”未成年人思想道德建设主题游园会上表演

合唱团与来访的台湾布农族少儿艺术团交流后合影

少先队工作部组织的“东城，我为你骄傲！”系列活动——走进爱国主义教育基地

在北京王府井中学生国际音乐节上，少年宫京昆艺术团的小演员粉墨登场

东城区少年宫与文天祥祠联合举办北京市“正气杯”少儿书法表演大赛，号召青少年“从小学正气歌，长大做正气人”

东城区青少年集邮俱乐部作为“全国青少年集邮活动示范基地”，积极发挥示范作用，送教育资源进校园，素质教育辟新路，使校内外盛开集邮花

少年宫小茶人俱乐部组织少儿茶艺阳光课堂“小讲师”走进社区，与同龄孩子在学习、生活等方面交流沟通，共同进步

“党心连民心共建文明新东城”大型主题捐赠义卖活动中，书法组和工艺组学员将创作的作品募集的善款捐赠给活动组委会

少年宫兴趣小组组员正在“庆丰收老少同乐金秋联欢会”上演奏

少先队工作部组织东城区少先队开展“快乐童谣”传唱赛活动

东城区少年宫

北京市东城区少年宫

www.dcsng.com

DONGCHENGQUSHAONIANGONG

北京市丰台区青少年活动中心

小星星艺术团

著名歌唱家李谷一（右二）和小星星艺术团成员在一起

著名歌唱家戴玉强（右二）辅导小星星艺术团声乐学员

小星星艺术团在哥伦比亚

小星星艺术团在冰城哈尔滨

黑鸭子组合与小星星艺术团声乐团员在一起

著名歌唱家李双江（右二）指导小星星艺术团声乐学员

小星星艺术团在匈牙利歌剧院

哥伦比亚当地电视台采访小星星艺术团

小星星艺术团参加“第八届中国东北、华北、西北地区文艺汇演”

北京市“小星星”艺术团成立于1996年，是一支为学校培训艺术骨干、为社会培养艺术人才的少年儿童艺术团体。下设合唱、舞蹈、民乐三个分团。其中，舞蹈团于2004年被北京市教委授予“北京市金帆艺术团”的荣誉称号。

“北京市学生金帆艺术团”是北京市艺术教育高水平、大规模、成体系的学生艺术团体。“小星星”艺术团成立以来，在各级领导、众多艺术家的关心、支持和帮助下，本着“充分突出学生个性、促进学生全面发展”的理念，以“出精品、创品牌”为指导思想，在长期的艺术实践和活动中，取得了显著的成绩，创编了一批弘扬民族精神、紧扣时代脉搏、体现新时期少年儿童精神风貌的儿童声乐、器乐、舞蹈节目，多次在全国及市级比赛中取得优异成绩，并为艺术院校输送了一批艺术人才。艺术团曾多次参加中央电视台、北京电视台的节目录制和大型演出活动。1999年在北京金帆音乐厅成功地举办了专场音乐会；在建国50周年的庆祝活动中，国家主席胡锦涛观看了“小星星”艺术团的演出。

艺术团广泛开展国际间的文化交流活动，先后接待了爱沙尼亚、拉托维亚、澳大利亚、匈牙利、美国、法国、日本、中国台湾等国家和地区少儿艺术团的来访，并赴日本、朝鲜、埃及、阿曼、阿联酋、匈牙利、德国、法国、荷兰、比利时、墨西哥、哥伦比亚、香港等国家及地区进行友好访问和演出活动。“小星星”艺术团在国内外的交流活动中，闪烁着耀眼的

小星星艺术团在深圳中华民族儿童歌舞周

小星星艺术团参加“第二届北京国际戏剧演出季”

舞蹈《过年》

男孩舞蹈《私塾晨读》

舞蹈《水之灵》

三人舞《扭秧歌的小妞妞》

一切为了孩子的个性健康发展

——北京市朝阳区青少年活动中心

朝阳区青少年活动中心主任　韩寅生

从孩子兴趣出发　满足孩子的需求

充分挖掘自身的教育潜力，从孩子们兴趣发展的需要出发，不断丰富着活动的内容和形式，形成了一系列的特色活动项目。

以引导青少年参加科学探究、体验科学研究过程、展示研究成果、培养和提高学生科技素质的青少年金鹏科学论坛活动，作为全市的特长生推荐项目，成为了北京市的标志性活动。

以培养书、画特长人才和开展群众性书画普及活动为主要任务的金帆书画院活动，自1998年成立以来，取得了一系列卓有成效的成果。

始创于1993年、每年一届的“中外青少年国际象棋友谊赛”，吸引了来自亚洲、非洲、欧洲、美洲等30多个国家和地区小朋友参加。

活动中心积极搭建各种展示平台，使孩子们尽情地表现自我。先后成立了“舞蹈队”、“民乐队”、“科技模型队”、“武术队”、“乒乓球队”、“棋队”等高层次的校外活动组织。孩子们在这些专业团队中，知识和技能获得了快速的提高。十多年来，他们代表活动中心在各种竞赛、评比、表演中取得了优异的成绩。其中获北京市及全国正式比赛一、二、三等奖达2000余人次。

加强教育研究　促进教师成长

活动中心的功能定位是：成为全区校外教育的龙头，起到“示范中心、指导中心、研究中心”的作用。

活动中心积极探索多渠道、多形式、多方位的校外教师的培养成长之路。通过政策导向积极支持教师们参加专业进修、继续教育、学历教育和研究生课程的学习，不断提高教师们的专业素质；通过引导教师们结合教学工作实践开展教育研究，提升教师的专业发展水平，促进教师的成长。

1998年以来，教研成果层出不穷，活动中心主研的北京市科普活动专项研究课题“北京市中小学教师科技素质调查”，作为提案，提交到全国政协九届三次全国代表大会，受到国家教育部的高度重视。活动中心的“十五”课题“21世纪初青少年校外教育的理论与实践研究”，被列为朝阳区“十五”规划重点课题。

树立现代教育理念　形成独特的管理模式

活动中心坚持校外教育的公益性，不以营利为目的，将教学质量的提高建立在不断学习和主动探索的基础上。

活动中心实行扁平式督导管理，最大限度地促进每个教职工的发展。构建了以人为本和谐发展的校外教育管理模式，有效地发挥了管理的效能，调动了教职工的积极性，保证了工作的高效运转，资源合理配置，提高了工作质量。

把握现在　走可持续发展之路

朝阳区青少年活动中心的教育工作目标为：树立时代发展要求的校外教育观；加强校外教育研究，探讨现代校外教育发展的理论框架，总结出一套成功的校外教育实践经验；进一步完善内部机构的体制改革，理顺工作运行机制，健全内部工作章程，促进校外教育逐步走上科学化和规范化轨道；建设一支高素质的校外教育干部教师队伍；在继承的基础上，搞好活动项目设置的创新，改革教学方法；为国家输送一批学有专长的青少年学员；加强活动场所建设，提高现代化教育技术的应用水平。把朝阳区青少年活动中心打造成北京市，乃至全国青少年校外教育的先进窗口！

北京市通州区青少年活动中心

通州区青少年活动中心主任兼书记 何志东

近年来，北京市通州区青少年活动中心在党和政府对未成年人校外教育事业的关心和支持下，场地、设备、经费投入等硬件方面有了质的飞跃。中心始终遵循党的教育方针，坚持“面向学校、面向全体少年儿童”的办学方向，充分发挥教学培训、群文活动、阵地开放和理论研究4大功能，明确制订了“构建5个系统，强化3个结合，实现一网互动”的发展思路，在实践中形成了“确立地位、突出品牌、搭建网络、实现网络互动、整体推进”的社会化格局，现已成为全区青少年学生及儿童参加丰富多彩社会实践的活动中心；培养兴趣、发展个性特长的培训中心；开展课外、校外活动的指导中心。

“小手拉大手，共行文明路”——中小学生交通安全系列教育活动——2004年月，为了贯彻《中共中央国务院关于进一步加强和改进未成年人思想道德建设的若干意见》，通州区青少年活动中心和通州区交通支队联合在全区中小学校及社区中开展了“小手拉大手，共行文明路”——中小学生交通安全系列教育活动。这是一项引导社会关注和预防少年儿童意外伤害、促进少年儿童健康成长的社会公益活动，体现了青少年活动中心关爱少年儿童的宗旨，成为正在建设发展中的通州新兴城市中的一道靓丽风景线。

形式多样的教育活动

中心副主任孙国其与被资助的学生合

“探寻世界文化遗产 弘扬民族经典文化”夏令营营员合影

中心学员与香港同学联欢、交流

教师员工爱心资助贫困地区学生——这一活动始于2002年6月，活动中心30名共产党员和积极分子，每人每年资助300元，帮助贫困地区30名学生完成九年义务教育，该活动已坚持了3年。2004年5月，中心派出代表，在中国教育报记者的陪同下，携带资助专款和中心党支部及教职工的委托，专程前往江西省遂川县巾石乡中心小学看望被资助的贫困学生。

科技教育活动硕果累累——航模队是青少年活动中心的传统项目，在北京市乃至全国享有盛名。2004年，中心航模队获得了3个北京市冠军，1个全国冠军。

积极开发研究教育课题——为了探讨素质教育中校外群众活动的基本特征和规律，探索组织群众性活动的新手段和新途径，2004年，活动中心承担了国家级课题《社区青少年科普教育现状调查》及北京市《校外群众性活动的创新实践研究》等课题的研究工作，推动了通州区校外教科研工作的发展，为今后活动中心的发展打下了良好的基础。

内容丰富的培训活动

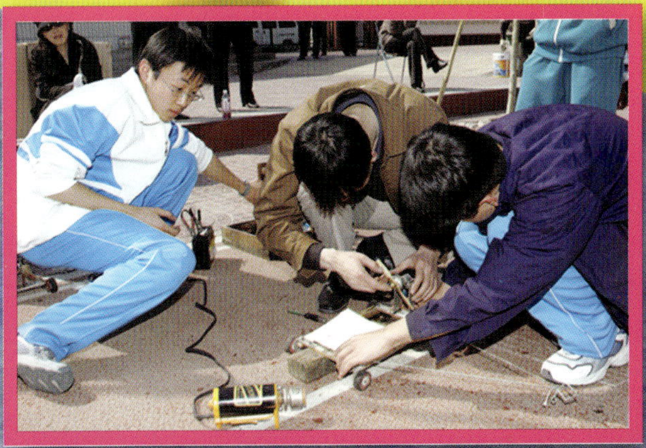

天津青少年活动中心

天津青少年活动中心是共青团天津市委直属的校外教育机构，公益性教育事业单位。天津青少年活动中心新厦于1996年开始规划设计，2002年5月破土动工，2003年10月竣工，当年就开始试运行，2005年6月1日正式面向全市青少年开放。

新厦占地面积1.8万平方米，建筑面积2.3万平方米。其外形像一艘远航的巨轮，寓意着青少年在知识的海洋乘风破浪。新厦所采用的建筑材料与外檐三原色的虚实对比给人一种现代、明快、活泼、完整的视觉冲击和感受。

新厦主体局部六层，设有演播厅、四季光庭、报告厅、多功能厅、体育馆、武术馆、体操馆，可开展文艺演、体育比赛、国际交流、主题队会、科技制作、游戏活动等大型集会活动。50余间标准教室、排练室、制室、语音室、琴房可同时容纳1万余名学生接受舞蹈、声乐、器乐、绘画、书法、体育、棋类、英语、表演、学创作、科技制作、计算机等学科的专业辅导与培训。

新厦配套设施齐全，数字化教学辅助系统、多媒体语音系统、智能化监控系统、音像及图像传播系统、宽的沉降广场等为孩子及家长提供了一个安全、宽敞、现代、智能化的活动空间和优雅、舒适的休息环境。

新厦与科技馆浑然一体，形成集文学艺术培训与表演、现代技能培训与开发、科技体育培训与比赛、主题育活动与展示的多功能综合性校外教育活动场所，服务于青少年儿童健康成长，使青少年活动中心真正成为孩们的世界，让他们在这里快乐学习，茁壮成长。

主形象墙

1000平方米的武术馆

450平方米的体操馆

350平方米的跆拳道馆

青少年活动中心标志释义

如果世界是一副巨大的拼图，那么每一个人都是其中小小的一块
每一小块都是不可或缺的一分子，互补、融合、平等，都是好朋友
每一块都无须自大也不用自卑

放一副拼图在面前，不同肤色、不同国籍、不同年龄的人都可以一起玩
因为拼图是一种快乐的游戏，一种挑战智慧的游戏，一种可以找到朋友的游戏

寻找每一块拼图都是一个发现与探索的过程，每前进一小步都有收获，都可以充满成就感

当拼图遇上橡皮泥，斑斓、组合、塑造、变化，拥有无限可能！

发现

发现我的奇迹宣言

我 是谁？
我 可以做什么？
我 能学会什么？
我 可以跟谁做朋友？

什么 能让我更聪明？
什么 能让我更自信？
什么 能让我开心笑？
什么 能让我忘不了？

为什么 有人说学习是一种乐趣？
为什么 1+1=？是个大问题？
为什么 鸟儿会飞、鱼儿会游、四季变换如流？
为什么 舞蹈可以说话，音乐可以拨动心弦？

我是一个小小的开始
我是一个大大的未知
我的人生，我自己来
我来
发现 我的奇迹

过山车

峡谷漂流

四季光庭

空中飞舞

天津青少年活动中心新厦

我的奇迹

中心学员汇报演出

第三届校园风采展示活动

模型班学员正在准备放飞自制飞机模型

玩具交换市场

彩灯庙会夜景

在“基辅”号航母上

第八届全国少年儿童故事大王选拔赛天津赛区决赛

航海模型比赛

全国青少年宫武术大赛

狂欢节，五一园内巡游

2004年中心成立二十周年庆典活动

全国青少年科技制作展览现场

美术作品在校园巡展

星期日英语广场

可以举办各类比赛的1200平方米的体育馆

天津市华夏未来少儿艺术中心

中共中央政治局委员、市委书记张立昌（中）出席由华夏未来文化艺术基金会主办的第八届“老师 · 您好”音乐会

华夏未来少儿艺术团的小演员表演京剧

主办首届华夏未来儿童音乐节

新世纪伊始，华夏未来制定了“环球之旅”计划，图为华夏未来少儿艺术团出访巴布亚新几内亚

华夏未来“环球之旅”出访美国

天津市华夏未来文化艺术基金会（华夏未来少儿艺术中心）成立于1993年，现有建筑面积1.5万平方米。多年来，华夏未来秉承“一切为了孩子”的宗旨，致力于青少年的素质教育及繁荣、发展天津市少儿文化艺术教育事业，年年为孩子办8件实事，共有21件被列为天津市政府20件实事的项目。华夏未来文化艺术基金会（华夏未来少儿艺术中心）曾先后荣获全国先进民间组织、全国文化单位先进集体、全国青少年校外活动示范基地、天津市先进社团、天津市“十五”立功单位，并被天津市委、市政府命名为天津市爱国主义教育基地。

华夏未来文化艺术基金会（华夏未来少儿艺术中心）为营造有利于未成年人思想道德建设的社会氛围，立足于“提高文化品位，从娃娃抓起”的工作思路，开展了多项社会公益活动。所创办的“百场免费音乐会”、“艺术精品进百校”、“民族艺术进农村校园”、“双周免费音乐会”等已成为向青少年传播中华优秀民族艺术、陶冶情操、活跃文化生活、提高文化品位的创举，探索了新时期文化服务的新思路、新方法。与此同时，还积极开展了残疾儿童艺术节、敬老节、夏日文化广场、健康活力宝宝大赛、“艺海揽胜”少儿艺术系列比赛等丰富多彩的公益活动。为提高农村中、小学、幼儿园艺术教师的专业水平，发展农村少儿艺术教育，华夏未来连续七年举办农村艺术教师免费培训班，目前，已有400余名教师接受培训，成为农村艺术教育的骨干教师。在艺术培训方面，华夏未来始终保持课程设置、教材编辑、教师队伍的优化和艺术教育的科研等处于领先地位，年培训人数超过4万人次。

此外，作为中外文化艺术交流的窗口，华夏未来已出访五大洲的51个国家和港澳台地区，被誉为“和平友谊的天使”；已连续举办四届以“和平 · 友谊 · 未来”为主题的天津国际少儿艺术节。华夏未来在开创少儿艺术事业的征程中，赢得了社会各界的首肯。

华夏未来少儿艺术中心现代化的语音教室

华夏未来少儿艺术中心全貌

拥有现代化灯光音响的华夏未来少儿艺术中心剧场

华东地区校外教育工作组
上海市教育学会校外教育专业委员会

举行常州——上海校外教育论坛

华东地区校外教育工作组（上海市教育学会校外教育专业委员会）隶属于中国教育学会少年儿童校外教育分会。多年来，上海市教育学会校外教育专业委员会围绕服务上海市校外教育机构、服务广大少年儿童的工作宗旨，开展了多项活动。

2004年，专业委员会围绕学习贯彻中共中央、国务院下发的8号文件，做了以下工作：

1. 召开了会长、副会长、理事会会议，学习了文件，开展了华东地区校外教育思想道德建设方案评比活动；

2. 召开了以学习贯彻中央8号文件精神的华东地区校外教育工作组年会，中福会少年宫、上海长宁、杨浦、徐汇、青浦、虹口等区少年宫、少科站、活动中心代表在会上进行了交流介绍；

3. 召开了本年度的工作会、理事会。

上海市召开2004年校外教育研讨会。上海市教委副主任李骏修在研讨会上讲话（左二）

应合肥市瑶海区教育局邀请，华东地区校外教育工作组秘书处，率上海部分少年宫、少科站、活动营地领导参加"瑶海绿舟"项目论证会

秘书处赴江苏、山东、安徽、福建等省调研

上海市长宁区少年宫

“遨游社区我快乐、我是社区小主人”

——少年宫推进社区少先队工作的实践

少年宫(校外教育机构)是社区教育的主要阵地,上海市长宁区少年宫发挥少先队总辅导员的引领作用,依托社区青少年活动中心和青年志愿者,整合社会教育资源,推进了少先队社区工作的建设和发展。少年宫在长宁区的十个街道(镇)都设立了“少先队特色争章实践基地”,开展了少先队校外雏鹰争章活动,如:啄木鸟实践章(做社会文明的监督员、示范员)、红领巾团康章(学习自护自救常识,掌握生活技能)等;有的街道成立了“红领巾道德银行”,推出了道德烛光、道德天平、环保道德观等储蓄项目;有的街道设立了“我是小小法学家”模拟法庭,让少先队员体验律师调查取证、法官秉公办案的过程。通过这些少先队活动连接了社区、学校和家庭,并引导少先队员融入社会,服务社会,使社区成为少先队员们快乐的世界、创造的舞台、奋进的阶梯、成长的摇篮。

琴弦上的爱 陈铁迪

—— 古筝专场音乐会

上海市长宁区少年宫于 2004 年 9 月 18 日在上海贺绿汀音乐厅举办了一场形式新颖、内容精彩、吸引力强又具有思想内涵的古筝专场音乐会。音乐会是按照实践育人的要求精心设计、精心组织的,它把教育的目的融入一个教育主题活动的过程中,对学生人文素养的全面提高起到了催化的作用。少年宫的师生们把音乐会收入的二分之一(共 9100 元)捐给了上海市慈善基金会,基金会会长陈铁迪(原上海市委副书记)亲笔为音乐会题词:“琴弦上的爱”。这是一种爱的教育,它对学生的一生都具有极其重要的意义。小演员们在排练和演出的过程中,思想感情得到熏陶、精神生活得到充实、道德境界得到升华,他们说:“参加音乐会让我们经历了一场爱的洗礼,我们把爱留在了琴弦上,留在了每个人的心里。”

网上活动添新貌 数字化里拓空间

连续三年举办“百万居民网上行”活动，参加人次近四万

“社区居民网上学习圈”活动，积极探索信息技术与社区教育相融合的方法和途径

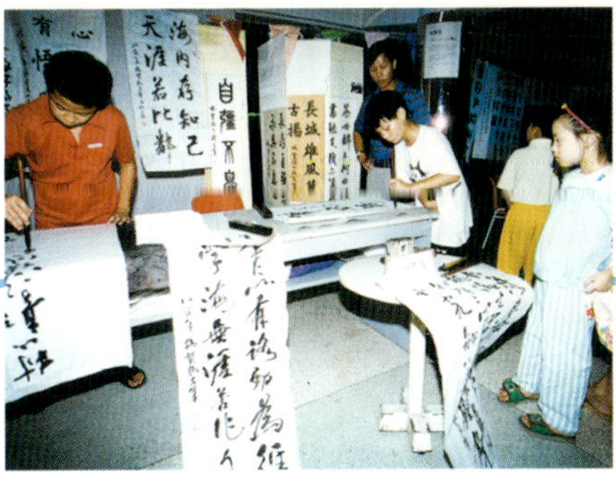

“书画义卖”活动，为社区贫困家庭献上份爱心

七彩活动享乐趣 “三三0”中汇笑脸

“三三〇七彩广场”使青少年儿童度过课余快乐一小时

上海市闸北区青少年活动中心是一所集艺术、科技、劳技、思想品德、娱乐活动等为一体的多功能校外教育机构。多年来，中心始终坚持公益性原则，牢固树立教育即服务的理念，充分发挥校外教育机构在场地、设施、师资上的优势，服务学生，使中心成为每个学生多元智能开发的乐园；服务学校，使中心成为学校推进素质教育的基地；服务社区，为构建和谐社区作贡献；服务教师，为每位教师施展才华搭设舞台。中心以先进的办宫理念、积极的工作态度、科学的管理机制创造性地开展青少年社会教育工作取得了优异的成绩。中心连续五届被评为“上海市文明单位”，并获得“全国先进青少年宫”、“全国少儿美术教育杰出贡献单位”、“全国双有先进单位”等118项荣誉称号，每年近百万人次参加中心举办的各类培训和少先队主题活动。学生艺术团共获等第奖3100余项，其中国际120余项、全国等第奖1500余项。中心已先后接待各级领导及海内外贵宾十余万人次，1996年4月30日，江泽民同志亲临视察，并欣然题词“培育一代新人”。

“和谐社区 七彩生活”纳凉晚会为社区居民和少年儿童搭建了自我展示、自我娱乐的舞台

技能培训练本领 水上乐园添清凉

书法培训活动为小书法家搭建了展示才能的舞台

文艺演出展风采 和谐社区聚人心

“党旗飘扬”——庆祝建党八十四周年文艺演出

中心水上乐园全景

“临汾杯游泳比赛”为炎炎夏日平添一份清凉

活动中心内景

活动中心外景

上海市闸北区青少年活动中心

树爱国主义之根 立民族精神之魂

上海市杨浦区少年宫

全国师德标兵、特级教师杨浦区少年宫民乐团指挥曹建辉

把“爱国主义教育寓于群众文化活动之中”是上海市杨浦区少年宫开展少年儿童群众文化活动的优良传统。2004 年少年宫在开展未成年人思想道德教育活动中坚持以“树爱国主义之根，立民族精神之魂”为主线，增强“德育为先，实践为重”的意识，在活动内容的公益性、教育内涵的情感性、知识视野的拓展性、组织形式的多样性上进行了积极的探索，建立和完善了少年宫群文活动的运作机制，使未成年人的思想道德教育取得良好的成效。

一、搭建平台，寓法制教育于活动之中

2004 年上海市委宣传部、上海市文广局、上海市杨浦区交通安全“小卫士”总校在少年宫分别设立了“上海东方论坛”、“东方院线”、杨浦区少年消防总校，并相继开展了演讲、社会教育影片放映及形式多样的交通安全、火灾防范法制宣传活动，取得了明显的社会成效。

二、仪式教育，扎下爱国主义之根

仪式教育：全区 54 所小学的 6000 名一、二年级学生参加了“红领巾，我们心中永远的旗帜”入队仪式；全区 2000 余名初中学生参加了“传承民族精神，争做快乐小公民”共青团入团仪式。

影视教育：开展“邓小平在 1928”电影的观看讲评，追寻领袖的足迹，弘扬中国革命的斗争史。

诗歌教育：开展“诚信教育大搜索，诚信榜样我来塑，诚信诗歌我来创，诚信格言我来说”主题教育活动，通过现场观摩等形式促进学生开展儿歌创作活动。

环保教育：开展“中华好儿童，环保快行动”、“我爱上海，我爱大自然”、“迎世博，做文明小使者”等主题教育活动，吸引了万余名少年儿童参加。

“红读”教育：“珍爱生命、健康成长”读书征文活动、“上海学生百首爱国主义歌曲大家唱”比赛、全区中小学古诗吟诵比赛、校园文化组合秀等活动，吸引了全区不同年龄层的同学参加，使学生们获得了成长体验。

三、组织展演，颂扬中华民族之魂

少年宫各个艺术社团组织了 12 个专场演出，参加了近百场的演出活动。特级教师曹建辉创作的“希望新曲”在全国“群星奖”比赛中荣获金奖。少年宫“小浣熊”书画社创作作品 2000 余件。

丰富多彩的公益性、群众性文化活动，使少年儿童得到思想道德的亲身体验，获得了爱国情感的升华，同时对弘扬民族文化、振兴民族精神起到推进作用。

“红领巾世纪采访”活动中，新四军老战士、一级战斗英雄在川沙烈士公墓给采访的同学们讲述解放上海的英雄烈士事迹

“小小蒲公英”交通安全小卫士出征，赴街道里委进行宣传

杨浦区少年宫民乐团参加全国群星奖比赛，由曹建辉老师创作的乐曲“希望新曲”荣获金奖，图为演出时的情景

“叔叔您辛苦了，来，擦把汗”。2004 年少年宫组织千名少先队员慰问交警叔叔

2004 年 7 月 17 日，上海国际少儿艺术节，俄罗斯舞蹈团的小演员和少年宫书画、工艺组的小朋友开展联谊活动

争取社会资源 活动不断创新

青浦区少年宫

青浦区第二届中小学生集邮节隆重举行

“陈云爷爷，我们怀念您”
竹子精神激励我们前进

琴弦上跳跃着多彩的音符
歌声中流淌着欢快的童谣

以书为伴，弘扬乡土文化

上海市青浦区少年宫认真贯彻《中共中央国务院关于进一步加强和改进未成年人思想道德建设的若干意见》精神，遵循未成年人思想道德建设的规律，坚持以人为本，把社会效益放在首位，面向学校、面向少先队、面向全体少年儿童的方针，坚持为少年儿童服务的宗旨，开展了一系列未成年人思想道德建设主题教育活动，不断促进未成年人的全面发展，提高未成年人的思想素质，为全区未成年人思想道德建设作出了应有的贡献，取得了优异成绩。

青浦区少年宫在区台办、区教育局、区文广局、区社会主义学院的直接领导下，连续四年承办开展了“骨肉情深盼团聚”青浦区青少年涉台教育系列活动，取得了丰硕成果，走出了一条以党委统战部门牵头，学校和社区携手共抓的青少年涉台教育新路子。这一活动已经成为青浦区中小学生涉台教育的品牌活动，得到了上级有关部门的充分肯定，并在全市推广。

青浦区少年宫在区少工委领导下、陈云纪念馆的支持下，充分挖掘社会教育资源，开展“陈云爷爷，我们怀念您”系列活动，通过红领巾广播、队报画廊、故事演讲、征文征画、主题队会，缅怀陈云爷爷的丰功伟绩，学习陈云爷爷的革命精神和高尚品格，从小树立志向，培养才干，做新世纪的小主人，让民族精神代代相传。

青浦区少年宫在区科委和区教育局的支持下，开展了“区域性推进学生科技教育的实践和研究”活动，邀请专家讲座，组织研讨活动等，提高了科技辅导员的专业素养和业务能力；组织青少年“科技志愿者”活动，进一步挖掘和提升了中小学生在科技活动中的创造力和创新精神。

青浦区少年宫在区艺教委的指导下，和区德育室一起，开展了“熔铸中华魂”系列艺术活动，通过看、说、唱、演等形式，唱英雄、演英雄、学英雄，通过民乐、歌舞、古诗吟唱等艺术实践活动培育中小学生的民族精神，通过艺术实践活动感悟民族精神的伟大意义，体验民族精神的丰富内涵，培养学生的爱国情感。

青浦区少年宫在上级部门的关心下，与文化馆、图书馆、博物馆、体育场（馆）、电影院、广电局、邮政局、电信局、区台办、青浦报、交巡警支队、科协、环保局、体委、团区委、少工委等单位部门建立了比较稳定的协作关系，延长了工作手臂。创造性地开展红读影视系列活动、少先队主题教育系列活动、青少年科普教育活动、青少年艺术兴趣活动。真正使少年宫成为少年儿童体验的场所、活动的园地、创造的舞台、成长的摇篮。

青少年科普志愿者活动
在“白玉兰”广场隆重举行

“骨肉情深盼团聚”主题集会

乐曲悠悠 舞步轻盈

熔铸中华魂 民族精神传

上海市普陀区中小学

2004年上海市普陀区中小学社会实践中心鲁汇基地认真贯彻《中共中央国务院关于进一步加强和改进未成年人思想道德建设的若干意见》，以及国家教委颁布的关于《弘扬民族精神的实施纲要》，结合鲁汇基地以及周边地区的教育资源，开展了“以人为本、以德为首、以农为特、以实践育人”为抓手，集多样性、知识性、趣味性、科学性、创造性、教育性为一体的社会实践教育活动，初步形成了生活自主实践活动、生产劳动实践活动、学习教育实践活动三大类及军政训练、农田劳动、基地活动、自主活动、夏令营活动、探究性活动六大主题的社会实践活动框架。

2004年普陀区中小学社会实践中心鲁汇基地根据学生不同年龄的特点，开展了“我自主、我自信、奏响青春序曲”、“我能行”、“亲近自然、放飞自然、保护环境”、“乡情浓浓、其乐融融”、“迎六一、走近自然、体验生活”、“贴近自然、享受自然、拥抱自然”等不同主题的社会实践活动，包括中、小学生及幼儿园小朋友在内的3万人参加了这些主题活动。2005年基地将进一步加强环境建设，营造良好的生态农业人文文化氛围，以农为主线展示“农耕文化”特色，通过实物展示、文化再现以及中国传统节日、传统习俗的特色活动，感悟、了解中国农耕文化的发展历史，在活动中“树魂立根”，传承中国的民族精神和民族文化，使集知识性、教育性、实践性为一体的社会实践活动更具特色。

社会实践中心

鲁汇基地

nanjingshiqinhuaiqushaoniangong

南京市秦淮区少年宫

中央精神文明办和中央新闻媒体记者询问外来务工子女免费学习电脑情况

江苏省南京市秦淮区少年宫，始建于 1958 年，坐落在风景秀丽的白鹭洲公园畔，是秦淮区精神文明的窗口。46 年来，少年宫开展了丰富多彩的少儿科技、艺术活动，取得了丰硕的成果，得到了省、市、区教育、文化主管部门的高度评价。全国、省、市报纸、电台、电视台等新闻媒体多次给予报道。

自建宫以来，随着秦淮区对外开放，到少年宫参观访问的国际友人和港澳同胞与日俱增。孩子们天真烂漫、积极向上的精神面貌，欢快丰富的生活情景，生动诱人的活动项目和熟练的技能技巧，都给来访者留下了深刻的印象。学员参加国际交流和展出的作品，也获得了较高的奖励和赞赏，取得了很好的对外宣传作用，少年宫被列为秦淮区重点对外开放单位。

秦淮区少年宫多次被省、市各级部门嘉奖，2004 年再次被教育部基础教育司、共青团中央少年部和全国妇联儿童工作部评为“全国‘双有’主题教育活动先进集体”。

南京市市委常委、宣传部部长叶皓（左一）参观秦淮区少年宫科技成果展室

日本胜浦市日中友好协会会长石井昭治先生（右一）及夫人（右二）来少年宫访问

外教与小朋友做英语游戏

陈建伟主任（左一）陪同市区政府领导视察少年宫

“小白鹭”艺术团参加 2004 连云港花果山世界儿童联欢节

舞蹈《我们好想你》获 2003 年首届中国少年儿童艺术节金奖

加拿大外宾观看少年宫小朋友活动

赴北京参加英语棋比赛冠军队的孩子们

器乐班学员汇报演出

海模班的同学们在试航

好苗苗书画展在老书画家们的关怀下已举办了 24 届

江苏省徐州市青少年宫

徐州市团委副书记、青少年宫主任（兼）巩伟正在向孩子们畅谈青少年宫的美好前景

特色培训硕果累累

　　徐州市青少年宫始建于1956年，现占地21亩，总建筑面积为1.4万平方米。多年来，坚持“一切为了青少年、为了一切青少年、为了青少年一切”的办学宗旨，从素质教育的目标出发，热情服务于青少年儿童的成长需要，大力组织开展青少年专业技能培训和寓教于乐的青少年思想教育活动，是徐州市青少年校外教育和素质发展教育的重要基地和对外文化交流的重要窗口，曾三次荣获全国先进青少年宫荣誉称号，获得江苏省青少年宫先进集体称号，多次被评为徐州市文明单位。

　　近几年来，徐州市青少年宫积极响应党中央的号召，全面落实对未成年人思想道德建设，广泛开展青少年素质体验教育活动，加大资金投入，改善育人环境。根据人才培训的特点，青少年宫认真组织教材，钻研教学方法，注重青少年的主体地位，使青少年按兴趣爱好选择专业，专业项目不断增加和扩展，每学期的招生人数都保持在2300人左右。高质量的培训使得人才辈出，在各类演出和比赛活动中佳绩不断，据不完全统计，1997年以来经培训的青少年有500多人在国际比赛中获奖，有百余人考入专业文艺团体或大专院校。

　　在搞好特色培训的同时，青少年宫还坚持开展丰富多彩的实践教育活动，连续12年获得团中央颁发的“双有”活动奖章，依托中小学利用节假日举办各种大型主题教育活动，由青少年宫首创的“赞锦绣彭城”教育活动已成为传统系列项目，以此为主题组织的各类大型青少年思想教育活动已深入人心。几年中，以爱国主义、集体主义、社会主义思想教育为内容开展了近百次大型实践活动和主题夏冬令营，参加者达数十万人次，为青少年走向社会接受教育提供了宽广的平台。在实践活动中青少年宫顺应中小学生的需要，成立了小蜜蜂记者团、中国少年报徐州记者站、青少年文学院等社团组织。徐州市青少年宫在提高青少年综合素质、传播先进文化，加强社会主义精神文明建设中发挥了重要作用。

小棋童参加围棋大赛

家喻户晓的故事大王比赛

组织学员到广阔天地采风

大型器乐演奏

大型综合性文艺活动

积极参与社区活动

组织青少年积极参加社会实践，锻炼能力

小蜜蜂记者团
小记者采访交警

焕然一新的青少年宫活动大楼

扬州市 少年宫

YANGZHOUSHI SHAONIANGONG

2004年11月，丁绪松主任在华东地区校外教育年会上作“做诚信孩子，争‘五小’标兵，当合格公民”未成年人思想道德建设活动方案汇报

江苏省扬州市少年宫是综合性校外教育机构，前身为扬州市少年之家，始建于1957年，1982年更为现名。建宫23年来，在各级党委、政府和社会各界的关心支持下，取得了显著的成绩，深受学生的喜爱、家长的好评、社会的赞誉。扬州市少年宫是中国教育学会校外教育分会会员单位，华东校外教育学会理事单位，江苏省校外教育学会副理事长单位，江苏省校外教育先进集体。

扬州市少年宫认真学习十六大文件和《中共中央国务院关于进一步加强和改进未成年人思想道德建设的若干意见》，组织全区广大少年儿童开展丰富多彩的少先队活动，在城区精神文明建设和文明城市创建中起到了积极的推动作用。2004年4月，少年宫组织参加了“绿色江苏，生态扬州”书画签名活动，副省长黄莉新、团省委书记魏国强及市委主要领导参加了本次活动；2004年4月少年宫“小琼花艺术团”为原国务院总理朱镕基、省委书记李源潮和扬州市领导作了汇报演出；7月18日，少年宫成功举办了封敏师生古筝音乐会和DVD首发式，受到国内古筝界专家的好评，并入选2004年广陵区教育十件大事。暑假期间少年宫三次参与举办了社区未成年人思想道德建设专题纳凉晚会；2004年与团区委、广陵区教育局、区少工委联合开展“做诚信孩子，争‘五小’标兵，当合格公民”未成年人思想道德建设系列教育活动，11月在华东地区校外教育工作年会上作交流发言；在全区各社区积极策划推进建立“综合实践之家”，为实现学校、家庭、社区“一体化”教育作出贡献。

2004年7月18日，由江苏省教育学会校外教育专业委员会主办，扬州市广陵区教育局、扬州市少年宫承办的“封敏师生古筝音乐会”在扬州电视台演播大厅隆重举行

扬州市教育局、文局、文联、广陵区教局、文化局的领导和音界同行参加“封敏师生筝音乐会”DVD首发式

2004年12月少年宫古筝学员参加中央电视台“中国扬州”拍摄

2004年4月28日，少年宫“小琼花”艺术团演员演出后受到原国务院总理朱镕基的鼓励

2004年4月2日，江苏省副省长黄莉新同志在“绿色江苏，生态扬州”书画签名活动中，观看少年宫书画学员创作的百米长卷

春节前夕，少年宫书法班学员深入社区义务为群众写春联

少年宫组织学员到上海青少年活动营地－－东方绿舟参加“拓展训练”冬令营

2004年7月，少年宫组织学员参加“井冈山·南昌”革命圣地夏令营，对学生进行革命传统教育

宁波市青少年宫

为外来务工子弟撑起一片蓝天

中央电视台“焦点访谈”栏目组采访宁波市青少年宫主任郑明芳

近年来，随着宁波城市社会与经济的不断发展，外来务工人员逐年增加，外来务工子弟也逐年增加，这些“流动的花朵”的生存环境令人堪忧。面对课余生活贫乏、生活圈子小、对外交往少、适应不良以及自信心不足等影响他们健康成长的不利因素，宁波市青少年宫有针对性地开展了宁波市外来务工子弟学校少先队文化建设活动。

宁波现有外来务工子弟13万，其中7万就读于公立学校，6万在全市83所外来务工子弟学校读书，宁波市青少年宫从以下几个重点开展了如下活动：

一、开展以“关爱生命，健康成长”为内容的“安康”教育活动。针对外来务工子弟居住环境复杂、生存条件差的现状，我们以认识生命、热爱生活和生命健康三大部分为活动主题开展“安康”教育活动，内容涉及禁毒、预防爱滋病、城市交通安全、消防安全知识、自护救助知识、生存训练教育、健身锻炼教育和心理健康教育。

二、开展以“扩大交往、丰富生活”为目的的教育文化活动。努力创造条件让外来务工子弟尽快融入城市同龄伙伴共同成长。

三、建立长效机制，深入教育服务活动。

1. 建立自助型联谊组织。成立了以城区外来务工子弟学校为主的校长联络会，并通过他们建立了全市外来务工子弟学校的工作网络。

2. 帮助建立外来务工子弟学校学生社团。为使外来务工子弟有丰富的课余生活，成立了合唱和主持人两个培训班，免费培训外来务工子弟学校的文艺骨干。

蓝天下我们共同飞翔——“梁祝杯”宁波市外来务工子弟学校暨宁波市第十一届少儿风筝赛在梁祝文化公园举行。比赛吸引了包括来自全市外来务工子弟学校在内的30多支代表队，250多名选手参加风筝放飞角逐。

2004年4月28日，少年宫“小琼花”艺术团演员演出后受到原国务院总理朱镕基的鼓励

2004年4月2日，江苏省副省长黄莉新同志在“绿色江苏，生态扬州”书画签名活动中，观看少年宫书画学员创作的百米长卷

春节前夕，少年宫书法班学员深入社区义务为群众写春联

2004年7月，少年宫组织学员参加“井冈山·南昌”革命圣地夏令营，对学生进行革命传统教育

少年宫组织学员到上海青少年活动营地－－东方绿舟参加“拓展训练”冬令营

苏州市平江区少年宫

平江区少年宫创编的舞蹈《小球迷》获得全国舞蹈比赛二等奖，江苏省少儿舞蹈比赛创作、表演一等奖，苏州市“五个一工程”奖

成立于二十世纪七十年代的江苏省苏州市平江区少年宫位于古城区商贸繁华地带的察院场大井巷内。二十多年来，平江区少年宫始终把“面向学校、面向少先队、面向全体少年儿童”作为办宫的方针，根据少年儿童兴趣、爱好开设了各类文学、艺术培训班，开展各种少先队主题教育活动和各种科技群文活动，每年吸引近万人次的少年儿童到少年宫参加培训和各种活动，充分发挥了校外教育主阵地的重要作用。

平江区少年宫为更好地发掘、发现和培养艺术新苗，于八十年代先后成立了“苏州市小星星艺术团”和“平江少儿书画社”两个少儿艺术团体。有四万多人次参加了文艺团体组织的培训和艺术交流、演出、展示活动，为艺术类高等院校和部队、地方专业团体输送了大批艺术人才。多年来，这两个文艺团体开展了赈灾义演、义卖活动，参加全国、省、市大型文艺演出及慰问、联欢活动 400 多次。举办各级展览、比赛活动 60 多次，创作的少儿文艺节目和书法、美术作品屡屡在全国、省级以上比赛中获奖。平江少年宫是苏州市外事接待活动的窗口，每年都要承担外事接待任务，部分小演员和小书画爱好者还应邀出国访问、交流，受到外国朋友的好评。

为适应信息技术飞速发展的需要，平江区少年宫把重视对少年儿童进行科学技术的普及教育作为本宫教育活动的重要内容纳入议事日程，建立了“平江少年宫信息网站”，设立了“苏州市英特尔电脑培训基地”，先后举办了“网上夏令营”、“电脑绘画比赛”、“少儿科技沙龙”、“网上主持人现场大赛”以及“小学生航空、航海、车模比赛”，使孩子们在丰富多彩的活动中增知识、长才干。

乘风破浪正其时，直挂云帆济沧海。平江区少年宫全体教工正以极大的工作热情，团结奋进，与时俱进，在校外教育这块园地里辛勤耕耘，努力工作。

合唱团参加中央电视台中秋晚会的演出

平江区少年宫创办了苏州市第一个青少年科学院和科学创新工作室，少年儿童在这里探索科学奥秘，开展科技创新活动，多个小发明获全国、江苏省发明创造一等奖

书画社举办赈灾义卖活动现场，为受灾的小伙伴筹集捐款，帮助他们重建家园

平江区少年宫举办书画长卷创作活动，喜庆香港回归祖国

平江区少年宫网站——让我们托起明天的太阳

合唱团经常参加省、市大型文艺演出

平江区少年宫每年组织开展许多德育活动，寓教于活动之中，收到较好的教育效果。图为举办“四大急救”比赛

平江区少年宫合
团参加全国童声合
节比赛获大奖

每年平江区少年宫都要主办文艺类的竞赛活动达十余次，丰富了少年儿童课余文化生活，图为少年宫举办的合唱比赛

平江区少年宫创编的舞蹈《绿鸟的心声》获得华东地区舞蹈比赛二等奖、苏州市首届少儿艺术节少儿舞蹈比赛创作、表演一等奖

出访日本，搭建了中日两国青少年之间的友好桥梁

合唱团赴韩国参加“2004 亚洲青少年合唱节”，精彩的演唱受到亚洲各国同行的欢迎，图为合唱团与韩国童声合唱团共同演唱“I Still Love You”

少儿电子琴教学是平江区少年宫的品牌项目，是苏州地区规模最大、教学质量最优的教学基地。近两年来 20 位学员在江苏省、苏州市少儿电子琴比赛中获得一等奖。百人电子琴演奏节目也多次在省市大型演出活动中演奏

平江区少年宫举办“彩笔绘家乡”现场绘画创作活动，一百位少年儿童用手中的彩笔描绘家乡苏州美丽的景色

元旦登山比赛是平江区少年宫举办的传统体育项目活动，已举办了 20 年

平江区少年宫创办的“小星星艺
天地”为孩子们提供了展示才华的
台

红领巾绿化实践活动是平江区少年宫每年举办的体验活动之一，少先队员在活动中培养了环保意识，提高了动手能力

张家港市少年宫

张家港市市委书记曹福龙(左六)等市委领导在少年宫主任陆敏的陪同下看望2004年暑期班学员

艺术教育的摇篮

科技培训的殿堂

校外活动的乐园

放飞梦想的地方

2004年少年宫小学员与上海交响乐团合演《梁祝》

大型歌舞《少年宫之歌》（2004年宫庆专场演出）

航模学员在2004年省全民健身运动会获金、银、铜牌

古筝合奏《渔舟唱晚》（2004年宫庆专场演出）

2004年六一节民乐团在苏州市少儿艺术节开幕式上演出

2004年市少年宫学员荣获江苏省象棋冠军

2004年苏州市中小学生器乐比赛张家港市少年宫赛区

江苏省张家港市少年宫是市教育局直属的少年儿童校外教育机构，始建于1964年，1998年易地新建。少年宫拥有一流的教育环境，占地面积33亩，建筑面积7000平方米。整体设计新颖别致，具有较强的时代气息，内部设施齐全，设备先进，设有科普游艺厅、陶艺坊、天象馆、儿童剧场及各类专业教室。

张家港市少年宫坚持“务实、创新、合作、拓展”的管理作风，拥有结构合理的优秀师资队伍，能从少年儿童的特点出发，通过具体、生动、形象的教学手段，让每个学员都能在这里得到提高、锻炼和发展。每年分春、暑、秋三期开设初、中、高各层次的培训班120余个，年培训学员万余人。经常组织各类青少年文艺演出、美术展览和科技比赛，举办的艺术节、书画展、航（海、车）模比赛、夏令营等大型活动，深受中小学生的喜爱。市少年宫为许多专业院校输送了大量的优秀专业人才，为基层学校培养了大批少先队干部和艺术、科技、文化、体育活动骨干。少年宫已逐步成为张家港市少年儿童校外教育的活动中心、培训中心、辅导中心。

张家港市少年宫每年有几百名学员在全国、省、市各类艺术、科技竞赛活动中获奖。民乐团连年参加“长三角地区大、中、小学生民族乐团展演”，并获殊荣。历年书画学员在各届全国少儿书画比赛中的获奖作品均超过60件。科技代表队在国家、省级的科技团体和单项比赛中，多次获得了一、二等奖，并连续几年获得苏州市航模、风筝比赛的综合团体冠军。

张家港市少年宫领导班子依托教育科研，注重实践探索，承担并完成了国家“十五”规划重点课题“以少年宫为龙头，带动全市青少年科普活动的开展”。实验教师的优秀教育论文在各类评比中获奖或在各级教育刊物和专业杂志发表。市少年宫还正式出版了教师教育研究文集，编著了学员的优秀作品。

年届40的张家港市少年宫，将继续坚持“一切为了孩子，为了一切孩子，为了孩子的一切”的办宫理念，坚持德、智、体、美、劳全面发展的教育方针，坚持普及与提高相结合的培训原则，充分发挥少年宫的实验性和示范性，伴着孩子们共成长、同进步。

0512-58682001 58699877 58681562 http://www.zjgsng.com

摇篮 阵地 窗口

——无锡市崇安区少年宫

地处无锡繁华市中心的江苏省无锡市崇安区少年宫在市、区领导的关心支持下、区教育局的直接领导下，坚持面向学校，面向少先队，面向全体少年儿童的办宫方向，坚持为学校服务，为素质教育服务的工作原则。几年来在全区范围内开展了“心中有祖国、心中有他人”、“争做合格小公民”、“中国少年雏鹰行动”等许多有新意、有特色、有影响、有成效的主题教育活动，并设立为少年儿童服务的“知心姐姐电话”。全国少先队工作学会在崇安区建立了“全国少先队教育实验基地”；《辅导员集体建设》研究课题获全国一等奖。1998 年成功承办了全国城区少年宫第八届工作研讨会，被国家教育部、团中央领导赞誉为“小丫扛大旗”。

少年宫敞开宫门，每年开办 600 多个兴趣培训班（次），受教人数达 1.8 万人（次），一大批“小画家”、“小孔雀”、“小作家”、“小书法家”脱颖而出。近几年有 5000 余名学员在省和全国各类竞赛中折桂。“小百灵”艺术团在 2003 年 7 月赴澳大利亚参加 CSTD 国际儿童舞比赛中获得特别推崇优秀奖。崇安区少年宫在赢得社会赞誉的同时，也获得了“全国艺术教育先进单位”、“江苏省价格诚信展示单位”、“无锡市社会教育培训优秀单位”等荣誉称号。无锡市崇安区少年宫已逐渐成为无锡市少年儿童“人才的摇篮，育人的阵地，素质教育的窗口”。

地址：无锡市后西溪 38 号　　邮编：214001
电话：2721929　2790695　　网站：www.caqsng.com
邮箱：sng@cajy.net

宁波市青少年宫

为外来务工子弟撑起一片蓝天

中央电视台“焦点访谈”栏目组采访宁波市青少年宫主任郑明芳

近年来，随着宁波城市社会与经济的不断发展，外来务工人员逐年增加，外来务工子弟也逐年增加，这些“流动的花朵”的生存环境令人堪忧。面对课余生活贫乏、生活圈子小、对外交往少、适应不良以及自信心不足等影响他们健康成长的不利因素，宁波市青少年宫有针对性地开展了宁波市外来务工子弟学校少先队文化建设活动。

宁波现有外来务工子弟13万，其中7万就读于公立学校，6万在全市83所外来务工子弟学校读书，宁波市青少年宫从以下几个重点开展了如下活动：

一、开展以“关爱生命，健康成长”为内容的“安康”教育活动。针对外来务工子弟居住环境复杂、生存条件差的现状，我们以认识生命、热爱生活和生命健康三大部分为活动主题开展“安康”教育活动，内容涉及禁毒、预防爱滋病、城市交通安全、消防安全知识、自护救助知识、生存训练教育、健身锻炼教育和心理健康教育。

二、开展以“扩大交往、丰富生活”为目的的教育文化活动。努力创造条件让外来务工子弟尽快融入城市同龄伙伴共同成长。

三、建立长效机制，深入教育服务活动。

1. 建立自助型联谊组织。成立了以城区外来务工子弟学校为主的校长联络会，并通过他们建立了全市外来务工子弟学校的工作网络。

2. 帮助建立外来务工子弟学校学生社团。为使外来务工子弟有丰富的课余生活，成立了合唱和主持人两个培训班，免费培训外来务工子弟学校的文艺骨干。

蓝天下我们共同飞翔——“梁祝杯”宁波市外来务工子弟学校暨宁波市第十一届少儿风筝赛在梁祝文化公园举行。比赛吸引了包括来自全市外来务工子弟学校在内的30多支代表队，250多名选手参加风筝放飞角逐。

“美丽的宁波”——宁波市外来务工子弟免费主题夏令营，吸引了来自各县市区近50名外来务工子弟，他们游览了宁波，并向民间艺人学习捏面人

宁波市外来务工子弟学校音乐教师电子琴培训班在宁波市青少年宫举行，来自全市各县市区外来务工子弟学校共30名音乐教师参加了本次培训

“我健康、我快乐、我成长”——宁波市外来务工子弟少先队文化建设活动启动。近800名社区青少年代表、外来务工子弟学校代表及少年宫在培学员代表参加了启动仪式

“天文知识”进入外来务工子弟学校。在宁波市开展的向外来务工子弟学校送科技活动中，青少年宫的老师为外来务工子弟作太阳黑子等有关天文知识的讲座，同学们还用天文望远镜进行天文观测

同在一片蓝天下，手拉手共同成长——外来务工子弟与城区小伙伴同庆六一

欢乐歌唱——青少年宫免费为外来务工子弟开设艺术班，共有150名外来务工子弟参加了培训

外来务工子弟接受红色教育。由宁波市青少年宫举办的《永远的丰碑》革命先烈故事片回顾展映月活动，专门设置外来务工子弟专场，免费播放爱国主义电影

一样的蓝天——宁波市外来务工子弟学校迎新年文艺汇演在宁波市青少年宫举行，来自全市近20个外来务工子弟学校的同学参加了演出

绿茵场结友谊——小甲A足球友谊赛场上，外来务工子弟学校和城区学校进行的足球友谊赛，为小甲A足球比赛热身

我们手拉手共同成长——宁波市第四届少儿服饰文化艺术节开幕式上，外来务工子弟与城区孩子同登舞台展示自我风采，体现他们对服饰文化的理解

宁波市外来务工子弟家长学校成立。宁波大学教授陶志琼博士给外来务工子弟家长讲授“如何培养孩子一生有用的四个好习惯”及“家长素质与孩子智力的关系”

来自宁波大学的外教来到各个教室和外来务工子弟学校的同学欢聚在一起，并进行交流，有的外教还给孩子们上起了生动有趣的英语课

加强道德建设氛围
构建和谐成长环境

科考营员观察白鹭

萧山区领导亲自拨通青少年热线电话

萧山区领导为心理咨询室授牌

毛笔书法老师指导学生练习

百米长卷少儿书画比赛现场

浙江省杭州市萧山区青少年宫是浙江省杭州市团委主办的公益性事业单位，由业余艺术学校、艺术幼儿园构建了萧山区校外教育旗舰，在中共中央8号文件下发后，萧山区青少年宫积极开展未成年人的思想道德建设活动，取得了突出业绩，充分发挥了青少年宫作为校外教育主阵地的作用。2004年，青少年宫第二次被评为全国先进青少年宫、浙江省校外教育先进单位。

加强宣传工作，浓厚教育氛围。2004年到青少年宫参加业余培训的学生达2万余人次。萧山区青少年宫以阵地为依托，利用宣传窗、画板、标语牌等工具，宣传文明用语、公民基本道德规范、安全知识，并开辟禁毒宣传栏，形成了培养未成年人良好道德规范的教育氛围。

开展心理咨询，为青少年服务。2004年，青少年宫邀请了青少年教育专家“知心姐姐”卢勤来萧山举办青少年教育专题讲座，宽敞的萧山剧院座无虚席，近千人排队签名售书，形成了青少年思想道德教育的壮观场面。同时，青少年宫开通了青少年热线电话，成立了心理咨询室，为青少年健康成长提供必要的服务。

成立电脑小博士工作室，为经济困难学生免费培训。2004年暑期，利用“共青团千宫百万”计算机培训考试站阵地优势，成立了全国第十七家英特尔电脑小博士工作室，为数百位家庭经济有困难的少年儿童免费培训，收到良好的社会效益。

普及科技知识，培养动手动脑能力。2004年，成功举办了萧山区青少年航海、航空模型锦标赛。浙江省青少年航海模型锦标赛等大型竞赛活动，是全年青少年宫群文活动的最大亮点，为全省青少年提供了一个展示动手动脑能力、掌握科技知识技能的平台。

开展社会活动，提供社会实践机会。在青少年宫艺术培训班里，有无数才艺出众的少年儿童，他们在全国及省市的各项才艺竞赛中屡屡获奖。2004年，青少年宫举办了毛笔书法班为民写春联、送春联活动，庆“六一”百米长卷少儿书画比赛等活动，给青少年提供了多种展示艺术水平的机会。心印萧然青少年墙体书画大赛更成为学生与家长联手创作书画作品的机会。

夏令营学生参加军事训练，体验军营生活

器乐老师在排练电子琴合奏

夏令营学生自己烧烤，味道真好

国画老师指导学生画画

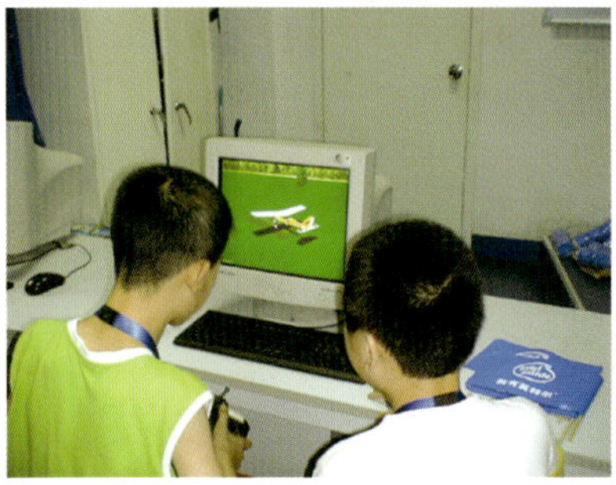

青少年电脑模拟飞行

夏令营学生体验父辈年轻时候的游戏

百米长卷少儿书画比赛全景

杭州市萧山区青少年宫

浙江奉化市滕头学生社会实践基地

校外教育园地中的一朵奇葩

学做草鞋

中央文明办常务副主任翟卫华（中）考察基地

共青团中央书记处常务书记赵勇（中）视察基地

快乐的农夫

浙江奉化市滕头学生社会实践基地位于全球生态500佳的浙江奉化滕头村，是奉化市教育局直接领导下的一个学生素质教育基地。它以全面推进德育教育为核心，以培养学生创新精神和实践能力为重点，以提高学生综合素质为宗旨，开设了“爱国主义、科学普及、生态环保、国防教育、磨难拓展、劳动技能”等六大教育体系，并根据不同年龄层次学生的心理特征、兴趣爱好结合基地实际精心设计了100多项寓科学性、教育性、参与性和娱乐性于一体的实践项目。其中既有“地质古生物展厅、奉化英烈展厅、军事国防展馆、‘二弹一星’功臣事迹展馆、宁波籍院士风采展厅、科普展厅、农具博物馆、书画馆、明清奉帮石窗馆、村史陈列室、天文了望台”等内涵丰富、具有教育意义的展厅，又有“植物组织培养中心、种子种苗繁育基地、花卉苗育基地、柑橘观赏林、千米绿色长廊、果植园、盆景园”。占地4万多平方米的磨难野营基地，设有“百米障碍赛、勇攀高峰、勇敢者之路、模拟航空、智走绿色迷宫”等，开设了“野炊烧烤、帐篷住宿、篝火晚会”等内容。

丰富多彩的实践活动，使成立六年来的滕头基地接待了来自全国乃至欧美、日本、香港、澳门等国内外师生100多万人次，继2003年被国家教育部评为“全国中小学生德育工作先进集体”后，2004年，又被评为“全国科普教育先进集体”，浙江省校外教育、国防教育、科普教育先进集体等几十项荣誉称号，人民日报、中央电视台、浙江、安徽、广东、贵州、湖北、宁波等省市电视台都曾多次给予专题采访报道。

学做盆景

感受农趣

独轮车大赛

打年糕　野炊　滚桶旋转　叉鱼　摘北瓜

余姚市青少年宫

少儿舞蹈《爵士童谣》获澳门（香港）“金莲花奖”艺术大赛大金奖

浙江省余姚市青少年宫成立于1984年，是浙江宁波地区最早成立的县级青少年校外教育场所。二十余年来，余姚市青少年宫不断开拓创新，与时俱进地开展形式多样、寓教于乐的青少年思想道德教育活动和艺术教育活动。以“激发兴趣、开发潜能、培养技能、展现个性”为活动目标，为青少年的快乐成长提供沃土。

多年来，青少年宫坚持“艺术育人”，致力于艺术精品的创作，书法美术、声乐器乐、舞蹈作品多次获得全国、省、地区各类比赛大奖。其中少儿舞蹈《河姆渡童趣》、《奶奶乘上小轿车》、《山乡小车嘟嘟嘟》、《小蜜蜂爱劳动》、《爵士童谣》，表演唱《中华少年学书法》、《春晓》，器乐《小小兵》，少儿拉丁舞分别获得第六届“群星奖”舞台舞蹈大赛铜奖、全国“小公民”风采少儿舞蹈大赛二、三等奖，“全国首届少儿舞蹈艺术节暨少儿精品舞蹈展演”金、银奖，“花儿朵朵”全国少儿舞蹈、声乐大赛金奖，第三届“小荷风采”全国少儿舞蹈展演金奖；华东地区民乐大赛二等奖，2003年、2004年金池杯全国少儿国际标准舞大赛5组冠军。节目五次被中央电视台录播。同时艺术表演频繁亮相于各类活动，为推动少儿舞蹈事业、倡导健康向上的少儿文化艺术作出了积极的努力和贡献。少儿舞蹈成为余姚市青少年宫一道靓丽的风景线。

1998年艺术团赴京演出受到原人大副委员长雷洁琼奶奶（一排左二）亲切接见

2004年参加浙江省少儿音乐大赛获创作一等奖

表演唱《春晓》获得第三届“小荷风采”全国少儿舞蹈展演金奖

在二十周年宫庆庆典暨汇报演出大会上演奏民乐合奏“丰收锣鼓”

表演唱《中华少年学书法》赴北京演出

2004年8月，《奶奶乘上小轿车》获得浙江省少儿舞蹈大赛一等奖

表演主持班的学生在表演《白雪公主和七个小矮人》

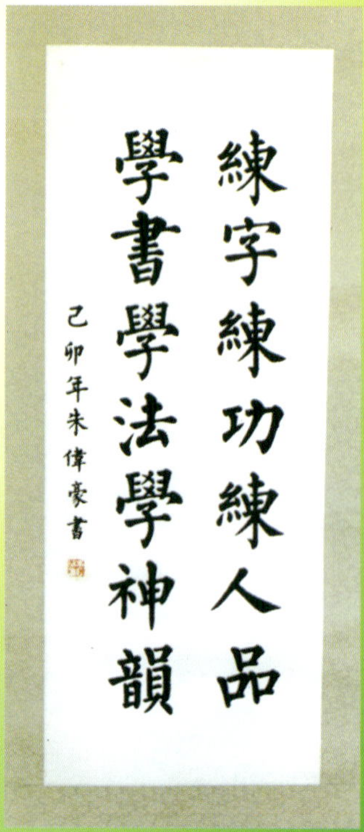

书法班学生作品

参加“花儿朵朵”全国少儿舞蹈音乐大赛获金奖

武汉市青山区青少年宫

WUHANSHIQINGSHANQUQINGSHAONIANGONG

首届中国“公益小天使”湖北赛区优秀节目汇报演出

武汉市青山区青少年宫创建于1986年，占地面积1.4万平方米，建筑面积6000平方米。宫内设有展览厅、舞蹈厅、专业教室、健身活动场地等，设备设施齐备，艺术教育区域规范标准，是武汉市规模最大的区级青少年活动阵地。

青山区青少年宫是全国青少年宫协会会员单位、中国教育学会少年儿童校外教育专业委员会理事单位，曾先后被评为全国校外教育先进集体、全国先进青少年宫、武汉市社会力量办学先进单位、武汉市绿化先进单位。

多年来，青山区青少年宫面向广大青少年儿童始终坚持育人为本的办宫方向，形成了全方位、多层次的校外教育培训和活动的组织网络。开办了音乐、美术、舞蹈、文化、教育五大类40余个专业，年培训青少年儿童达1万余人次，形成一套较为完善的校外初、中、高级教育体系。为社会培养了大量的各类艺术人才，被誉为“孩子的天地、智慧的摇篮、儿童的乐园”。

全国青少年宫协会副会长谷丽萍（右三）来青少年宫视察

武术学员在表演

美术班学员在户外写生

棋圣聂卫平来青少年宫与棋迷见面

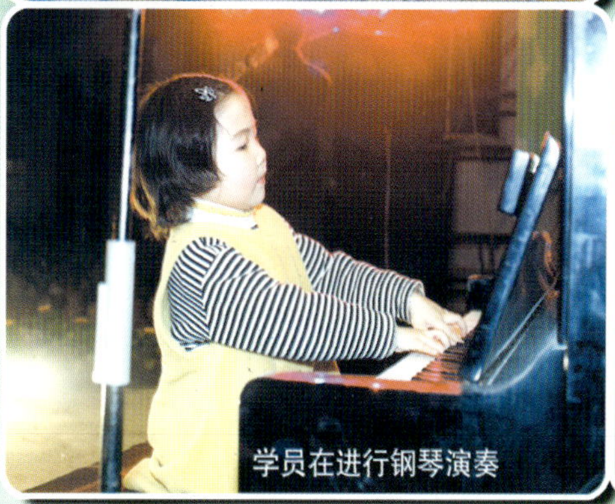

学员在进行钢琴演奏

嗨!看海去——学员青岛夏令营

舞蹈《火车进瑶寨》

陕西省小天鹅艺术团

陕西省小天鹅艺术团于1985年6月1日成立，培训基地设立在西安市莲湖区少年宫。现设舞蹈、合唱、器乐、影视表演、书画等五个艺术分团。有教学班228个，学员5000余名。建团二十年来，先后有10万余名少年儿童在这里接受艺术教育，并为清华大学、北京大学、中国人民大学、北京舞蹈学院、解放军艺术学院、中央音乐学院、西安音乐学院、西安美术学院、西安交通大学、西安电子科技大学、西北工业大学等许多著名院校输送优秀人才近千名，所创作、演出的舞蹈、音乐、表演及书画作品千余项荣获由国家、省市教育文化部门评选的金、银、铜奖，被社会誉为艺术家的摇篮。

团长　李志华

陕西省小天鹅艺术团曾圆满地完成了省、市领导布置的接待美国前总统克林顿、新加坡总理吴作栋的光荣任务；还曾参加世界杯足球预选赛、全国大学生运动会、全国城市运动会、全国特奥会等大型活动的开幕式演出；曾进中南海演出，在北京和西安受到了邓颖超、康克清、鹏、李瑞环、成思危、顾秀莲等数十位老一辈革命家、国领导人的接见。陕西省小天鹅艺术团还曾代表国家、省、访问美国、德国、法国、芬兰、卢森堡、荷兰、奥地利、利时、保加利亚、乌克兰、澳大利亚、日本、韩国、朝鲜国和我国的台湾、香港、澳门地区，被国际友人亲切地称“世界和平友谊的小天使”。

邓颖超接见“小天鹅”

陕西省小天鹅艺术团还成功地将艺术与环境教育相合，向人们传播“绿色文明”，和美国朋友联合建立了全首家“少儿环境艺术教育基地”，并成功地创作了《绿星》、《羊年喜洋洋》、《小金鱼找妈妈》等大型少儿环文艺节目。陕西省、西安市教育、环保部门联合授予陕西小天鹅艺术团“陕西省首批绿色学校”和“西安市首批绿学校”称号。中国儿童歌舞学会还授予陕西省小天鹅艺术

康克清接见“小天鹅”

全国人大常委会副委员长成思危（右二）接见“小天鹅”并接受小画家赠送的环保作品《绿色蝴蝶》

为全国首家“中国儿童歌舞活动基地”。

国家教育部、文化部、共青团中央、全国妇联等单位联合授予陕西省小天鹅艺术团、西安市莲湖区少年宫“全国少年儿童校外教育先进集体”、“全国少儿文化工作先进集体”、“全国先进青少年宫”等称号；陕西省教育厅、文化厅、共青团陕西省委等部门联合授予陕西省小天鹅艺术团为“陕西省少年儿童校外教育工作先进集体”、“陕西省文化工作先进集体”等称号，还被中共莲湖区委、莲湖区政府授予“文明校园”。

陕西省小天鹅艺术团已成为扎根在莲湖沃土中享誉全球的名牌，她的发展已列入莲湖国民经济与社会发展的总体规划中。在中共莲湖区委、莲湖区政府的亲切关怀下，由莲湖区教育局具体实施，即将在西关正街建立起一座规模宏大的新艺术教育基地——小天鹅艺术教育大厦。

“小天鹅”接待美国前总统克林顿（左三）

中共西安市委书记袁纯清（中）接见“小天鹅”

2004年2月4日晚，“小天鹅”在美国华盛顿演出后受到中国驻美总领事李瑞佑（后排右八）的接见

中共西安市委书记袁纯清（后排右六）和市长孙清云（后排右四）接见“小天鹅”

国家环保总局局长解振华（右一）和全国人民代表大会环资委主任曲格平（左二）接见李志华（左一）及“小天鹅”

陕西省委书记李建国（三排左十一）等领导接见“小天鹅”

广州市东山区少年宫

邀请教育专家、"知心姐姐"卢勤为家长举办家庭教育讲座

舞台剧《红领巾的呼唤》首演

2004年4月，广州申办2010年亚运会成功，小记者采访申亚陈述办公室

广东省广州市东山区少年宫在《中共中央国务院关于进一步加强和改进未成年人思想道德建设的若干意见》的文件精神指导下，明确了新时期校外教育工作的重点，将思想道德建设融入到丰富多彩的校外活动中。东山区少年宫以体验教育为基本途径，开展各类实践活动，努力提高活动的针对性和实效性，充分发挥少年宫联系学校教育、社区教育和家庭教育的纽带作用，把各种资源组合起来，为青少年的健康成长创造良好的社会环境。

在全区中小学开展"争做美德少年，创建学习家园"为主题的东山区少先队金钥匙万人读书活动

2004年10月31日，东山区少年宫小云雀实验乐团在高雅的星海音乐厅举办了首场音乐会

少年宫学员参加"广东省第十四届野生动物保护宣传月"活动

邀请采访青藏铁路建设的记者为全区少先队举办"延伸我们的视野，向新时期最可爱的人学习"主题报告会

少年宫参加"泛珠江流域的未来"少儿美术展